{ KOMPENDIUM } **AutoCAD und LT 2006**

Das Kompendium

Die Reihe für umfassendes Computerwissen

Seit mehr als 20 Jahren begleiten die KOMPENDIEN aus dem Markt+Technik Verlag die Entwicklung des PCs. Mit ihren bis heute über 500 erschienenen Titeln deckt die Reihe jeden Aspekt der täglichen Arbeit am Computer ab. Die Kompetenz der Autoren sowie die Praxisnähe und die Qualität der Fachinformationen machen die Reihe zu einem verlässlichen Partner für alle, ob Einsteiger, Fortgeschrittene oder erfahrene Anwender.

Das KOMPENDIUM ist praktisches Nachschlagewerk, Lehr- und Handbuch zugleich. Auf bis zu 1.000 Seiten wird jedes Thema erschöpfend behandelt. Ein detailliertes Inhaltsverzeichnis und ein umfangreicher Index erschließen das Material. Durch den gezielten Zugriff auf die gesuchte Information hilft das KOMPENDIUM auch in scheinbar aussichtslosen Fällen unkompliziert und schnell weiter.

Praxisnahe Beispiele und eine klare Sprache sorgen dafür, dass bei allem technischen Anspruch und aller Präzision die Verständlichkeit nicht auf der Strecke bleibt.

Mehr als 5 Millionen Leser profitierten bisher von der Kompetenz der KOMPENDIEN.

**Unser Online-Tipp
für noch mehr Wissen ...**

... aktuelles Fachwissen rund um die Uhr — zum Probelesen, Downloaden oder auch auf Papier.

www.InformIT.de

AutoCAD und LT 2006

Zeichnungen, 3D-Modelle, Layouts

WERNER SOMMER

Markt+Technik

{ **KOMPENDIUM** }
Einführung | Arbeitsbuch | Nachschlagewerk

Bibliografische Information Der Deutschen Bibliothek

Die Deutsche Bibliothek verzeichnet diese Publikation in der Deutschen Nationalbibliografie; detaillierte bibliografische Daten sind im Internet über <http://dnb.ddb.de> abrufbar.

Die Informationen in diesem Buch werden ohne Rücksicht auf einen eventuellen Patentschutz veröffentlicht. Warennamen werden ohne Gewährleistung der freien Verwendbarkeit benutzt. Bei der Zusammenstellung von Texten und Abbildungen wurde mit größter Sorgfalt vorgegangen. Trotzdem können Fehler nicht vollständig ausgeschlossen werden. Verlag, Herausgeber und Autoren können für fehlerhafte Angaben und deren Folgen weder eine juristische Verantwortung noch irgendeine Haftung übernehmen. Für Verbesserungsvorschläge und Hinweise auf Fehler sind Verlag und Herausgeber dankbar.

Alle Rechte vorbehalten, auch die der fotomechanischen Wiedergabe und der Speicherung in elektronischen Medien. Die gewerbliche Nutzung der in diesem Produkt gezeigten Modelle und Arbeiten ist nicht zulässig.

Fast alle Hardware- und Softwarebezeichnungen und weitere Stichworte und sonstige Angaben, die in diesem Buch verwendet werden, sind als eingetragene Marken geschützt. Da es nicht möglich ist, in allen Fällen zeitnah zu ermitteln, ob ein Markenschutz besteht, wird das ® Symbol in diesem Buch nicht verwendet.

Umwelthinweis:
Dieses Buch wurde auf chlorfrei gebleichtem Papier gedruckt.
Die Einschrumpffolie – zum Schutz vor Verschmutzung – ist aus umweltverträglichem und recyclingfähigem PE-Material.

10 9 8 7 6 5 4 3 2 1

07 06 05

ISBN 3-8272-6970-9

© 2005 by Markt+Technik Verlag,
ein Imprint der Pearson Education Deutschland GmbH,
Martin-Kollar-Straße 10–12, D-81829 München/Germany
Alle Rechte vorbehalten
Coverkonzept: independent Medien-Design,
  Widenmayerstraße 16, 80538 München
Coverlayout: Thomas Arlt, tarlt@adesso21.net
Titelfoto: IFA-Bilderteam
Titelmotiv: Sandwüste, Namibia, Afrika
Lektorat: Brigitte Bauer-Schiewek, bbauer@pearson.de
Herstellung: Elisabeth Prümm, epruemm@pearson.de
Satz: reemers publishing services gmbh, Krefeld (www.reemers.de)
Druck und Verarbeitung: Bercker, Kevelaer
Printed in Germany

Im Überblick

	Vorwort	19
Teil 1	**Der Start mit AutoCAD 2006/LT 2006**	**23**
Kapitel 1	Einführung	25
Kapitel 2	Die Bedienelemente	31
Kapitel 3	Zeichentechniken	73
Kapitel 4	Grundeinstellungen für eine neue Zeichnung	133
Kapitel 5	Zeichnen und Editieren	163
Kapitel 6	Schraffieren, Bemaßen und Beschriften	215
Teil 2	**Befehle, Befehle, Befehle …**	**253**
Kapitel 7	Noch mehr Zeichen- und Editierbefehle	255
Kapitel 8	Gefüllte Flächen, Umgrenzungen und Regionen	313
Kapitel 9	Bemaßungen und Stile	333
Kapitel 10	Texte, Schriftfelder und Tabellen	377
Kapitel 11	Blöcke, Attribute, externe Referenzen und Gruppen	409
Kapitel 12	Bilder in Zeichnungen	469
Kapitel 13	Änderungen, Design-Center und Werkzeugpaletten	483
Kapitel 14	Die Windows-Funktionen	525
Kapitel 15	Plotten, Plotter und Plotstil-Manager	541
Kapitel 16	Layouts im Papierbereich	585

Im Überblick

Kapitel 17	Datenaustausch	621
Kapitel 18	Die Internet-Funktionen	639
Kapitel 19	Zeichnungsstandards	657

Teil 3 Abheben in die dritte Dimension ... **669**

Kapitel 20	3D-Zeichnen, -Editieren und -Präsentieren	671
Kapitel 21	Oberflächen- und Volumenmodelle	721
Kapitel 22	Rendern in AutoCAD	769

Teil 4 AutoCAD intern ... **809**

Kapitel 23	Dynamische Blöcke	811
Kapitel 24	Die Supportdateien	829
Kapitel 25	Werkzeugpaletten, Werkzeugkästen und Menüs	843
Kapitel 26	Plansätze	875

Teil 5 Anhang und Referenz ... **889**

Anhang A	Installation und Optionen	891
Anhang B	Zusatzprogramme	923
Anhang C	Befehle und Systemvariablen	943
Anhang D	Branchenapplikationen und Autodesk-Produkte	947
	Stichwortverzeichnis	951

Inhaltsverzeichnis

		Vorwort	19
Teil 1		**Der Start mit AutoCAD 2006/LT 2006**	23
Kapitel 1		**Einführung**	25
1.1		Die Gliederung	25
1.2		AutoCAD oder AutoCAD LT?	26
1.3		Die Konventionen in diesem Buch	27
1.4		Die CDs zum Buch	28
1.5		Hard- und Softwarevoraussetzungen	29
Kapitel 2		**Die Bedienelemente**	31
2.1		AutoCAD starten	31
2.2		Der AutoCAD-Bildschirm	31
2.3		Eine Zeichnung öffnen	35
2.4		Die Werkzeugkästen und Funktionsleisten	40
2.5		Befehlszeilenfenster und Textfenster	45
2.6		Befehle und Optionen	47
2.7		Zoom- und Pan-Befehle	52
2.8		Übersichtsfenster und Bildlaufleisten	59
2.9		Tastenbelegung der Maus	62
2.10		Mehrere Zeichnungen öffnen	63
2.11		Die Hilfe in AutoCAD	68
2.12		AutoCAD beenden	71

Kapitel 3 Zeichentechniken 73
- 3.1 Eine neue Zeichnung beginnen. 73
- 3.2 Linien, Kreise und Rechtecke zeichnen. 75
- 3.3 Freihandzeichnen. 82
- 3.4 Das Koordinatensystem und Koordinatenformate 84
- 3.5 Limiten, Papierformat und Maßstab 89
- 3.6 Zeichnen mit Koordinaten. 93
- 3.7 Orthogonales Zeichnen. 95
- 3.8 Zeichnen mit Abstands- und Winkelangaben 96
- 3.9 Befehle zurücknehmen. 98
- 3.10 Löschen von Objekten und Objektwahl 99
- 3.11 Zeichnen mit Fang und Raster 108
- 3.12 Der Polare Fang 110
- 3.13 Zeichnen mit dem Objektfang. 114
- 3.14 Relativpunkte und Objektfang. 123
- 3.15 Objektfangspuren. 125
- 3.16 Temporärer Spurpunkt. 128
- 3.17 Zeichnen mit Punktfiltern 129
- 3.18 Die Spur-Funktion 131

Kapitel 4 Grundeinstellungen für eine neue Zeichnung 133
- 4.1 Layer, Farben, Linientypen und Linienstärken. 133
- 4.2 Linientypen und Linientypenfaktoren 145
- 4.3 Die aktuelle Farbe 149
- 4.4 Die aktuelle Linienstärke 150
- 4.5 Speichern der Zeichnung 152
- 4.6 Layerfilter 155
- 4.7 Assistenten beim Start 160

Kapitel 5 Zeichnen und Editieren 163
- 5.1 Mit einer Vorlage starten 163
- 5.2 Zeichnen der Konturen. 165

5.3	Versetzen von Objekten	167
5.4	Stutzen und Dehnen	170
5.5	Abrunden und Fasen von Objekten	175
5.6	Zeichenübung	178
5.7	Konstruktionslinie und Strahl	179
5.8	Zeichnen von Bögen	183
5.9	Benutzerkoordinatensysteme BKS	188
5.10	Objekte kopieren	196
5.11	Drehen von Objekten	197
5.12	Schieben von Objekten	199
5.13	Spiegeln von Objekten	199
5.14	Skalieren von Objekten	202
5.15	Strecken von Objekten	203
5.16	Mittellinien zeichnen	205
5.17	Ausschnitte in der Zeichnung speichern	208
5.18	Neuzeichnen und Regenerieren	212
5.19	Bildschirm bereinigen	213
Kapitel 6	**Schraffieren, Bemaßen und Beschriften**	**215**
6.1	Schraffieren von Flächen	215
6.2	Ausmessen und Abfragen	227
6.3	Bemaßen der Zeichnung	232
6.4	Einfache lineare Maße	233
6.5	Zusammengesetzte Maße	236
6.6	Radius- und Durchmessermaße	238
6.7	Winkelmaße	240
6.8	Beschriften der Zeichnung	243
6.9	Textänderungen	250

Inhaltsverzeichnis

Teil 2 Befehle, Befehle, Befehle 253

Kapitel 7 Noch mehr Zeichen- und Editierbefehle 255
7.1 Zeichnen von Polylinien 255
7.2 Editierung von Polylinien 260
7.3 Zeichnen und Editieren von Splines 268
7.4 Ellipse, Polygon und Ring 271
7.5 Skizzieren 273
7.6 Revisionsmarkierungen 276
7.7 Zeichnen mit komplexen Linientypen 279
7.8 Zeichnen und Editieren von Multilinien 280
7.9 Zeichnen von Doppellinien 288
7.10 Punkte, Messen und Teilen 291
7.11 Brechen und Verbinden von Objekten 294
7.12 Regelmäßige Anordnungen 296
7.13 Isometrisches Zeichnen 302
7.14 Vom Tablett digitalisieren 305
7.15 Der Taschenrechner 306

Kapitel 8 Gefüllte Flächen, Umgrenzungen und Regionen 313
8.1 Gefüllte Flächen 313
8.2 Schraffieren mit Farbverlauf 314
8.3 Andere gefüllte Flächen 316
8.4 Darstellung gefüllter Flächen 318
8.5 Zeichnungsreihenfolge 319
8.6 Umgrenzung 322
8.7 Erstellung von Regionen 324
8.8 Analyse von Regionen 325
8.9 Verknüpfung von Regionen 327
8.10 2D-Konstruktionen aus Regionen 329

Kapitel 9	Bemaßungen und Stile	333
9.1	Koordinatenbemaßung	333
9.2	Bogenlängen und verkürzte Radiusbemaßung	335
9.3	Schnellbemaßung	336
9.4	Form- und Lagetoleranzen	341
9.5	Führungslinien	342
9.6	Mittellinien an Kreisen und Bögen	347
9.7	Einstellung der Bemaßungsvariablen	347
9.8	Bemaßungsparameter mit Dialogfeldern	349
9.9	Bemaßungsstile	363
9.10	Editierung von Objekten mit Bemaßung	370
9.11	Editierbefehle für Maße	372
Kapitel 10	Texte, Schriftfelder und Tabellen	377
10.1	Textabsätze	377
10.2	Textstile	386
10.3	Textänderungen	389
10.4	Rechtschreibprüfung	390
10.5	Suchen und ersetzen	392
10.6	Schriftfelder	395
10.7	Tabellen und Tabellenstile	399
Kapitel 11	Blöcke, Attribute, externe Referenzen und Gruppen	409
11.1	Eigenschaften von Blöcken	409
11.2	Blöcke erstellen	410
11.3	Exportieren von Blöcken	414
11.4	Einfügen von Blöcken	417
11.5	Attribute erstellen und ändern	423
11.6	Attributeingabe	426
11.7	Änderung von Attributwerten	428
11.8	Attributausgabe	435

Inhaltsverzeichnis

11.9	Externe Referenzen zuordnen	444
11.10	Benannte Objekte in externen Referenzen	449
11.11	Binden von externen Referenzen	450
11.12	Binden der benannten Objekte	451
11.13	Blöcke und externe Referenzen zuschneiden	453
11.14	Blöcke und externe Referenzen bearbeiten	456
11.15	Gruppen in AutoCAD	460
11.16	Gruppen in AutoCAD LT	464
Kapitel 12	**Bilder in Zeichnungen**	**469**
12.1	Bilddateien zuordnen	469
12.2	Bilder bearbeiten	474
12.3	Bilder zuschneiden	477
12.4	Beispiele für Bilder in Zeichnungen	478
Kapitel 13	**Änderungen, Design-Center und Werkzeugpaletten**	**483**
13.1	Der Objekteigenschaften-Manager	483
13.2	Änderungen im Kontextmenü	488
13.3	Die Schnellauswahl	489
13.4	Übertragung von Objekteigenschaften	494
13.5	Editieren mit Griffen	496
13.6	Objekte umbenennen	502
13.7	Das AutoCAD-Design-Center	504
13.8	Funktionen im AutoCAD-Design-Center	510
13.9	Suchen im AutoCAD-Design-Center	516
13.10	Schraffieren im AutoCAD-Design-Center	518
13.11	Die Werkzeugpaletten	520
Kapitel 14	**Die Windows-Funktionen**	**525**
14.1	Zeichnungseigenschaften	525
14.2	Kopieren zwischen Zeichnungsfenstern	527

14.3	Drag&Drop	529
14.4	Die Zwischenablage in AutoCAD	530
14.5	Verknüpfen und Einbetten (OLE)	532
14.6	Paztielles Öffnen	539

Kapitel 15	**Plotten, Plotter und Plotstil-Manager**	541
15.1	Das Zeichnungslayout	541
15.2	Plotten der Zeichnung	545
15.3	Weitere Plot-Befehle	555
15.4	Der Plotter-Manager	556
15.5	Benutzerspezifische Papiergrößen	567
15.6	Plotstiltabellen	572
15.7	Plotstiltabellen bearbeiten	575
15.8	Plotstile beim Zeichnen	580
15.9	Plotstile konvertieren	582

Kapitel 16	**Layouts im Papierbereich**	585
16.1	Ansichtsfenster im Modellbereich	585
16.2	Modellbereich, Papierbereich, Layouts	590
16.3	Ansichtsfenster im Layout	596
16.4	Papier- und Modellbereich im Layout	601
16.5	Sichtbarkeit in den Ansichtsfenstern	607
16.6	Bemaßen mit assoziativen Maßen	609
16.7	Bemaßen ohne assoziative Maße	612
16.8	Assistent zum Erstellen von Layouts	616
16.9	Layerfilter und Ausschnitte beim Erstellen von Layouts	616

Kapitel 17	**Datenaustausch**	621
17.1	Austausch mit AutoCAD	621
17.2	Austausch im DXF-Format	623
17.3	Optionen beim Speichern	624

17.4	Nicht vorhandene Zeichensätze	626
17.5	Anwendungen laden	627
17.6	Weitere Austauschformate	629
17.7	Elektronisches Plotten	634
17.8	Zeichnungen mit Kennwort schützen	636

Kapitel 18	**Die Internet-Funktionen**	639
18.1	Hyperlinks in der Zeichnung	639
18.2	Dateien aus dem Internet	643
18.3	Im DWF-Format publizieren	644
18.4	Zeichnung als E-Mail-Anhang	648
18.5	Zeichnungen im Web publizieren	652

Kapitel 19	**Zeichnungsstandards**	657
19.1	Layerstatus verwalten	657
19.2	Layer konvertieren	660
19.3	Standard speichern	664
19.4	Standard mit Zeichnung verknüpfen	665
19.5	Zeichnung auf Standard prüfen	666

Teil 3	**Abheben in die dritte Dimension**	669

Kapitel 20	**3D-Zeichnen, -Editieren und -Präsentieren**	671
20.1	3D-Techniken	671
20.2	3D-Koordinatenformate	673
20.3	Zeichnen mit Objekthöhe und Erhebung	674
20.4	Das erste 3D-Modell	677
20.5	Der Ansichtspunkt	679
20.6	3D-Editierfunktionen	685
20.7	Benutzerkoordinatensysteme im Raum	696
20.8	Verdecken und schattieren	703

20.9	Der 3D-Orbit	705
20.10	Fluchtpunktperspektiven und Schnitte	709
20.11	Ansichtsfenster im Modellbereich	712
20.12	Layout von 3D-Modellen	714
Kapitel 21	**Oberflächen- und Volumenmodelle**	**721**
21.1	3D-Polylinien, -Flächen und -Netze	721
21.2	3D-Grundkörper aus Oberflächen	727
21.3	Oberflächen aus Drähten erstellen	729
21.4	Editierung von Oberflächenmodellen	733
21.5	3D-Konstruktion mit Flächen	735
21.6	Volumenkörper erstellen	739
21.7	Volumenkörper bearbeiten	746
21.8	3D-Konstruktionen mit Volumen	757
21.9	Zeichnungen von Volumenkörpern erstellen	761
Kapitel 22	**Rendern in AutoCAD**	**769**
22.1	Rendern von 3D-Modellen	769
22.2	Bilder speichern, anzeigen und drucken	774
22.3	Rendern mit Hintergrund	776
22.4	Rendern im Nebel	780
22.5	Materialien aus der Materialbibliothek	782
22.6	Materialien bearbeiten und erstellen	787
22.7	Mapping	791
22.8	Lichter und Schatten	795
22.9	Szenen	801
22.10	Landschaft	804
22.11	Statistik	807

Teil 4 AutoCAD intern 809

Kapitel 23	Dynamische Blöcke	811
23.1	Der Blockeditor für dynamische Blöcke	811
23.2	Dynamische Blöcke: Verschiebung und Drehung	814
23.3	Dynamische Blöcke: Sichtbarkeit	816
23.4	Dynamische Blöcke: Streckung und Spiegelung	818
23.5	Dynamische Blöcke: Abfragetabelle	822
23.6	Dynamische Blöcke: Skalieren	823
23.7	Dynamische Blöcke: Anordnung	826

Kapitel 24	Die Supportdateien	829
24.1	Linientypen definieren	829
24.2	Schraffurmuster definieren	831
24.3	Externe Programme einbinden	835
24.4	Befehlskürzel definieren	837
24.5	Diadateien	838
24.6	Script-Dateien	840

Kapitel 25	Werkzeugpaletten, Werkzeugkästen und Menüs	843
25.1	Werkzeugpaletten	843
25.2	Werkzeugkästen	850
25.3	Werkzeugkästen anlegen und ändern	851
25.4	Die Benutzeroberfläche	860
25.5	Anpassungsdateien	861
25.6	Arbeitsbereiche	865
25.7	Menüs	866
25.8	Tablettmenüs	867
25.9	Bildschirmmenü	868
25.10	Bildkachelmenüs	870
25.11	Sonstiges	871

Kapitel 26	**Plansätze**	875
26.1	Manager für Plansatzunterlagen	875
26.2	Arbeiten mit Plansätzen	877
26.3	Erstellen eines neuen Plansatzes	885
Teil 5	**Anhang und Referenz**	889
Anhang A	**Installation und Optionen**	891
A.1	Installation von AutoCAD/AutoCAD LT	891
A.2	Der erste Start von AutoCAD	895
A.3	Optionen beim Start von AutoCAD	896
A.4	Optionen in AutoCAD	898
A.5	Konfiguration der dynamischen Eingabe	918
A.6	Dokumente und Einstellungen	919
A.7	Konfiguration des Grafiktabletts	920
Anhang B	**Zusatzprogramme**	923
B.1	Das Lizenzierungsdienstprogramm	923
B.2	Stapelweise Standardsprüfung	927
B.3	Der Referenzmanager	930
B.4	Autodesk DWF Viewer	933
B.5	AutoCAD Express Tools	936
Anhang C	**Befehle und Systemvariablen**	943
C.1	Verwendung der Befehle	943
C.2	Befehle im Hilfe-Fenster	944
C.3	Systemvariablen	944
Anhang D	**Branchenapplikationen und Autodesk-Produkte**	947
D.1	Applikationen zu AutoCAD	947
D.2	Autodesk-Produkte	948
	Stichwortverzeichnis	951

Vorwort

Die wenigsten technischen Zeichnungen werden heute noch am Reißbrett erstellt. In allen technischen Berufen, in der Architektur, der Vermessungstechnik – kurz überall dort, wo Zeichnungen erstellt werden, wo geplant, entwickelt und konstruiert wird, sind CAD-Programme zum selbstverständlichen Werkzeug geworden. Ob eine einfache Fertigungsskizze, ein Schemaplan, ein Einrichtungsplan, eine Konstruktionszeichnung oder ein Grundriss eines Gebäudes gezeichnet werden soll, mit CAD geht es präziser, Änderungen werden einfacher und gehen viel schneller als »von Hand«. Zudem lässt sich jede Zeichnung bei neuen, aber ähnlichen Aufgabenstellungen wieder verwenden. Einmal investierte Arbeit kann so mehrfach genutzt werden.

Aber die CAD-Welt ist im Wandel. Die klassischen CAD-Systeme werden vielfach nur als »elektronische Zeichenbretter« benutzt. 3D-CAD-Programme sind im Vormarsch und revolutionieren die Arbeitsweise aufs Neue. Nicht die Zeichnung steht im Vordergrund, sondern das Modellieren eines Produkts. Die Zeichnung entsteht quasi auf Knopfdruck.

Trotzdem werden die meisten CAD-Zeichnungen heute noch klassisch in 2D erstellt, und hier ist AutoCAD mit seinen zahlreichen Zusatzprogrammen der Marktführer. Durch die konsequent offene Architektur mit ihren integrierten Software-Schnittstellen entstand eine ganze Software-Industrie rund um AutoCAD. Das Programm wurde zur Basissoftware für die unterschiedlichsten Branchenapplikationen. Das heißt aber nicht, dass AutoCAD ein 2D-Programm ist. Mit dem integrierten Volumenmodellierer lassen sich 3D-Modelle erstellen und im Layout Zeichnungen davon ableiten. Das Render-Modul sorgt für photorealistische Darstellungen.

Doch nicht nur am oberen Ende der Leistungsskala entwickelt sich der Markt weiter. Überall dort, wo Skizzen, einfache 2D-Zeichnungen, technische Illustrationen, Handbücher, Einrichtungspläne oder Schemazeichnungen erstellt werden, ist Bedarf an preiswerten CAD-Systemen. So war es nur konsequent, dass Autodesk Anfang 1994 AutoCAD LT vorstellte. Dabei handelt es sich um einen Ableger von AutoCAD, der fast alle Funktionen für 2D-Zeichnungen vom großen Bruder mitbekommen hat. Sogar einfache 3D-Zeichnungen lassen sich damit erstellen und 3D-Zeichnungen aus AutoCAD können zumindest angezeigt und in bestimmten Grenzen auch bearbeitet werden.

AutoCAD LT sieht AutoCAD zum Verwechseln ähnlich und ist dateikompatibel zur Vollversion. Die gleiche Bedienoberfläche und die gleichen Werkzeugkästen machen einen eventuell später erforderlichen Umstieg auf die Vollversion leicht. Deshalb beschreibt dieses Buch beide Versionen. Wo es Unterschiede gibt, finden Sie immer entsprechende Hinweise.

Seit April 2005 sind die neuen Versionen auf dem Markt: AutoCAD 2006 und AutoCAD LT 2006. Das vorliegende Kompendium zu den beiden Programmen wendet sich sowohl an AutoCAD-Neulinge als auch an erfahrene CAD-Anwender, die sich in das Programm einarbeiten wollen. In den ersten Kapiteln des Buches finden Sie den Einstieg in das Programm. An einem überschaubaren Beispiel, das von Anfang an geplant und gezeichnet wird, lernen Sie die elementaren Zeichen- und Konstruktionstechniken von AutoCAD kennen.

In den folgenden Kapiteln können alle weiteren Befehle an vorbereiteten Beispielzeichnungen geübt werden. Der fortgeschrittene Anwender findet hier Tipps und Tricks für den effektiven Einsatz des Programms.

Ausführlich werden die 3D-Funktionen von AutoCAD 2006 behandelt. Sie lernen, wie Sie mit Erhebung und Objekthöhe zeichnen und wie Sie Festkörper und Oberflächenmodelle erstellen. Sowohl die Echtzeitschattierung als auch die fotorealistische Darstellung von 3D-Modellen sind beschrieben. Für die Anwender von AutoCAD LT 2006 gibt es in diesem Teil die meisten Einschränkungen der Programmfunktionen.

Datenaustausch ist in der CAD-Branche ein wichtiges Thema. Welche Schnittstellen AutoCAD zur Verfügung stellt und wie Sie Daten und Zeichnungen mit anderen Windows-Anwendungen austauschen, finden Sie ebenfalls in diesem Buch erläutert. Mit diesen Möglichkeiten wird AutoCAD immer interessanter für den Einsatz in der technischen Dokumentation und bei der Erstellung von Handbüchern und Bedienungsanleitungen. Vorhandene CAD-Zeichnungen finden so mehrfache Verwendung. Unter diesem Aspekt ist die Standardisierung und Konvertierung von Zeichnungen ein wichtiges Thema. AutoCAD gibt Ihnen dafür neue Werkzeuge, die ebenfalls in diesem Buch beschrieben sind.

Zeichnungen im Internet weltweit zur Verfügung zu stellen ist mit AutoCAD kein Problem. Bauteile, Baugruppen und komplette Zeichnungen direkt aus dem Internet in die aktuelle Zeichnung übernehmen – auch das ist möglich.

AutoCAD stellt dem versierten Anwender zudem eine ganze Reihe von Möglichkeiten zur Verfügung, das Programm den individuellen Anforderungen anzupassen. Werkzeugkästen können selbst zusammengestellt, Menüs geändert und angepasst werden. Auch darauf wird in diesem Kompendium detailliert eingegangen.

Zahlreiche Übungen erleichtern den Einstieg in dieses vielseitige Programm. Auf der beiliegenden CD findet man vorbereitete Übungsbeispiele, die in den einzelnen Kapiteln des Buchs beschrieben sind. Anhand dieser Beispiele können die gelernten Befehle und Funktionen ausprobiert und geübt werden. Zur Kontrolle sind die Lösungen der Aufgaben ebenfalls gespeichert. Eine zweite CD enthält eine voll funktionsfähige deutsche Version von AutoCAD 2006, die auf 30 Tage befristet lauffähig ist.

Für die Unterstützung bei der Arbeit an diesem Buch bedanke ich mich bei meiner Frau Doris für ihre Beratung und die Korrekturarbeiten, Philipp Sommer für das fachliche Lektorat, Friederike und Greta Sommer für die moralische Unterstützung, der Firma Autodesk für die freundliche Unterstützung meiner Buchprojekte und Brigitte Bauer-Schiewek, meiner Lektorin beim Verlag Markt+Technik, für die ausgesprochen gute und erfolgreiche Zusammenarbeit.

Ich selbst und auch der Verlag freuen uns, wenn Sie uns unter info@pearson.de Kritik und Anregungen zu diesem Buch schicken.

Ich wünsche Ihnen nun viel Spaß bei der Einarbeitung in AutoCAD 2006 oder AutoCAD LT 2006 und einen erfolgreichen Einsatz des Programms in Ihrer beruflichen Praxis.

Werner Sommer

Zu den Symbolen am Rand

Anweisungen zur Ausführung von Zeichen- und Konstruktionsfunktionen oder Befehlen finden Sie hier.

Übungsanleitungen finden Sie bei diesem Symbol.

Hier finden Sie spezielle Tipps über einfachere oder erweiterte Möglichkeiten und schnellere Bedienung.

Neben diesem Symbol finden Sie spezielle Hinweise, um Fehler von vornherein zu vermeiden.

Teil 1 Der Start mit Auto-CAD 2006/LT 2006

Kapitel 1:	Einführung	25
Kapitel 2:	Die Bedienelemente	31
Kapitel 3:	Zeichentechniken	73
Kapitel 4:	Grundeinstellungen für eine neue Zeichnung	133
Kapitel 5:	Zeichnen und Editieren	163
Kapitel 6:	Schraffieren, Bemaßen und Beschriften	215

1 Einführung

1.1 Die Gliederung

Das vorliegende Buch gliedert sich in fünf Teile:

Teil 1: Der Start mit AutoCAD 2006/LT 2006

In diesem ersten Teil erfahren Sie alles über die Bedienelemente und die Befehlswahl in AutoCAD, wie man Zeichnungen sucht und öffnet und wie man mit mehreren Zeichnungen am Bildschirm umgeht. Sie arbeiten mit den wichtigsten Anzeigebefehlen und benutzen die Hilfe-Funktion. Sie lernen die Zeichentechniken von AutoCAD 2006/LT 2006 kennen. Dabei erfahren Sie alles über Koordinaten und Koordinatensysteme und lernen die Konstruktionsmethoden kennen. Außerdem lernen Sie, wie eine Zeichnung mit Hilfe der Layertechnik strukturiert wird.

Teil 2: Befehle, Befehle, Befehle ...

Kapitelweise lernen Sie alle Befehle von AutoCAD. An Zeichnungsbeispielen bekommen Sie eine Vorstellung von der Funktion und den Einsatzmöglichkeiten der behandelten Befehle. Auch der Datenaustausch mit anderen Programmen und die Möglichkeiten von AutoCAD im Internet werden in diesem Teil vorgestellt. Wichtig für CAD-Administratoren sind hier auch die neuen Möglichkeiten zur Schaffung von CAD-Standards und zur Konvertierung von Zeichnungen.

Teil 3: Abheben in die dritte Dimension

Bis zu diesem Teil des Buches haben Sie nur in zwei Dimensionen gearbeitet, das soll sich nun ändern. Sie erweitern Ihre Kenntnisse um das Räumliche, erstellen Oberflächen- und Volumenmodelle und setzen das Ergebnis mit den Renderfunktionen ins rechte Licht.

Teil 4: AutoCAD intern

Nichts ist so gut, dass es nicht noch verbessert werden kann. AutoCAD ist ein offenes Programm. Sie lernen, wie Sie Werkzeugkästen und Menüs entsprechend Ihren Vorstellungen ändern können.

Teil 5: Anhang und Referenz

In einem weiteren Kapitel lernen Sie, wie AutoCAD installiert wird und wie Sie es durch die entsprechenden Voreinstellungen und Konfigurationen optimal tunen. Außerdem finden Sie hier die mitgelieferten Zusatzprogramme beschriben, auch die neuen Express Tools, mit denen Sie sich die Zeichenarbeit erheblich vereinfachen können. Mit den folgenden Befehlen zum Nachschlagen, der Zusammenstellung wichtigster Branchenapplikationen zu AutoCAD bekommen Sie einen Überblick über die vielfältigen Einsatzmöglichkeiten des Programms.

1.2 AutoCAD oder AutoCAD LT?

Es ist leider nicht möglich, CAD zu lernen wie Maschinenschreiben. Man lernt auf einer Schreibmaschine und kann dann auf jedem Modell schreiben. Man lernt nicht CAD allgemein, sondern den Umgang mit einem CAD-Programm. In dem vorliegenden Kompendium ist es das Programm AutoCAD, entweder in der Vollversion oder der LT-Version. Die aktuellen Programmversionen sind AutoCAD 2006 und AutoCAD LT 2006 und auf diese beziehen sich die Beschreibungen in diesem Buch. Darüber hinaus geht es aber um grundlegende Zeichenfunktionen des Programms, die Sie auch in den früheren AutoCAD-Versionen finden. So können Sie das Buch mit nur wenigen Einschränkungen auch mit den Versionen 2000, 2000i, 2002, 2004 und 2005 von AutoCAD oder AutoCAD LT durcharbeiten. Und sollte es, wenn Sie dieses Buch in Händen halten, schon eine neuere Version von AutoCAD geben, werden Sie in dieser Version ebenfalls die grundlegenden Zeichenfunktionen finden, die Sie mit Hilfe dieser Ausgabe erlernen können.

Trotz vieler Gemeinsamkeiten zwischen AutoCAD 2006 und AutoCAD LT 2006 gibt es auch eine Menge Unterschiede. Überall wo dies der Fall ist, finden Sie Symbole am Rand. Daran erkennen Sie schnell, dass diese Funktion nur in AutoCAD 2006 oder AutoCAD LT 2006 vorhanden ist.

 Diese Funktion gibt es nur in AutoCAD LT 2006.

 Diese Funktion gibt es so nur in AutoCAD 2006.

Zudem sind die Menüs und Werkzeugkästen in beiden Programmen etwas unterschiedlich. Wo es Abweichungen gibt, ist dies im Buch vermerkt.

1.3 Die Konventionen in diesem Buch

Das Wichtigste, das Sie bei der Einarbeitung in ein CAD-Programm lernen müssen, ist, mit welchem Befehl welche Aufgabe ausgeführt werden kann. Doch was nützt der beste Befehl, wenn Sie ihn nicht finden. Deshalb wird für jeden neu eingeführten Befehl beschrieben, wo er zu finden ist, z.B.:

➡ Abrollmenü ZEICHNEN, Funktion SCHRAFFUR...

➡ Symbol im Werkzeugkasten ZEICHNEN

Zur besseren Orientierung im Text werden Befehlsnamen, Systemvariable und Bedienelemente sowie Werkzeugkästen, Abrollmenüs, Menüeinträge, Schaltflächen in Dialogfeldern usw. im Buch in Kapitälchen gesetzt, zum Beispiel: Befehl LINIE, Systemvariable SURFTAB1, Abrollmenü ZEICHNEN, Werkzeugkasten ÄNDERN, Schaltfläche ÖFFNEN usw.

Fast alle Befehle können Sie auch per Symbol aus den Werkzeugkästen wählen. Wo dies der Fall ist, finden Sie eine Abbildung des entsprechenden Symbols (siehe oben). Befehlsdialoge sind im Text in einer speziellen Schriftart gedruckt. Eingaben in diesen Dialogen, die Sie zu machen haben, und Erläuterungen dazu sind zudem fett gesetzt, zum Beispiel:

```
Befehl: Kreis
Zentrum für Kreis angeben oder
[3P/2P/Ttr(Tangente Tangente Radius)]: T für die Funktion Ttr eingeben
Punkt auf Objekt für erste Tangente des Kreises angeben: rechte Linie
anklicken
Punkt auf Objekt für zweite Tangente des Kreises angeben: untere Linie
anklicken
Radius für Kreis angeben: 20
```

Haben Sie den Befehl aus einem der Menüs oder aus einem Werkzeugkasten gewählt, wird der englische Befehlsname im Befehlszeilenfenster übernommen.

```
Befehl: _circle
Zentrum für Kreis angeben oder
[3P/2P/Ttr(Tangente Tangente Radius)]:
```

Aus Gründen der Übersichtlichkeit und Verständlichkeit wird im Buch abweichend davon immer der deutsche Befehlsname verwendet.

Kapitel 1   Einführung

Übungsanleitungen sind im Text in der Standardschrift als Aufzählung gesetzt, zum Beispiel:

1. Wählen Sie den Befehl LAYER.
2. Klicken Sie im Dialogfeld für die Layersteuerung die Schaltfläche NEU an.

1.4   Die CDs zum Buch

Auf der Übungs-CD, die dem Buch beiliegt, finden Sie alle Zeichnungen, Dateien und Bilder, die Sie benötigen, um die Übungen bearbeiten zu können. Auch alle Lösungen können Sie dort einsehen und Ihr Ergebnis mit dieser Musterlösung vergleichen.

Die CD startet beim Einlegen automatisch. Sie startet Ihren Internetbrowser und mit den Links auf dem Startbildschirm können Sie die entsprechenden Funktionen wählen. Weitere Informationen zum Inhalt der CD finden Sie in der Datei *Readme.txt* auf der CD. Wenn Sie nur die Übungsbeispiele benötigen, können Sie diese auch manuell auf die Festplatte kopieren.

Kopieren der Übungsdateien für die Versionen 2006, 2005 und 2004 auf die Festplatte

1. Starten Sie den Windows-Explorer.
2. Erstellen Sie auf Ihrer Festplatte einen Ordner *Aufgaben*.
3. Im Ordner *Aufgaben* auf der CD finden Sie alle Beispieldateien. Die Datei *Aufgaben.exe* enthält die Dateien in gepackter Form.
4. Kopieren Sie nur die Datei *Aufgaben.exe* aus dem Ordner *Aufgaben* der CD in den Ordner *Aufgaben* auf Ihrer Festplatte.
5. Starten Sie die Programmdatei *Aufgaben.exe* auf Ihrer Festplatte durch einen Doppelklick im Explorer. Die Beispieldateien werden entpackt.
6. Löschen Sie danach die Datei *Aufgaben.exe* wieder auf der Festplatte.

Arbeiten Sie mit einer früheren Version von AutoCAD oder AutoCAD LT, dann finden Sie auf der CD im Ordner \Aufgaben2000 ebenfalls eine Datei Aufgaben.exe. Diese Datei enthält die Zeichnungsdateien im 2000er Format, ebenfalls in gepackter Form. Diese Zeichnungen können Sie verwenden, wenn Sie mit AutoCAD 2000/2000i/2002 oder AutoCAD LT 2000/ 2000i/2002 arbeiten. Beachten Sie aber, dass verschiedene Funktionen in diesen AutoCAD-Versionen noch nicht vorhanden sind. Übungsdateien für diese Funktionen finden Sie hier natürlich nicht.

Die Installation der zweiten CD, auf der die Fristversion von AutoCAD 2006 liegt, erklärt sich durch ihre Benutzerführung ganz von allein.

1.5 Hard- und Softwarevoraussetzungen

Mit dem Umstieg auf AutoCAD 2006/LT 2006 müssen Sie sich keinen neuen PC kaufen. Trotz gesteigerter Funktionalität stellen die neuen Versionen keine wesentlich höheren Anforderungen an die Hardware. Die Mindestanforderungen sind:

- Intel Pentium III oder kompatibler Prozessor mit mindestens 800 MHz
- Microsoft Windows XP Professional, Home Edition oder Tablet PC Edition, oder Windows 2000
- 512 MB Arbeitsspeicher
- 500 MB freie Festplattenkapazität
- Grafikkarte mit einer Auflösung von 1024 x 768 oder höher, True-Color-Unterstützung
- CD-ROM-Laufwerk
- Microsoft Internet Explorer 6.0
- Maus oder anderes Zeigegerät
- Farbbildschirm mit mindestens 19 Zoll Bildschirmdiagonale, besser 21 oder 22 Zoll oder TFT-Monitor ab 17 Zoll

Trotz dieser geringen Mindestanforderungen gilt – vor allem bei der Bearbeitung größerer Zeichnungen und der Arbeit an mehreren Zeichnungen: je schneller desto besser.

AutoCAD 2006 beinhaltet alle Befehle zur effizienten Erstellung und Bearbeitung von Zeichnungen. Es ist aber ein branchenneutrales CAD-Programm. Mit den integrierten Programmiersprachen und den vorhandenen Softwareschnittstellen ist es möglich, die Funktionalität des Programms erheblich zu erweitern. Diese Möglichkeiten werden von Branchenapplikationen benützt. Das sind spezielle Zusatzprogramme zu AutoCAD für Mechanik, Architektur, Innenarchitektur, Haustechnik, Büroeinrichtung, Elektrotechnik, Anlagenbau usw. In Teil 5 dieses Buches (Anhang D, Branchenapplikationen und Autodesk-Produkte) finden Sie eine Zusammenstellung der wichtigsten deutschsprachigen Branchenapplikationen.

Hier liegt auch die entscheidende Einschränkung von AutoCAD LT 2006. Die LT-Version hat keine Software-Schnittstellen und ist deshalb nur in engen Grenzen durch Branchenapplikationen erweiterbar. Außer Symbolbibliotheken und Erweiterungen mit eingeschränktem Funktionsumfang ist das Programm im Wesentlichen starr.

2 Die Bedienelemente

In einem ersten Rundgang lernen Sie, wie Sie die Bedienelemente von Auto-CAD 2006/LT 2006 einsetzen.

2.1 AutoCAD starten

Haben Sie AutoCAD schon auf Ihrem Computer installiert? Falls nicht, finden Sie in Anhang A, Installation und Optionen, die Anleitung dazu.

AutoCAD starten

Aus dem Menü START von Windows, die Funktion PROGRAMME, die Gruppe AUTODESK, darin die Gruppe AUTOCAD 2006 – DEUTSCH bzw. AUTOCAD LT 2006 – DEUTSCH und dort das Programm AUTOCAD 2006 bzw. AUTOCAD LT 2006 zum Start anklicken.

Bei der Installation wird zudem eine Verknüpfung auf dem Desktop erstellt. Mit einem Doppelklick auf das Symbol kann AutoCAD ebenfalls gestartet werden.

2.2 Der AutoCAD-Bildschirm

Nach dem Laden des Programms kommt der Zeichenbildschirm von Auto-CAD auf den Bildschirm (siehe Abbildung 2.1) und eine neue Zeichnung *Zeichnung1.dwg* wird angelegt.

Startdialogfeld aktiviert

Wurde in den Optionen (siehe Anhang A.4) die Einstellung STARTDIALOG-FELD ANZEIGEN gewählt, erscheint beim Start des Programms und beim Befehl NEU (siehe Kapitel 3.1) ein Dialogfeld mit verschiedenen Auswahlmöglichkeiten (siehe Abbildung 2.2).

Kapitel 2   Die Bedienelemente

Abbildung 2.1:
AutoCAD nach dem Start

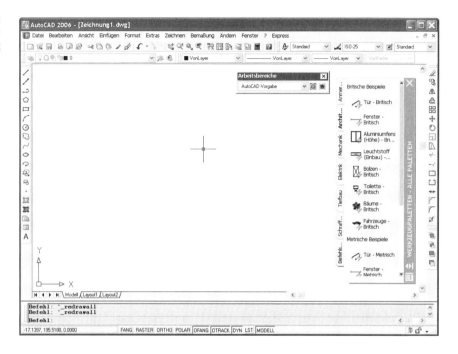

Abbildung 2.2:
Das Startdialogfeld

Hier können Sie die Funktionen aus der oberen Symbolleiste wählen:

> **Zeichnung öffnen:** Im Dialogfeld erscheint eine Liste mit den zuletzt bearbeiteten Zeichnungen (siehe Abbildung 2.3). Von der markierten Zeichnung wird eine Voransicht im Fenster neben der Liste angezeigt. Mit einem Doppelklick auf eine Zeichnung in der Liste wird diese in einem Fenster geöffnet. Mit einem Klick auf die Schaltfläche OK wird

Der AutoCAD-Bildschirm Kapitel 2

die in der Liste markierte Zeichnung geöffnet. Mit der Schaltfläche DURCHSUCHEN kommt das Dialogfeld des Befehls ÖFFNEN (siehe Kapitel 2.3) auf den Bildschirm.

Abbildung 2.3:
Startdialogfeld mit den zuletzt bearbeiteten Zeichnungen

➤ **Direkt beginnen:** Start einer neuen Zeichnung ohne Voreinstellungen, wie beim Befehl NEU (siehe Kapitel 3.1).

➤ **Vorlage verwenden:** Start einer neuen Zeichnung mit einer gespeicherten Vorlage, wie beim Befehl NEU (siehe Kapitel 3.1).

➤ **Assistent verwenden:** Start einer neuen Zeichnung mit einem Assistenten, wie beim Befehl NEU (siehe Kapitel 3.1).

➤ **Abbrechen:** Abbruch und Start einer neuen Zeichnung ohne Voreinstellungen.

Elemente des AutoCAD-Bildschirms

Folgende Elemente finden Sie auf dem AutoCAD-Bildschirm (siehe Abbildung 2.4):

➤ **Die Zeichenfläche mit den Zeichnungsfenstern (1):** Den größten Teil des Bildschirms nimmt die Zeichenfläche mit den Zeichnungsfenstern ein. Sie können ein oder mehrere Zeichnungsfenster auf der Zeichnungsfläche geöffnet haben und diese überlappend, nebeneinander oder übereinander am Bildschirm anordnen. Außerdem können Sie ein Fenster maximieren, so dass es die ganze Zeichenfläche ausfüllt (siehe Abbildung 2.4).

Abbildung 2.4:
Der AutoCAD
Zeichenbildschirm

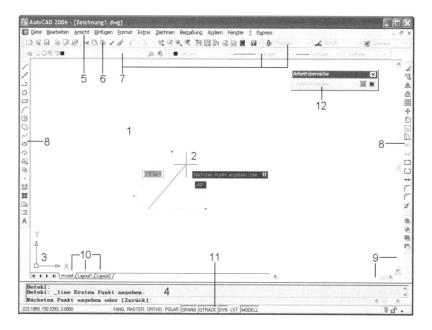

Alles was Sie während einer Sitzung erstellen, wird im jeweils aktiven Zeichnungsfenster dargestellt. Während des Zeichnens kann das Fenster gewechselt werden. Begonnene Befehle bleiben gespeichert und können fortgesetzt werden, wenn Sie das Fenster wieder aktivieren.

▶ **Das Fadenkreuz (2):** Die Eingabeposition beim Zeichnen wird Ihnen vom Fadenkreuz angezeigt. Sie steuern das Fadenkreuz mit den Bewegungen der Maus. Der Schnittpunkt der beiden Linien zeigt Ihnen die momentane Eingabeposition an. Die Länge der Achsen des Fadenkreuzes ist einstellbar. In AutoCAD bzw. AutoCAD LT 2006 befinden sich am Fadenkreuz die Koordinaten- und Winkelanzeige bzw. die Felder für die dynamische Eingabe dieser Größen.

▶ **Das Koordinatensymbol (3):** In AutoCAD kann mit mehreren Koordinatensystemen gearbeitet werden, so genannten Benutzerkoordinatensystemen. Das Koordinatensymbol zeigt die Lage der X- und Y-Achse des momentan aktiven Benutzerkoordinatensystems an.

▶ **Das Befehlszeilenfenster (4):** AutoCAD wird über Befehle bedient. Jede Aktion, die Sie vornehmen – ob Sie eine Linie zeichnen oder den Bildausschnitt vergrößern wollen – Sie brauchen dazu einen Befehl. Den können Sie, wenn Sie seinen Namen wissen, auf der Tastatur eingeben. Normalerweise wählen Sie den gewünschten Befehl mit einer Funktion aus den Abrollmenüs oder einem Symbol aus einem Werkzeugkasten. Egal wo Sie gewählt haben, die Auswahl wird im Befehlszeilenfenster protokolliert. Das Befehlszeilenfenster können Sie wie einen Werkzeugkasten (siehe unten) in seiner Größe verändern und an eine beliebige Stelle des Bildschirms schieben.

- **Die Menüzeile mit den Abrollmenüs (5):** Befehle können Sie in Auto-CAD aus den Abrollmenüs wählen. Wenn Sie sich mit dem Fadenkreuz aus der Zeichenfläche heraus bewegen, erhalten Sie den normalen Windows-Mauszeiger und Sie können die Menüs aktivieren.
- **Die Standard Funktionsleiste (6):** Wichtige Befehle können Sie mit Werkzeugsymbolen in der STANDARD FUNKTIONSLEISTE (unter der Menüzeile) anwählen. Die wichtigsten Symbole sind identisch mit denen der Microsoft-Office-Programme. Auch die STANDARD FUNKTIONSLEISTE können Sie wie einen Werkzeugkasten aus- und einschalten, auf der Zeichenfläche verschieben oder am Rand festsetzen.
- **Die Funktionsleisten Layer, Eigenschaften, Stile (7):** Wichtige Zeichnungseinstellungen lassen sich mit Symbolen und Abrollmenüs in weiteren Funktionsleisten neben und unter der STANDARD FUNKTIONSLEISTE vornehmen.
- **Die Werkzeugkästen (8):** Alle Befehle können auch in Werkzeugkästen angewählt werden. Werkzeugkästen lassen sich bei Bedarf ein- und ausschalten und entweder am Rand der Zeichenfläche festsetzen (andocken) oder frei platzieren, doch dazu gleich mehr.
- **Die Bildlaufleisten (9):** An den Bildlaufleisten am unteren und rechten Rand jedes Zeichnungsfensters können Sie den Ausschnitt auf der Zeichenfläche verschieben.
- **Das Register Modell und die Layout-Register (10):** Links neben der unteren Bildlaufleiste haben Sie die Register für den Modellbereich und die verschiedenen Layouts in der Zeichnung.
- **Die Statuszeile (11):** Am unteren Bildschirmrand werden Ihnen verschiedene Statusinformationen der Zeichnung angezeigt sowie die Zeichenhilfen, die Sie dort auch ein- und ausschalten können.
- **Der Werkzeugkasten Arbeitsbereiche (12):** In diesem Werkzeugkasten können Sie gespeicherte Einstellungen der Benutzeroberfläche von AutoCAD verwalten sowie die aktuelle Einstellung unter einem Namen speichern.

2.3 Eine Zeichnung öffnen

Holen Sie zunächst eine gespeicherte Beispielzeichnung auf den Bildschirm, um die Funktionen der oben beschriebenen Elemente näher kennen zu lernen.

Befehl Öffnen

Um eine bestehende Zeichnung auf den Bildschirm zu holen, verwenden Sie den Befehl ÖFFNEN. Wählen Sie den Befehl wie folgt:

- Eintippen des Befehlsnamens auf der Tastatur. Da Befehle immer auch durch Eintippen ihres Namens gestartet werden können, wird dies im Folgenden nicht mehr ausdrücklich erwähnt.

Kapitel 2   Die Bedienelemente

> Abrollmenü DATEI, Anklicken des Eintrags ÖFFNEN...
> Symbol in der STANDARD FUNKTIONSLEISTE

Wenn Sie den Befehl ÖFFNEN wählen, bekommen Sie das Dialogfeld zur Dateiauswahl auf dem Bildschirm angezeigt (siehe Abbildung 2.5).

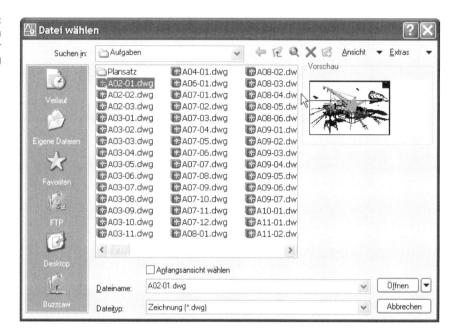

Abbildung 2.5:
Dialogfeld zum Öffnen einer Zeichnung

Suchen in: Wählen Sie hier Laufwerk und Ordner, aus dem Sie die Zeichnung öffnen wollen.

Dateiliste: In der Dateiliste finden Sie alle Dateien, die sich in diesem Ordner befinden. Mit einem Doppelklick auf ein Ordnersymbol öffnen Sie den Ordner und bekommen dessen Inhalt angezeigt.

Vorschau: Markieren Sie eine Zeichnungsdatei, wird in diesem Feld die Vorschau der Zeichnung angezeigt.

Dateiname: In dieses Feld wird der Dateiname der markierten Datei übernommen. Tragen Sie hier einen Dateinamen ein, wird diese Datei geöffnet, sofern diese Datei im aktuellen Ordner existiert.

Dateityp: Wählen Sie hier aus, welchen Dateityp Sie öffnen wollen. Zur Auswahl haben Sie *Zeichnung (*.dwg)*, *Standards (*.dws)*, *DXF (*.dxf)* und *Zeichnungsvorlage (*.dwt)*. Normalerweise ist dies *Zeichnung (*.dwg)* der Dateityp für AutoCAD-Zeichnungsdateien.

Anfangsansicht wählen: Ist dieser Schalter ein, können Sie den Ausschnitt wählen, der auf dem Bildschirm angezeigt werden soll. Das ist nur dann sinnvoll, wenn Sie in der Zeichnung benannte Ausschnitte gespeichert haben (siehe Kapitel 5.17).

Öffnen: Neben dieser Schaltfläche finden Sie einen Pfeil für ein Abrollmenü. Aus diesem können Sie wählen, wie die Zeichnung geöffnet werden soll: ÖFFNEN, SCHREIBGESCHÜTZT ÖFFNEN, PARTIELLES ÖFFNEN (siehe Kapitel 14.6) und SCHREIBGESCHÜTZTES PARTIELLES ÖFFNEN.

Symbolleiste: Mit den Symbolen rechts neben dem Abrollmenü SUCHEN IN können Sie weitere Funktionen wählen (von links nach rechts):

- Zum zuletzt gewählten Ordner wechseln
- Zum übergeordneten Ordner wechseln
- Zeichnung im World Wide Web suchen und öffnen
- Markierte Zeichnung löschen
- Neuen Ordner im aktuellen Ordner erstellen

Linke senkrechte Symbolleiste: In dieser Leiste können Sie spezielle Speicherorte auswählen. Klicken Sie auf ein solches Symbol, wird der Inhalt dieses Speicherorts in der Dateiliste angezeigt. Im Einzelnen sind dies (von oben nach unten):

- VERLAUF: die zuletzt geöffneten Dateien
- EIGENE DATEIEN: der Inhalt des Ordners *Eigene Dateien*
- FAVORITEN: der Inhalt des Ordners *Favoriten*
- FTP: laden einer Zeichnung von einer FTP-Adresse
- DESKTOP: der Inhalt des Windows Desktops. Von diesem können Sie dann wieder in die verschiedenen Systemordner, den Arbeitsplatz und damit in die verschiedenen Laufwerke und Ordner wechseln.
- BUZZSAW: der Inhalt der Web-Seite www.buzzsaw.com

Ansicht: Wählen Sie in diesem Abrollmenü, ob Sie in der Dateiliste nur die Dateinamen oder auch Details wie Dateigröße, Dateityp und letztes Änderungsdatum abgezeigt haben wollen. Außerdem kann hier die Voransicht ein- und ausgeschaltet werden. Mit der Einstellung MINIATURANSICHTEN bekommen Sie statt einer Liste ein Voransichtsbild für jede Datei. Befindet sich ein Unterordner in der Liste, wird er mit einem Ordnersymbol gekennzeichnet. Enthält dieser ebenfalls Zeichnungen, werden diese auf dem Ordnersymbol angezeigt (siehe Abbildung 2.6).

Abbildung 2.6:
Dialogfeld zum Öffnen mit Miniaturansichten ohne Vorschau

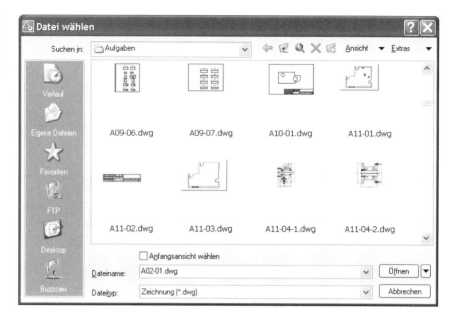

Extras: In diesem Abrollmenü finden Sie spezielle Funktionen.

➤ SUCHEN: Suchen einer Datei, bei der Sie die Suchbedingungen in einem Dialogfeld mit zwei Registern eintragen können. Im ersten Register NAME & SPEICHERORT tragen Sie den Namen oder Teile eines Namens ein, wählen den Dateityp und den Ordner (siehe Abbildung 2.7). Im Register ÄNDERUNGSDATUM können Sie die Suche auf Grund des Änderungsdatums auf bestimmte Dateien eingrenzen (siehe Abbildung 2.8). Mit dem Schalter JETZT SUCHEN wird die Suche gestartet. Markieren Sie die gesuchte Zeichnung in der Liste der Suchergebnisse, klicken auf OK und Sie kommen zum vorherigen Dialogfeld und zwar in den Ordner, in dem sich die gesuchte Zeichnung befindet.

➤ SUCHEN IM SUCHPFAD: Tragen Sie einen Dateinamen im Dialogfeld zum Öffnen ein und wählen diesen Punkt aus dem Abrollmenü, wird die Datei in den in der Konfiguration gespeicherten Suchpfaden gesucht (siehe Anhang A.4).

➤ FTP-ADRESSEN HINZUFÜGEN/ÄNDERN: Hinzufügen einer FTP-Adresse in den FTP-Ordner.

➤ AKTUELLEN ORDNER ZU POSITION HINZUFÜGEN: Mit diesem Menüpunkt wird der aktuelle Ordner in die Symbolleiste auf der linken Seite übernommen.

➤ ZU FAVORITEN HINZUFÜGEN: Übernimmt den aktuellen Ordner oder die markierte Zeichnung in den Favoriten-Ordner. Häufig benötigte Zeichnungen lassen sich so schnell mit dem Symbol in der Leiste der Positionen auswählen.

Eine Zeichnung öffnen　　　　　　　　　　　　　　　　　　　　　　　Kapitel 2

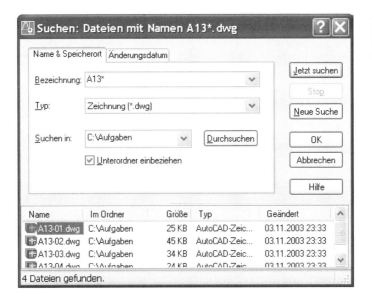

Abbildung 2.7:
Dialogfeld zum Suchen, Register Name & Speicherort

Abbildung 2.8:
Dialogfeld zum Suchen, Register Änderungsdatum

Die letzten vier geöffneten Dateien werden am unteren Ende des Abrollmenüs DATEI angezeigt. Das können auch Dateien aus vorherigen Sitzungen sein. Einfaches Anklicken bringt eine dieser Zeichnungen wieder auf den Bildschirm.

:-)
TIPP

Kapitel 2   Die Bedienelemente

Öffnen einer Zeichnung

1. Wählen Sie den Befehl ÖFFNEN.
2. Suchen Sie im Ordner *Aufgaben* die Zeichnung *A02-01.dwg*.
3. Öffnen Sie die Datei.

2.4   Die Werkzeugkästen und Funktionsleisten

Sie können in AutoCAD Befehle nicht nur aus den Abrollmenüs, sondern auch aus Werkzeugkästen bzw. Funktionsleisten auswählen. Diese können Sie ein- und ausschalten und an verschiedenen Stellen auf der Zeichenfläche platzieren oder am Rand der Zeichenfläche verankern. Standardmäßig haben Sie nach der Installation verschiedene Funktionsleisten auf dem Bildschirm: die STANDARD FUNKTIONSLEISTE und die Funktionsleisten LAYER, EIGEN-SCHAFTEN und STILE. Weitere Werkzeugkästen befinden sich am linken und rechten Rand der Zeichenfläche: ZEICHNEN (mit den Zeichenbefehlen, links) bzw. ÄNDERN und ZEICH.REIHENFOLGE (mit den Editierbefehlen rechts).

Werkzeugkästen im Kontextmenü wählen

Mit einem Rechtsklick auf ein beliebiges Symbol in einem Werkzeugkasten erscheint auf dem Bildschirm ein Kontextmenü mit der Liste der verfügbaren Werkzeugkästen. In diesem Menü können Sie den gewünschten Werkzeugkasten anklicken (siehe Abbildung 2.9). Bereits eingeschaltete Werkzeugkästen sind mit einem Häkchen versehen und werden beim erneuten Anklicken ausgeschaltet. Mit dem letzten Eintrag in dem Kontextmenü gelangen Sie zu dem Dialogfeld des Befehls zum Anpassen der Benutzeroberfläche (siehe Kapitel 25).

Werkzeugkasten platzieren

Werkzeugkästen können Sie auf verschiedene Arten am Bildschirm anordnen: Sie können Sie fest am Rand der Zeichenfläche verankern oder frei auf der Zeichenfläche platzieren (siehe Abbildung 2.10).

Frei platzierbare Werkzeugkästen können Sie verschieben, indem Sie auf die Titelleiste klicken und mit gedrückter Maustaste den Werkzeugkasten an die gewünschte Stelle ziehen. Kommen Sie dabei in die Nähe des Bildschirmrandes, rastet der Werkzeugkasten automatisch ein. Er bleibt fest an dieser Position und lässt sich dann auch nicht mehr verschieben. Die Zeichenfläche verkleinert sich entsprechend, der Werkzeugkasten ist verankert. Wenn Sie die Taste [Strg] beim Verschieben drücken, wird das automatische Verankern verhindert.

Die Werkzeugkästen und Funktionsleisten — Kapitel 2

Abbildung 2.9: Kontextmenü mit den verfügbaren Werkzeugkästen

Ziehen Sie den linken, rechten oder unteren Rand eines frei platzierbaren Werkzeugkastens mit gedrückter Maustaste, ändert sich die Form. Durch einen Klick in der linken oberen Ecke wird ein Werkzeugkasten geschlossen. Er verschwindet von der Zeichenfläche. Bei einem verankerten Werkzeugkasten ist das nicht möglich. Sie müssen ihn zuerst wieder frei platzierbar machen. Klicken Sie dazu an den Rand oder an den linken bzw. oberen doppelten Strich des Werkzeugkastens und ziehen Sie ihn mit gedrückter Maustaste auf die Zeichenfläche. Erst dann können Sie ihn ausschalten.

Befehle aus Werkzeugkästen anwählen

Klicken Sie auf ein Symbol in einem Werkzeugkasten, wird der zugehörige Befehl ausgeführt. Bleiben Sie mit dem Mauszeiger auf einem Werkzeugsymbol stehen, wird Ihnen nach kurzer Zeit am Mauszeiger eine Erläuterung zu dem Befehl angezeigt, das so genannte QUICKINFO (siehe Abbildung 2.11). Gleichzeitig erscheint in der Statuszeile am unteren Bildschirmrand ein zusätzlicher Hilfetext mit einer Kurzbeschreibung der Funktion.

Kapitel 2   Die Bedienelemente

Abbildung 2.10:
Werkzeugkästen
verankert und frei
platziert

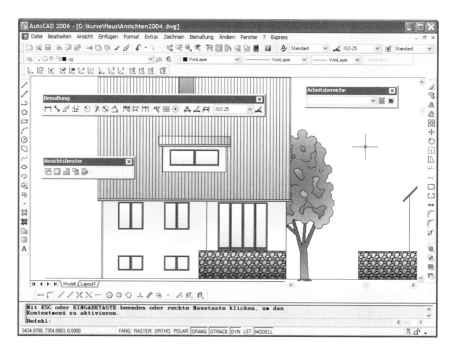

Abbildung 2.11:
QuickInfo auf einem
Symbol

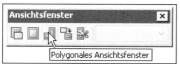

Hinter Symbolen, die in der rechten unteren Ecke das zusätzliche Symbol > haben, verbirgt sich ein Flyout-Menü. In der STANDARD-FUNKTIONSLEISTE finden Sie ein solches Flyout-Menü sowie in verschiedenen anderen Werkzeugkästen.

Halten Sie beim Anklicken die Maustaste gedrückt, wird das Flyout-Menü aktiviert. Mit gedrückter Maustaste können Sie auf das gewünschte Symbol fahren und dort die Maustaste loslassen. Dieser Befehl wird dann ausgeführt. Bei den Flyout-Menüs liegt immer das Symbol oben, das zuletzt gewählt wurde.

TIPP

➧ *Schalten Sie die Funktionsleisten nicht aus.*

➧ *Schalten Sie zusätzliche Werkzeugkästen nur ein, wenn Sie sie brauchen, und schalten Sie sie anschließend wieder aus.*

➧ *Verankern Sie Werkzeugkästen nur dann, wenn Sie sie längere Zeit benötigen. Verwenden Sie den freien Platz neben den Funktionsleisten.*

➧ *Die Einstellungen werden gespeichert und sind beim nächsten Programmstart unverändert.*

Die Werkzeugkästen und Funktionsleisten	Kapitel 2

Verankerungspositionen

Wollen Sie verhindern, dass die Anordnung der Werkzeugkästen geändert wird, dann können Sie das mit der Einstellung der VERANKERUNGSOPTIONEN. Im Kontextmenü für die Werkzeugkästen (siehe Abbildung 2.9) haben Sie in der vorletzten Zeile diesen Eintrag. In einem Untermenü können Sie wählen, welche Arten von Werkzeugkästen und Fenstern gesperrt werden sollen (siehe Abbildung 2.12).

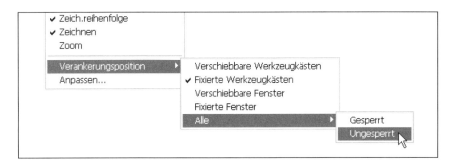

Abbildung 2.12: Verankerungspositionen festlegen

Sie können wählen, ob verschiebbare und fixierte Werkzeugkästen und Fenster vor Änderungen gesperrt werden sollen. Dies wird mit einem Häkchen gekennzeichnet. In einem weiteren Untermenü können Sie mit dem Eintrag ALLE wählen, ob alle Elemente gesperrt oder ungesperrt sein sollen.

Arbeitsbereiche speichern und verwalten

Für unterschiedliche Aufgaben gibt es in AutoCAD auch unterschiedliche Anordnungen der Werkzeugkästen. Beim Bemaßen benötigen Sie beispielsweise andere Werkzeugkästen wie beim Arbeiten mit Layouts im Papierbereich. Damit Sie nicht jedes Mal die Werkzeugkästen neu anordnen müssen, können Sie so genannte Arbeitsbereiche speichern und aufrufen. Aktivieren Sie dazu den Werkzeugkasten ARBEITSBEREICH (siehe Abbildung 2.13).

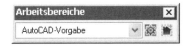

Abbildung 2.13: Werkzeugkasten ARBEITSBEREICHE

Arbeitsbereich speichern und wiederherstellen

Wollen Sie die aktuelle Einstellung der Werkzeugkästen speichern, gehen Sie wie folgt vor:

➤ Wählen Sie im Abrollmenü des Werkzeugkastens ARBEITSBEREICHE den Eintrag AKTUELLES SPEICHERN UNTER...

➤ Geben Sie im nächsten Dialogfeld einen Namen für die Einstellung ein (siehe Abbildung 2.14) und klicken Sie danach auf die Schaltfläche SPEICHERN. Der Arbeitsbereich wird gespeichert.

{ KOMPENDIUM } AutoCAD und LT 2006

Kapitel 2   Die Bedienelemente

Abbildung 2.14:
Arbeitsbereich
speichern

Wollen Sie eine gespeicherte Einstellung der Werkzeugkästen wieder auf den Bildschirm holen, gehen Sie wie folgt vor:

- Wählen Sie im Abrollmenü des Werkzeugkastens ARBEITSBEREICHE den Namen des gewünschten Arbeitsbereichs.
- Mit dem Eintrag *AutoCAD-Vorgabe* holen Sie die Originaleinstellung nach der Installation zurück.

Arbeitsbereicheinstellungen

- Klicken Sie im Werkzeugkasten ARBEITSBEREICHE auf das Symbol rechts neben dem Abrollmenü. Es öffnet sich ein Dialogfeld, in dem Sie die gespeicherten Arbeitsbereiche verwalten können (siehe Abbildung 2.15).

Abbildung 2.15:
Dialogfeld
ARBEITSBEREICH-
EINSTELLUNGEN

Menüanzeige und -reihenfolge: In dieser Liste finden Sie die gespeicherten Arbeitsbereiche. Ist das Häkchen vor dem Namen gesetzt, wird es in der Liste des Abrollmenüs angezeigt. Haben Sie einen Eintrag markiert, können Sie diesen mit der Schaltfläche NACH OBEN bzw. NACH UNTEN in der Liste verschieben. Mit der Schaltfläche TRENNLINIE HINZUF. fügen Sie im Menü eine Trennlinie vor dem markierten Eintrag ein. Mit einem Rechtsklick können Sie in einem Kontextmenü die Liste ebenfalls bearbeiten.

Mein Arbeitsbereich: In diesem Abrollmenü können Sie den Vorgabe-Arbeitsbereich wählen. Diesen können Sie mit dem rechten Symbol im Werkzeugkasten ARBEITSBEREICH aktivieren.

Beim Wechsel des Arbeitsbereichs: Mit diesen Schaltern können Sie wählen, ob beim Wechsel zu einem neuen Arbeitsbereich die Änderungen, die Sie am vorher aktiven Arbeitsbereich vorgenommen haben, gespeichert werden sollen oder nicht. Bei der oberen Einstellung bleibt der ursprünglich gespeicherte Arbeitsbereich erhalten.

2.5 Befehlszeilenfenster und Textfenster

Am unteren Rand des Zeichenbildschirms von AutoCAD läuft in drei Zeilen der Befehlsdialog mit. Jede Ihrer Eingaben wird dort protokolliert, egal ob Sie den Befehl aus den Menüs wählen oder ihn eintippen.

Änderung des Befehlszeilenfensters

Das Befehlszeilenfenster kann ähnlich wie ein Werkzeugkasten auf dem Bildschirm platziert und in seiner Größe verändert werden. Standardmäßig ist es, wie schon erwähnt, am unteren Rand des Zeichenbildschirms verankert. Klicken Sie es mit der Maus am oberen Rand an und halten Sie die Maustaste fest, um das Fenster größer oder kleiner zu ziehen. Packen Sie es an einem anderen Rand, können Sie es in die Zeichenfläche ziehen. An den Rändern und in den Ecken lässt sich das Fenster jetzt mit gedrückter Maustaste größer oder kleiner ziehen. An der Titelleiste kann es verschoben werden. Sie können es auch am oberen Rand der Zeichenfläche andocken.

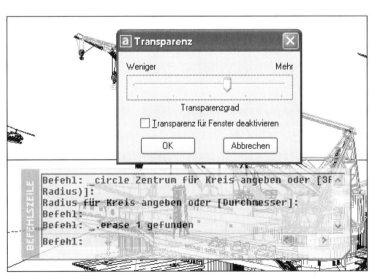

Abbildung 2.16: Befehlszeilenfenster transparent schalten

Kapitel 2   Die Bedienelemente

Befehlszeilenfenster transparent schalten

Haben Sie das Befehlszeilenfenster auf der Zeichenfläche, können Sie es transparent schalten, damit Sie die dahinter liegende Zeichnung sehen können. Klicken Sie dazu mit der rechten Maustaste in die blaue Titelleiste und wählen aus dem Kontextmenü die Funktion TRANSPARENZ. In einem Dialogfeld können Sie den TRANSPARENZGRAD einstellen oder diese Funktion deaktivieren (siehe Abbildung 2.16).

Umschalten auf das Textfenster

Zusätzlich kann auch ein Textfenster eingeblendet werden. Hier sehen Sie den Befehlsdialog in einem größeren Fenster, das Sie formatfüllend vergrößern können. Es hat Schiebeleisten an der rechten Seite und rechts unten, mit dem es durchblättert werden kann. Sie schalten es mit der Funktionstaste [F2] an. Wenn Sie die Funktionstaste einmal drücken, kommt das Textfenster in den Vordergrund und verschwindet, wenn Sie wieder [F2] drücken. Bei manchen Befehlen wird das Textfenster automatisch aktiviert. Auch hier schalten Sie es mit [F2] wieder aus.

Sowohl im Befehlszeilenfenster als auch im Textfenster können Sie den Protokolltext markieren. Drücken Sie die rechte Maustaste, erscheint ein Kontextmenü (siehe Abbildung 2.17). Darin können Sie wählen, ob Sie einen der zuletzt ausgeführten Befehle wiederholen wollen, den ganzen Text oder nur den markierten Teil in die Zwischenablage kopieren oder Text aus der Zwischenablage in die Befehlszeile kopieren wollen. Dieselben Funktionen finden Sie auch in einem Abrollmenü des Textfensters.

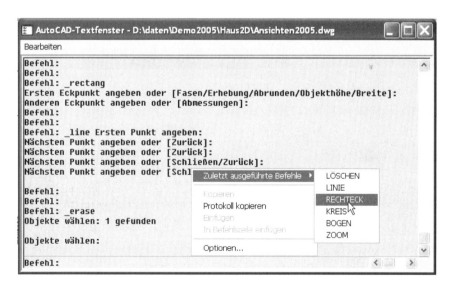

Abbildung 2.17:
Das Textfenster mit Kontextmenü

Haben Sie die letzten Befehle auf der Tastatur eingegeben, können Sie die Eingaben mit den Tasten ↑ und ↓ durchblättern und in die Befehlseingabe zurückholen. Mit ↵ wird der Befehl ausgeführt, der sich gerade in der Befehlseingabe befindet.

2.6 Befehle und Optionen

Alle Aktionen werden in AutoCAD mit Befehlen gestartet. Der Befehlsname wird eingetippt oder besser aus den Menüs gewählt.

Befehlskürzel eingeben

Bei der Eingabe auf der Tastatur können Sie den kompletten Befehlsnamen eintippen. Für die meisten Befehle sind Befehlskürzel definiert. Mit ihnen können Sie wichtige Befehle mit einem Buchstaben starten. So ist beispielsweise L das Kürzel für den Befehl LINIE, B für BOGEN oder K für KREIS. Für weniger häufig benötigte Befehle besteht das Kürzel aus zwei bis fünf Buchstaben, zum Beispiel Ar für den Befehl ABRUNDEN oder Spl für den Befehl SPLINE.

Englische oder deutsche Befehlsnamen eingeben

Bei der Wahl aus den Menüs werden englische Befehlsnamen verwendet. Im Befehlszeilenfenster sehen Sie diese, wenn Sie einen Befehl gewählt haben. Der englische Name mit einem vorangestellten Unterstrich »_« wird dort angezeigt. Wenn Sie einen Befehl auf der Tastatur eintippen, können Sie ebenfalls den englischen Namen verwenden. Ob Sie den Befehl LINIE oder _LINE eintippen, das Ergebnis ist dasselbe. Obwohl in AutoCAD immer die englischen Befehlsnamen im Befehlszeilenfenster erscheinen, werden in diesem Buch aus Gründen der besseren Verständlichkeit die deutschen Namen eingesetzt.

Optionen wählen

Die meisten Befehle lassen verschiedene Möglichkeiten bei der Eingabe zu, die in AutoCAD »Optionen« genannt werden. Zunächst steht in der Befehlszeile der erwartete Eingabewert und dahinter werden in eckigen Klammern die möglichen Optionen aufgelistet.

Beim Befehl PLINIE, den Sie später kennen lernen werden, bekommen Sie beispielsweise eine besonders umfangreiche Optionsliste angezeigt:

```
Befehl: Plinie
Startpunkt angeben: Startpunkt eingeben
Aktuelle Linienbreite beträgt 0.0000
Nächsten Punkt angeben oder [Kreisbogen/Schließen/Halbbreite/sehnenLänge/
Zurück/
Breite]:
```

Kapitel 2   Die Bedienelemente

Wenn Sie den Namen der Option eintippen, wird diese ausgeführt. Es reicht aber auch, wenn Sie den Buchstaben eintippen, der in der Liste bei der gewünschten Option groß geschrieben ist. Das ist in der Regel der erste Buchstabe. Es kann aber auch ein anderer Buchstabe sein: [K] für KREISBOGEN oder [L] für SEHNENLÄNGE. Bei noch längeren Optionslisten kann das Kürzel für die Option auch aus zwei oder mehr Buchstaben bestehen: [BR] für BREITE, [BE] für BEARBEITEN, [LÖ] für KURVE LÖSCHEN oder [LI] für LINIENTYP.

```
Befehl: Pedit
Polylinie wählen oder [mehrere Objekte]: Polylinie anklicken
Option eingeben [Schließen/Verbinden/BReite/BEarbeiten/kurve Angleichen/
    Kurvenlinie/kurve LÖschen/LInientyp/Zurück]:
```

In manchen Fällen wird eine vorgegebene Option in spitzen Klammern angezeigt. Sie kann mit [↵] ohne weitere Auswahl übernommen werden.

```
Befehl: Polygon
Anzahl Seiten eingeben <4>: Zahl der Seiten eingeben
Polygonmittelpunkt angeben oder [Seite]: Polygonmittelpunkt eingeben oder
Option Seite wählen
Option eingeben [Umkreis/Inkreis] <U>: Vorgabeoption Umkreis mit [↵]
    übernehmen oder Option I für Inkreis wählen
```

Wird bei einem Befehl ein Zahlenwert als Vorgabe angezeigt, kann dieser mit [↵] bestätigt werden, wenn er unverändert übernommen werden soll, zum Beispiel:

```
Befehl: Limiten
Modellbereichlimiten zurücksetzen:
Linke untere Ecke angeben oder [Ein/Aus] <0.0000,0.0000>:  [↵]
Obere rechte Ecke angeben <420.0000,297.0000>:  [↵]
```

Auch die Optionen können mit ihren englischen Namen eingegeben werden, wenn der Unterstrich vorangestellt wird, zum Beispiel _W für die Option BREITE (englisch WIDTH).

Befehlsabbruch

Falsch angewählte Befehle lassen sich mit der Taste [Esc] abbrechen. AutoCAD kommt dann zur Befehlsanfrage (auch Befehlsprompt genannt) zurück.

```
Befehl:
```

In manchen Fällen muss zweimal hintereinander [Esc] eingegeben werden, um zur Befehlsanfrage zurückzukommen. Wird ein Befehl aus den Menüs gewählt, wird ein bereits laufender Befehl automatisch abgebrochen. Dadurch werden Fehlfunktionen ausgeschlossen und die [Esc]-Taste für den Abbruch überflüssig.

Befehle und Optionen   Kapitel 2

Optionen aus dem Kontextmenü wählen

In AutoCAD lassen sich die Optionen auch bequem aus einem Kontextmenü am Bildschirm wählen. Wenn ein Befehl aktiv ist, können Sie mit der rechten Maustaste das Menü aktivieren. Darin finden Sie alle Optionen des Befehls, die Sie mit einem Mausklick anwählen können (siehe Abbildung 2.18). Der Eintrag EINGABE entspricht der Taste ⏎ und der Eintrag ABBRECHEN der Taste Esc. Zudem können Sie die Befehle ZOOM und PAN aus dem Menü wählen (siehe Kapitel 2.7).

Abbildung 2.18: Kontextmenü mit den Optionen beim Befehl Pedit

Befehle mit vorgewählter Option in den Menüs

Aus den Abrollmenüs können Sie einige Befehle schon mit der gewünschten Option wählen. Dadurch ersparen Sie sich zusätzliche Eingaben. Den Befehl KREIS finden Sie zum Beispiel mit seinen Optionen im Abrollmenü ZEICHNEN.

Transparente Befehle

Normalerweise können Sie einen neuen Befehl erst dann wählen, wenn der vorhergehende beendet ist und im Befehlszeilenfenster wieder der Befehlspromt steht:

```
Befehl:
```

Wenn ein Befehl noch nicht abgeschlossen ist und Sie einen neuen anwählen, wird der vorhergehende automatisch abgebrochen.

Es gibt aber in AutoCAD auch Befehle, mit denen anders gearbeitet werden kann, die so genannten *transparenten Befehle*. Sie können während der

Kapitel 2   Die Bedienelemente

Arbeit an einem anderen Befehl eingeschoben werden. Wenn Sie einen solchen Befehl eintippen, stellen Sie das Zeichen »´« (Apostroph) voran, zum Beispiel:

```
Befehl: Linie
Ersten Punkt angeben:
Nächsten Punkt angeben oder [Zurück]:
Nächsten Punkt angeben oder [Zurück]: 'Neuzeich

Nehme LINIE-Befehl wieder auf.

Nächsten Punkt angeben oder [Zurück]:
```

Wenn Sie einen transparenten Befehl aus dem Menü anwählen, wird er automatisch transparent aufgerufen und der laufende Befehl nicht abgebrochen.

Befehle mit und ohne Dialogfelder

Eine ganze Reihe von Befehlen wird in AutoCAD nicht im Befehlszeilenfenster, sondern in Dialogfeldern ausgeführt. Sie können aber auch ohne Dialogfeld ausgeführt werden, wenn dem Befehlsnamen ein »-« vorangestellt wird, z.B.: LAYER und -LAYER. Alle Anfragen laufen dann wieder im Befehlszeilenfenster ab. Für die normale Bedienung des Programms ist diese Variante viel zu umständlich. Für die Automatisierung bestimmter Abläufe mit Hilfe der Werkzeugkästen und Menüs sind aber gerade diese Varianten sinnvoll.

Dynamische Eingabe

Neu in AutoCAD 2006 bzw. LT 2006 ist, dass alle relevanten Informationen zur Befehlseingabe am Fadenkreuz angezeigt werden, wenn die dynamische Eingabe aktiviert ist. Das Befehlszeilenfenster wird damit überflüssig und kann deshalb auch abgeschaltet werden. Die dynamische Eingabe können Sie wie folgt ein- und ausschalten:

➧ Schalter DYN in der Statuszeile

➧ Mit der Funktionstaste F12

Anzeige bei der Koordinateneingabe: Wird eine Koordinate abgefragt, kann diese direkt am Fadenkreuz eingegeben werden (siehe Abbildung 2.19, Befehl LINIE). Alles zur Koordinateneingabe finden Sie in Kapitel 3.

Auswahl von Optionen: Gibt es alternativ dazu Befehlsoptionen, können Sie die Optionsliste mit der Taste ⬇ aktivieren (siehe Abbildung 2.20, Befehl RECHTECK).

Befehle und Optionen Kapitel 2

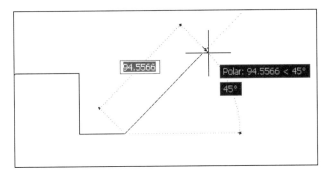

Abbildung 2.19:
Koordinateneingabe am Fadenkreuz

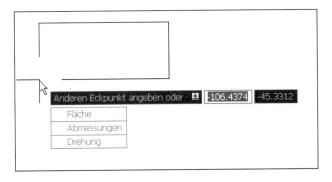

Abbildung 2.20:
Optionsauswahl am Fadenkreuz

Beginnt der Befehl mit der Abfrage einer Option, wird die Optionsliste automatisch am Fadenkreuz angezeigt (siehe Abbildung 2.21, Befehl PEDIT).

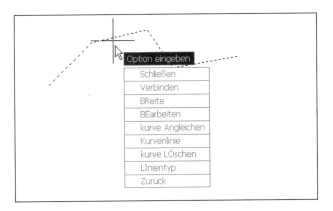

Abbildung 2.21:
Optionsliste am Fadenkreuz

Befehlszeilenfenster aus- und einschalten

Mit dem Befehl BEFEHLSZEILEAUSBL können Sie das Befehlszeilenfenster ausblenden (siehe Abbildung 2.22) und mit dem Befehl BEFEHLSZEILE wieder einblenden. Wählen Sie dazu:

Kapitel 2   Die Bedienelemente

➥ Abrollmenü EXTRAS, Funktion BEFEHLSZEILE zum Ein- und Ausschalten des Befehlszeilenfensters.

➥ Tastenkombination [STRG] + [9] zum Ein- und Ausschalten des Befehlszeilenfensters.

Beim ersten Ausschalten des Befehlszeilenfensters erhalten Sie einen Warnhinweis, den Sie aber an dieser Stelle für die Zukunft unterdrücken können.

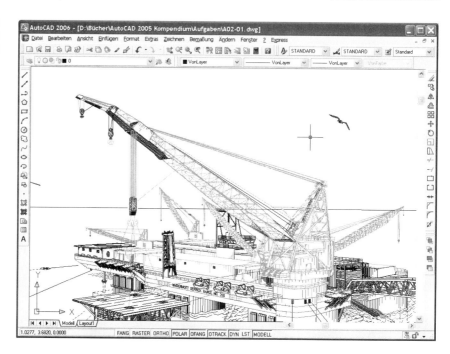

Abbildung 2.22:
AutoCAD ohne Befehlszeilenfenster

2.7   Zoom- und Pan-Befehle

In AutoCAD haben Sie eine ganze Reihe von Befehlen, um den Bildschirmausschnitt zu verändern. Alle diese Funktionen können Sie mit den Befehlen ZOOM und PAN ausführen. Fast alle Optionen dieser Befehle arbeiten transparent.

Echtzeit-Zoom-Funktion

Die flexibelste Methode, den Bildausschnitt zu verändern, ist die Echtzeitmethode mit kombinierter Zoom- und Pan-Funktion. Wählen Sie diese Variante des Befehls ZOOM:

➥ Abrollmenü ANSICHT, Untermenü ZOOM >, Funktion ECHTZEIT

➥ Symbol in der STANDARD-FUNKTIONSLEISTE

Sie erhalten in der Zeichenfläche statt des bisherigen Fadenkreuzes ein Lupensymbol mit den Zeichen »+« und »-« (siehe Abbildung 2.23).

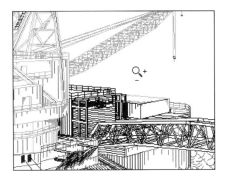

Abbildung 2.23:
Lupensymbol für Echtzeitzoom

Bewegen Sie das Symbol mit gedrückter Maustaste nach oben, vergrößern Sie die Anzeige kontinuierlich. Bewegen Sie es nach unten, wird sie verkleinert. Haben Sie die richtige Vergrößerung auf diese Weise eingestellt, drücken Sie die Tasten [Esc] oder [↵], der Befehl wird beendet und die momentane Vergrößerung übernommen.

Drücken Sie dagegen die rechte Maustaste, erscheint ein Kontextmenü. Darin lassen sich weitere Funktionen anwählen (siehe Abbildung 2.24).

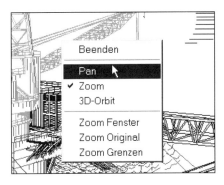

Abbildung 2.24:
Kontextmenü bei Echtzeit-Zoom oder -Pan

Wenn Sie in diesem Menü die Funktion Pan anklicken, können Sie Ihren Ausschnitt in Echtzeit verschieben. Dazu erhalten Sie auf der Zeichenfläche ein Handsymbol (siehe Abbildung 2.25).

Jetzt können Sie die Zeichnung mit gedrückter Maustaste in die gewünschte Richtung verschieben. Die Zeichnung wird kontinuierlich mitbewegt. Mit den Tasten [Esc] oder [↵] wird der Befehl beendet und der momentane Ausschnitt übernommen. Auch aus dieser Funktion kommen Sie mit der rechten Maustaste in das Kontextmenü (siehe Abbildung 2.25). Dort können Sie mit dem Eintrag Zoom wieder zur Echtzeit-Zoom-Funktion wechseln.

Kapitel 2 Die Bedienelemente

Abbildung 2.25:
Handsymbol für Echtzeit-Pan

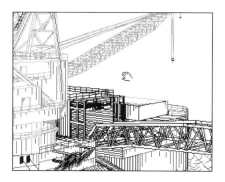

Weitere Funktionen im Kontextmenü

Zoom Fenster: Schaltet auf einen weiteren Modus um. Mit einem Fenstersymbol kann mit gedrückter Maustaste ein Fenster aufgezogen werden (siehe Abbildung 2.26). Der Ausschnitt in diesem Fenster wird formatfüllend auf dem Bildschirm dargestellt (siehe auch unten, Befehl ZOOM, Option FENSTER).

Abbildung 2.26:
Fenstersymbol für Ausschnittvergrößerung

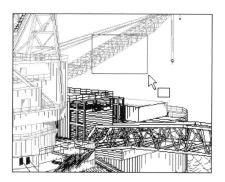

Zoom Original: Schaltet zu dem Ausschnitt zurück, der vor der Anwahl dieses Befehls auf dem Bildschirm war (siehe auch unten, Befehl ZOOM, Option VORHER).

Zoom Grenzen: Bringt die komplette Zeichnung formatfüllend auf den Bildschirm (siehe auch unten, Befehl ZOOM, Option GRENZEN).

3D-Orbit: Wahl des 3D-Ansichtspunkts bei 3D-Modellen, ebenfalls in Echtzeit und auf Wunsch auch schattiert (siehe Kapitel 20.9).

Beenden: Beendet den Befehl.

Zoom- und Pan-Befehle   Kapitel 2

Echtzeit-Pan-Funktion

Wollen Sie gleich mit der Pan-Funktion starten, müssen Sie nicht, wie oben beschrieben, den Umweg über die Zoom-Funktion gehen. Wählen Sie direkt den Befehl PAN:

➔ Abrollmenü ANSICHT, Untermenü PAN >, Funktion ECHTZEIT
➔ Symbol in der STANDARD-FUNKTIONSLEISTE

Sie starten mit der Pan-Funktion (Handsymbol) und können wie oben beschrieben auch zur Zoom-Funktion und zurück wechseln.

Weitere Optionen des Befehls Zoom

Neben diesen Echtzeitfunktionen gibt es noch eine Reihe weiterer Möglichkeiten, die Vergrößerung zu wählen. Es sind alles Optionen des Befehls ZOOM, die auch in der Optionsliste im Befehlszeilenfenster aufgelistet werden.

```
Befehl: 'Zoom
Fensterecke angeben, Skalierfaktor eingeben (nX oder nXP) oder
[Alles/Mitte/Dynamisch/Grenzen/Vorher/FAktor/Fenster] <Echtzeit>:
```

Zoom Fenster

➔ Abrollmenü ANSICHT, Untermenü ZOOM >, Funktion FENSTER
➔ Symbol in einem Flyout-Menü ZOOM der STANDARD-FUNKTIONSLEISTE und im Werkzeugkasten ZOOM

Zwei diagonale Eckpunkte eines Fensters werden abgefragt. Der Bereich in diesem Fenster wird formatfüllend auf die Zeichenfläche übernommen.

Zoom Vorher

➔ Abrollmenü ANSICHT, Untermenü ZOOM >, Funktion VORHER
➔ Symbol in der STANDARD-FUNKTIONSLEISTE

Mit dieser Option kommen Sie zum vorherigen Ausschnitt zurück. Die letzten zehn Ausschnitte bleiben gespeichert und können so der Reihe nach zurückgeholt werden.

Zoom Faktor

➔ Abrollmenü ANSICHT, Untermenü ZOOM >, Funktion SKALIEREN
➔ Symbol in einem Flyout-Menü ZOOM der STANDARD-FUNKTIONSLEISTE und im Werkzeugkasten ZOOM

Mit dieser Option können Sie einen Vergrößerungsfaktor für den Ausschnitt auf der Tastatur eingeben. Werte größer 1 bewirken eine Vergrößerung und Werte kleiner 1 eine Verkleinerung. Der Faktor bezieht sich:

- auf die Gesamtzeichnung, wie sie in den Limiten (siehe Kapitel 3.5) definiert ist.
- auf den momentanen Ausschnitt, wenn dem Wert X angehängt wird, z.B.: 0.7X oder 1.5X.
- auf die Vergrößerung des Modells im Papierbereich (siehe Kapitel 3.5), wenn dem Zahlenwert XP angehängt wird.

Beachten Sie, dass Zahlenwerte in AutoCAD mit Punkt und nicht mit Komma geschrieben werden, also 0.8 und nicht 0,8.

Zoom 0.5x bzw. 2x

- Abrollmenü ANSICHT, Untermenü ZOOM >, Funktion VERGRÖSSERN bzw. VERKLEINERN
- Symbole in einem Flyout-Menü ZOOM der STANDARD-FUNKTIONS-LEISTE und im Werkzeugkasten ZOOM

Die Optionen verkleinern bzw. vergrößern um den Faktor 0.5x bzw. 2x.

Zoom Mitte

- Abrollmenü ANSICHT, Untermenü ZOOM >, Funktion MITTE
- Symbol in einem Flyout-Menü ZOOM der STANDARD-FUNKTIONSLEISTE und im Werkzeugkasten ZOOM

Die Option MITTE arbeitet ähnlich wie die Option FAKTOR, nur dass Sie außer dem Vergrößerungsfaktor auch noch den Mittelpunkt des neuen Ausschnitts bestimmen können. Sie können aber auch statt des Vergrößerungsfaktors die Höhe des neuen Ausschnitts in Zeichnungseinheiten eingeben.

Zoom Alles bzw. Grenzen

- Abrollmenü ANSICHT, Untermenü ZOOM >, Funktion ALLES bzw. GRENZEN
- Symbole in einem Flyout-Menü ZOOM der STANDARD-FUNKTIONS-LEISTE und im Werkzeugkasten ZOOM

Mit der Option ALLES erhalten Sie den Bereich innerhalb der Limiten (siehe Kapitel 3.5) auf dem Bildschirm. Wenn außerhalb der Limiten gezeichnet wurde, werden alle Objekte der Zeichnung, auch die außerhalb der Limiten, auf dem Bildschirm dargestellt.

Die Option GRENZEN bringt alles formatfüllend, was Sie bis dahin gezeichnet haben, sei es nur ein Kreis oder eine Linie oder aber die komplette Zeichnung.

Mit den beiden Optionen können Sie kontrollieren, ob Objekte versehentlich außerhalb des Zeichenbereichs erstellt oder verschoben wurden. In diesem Fall kann es vorkommen, dass die Zeichnung klein in einer Ecke liegt und am Bildschirmrand ein winziges Objekt zu sehen ist.

Zoom Objekt

➡ Abrollmenü ANSICHT, Untermenü ZOOM >, Funktion OBJEKT

➡ Symbol in einem Flyout-Menü ZOOM der STANDARD-FUNKTIONSLEISTE und im Werkzeugkasten ZOOM

Mit der Option OBJEKT bekommen Sie ein oder mehrere gewählte Objekte formatfüllend auf den Bildschirm. Klicken Sie die Objekte an, bevor Sie den Befehl wählen, arbeitet der Befehl ohne Rückfrage. Haben Sie noch kein Objekt gewählt, kommt die Anfrage:

```
Objekte wählen:
```

Mit den Funktionen der Objektwahl (siehe Kapitel 3.10) können Sie die gewünschten Objekte wählen. Beenden Sie die Auswahl mit ⏎, kommen diese formatfüllend auf den Bildschirm.

Zoom Dynamisch

➡ Abrollmenü ANSICHT, Untermenü ZOOM >, Funktion DYNAMISCH

➡ Symbol in einem Flyout-Menü ZOOM der STANDARD-FUNKTIONSLEISTE und im Werkzeugkasten ZOOM

Mit dieser Option erhalten Sie einen speziellen Auswahlbildschirm, auf dem Sie Folgendes sehen und einstellen können (siehe Abbildung 2.27):

➡ die komplette Zeichnung

➡ ein gepunktetes bzw. gestricheltes Fenster in der Größe der Limiten (äußeres Fenster)

➡ ein gepunktetes Fenster, das die Größe des letzten Ausschnitts anzeigt (inneres Fenster)

➡ Das Einstellfenster, mit einem X markiert. Seine Lage kann mit der Maus verschoben werden. Klicken Sie die linke Maustaste, schaltet das Fenster um, es wird mit einem »->« am Rand markiert, und mit der Maus kann die Größe verändert werden. Klicken Sie wieder mit der linken Maustaste, schaltet das Fenster erneut um. Mit der ⏎-Taste wird

Kapitel 2   Die Bedienelemente

der Ausschnitt im Fenster auf den Zeichenbildschirm formatfüllend übernommen. Sie können aber auch die rechte Maustaste drücken und aus dem Kontextmenü den Eintrag EINGABE wählen. Mit der Taste `Esc` wird der Befehl abgebrochen und der vorherige Ausschnitt wieder auf den Bildschirm geholt. Dasselbe passiert auch dann, wenn Sie mit der rechten Maustaste das Kontextmenü holen und dort die Funktion ABBRECHEN wählen.

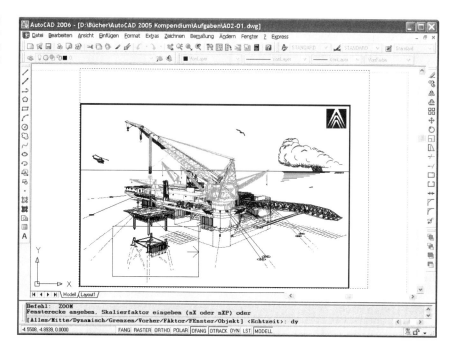

Abbildung 2.27: Dynamische Funktion des Befehls Zoom

Weitere Optionen des Befehls Pan

Wird der Befehl PAN mit einem vorangestellten »-« gestartet: -PAN, arbeitet er nicht im Echtzeitmodus. Sie können den Befehl auch aus dem Abrollmenü in dieser Variante wählen:

➡ Abrollmenü ANSICHT, Untermenü PAN >, Funktion PUNKT

Sie erhalten folgende Anfrage, wenn Sie den Befehl wählen:

```
Befehl: '-Pan
Basispunkt oder Verschiebung angeben:
Zweiten Punkt angeben:
```

Klicken Sie zwei Punkte auf der Zeichenfläche an. Die Zeichnung wird dann um die Distanz der beiden Punkte verschoben und Sie erhalten einen neuen

Ausschnitt auf dem Bildschirm. Sie können aber auch den Ausschnitt um eine feste Strecke verschieben. Gehen Sie dazu so vor:

```
Befehl: '-Pan
Basispunkt oder Verschiebung angeben: 100,200
Zweiten Punkt angeben: 200,200
```

Der Punkt 100,200 in der Zeichnung verschiebt sich dorthin, wo der Punkt 200,200 war (zu Koordinaten und den Koordinatenformaten erfahren Sie in Kapitel 3.4 mehr). Der Ausschnitt wird also um 100 Einheiten in X-Richtung verschoben. Dieselbe Wirkung erzielen Sie auch mit:

```
Befehl: '-Pan
Basispunkt oder Verschiebung angeben: 100,0
Zweiten Punkt angeben: ⏎
```

Die Zeichnung wird um 100 Einheiten in X-Richtung verschoben, wenn der zweite Punkt nur mit ⏎ bestätigt wird. Der erste Wert wird als Verschiebungswert interpretiert. Beachten Sie, dass bei all den beschriebenen Methoden die Objekte auf dem Zeichenblatt nicht verschoben werden, lediglich der Bildausschnitt. Vier weitere fest eingestellte Verschiebungswerte finden Sie ebenfalls im Abrollmenü:

➤ Abrollmenü ANSICHT, Untermenü PAN >, Funktionen LINKS, RECHTS, OBEN und UNTEN

Der Ausschnitt wird jeweils um einen bestimmten Betrag (ca. 1/8 der Bildschirmbreite) in der gewählten Richtung verschoben.

2.8 Übersichtsfenster und Bildlaufleisten

Wenn Sie an Details einer komplexen Zeichnung arbeiten, dann sollten Sie die Vergrößerung und den Zeichnungsausschnitt so oft als nötig wechseln. Damit Sie aber die Gesamtzeichnung im Überblick behalten können, gibt es in AutoCAD das Übersichtsfenster. Darin wird die komplette Zeichnung dargestellt und Sie können zudem dort den Bildausschnitt im Zeichnungsfenster verändern. Zur Orientierung ist zudem der momentane Bildausschnitt im Übersichtsfenster markiert (siehe Abbildung 2.28).

Übersichtsfenster ein- und ausschalten

Mit dem Befehl ÜFENSTER schalten Sie das Übersichtsfenster ein und aus. Sie finden den Befehl:

➤ im Abrollmenü ANSICHT, Funktion ÜBERSICHTSFENSTER

Kapitel 2 Die Bedienelemente

Abbildung 2.28:
Zeichnungsfenster mit Übersichtsfenster

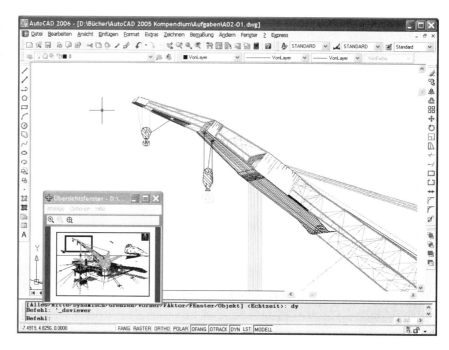

Bildausschnitt im Übersichtsfenster wählen

Das Übersichtsfenster ist eine eigene Windows-Anwendung mit eigenen Abrollmenüs, das sich auf dem Bildschirm verschieben und in der Größe verändern lässt. Folgende Funktionen können Sie im Übersichtsfenster ausführen.

Zoom und Pan im Übersichtsfenster:

Im Übersichtsfenster können Sie die Echtzeit-Zoom- und Pan-Funktionen ähnlich wie auf der Zeichenfläche ausführen. Zunächst ist im Übersichtsfenster die ganze Zeichnung sichtbar. Der Bereich, der gerade auf dem Zeichnungsfenster zu sehen ist, ist mit einem Rahmen markiert.

Klicken Sie ins Übersichtsfenster, wird der Rahmen für den neuen Ausschnitt an diese Stelle gesetzt und Sie können es mit der Maus an eine beliebige Stelle schieben. Die Zeichnung im Zeichnungsfenster wird dabei dynamisch mitgeführt wie bei der Pan-Funktion. In der Mitte des Rahmens erscheint dabei ein X. Klicken Sie mit der linken Maustaste auf einen Punkt im Übersichtsfenster, wechselt die Markierung und Sie bekommen das Zeichen ->. Jetzt können Sie das Fenster größer und kleiner ziehen. Dabei wird die Zeichnung im Zeichnungsfenster dynamisch vergrößert bzw. verkleinert wie bei der Zoom-Funktion. Klicken Sie erneut einen Punkt an, wird wieder zur Pan-Funktion umgeschaltet. Haben Sie den Ausschnitt festgelegt, drücken Sie die rechte Maustaste oder die Taste ⏎, dann wird der aktuelle Ausschnitt im Zeichnungsfenster fixiert.

Übersichtsfenster und Bildlaufleisten   Kapitel 2

Weitere Funktionen im Übersichtsfenster:

In der Symbolleiste im Übersichtsfenster können Sie weitere Funktionen wählen (von links nach rechts):

- vergrößert die Darstellung im Übersichtsfenster
- verkleinert die Darstellung im Übersichtsfenster
- zeigt die komplette Zeichnung im Übersichtsfenster an

Abrollmenüs im Übersichtsfenster

Abrollmenü Anzeige: Damit kann der Ausschnitt im Übersichtsfenster verändert werden (siehe Symbole, oben).

Abrollmenü Optionen: Drei Einträge stehen in diesem Abrollmenü zur Auswahl. Ist AUTO-AFENSTER aktiviert, wird der Inhalt des Übersichtsfensters mit dem Wechsel eines Ansichtsfensters (siehe Kapitel 16) im Zeichnungsfenster sofort nachgeführt, ansonsten erst, wenn wieder in das Übersichtsfenster geklickt wird. Ist die Funktion DYNAMISCH AKTUALISIEREN aktiv, werden Änderungen im Zeichnungsfenster sofort ins Übersichtsfenster übernommen, ansonsten erst dann, wenn wieder ins Übersichtsfenster geklickt wird. Mit der Funktion ECHTZEIT-ZOOM wählen Sie, ob beim Arbeiten im Übersichtsfenster die Zeichnung im Zeichnungsfenster dynamisch mitgeführt wird oder ob Sie erst dann aktualisiert wird, wenn Sie die rechte Maustaste drücken.

Pan-Funktionen mit den Bildlaufleisten

Sowohl am unteren Rand (im rechten Drittel) als auch am rechten Rand des Zeichnungsfensters finden Sie Bildlaufleisten. Damit können Sie ebenfalls den Bildausschnitt verschieben. Folgende Möglichkeiten stehen Ihnen zur Verfügung:

- Klicken Sie auf einen der Pfeile am Ende der Bildlaufleisten, wird dieser Bereich weiter ins Fenster gerückt, die Zeichnung wird in die andere Richtung verschoben.
- Klicken Sie in die Bildlaufleiste zwischen Pfeil und Markierung, wird die Zeichnung im Fenster ebenfalls verschoben. Bei dieser Methode aber um ein größeres Stück.
- Ziehen Sie die Markierung in einer der Bildlaufleisten mit gedrückter Maustaste in eine Richtung, wird die Zeichnung dynamisch verschoben.

Kapitel 2   Die Bedienelemente

2.9 Tastenbelegung der Maus

Wie Sie schon bemerkt haben, können unterschiedliche Funktionen mit den Maustasten ausgeführt werden. In AutoCAD sind die Tasten wie folgt belegt:

Linke Maustaste: »Pick«-Taste zur Auswahl der Befehle in Menüs und Werkzeugkästen sowie zur Eingabe von Punkten, Größen und Winkeln auf der Zeichenfläche.

Rechte Maustaste: Aktivierung der Kontextmenüs für Befehlswiederholung, Abbruch, Befehlsoptionen usw. oder als Ersatz für die Taste ⏎. Drücken Sie diese Taste zusammen mit der Taste ⇧, erscheint das Kontextmenü für den Objektfang (siehe Kapitel 3.13).

Mittlere Maustaste: Halten Sie diese Taste gedrückt, erscheint die Hand, und Sie können ohne weitere Befehlswahl die Echtzeit-Pan-Funktion ausführen (siehe Kapitel 2.7). Mit einem Doppelklick auf die mittlere Taste aktivieren Sie den Befehl ZOOM mit der Option GRENZEN.

Vierte Taste des Zeigegeräts: Abbruchtaste, mit der eine laufender Befehl abgebrochen wird. Das Gleiche kann auch mit der Taste Esc auf der Tastatur erledigt werden.

Zoom und Pan mit der Radmaus

In AutoCAD kann bei einer Radmaus (z.B.: Microsoft »IntelliMouse« oder andere) das Rad zum Zoomen verwendet werden. Wird es gedrückt, wird die so genannte Radtaste betätigt. Diese entspricht der mittleren Taste einer 3-Tasten-Maus. Damit kann, wie oben beschrieben, die Echtzeit-Pan-Funktion ausgeführt werden.

Rad drehen: Drehen Sie das Rad zu sich her, wird die Zeichnung auf dem Bildschirm verkleinert, drehen Sie es von sich weg, wird die Zeichnung vergrößert.

Pan mit der Radtaste: Wie die mittlere Maustaste kann auch das Rad für die Echtzeit-Pan-Funktion verwendet werden. Halten Sie das Rad gedrückt, erscheint die Hand im Zeichnungsfenster und Sie können den Ausschnitt in jede Richtung verschieben. Mit einem Doppelklick auf die Radtaste aktivieren Sie den Befehl ZOOM mit der Option GRENZEN.

➤ *Bei Radmäusen anderer Hersteller müssen eventuell die Einstellungen in der Windows-Systemsteuerung umgestellt werden, damit in Auto-CAD die Zoom- und Pan-Funktionen wie beschrieben funktionieren.*

- *Mit der Systemvariablen* ZOOMFACTOR *können Sie die Empfindlichkeit des Rads einstellen. Tippen Sie den Namen der Variablen und Sie können den Wert ändern. Zulässige Werte sind Ganzzahlen zwischen 3 und 100. Je höher der Wert, desto größer ist die Änderung beim Drehen an der Radtaste.*

- *Mit der Systemvariablen* MBUTTONPAN *können Sie einstellen, ob die mittlere Maustaste mit der Pan-Funktion (Wert 1) belegt sein soll. Ist der Wert 0 eingestellt liegt auf der mittleren Maustaste das Kontextmenü für den Objektfang (siehe Kapitel 3.13).*

- *Systemvariablen werden eingestellt, indem deren Namen eingetippt wird. Der aktuelle Wert wird angezeigt und kann geändert werden.*

```
Befehl: Mbuttonpan
Neuen Wert für MBUTTONPAN eingeben <0>: 1
Befehl: Zoomfactor
Neuen Wert für ZOOMFACTOR eingeben <40>: 60
```

2.10 Mehrere Zeichnungen öffnen

Wie in allen neueren Windows-Programmen lassen sich auch in AutoCAD 2006 mehrere Zeichnungsfenster in einer Sitzung öffnen. Diese Möglichkeit wird in AutoCAD als Multiple Design Environment (MDE) bezeichnet.

Nachdem Sie AutoCAD neu gestartet haben, erscheint ein Zeichnungsfenster mit einer Zeichnung, die zunächst den Namen *Zeichnung1.dwg* erhält. Dieser Namen wird in der Titelleiste des Fensters angezeigt. Öffnen Sie eine weitere Zeichnung, wird diese in einem neuen Zeichnungsfenster geöffnet. Ist das erste Fenster als Vollbild geschaltet (siehe unten) wird das aktiv. Haben Sie die eine Darstellung als Teilbild eingestellt, wird das neue Zeichnungsfenster versetzt über das vorhandene gelegt und zwar so, dass die anderen mit ihren Titelleisten und den linken Rändern sichtbar bleiben (siehe Abbildung 2.30).

- *Wenn Sie mehrere Einträge in der Dateiliste des Dialogfelds* ÖFFNEN *markieren wollen, gehen Sie wie im Windows-Explorer vor.*

- *Haben Sie eine Zeichnung in der Dateiliste markiert und klicken eine weitere mit gedrückter* ⇧*-Taste, werden die angeklickten Dateien und alle dazwischen markiert.*

- *Halten Sie beim Anklicken einer Datei die* Strg*-Taste fest, wird diese zusätzlich markiert. Die Markierung bei den bereits gewählten Dateien bleibt erhalten. Die Dateien dazwischen werden nicht markiert.*

:-)
TIPP

Kapitel 2   Die Bedienelemente

Zeichnungsfenster maximieren

Wollen Sie nur an einer Zeichnung arbeiten, können Sie das Zeichnungsfenster maximieren, also zum Vollbild schalten. Dann haben Sie nur noch dieses auf dem Bildschirm. Gehen Sie dazu wie folgt vor:

➥ Mittleres Symbol an der rechten oberen Ecke des Zeichnungsfensters anklicken.

➥ Abrollmenü des Zeichnungsfensters mit dem Symbol in der linken oberen Ecke aktivieren und dort die Funktion MAXIMIEREN wählen.

➥ Doppelklick in die Titelleiste des Zeichnungsfensters.

Zeichnungsfenster minimieren

Zeichnungsfenster, die Sie für längere Zeit nicht mehr benötigen, können Sie minimieren. Sie werden als Symbol am unteren Rand der Arbeitsfläche abgelegt. Gehen Sie so vor:

➥ Linkes Symbol am rechten Rand der Menüzeile oder am rechten Rand des Zeichnungsfensters anklicken.

➥ Abrollmenü des Zeichnungsfensters mit dem Symbol rechts von der Menüzeile oder in der linken oberen Ecke des Zeichnungsfensters aktivieren und dort die Funktion MINIMIEREN wählen.

Die Zeichnung wird nicht geschlossen und kann jederzeit wiederhergestellt werden (siehe oben). Die minimierten Zeichnungsfenster werden am unteren Rand der Arbeitsfläche angeordnet (siehe Abbildung 2.29). Die Symbole können Sie mit der Funktion SYMBOLE ANORDNEN im Abrollmenü FENSTER nebeneinander anordnen.

Abbildung 2.29: Zeichnungsfenster minimiert

Zeichnungsfenster wiederherstellen

Haben Sie das Zeichnungsfenster maximiert oder minimiert, können Sie es in der vorherigen Größe wiederherstellen. Gehen Sie wie folgt vor:

➥ Mittleres Symbol (bei maximiertem Fenster) oder linkes Symbol (bei minimiertem Fenster) am rechten Rand des Symbols anklicken.

➥ Abrollmenü mit dem Symbol links von der Menüzeile oder an der linken Seite des Symbols aktivieren und dort die Funktion WIEDERHERSTELLEN wählen.

Weitere Zeichnungsfenster öffnen

1. Schalten Sie Ihre Zeichnung als Teilbild.
2. Wählen Sie den Befehl ÖFFNEN wie oben beschrieben.
3. Klicken Sie im Dialogfeld ÖFFNEN die Zeichnung *A02-02.dwg* an. Drücken Sie die Taste ⏎, halten Sie sie gedrückt und klicken die Zeichnung *A02-03.dwg* an. Beide Zeichnungen werden markiert.
4. Klicken Sie dann auf die Schaltfläche ÖFFNEN und beide Zeichnungen werden geladen, jede in einem eigenen Zeichnungsfenster (siehe Abbildung 2.30).

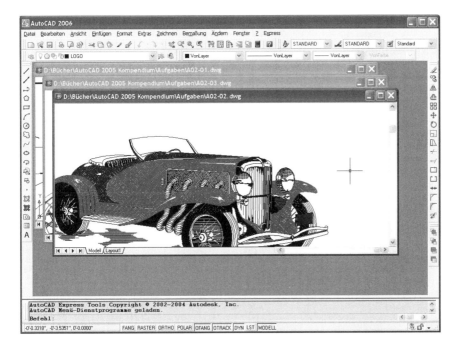

Abbildung 2.30:
Mehrere Zeichnungsfenster übereinander

In verschiedenen Zeichnungsfenstern arbeiten

Um in mehreren Zeichnungsfenster zu arbeiten, haben Sie folgende Möglichkeiten:

- Klicken Sie in ein Zeichnungsfenster oder in die dazu gehörende Titelleiste, wird dieses zum aktuellen Zeichnungsfenster. Befehle, die Sie anwählen, werden in diesem Fenster ausgeführt.
- Wenn Sie das Fenster während der Arbeit an einem Befehl wechseln, bleibt dieser gespeichert. Wenn Sie später wieder zu diesem Fenster zurückwechseln, können Sie die Arbeit mit diesem Befehl nahtlos fortsetzen.

Kapitel 2   Die Bedienelemente

→ Wollen Sie ein Fenster aktivieren, das im Moment von anderen verdeckt ist, wählen Sie das Abrollmenü FENSTER. Im unteren Teil des Abrollmenüs werden die Dateinamen der Zeichnungen angezeigt, die in den verschiedenen Fenstern geöffnet sind. Das aktive Fenster ist mit einem Häkchen versehen. Klicken Sie einen anderen Namen an, kommt dieses Fenster in den Vordergrund und wird zum aktuellen Fenster.

→ Mit der Tastenkombination [Strg] + können Sie die Zeichnungsfenster nacheinander aktivieren.

Zeichnungsfenster anordnen

Im Abrollmenü FENSTER können Sie außerdem wählen, wie die Fenster am Bildschirm angeordnet werden. Standardmäßig ist der Modus ÜBERLAPPEND aktiv, die Fenster liegen übereinander, und die Ränder sind sichtbar (siehe Abbildung 2.22). Sie können die Anordnung der Zeichnungsfenster im Abrollmenü FENSTER ändern:

Überlappend: Fenster überlappend anordnen

Untereinander: Fenster horizontal auf der Arbeitsfläche anordnen
(siehe Abbildung 2.31)

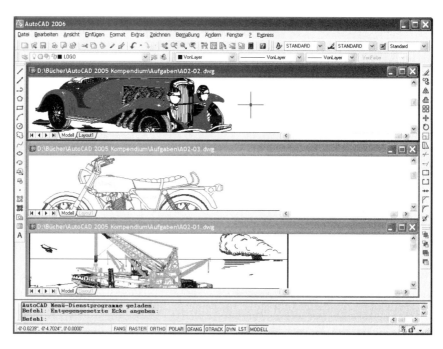

Abbildung 2.31: Zeichnungsfenster untereinander angeordnet

Nebeneinander: Fenster vertikal auf der Arbeitsfläche anordnen
(siehe Abbildung 2.32)

Mehrere Zeichnungen öffnen | Kapitel 2

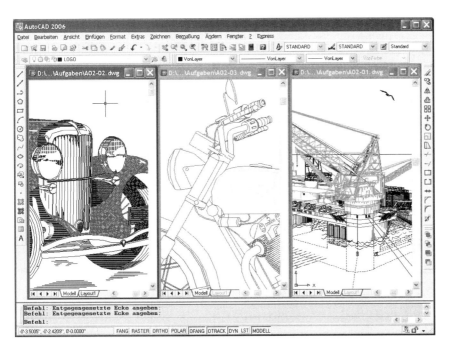

Abbildung 2.32: Zeichnungsfenster nebeneinander angeordnet

Zeichnungsfenster schließen

Wollen Sie die Arbeit an einer Zeichnung beenden, können Sie das Zeichnungsfenster schließen. Machen Sie das Zeichnungsfenster dazu zum aktiven Fenster. Schließen Sie es dann mit einer der folgenden Methoden:

➞ Symbol an der rechten oberen Ecke des Zeichnungsfensters anklicken,

➞ Abrollmenü DATEI, Funktion SCHLIESSEN wählen.

➞ Abrollmenü des Zeichnungsfensters mit dem Symbol in der linken oberen Ecke aktivieren und dort die Funktion SCHLIESSEN wählen oder Doppelklick auf das Symbol

➞ Tastenkombination [Strg]+[F4] drücken.

Haben Sie seit dem Öffnen oder dem letzten Speichern Änderungen an der Zeichnung durchgeführt, erscheint ein Abfragefenster auf dem Bildschirm. Hier können Sie mit JA wählen, dass die Änderungen gespeichert werden. Klicken Sie NEIN an, gehen alle Änderungen seit dem letzten Speichern verloren. Mit der Schaltfläche ABBRECHEN wird der Vorgang abgebrochen. Das Zeichnungsfenster wird nicht geschlossen und die Zeichnung nicht gespeichert.

Ist in dem Zeichnungsfenster, das Sie schließen wollen, noch ein Befehl aktiv, kann das Fenster nicht geschlossen werden. In diesem Fall wird eine Meldung ausgegeben. Der Befehl muss zuerst beendet oder abgebrochen

INFO

werden. Drücken Sie die Taste [Esc] oder die rechte Maustaste und wählen Sie aus dem Kontextmenü den Eintrag ABBRECHEN. Versuchen Sie es dann noch einmal, und das Fenster kann geschlossen werden.

➔ *Wenn Sie die Fenster angeordnet haben, können Sie die Zeichnungen in den Fenstern mit dem Befehl* ZOOM, *Option* GRENZEN *formatfüllend darstellen. Dazu müssen Sie die Fenster nacheinander aktivieren und den Befehl in jedem Fenster anwählen.*

➔ *Haben Sie mehr als drei Zeichnungen geöffnet, werden die Fenster nebeneinander und übereinander angeordnet, egal welche Funktion Sie gewählt haben.*

2.11   Die Hilfe in AutoCAD

In AutoCAD sind zwei Hilfesysteme integriert: der Befehl HILFE und die INFO-PALETTE.

Info-Palette

Mit den Befehlen AKTIV und AKTIVSCHL können Sie die Info-Palette ein- bzw. ausschalten. Aktivieren Sie die Palette mit dem Befehl AKTIV auf eine dieser Arten:

➔ Abrollmenü ?, Funktion INFO-PALETTE

➔ Abrollmenü EXTRAS, Funktion INFO-PALETTE

➔ Tastenkombination [Strg] + [5]

Die Info-Palette ist ein eigenständiges Fenster, das unabhängig von einem Befehl so lange auf dem Bildschirm bleibt, bis es mit dem Befehl AKTIVSCHL wieder geschlossen wird. Der Befehl wird auf die gleiche Art gewählt wie der Befehl AKTIV.

➔ Die Info-Palette können Sie über die Zeichenfläche legen bzw. links oder rechts an der Zeichenfläche verankern. Ist sie verankert, lässt sie sich am Rand mit der Maus schmäler oder breiter ziehen.

➔ Ist die Info-Palette auf der Zeichenfläche, hat sie am rechten oder linken Rand (je nach Position) die Titelleiste. Mit dem Kreuz in der Titelleiste können Sie das Fenster wieder ausschalten. Haben Sie das Fenster verankert, ist das Kreuz zum Ausschalten in der rechten oberen Ecke des Fensters.

➔ Mit einem Rechtsklick auf die Titelleiste bekommen Sie ein Kontextmenü, in dem Sie wählen können, ob sich die Info-Palette automatisch verankern darf, wenn Sie sie an den Rand des Zeichenfensters schieben (Menüeintrag FIXIERUNG ZULASSEN).

Die Hilfe in AutoCAD	Kapitel 2

➡ Außerdem können Sie mit der Einstellung AUTOM. AUSBLENDEN wählen, ob von der Info-Palette nur die Titelzeile angezeigt werden soll. Fahren Sie bei dieser Einstellung mit dem Fadenkreuz auf die Titelleiste, wird die Info-Palette ausgeklappt. Sobald Sie das Fadenkreuz wieder auf die Zeichenfläche bringen, wird die Info-Palette wieder eingefahren.

In der Info-Palette finden Sie Erklärungen zu dem Befehl, den Sie gerade gewählt haben (siehe Abbildung 2.33). Der gewählte Befehl wird oben im Fenster angezeigt.

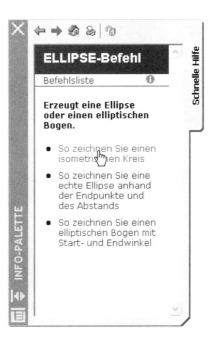

Abbildung 2.33:
Info-Palette beim Befehl ELLIPSE

In einer Liste können Sie die Hilfethemen finden, die dazu existieren. Mit einem Klick auf das entsprechende Thema bekommen Sie weitere Informationen zu diesem Thema in der Info-Palette angezeigt.

Klicken Sie auf den Befehl, der am oberen Fensterrand angezeigt wird, oder auf den Eintrag BEFEHLSLISTE darunter, können Sie in der Info-Palette den Befehlsumfang durchblättern (siehe Abbildung 2.34).

Mit der Symbolleiste am oberen Rand können Sie sich mit den Pfeiltasten durch die bisher angeschauten Seiten navigieren. Das Symbol rechts davon bringt Sie zur Startseite und mit dem Druckersymbol können Sie die aktive Seite ausdrucken. Wollen Sie den Inhalt der Info-Palette fixieren, klicken Sie auf das rechte Symbol mit dem Vorhängeschloss. Bei Anwahl eines anderen Befehls ändert sich jetzt die Info-Palette nicht mehr. Klicken Sie erneut auf das Symbol, wird die Info-Palette wieder freigegeben, und mit jeder Befehlswahl passt sich der Inhalt an.

Kapitel 2   Die Bedienelemente

Abbildung 2.34:
Info-Palette mit der Befehlsliste

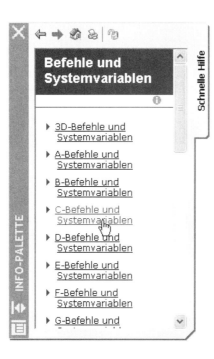

Einsatz des Hilfesystems

In dem integrierten Hilfesystem finden Sie die komplette Dokumentation von AutoCAD. Aktivieren Sie die Hilfe:

- Taste F1 drücken
- Abrollmenü ?, Funktion HILFE
- Symbol in der STANDARD-FUNKTIONSLEISTE
- Schaltfläche HILFE in den meisten Dialogfeldern

Das Hilfefenster erscheint auf dem Bildschirm. Wenn Sie gerade an einem Befehl arbeiten, sind darin die Erläuterungen zu diesem Befehl (siehe Abbildung 2.35) aufgeführt. Diese sind hier im rechten Teil des Dialogfelds aufgelistet.

Ist kein Befehl aktiv, bekommen Sie im rechten Fenster die Startseite. Im linken Teil des Dialogfelds sehen Sie die Suchfunktionen für den Hilfetext. Folgende Möglichkeiten stehen Ihnen mit den Registern zur Verfügung:

Inhalt: Auswahl des Hilfethemas über das Inhaltsverzeichnis

Index: Auswahl des Hilfethemas über den Index

Suchen: Auswahl des Hilfethemas über die Stichwortsuche

AutoCAD beenden | Kapitel 2

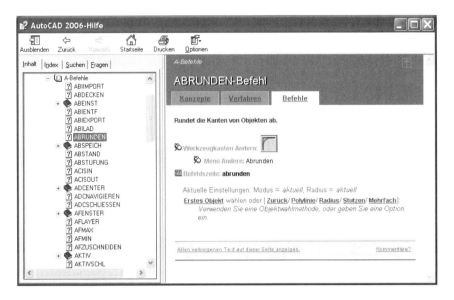

Abbildung 2.35:
Hilfefenster am Beispiel des Befehls Abrunden

Favoriten: Häufig benötigte Hilfethemen lassen sich in die Liste der Favoriten aufnehmen. In diesem Register werden die Favoriten aufgelistet und Sie können schnell wieder darauf zugreifen.

Frage: Formulieren Sie hier eine Frage und Sie erhalten eine Liste der möglichen Antworten. Mit einem Klick auf das Kapitel wird die Erläuterung im rechten Fenster angezeigt.

2.12   AutoCAD beenden

Wenn Sie fürs Erste genug haben, beenden Sie Ihre Arbeit mit AutoCAD. Verwenden Sie den Befehl QUIT.

Befehl Quit

Wählen Sie den Befehl:

➡ Abrollmenü DATEI, Funktion BEENDEN

➡ Symbol in der rechten Ecke der Titelleiste des AutoCAD-Programmfensters

➡ Tastenkombination [Alt] + [F4]

Bei den Zeichnungen, an denen Sie Änderungen vorgenommen haben, und sei es nur, dass Sie gezoomt haben, wird angefragt, ob die Änderungen gespeichert werden sollen bzw. wird abgebrochen, wenn in einem Fenster noch ein Befehl aktiv ist.

(KOMPENDIUM) AutoCAD und LT 2006   71

3 Zeichentechniken

In diesem Kapitel lernen Sie die Techniken kennen, mit denen Sie in AutoCAD präzise und maßstäblich zeichnen können. Damit Sie die Techniken erproben können, benötigen wir einige Zeichen- und Editierbefehle, die im Folgenden vorgestellt werden.

3.1 Eine neue Zeichnung beginnen

Starten Sie AutoCAD neu, wenn Sie das Programm am Ende des letzten Kapitels beendet haben.

Befehl Neu

Wenn Sie den Befehl NEU wählen, bekommen Sie ein Dialogfeld zur Auswahl der Vorlage, mit der Sie die neue Zeichnung beginnen können.

➡ Abrollmenü DATEI, Funktion NEU...

➡ Symbol in der STANDARD-FUNKTIONSLEISTE

Eine Vorlage ist eine Zeichnungsdatei mit der Dateierweiterung *.dwt, die die Grundeinstellungen für die neue Zeichnung enthält. Im Dialogfeld werden die vorhandenen Vorlagen aus dem Vorlagenordner angezeigt (siehe Abbildung 3.1). Eine Vorlage enthält nur die Grundeinstellungen für das Zeichnen im metrischen Einheitensystem, die Vorlage *Acadiso.dwt* bzw. *Acltiso.dwt* und eine weitere für das britische Einheitensystem (Fuß und Zoll), die Vorlage *Acad.dwt* bzw. *Aclt.dwt*. Wie Sie eigene Vorlagen anlegen, erfahren Sie später.

Standarddialogfeld anzeigen

Haben Sie in den Optionen (siehe Anhang A.4) die Einstellung STARTDIALOGFELD ANZEIGEN gewählt, erscheint beim Befehl NEU ein Dialogfeld mit verschiedenen Auswahlmöglichkeiten (siehe Abbildung 3.2).

Kapitel 3   Zeichentechniken

Abbildung 3.1:
Auswahl der Vorlage für die neue Zeichnung

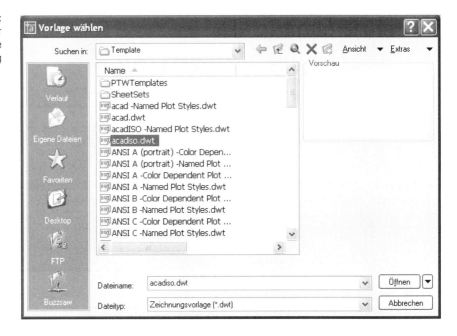

Auch hier können Sie die gleichen Vorlagen aus der Liste des Vorlagenordners wählen, wenn Sie das dritte Symbol von links unter der Titelleiste des Fensters anklicken. Die Vorlage wird in dem Voransichtsfeld angezeigt, wenn sie schon Zeichnungsobjekte enthält. Mit der Schaltfläche DURCHSUCHEN kommen Sie zum gleichen Dialogfeld wie im ersten Fall (siehe Abbildung 3.1). In beiden Fällen markieren Sie die gewünschte Vorlage, klicken auf OK und die neue Zeichnung wird mit dieser Vorlage gestartet.

Abbildung 3.2:
Auswahl der Vorlage aus dem Startdialogfeld

Linien, Kreise und Rechtecke zeichnen   Kapitel 3

Abbildung 3.3:
Neue Zeichnungen ohne Vorlage beginnen

Haben Sie das zweite Symbol von links gewählt, können Sie direkt beginnen (siehe Abbildung 3.3). Es wird keine Vorlage verwendet, Sie können lediglich wählen, ob Sie mit englischen Einheiten (Fuß und Zoll) oder mit metrischen Einheiten beginnen wollen.

Direkt beginnen

1. Wählen Sie aus der Vorlagenliste die Vorlage *Acadiso.dwt* bzw. *Acltiso.dwt*.

2. Sie erhalten ein leeres Zeichnungsfenster mit dem Zeichnungsnamen *Zeichnung1.dwg*, wenn Sie das Programm neu gestartet haben.

3.2 Linien, Kreise und Rechtecke zeichnen

Doch nun zu den ersten Zeichenbefehlen. Linien, Kreise und Rechtecke reichen uns zunächst einmal aus, um damit die Zeichentechniken in AutoCAD kennen zu lernen.

Befehl Linie

Der elementarste Zeichenbefehl ist der Befehl LINIE. Mit ihm lassen sich einzelne Linien oder Linienzüge erstellen. Den Befehl LINIE finden Sie:

➡ Abrollmenü ZEICHNEN, Funktion LINIE

➡ Symbol im Werkzeugkasten ZEICHNEN

Kapitel 3   Zeichentechniken

Wenn Sie den Befehl anwählen, erscheint im Befehlszeilenfenster der Befehlsdialog. Dort werden die Anfragen und die Optionen aufgelistet:

```
Befehl: Linie
Ersten Punkt angeben:
Nächsten Punkt angeben oder [Zurück]:
Nächsten Punkt angeben oder [Zurück]:
Nächsten Punkt angeben oder [Schließen/Zurück]:
Nächsten Punkt angeben oder [Schließen/Zurück]:
...
Nächsten Punkt angeben oder [Schließen/Zurück]:
```

Ist die dynamische Eingabe aktiv, was standardmäßig der Fall ist, werden die Koordinatenanfragen am Fadenkreuz angezeigt. An dieser Stelle können Sie auch die Optionsliste aktivieren. Nur wenn bei einer Eingabe Optionen zur Verfügung stehen, wird dies am Fadenkreuz angezeigt:

```
Nächsten Punkt eingeben oder ⬇
```

Mit der Taste ⬇ kann die Optionsliste eingeblendet werden und die entsprechende Option daraus ausgewählt werden (siehe Abbildung 3.4).

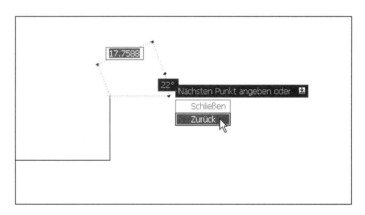

Abbildung 3.4: Optionsliste am Fadenkreuz

Sie können nun Punkte auf der Zeichenfläche anklicken oder deren Koordinaten auf der Tastatur eingeben. Zu Koordinaten erfahren Sie in den nächsten Abschnitten mehr.

Die Punkte werden durch Linienzüge verbunden. Ist ein Punkt gesetzt, wird zum Fadenkreuz eine Linie gezogen, die sich mit der Stellung des Fadenkreuzes wie ein Gummiband verändert. Wenn Sie die erste Befehlsanfrage:

```
Ersten Punkt angeben:
```

mit ⏎ bestätigen oder die rechte Maustaste drücken, wird der neue Linienzug am zuletzt gezeichneten Punkt angesetzt – aber nur dann, wenn schon einmal in dieser Sitzung gezeichnet wurde. Der zuletzt beim Zeichnen gewählte Punkt wird gespeichert. Es kann also passieren, dass Sie an einem Punkt ansetzen, den Sie schon vor einiger Zeit angewählt haben, aber zwischendurch keine Zeichenbefehle verwendet haben. Wenn Sie eine Befehlsanfrage:

```
Nächsten Punkt angeben oder [Schließen/Zurück]:
```

mit ⏎ bestätigen, wird der Befehl beendet und der Linienzug abgebrochen.

Der Befehl LINIE bietet Ihnen zwei Optionen:

Zurück: Wenn Sie bei einer Punktanfrage diese Option wählen, wird der zuletzt eingegebene Punkt entfernt und mit ihm das letzte Liniensegment. Die Funktion kann mehrmals ausgeführt werden bis alle Punkte entfernt sind und der Startpunkt wieder neu gesetzt werden kann.

Schließen: Mit dieser Option wird der letzte Punkt mit dem Anfangspunkt des Linienzuges verbunden und der Befehl beendet. Das ist nur möglich, wenn mindestens drei Punkte eingegeben wurden. In der Befehlsanfrage wird deshalb diese Option ab der vierten Punktanfrage angezeigt.

➤ *Wie im letzten Kapitel schon beschrieben, können Sie die Optionen mit ihrem Kürzel eingeben. In der Regel ist das der Anfangsbuchstabe bzw. der oder die Großbuchstaben in der Optionsliste im Befehlszeilenfenster.*

➤ *Besser ist es, Sie haben die dynamische Eingabe aktiv und wählen die Option direkt am Fadenkreuz mit der Maus aus der Liste aus.*

➤ *Eine weitere Möglichkeit steht Ihnen mit dem Kontextmenü zur Verfügung, das Sie mit der rechten Maustaste aktivieren können (siehe Abbildung 3.5).*

➤ *Der Eintrag* EINGABE *im Menü entspricht der Taste* ⏎*, während der Eintrag* ABBRECHEN *der Taste* Esc *entspricht. Mit den Einträgen* ZOOM *und* PAN *können Sie diese Echtzeitfunktionen für den Bildausschnitt wählen. Der Eintrag* LETZTE EINGABE > *bringt ein Untermenü mit den letzten Koordinateneingaben auf den Bildschirm. Hieraus können Sie eine bereits verwendete Eingabe mit der Maus zur erneuten Verwendung anklicken. Die Auswahl des Eintrags* TASCHENRECHNER *lässt einen Taschenrechner auf dem Bildschirm erscheinen.*

➤ *In den Optionen (siehe Kapitel 27.4) können Sie die Funktion der rechten Maustaste einstellen. Sie können die rechte Maustaste abweichend von der Grundeinstellung mit* ⏎ *belegen. Außerdem kann die rechte Maustaste zeitabhängig belegt werden. Ein kurzer Klick bewirkt* ⏎ *und ein längerer Klick bringt Ihnen das Kontextmenü.*

Kapitel 3   Zeichentechniken

Abbildung 3.5:
Kontextmenü mit
den Optionen des
Befehls Linie

Befehl Kreis

Kreise zeichnen Sie mit dem Befehl KREIS. Damit können Sie auf verschiedene Arten Kreise konstruieren (siehe Abbildung 3.5).

Den Befehl KREIS bekommen Sie in seiner Grundform, wenn Sie den Befehlsnamen auf der Tastatur eingeben oder aus dem Werkzeugkasten bzw. dem Tablett wählen. In diesem Fall geben Sie die Optionen für die Konstruktionsmethode vor. Sie können ihn aber auch im Abrollmenü gleich mit der gewünschten Option wählen.

➡ Abrollmenü ZEICHNEN, Untermenü KREIS >, Funktionen für die Optionen des Befehls

➡ Symbol im Werkzeugkasten ZEICHNEN

Der Befehl stellt die folgenden Anfragen:

```
Befehl: Kreis
Zentrum für Kreis angeben oder
[3P/2P/Ttr(Tangente Tangente Radius)]:
Radius für Kreis angeben oder [Durchmesser]:
```

Geben Sie den Mittelpunkt ein. Danach wird der Radius abgefragt. Er kann als Zahlenwert oder als Punktkoordinate eingegeben werden. Dann wird der Kreis so gezeichnet, dass er durch diesen Punkt läuft. Bis zur Festlegung des Radius wird der Kreis dem Fadenkreuz nachgezogen. Haben Sie den Befehl schon einmal benutzt, erscheint der letzte Radius als Vorgabe, den Sie mit ⏎ übernehmen können.

Verwenden Sie bei der Radiusanfrage die Option DURCHMESSER, wird auf die Durchmesseranfrage umgeschaltet:

```
Radius für Kreis angeben oder [Durchmesser] <12.00>: Durchmesser
Durchmesser für Kreis angeben <24.00>:
```

Linien, Kreise und Rechtecke zeichnen   Kapitel 3

Weitere Optionen können Sie bei der ersten Anfrage wählen:

3P: Mit der Option 3PUNKTE können Sie einen Kreis durch Eingabe von drei Punkten zeichnen.

```
Zentrum für Kreis angeben oder
[3P/2P/Ttr (Tangente Tangente Radius)]: 3P
Ersten Punkt auf Kreis angeben:
Zweiten Punkt auf Kreis angeben:
Dritten Punkt auf Kreis angeben:
```

2P: Die Option 2PUNKTE zeichnet einen Kreis aus zwei Punkten. Die beiden Punkte sind Endpunkte der Durchmesserlinie.

```
Mittelpunkt für Kreis angeben oder
[3P/2P/Ttr (Tangente Tangente Radius)]: 2P
Ersten Endpunkt für Durchmesser des Kreises angeben:
Zweiten Endpunkt für Durchmesser des Kreises angeben:
```

TTR: Mit der Option TTR werden zwei Objekte und ein Radius angefragt. Der Kreis wird tangential an die gewählten Objekte angelegt und mit dem eingegebenen Radius gezeichnet. Der Objektfang TANGENTE (siehe Kapitel 3.13) wird dabei automatisch aktiviert.

```
Mittelpunkt für Kreis angeben oder
[3P/2P/Ttr (Tangente Tangente Radius)]: Ttr
Punkt auf Objekt für erste Tangente des Kreises angeben:
Punkt auf Objekt für zweite Tangente des Kreises angeben:
Radius für Kreis angeben <5>:
```

Im Untermenü KREIS > *des Abrollmenüs* ZEICHNEN *finden Sie noch eine weitere Funktion, die mit* TAN, TAN, TAN *bezeichnet ist. Dabei handelt es sich um eine Variante der Option* 3PUNKTE. *Für alle drei Punkteingaben wird bei dieser Methode der Objektfang* TANGENTE *(siehe Kapitel 3.13) aktiviert. Damit können Sie zum Beispiel auf einfache Art einen Inkreis in ein Dreieck zeichnen.*

Befehl Rechteck

Rechtecke und Quadrate können Sie mit dem Befehl LINIE oder PLINIE (siehe Kapitel 7.1) als geschlossenen Linienzug zeichnen. Einfacher haben Sie es jedoch mit dem Befehl RECHTECK. Die Angabe zweier diagonaler Eckpunkte reicht bei diesem Befehl aus, um das Rechteck zu zeichnen. Sie finden den Befehl:

➡ Abrollmenü ZEICHNEN, Funktion RECHTECK
➡ Symbol im Werkzeugkasten ZEICHNEN

Abbildung 3.6:
Verschiedene Methoden zum Zeichnen von Kreisen

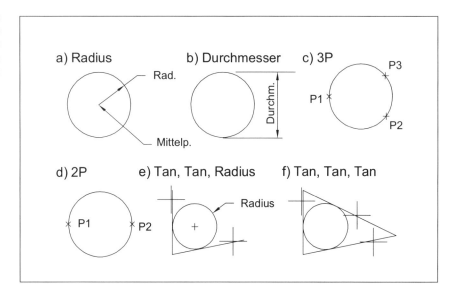

```
Befehl: Rechteck
Ersten Eckpunkt angeben oder [Fasen/Erhebung/Abrunden/Objekthöhe/Breite]:
Anderen Eckpunkt angeben oder [Fläche/Abmessungen/Drehung]:
```

Nach Eingabe des ersten Punkts wird das Rechteck dynamisch nachgezogen. Nach Eingabe des zweiten Punkts wird es gezeichnet.

Statt der Eingabe des zweiten Punkts stehen Ihnen drei weitere Optionen zur Verfügung:

Fläche: Legen Sie die Fläche des Rechtecks fest und wählen Sie dann, ob Sie die Länge oder Breite vorgeben wollen. Nachdem Sie diese Größe ebenfalls bestimmt haben, wird das Rechteck gezeichnet. Geben Sie die Größe negativ ein, wird das Rechteck entgegen der entsprechenden Achsrichtung gezeichnet.

```
Anderen Eckpunkt angeben oder [Fläche/Abmessungen/Drehung]: Fläche
Fläche des Rechtecks in aktuellen Einheiten angeben <100.0000>: Wert für
Fläche eingeben
Abmessungen des Rechtecks berechnen auf Grundlage der [Länge/Breite]
<Länge>: Option Länge oder Breite wählen z. B. Option Lämge
Länge des Rechtecks eingeben <10.0000>:
```

Abmessungen: Mit der Option ABMESSUNGEN geben Sie die Maße des Rechtecks vor:

```
Anderen Eckpunkt angeben oder [Fläche/Abmessungen/Drehung]: Abmessungen
Länge der Rechtecke angeben <0.0000>: Maß für Länge
```

```
Breite der Rechtecke angeben <0.0000>: Maß für Breite
Anderen Eckpunkt angeben oder [Fläche/Abmessungen/Drehung]: Seite
    anklicken
```

Geben Sie die Maße für die Länge und Breite des Rechtecks ein. Zuletzt klicken Sie in die Richtung, in die das Rechteck aufgebaut werden soll.

Drehung: Wollen Sie ein gedrehtes Rechteck, wählen Sie diese Option:

```
Anderen Eckpunkt angeben oder [Fläche/Abmessungen/Drehung]: Drehung
Drehwinkel angeben oder [Punkte auswählen] <0>: Drehwinkel eingeben
Anderen Eckpunkt angeben oder [Fläche/Abmessungen/Drehung]:
```

Geben Sie den Drehwinkel ein. Danach können Sie den zweiten Eckpunkt für das Rechteck eingeben oder aber zusätzlich die Option FLÄCHE oder ABMESSUNGEN wählen und das Rechteck wie oben beschrieben zeichnen, diesmal aber unter dem angegebenen Drehwinkel. Bei der Abfrage des Drehwinkels steht Ihnen eine weitere Option zur Verfügung:

```
Drehwinkel angeben oder [Punkte auswählen] <0>: Option Punkt auswählen
    aktivieren
Erfordert gültigen numerischen Winkel, zweiten Punkt oder Optionstitel.
```

Klicken Sie einen zweiten Punkt in der Zeichnung an und das Rechteck wird an der Verbindungslinie vom ersten eingegebenen Punkt zu diesem Punkt gezeichnet.

Achtung: Die Drehung bleibt so lange gespeichert, bis Sie sie wieder ändern oder auf 0 setzen. Alle anderen danach gezeichneten Rechtecke haben diesen Drehwinkel.

Bei der Eingabe des ersten Eckpunkts stehen weitere Optionen zur Auswahl:

Fasen: Mit dieser Option können Sie zwei Fasenabstände eingeben:

```
Ersten Eckpunkt angeben oder [Fasen/Erhebung/Abrunden/Objekthöhe/Breite]:
    Fasen
Ersten Fasenabstand für Rechtecke angeben <5.00>:
Zweiten Fasenabstand für Rechtecke angeben <5.00>:
Ersten Eckpunkt angeben oder [Fasen/Erhebung/Abrunden/Objekthöhe/Breite]:
```

Danach wird die Optionsliste wieder angezeigt, und Sie können eine weitere Option wählen oder die erste Ecke eingeben. Bei dem Rechteck sind alle Ecken gefast, wenn Sie hier Werte eingeben.

Erhebung: Eingabe einer Erhebung für das Rechteck (siehe Kapitel 20.3). Das Rechteck wird mit dieser Erhebung gezeichnet.

Abrunden: Mit dieser Option kann ein Rundungsradius für die Ecken des Rechtecks eingegeben werden:

```
Ersten Eckpunkt angeben oder [Fasen/Erhebung/Abrunden/Objekthöhe/Breite]:
    Abrunden
Rundungsradius für Rechtecke angeben <2.00>:
Ersten Eckpunkt angeben oder [Fasen/Erhebung/Abrunden/Objekthöhe/Breite]:
```

Bei dem Rechteck werden alle Ecken mit dem eingegebenen Wert gerundet.

Objekthöhe: Eingabe einer Objekthöhe für das Rechteck (siehe Kapitel 20.3). Das Rechteck wird mit dieser Objekthöhe gezeichnet.

Breite: Eingabe einer Linienbreite für das Rechteck.

```
Ersten Eckpunkt angeben oder [Fasen/Erhebung/Abrunden/Objekthöhe/Breite]:
    Breite
Linienbreite für Rechtecke angeben <0.00>:
Ersten Eckpunkt angeben oder [Fasen/Erhebung/Abrunden/Objekthöhe/Breite]:
```

Das Rechteck wird mit der eingegebenen Linienbreite gezeichnet.

Wenn Sie bei einer vorherigen Verwendung des Befehls schon Werte für die Breite, Fase usw. eingestellt haben, bleiben diese gespeichert. Wird später ein weiteres Rechteck erstellt, hat es ebenfalls diese Einstellungen. Prüfen Sie also vorher nach, was eingestellt ist.

> *Beim Zeichnen kommt es häufig vor, dass Sie einen Befehl mehrmals hintereinander verwenden wollen. Sie müssen ihn dazu nicht jedes Mal neu aus dem Menü auswählen. Wenn Sie bei der Befehlsanfrage die Taste ⏎ drücken, wird der letzte Befehl wiederholt.*

> *Sie können an dieser Stelle aber auch ein Kontextmenü mit der rechten Maustaste auf den Bildschirm holen. Darin finden Sie an der obersten Stelle einen Eintrag für die Wiederholung des letzten Befehls (siehe Abbildung 3.7). Klicken Sie diesen an und der Befehl wird noch einmal ausgeführt. Haben Sie einen Befehl aus einem Abrollmenü mit einer bestimmten Option gewählt, so wird er im Kontextmenü zur Wiederholung auch mit dieser Option angezeigt.*

3.3 Freihandzeichnen

In den folgenden Abschnitten werden Sie sich mit den verschiedenen Zeichentechniken vertraut machen. Um Wirkungen der einzelnen Zeichenhilfen besser zu verstehen, werden Sie sie nacheinander an verschiedenen Beispielen kennen lernen.

# Freihandzeichnen	Kapitel 3

Abbildung 3.7:
Kontextmenü mit Eintrag zur Befehlswiederholung

Zeichenhilfen in der Statuszeile

In der Statuszeile am unteren Rand der Arbeitsfläche können Sie die verschiedenen Zeichenhilfen ein- und ausschalten (siehe Abbildung 3.8).

INFO

Abbildung 3.8:
Statuszeile mit den Tasten für die Zeichenhilfen

Klicken Sie auf eine Taste für die Zeichenhilfen in der Statuszeile, wird die entsprechende Funktion umgeschaltet. Ist die Taste gedrückt dargestellt, ist die Funktion aktiviert. Wenn die Taste nicht gedrückt ist, ist die Funktion ausgeschaltet.

Zeichnen ohne Zeichenhilfen

1. Schalten Sie zunächst alle Zeichenhilfen aus. Klicken Sie dazu auf die Tasten in der Statuszeile, die gedrückt sind, so dass alle nicht gedrückt dargestellt sind. Die Taste »Modell« ganz rechts verändern Sie nicht. Die Taste »Dyn« können Sie gedrückt lassen.

2. Erproben Sie die Zeichenbefehle, die Sie in Kapitel 3.2 kennen gelernt haben. Zeichnen Sie Linien, Kreise und Rechtecke »frei Hand«.

STEP

In der Praxis zeichnen Sie nur in den seltensten Fällen »frei Hand«. Sie werden fast immer mit Koordinateneingabe oder mit Kombinationen von verschiedenen Zeichenhilfen arbeiten. Das Ergebnis würde sonst viel zu ungenau werden.

TIPP

{ KOMPENDIUM } AutoCAD und LT 2006   83

Elemente in der Statuszeile ein- und ausblenden

Die Elemente der Statusleiste lassen sich nach Bedarf ein- und ausblenden. Gehen Sie dazu wie folgt vor:

➡ Rechtsklick auf die Statuszeile und Aktivierung oder Deaktivierung eines Elements im Kontextmenü (siehe Abbildung 3.9). Ausgeschaltete Tasten werden nicht in der Statuszeile angezeigt.

➡ Pfeilsymbol in der rechten Ecke der Statuszeile und Aktivierung oder Deaktivierung des Elements im Kontextmenü (siehe Abbildung 3.9).

Abbildung 3.9:
Kontextmenü für die Elemente der Statuszeile

3.4 Das Koordinatensystem und Koordinatenformate

Exakte technische Zeichnungen lassen sich nicht »frei Hand« zeichnen. Sie wollen eine genaue Abbildung eines realen Gegenstands mit einem CAD-Programm erstellen, aus der Sie sämtliche Informationen entnehmen können. Deshalb ist es wichtig, schon vom ersten Entwurf an genau zu arbeiten. Doch wenn Sie das leere Blatt auf dem Bildschirm haben, wo fangen Sie an? Lineal und Bleistift stehen Ihnen nicht zur Verfügung.

Damit beim Zeichnen jeder Punkt seinen eindeutigen Platz erhält, liegt der Zeichnung ein Koordinatensystem zugrunde. Jeder Punkt in der Zeichnung ist durch seinen Abstand vom Koordinatenursprung in X- und Y-Richtung bestimmt. Später, wenn wir uns mit den 3D-Möglichkeiten von AutoCAD befassen, kommt auch noch die Z-Richtung dazu. Wenn Sie zweidimensional arbeiten, lassen Sie den Z-Anteil weg. Aber nicht nur ein Koordinatensystem steht uns zur Verfügung. In AutoCAD wird unterschieden zwischen:

Weltkoordinatensystem: Es gibt ein festes Koordinatensystem, in dem die Zeichnung liegt, das so genannte **Weltkoordinatensystem (WKS)**.

Benutzerkoordinatensystem: Zusätzlich lassen sich darin beliebig viele Koordinatensysteme frei im Raum definieren, so genannte **Benutzerkoordinatensysteme (BKS)**. Damit ist es möglich, den Nullpunkt neu festzulegen oder bei der Konstruktion von 3D-Modellen eine Konstruktionsebene beliebig in den Raum zu legen. Doch bleiben wir zunächst einmal beim Weltkoordinatensystem.

Koordinatenanzeige in der Statuszeile

In der Statuszeile am unteren Bildschirmrand werden die absoluten Koordinaten des Fadenkreuzes in X, Y und Z angezeigt. Wenn Sie das Fadenkreuz im Zeichnungsfenster bewegen, sehen Sie, wie sich die Anzeige ändert. Wenn Sie die Funktionstaste [F6] auf der Tastatur tippen, bleibt die Anzeige stehen. Sie zeigt nur dann einen neuen Wert an, wenn Sie auf der Zeichenfläche beim Zeichnen einen Punkt anklicken. Drücken Sie wieder [F6], läuft die Anzeige wieder mit. Beim Zeichnen kann die Koordinatenanzeige in drei verschiedenen Modi betrieben werden. Haben Sie einen Punkt eingegeben, wird die Position des Fadenkreuzes in absoluten Koordinaten mitlaufend angezeigt. Drücken Sie einmal [F6], läuft die Anzeige in Polarkoordinaten (siehe weiter unten) mit und zeigt die relative Position zum zuletzt eingegebenen Punkt. Bei nochmaligem Betätigen von [F6] läuft die Koordinatenanzeige nicht mehr mit und zeigt nur die eingegebenen Punkte an. Statt die Taste [F6] zu drücken, können Sie auch mit der Maus in das Anzeigefeld der Koordinaten klicken und der Anzeigemodus wird ebenfalls umgeschaltet.

Zeigen Sie mit dem Mauszeiger in das Feld mit der Koordinatenanzeige, können Sie mit einem Rechtsklick ein Kontextmenü aktivieren, aus dem sich der Anzeigemodus wählen lässt: EIN, AUS oder RELATIV (siehe oben).

Wahl der Einheiten, Befehl Einheit

Die Genauigkeit und das Einheitenformat, mit dem die Koordinaten in der Statuszeile angezeigt werden, kann mit dem Befehl EINHEIT eingestellt werden. Sie finden den Befehl:

➡ Abrollmenü FORMAT, Funktion EINHEITEN...

Die Einstellungen können Sie in einem Dialogfeld vornehmen (siehe Abbildung 3.10):

Länge, Typ: In einem Abrollmenü können Sie für die Längenangaben zwischen den Formaten DEZIMAL und WISSENSCHAFTLICH (exponentiale Darstellung, zum Beispiel 1.50E+03), sowie ARCHITECTURAL, BRUCH oder ENGINEERING (Darstellung in Fuß und Zoll) wählen.

Länge, Genauigkeit: Wählen Sie in einem weiteren Abrollmenü die Genauigkeit zwischen null bis acht Nachkommastellen.

Abbildung 3.10:
Einstellung der Maßeinheiten

Winkel, Typ: Wählen Sie in dem Abrollmenü das Format für Winkel aus. Zur Verfügung stehen DEZIMALGRAD (Standardeinstellung), BOGENMASS, GRAD, GRAD/MIN/SEK und FELDMASS.

Winkel, Genauigkeit: Wie bei den Längen können Sie auch für die Winkel die Genauigkeit zwischen null bis acht Nachkommastellen wählen.

Winkel, Im Uhrzeigersinn: Normalerweise werden in AutoCAD Winkel im mathematischen Sinn entgegen dem Uhrzeigersinn gemessen. Klicken Sie diesen Schalter an, werden Sie im Uhrzeigersinn gemessen.

Richtung ...: Klicken Sie auf diese Schaltfläche, kommen Sie zu einem weiteren Dialogfeld, in dem Sie die 0°-Richtung für Winkel festlegen können. Standardmäßig ist *Osten* eingestellt. Sie können jeden Quadranten wählen oder einen beliebigen Winkel eintragen oder aus der Zeichnung abgreifen.

> :-)
> TIPP

- *Die Einstellung der Einheitenformate wirkt sich außer auf die Koordinatenanzeige auch auf alle Abfrage- und Änderungsfunktionen aus. Die Bemaßung kann allerdings davon abweichend eingestellt werden.*

- *Für das Zeichnen in metrischen Einheiten sollten Sie bei den Längen* DEZIMAL *und bei den Winkeln* DEZIMALGRAD *wählen. Die* WINKEL-MESSRICHTUNG *und die 0°-*RICHTUNG *sollten Sie in der Standardeinstellung belassen.*

- *Näheres zur Funktion des Feldes* EINFÜGUNGSMASSSTAB *finden Sie in Kapitel 11.2 und 13.8.*

Das Koordinatensystem und Koordinatenformate | Kapitel 3

Koordinatenformate

Zum exakten maßstäblichen Zeichnen lassen sich Koordinaten auf der Tastatur eingeben. Wollen Sie also eine Linie zeichnen, so geben Sie bei dem Befehl die Koordinate des Anfangs- und Endpunkts ein.

Dabei gilt als Bezug immer das momentan aktive Koordinatensystem. Bei zweidimensionalen Zeichnungen sind verschiedene Koordinatenformate möglich:

Absolute kartesische Koordinaten: Ein Punkt wird durch seinen Abstand in X- und Y-Richtung vom Ursprung des aktuellen Koordinatensystems angegeben (siehe Abbildung 3.11). Die Werte werden durch Komma getrennt, innerhalb einer Zahl wird ein Punkt als Trennzeichen verwendet.

Format:	X,Y
Beispiele:	100,150
	-22.5,35.7

Relative kartesische Koordinaten: Ein Punkt wird durch seinen Abstand in X- und Y-Richtung vom zuletzt eingegebenen Punkt im aktuellen Koordinatensystem angegeben (siehe Abbildung 3.11). Dem Zahlenpaar wird das Zeichen »@« (Taste [AltGr]+[Q] drücken) vorangestellt.

Format:	@dx,dy
Beispiele:	@10,20
	@15.5,-5.7

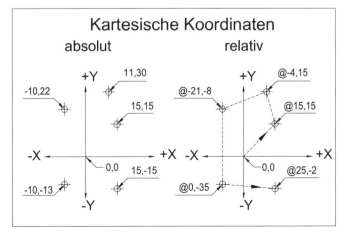

Abbildung 3.11:
Absolute und relative kartesische Koordinaten

Absolute polare Koordinaten: Ein Punkt wird durch seinen Abstand und Winkel vom Ursprung des aktuellen Koordinatensystems angegeben (siehe Abbildung 3.12). Die Werte werden durch das Zeichen »<« getrennt.

Format:	A<W
Beispiele:	50<45
	82.75<-90

Relative polare Koordinaten: Ein Punkt wird durch seinen Abstand und Winkel vom zuletzt eingegebenen Punkt im aktuellen Koordinatensystem angegeben (siehe Abbildung 3.12). Den Werten wird das Zeichen »@« (Taste [AltGr]+[Q] drücken) vorangestellt und sie werden durch das Zeichen »<« getrennt.

Format:	@A<W
Beispiele:	@20<135
	@45.25<-45

Abbildung 3.12: Absolute und relative polare Koordinaten

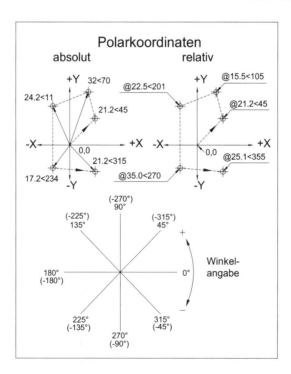

3.5 Limiten, Papierformat und Maßstab

Nun sind wir ja sehr eingeengt, wenn wir auf einem DIN-A3-Blatt zeichnen wollen. Der Gegenstand, den wir zeichnen wollen, darf maximal 420 mm breit und 297 mm hoch sein, und dann zeichnen wir schon bis zum äußersten Blattrand. Beim Zeichnen mit Bleistift und Papier multiplizieren Sie die Größen, die Sie zeichnen wollen, mit dem Maßstab und stellen Sie kleiner oder größer als in Wirklichkeit dar. Nachteilig ist dabei, dass Sie jedes Maß umrechnen müssen.

Regeln beim Zeichnen

Da Sie aber das Rechnen beim CAD-Zeichnen besser dem Computer überlassen sollten, gelten zwei wichtige Regeln:

- In AutoCAD wird immer 1:1 gezeichnet. Erst bei der Ausgabe der Zeichnung auf dem Drucker oder Plotter vergrößern oder verkleinern Sie die Zeichnung so, dass sie auf das gewünschte Papierformat passt. Sie vergrößern oder verkleinern den Zeichenbereich so, dass das zu zeichnende Teil in den Originalmaßen darauf Platz findet und rechnen die Maße nicht um. Sie haben ein virtuelles Zeichenblatt in Originalgröße.

  Regel 1: Zeichnen Sie mit AutoCAD immer 1:1!

- Innerhalb von AutoCAD arbeiten Sie dimensionslos, es gibt nur Zeichnungseinheiten. Das können mm, cm, m, km oder Lichtjahre sein. Wie oben beschrieben, legen Sie erst beim Plotten fest, wieviel geplottete Millimeter einer Zeichnungseinheit entsprechen (siehe Kapitel 15).

  Regel 2: Innerhalb von AutoCAD gibt es nur Zeichnungseinheiten!

Größe der Zeichnung

Bei den weiteren Überlegungen haben wir drei Größen zu berücksichtigen:

Die Zeichnungslimiten: Durch die Abmessungen des zu zeichnenden Objekts können zwei Punkte ermittelt werden, ein linker unterer und ein rechter oberer. Innerhalb des Rechtecks, das sich aus diesen Punkten bildet, befindet sich die Zeichnung. Diese Punkte werden in AutoCAD »Limiten« genannt. Meist liegt die linke untere Limite bei 0,0. Da immer 1:1 gezeichnet wird, ergeben sich die Limiten aus der Größe des zu zeichnenden Objekts.

Papierformat und Plotmaßstab: Eine dieser Größen ist meist gegeben und die andere resultiert daraus. Entweder wird ein Papierformat vorgegeben (oft durch Plotter oder Drucker begrenzt), und daraus resultiert ein bestimmter Maßstab, damit das Objekt dargestellt werden kann, oder eine Zeichnung soll in einem bestimmten Maßstab erstellt werden, und daraus ergibt sich das notwendige Papierformat.

Der Maßstab wird in AutoCAD also erst beim Plotten der Zeichnung erforderlich, der so angegeben wird:

➡ Geplottete Millimeter = Zeichnungseinheiten

Wenn also eine Zeichnung 1:50 auf das Papier kommen soll, entspricht ein geplotteter Millimeter = 50 Zeichnungseinheiten.

Ermittlung der Limiten und des Plotmaßstabs

Die Größe der rechten oberen Limite errechnen Sie wie folgt, wenn davon ausgegangen wird, dass die linke untere Limite beim Punkt 0,0 liegt:

➡ Rechte obere Limite = Papiermaß/Plotmaßstab

Beim A3 Blatt im Maßstab 1:50 (= 0.02) ergibt sich:

X:	420/0.02 = 21000
Y:	297/0.02 = 14850

Aber bringen wir das Ganze etwas übersichtlicher in eine tabellarische Form (siehe Tabelle 3.1). Die Werte in der Tabelle entsprechen der rechten oberen Limite, wenn die linke untere bei 0,0 liegt. Bei den Limiten wurde mit dem vollen Papiermaß gerechnet, also ohne den nicht bedruckbaren Bereich zu berücksichtigen.

Tabelle 3.1: Limiten in Abhängigkeit von Maßstab und Papierformat

Maß-stab	A4	A3	A2	A1	A0
10:1	29.70,21.00	42.00,29.70	59.40,42.00	84.00,59.40	118.80,84.00
5:1	59.40,42.00	84.00,59.40	118.80,84.00	168.00,118.80	237.60,168.00
1:1	297,210	420,297	594,420	840,594	1188,840
1:5	1485,1050	2100,1485	2970,2100	4200,2970	5945,4200
1:10	2970,2100	4200,2970	5940,4200	8400,5940	11880,8400
1:50	14850,1050	21000,14850	29700,21000	42000,29700	59450,42000
1:100	29700,21000	42000,29700	59400,42000	84000,59400	118800,84000

Da kein Drucker bis zum Rand drucken kann, muss der freie, nicht bedruckbare Rand abgezogen werden. Der ist aber bei jedem Drucker oder Plotter anders, deshalb sind in der Tabelle die vollen Papiermaße angegeben. Bei Plottern wird oft Papier im Überformat verwendet, so dass man bis zur Normgröße des Papiers plotten kann.

Wenn die Zeichnungseinheiten nicht Millimetern entsprechen

Wenn nicht in Millimetern, sondern in Zentimetern, Metern oder Kilometern gezeichnet wird, verändern sich die Limiten. Der Zeichenbereich verringert sich bei Zentimetern um den Faktor 10 und bei Metern um den Faktor 1000. Außerdem ist der Plotmaßstab nicht mehr identisch mit dem Maßstab der Zeichnung auf dem Papier.

In Tabelle 3.2 finden Sie die Korrekturwerte für Limiten und Plotmaßstab aufgelistet.

Einheiten	Korrektur für Limiten	Korrektur für Plotmaßstab
µm	1 000	1 000
mm	1	1
cm	0,1	0,1
dm	0,01	0,01
m	0,001	0,001
km	0,000 001	0,000 001

Tabelle 3.2: Korrekturwerte für Limiten und Plotmaßstab

Soll beispielsweise in Zentimetern gezeichnet werden und auf einem A4-Blatt im Maßstab 1:1 ausgegeben werden, dann liegt die rechte obere Limite bei 297,210 x 0.1, das ergibt 29.7,21 Zeichnungseinheiten (= cm). Der Plotmaßstab muss ebenfalls korrigiert werden, ein geplotteter Millimeter entspricht dann 1 x 0.1, das ergibt 0.1 Zeichnungseinheiten (= cm).

Noch ein Beispiel: Auf einem A3-Blatt wird in Metern gezeichnet, der Maßstab soll 1:50 sein. Die rechte obere Limite ist dann 21000,148500 x 0.001, das ergibt 21,14.85 (= m). Ein geplotteter Millimeter entspricht in diesem Fall 50 x 0.001, das ergibt 0.05 Zeichnungseinheiten (= m).

➡ *Sie können einfach drauflos zeichnen und sich erst am Schluss um Plotmaßstab und Papierformat kümmern. Nur beim Bemaßen und Beschriften der Zeichnung sollte schon klar sein, in welchem Maßstab die Zeichnung geplottet werden soll.*

➤ *Die Schrifthöhe wird in Zeichnungseinheiten angegeben. Wird die Zeichnung beim Drucken vergrößert oder verkleinert, dann hat sie auf dem Papier die falsche Größe. Deshalb sind Schriftgröße, Größe der Maße und der Schraffurabstand abhängig vom Plotmaßstab und den Zeichnungseinheiten.*

➤ *Soll eine Zeichnung im Maßstab 1:100 geplottet werden, muss die Schrift, die 3,5 Millimeter groß auf dem Papier sein soll, 350 Zeichnungseinheiten in der Zeichnung sein. Entsprechen die Zeichnungseinheiten Metern, ist die Schrift in der Zeichnung 350 x 0.001, das ergibt 0.35 (= m).*

Einstellung der Limiten, Befehl Limiten

Wie beschrieben, brauchen Sie sich beim Zeichnen zunächst nicht um die Abmessungen der Objekte und den Plotmaßstab zu kümmern. Zur Orientierung können Sie aber, sobald Sie den Überblick haben, die Limiten in der Zeichnung setzen, spätestens dann, wenn Sie den Zeichnungsrahmen erstellen. Mit dem Befehl LIMITEN können Sie die Limiten einstellen. Sie finden den Befehl:

➤ Abrollmenü FORMAT, Funktion LIMITEN

```
Befehl: Limiten
Modellbereichlimiten zurücksetzen:
Linke untere Ecke angeben oder [Ein/Aus] <0.0000,0.0000>: Linke untere
Limite eingeben
Obere rechte Ecke angeben <420.0000,297.0000>: Rechte obere Limite eingeben
```

Geben Sie die Koordinaten für die Punkte ein oder klicken Sie sie in der Zeichnung an. Zusätzlich stehen zwei Optionen zur Verfügung.

Ein bzw. Aus: Mit den Optionen kann die Limitenkontrolle aus- und eingeschaltet werden. Sie bewirkt beim Zeichnen, dass jede Eingabe überprüft und nicht angenommen wird, wenn sie außerhalb der Limiten liegt. Wenn die Limitenkontrolle ausgeschaltet ist, dienen die Limiten nur zur Orientierung. Damit Sie sich in dem praktisch unbegrenzten Zeichenraum zurechtfinden, können Sie den Bereich innerhalb der Limiten anzeigen oder plotten.

➤ *Die Änderung der Limiten ändert die Ansicht der Zeichnung nicht. Zur Orientierung sollten Sie nach einer Änderung der Limiten immer den Befehl ZOOM, Option ALLES verwenden. Damit haben Sie den kompletten Zeichenbereich auf dem Bildschirm.*

➤ *Das Raster (siehe Kapitel 3.11) wird nur innerhalb der Limiten angezeigt, es sei denn, es ist ein Benutzerkoordinatensystem aktiv (siehe Kapitel 5.9).*

3.6 Zeichnen mit Koordinaten

Mit den Zeichenbefehlen aus Kapitel 3.2 können Sie jetzt mit Eingabe von Koordinaten zeichnen.

Haben Sie die dynamische Eingabe aktiv, können Sie die Werte am Fadenkreuz eingeben. Ansonsten tippen Sie Werte in der Befehlszeile ein. Damit Sie die Übungen besser nachvollziehen können, wird im Folgenden der Dialog in der Befehlszeile abgebildet.

Zeichnen mit absoluten Koordinaten

1. Öffnen Sie die Zeichnung *A03-01.dwg* aus dem Ordner *Aufgaben*.

2. Zeichnen Sie den Linienzug mit absoluten kartesischen Koordinaten nach (siehe Abbildung 3.13).

```
Befehl: Linie
Ersten Punkt angeben: 20,15 eintippen
Nächsten Punkt angeben oder [Zurück]: 60,15 eintippen
..
..
Nächsten Punkt angeben oder [Schließen/Zurück]: S für die Option
   Schließen
```

3. Zeichnen Sie die Kreise. Geben Sie die Mittelpunkte mit absoluten kartesischen Koordinaten an (siehe Abbildung 3.13).

```
Befehl: Kreis
Zentrum für Kreis angeben oder
[3P/2P/Ttr (Tangente Tangente Radius)]: 40,35
Radius für Kreis angeben oder [Durchmesser]: 5
Befehl: Kreis
Zentrum für Kreis angeben oder [3P/2P/Ttr (Tangente Tangente Radius)]:
   73.35,44.8
Radius für Kreis angeben oder [Durchmesser]: 5
```

Das Ergebnis sollte wie in Abbildung 3.13 aussehen. Die Lösung finden Sie auch im Ordner *Aufgaben*, Zeichnung *L03-01.dwg*.

Zeichnen mit relativen kartesischen Koordinaten

1. Öffnen Sie die Zeichnung *A03-02.dwg* aus dem Ordner *Aufgaben*.

2. Zeichnen Sie den Linienzug mit relativen kartesischen Koordinaten nach (siehe Abbildung 3.14).

Kapitel 3   Zeichentechniken

Abbildung 3.13:
Zeichnen mit absoluten kartesischen Koordinaten

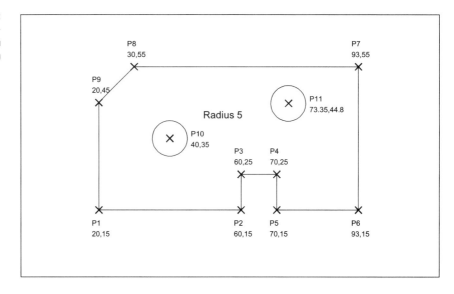

Befehl: **Linie**
Ersten Punkt angeben: **20,15 eintippen, der erste Punkt mit absoluter Angabe**
Nächsten Punkt angeben oder [Zurück]: **danach relativ @40,0 eintippen**
..
..
Nächsten Punkt angeben oder [Schließen/Zurück]: **S für die Option Schließen**

Das Ergebnis sollte wie in Abbildung 3.14 aussehen. Die Lösung finden Sie auch im Ordner *Aufgaben*, Zeichnung *L03-02.dwg*.

Abbildung 3.14:
Zeichnen mit relativen kartesischen Koordinaten

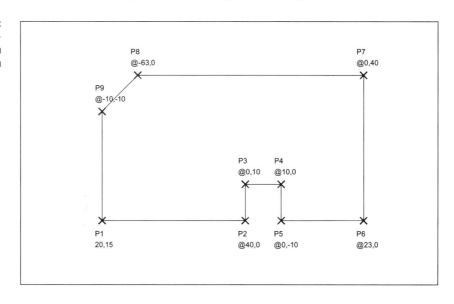

Orthogonales Zeichnen Kapitel 3

Zeichnen mit relativen polaren Koordinaten

1. Öffnen Sie die Zeichnung *A03-03.dwg* aus dem Ordner *Aufgaben*.
2. Zeichnen Sie den Linienzug mit relativen polaren Koordinaten nach (siehe Abbildung 3.15).

```
Befehl: Linie
Ersten Punkt angeben: 20,15 eintippen, der erste Punkt mit absoluter
    Angabe
Nächsten Punkt angeben oder [Zurück]: danach relativ polar @40<0
    eintippen
..
..
Nächsten Punkt angeben oder [Schließen/Zurück]: S für die Option
    Schließen
```

Das Ergebnis sollte wie in Abbildung 3.15 aussehen. Die Lösung finden Sie auch im Ordner *Aufgaben*, Zeichnung *L03-03.dwg*.

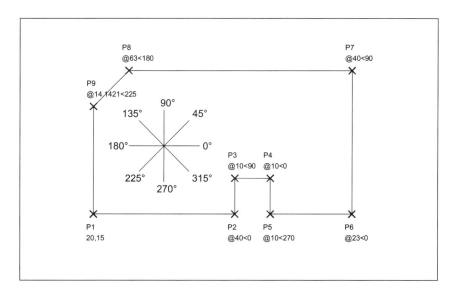

Abbildung 3.15:
Zeichnen mit relativen polaren Koordinaten

3.7 Orthogonales Zeichnen

Eine Besonderheit bei technischen Zeichnungen ist, dass oft nur horizontal oder vertikal gezeichnet wird, wie auch bei unseren ersten Beispielen. In AutoCAD wird dem Rechnung getragen. Mit dem Ortho-Modus können Sie das orthogonale (rechtwinklige) Zeichnen vereinfachen.

Kapitel 3   Zeichentechniken

Ortho-Modus einschalten

Den Ortho-Modus schalten Sie ein und aus mit:

➥ Schalter ORTHO in der Statuszeile

➥ Taste F8 ein- und ausschalten

Wenn der Modus eingeschaltet ist. dann können Sie nur noch horizontal oder vertikal zeichnen, schieben, kopieren usw. Unabhängig von der exakten Stellung des Fadenkreuzes, wird immer in der Richtung des nächsten rechten Winkels gezeichnet, wenn Sie einen Punkt auf der Zeichenfläche mit der Maustaste anklicken. Geben Sie jedoch Koordinatenwerte ein, gelten diese, auch wenn sich dadurch keine rechtwinkligen Linienzüge ergeben.

3.8   Zeichnen mit Abstands- und Winkelangaben

Eine weitere Zeichenmethode lässt sich mit dem Ortho-Modus kombinieren, um schneller Konturen zeichnen zu können. Sie können beim Zeichnen nur den Abstand eingeben, den der nächste Punkt haben soll. Der Winkel ist nicht erforderlich, es wird in die Richtung gezeichnet, in der das Fadenkreuz steht. Das umständlich einzugebende @-Zeichen entfällt ebenfalls. Das führt natürlich nur zu sinnvollen Ergebnissen, wenn der Ortho-Modus oder der Polarfang (siehe unten) eingeschaltet sind.

Zeichnen mit Abstandsangaben

1. Öffnen Sie die Zeichnung *A03-04.dwg* aus dem Ordner *Aufgaben*.

2. Schalten Sie nur den Ortho-Modus in der Statuszeile ein.

3. Zeichnen Sie den Linienzug mit Abstandsangaben nach (siehe Abbildung 3.16).

```
Befehl: Linie
Ersten Punkt angeben: 20,15 eintippen, der erste Punkt mit absoluter
    Angabe
Nächsten Punkt angeben oder [Zurück]: Fadenkreuz nach rechts und 40
    eintippen
Nächsten Punkt angeben oder [Zurück]: Fadenkreuz nach oben und 10
    eintippen
  ..
  ..
Nächsten Punkt angeben oder [Schließen/Zurück]: Fadenkreuz nach links
    und 73 eintippen
Nächsten Punkt angeben oder [Schließen/Zurück]: S für Schließen
```

Zeichnen mit Abstands- und Winkelangaben — Kapitel 3

Das Ergebnis sollte wie in Abbildung 3.16 aussehen. Die Lösung finden Sie auch im Ordner *Aufgaben*, Zeichnung *L03-04.dwg*.

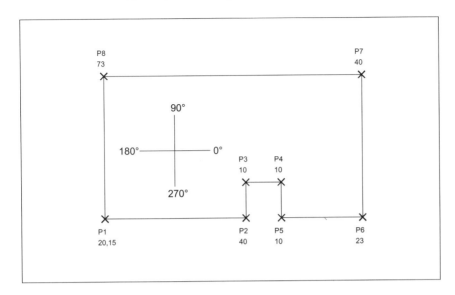

Abbildung 3.16: Zeichnen mit Abstandsangaben

Abstands- und Winkelangabe

Wollen Sie unter einem beliebigen Winkel zeichnen, kommen Sie mit der gerade gelernten Methode nicht weiter. Aber auch hierfür gibt es eine Lösung. Nehmen wir an, Sie wollen eine Linie zeichnen, die 100 lang sein und unter einem Winkel von 33° verlaufen soll. Gehen Sie dazu wie folgt vor:

Befehl: **Linie**
Ersten Punkt angeben: **Geben Sie einen beliebigen Startpunkt ein**
Nächsten Punkt angeben oder [Zurück]: **<33 für den gewünschten Winkel eingeben**
Winkel überschreiben: 33
Nächsten Punkt angeben oder [Zurück]: **Eine Linie mit 33° wird angezeigt, Sie können nur noch einen Punkt auf dieser Linie anklicken. Wenn Sie einen Abstand eintippen, z.B. die gewünschten 100, hat der neue Punkt diesen Abstand und den Winkel zum ersten Punkt**
Nächsten Punkt angeben oder [Zurück]: ...

Diese Methode funktioniert unabhängig davon, ob der Ortho-Modus ein- oder ausgeschaltet ist.

Bemaßungseingabe bei der dynamischen Eingabe

Haben Sie die dynamische Eingabe aktiviert und ist dort in den Einstellungen die Bemaßungseingabe aktiv (siehe Abbildung 3.17, Standardeinstellung und Konfiguration der dynamischen Eingabe, siehe Anhang A.5), gibt es eine weitere, noch effektivere Möglichkeit für die Eingabe der Werte beim Zeichnen und Editieren.

Abbildung 3.17:
Bemaßungseingabe bei der dynamischen Eingabe

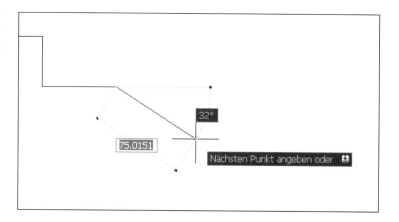

In diesem Fall können Sie auch den Wert für die dynamisch bemaßte Strecke eingeben und mit der ⇥-Taste zur Eingabe des Winkelmaßes wechseln. Der Vorteil ist, dass Sie immer sehen, um welche Länge und um welchen Winkel es sich bei der Eingabe handelt. Sie können auch beliebig oft mit der ⇥-Taste zwischen den Eingaben wechseln. Mit der ↵-Taste beenden Sie die Eingabe und übernehmen die Werte.

3.9 Befehle zurücknehmen

»Nobody is perfect«, auch nicht beim Zeichnen mit AutoCAD. Es kommt immer wieder vor, dass Sie einen Befehl rückgängig machen müssen. Innerhalb des Befehls LINIE haben Sie die Option ZURÜCK schon kennen gelernt. Es gibt aber auch die Befehle Z und ZLÖSCH, mit denen Sie komplette Befehle rückgängig machen oder wiederherstellen können.

Befehle zurücknehmen und wiederherstellen

Während die Option ZURÜCK im Befehl LINIE nur die Eingabe eines Punkts zurücknimmt, nimmt der Befehl Z einen kompletten Befehl zurück. Nachdem Sie einen Linienzug fertig gezeichnet, entfernt der Befehl Z den kompletten Linienzug. Trotzdem ist es kein Löschbefehl. War der letzte Befehl ein Zeichenbefehl, dann löscht Z zwar; war der letzte Befehl jedoch beispielsweise ein Löschbefehl, bringt Z die gelöschten Objekte zurück. Der Befehl ZLÖSCH wiederum macht die letzte Rücknahme rückgängig, also den letzten Befehl Z. Sie finden die Befehle:

➜ Abrollmenü BEARBEITEN, Funktion RÜCKGÄNGIG (Befehl Z) und WIEDERHERSTELLEN (Befehl ZLÖSCH)

➜ Symbole in der Standard-Funktionsleiste

Löschen von Objekten und Objektwahl — Kapitel 3

Mehrere Befehle zurücknehmen und wiederherstellen

Neben den Symbolen befinden sich Pfeile. Klicken Sie auf einen dieser Pfeile, wird ein Abrollmenü aktiviert. Darin finden Sie die Befehle gelistet, die Sie zurücknehmen bzw. wiederherstellen können. Jetzt müssen Sie nur noch in der Liste diejenigen Befehle markieren, die zurückgenommen bzw. wiederhergestellt werden sollen.

Ist kein Befehl aktiv, können Sie die Befehle aus dem Kontextmenü der rechten Maustaste aktivieren. Der Eintrag WIEDERHERSTELLEN für den Befehl ZLÖSCH ist nur nach dem Befehl Z aktiv.

3.10 Löschen von Objekten und Objektwahl

Wollen Sie ein Objekt wieder aus der Zeichnung entfernen, können Sie es zwar mit dem Befehl Z unmittelbar löschen. Aber was tun, wenn ein Fehler erst später auffällt? Es gibt daher auch einen Befehl zum gezielten Löschen von Objekten in der Zeichnung. Bei diesem Befehl brauchen Sie, wie bei den meisten Änderungsbefehlen, die Objektwahl. Deshalb sehen wir uns jetzt diese Funktion genauer an.

Zuerst noch eine Anmerkung: Sie können in AutoCAD immer nur ein Objekt im Gesamten löschen, kopieren, verschieben, drehen usw. Es geht also nicht, dass nur ein Teil einer Linie gelöscht wird, dazu müssten Sie sie vorher erst auftrennen. Damit Sie sofort sehen, was zusammengehörige Objekte sind, werden diese hervorgehoben dargestellt, wenn Sie sie mit dem Fadenkreuz überfahren. Überfahren Sie beispielsweise ein Rechteck, so werden alle vier Kanten markiert. Haben Sie das Rechteck aber aus einzelnen Linien gezeichnet, wird immer nur eine Kante markiert. So können Sie schnell kontrollieren, wie sich die Objekte zusammensetzen.

Befehl Löschen

Sie finden den Befehl LÖSCHEN:

➧ Abrollmenü ÄNDERN, Funktion LÖSCHEN

➧ Abrollmenü BEARBEITEN, Funktion LÖSCHEN

➧ Symbol im Werkzeugkasten ÄNDERN

Nach Anwahl des Befehls können Sie im Wiederholmodus die zu löschenden Objekte wählen.

Kapitel 3   Zeichentechniken

Objektwahl

1. Laden Sie die Zeichnung *A03-05.dwg* aus dem Ordner *Aufgaben*. Testen Sie die Funktionen der Objektwahl, die im Folgenden beschrieben werden, an dieser Zeichnung. Verwenden Sie dabei den Befehl LÖSCHEN.

2. Machen Sie die Löschung immer wieder mit dem Befehl Z rückgängig, um die nächsten Funktionen ebenfalls testen zu können.

Objekte wählen

Die meisten Editierbefehle, so auch der Befehl LÖSCHEN, erfordern als Erstes die Objektwahl. Damit legen Sie fest, für welche Objekte der Befehl gelten soll.

```
Objekte wählen:
```

Diese Anfrage bleibt im Wiederholmodus. Haben Sie ausgewählt, wird die Anfrage so lange gestellt, bis sie mit ⏎ abgeschlossen wird. Erst danach wird der Löschvorgang ausgeführt. Die gewählten Objekte werden in den so genannten Auswahlsatz aufgenommen.

Bei der Objektwahl gibt es eine ganze Reihe von Möglichkeiten, die Ihnen jetzt vielleicht noch etwas überflüssig erscheinen. Aber je komplizierter die Editieraufgaben werden, desto schneller werden Sie diese Möglichkeiten schätzen lernen.

Auswahl mit der Pickbox: Bei der Objektwahl erscheint zunächst die Pickbox auf dem Bildschirm, ein kleines Quadrat. Mit der Pickbox können Sie Objekte einzeln anklicken. Die Objektwahl bleibt im Wiederholmodus, bis Sie eine Anfrage mit ⏎ bestätigen.

```
Objekte wählen: Mit der Pickbox anklicken
1 gefunden
```

Wählen Sie noch einmal, wird aufsummiert:

```
Objekte wählen: Noch ein Objekt anklicken
1 gefunden, 2 gesamt
```

Hatten Sie das Objekt innerhalb dieses Auswahlvorganges schon einmal gewählt, dann wird angezeigt:

```
Objekte wählen: Ein Objekt noch einmal anklicken
1 gefunden (1 doppelt vorhanden), 2 gesamt
```

Hatten Sie das Pech, ein Objekt zu erwischen, das auf einem gesperrten Layer war (siehe Kapitel 4.1), erhalten Sie auch dazu eine Meldung:

```
Objekte wählen: Mit der Pickbox anklicken
1 gefunden, 2 gesamt
1 war auf einem gesperrten Layer.
```

Ausgewählte Objekte werden zur Kontrolle gestrichelt dargestellt.

Auswahl mit verschiedenen Fenstern: Klicken Sie dagegen mit der Pickbox ins Leere, wird dieser Punkt automatisch als Eckpunkt eines Fensters genommen und Sie können die zweite, diagonal gegenüberliegende Ecke des Fensters anklicken.

```
Objekte wählen:
Entgegengesetzte Ecke angeben:
7 gefunden
```

Nun kommt es darauf an, in welche Richtung Sie das Fenster aufziehen. Wenn Sie von links nach rechts ziehen, werden nur die Objekte ausgewählt, die sich vollständig im Fenster befinden (siehe Abbildung 3.18). Diese Methode wird als Option FENSTER bezeichnet.

Ziehen Sie es umgekehrt auf, also von rechts nach links, dann werden die Objekte ausgewählt, die sich vollständig oder teilweise im Fenster befinden (siehe Abbildung 3.18). Diese Methode wird als Option KREUZEN bezeichnet.

Damit Sie sofort sehen, welche Methode gerade aktiv ist, haben die Fenster einen unterschiedlichen Rand und sind in unterschiedlicher Farbe gefüllt. Ziehen Sie das Fenster von links nach rechts auf (Option FENSTER), ist der Fensterrand mit einer ausgezogenen Linie dargestellt und das Fenster mit transparenter blauer Farbe gefüllt. Wenn Sie dagegen von rechts nach links aufziehen (Option KREUZEN), ist der Fensterrand gestrichelt und das Fenster mit transparenter grüner Farbe gefüllt. Die Farben lassen sich in den Grundeinstellungen des Programms ändern (siehe Anhang A.4).

Wenn Sie die Systemvariable HIGHLIGHT *(siehe Anhang C.3) versehentlich auf 0 gesetzt haben, werden die gewählten Objekte nicht hervorgehoben. In diesem Fall arbeiten Sie bei der Objektwahl im Blindflug. Stellen Sie die Variable besser wieder auf 1.*

Spezielle Optionen

Fenster und Kreuzen: Wenn Sie die Auswahl über die Optionen FENSTER oder KREUZEN vornehmen wollen, müssen Sie die Option vorgeben, egal in welcher Folge die Eckpunkte eingegeben werden.

Kapitel 3 Zeichentechniken

Abbildung 3.18:
Objektwahl mit verschiedenen Fenstern

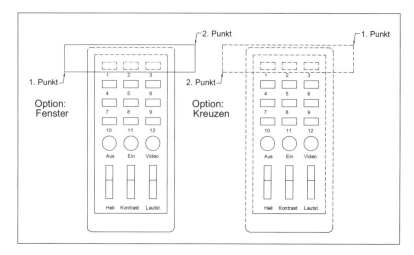

```
Objekte wählen: F für Fenster oder K für Kreuzen
Erste Ecke angeben:
Entgegengesetzte Ecke angeben:
```

Wenn Sie eine Option gewählt haben, ist die Richtung, in der Sie das Fenster aufziehen, ohne Bedeutung.

Letztes Objekt: Ganz ohne Pickbox und Fenster geht es auch. Sie können bei der Objektwahl mit der Option LETZTES das zuletzt gezeichnete Objekt auswählen.

Vorherige Objekte erneut wählen: Wollen Sie einen Auswahlsatz für mehrere Editierbefehle verwenden, zum Beispiel für die Befehle SCHIEBEN und DREHEN, können Sie bei der zweiten Objektwahl die Option VORHER verwenden und Sie bekommen den gleichen Auswahlsatz noch einmal.

Alles auswählen: Wollen Sie alles auf einmal anwählen, verwenden Sie die Option ALLE (ausgeschrieben, kein Kürzel möglich). Achtung: Damit werden auch die Objekte auf ausgeschalteten Layern gewählt, nicht aber die auf gefrorenen Layern (siehe Kapitel 4.1).

Auswahl mit dem Zaun: Oft kommen Sie weder mit FENSTER noch mit KREUZEN zur richtigen Auswahl. Unter Umständen kann Ihnen dann die Auswahl mit der Option ZAUN weiterhelfen.

```
Objekte wählen: Z oder Zaun
Erster Zaunpunkt: Punkt setzen
Endpunkt der Linie angeben oder [Zurück]>: weiteren Punkt setzen
..
Endpunkt der Linie angeben oder [Zurück]>: Mit [↵] Zaun beenden
Objekte wählen:
```

Löschen von Objekten und Objektwahl   Kapitel 3

Damit können Sie einen Linienzug in die Zeichnung legen. Alle Objekte, die davon geschnitten werden, kommen in die Auswahl (siehe Abbildung 3.19). Mit der Option ZURÜCK kann wie beim Linienbefehl ein Segment entfernt werden. Die Eingabe des Linienzugs kann mit ⏎ beendet werden. Danach werden weitere Objekte angefragt.

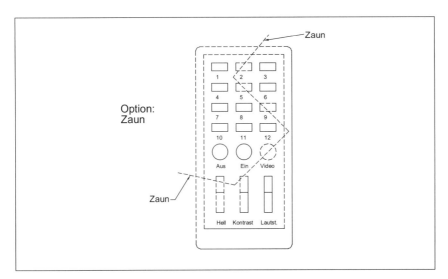

Abbildung 3.19:
Objektwahl mit dem Zaun

Auswahl mit Polygonen: Der Nachteil bei den Fenstermethoden ist, dass ein Fenster immer rechteckig ist. Oft ist die Auswahl mit einer der Polygonmethoden günstiger. Damit ziehen Sie ein Polygon auf, und alle Objekte, die im Polygon sind, werden mit der Methode FPOLYGON ausgewählt. Bei der Methode KPOLYGON werden auch diejenigen Objekte gewählt, die vom Polygon gekreuzt werden und sich nur teilweise im Polygon befinden (siehe Abbildung 3.20).

```
Objekte wählen: FP (FPolygon) bzw. KP (KPolygon)
Erster Punkt des Polygons: Polygoneckpunkt wählen
Endpunkt der Linie angeben oder [Zurück]: Polygoneckpunkt wählen
..
Endpunkt der Linie angeben oder [Zurück]: ⏎
Objekte wählen:
```

Jede Eingabe legt einen Polygonpunkt fest. So können Sie die gewünschten Objekte wie mit einem Lasso einfangen. Mit der Option ZURÜCK können Sie einen falsch gesetzten Punkt wieder entfernen, ohne das ganze Polygon neu aufziehen zu müssen.

Entfernen von gewählten Objekten: Trotz aller Hilfsmittel kommt es vor, dass Sie Objekte falsch wählen. Es wäre schlecht, wenn Sie noch einmal von vorne anfangen müssten. Mit der Option ENTFERNEN können Sie in den Modus zum Entfernen von Objekten aus dem Auswahlsatz umschalten.

Kapitel 3 Zeichentechniken

Abbildung 3.20:
Objektwahl mit Polygonen

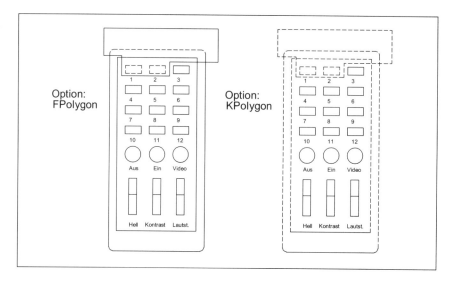

```
Objekte wählen: E für Entfernen
Objekte entfernen:
```

Auch in diesem Modus stehen Ihnen alle oben beschriebenen Auswahlmethoden zur Verfügung.

Erneutes Hinzufügen von Objekten: Wenn Sie wieder zur Objektwahl zurückkommen wollen, wählen Sie die Option HINZUFÜGEN und Sie können weitere Objekte mit einer der obigen Methoden aussuchen:

```
Objekte entfernen: H für Hinzufügen
Objekte wählen:
```

Wenn Sie bei der Objektwahl die ⇧-Taste drücken, können Sie so lange Objekte aus dem Auswahlsatz entfernen, wie Sie die Taste gedrückt halten. Dabei können sie auch ein Fenster aufziehen. Das ist die schnellere Methode, ohne die Option ENTFERNEN *wählen zu müssen.*

Objektwahl beenden

Zum endgültigen Abschluss der Objektwahl geben Sie ⏎ auf die Anfrage ein. Der Befehl LÖSCHEN wird danach ohne weitere Anfragen ausgeführt. Die anderen Editierbefehle stellen weitere Anfragen.

Spezialfunktionen bei der Objektwahl

Neben den beschriebenen Funktionen gibt es bei der Objektwahl noch eine Reihe spezieller Funktionen, die nicht zum Zeichnen gedacht sind, aber in Makros oder Script-Dateien (siehe Kapitel 23.3, 24.6 und 25) verwendet werden können.

Auto: Aktiviert den automatischen Auswahlmodus (Wahl mit der Pickbox bzw. mit den Optionen FENSTER oder KREUZEN), falls dieser über die Auswahlmodi (siehe unten) ausgeschaltet wurde. Dieser Modus ist standardmäßig vorgegeben.

Box: Aktiviert den automatischen Auswahlmodus mit der Fenstermethode, aber ohne Wahl mit der Pickbox (Optionen FENSTER oder KREUZEN), falls dieser über die Auswahlmodi (siehe unten) ausgeschaltet wurde.

Gruppe: Wählt alle Objekte einer oder mehrerer Gruppen (siehe Kapitel 11.15 und 11.16). Der Name der Gruppe wird angefragt.

`Gruppenname eingeben:`

Geben Sie einen Gruppennamen ein oder mehrere durch Kommata getrennte.

Mehrere: Mehrere Objekte können einzeln gewählt werden, ohne dass sie markiert worden sind. Erst mit ⏎ werden die Objekte markiert und der Auswahlmodus bleibt erhalten. Das kann bei sehr großen Zeichnungen sinnvoll sein, da bei jeder Auswahl die Zeichnungsdatenbank durchsucht, wird, was dann unangenehme Pausen zur Folge haben kann.

Einzeln: Die Objektwahl läuft mit dieser Option nicht mehr im Wiederholmodus. Sobald eine Auswahl getroffen wurde, wird der entsprechende Befehl ohne Rückfrage ausgeführt.

Befehl Wahl

Mit dem Befehl WAHL wird eine Objektwahl ohne weitere Aktion ausgeführt. Alle der oben genannten Methoden stehen Ihnen zur Verfügung. Sie können aber danach einen Editierbefehl anwählen und dort bei der Objektwahl die Option VORHER verwenden. Bei der normalen Zeichenarbeit ist dieser Befehl nicht sinnvoll, Sie können ihn aber in Makros oder in den Script-Dateien (siehe Kapitel 23, 24.6 und 25) einsetzen Deshalb finden Sie ihn auch nicht in den Menüs, er kann nur auf der Tastatur eingegeben werden.

Schnelles Löschen

Während die bisher beschriebenen Methoden für alle Editierbefehle mit Objektwahl gelten, gibt es beim Befehl LÖSCHEN noch weitere einfachere Möglichkeiten. Gehen Sie wie folgt vor:

➥ Klicken Sie ein Objekt an, ohne dass ein Befehl gewählt ist. Das Objekt bekommt so genannte Griffe (siehe Kapitel 13.5).

Kapitel 3 Zeichentechniken

- Sie können auch ein Fenster aufziehen, von links nach rechts oder von rechts nach links (siehe oben) sowie mit gedrückter -Taste wieder abwählen.

- Drücken Sie die Taste `Entf` und die Objekte werden gelöscht.

- Mit der rechten Maustaste erhalten Sie ein Kontextmenü mit der Funktion LÖSCHEN. Klicken Sie diese an, werden die markierten Objekte ebenfalls gelöscht.

Auswahlmodi festlegen

Mit dem Befehl OPTIONEN können Sie in einem Dialogfeld mit mehreren Registern die Grundeinstellungen von AutoCAD festlegen. Dort finden Sie auch einen Bereich für die Einstellungen zur Objektwahl, die so genannten Auswahlmodi. Sie finden den Befehl:

- Abrollmenü EXTRAS, Funktion OPTIONEN...

- Rechtsklick im Befehlszeilenfenster und Auswahl der Funktion OPTIONEN... aus dem Kontextmenü

Wählen Sie das Register AUSWAHL für die Einstellung der Auswahlmodi. In Abbildung 3.21 sehen Sie die standardmäßige Einstellung, die Sie auch abändern können.

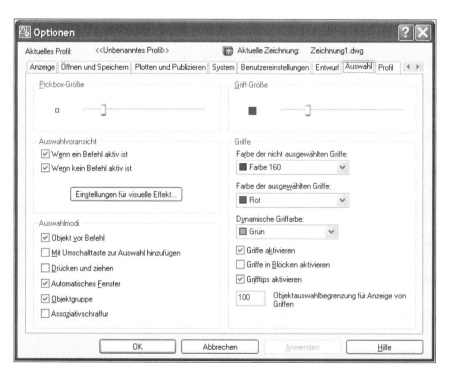

Abbildung 3.21: Einstellung der Auswahlmodi

Objekt vor Befehl: Wenn die Funktion OBJEKT VOR BEFEHL eingeschaltet ist, können Sie Objekte wählen, ohne dass Sie einen Editierbefehl gewählt haben. Wenn Sie dann den gewünschten Editierbefehl aktivieren, entfällt bei diesem die Objektwahl und der Befehl wird mit den vorher gewählten Objekten ausgeführt. Haben Sie vorher keine Objekte gewählt, läuft der Befehl wie oben beschrieben ab.

Mit Umschalttaste hinzufügen: Diese Einstellung ist für AutoCAD erfahrene Anwender ungewohnt, aber in anderen Windows-Programmen üblich. Wenn MIT UMSCHALTTASTE HINZUFÜGEN aktiviert ist, dann wird bei jeder Objektwahl ein neuer Auswahlsatz gebildet und der bisherige verworfen. Soll er erhalten bleiben und der neue hinzugefügt werden, muss während der weiteren Auswahl die ⇧-Taste gedrückt werden.

Drücken und ziehen: Ist der Schalter DRÜCKEN UND ZIEHEN aus, ziehen Sie ein Fenster bei der Objektwahl auf, indem Sie Eckpunkte anklicken. Ist er dagegen ein, müssen Sie das Fenster mit gedrückter Maustaste aufziehen und am anderen Eckpunkt loslassen.

Automatisches Fenster: Ist AUTOMATISCHES FENSTER eingeschaltet, dann können Sie automatisch, wie oben beschrieben, Fenster aufziehen, von rechts nach links oder umgekehrt. Wenn der Schalter aus ist, funktioniert das automatische Fenster bei einem Mausklick ins Leere nicht.

Objektgruppe: Ist der Schalter OBJEKTGRUPPE ein, reicht es aus, wenn Sie ein Objekt einer Gruppe wählen und die ganze Gruppe wird markiert. Ist der Schalter dagegen aus, können Sie die Objekte der Gruppe einzeln wählen. Wenn Sie jedoch die Option GRUPPE bei der Objektwahl verwenden und den Gruppennamen eingeben, werden unabhängig von der Schalterstellung alle Objekte der Gruppe gewählt (siehe Kapitel 11.15 und 11.16).

Assoziativschraffur: Wenn dieser Schalter an ist und Sie eine assoziative Schraffur anwählen (siehe Kapitel 6.1), wird die Umgrenzung der Schraffur automatisch mitgewählt. Dieses gilt auch beim Löschen. Mit der Schraffur wird die Kontur gelöscht.

Pickbox-Größe: An dem Schieber darunter können Sie die Größe der Pickbox einstellen.

Löschen zurücknehmen

Doch zurück zum Löschen: Sie haben etwas fälschlicherweise gelöscht. Mit dem Befehl Z alle bisherigen Befehle zurückzunehmen wäre unpraktisch, da Sie in der Zwischenzeit einiges neu gezeichnet haben, das erhalten bleiben soll. Hier hilft der Befehl HOPPLA. Er macht die letzte Löschung rückgängig, egal wann Sie diese vorgenommen haben. Der Befehl lässt sich nur einmal ausführen. Sie finden den Befehl nicht in den Menüs, geben Sie ihn bei Bedarf auf der Tastatur ein.

3.11 Zeichnen mit Fang und Raster

Die einfachste Möglichkeit ohne Koordinateneingabe, aber trotzdem präzise zu zeichnen, ist die Methode mit Fang und Raster. So können Sie der Zeichnung ein regelmäßiges Fangraster unterlegen. Diese Methode können Sie aber nur dann verwenden, wenn die Punkte der Zeichnung auf diesem Fangraster liegen. Sie können aber bei aktivem Fangraster mit Koordinateneingabe zeichnen, diese hat Vorrang. Das Zeichnen mit Fang ist beim Erstellen von Schemaplänen, Organisationsdiagrammen und Ablaufdiagrammen sinnvoll, bei denen die Symbole in einem festen Fangraster erstellt wurden. Das Raster können Sie in jeder Zeichnung als Orientierungshilfe zuschalten.

Fang und Raster ein- und ausschalten

FANG und RASTER können Sie wie folgt ein- und ausschalten:

➥ Schalter FANG in der Statuszeile

➥ Taste [F9] ein- und ausschalten

➥ Schalter RASTER in der Statuszeile

➥ Taste [F7] ein- und ausschalten

Befehl Zeicheinst

Mit dem Befehl ZEICHEINST können Sie die Zeichenhilfen (FANG und RASTER, POLARER FANG sowie OBJEKTFANG) einstellen. Den Befehl finden Sie:

➥ Abrollmenü EXTRAS, Funktion ENTWURFSEINSTELLUNGEN...

➥ Rechtsklick auf die Tasten RASTER oder FANG in der Statusleiste und Funktion EINSTELLUNGEN... aus dem Kontextmenü wählen

Sie erhalten ein Dialogfeld mit verschiedenen Registern zur Einstellung aller Zeichenhilfen. Im Register FANG UND RASTER können Sie die Parameter für Fang und Raster einstellen (siehe Abbildung 3.22).

Raster: Im rechten Teil des Dialogfelds können Sie das Zeichenraster einstellen. Der Zeichnung wird innerhalb der Limiten ein Punktraster unterlegt. Der Rasterabstand ist in X- und Y-Richtung in den Feldern X-ABSTAND und Y-ABSTAND des Dialogfelds einstellbar.

Wenn Sie den X-Abstand ändern und die Eingabe mit [↵] bestätigen, ändert sich auch der Y-Abstand auf diesen Wert. Soll der Y-Abstand einen anderen Wert erhalten, so ändern Sie diesen nachträglich. Aber nur wenn der Schalter RASTER EIN eingeschaltet ist, wird das Raster auch auf dem Bildschirm sichtbar. Das Raster wird nur innerhalb der Limiten angezeigt

Zeichnen mit Fang und Raster Kapitel 3

solange das Weltkoordinatensystem aktiv ist. Haben Sie ein Benutzerkoordinatensystem (siehe Kapitel 5.9) eingeschaltet, wird das Raster auf dem ganzen Bildschirm angezeigt.

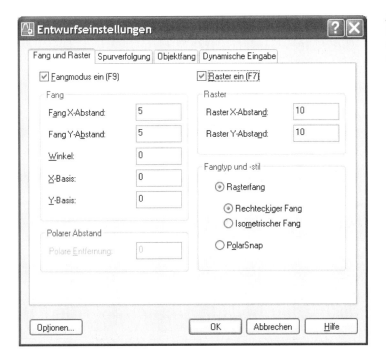

Abbildung 3.22: Dialogfeld zur Einstellung von Fang und Raster

Haben Sie das Raster zu eng eingestellt, erscheint die Meldung im Befehlszeilenfenster:

```
Raster zu dicht, keine Anzeige
```

Wenn Sie weit genug in die Zeichnung hineinzoomen, wird das Raster angezeigt und auch wieder ausgeschaltet, wenn Sie herauszoomen.

Fang: Im rechten Teil des Dialogfelds stellen Sie den Fang ein. Während das Raster nur der Orientierung dient, wird mit dem Fang das Fadenkreuz nur noch in festen Schritten über den Bildschirm geführt. Sie können den Fang im Dialogfeld mit dem Schalter FANGMODUS EIN ein- und ausschalten und in den darunter liegenden Feldern X-ABSTAND und Y-ABSTAND den Fangwert verändern. Zusätzlich haben Sie die Möglichkeit, den Fang um einen wählbaren Punkt und um einen einstellbaren Winkel zu drehen. Diesen Punkt stellen Sie in den Feldern X-BASIS und Y-BASIS und den Winkel im Feld WINKEL ein.

Kapitel 3   Zeichentechniken

Fang und Raster isometrisch

In AutoCAD kann das Fangraster auch auf einen isometrischen Modus umgeschaltet werden. Damit haben Sie die Möglichkeit, auf einfache Art isometrische Darstellungen zu erzeugen. Im Feld FANGTYP UND -STIL stellen Sie ein, ob Sie den Fang rechteckig (siehe oben) oder isometrisch haben wollen. Mehr zum isometrischen Fang finden Sie im Kapitel 7.14. Zudem können Sie den Fangtyp auch auf den POLAREN FANG einstellen (siehe Kapitel 3.12).

Zeichnen mit Fang und Raster

1. Starten Sie eine neue Zeichnung.

2. Schalten Sie nur Fang und Raster in der Statuszeile ein. Stellen Sie die Abstände mit dem Befehl ZEICHEINST ein.

3. Zeichnen Sie Linien, Kreise und Rechtecke auf Fangpunkten. Nehmen Sie auch den Ortho-Modus zu Hilfe.

4. Schließen Sie die Zeichnung und speichern Sie sie nicht.

3.12 Der Polare Fang

Mit dem Polarfang können Sie ein polares Fangraster definieren. Das Fadenkreuz rastet dann bei Zeichen- und Editierbefehlen in Winkelschritten und auf Wunsch auch in vorgegebenen Abständen. Dabei wird am Fadenkreuz ein gelbes Rechteck mit den polaren Koordinaten angezeigt, das so genannte Quick-Info und ein Spurvektor in der Richtung des eingerasteten Winkels.

Die Vorteile des Polarfangs gegenüber den bisher beschriebenen Methoden:

→ Sie können ein beliebiges Winkelraster einstellen, nicht nur die orthogonalen Richtungen wie beim Ortho-Modus (siehe Kapitel 3.7 und 3.8), und Sie können bei diesen Winkeln auch mit Abstandseingabe zeichnen.

→ Das polare Fangraster und der polare Fangwinkel beziehen sich immer auf den letzten Punkt, nicht wie beim einfachen Fang auf den Nullpunkt. Der polare Fangwinkel kann zudem so eingestellt werden, dass er sich immer aufs letzte Segment bezieht.

Polarfang ein- und ausschalten

Den Polarfang können Sie wie folgt ein- und ausschalten:

→ Schalter POLAR in der Statuszeile

→ Mit Taste F10 ein- und ausschalten

Der Polare Fang   Kapitel 3

Befehl Zeicheinst

INFO

Mit dem Befehl ZEICHEINST können Sie auch den polaren Fang einstellen:

➡ Abrollmenü EXTRAS, Funktion ENTWURFSEINSTELLUNGEN...

➡ Rechtsklick auf die Taste POLAR in der Statusleiste und Funktion EINSTELLUNGEN... aus dem Kontextmenü wählen

Sie erhalten wieder das vorherige Dialogfeld, diesmal aber mit dem Register SPURVERFOLGUNG aktiv (siehe Abbildung 3.23).

Abbildung 3.23: Dialogfeld zur Einstellung des Polaren Fangs

Folgende Einstellungen für den Polaren Fang sind möglich:

Spurverfolgung ein: Mit dem Schalter können Sie den Polaren Fang ein- und ausschalten. Mit dem Polaren Fang wird der Ortho-Modus ausgeschaltet.

Polare Winkeleinstellungen, Inkrementwinkel: Wählen Sie aus dem Abrollmenü den gewünschten Winkel aus oder tragen Sie einen Wert ein.

Zusätzliche Winkel: Wollen Sie zusätzlich noch ganz bestimmte Winkel haben, auf die das Fadenkreuz einrasten soll, dann klicken Sie diesen Schalter an. Werte in die Liste bekommen Sie, wenn Sie auf die Schaltfläche NEU klicken. Es wird ein leerer Eintrag erzeugt und Sie können einen Wert dafür eintragen. Mit der Schaltfläche LÖSCHEN wird der markierte Eintrag aus der Liste gelöscht.

Polare Winkelmessung: In diesem Feld können Sie wählen, ob sich der Winkel des Polaren Fangs auf das Koordinatensystem oder das zuletzt gezeichnete Segment beziehen soll (siehe Abbildung 3.24).

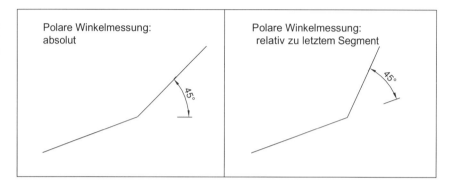

Abbildung 3.24: Verschiedene Methoden der Polaren Winkelmessung

Zusätzlich zum Winkelraster können Sie auch den Fang (siehe Kapitel 3.11 und Abbildung 3.25) auf den Fangtyp POLARER FANG einstellen. Das Fadenkreuz rastet dann beim Zeichnen in Winkelrichtung in den festgelegten Fangabständen. Wählen Sie dazu das Register FANG UND RASTER des Befehls ZEICHEINST.

Polare Entfernung: Die POLARE ENTFERNUNG gibt den Fangabstand in Winkelrichtung an, ausgehend vom letzten Punkt.

Fangtyp und -stil: Schalten Sie in diesem Feld den Schalter POLARSNAP ein.

Fangmodus ein: Der Schalter für den Fangmodus muss eingeschaltet sein.

> ➤ *Mit der Funktionstaste* F10 *wird der Polare Fang und mit der Funktionstaste* F9 *der normale Fang ein- und ausgeschaltet. Haben Sie beide eingeschaltet, sollte der normale Fang immer auf den Fangtyp* POLARSNAP *eingestellt werden (siehe Abbildung 3.25).*
>
> ➤ *Wenn Sie im Quick-Info den richtigen Wert für den Winkel und den Abstand angezeigt bekommen, drücken Sie die Maustaste und der Wert wird übernommen, unabhängig von der exakten Position des Fadenkreuzes.*
>
> ➤ *Benötigen Sie einen anderen Wert für den Abstand als den angezeigten, geben Sie ihn auf der Tastatur ein und bestätigen mit* ⏎. *Der eingegebene Abstand wird übernommen. Beim Winkel wird derjenige übernommen, der im Quick-Info angezeigt wurde.*
>
> ➤ *Benötigen Sie einen anderen Winkel, haben Sie nur die Möglichkeit, mit dem Befehl* ZEICHEINST *das Winkelraster umzustellen. Der Befehl arbeitet transparent. Sie können ihn aufrufen, ohne den laufenden Befehl zu unterbrechen. Benötigen Sie nur eine Koordinate im anderen Winkel, können Sie diese auch als polare Koordinate eintippen.*

Der Polare Fang   Kapitel 3

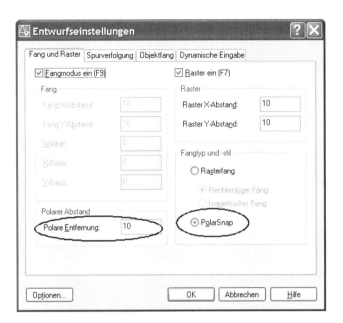

Abbildung 3.25:
Fang auf polaren
Abstand eingestellt

Zeichnen mit dem Polaren Fang

1. Öffnen Sie die Zeichnung *A03-06.dwg* aus dem Ordner *Aufgaben*.

2. Schalten Sie den Polaren Fang und den normalen Fang ein und alle anderen Zeichenhilfen aus. Wählen Sie beim Polaren Fang einen Inkrementwinkel von 15° und keine zusätzlichen Winkel. Die POLARE WINKELMESSUNG stellen Sie auf ABSOLUT. Wählen Sie im Register FANG UND RASTER den Polaren Fang und geben eine POLARE ENTFERNUNG von 5 ein.

3. Zeichnen Sie den Linienzug mit dem Polaren Fang nach (siehe Abbildung 3.26).

```
Befehl: Linie
Ersten Punkt angeben: 20,15 eintippen, der erste Punkt mit absoluter
    Angabe
Nächsten Punkt angeben oder [Zurück]: Fadenkreuz nach rechts bis im
    Quick-Info "Polar: 35<0" angezeigt wird und linke Maustaste
    drücken
Nächsten Punkt angeben oder [Zurück]: Fadenkreuz nach rechts oben bis
    im Quick-Info "Polar: 10<60" angezeigt wird und linke Maustaste
    drücken
..
Nächsten Punkt angeben oder [Schließen/Zurück]: Fadenkreuz nach links
    bis im Quick-Info "Polar: 40<180" angezeigt wird und linke
    Maustaste drücken
Nächsten Punkt angeben oder [Schließen/Zurück]: S für die Option
    Schließen
```

Das Ergebnis sollte wie in Abbildung 3.26 aussehen. Die Lösung finden Sie auch im Ordner *Aufgaben*: die Zeichnung *L03-06.dwg*.

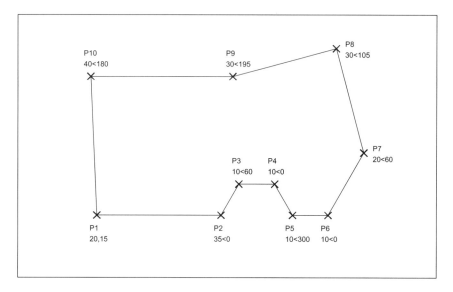

Abbildung 3.26:
Zeichnen mit dem Polaren Fang

3.13 Zeichnen mit dem Objektfang

Am häufigsten kommt es beim Zeichnen vor, dass Sie Punkte auf vorhandenen Objekten fangen müssen. Dafür haben Sie in AutoCAD den Objektfang.

Objektfang für Geometriepunkte

Bei jeder Punktanfrage innerhalb eines Befehls können Sie eine Objektfangfunktion wählen, zum Beispiel beim Befehl LINIE:

```
Befehl: Linie
Ersten Punkt angeben:
```

Wenn Sie beispielsweise eine Linie am Endpunkt einer bestehenden Linie ansetzen wollen, verwenden Sie den Objektfang ENDPUNKT:

```
Befehl: Linie
Ersten Punkt angeben: END oder Endpunkt
```

Wenn Sie jetzt über eine vorhandene Linie fahren und in die Nähe des Endpunkts kommen, wird das Symbol für den Endpunkt angezeigt. Klicken Sie dann auf die Pick-Taste, wird die Linie nicht an der Position des Fadenkreuzes angesetzt, sondern an dem Punkt, an dem das Symbol angezeigt wurde, also an dem Endpunkt der bestehenden Linie. Wenn Sie etwa eine Sekunde

Zeichnen mit dem Objektfang Kapitel 3

warten, wird in einem gelben Fenster das Quick-Info angezeigt (siehe Abbildung 3.27). Mit der ⇥-Taste können Sie die weiteren Fangpunkte auf dem Objekt oder einem Objekt im Fangbereich durchblättern. Wenn Sie die Pick-Taste drücken, wird der Punkt gewählt, an dem das Symbol angezeigt wird, egal wo sich das Fadenkreuz befindet.

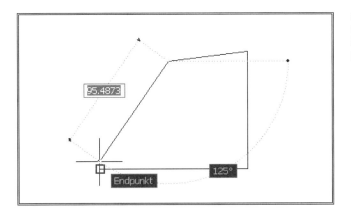

Abbildung 3.27: Anzeige des Fangsymbols und des Quick-Infos

Der Objektfang ist außerdem nicht auf Zeichenbefehle beschränkt, auch bei Editierbefehlen, Bemaßungsbefehlen usw. können Sie ihn verwenden.

Mit dem Objektfang können Sie auf zwei Arten arbeiten. Sie können die Fangfunktion bei jeder Punkteingabe neu wählen oder Sie können verschiedene Fangfunktionen fest einstellen, so dass Sie immer aktiv sind. Diese Arbeitsweisen sind im Folgenden beschrieben.

Objektfang für eine Punkteingabe verwenden

Sie können den Objektfang immer dann verwenden, wenn ein Punkt angefragt wird. Dann aktivieren Sie die Objektfangfunktion, die dann auch nur für diese eine Punkteingabe gilt. Wählen Sie die Fangfunktion nach einer der aufgeführten Methoden:

- Eintippen der Fangfunktion bzw. des Kürzels (meist die ersten drei Buchstaben der Funktion, siehe unten) bei der Punktanfrage
- Symbole im Werkzeugkasten OBJEKTFANG
- Flyout-Menü in der STANDARD-FUNKTIONSLEISTE
- Kontextmenü bei jeder Punktanfrage mit der rechten Maustaste, Untermenü FANG-ÜBERSCHREIBUNGEN (siehe Abbildung 3.28, rechts)
- Kontextmenü mit der zweiten Maustaste zusammen mit der Taste ⇧ oder Strg (siehe Abbildung 3.28, links)

Kapitel 3   Zeichentechniken

Abbildung 3.28:
Kontextmenü mit den Objektfangfunktionen

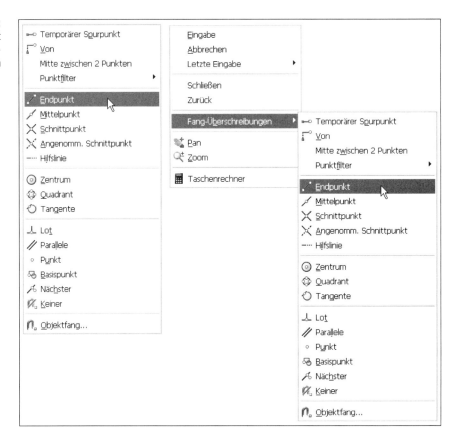

Objektfang fest einstellen (AutoSnap)

Die bessere Methode ist die, dass Sie die Fangfunktionen fest einstellen – der so genannte AutoSnap. Damit sparen Sie sich das ständige Anwählen von Fangfunktionen. Wählen Sie dazu den Befehl ZEICHEINST. Wenn Sie ihn nach einer der unten beschriebenen Methoden einstellen, kommt das Dialogfeld gleich mit der richtigen Registerkarte auf den Bildschirm.

➜ Abrollmenü EXTRAS, Funktion ENTWURFSEINSTELLUNGEN...

➜ Symbol im Werkzeugkasten OBJEKTFANG

➜ Kontextmenü Objektfang (siehe Abbildung 3.28), Funktion OBJEKT-FANG...

➜ Rechtsklick auf die Taste OFANG in der Statuszeile und Auswahl der Funktion EINSTELLUNGEN... aus dem Kontextmenü

Sie bekommen wieder das Dialogfeld des Befehls ZEICHEINST, diesmal mit dem Register OBJEKTFANG im Vordergrund (siehe Abbildung 3.29).

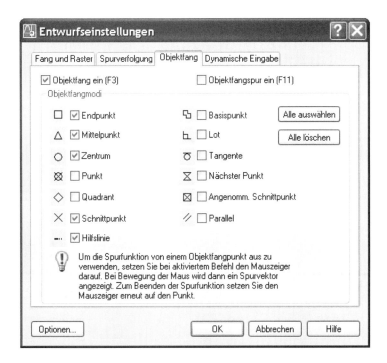

Abbildung 3.29:
Dialogfeld mit dem Register Objektfang

Folgende Möglichkeiten haben Sie in diesem Register:

Objektfang ein: Damit schalten Sie die gewählten Objektfangfunktionen ein und aus.

Objektfangspur ein: Damit schalten Sie die Objektfangspur ein und aus (siehe Kapitel 3.15). Schalten Sie diese Funktion zunächst noch aus.

Objektfangmodi: In diesem Feld können Sie die gewünschten Objektfangmodi wählen. Die Wirkung der einzelnen Fangfunktionen finden Sie weiter unten beschrieben. Achtung: In AutoCAD LT sind nicht alle Funktionen vorhanden.

Alle auswählen: Aktivierung aller Objektfangmodi.

Alle löschen: Löschen aller Objektfangmodi.

➥ *Haben Sie den Objektfang einmal eingestellt, können Sie ihn mit einem Klick auf die Taste* OFANG *in der Statuszeile oder mit der Funktionstaste* [F3] *ein- und ausschalten.*

➥ *Meist benötigen Sie mehrere Objektfangfunktionen beim Zeichnen. Stellen Sie nur diejenigen ein, die Sie häufig benötigen, beispielsweise* ENDPUNKT *und* SCHNITTPUNKT *bei der Bemaßung.*

Kapitel 3   Zeichentechniken

> *Haben Sie eine oder mehrere Fangfunktionen fest eingestellt und brauchen eine andere Fangfunktion, wählen Sie die Fangfunktion nach einer der oben beschriebenen Methoden. Dann gilt der gewählte Objektfang für die eine Eingabe, für die folgenden gelten wieder die fest eingestellten Fangfunktionen.*

> *Haben Sie eine oder mehrere Fangfunktionen fest eingestellt und wollen einen Punkt ohne Objektfang eingeben, wählen Sie aus dem Kontextmenü für den Objektfang die Fangfunktion* KEINER*. Dann ist der fest eingestellte Objektfang für diese eine Eingabe nicht aktiv.*

> *Die Symbole, die an den Geometriepunkten angezeigt werden, entsprechen denen im Dialogfeld (siehe Abbildung 3.29).*

Einfache Objektfangmodi

Doch welche Fangfunktionen stehen in AutoCAD zur Verfügung? Schauen wir uns zunächst die einfachen Objektfangmodi an, die ohne Hilfslinien arbeiten (siehe Abbildung 3.31).

Endpunkt: Fängt die Endpunkte einer Linie, eines Bogens oder eines Polyliniensegments.

Mittelpunkt: Fängt den Mittelpunkt einer Linie, eines Bogens oder eines Polyliniensegments.

Schnittpunkt: Fängt den Schnittpunkt zweier Zeichnungsobjekte. Befindet sich jedoch das Fadenkreuz in der Nähe eines Objekts, ohne dass sich dort ein Schnittpunkt befindet, erscheint das Schnittpunktsymbol und drei Punkte. Im Quick-Info wird dabei angezeigt: ERWEITERTER SCHNITTPUNKT (siehe Abbildung 3.30). Klicken Sie das Objekt an, wird nichts gefangen. Kommt Sie aber in die Nähe eines anderen Objekts, wird der virtuelle Schnittpunkt der beiden Objekte markiert (siehe Abbildung 3.30). Das ist der Punkt, bei dem sich die Verlängerungen der beiden Objekte treffen. Mit einem Mausklick wählen Sie den Punkt endgültig.

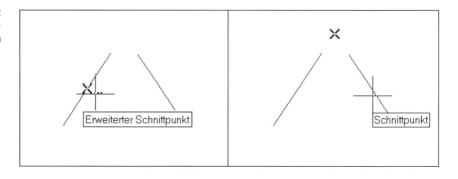

Abbildung 3.30:
Virtuellen Schnittpunkt fangen

Zeichnen mit dem Objektfang | Kapitel 3

Angenommener Schnittpunkt: Dieser Modus dient dem Arbeiten an 3D-Modellen. Sie können damit den in der momentanen Ansicht sichtbaren Schnittpunkt zweier Objekte fangen, die beliebig im Raum übereinander liegen. Dazu müssen beide Objekte angewählt werden. Der ermittelte Punkt liegt auf dem zuerst gewählten Objekt. Auch hier gibt es die Anzeige ERWEITERTER ANGENOMMENER SCHNITTPUNKT, wenn nur ein Objekt angewählt wird. Mit der Wahl eines zweiten Objekts kann dann der Punkt bestimmt werden, an dem sich die Objekte im Raum treffen (siehe oben SCHNITTPUNKT)

Zentrum: Fängt den Mittelpunkt eines Kreises, eines Bogens oder eines Polylinienbogens. Beachten Sie, dass Sie die Kreis- oder Bogenlinie anfahren müssen, um das Symbol zu erhalten.

Quadrant: Fängt den Quadrantenpunkt (0, 90, 180 oder 270 Grad) eines Kreises, Bogens oder einer Polylinie.

Tangente: Fängt den Punkt an einem Kreis, einem Bogen oder einem Polylinienbogen, zu dem ein anderer Punkt die Tangente bildet.

Lot: Fängt den Punkt auf einem Objekt, der von einem anderen Punkt aus einen rechten Winkel zu dem Objekt bildet. Fällt man das Lot auf eine Linie, muss sich der Punkt nicht unbedingt auf der Linie befinden, er kann auch auf der Verlängerung der Linie liegen.

Basispunkt: Fängt den Basispunkt der Einfügung eines Blocks oder Symbols oder den Einfügepunkt eines Textes oder eines Attributs. Zu diesen Objekten erfahren Sie im Verlauf dieses Buches mehr.

Punkt: Fängt ein Punktobjekt in der Zeichnung, das mit dem Befehl PUNKT gezeichnet wurde (siehe Kapitel 7.11).

Nächster: Fängt den Punkt auf einem Objekt, der dem Fadenkreuz am nächsten liegt. Diesen Fangmodus verwenden Sie, wenn Sie eine Linie bis zu einem Objekt ziehen wollen, ohne dass dort ein Fangpunkt befindet ist.

Mitte zwischen 2 Punkten: Diese Funktion finden Sie nur im Kontextmenü für die Objektfang-Funktionen. Damit können Sie den Punkt fangen, der auf der Mitte der Verbindungslinie zweier Punkte liegt, beispielsweise die Mitte zweier Endpunkte. Selbstverständlich sollte diese Funktion immer zusammen mit einer anderen Fangfunktion verwendet werden.

Keiner: Schaltet einen fest eingestellten Objektfang für eine Eingabe ab.

[KOMPENDIUM] AutoCAD und LT 2006

Kapitel 3   Zeichentechniken

Zeichnen mit den einfachen Objektfangmodi

1. Öffnen Sie die Zeichnung *A03-07.dwg* im Ordner *Aufgaben* und schalten Sie die Zeichenhilfen bis auf den Objektfang aus.

2. Zeichnen Sie die Verbindungen wie in Abbildung 3.31. Stellen Sie mit dem Befehl ZEICHEINST jeweils die benötigten Objektfangmodi ein.

3. Das Ergebnis sollte wie in Abbildung 3.31 aussehen. Die Lösung finden Sie auch im Ordner *Aufgaben*, die Zeichnung *L03-07.dwg*.

Abbildung 3.31: Einfache Objektfangmodi

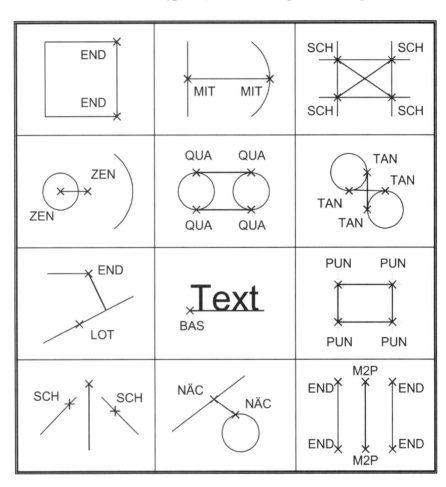

Objektfangmodus Hilfslinie

Weitere Möglichkeiten haben Sie mit den Objektfangfunktionen, die mit Hilfslinien arbeiten. Das sind die Funktionen HILFSLINIE und PARALLEL.

Zeichnen mit dem Objektfang   Kapitel 3

Hilfslinie: Diese Funktion ist sehr vielseitig einsetzbar. Dazu muss aber zusätzlich mindestens der Objektfang ENDPUNKT aktiv sein. Gehen Sie dabei wie folgt vor:

➜ Fahren Sie den Endpunkt einer Linie oder eines Bogens mit dem Fadenkreuz an. Das Symbol für den Endpunkt wird angezeigt.

➜ Gehen Sie jetzt auf den gewünschten Punkt und es wird ein kleines »+« direkt am Punkt angezeigt. Klicken Sie den Punkt aber nicht an. Wenn das »+« erscheint, ist der Punkt festgehalten. Haben Sie einen falschen Punkt, fahren Sie noch einmal an den Punkt, und er wird wieder freigegeben.

➜ Haben Sie einen Endpunkt festgehalten, können Sie mit dem Fadenkreuz in der Richtung der Linie oder des Bogens weiterfahren. Eine Hilfslinie wird ausgehend von dem gefangenen Punkt gezeichnet.

➜ Sie können einen Punkt anklicken, der dann auf der Hilfslinie platziert wird. Sie können aber auch eine Länge eingeben und mit ⏎ bestätigen. Der Punkt wird in diesem Abstand vom Endpunkt exakt auf der Hilfslinie platziert.

➜ Sie können auf diese Art auch eine weitere Hilfslinie von einem anderen Endpunkt wegziehen. Fahren Sie in die Nähe des Schnittpunkts der beiden Hilfslinien. Dort wird das Symbol für den Schnittpunkt angezeigt. Klicken Sie, wenn das Symbol erscheint, und der Schnittpunkt der Hilfslinien wird gefangen.

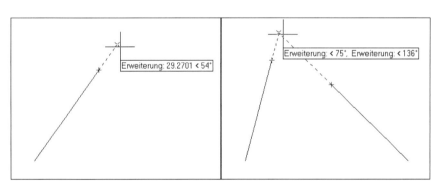

Abbildung 3.32: Objektfang mit Hilfslinien

Zeichnen mit dem Objektfang Hilfslinie

1. Laden Sie die Zeichnung *A03-08.dwg* aus dem Ordner *Aufgaben*.
2. Schalten Sie den Objektfang ENDPUNKT und HILFSLINIE ein. Alle anderen schalten Sie aus, auch die OBJEKTFANGSPUR, diese schauen wir erst nachher an.
3. Zeichnen Sie die dritte Ansicht in Abbildung 3.33 mit den Hilfslinien. Die Lösung *L03-08.dwg* finden Sie im Ordner *Aufgaben*.

Kapitel 3 Zeichentechniken

```
Befehl: Linie
Ersten Punkt angeben: P1 und P2 anfahren und den Schnittpunkt der
   beiden Hilfslinien anklicken
Nächsten Punkt angeben oder [Zurück]: P3 anfahren und den Schnittpunkt
   mit der Hilfslinien anklicken
Nächsten Punkt angeben oder [Zurück]: Fadenkreuz nach rechts bewegen
   und 20 eintippen
Nächsten Punkt angeben oder [Schließen/Zurück]: Fadenkreuz nach unten
   bewegen und 10 eintippen
Nächsten Punkt angeben oder [Schließen/Zurück]: P4 anfahren und den
   Schnittpunkt mit der Hilfslinie anklicken
Nächsten Punkt angeben oder [Schließen/Zurück]: P1 anfahren und den
   Schnittpunkt mit der Hilfslinie anklicken
Nächsten Punkt angeben oder [Schließen/Zurück]: S für die Option
   Schließen
```

Abbildung 3.33:
Zeichnen mit den Hilfslinien

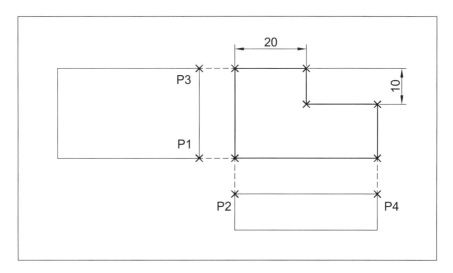

Objektfangfunktion Parallel

Die Objektfangfunktion PARALLEL arbeitet auch ohne zusätzlichen weiteren Objektfang. Sie können damit Parallelen zu Liniensegmenten erstellen.

Parallel: Mit dieser Funktion können Sie ein bestehendes Linienobjekt in der Zeichnung anfahren; das Symbol für die Parallelfunktion erscheint. Wenn Sie dann mit dem Fadenkreuz in Richtung der neu zu zeichnenden Linie fahren, erscheint eine Hilfslinie, wenn das neue Objekt parallel zum überfahrenen ist. Das Parallelsymbol erscheint auf dem überfahrenen Objekt (siehe Abbildung 3.34). Sie können dann einen Punkt auf der Hilfslinie angeben oder einen Abstand eintippen.

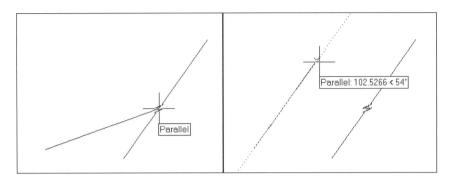

Abbildung 3.34:
Zeichnen mit parallelen Hilfslinien

Zeichnen mit dem Objektfang Parallel

1. Laden Sie die Zeichnung *A03-09.dwg* aus dem Ordner *Aufgaben*.
2. Schalten Sie den Objektfang HILFSLINIE und PARALLEL ein. Alle anderen Funktionen sollten Sie ausschalten.
3. Zeichnen Sie den Linienzug wie in Abbildung 3.35. Die Lösung haben Sie in der Zeichnung *L03-09.dwg* im Ordner *Aufgaben*.

```
Befehl: Linie
Ersten Punkt angeben: P1 anfahren, in Linienrichtung wegfahren, wenn
    Hilfslinie erscheint, 10 für den Abstand der zweiten Kontur
    eingeben
Nächsten Punkt angeben oder [Zurück]: Linie P1-P2 und danach P2
    anfahren, danach in Richtung der Parallele fahren und am
    Schnittpunkt der Hilfslinien klicken
Nächsten Punkt angeben oder [Zurück]: P2 anfahren, in Linienrichtung
    wegfahren, 20 auf der Tastatur eintippen
Nächsten Punkt angeben oder [Schließen/Zurück]: Linie P1-P2 anfahren,
    in Linienrichtung wegfahren, 10 auf der Hilfslinie eintippen
Nächsten Punkt angeben oder [Schließen/Zurück]: Vorletztes Segment
    anfahren, in Linienrichtung wegfahren, 20 auf der Tastatur
    eintippen
Nächsten Punkt angeben oder [Schließen/Zurück]: Linie P1-P2 und danach
    P1 anfahren, am Schnittpunkt der Hilfslinien klicken
Nächsten Punkt angeben oder [Schließen/Zurück]: S für die Option
    Schliessen
```

3.14 Relativpunkte und Objektfang

Eine weitere Funktion finden Sie in den Menüs des Objektfangs, die Funktion VONP. Diese benötigen sie immer dann, wenn Sie nicht direkt einen Fangpunkt haben wollen, sondern einen Punkt in einem bestimmten Abstand von einem Fangpunkt.

Kapitel 3 Zeichentechniken

Abbildung 3.35:
Parallelen zeichnen mit den Hilfslinien

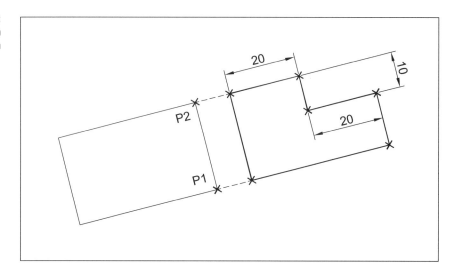

Funktion Vonp

Wählen Sie die Funktion bei einer Punktanfrage. Sie finden Sie in den gleichen Menüs und Werkzeugkästen wie die Objektfangfunktionen. Gehen Sie bei dieser Funktion wie folgt vor:

➥ Wählen Sie bei der Punktanfrage eines Befehl VONP.

➥ Wählen Sie dann einen Punkt mit einer Objektfangfunktion.

➥ Danach geben Sie den Abstand von diesem Punkt als relative Koordinate ein.

Zeichnen mit Relativpunkten

1. Öffnen Sie die Zeichnung *A03-10.dwg* aus dem Ordner *Aufgaben*.

2. Konstruieren Sie die beiden Kreise in den vorgegebenen Abständen (siehe Abbildung 3.36). Schalten Sie nur den Objektfang ENDPUNKT und ZENTRUM ein.

```
Befehl: Kreis
Zentrum für Kreis angeben oder [3P/2P/Ttr (Tangente Tangente Radius)]:
    Vonp aus dem Kontextmenü wählen
Basispunkt: Linken unteren Endpunkt mit dem Objektfang Endpunkt
    einfangen
<Abstand>: @20,25
Radius für Kreis angeben oder [Durchmesser]: 10
Befehl: Kreis
```

Das Ergebnis sollte wie in Abbildung 3.36 aussehen. Die Lösung finden Sie im Ordner *Aufgaben*, die Zeichnung *L03-10.dwg*.

124 { KOMPENDIUM } AutoCAD und LT 2006

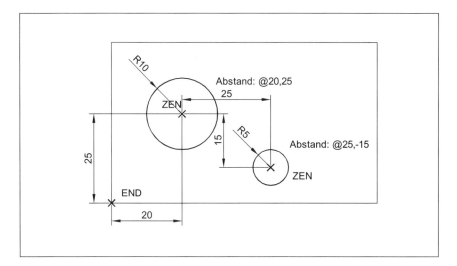

Abbildung 3.36:
Zeichnen mit Relativpunkten

3.15 Objektfangspuren

Perfekt wird das Zeichnen mit den Objektfangspuren. Damit können Sie Objektfangpunkte abgreifen und davon orthogonale Hilfslinien oder Hilfslinien entlang der Winkel des Polaren Fangs wegziehen. Auf diesen Hilfslinien können Sie Abstände für neue Punkte eingeben, oder wenn Sie mehrere Hilfslinien wegziehen, die Schnittpunkte anklicken.

Objektfangspur aktivieren

Die Objektfangspuren können Sie auf folgende Arten aktivieren:

- Schalter OTRACK in der Statuszeile anklicken zum Ein- und Ausschalten

- Funktionstaste F11 drücken zum Ein- und Ausschalten
- Rechtsklick auf die Taste OTRACK in der Statuszeile und aus dem Kontextmenü die Funktion EINSTELLUNGEN... wählen. Im Dialogfeld des Befehl ZEICHEINST, Register OBJEKTFANG, den Schalter OBJEKTFANGSPUR EIN einschalten.

Objektfangspur einstellen

Ob die Objektfangspuren nur orthogonale Hilfslinien erzeugen sollen, oder ob Sie Hilfslinien entlang der Winkel des Polaren Fangs ziehen wollen, können Sie in dem Dialogfeld des Befehls ZEICHEINST, Register SPURVERFOLGUNG einstellen (siehe Polarer Fang, Abbildung 3.23).

Wählen Sie die gewünschte Einstellung im Feld OBJEKTFANGSPUR-EINSTELLUNGEN rechts oben in dem Register.

Zeichnen mit den Objektfangspuren

Gehen Sie wie folgt vor:

- Fahren Sie einen Objektfangpunkt mit dem Fadenkreuz an, bis das Symbol für den Endpunkt angezeigt wird.

- Gehen Sie dann direkt auf den Punkt, es wird ein »+« am Punkt angezeigt und der Punkt ist festgehalten. Klicken Sie ihn nicht an.

- Fahren Sie von dem Punkt orthogonal weg, wird eine Hilfslinie mitgezogen. Haben Sie eingestellt, dass die Objektfangspur auch auf den polaren Winkel angezeigt werden soll, können Sie auch in diesen Richtungen eine Hilfslinie mitziehen.

- Wenn Sie die Hilfslinie entfernen wollen, gehen Sie mit dem Fadenkreuz noch einmal auf den Punkt.

- Klicken Sie einen Punkt auf der Hilfslinie an oder geben Sie den Abstand an, den der neue Punkt vom gefangenen Punkt haben soll.

- Sie können auf diese Art auch eine weitere Hilfslinie von einem anderen Objektfangpunkt wegziehen und den Schnittpunkt der beiden Hilfslinien anklicken.

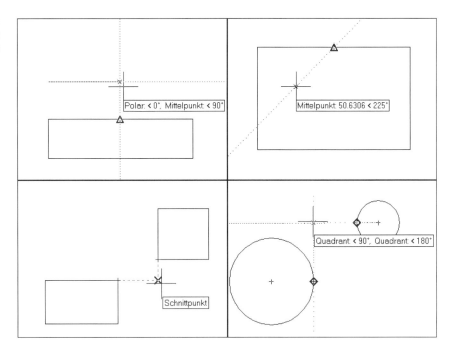

Abbildung 3.37: Objektfangspuren ziehen

Objektfangspuren Kapitel 3

Zeichnen mit Objektfangspuren

1. Öffnen Sie die Zeichnung *A03-11.dwg* aus dem Ordner *Aufgaben*.

2. Schalten Sie die Objektfangfunktionen ENDPUNKT, SCHNITTPUNKT, QUADRANT und ZENTRUM an, sowie die Objektfangspuren.

3. Setzen Sie den Polaren Fang auf 15° und schalten Sie ihn ein. Stellen Sie die Objektfangspur so ein, dass Sie auch bei den polaren Winkeln Hilfslinien ziehen.

4. In der Zeichnung bekommen Sie nur die Draufsicht auf den Bildschirm. Konstruieren Sie daraus die Vorderansicht und die Seitenansicht (siehe Abbildung 3.40).

5. Konstruieren Sie zunächst die Vorderansicht im Abstand von 5 (siehe Abbildung 3.38). Greifen Sie die Maße aus der Draufsicht ab. Lediglich den Abstand von 5 und die Höhe von 20 müssen Sie eintippen. Bei der Schräge von 15° bekommen Sie eine Hilfslinie durch den Polaren Fang.

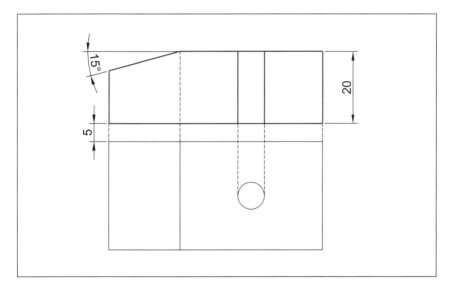

Abbildung 3.38: Vorderansicht mit Objektfangspuren gezeichnet

6. Konstruieren Sie dann die Seitenansicht (siehe Abbildung 3.39). Greifen Sie die beiden Punkte an der Unterkante der Seitenansicht aus der Draufsicht unter 45° und aus der Vorderansicht unter 0° ab.

7. Um die senkrechten Linien in der Seitenansicht (siehe Abbildung 3.40) zeichnen zu können, müssen wir uns zuerst den temporären Spurpunkt ansehen (siehe Kapitel 3.16).

(KOMPENDIUM) AutoCAD und LT 2006

Kapitel 3   Zeichentechniken

Abbildung 3.39:
Seitenansicht mit Objektfangspuren gezeichnet

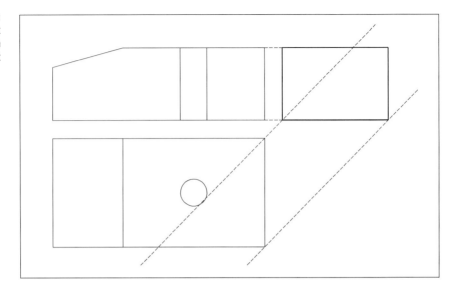

3.16 Temporärer Spurpunkt

Wenn Sie Hilfslinien ziehen, kommt es oft vor, dass Sie Punkte nicht direkt setzen können. Mit den temporären Spurpunkten können Sie Stützpunkte setzen und so die Objektfangspuren über mehrere Punkte weg ziehen.

Temporärer Spurpunkt

Den Temporären Spurpunkt finden Sie in den gleichen Menüs und Werkzeugkästen wie die Objektfangfunktionen. Gehen Sie bei dieser Funktion wie folgt vor:

➤ Wählen Sie beispielsweise den Befehl LINIE. Wenn nach dem Startpunkt gefragt wird, klicken Sie die Funktion TEMPORÄRER SPURPUNKT an. Klicken Sie einen Punkt an. Der Punkt wird nicht als Startpunkt für die Linie genommen. Sie können von diesem Punkt wieder eine Hilfslinie wegziehen und einen weiteren Punkt klicken oder einen Abstand eingeben. Erst dieser Punkt wird als Startpunkt genommen.

➤ Sie hätten aber auch noch einmal die Funktion TEMPORÄRER SPURPUNKT eingeben können und wieder eine Hilfslinie ziehen können und einen Punkt setzen. Auch dieser wird nicht genommen. So können Sie zu dem gewünschten Punkt mit einer ganzen Serie von Stützpunkten kommen.

Zeichnen mit Punktfiltern   Kapitel 3

Zeichnen mit temporären Spurpunkten

1. Zeichnen Sie in der Seitenansicht die senkrechten Linien ein (siehe Abbildung 3.40).

   ```
   Befehl: Linie
   Ersten Punkt angeben: Temporärer Spurpunkt wählen
   Temporären Punkt für OTRACK angeben: P1 anklicken
   Ersten Punkt angeben: Temporärer Spurpunkt wählen
   Temporären Punkt für OTRACK angeben: Hilfslinie waagrecht bis P2
       ziehen und P2 anklicken
   Ersten Punkt angeben: Hilfslinie unter 45° bis zu P3 ziehen und P3
       anklicken
   Nächsten Punkt angeben oder [Zurück]: P4 anklicken
   Nächsten Punkt angeben oder [Zurück]: ↵
   ```

2. Machen Sie es bei der anderen Linie genauso.

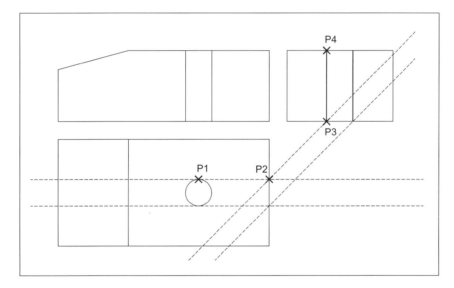

Abbildung 3.40:
Senkrechte Linien in der Seitenansicht

Das Ergebnis sollte wie in Abbildung 3.40 aussehen. Falls nicht, finden Sie eine Lösung im Ordner *Aufgaben*, die Zeichnung *L03-11.dwg*.

3.17 Zeichnen mit Punktfiltern

Wie Sie schon gesehen und auch geübt haben, können Sie Punkte aus einer Ansicht abgreifen und mit den Objektfangspuren in die andere Ansicht übertragen.

Eine weitere Methode ist das Zeichnen mit Punktfiltern. Obwohl diese durch die Objektfangspuren weitgehend überflüssig geworden ist, kann sie

Kapitel 3   Zeichentechniken

in AutoCAD LT, in dem es keine Objektfangspuren gibt, sinnvoll sein. Bei der Konstruktion von 3D-Modellen brauchen Sie die Methode ebenfalls wieder. Wann können Sie Punktfilter verwenden? In der Praxis kommt es häufig vor, dass Sie in der Zeichnung einen neuen Punkt fangen wollen, von dem Sie keine Koordinate haben. Aber Sie haben einen anderen Punkt, der denselben X- oder auch Y-Wert hat wie der gesuchte Punkt.

Das Prinzip der Punktfilter ist einfach, wenn es auch in der Praxis etwas Übung erfordert: Wird beim Zeichnen ein Punkt angefragt, geben Sie zuerst den Wert bzw. die Werte mit einem vorangestellten Punkt ein, den bzw. die Sie aus einem bekannten Punkt übernehmen, also filtern wollen und wählen dann den Punkt, meistens mit dem Objektfang. Danach geben Sie den verbleibenden Wert bzw. Werte ein, eventuell auch wieder mit dem Objektfang aus einer anderen Ansicht oder als numerische Koordinate.

Ein Beispiel: Sie wollen eine Linie beginnen, die 50 Einheiten in Y-Richtung entfernt vom Mittelpunkt eines Kreises beginnen soll. Der Dialog sähe dann so aus:

```
Befehl: Linie
Ersten Punkt angeben: Punktfilter XZ wählen
XZ von Mit Objektfang Zentrum den Mittelpunkt fangen
(benötigt Y): @0,50
Nächsten Punkt angeben oder [Zurück]: usw.
```

Das ist fast dasselbe wie die Methode mit den Relativpunkten. Eine andere Anwendung: Sie suchen einen Punkt dessen X-Wert am Endpunkt einer Linie liegt und dessen Y-Wert am Mittelpunkt einer anderen Linie liegt. Der Dialog könnte dann so aussehen:

```
Befehl: Linie
Ersten Punkt angeben: Punktfilter X wählen
X von Mit Objektfang Endpunkt den Punkt fangen
(benötigt YZ): Mit Objektfang Mittelpunkt den anderen Punkt fangen
Nächsten Punkt angeben oder [Zurück]: usw.
```

Auswahl von Punktfiltern

Die Punktfilter können Sie auf der Tastatur bei der Punktanfrage eintippen:

```
Befehl: Linie
Ersten Punkt angeben: .X
```

➔ Pop-up-Menü mit ⇧ oder [Strg] und zweiter Taste auf der Maus, Untermenü PUNKTFILTER (siehe Abbildung 3.41)

➔ Beim 2D-Zeichnen interessiert uns der Z-Wert nicht, deshalb sind für die meisten 2D-Anwendungen nur die Filter .X und .Y interessant.

Die Spur-Funktion   Kapitel 3

Abbildung 3.41:
Pop-up-Menü mit den Punktfiltern

3.18 Die Spur-Funktion

Die Punktfilter sind zwar praktisch, aber doch etwas umständlich in der Anwendung, vor allem dann, wenn beide Koordinaten gefiltert werden sollen. Einfacher wird das Filtern von Koordinaten mit der Spur-Funktion.

Spur-Funktion anwenden

Haben Sie in Ihrer Zeichnung einen Bezugspunkt für X und einen für Y, können Sie diese Funktion verwenden. In den Menüs finden Sie die Funktion nur bei AutoCAD LT. Zwar ist sie auch in AutoCAD vorhanden, dort gibt es aber komfortablere Methoden (siehe Kapitel 3.15, Objektfangspuren).

➥ Symbol im Werkzeugkasten OBJEKTFANG
➥ Pop-up-Menü mit ⇧ oder Strg und zweiter Taste auf der Maus, Funktion SPUR

Sie können die Funktion nur dann aktivieren, wenn ein Punkt angefragt wird. Wählen Sie den Bezugspunkt für X und den für Y mit einer Fangfunktion und beenden Sie die Auswahl mit ↵. Der resultierende Punkt ergibt sich aus dem Schnittpunkt der Hilfslinien, die durch diese beiden Punkte gehen. Der Ortho-Modus wird bei der Spur-Funktion automatisch eingeschaltet.

Es gibt aber immer zwei mögliche Punkte, je nachdem durch welchen Punkt eine vertikale und durch welchen eine horizontale Hilfslinie verläuft. Welcher Punkt wird gewählt? In der Richtung, in der Sie vom ersten Punkt wegfahren, wird eine Gummibandlinie gezeichnet und in der Richtung liegt auch der Punkt. Die zweite Anfrage wird wiederholt und es kann ein weiterer Punkt eingegeben werden. Der Punkt ergibt sich dann aus dem zweiten und dritten Punkt. Das geht solange, bis Sie die Auswahl mit ↵ beenden. Natürlich lassen sich bei der Spur-Funktion auch relative Koordinaten oder Abstände zwischen den Punkten eingeben.

4 Grundeinstellungen für eine neue Zeichnung

In diesem Kapitel lernen Sie eine Zeichnung mit Layern zu strukturieren und wie Sie den Layern Linientypen, Farben und Linienstärken zuordnen und diese Einstellungen in einer Vorlage speichern können.

4.1 Layer, Farben, Linientypen und Linienstärken

In AutoCAD können Sie eine Zeichnung auf verschiedenen Ebenen erstellen, den so genannten Layern. Darunter können Sie sich verschiedene plan aufeinander liegende Folien vorstellen, die jeweils inhaltlich zusammengehörende Teile der Zeichnung enthalten. Beispielsweise werden sichtbare Kanten, Hilfslinien, Bemaßungen, Text usw. jeweils auf verschiedene Layer gelegt.

Befehl Layer

Mit dem Befehl LAYER lassen sich alle Funktionen in einem Dialogfeld einstellen, dem LAYEREIGENSCHAFTEN-MANAGER. Wählen Sie den Befehl:

➤ Abrollmenü FORMAT, Funktion LAYER...

➤ Symbol in der Funktionsleiste EIGENSCHAFTEN

Sie bekommen den LAYEREIGENSCHAFTEN-MANAGER auf den Bildschirm (siehe Abbildung 4.1).

Neuen Layer anlegen

Sehen wir uns zunächst nur die rechte Liste an. In der linken Strukturdarstellung haben Sie die Layereigenschaften- und Gruppenfilter. Die stellen wir erst einmal zurück, dazu später mehr. Bis jetzt ist nur der Layer *0* in der Liste. Er ist in jeder Zeichnung vorhanden und kann auch nicht gelöscht werden. Wie aber kommen Sie zu neuen Layern?

Kapitel 4   Grundeinstellungen für eine neue Zeichnung

Abbildung 4.1:
Layereigenschaften-Manager

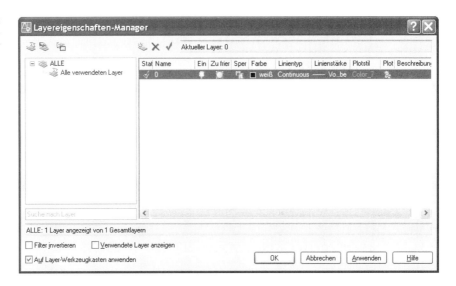

Klicken Sie auf das Symbol zum Anlegen eines neuen Layers und ein neuer Layer wird in die Liste eingefügt. In diesem Moment ist der Layername noch markiert und Sie können ihn mit dem gewünschten Namen überschreiben. Außerdem können Sie in der letzten Spalte eine Beschreibung für den Layer eintragen. Klicken Sie noch einmal auf das Symbol, wird ein weiterer Layer angelegt. Ändern Sie die Namen nicht, erhalten sie zunächst fortlaufend nummerierte Namen: *Layer1*, *Layer2* usw. Die neuen Layer werden in der Liste hinten angehängt. Klicken Sie auf die Schaltfläche ANWENDEN, werden die Aktionen dauerhaft gespeichert und die Layer alphabetisch einsortiert. Klicken Sie auf OK, werden die Aktionen ebenfalls gespeichert, das Dialogfeld wird dann erst beim nächsten Aufruf des Befehls aktualisiert angezeigt.

Layer umbenennen

In der ersten Spalte der Liste wird der Layername angezeigt. Wenn Sie den Namen anklicken, wird er markiert. Wenn Sie einen Namen zweimal anklicken (kein Doppelklick, Pause dazwischen), können Sie den Namen überschreiben. Mit einem weiteren Klick können Sie den Cursor setzen und den Namen ändern. Genauso machen Sie es bei der Beschreibung in der letzten Spalte.

Neue Layer anlegen

1. Legen Sie neue Layer an. Holen Sie sich dazu das Dialogfeld zur Layersteuerung auf den Bildschirm.

Layer, Farben, Linientypen und Linienstärken   Kapitel 4

2. Erstellen Sie acht neue Layer. Benennen Sie sie um in: *Gewinde*, *Hilfslinien*, *Kontur*, *Masse*, *Mittellinien*, *Schraffur*, *Schrift* und *Verdeckt* (siehe Abbildung 4.2).

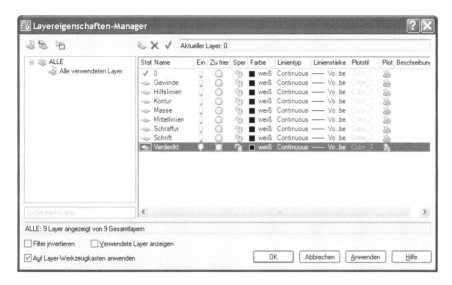

Abbildung 4.2:
Neue Layer in der Liste

Layer zum aktuellen Layer machen

Ein Layer ist immer der aktuelle Layer. Auf diesem werden neue Objekte abgelegt. Der aktuelle Layer wird in einer Textzeile über der Layerliste angezeigt. Dies ist im Moment noch der Layer *0*, wie Sie in Abbildung 4.2 sehen.

Um einen anderen Layer zum aktuellen Layer zu machen, klicken Sie den Layer in der Liste an und er wird markiert. Klicken Sie dann auf das Symbol zum Setzen des aktuellen Layers, wird er in der Textzeile aufgeführt. Sie können den aktuellen Layer aber auch einfacher wechseln, indem Sie den Layernamen in der Liste doppelt anklicken.

Wissen Sie die Layernamen in einer fremden Zeichnung nicht und müssen darin Änderungen machen, dann können Sie den aktuellen Layer einfach dadurch setzen, dass Sie ein Objekt anklicken, das auf dem gewünschten Layer ist. Wählen Sie das Symbol in der Funktionsleiste EIGENSCHAFTEN rechts neben dem Abrollmenü für die Layer und Sie müssen danach nur noch das Objekt anklicken.

[KOMPENDIUM] AutoCAD und LT 2006   135

Kapitel 4   Grundeinstellungen für eine neue Zeichnung

```
Objekt wählen, dessen Layer der aktuelle Layer wird:
KONTUR ist jetzt der aktuelle Layer.
```

Mit dem Symbol in der Funktionsleiste EIGENSCHAFTEN, das rechts neben dem vorherigen liegt, können Sie den zuletzt aktuellen Layer wieder zum aktuellen machen. Die Funktion können Sie mehrfach anwählen. Sie kommen immer einen Schritt weiter zurück.

Kontextmenü in der Layerliste

Drücken Sie die rechte Maustaste in der Layerliste, bekommen Sie ein Kontextmenü, aus dem Sie die oben beschriebenen Funktionen ebenfalls wählen können (neuen Layer erstellen, Layer löschen usw. siehe Abbildung 4.3). Wollen Sie alle Layer markieren, wählen Sie den Eintrag ALLE AUSWÄHLEN und alle Layer werden markiert. Sie können alle Layer gemeinsam bearbeiten. Mit dem Eintrag ALLE LÖSCHEN werden die Markierungen wieder entfernt. Mit dem Eintrag ALLE AUSSER AKTUELLEN AUSWÄHLEN werden alle Layer außer dem aktuellen markiert. Klicken Sie den Eintrag AUSWAHL INVERTIEREN an, werden alle nicht markierten Layer markiert und bei allen markierten Layern wird die Markierung entfernt. Die restlichen Einträge beziehen sich auf die Layerfilter (siehe weiter unten in diesem Kapitel und unter Layerstatus in Kapitel 19.1).

Abbildung 4.3:
Kontextmenü in der Layerliste

Layerstatus ändern

Layer lassen sich ein- und ausschalten und sind damit am Bildschirm sichtbar oder nicht. Sie lassen sich auch frieren und tauen und sind damit ebenfalls sichtbar oder nicht. Wo liegt der Unterschied? Gefrorene Layer werden beim Bildaufbau nicht berücksichtigt. Der Bildaufbau erfolgt also wesentlich schneller, wenn Sie Layer, die längere Zeit nicht benötigt werden, frieren. Der Nachteil ist, dass beim Tauen der komplette Bildschirm regeneriert werden muss, und das dauert einige Zeit. Beachten Sie: Bei kleineren Zeichnungen spielt es keine Rolle, ob Sie ausschalten oder frieren. Arbeiten Sie aber an sehr komplexen Zeichnungen, können Sie mit dem Frieren nicht benötigter Layer den Bildaufbau beschleunigen. Wollen Sie aber kurzfristig Objekte ausblenden, sollten Sie diese ausschalten.

Layer lassen sich sperren und entsperren. Objekte auf gesperrten Layern bleiben sichtbar, lassen sich aber nicht bearbeiten. Haben Sie Objekte, die Sie nicht verändern dürfen, dann sperren Sie den Layer, auf dem diese Objekte liegen. Ein Beispiel: Wollen Sie eine Wohnung oder ein Büro möblieren, dann sperren Sie den Layer mit dem Grundriss, damit Sie beim Verschieben der Möbel nicht versehentlich eine Wand verschieben.

Ein Layer kann plottbar oder nicht plottbar sein. Haben Sie Notizen und Hilfsgeometrien in der Zeichnung, die jedoch nicht geplottet werden sollen, dann schalten Sie die Layer, auf denen diese Objekte liegen, nicht plottbar.

Dies ist mit Hilfe der verschiedenen Symbole in der Layerliste möglich. Haben Sie einen oder mehrere Layer markiert, können Sie auf ein Symbol klicken und es wird für alle markierten Layer umgeschaltet.

Wenn kein Layer markiert ist, können Sie trotzdem einzelne Layer bearbeiten. Klicken Sie nur auf das entsprechende Symbol in der Liste und es wird umgeschaltet. Der Layer wird dabei markiert. Klicken Sie erneut auf das Symbol, wird erneut umgeschaltet. Die Symbole (von links nach rechts) haben folgende Funktionen:

- Glühlampe ein   - Layer ein
- Glühlampe aus   - Layer aus

- Sonne   - Layer getaut
- Eiskristall   - Layer gefroren

- Vorhängeschloss offen   - Layer entsperrt
- Vorhängeschloss geschlossen   - Layer gesperrt

  In der letzten Spalte:
- Druckersymbol   - Layer plotbar
- Druckersymbol ausgekreuzt   - Layer nicht plotbar

> *Der aktuelle Layer kann zwar ausgeschaltet werden, aber das ist nicht sinnvoll, da dann gezeichnete Objekte nicht angezeigt werden. Falls Sie es trotzdem tun, erhalten Sie eine Warnung, die Funktion wird trotzdem ausgeführt.*

:-)
TIPP

➤ *Den aktuellen Layer sollten Sie nicht sperren, da Zeichenfehler dann nicht mehr korrigiert werden können.*

➤ *Es ist nicht möglich, den aktuellen Layer zu frieren.*

Layerstatus in der Funktionsleiste

Wenn Sie einen Layer ein- oder ausschalten oder den aktuellen Layer wechseln wollen, müssen Sie sich nicht jedes Mal das Dialogfeld auf den Bildschirm holen, das geht einfacher und schneller. In der Funktionsleiste LAYER haben Sie auf der linken Seite ein Abrollmenü. Im Textfeld werden der Name und der Status des aktuellen Layers angezeigt. Wenn Sie ins Namensfeld oder auf den Pfeil rechts davon klicken, wird das Abrollmenü ausgeklappt (siehe Abbildung 4.4).

Abbildung 4.4: Abrollmenü zur Einstellung des Layerstatus

Klicken Sie auf einen anderen Layernamen, wird dieser zum aktuellen Layer, das Abrollmenü verschwindet, und der neue aktuelle Layer wird in diesem Feld angezeigt.

Dieselben Symbole wie im Dialogfeld haben Sie auch im Abrollmenü. Klicken Sie vor dem Layer, den Sie ändern wollen, auf ein Symbol, wird der Status umgeschaltet. Sie können auch nacheinander mehrere Symbole anklicken. Wenn Sie danach in die Zeichenfläche klicken, verschwindet das Abrollmenü wieder und die Layer werden entsprechend geschaltet.

Layer löschen

Einen Layer können Sie nur dann löschen, wenn keine Objekte darauf gezeichnet wurden.

Markieren Sie den Layer und klicken Sie auf das Symbol zum Löschen; der Layer wird in der Liste markiert. Erst wenn Sie auf die Schaltfläche ANWENDEN klicken oder das Dialogfeld mit OK beenden, wird die Aktion ausgeführt. Befinden sich Objekte auf dem Layer, erscheint eine Fehlermeldung, der Layer wird nicht gelöscht. Alle Objekte auf dem Layer müssen zuerst gelöscht werden. Die Layer *0*, *Defpoints* (wird beim Bemaßen automatisch vom Programm angelegt) und den aktuellen Layer können Sie nicht löschen. Auch Layer von externen Referenzen (siehe Kapitel 11.9) lassen sich nicht

Layer, Farben, Linientypen und Linienstärken   Kapitel 4

löschen. Sie sehen es am Symbol vor dem Layernamen: Ist es hellgrau, kann der Layer gelöscht werden, ist es dunkel, können Sie diesen Layer nicht löschen.

Layern Farben zuweisen

Einem Layer kann eine Farbe zugewiesen werden. Ist der Layer aktuell, wird mit der Farbe gezeichnet, die diesem Layer zugewiesen ist. Markieren Sie ein oder mehrere Layer im Dialogfeld. Klicken Sie dann auf das Farbfeld oder den Farbnamen in der Liste und Sie bekommen ein weiteres Dialogfeld zur Farbauswahl (siehe Abbildung 4.5).

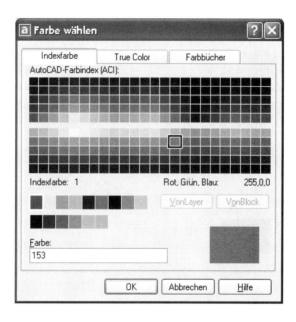

Abbildung 4.5: Dialogfeld zur Farbauswahl

In AutoCAD können Sie mit den Farben 1 bis 255 zeichnen. Die Farben 1 bis 7 sind Standardfarben, die auch mit dem Farbnamen angegeben werden können: 1 = rot, 2 = gelb, 3 = grün, 4 = cyan, 5 = blau, 6 = magenta und 7 = weiß.

Die Farbe 7, weiß, wird bei schwarzem Bildschirmhintergrund weiß angezeigt, bei weißem Hintergrund jedoch schwarz.

Sie können eine Farbnummer oder den Namen einer Standardfarbe im untersten Feld des Dialogfelds eintragen (1 bis 255), und die zugehörige Farbe wird im Farbfeld daneben angezeigt. Wenn Sie dagegen ein Farbfeld aus der angezeigten Palette anklicken, wird die Farbnummer bzw. der Farbname eingetragen und im Farbfeld angezeigt. Durch Anklicken von OK kommen Sie wieder zum ursprünglichen Dialogfeld zurück, und die neue Farbe ist den markierten Layern zugeordnet.

(KOMPENDIUM) AutoCAD und LT 2006   139

Kapitel 4   Grundeinstellungen für eine neue Zeichnung

Layern Farben zuweisen

1. Wählen Sie wieder den Befehl LAYER und Sie haben wieder das Dialogfeld auf dem Bildschirm.
2. Ändern Sie die Farben wie folgt: *0*: Farbe 7 (Weiß), *Gewinde*: Farbe 2 (Gelb), *Hilfslinien*: Farbe 4 (Cyan), *Kontur*: Farbe 1 (Rot), *Masse*: Farbe 3 (Grün), *Mittellinien*: Farbe 4 (Cyan), *Schraffur*: Farbe 5 (Blau), *Schrift*: Farbe 2 (Gelb) und *Verdeckt*: Farbe 6 (Magenta).

True-Color-Auswahl

In AutoCAD 2006 hat das Dialogfeld zur Farbauswahl zwei weitere Registerkarten.

Register True Color: Den True-Color-Farbton können Sie aus einem Farbwähler wählen. Beim Farbmodell HLS (Farbton, Sättigung und Helligkeit) werden die Werte in der oberen Zeile eingetragen. Farbton und Sättigung können Sie aber auch im Farbfeld anklicken und die Helligkeit am Schieberegler einstellen (siehe Abbildung 4.6).

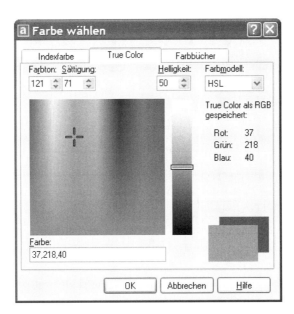

Abbildung 4.6:
True Color Auswahl nach HLS

Beim Farbmodell RGB (Rot, Grün und Blau), können Sie den Farbton an drei Schiebereglern aus den Grundfarben mischen, Farbwerte aber auch direkt eintragen (siehe Abbildung 4.7).

Register Farbbücher: Der Farbton kann auch aus Farbbüchern gewählt werden. Es stehen die Pantone-Farbbücher aus der Drucktechnik und die RAL-Farbbücher aus der Lackiertechnik zur Auswahl (siehe Abbildung 4.8).

Abbildung 4.7:
True Color Auswahl nach RGB

Abbildung 4.8:
True Color Auswahl nach Farbbüchern

Layern Linientypen zuweisen

So wie Sie einem Layer eine Farbe zugewiesen haben, können Sie ihm auch einen neuen Linientyp zuweisen. Ist der Layer aktuell, wird mit dem Linientyp gezeichnet, der mit diesem Layer verknüpft ist. Markieren Sie wieder einen oder auch mehrere Layer und klicken Sie auf den Linientypnamen. In einem weiteren Dialogfeld (siehe Abbildung 4.10) können Sie den Linientyp markieren, den Sie den angewählten Layern zuweisen wollen. Leider ist die Liste bis auf den Linientyp *CONTINUOUS* bis jetzt noch leer.

Linientypen laden

Soll in AutoCAD nicht mit ausgezogenen Linien, sondern mit strichpunktierten Mittellinien oder mit gestrichelten Linien gezeichnet werden, so sind andere Linientypen erforderlich. Linientypen sind in Linientypendateien gespeichert, die zuerst in die Zeichnung geladen werden müssen. Es ist möglich, verschiedene Linientypendateien anzulegen und bei Bedarf die benötigte in die Zeichnung zu laden. Wird normalerweise immer mit der gleichen Datei gezeichnet, sollte diese sinnvollerweise gleich in den Vorlagen geladen sein.

Laden Sie also Linientypen, damit Sie den Layern die Linientypen auch zuweisen können. Klicken Sie die Schaltfläche LADEN... im Dialogfeld an. Ein weiteres Dialogfeld kommt auf den Bildschirm (siehe Abbildung 4.9).

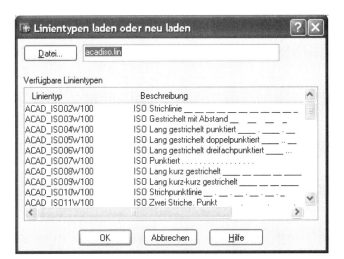

Abbildung 4.9: Dialogfeld zum Laden von Linientypen

Mehrere Linientypendateien stehen Ihnen jetzt zur Verfügung. Wenn Sie in metrischen Einheiten zeichnen, sollten Sie die Linientypendatei *Acadiso.lin* verwenden. Diese erscheint auch als Vorgabe im Feld DATEI des Dialogfelds. Wollen Sie eine andere Linientypendatei, klicken Sie auf die Schaltfläche DATEI... und Sie bekommen den Dateiwähler auf den Bildschirm. Suchen Sie sich eine Linientypendatei aus. Sie muss die Dateierweiterung *.lin* haben (aber nur diese Dateien werden auch im Fenster angezeigt).

Linientypendateien befinden sich normalerweise im Ordner *\Dokumente und Einstellungen\Benutzername\Anwendungsdaten\Autodesk\AutoCAD2006\ R16.2\Deu\Support* bzw bei AutoCAD LT *\Dokumente und Einstellungen\ Benutzername\Anwendungsdaten\Autodesk\AutoCAD LT 2006\R11\Deu\ Support*. Außer der Datei *acadiso.lin* finden Sie dort auch noch *acad.lin* (bzw. *acltiso.lin* und *aclt.lin* bei AutoCAD LT), die für englische Einheiten skaliert ist.

Layer, Farben, Linientypen und Linienstärken — Kapitel 4

In der Liste darunter (siehe Abbildung 4.9) bekommen Sie alle Linientypen, die in der Linientypendatei gespeichert sind. Markieren Sie die Linientypen, die Sie in Ihrer Zeichnung benötigen. Drücken Sie die rechte Maustaste in der Liste und Sie bekommen ein Kontextmenü mit den Einträgen ALLE AUSWÄHLEN und ALLE LÖSCHEN. Meist ist es sinnvoll, alle Linientypen aus der Datei in die Zeichnung zu laden. Mit OK werden die markierten Linientypen in die Zeichnung übernommen.

Linientypen laden und zuweisen

1. Klicken Sie die Schaltfläche LADEN... an.
2. Markieren Sie alle Linientypen der Datei *Acadiso.lin* und laden Sie sie in die Zeichnung. Nun haben Sie alle Linientypen in der Liste und Sie können sie den Layern zuordnen (siehe Abbildung 4.10).
3. Jetzt können Sie im Dialogfeld zur Layersteuerung einen Layer markieren, auf den Linientypennamen klicken und aus der Liste des folgenden Dialogfelds einen Linientyp für diesen Layer auswählen.
4. Weisen Sie dem Layer *Mittellinien* den Linientyp *Mitte* und dem Layer *Verdeckt* den Linientyp *Verdeckt* zu.
5. Alle anderen Layer belassen Sie beim Linientyp CONTINUOUS bzw. weisen Sie ihnen diesen wieder zu, wenn Sie schon Änderungen vorgenommen haben.

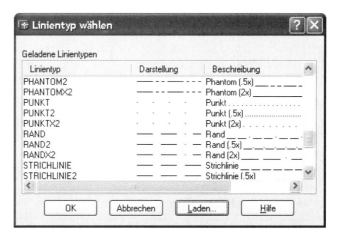

Abbildung 4.10: Dialogfeld mit den geladenen Linientypen

Beachten Sie, dass die meisten Linientypen dreifach vorkommen, zum Beispiel Mitte, Mitte2 *mit Segmenten, die nur halb so lang sind, und* Mitte2 *mit doppelt so langen Segmenten (siehe Abbildung 4.10).*

Kapitel 4   Grundeinstellungen für eine neue Zeichnung

Layern Linienstärken zuweisen

Einem Layer kann eine Linienstärke zugewiesen werden. Ist der Layer aktuell, wird mit der Linienstärke gezeichnet, die ihm zugewiesen ist. Klicken Sie auf das Linienstärkenfeld bei dem markiertem Layer, bekommen Sie ein Dialogfeld zur Auswahl (siehe Abbildung 4.11).

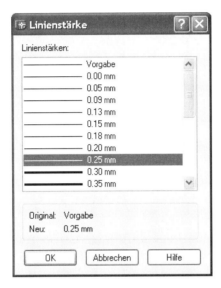

Abbildung 4.11:
Dialogfeld zur Auswahl der Linienstärken

Markieren Sie eine Linienstärke und klicken Sie auf OK, dann wird diese Linienstärke diesem Layer zugeordnet. Die Vorgabe beträgt normalerweise bei Zeichnungen in metrischen Einheiten 0,25 mm. Die Vorgabe kann mit dem Befehl LSTÄRKE (siehe Kapitel 4.4) umgestellt werden.

➤ *Haben Sie Linienstärken zugeordnet, wird die Zeichnung am Bildschirm trotzdem nicht mit den Linienstärken angezeigt. Die Objekte am Bildschirm sind immer nur ein Pixel breit.*

➤ *Klicken Sie jedoch die Taste LST in der Statuszeile an, wird die Zeichnung mit Linienstärken am Bildschirm angezeigt.*

Layern Linienstärken zuweisen

1. Wählen Sie wieder den Befehl LAYER und Sie haben das Dialogfeld auf dem Bildschirm.

2. Setzen Sie die Linienstärken aller Layer auf 0,25 mm bis auf den Layer *Kontur*. Für diesen stellen Sie 0,35 mm ein. Den Layer *0* müssen Sie nicht ändern.

3. Schalten Sie den Layer *Hilfslinien* als nicht plotbar.

Das Dialogfeld des Befehls LAYER sollte jetzt wie in Abbildung 4.12 aussehen. Der Layer *DefPoints* ist ein Systemlayer, auf dem die Startpunkte von Maßen liegen. Befindet er sich in der Zeichnung, kann er nicht mehr gelöscht werden.

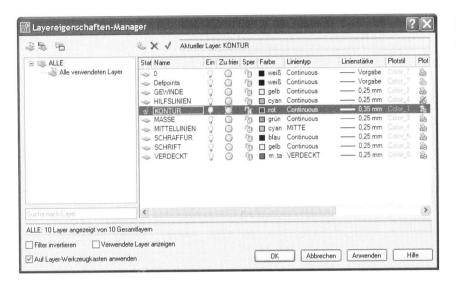

Abbildung 4.12:
Dialogfeld mit den aktuellen Layereinstellungen

Layern Plotstile zuordnen

Sie können in AutoCAD mit farbabhängigen oder benannten Plotstilen arbeiten. Das legen Sie beim Start einer neuen Zeichnung mit der Auswahl der Vorlage fest. Alles zu Plotstilen erfahren Sie in den Kapiteln 15.6 bis 15.9. Arbeiten Sie in einer Zeichnung mit benannten Plotstilen, können Sie einzelnen Objekten oder einem Layer einen Plotstil zuordnen.

Bei einer Zeichnung mit benannten Plotstilen werden Objekte eines Layers mit dem Plotstil geplottet, der dem Layer zugeordnet ist, auf dem das Objekt gezeichnet wurde. Klicken Sie im LAYEREIGENSCHAFTEN-MANAGER bei einem oder mehreren markierten Layern, bekommen Sie ein Dialogfeld zur Auswahl eines Plotstils.

4.2   Linientypen und Linientypenfaktoren

Wenn Sie konsequent mit der Layertechnik arbeiten, können Sie fast alle Einstellungen mit dem Befehl LAYER vornehmen. Brauchen Sie einen anderen Linientyp, legen Sie einen Layer an und ordnen diesem den gewünschten Linientyp zu. Trotzdem ist es in AutoCAD möglich, unabhängig vom Layer einen Linientyp zu wählen.

Kapitel 4   Grundeinstellungen für eine neue Zeichnung

Befehl Linientyp

Mit dem Befehl LINIENTYP können Sie den aktuellen Linientyp wählen und Linientypen aus einer Linientypendatei laden. Den Befehl finden Sie im:

➡ Abrollmenü FORMAT, Funktion LINIENTYP...

In einem Dialogfeld können Sie den Linientyp wählen, mit dem gezeichnet werden soll: den aktuellen Linientyp (siehe Abbildung 4.13).

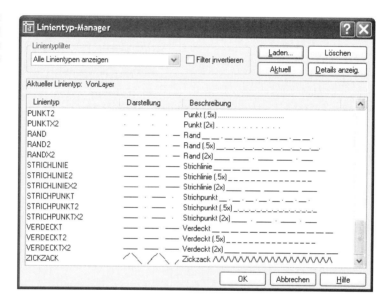

Abbildung 4.13: Dialogfeld zur Wahl des aktuellen Linientyps

Wie bei den Layern können Sie hier den aktuellen Linientyp ändern. Markieren Sie einen Linientyp in der Liste und klicken auf die Schaltfläche AKTUELL, der Linientyp wird zum aktuellen Linientyp. Alle Objekte, die von jetzt an gezeichnet werden, werden mit diesem Linientyp gezeichnet.

*Normalerweise sollten Sie den aktuellen Layer **immer** auf der Einstellung VonLayer belassen. Die Objekte werden mit dem Linientyp gezeichnet, der dem aktuellen Layer zugeordnet ist. Nur so erhält die Zeichnung eine eindeutige Struktur. Ist kein Layer vorhanden, dem dieser Linientyp zugeordnet ist, erzeugen Sie einen neuen Layer und weisen Sie diesem den gewünschten Linientyp zu (siehe oben). Machen Sie diesen Layer zum aktuellen Layer. Nur so haben Sie eine eindeutige Zuordnung von Layer zu Linientyp.*

Linientypen laden und löschen

Mit der Schaltfläche LADEN... kommen Sie zum Dialogfenster LINIENTYPEN LADEN ODER NEU LADEN. Das Dialogfeld und die Funktionen sind identisch mit denen des Befehls LAYER (siehe Abbildung 4.9 und Kapitel 4.1).

Linientypen können Sie in AutoCAD auch wieder aus der Zeichnung löschen. Markieren Sie einen oder mehrere Linientypen und klicken Sie auf LÖSCHEN. Nicht gelöscht werden können die Einträge *VonLayer*, *VonBlock*, *Continuous*, der aktuelle Linientyp, Linientypen von externen Referenzen und die, mit denen Objekte gezeichnet wurden oder die Layern zugeordnet sind. Ein entsprechendes Warnfenster weist Sie darauf hin.

Skalierfaktor einstellen

Linientypen sind in der Linientypendatei in einem bestimmten Maßstab definiert. Werden Sie in eine Zeichnung geladen, kann es sein, dass der Abstand der Strichelung der Linientypen nicht zu dieser Zeichnung passt. Ist er zu klein, sind die Segmente so eng beieinander, dass sie wie ausgezogene Linien erscheinen, ist er zu groß, kann ein Segment schon die ganze Linie darstellen, gestrichelte Linien werden dann ebenfalls durchgezogen am Bildschirm dargestellt.

Den Faktor können Sie in der Zeichnung global einstellen, das heißt, er gilt für alle unterbrochenen Linien in dieser Zeichnung. Den globalen Skalierfaktor können Sie in diesem Dialogfeld verändern, wenn Sie auf die Schaltfläche DETAILS ANZEIG. klicken. Sie erhalten zusätzliche Einstellmöglichkeiten (siehe Abbildung 4.14).

Globaler Skalierfaktor: In diesem Feld stellen Sie den Faktor ein, der für die ganze Zeichnung gilt. Wollen Sie Ihre Zeichnung später in einem anderen Maßstab als 1:1 plotten, tragen Sie hier einen entprechenden Wert ein, zum Beispiel 10, wenn Sie 1:10 plotten oder 0.1 bei 10:1. Eventuell können Sie noch korrigieren, wenn die Strichlängen nicht passen.

Aktuelle Objektskalierung: In diesem Feld können Sie zusätzlich einen Korrekturfaktor einstellen, mit dem Sie den globalen Skalierfaktor multiplizieren. Alle Objekte, die danach gezeichnet werden, werden um diesen Faktor korrigiert. Dieser Faktor wird mit dem Objekt gespeichert und kann nachträglich mit den Änderungsfunktionen geändert werden (siehe Kapitel 13). Den Schalter PAPIERBEREICHSEINHEITEN ZUM SKALIEREN VERWENDEN brauchen Sie, wenn Sie Layouts im Papierbereich erstellen (siehe Kapitel 16).

Abbildung 4.14:
Dialogfeld mit erweiterten Funktionen

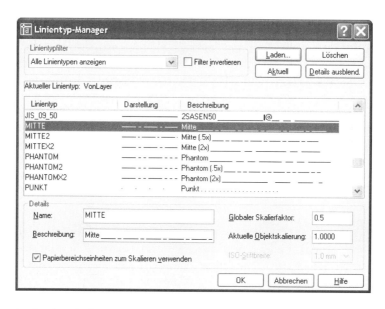

Außerdem haben Sie die Möglichkeit, den Namen und die Beschreibung des Linientyps zu ändern. Markieren Sie den Layer, den Sie ändern wollen, und bearbeiten Sie die Felder unter der Liste.

Mit der Schaltfläche DETAILS AUSBLEND. wird das Dialogfeld wieder in der vorherigen Form nur mit Liste angezeigt (siehe Abbildung 4.13).

Skalierfaktor einstellen

Stellen Sie den GLOBALEN SKALIERFAKTOR auf 0.5 ein.

Linientypen in der Funktionsleiste Eigenschaften

In der Funktionsleiste EIGENSCHAFTEN haben Sie ein Abrollmenü, aus dem Sie den aktuellen Linientyp wählen können (siehe Abbildung 4.15).

Belassen Sie auch hier die Einstellung auf VONLAYER. Der Layer soll den Linientyp bestimmen. Nur in seltenen Einzelfällen ist eine Ausnahme zulässig, beispielsweise wenn Sie nur ein Objekt mit einem speziellen Linientyp benötigen. Dann können Sie den Linientyp umstellen. Vergessen Sie aber nicht, ihn danach wieder auf VONLAYER zu setzen, denn sonst werden alle Objekte ab diesem Zeitpunkt so gezeichnet. Im Abrollmenü finden Sie alle geladenen Linientypen. Mit dem Eintrag ANDERE... bekommen Sie das Dialogfeld für die Linientypen (siehe Abbildung 4.15).

Die aktuelle Farbe   Kapitel 4

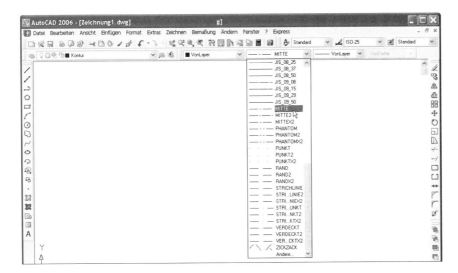

Abbildung 4.15:
Abrollmenü zur Wahl des aktuellen Linientyps

4.3 Die aktuelle Farbe

Wie Sie einen aktuellen Linientyp wählen, ist es zusätzlich möglich, eine aktuelle Farbe zu wählen. Alle neuen Objekte werden dann in dieser Farbe gezeichnet. Auch hier gilt: Lassen Sie die Farbe auf VONLAYER, dann wird mit der Farbe gezeichnet, die dem aktuellen Layer zugeordnet ist.

Befehl Farbe

Mit dem Befehl FARBE ändern Sie die aktuelle Zeichenfarbe. Sie finden den Befehl im:

➡ Abrollmenü FORMAT, Funktion FARBE...

In einem Dialogfeld (siehe Abbildung 4.5 bis 4.8, Kapitel 4.1) können Sie die aktuelle Farbe wählen, mit der gezeichnet werden soll.

Klicken Sie ein Farbfeld an wenn Sie die aktuelle Farbe wechseln wollen. Belassen Sie es aber besser bei VONLAYER und legen Sie einen neuen Layer an, wenn Sie eine neue Farbe in der Zeichnung benötigen. Diesem können Sie dann die gewünschte Farbe zuordnen.

Das Dialogfeld hat in AutoCAD 2006 drei Register, da nur im »großen« AutoCAD mit True Color gezeichnet werden kann.

Kapitel 4 Grundeinstellungen für eine neue Zeichnung

Farbe in der Funktionsleiste Eigenschaften

In der Funktionsleiste EIGENSCHAFTEN können Sie auch die aktuelle Farbe in einem Abrollmenü wählen (siehe Abbildung 4.16).

Abbildung 4.16:
Abrollmenü zur Wahl der aktuellen Farbe

Hier finden Sie VONLAYER, die Standardfarben sowie einen Eintrag FARBE WÄHLEN..., mit dem Sie wieder zum Dialogfeld zur Farbwahl kommen (siehe Abbildung 4.5).

4.4 Die aktuelle Linienstärke

Die aktuelle Linienstärke können Sie ebenfalls unabhängig vom Layer auf einen festen Wert setzen. Auch bei der Linienstärke sollten Sie immer mit der Einstellung VONLAYER zeichnen, also mit der Linienstärke, die dem aktuellen Layer zugeordnet ist.

Befehl Lstärke

Mit dem Befehl LSTÄRKE ändern Sie die aktuelle Linienstärke. Sie finden den Befehl:

➜ Abrollmenü FORMAT, Funktion LINIENSTÄRKE...

➜ Rechtsklick auf die Taste [LST] in der Statuszeile und Auswahl der Funktion EINSTELLUNGEN... aus dem Kontextmenü

Abbildung 4.17:
Dialogfeld zur Wahl der Vorgabelinienstärke

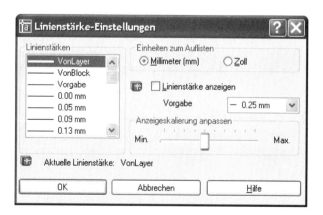

150 (KOMPENDIUM) AutoCAD und LT 2006

Die aktuelle Linienstärke

Wählen Sie die aktuelle Linienstärke in der linken Liste des Dialogfelds (siehe Abbildung 4.17), wenn Sie die Linienstärke ändern wollen. Dort finden Sie auch die Einstellung VONLAYER und VORGABE. Weitere Einstellungen, die Sie in diesem Dialogfeld vornehmen können, sind:

➔ **Einheiten zum Auflisten:** Wählen Sie, ob Sie die Linienstärken in der Liste in Millimeter oder Zoll messen wollen.

➔ **Linienstärken anzeigen:** Ist der Schalter ein, werden die Linienstärken am Bildschirm angezeigt, ansonsten werden Sie nur ein Pixel breit am Bildschirm dargestellt.

➔ **Vorgabe:** Haben Sie keine Linienstärke den Layern zugeordnet, dann gilt die Vorgabe, die Sie damit einstellen können. Standardmäßig ist eingestellt: 0,25 mm oder 0,01".

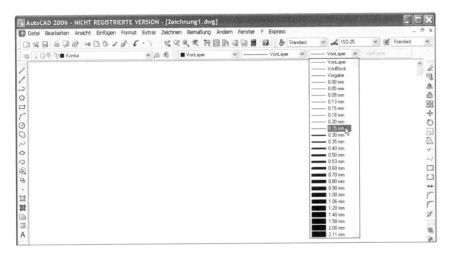

Abbildung 4.18:
Abrollmenü zur
Wahl der aktuellen
Linienstärke

Anzeigeskalierung anpassen: An einem Schieberegler können Sie einstellen, wie deutlich die Linienstärken am Bildschirm angezeigt werden sollen.

Linienstärke in der Funktionsleiste Eigenschaften

Ein weiteres Abrollmenü in der Funktionsleiste EIGENSCHAFTEN dient der Auswahl der aktuellen Linienstärke (siehe Abbildung 4.18). Auch hier können Sie VONLAYER und VORGABE wählen.

Kapitel 4   Grundeinstellungen für eine neue Zeichnung

4.5 Speichern der Zeichnung

Um Ihrer Zeichnung einen Namen zu geben, speichern Sie sie, auch wenn sie im Moment noch nichts enthält außer den Einstellungen. Trotzdem steckt Arbeit drin, die nicht bei jeder neuen Zeichnung gemacht werden muss. Sie können jetzt auf zwei Arten speichern, als Zeichnungsdatei oder als Zeichnungsvorlage.

Wo liegt der Unterschied? Eine Zeichnungsdatei (Dateierweiterung *.dwg) kann mit dem Befehl ÖFFNEN wieder geladen und weiter bearbeitet werden. Eine Vorlage (Dateierweiterung *.dwt) wird dagegen als Start für eine neue Zeichnung verwendet. Sie muss dazu als Vorlage im Vorlagenordner gespeichert werden. Sie können die Vorlage auch in einem anderen Ordner ablegen. Denken Sie aber daran, dass Sie dann immer den Ordner wechseln müssen. Nur die Vorlagen aus dem Vorlagenordner werden im Dialogfeld für eine neue Zeichnung aufgelistet.

Speichern der Zeichnung

Sie haben zwei Möglichkeiten: Sie speichern die Zeichnung unter ihrem bisherigen Namen oder unter einem neuen Namen. Das machen Sie mit dem Befehl KSICH (Speichern unter dem bisherigen Namen) oder SICHALS (Speichern unter einem neuen Namen). Zunächst der Befehl KSICH:

➤ Abrollmenü DATEI, Funktion SPEICHERN

➤ Symbol in der STANDARD-FUNKTIONSLEISTE

Wurde die Zeichnung noch nie gespeichert, hat sie den Namen *ZeichnungX.dwg*. In diesem Fall erscheint auch beim Befehl KSICH das Dialogfeld zur Dateiwahl auf dem Bildschirm (siehe Abbildung 4.19). Wählen Sie das Verzeichnis und geben Sie den Namen ein, unter dem die Zeichnung gesichert werden soll. Hat die Zeichnung schon einen Namen, wird der Befehl ohne weitere Anfrage ausgeführt.

Mit dem Befehl SICHALS wird ein neuer Zeichnungsname angefragt. Den Befehl finden Sie:

➤ Abrollmenü DATEI, Funktion SPEICHERN UNTER...

Sie bekommen das Dialogfeld zur Dateiauswahl (siehe Abbildung 4.19) auf den Bildschirm.

Speichern der Zeichnung   Kapitel 4

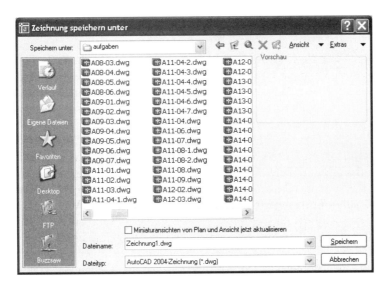

Abbildung 4.19:
Dialogfenster zum Speichern

Der bisherige Name erscheint als Vorgabe und kann mit OK übernommen werden oder aber Sie geben einen neuen Namen ein. Sie können auch einen Namen aus der Dateiliste durch Anklicken wählen. Dann überschreiben Sie aber diese Datei, was Ihnen in einer Warnmeldung mitgeteilt wird. Selbstverständlich stehen Ihnen auch wieder alle Funktionen wie beim Öffnen von Zeichnungen zur Verfügung (siehe Kapitel 2.3). Sie können Laufwerke und Ordner wechseln, die Anzeige verändern, Ordner anlegen usw.

Im Abrollmenü DATEITYP kann eingestellt werden, wie gespeichert werden soll. Sie haben die Möglichkeit als AutoCAD-2004-Zeichnung oder als Zeichnungsvorlage zu speichern. Die Versionen AutoCAD 2004, 2005 und 2006 haben das gleiche Dateiformat. Wenn Sie Zeichnungsdateien mit Partnern austauschen, die noch mit älteren AutoCAD-Versionen oder anderen CAD-Programmen arbeiten, können Sie das entsprechende Format auch in diesem Abrollmenü wählen (siehe Kapitel 17).

Haben Sie AUTOCAD-ZEICHNUNGSVORLAGE (*.DWT) eingestellt, wird automatisch in den Vorlagenordner gewechselt. Sie können aber auch einen anderen Ordner wählen, was aber, wie oben schon erwähnt, nicht ratsam ist. Nachdem Sie auf OK geklickt haben, erscheint ein weiteres Dialogfeld, in dem Sie die Vorlagenbeschreibung eingeben können (siehe Abbildung 4.20). Den vorgegebenen Standardtext können Sie überschreiben. Im Abrollmenü legen Sie fest, ob Sie metrische oder britische Einheiten in dieser Vorlage haben wollen.

Abbildung 4.20:
Beschreibung der Vorlage

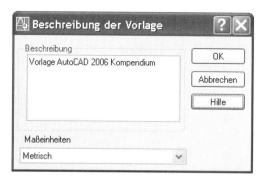

Zeichnung speichern und Vorlage erstellen

1. Speichern Sie den momentanen Stand der Zeichnung ab.
2. Speichern Sie zudem den jetzigen Stand als Zeichnungsvorlage *Test.dwt* im voreingestellten Vorlagenordner ab. Geben Sie eine Vorlagenbeschreibung ein.
3. Sie haben auch eine Vorlage *Kompendium.dwt* im Übungsordner.
4. Beenden Sie AutoCAD.

Backup-Dateien und automatische Speicherung

AutoCAD verwaltet neben der Zeichnungsdatei auch eine Sicherungsdatei, die so genannte Backup-Datei. Sie hat den gleichen Namen wie die Zeichnung, aber die Dateierweiterung *.bak*. Beim Sichern wird die Zeichnungsdatei in die Backup-Datei kopiert und der aktuelle Stand gesichert. Wenn Sie jetzt weiterarbeiten, haben Sie den aktuellen Stand auf dem Bildschirm, den letzten Stand in der Zeichnungsdatei mit der Erweiterung *.dwg* und den vorletzten Stand in der Backup-Datei mit der Erweiterung *.bak*. Benennen Sie im Notfall die Backup-Datei in eine Zeichnungsdatei um und bearbeiten diese weiter.

Noch einen weiteren Rettungsring haben Sie beim Computerabsturz. Im Dialogfeld des Befehls OPTIONEN (siehe Anhang A.4) können Sie die automatische Speicherung aktivieren und das Zeitintervall für die Speicherung einstellen. Die Datei für die automatische Speicherung bekommt den Zeichnungsnamen und einen Zusatz. Die Dateierweiterung ist *.sv$*. Falls Sie tatsächlich einmal auf die automatische Speicherungsdatei zurückgreifen müssen, dann benennen Sie diese Datei in eine Zeichnungsdatei um (Dateierweiterung *.dwg* nicht vergessen). Wo die automatischen Sicherungsdateien gespeichert werden, können Sie ebenfalls mit dem Befehl OPTIONEN einstellen. Der Pfad ist in der Systemvariablen SAVEFILEPATH gespeichert, die Sie ebenfalls ändern können.

4.6 Layerfilter

Wenn Sie Änderungen an den Layern im LAYEREIGENSCHAFTEN-MANAGER vornehmen, haben Sie oft das Problem, dass Sie Layer suchen müssen. Haben Sie sehr viele Layer in Ihrer Zeichnung, kann es zweckmäßig sein, die Liste zu filtern, d.h. nur bestimmte Layer in der Liste anzuzeigen. Es gibt zwei Arten von Filtern:

- **Eigenschaftenfilter:** Filterung der Layer nach Name oder Eigenschaft, z.B.: Alle Layer, deren Name mit L beginnt und die nicht gesperrt sind, sollen in der Layerliste angezeigt werden.
- **Gruppenfilter:** Ein beliebiger Satz von Layern kann zu einer Gruppe zusammengefasst werden, die dann in der Layerliste angezeigt werden soll.

Die Layer, die den Filterbedingungen entsprechen, lassen sich gruppenweise ein- und ausschalten, frieren und tauen, sperren und entsperren sowie isolieren, d.h., alle anderen Layer werden gefroren mit Ausnahme der Gruppe. Am besten sehen Sie es sich an einem Beispiel an und laden die Zeichnung *A04-01.dwg* aus dem Ordner *Aufgaben* (siehe Abbildung 4.21). Die Zeichnung enthält die Grundrisse von drei Etagen (*ug*, *eg* und *og*) eines Hauses, die alle übereinander gezeichnet wurden. Das hat den Vorteil, dass immer die Kontrolle über Zeichenfehler besteht. Damit die Etagen aber auseinander gehalten werden können, wurden diese auf unterschiedlichen Layern gezeichnet. Der Etagenname ist dem Layernamen vorangestellt worden, z.B. *ug_mauer*, *eg_mauer*, *og_mauer* usw. Um die Layer effektiv zu verwalten, helfen Ihnen die Layerfilter weiter.

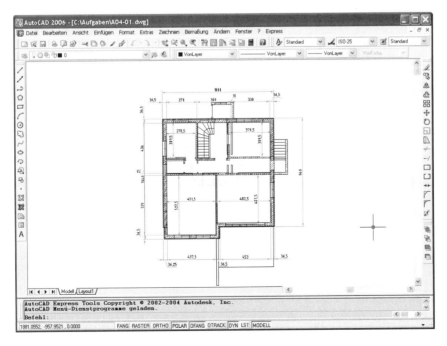

Abbildung 4.21: Zeichnung mit Layerfiltern

Kapitel 4   Grundeinstellungen für eine neue Zeichnung

Aktivieren Sie mit dem Befehl LAYER den LAYEREIGENSCHAFTEN-MANAGER. Dort sehen Sie im linken Feld die Liste der Filter, die in dieser Zeichnung definiert wurden (siehe Abbildung 4.22, oben). Wenn Sie in der rechten Layerliste das Kontextmenü mit der rechten Maustaste aktivieren, können Sie dort mit dem Eintrag FILTERSTRUKTUR ANZEIGEN die Strukturanzeige im linken Feld ein- und ausschalten (siehe Abbildung 4.22, unten).

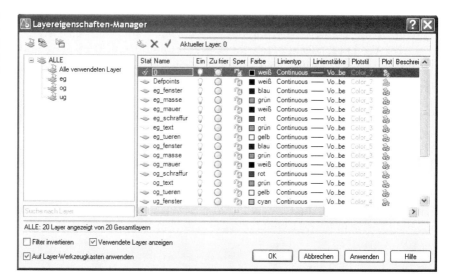
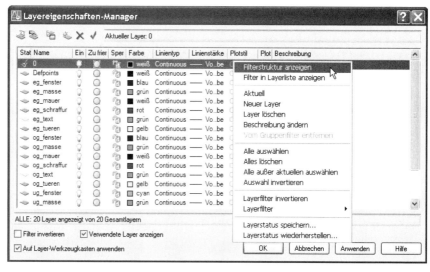

Abbildung 4.22: Layereigenschaften-Manager mit und ohne Filterstruktur

Lassen Sie aber die Filterstruktur eingeschaltet. Mindestens zwei Auswahlmöglichkeiten haben Sie bei eingeschalteter Filterstruktur immer:

- **Alle:** Haben Sie diesen Eintrag in der Filterstruktur markiert, werden alle Layer in der Layerliste angezeigt.
- **Alle verwendeten Layer:** Ist dagegen dieser Eintrag markiert, werden nur die Layer in der Layerliste angezeigt, auf denen auch Objekte gezeichnet wurden.
- **Xref:** Haben Sie externe Referenzen in der Zeichnung platziert (siehe Kapitel 11.9), werden diese mit einem eigenen Symbol in der Filterliste markiert. Unter diesem Symbol finden Sie die einzelnen zugeordneten Zeichnungen (siehe Abbildung 4.23). Klicken Sie auf das Xref-Symbol, erhalten Sie alle Layer von externen Referenzen. Klicken Sie auf eine Referenz, haben Sie nur die Layer dieser Referenz in der Liste.

Abbildung 4.23: Filterstruktur mit externen Referenzen

In dieser Zeichnung wurden zusätzlich verschiedene Eigenschaftenfilter angelegt: *ug*, *eg* und *og*. Markieren Sie einen Eintrag, haben Sie in der Liste nur noch die Layer dieses Filters.

- **Filter invertieren:** Ist dieser Schalter aktiviert (unter dem Fenster mit der Filterstruktur), wird die Filterbedingung invertiert, d.h., wenn Sie sich alle verwendeten Layer anzeigen lassen und Sie schalten diesen Schalter zu, werden die nicht verwendeten Layer in der Liste angezeigt.
- **Auf Layer Werkzeugkasten anwenden:** Der Schalter bewirkt, dass auch im Abrollmenü im Werkzeugkasten LAYER nur die gefilterten Layer angezeigt werden.

Mit einem Rechtsklick auf einem markierten Layerfilter haben Sie ein Kontextmenü (siehe Abbildung 4.24), aus dem Sie die Layer dieser Gruppe ein- oder ausschalten sowie frieren oder tauen (Untermenü SICHTBAR). So können Sie Geschosse ausschalten und einschalten. Markieren Sie den Eintrag ALLE, können Sie alle Layer wieder einschalten oder frieren usw. Genauso können Sie bestimmte Layer sperren und entsperren (Untermenü SPERREN). Arbeiten Sie mit Ansichtsfenstern im Layout (siehe Kapitel 16), können Sie die Layer einer Gruppe im aktuellen Ansichtsfenster frieren und tauen

(Untermenü ANSICHTSFENSTER). Zudem können Sie Layer einer Gruppe isolieren, d.h., Sie frieren alle Layer bis auf die der markierten Gruppe. Diese Funktion können Sie auf Wunsch auch nur auf das aktuelle Ansichtsfenster im Layout beschränken. Außerdem stehen Ihnen Funktionen zum Umbenennen und Löschen von Filtern zur Verfügung.

Abbildung 4.24: Kontextmenü in der Filterliste

Unter der Filterliste steht Ihnen noch ein Suchfeld zur Verfügung. Tragen Sie hier einen Wert ein, z.B. **masse*, werden Ihnen innerhalb der aktiven Gruppe alle Layer angezeigt, die mit *masse* enden, also *eg_masse*, *ug_masse* und *dg_masse*. Dieser Sucheintrag wird nicht gespeichert.

Neuen Eigenschaftenfilter anlegen: Wollen Sie einen neuen Eigenschaftenfilter anlegen, klicken Sie auf das entsprechende Symbol. Sie bekommen ein weiteres Dialogfeld, in dem Sie den Namen des Filters eintragen und die Bedingungen für den Filter wählen können. In Abbildung 4.25 wird der Eigenschaftenfilter *Mauern* definiert. Er beinhaltet nur Layer, auf denen sich Objekte befinden, deren Name mit *mauer* endet (Eintrag **mauer*), denen die Farbe *weiß* und der Linientyp *Continuous* zugeordnet ist. In der Liste FILTERVORSCHAU werden die Layer angezeigt, auf die die Bedingung zutrifft. Mit OK wird der Filter gespeichert und in die Filterliste des LAYER-EIGENSCHAFTEN-MANAGER übernommen.

Neuen Gruppenfilter anlegen: Wollen Sie Layer filtern, die sich nicht durch gemeinsame Eigenschaften identifizieren lassen, können Sie einen Gruppenfilter verwenden. Klicken Sie auf das entsprechende Symbol. Ein Symbol in der Filterliste wird angelegt, der Name ist markiert und kann gleich überschrieben werden. Markieren Sie den Gruppenfilter, klicken Sie auf die rechte Maustaste, wählen aus dem Kontextmenü die Funktion LAYER AUSWÄHLEN und im Untermenü LAYER HINZUFÜGEN (siehe Abbildung 4.26). Sie können dann in der Zeichnung Objekte anklicken. Die Layer dieser Objekte werden in den Gruppenfilter übernommen. Wählen Sie im Untermenü die Funktion LAYER ERSETZEN, werden die bisherigen Layer der Gruppe durch neu wählbare ersetzt.

Layerfilter   Kapitel 4

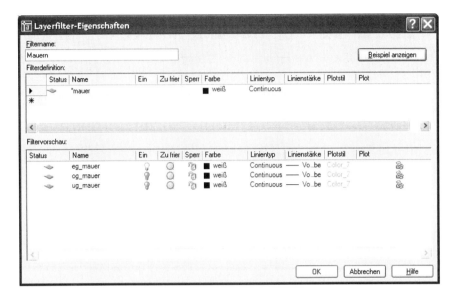

Abbildung 4.25:
Festlegung eines
Eigenschaftenfilters

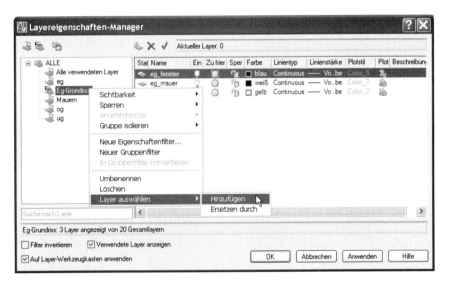

Abbildung 4.26:
Gruppenfilter
anlegen und Layer
hinzufügen

Arbeiten mit Filtern

1. Laden Sie die Zeichnung *A04-01.dwg* aus dem Ordner *Aufgaben*, falls Sie es nicht schon getan haben.

2. Schalten Sie die gefilterten Layer der verschiedenen Geschosse ein und aus, tauen Sie und frieren Sie, isolieren Sie eine Gruppe.

3. Erstellen Sie einen neuen Eigenschaftenfilter, der alle Mauern enthält.

(KOMPENDIUM) AutoCAD und LT 2006   159

4. Erstellen Sie einen Gruppenfilter, in dem nur die Wände, Türen und Fenster des Grundrisses enthalten sind.

Die Zeichnung mit diesen Filtern *L04-01.dwg* finden Sie im Ordner *Aufgaben*.

4.7 Assistenten beim Start

Haben Sie beim Befehl OPTIONEN (siehe Anhang A.4) gewählt, dass Sie das Startdialogfeld verwenden wollen, haben Sie beim Programmstart und beim Befehl NEU die Möglichkeit, eine neue Zeichnung mit einem Assistenten zu beginnen.

Start einer neuen Zeichnung mit dem Assistenten

Starten Sie das Programm neu oder wählen Sie den Befehl NEU und wählen Sie in der oberen Symbolleiste des Startdialogfelds das rechte Symbol.

Sie können nun in der Liste zwischen einem Schnellstart und einem Benutzerdefinierten wählen.

Benutzerdefiniert: Wenn Sie auf BENUTZERDEFINIERT klicken, können Sie in fünf Dialogfeldern schrittweise die Vorgaben für die neue Zeichnung eingeben. Stellen Sie die Vorgaben Schritt für Schritt ein und gehen Sie mit der Schaltfläche WEITER > zum nächsten Fenster. Bei Unklarheiten bringt Sie die Schaltfläche < ZURÜCK zum vorhergehenden Fenster. Beim letzten Fenster angekommen, bleibt Ihnen nur noch FERTIG STELLEN, und die neue Zeichnung wird gestartet.

- **Einheiten:** Im ersten Fenster legen Sie fest, in welchem Einheitensystem Sie arbeiten wollen und in welcher Genauigkeit diese in der Zeichnung angezeigt werden sollen.
- **Winkel:** Im nächsten Fenster stellen Sie die Winkelmessung und die Genauigkeit ein.
- **Winkelmaß:** Das nächste Fenster ist für die Einstellung der 0°-Richtung für Winkel. Sie können zwischen den verschiedenen Himmelsrichtungen wählen oder einen beliebigen Winkel eintragen.
- **Winkelrichtung:** In einem weiteren Fenster können Sie die Winkelmessrichtung einstellen: GEGEN UHRZEIGERSINN (Standardeinstellung) oder IM UHRZEIGERSINN.
- **Bereich:** Im letzten Fenster geben Sie den Zeichenbereich in Originaleinheiten ein.

In den Dialogfeldern des Assistenten machen Sie die gleichen Einstellungen wie mit den Befehlen EINHEITEN und LIMITEN.

Schnellstart: Bei dem Assistent SCHNELLSTART beschränken Sie sich auf die wichtigsten Eingaben in zwei Dialogfeldern.

- **Einheiten:** In diesem Fenster können Sie das Einheitensystem wählen, die Genauigkeit ist nicht einstellbar.
- **Bereich:** Im zweiten Fenster geben den Zeichenbereich in Originaleinheiten ein.

Viel ist mit dem Assistenten nicht gewonnen. Vor allem auf den SCHNELLSTART *kann verzichtet werden. Auch die Einstellungen des Assistenten* BENUTZERDEFINIERT *können genauso schnell mit den Befehlen* EINHEITEN *und* LIMITEN *vorgenommen werden.*

5 Zeichnen und Editieren

Nachdem Sie die Zeichentechniken kennen gelernt und alle Voreinstellungen gemacht haben, wollen wir in diesem Kapitel endlich beginnen zu zeichnen.

5.1 Mit einer Vorlage starten

Im letzten Kapitel haben Sie einige Voreinstellungen gemacht, nun wollen wir eine Zeichnung mit einer Vorlage beginnen.

Start mit einer Vorlage

Wenn Sie mit dem Befehl NEU eine neue Zeichnung beginnen, haben Sie die Möglichkeit, eine Vorlage zu wählen (siehe Abbildung 5.1).

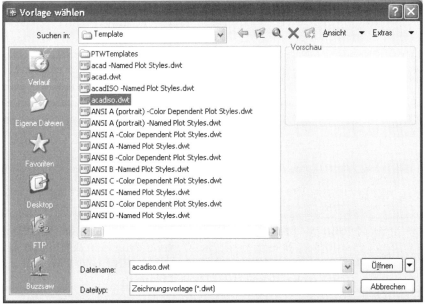

Abbildung 5.1:
Start einer neuen Zeichnung mit einer Vorlage

Haben Sie in den Optionen (siehe Anhang A.4) das Startdialogfeld aktiviert, sieht das Dialogfeld anders aus aber die Möglichkeiten sind die gleichen (siehe Abbildung 5.2).

Abbildung 5.2:
Vorlage im Startdialogfeld wählen

Die Vorlagen *Acad.dwt* und *Acadiso.dwt* bzw. *Aclt.dwt* und *Acltiso.dwt* sind Vorlagen im britischen und metrischen Einheitensystem ohne sonstige Voreinstellungen. Vorlagen sind normalerweise im Ordner *C:\Dokumente und Einstellungen\Benutzername\Lokale Einstellungen\Anwendungsdaten\Autodesk\AutoCAD 2006\R16.2\Deu\Template* bzw. bei AutoCAD LT *C:\Dokumente und Einstellungen\Benutzername\Lokale Einstellungen\Anwendungsdaten\Autodesk\AutoCAD LT 2006\R11\Deu\Template* gespeichert.

Wenn Sie eine Vorlage in einem Ordner abgelegt haben, können Sie einen anderen Ordner öffnen oder im Startdialogfeld auf die Schaltfläche DURCHSUCHEN... klicken. Sie können sich dann eine Vorlage aus einem beliebigen Ordner wählen.

Starten mit einer Vorlage

1. Starten Sie mit dem Befehl NEU eine neue Zeichnung mit der Vorlage *Kompendium.dwt* aus dem Ordner *Aufgaben*.

2. Ihre Zeichnung hat jetzt allerdings noch keinen Namen (Name *Zeichnung1.dwg*). Speichern Sie die Zeichnung mit dem Befehl SICHALS unter dem Namen *Z01.dwg* im Ordner *Aufgaben*. Überschreiben Sie eine eventuell vorhandene Datei gleichen Namens.

Zeichnen der Konturen   Kapitel 5

Die erste Zeichnung

Jetzt kann's losgehen. Die Zeichnung soll, wenn sie fertig ist, so aussehen wie in Abbildung 5.3. Es gibt also viel zu tun.

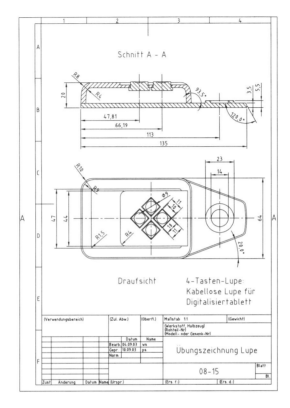

Abbildung 5.3:
Das Ergebnis – die erste eigene Zeichnung

Sollten Sie zwischendurch überprüfen wollen, ob Sie auf dem richtigen Weg sind, die Lösung ist als Zeichnungsdatei *Z01-08.dwg* im Ordner *Aufgaben* der Buch-Begleit-CD gespeichert.

5.2   Zeichnen der Konturen

Nun können wir die Zeichentechniken aus Kapitel 3 am praktischen Beispiel erproben. Zunächst sollen Sie die groben Konturen erstellen, die dann Schritt für Schritt verfeinert werden.

Zeichenhilfen einstellen und Linienzüge zeichnen

1. Schalten Sie den Polaren Fang mit dem Inkrementwinkel von 45° ein.
2. Schalten Sie den Objektfang ein. Stellen Sie die Objektfang-Funktionen ENDPUNKT, MITTELPUNKT, ZENTRUM, QUADRANT, SCHNITTPUNKT und HILFSLINIE fest ein. Schalten Sie in AutoCAD auch die Objektfang-

Kapitel 5 Zeichnen und Editieren

spur zu. Dadurch vereinfachen sich die Eingaben gegenüber AutoCAD LT an verschiedenen Stellen.

3. Machen Sie den Layer *KONTUR* zum aktuellen Layer.

4. Zeichnen Sie einen Linienzug mit dem Befehl LINIE in Form eines Rechtecks, das bei der absoluten Koordinate *50,105* beginnt. Die Maße sind: *90* Zeichnungseinheiten breit und *64* Zeichnungseinheiten hoch (siehe Abbildung 5.4). Zeichnen Sie nach dem Startpunkt mit Längenangaben und der Objektspur weiter.

```
Befehl:Linie
Ersten Punkt angeben: 50,105
Nächsten Punkt angeben oder [Zurück]: Mit dem Fadenkreuz nach rechts
    fahren an die Stelle, an der die waagrechte Hilfslinie
    erscheint, 90 eingeben und [↵]
Nächsten Punkt angeben oder [Zurück]: Mit dem Fadenkreuz nach oben
    fahren an die Stelle, an der die senkrechte Hilfslinie
    erscheint, 64 eingeben und [↵]
Nächsten Punkt angeben oder [Schließen/Zurück]: Mit dem Fadenkreuz an
    den Startpunkt und wieder nach oben fahren. Wenn sich die beiden
    Hilfslinien schneiden, den Punkt anklicken. In AutoCAD LT nach
    links fahren an die Stelle, an der die waagrechte Hilfslinie
    erscheint, 90 eingeben und [↵]
Nächsten Punkt angeben oder [Schließen/Zurück]: S tippen oder die
    Option Schließen aus dem Kontextmenü wählen
```

5. Zeichnen Sie einen weiteren Linienzug. Die zweite Kontur soll 56 Einheiten über dem linken oberen Punkt der ersten Kontur beginnen. Die Maße finden Sie in Abbildung 5.4.

6. Verwenden Sie für den ersten Punkt bei AutoCAD die Objektfangspur und bei AutoCAD LT absolute Koordinaten, danach Längenangaben oder relative Koordinaten.

```
Befehl:Linie
Ersten Punkt angeben: Fahren Sie an den Punkt P1, gehen Sie danach
    nach oben, bis die senkrechte Hilfslinie erscheint, und tippen
    Sie 56 ein oder geben Sie in AutoCAD LT die absolute Koordinate
    50,225 ein.
Nächsten Punkt angeben oder [Zurück]: Fahren Sie mit dem Fadenkreuz
    nach rechts bis die waagrechte Hilfslinie erscheint und tippen
    Sie 135 ein.
Nächsten Punkt angeben oder [Zurück]: Fahren Sie mit dem Fadenkreuz
    nach oben, bis die senkrechte Hilfslinie erscheint, und tippen
    Sie 3.5 ein.
Nächsten Punkt angeben oder [Schließen/Zurück]: Fahren Sie an den
    Punkt P2, gehen Sie danach wieder nach oben bis beide
    Hilfslinien erscheinen, und klicken Sie den Punkt an, bzw geben
    Sie in AutoCAD LT die relative Koordinate @45<0 ein.
```

Nächsten Punkt angeben oder [Schließen/Zurück]: **@-1,16.5 eintippen.**
Nächsten Punkt angeben oder [Schließen/Zurück]: **Fahren Sie mit dem Fadenkreuz nach links, bis die waagrechte Hilfslinie erscheint, und tippen Sie 88 ein.**
Nächsten Punkt angeben oder [Schließen/Zurück]: **Option Schließen wählen.**

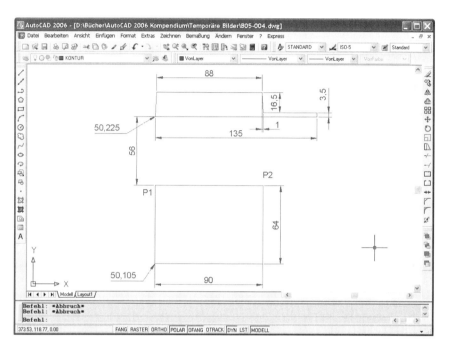

Abbildung 5.4:
Die ersten Konturen

5.3 Versetzen von Objekten

Das Zeichnen mit Koordinaten sollten Sie auf das Notwendigste beschränken. Meist ist es einfacher, durch Editierbefehle aus den bestehenden Objekten neue zu erzeugen.

Befehl Versetz

Ein einfaches, aber sehr wirksames Werkzeug, neue Objekte zu erzeugen, ist der Befehl VERSETZ. Sie können mit diesem Befehl Parallelen oder konzentrische Kreise bzw. Bögen erzeugen. Sie finden den Befehl:

➥ Abrollmenü ÄNDERN, Funktion VERSETZEN

➥ Symbol im Werkzeugkasten ÄNDERN

Kapitel 5   Zeichnen und Editieren

Folgende Anfrage erscheint im Befehlszeilenfenster:

```
Befehl: Versetz
Aktuelle Einstellungen: Quelle löschen=Nein  Layer=Quelle  OFFSETGAPTYPE=0
Abstand angeben oder [Durch punkt/löschen/Layer] <Durch punkt>:
```

Zunächst werden Ihnen die aktuellen Einstellungen angezeigt. Dazu gleich mehr. Danach haben Sie zwei Möglichkeiten, den Versatz zu bestimmen:

Versetzen mit Abstand

```
Befehl: Versetz
Aktuelle Einstellungen: Quelle löschen=Nein  Layer=Quelle  OFFSETGAPTYPE=0
Abstand angeben oder [Durch punkt/löschen/Layer] <Durch punkt>: Abstand
eingeben, z. B.: 5
Zu versetzendes Objekt wählen oder [Beenden/Rückgängig] <Beenden>:
Objekt mit Pickbox wählen
Punkt auf Seite angeben, auf die versetzt werden soll, oder [Beenden/
   Mehrfach/Rückgängig] <Beenden>: Auf die Seite klicken, auf die
   versetzt werden soll
```

Nachdem Sie den Abstand eingegeben haben, fragt das Programm im Wiederholmodus Objekt und Seite ab. Das gewählte Objekt wird jeweils um den eingestellten Abstand auf die gezeigte Seite versetzt. Beim Zeigen der Seite reicht es aus, irgendeinen Punkt auf der gewünschten Seite anzuklicken, den exakten Abstand haben Sie ja schon eingegeben. Beenden Sie den Befehl, indem Sie auf die Frage nach einem Objekt ⏎ eingeben.

Versetzen durch Punkt

```
Befehl: Versetz
Aktuelle Einstellungen: Quelle löschen=Nein  Layer=Quelle  OFFSETGAPTYPE=0
Abstand angeben oder [Durch punkt/löschen/Layer] <Durch punkt>: D für
die Option Durch Punkt
Zu versetzendes Objekt wählen oder [Beenden/Rückgängig] <Beenden>:
Objekt mit Pickbox wählen
Durch Punkt angeben oder [Beenden/Mehrfach/Rückgängig] <Beenden>: Einen
   Punkt anklicken (Objektfang verwenden), der den Versatz bestimmen
   soll
```

Bei dieser Methode geben Sie keinen Abstand vor. Sie wählen ein Objekt und einen Punkt, durch den die Parallele gehen soll. Auch hier können Sie im Wiederholmodus Objekte und Punkte wählen. Mit ⏎ auf die Anfrage nach einem Objekt beenden Sie den Befehl.

Bei beiden Methoden stehen Ihnen weitere Optionen zur Verfügung:

- **Mehrfach:** Der zweite Punkt kann im Wiederholmodus eingegeben werden. Mit jedem Klick wird eine neue Parallele im gewählten Abstand bzw. durch den gewählten Punkt erstellt.
- **Rückgängig:** Nimmt die zuletzt erzeugte Parallele zurück.
- **Beenden:** Beendet den Befehl, kann auch durch Eingabe von 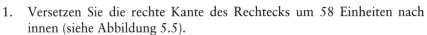 ausgeführt werden.

Einstellungen beim Versetzen

Vor der ersten Anfrage werden die Einstellungen des Befehls angezeigt. Folgende Optionen stehen Ihnen hier zur Verfügung:

Löschen: Beim Versetzen wird das Originalobjekt gelöscht, wenn diese Option aktiviert wird. Ansonsten bleibt das Original erhalten.

```
Aktuelle Einstellungen: Quelle löschen=Nein  Layer=Quelle  OFFSETGAPTYPE=0
Abstand angeben oder [Durch punkt/löschen/Layer] <Durch punkt>: Ö für
die Option löschen
Quellobjekt nach Versetzen löschen? [Ja/Nein] <Nein>: Ja oder Nein
   eingeben
```

Layer: Mit dieser Option können Sie wählen, ob die erzeugten Objekte auf den gleichen Layer wie das Original (Option QUELLE) oder auf den aktuellen Layer kommen sollen (Option AKTUELL).

```
Aktuelle Einstellungen: Quelle löschen=Nein  Layer=Quelle  OFFSETGAPTYPE=0
Abstand angeben oder [Durch punkt/löschen/Layer] <Durch punkt>: L für
die Option Layer
Layeroption für versetzte Objekte eingeben [Aktuell/Quelle] <Aktuell>:
   Quelle oder Aktuell wählen
```

Die gewählten Einstellungen bleiben gespeichert und gelten so lange, bis sie bei einer erneuten Wahl des Befehls geändert werden.

Erzeugen von Hilfskonstruktionen

1. Versetzen Sie die rechte Kante des Rechtecks um 58 Einheiten nach innen (siehe Abbildung 5.5).
2. Jetzt soll mit einem neuen Abstand versetzt werden. Wählen Sie den Befehl VERSETZ neu an. Versetzen Sie die obere und untere Kante jeweils um 10 Einheiten nach innen (siehe Abbildung 5.5).

Kapitel 5   Zeichnen und Editieren

Abbildung 5.5:
Versetzen von
Objekten

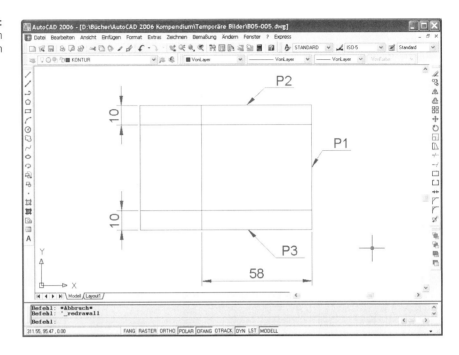

5.4 Stutzen und Dehnen

Nun haben Sie Hilfslinien erzeugt. Sie sollen aber so bearbeitet werden, dass daraus die gewünschte Kontur entsteht. Hier hilft stutzen und dehnen.

Stutzen von Objekten

In der Draufsicht sollen die versetzten Linien einen Einschnitt bilden. Mit dem Befehl STUTZEN sollen sie in die richtige Form gebracht werden.

➤ Abrollmenü ÄNDERN, Funktion STUTZEN

➤ Symbol im Werkzeugkasten ÄNDERN

Folgender Dialog erscheint im Befehlszeilenfenster:

```
Befehl: Stutzen
Aktuelle Einstellungen: Projektion=BKS Kante=Keine
Schnittkanten wählen ...
Objekte wählen oder <Alle wählen>:
Zu stutzendes Objekt wählen bzw. zum Dehnen mit der Umschalttaste wählen oder
    [Zaun/KReuzen/Projektion/Kante/Löschen/ZUrück]:
```

Den Befehl können Sie auf zwei Arten verwenden.

Schnittkanten wählen: Wählen Sie eine oder mehrere Schnittkanten und schließen Sie die Auswahl mit ⏎ ab. Die Schnittkanten sind die Kanten, an denen ein anderes Objekt abgeschnitten werden soll. Wählen Sie also hier nicht schon die Objekte, die Sie abschneiden wollen (siehe Abbildung 5.6, b). In vielen Fällen sind aber Schnittkanten auch gleichzeitig Objekte, die geschnitten werden sollen, so auch im Beispiel unten.

Danach wählen Sie die Objekte, die gestutzt werden sollen. Wählen Sie auf der Seite, die entfernt werden soll (siehe Abbildung 5.6, a und b). Schneidet das gewählte Objekt die Schnittkante nicht, kommt die Meldung:

```
Objekt schneidet keine Kante.
```

Wählen Sie die Option ZURÜCK bei der Anfrage; machen Sie das letzte Stutzen rückgängig.

Alle wählen: In vielen Fällen wollen Sie ein Objekt einfach an der nächsten Kante abschneiden. In diesem Fall müssen Sie diese nicht extra wählen. Drücken Sie auf die Frage nach der Schnittkante die ⏎ Taste und wählen Sie dann die zu stutzenden Objekte. Diese werden an der nächsten Schnittkante gestutzt (siehe Abbildung 5.6, a).

Zwei weitere Optionen stehen bei beiden Methoden zur Verfügung:

Projektion: Objekte auf unterschiedlichen Höhen im Raum (siehe Kapitel 20) werden mit dieser Option in eine Ebene projiziert und an den projizierten Schnittkanten gestutzt. Mit der Option PROJEKTION kann die Projektionsebene gewählt werden.

```
Zu stutzendes Objekt wählen bzw. zum Dehnen mit der
Umschalttaste wählen oder [Projektion/Kante/ZUrück]:
P für Projektion
Projektionsoption eingeben [Keine/BKS/Ansicht] <BKS>:
```

Als Projektionsebene kann das aktuelle Benutzerkoordinatensystem (siehe weiter unten in diesem Kapitel) oder die momentane Ansichtsebene verwendet werden.

Kante: Mit der Option KANTE können Sie wählen, ob nur die Objekte gestutzt werden sollen, die über die Schnittkante laufen (Modus NICHT DEHNEN), oder ob auch Objekte am virtuellen Schnittpunkt mit der Schnittkante abgetrennt werden sollen (Modus DEHNEN). Den Effekt beim Modus DEHNEN sehen Sie in Abbildung 5.6, c.

Zaun: Wählen Sie diese Option, können Sie mehrere zu stutzenden Objekte mit einer temporären Auswahllinie, dem so genannten Zaun, überfahren (siehe Kapitel 3.10). Alle Objekte, die der Zaun schneidet, werden gestutzt.

Kapitel 5 Zeichnen und Editieren

Abbildung 5.6:
Verschiedene Methoden beim Stutzen

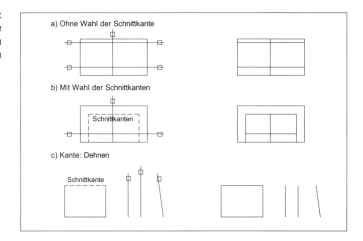

KReuzen: Mit dieser Option können Sie ein Fenster im Kreuzen-Modus aufziehen (siehe Kapitel 3.10). Alle Objekte, die das Fenster schneidet, werden gestutzt.

ZUrück: Damit nehmen Sie die letzte Stutzaktion zurück.

Klicken Sie ein zu stutzendes Objekt mit gedrückter ⇧-Taste an, wird es gedehnt (siehe unten Befehl DEHNEN*). Die vorher gewählten Schnittkanten werden für diese Aktion als Grenzkanten zum Dehnen verwendet. Lassen Sie die ⇧-Taste wieder los, wird wieder gestutzt.*

Stutzen von Hilfskonstruktionen

Stutzen Sie die Linien ohne Wahl der Schnittkanten zu einem Ausschnitt wie in Abbildung 5.7.

Dehnen von Objekten

In der Ansicht darüber soll eine Linie verlängert werden und zwar bis zu einer anderen Kante. Ein Fall für den Befehl DEHNEN.

➤ Abrollmenü ÄNDERN, Funktion DEHNEN
➤ Symbol im Werkzeugkasten ÄNDERN

Der Dialog ist dem des Befehls STUTZEN ähnlich:

```
Befehl: Dehnen
Aktuelle Einstellungen: Projektion=BKS Kante=Keine
Grenzkanten wählen ...
Objekte wählen oder <Alle wählen>:
Zu dehnendes Objekt wählen bzw. zum Stutzen mit der Umschalttaste wählen oder
    Zaun/KReuzen/Projektion/Kante/ZUrück]:
```

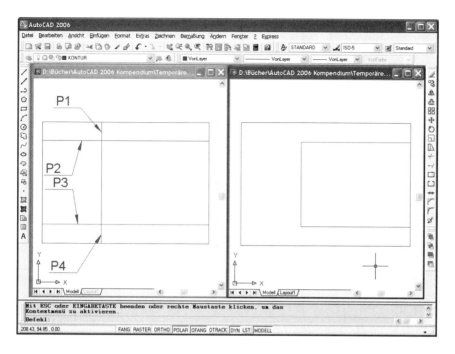

Abbildung 5.7:
Stutzen von Objekten

Diesen Befehl können Sie wie den Befehl STUTZEN verwenden:

Grenzkanten wählen: Wie oben wählen Sie zuerst eine oder mehrere Grenzkanten und bestätigen diese mit der ⏎ Taste. Danach wählen Sie die zu dehnenden Objekte an der Seite, auf der die Grenzkante liegt, und sie werden bis zur Grenzkante verlängert (siehe Abbildung 5.8, a und b). Wenn Sie ein Objekt am falschen Ende wählen, erscheint die Meldung:

```
Objekt schneidet keine Kante.
```

Alle wählen: Wenn Sie keine Grenzkante wählen und ⏎ auf die Anfrage eingeben, können Sie die Objekte in dieser Richtung bis zur nächsten Kante verlängern (siehe Abbildung 5.8, a).

Dehnen lassen sich Linien, Bögen und Polylinien. Mit der Option ZURÜCK lässt sich die letzte Dehnung rückgängig machen. Die Optionen ZAUN, KREUZEN, PROJEKTION, KANTE und ZURÜCK sind wie beim Befehl STUTZEN (siehe Abbildung 5.8, c).

Auch hier gilt wie beim Stutzen: Klicken Sie ein zu dehnendes Objekt mit gedrückter ⇧-Taste an, wird gestutzt (siehe oben). Lassen Sie die ⇧-Taste wieder los, wird gedehnt.

:-)
TIPP

Kapitel 5   Zeichnen und Editieren

Abbildung 5.8:
Verschiedene Methoden beim Dehnen

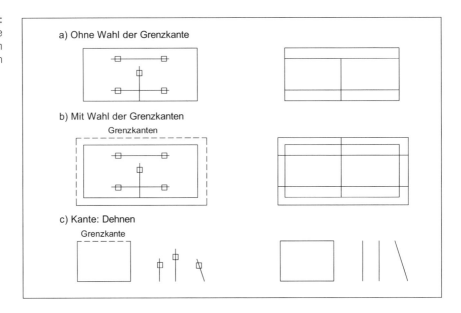

Dehnen von Hilfskonstruktionen

Dehnen Sie die Linie in der oberen Schnittdarstellung bis zur linken Kante, diesmal mit Wahl der Grenzkante (siehe Abbildung 5.9).

Abbildung 5.9:
Dehnen von Objekten

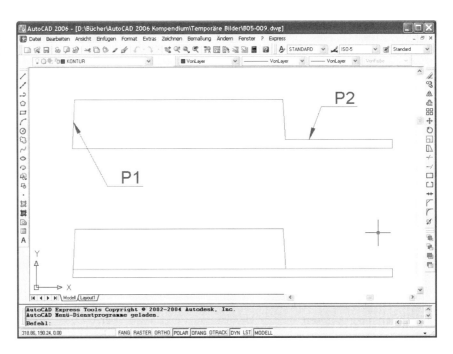

5.5 Abrunden und Fasen von Objekten

Objekte aus der Zeichnung können Sie mit zwei weiteren Befehlen sehr schnell in die richtige Form bringen: ABRUNDEN und FASE.

Abrunden von Objekten

Mit dem Befehl ABRUNDEN lassen sich Linien oder Bögen an Ihrem Schnittpunkt mit einem einstellbaren Radius versehen. Die Originalobjekte können dabei am Schnittpunkt gestutzt oder in ihrer Form belassen werden.

➡ Abrollmenü ÄNDERN, Funktion ABRUNDEN

➡ Symbol im Werkzeugkasten ÄNDERN

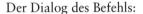

Der Dialog des Befehls:

```
Befehl: Abrunden
Aktuelle Einstellungen: Modus = STUTZEN, Radius = 10.00
Erstes Objekt wählen oder [rÜckgängig/Polylinie/Radius/Stutzen/Mehrere]:
```

Zunächst wird Ihnen der Radius angezeigt. Das ist der Radius, der beim letzten Runden mit diesem Befehl verwendet wurde. Außerdem erscheint in der Anzeige ein Hinweis, ob der Stutzen-Modus aktiv ist oder nicht. Ist er eingeschaltet, werden die Objekte gekürzt. Ist er nicht aktiv, bleiben sie unverändert. Verwenden Sie den Befehl das erste Mal oder wollen Sie einen neuen Radius verwenden, dann stellen Sie ihn zuerst mit der Option RADIUS ein. Abgerundet wird so lange damit, bis ein neuer eingestellt wird.

```
Aktuelle Einstellungen: Modus = STUTZEN, Radius = 10.00
Erstes Objekt wählen oder [rÜckgängig/Polylinie/Radius/Stutzen/Mehrere]:
R für die Option Radius
Rundungsradius angeben <10.00>: Neuen Radius eingeben
```

Geben Sie den Rundungsradius ein und klicken Sie danach zwei Linien, Bögen oder Kreise an. Diese werden mit dem Radius verbunden.

```
Erstes Objekt wählen oder [rÜckgängig/Polylinie/Radius/Stutzen/Mehrere]:
Zweites Objekt wählen oder mit der Umschalt-Taste wählen, um Ecke anzuwenden:
```

Die Elemente werden, falls notwendig, am Schnittpunkt gekürzt oder bis zum Schnittpunkt hin verlängert bzw. unverändert belassen, wenn der Stutzen-Modus aus ist, und dann mit dem Bogen versehen.

Sie können auch mit dem Radius 0 abrunden. Was auf den ersten Blick sinnlos erscheint, zeigt sich als äußerst praktisches Werkzeug bei der Bearbeitung von Konturen. Sich überschneidende oder nicht treffende Linien werden an ihrem Schnittpunkt abgeschnitten bzw. bis zum Schnittpunkt verlängert. Der Stutzen-Modus muss dazu aktiviert sein. Damit Sie dazu nicht jedes Mal den Radius auf 0 umstellen müssen, können Sie beim Anklicken des zweiten Objekts die Taste ↵ drücken. In diesem Fall wird mit 0 abgerundet, unabhängig von der Radiuseinstellung.

Bei der ersten Anfrage stehen Ihnen noch weitere Optionen zur Verfügung:

Rückgängig: Diese Option macht die letzte Rundungsaktion rückgängig.

Polylinie: Damit lassen sich alle Kanten einer Polylinie abrunden. Alles zu Polylinien finden Sie in Kapitel 7.1 und 7.2.

Stutzen: Damit können Sie den Stutzen Modus ein- und ausschalten. Ist er aus, werden die Originalobjekte unverändert gelassen.

Mehrere: Haben Sie diese Option gewählt, bleibt der Befehl im Wiederholmodus und Sie können nacheinander mehrere Kanten anwählen, ohne den Befehl jedes Mal neu wählen zu müssen.

➤ *Parallele Linien werden immer mit einem Halbkreis verrundet, egal welcher Radius eingestellt ist.*

➤ *Wählen Sie die sich überschneidenden Objekte immer an dem Teil des Objekts, der erhalten bleiben soll.*

Abrunden von Objekten

Bringen Sie verschiedene Radien an den beiden Ansichten an (siehe Abbildung 5.10). Lassen Sie den Stutzen-Modus für alle Aktionen ein.

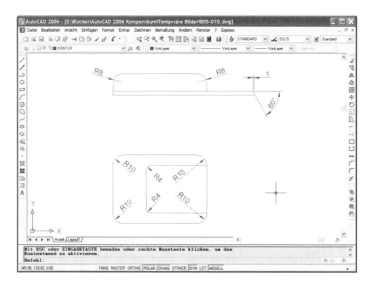

Abbildung 5.10: Abrunden und Erzeugung von Fasen

Abrunden und Fasen von Objekten					Kapitel 5

Fasen von Objekten

Genauso wie Sie abrunden, können Sie auch Kanten abschrägen. Mit dem Befehl FASE haben Sie diese Möglichkeit. Zu finden ist der Befehl:

➡ Abrollmenü ÄNDERN, Funktion FASEN

➡ Symbol im Werkzeugkasten ÄNDERN

Er arbeitet analog zum Befehl ABRUNDEN:

```
Befehl: Fase
(STUTZEN-Modus) Gegenwärtiger Fasenabst1 = 10.00, Abst2 = 10.00
Erste Linie wählen oder [rÜckgängig/Polylinie/Abstand/Winkel/Stutzen/METhode/
MEHrere]:
```

Fasen können Sie zwei Linien oder zwei Liniensegmente einer Polylinie. Der eingestellte erste Fasenabstand wird an der zuerst gewählten Linie abgetragen, der zweite Fasenabstand an der zweiten Linie. Überschneidungen und zu kurze Linien werden wie beim Befehl ABRUNDEN korrigiert, wenn der Stutzen-Modus aktiv ist. Ist der Stutzen-Modus aus, werden die ursprünglichen Objekte unverändert gelassen und es wird nur die Fase eingezeichnet. Sie haben verschiedene Optionen:

Abstand: Wählen Sie diese Option, können Sie zwei Abstände für die Fase eingeben, den Abstand auf der ersten und den auf der zweiten Linie.

```
Erste Linie wählen oder [rÜckgängig/Polylinie/Abstand/Winkel/Stutzen/METhode/
MEHrere]: A für Abstand
Ersten Fasenabstand angeben <0.00>:
Zweiten Fasenabstand angeben <0.00>:
```

Winkel: Mit der Option **Winkel** geben Sie die Fasenlänge auf der ersten Linie und einen Fasenwinkel vor.

```
Erste Linie wählen oder [rÜckgängig/Polylinie/Abstand/Winkel/Stutzen/METhode/
MEHrere]: W für Winkel
Geben Sie die Fasenlänge auf der ersten Linie an <0.00>:
Geben Sie den Fasenwinkel von der ersten Linie aus berechnet an <0.00>:
```

Methode: Mit der Option METHODE legen Sie fest, welche Werte im Befehlsdialog beim Start des Befehls angezeigt werden sollen, Fasenabstände oder Fasenlänge und Winkel.

```
Erste Linie wählen oder [rÜckgängig/Polylinie/Abstand/Winkel/Stutzen/METhode/
MEHrere]: M für Methode
Option für Modus STUTZEN eingeben[Abstand/Winkel] <Winkel>: Option
   eingeben
```

(KOMPENDIUM) AutoCAD und LT 2006

Kapitel 5 Zeichnen und Editieren

Wenn Sie danach den Befehl wieder anwählen, werden die aktuelle Fasenlänge und der aktuelle Fasenwinkel angezeigt:

```
Befehl: Fase
(STUTZEN-Modus) Gegenwärtige Fasenlänge = 20.00, Winkel = 45.0
Erste Linie wählen oder [rÜckgängig/Polylinie/Abstand/Winkel/Stutzen/METhode/
MEHrere]:
```

Alle anderen Optionen arbeiten analog zum Befehl ABRUNDEN. Nachdem Sie die Einstellungen vorgenommen haben, wählen Sie zwei zu fasende Linien:

```
Erste Linie wählen oder
[rÜckgängig/Polylinie/Abstand/Winkel/Stutzen/METhode/MEHrere]: Erste
Linie anklicken
Zweite Linie wählen oder mit der Umschalt-Taste wählen, um Ecke
      anzuwenden: Zweite Linie anklicken
```

Auch hier kann wie beim Befehl ABRUNDEN mit den Abständen 0 gearbeitet werden, um eine Kante zu erzeugen. Dazu muss die Taste ⏎ gedrückt werden.

➤ *Eingestellte Werte gelten bis zur Eingabe von neuen Werten.*

➤ *Parallele Linien können nicht gefast werden. Wählen Sie sich überschneidende Objekte immer am Teil des Objekts, das bleiben soll.*

Fasen von Objekten

1. Bringen Sie an der oberen Darstellung eine Fase an der vorderen Kante an (siehe Abbildung 5.10). Stellen Sie zunächst die Anzeigemethode auf die Winkelanzeige.

2. Stellen Sie dann einen Abstand von 1 ein und einen Winkel von 60°.

5.6 Zeichenübung

Mit den wenigen Befehlen, die Sie bis jetzt kennen gelernt haben, lässt sich schon eine Menge erreichen. Bearbeiten Sie die beiden Ansichten nach den Vorgaben in den folgenden Anleitungen weiter.

Innenkontur durch Versetzen erstellen

1. Versetzen Sie die Kontur samt den Radien in der Schnittansicht um 4 Einheiten nach innen.

2. Da die senkrechten Linien leicht nach innen geneigt sind, ergibt sich am Detail 1 (siehe Abbildung 5.11) ein kleiner Überstand, den Sie mit dem

Befehl STUTZEN beseitigen sollten. Zoomen Sie dazu weit genug in die Zeichnung hinein, um den Überstand anklicken zu können.

3. Den Überstand an Detail 2 können Sie ebenfalls mit dem Befehl STUTZEN beseitigen (siehe Abbildung 5.11).

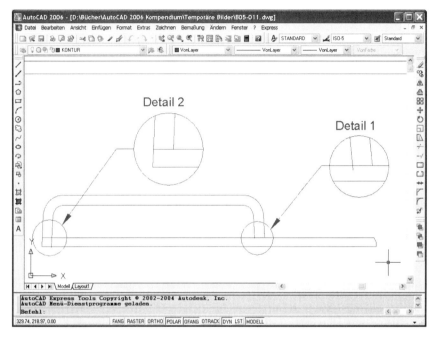

Abbildung 5.11:
Versetzen und Korrigieren

Draufsicht bearbeiten

1. Versetzen Sie die komplette Außenkontur um eine Einheit nach innen, da das Gehäuse konisch nach oben zuläuft. Versetzen Sie wie oben auch die Radien mit. Sie erhalten dann wieder eine geschlossene Kontur (siehe Abbildung 5.12).

2. Machen Sie dasselbe noch einmal mit einem Versatz von 8.5 Einheiten von der äußeren Kontur. Vergessen Sie die Bögen nicht.

3. Stutzen Sie die Kanten am Einschnitt (siehe Abbildung 5.12).

5.7 Konstruktionslinie und Strahl

Eine Konstruktionsmethode wird mit den Objektfangspuren von AutoCAD fast überflüssig. Trotzdem, viele Konstrukteure stehen auf die Methode mit den Konstruktionslinien, weil Sie der Arbeit am Reißbrett am nächsten kommt.

Kapitel 5   Zeichnen und Editieren

Abbildung 5.12:
Versetzen und
Korrigieren

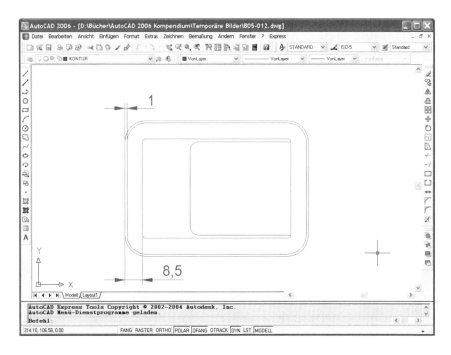

Konstruktionslinien mit dem Befehl Klinie

Mit dem Befehl KLINIE werden Konstruktionslinien horizontal, vertikal oder in einem Winkel durch einen Punkt oder durch zwei Punkte gezeichnet, die ohne Anfang und Ende über den gesamten Zeichenbereich laufen.

➡ Abrollmenü ZEICHNEN, Funktion KONSTRUKTIONSLINIE

➡ Symbol im Werkzeugkasten ZEICHNEN

```
Befehl: Klinie
Einen Punkt angeben oder [HOr/Ver/Win/HAlb/Abstand]:
```

Jetzt können Sie einen Punkt eingeben, danach wird ein zweiter angefragt und durch beide eine Konstruktionslinie gezeichnet. Mit den Optionen HORIZONTAL, VERTIKAL und WINKEL werden horizontale und vertikale Konstruktionslinien unter einem bestimmten Winkel gezeichnet. Ein Punkt reicht zum Zeichnen. Bei den Konstruktionslinien im Winkel wird zuerst der Winkel angefragt und dann der Punkt, durch den die Linie laufen soll. Mit der Option HALB werden Winkelhalbierende gezeichnet.

Wie mit dem Befehl VERSETZ können auch parallele Konstruktionslinien gezeichnet werden. Verwenden Sie dazu die Option ABSTAND. Der Vorteil der Konstruktionslinienmethode ist, dass durchgehende Linien erzeugt werden und nicht nur Parallelen in der Länge der Originalobjekte.

Konstruktionslinie und Strahl   Kapitel 5

```
Einen Punkt angeben oder [HOr/Ver/Win/HAlb/Abstand]:
A für Abstand
Abstand angeben oder [Durch punkt] <Durch punkt>: Abstand eingeben z.B. 5
Linienobjekt wählen: beliebiges Linienobjekt wählen
Zu versetzende Seite angeben: auf die Seite klicken, auf der die
   Konstruktionslinie gezeichnet werden soll
```

Oder durch einen Punkt:

```
Einen Punkt angeben oder [HOr/Ver/Win/HAlb/Abstand]:
A FÜR ABSTAND
Abstand angeben oder [Durch punkt] <Durch punkt>:
D für Option Durch Punkt
Linienobjekt wählen: beliebiges Linienobjekt wählen
Durch Punkt angeben: Punkt anklicken, durch den die Konstruktionslinie
   gezeichnet werden soll
```

Nachdem Sie eine Option beim Befehl KLINIE gewählt haben, bleibt der Befehl im Wiederholmodus, bis Sie ihn mit ⏎ beenden. Benötigen Sie eine andere Konstruktionsmethode, müssen Sie den Befehl neu anwählen.

Bei der Anfrage nach dem Abstand können Sie auch einen Punkt in der Zeichnung wählen, natürlich mit dem Objektfang. Danach wird ein weiterer Punkt angefragt. Greifen Sie auch diesen mit dem Objektfang ab. Die Distanz dieser beiden Punkte wird als Abstand verwendet. So können Sie die Abstände aus anderen Ansichten abgreifen, ohne die Werte zu wissen. Immer wenn eine Größe anfragt wird, können Sie diese auch an zwei Punkten in der Zeichnung abgreifen.

Hilfslinien mit dem Befehl Strahl

Der Befehl STRAHL erzeugt Strahlen, die von einem Punkt ausgehen und durch einen weiteren Punkt ins Unendliche gehen. Diese können ebenfalls für Hilfskonstruktionen verwendet werden. Sie finden den Befehl:

➡ Abrollmenü ZEICHNEN, Funktion STRAHL

```
Befehl: Strahl
Startpunkt angeben: Ursprungspunkt der Strahlen eingeben
Durch Punkt angeben: Punkt auf dem Strahl eingeben
Durch Punkt angeben:         usw.
```

Damit können Sie eine Schar von Strahlen vom Startpunkt durch die danach eingegebenen Punkte zeichnen.

Vertiefung mit Konstruktionslinien zeichnen

1. Die Objektfang-Modi ENDPUNKT und SCHNITTPUNKT haben Sie eingeschaltet. Falls nicht, schalten Sie diese jetzt wieder ein.

2. Ziehen Sie eine vertikale Konstruktionslinie am Ende des Einschnitts durch den Endpunkt *P1* (siehe Abbildung 5.13).

3. Ziehen Sie eine Konstruktionslinie im Abstand 2 von der Oberkante der Schnittansicht (*P2*).

4. Ziehen Sie eine weitere vertikale Konstruktionslinie durch den Punkt *P3*. Das ist der Punkt, an dem die horizontale Konstruktionslinie die Kontur schneidet.

5. Damit haben Sie alle Hilfslinien erzeugt. Den Rest machen Sie mit den Befehlen STUTZEN und DEHNEN. Korrigieren Sie den Schnitt und auch die Draufsicht wie in Abbildung 5.13.

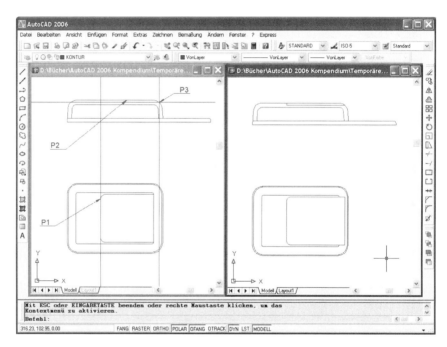

Abbildung 5.13: Konstruktionslinien zeichnen und Einschnitt erstellen

Vorderteil der Draufsicht

1. Zeichnen Sie eine Konstruktionslinie unter 70° durch das Zentrum des Bogens B1 (siehe Abbildung 5.14). Der Objektfang ZENTRUM muss aktiv sein. Machen Sie dasselbe unten am Bogen B2 mit 110°.

2. Wo die Konstruktionslinien die Bögen schneiden, setzen Sie wieder Konstruktionslinien: oben mit 160° und unten mit 20°.

3. Zeichnen Sie noch eine vertikale Konstruktionslinie durch den Punkt P1. Das Konstruktionsliniennetz sieht jetzt wie in Abbildung 5.14 aus.

4. Jetzt sind auch diese Hilfslinien komplett. Stutzen Sie die Hilfslinien zurecht und löschen Sie die überflüssigen, bis Sie die gleiche Zeichnung wie in Abbildung 5.14 haben.

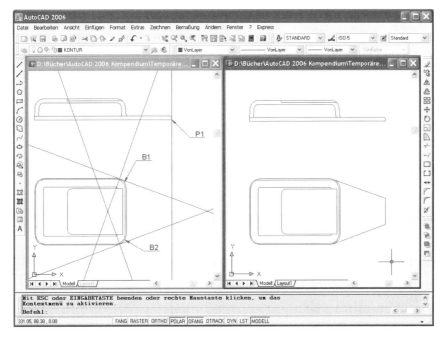

Abbildung 5.14:
Das Vorderteil mit Hilfslinien konstruiert

Kreise auf der Objektfangspur oder mit versetzter Konstruktionslinie zeichnen

1. Zeichnen Sie den Kreis mit dem Durchmesser 23 relativ zum Mittelpunkt der linken senkrechten Kante (siehe Abbildung 5.15, P1). Der Abstand von diesem Punkt soll 113 betragen. Schalten Sie den Objektfang MITTELPUNKT zu, falls er nicht eingeschaltet ist.

2. Beim zweiten konzentrischen Kreis haben Sie es einfacher. Sie können das Zentrum des zweiten Kreises mit dem Objektfang ZENTRUM fangen. Einfacher ist es, wenn Sie einen konzentrischen Kreis mit dem Befehl VERSETZ im Abstand 4.5 erzeugen.

5.8 Zeichnen von Bögen

Meist ist es einfacher, einen Kreis zu zeichnen und diesen zu stutzen, wenn Sie einen Bogen benötigen. Sie können Bögen aber auch als Bögen in AutoCAD zeichnen und das auf sehr unterschiedliche Arten.

Abbildung 5.15:
Zeichnen der Kreise

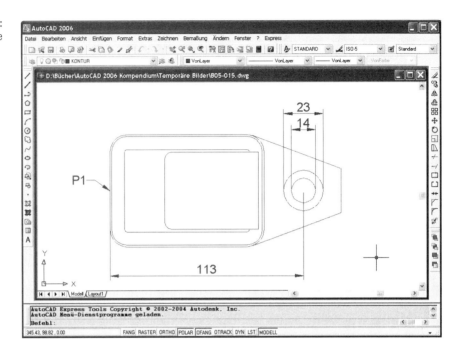

Befehl Bogen

Zum Zeichnen von Bögen gibt es den Befehl BOGEN. Dabei ist es ähnlich wie beim Befehl KREIS: Den Befehl bekommen Sie in seiner Grundform im Werkzeugkasten. Die Optionen geben Sie dann auf der Tastatur ein. Im Abrollmenü haben Sie in einem Untermenü alle Konstruktionsmethoden übersichtlich aufgelistet, die mit diesem Befehl möglich sind. Wählen Sie diesen Befehl daher besser über das Abrollmenü. Sie finden den Befehl auch im:

➨ Abrollmenü ZEICHNEN, Untermenü BOGEN >, Funktionen für die Konstruktionsmethoden des Befehls

➨ Symbol im Werkzeugkasten ZEICHNEN

Im Abrollmenü steht Ihnen für jede Konstruktionsmethode des Befehls BOGEN ein eigener Menüpunkt zur Verfügung. Wenn Sie den Befehl aber eintippen, aus dem Werkzeugkasten oder vom Tablett wählen, läuft er mit der Standard-Methode ab, dem 3-Punkte-Bogen:

```
Befehl: Bogen
Startpunkt für Bogen angeben oder [Zentrum]:
Zweiten Punkt für Bogen angeben oder [Zentrum/ENdpunkt]:
Endpunkt für Bogen angeben:
```

Aber auch bei der Standard-Methode lassen sich die anderen Methoden über die Eingabe der Option anwählen, zum Beispiel:

```
Befehl: Bogen
Startpunkt für Bogen angeben oder [Zentrum]: Z für Zentrum
Zentrum für Bogen angeben:
Startpunkt für Bogen angeben:
Endpunkt für Bogen angeben oder [Winkel/Sehnenlänge]: W für Winkel
Eingeschlossenen Winkel angeben:
```

Auf diese Art ergeben sich eine Reihe von Kombinationen zur Eingabe der Werte. Im Abrollmenü werden elf Methoden zur Auswahl angeboten:

3 Punkte: Standardmethode, siehe oben und Abbildung 5.16, a.

Startp, Mittelp, Endp: Konstruktion aus Startpunkt, Mittelpunkt und Endpunkt. Der Bogen wird immer in der Vorzugsrichtung, entgegen dem Uhrzeigersinn gezeichnet. Der Endpunkt muss nicht exakt bestimmt werden. Aus dem Punkt, den Sie eingeben, wird ein Gummiband vom Mittelpunkt gezogen. An dem Schnittpunkt des Bogens und des Gummibands wird der Endpunkt gesetzt (siehe Abbildung 5.16, b).

Startp, Mittelp, Winkel: Konstruktion aus Startpunkt, Mittelpunkt und dem eingeschlossenen Winkel. Positive Winkel erzeugen einen Bogen entgegen dem Uhrzeigersinn, negative Winkel einen Bogen im Uhrzeigersinn (siehe Abbildung 5.16, c).

Startp, Mittelp, Sehnenlänge: Konstruktion aus Startpunkt, Mittelpunkt und der Länge der Bogensehne. Der Bogen wird immer entgegen dem Uhrzeigersinn gezeichnet. Dabei können immer zwei Bögen entstehen. Wird die Sehnenlänge positiv eingegeben, erhält man den kleinen Bogen, bei Eingabe eines negativen Wertes wird der große Bogen gezeichnet (siehe Abbildung 5.16, d).

Startp, Endp, Winkel: Konstruktion aus Startpunkt, Endpunkt und dem eingeschlossenen Winkel. Auch hier gilt wieder: Positive Winkel erzeugen einen Bogen entgegen dem Uhrzeigersinn, negative Winkel einen Bogen im Uhrzeigersinn (siehe Abbildung 5.16, e).

Startp, Endp, Richtung: Konstruktion aus Startpunkt, Endpunkt und der Vorgabe einer Startrichtung. Das ist der Winkel, unter dem die Tangente am Startpunkt verläuft (siehe Abbildung 5.16, f).

Startp, Endp, Radius: Konstruktion aus Startpunkt, Endpunkt und dem Radius des Bogens. Ein positiver Wert für den Radius erzeugt den kleinen Bogen, ein negativer Wert den großen. Der Bogen wird immer entgegen dem Uhrzeigersinn gezeichnet (siehe Abbildung 5.16, g).

Mittelp, Startp, Endpunkt: Oft ist es bei der Bogenkonstruktion sinnvoller, mit dem Mittelpunkt zu beginnen, weil Sie diesen mit dem Objektfang leichter bekommen. Von dort aus können Sie die weiteren Punkte als relative Koordinaten oder relative Polarkoordinaten eingeben. Die Methode entspricht der ersten, aber die Eingabereihenfolge ist anders.

Mittelp, Startp, Winkel: wie oben, aber in anderer Eingabereihenfolge

Mittelp, Startp, Sehnenlänge: wie oben, aber in anderer Eingabereihenfolge

Weiter: Diese Konstruktionsmethode setzt einen Bogen an die zuletzt gezeichnete Linie oder den zuletzt gezeichneten Bogen tangential an. Sie müssen nur noch den Endpunkt für den Bogen eingeben.

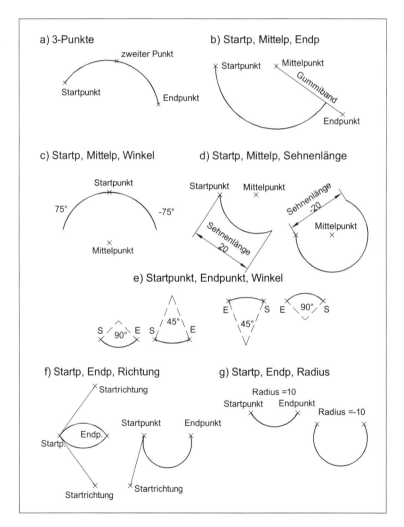

Abbildung 5.16: Konstruktionsmethoden für Bögen

Zeichnen von Bögen   Kapitel 5

Bogen zeichnen

1. Ziehen Sie eine senkrechte Konstruktionslinie im Abstand von 1.5 von der rechten Kante und eine horizontale durch das Zentrum der Kreise.

2. Zeichnen Sie einen 3-Punkte-Bogen durch *P1*, *P2* und *P3* (siehe Abbildung 5.17). Runden Sie die Kanten mit Radius 5.

3. Löschen Sie die Konstruktionslinien wieder heraus. Auch die rechte senkrechte Linie ist überflüssig.

4. Zeichnen Sie ein Fadenkreuz in den inneren Kreis. Verwenden Sie den Befehl LINIE und nehmen Sie den Objektfang QUADRANT.

5. Projizieren Sie mit vertikalen Konstruktionslinien die Quadrantenpunkte der Kreise in die Schnittdarstellung. Zeichnen Sie den Ring im Schnitt mit einer Höhe von 2 Einheiten. Denken Sie auch an die obere Verbindungslinie und brechen Sie das Material zur unteren Platte hin auf.

6. Zeichnen Sie die Fase als Parallele in der Draufsicht mit dem Befehl VERSETZ ein. Der Abstand beträgt eine Einheit. Stutzen Sie die Überstände am Gehäuse.

Ihre Zeichnung sollte dann wie in Abbildung 5.17 aussehen. Sie hat schon einen ganz ansehnlichen Stand erreicht. Falls Sie nicht so weit gekommen sind: Diesen Stand der Zeichnung finden Sie auch in Ihrem Übungsordner als Zeichnung *Z01-02.dwg*.

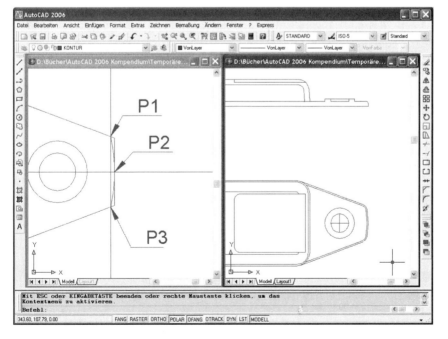

Abbildung 5.17:
Bogen zeichnen und Vorderteil fertig stellen

[KOMPENDIUM] AutoCAD und LT 2006

5.9 Benutzerkoordinatensysteme BKS

Wenn Sie irgendwo in einem Teil ohne Orientierungspunkte eine neue Kontur erstellen wollen, ist es unter Umständen hilfreich, den Koordinatennullpunkt und die Ausrichtung des Koordinatensystems zu ändern. In AutoCAD setzt man dazu in das feste Koordinatensystem, das so genannte Weltkoordinatensystem, weitere Koordinatensysteme, so genannte Benutzerkoordinatensysteme. Sie können:

- in beliebiger Anzahl erzeugt und
- mit Namen versehen und in der Zeichnung gespeichert werden.
- Ein Benutzerkoordinatensystem ist immer das aktuelle BKS.
- Koordinaten geben Sie in den Werten des aktuellen BKS ein. Auch die Koordinatenanzeige in der Statuszeile zeigt die Koordinaten im aktuellen BKS an.
- Wenn ein Benutzerkoordinatensystem aktiv ist und Sie wollen trotzdem eine Koordinate im Weltkoordinatensystem eingeben, setzen Sie dem Wert das Zeichen * voran, zum Beispiel:

```
Befehl: Linie
Ersten Punkt angeben: *100,50
Nächsten Punkt angeben oder [Zurück]: @*30<45 usw.
```

BKS erzeugen, sichern und holen

Alle Funktionen der Befehle für Koordinatensysteme finden Sie in zwei Werkzeugkästen: BKS und BKS II (siehe Abbildung 5.18).

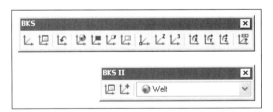

Abbildung 5.18:
Die Werkzeugkästen für Koordinatensysteme

Benutzerkoordinatensysteme benötigen Sie dann, wenn Sie 3D-Modelle erstellen. Sie sind aber auch bei 2D-Zeichnungen nützlich. In diesem Kapitel werden Sie nur die Optionen kennen lernen, die Sie für 2D-Anwendungen benötigen. 3D-Modelle werden erst in Kapitel 20 behandelt.

Mit dem Befehl BKS lassen sich Benutzerkoordinatensysteme in der Zeichnung platzieren, speichern und gespeicherte wieder aktivieren.

Benutzerkoordinatensysteme BKS — Kapitel 5

➥ Abrollmenü EXTRAS, Funktion BKS VERSCHIEBEN und Untermenü NEUES BKS >, bzw. ORTHOGONALES BKS (3D-Funktionen), Funktionen für die einzelnen Optionen des Befehls

➥ Symbole für die Optionen im Werkzeugkasten BKS bzw. BKS II.

Ein Symbol im Werkzeugkasten BKS startet den Befehl ohne vorgewählte Option. In diesem Fall geben Sie die Optionen auf der Tastatur ein:

```
Befehl: BKS
Aktueller BKS-Name:  *WELT*
Eine Option eingeben
[Neu/Schieben/orthoGonal/VOrher/HOlen/SPeichern/Löschen/Anwenden/?/Welt]
   <Welt>:
```

Den Befehl mit Optionen können Sie auch direkt aus dem Abrollmenü und den Werkzeugkästen wählen:

Option Neu, Unteroption Ursprung: Definition eines neuen Benutzerkoordinatensystems durch neuen Ursprung. Die Ausrichtung der Achsen bleibt gleich, die Option bewirkt eine Ursprungsverschiebung:

```
Eine Option eingeben
[Neu/Schieben/orthoGonal/VOrher/HOlen/SPeichern/Löschen/Anwenden/?/Welt]
<Welt>: N für Neu
Ursprung des neuen BKS angeben oder [ZAchse/3punkt/OBjekt/Fläche/ANsicht/X/Y/
   Z] <0,0,0>: Neuen Ursprung eingeben
```

Schieben: Verschieben des aktuellen BKS durch Eingabe eines neuen Ursprungs oder einer Verschiebung in Z-Richtung. Der wichtige Unterschied zu oben ist, dass, wenn Sie das aktuelle BKS bereits unter einem Namen in der Zeichnung gespeichert haben (siehe unten), es mit dieser Option auf den neuen Ursprung gesetzt wird. Bei der Option URSPRUNG wird das BKS nicht verändert sondern ein neues erzeugt, das aber bis zum Speichern noch unter dem Begriff *Unbenannt* geführt wird.

```
Eine Option eingeben
[Neu/Schieben/orthoGonal/VOrher/HOlen/SPeichern/Löschen/Anwenden/?/Welt]
<Welt>: S für Schieben
Neuen Ursprung angeben oder [Ztiefe]<0,0,0>:
```

Geben Sie bei der letzten Anfrage einen neuen Ursprung an oder mit der Unteroption ZTIEFE eine Verschiebung des Ursprungs in positiver oder negativer Z-Richtung. Diese Option finden Sie im Werkzeugkasten BKS II sowie direkt im Abrollmenü EXTRAS als Funktion BKS VERSCHIEBEN.

Kapitel 5   Zeichnen und Editieren

Option Neu, Unteroptionen X/Y/Z: Drehung des BKS um eine Koordinatenachse. Bei 2D-Zeichnungen ist vor allem die Drehung um die Z-Achse interessant.

```
Eine Option eingeben
[Neu/Schieben/orthoGonal/VOrher/HOlen/SPeichern/Löschen/Anwenden/?/Welt]
<Welt>: N für Neu
Ursprung des neuen BKS angeben oder [ZAchse/3punkt/OBjekt/Fläche/ANsicht/X/Y/
Z] <0,0,0>: Z für Drehung um Z-Achse
Drehwinkel um Z-Achse angeben <90>: Drehwinkel eingeben
```

Das Koordinatensystem wird um den Ursprung gedreht und das Fadenkreuz neu ausgerichtet. Die Null-Grad-Richtung ändert sich dabei.

Welt: Aktivierung des Weltkoordinatensystems

Vorher: Aktivierung des vorherigen Koordinatensystems. Die zehn letzten Benutzerkoordinatensysteme sind gespeichert.

Speichern: Speichern des gerade aktuellen Benutzerkoordinatensystems unter einem Namen in der Zeichnung

```
Eine Option eingeben
[Neu/Schieben/orthoGonal/VOrher/HOlen/SPeichern/Löschen/Anwenden/?/Welt]
<Welt>: SP für Speichern
Namen zum Speichern des aktuellen BKS eingeben oder [?]:
```

Durch Eingabe von »?« werden alle schon gespeicherten BKS aufgelistet.

Holen: Wiederherstellen eines bereits gespeicherten BKS. Den Namen des BKS müssen Sie eintippen. Wissen Sie ihn nicht mehr, können Sie mit »?« alle gespeicherten Koordinatensysteme auflisten.

```
Eine Option eingeben
[Neu/Schieben/orthoGonal/VOrher/HOlen/SPeichern/Löschen/Anwenden/?/Welt]
<Welt>: HO für Holen
Name des wiederherzustellenden BKS eingeben oder [?]:
```

Löschen: Löschen eines bereits gesicherten BKS.

Die letzten drei Optionen führen Sie später besser mit dem BKS-Manager aus (siehe unten). Sie sind mit dem Befehl BKS zu umständlich.

Benutzerkoordinatensysteme BKS — Kapitel 5

BKS erzeugen und sichern

1. Erzeugen Sie ein neues BKS durch Ursprungsverschiebung (Option URSPRUNG). Der neue Ursprung soll 25 Einheiten rechts von der Mitte der mittleren Kante liegen (siehe Abbildung 5.19).
2. Drehen Sie das neue BKS 45° um die Z-Achse.
3. Speichern Sie das BKS unter dem Namen *TASTEN*.
4. Ihr Fadenkreuz ist jetzt um 45° gedreht. Bewegen Sie Ihr Fadenkreuz in der Zeichnung und beachten Sie die Anzeige in der Funktionsleiste. Die X-Achse verläuft jetzt ebenfalls im Winkel von 45° und die Y-Achse im Winkel von 135°. Der Nullpunkt liegt an der Stelle, die Sie gewählt haben.
5. Schalten Sie zurück zum Weltkoordinatensystem.
6. Holen Sie das gespeicherte BKS *TASTEN* zurück.

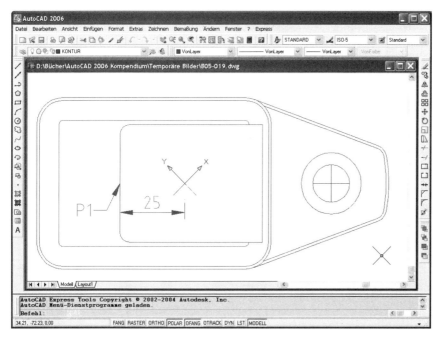

Abbildung 5.19: Position des neuen Koordinatensystems TASTEN

Arbeiten Sie in einer Zeichnung mit mehreren Benutzerkoordinatensystemen, die Sie häufig wechseln müssen, ist es sinnvoll, den Werkzeugkasten BKS II zuzuschalten. Dort können Sie in einem Abrollmenü (siehe Abbildung 5.20) das aktuelle Benutzerkoordinatensystem wechseln. Sie finden in diesem Menü das Weltkoordinatensystem, die gespeicherten Benutzerkoordinatensysteme und die orthogonalen Koordinatensysteme (siehe Kapitel 20).

TIPP

Kapitel 5   Zeichnen und Editieren

Dialogfeld für Benutzerkoordinatensysteme

Das Verwalten der Benutzerkoordinatensysteme geht einfacher und übersichtlicher mit dem Dialogfeld BKS (siehe Abbildung 5.21), dem BKS-MANAGER. Der Befehl für das Dialogfeld heißt BKSMAN:

➤ Abrollmenü EXTRAS, Funktion BENANNTES BKS...

➤ Symbol im Werkzeugkasten BKS und BKS II

Das Dialogfeld hat drei Register:

Register Benannte BKS: Hier finden Sie alle gespeicherten Benutzerkoordinatensystem aufgelistet (siehe Abbildung 5.21), das Weltkoordinatensystem und das vorherige Koordinatensystem. Mit einem Doppelklick auf den entsprechenden Eintrag machen Sie dieses zum aktuellen Koordinatensystem. Sie können es auch mit einem einfachen Klick markieren und auf die Schaltfläche AKTUELL klicken.

Abbildung 5.20:
Werkzeugkasten BKS II mit Abrollmenü für das BKS

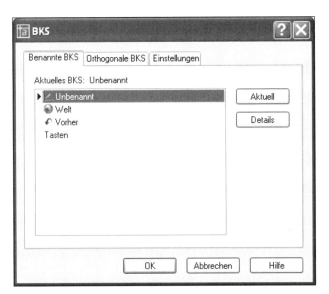

Abbildung 5.21:
Dialogfeld des BKS-Managers, Register Benanntes BKS

Wenn Sie ein Benutzerkoordinatensystem in der Liste markieren und auf die Schaltfläche DETAILS klicken, bekommen Sie ein weiteres Dialogfeld (siehe Abbildung 5.22). Dort können Sie im Abrollmenü RELATIV ZU ein anderes Koordinatensystem wählen. In der Liste erscheinen dann die Position und die Ausrichtung des markierten Koordinatensystems im Verhältnis zu dem im Abrollmenü ausgewählten.

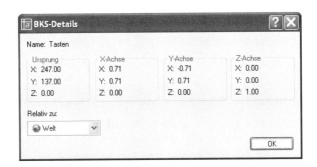

Abbildung 5.22: Position und Ausrichtung von Koordinatensystemen

Register Orthogonale BKS: Dieses Register ist für die Ausrichtung des BKS an einem 3D-Modell. Dazu finden Sie im Kapitel 20.7 mehr.

Register Einstellungen: Im oberen Teil des Registers (siehe Abbildung 5.23) können Sie das Koordinatensymbol beeinflussen. Mit dem Schalter EIN können Sie es ein- und ausschalten. Haben Sie den Schalter AN BKS-URSPRUNGSPUNKT ANZEIGEN eingeschaltet, wird das Symbol am Koordinatenursprung angezeigt, sofern sich dieser im aktuellen Ausschnitt der Zeichnung befindet. Ist dieser Schalter aus, wird es immer links unten im Zeichnungsfenster angezeigt. Mit dem Schalter AUF ALLE AKTIVEN ANSICHTSFENSTER ANWENDEN bewirken Sie, dass Änderungen an der Anzeige des Symbols sich auf alle Ansichtsfenster auswirken oder nur auf das aktuelle. Zu Ansichtsfenstern erfahren Sie in den Kapiteln 16.1 und 16.3 mehr. Der Rest der Einstellungen in diesem Register ist erst bei 3D-Anwendungen interessant.

Abbildung 5.23: Dialogfeld des BKS-Managers, Register Einstellungen

Kapitel 5   Zeichnen und Editieren

Wird im Koordinatensymbol am Ursprung ein QUADRAT *angezeigt, ist das Weltkoordinatensystem aktiv. Wird ein Kreuz am Schnittpunkt der Achsen angezeigt, dann befindet sich das Symbol am Ursprung. Ist kein Kreuz zu sehen, dann ist entweder der Ursprung im momentanen Ausschnitt nicht sichtbar oder die Anzeige am Ursprung ist ausgeschaltet (siehe auch Kapitel 20.7).*

BKS-Manager

1. Schalten Sie im BKS-Manager das Koordinatensystem an den Ursprung, falls dies nicht schon der Fall ist.
2. Schalten Sie auf das Weltkoordinatensystem um.
3. Setzen Sie dann ein neues Koordinatensystem mit dem Befehl BKS, Option URSPRUNG an die linke untere Ecke des Schnitts.
4. Wählen Sie dann den Befehl BKSMAN. Markieren Sie den Eintrag UNBENANNT (siehe Abbildung 5.24). Überschreiben Sie den Eintrag mit dem Namen *Schnitt* und bestätigen mit ⏎. Mit dieser Methode können Sie ein unbenanntes (noch nicht gespeichertes) BKS unter dem eingegebenen Namen speichern.

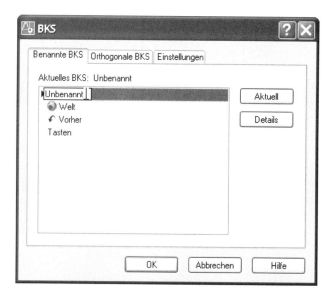

Abbildung 5.24: BKS im BKS-Manager umbenennen und damit speichern

5. Machen Sie das BKS *Tasten* mit einem Doppelklick wieder zum aktuellen BKS.

Benutzerkoordinatensysteme BKS　　　　　　　　　　　　　　　　　　Kapitel 5

Tastenausschnitt und Taste zeichnen

1. Jetzt muss das Benutzerkoordinatensystem *Tasten* aktiv sein. Zoomen Sie den Bildteil wie in Abbildung 5.24.

2. Zeichnen Sie ein Quadrat. Nehmen Sie den Befehl RECHTECK, einen Befehl QUADRAT gibt es nicht.

   Befehl: **Rechteck**
   Ersten Eckpunkt angeben oder [Fasen/Erhebung/Abrunden/Objekthöhe/
       Breite]: **1,1**
   Anderen Eckpunkt angeben oder [Bemaßungen]: **@11,11**

3. Versetzen Sie die Kontur des Quadrats mit dem Befehl VERSETZ um 0.5 Einheiten nach innen. Hierbei wird die komplette Kontur ohne Überschneidungen an den Ecken auf einmal nach innen versetzt.

4. Zeichnen Sie einen Kreis in der Mitte des Quadrats. Ziehen Sie dazu Objektfangspuren von den Mitten der Seiten und klicken Sie am Schnittpunkt der Hilfslinien. Der Kreis soll einen Radius von 4.5 bekommen (siehe Abbildung 5.25). Bei AutoCAD LT haben Sie keine Objektfangspuren. Zeichnen Sie hier eventuell Konstruktionslinien.

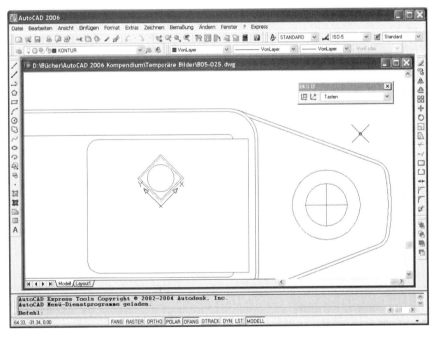

Abbildung 5.25: Taste mit Tastenausschnitt

Kapitel 5   Zeichnen und Editieren

5.10 Objekte kopieren

Im Folgenden lernen Sie eine Reihe von Editierbefehlen kennen, die alle nach demselben Schema arbeiten. Zunächst den Befehl fürs Kopieren.

Kopieren von Objekten

Mit dem Befehl KOPIEREN lassen sich eine oder mehrere Kopien von Objekten erzeugen. Sie finden den Befehl:

➡ Abrollmenü ÄNDERN, Funktion KOPIEREN

➡ Symbol im Werkzeugkasten ÄNDERN

```
Befehl: Kopieren
Objekte wählen:
Basispunkt oder [Verschiebung] <Verschiebung>:
Zweiten Punkt der Verschiebung angeben oder <ersten Punkt der
     Verschiebung verwenden>:
```

Geben Sie einen Basispunkt ein bzw. fangen Sie einen Punkt mit dem Objektfang und danach einen zweiten Punkt. Die Kopie der gewählten Objekte wird um die Differenz der beiden Punkte verschoben. Weder Basispunkt noch Zielpunkt müssen auf dem zu kopierenden Objekt liegen, sie können an beliebiger Stelle aus der Zeichnung abgegriffen werden.

Wird der zweite Punkt nicht eingegeben, sondern ⏎, wird der erste Punkt als Verschiebung interpretiert. Die folgenden beiden Varianten haben die gleiche Wirkung:

```
Basispunkt oder [Verschiebung] <Verschiebung>: 100,50
Zweiten Punkt der Verschiebung angeben oder <ersten Punkt der Verschiebung
verwenden>: 150,200
```

und

```
Basispunkt oder [Verschiebung] <Verschiebung>: 50,150
Zweiten Punkt der Verschiebung angeben oder <ersten Punkt der Verschiebung
verwenden>: ⏎
```

Der Befehl arbeitet im Wiederholmodus. Sie geben einmal den Basispunkt ein und danach wird mit jedem zweiten Punkt eine neue Kopie der gewählten Objekte erzeugt – so lange, bis Sie auf eine Anfrage ⏎ eingeben.

```
Befehl: Kopieren
Objekte wählen:
Basispunkt oder [Verschiebung] <Verschiebung>: Basispunkt eingeben
Zweiten Punkt angeben oder <ersten Punkt der Verschiebung verwenden>:
```

Drehen von Objekten   Kapitel 5

```
Zweiten Punkt angeben oder [Beenden/Rückgängig] <Beenden>:
.
.
Zweiten Punkt angeben oder [Beenden/Rückgängig] <Beenden>: ⏎
```

Rückgängig: Mit dieser Option machen Sie die letzte Kopie rückgängig.

> *Wollen Sie beim Kopieren zwei Objekte passgenau aufeinander montieren, verwenden Sie für den Basispunkt und den zweiten Punkt den Objektfang. Aus den beiden Punkten wird ein Verschiebevektor gebildet, der auch an einer beliebigen Stelle der Zeichnung abgegriffen werden kann. Die Punkte müssen sich nicht auf dem Objekt befinden.*

> *Sie können auch mit der Abstandsangabe kopieren. Geben Sie den Basispunkt an einer beliebigen Stelle ein. Wenn Sie den Ortho-Modus oder den Polaren Fang eingeschaltet haben, fahren Sie in die gewünschte Richtung und tippen einen Abstand ein. Die Kopie wird um diesen Abstand verschoben erzeugt. Um die Richtung zu bekommen, können Sie auch die Objektfangspuren verwenden.*

Kopieren mit Abstandsangabe

1. Wählen Sie den Befehl KOPIEREN und bei der Objektwahl die komplette Taste.

2. Kopieren Sie die Taste um 13 Einheiten nach links unten mit einer der oben beschrieben Methoden. Da Sie das BKS *Tasten* noch aktiv haben, erfolgt die Kopie in negativer X-Richtung.

Jetzt haben Sie zunächst einmal zwei Tasten.

5.11 Drehen von Objekten

Mit dem Befehl DREHEN lassen sich Objekte um einen wählbaren Punkt in einem wählbaren Winkel drehen.

Befehl Drehen

Wählen Sie den Befehl:

→ Abrollmenü ÄNDERN, Funktion DREHEN

→ Symbol im Werkzeugkasten ÄNDERN

```
Befehl: Drehen
Aktueller positiver Winkel in BKS:  ANGDIR=gegen den Uhrzeigersinn
ANGBASE=0.0
Objekte wählen:
Basispunkt angeben:
Drehwinkel angeben oder [Kopie/Bezug]<0>:
```

[KOMPENDIUM] AutoCAD und LT 2006

Kapitel 5   Zeichnen und Editieren

Zunächst zeigt der Befehl an, welche Winkelmessrichtung eingestellt ist. Danach können Sie in der üblichen Art die Objekte wählen. Mit dem Basispunkt wählen Sie den Drehpunkt. Danach können Sie den Drehwinkel als Zahlenwert eingeben oder dynamisch mit dem Fadenkreuz abgreifen.

Bezug: Außerdem steht Ihnen die Option BEZUG zur Verfügung. Wenn Sie diese anwählen, werden zwei Winkel erfragt:

```
Drehwinkel angeben oder [Bezug]: B oder Bezug
Bezugswinkel angeben <0.0>:
Neuen Winkel angeben:
```

Geben Sie einen Winkel als Zahlenwert vor oder fangen Sie zwei Punkte in der Zeichnung mit dem Objektfang. Der eingegebene Wert oder der Winkel, der sich aus den beiden ermittelten Punkten bildet, ist der Bezugswinkel. Wenn Sie den neuen Winkel eingeben, werden die Objekte um die Differenz der beiden Winkel gedreht (siehe Abbildung 5.26).

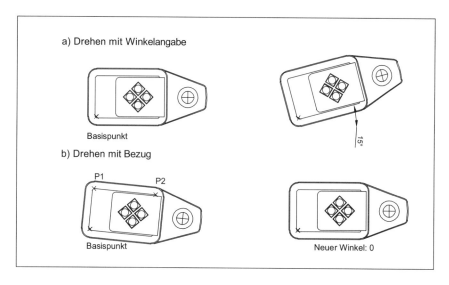

Abbildung 5.26: Drehen mit Winkelangabe oder Bezug

Kopie: Wenn Sie diese Option aktivieren, bleibt das Original unverändert und es wird eine gedrehte Kopie erstellt.

```
Drehwinkel angeben oder [Kopie/Bezug] <0>: K für Kopie
Kopie von ausgewählten Objekten wird gedreht.
Drehwinkel angeben oder [Kopie/Bezug] <0>:
```

Schieben von Objekten   Kapitel 5

Drehen der Tasten

1. Drehen Sie die beiden Tasten um den Nullpunkt um einen beliebigen Winkel, den Sie dynamisch mit dem Fadenkreuz zeigen.

2. Verwenden Sie dann den Befehl DREHEN mit der Option BEZUG und richten Sie die Tasten wieder so aus, wie sie waren.

5.12 Schieben von Objekten

Mit dem Befehl SCHIEBEN können Sie Objekte verschieben. Er arbeitet wie der Befehl KOPIEREN, nur dass keine Kopie dabei erzeugt wird.

Befehl Schieben

Wählen Sie den Befehl SCHIEBEN im:

➡ Abrollmenü ÄNDERN, Funktion SCHIEBEN

➡ Symbol im Werkzeugkasten ÄNDERN

```
Befehl: Schieben
Objekte wählen:
Basispunkt oder [Verschiebung] <Verschiebung>:
Zweiten Punkt der Verschiebung angeben oder <ersten Punkt der
    Verschiebung verwenden>:
```

Wie beim Befehl KOPIEREN können Sie eine Verschiebung oder zwei Punkte eingeben, um die neue Position der Objekte zu bestimmen.

Verschieben der Tasten

1. Schieben Sie die beiden Tasten um 5 Einheiten nach rechts.

2. Schieben Sie die Tasten wieder an die ursprüngliche Position zurück oder machen Sie den Befehl rückgängig.

5.13 Spiegeln von Objekten

Mit dem Befehl SPIEGELN können Sie Objekte der Zeichnung um eine Achse spiegeln. Die Spiegelachse muss nicht als Objekt in der Zeichnung vorhanden sein, zwei Punkte reichen aus.

{ KOMPENDIUM } AutoCAD und LT 2006   199

Kapitel 5   Zeichnen und Editieren

Befehl Spiegeln

Sie finden den Befehl SPIEGELN:

➡ Abrollmenü ÄNDERN, Funktion SPIEGELN

➡ Symbol im Werkzeugkasten ÄNDERN

```
Befehl: Spiegeln
Objekte wählen:
Ersten Punkt der Spiegelachse angeben:
Zweiten Punkt der Spiegelachse angeben:
Quellobjekte löschen? [Ja/Nein] <N>:
```

Wählen Sie die Objekte und die Spiegelachse durch zwei Punkte in der Zeichnung (siehe Abbildung 5.27). Bei der letzten Anfrage bestimmen Sie, ob das Original mit dem Spiegelbild erhalten bleiben soll oder ob nur das Spiegelbild in der Zeichnung bleiben soll.

Abbildung 5.27:
Spiegeln an
verschiedenen
Achsen

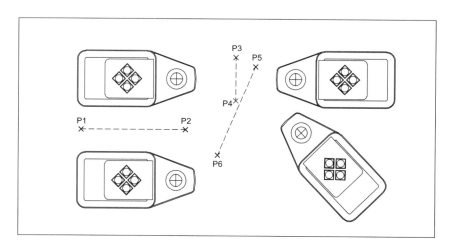

Die Systemvariable MIRRTEXT legt fest, ob Texte mit gespiegelt werden sollen oder nicht. Ist sie 1, werden Texte gespiegelt (Standardeinstellung), bei 0 werden sie nicht gespiegelt.

Spiegeln der Tasten

1. Spiegeln Sie die beiden Tasten nach unten. Wenn das BKS *Tasten* aktiv ist, ist die Spiegelachse die X-Achse. Wählen Sie den Befehl SPIEGELN und bei der Objektwahl die beiden Tasten.

2. Wählen Sie für den ersten Punkt der Spiegelachse den Nullpunkt und fahren Sie für den zweiten Punkt in Richtung der X-Achse weg und klicken einen Punkt wenn die Hilfslinie erscheint.

Spiegeln von Objekten Kapitel 5

3. Die Quellobjekte sollen nicht gelöscht werden, da Sie ja vier Tasten haben wollen. Das Ergebnis sehen Sie in Abbildung 5.28. Die letzten Aktionen hätten Sie auch mit dem Befehl REIHE erledigen können. Diesen finden Sie in Kapitel 7 beschrieben.

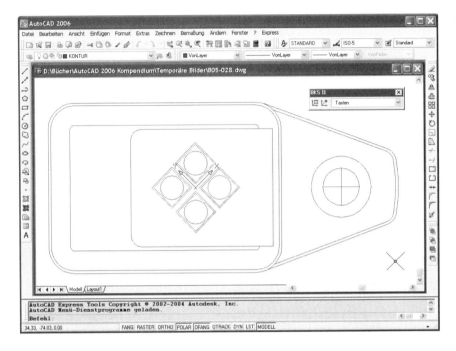

Abbildung 5.28:
Die fertigen vier Tasten

Zeichnen der Tasten im Schnitt

1. Bearbeiten Sie jetzt den Schnitt, eine Aufgabe, die komplizierter ist, als sie aussieht. Ziehen Sie Konstruktionslinien und stutzen diese oder arbeiten Sie mit den Objektfangspuren. Sie brauchen nur die Befehle KLINIE, STUTZEN, DEHNEN, und VERSETZ. Das gewünschte Ergebnis sehen Sie in Abbildung 5.29. Schalten Sie aber das Weltkoordinatensystem oder noch besser das BKS *Schnitt* aktiv.

2. Die Schraffur in der Abbildung soll Ihnen bei der Orientierung helfen. Wie man schraffiert, lernen Sie in den Kapiteln 6.1 und 8.2.

3. Die Maße, die Sie nicht aus der Draufsicht übertragen können, finden Sie in Abbildung 5.29.

4. Für die Mulden in den Tasten können Sie vertikale Konstruktionslinien in der Draufsicht durch die Quadrantenpunkte der Kreise legen. Verwenden Sie dann den Befehl BOGEN mit der Methode STARTP, ENDP, RADIUS.

Falls Sie nicht weiter kommen, den jetzigen Stand der Zeichnung finden Sie auch in Ihrem Übungsordner unter *Z01-03.dwg*.

Kapitel 5 Zeichnen und Editieren

Abbildung 5.29:
Die Tasten in den Schnitt konstruieren

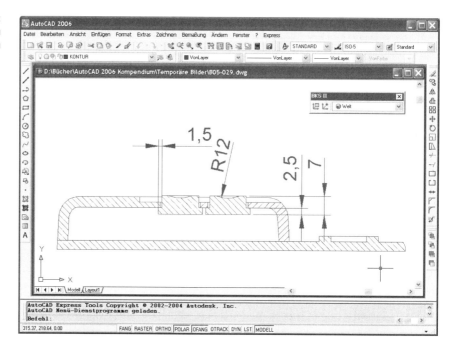

5.14 Skalieren von Objekten

Mit dem Befehl VARIA lassen sich Objekte in der Zeichnung skalieren. Vergrößerungen und Verkleinerungen von Objekten sind damit möglich.

Befehl Varia

Sie finden den Befehl VARIA:

➤ Abrollmenü ÄNDERN, Funktion VARIA

➤ Symbol im Werkzeugkasten ÄNDERN

```
Befehl: Varia
Objekte wählen:
Basispunkt angeben:
Skalierfaktor angeben oder [Kopie/Bezug] <1.0000>:
```

Der Befehl benötigt dieselben Angaben wie der Befehl DREHEN. Wählen Sie zunächst die Objekte und dann den Basispunkt. Der Basispunkt ist der Punkt, der bei der Veränderung an der gleichen Stelle bleibt. Danach gibt es auch bei diesem Befehl die schon bekannten zwei Methoden. Sie können einen Skalierfaktor vorgeben. Faktoren größer 1 vergrößern die Objekte, Faktoren kleiner 1 verkleinern. Etwas irritierend wirkt dabei zunächst die

Reaktion auf dem Bildschirm. Bei der Abfrage des Skalierfaktors wird das Ergebnis dynamisch mitgeführt. Dabei wird die Distanz vom Basispunkt zum Fadenkreuz als Skalierfaktor genommen. Bewegen Sie das Fadenkreuz nur ein kleines Stück, wird die Vergrößerung gleich riesig. Klicken Sie dann einen Punkt aus der Zeichenfläche an, vergrößern Sie die Objekte um den momentanen Faktor. In der Regel führt diese Methode zu unkalkulierbaren Ergebnissen.

Bezug: Mit der Option BEZUG sparen Sie sich Rechenarbeit. Aus einer Bezugslänge und der neuen Länge wird der Skalierfaktor ermittelt (siehe Abbildung 5.30).

```
Skalierfaktor angeben oder [Kopie/Bezug] <1.0000>: B für Bezug
Bezugslänge angeben <1.0000>:
Neue Länge angeben oder [Punkte] <1.0000>:
```

Wenn Sie den exakten Wert für die Bezugslänge nicht wissen, können Sie diesen auch durch Anklicken zweier Punkte in der Zeichnung ermitteln. Ebenso können Sie die neue Länge mit der Option PUNKTE durch zwei Punkte aus der Zeichnung ermitteln.

```
Neue Länge angeben oder [Punkte] <1.0000>: P für Punkte
Ersten Punkt angeben:
zweiten Punkt angeben:
```

Kopie: Wenn Sie bei der ersten Anfrage diese Option aktivieren, bleibt das Original unverändert und es wird eine skalierte Kopie erstellt. Der Befehl läuft danach gleich wie oben ab.

```
Skalierfaktor angeben oder [Kopie/Bezug] <0>: K für Kopie
Kopie von ausgewählten Objekten wird skaliert.
Skalierfaktor angeben oder [Kopie/Bezug] <1.0000>:
```

5.15 Strecken von Objekten

Wollen Sie ein Maß in einer Zeichnung ändern, kann das oft eine Reihe von Änderungen mit sich bringen. Mit unseren jetzigen Befehlen kann das schnell sehr kompliziert werden. Soll beispielsweise der Einschnitt 5 mm länger werden und die restliche Geometrie mit korrigiert werden, haben Sie eine Menge zu schieben, zu stutzen und zu dehnen.

Abbildung 5.30:
Vergrößern und
Verkleinern

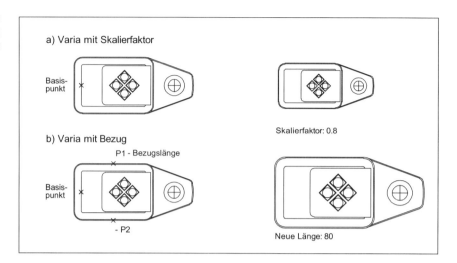

Befehl Strecken

Mit dem Befehl STRECKEN können Sie aber alles auf einmal machen. Den Befehl finden Sie im:

- Abrollmenü ÄNDERN, Funktion STRECKEN
- Symbol im Werkzeugkasten ÄNDERN

Der Befehl kombiniert verschiedene Befehle, unterscheidet sich aber bei der Objektwahl von den anderen Editierbefehlen. Sie müssen einmal die Option KREUZEN oder KPOLYGON bei der Objektwahl verwenden. Ziehen Sie bei diesem Befehl das Objektwahlfenster immer von rechts nach links auf, dann wird die Option KREUZEN automatisch aktiviert.

Die Regel ist einfach: Die Objekte, die bei der Option KREUZEN oder KPOLYGON ganz im Fenster sind, werden verschoben. Bei Objekten, die nur zum Teil im Fenster sind, wird der Geometriepunkt, der im Fenster ist, verschoben, die anderen Punkte bleiben an ihrem ursprünglichen Platz, und die Objekte werden gestreckt bzw. gestaucht. Wählen Sie beispielsweise das Fenster so, dass bei einer Linie oder einem Bogen ein Punkt im Fenster ist, dann wird nur dieser Endpunkt verschoben. Kreise können Sie damit nicht in der Größe verändern. Nehmen Sie den Mittelpunkt mit ins Fenster, wird der Kreis verschoben, sonst bleibt er, wo er war. Der Befehlsablauf im Detail:

```
Befehl: Strecken
Objekte, die gestreckt werden sollen, mit Kreuzen-Fenster oder Kreuzen-
Polygon wählen...
Objekte wählen: Ersten Eckpunkt anklicken
Entgegengesetzte Ecke angeben: Anderen Eckpunkt
```

```
7 gefunden
Objekte wählen: [↵]
Basispunkt oder [Verschiebung] <Verschiebung>:
Zweiten Punkt angeben oder <ersten Punkt der Verschiebung verwenden>:
```

Nach der Objektwahl können Sie wie bei den Befehlen SCHIEBEN oder KOPIEREN eine Verschiebung eingeben.

Einschnitt in der Draufsicht verlängern

1. Strecken Sie die Draufsicht. Ziehen Sie das Fenster unterschiedlich auf (siehe Abbildung 5.31). Testen Sie andere Varianten.
2. Machen Sie Ihre Aktionen rückgängig und stellen Sie den vorherigen Zustand wieder her (siehe Abbildung 5.28).

Die Zeichnung sollte jetzt wieder wie in Abbildung 5.28 aussehen. Haben Sie sich ganz vertan, der jetzige Stand ist im Übungsordner als *Z01-03.dwg* gespeichert.

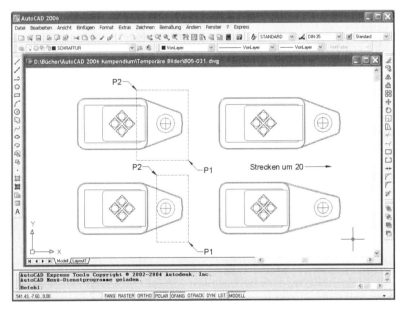

Abbildung 5.31:
Strecken der Lupe

5.16 Mittellinien zeichnen

Mittellinien in AutoCAD sind normale, mit dem Befehl LINIE gezeichnete Linien. Sie werden lediglich auf einem anderen Layer gezeichnet, dem die gewünschten Eigenschaften (Farbe und Linientyp) zugeordnet sind. Sie wechseln also lediglich den Layer, bevor Sie die Mittellinien zeichnen. In Ihrer Vorlage haben Sie die Layer schon angelegt. Wechseln Sie also den Layer, machen Sie den Layer *Mittellinien* zum aktuellen Layer.

Kapitel 5   Zeichnen und Editieren

Mittellinien werden üblicherweise über die Kontur hinaus gezeichnet. Dort befindet sich aber kein Punkt, den Sie mit dem Objektfang abgreifen können. Was also ist zu tun? Zeichnen Sie die Mittellinien auf die Kontur und verlängern Sie danach die Linien mit dem Befehl LÄNGE (siehe unten).

Zeichnen der Mittellinien

1. Machen Sie, wie oben beschrieben, den Layer MITTELLINIEN zum aktuellen Layer. Schalten Sie Objektfang LOT zusätzlich ein.
2. Zeichnen Sie die Mittellinien wie in Abbildung 5.32 jeweils bis zur Körperkante.

Abbildung 5.32:
Mittellinien in den
Ansichten

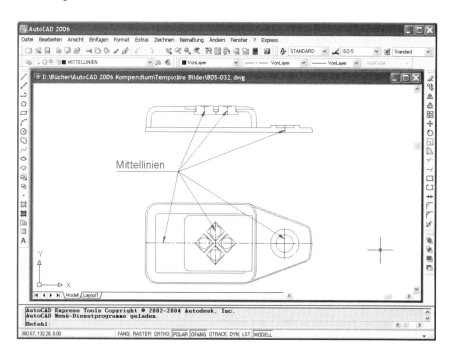

Befehl Länge

Oft kommt es vor, dass Linien bis zu einem Punkt gezeichnet werden können, weil sich ein Fangpunkt dort befindet. Sie sollten aber ein Stück darüber hinaus ragen, z.B. Mittellinien ein Stück über die Kontur. Mit dem Befehl LÄNGE kann nachträglich die Länge von Linien- und Bogensegmenten verändert werden.

➥ Abrollmenü ÄNDERN, Funktion LÄNGE

    Befehl: **Länge**
    Objekt wählen oder [DElta/Prozent/Gesamt/DYnamisch]:

Mit den Optionen wählen Sie, wie die Änderung eingegeben werden soll.

Mittellinien zeichnen   Kapitel 5

Delta: Bei der Option DELTA kann ein Maß eingegeben werden, um das das Objekt verlängert werden soll.

Prozent: Bei dieser Option kann um einen Prozentwert verlängert werden.

Gesamt: Bei der Option GESAMT wird eine neue Gesamtlänge vorgegeben.

Dynamisch: Diese Option verlängert dynamisch bis zur Position des Fadenkreuzes.

Bei allen Optionen kann auch auf die Winkeleingabe umgeschaltet werden:

```
Objekt wählen oder [DElta/Prozent/Gesamt/DYnamisch]:
z. B.: G für neue Gesamtlänge eingeben
Gesamtlänge angeben oder [Winkel] <1.00)>: Neue Gesamtlänge eingeben oder
W für die Winkeleingabe
```

Haben Sie die Option WINKEL gewählt, wird angefragt:

```
Gesamtwinkel eingeben (40)>: 60
```

In beiden Fällen wählen Sie danach das Objekt an der Stelle, die Sie verlängern wollen:

```
Zu änderndes Objekt wählen oder [ZUrück]:
```

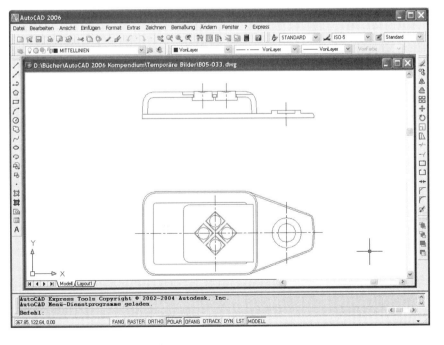

Abbildung 5.33: Mittellinien mit Überstand

Haben Sie einen Winkel angegeben, können Sie nur Bögen ändern. Wählen Sie beim zu ändernden Objekt eine Linie, wird eine Fehlermeldung ausgegeben und nichts ausgeführt. Haben Sie eine Länge angegeben, können Sie Linien und Bögen ändern. Der Befehl bleibt im Wiederholmodus. Nur wenn Sie ein neues Maß für die Verlängerung benötigen, müssen Sie den Befehl neu anwählen.

Verlängerung der Mittellinien

Verwenden Sie den Befehl LÄNGE mit der Option DELTA und stellen Sie *10* ein. Verlängern Sie alle Mittellinien auf beiden Seiten um diesen Wert (siehe Abbildung 5.33).

5.17 Ausschnitte in der Zeichnung speichern

Wenn Sie an einer komplexen Zeichnung arbeiten oder mehrere Ansichten in der Zeichnung haben, ist es erforderlich, immer wieder dieselben Ausschnitte auf den Bildschirm zu holen. Das können Sie mit den Zoom-Funktionen machen, das ist aber auf die Dauer zu umständlich. Sie haben aber die Möglichkeit, bestimmte Ausschnitte der Zeichnung unter einem Namen abzuspeichern und bei Bedarf wieder zu holen.

Bei der Erstellung von 3D-Modellen benötigen Sie zur Bearbeitung immer wieder bestimmte Ansichten. Auch hier ist diese Funktion sehr hilfreich.

Befehl Ausschnt

Mit dem Befehl AUSSCHNT erscheint ein Dialogfeld auf dem Bildschirm, mit dem Sie Ausschnitte definieren, speichern und wiederherstellen können. Sie finden den Befehl:

➤ Abrollmenü ANSICHT, Funktion BENANNTE ANSICHTEN...

➤ Symbol im Werkzeugkasten ANSICHT

Sie bekommen ein Dialogfeld mit zwei Registern. Für 2D-Zeichnung brauchen Sie nur das Register BENANNTE AUSSCHNITTE (siehe Abbildung 5.34).

Ausschnittliste: In dem Dialogfeld haben Sie eine Liste der Ausschnitte, die in dieser Zeichnung gespeichert wurden. Mit einem Doppelklick können Sie einen der Ausschnitte zum aktuellen machen. Sie können auch einen Ausschnitt markieren und die Schaltfläche AKTUELL wählen. Klicken Sie in der Liste in das Namensfeld, können Sie den Namen ändern.

Außerdem sehen Sie in der Liste, zu welcher Kategorie der Ausschnitt gehört (siehe unten), ob der Ausschnitt im Modell- oder Papierbereich definiert ist (zu Modell- und Papierbereich später mehr), ob der Layerstatus mit dem Ausschnitt gespeichert wurde (auch dazu gleich mehr), welches Benutzerkoordinatensystem dem Ausschnitt zugeordnet ist und ob Sie für den Ausschnitt eine perspektivische Ansicht gewählt haben (siehe Kapitel 20 und 21, 3-D-Modelle).

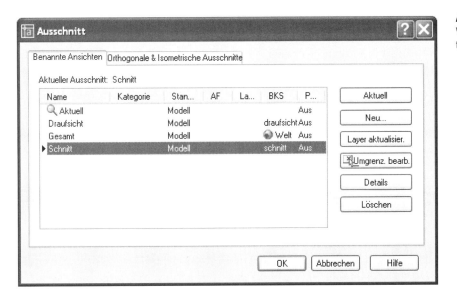

Abbildung 5.34:
Verwalten benannter Ausschnitte

Details: Klicken Sie auf dieses Schaltfeld, bekommen Sie alle Informationen zu dem gespeicherten Ausschnitt in einem weiteren Dialogfeld (siehe Abbildung 5.35). In dem Abrollmenü RELATIV ZU: können Sie wählen, in welchem Benutzerkoordinatensystem Sie die Informationen haben wollen.

Löschen: Mit dieser Schaltfläche löschen Sie den in der Liste markierten Ausschnitt.

Abbildung 5.35:
Informationen zu einem Ausschnitt

Neu: Klicken Sie auf die Schaltfläche NEU..., kommen Sie zu einem weiteren Dialogfeld. Dort können Sie neue Ausschnitte speichern (siehe Abbildung 5.36). Tragen Sie einen Namen im Feld ANSICHTSNAME ein. Haben Sie viele Ausschnitte in der Zeichnung, können Sie zudem eine Kategorie für den neuen Ausschnitt festlegen. Tragen Sie einen Namen für die Kategoriebezeichnung im Feld ANSICHTSKATEG. ein. Falls Sie in der Zeichnung schon Kategorienamen vergeben haben, können Sie einen vorhandenen aus dem Abrollmenü wählen. Kreuzen Sie an, was Sie sichern wollen: AKTUELLE ANZEIGE oder FENSTER DEFINIEREN. Beim Schalter AKTUELLE ANZEIGE wird der momentane Ausschnitt unter dem eingegebenen Namen gespeichert. Wenn Sie den Ausschnitt bestimmen wollen, klicken Sie FENSTER DEFINIEREN an. Mit dem Symbol rechts vom Schalter kommen Sie zur Zeichnung und können mit zwei diagonalen Eckpunkten das Fenster für den neuen Ausschnitt bestimmen. Danach erscheint das Dialogfeld wieder und die Koordinaten für den neuen Ausschnitt sind gespeichert.

Ist der Schalter AKTUELLEN LAYERSTATUS MIT ANSICHT SPEICHERN an, wird auch der Layerstatus im Ausschnitt gespeichert. Haben Sie beispielsweise im Moment der Speicherung bestimmte Layer ausgeschaltet, wird dieser Zustand im Ausschnitt gespeichert. Wechseln Sie später wieder zu dem Ausschnitt und Sie haben diese Layer in der Zwischenzeit wieder eingeschaltet, wird die Zeichnung im Zustand der Speicherung angezeigt, also mit den ausgeschalteten Layern. Hiermit haben Sie die Möglichkeit, nicht nur einen Zeichnungsausschnitt zu speichern, sondern auch einen bestimmten Bearbeitungszustand.

Haben Sie den Schalter BKS MIT ANSICHT SPEICHERN eingeschaltet, können Sie dem Ausschnitt ein Benutzerkoordinatensystem zuordnen. Wenn Sie nachher den Ausschnitt wechseln, wird das Benutzerkoordinatensystem gleich mit gewechselt. In dem Abrollmenü BKS-NAME: können Sie wählen, welches Benutzerkoordinatensystem dem neuen Ausschnitt zugeordnet werden soll.

Klicken Sie auf OK, wird der Ausschnitt gespeichert. Sie gelangen wieder in die Liste der Ausschnitte, in der der neue enthalten ist (siehe Abbildung 5.34). Hier haben Sie noch zwei weitere Schaltflächen, um die Ausschnitte nachträglich zu bearbeiten.

Umgrenz. bearb.: Mit dieser Schaltfläche können Sie die Abmessungen des markierten Ausschnitts in der Zeichnung neu bestimmen. Die Zeichnung wird grau und der Bereich des Ausschnitts hervorgehoben dargestellt (siehe Abbildung 5.37). Jetzt können Sie ein neues Fenster aufziehen und die Markierung wird entsprechend geändert. Sind Sie immer noch nicht einverstanden, können Sie es nochmals versuchen. Erst wenn Sie ⏎ eingeben, wird der neue Bereich übernommen und Sie kommen wieder zu der Ausschnittsliste (siehe Abbildung 5.34).

Ausschnitte in der Zeichnung speichern   Kapitel 5

Abbildung 5.36:
Neuen Ausschnitt bestimmen

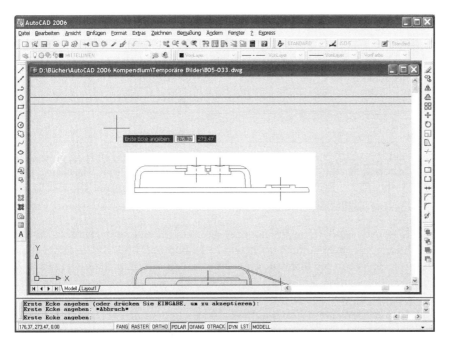

Abbildung 5.37:
Ausschnittsbereich neu bestimmen

Layer aktualisier.: Klicken Sie auf diese Schaltfläche, wird der aktuelle Layerstatus im markierten Ausschnitt gespeichert. So können Sie auch nachträglich für schon gespeicherte Ausschnitte den Layerstatus ändern.

(KOMPENDIUM) AutoCAD und LT 2006   211

Kapitel 5   Zeichnen und Editieren

TIPP

Ausschnitte aus Abrollmenü aktivieren

Arbeiten Sie viel mit Ausschnitten, sollten Sie den Werkzeugkasten ANSICHT einschalten. Damit können Sie den aktuellen Ausschnitt aus einem Abrollmenü aktivieren (siehe Abbildung 5.38).

Abbildung 5.38:
Werkzeugkasten Ansicht mit Abrollmenü für gespeicherte Ausschnitte

STEP

Speichern und Wiederherstellen von Ausschnitten

1. Definieren und speichern Sie das Benutzerkoordinatensystem DRAUFSICHT. Das BKS *Schnitt* haben Sie ja schon gespeichert.

2. Wählen Sie dann den Befehl AUSSCHNTT und definieren Sie neue Ausschnitte, die entsprechenden Ansichten der Zeichnung, jeweils mit dem dazugehörigen BKS:

Ausschnittname	BKS
Draufsicht	Draufsicht
Gesamt	WKS
Schnitt	Schnitt

3. Machen Sie die Probe, aktivieren Sie die gespeicherten Ausschnitte der Reihe nach. Prüfen Sie auch, ob mit den Ausschnitten die Benutzerkoordinatensysteme aktiviert werden.

Die Konturen sind fertig gezeichnet, die Mittellinien sind ebenfalls in der Zeichnung. Sie sieht immer noch wie in Abbildung 5.33 aus. Speichern Sie Ihre Arbeit. Wenn Sie nicht mitgezeichnet haben oder nur nachschauen wollen, der momentane Stand der Zeichnung befindet sich in Ihrem Aufgabenordner. Die Zeichnung hat den Namen *Z01-04.dwg*. Sie können im nächsten Kapitel auch mit dieser Zeichnung weiterarbeiten.

5.18   Neuzeichnen und Regenerieren

Haben Sie Konstruktionspunkte auf dem Bildschirm oder sind Objekte verschwunden, weil Sie darüber liegende Objekte gelöscht haben, dann müssen Sie den Bildschirm neu zeichnen lassen.

Befehl Neuzeich bzw. Neuzall

Mit dem Befehl NEUZEICH bekommen Sie alles wieder auf den Bildschirm, was Sie tatsächlich in der Zeichnung haben. Den Befehl finden Sie nicht in den Menüs. Stattdessen kann in den Menüs der Befehl NEUZALL gewählt werden. Der Befehl bewirkt dasselbe, nur dass er die Anzeige gleichzeitig in allen Ansichtsfenstern neu aufbaut. Bis jetzt haben wir nur in einem Ansichtsfenster gearbeitet, so dass beide Befehle die gleiche Wirkung haben. Sie finden diesen Befehl:

➤ Abrollmenü ANSICHT, Funktion NEUZEICHNEN

Beide Befehle werden ohne Anfragen ausgeführt.

Befehl Regen bzw. Regenall

Wenn Sie in die Zeichnung zoomen, kommt es vor, dass Kreise eckig dargestellt werden. Außerdem werden die Änderungen verschiedener Einstellungen erst sichtbar, wenn die Zeichnung regeneriert wird. Mit dem Befehl REGEN werden alle Objekte auf den aktuellen Bildschirmausschnitt neu berechnet und mit der optimalen Genauigkeit dargestellt. Verwenden Sie den Befehl aber nur dann, wenn es unbedingt nötig ist, da er bei großen Zeichnungen viel Zeit in Anspruch nehmen kann. Auch hiervon gibt es eine Variante, die die Zeichnung in allen Ansichtsfenstern regeneriert, den Befehl REGENALL. Sie finden die Befehle:

➤ Abrollmenü ANSICHT, Funktion REGENERIEREN und ALLES REGENERIEREN

Beide Befehle werden ohne Anfragen ausgeführt.

5.19 Bildschirm bereinigen

Wenn Sie mitten in der Arbeit sind und sich einige Werkzeugkästen zugeschaltet haben, kann es Ihnen leicht passieren, dass der Platz für die Zeichnung knapp wird. Mit einem Befehl können Sie alle Werkzeugkästen beseitigen und später wieder zuschalten.

Befehl Bildschberein

Mit dem Befehl BILDSCHBEREIN schalten Sie alle Werkzeugkästen aus und AutoCAD wird über den kompletten Bildschirm angezeigt. Wählen Sie:

➤ Abrollmenü ANSICHT, Funktion BILDSCHIRM BEREINIGEN

Werkzeugkästen und Titelleiste verschwinden und die Zeichnung wird als Vollbild dargestellt (siehe Abbildung 5.39).

Kapitel 5   Zeichnen und Editieren

Abbildung 5.39:
Bildschirm bereinigt

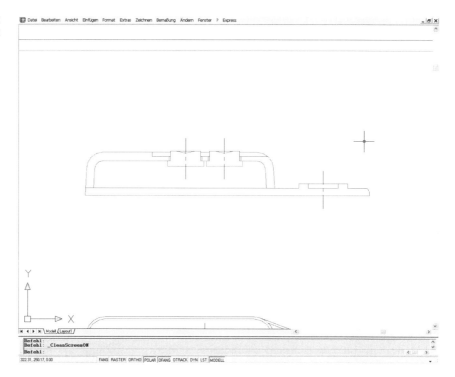

Befehl Bildschberaus

Mit dem Befehl BILDSCHBERAUS stellen Sie den vorherigen Zustand wieder ein. Wählen Sie wie vorher:

➨ Abrollmenü ANSICHT, Funktion BILDSCHIRM BEREINIGEN

Das Fenster kommt wieder in der gleichen Größe, alle Werkzeugkästen sind wieder an der gleichen Stelle, so als ob nichts geschehen wäre.

6 Schraffieren, Bemaßen und Beschriften

Nach den wichtigsten Zeichen- und Editierfunktionen sollen Sie sich in diesem Kapitel vor allem mit dem Schraffieren, Bemaßen und Beschriften beschäftigen. Falls Sie Ihre Zeichnung neu öffnen wollen, finden Sie im Abrollmenü DATEI die zuletzt bearbeiteten Zeichnungen im unteren Teil des Menüs. Klicken Sie einfach den Dateinamen an und sie wird geöffnet.

Wenn Sie das letzte Kapitel durchgearbeitet haben, hat Ihre Zeichnung den Stand wie in Abbildung 5.33. Falls nicht, können Sie sich die Zeichnung *Z01-04.dwg* aus Ihrem Übungsordner *Aufgaben* holen. Darin ist dieser Stand gespeichert.

6.1 Schraffieren von Flächen

In technischen Zeichnungen müssen häufig Flächen schraffiert werden. In AutoCAD steht Ihnen dafür eine Schraffurmusterbibliothek mit den verschiedensten Mustern zur Verfügung. Außerdem können Sie einfache Linienmuster mit Linienabstand und Winkel selbst vorgeben.

Befehl Gschraff

Schraffieren können Sie mit dem Befehl GSCHRAFF. Der Befehl ermittelt die Kontur der Schraffurfläche und erzeugt eine assoziative Schraffur. Wird die Kontur geändert, ändert sich die Schraffur mit.

- Abrollmenü ZEICHNEN, Funktion SCHRAFFUR...
- Symbol im Werkzeugkasten ZEICHNEN

Nach Anwahl des Befehls bekommen Sie ein Dialogfeld, aus dem Sie die Funktionen wählen können (siehe Abbildung 6.1).

Sie haben folgende Einstellmöglichkeiten:

Register Schraffur: Im ersten Register des Dialogfelds stellen Sie ein, mit welchem Muster schraffiert werden soll. Die Muster sind in Schraffurmusterbibliotheken gespeichert (Datei *Acadiso.pat* bzw. *Acltiso.pat* bei metrischen Einheiten oder *Acad.pat* bzw. *Aclt.pat* beim Arbeiten im britischen Einheitensystem).

Kapitel 6 Schraffieren, Bemaßen und Beschriften

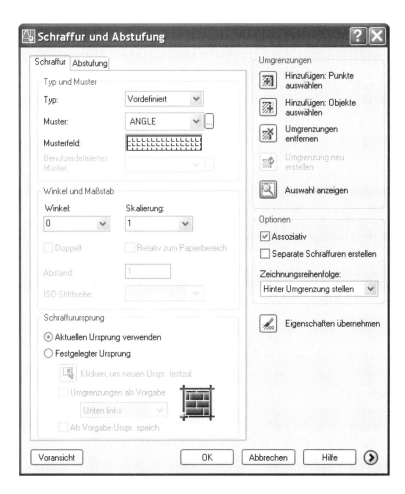

Abbildung 6.1:
Dialogfeld für die Schraffur

- ➥ TYP: Haben Sie in diesem Abrollmenü den Typ VORDEFINIERT eingestellt, können Sie ein Muster aus der Schraffurbibliothek verwenden.

  Mit der Einstellung BENUTZERDEFINIERT kann ein einfaches oder gekreuztes Linienmuster direkt mit Linienabständen und Winkeln eingestellt werden.

  Mit der Einstellung BENUTZERSPEZ. können Sie dann arbeiten, wenn Sie eigene Schraffurmuster in einer Datei mit der Erweiterung *.pat definiert haben (siehe Kapitel 24.3).

- ➥ MUSTERFELD: Haben Sie beim Schraffurtyp die Einstellung VORDEFINIERT gewählt, können Sie im Abrollmenü das gewünschte Muster auswählen. Klicken Sie auf das Symbol mit den Punkten rechts neben dem Abrollmenü MUSTER oder auf MUSTERFELD, erhalten Sie ein weiteres Dialogfeld, aus dem Sie sich das Muster aussuchen können (siehe Abbildung 6.2).

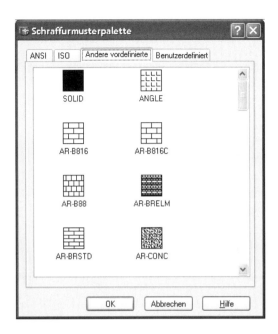

Abbildung 6.2:
Dialogfeld zur Schraffurauswahl

Das Dialogfeld hat vier Register für Muster nach ANSI- und ISO-Norm. In dem Register ANDERE VORDEFINIERTE finden Sie eine ganze Reihe von Bildmustern, und im letzten Register BENUTZERDEFINIERT werden alle Muster angezeigt, die Sie in eigenen Schraffurmusterdateien abgelegt haben (siehe Kapitel 24.3). Klicken Sie das gewünschte Muster an. Sie kommen nach der Auswahl mit dem Feld OK wieder zum vorherigen Dialogfeld (siehe Abbildung 6.1).

➙ WINKEL, SKALIERUNG UND ABSTAND: Haben Sie den Typ VORDEFINIERT oder BENUTZERSPEZ. gewählt, können Sie dafür WINKEL und SKALIERUNG einstellen. Sowohl vordefinierte als auch benutzerspezifische Muster sind in einem bestimmten Maßstab definiert. Im Feld SKALIERUNG kann der Faktor für das Muster eingestellt werden. Bei einer Zeichnung, die im Maßstab 1:1 geplottet werden soll, kann der Faktor 1 verwendet werden. Bei Mustern, deren Namen mit *AR* beginnen, sollte der Faktor verkleinert werden, z.B. 0.1 oder noch kleiner. Ist der Faktor zu groß, kann es sein, dass keine Schraffurlinien sichtbar werden, ist er dagegen zu klein, kommt es unter Umständen zu sehr engen Schraffurmustern, wobei die Fläche ganz ausgefüllt wird.

Im Feld WINKEL lässt sich ein Winkel für das Schraffurmuster einstellen. Beachten Sie aber, dass der Winkel *0* der Anzeige in dem Musterfeld entspricht. Zum Beispiel ist das Muster *ANSI31* ein Muster mit 45°-Linien. Wenn Sie zusätzlich noch einen Winkel von 45° einstellen, wird das Muster um diesen Winkel gedreht und Sie erhalten senkrechte Linien.

Kapitel 6 Schraffieren, Bemaßen und Beschriften

Die Felder SKALIERUNG und WINKEL sind Abrollmenüs. Tragen Sie einen Wert ein oder wählen Sie einen Standardwert aus der Liste.

Anders ist es beim Typ BENUTZERDEFINIERT. Hier kann der Winkel der Schraffurlinien direkt eingestellt werden. Das Feld ABSTAND ist nur beim benutzerdefinierten Muster zugänglich und es gibt den Abstand der Schraffurlinien in Zeichnungseinheiten an (siehe Abbildung 6.3).

Abbildung 6.3: Dialogfeld Schraffur mit benutzerdefiniertem Muster

➡ Das Feld DOPPELT ist ebenfalls nur beim benutzerdefinierten Muster zugänglich. Ist es eingestellt, wird eine doppelte Schraffur erzeugt. Die Linien kreuzen sich unter 90° Grad, es entsteht ein Gittermuster.

Im Feld SCHRAFFURURSPRUNG können Sie festlegen, an welchem Punkt in der Zeichnung die Schraffur ihren Ursprung haben soll. Bei normalen technischen Zeichnungen mit einfachen Linienmustern ist dies ohne Bedeutung, hier können Sie die Einstellung AKTUELLEN URSPRUNG VERWENDEN belassen. Bei manchen Bildmustern, z.B. bei einem Muster mit einem Mauerwerk, kann es sinnvoll sein, dass der erste Mauerstein in der linken unteren Ecke der Schraffurfläche beginnt (siehe Beispiel im Dialogfeld, Abbildung 6.1). Wählen Sie in diesem Fall die Einstellung FESTGELEGTER URSPRUNG. Jetzt haben Sie mehrere Möglichkeiten, den Ursprung zu bestimmen. Klicken Sie auf das Symbol links vom Text KLICKEN, UM NEUEN URSPR. FESTZUL. und das Dialogfeld verschwindet. Sobald Sie einen Punkt in der Zeichnung angeklickt haben, wird dieser als Ursprung gespeichert und das Dialogfeld kommt wieder. Wählen Sie dagegen die Einstellung UMGRENZUNGEN ALS VORGABE, dann haben Sie im Abrollmenü darunter die Auswahl zwischen: UNTEN LINKS, UNTEN RECHTS, OBEN RECHTS, OBEN LINKS und ZENTRUM. Der Schraffurursprung wird an den gewählten Punkt der Kontur gelegt. Haben Sie den Schalter ALS VORGABE-URSPR. SPEICH. an, wird der gerade bestimmte Ursprung auch für weitere Schraffuren gespeichert.

Auswahl der Schraffurfläche

In der rechten Spalte des Dialogfelds können Sie die Art bestimmen, mit der Sie die Schraffurfläche wählen. Sie haben zwei prinzipiell unterschiedliche Methoden zur Verfügung: Sie können in die zu schraffierende Fläche klicken und die Umgrenzung wird automatisch ermittelt oder Sie wählen die Objekte, die die Schraffurgrenze bilden (siehe Abbildung 6.4). Diese beiden Methoden können Sie auch beliebig kombinieren.

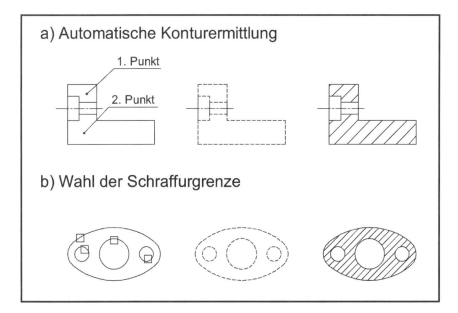

Abbildung 6.4: Ermittlung der Schraffurfläche

Mit zwei Symbolen können Sie die gewünschte Methode wählen:

Hinzufügen, Punkte auswählen: Klicken Sie dieses Symbol an, aktivieren Sie die automatische Konturermittlung. Das Dialogfeld verschwindet und Sie können einen Punkt in der zu schraffierenden Fläche wählen.

`Internen Punkt wählen oder [objekte Auswählen/Umgrenzungen entfernen]:`

Die Schraffurgrenze wird automatisch ermittelt und hervorgehoben. Inseln werden erkannt und von der Schraffur ausgeschlossen. Klicken Sie in eine Insel, wird diese mitschraffiert. Es lassen sich auch mehrere nicht zusammenhängende Flächen wählen, die dann mit einem zusammenhängenden Muster schraffiert werden (siehe Abbildung 6.4, a). Bedingungen für das Gelingen dieser Methode ist, dass die zu schraffierende Fläche von einer geschlossenen Kontur umrahmt und vollständig am Bildschirm sichtbar ist. Wird die Anfrage nach weiteren Flächen mit ⏎ beantwortet, erscheint das Dialogfeld wieder.

Zusätzlich haben Sie zwei Optionen zur Auswahl: Mit der Option OBJEKTE AUSWÄHLEN können Sie Objekte mit der Pickbox anklicken. Diese werden dann ebenfalls zur Ermittlung der Schraffurgrenze verwendet. Mit der Option UMGRENZUNGEN ENTFERNEN werden schon gewählte Schraffurgrenzen wieder entfernt, die dann nicht für die Ermittlung der Schraffurgrenzen herangezogen werden.

Solange Sie bei der Auswahl der Schraffurgrenzen sind, können Sie jederzeit mit der rechten Maustaste ein Kontextmenü aktivieren. Die Auswahlfunktionen des Dialogfelds lassen sich auch hier wählen bzw. es ist möglich, zwischen den verschiedenen Wahlmethoden (siehe unten) zu wechseln.

Hinzufügen, Objekte auswählen: Klicken Sie dieses Symbol an, können Sie die Konturen für die Schraffurgrenze mit der Objektwahl bestimmen.

`Objekte auswählen oder [interne punkte Auswählen/Umgrenzungen entfernen]:`

Dann gilt: Die zu schraffierende Fläche muss umschlossen sein und die Objekte, die die Umgrenzung bilden, dürfen sich nicht überschneiden, sonst treten Fehler auf. Eine automatische Konturerkennung wird nicht durchgeführt. Inseln müssen mit gewählt werden. Die Methode sollte nur dann verwendet werden, wenn die Grenze nur von einem einzelnen Objekt gebildet werden wird, ein Kreis oder ein Rechteck (siehe Abbildung 6.4, b). Wenn die Anfrage nach weiteren Objekten mit ⏎ beantwortet wird, erscheint das Dialogfeld wieder.

Auch hier haben Sie wieder die Optionen zur Umschaltung der Auswahlmethode zur Verfügung und Sie können falsch gewählte Grenzen entfernen. Auch das Kontextmenü können Sie mit der rechten Maustaste aktivieren.

Umgrenzungen entfernen: Mit diesem Symbol kommen Sie ebenfalls wieder zur Zeichnung und erhalten folgende Anfrage:

Objekte auswählen oder [umgrenzungen Hinzufügen]:

Inseln werden normalerweise von der Konturermittlung erkannt und von der Schraffur ausgenommen. Sollen sie entfernt, also überschraffiert werden, können sie jetzt in der Zeichnung gewählt werden. Die Auswahl wird mit ⏎ beendet. Hier finden Sie noch die Option zur Umschaltung in den Modus zum Hinzufügen zur Auswahl sowie über das Kontextmenü auch alle anderen Auswahlmethoden.

Auswahl anzeigen: Sind Sie sich nicht mehr sicher, was Sie schon gewählt haben, klicken Sie dieses Symbol an. Die Schraffurkontur wird in der Zeichnung gestrichelt angezeigt.

Optionen: Schraffuren werden als eigene Objekte generiert, deren einzelne Linien nicht editiert werden können. Sie können aber mit dem Befehl SCHRAFFEDIT bearbeitet werden. Außerdem ändert sich die Schraffur mit, wenn die Kontur verändert wird. Das ist aber nur dann der Fall, wenn der Schalter ASSOZIATIV eingeschaltet ist. Sie können mehrere unabhängige Flächen auf einmal schraffieren. Das hat aber den Nachteil, dass alle diese Flächen ein Objekt in der Zeichnung sind und nicht einzeln bearbeitet werden können. So können Sie nicht eine enger oder weiter schraffieren, es sei denn, Sie aktivieren den Schalter SEPARATE SCHRAFFUREN ERSTELLEN. Jede Schraffurfläche ist dann ein separates Objekt.

Zeichnungsreihenfolge: Das Feld mit dem Abrollmenü ist nur dann von Bedeutung, wenn Sie mit Farbflächen oder Farbverläufen arbeiten. Dazu in Kapitel 8.1 und 8.2 mehr.

Eigenschaften übernehmen: Haben Sie in der Zeichnung bereits eine Schraffur und wollen Sie einen weiteren Bereich mit denselben Parametern schraffieren, dann können Sie sie mit diesem Symbol übernehmen. Das Dialogfeld verschwindet und Sie können eine Schraffur in der Zeichnung wählen. Danach erscheint das Dialogfeld wieder und die Parameter der gewählten Schraffur sind im Dialogfeld.

Erweitertes Dialogfeld für die Schraffuroptionen

Im erweiterten Dialogfeld können Sie weitere Optionen für die Schraffur festlegen (siehe Abbildung 6.5). Das Dialogfeld können Sie mit der Pfeiltaste in der rechten unteren Ecke erweitern und wieder zurückschalten.

Abbildung 6.5:
Erweitertes Dialogfeld für die Schraffur

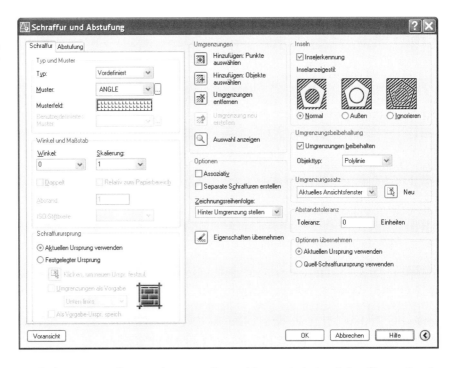

Inselerkennungsstil: Hier können Sie wählen, wie beim Schraffieren Inseln innerhalb der gewählten Schraffurfläche behandelt werden sollen (siehe Abbildung 6.6). Die Einstellung NORMAL spart Inseln aus, in einer Insel liegende Inseln werden schraffiert. Liegen darin wieder Inseln, werden sie ausgeschlossen usw. Die Einstellung ÄUSSERE schraffiert nur die Fläche bis zur ersten Insel und die Einstellung IGNORIEREN schraffiert über alle Inseln hinweg. Der Text wird außer beim Stil IGNORIEREN immer freigestellt.

Umgrenzungsbeibehaltung: AutoCAD erstellt beim Schraffieren mit der Konturerkennung (siehe oben) automatisch eine geschlossene Kontur, die normalerweise nach dem Schraffieren wieder gelöscht wird. Wenn Sie den Schalter UMGRENZUNG BEIBEHALTEN einschalten, wird sie beibehalten und Sie können zudem wählen, ob als Umgrenzung eine Polylinie (siehe Kapitel 7.1 und 7.2) oder eine Region (siehe Kapitel 8.6 bis 8.10) erzeugt werden soll.

Umgrenzungssatz: Bei der automatischen Konturerkennung (siehe oben) wird normalerweise alles, was sich im aktuellen Ansichtsfenster befindet, analysiert.

Bei großen Zeichnungen kann dieser Vorgang längere Zeit in Anspruch nehmen. Klicken Sie auf das Feld NEU, können Sie das beschleunigen. Sie können die Objekte bzw. den Bereich in der Zeichnung wählen, die für die Konturerkennung verwendet werden sollen.

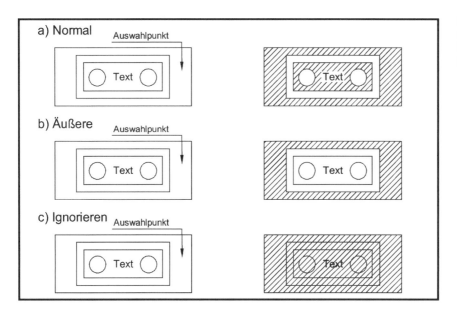

Abbildung 6.6:
Auswirkungen des Inselerkennungsstils

Abstandstoleranz: Klicken Sie bei der Auswahl der Schraffurfläche in eine Fläche, deren umgrenzende Kontur nicht geschlossen ist, erscheint eine Fehlermeldung am Bildschirm. Bis AutoCAD 2004/LT 2004 hätten Sie jetzt suchen müssen, an welcher Stelle der Kontur eine Lücke ist. Nicht so seit AutoCAD 2005/LT 2005. Hier bekommen Sie zwar ebenfalls eine Fehlermeldung, aber mit einem Hinweis, dass Sie die Abstandstoleranz ändern können. Wenn Sie einen Wert in Zeichnungseinheiten im Feld ABSTANDSTOLERANZ eintragen (siehe Abbildung 6.5), werden Lücken, die kleiner als dieser Wert sind, ignoriert und die Schraffur wird trotzdem ausgeführt. Wenn also die Fehlermeldung erscheint, klicken Sie auf die Schaltfläche OK und beenden Sie die Konturermittlung mit ⏎. Tragen Sie einen Wert für die Abstandstoleranz ein und versuchen Sie es erneut. Es erscheint zwar wieder ein Hinweis (siehe Abbildung 6.7). Sie können aber jetzt den Fehler ignorieren, indem Sie auf die Schaltfläche JA klicken und die Schraffur wird korrekt ausgeführt. Die Lücke wird überbrückt.

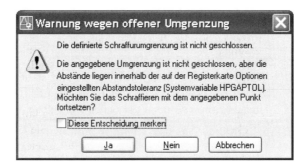

Abbildung 6.7:
Hinweis auf offene Schraffurumgrenzung

Haben Sie die Zeichnung von einem Fremdprogramm per DXF-Datei (siehe Kapitel 17.2) übernommen, können Sie damit Ungenauigkeiten bei der Datenübernahme korrigieren. Handelt es sich aber um Zeichenfehler, sollten Sie diese besser suchen und Ihre Zeichnung korrigieren. Klicken Sie den Schalter DIESE ENTSCHEIDUNG MERKEN an, werden Sie künftig auf Fehler nicht mehr hingewiesen. Das sollten Sie aber besser nicht tun, denn dann fallen Ihnen zukünftig Zeichenfehler nicht mehr auf, es sei denn, Sie stellen die Abstandstoleranz wieder auf 0. Noch eines sollten Sie beachten: Ist die Schraffurgrenze nicht geschlossen, wird automatisch für dieses Mal auf die nicht assoziative Schraffur umgeschaltet.

Optionen übernehmen: Übernehmen Sie die Eigenschaften von einer bereits bestehenden Schraffur, können Sie hier wählen, was mit dem Schraffurursprung geschehen soll. Mit der Einstellung AKTUELLEN URSPRUNG VERWENDEN wird die aktuelle Einstellung aus diesem Dialogfeld genommen. Haben Sie den Schalter QUELL-SCHRAFFURURSPRUNG VERWENDEN an, wird der Ursprung von der gewählten Schraffur übernommen.

Voransicht: Wird diese Schaltfläche angeklickt, verschwindet das Dialogfeld und die Schraffur mit den eingestellten Parametern wird in der Zeichnung angezeigt, aber noch nicht ausgeführt. Im Befehlszeilenfenster erscheint die Meldung:

```
Klicken oder ESC drücken, um zum Dialogfeld zurückzukehren oder
<Rechtsklicken, um Schraffur zu akzeptieren>:
```

Klicken Sie auf die rechte Maustaste oder drücken Sie die Taste ⏎, um die Schraffur endgültig auszuführen. Wollen Sie aber noch korrigieren, klicken Sie an irgendeiner Stelle auf die linke Maustaste oder drücken Sie die Taste Esc und Sie kommen wieder zum Dialogfeld zurück. Dort können Sie Ihre Änderungen vornehmen und erneut die Voransicht aufrufen – so lange, bis die Schraffur Ihren Vorstellungen entspricht.

Schraffieren des Schnittes

1. Aktivieren Sie die Ansicht *Schnitt* und machen Sie den Layer *Schraffur* zum aktuellen Layer. Schalten Sie den Layer *Mittellinien* aus, denn sonst werden diese auch als Schraffurgrenzen erkannt. In diesem Fall müssten Sie die Schraffurfläche auf beiden Seiten der Mittellinien anwählen.

2. Wählen Sie den Befehl GSCHRAFF und stellen Sie das Muster *ANSI31* mit einem Skalierfaktor von *1* ein. Kontrollieren Sie die Optionen. Die Umgrenzung soll nach der Schraffur gelöscht werden.

3. Schraffieren Sie das Gehäuse mit dem Winkel 0°. Wählen Sie drei Punkte, *P1*, *P2* und *P3* (siehe Abbildung 6.8) für die Ermittlung der Grenzkanten. Kontrollieren Sie mit der Voransicht. Achten Sie darauf, dass die Assoziativschraffur gewählt ist.

4. Wählen Sie den Befehl GSCHRAFF erneut. Verwenden Sie das gleiche Muster und den gleichen Faktor, stellen Sie aber einen Winkel von 90° für das Muster ein. Schraffieren Sie die Tasten mit diesen Parametern. Wählen Sie die Punkte *P4* und *P5* für die Ermittlung der Grenzkanten (siehe Abbildung 6.8).

5. Wählen Sie den Befehl GSCHRAFF noch einmal. Ändern Sie die Einstellungen nicht und wählen Sie den Punkt *P6* im Boden für die Schraffurfläche. Schalten Sie dann den Layer *Mittellinien* wieder ein.

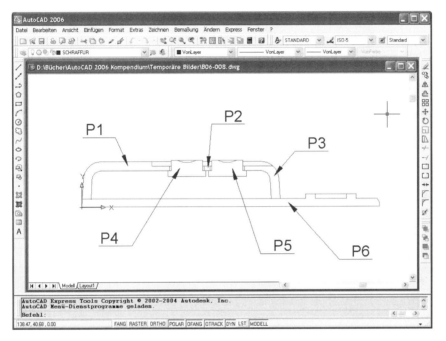

Abbildung 6.8:
Wahl der Schraffurflächen

Befehl Schraffedit

Ist die Schraffur trotz Schraffurvoransicht misslungen und soll nachträglich geändert werden, steht Ihnen der Befehl SCHRAFFEDIT zur Verfügung.

➤ Abrollmenü ÄNDERN, Untermenü OBJEKT >, Funktion SCHRAFFUR...

➤ Symbol im Werkzeugkasten ÄNDERN II

Sie können die Schraffur wählen und – mit demselben Dialogfeld wie zur Erzeugung einer Schraffur – die Parameter für die Schraffur ändern. Eine Änderung der Schraffurflächen ist allerdings nicht möglich.

Kapitel 6   Schraffieren, Bemaßen und Beschriften

TIPP

➤ *Klicken Sie eine Schraffur mit einem Doppelklick an, aktivieren Sie ebenfalls den Befehl* SCHRAFFEDIT. *Diese Methode funktioniert immer, denn Sie bekommen mit einem Doppelklick das Dialogfeld, mit dem Sie das Objekt auch erstellt haben.*

➤ *Haben Sie ein einfaches Geometrieobjekt doppelt angeklickt, erscheint der Objekteigenschaften-Manager zur Änderung des Objekts. (Mehr dazu finden Sie in Kapitel 13.1.)*

Ändern der Schraffur

STEP

1. Wählen Sie den Befehl SCHRAFFEDIT und ändern Sie den Skalierfaktor auf *0.70*, damit die Schraffur enger wird.

Abbildung 6.9:
Der schraffierte
Schnitt

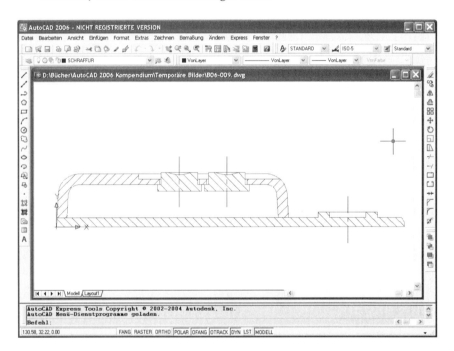

2. Die Schraffur ist fertig und sollte wie in Abbildung 6.9 aussehen.
3. Aktivieren Sie wieder die Ansicht *Gesamt*. Sichern Sie Ihre Zeichnung zwischendurch. Sie finden auch diesen Stand der Zeichnung im Ordner *Aufgaben*, die Zeichnung unter *Z01-05.dwg*.

Strecken und Stutzen

TIPP

➤ *Verändern Sie versuchsweise einmal Ihren Schnitt samt der Schraffur mit dem Befehl* STRECKEN. *Sie werden sehen, dass die Schraffur sich der neuen Kontur anpasst.*

➤ *Zeichnen Sie ebenfalls versuchsweise eine Linie durch eine Schraffur. Sie können die Schraffur mit dem Befehl* STUTZEN *an dieser Linie beenden. Machen Sie die Änderungen wieder rückgängig.*

6.2 Ausmessen und Abfragen

Beim Erstellen einer Zeichnung kommt es immer wieder vor, dass Sie die Koordinaten eines Punkts oder einen Abstand benötigen oder dass Sie wissen möchten, auf welchem Layer ein Objekt erstellt wurde.

Koordinaten eines Punkts abfragen, Befehl Id

Mit dem Befehl ID werden die Koordinaten eines Punkts aufgelistet:

➡ Abrollmenü EXTRAS, Untermenü ABFRAGE >, Funktion ID PUNKT

➡ Symbol im Werkzeugkasten ABFRAGE

```
Befehl: Id
Punkt angeben: Punkt mit dem Objektfang anklicken
X=92.50   Y=120.00   Z=0.00
```

Das Ergebnis wird in dem Format und mit der Genauigkeit angezeigt, die Sie im Dialogfeld für die Einheiten eingestellt haben. Die Koordinaten werden im aktuellen BKS angegeben. Sie sollten zum Ausmessen immer den Objektfang verwenden. Nur dann erhalten Sie das exakte Ergebnis.

Messen eines Abstands, Befehl Abstand

Wollen Sie den Abstand zweier Punkte aus der Zeichnung messen, verwenden Sie den Befehl ABSTAND. Sie finden den Befehl:

➡ Abrollmenü EXTRAS, Untermenü ABFRAGE >, Funktion ABSTAND

➡ Symbol im Werkzeugkasten ABFRAGE

```
Befehl: Abstand
Ersten Punkt angeben: Mit Objektfang fangen
Zweiten Punkt angeben: Mit Objektfang fangen
Abstand = 100.00, Winkel in XY-Ebene = 37, Winkel von XY-Ebene = 0
Delta X = 80.00, Delta Y = 60.00, Delta Z = 0.00
```

Außer dem direkten Abstand der beiden eingegebenen Punkte werden auch noch die Abstände entlang der Koordinatenachsen angezeigt. Der Winkel in der XY-Ebene ist der Winkel der Verbindung vom ersten zum zweiten Punkt, zur X-Achse entgegen dem Uhrzeigersinn gemessen.

Der Winkel zur XY-Ebene ist in 2D-Zeichnungen immer 0. Bei 3D-Modellen gibt er den Winkel der Verbindung vom ersten zum zweiten Punkt, zur YX-Ebene gemessen, an.

Kapitel 6   Schraffieren, Bemaßen und Beschriften

Messen einer Fläche, Befehl Fläche

Wollen Sie eine Fläche ausmessen, verwenden Sie den Befehl FLÄCHE.

➡ Abrollmenü EXTRAS, Untermenü ABFRAGE >, Funktion FLÄCHE

➡ Symbol im Werkzeugkasten ABFRAGE

Mit dem Befehl ist nur ein Problem verbunden. Sie müssen die Fläche, die Sie messen wollen, umfahren und alle Stützpunkte anklicken. Befinden sich Bögen in der Kontur, erhalten Sie kein korrektes Ergebnis.

```
Befehl: Fläche
Ersten Eckpunkt angeben oder [Objekt/Addieren/Subtrahieren]:
Nächsten Eckpunkt angeben oder Eingabetaste für Summe drücken:
```

Wenn Sie jetzt mit dem Objektfang einen Punkt anklicken, werden solange Punkte abgefragt, bis Sie eine Punktanfrage mit ⏎ abschließen.

```
Nächsten Eckpunkt angeben oder Eingabetaste für Summe drücken: ⏎
Fläche = 337.15, Umfang = 74.80
```

Fläche und Umfang werden angezeigt. Die Fläche muss nicht komplett umfahren werden. Zwischen dem ersten und letzten Punkt wird eine gerade Verbindung angenommen.

Addieren bzw. Subtrahieren: Mit diesen Optionen werden Zwischenergebnisse gebildet und in einem Speicher saldiert. Wichtig ist, dass vor jeder Fläche die entsprechende Option aktiviert wird.

```
Befehl: Fläche
Ersten Eckpunkt angeben oder [Objekt/Addieren/Subtrahieren]: A für Addieren
Ersten Eckpunkt angeben oder [Objekt/Subtrahieren]: Punkt eingeben
Nächsten Eckpunkt angeben oder Eingabetaste für Summe (Modus ADDIEREN)
drücken: Punkt eingeben
Nächsten Eckpunkt angeben oder Eingabetaste für Summe (Modus ADDIEREN)
drücken: Punkt eingeben
..
Nächsten Eckpunkt angeben oder Eingabetaste für Summe (Modus ADDIEREN)
drücken: ⏎

Fläche = 650.25, Umfang 102,00
Gesamtfläche = 650.25

Ersten Eckpunkt angeben oder [Objekt/Subtrahieren]: Weitere Punkte einer
    Fläche eingeben oder S für Subtrahieren
```

So lässt sich beliebig oft zwischen den beiden Modi ADDIEREN und SUBTRAHIEREN umschalten und Sie erhalten die Zwischenergebnisse und das

Gesamtergebnis. Der Nachteil ist nur, dass Sie bei einem Fehler wieder ganz von vorne anfangen müssen. Einfacher ist es deshalb, Objekte auszumessen.

Objekt: Mit der Option OBJEKT können Sie Fläche und Umfang von Kreisen und Polylinien ermitteln.

```
Befehl: Fläche
Ersten Eckpunkt angeben oder [Objekt/Addieren/Subtrahieren]: O für Objekt
Objekte auswählen: Mit Pickbox anklicken
Fläche = 706.86, Kreisumfang = 94.25
```

oder die Auswahl einer Polylinie:

```
Fläche = 298.54, Umfang = 75.42
```

Die Optionen ADDIEREN und SUBTRAHIEREN lassen sich aber auch mit der Option OBJEKT kombinieren. Beispielsweise wollen Sie die Fläche einer Platte mit einer Bohrung ermitteln:

```
Befehl: Fläche
Ersten Eckpunkt angeben oder [Objekt/Addieren/Subtrahieren]: A für Addieren
Ersten Eckpunkt angeben oder [Objekt/Subtrahieren]: Ersten Punkt der
Umgrenzung der Fläche anwählen
Nächsten Eckpunkt angeben oder Eingabetaste für Summe (Modus ADDIEREN)
drücken: 2. Punkt eingeben
Nächsten Eckpunkt angeben oder Eingabetaste für Summe (Modus ADDIEREN)
drücken: 3. Punkt eingeben
Nächsten Eckpunkt angeben oder Eingabetaste für Summe (Modus ADDIEREN)
drücken: 4. Punkt eingeben
Nächsten Eckpunkt angeben oder Eingabetaste für Summe (Modus ADDIEREN)
drücken: ↵

Fläche = 739.94, Umfang 109.04
Gesamtfläche = 739.94

Ersten Eckpunkt angeben oder [Objekt/Subtrahieren]: S für Subtrahieren
Ersten Eckpunkt angeben oder [Objekt/Addieren]: O für Objekt
(Modus SUBTRAHIEREN) Objekte auswählen: Bohrung die subtrahiert werden
soll anklicken

Fläche = 19.63, Kreisumfang = 15.71
Gesamtfläche = 720.30

(Modus SUBTRAHIEREN) Objekte auswählen: ↵
Ersten Eckpunkt angeben oder [Objekt/Addieren]: ↵
```

Kapitel 6   Schraffieren, Bemaßen und Beschriften

Messen Sie in der Zeichnung

1. Machen Sie, falls nicht schon geschehen, das Weltkoordinatensystem zum aktuellen Koordinatensystem.
2. Messen Sie die Punkte in der Zeichnung mit dem Befehl ID.
3. Messen Sie die Abstände und Flächen.

Auflisten der Objektdaten, Befehl Liste

Noch mehr Informationen bringt Ihnen der Befehl LISTE. Neben den gespeicherten Geometriedaten wird auch der Layer angezeigt, auf dem das Objekt gezeichnet wurde. Da der Objekteigenschaften-Manager übersichtlicher ist, hat der Befehl keine Bedeutung mehr. Der Vollständigkeit halber:

➤ Abrollmenü EXTRAS, Untermenü ABFRAGE >, Funktion AUFLISTEN

➤ Symbol im Werkzeugkasten ABFRAGE

```
Befehl: Liste
Objekte wählen:
```

Sie können ein oder mehrere Objekte wählen, deren Daten Sie ansehen wollen. Nachdem Sie die Auswahl bestätigt haben, wird das Textfenster eingeblendet und die Daten aufgelistet. Haben Sie mehrere Objekte angewählt, wird die Liste angehalten, wenn der Bildschirm voll ist, und erst bei ⏎ fortgesetzt. Die Funktionstaste F2 schaltet wieder zum Grafikbildschirm um. Die Daten in der Liste unterscheiden sich je nach gewähltem Objekt. Im nachfolgenden Beispiel wurde eine Linie und ein Kreis in der Zeichnung gewählt:

```
Befehl: Liste
Objekte wählen:

    KREIS  Layer: "KONTUR"
    Bereich: Modellbereich
    Referenz: 405
    Zentrum Punkt, X= 85.00  Y= 90.00  Z= 0.00
    Radius   15.00
    Umfang   94.25
    Fläche   706.86

    LINIE  Layer: "KONTUR"
    Bereich: Modellbereich
    Referenz: 4DA
    von Punkt,  X= 137.00  Y= 110.00  Z= 0.00
    nach Punkt, X=  50.00  Y= 110.00  Z= 0.00
    Länge= -87.00, Winkel in XY-Ebene= 180
    Delta X= -87.00, Delta Y= 0.00, Delta Z= 0.00
```

Ausmessen und Abfragen   Kapitel 6

Auflisten von Objektdaten

Lassen Sie sich verschiedene Objekte in der Zeichnung auflisten.

Anzeige der Bearbeitungszeit, Befehl Zeit

Für die Projektabrechnung oder auch nur zur Information wird die Startzeit, die Bearbeitungszeit und eine Stoppuhr in der Zeichnung gespeichert. Diese Informationen können mit dem Befehl ZEIT abgerufen werden. Den Befehl finden Sie:

➡ Abrollmenü EXTRAS, Untermenü ABFRAGE >, Funktion ZEIT

```
Befehl: Zeit
Aktuelle Zeit:   Freitag, 13. Mai 2005 um 21:25:03:300
Benötigte Zeit für diese Zeichnung:
  Erstellt:     Mittwoch, 11. Mai 2005 um 20:40:04:210
  Zuletzt nachgeführt: Freitag, 13. Mai 2005 um 21:12:02:370
  Gesamte Bearbeitungszeit: 0 Tage 04:22:28.840
  Benutzer-Stoppuhr (ein): 0 Tage 00:15:30.120
  Nächste automatische Speicherung in: <noch keine Änderungen>
Option eingeben [Darstellung/Ein/Aus/Zurückstellen]:
```

Mit den Optionen EIN, AUS und ZURÜCKSTELLEN können Sie die Stoppuhr einstellen. Die Option DARSTELLEN gibt die aktuellen Zeitinformationen erneut aus.

Zeichnungsstatus anzeigen, Befehl Status

Mit dem Befehl STATUS wird die Anzahl der Objekte in der aktuellen Zeichnung, die Zeichnungsgrenzen, verschiedene Zeichenmodi, die aktuellen Einstellungen usw. im Textfenster angezeigt. Mit [F2] kommen Sie wieder in den Zeichenmodus zurück. Sie finden den Befehl:

➡ Abrollmenü EXTRAS, Untermenü ABFRAGE >, Funktion STATUS

Der Befehl wird ohne weitere Abfragen ausgeführt. Das Ergebnis in Form einer Liste erscheint im Textfenster.

```
Befehl: Status
334 Objekte in C:\Aufgaben\Z01-05.dwg
Modellbereichlimiten  X:  -0.00   Y:  -0.00   (Aus)
                      X: 420.01   Y: 297.01
Modellbereich benutzt X:  83.50   Y: 102.93
                      X: 331.00   Y: 251.50
Anzeige               X:  41.11   Y:  79.69
                      X: 377.79   Y: 266.28
Einfügebasis ist      X:   0.00   Y:   0.00   Z:   0.00
Fangwert ist          X:  10.00   Y:  10.00
```

Kapitel 6   Schraffieren, Bemaßen und Beschriften

```
Rasterwert ist         X:  10.00   Y:  10.00

Aktueller Bereich:     Modellbereich
Aktuelles Layout:      Model
Aktueller Layer:       "SCHRAFFUR"
Aktuelle Farbe:        VONLAYER -- 5 (blau)
Aktueller Linientyp:   VONLAYER -- "CONTINUOUS"
Aktuelle Linienstärke: VONLAYER
Aktueller Plotstil:    VonLayer
Aktuelle Erhebung:   0.00  Objekthöhe:   0.00
Füllen ein  Raster aus  Ortho aus  Qtext aus  Fang aus  Tablett aus
Objektfangmodi:    Zentrum, Endpunkt, Schnittpunkt, Mittelpunkt, Quadrant,
Hilfslinie
Freier Speicherplatz auf dwg-Laufwerk (C:): 253.6 MB
Freier Speicherplatz auf temp-Laufwerk (C:): 253.6 MB
Freier physischer Speicher: 24.1 MB (von 127.4M).
Freier Platz in der Auslagerungsdatei: 255.6 MB (von 333.6M).
```

6.3 Bemaßen der Zeichnung

Technische Zeichnungen werden in der Regel auch bemaßt. Da Sie die komplette Geometrie exakt erfasst haben, können Sie jedes gewünschte Maß genauso exakt aus der Zeichnung ermitteln und mit den Bemaßungsbefehlen von AutoCAD weitgehend automatisch in die Zeichnung eintragen. Die Bemaßungsfunktionen finden Sie in einem eigenen Abrollmenü BEMASSUNG und Sie können sich einen speziellen Werkzeugkasten für die Bemaßung einblenden (siehe Abbildung 6.10).

Abbildung 6.10:
Werkzeugkasten für die Bemaßung

Bemaßungen werden *assoziativ* erstellt, das heißt, sie werden als Block generiert. Wird danach das Objekt verändert, ändern sich das Maß und die Maßzahl mit. Wenn Sie z. B. ein Objekt mit dem Befehl VARIA um den Faktor 2 vergrößern, verdoppeln sich die Maßzahlen, aber Maßpfeile und Textgröße bleiben gleich. Voraussetzung ist, dass dies in den Optionen (siehe Anhang A.4) so eingestellt ist (Systemvariable DIMASSOC).

Bemaßungsstile

Beim Bemaßen gibt es keinen einheitlichen Standard, jede Branche hat ihre Eigenheiten und Normen. Bauzeichnungen werden anders als technische Zeichnungen bemaßt. Außerdem gibt es nationale Unterschiede, nicht nur, dass in den USA in Fuß und Zoll bemaßt wird, auch sonst sehen die Maße in einer amerikanischen technischen Zeichnung anders aus.

AutoCAD als weltweit verbreitetes, branchenübergreifendes Programm kann sich nicht auf eine Norm festlegen. Es ist offen und kann mit Bemaßungsvariablen an alle vorkommenden Fälle angepasst werden. Wenn Sie, wie in Kapitel 5.1 beschrieben, mit der richtigen Vorlage gestartet haben, sind auch alle Bemaßungsvariablen richtig. Falls dies nicht der Fall ist, können Sie jetzt mit der Zeichnung *Z01-05.dwg* weitermachen, dem Stand der Zeichnung nach dem Schraffieren. In den Kapiteln 9.6 bis 9.8 erfahren Sie, wie Sie solche Einstellungen selbst vornehmen können: die Profitipps für die Einstellung der Maße.

6.4 Einfache lineare Maße

Sie können ein einzelnes Maß setzen oder eine ganze Maßkette in Folge eingeben. Beginnen Sie mit den einzelnen.

Befehl Bemlinear

Mit dem Befehl BEMLINEAR erstellen Sie horizontale oder vertikale Maße. Sie finden den Befehl:

➡ Abrollmenü BEMASSUNG, Funktion LINEAR

➡ Symbol im Werkzeugkasten BEMASSUNG

```
Befehl: Bemlinear
Anfangspunkt der ersten Hilfslinie angeben oder <Objekt wählen>:
```

Bei der ersten Anfrage entscheiden Sie, ob Sie zwei Punkte in der Zeichnung oder ein Objekt bemaßen wollen. Geben Sie den Anfangspunkt der Hilfslinie ein, wird danach ein weiterer Anfangspunkt angefragt:

```
Anfangspunkt der zweiten Hilfslinie angeben:
```

Geben Sie jedoch bei der ersten Anfrage ⏎ ein, wird auf die Objektwahl umgeschaltet. Wählen Sie ein Objekt, das bemaßt werden soll.

```
Anfangspunkt der ersten Hilfslinie angeben oder <Objekt wählen>: ⏎
Zu bemaßendes Objekt wählen:
```

Jetzt können Sie mit der Pickbox ein Objekt (LINIE, BOGEN oder KREIS) wählen. Das gewählte Objekt wird an seinen Endpunkten vermaßt. In beiden Fällen wird danach die Position der Maßlinie angefragt:

```
Position der Bemaßungslinie angeben oder
[Mtext/Text/Winkel/Horizontal/Vertikal/Drehen]:
```

Die Maßlinie können Sie frei platzieren. Beim Positionieren wird das Maß dynamisch mitgeführt. Wenn Sie dabei nach rechts oder links wegfahren, wird ein vertikales Maß gezeichnet. Fahren Sie nach oben oder unten, gibt es ein horizontales Maß.

Statt der Position der Maßlinie können Sie eine Option wählen: HORIZONTAL oder VERTIKAL, dann wird das Maß je nach Option horizontal oder vertikal gezeichnet, egal wo Sie die Maßlinie platziert haben. Bei der Option DREHEN können Sie einen Winkel für die Maßlinie eingeben:

```
Winkel der Bemaßungslinie <0>:
```

Haben Sie eine der Platzierungsoptionen gewählt, wird das Maß wieder dynamisch mitgeführt, jetzt nur mit der Ausrichtung, die Sie gewählt haben, horizontal oder vertikal. Die Optionsliste erscheint jetzt gekürzt:

```
Position der Bemaßungslinie angeben oder [Mtext/Text/Winkel]:
```

Klicken Sie einen Punkt an, durch den die Maßlinie gezeichnet werden soll. Der gemessene Wert wird im Befehlszeilenfenster angezeigt und das Maß mit diesem Wert in die Zeichnung eingetragen.

```
Maßtext = 91,5
```

Außer diesem Standardablauf stehen Ihnen noch drei weitere Optionen zur Verfügung:

MText: Mit dieser Option aktivieren Sie den Texteditor. Das gemessene Maß wird in den Editor übernommen und dort blau markiert (siehe Abbildung 6.11) angezeigt. Sie können vor oder hinter dem Wert einen Zusatz eintragen, der dann ins Maß eingetragen wird. Sie können den Messwert auch löschen und einen anderen Wert eingeben, aber nur dann, wenn Sie nicht maßstäblich gezeichnet haben.

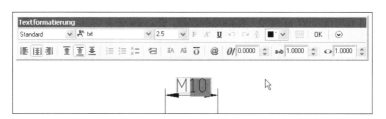

Abbildung 6.11:
Texteditor zur Korrektur des Maßtextes

Es kommt aber oft vor, dass Sie einen Zusatz zum gemessenen Maß benötigen: beispielsweise wenn 6 gemessen wurde, Sie aber in der Zeichnung den Text *M6*, ein vorangestelltes Durchmesserzeichen oder nachgestellte Einheiten haben wollen. %%c ist der Code für das Durchmesserzeichen, da Sie es nicht auf Ihrer Tastatur finden.

Sie können auch einen mehrzeiligen Text eingeben, der dann über die Maßlinie gesetzt wird. Klicken Sie nach der Änderung auf OK und klicken Sie die Position der Maßlinie an. Das Maß wird fertig gezeichnet.

Text: Mit der Option TEXT wird wie oben das gemessene Maß angezeigt. Diesmal aber nicht mit eigenem Editor, sondern im Befehlszeilenfenster. Dort können Sie wie oben Änderungen eingeben:

```
Maßtext eingeben <10>: Länge = <> mm
```

Den Platzhalter für den gemessenen Text müssen Sie bei dieser Methode eintippen, sonst erscheint der gemessene Wert nicht in der Zeichnung.

Winkel: Mit dieser Option geben Sie einen Winkel für den Maßtext ein.

```
Winkel für Maßtext angeben: 45
```

Der Text wird zwischen die Maßlinien gesetzt und um den eingegebenen Winkel gedreht.

Wenn Sie einen Zahlenwert für den Maßtext eingeben und den Platzhalter <> dabei löschen, geht AutoCAD davon aus, dass die Zeichnung nicht maßstäblich gezeichnet ist. Verändern Sie die Zeichnung, bleibt der einmal eingegebene Wert immer erhalten. Das ist auch richtig so, denn die Methode zum Überschreiben des Maßtextes sollten Sie ja auch nur dann anwenden, wenn nicht maßstäblich gezeichnet wurde.

Befehl Bemausg

Mit dem Befehl BEMAUSG erstellen Sie auf die gleiche Art wie oben ein Maß, das aber parallel zu den Ausgangspunkten bzw. zum gewählten Objekt gezeichnet wird. Dabei wird der direkte Abstand zwischen den Endpunkten gemessen. Der Befehlsdialog und die Funktionen sind identisch, nur dass bei der Platzierung der Maßlinie die Optionen HORIZONTAL, VERTIKAL und DREHEN fehlen. Die Maßlinie wird immer parallel zu den Maßpunkten oder zu dem Objekt ausgerichtet:

 Abrollmenü BEMASSUNG, Funktion AUSGERICHTET

 Symbol im Werkzeugkasten BEMASSUNG

```
Befehl: Bemausg
Anfangspunkt der ersten Hilfslinie angeben oder <Objekt wählen>:
Anfangspunkt der zweiten Hilfslinie angeben:
Position der Bemaßungslinie angeben oder [Mtext/Text/Winkel]:
Maßtext = 70,7
```

Kapitel 6 Schraffieren, Bemaßen und Beschriften

Zeichnung mit einzelnen Linearmaßen versehen

1. Machen Sie den Layer *Masse* zum aktuellen Layer. Seit AutoCAD2006/ LT 2006 werden Schraffurlinien nicht mehr vom Objektfang gefangen. Sie können mit eingeschaltetem Schraffurlayer bemaßen.

2. Meist brauchen Sie beim Bemaßen die Objektfangmodi SCHNITT-PUNKT, ENDPUNKT, ZENTRUM und QUADRANT. Stellen Sie diese ein. Die Objektfangspuren sollten in AutoCAD ebenfalls eingeschaltet sein.

3. Erstellen Sie die horizontalen Maße an den Kreisen rechts der Lupe (siehe Abbildung 6.12).

4. Zeichnen Sie die vertikalen Maße an der linken Seite der Lupe (siehe Abbildung 6.12).

5. Bemaßen Sie die Taste (siehe Abbildung 6.12) mit ausgerichteten Maßen.

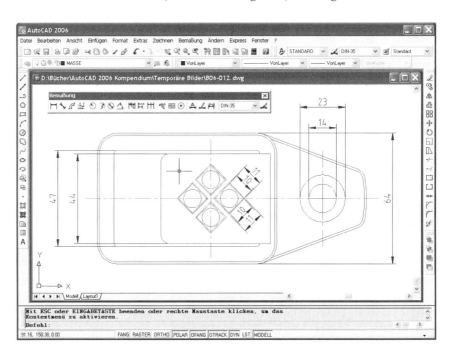

Abbildung 6.12: Zeichnen von einzelnen linearen Maßen

6.5 Zusammengesetzte Maße

Neben den einfachen Maßen können Sie in AutoCAD zusammengesetzte Maße weitgehend automatisch erstellen. Zwei Bemaßungsfunktionen stehen dafür zur Verfügung.

Befehl Bembasisl

Mit dem Befehl BEMBASISL erstellen Sie zusammengesetzte Maße, bei denen alle Maße auf eine Bezugskante hin ausgerichtet sind (Bezugsmaße):

- Abrollmenü BEMASSUNG, Funktion BASISLINIE
- Symbol im Werkzeugkasten BEMASSUNG

Befehl Bemweiter

Mit dem Befehl BEMWEITER erstellen Sie ein zusammengesetztes Maß, bei dem die Maße in einer Linie aneinandergereiht sind (Kettenmaß).

- Abrollmenü BEMASSUNG, Funktion WEITER
- Symbol im Werkzeugkasten BEMASSUNG

Voraussetzung für die Verwendung der zusammengesetzten Maße ist ein einfaches Maß, an das angesetzt werden kann. Dieses erste Maß bestimmt dann die Ausrichtung der ganzen Kette.

```
Befehl: Bembasisl bzw. Bemweiter
Anfangspunkt der zweiten Hilfslinie angeben oder [Zurück/Wählen] <Wählen>:
```

Normalerweise wird die Maßkette an das zuletzt gezeichnete Maß angesetzt und Sie brauchen nur noch den Anfangspunkt der zweiten Hilfslinie einzugeben. Das Maß wird dabei dynamisch mitgezogen, so dass Sie die neue Position gleich sehen.

Wollen Sie aber an einem bestehenden Maß oder einer bestehenden Maßkette ein weiteres Maß ansetzen, steht Ihnen die Option WÄHLEN zur Verfügung, die Sie als Vorgabeoption auch mit ⏎ anwählen können.

```
Anfangspunkt der zweiten Hilfslinie angeben oder [Zurück/Wählen] <Wählen>:
    W für Wählen oder ⏎
Basis-Bemaßung wählen: bzw.
Weiterzuführende Bemaßung wählen:
```

Mit der Pickbox können Sie jetzt ein Maß oder eine schon gezeichnete Maßkette an einer Maßhilfslinie wählen. Die Option WÄHLEN können Sie vor jeder Punkteingabe für die zweite Hilfslinie wieder wählen und die weiteren Maße an ein anderes Maß ansetzen.

Beachten Sie, dass beim Befehl BEMBASISL die Maßhilfslinie an der Bezugskante gewählt werden muss, beim Befehl BEMWEITER die Maßhilfslinie, an der angesetzt werden soll. Danach wird wieder nach dem zweiten Ausgangspunkt gefragt.

Kapitel 6 Schraffieren, Bemaßen und Beschriften

```
Anfangspunkt der zweiten Hilfslinie angeben oder [Zurück/Wählen] <Wählen>:
```

Eine Position der Maßlinie brauchen Sie nicht einzugeben, sie ergibt sich aus dem vorhergehenden Maß. Auch der Abstand der Maßlinien beim Befehl BEMBASISL ergibt sich automatisch. Der Abstand der Maßlinien bei den Bezugsmaßen kann im Bemaßungsstil eingestellt werden.

Die Befehle bleiben im Wiederholmodus, bis Sie zweimal ⏎ eingeben, wenn ein Punkt angefragt wird. Haben Sie ein Maß versehentlich falsch platziert, können Sie es mit der Option ZURÜCK wieder entfernen.

Bezugsmaße erstellen

1. Erstellen Sie horizontale Bezugsmaße zur linken Kante des Schnitts (siehe Abbildung 6.13).

2. Erstellen Sie vertikale Bezugsmaße an der rechten Seite des Schnitts (siehe Abbildung 6.13). Setzen Sie der Vollständigkeit halber auch noch das einzelne vertikale Maß an die linke Seite.

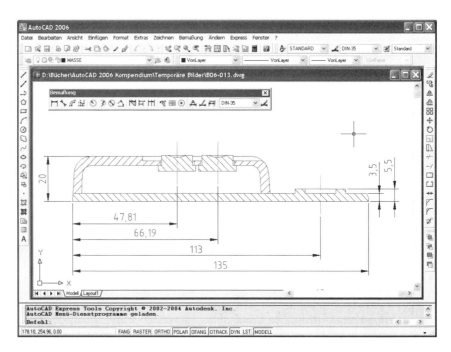

Abbildung 6.13: Bezugsmaße in der Zeichnung

6.6 Radius- und Durchmessermaße

Zwei weitere Bemaßungsbefehle gibt es für die Bemaßung von Radius und Durchmesser: BEMRADIUS und BEMDURCHM.

Radius- und Durchmessermaße   Kapitel 6

Befehl Bemradius

Den Befehl BEMRADIUS finden Sie:

→ Abrollmenü BEMASSUNG, Funktion RADIUS

→ Symbol im Werkzeugkasten BEMASSUNG

Befehl Bemdurchm

Den Befehl BEMDURCHM finden Sie:

→ Abrollmenü BEMASSUNG, Funktion DURCHMESSER

→ Symbol im Werkzeugkasten BEMASSUNG

Die Radius- und Durchmesserbemaßungen laufen wie folgt ab:

```
Befehl: Bemradius bzw. Bemdurchm
Bogen oder Kreis wählen:
```

Wählen Sie einen Bogen oder Kreis, den Sie bemaßen wollen.

```
Maßtext = 8
Position der Bemaßungslinie angeben oder [Mtext/Text/Winkel]:
```

Der gemessene Wert wird angezeigt und danach die Optionsliste ausgegeben. Sie können jetzt entweder die Position des Maßes angeben, mit der Option MTEXT wieder zum Texteditor verzweigen oder mit der Option TEXT den Maßtext in der Befehlszeile ändern. Mit der Option WINKEL lässt sich der Textwinkel ändern. Bei allen Optionen wird danach wieder zur vorherigen Anfrage gewechselt.

```
Position der Bemaßungslinie angeben oder [Mtext/Text/Winkel]:
```

Mit der Maßlinienposition bestimmen Sie auch, ob der Text innerhalb oder außerhalb des Bogens oder Kreises gezeichnet wird. Wenn Sie die Maßlinienposition eingegeben haben, wird das Maß gezeichnet.

Zeichnung mit Radialmaßen versehen

Zeichnen Sie ein Durchmessermaß in die Tasten in der Draufsicht sowie die Radiusmaße im Schnitt und in der Draufsicht (siehe Abbildung 6.14).

Kapitel 6 Schraffieren, Bemaßen und Beschriften

Abbildung 6.14:
Radius- und Durchmessermaße in der Zeichnung

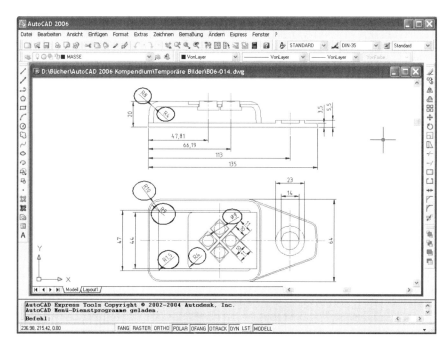

6.7 Winkelmaße

Selbstverständlich können Sie in AutoCAD auch Winkel bemaßen. Mit dem Befehl BEMWINKEL ist das auf verschiedene Arten möglich.

Befehl Bemwinkel

Wählen Sie den Befehl:

➟ Abrollmenü BEMASSUNG, Funktion WINKEL

➟ Symbol im Werkzeugkasten BEMASSUNG

Sie können den Winkel zweier Linien zueinander, ein Segment am Kreis, einen Bogen oder den Winkel zweier Punkte in Bezug auf einen Scheitelpunkt bemaßen.

```
Befehl: Bemwinkel
Bogen, Kreis, Linie wählen oder <Scheitelpunkt angeben>:
```

Normalerweise wählen Sie jetzt eine Linie mit der Pickbox (siehe Abbildung 6.15, a).

```
Zweite Linie wählen:
```

Die zweite Linie wird angefragt. Haben Sie einen Bogen angewählt, wird dieser mit einem Maßbogen versehen. Kein weiterer Punkt wird angefragt (siehe Abbildung 6.15, b). Haben Sie einen Kreis gewählt, wird ein zweiter Punkt am Kreis abgefragt und die beiden Punkte mit einem Maßbogen versehen (siehe Abbildung 6.15, c). Geben Sie ↵ ein, werden drei Punkte angefragt (siehe Abbildung 6.15, d und e, jeweils der erste Winkel):

```
Bogen, Kreis, Linie wählen oder <Scheitelpunkt angeben>: Für Winkeleingabe
    mit 3 Punkten ↵ eingeben
Winkel-Scheitelpunkt angeben:
Ersten Winkelendpunkt angeben:
Zweiten Winkelendpunkt angeben:
```

Die weiteren Anfragen sind gleich, egal mit welcher Methode:

```
Position des Maßbogens angeben oder [Mtext/Text/Winkel]:
Maßtext = 45
```

Bei der Bemaßung zweier Linien werden nur Winkel bis 180 Grad bemaßt. Je nachdem, wo Sie die Position des Maßbogens setzen, werden der entsprechende Winkel und die erforderlichen Hilfslinien gezeichnet (siehe Abbildung 6.15, a). Da der Winkel dynamisch nachgezogen wird, können Sie das Ergebnis leicht kontrollieren.

Statt der Positionierung des Maßtextes können Sie, wie vorher schon beschrieben, mit der Option MTEXT den Maßtext im Texteditor ändern, mit der Option TEXT den Maßtext im Befehlszeilenfenster ändern und mit der Option WINKEL einen neuen Winkel für den Maßtext vorgeben. Der Maßtext wird zum Schluss noch einmal angezeigt.

Die Befehle für Bezugs- und Kettenmaße BEMBASISL und BEMWEITER können Sie auch nach einer Winkelbemaßung verwenden oder an ein Winkelmaß ansetzen. Die Maße werden wie in Abbildung 6.15, d und 6.15, e eingefügt.

Kapitel 6   Schraffieren, Bemaßen und Beschriften

Abbildung 6.15: Möglichkeiten bei der Winkelbemaßung

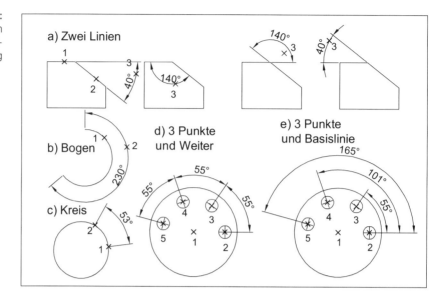

Abbildung 6.16: Winkel bemaßen

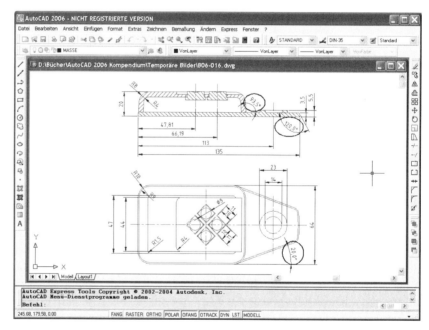

Verschiedene Arten der Winkelbemaßung

1. Laden Sie die Zeichnung *A06-01.dwg* aus dem Ordner *Aufgaben*.
2. Bemaßen Sie wie in Abbildung 6.15.

Im Ordner *Aufgaben* finden Sie die Zeichnung *L06-01.dwg* als Musterlösung.

Winkel bemaßen

1. Bemaßen Sie die Fase an der Vorderseite der Lupe mit einem Winkelmaß, sowie die Schrägen am Gehäuse (siehe Abbildung 6.16). Zoomen Sie an den entsprechenden Stellen in die Zeichnung hinein.
2. Sichern Sie die Zeichnung, sie sollte jetzt wie in Abbildung 6.17 aussehen.

Diesen Stand finden Sie auch in Ihrem Ordner *Aufgaben*: *Z01-06.dwg*.

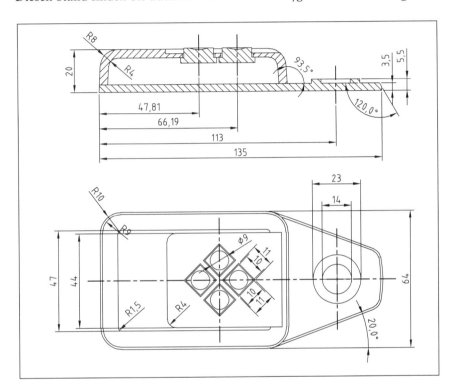

Abbildung 6.17:
Die bemaßte Zeichnung

6.8 Beschriften der Zeichnung

Nun soll die Zeichnung noch mit der Lupe beschriftet werden, bevor sie ausgeplottet wird. Laden Sie Ihre Zeichnung, falls Sie zwischendurch die Arbeit beendet haben.

Für Beschriftungen stehen in AutoCAD zwei Befehle zur Verfügung, die Befehle DTEXT und MTEXT. Mit dem Befehl DTEXT kann Text ein- und entgegen der Bezeichnung im Menü auch mehrzeilig erfasst werden. Größere Textmengen geben Sie besser mit dem Befehl MTEXT ein. Alles zu diesem Befehl und den weiteren Textfunktionen finden Sie in Kapitel 10.

Arbeiten Sie also an Ihrer Zeichnung weiter. Wenn sie nicht komplett ist, können Sie aus dem Übungsordner die Zeichnung *Z01-06.dwg* verwenden.

Kapitel 6   Schraffieren, Bemaßen und Beschriften

Befehl Dtext

Mit dem Befehl DTEXT kann der Text interaktiv an beliebigen Stellen der Zeichnung eingegeben werden. Sie finden den Befehl im:

➔ Abrollmenü ZEICHNEN, Untermenü TEXT >, Funktionen EINZEILIGER TEXT

➔ Symbol im Werkzeugkasten TEXT

```
Befehl: Dtext
Aktueller Textstil: "Standard"  Texthöhe: 2.50
Startpunkt des Texts angeben oder [Position/Stil]:
```

Bei der ersten Anfrage des Befehls können Sie zwischen verschiedenen Optionen wählen. Geben Sie einen Punkt ein, wird dieser als linker Startpunkt für den Text genommen.

Geben Sie dagegen ⏎ ein, wird die neue Textzeile unter die zuletzt eingegebene Textzeile gesetzt. Position, Texthöhe und -winkel werden vom letzten Text ohne weitere Abfrage übernommen. Haben Sie in der Sitzung noch keinen Text eingegeben, erscheint eine Fehlermeldung:

```
Punkt oder Optionstitel wird benötigt.
Aktueller Textstil: "Standard"  Texthöhe: 2.50
Startpunkt des Texts angeben oder [Position/Stil]:
```

Die letzte Anfrage wird wiederholt. Sie müssen in diesem Fall zuerst einen Startpunkt und dann eine Höhe eingeben.

Position: Wollen Sie den Text nicht linksbündig ausrichten, verwenden Sie die Option POSITION (siehe Abbildung 6.18).

```
Aktueller Textstil: "Standard"  Texthöhe: 2.50
Startpunkt des Texts angeben oder [Position/Stil]:
P für Position
Option eingeben
[Ausrichten/Einpassen/Zentrieren/Mittel/Rechts/OL/OZ/OR/ML/MZ/MR/UL/UZ/UR]:
```

Jetzt können Sie zwischen den verschiedenen Ausrichtungsarten wählen. Soll der Text rechtsbündig oder zentriert platziert werden, wählen Sie die Option RECHTS oder ZENTRIEREN. Mit der Option MITTE wird die Textzeile um den geometrischen Mittelpunkt des Textes gesetzt.

Wenn Sie die Option AUSRICHTEN wählen, werden Start- und Endpunkt für den Text abgefragt. Der danach eingegebene Text wird in der Höhe so variiert, dass er zwischen die vorgegebenen Punkte passt. Bei der Option EINPASSEN wird dagegen der Text mit fester Höhe und flexibler Buchstaben-

Beschriften der Zeichnung　　Kapitel 6

breite zwischen die beiden Punkte gesetzt. Diese beiden Optionen sind mit Vorsicht zu verwenden, da die Schrift in der Höhe stark schwanken kann oder die unterschiedliche Buchstabenbreite zu Verzerrungen führen kann.

Die weiteren Optionen geben an, welcher Punkt für die erste Textzeile eingegeben werden soll:

OL:	oben links
OZ:	oben zentriert
OR:	oben rechts
ML:	Mitte links
MZ:	Mitte zentriert
MR:	Mitte rechts
UL:	unten links
UZ:	unten zentriert
UR:	unten rechts

Zum Beispiel:

```
Ausrichten/Einpassen/Zentrieren/Mitte/Rechts/OL/OZ/OR/ML/MZ/MR/UL/UZ/UR: MR
Mittleren/rechten Punkt des Texts angeben:
```

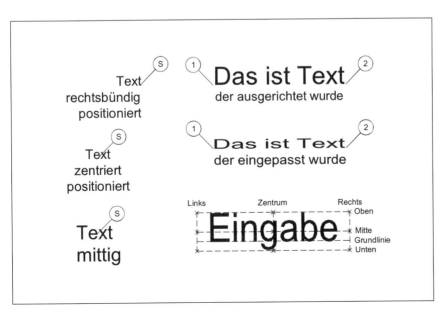

Abbildung 6.18:
Text an verschiedenen Positionen

Stil: Mit dieser Option können Sie einen Textstil wählen, der in der Zeichnung definiert ist. Der Textstil legt die Schrift und die Parameter für die Schrift fest. Mehr zum Textstil finden Sie in Kapitel 10.

```
Aktueller Textstil:  "STANDARD"  Texthöhe:  3.50
Startpunkt des Texts angeben oder [Position/Stil]:
S für Stil
Stilnamen eingeben oder [?] <STANDARD>:
```

Mit dieser Option machen Sie einen der vorhandenen Textstile zum neuen aktuellen Textstil. Der bisherige aktuelle Textstil wird in den Klammern angezeigt. Durch Eingabe von »?« werden die Textstile aufgelistet, die in der Zeichnung definiert sind. Haben Sie einen neuen Stil gewählt oder den aktuellen mit ⏎ bestätigt, wird die erste Anfrage wiederholt. Danach werden Texthöhe, Einfügewinkel und der eigentliche Text abgefragt.

```
Höhe angeben <3.50>:
Drehwinkel des Texts angeben <0>:
Text eingeben:
```

Die Höhe wird nicht abgefragt, wenn Sie einen Textstil mit fester Höhe (siehe Kapitel 10) gewählt haben oder die Option AUSRICHTEN verwenden. In diesem Fall ist die Höhe variabel. Der Drehwinkel ist der Winkel der Textgrundlinie. Dieser ist nicht erforderlich, wenn Sie die Optionen AUSRICHTEN oder EINPASSEN gewählt haben, da er sich dann aus Start- und Endpunkt ergibt.

Die Texteingabe erfolgt in AutoCAD 2006/LT 2006 dynamisch. Es wird ein Rahmen um den gerade bearbeiteten Text gezogen und Sie sehen die Ausrichtung und die Größe (z.B. bei ausgerichtetem Text) dynamisch je nach Eingabe. Sie können den Cursor mit den Pfeiltasten zum Ändern im ganzen Text bewegen. Mit ⏎ wird eine neue Textzeile begonnen. Geben Sie dagegen ⏎ direkt in einer neuen Zeile ein, wird der Befehl beendet. Jede Textzeile ist nachher ein unabhängiges Objekt, deshalb auch die Bezeichnung »einzeiliger Text«.

Wollen Sie die Eingabe wie in den vorherigen AutoCAD-Versionen statisch haben, dann setzen Sie die Variable DTEXTED auf 1 (Standardeinstellung ist 0). Bei der Texteingabe in diesem Modus wird der Cursor an der gewählten Position angezeigt. Der Text erscheint aber zunächst immer linksbündig in der Zeichnung. Erst wenn Sie die Texteingabe abschließen, wird er in seine endgültige Position gebracht. Wenn Sie bei der Textabfrage den Cursor mit dem Fadenkreuz an eine neue Stelle setzen, wird die Eingabe dort fortgesetzt. Mit ⏎ wird eine neue Textzeile begonnen. Geben Sie dagegen ⏎ direkt auf die Textanfrage ein, wird der Befehl beendet.

Bei der Texteingabe steht Ihnen noch ein Kontextmenü zur Verfügung, das Sie mit der rechten Maustaste aktivieren können (siehe Abbildung 6.19).

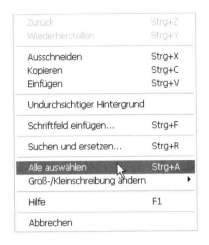

Abbildung 6.19:
Kontextmenü bei der Texteingabe

Dort finden Sie die Funktionen der Zwischenablage. Sie können markierten Text ausschneiden oder kopieren und an der Cursorposition einfügen. Mit der Funktion UNDURCHSICHTIGER HINTERGRUND deckt das Eingabefenster den Hintergrund ab. Mit der Funktion SCHRIFTFELD EINFÜGEN können Sie in AutoCAD (nicht in AutoCAD LT) ein Schriftfeld an die Cursorposition setzen. Mehr zu Schriftfeldern finden Sie in Kapitel 10.6. Mit dem Eintrag ALLE AUSWÄHLEN markieren Sie den gesamten Text. Wollen Sie den markierten Text in Groß- oder Kleinbuchstaben umwandeln, wählen Sie diesen Eintrag und im Untermenü die gewünschte Funktion.

Mit der Funktion SUCHEN UND ERSETZEN... können Sie Text in dem gerade eingegebenen Bereich suchen und eventuell durch einen anderen ersetzen (siehe Abbildung 6.20).

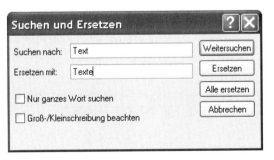

Abbildung 6.20:
Text suchen und ersetzen

Tragen Sie den zu suchenden Text ein und klicken Sie auf die Schaltfläche WEITERSUCHEN. Wird der Suchtext gefunden, wird er markiert. Haben Sie einen Text bei ERSETZEN MIT: vorgegeben, wird dieser Text an Stelle des Suchtextes eingetragen. Dazu klicken Sie auf die Schaltfläche ERSETZEN oder ALLE ERSETZEN, wenn Sie alle Vorkommen ohne Rückfrage tauschen wollen. Die Suchbedingungen können Sie mit zwei Schaltern wählen: NUR GANZES WORT SUCHEN und GROSS-/KLEINSCHREIBUNG BEACHTEN.

Haben Sie die statische Texteingabe gewählt (DTEXTED = 1), hat das Kontextmenü nur zwei Einträge: einen zum Einfügen eines Schriftfelds (siehe Kapitel 10.6) und den anderen zum Abbrechen der Texteingabe.

Da Sie nicht alle verfügbaren Zeichen auf der Tastatur finden, können Sie bestimmte Sonderzeichen nur über einen speziellen Code eingeben. Beginnen Sie diesen Code mit der Zeichenfolge %%. Es gilt:

%%d	Gradzeichen
%%c	Durchmesserzeichen
%%p	plus/minus (Zeichen für Toleranzangabe)
%%nnn	ASCII-Code für das gewünschte Sonderzeichen
%%u	Unterstreichen ein/aus
%%o	Überstreichen ein/aus

Die letzten beiden Funktionen sind Schaltfunktionen. Geben Sie den Code bei der Texteingabe einmal ein, wird die Funktion eingeschaltet und beim nächsten Mal wieder ausgeschaltet (siehe Abbildung 6.21).

Abbildung 6.21:
Text mit Sonder- und Steuerzeichen

```
Eingabe:      Geben Sie Sonderzeichen mit einem Code ein,
              zum Beispiel:
              %%c8mm
              Winkel 45%%d
              Länge 20mm%%p0.1
              Text %%uunterstrichen%%u und nicht
              Text %%oüberstrichen%%o und nicht

Text:         Geben Sie Sonderzeichen mit einem Code ein,
              zum Beispiel:
              Ø8mm
              Winkel 45°
              Länge 20mm±0.1
              Text unterstrichen und nicht
              Text überstrichen und nicht
```

Beschriften der Zeichnung · Kapitel 6

Beschriftung der Zeichnung

1. Machen Sie den Layer *Schrift* zum aktuellen Layer.
2. Beschriften Sie die Zeichnung wie in Abbildung 6.22.
3. Geben Sie die verschiedenen Texte mit dem Befehl DTEXT in der Höhe 5 ein (siehe Abbildung 6.22).
4. Ihre Zeichnung sollte jetzt wie in Abbildung 6.22 aussehen. Falls nicht, finden Sie den Stand auch in dem Ordner *Aufgaben*, Zeichnung *Z01-07.dwg*.
5. Unsere Zeichnung ist vorerst fertig. In Kapitel 15.1 fügen Sie noch einen Zeichnungsrahmen ein und geben sie anschließend auf dem Plotter oder Drucker aus. Beenden Sie zunächst die Arbeit an diesem Projekt oder springen Sie zu diesem Kapitel, um die Zeichnung sofort zu plotten.

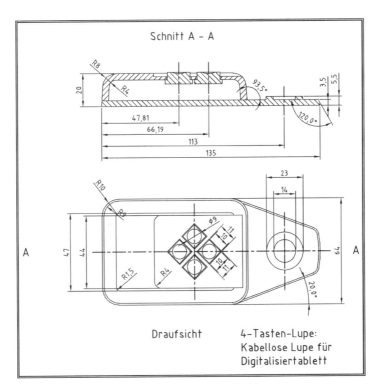

Abbildung 6.22: Texte in der Zeichnung, die fertige Zeichnung

Kapitel 6　Schraffieren, Bemaßen und Beschriften

6.9　Textänderungen

Texte sind normale AutoCAD-Zeichnungsobjekte, Sie können sie verschieben, drehen, skalieren usw. Jede Textzeile ist ein zusammenhängendes Objekt. Haben Sie einen Fehler in einer Zeile oder einem Textabsatz, können Sie den Text mit dem Befehl DDEDIT bearbeiten.

Befehl Ddedit

Mit dem Befehl DDEDIT können Sie den Text in Dialogfeldern bearbeiten:

➥ Abrollmenü ÄNDERN, Untermenü OBJEKT >, Untermenü TEXT >, Funktionen BEARBEITEN...

➥ Symbol im Werkzeugkasten TEXT

```
Befehl: Ddedit
Anmerkungsobjekt wählen oder [Zurück]:
```

Wählen Sie eine Textzeile, dann wird diese in der Zeichnung markiert und kann geändert werden (siehe Abbildung 6.23).

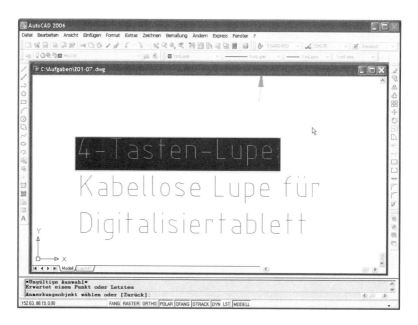

Abbildung 6.23: Änderung einer Textzeile

Mit der Option ZURÜCK können Sie Änderungen wieder zurücknehmen.

➤ Klicken Sie eine Textzeile mit einem Doppelklick an, aktivieren Sie ebenfalls den Befehl DDEDIT und Sie können den Text ändern.

➤ Wenn Sie die Systemvariable DTEXTED auf 1 setzen, können Sie den Text in einem Dialogfeld bearbeiten (siehe Abbildung 6.24). Standardeinstellung ist 0, dann wird der Text wie in Abbildung 6.23 geändert.

Abbildung 6.24:
Textänderung im Dialogfeld

Teil 2 Befehle, Befehle, Befehle …

Kapitel 7:	Noch mehr Zeichen- und Editierbefehle	255
Kapitel 8:	Gefüllte Flächen, Umgrenzungen und Regionen	313
Kapitel 9:	Bemaßungen und Stile	333
Kapitel 10:	Texte, Schriftfelder und Tabellen	377
Kapitel 11:	Blöcke, Attribute, externe Referenzen und Gruppen	409
Kapitel 12:	Bilder in Zeichnungen	469
Kapitel 13:	Änderungen, Design-Center und Werkzeugpaletten	483
Kapitel 14:	Die Windows-Funktionen	525
Kapitel 15:	Plotten, Plotter und Plotstil-Manager	541
Kapitel 16:	Layouts im Papierbereich	585
Kapitel 17:	Datenaustausch	621
Kapitel 18:	Die Internet-Funktionen	639
Kapitel 19:	Zeichnungsstandards	657

7 Noch mehr Zeichen- und Editierbefehle

In diesem Teil des Buches lernen Sie die Befehle von AutoCAD kennen, die über die elementaren Funktionen aus dem ersten Teil dieses Buches hinausgehen. Zunächst werden die speziellen Zeichen- und Editierbefehle vorgestellt.

7.1 Zeichnen von Polylinien

Wenn Sie bisher mit dem Befehl LINIE einen Linienzug gezeichnet haben, wurde dieser als zusammenhängender Polygonzug gezeichnet. AutoCAD speichert aber die Segmente als einzelne Objekte.

Eigenschaften von Polylinien

Polylinien dagegen sind zusammenhängende Konturen, die aus Linien- und Bogensegmenten bestehen können. Aber das ist nicht die einzige Besonderheit von Polylinien:

- Polylinien können unabhängig von der Strichstärke zusätzlich mit einer beliebigen Breite gezeichnet werden.
- Jedem Segment einer Polylinie kann eine unterschiedliche Start- und Endbreite gegeben werden.
- Breite Polylinien können, je nach Einstellung des Füllmodus, gefüllt oder nicht gefüllt auf dem Bildschirm dargestellt und geplottet werden. Die Breite 0 bedeutet, dass mit der eingestellten Strichstärke oder der Strichstärke des Plotterstifts ausgegeben wird.
- Polylinien können offen oder geschlossen gezeichnet werden.
- Polylinien können wie alle anderen Objekte auch mit unterbrochenen Linientypen gezeichnet werden.
- Mit Polylinien lassen sich geschlossene Konturen zeichnen, die Sie dann auch insgesamt versetzen können. Die Befehle FASE und ABRUNDEN lassen sich auf alle Eckpunkte der Polylinie anwenden.

Kapitel 7   Noch mehr Zeichen- und Editierbefehle

➤ Polylinien können Sie zwar mit den normalen Editierbefehlen bearbeiten, spezielle Operationen führen Sie aber besser mit dem Befehl PEDIT aus.

➤ Von geschlossenen Polylinien können Sie sich mit dem Befehl FLÄCHE, Option OBJEKT, den Umfang und die eingeschlossene Fläche anzeigen lassen.

Befehl Plinie

Polylinien können Sie mit dem Befehl PLINIE erstellen.

➤ Abrollmenü ZEICHNEN, Funktion POLYLINIE

➤ Symbol im Werkzeugkasten ZEICHNEN

```
Befehl: Plinie
Startpunkt angeben:
Aktuelle Linienbreite beträgt 0.00
Nächsten Punkt angeben oder [Kreisbogen/Schließen/ Halbbreite/sehnenLänge/
   Zurück/Breite]:
```

Zunächst wird der Startpunkt der Polylinie abgefragt. AutoCAD zeigt Ihnen daraufhin die aktuelle Linienbreite an. Sie stammt von der letzten Verwendung des Befehls bzw. ist 0, wenn noch keine Breite eingegeben wurde, oder der Befehl PLINIE noch nicht verwendet wurde. Danach erscheint die Liste mit den möglichen Optionen des Befehls:

Nächsten Punkt: Ohne eine weitere Option anzuwählen, können Sie Linienendpunkte eingeben und wie beim Befehl LINIE einen Linienzug zeichnen.

Kreisbogen: Umschaltung in den Modus zum Zeichnen von Kreisbogensegmenten (siehe unten).

Schließen: Schließen der Polylinie. Im Linienmodus wird ein Liniensegment zum Schließen verwendet. Sind Sie im Kreisbogenmodus, wird mit einem Kreisbogen geschlossen.

Halbbreite oder Breite: Eingabe der Werte für die Anfangs- und Endbreite bzw. Halbbreite.

```
Startbreite angeben <0.00>:
Endbreite angeben <0.00>:
```

bzw.

```
Starthalbbreite angeben <0.00>:
Endhalbbreite angeben <0.00>:
```

Zeichnen von Polylinien Kapitel 7

Wird mit der Breite 0 gezeichnet, werden die Objekte mit der aktuellen Strichstärke gezeichnet. Breiten größer Null ergeben Bänder, und ungleiche Breiten führen zu konischen Segmenten. Polylinien mit einer Breite werden ausgefüllt gezeichnet, wenn der Füllmodus (siehe unten) eingeschaltet ist (Standardeinstellung).

Sehnenlänge: Bei der Sehnenlänge geben Sie nur die Länge des nächsten Segments vor. Es wird als Verlängerung an das letzte Segment angehängt.

Zurück: Nimmt das zuletzt gezeichnete Segment zurück.

Kreisbogenmodus bei Polylinien

Haben Sie auf die Option KREISBOGEN umgeschaltet, können Sie so lange Bogensegmente anhängen, bis Sie wieder in den Linienmodus zurückschalten oder den Befehl beenden.

```
Nächsten Punkt angeben oder [Kreisbogen/Schließen/ Halbbreite/sehnenLänge/
    Zurück/Breite]: K für Kreisbogen
Endpunkt des Bogens angeben oder [Winkel/ZEntrum/Schließen/RIchtung/
    Halbbreite/ LInie/RAdius/zweiter Pkt/Zurück/Breite]:
```

Wie beim Befehl BOGEN können Sie auf die verschiedensten Arten Bögen an die Polylinie konstruieren. Mit den Optionen WINKEL, ZENTRUM, RADIUS, RICHTUNG und ZWEITER PKT geben Sie vor, welchen Wert Sie als nächsten zur Konstruktion eingeben möchten. Je nach der gewählten Option werden die restlichen Werte in einer weiteren Optionsliste angezeigt.

Geben Sie ohne die Wahl einer weiteren Option sofort den Endpunkt an, so wird der Bogen tangential an das letzte Segment angehängt.

Die Optionen BREITE, HALBBREITE und ZURÜCK entsprechen denen im Linienmodus. Ebenso die Option SCHLIESSEN, nur dass im Bogenmodus auch mit einem Bogen geschlossen wird. Mit der Option LINIE schalten Sie wieder in den Linienmodus des Befehls zurück.

Befehl Füllen

Mit dem Befehl FÜLLEN können Sie wählen, ob breite Poylinien gefüllt dargestellt werden sollen. Den Befehl finden Sie nicht in den Menüs, geben Sie ihn deswegen auf der Tastatur ein.

```
Befehl: Füllen
Modus eingeben [EIN/AUS] <Ein>:
```

Ist der Füllmodus aus, werden nur die Randlinien der Polylinien gezeichnet. Haben Sie umgestellt, wird die Zeichnung erst nach dem Befehl REGEN richtig angezeigt.

Zerlegung von Polylinien, Befehl Ursprung

Polylinien lassen sich mit dem Befehl URSPRUNG wieder in Linien- und Bogensegmente zerlegen. Haben Sie aber Breiten verwendet, gehen diese bei der Zerlegung verloren. Den Befehl finden Sie:

➡ Abrollmenü ÄNDERN, Funktion URSPRUNG

➡ Symbol im Werkzeugkasten ÄNDERN

```
Befehl: Ursprung
Objekte wählen:
```

Ohne weitere Rückfragen werden Polylinien in ihre Segmente zerlegt. Blöcke, Bemaßungen und Schraffuren können Sie damit ebenfalls zerlegen.

Zeichnen verschiedener Polylinien

1. Zeichnen Sie Polylinien wie in Abbildung 7.1. Beginnen Sie eine neue Zeichnung.

2. Zeichnen Sie zuerst das Langloch.

   ```
   Befehl: Plinie
   Startpunkt angeben: Startpunkt setzen
   Aktuelle Linienbreite beträgt 0.00
   Nächsten Punkt angeben oder [Kreisbogen/ Halbbreite/sehnenLänge/Zurück/
       Breite]: Nach rechts fahren, und 50 eingeben wenn die waagrechte
       Hilfslinie erscheint
   ```

3. Schalten Sie jetzt in den Kreisbogenmodus:

   ```
   Nächsten Punkt angeben oder [Kreisbogen/Schließen/ Halbbreite/
       sehnenLänge/Zurück/Breite]: K für Kreisbogen
   Endpunkt des Bogens angeben oder [Winkel/ZEntrum/Schließen/RIchtung/
       Halbbreite/ LInie/RAdius/zweiter Pkt/Zurück/Breite]: Nach oben
       fahren und 25 eingeben, wenn die senkrechte Hilfslinie erscheint
   ```

4. Schalten Sie wieder zurück in den Linienmodus:

   ```
   Endpunkt des Bogens angeben oder [Winkel/ZEntrum/Schließen/RIchtung/
       Halbbreite/ LInie/RAdius/zweiter Pkt/Zurück/Breite]: LI für Linie
       eingeben
   Nächsten Punkt angeben oder [Kreisbogen/Schließen/ Halbbreite/
       sehnenLänge/Zurück/Breite]: Nach links fahren und 50 eingeben wenn
       die waagrechte Hilfslinie erscheint
   ```

Zeichnen von Polylinien

5. Schalten Sie noch einmal in den Kreisbogenmodus, um damit die Kontur zu schließen.

    Nächsten Punkt angeben oder [Kreisbogen/Schließen/ Halbbreite/
      sehnenLänge/Zurück/Breite]: **K für Kreisbogen**
    Endpunkt des Bogens angeben oder [Winkel/ZEntrum/Schließen/RIchtung/
      Halbbreite/ LInie/RAdius/zweiter Pkt/Zurück/Breite]: **S für Schließen
      eingeben**

6. Zeichnen Sie jetzt das Bogenfenster.

    Befehl: **Pline**
    Startpunkt angeben: **Startpunkt setzen**
    Aktuelle Linienbreite beträgt 0.00
    Nächsten Punkt angeben oder [Kreisbogen/ Halbbreite/sehnenLänge/Zurück/
      Breite]: **Nach oben fahren und 35 eingeben, wenn die senkrechte
      Hilfslinie erscheint**

7. Schalten Sie jetzt in den Kreisbogenmodus:

    Nächsten Punkt angeben oder [Kreisbogen/Schließen/ Halbbreite/
      sehnenLänge/Zurück/Breite]: **K für Kreisbogen**
    Endpunkt des Bogens angeben oder [Winkel/ZEntrum/Schließen/RIchtung/
      Halbbreite/ LInie/RAdius/zweiter Pkt/Zurück/Breite]: **Nach rechts
      fahren und 20 eingeben, wenn die waagrechte Hilfslinie erscheint**
    Endpunkt des Bogens angeben oder [Winkel/ZEntrum/Schließen/RIchtung/
      Halbbreite/ LInie/RAdius/zweiter Pkt/Zurück/Breite]: **RI für Richtung**
    Tangentenrichtung für Startpunkt des Bogens angeben: **90 für 90°
      Richtung**
    Endpunkt des Bogens angeben: **Nach rechts fahren und 20 eingeben, wenn
      die waagrechte Hilfslinie erscheint**

8. Schalten Sie jetzt in den Linienmodus zurück:

    Endpunkt des Bogens angeben oder [Winkel/ZEntrum/Schließen/RIchtung/
      Halbbreite/ LInie/RAdius/zweiter Pkt/Zurück/Breite]: **LI für Linie**
    Nächsten Punkt angeben oder [Kreisbogen/Schließen/ Halbbreite/
      sehnenLänge/Zurück/Breite]: **Nach unten fahren und 35 eingeben,
      wenn die senkrechte Hilfslinie erscheint**
    Nächsten Punkt angeben oder [Kreisbogen/Schließen/ Halbbreite/
      sehnenLänge/Zurück/Breite]: **S für Schließen**

9. Zeichnen Sie jetzt den Doppelpfeil:

    Befehl: **Plinie**
    Von Punkt: **Startpunkt eingeben**
    Aktuelle Linienbreite beträgt 0.00
    Nächsten Punkt angeben oder [Kreisbogen/ Halbbreite/sehnenLänge/Zurück/
      Breite]: **B für Breite**
    Startbreite <0.00>: **0**
    Endbreite <0.00>: **10**
    Nächsten Punkt angeben oder [Kreisbogen/Schließen/ Halbbreite/
      sehnenLänge/Zurück/Breite]: **Nach rechts fahren und 35 eingeben,
      wenn die waagrechte Hilfslinie erscheint**

Kapitel 7   Noch mehr Zeichen- und Editierbefehle

```
Nächsten Punkt angeben oder [Kreisbogen/Schließen/ Halbbreite/
    sehnenLänge/Zurück/Breite]: B für Breite
Startbreite <10.00>: 3
Endbreite <10.00>: 3
Nächsten Punkt angeben oder [Kreisbogen/Schließen/ Halbbreite/
    sehnenLänge/Zurück/Breite]: Nach rechts fahren und 25 eingeben,
    wenn die waagrechte Hilfslinie erscheint
Nächsten Punkt angeben oder [Kreisbogen/Schließen/ Halbbreite/
    sehnenLänge/Zurück/Breite]: B für Breite
Startbreite <3.00>: 10
Endbreite <3.00>: 0
Nächsten Punkt angeben oder [Kreisbogen/Schließen/ Halbbreite/
    sehnenLänge/Zurück/Breite]: Nach rechts fahren und 35 eingeben,
    wenn die waagrechte Hilfslinie erscheint
Nächsten Punkt angeben oder [Kreisbogen/Schließen/ Halbbreite/
    sehnenLänge/Zurück/Breite]: ↵
```

10. Erzeugen Sie einen Layer mit einem unterbrochenen Linientyp, machen Sie ihn zum aktuellen Layer und zeichnen Sie das Rechteck.

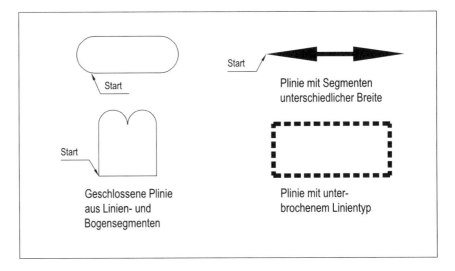

Abbildung 7.1: Verschiedene Polylinien

7.2   Editierung von Polylinien

Polylinien lassen sich mit allen Editierbefehlen bearbeiten. Darüber hinaus besitzen aber einige Befehle besondere Optionen für Polylinien, und es gibt auch speziell für Polylinien den Befehl PEDIT.

Editierung von Polylinien Kapitel 7

Versetzen von Polylinien

Mit dem Befehl VERSETZ lassen sich Polylinien versetzen. Es entstehen im Gegensatz zu einzelnen Linien keine Überschneidungen und Lücken an den Ecken (siehe Abbildung 7.2).

Abrunden von Scheitelpunkten

Beim Befehl ABRUNDEN können Sie zwei Liniensegmente einer Polylinie wählen, die wie bei Linien miteinander verrundet werden. Außerdem hat der Befehl die Option POLYLINIE.

```
Befehl: Abrunden
Aktuelle Einstellungen: Modus = STUTZEN, Radius = 10.00
Erstes Objekt wählen oder [rückgängig/Polylinie/Radius/Stutzen]: P für
Polylinie
2D-Polylinie wählen:
4 Linien wurden abgerundet
```

Alle Scheitelpunkte, an denen zwei Liniensegmente zusammentreffen, werden mit dem eingestellten Radius verrundet (siehe Abbildung 7.2).

Fasen von Scheitelpunkten

Ebenso ist es beim Befehl FASE, auch der hat die Option POLYLINIE.

```
Befehl: Fase
(STUTZEN-Modus) Gegenwärtiger Fasenabst1=10, Abst2=10
Erste Linie wählen oder [rückgängig/Polylinie/Abstand/Winkel/Stutzen/
Methode]: P für Polylinie
2D-Polylinie wählen:
4 Linien wurden gefast
```

An den Scheitelpunkten, an denen zwei Liniensegmente zusammentreffen, wird eine Fase angebracht, sofern die Segmente groß genug sind (siehe Abbildung 7.2).

Berechnen von Umfang und Fläche bei Polylinien

Beim Befehl LISTE erhalten Sie die Koordinaten jedes Stützpunkts sowie die Breiten der Segmente. Außerdem werden Umfang und Fläche aufgelistet. Der Befehl FLÄCHE verfügt über die Option OBJEKT. Damit können Sie ebenfalls Fläche und Umfang einer Polylinie ermitteln. Der Vorteil ist, dass Flächen addiert und subtrahiert werden können.

(KOMPENDIUM) AutoCAD und LT 2006

Kapitel 7   Noch mehr Zeichen- und Editierbefehle

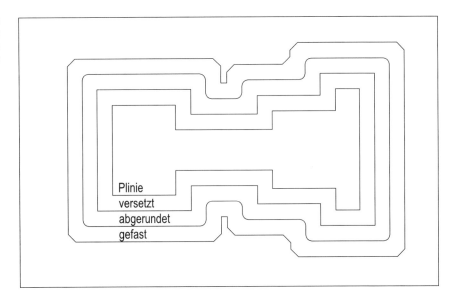

Abbildung 7.2:
Polylinie editieren: versetzen, fasen und abrunden

Polylinien versetzen, abrunden und fasen

1. Laden Sie die Zeichnung *A07-01.dwg* aus dem Ordner *Aufgaben*
2. Erzeugen Sie die Anordnung wie in Abbildung 7.2. Versetzen Sie mit dem Abstand 10, runden Sie eine Polylinie mit dem Radius 4 und fasen Sie eine andere Polylinie mit den Abständen 5.
3. Lassen Sie sich Flächen und Umfang der einzelnen Polylinien anzeigen.

Die Lösung finden Sie im Übungsordner: Zeichnung *L07-01.dwg*.

Befehl Pedit

Polylinien können Sie mit dem Befehl PEDIT bearbeiten.

➥ Abrollmenü ÄNDERN, Untermenü OBJEKT >, Funktion POLYLINIE

➥ Symbol im Werkzeugkasten ÄNDERN II

```
Befehl: Pedit
Polylinie wählen oder [mehrere Objekte]:
```

Sie können eine Polylinie, eine 3D-Polylinie oder ein 3D-Netz wählen (zu 3D-Polylinie und 3D-Netz mehr in Kapitel 21.1). Haben Sie stattdessen eine Linie oder einen Bogen gewählt, erscheint die Anfrage:

```
Das gewählte Objekt ist keine Polylinie
Soll es in eine Polylinie verwandelt werden? <J>
```

Geben Sie JA ein, wird das Objekt in eine Polylinie mit einem einzelnen Segment umgewandelt. Danach bzw. sofort wenn Sie eine Polylinie gewählt haben, erscheint folgende Optionsliste:

```
Option eingeben [Schließen/Verbinden/BReite/BEarbeiten/ kurve Angleichen/
Kurvenlinie/kurve LÖschen/LInientyp/ Zurück]:
```

Diese Liste wird nach jeder Aktion wieder angezeigt, bis Sie den Befehl mit ⏎ beenden.

Bearbeiten der gesamten Polylinie

Der Befehl arbeitet auf mehreren Ebenen. Auf der obersten kann die gesamte Polylinie bearbeitet werden.

Schließen bzw. Öffnen: Mit der Option SCHLIESSEN wird der Anfangs- und Endpunkt mit einem Liniensegment verbunden. In der Optionsliste ist bei einer geschlossenen Polylinie diese Option durch ÖFFNEN ersetzt.

Breite: Wollen Sie die Breite aller Segmente verändern, wählen Sie diese Option (siehe Abbildung 7.3) und geben eine neue Breite für alle Segmente ein. Einzelne Segmente lassen sich hier nicht ändern, dazu später.

Linientyp: Ist die Polylinie mit einem unterbrochenen Linientyp dargestellt, wird an jedem Scheitelpunkt mit einem Liniensegment begonnen. Das hat den Vorteil, dass jeder Scheitelpunkt in der Zeichnung eindeutig lokalisiert werden kann. Liegen die Stützpunkte aber dicht beieinander, kann es vorkommen, dass die Polylinie nur aus Liniensegmenten besteht und ausgezogen dargestellt wird. Mit der Option LINIENTYP können Sie die Polylinie mit gleichmäßig langen Liniensegmenten zeichnen lassen, auch wenn dann Lücken an den Eckpunkten entstehen. Dazu schalten Sie den Linientypmodus ein.

Objekte mit einer Polylinie verbinden

Verbinden: Mit dieser Option lassen sich Linien- und Bogensegmente an eine bestehende Polylinie anhängen. Voraussetzung ist, dass sich die Segmente an den Eckpunkten treffen, aber nicht überschneiden.

```
Option eingeben [Schließen/Verbinden/BReite/BEarbeiten/ kurve Angleichen/
   Kurvenlinie/kurve LÖschen/LInientyp/ Zurück]: V für Verbinden
Objekte wählen: Wählen Sie die Objekte, die Sie mit der Polylinie
verbinden wollen
4 Segment(e) der Polylinie hinzugefügt
```

Auch wenn Sie die Objekte mit einem Fenster wählen, können Sie das Fenster großzügig aufziehen. Es werden nur die Objekte mit der Polylinie verbunden, die an der Polylinie hängen. Mit dieser Methode können Sie auch

Konturen zuerst aus Linien und Bögen zeichnen und dann in eine Polylinie umwandeln. Bei einer geschlossenen Polylinie wird die Option nicht angenommen.

Polylinie mit Kurven angleichen

Kurve angleichen: Die Option ersetzt die Polylinie durch einen Kurvenzug aus Bogensegmenten. Alle Scheitelpunkte der Polylinie werden angefahren und die Bögen laufen tangential ineinander über (siehe Abbildung 7.3). Mit der Unteroption TANGENTE (siehe Editieren von Scheitelpunkten) kann die Richtung in jedem Scheitelpunkt vorgegeben werden, mit der die Kurve durch den Scheitelpunkt läuft.

Kurvenlinie: Diese Option erzeugt dagegen eine Kurve, die die Polylinie interpoliert. Bei diesem Verfahren wird nur der Anfangs- und Endpunkt angefahren. Alle anderen Punkte werden gemittelt (siehe Abbildung 7.3).

Kurve Löschen: Mit der Option wird die Kurve wieder entfernt und die ursprüngliche Polylinie wieder angezeigt.

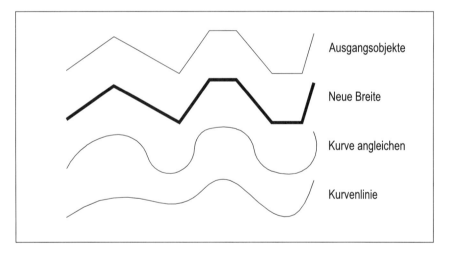

Abbildung 7.3:
Polylinie editieren – Breite ändern und Kurven erzeugen

➤ *Wenn Sie eine Freihandlinie in der Zeichnung benötigen, können Sie diese zuerst als Polylinie aus Liniensegmenten zeichnen. Setzen Sie die Punkte nicht zu eng. Nähern Sie die Polylinie dann durch eine Kurve mit der Option* KURVENLINIE *an. Klicken Sie die Kurve an und nehmen Sie die Polylinie an den Griffen und ziehen Sie die Kurve in die endgültige Form (siehe Objektgriffe, Kapitel 13.5)*

➤ *Wenn Sie die Systemvariable* SPLFRAME *auf 1 setzen, wird bei der Kurvenlinie die ursprüngliche Polylinie mit angezeigt. Der Wechsel wird allerdings erst nach dem nächsten Regenerieren der Zeichnung wirksam. Geben Sie also den Befehl* REGEN *ein.*

Editierung von Polylinien   Kapitel 7

Polylinien, Breite verändern und Kurven erzeugen

1. Laden Sie die Zeichnung *A07-02.dwg* aus dem Ordner *Aufgaben*.
2. Verändern Sie die Breite und lassen Sie die Polylinie durch Kurven angleichen (siehe Abbildung 7.3). Ändern Sie die Systemvariable SPLFRAME und regenerieren Sie die Zeichnung.

Eine Musterlösung finden Sie im Ordner *Aufgaben*: *L07-02.dwg*.

Mehrere Polylinien gleichzeitig bearbeiten

Wollen Sie mehrere Polylinien gleichzeitig bearbeiten, haben Sie bei der ersten Anfrage des Befehls eine Option, mit der Sie mehrere Objekte wählen können. Der Befehlsdialog läuft dann anders ab.

```
Befehl: Pedit
Polylinie wählen oder [mehrere Objekte]: O für die Auswahl von mehreren
Objekten
Objekte wählen:
```

Haben Sie keine Polylinien gewählt, können Sie jetzt alle umwandeln.

```
Linien und Bogen in Polylinien umwandeln? [Ja/Nein]?
```

Danach können Sie alle Optionen, die es für die Bearbeitung einer einzelnen Polylinie gibt, auf alle gewählten Polylinien anwenden. Lediglich die Bearbeitung von Scheitelpunkten gibt es bei dieser Variante nicht.

Mehrere Objekte in Polylinien umwandeln: Haben Sie mehrere Polylinien angewählt und wählen die Option VERBINDEN, können Sie auch Objekte zu einer Polylinie verbinden, die sich an den Enden nicht treffen.

```
Option eingeben [Schließen/Öffnen/Verbinden/BReite/kurve Angleichen/
    Kurvenlinie/kurve LÖschen/LInientyp/Zurück]: V für die Option Verbinden
Verbindungstyp = Dehnen
Fuzzy-Abstand eingeben oder [Verbindungstyp] <0.0000>:
V für die Option Verbindungstyp
Verbindungstyp eingeben [Dehnen/Hinzufügen/Beides] <Dehnen>: Zum Beispiel B
für die Option Beides
Verbindungstyp = Beides (Dehnen oder Hinzufügen)
Fuzzy-Abstand eingeben oder [Verbindungstyp] <0.0000>: Abstand eingeben
```

Sie können den Verbindungstyp mit der gleichnamigen Option wählen.

Dehnen: Verbindet die ausgewählten Polylinien durch Dehnen oder Stutzen der Segmente auf die nächsten Endpunkte.

Hinzufügen: Verbindet die ausgewählten Polylinien durch Hinzufügen eines geraden Segments zwischen den nächstliegenden Endpunkten.

Beide: Verbindet die ausgewählten Polylinien wenn möglich durch Dehnen oder Stutzen. Ansonsten werden die Polylinien durch Hinzufügen eines geraden Segments zwischen den nächstliegenden Endpunkten verbunden.

Außerdem können Sie einen Abstand (Fuzzy-Abstand) vorgeben. Objekte, deren Endpunkte näher zusammen liegen, werden miteinander verbunden.

Diese Option des Befehls PEDIT *kann verwendet werden, wenn Schraffurgrenzen nicht geschlossen sind. Oft entstehen beim Import im DXF-Format Rundungsfehler. Die Kontur ist dann nicht geschlossen und die Konturermittlung beim Befehl* GSCHRAFF *geht schief. Hiermit können Sie Abhilfe schaffen.*

Scheitelpunkte editieren

Wenn Sie die Option BEARBEITEN anwählen, schalten Sie auf eine neue Ebene. Sie können jetzt einzelne Scheitelpunkte editieren.

```
Option eingeben [Schließen/Verbinden/BReite/BEarbeiten/ kurve Angleichen/
    Kurvenlinie/kurve LÖschen/LInientyp/ Zurück]: BE für Bearbeiten
Bearbeitungsoption für Kontrollpunkt eingeben [Nächster/Vorher/BRUch/
    Einfügen/Schieben/Regen/Linie/ Tangente/BREite/eXit] <N>:
```

Vorher und Nächster: Am Startpunkt der Polylinie wird jetzt ein Markierungskreuz angezeigt, das mit den Optionen VORHER und NÄCHSTER über die Polylinie bewegt werden kann.

Schieben: Mit dieser Option können Sie den markierten Scheitelpunkt verschieben (siehe Abbildung 7.4).

Einfügen: Diese Option bewirkt, dass Sie nach dem Markierungskreuz einen neuen Scheitelpunkt für die Polylinien einfügen können.

Breite: Start- und Endbreite für das nächste Segment lassen sich mit der Option BREITE ändern. Im Gegensatz zu der vorherigen Breitenfunktion lässt sich jedes Segment einzeln ändern.

```
Startbreite für nächstes Segment angeben <0.00>:
Endbreite für nächstes Segment angeben <2.00>:
```

Linie: Mit der Option LINIE können Sie mehrere Punkte entfernen und durch eine gerade Linie verbinden.

Editierung von Polylinien Kapitel 7

Bruch: Die Option BRUCH arbeitet genauso, nur dass die Segmente entfernt werden. Gehen Sie in beiden Fällen wie folgt vor:

```
Bearbeitungsoption für Kontrollpunkt eingeben [Nächster/Vorher/BRUch/
   Einfügen/Schieben/Regen/Linie/ Tangente/BREite/eXit] <N>: L für Linie
   oder BRU für Bruch eingeben
Option eingeben [Nächster/Vorher/Los/eXit] <N>: Markierungskreuz mit den
Optionen Nächster bzw. Vorher an die zweite Stelle bewegen
..
Option eingeben [Nächster/Vorher/Los/eXit] <N>: Die Option Los löst die
Funktion aus
Bearbeitungsoption für Kontrollpunkt eingeben [Nächster/Vorher/BRUch/
   Einfügen/Schieben/Regen/Linie/ Tangente/BREite/eXit] <N>:
```

Platzieren Sie das Markierungskreuz an der ersten Stelle, geben Sie dann die Option ein (LINIE oder BRUCH). Platzieren Sie das Kreuz an der anderen Stelle und wählen Sie dann die Funktion LOS. Die Funktion wird ausgeführt und wieder in die nächsthöhere Befehlsebene verzweigt.

Exit: Die Option beendet den Modus Scheitelpunkte und verzweigt auf die obere Ebene des Befehls. Ein weiteres EXIT beendet den Befehl.

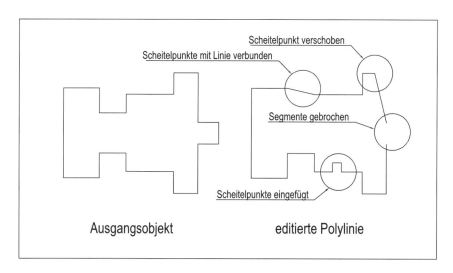

Abbildung 7.4:
Polylinie editieren, Scheitelpunkte verändern

Scheitelpunkte editieren

1. Laden Sie die Zeichnung *A07-03.dwg* aus dem Ordner *Aufgaben*.
2. Verändern Sie die Polylinie, fügen Sie Scheitelpunkte ein, verbinden und verschieben Sie andere und brechen Sie die Polylinie (siehe Abbildung 7.4). Arbeiten Sie der Einfachheit halber ohne Koordinaten nur mit dem Fang.

Eine Lösung finden Sie im Ordner mit den Aufgaben: *L07-03.dwg*.

Kapitel 7   Noch mehr Zeichen- und Editierbefehle

7.3 Zeichnen und Editieren von Splines

Splines sind Kurven, die auf den Funktionen der NURBS-Mathematik beruhen (Non-Uniform Rational B-Spline). Damit lassen sich geglättete Kurven zeichnen. Zwei Befehle stehen zur Verfügung: SPLINE zum Zeichnen von Splinekurven und SPLINEDIT zum Bearbeiten von solchen Kurven. Der Befehl ELLIPSE generiert ebenfalls Splinekurven.

Befehl Spline

Den Befehl SPLINE wählen Sie:

➡ Abrollmenü ZEICHNEN, Funktion SPLINE

➡ Symbol im Werkzeugkasten ZEICHNEN

```
Befehl: Spline
Ersten Punkt angeben oder [Objekt]:
Nächsten Punkt angeben:
```

Geben Sie den ersten Stützpunkt des Splines ein oder wählen Sie:

Objekt: Mit der Option OBJEKT an dieser Stelle, können Sie eine mit dem Befehl PEDIT und der Option KURVENLINIE angeglichene Polylinie in einen Spline umwandeln. Die Kurven, die Sie mit der Option KURVE ANGLEICHEN umgewandelt haben, lassen sich nicht in Splines umwandeln.

Haben Sie den Startpunkt eingegeben, können Sie danach beliebig viele weitere Stützpunkte eingeben.

```
Nächsten Punkt angeben oder [Schließen/ Anpassungstoleranz] <Starttangente>:
..
Nächsten Punkt angeben oder [Schließen/ Anpassungstoleranz] <Starttangente>:
```

⏎ beendet die Punkteingabe. Danach werden zwei Tangentenrichtungen für den Spline angefragt

```
Starttangente angeben:
Endtangente angeben:
```

Platzieren Sie das Fadenkreuz so, dass die Kurve die gewünschte Form hat und klicken Sie einen Punkt an, oder geben Sie mit relativen Koordinaten einen Punkt an. Die Kurve verläuft tangential zu der Verbindungslinie zu diesem Punkt. Sie können aber auch ⏎ drücken, dann läuft die Kurve ideal auf die nächsten Punkte zu.

Schließen: Beendet die Anfrage und zeichnet einen geschlossenen Spline.

Zeichnen und Editieren von Splines　　　　　　　　　　　　　　　　　　　Kapitel 7

Anpassungstoleranz: Mit der Option bestimmen Sie die Genauigkeit, mit der der Spline an die eingegebenen Punkte angeglichen wird. Ist der Wert 0, geht der Spline durch die Punkte. Je höher der Wert ist, desto größer wird die Abweichung.

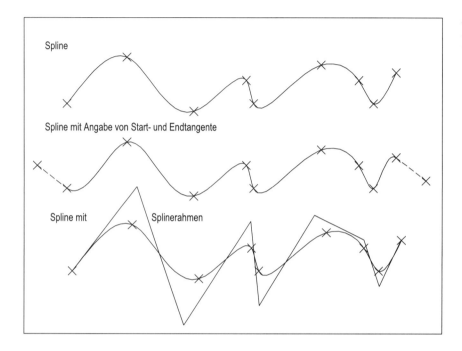

Abbildung 7.5:
Zeichnen von Splines

Befehl Splineedit

Splines können Sie mit dem Befehl SPLINEEDIT bearbeiten.

➥ Abrollmenü ÄNDERN, Untermenü OBJEKT >, Funktion SPLINE
➥ Symbol im Werkzeugkasten ÄNDERN II

```
Befehl: Splineedit
Spline wählen:
Option eingeben [Anpassungsdaten/Schließen/ scheitelPunkte verschieben/
    vErfeinern/Richtung wechseln/Zurück]:
```

Wenn Sie den Spline angewählt haben, werden die Kontrollpunkte des Splines angezeigt. Das sind nicht die Stützpunkte, die beim Zeichnen eingegeben wurden, sondern die Punkte, an die der Spline angepasst wird.

Anpassungsdaten: Mit dieser Option können Sie die Stützpunkte des Splines bearbeiten. Es werden jetzt Griffe an den Stützpunkten angezeigt, und ähnlich wie bei Polylinien können Sie Stützpunkte hinzufügen, löschen und verschieben, den Spline schließen bzw. öffnen, den Spline bereinigen, Start-

Kapitel 7   Noch mehr Zeichen- und Editierbefehle

und Endtangente verändern und die Toleranz in den Stützpunkten verändern. Diese Optionen finden Sie in einer weiteren Unteroptionsliste.

```
Option eingeben [Anpassungsdaten/Schließen/ scheitelPunkte verschieben/
    vErfeinern/Richtung wechseln/Zurück]: A für Anpassungsdaten
Option für Datenanpassung eingeben [Hinzufügen/ Schließen/Löschen/
    Verschieben/Bereinigen/TAngenten/ TOleranz/eXit] <eXit>:
```

Schließen bzw. Öffnen: Mit diesen Optionen auf beiden Ebenen des Befehls können Sie den Spline schließen bzw. öffnen.

Scheitelpunkte verschieben: In der ersten Optionsliste können Sie mit dieser Option Scheitelpunkte des Splines verschieben.

```
Option eingeben [Anpassungsdaten/Schließen/ scheitelPunkte verschieben/
    vErfeinern/Richtung wechseln/Zurück]: P für Scheitelpunkte verschieben
Neue Position angeben oder [Nächster/Vorher/
Wählen/eXit] <N>:
```

Wie beim Befehl PEDIT können Sie eine Markierung mit den Optionen VORHER und NÄCHSTER an den Scheitelpunkt bringen, den Sie bearbeiten wollen. Mit der Option WÄHLEN, können Sie einen beliebigen Scheitelpunkt anklicken. Haben Sie den gewünschten, geben Sie eine neue Position ein oder klicken Sie einen Punkt in der Zeichnung an.

Verfeinern: Bei der Option können Sie in einem weiteren Untermenü einen Kontrollpunkt hinzufügen oder einen höheren Grad wählen (maximal 26). Dadurch erhöht sich ebenfalls die Zahl der Kontrollpunkte. Außerdem können Sie das Gewicht an einem Kontrollpunkt ändern. Dadurch wird der Spline stärker zu diesem Kontrollpunkt hingezogen.

```
Option eingeben [Anpassungsdaten/Schließen/ scheitelPunkte verschieben/
    vErfeinern/Richtung wechseln/Zurück]: E für Verfeinern
Verfeinerungsoption eingeben [Kontrollpunkt hinzufügen/Höherer grad/Gewicht/
    eXit] <eXit>:
```

Richtung wechseln: Mit dieser Option werden die Stützpunkte in anderer Reihenfolge gespeichert. Das hat Einfluss auf die Bearbeitung; die Form des Splines ändert sich dadurch nicht.

Splines zeichnen

1. Laden Sie die Zeichnung *A07-04.dwg* aus Ihrem Übungsordner.
2. Zeichnen Sie Splines mit verschiedenen Start- und Endtangenten durch die Stützpunkte nach (siehe Abbildung 7.5).
3. Bearbeiten Sie die Splines mit dem Befehl SPLINEEDIT.

7.4 Ellipse, Polygon und Ring

Zum Zeichnen von Ellipsen, Polygonen und Ringen gibt es spezielle Befehle. Dabei werden Polylinien bzw. Splines erzeugt.

Voreinstellung für Ellipsen

Mit dem Befehl ELLIPSE zeichnen Sie in AutoCAD Ellipsen und Ellipsenbögen. Ist die Systemvariable PELLIPSE auf 0 gesetzt, werden Ellipsen mathematisch exakt gezeichnet. Setzen Sie diese dagegen auf 1, werden Ellipsen durch Polylinien angenähert. Geben Sie PELLIPSE auf der Tastatur ein, wenn Sie die Einstellung ändern wollen.

Befehl Ellipse

Den Befehl ELLIPSE finden Sie:

- Abrollmenü ZEICHNEN, Untermenü ELLIPSE >, Funktionen für die Optionen
- Symbole im Werkzeugkasten ZEICHNEN

Sie haben zwei Konstruktionsmöglichkeiten (siehe Abbildung 7.6) für Ellipsen und eine für Ellipsenbögen.

Zeichnen mit Angabe einer Achse und der Exzentrität: Bei dieser Methode werden die Endpunkte der Hauptachse und ein Endpunkt der zweiten Achse angefragt und damit die Ellipse gezeichnet. Sie finden diese Methode im Menü unter der Funktion ACHSE, ENDPUNKT.

```
Befehl: Ellipse
Achsenendpunkt der Ellipse angeben oder [Bogen/Zentrum]: z.B.: P1 in
Abbildung 7.6
Anderen Endpunkt der Achse angeben: P2
Abstand zur anderen Achse oder [Drehung] angeben: P3
```

Zeichnen mit Angabe von Mittelpunkt und Achsenendpunkten: Diese Zeichenmethode verlangt das Zentrum und die beiden Achsenendpunkte. Dazu wählen Sie im Menü die Funktion ZENTRUM.

```
Befehl: Ellipse
Achsenendpunkt der Ellipse angeben oder [Bogen/Zentrum]: Z für Zentrum
Zentrum der Ellipse angeben: z.B. P4 in Abbildung 7.6
Achsenendpunkt angeben: P5
Abstand zur anderen Achse oder [Drehung] angeben: P6
```

Drehung: Bei der letzten Anfrage steht Ihnen bei beiden Methoden die Option DREHUNG zur Verfügung.

Kapitel 7   Noch mehr Zeichen- und Editierbefehle

```
Abstand zur anderen Achse oder [Drehung] angeben: D für Drehung
Drehung um Hauptachse angeben: Winkel eingeben
```

Geben Sie einen Winkel an. Die Ellipse, die dabei entsteht, entspricht dem Kreis, der bei Drehung um die Hauptachse in diesem Winkel entsteht.

Zeichnen von Ellipsenbögen

Zeichnen Sie die Ellipse wie vorher. Zu beachten ist, dass die Achsenmethode Vorgabe ist. Wollen Sie mit der Zentrumsmethode arbeiten, schalten Sie mit der Option ZENTRUM auf diese um. Nachdem die Parameter für die Ellipse festgelegt sind, geben Sie Start- und Endwinkel für den Bogen an. Für die Bogenfunktion haben Sie ein eigenes Symbol im Werkzeugkasten ZEICHNEN und einen Eintrag im Untermenü.

```
Befehl: Ellipse
Achsenendpunkt der Ellipse angeben oder [Bogen/Zentrum]: B für Bogen
Achsenendpunkt des elliptischen Bogens angeben oder [Zentrum]:
Anderen Endpunkt der Achse angeben:
Abstand zur anderen Achse oder [Drehung] angeben:

Startwinkel angeben oder [Parameter]:
Endwinkel angeben oder [Parameter/einGeschlossener winkel]:
```

Statt des Endwinkels kann auch der eingeschlossene Winkel angegeben werden. Die Option PARAMETER verlangt die gleiche Eingabe wie bei den Winkeln, der elliptische Bogen wird jedoch mit Hilfe einer parametrischen Vektorgleichung erzeugt.

Befehl Polygon

Mit dem Befehl POLYGON können Sie regelmäßige Vielecke mit drei bis 1.024 Seiten zeichnen. Wählen Sie den Befehl:

➧ Abrollmenü ZEICHNEN, Funktion POLYGON

➧ Symbol im Werkzeugkasten ZEICHNEN

Zwei Konstruktionsmöglichkeiten stehen zur Verfügung, nachdem Sie die Zahl der Seiten angegeben haben:

Mittelpunkt und Kreisradius:

```
Befehl: Polygon
Anzahl Seiten eingeben <4>: Anzahl Seiten
Polygonmittelpunkt angeben oder [Seite]: Punkt für Mittelpunkt eingeben
Option eingeben [Umkreis/Inkreis] <U>: I oder U eingeben
Kreisradius angeben: Radius oder Punkt eingeben
```

Geben Sie die Anzahl der Seiten ein und dann einen Punkt für den Mittelpunkt des Polygons. Danach werden Sie nach dem Maß für das Polygon gefragt. Wollen Sie den eingeschlossenen Kreis als Maß vorgeben, dann wählen Sie die Option INKREIS (siehe Abbildung 7.6). Mit der Option UMKREIS geben Sie das Maß für den umschließenden Kreis an.

Bestimmung zweier Seitenendpunkte:

```
Befehl: Polygon
Anzahl Seiten eingeben <4>: Anzahl Seiten
Polygonmittelpunkt angeben oder [Seite]: S für Seite
Ersten Endpunkt der Seite angeben:
Zweiten Endpunkt der Seite angeben:
```

Geben Sie zwei Punkte für eine Seite an. Das Polygon wird von dieser Seite, entgegen dem Uhrzeigersinn, aufgebaut (siehe Abbildung 7.6).

Befehl Ring

Mit dem Befehl RING können Sie Ringe mit einer vorgegebenen Wandstärke zeichnen. Wählen Sie den Befehl:

➤ Abrollmenü ZEICHNEN, Funktion RING

```
Befehl: Ring
Innendurchmesser des Rings angeben <20.0000>:
Außendurchmesser des Rings angeben <20.0000>:
Ringmittelpunkt angeben oder <beenden>:
..
Ringmittelpunkt angeben oder <beenden>: ⏎
```

Der Befehl bleibt im Wiederholmodus und fragt weitere Mittelpunkte ab, bis Sie eine Eingabe nach dem Mittelpunkt mit ⏎ bestätigen.

Zeichnen von Ellipsen, Polygonen und Ringen

1. Laden Sie die Zeichnung *A07-05.dwg* aus Ihrem Übungsordner.
2. Vervollständigen Sie die Zeichnung wie in Abbildung 7.6.

Eine Musterlösung finden Sie im Übungsordner: *L07-05.dwg*.

7.5 Skizzieren

Freihandlinien lassen sich in AutoCAD mit dem Befehl SKIZZE zeichnen. Dabei arbeiten Sie mit einer Zeichenfeder, die Sie heben und senken können. Alle Mausbewegungen mit gesenkter Feder werden aufgezeichnet.

Kapitel 7   Noch mehr Zeichen- und Editierbefehle

Abbildung 7.6:
Ellipse, Polygon
und Ring

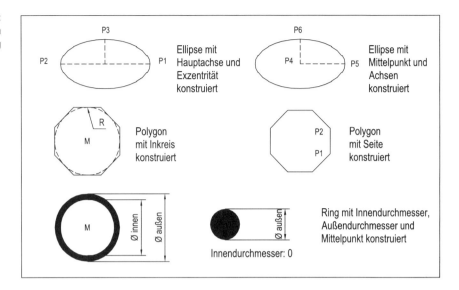

Befehl Skizze

Sie finden den Befehl nicht in den Menüs. Tippen Sie ihn ein.

```
Befehl: Skizze
Skizziergenauigkeit <1.0000>:
Skizze. Stift eXit Beenden sPeichern Löschen Verbinden .
```

Die erste Abfrage legt die Skizziergenauigkeit fest. Damit geben Sie das kleinste Segment der Skizze an. Bei dem Befehl wird von der Modellvorstellung einer Feder ausgegangen. Die Maus ist der Stift. Er kann mit der linken Taste gehoben und gesenkt werden. Gezeichnet wird nur bei gesenktem Stift. Folgende Optionen stehen zur Verfügung:

Stift: Der Stift kann mit der linken Taste oder der Option STIFT gehoben oder gesenkt werden. Mausbewegungen bei gesenktem Stift werden aufgezeichnet. Skizzierte Linien werden zunächst temporär gespeichert und in grüner Farbe dargestellt bzw. in roter Farbe, wenn ein Layer mit einer grünen Farbe aktiv ist. Sie werden erst dann endgültig gespeichert, wenn der Befehl beendet wird oder die Option SPEICHERN gewählt wird.

Exit: Speichert die gezeichnete Skizze und beendet den Befehl.

Beenden: Ignoriert alle Linien seit der letzten Speicherung und beendet den Befehl.

Speichern: Speichert alle temporär skizzierten Linien in der Zeichnung.

Skizzieren   Kapitel 7

Löschen: Löscht alle nicht gespeicherten Linien bis zur Fadenkreuzposition. Sie können mit dem Fadenkreuz entlang der Skizze zurückfahren. Alle Elemente, die Sie dabei überfahren, werden gelöscht.

Verbinden: Haben Sie die Skizze unterbrochen, können Sie mit dieser Option am Ende ansetzen. Geben Sie die Option ein und fahren Sie zum Ende der letzten Skizze. Es wird automatisch angesetzt.

. (Punkt): Ist die Feder oben, wird mit dieser Option vom Endpunkt der Skizze eine Verbindung zum Fadenkreuz gezeichnet.

> *Beachten Sie, dass bei diesem Befehl die Optionen sofort ausgeführt werden und nicht mit ⏎ bestätigt werden müssen.*
>
> *Bei gesenktem Stift wird jede Bewegung des Fadenkreuzes aufgezeichnet. Optionen können nur auf der Tastatur eingegeben werden. Fahren Sie nicht mit gesenkter Feder zu den Abrollmenüs oder einem Werkzeugkasten.*
>
> *Hat die Systemvariable SKPOLY den Wert 1, werden Polylinien erzeugt; hat Sie den Wert 0, werden Liniensegmente gebildet.*
>
> *Schalten Sie beim Skizzieren den Ortho-Modus und den Fang aus, sonst bekommen Sie Treppen in Ihre Skizze.*
>
> *Bessere Ergebnisse erhalten Sie, wenn Sie die Genauigkeit nicht so hoch setzen, SKPOLY auf 1 setzen und nachher die Polylinie mit einer Kurve glätten.*

:-)
TIPP

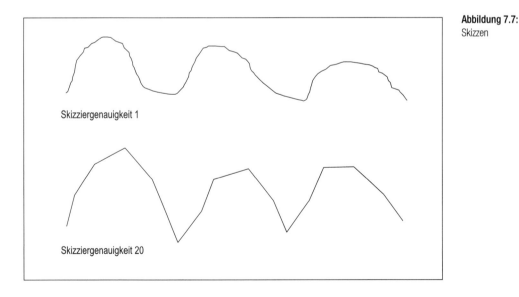

Abbildung 7.7:
Skizzen

Kapitel 7   Noch mehr Zeichen- und Editierbefehle

Zeichnen von Skizzen

Starten Sie eine neue Zeichnung und zeichnen Sie Skizzen mit unterschiedlicher Skizziergenauigkeit. Testen Sie die verschiedenen Optionen des Befehls SKIZZE.

7.6   Revisionsmarkierungen

Wenn Sie eine Zeichnung kontrollieren, haben Sie die Möglichkeit, Fehler zu markieren. Zeichnen Sie einfach eine Wolke als Markierung um die Stelle. Dafür haben Sie einen speziellen Befehl.

Befehl REVWOLKE

Mit dem Befehl REVWOLKE können Sie wolkenförmige Markierungen in der Zeichnung anbringen. Dabei wird eine Polylinie erstellt. Sie finden den Befehl:

➤ Abrollmenü ZEICHNEN, Funktion REVISIONSWOLKE

➤ In AutoCAD LT-Abrollmenü EXTRAS, Funktion REVISIONSWOLKE

➤ Symbol im Werkzeugkasten ZEICHNEN

Folgende Anfragen werden im Befehlszeilenfenster gestellt:

```
Befehl: Revwolke
Minimale Bogenlänge: 15   Maximale Bogenlänge: 15
Startpunkt angeben oder [Bogenlänge/Objekt/Stil] <Objekt>: Startpunkt
anklicken
Führungs-Fadenkreuze entlang Wolkenpfad... Bereich umfahren
Revisionswolke abgeschlossen.
```

Zunächst werden die aktuellen Bogenlängen (minimale und maximale Bogenlänge) angezeigt. Bei der nächsten Anfrage kann ein Startpunkt eingegeben werden. Führen Sie jetzt das Fadenkreuz im Kreis. Dabei werden Bogensegmente aneinander gehängt. Kommen Sie wieder in die Nähe des Startpunkts, wird der Befehl beendet und die Wolke geschlossen (siehe Abbildung 7.8). Wollen Sie keine geschlossene Wolke, drücken Sie an einer beliebigen Stelle ⏎ und die Wolke wird offen beendet. In diesem Fall kommt eine weitere Anfrage, in der Sie auf Wunsch die Bögen auch umdrehen können.

```
Richtung umkehren [Ja/Nein] <Nein>: Wählen Sie Ja wenn Sie die Bögen
umkehren möchten oder Nein bzw. ⏎ wenn Sie keine Änderungen vornehmen
möchten
Revisionswolke abgeschlossen.
```

Revisionsmarkierungen — Kapitel 7

Bogenlänge: Geben Sie diese Option zu Beginn ein, können Sie angeben, wie groß die Bögen mindestens und höchstens werden dürfen.

```
Startpunkt angeben oder [Bogenlänge/Objekt] <Objekt>: Option Bogenlänge
wählen
Minimale Länge des Bogens angeben <15>:
Maximale Länge des Bogens angeben <0.5>:
Startpunkt angeben oder [Objekt] <Objekt>:
```

Objekt: Mit dieser Option können Sie Linien, Kreise, Bögen oder Polylinien, also auch Rechtecke und Polygone, in eine Wolke umwandeln. Auch hier können Sie wählen, ob Sie die Bögen umkehren wollen.

```
Startpunkt angeben oder [Bogenlänge/Objekt/Stil] <Objekt>: Option Objekt
wählen oder ⏎
Objekt wählen: Objekt mit Pickbox wählen
Richtung umkehren [Ja/Nein] <Nein>: Wählen Sie Ja wenn Sie die Bögen
umkehren möchten oder Nein bzw. ⏎ wenn Sie keine Änderungen vornehmen
möchten
Revisionswolke abgeschlossen.
```

Stil: Sie können mit dieser Option zwischen einem normalen Stil und einem Kalligraphie-Stil wählen. Beim normalen Stil wird mit der Polylinienbreite 0 gezeichnet, beim Kalligraphie-Stil haben die Bögen eine unterschiedliche Start- und Endbreite, wodurch sich die Wolken besser in der Zeichnung abheben.

```
Startpunkt angeben oder [Bogenlänge/Objekt/Stil] <Objekt>: Option Stil
wählen
Bogenstil wählen [Normal/Kalligraphie] <Kalligraphie>: Stil wählen, z.B.:
Kalligraphie
Bogenstil = Kalligraphie
Startpunkt angeben oder [Bogenlänge/Objekt/Stil] <Objekt>: Wolke zeichnen
```

Befehl REVDATE

Mit dem Befehl REVDATE können Sie in AutoCAD LT einen Block mit dem Namen, der Firma, dem Datum, der Uhrzeit und dem Dateinamen einfügen. Diese Funktion haben Sie in AutoCAD nicht. Dafür stehen Ihnen aber dort mit den Schriftfeldern (siehe Kapitel 10) wesentlich bessere Möglichkeiten zur Verfügung.

➡ Abrollmenü EXTRAS, Funktion ZEIT UND DATUM

Folgende Anfragen werden gestellt:

Kapitel 7   Noch mehr Zeichen- und Editierbefehle

```
Befehl: Revdate
Einfügepunkt für Block eingeben <0,0>:
Drehwinkel für Block eingeben (0 oder 90 Grad) <0>:
```

Geben Sie den Einfügepunkt und den Drehwinkel für den Text an, wird dies in die Zeichnung eingetragen (siehe Abbildung 7.8).

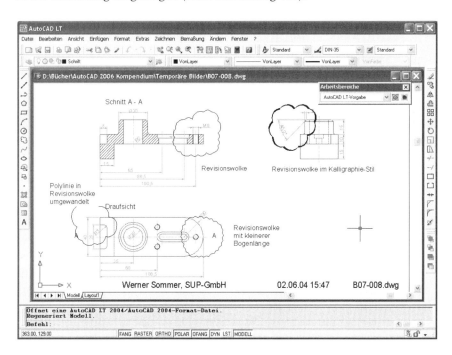

Abbildung 7.8: Verschiedene Revisionswolken mit Zeit und Datum

Verwendung der Revisionsdaten

➡ *Das Revisionsdatum ist ein Block mit Attributen (siehe Kapitel 12). Die Einträge können mit dem Befehl* ATTEDIT *(siehe Kapitel 12) geändert werden oder einfacher noch per Doppelklick. In einem Dialogfeld können Sie dann die Einträge korrigieren.*

➡ *Der Text wird mit dem Textstil Standard erstellt und auf dem Layer TITLE_BLOCK gezeichnet.*

➡ *Bei der ersten Verwendung des Befehls* REVDATE *wird der Block eingefügt, beim nächsten Mal werden nur die Werte aktualisiert.*

➡ *Es werden die Benutzerdaten eingetragen, die Sie bei der Installation angegeben haben. Diese können Sie auch im Befehl* OPTIONEN *ändern.*

Platzierung von Revisionsdaten

Zeichnen Sie Revisionswolken und setzen Sie Zeit und Datum in der Zeichnung (wenn Sie mit AutoCAD LT arbeiten). Aktualisieren Sie die Daten.

7.7 Zeichnen mit komplexen Linientypen

In Linientypendateien lassen sich komplexe Linientypen definieren. Das sind Linientypen, die außer Liniensegmenten, Punkten und Pausen auch Texte oder Symbole enthalten können. In der Standard-Linientypendatei *Acadiso.lin* bzw. *Acltiso.lin* sind auch solche Linientypen definiert. Mit diesen Linientypen können Sie beispielsweise Versorgungsleitungen kennzeichnen, Grenzlinien zeichnen oder Isolationsschichten andeuten.

Sie können, wie sonst auch, einem Layer einen solchen Linientypen zuordnen. Wenn Sie den Layer dann zum aktuellen Layer machen, werden alle Objekte auf diesem Layer mit dem Muster des Linientyps gezeichnet (siehe Abbildung 7.9). Mit dem Skalierfaktor für die Linientypen beeinflussen Sie bei diesen Linientypen nicht nur den Abstand zwischen den Symbolen, sondern auch die Größe der Symbole.

Texte in komplexen Linientypen werden im aktuellen Textstil dargestellt. Ändern Sie den Textstil, ändern sich auch diese Texte.

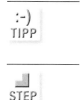

Zeichnen mit komplexen Linientypen

1. Laden Sie die Zeichnung *A07-06.dwg* aus Ihrem Ordner *Aufgaben*.
2. Den Layern *Layer1* bis *Layer5* sind komplexe Linientypen zugeordnet.
3. Zeichnen Sie damit Linien oder Kreise. Variieren Sie die Objektskalierung der Linientypen für eine optimale Darstellung.

Ein Beispiel für Objekte mit diesen Linientypen sehen Sie in Abbildung 7.9. Sie finden in Ihrem Übungsordner: die Zeichnung *L07-06.dwg*.

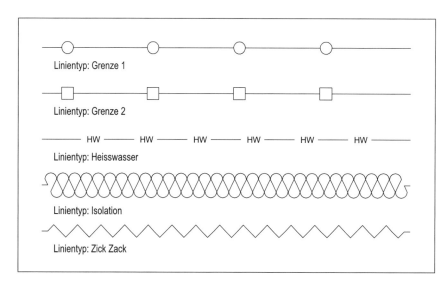

Abbildung 7.9: Objekte mit komplexen Linientypen

Kapitel 7   Noch mehr Zeichen- und Editierbefehle

7.8 Zeichnen und Editieren von Multilinien

In AutoCAD können Sie Multilinien definieren und zum Zeichnen verwenden. In AutoCAD LT gibt es diesen Befehl nicht, dafür als Ersatz die Doppellinien (siehe unten). Multilinien sind:

- Spezielle Linienobjekte, die aus bis zu 16 parallelen Linienelementen bestehen können.
- Sie werden mit dem Befehl MLSTIL definiert,
- mit dem Befehl MLINIE gezeichnet und
- können mit dem Befehl MLEDIT bearbeitet werden.

Befehl MLSTIL

Multilinien definieren Sie mit dem Befehl MLSTIL. Sie finden den Befehl im:

- Abrollmenü FORMAT, Funktion MULTILINIENSTIL...

In einem Dialogfeld (siehe Abbildung 7.10) können Sie neue Multilinienstile erstellen, ändern und in einer Multiliniendatei abspeichern.

Abbildung 7.10: Dialogfeld für den Multilinienstil

In dem Dialogfeld finden Sie in der obersten Zeile den aktuellen Multilinienstil, den Sie in der Liste darunter aus den derzeit geladenen Multilinienstilen wählen können. *STANDARD* ist ein Stil mit zwei parallelen Linien, der in jeder Zeichnung vorhanden ist. Für den in der Liste markierten Stil bekommen Sie im Feld BESCHREIBUNG einen beschreibenden Text angezeigt,

Zeichnen und Editieren von Multilinien	Kapitel 7

falls für diesen Stil einer eingegeben wurde. Im Voransichtsfeld sehen Sie die Voransicht des markierten Stils. Folgende Möglichkeiten haben Sie in diesem Dialogfeld:

Laden von Multilinienstilen: Klicken Sie auf die Schaltfläche LADEN..., ein weiteres Dialogfeld erscheint (siehe Abbildung 7.11). Sie finden dort alle Multilinienstile, die sich in der gewählten Datei befinden. Standardmäßig ist die Datei *Acad.mln* gewählt. Sie enthält nur den Stil *STANDARD*. Mit der Schaltfläche DATEI... können Sie eine andere Multilinienstildatei wählen, in Abbildung 7.11 zum Beispiel die Datei *\Aufgaben\Multi.mln*.

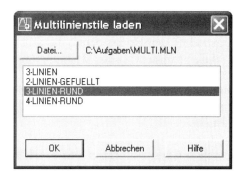

Abbildung 7.11:
Laden von Multilinienstilen

Laden einer Multilinienstildatei

1. Um mehr Anschauungsmaterial zu erhalten, laden Sie aus dem Ordner *\Aufgaben* die Datei *Multi.mln*. Darin sind vier verschiedene Multilinienstile gespeichert.
2. Kicken Sie im ersten Dialogfeld (siehe Abbildung 7.10) auf die Schaltfläche LADEN... und im nächsten Dialogfeld auf die Schaltfläche DATEI.... Wählen Sie die Datei *Multi.mln* im Ordner *\Aufgaben*.
3. Markieren Sie einen Multilinienstil und klicken Sie auf OK (siehe Abbildung 7.11). Der Stil steht dann in der Liste des ersten Dialogfelds zur Verfügung. Laden Sie die anderen ebenfalls. Sie können immer nur einen Multilinienstil laden. Mehrere zu markieren und zu laden, ist nicht möglich.

Wechseln des aktuellen Multilinienstils: Markieren Sie den gewünschten Multilinienstil in der Liste und klicken Sie auf die Schaltfläche AKTUELL oder klicken Sie ihn doppelt in der Liste an. Nachdem Sie die Stile aus der Datei in die Zeichnung geladen haben, stehen fünf zur Auswahl.

Hinzufügen eines neuen Multilinienstils: Klicken Sie auf die Schaltfläche NEU... und Sie bekommen ein weiteres Dialogfeld (siehe Abbildung 7.12). Tragen Sie im Feld NEUER STILNAME einen neuen Namen ein. Wählen Sie im Abrollmenü ANFANGEN MIT einen Stil aus, der dem neu zu erzeugenden am nächsten kommt. Von diesem wird eine Kopie unter dem neuen Namen erzeugt und Sie können ihn dann abändern (siehe unten).

(KOMPENDIUM) AutoCAD und LT 2006   281

Abbildung 7.12:
Neuen Multi-
linienstil erzeugen

Speichern eines neuen bzw. geänderten Multilinienstils: Mit der Schaltfläche SPEICHERN... speichern Sie den in der Liste markierten Stil in einer Multilinienstildatei. Wählen Sie den Dateinamen im Dateiwähler. Sie können eine neue Multilinienstildatei anlegen oder den Stil in eine bereits bestehende Datei einfügen. Ist der Name des Stils in der Datei bereits vorhanden, wird er durch den neuen ohne Warnung überschrieben.

Umbenennen eines Multilinienstils: Markieren Sie den Stil in der Liste, klicken Sie auf die Schaltfläche UMBENENNEN und geben Sie den Namen in der Liste neu ein.

Löschen eines Multilinienstils: Markieren Sie den Stil in der Liste und klicken Sie auf die Schaltfläche LÖSCHEN. Der Stil wird in dieser Zeichnung gelöscht. Sie können einen Multilinienstil nur dann löschen, wenn er in der Zeichnung noch nicht verwendet wurde.

Ändern der Elementeigenschaften eines bestehenden Multilinienstils: Sie können einen Multilinienstil nur dann ändern, wenn Sie ihn in der aktuellen Zeichnung noch nicht verwendet haben. Markieren Sie den Stil in der Liste, den Sie ändern wollen. Klicken Sie dann auf die Schaltfläche ÄNDERN... In einem weiteren Dialogfeld (siehe Abbildung 7.13) können Sie alle Änderungen vornehmen.

In der obersten Zeile können Sie eine Beschreibung für den Stil eingeben bzw. ändern.

Im linken Teil des Dialogfelds, dem Feld ENDSTÜCKE, bearbeiten Sie die Abschlüsse der Multilinie. In den Schaltfeldern darunter stellen Sie ein, ob die Multilinien mit einer Linie am Start und am Ende abgeschlossen werden. Zusätzlich können die äußeren Linien mit einem Bogen verbunden werden. Hat die Multilinie mehr als drei Linienelemente, lassen sich auch die inneren mit einem Bogen verbinden. Außerdem können Sie den Winkel des Anfangs- und Endstücks einstellen. Wenn Sie im Abrollmenü FÜLLFARBE eine Farbe wählen, wird die Multilinie gefüllt mit dieser Farbe gezeichnet. Ist der Schalter VERBINDUNG ZEIGEN eingeschaltet, werden an jedem Stützpunkt Trennlinien gezeichnet.

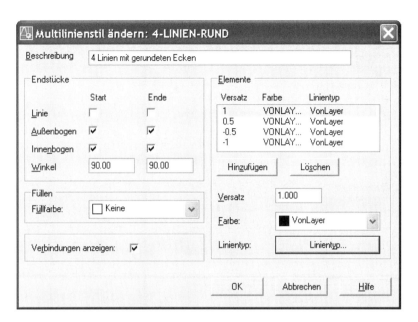

Abbildung 7.13:
Zusammensetzung der Multilinie

In der rechten Hälfte des Dialogfelds, dem Feld ELEMENTE, sind in der Liste alle Linienelemente enthalten, die der Stil enthält. Gespeichert ist der Abstand eines Linienelements von der Null-Linie. Die Null-Linie ist die Linie, an der die Multilinie beim Zeichnen platziert wird. Auf der Null-Linie muss sich kein Linienelement befinden. Jedem Linienelement lassen sich Linientyp und Farbe zuordnen. In der Regel ist *VONLAYER* eingestellt, davon kann auch abgewichen werden.

Mit der Schaltfläche HINZUFÜGEN wird ein neues Linienelement hinzugefügt. Es hat den Versatz zur Null-Linie, den Sie vorher im Feld VERSATZ eingetragen haben. Mit der Schaltfläche LÖSCHEN wird das markierte Linienelement gelöscht.

Ebenso können Sie die Farbe und den Linientyp des markierten Elements verändern. Klicken Sie dazu auf das Feld FARBE... oder LINIENTYP... und Sie können sich in weiteren Dialogfeldern die gewünschten Eigenschaften auswählen. Ist ein Linientyp, den Sie zuordnen wollen, nicht vorhanden, können Sie ihn im Dialogfeld noch laden.

Beenden Sie das Dialogfeld mit OK, kommen Sie wieder zum ersten Dialogfeld zurück, in dem jetzt die Voransicht des geänderten bzw. neu erzeugten Multilinienstils angezeigt wird (siehe Abbildung 7.14). Lediglich die Füllfarbe wird nicht angezeigt.

Kapitel 7　　Noch mehr Zeichen- und Editierbefehle

Abbildung 7.14:
Voransicht des
Multilinienstils

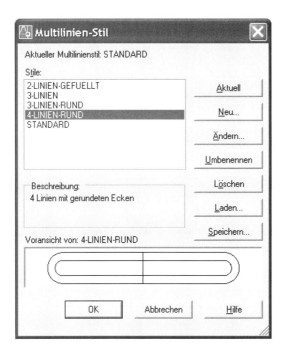

Speichern eigener oder geänderter Multilinienstile

➡ Sie müssen Multilinienstile, die Sie in einer Zeichnung erstellt oder geändert haben, nicht speichern. Sie stehen aber dann nur in dieser Zeichnung zur Verfügung.

➡ Sie können diese auch später speichern, wenn Sie die Zeichnung neu laden. Die Stile sind auch dann noch in der Zeichnung vorhanden.

➡ Zeichnungen mit geladenen Multilinienstilen benötigen die Multiliniendatei nicht mehr zum Zeichnungsaufbau.

Definieren eigener Multilinienstile

1. Definieren Sie weitere Multilinienstile und speichern Sie diese in der Datei *Multi.mln* oder in einer neuen Datei ab.

2. Beginnen Sie eine neue Zeichnung und laden Sie diese Multilinienstile in die neue Zeichnung.

Befehl Mlinie

Mit dem Befehl MLINIE können Sie Multilinien zeichnen.

➡ Abrollmenü ZEICHNEN, Funktion MULTILINIE

```
Befehl: Mlinie
Aktuelle Einstellungen: Ausrichtung = Null, Maßstab = 1.00, Stil =
    STANDARD
Startpunkt angeben oder [Ausrichtung/Maßstab/Stil]:
Nächsten Punkt angeben:
Nächsten Punkt angeben oder [Zurück]:
Nächsten Punkt angeben oder [Schließen/Zurück]:
..
Nächsten Punkt angeben oder [Schließen/Zurück]:  ⏎
```

Wenn Sie den Befehl gewählt haben, werden zunächst die Einstellungen des Befehls angezeigt. Danach erscheint die Optionsliste. Folgende Einstellungen können Sie darin vornehmen:

Ausrichtung: Wahl des Punkts, an dem die Stützpunkte der Multilinie vorgegeben werden. Bei der Ausrichtung OBEN bzw UNTEN, geben Sie den oberen bzw. unteren Punkt vor, wenn Sie von links nach rechts zeichnen. Bei der Ausrichtung NULL geben Sie die Punkte auf der Null-Linie vor, die nicht zwangsläufig in der Mitte liegen müssen muss und auf der sich auch nicht unbedingt ein Linienelement befinden muss.

```
Startpunkt angeben oder [Ausrichtung/Maßstab/Stil]:
A für Ausrichten
Ausrichtungstyp eingeben [Oben/Null/Unten] <null>:
z.B.: O für oben eingeben
```

Maßstab: Mit dem Maßstab wird die Breite der Multilinie beeinflusst.

```
Startpunkt angeben oder [Ausrichtung/Maßstab/Stil]:
M für Maßstab
Mlinienmaßstab eingeben <1.00>: z.B.: 10
```

Maßstab 1 zeichnet die Linie mit den definierten Abständen. Bei einem anderen Maßstab werden die Abstände mit dem Maßstab multipliziert. Eine Multilinie kann nur in einer einheitlichen Breite gezeichnet werden.

Stil: Wechsel des Multilinienstils. Geben Sie einen anderen Stilnamen ein. Mit »?« können Sie sich alle Multilinienstile auflisten lassen, die in der Zeichnung definiert sind oder in die Zeichnung geladen wurden.

```
Startpunkt angeben oder [Ausrichtung/Maßstab/Stil]:
S für Stil
Mlinienstilnamen eingeben oder  [?]: ? zum Auflisten

Geladene Mlinienstile:

    Name         Beschreibung
---------------- --------------------------------------
```

Kapitel 7 Noch mehr Zeichen- und Editierbefehle

```
STANDARD
3-LINIEN           3 Linien mit gestrichelter Mittellinie
2-LINIEN-GEFUELLT  2 Linien gefüllt
3-LINIEN-RUND      3 Linien mit gerundeten Ecken
4-LINIEN-RUND      4 Linien mit gerundeten Ecken

Mlinienstilnamen eingeben oder [?]: z.B.: 3-LINIEN
```

Zeichnen von Multilinien

1. Laden Sie die Multilinienstile aus *Multi.mln* im Ordner *Aufgaben*.
2. Zeichnen Sie Multilinien mit verschiedenen Multilinienstilen wie in Abbildung 7.15.

Abbildung 7.15: Multilinien mit verschiedenen Stilen gezeichnet

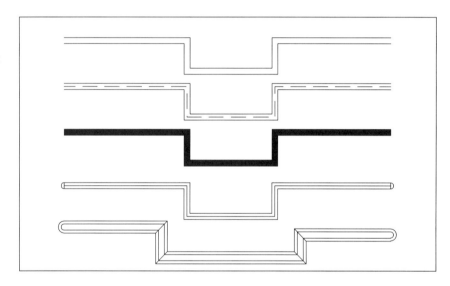

Befehl Mledit

Mit dem Befehl MLEDIT können Sie Kreuzungen von Multilinien bearbeiten und Stützpunkte einfügen und löschen.

➥ Abrollmenü ÄNDERN, Untermenü OBJEKT >, Funktion MULTILINIE BEARBEITEN...

Die einzelnen Funktionen können Sie aus einem Dialogfeld wählen (siehe Abbildung 7.16).

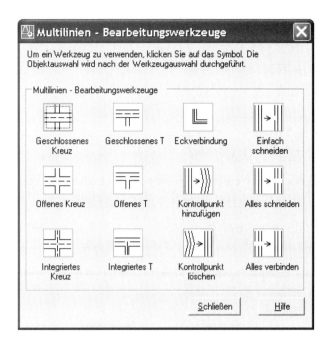

Abbildung 7.16:
Dialogfeld zum Editieren von Multilinien

Folgende Möglichkeiten stehen zur Verfügung (von oben nach unten und links nach rechts):

Geschlossenes Kreuz: Die zuerst gewählte Multilinie wird aufgetrennt, die zweite bleibt als durchgehende Linie erhalten.

Offenes Kreuz: Die äußeren Elemente beider Multilinien werden aufgetrennt und eine Kreuzung gezeichnet. Die inneren Elemente der zuerst gewählten Multilinie werden aufgetrennt. Die zweite bleibt durchgehend.

Integriertes Kreuz: Alle Elemente beider Multilinien werden aufgetrennt und eine Kreuzung gezeichnet.

Geschlossenes T: Die zuerst gewählte Multilinie wird an der zweiten abgeschnitten. Die Stelle, an der die erste gewählt wurde, bleibt erhalten.

Offenes T: Wie oben, aber die äußeren Linienelemente werden aufgetrennt und verbunden.

Integriertes T: Wie oben, aber die inneren Linienelemente werden ebenfalls aufgetrennt und verbunden.

Eckverbindung: Zeichnen einer Eckverbindung aus zwei Multilinien. Die Stellen, an denen die Multilinien angewählt wurden, bilden die neue Eckverbindung.

Kontrollpunkt hinzufügen: Fügt einen neuen Kontrollpunkt an der gewählten Stelle hinzu.

Kontrollpunkt löschen: Löscht den Kontrollpunkt, der der Stelle am nächsten liegt, an der die Multilinie gewählt wurde.

Einfach schneiden: Trennt das gewählte Linienelement einer Multilinie auf. Die Trennung erfolgt an der Stelle, an der gewählt wurde. Danach wird der zweite Punkt angefragt.

Alles schneiden: Wie oben, schneidet aber die komplette Multilinie. Das Objekt bleibt aber weiterhin eine Multilinie.

Alles verbinden: Verbindet eine Multilinie wieder, die mit einer der oben aufgeführten Möglichkeiten aufgeschnitten wurde.

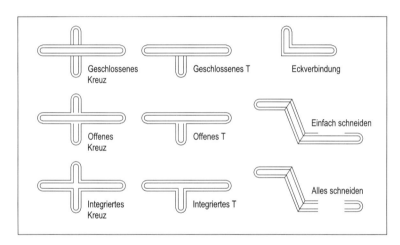

Abbildung 7.17: Editieren von Multilinien

Editierung von Multilinien

1. Laden Sie aus dem Ordner *Aufgaben* die Datei *A07-07.dwg*.
2. Bearbeiten Sie die Multilinien wie in Abbildung 7.17.

Eine Musterlösung finden Sie im gleichen Ordner *L07-07.dwg*.

7.9 Zeichnen von Doppellinien

Mit dem Befehl DLINIE lassen sich in AutoCAD LT Doppellinien zeichnen. Während der Befehl PLINIE spezielle Objekte erzeugt, entstehen beim Befehl DLINIE Linien und Bögen. Sie lassen sich allerdings nicht gefüllt darstellen. Zum Zeichnen von Wänden, Leitungen usw. sind sie aber gut geeignet, da jede Linie einzeln editiert werden kann. Geschlossene Gebilde lassen sich auch mit einer Schraffur füllen.

Zeichnen von Doppellinien　　　　　　　　　　　　　　　　Kapitel 7

Da beim Zeichnen von Doppellinien je nach Einstellung andere Linien gefangen und aufgebrochen werden, wird der normale Objektfang während der Arbeit mit diesem Befehl deaktiviert und beim Beenden mit den gleichen Einstellungen wieder aktiviert.

Befehl Dlinie

Sie finden den Befehl:

INFO

➡ Abrollmenü ZEICHNEN, Funktion DOPPELLINIE

```
Befehl: Dlinie
Startpunkt angeben oder [BRUch/Abschluss/AChslinie/Fang/BREite]:
```

Breite: Bevor Sie zeichnen, stellen Sie die Parameter für den Linienzug ein. Die Breite wählen Sie mit der gleichnamigen Option:

```
Startpunkt angeben oder [BRUch/Abschluss/AChslinie/Fang/BREite]: BRE oder
    Breite
Breite der Doppellinie angeben <1>:
```

Achslinie: Zusätzlich legen Sie fest, welche Geometriepunkte Sie eingeben wollen, um den Doppellinienzug zu erstellen. Normalerweise werden die Mittelpunkte eingegeben und symmetrisch darum gezeichnet. Sie können aber auch die linke oder rechte Seite vorgeben. LINKS und RECHTS bezieht sich auf die Zeichenrichtung. Mit der Option ACHSLINIE legen Sie das fest. Mit den Unteroptionen LINKS, MITTE oder RECHTS können Sie die gewünschte Variante wählen. Außerdem können Sie einen Wert für den Versatz von der Mittellinie eingeben (negativ = Versatz nach links, positiv = Versatz nach rechts). Die Doppellinie wird dann mit diesen Punkten gezeichnet.

```
Startpunkt angeben oder [BRUch/Abschluss/AChslinie/Fang/BREite]: AC für
    Achslinie
Versatz von den Optionen Mitte- oder Vorsatzlinien-Position eingeben [Links/
    Mitte/Rechts] <0>:
```

Bruch: Mit der Option BRUCH legen Sie fest, ob die Doppellinie an eine andere Linie anschließen und diese aufbrechen soll. Wenn Sie beim Zeichnen in die Nähe eines anderen Objekts kommen, erfolgt dies automatisch, wenn Sie diese Option gewählt haben.

```
Startpunkt angeben oder [BRUch/Abschluss/AChslinie/Fang/BREite]: BRU für
    Bruch
Doppellinien an Start- und Endpunkten brechen [Aus/Ein] /<Ein>:
```

Kapitel 7 Noch mehr Zeichen- und Editierbefehle

Fang: Zusätzlich können Sie bestimmen, ob Objekte in der Nähe des eingegebenen Stützpunkts gefangen werden sollen. Der Fangwert legt fest, wie nahe Sie an dem zu fangenden Objekt klicken müssen.

```
Startpunkt angeben oder [BRUch/Abschluss/AChslinie/Fang/BREite]: F für Fang
Fanggröße oder Fang Ein/Aus einstellen [Größe/Aus/Ein] <Ein>:
```

Abschluss: Der Abschluss einer Doppellinie wird normalerweise geschlossen gezeichnet, außer er wird an ein anderes Objekt angesetzt. Er kann aber auch immer geschlossen oder immer offen gezeichnet sein. Das stellen Sie mit der Option ABSCHLUSS ein.

```
Startpunkt angeben oder [BRUch/Abschluss/AChslinie/Fang/BREite]: AB für
    Abschluss
Option für Zeichnungsabschlüsse eingeben [Beide/Ende/Keine/Start/Auto]
    <Auto>:
```

Mit der Einstellung AUTO legen Sie fest, dass alle Start- und Endpunkte geschlossen werden, wenn sie nicht an anderen Objekten angesetzt wurden.

Punkte eingeben: In den meisten Fällen können Sie Doppellinien mit den Standardeinstellungen zeichnen, lediglich die Breite muss individuell bestimmt werden. Beginnen können Sie, indem Sie einen Startpunkt eingeben oder versetzt zu einem bestehenden Punkt beginnen. Zum Setzen von Startpunkten in Serie benötigen Sie keine weitere Option:

```
Startpunkt angeben oder [BRUch/Abschluss/AChslinie/Fang/BREite]: Punkt
    eingeben
Nächsten Punkt angeben oder [BOgen/BRUch/Abschluss/Schließen/AChslinie/Fang/
Zurück/BREite]: Punkt eingeben usw.
```

Weitere Linienpunkte werden abgefragt, bis eine Punktanfrage mit ⏎ abgeschlossen oder ein Segment gefangen wird. Alle Optionen, die Sie vorher eingestellt haben, lassen sich auch während des Zeichnens ändern.

Bogen: Wenn der erste Punkt gesetzt ist, lässt sich auch in den Bogenmodus umschalten:

```
Startpunkt angeben oder [BRUch/Abschluss/AChslinie/Fang/BREite]: Punkt
    eingeben
Nächsten Punkt angeben oder [BOgen/BRUch/Abschluss/Schließen/AChslinie/Fang/
Zurück/BREite]: BO für Bogen
Zweiten Punkt angeben oder [BRUch/Abschluss/Mittelpunkt/Schließen/AChslinie/
Endpunkt/Linie/Fang/Zurück/BREite/]:
Endpunkt des Bogens angeben:
```

Punkte, Messen und Teilen

Geben Sie den zweiten Punkt und danach den Endpunkt ein oder wählen Sie die Option MITTELPUNKT oder ENDPUNKT. Bestimmen Sie diesen und machen Sie danach eine dritte Angabe um den Bogen zu konstruieren (wie beim Polylinienbogen).

Linie: Mit der Option LINIE schalten Sie wieder in den Linienmodus zurück.

```
BRUch/Abschluss/Mittelpunkt/Schließen/AChslinie/Endpunkt/Linie/Fang/Zurück/
BREite/<zweiter Punkt>: Linie
```

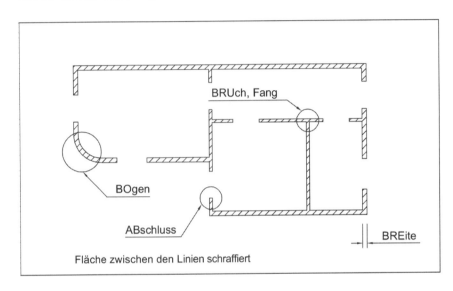

Abbildung 7.18: Doppellinien zeichnen

Zeichnen von Doppellinien

Beginnen Sie eine neue Zeichnung und zeichnen Sie Grundrisse mit dem Befehl DLINIE.

7.10 Punkte, Messen und Teilen

In AutoCAD können Sie Punkte in die Zeichnung einfügen und diese später als Konstruktionspunkte verwenden. Mit dem Objektfang PUNKT lassen Sie sich fangen. In technischen Zeichnungen wird dies jedoch selten benötigt, da in AutoCAD genügend Konstruktionshilfen zur Verfügung stehen, um auch ohne Konstruktionspunkte zum Ziel zu kommen. In der Vermessungstechnik werden Sie aber benötigt.

Außerdem gibt es zwei Befehle, die beim Konstruieren sinnvoll eingesetzt werden können: MESSEN und TEILEN. Sie erzeugen automatisch Markierungen auf einem wählbaren Objekt. Als Markierungen können Sie Punkte oder Blöcke verwenden.

Befehl Punkt

Verwenden Sie den Befehl PUNKT, um Punkte in der Zeichnung zu setzen:

➡ Abrollmenü ZEICHEN, Untermenü PUNKT >, Funktion EINZELNER PUNKT bzw. MEHRERE PUNKTE (Befehl PUNKT im Wiederholmodus)

➡ Symbol im Werkzeugkasten ZEICHNEN

Klicken Sie den Punkt in der Zeichnung an und der Punkt wird gesetzt. In der Anzeige erscheint er allerdings nur als Pixel und ist somit nur sehr schlecht sichtbar.

Befehl Ddptype

Damit Punkte in der Zeichnung sichtbar werden, können Sie ein anderes Symbol und die Symbolgröße einstellen. Wählen Sie den Befehl DDPTYPE.

➡ Abrollmenü FORMAT, Funktion PUNKTSTIL...

Im Dialogfeld (siehe Abbildung 7.19) können Sie sich ein Symbol aussuchen, mit dem der Punkt dargestellt werden soll. Darunter stellen Sie die Punktgröße ein. Die Größen kann absolut in Zeichnungseinheiten oder proportional zum Bildschirm als Prozentwert angegeben werden.

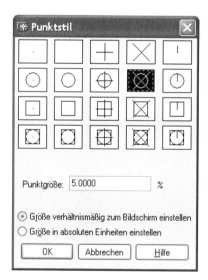

Abbildung 7.19: Einstellen des Punktstils

Punkte, Messen und Teilen   Kapitel 7

Befehl Messen

Punkte lassen sich aber auch automatisch in der Zeichnung setzen. Mit dem Befehl MESSEN lassen sich Markierungen in einem vorgegebenen Abstand auf einem Objekt anbringen. Sie finden den Befehl:

➔ Abrollmenü ZEICHNEN, Untermenü PUNKT >, Funktion MESSEN

```
Befehl: Messen
Objekt wählen, das gemessen werden soll:
Segmentlänge angeben oder [Block]: Länge eingeben
```

Bei der letzten Anfrage haben Sie die Möglichkeit, die Option BLOCK zu wählen. Sie können dann einen Block (siehe Kapitel 11) angeben, der anstatt eines Punkts eingefügt wird. Außerdem können Sie wählen, ob der eingefügte Block an Rundungen zum Mittelpunkt hin ausgerichtet werden soll oder ob er immer in der gleichen Lage eingefügt werden soll.

```
Segmentlänge angeben oder [Block]: B für Block
Namen des einzufügenden Blocks eingeben: Blocknamen eintippen
Soll der Block mit dem Objekt ausgerichtet werden? [Ja/Nein] <J>: J oder N
eingeben
Segmentlänge angeben:
```

Die Messung wird auf der Seite begonnen, an der Sie das Objekt anwählen. Da sie in der Regel nicht aufgeht, ist das letzte Stück auf der gegenüberliegenden Seite kürzer. Bei Kreisen wird keine Markierung mehr angebracht, wenn ein kleineres Segment übrig bleiben würde (siehe Abbildung 7.20).

Befehl Teilen

Der Befehl TEILEN ist in der Bedienung identisch mit dem Befehl MESSEN. Statt der Segmentlänge geben Sie die Anzahl der Segmente ein. Die Markierungspunkte werden in gleichen Abständen gesetzt (siehe Abbildung 7.20).

Messen und Teilen von Objekten

1. Laden Sie die Zeichnung *A07-08.dwg* aus dem Ordner *Aufgaben*.
2. Bearbeiten Sie die Zeichnung wie in Abbildung 7.20 mit den Befehlen MESSEN und TEILEN.
3. Setzen Sie bei den oberen Beispielen Punktsymbole und verwenden Sie unten den Block Schraube.

Die Musterlösung finden Sie im selben Ordner als *L07-08.dwg*.

[KOMPENDIUM] AutoCAD und LT 2006   293

Kapitel 7 Noch mehr Zeichen- und Editierbefehle

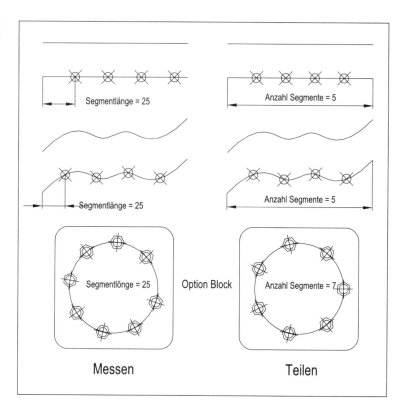

Abbildung 7.20: Messen und Teilen

7.11 Brechen und Verbinden von Objekten

Mit dem Befehl BRUCH können Sie Linien, Kreise, Bögen und Polylinien an einer beliebigen Stelle trennen oder Teile daraus herauslöschen.

Befehl Bruch

Sie finden den Befehl BRUCH:

➧ Abrollmenü ÄNDERN, Funktion BRUCH

➧ Symbole im Werkzeugkasten ÄNDERN

```
Befehl: Bruch
Objekt wählen:
Zweiten Brechpunkt oder [Erster Punkt] angeben:
```

Bei der Objektwahl können Sie nur ein Objekt wählen. Die Auswahl mit den Fenstermethoden ist deshalb nicht möglich. Danach wird ein zweiter Brechpunkt verlangt, denn AutoCAD geht davon aus, dass der erste Brechpunkt der Punkt sein soll, an dem Sie das Objekt gewählt haben. In den

Brechen und Verbinden von Objekten   Kapitel 7

meisten Fällen ist das aber nicht der Fall. Wenn Sie E (für den ersten Punkt) eingeben, können Sie den ersten Punkt neu bestimmen.

```
Zweiten Brechpunkt oder [Erster Punkt] angeben:
E für den ersten Punkt
Ersten Brechpunkt angeben:
Zweiten Brechpunkt angeben:
```

Nur dann können Sie auch bei beiden Punkten den Objektfang verwenden. Haben Sie eine Linie, Polylinie oder einen Bogen angewählt, wird der Bereich zwischen beiden Punkten herausgelöscht (siehe Abbildung 7.21). Liegt der zweite Punkt außerhalb des Objekts, wird der Bereich vom ersten Punkt an abgetrennt. Bei einem Kreis wird der Bereich zwischen dem ersten und zweiten Punkt im Gegenuhrzeigersinn gelöscht.

Soll das Objekt nur getrennt und nichts daraus gelöscht werden, geben Sie beim zweiten Punkt »@« ein.

```
Zweiten Brechpunkt angeben: @
```

Die Brechpunkte müssen sich nicht auf dem Objekt befinden. Sie können sie an einer beliebigen anderen Stelle aus der Zeichnung abgreifen. Die Punkte werden auf das zu brechende Objekt projiziert.

Brechen von Objekten

1. Laden Sie wieder eine Zeichnung aus *Aufgaben*: A07-09.dwg.
2. Verändern Sie die Objekte wie in Abbildung 7.21.

Eine Lösung finden Sie ebenfalls dort, die Zeichnung L07-09.dwg.

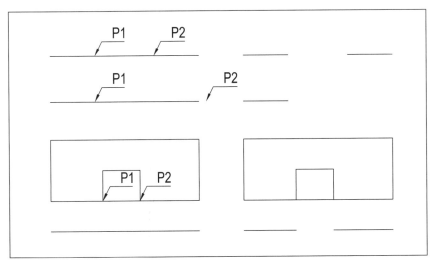

Abbildung 7.21: Brechen von Objekten

Kapitel 7   Noch mehr Zeichen- und Editierbefehle

Mit dem Befehl VERBINDEN können Sie Linien und Bögen miteinander verbinden. Dazu müssen die Liniensegmente fluchtend und die Bögen konzentrisch sein.

Befehl VERBINDEN

Sie finden den Befehl VERBINDEN wie folgt:

→ Abrollmenü ÄNDERN, Funktion VERBINDEN

→ Symbol im Werkzeugkasten ÄNDERN

```
Befehl: Verbinden
Quellobjekt auswählen:
Linien zum Verbinden mit Quelle auswählen: Quellobejekt anklicken
Linien zum Verbinden mit Quelle auswählen: Objekte anklicken, die
verbunden werden sollen
Linien zum Verbinden mit Quelle auswählen: Weitere Objekte anklicken
oder [↵] zum Beenden
5 Linien verbunden mit Quelle
```

Klicken Sie das Quellobjekt an und die Objekte, die damit verbunden werden sollen. Linien müssen fluchtend sein, wenn sie verbunden werden sollen. Haben Sie als Quellobjekt einen Bogen gewählt, können Sie weitere konzentrische Bogensegmente hinzufügen. In diesem Fall steht aber auch noch eine weitere Option zur Verfügung.

```
Befehl: Verbinden
Quellobjekt auswählen: Bogen wählen
Bogen auswählen zum Verbinden mit Quelle oder [Schließen]: Option
Schließen wählen
Bogen in Kreis konvertiert.
```

Schließen: Der Bogen wird zu einem Kreis geschlossen, es werden keine weiteren Objekte angefragt.

7.12   Regelmäßige Anordnungen

Oft benötigen Sie ein einmal gezeichnetes Objekt mehrmals in einer Zeichnung. Brauchen Sie es in einer regelmäßigen Anordnung, haben Sie es besonders einfach. Diese können Sie mit dem Befehl REIHE in rechteckiger und polarer Anordnung schnell erzeugen.

Befehl Reihe

Wählen Sie den Befehl:

→ Abrollmenü ÄNDERN, Funktion REIHE...

→ Symbol im Werkzeugkasten ÄNDERN

Regelmäßige Anordnungen

Der Befehl REIHE arbeitet mit wechselnden Dialogfeldern und Voransichtsfenstern. Wenn Sie den Befehl gewählt haben, bekommen Sie ein Dialogfeld (siehe Abbildung 7.22). Mit den Schaltern in der obersten Zeile können Sie zwischen den beiden grundsätzlichen Varianten des Befehls wählen, der rechteckigen und der polaren Anordnung.

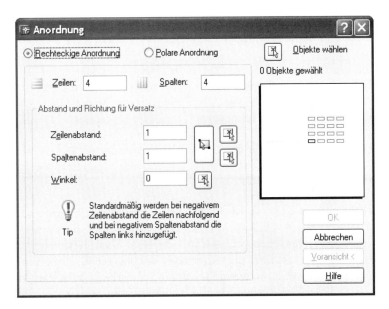

Abbildung 7.22: Dialogfeld des Befehls Reihe

Zunächst sollten Sie die Objekte für die Anordnung wählen. Klicken Sie dazu auf den Schalter ganz rechts in der obersten Zeile. Das Dialogfeld verschwindet und Sie können die Objekte in der Zeichnung wählen.

Objekte wählen:

Wählen Sie die Objekte wie üblich. Nach Abschluss der Objektwahl mit ⏎ kommt das Dialogfeld wieder, und in der Zeile darunter wird angezeigt, wie viele Objekte Sie gewählt haben. Je nachdem, welchen Anordnungstyp Sie einstellen haben, ändert sich der Inhalt des Dialogfelds.

Rechteckige Anordnungen

Mit dieser Variante erzeugen Sie eine matrixförmige Anordnung. Klicken Sie den Schalter RECHTECKIGE ANORDNUNG an und tragen Sie die Zahl der Zeilen und die Zahl der Spalten in das Dialogfeld ein.

Abstand und Richtung für Versatz: Tragen Sie hier den Zeilenabstand und den Spaltenabstand ein. Ein positiver Zeilenabstand baut die Anordnung nach oben auf, ein negativer nach unten. Beim Spaltenabstand bewirkt der positive Abstand, dass die Anordnung nach rechts aufgebaut wird, ein negativer Abstand baut die Anordnung nach links auf.

Statt der Eingabe können Sie diesen auch aus der Zeichnung abgreifen. Mit den Symbolen rechts neben den Eingabefeldern verschwindet das Dialogfeld und Sie können den entsprechenden Wert mit zwei Punkten aus der Zeichnung wählen. Sie haben ein Symbol für den Zeilenabstand und einen für den Spaltenabstand. Mit dem großen Symbol können Sie Zeilen- und Spaltenabstand gleichzeitig abgreifen. Geben Sie dazu zwei diagonale Eckpunkte eines Rechtecks an. Die Breite entspricht dann dem Spaltenabstand und die Höhe dem Zeilenabstand.

Soll die Anordnung waagrecht entlang den Achsrichtungen aufgebaut werden, belassen Sie den Winkel auf 0°. Stellen Sie einen anderen Winkel ein, bekommen die Grundlinien der Zeilen diesen Winkel. Die Spalten werden um 90° gedreht dazu aufgebaut.

Auch hier kommen Sie durch einen Klick auf das Symbol rechts vom Eingabefeld wieder zur Zeichnung und können den Winkel mit zwei Punkten aus der Zeichnung abgreifen.

Klicken Sie auf OK, wird die Anordnung in der Zeichnung aufgebaut. Bei allem was sie im Dialogfeld einstellen, wird sofort die Voransicht im Feld rechts angezeigt. Eine exakte Kontrolle ist es allerdings nicht. Die Form der Ausgangsobjekte und die Abstände werden nicht wiedergegeben. Diese erhalten Sie nur dann, wenn Sie auf die Schaltfläche VORANSICHT < klicken. Das Dialogfeld verschwindet, und die Anordnung wird in der Zeichnung aufgebaut. Zusätzlich bekommen Sie ein Meldungsfeld mit drei Schaltflächen. Mit der Schaltfläche ÜBERNEHMEN wird die angezeigte Anordnung übernommen. Klicken Sie dagegen auf ÄNDERN, kommen Sie wieder zum Dialogfeld und Sie können die Parameter für die Anordnung noch einmal verändern. Mit der Schaltfläche ABBRECHEN wird der Befehl komplett abgebrochen.

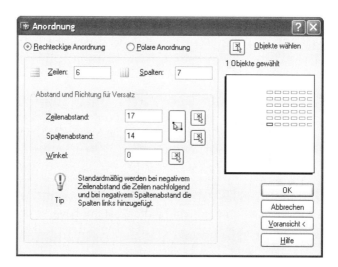

Abbildung 7.23: Einstellung im Dialogfeld

Regelmäßige Anordnungen   Kapitel 7

Rechteckige Anordnung erzeugen

1. Laden Sie die Zeichnung *A07-10.dwg* aus dem Ordner *Aufgaben*.
2. Erzeugen Sie die Anordnung wie in Abbildung 7.24.
3. Wählen Sie die Objekte und stellen Sie das Dialogfeld wie in Abbildung 7.23 ein.

Falls es Ihnen wider Erwarten nicht gelungen ist, die Lösung finden Sie ebenfalls im Aufgabenordner als Zeichnung *L07-10.dwg*.

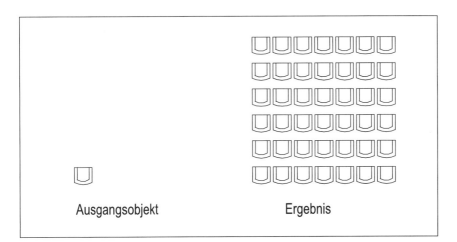

Abbildung 7.24: Rechteckige Anordnung

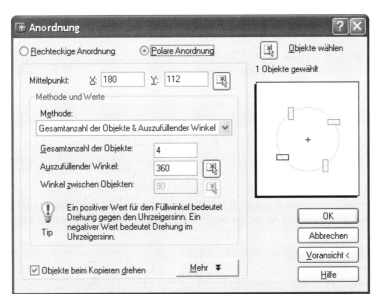

Abbildung 7.25: Dialogfeld für die polare Anordnung

(KOMPENDIUM) AutoCAD und LT 2006

Kapitel 7   Noch mehr Zeichen- und Editierbefehle

Polare Anordnungen

Sollen die Objekte um einen Mittelpunkt angeordnet werden, wählen Sie die Option POLARE ANORDNUNG. Das Dialogfeld ändert sich (siehe Abbildung 7.25). Das prinzipielle Vorgehen gleicht dem der rechteckigen Anordnung. Wählen Sie zuerst die Objekte für die Anordnung.

Mittelpunkt: Tragen Sie die X- und Y-Koordinate für den Mittelpunkt der Anordnung ein oder klicken Sie auf das Symbol rechts daneben und bestimmen den Punkt in der Zeichnung. Das Dialogfeld verschwindet, bis Sie den Punkt gewählt haben. Die Koordinaten des gewählten Punkts werden ins Dialogfeld übernommen.

Methode: Im Abrollmenü METHODE können Sie wählen, wie Sie die Anordnung bestimmen wollen. Sie wählen damit die Größen, die Sie vorgeben wollen:

➥ GESAMTANZAHL DER OBJEKTE & AUSZUFÜLLENDER WINKEL: Bei dieser Methode geben Sie die Zahl der Objekte und den Winkel für die gesamte Anordnung vor. Das Ausgangsobjekt wird dabei mitgezählt. Positive Winkel bauen die Anordnung vom Ausgangsobjekt entgegen dem Uhrzeigersinn auf, negative im Uhrzeigersinn.

➥ GESAMTANZAHL DER OBJEKTE & WINKEL ZWISCHEN OBJEKTEN: Auch bei dieser Methode geben Sie die Zahl der Objekte vor. Statt eines Gesamtwinkels wird jetzt der Winkel zwischen den Objekten vorgegeben und damit ergibt sich der Gesamtwinkel. Der Winkel zwischen den Objekten muss hierbei immer positiv sein.

➥ AUSZUFÜLLENDER WINKEL & WINKEL ZWISCHEN DEN OBJEKTEN: Bei dieser Variante geben Sie den Winkel der gesamten Anordnung vor und den Winkel zwischen den einzelnen Objekten. Die Anzahl der Objekte in der Anordnung ergibt sich dann aus diesen Angaben. Auch hier kann mit dem Vorzeichen des Gesamtwinkels vorgegeben werden, ob gegen oder im Uhrzeigersinn aufgebaut werden soll.

In den Feldern unter dem Abrollmenü tragen Sie die Parameter ein. Es sind immer nur zwei Felder zugänglich. Welche das sind, ist abhängig davon, welche Methode Sie gewählt haben. Auch hier können Sie durch Klicken auf das entsprechende Symbol die Werte aus der Zeichnung abgreifen.

Objekte beim Kopieren drehen: Die Objekte können beim Kopieren gedreht werden. Die Objekte sind dann zum Mittelpunkt hin ausgerichtet. Sie können aber auch in der Ausrichtung des Originalobjekts um den Mittelpunkt herum gruppiert werden. Wählen Sie das mit diesem Schalter.

Mehr: Mit dieser Schaltfläche wird das Dialogfeld vergrößert (siehe Abbildung 7.26).

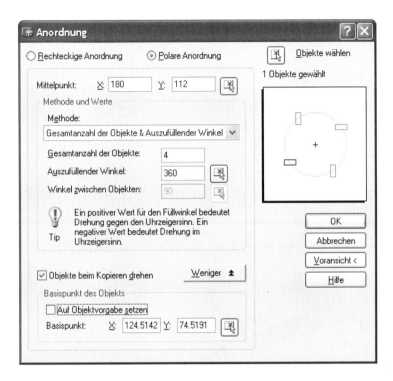

Abbildung 7.26:
Dialogfeld für die polare Anordnung in erweiterter Form

Basispunkt des Objekts: Der Basispunkt des Objekts ist der Punkt auf dem Objekt der Anordnung, der auf dem Kreis platziert wird. Normalerweise ist dies der Mittelpunkt des Objekts. Diesen bekommen Sie auch dann, wenn Sie den Schalter AUF OBJEKTVORGABE SETZEN eingeschaltet haben. Soll dies nicht der Fall sein, können Sie die Koordinaten im Feld darunter eintragen oder mit dem Symbol rechts daneben in der Zeichnung anklicken.

Voransichtsbild und Voransicht in der Zeichnung sowie die Übernahme der Einstellungen funktionieren wie bei der rechteckigen Anordnung (siehe oben).

Polare Anordnung erzeugen

1. Laden Sie die Zeichnung *A07-11.dwg* aus dem Ordner *Aufgaben*.
2. Erstellen Sie das Zahnrad in Abbildung 7.28 aus den vorhandenen Objekten. Wählen Sie den einzelnen Zahn und erstellen daraus 36 Zähne um den Mittelpunkt des inneren Kreises. Stellen Sie das Dialogfeld wie in Abbildung 7.27 ein.

Kapitel 7   Noch mehr Zeichen- und Editierbefehle

Abbildung 7.27:
Dialogfeld für die
polare Anordnung
des Zahnrads

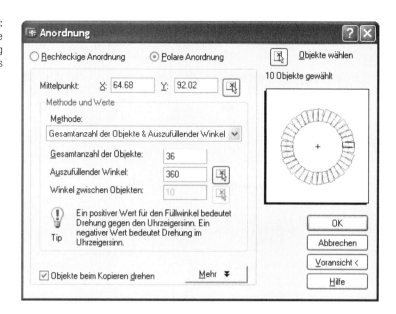

Auch hierzu gibt es eine Lösung. Sie finden Sie im Aufgabenordner als Zeichnung *L07-11.dwg*.

Abbildung 7.28:
Polare Anordnung
beim Zahnrad

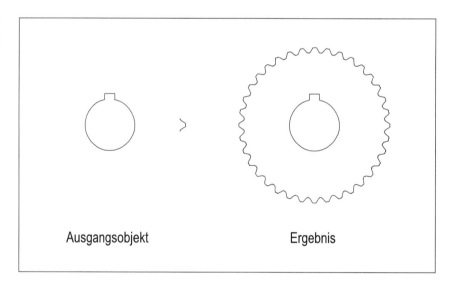

7.13   Isometrisches Zeichnen

Isometrische Darstellungen ermöglichen es, einen dreidimensionalen Gegenstand perspektivisch darzustellen. In AutoCAD wird das isometrische Zeichnen durch einen speziellen Fangmodus unterstützt. Damit erstellen Sie *kein* 3D-Modell; der Modus erstellt die Darstellungen als 2D-Zeichnungen.

Sie können keine anderen Ansichten oder eine Draufsicht erzeugen. Wollen Sie das, müssen Sie mit den 3D-Funktionen arbeiten (siehe Kapitel 20 bis 22). Isometrische Darstellungen lassen sich auch nachträglich nicht in 3D-Modelle umwandeln.

Trotzdem kann es praktisch sein, in eine 2D-Konstruktionszeichnung eine isometrische Darstellung zur Illustration einzufügen, ohne gleich ein komplettes 3D-Modell zu erstellen. Es ist allerdings davon abzuraten, komplizierte Gegenstände isometrisch zu zeichnen.

Beim isometrischen Zeichnen geht man von verschiedenen Ebenen aus (siehe Abbildung 7.21). Das Fadenkreuz und das Fangraster werden in den einzelnen isometrischen Ebenen entsprechend verzerrt dargestellt, so dass die Linien einfacher unter den erforderlichen Winkeln gezeichnet werden können.

Das Weltkoordinatensystem wird nicht gewechselt. Wenn Sie die Koordinaten numerisch über die Tastatur eingeben, wird weiterhin in X- und Y-Richtung des WKS gezeichnet. Es handelt sich um eine Zeichenhilfe, die erst in Verbindung mit dem Fang wirksam wird. Lediglich der Ortho-Modus orientiert sich am Fadenkreuz. Den Polaren Fang können Sie nicht für das Isometrische Zeichnen verwenden. AutoCAD unterstützt nur Isometrien unter 30 Grad für die rechte Ebene und 150 Grad für die linke Ebene.

Den isometrischen Fangmodus stellen Sie im Dialogfeld für die Entwurfseinstellungen ein (siehe Abbildung 7.29). Das Dialogfeld aktivieren Sie mit dem Befehl ZEICHEINST, den Sie unter der Funktion ENTWURFSEINSTELLUNGEN... im Abrollmenü EXTRAS finden. Klicken Sie auf das Register FANG UND RASTER. Wenn Sie mit der rechten Maustaste auf die Taste FANG in der Statuszeile klicken und aus dem Kontextmenü die Funktion EINSTELLUNGEN... wählen, bekommen Sie das Dialogfeld mit dem richtigen Register.

Schalten Sie in der rechten unteren Ecke FANGTYP UND -STIL den RASTERFANG und den ISOMETRISCHEN FANG ein. Stellen Sie den Fangwert auf 5 (siehe Abbildung 7.29).

Wenn Sie auf der rechten oder linken Seite zeichnen, ist die waagrechte Linie des Fadenkreuzes um 30 Grad gedreht. Auf der oberen Ebene sind beide geneigt. Die isometrische Ebene können Sie mit der Funktionstaste F5 oder der Tastenkombination Strg+E umschalten.

Der Polare Fang wird damit ausgeschaltet, nur den Ortho-Modus müssen Sie noch einschalten. Klicken Sie auf die Taste ORTHO in der Statuszeile oder drücken Sie die Taste F8.

Kapitel 7   Noch mehr Zeichen- und Editierbefehle

Abbildung 7.29:
Einstellung des isometrischen Fangs

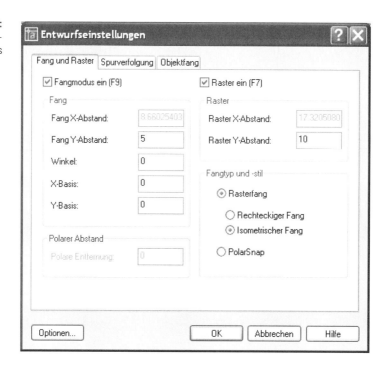

Kreise in isometrischen Ansichten zeichnen

Wenn Sie Kreise in einer isometrischen Ebene zeichnen, erscheinen diese als Ellipsen. Da dies manuell nur sehr schwer zu realisieren ist, bietet der Befehl ELLIPSE im isometrischen Fangmodus die Option ISOKREIS an.

Abbildung 7.30:
Isometrisches Zeichnen

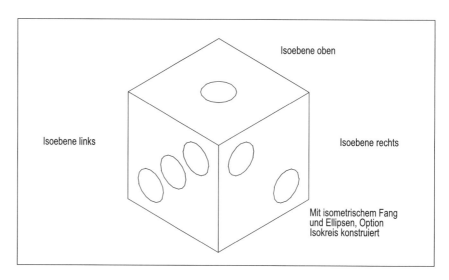

```
Befehl: Ellipse
Achsenendpunkt der Ellipse angeben oder [Bogen/Zentrum/ Isokreis]: I für
Isokreis
Zentrum für Isokreis angeben:
Radius für Isokreis angeben oder [Durchmesser]:
```

Sie geben bei der Option ISOKREIS die Maße des entsprechenden Kreises ein und der Kreis wird so gedreht, dass er als Ellipse erscheint.

Zeichnen der isometrischen Ansicht eines Würfels

1. Laden Sie die Zeichnung *A07-12.dwg* aus dem Ordner *Aufgaben*.
2. Schalten Sie Raster und Fang auf 10 Einheiten, aktivieren Sie den isometrischen Fangmodus und den Ortho-Modus.
3. Zeichnen Sie den Würfel wie in Abbildung 7.30 in den drei isometrischen Ebenen. Der Würfel hat eine Kantenlänge von 100 Einheiten. Klicken Sie die Punkte auf der Zeichenfläche an und orientieren Sie sich an der Koordinatenanzeige.
4. Die Kreise sind schon gezeichnet. Löschen Sie diese und versuchen Sie es selber mit Ellipsen und der Funktion ISOKREIS.

Eine Musterlösung finden Sie im selben Ordner: *L07-12.dwg*.

7.14 Vom Tablett digitalisieren

Bis jetzt haben Sie Ihr Digitalisiertablett, sofern Sie eines haben, dazu benutzt, das Fadenkreuz zu führen und Befehle zu wählen. Sie haben aber auch die Möglichkeit, Ihre Tablettfläche auf eine Papierzeichnung zu kalibrieren. Dann können Sie Papiervorlagen direkt abzeichnen.

Befehl Tablett

Mit dem Befehl TABLETT können Sie verschiedene Funktionen ausführen:

➡ Konfigurieren des Tabletts für die Menübereiche und den Bildschirmzeigebereich: Diese Funktion des Befehls finden Sie bei der Konfiguration von AutoCAD beschrieben (siehe Anhang A).

➡ Kalibrierung der Tablettfläche auf eine Papierzeichnung.

Sie finden diese Option des Befehls:

➡ Abrollmenü EXTRAS, Untermenü TABLETT >, Funktion KALIBRIEREN

```
Befehl: Tablett
Option (Ein/Aus/KAl/KFg):
```

Mit der Option KAL werden zwei, drei oder mehr Punkte auf dem Papier abgefragt und deren Koordinaten eingegeben. Damit sind alle Punkte auf der Papierzeichnung mit AutoCAD-Koordinaten definiert. Nach dem Digitalisieren der Punkte wird in den Tablettmodus umgeschaltet.

Normalerweise kann das Fadenkreuz im Bildschirmzeigebereich des Tabletts über den ganzen Bildschirm bewegt werden. Ist dagegen der Tablettmodus aktiv, wird das Fadenkreuz nur noch innerhalb der bei der Kalibrierung festgelegten Koordinaten bewegt. Dadurch erscheint unter Umständen bei einem ungünstigen Bildschirmausschnitt das Fadenkreuz gar nicht mehr auf dem Bildschirm.

Mit der Funktionstaste F4 können Sie den Tablettmodus ein- und ausschalten. Damit können Sie das Tablett wieder in den normalen Menümodus und wieder zurück in den Tablettmodus schalten.

So kann eine Papierzeichnung mit der Lupe des Digitalisiertabletts abgefahren werden. Es steht jedoch nur der Bildschirmzeigebereich zur Verfügung. Bei größeren Zeichnungen muss deshalb mehrfach neu kalibriert werden. Besser ist es, wenn Sie das Tablett umkonfigurieren (siehe Anhang A.6). Wählen Sie keine Tablettmenüs und den Bildschirmzeigebereich so groß wie die ganze Tablettfläche.

Werden nur zwei Punkte digitalisiert, lassen sich Verzerrungen der Zeichnung nicht ausgleichen. Je mehr Punkte Sie digitalisieren, desto mehr Verzerrungen, auch in Teilbereichen der Zeichnung, werden ausgeglichen.

7.15 Der Taschenrechner

Während der Zeichen- und Konstruktionsarbeit ist es häufig erforderlich, Werte, Koordinaten, Abstände usw. zu messen und zu berechnen. In AutoCAD ist dazu ein Taschenrechner integriert, der an jeder Stelle im Befehlsdialog aktiviert werden kann.

Befehl SCHNELLKAL

Mit dem Befehl SCHNELLKAL holen Sie sich den Taschenrechner auf den Bildschirm. Der Taschenrechner arbeitet transparent, das heißt, Sie müssen einen laufenden Befehl nicht unterbrechen, um den Taschenrechner zu benutzen. Wählen Sie den Befehl wie folgt:

➤ Abrollmenü EXTRAS, Funktion TASCHENRECHNER

➤ Symbol in der STANDARD-FUNKTIONSLEISTE

➤ In jedem Kontextmenü mit der rechten Maustaste auf der Zeichenfläche

Der Taschenrechner

Es erscheint ein Taschenrechner auf der Zeichenfläche (siehe Abbildung 7.31), mit dem Sie alle grundlegenden arithmetischen und trigonometrischen Funktionen ausführen können. Dazu können Sie die Tasten mit der Maus anklicken, was aber bei längeren Rechenoperationen sehr umständlich ist. Sie können selbstverständlich auch die Tastatur verwenden, sowohl für die Ziffern als auch für die Rechenoperationen, so weit diese auf der Tastatur vorhanden sind: [+], [-], [*], [(], [)], [=] usw.

Abbildung 7.31: Taschenrechner für arithmetische und trigonometrische Funktionen

In der Symbolleiste am oberen Rand finden Sie links drei Symbole, mit denen Sie die Anzeige verändern können. Das Symbol links löscht die Ergebniszeile des Taschenrechners. Das nächste Symbol löscht das Protokollfeld. Mit dem dritten Symbol von links können Sie die Ergebniszeile in die Befehlszeile einfügen. Das ist immer dann wichtig, wenn Sie ein Rechenergebnis als Wert beim Zeichnen benötigen. Beispielsweise soll der errechnete Wert als Radius für einen Kreis verwendet werden. Gehen Sie dann so vor:

➔ Zeichnen Sie den Kreis, bis der der Radius angefragt wird.

➔ Wechseln Sie in den Taschenrechner und führen Sie die Berechnung durch. Klicken Sie auf das Symbol, das den Wert in die Befehlszeile einfügt.

| Kapitel 7 | Noch mehr Zeichen- und Editierbefehle |

> Klicken Sie auf die Zeichenfläche und Sie sind wieder im Zeichenmodus. Bestätigen Sie die Übernahme mit ⏎ und der Kreis wird mit dem errechneten Radius gezeichnet.

Im rechten Teil der Symbolleiste finden Sie Symbole, mit denen Sie Werte aus der Zeichnung heraus messen können. Der Taschenrechner verschwindet, bis Sie die erforderlichen Punkte in der Zeichnung angeklickt haben, und das Ergebnis der Messung wird in die Ergebniszeile eingefügt. Von links nach rechts haben die Symbole folgende Funktionen:

> Koordinate aus der Zeichnung ermitteln. In der Ergebniszeile steht der Wert in folgendem Format: [390,230,0], also X-, Y- und Z-Wert.

> Abstand zischen zwei Punkten messen und in die Ergebniszeile übernehmen im Format 92.195444572929.

> Winkel zischen zwei Punkten messen und in die Ergebniszeile übernehmen im Format 47.125.

> Schnittpunkt zweier nicht parallelen Linien ermitteln. Dazu klicken Sie die vier Endpunkte der Linien an. Die Koordinate wird in die Ergebniszeile übernommen im Format: [481.5,151.75,0].

> Hilfe-Funktion für den Taschenrechner.

Im unteren Teil des Taschenrechners haben Sie zwei weitere Felder für spezielle Funktionen (siehe Abbildung 7.32). In der Abbildung sehen Sie, dass die momentan nicht benötigten Eingabefelder für die Ziffern und die wissenschaftlichen Funktionen ausgeblendet sind. Das Aus- und Einblenden erfolgt mit den Pfeiltasten am rechten Rand der Titelzeile.

Einheitenkonvertierung: In diesem Feld können Sie Längen, Flächen, Volumen und Winkel (wählbar im Menü EINHEITENTYP) von einem wählbaren Einheitensystem in ein anderes konvertieren. Gehen Sie beispielsweise so vor: Messen Sie einen Abstand in der Zeichnung, wählen Sie den Einheitentyp *Länge* und konvertieren Sie von *Millimeter* in *Zoll*. Der Wert aus der Ergebniszeile wird in das Feld ZU KONVERTIERENDER WERT übernommen und das Ergebnis wird im Feld KONVERTIERTER WERT angezeigt.

Variablen: In diesem Feld finden Sie vordefinierte Konstanten und Funktionen. Außerdem lassen sich dort weitere Funktionen definieren. Vordefiniert sind folgende Einträge:

Der Taschenrechner

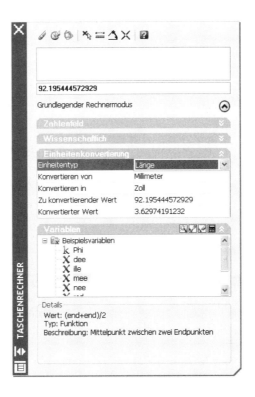

Abbildung 7.32:
Einheitenkonvertierung und Variablen

Konstanten:
Phi   1.61803399 Goldenes Verhältnis

Funktionen
- dee   Abstand zwischen 2 Endpunkte
- ile   Schnittpunkt zweier Linien definiert durch vier Endpunkte
- mee   Mittelpunkt zwischen zwei Endpunkten
- nee   Einheitenvektor in der XY-Ebene, lotrecht zu zwei Endpunkten
- rad   Radius von Bogen oder Kreis ermitteln
- vee   Vektor von zwei Endpunkten
- vee1   Einheitenvektor von zwei Endpunkten

Funktionen können verwendet werden, um bestimmte Punkte in der Zeichnung auszuwerten bzw. um Werte aus der Zeichnung abzugreifen. Gehen Sie so vor, wenn Sie beispielsweise den Abstand zweier Endpunkte messen wollen:

- Ergebniszeile löschen und Funktion *dee* per Doppelklick wählen. In der Ergebniszeile steht dann *dist(end,end)*.

- Kopieren Sie den Wert in die Befehlszeile, klicken Sie in die Zeichenfläche und folgen Sie den Anweisungen in der Befehlszeile:

Kapitel 7   Noch mehr Zeichen- und Editierbefehle

```
Befehl: >> Wählen Sie ein Objekt für den END -Fang: Objekt anklicken
Befehl: >> Wählen Sie ein Objekt für den END -Fang: Objekt anklicken
Befehl: 40
```

Ein weiteres Beispiel: Sie wollen den Mittelpunkt zwischen zwei Endpunkten ermitteln. Gehen Sie dazu so vor:

➡ Ergebniszeile löschen und Funktion *mee* per Doppelklick wählen. In der Ergebniszeile steht dann *(end+end)/2*.

➡ Kopieren Sie den Wert in die Befehlszeile, klicken Sie in die Zeichenfläche und folgen Sie den Anweisungen in der Befehlszeile:

```
Befehl: >> Wählen Sie ein Objekt für den END -Fang: Objekt anklicken
Befehl: >> Wählen Sie ein Objekt für den END -Fang: Objekt anklicken
Befehl: 425,180,0
```

 Konstanten, Variablen und Funktionen lassen sich in diesem Feld auch neu definieren. Mit der Symbolleiste können Sie folgende Funktionen ausführen (von links nach rechts): neue Variable, Variable ändern, Variable löschen und Variable in Ergebniszeile kopieren.

Neue Variable: Haben Sie dieses Feld angeklickt, bekommen Sie ein Dialogfeld, in dem Sie die neue Variable definieren können (siehe Abbildung 7.33).

Abbildung 7.33: Neue Variable definieren

Wählen Sie, ob es sich um eine Konstante oder eine Funktion handeln soll. Geben Sie im Feld NAME einen Namen ein und im Feld GRUPPIEREN MIT die Gruppe, unter der die Variable aufgelistet werden soll. Wenn Sie hier den Eintrag *Neu..* wählen, können Sie eine neue Gruppe von Variablen anlegen. Im Feld WERT ODER AUSDRUCK geben Sie den eigentlichen Ausdruck ein. Im Feld BESCHREIBUNG können Sie dann noch einen Kommentar für die neue Funktion verfassen.

Die Ausdrücke können Zahlen, Punkte, Vektoren und Formeln sowie Objektfangfunktionen enthalten. Alle Funktionen des Rechners aufgelistet finden Sie in der Datei *Befehl Kal.pdf* im Ordner *Dokumente* auf der CD zu diesem Buch.

8 Gefüllte Flächen, Umgrenzungen und Regionen

In diesem Kapitel werden Sie mehr über spezielle Schraffurfunktionen, Umgrenzungen und Regionen erfahren.

8.1 Gefüllte Flächen

In AutoCAD kann der Schraffurbefehl auch zum Füllen von Flächen verwendet werden. Ein spezielles Schraffurmuster erzeugt gefüllte Flächen.

Befehl Gschraff

Sie haben in Kapitel 6.1 gesehen, wie Sie mit dem Befehl GSCHRAFF schraffieren. Lediglich ein anderes Muster müssen Sie verwenden, wenn Sie gefüllte Flächen erzeugen wollen. Sie finden den Befehl:

- Abrollmenü ZEICHNEN, Funktion SCHRAFFUR...
- Symbol im Werkzeugkasten ZEICHNEN

Nach Anwahl des Befehls bekommen Sie ein Dialogfeld auf den Bildschirm, aus dem Sie alle Funktionen wählen bzw. weitere Dialogfelder starten können (siehe Abbildung 8.1).

Da Sie den Befehl schon kennen, hier nur die Besonderheit für gefüllte Flächen. Wählen Sie aus dem Abrollmenü MUSTER das Muster SOLID. Sie finden es auch in dem Dialogfeld mit den Schraffurmustern. Dieses bekommen Sie, wenn Sie auf das Symbol rechts neben dem Abrollmenü MUSTER klicken.

Weitere Einstellungen wie Skalierfaktor und Winkel sind bei diesem Muster nicht erforderlich. Alle anderen Funktionen des Befehls sind bei gefüllten Flächen identisch mit denen der herkömmlichen Schraffurmuster. Da der Befehl GSCHRAFF über eine automatische Konturerkennung verfügt, können Sie damit jede beliebige geschlossene Fläche füllen.

Abbildung 8.1:
Dialogfeld für die Schraffur

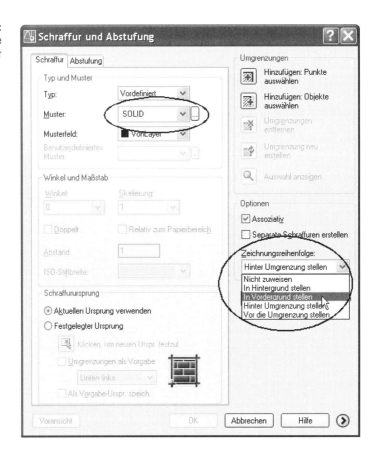

Wenn mit gefüllten Flächen oder Farbverläufen (siehe Kapitel 8.2) gearbeitet wird, kann es natürlich vorkommen, dass die Farbe darunter liegende Texte oder die Schraffurgrenze abdeckt. In diesen Fällen konnte bisher nachträglich die Zeichnungsreihenfolge geändert werden. Seit AutoCAD 2005/LT 2005 ist es möglich, schon bei der Erstellung der Schraffur zu bestimmen, in welche Ebene die Schraffur gestellt werden soll. Im Abrollmenü ZEICHNUNGSREIHENFOLGE können Sie wählen, ob die Schraffur vor oder hinter die Umgrenzung sowie vor oder hinter alle übrigen Objekte gestellt werden soll. Geben Sie die Einstellung NICHT ZUWEISEN an, ist die Reihenfolge zufällig, was bei der Schraffur mit einem Linienmuster auch ohne Bedeutung ist.

8.2 Schraffieren mit Farbverlauf

Farbverläufe sind eine Möglichkeit zur grafischen Überarbeitung von technischen Zeichnungen. Diese stehen Ihnen allerdings in AutoCAD LT nicht zur Verfügung. Sie finden sie in AutoCAD im zweiten Register des Dialogfelds beim Befehl GSCHRAFF (siehe Abbildung 8.2).

Schraffieren mit Farbverlauf   Kapitel 8

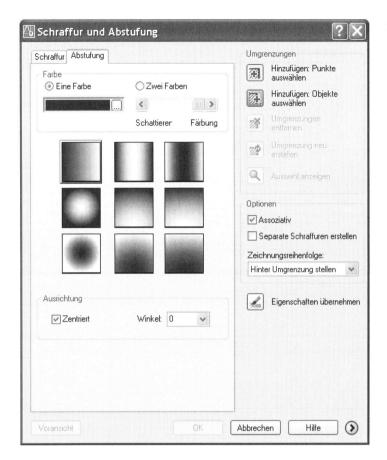

Abbildung 8.2:
Dialogfeld zum Schraffieren, Register Abstufung

Befehl ABSTUF

Eigentlich verwenden Sie mit diesem Register den Befehl ABSTUF, den Sie auch direkt aktivieren können. Sie finden den Befehl wie folgt:

➡ Abrollmenü ZEICHNEN, Funktion ABSTUFUNG...

➡ Symbol im Werkzeugkasten ZEICHNEN

Nach Anwahl des Befehls bekommen Sie, wie schon erwähnt, das Dialogfeld wie beim Befehl GSCHRAFF. In diesem Fall ist das zweite Register aktiv (siehe Abbildung 8.2).

Eine Farbe: Damit legen Sie eine Füllung fest, die einen fließenden Übergang zwischen dunkleren und helleren Schattierungen einer Farbe hat. Klicken Sie auf die Schaltfläche rechts neben dem Farbfeld, können Sie die Farbe im AutoCAD-Farbdialogfeld wählen. An einem Schieberegler stellen Sie die Intensität des Verlaufs ein: Verlauf nach schwarz oder weiß sowie Verlauf nach helleren oder dunkleren Tönen der gewählten Farbe.

Kapitel 8   Gefüllte Flächen, Umgrenzungen und Regionen

Zwei Farben: Hiermit wählen Sie eine Füllung, die einen nahtlosen Übergang zwischen zwei Farben verwendet. In diesem Fall können Sie beide Farben wählen.

Abstufungsmuster: Sie haben die Auswahl zwischen neun festen Mustern für Farbverläufe: lineares Sweeping sowie Sphären- und Parabolmuster.

Zentriert: Ist dieser Schalter ein, bekommen Sie einen symmetrischen Verlauf. Wenn Sie diese Option ausgeschaltet haben, wird der Verlauf nach oben links verschoben, so dass der Eindruck entsteht, es würde sich links neben dem Objekt eine Lichtquelle befinden.

Winkel: Damit legen Sie den Winkel des Farbverlaufs fest.

Abbildung 8.3:
Farbverläufe in der
Zeichnung

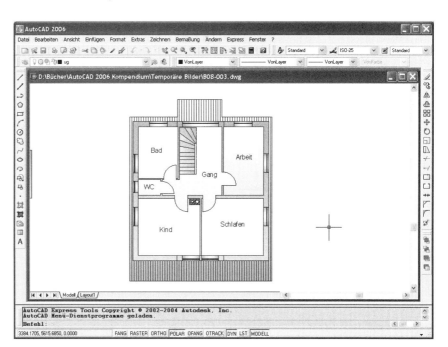

8.3   Andere gefüllte Flächen

Weitere Objekte, die als gefüllte Fläche dargestellt werden, sind die Solids. Diese haben aber einen Nachteil: Sie können nur aus drei- und viereckigen Flächen erstellt werden. Diese können Sie zwar zu beliebigen Vielecken zusammensetzen, Rundungen sind damit aber nicht möglich.

Andere gefüllte Flächen Kapitel 8

Befehl Solid

Mit dem Befehl SOLID können Sie solche gefüllten Flächen zeichnen. Sie finden ihn:

- Abrollmenü ZEICHNEN, Untermenü FLÄCHEN >, Funktion SOLID
- Symbol im Werkzeugkasten FLÄCHEN

```
Befehl: Solid
Ersten Punkt angeben:
Zweiten Punkt angeben:
Dritten Punkt angeben:
Vierten Punkt angeben oder <beenden>:
```

Geben Sie bei der Anfrage nach dem vierten Punkt ⏎ ein, wird ein Dreieck gezeichnet (siehe Abbildung 8.4, a). Danach wird wieder ein dritter Punkt angefragt. Ein erneutes ⏎ beendet den Befehl.

Wollen Sie ein Viereck zeichnen, müssen Sie beachten, dass die Punkte nicht in einem Drehsinn eingegeben werden können, sondern erster und dritter bzw. zweiter und vierter Punkt auf einer Seite. Im anderen Fall zeichnen Sie eine »Fliege« (siehe Abbildung 8.4, b). Auch nach einem Viereck wird wieder ein dritter Punkt angefragt. Beenden Sie die Eingabe an dieser Stelle durch Eingabe von ⏎.

Wollen Sie zusammengesetzte Flächen zeichnen (siehe Abbildung 8.4, c), geben Sie immer beim Dreieck auf die Frage nach dem vierten Punkt ⏎ ein. Um die Eingabe ganz abzubrechen, geben Sie beim dritten Punkt ⏎ ein.

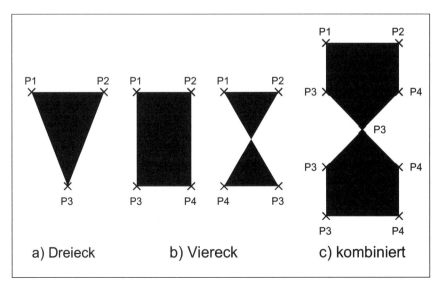

Abbildung 8.4:
Zeichnen von Solids

Kapitel 8 Gefüllte Flächen, Umgrenzungen und Regionen

Zeichnen von Solids

1. Öffnen Sie die Zeichnung *A08-01.dwg* aus dem Ordner *Aufgaben*.
2. Zeichnen Sie die Solids wie in Abbildung 8.4 nach. Schalten Sie dazu den Fang ein und stellen Sie ihn auf 1.

Eine Musterlösung finden Sie ebenfalls: die Zeichnung *L08-01.dwg*.

Befehl Plinie

Wie Sie in Kapitel 7.1 schon gesehen haben, können Sie auch Polylinien als breite gefüllte Objekte zeichnen. Sie können für jedes Segment eine Start- und Endbreite eingeben. Dadurch erhalten Sie gefüllte Flächen. Um gefüllte Quadrate, Rechtecke oder Dreiecke zu erhalten, können Sie auch eine Polylinie zeichnen, die nur aus einem Segment besteht.

Bei der Polylinie wird die Mittellinie gezeichnet. Die Polylinie ist damit immer symmetrisch. Unregelmäßige Vierecke oder Dreiecke lassen sich nicht mit breiten Polylinien zeichnen.

8.4 Darstellung gefüllter Flächen

Gefüllte Flächen können ausgefüllt oder nicht ausgefüllt dargestellt werden, je nachdem wie der Füllmodus eingestellt ist.

Befehl Füllen

Mit dem Befehl FÜLLEN können Sie den Anzeigemodus von gefüllten Flächen umstellen. Tippen Sie den Befehl auf der Tastatur ein. Sie finden den Befehl nicht in den Menüs.

```
Befehl: Füllen
Modus eingeben [EIN/AUS] <Ein>:
```

Stellen Sie den Modus entsprechend ein.

Systemvariable Fillmode

Sie können den Modus auch mit einer Systemvariablen umstellen. Ob Sie den entsprechenden Befehl verwenden oder die Systemvariable direkt verändern, das Ergebnis ist dasselbe. Tippen Sie den Namen der Systemvariablen auf der Tastatur ein.

```
Befehl: Fillmode
Neuen Wert für FILLMODE eingeben <1>:
```

Geben Sie 0 für die ungefüllte Darstellung oder 1 für die gefüllte ein.

- *Wenn Sie den Füllmodus umschalten, werden erst beim nächsten Regenerieren alle Objekte im neuen Modus angezeigt. Verwenden Sie den Befehl REGEN, um die Objekte sofort neu darzustellen.*

- *Der Füllmodus wirkt sich auch auf Schraffuren aus. Bei Flächen, die mit einem Linienmuster oder einem Muster aus der Schraffurbibliothek schraffiert wurden, wird mit dem Füllmodus die Schraffur ein- und ausgeschaltet.*

- *Wenn Sie Ihre Zeichnung nicht in der Draufsicht anzeigen, sondern von einem anderen Ansichtspunkt im Raum (siehe Kapitel 20.5), werden gefüllte Flächen nicht ausgefüllt dargestellt, auch wenn der Füllmodus eingeschaltet ist. Das gilt nicht für Schraffuren und mit dem Befehl GSCHRAFF erzeugte gefüllte Flächen. Sie werden aus jeder Perspektive angezeigt wenn der Füllmodus eingeschaltet ist.*

8.5 Zeichnungsreihenfolge

Gefüllte Flächen bringen aber ein weiteres Problem mit sich, wenn Sie eine Fläche mit einer Farbe unterlegen und auf dieser Fläche eine Beschriftung anbringen wollen. Die Beschriftung könnte also von der Füllung überdeckt werden. Sobald gefüllte Flächen verwendet werden, muss auch die Anzeigereihenfolge bestimmt werden. Diese Funktion ist außerdem wichtig, wenn Sie Bilddateien in der Zeichnung platzieren (siehe Kapitel 12). Auch hier müssen Sie bestimmen können, was oben und unten liegen soll.

Befehl ZEICHREIHENF

Mit dem Befehl ZEICHREIHENF können Sie die Lage der Objekte zueinander ändern und damit Objekte nach oben oder unten stellen.

- Abrollmenü EXTRAS, Untermenü ZEICHENREIHENFOLGE >, mit Funktionen für die einzelnen Optionen des Befehls

- Symbol im Werkzeugkasten ÄNDERN II

- Werkzeugkasten ZEICH.REIHENFOLGE, mit Symbolen für die einzelnen Optionen des Befehls

```
Befehl: Zeichreihenf
Objekte wählen:
Option für Objektreihenfolge eingeben [üBer objekt/uNter objekt/Oben/Unten]
<Unten>:
```

Mit den Optionen OBEN bzw. UNTER wird das Objekt über alle anderen bzw. unter alle anderen gelegt. Die Optionen ÜBER OBJEKT bzw. UNTER OBJEKT ordnen das gewählte Objekt über bzw. unter einem Referenzobjekt an. Bei einer weiteren Anfrage wählen Sie das Referenzobjekt.

Kapitel 8   Gefüllte Flächen, Umgrenzungen und Regionen

```
üBer objekt/uNter objekt/Oben/<Unter>: z.B.: N für die Option uNter objekt
Referenzobjekt wählen: Objekt wählen unter den das andere geschoben
werden soll
```

Die Zeichenreihenfolge bleibt im Gegensatz zu früheren Versionen erhalten, wenn Sie die Objekte kopieren, verschieben, drehen usw. Auch müssen Sie nicht mehr immer wieder regenerieren, um die Objekte korrekt anzuzeigen.

Haben Sie ein Objekt markiert, finden Sie im Kontextmenü (mit der rechten Maustaste aktivieren) ein Untermenü mit den Optionen des Befehls ZEICHREIHENF (siehe Abbildung 8.5). So können Sie diese auch ohne Befehlssuche schnell ändern.

Befehl TEXTNACHVORN

Wollen Sie alle Texte und Bemaßungen auf einmal nach vorne stellen, verwenden Sie den Befehl TEXTNACHVORN. Sie finden ihn wie folgt:

➤ Abrollmenü EXTRAS, Untermenü ZEICHENREIHENFOLGE >, Untermenü TEXT UND BEMASSUNGEN IN DEN VORDERGRUND STELLEN >, Untermenü mit Funktionen für die Optionen des Befehls

```
Befehl: Textnachvorn
Nach vorne bringen [Text/BEMaßungen/BEIde] <BEIde>:
```

Wählen Sie, ob Sie Texte, Bemaßungen oder beides in den Vordergrund bringen wollen.

Überdeckende Flächen

1. Öffnen Sie die Zeichnung *A08-02.dwg* aus Ihrem Übungsordner. Sie finden dort eine Zeichnung wie in Abbildung 8.5, links.

2. Schraffieren Sie die Ringe mit dem Muster *Solid*. Verwenden Sie beim linken Ring den Layer *Farbe1*, beim rechten Ring den Layer *Farbe2* und unten den Layer *Farbe3*. Stellen Sie dabei die Farbfläche gleich in den Hintergrund.

3. Schieben Sie die Objekte übereinander (siehe Abbildung 8.5, rechts). Die Objekte liegen jetzt in beliebiger Reihenfolge übereinander.

4. Sortieren Sie jetzt. Bringen Sie den linken Ring mit seiner Füllung mit dem Befehl ZEICHREIHENF ganz nach vorne, den unteren ganz nach hinten. Den rechten Ring platzieren Sie zwischen den beiden anderen Ringen. Platzieren Sie jetzt noch den Text mit dem Befehl TEXTNACHVORN ganz oben. Das Ergebnis sollte wie in Abbildung 8.5, rechts aussehen.

Eine Lösung finden Sie im Ordner *Aufgaben*: *L08-02.dwg*.

Zeichnungsreihenfolge   Kapitel 8

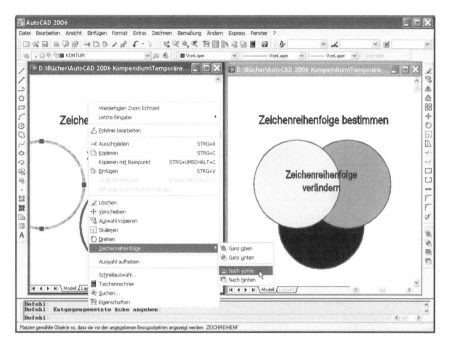

Abbildung 8.5:
Objekte anordnen

Befehl ABDECKEN

Mit dem Befehl ABDECKEN können Sie Teile der Zeichnung mit einer polygonalen Fläche in der Hintergrundfarbe abdecken. Die Fläche wird durch den Abdeckungsrahmen begrenzt, den Sie beispielsweise zum Bearbeiten aktivieren und zum Plotten deaktivieren können. Sie finden den Befehl im:

→ Abrollmenü ZEICHNEN, Funktion ABDECKEN

```
Befehl: Abdecken
Ersten Punkt wählen oder [Rahmen/Polylinie] <Polylinie>: Punkt eingeben
oder Option wählen
Nächsten Punkt angeben: Nächsten Punkt eingeben
Nächsten Punkt angeben oder [Zurück]: Nächsten Punkt eingeben
Nächsten Punkt angeben oder [Schließen/Zurück]: Nächsten Punkt eingeben
...
Nächsten Punkt angeben oder [Schließen/Zurück]:  ⏎  zum Beenden
```

Geben Sie nacheinander Stützpunkte für ein unregelmäßiges Vieleck ein und beenden Sie die Eingabe mit ⏎. Die Abdeckfläche wird erstellt und verdeckt die dahinter liegenden Objekte.

Außerdem stehen weitere Optionen zur Verfügung:

Rahmen: Mit dieser Option können Sie den Rahmen der Fläche aus- und auch wieder einblenden.

Kapitel 8　Gefüllte Flächen, Umgrenzungen und Regionen

```
Ersten Punkt wählen oder [Rahmen/Polylinie] <Polylinie>: Option Rahmen
   wählen
Modus eingeben [EIN/AUS] <AUS>: Ein oder Aus wählen
```

Polylinie: Mit dieser Option können Sie eine vorhandene geschlossene Polylinie in eine Abdeckfläche umwandeln.

```
Ersten Punkt wählen oder [Rahmen/Polylinie] <Polylinie>: Option
   Polylinie wählen
Geschlossene Polylinie auswählen: Polylinie anklicken
Polylinie löschen? [Ja/Nein] <Nein>: Ja oder Nein wählen
```

Wählen Sie danach, ob die Polylinie erhalten bleiben oder gelöscht werden soll.

Beim Erstellen der Fläche stehen Ihnen auch die Optionen ZURÜCK und SCHLIESSEN zur Verfügung.

8.6　Umgrenzung

Eine Variante des Befehls GSCHRAFF ist der Befehl UMGRENZUNG. Wie bei der Schraffur kann damit eine Fläche bestimmt werden. Der Befehl ermittelt automatisch die Grenzkante, schraffiert die Fläche aber nicht, sondern zeichnet nur die Grenzkante nach.

Befehl Umgrenzung
Sie finden den Befehl:

➡ Abrollmenü ZEICHNEN, Funktion UMGRENZUNG...

Die Einstellungen für den Befehl können Sie in einem Dialogfeld vornehmen (siehe Abbildung 8.6).

Abbildung 8.6:
Dialogfeld für die Umgrenzung

Umgrenzung | Kapitel 8

Sie können im Abrollmenü OBJEKTTYP wählen, ob Sie als Umgrenzung eine Polylinie oder eine Region (siehe Kapitel 8.7) haben wollen. Im Feld UMGRENZUNGSSATZ können Sie in einem weiteren Abrollmenü wählen, ob Sie alle Objekte im aktuellen Ansichtsfenster für die Erzeugung der Umgrenzung heranziehen wollen. Bei großen Zeichnungen kann es sinnvoll sein, die Einstellung VORHANDENER SATZ zu wählen.

Dazu müssen Sie aber zuerst die Objekte wählen, aus denen die Umgrenzung gebildet werden soll. Mit dem Symbol NEU rechts neben dem Abrollmenü können Sie die Objekte in der Zeichnung wählen.

Jetzt müssen Sie nur noch das obere Symbol PUNKTE AUSWÄHLEN anklicken. Das Dialogfeld verschwindet und Sie werden aufgefordert, einen Punkt zu wählen. Klicken Sie einen Punkt in der Fläche an, um die Sie die Umgrenzung haben wollen. Sie können auch Punkte in mehreren benachbarten Flächen anklicken. Damit erhalten Sie die Umgrenzung.

```
Internen Punkt wählen: Punkt in der Fläche anklicken
Internen Punkt wählen: eventuell Punkt in einer weiteren Fläche anklicken
...
Internen Punkt wählen: [↵]
UMGRENZUNG hat 1 Polylinie erstellt.
```

Die Umgrenzung wird auf dem aktuellen Layer gezeichnet.

➤ *Den Befehl* UMGRENZUNG *können Sie zum Ausmessen von geschlossenen Flächen verwenden. Erstellen Sie für diesen Zweck eine Umgrenzung mit einer Polylinie. Mit den Befehlen* LISTE *oder* FLÄCHE *können Sie sich die Fläche anzeigen lassen, die von der geschlossenen Polylinie eingeschlossen ist.*

➤ *Sie können aber auch eine Region erzeugen (siehe Kapitel 8.7). Dann erhalten Sie mit dem Befehl* MASSEIG *noch weitergehende Informationen. Vor allem werden bei Regionen eingeschlossene Inseln bei der Flächenberechnung automatisch abgezogen.*

➤ *Benötigen Sie eine geschlossene Kontur für die NC-Bearbeitung, so können Sie diese schnell mit dem Befehl* UMGRENZUNG *erzeugen.*

Umgrenzung für Flächenberechnung

1. Öffnen Sie die Zeichnung *A08-03.dwg* aus Ihrem Übungsordner. Sie enthält die Zeichnung aus Abbildung 8.7.
2. Lassen Sie sich mit dem Befehl UMGRENZUNG eine Polylinie um die gekennzeichnete Fläche zeichnen und ermitteln Sie mit dem Befehl FLÄCHE die Fläche unter der Polylinie.

Kapitel 8 Gefüllte Flächen, Umgrenzungen und Regionen

```
Befehl: Fläche
Ersten Eckpunkt angeben oder [Objekt/Addieren/Subtrahieren]: O für
    Objekt
Objekte auswählen: Umgrenzung anklicken
Fläche = 7444.60, Umfang = 435.27
```

3. Löschen Sie die Polylinie wieder und lassen Sie sich eine neue zeichnen. Klicken Sie diesmal die drei gekennzeichneten Punkte an und Sie bekommen drei Regionen oder Polylinien. Messen Sie auch hiervon die Fläche. Verwenden Sie beim Befehl FLÄCHE die Option ADDIEREN zusammen mit der Option OBJEKT (siehe Kapitel 6.2)

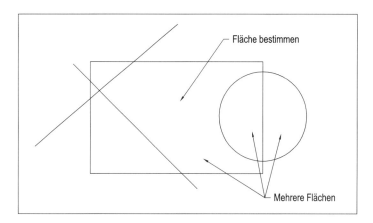

Abbildung 8.7:
Umgrenzung zur Flächenberechnung

8.7 Erstellung von Regionen

Jedes geschlossene 2D-Objekt kann in eine Region umgewandelt werden. Das ist möglich mit einem geschlossenen Linienzug, einer geschlossenen Kontur aus Linien und Bögen, einer geschlossenen Polylinie aus Linien und Bogensegmenten (nicht mit 3D-Polylinien), einem Kreis, einem Polygon, einem geschlossenen Spline oder einer Ellipse.

Befehl Region

Regionen können Sie mit dem Befehl REGION erstellen. Sie finden ihn:

➧ Abrollmenü ZEICHNEN, Funktion REGION

➧ Symbol im Werkzeugkasten ZEICHNEN

```
Befehl: Region
Objekte wählen: Objekte wählen
..
Objekte wählen: ⏎
1 Kontur extrahiert. 1 Region erstellt.
```

Haben Sie eines oder mehrere der oben aufgeführten Objekte gewählt, werden diese in einzelne Regionen umgewandelt. Sie haben jetzt beispielsweise keinen Linienzug mehr, sondern eine zusammenhängende Region. Haben Sie Polylinien mit einer Breite gewählt, wird die Breite gelöscht. Die Mittellinie der Polylinie wird zur Kontur der Region.

Befehl Ursprung bei Regionen

Regionen können Sie mit dem Befehl URSPRUNG wieder zerlegen:

➡ Abrollmenü ÄNDERN, Funktion URSPRUNG

➡ Symbol im Werkzeugkasten ÄNDERN

```
Befehl: Ursprung
Objekte wählen: Regionen wählen
```

Wählen Sie eine oder mehrere Regionen und sie werden wieder in ihre ursprünglichen Bestandteile zerlegt: Linien, Bögen, Kreise oder Splines. Eine Ausnahme bilden Regionen, die aus Polylinien erzeugt wurden. Da die Information, aus welchen Objekten die Polylinie erzeugt wurde, nicht in der Region gespeichert ist, werden solche Regionen in einzelne Liniensegmente und Bögen zerlegt.

8.8 Analyse von Regionen

Ein Vorteil der Regionen ist, dass Sie wesentlich mehr Informationen abfragen können als über einfache Linienzüge oder Polylinien.

Befehl Liste bei Regionen

Mit dem Befehl LISTE (siehe Kapitel 6.2) können Sie die Informationen abfragen.

```
Befehl: Liste
Objekte wählen: eine oder mehrere Regionen wählen
Objekte wählen: ⏎
        REGION    Layer: 0
        Bereich: Modellbereich
        Referenz = FA
        Fläche: 12350.0000
        Umfang: 574.1421
Begrenzungsrahmen: Untere Begrenzung X=140, Y=80, Z=0
                   Obere Begrenzung X=290, Y=190, Z=0
```

Kapitel 8   Gefüllte Flächen, Umgrenzungen und Regionen

Fläche und Umfang hätten Sie auch erhalten, wenn Sie die Objekte in eine Polylinie umgewandelt hätten. Bei einer Region haben Sie die Informationen in jedem Fall. Zusätzlich bekommen Sie den Begrenzungsrahmen angezeigt. Das sind die maximalen Abmessungen des Objekts: der linke untere Punkt und der rechte obere. Diese Informationen können Sie Verpackungsmaß verwenden.

Befehl Masseig bei Regionen

Ein Befehl, der eigentlich für 3D-Volumenkörper gedacht ist (siehe Kapitel 21.6 bis 21.9), liefert noch weitergehende Informationen zu Regionen: der Befehl MASSEIG. Wählen Sie ihn im:

➤ Abrollmenü EXTRAS, Untermenü ABFRAGE >, Funktion REGION-/MASSENEIGENSCHAFTEN

➤ Symbol im Werkzeugkasten ABFRAGE

```
Befehl: Masseig
Objekte wählen: eine oder mehrere Regionen wählen
Objekte wählen: ↵
  ---------------    REGIONEN    ---------------
Fläche:                12350
Umfang:                574
Begrenzungsrahmen:     X: 140 -- 290
                       Y: 80 -- 190
Schwerpunkt:           X: 207
                       Y: 130
Trägheitsmomente:      X: 223084166
                       Y: 551925833
Deviationsmoment:      XY: 329674583
Trägheitsradien:       X: 134
                       Y: 211
Haupttrágheitsmomente und X-Y-Richtung um Schwerpunkt:
                       I: 8844174 entlang [0.90 -0.43]
                       J: 23208459 entlang [0.43 0.90]
In Datei schreiben ? [Ja/Nein]:
```

Sie bekommen mit diesem Befehl zusätzlich Informationen über Schwerpunkt und Trägheitsmomente angezeigt. Die Informationen können Sie zur weiteren Verwendung in eine Textdatei schreiben lassen. Geben Sie dazu auf die letzte Anfrage JA oder nur J ein.

8.9 Verknüpfung von Regionen

Der eigentliche Vorteil von Regionen liegt darin, dass Sie mit booleschen Operationen verknüpft werden können. Damit lässt sich in vielen Fällen einfacher konstruieren, und Fläche, Umfang, Schwerpunkt usw. erhält man gleich mit. Die Befehle sind identisch mit denen, die bei den Volumenkörpern verwendet werden (siehe Kapitel 21.7).

Befehl Vereinig

Mit dem Befehl VEREINIG machen Sie aus mehreren Regionen eine Gesamtregion (siehe Abbildung 8.8, a). Sie finden den Befehl:

➤ Abrollmenü ÄNDERN, Untermenü VOLUMENKÖRPER BEARBEITEN > (REGION > in AutoCAD LT), Funktion VEREINIGUNG

➤ Symbol im Werkzeugkasten VOLUMENKÖRPER BEARBEITEN (nicht in AutoCAD LT)

```
Befehl: Vereinig
Objekte wählen: eine oder mehrere Regionen wählen
Objekte wählen: weitere Regionen wählen
..
Objekte wählen: ⏎
```

Befehl Differenz

Der Befehl DIFFERENZ subtrahiert von einer oder mehreren Regionen einen zweiten Satz von Regionen (siehe Abbildung 8.8, b). Damit bringen Sie Aussparungen und Bohrungen an einer Region an.

➤ Abrollmenü ÄNDERN, Untermenü VOLUMENKÖRPER BEARBEITEN > (REGION > in AutoCAD LT), Funktion DIFFERENZ

➤ Symbol im Werkzeugkasten VOLUMENKÖRPER BEARBEITEN (nicht in AutoCAD LT)

```
Befehl: Differenz
Volumenkörper oder Region, von denen subtrahiert werden soll, wählen...
Objekte wählen: eine oder mehrere Regionen wählen
..
Objekte wählen: ⏎
Volumenkörper oder Region für Subtraktion wählen...
Objekte wählen: eine oder mehrere Regionen wählen
..
Objekte wählen: ⏎
```

Kapitel 8   Gefüllte Flächen, Umgrenzungen und Regionen

Befehl Schnittmenge

Mit dem Befehl SCHNITTMENGE bilden Sie die Region, die von überlagernden Regionen eingenommen wird. Herausfallende Teile einzelner Regionen werden entfernt (siehe Abbildung 8.8, c). Verwenden Sie den Befehl, wenn Sie eine Region auf eine maximale Ausdehnung begrenzen oder mit einer bestimmten Form ausstanzen wollen.

➡ Abrollmenü ÄNDERN, Untermenü VOLUMENKÖRPER BEARBEITEN > (REGION > in AutoCAD LT), Funktion SCHNITTMENGE

➡ Symbol im Werkzeugkasten VOLUMENKÖRPER BEARBEITEN (nicht in AutoCAD LT)

```
Befehl: Schnittmenge
Objekte wählen: eine oder mehrere Regionen wählen
Objekte wählen: weitere Regionen wählen
..
Objekte wählen: ⏎
```

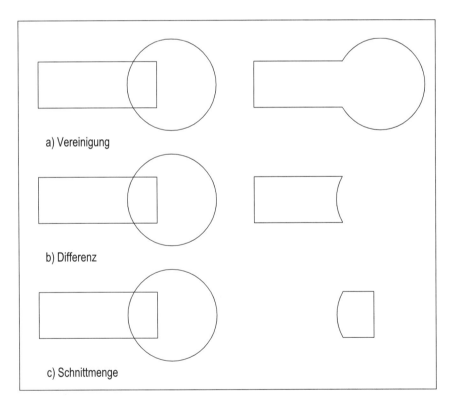

Abbildung 8.8:
Verknüpfung von Regionen

a) Vereinigung

b) Differenz

c) Schnittmenge

2D-Konstruktionen aus Regionen   Kapitel 8

Verknüpfung von Regionen

1. Laden Sie die Zeichnung *A08-04.dwg* aus dem Ordner *Aufgaben*.
2. Machen Sie aus den Objekten Regionen und verknüpfen Sie Regionen wie in Abbildung 8.8.

Die Lösung finden Sie in Ihrem Übungsordner: *L08-04.dwg*.

➡ *Mit den Befehlen* FASE *und* ABRUNDEN *können die Ecken von Regionen nicht bearbeitet werden.*

➡ *Sie können Regionen als Geometrie für die Volumenkörperbefehle* EXTRUSION *und* ROTATION *verwenden (siehe Kapitel 21.6 bis 21.9).*

8.10   2D-Konstruktionen aus Regionen

Viele 2D-Konstruktionen lassen sich einfacher ausführen, wenn Sie aus Regionen erstellt werden. Zwei Beispiele für diese Möglichkeiten:

Konstruktion eines Zahnrads

1. Laden Sie *A08-05.dwg* aus dem Ordner *Aufgaben* (siehe Abbildung 8.9). Darin finden Sie die Grundkontur für das Zahnrad.

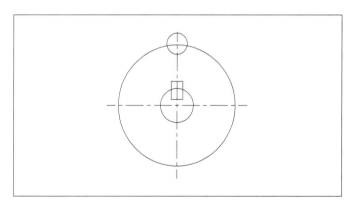

Abbildung 8.9:
Grundkonturen für ein Zahnrad

2. Verwenden Sie den Befehl REIHE mit der Option POLAR und erzeugen Sie aus dem kleinen Kreis eine Anordnung von 16 Kreisen.
3. Wandeln Sie alle Objekte in Regionen um. Die Mittellinien werden nicht umgewandelt.
4. Subtrahieren Sie alle kleinen Kreise von dem großen Kreis und Sie haben ein Zahnrad. Subtrahieren Sie jetzt den Kreis und das Rechteck in der Mitte vom Zahnrad. Ihr Zahnrad sieht wie in Abbildung 8.10 aus. Sie haben eine Lösung im Übungsordner: *L08-05.dwg*.

(KOMPENDIUM) AutoCAD und LT 2006

Abbildung 8.10:
Zahnrad aus Regionen

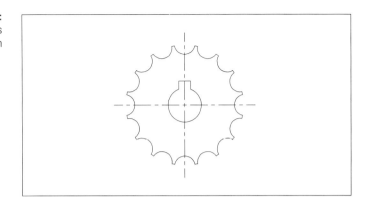

5. Berechnen Sie Umfang und Fläche und ermitteln Sie den Schwerpunkt und die Trägheitsmomente. Zerlegen Sie das Zahnrad mit dem Befehl URSPRUNG, wenn Sie es weiter bearbeiten wollen.

Zeichnen einer Platte aus Lochblech

1. Laden Sie jetzt aus dem Ordner *Aufgaben* die Zeichnung *A08-06.dwg* (siehe Abbildung 8.11), die Konturen für das Lochblech.

Abbildung 8.11:
Grundkonturen für das Lochblech

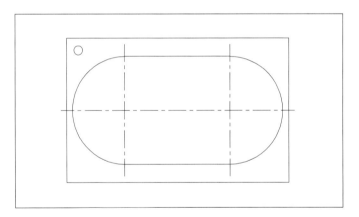

2. Verwenden Sie den Befehl REIHE mit der Option RECHTECK und erzeugen Sie aus dem kleinen Kreis eine Anordnung aus 11 Zeilen und 18 Spalten mit Abstand -10 bzw. 10. Wandeln Sie alle Objekte in Regionen um.

3. Subtrahieren Sie alle kleinen Kreise von dem Rechteck. Nun haben Sie ein rechteckiges Lochblech, aus dem Sie jede beliebige Form ausstanzen können.

4. Bilden Sie die Schnittmenge aus dem Lochblech und der ovalen Kontur und Sie erhalten ein Lochblech in der Form wie in Abbildung 8.12.

Auch hiervon ist die Lösung im Ordner *Aufgaben*: *L08-06.dwg*.

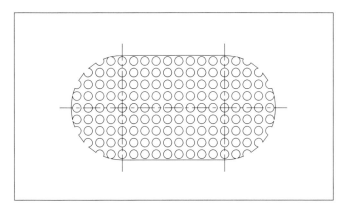

Abbildung 8.12:
Ausgestanztes Lochblech

9 Bemaßungen und Stile

Nachdem Sie im Kapitel 6 die elementaren Bemaßungsbefehle kennen gelernt haben, werden Sie sich in diesem Kapitel mit den restlichen beschäftigen. Außerdem erfahren Sie alles über Bemaßungsstile.

9.1 Koordinatenbemaßung

In AutoCAD steht Ihnen eine Funktion für die Koordinatenbemaßung zur Verfügung. Damit kann eine Koordinate, bezogen auf den Koordinatennullpunkt, auf einer Führungslinie in die Zeichnung eingetragen werden.

Befehl Bemordinate

Mit dem Befehl BEMORDINATE können Sie Koordinatenmaße in der Zeichnung platzieren. Sie finden den Befehl:

- Abrollmenü BEMASSUNG, Funktion KOORDINATENBEMASSUNG
- Symbol im Werkzeugkasten BEMASSUNG

Voraussetzung ist, dass Sie das Benutzerkoordinatensystem setzen, denn die gewählten Punkte werden auf den Koordinatenursprung vermaßt.

```
Befehl: Bemordinate
Funktionsposition angeben: zu bemaßenden Punkt anklicken
Nicht-assoziative Bemaßung erstellt.
Endpunkt der Führungslinie angeben oder [Xdaten/Ydaten/Mtext/Text/Winkel]:
Position des Maßtextes angeben
Maßtext = 100.00
```

Wählen Sie den zu bemaßenden Punkt mit dem Objektfang und klicken Sie einen Endpunkt für die Führungslinie an. Fahren Sie mit der Führungslinie nach rechts oder links, wird das Y-Maß eingetragen. Wenn Sie nach oben oder unten wegfahren, wird das X-Maß gesetzt. Mit der Option XDATEN oder YDATEN wird das Maß als X- oder Y-Koordinate eingetragen, egal wo Sie den Endpunkt der Führungslinie positionieren.

Kapitel 9   Bemaßungen und Stile

```
Endpunkt der Führungslinie angeben oder [Xdaten/Ydaten/Mtext/Text/Winkel]:
    z.B.: X für Xdaten
Endpunkt der Führungslinie angeben oder [Xdaten/Ydaten/Mtext/Text/Winkel]:
Position des Maßtextes angeben
Maßtext = 100
```

Mit der Option MTEXT kann der Maßtext im Texteditor geändert werden und mit der Option TEXT im Befehlszeilenfenster. Bei der letzten Zeile handelt es sich um eine Anzeige. An der Stelle können Sie keine Änderung mehr vornehmen.

Es ist sinnvoll, bei der Koordinatenbemaßung den Ortho-Modus einzustellen. Ansonsten ergibt sich ein Knick in der Führungslinie. Aus Platzgründen kann das zwar manchmal erforderlich sein, Sie können ihn dann mit der Funktionstaste F8 *ausschalten.*

Abbildung 9.1:
Zeichnung mit Koordinatenbemaßung

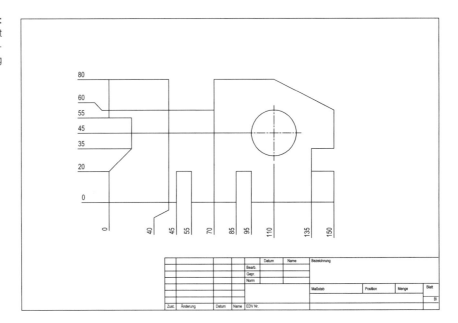

Zeichnung mit Koordinatenmaßen

1. Laden Sie die Zeichnung *A09-01.dwg* aus dem Ordner *Aufgaben*.
2. Setzen Sie ein Benutzerkoordinatensystem an die linke untere Ecke des Teils und schalten Sie den Ortho-Modus ein.
3. Bemaßen Sie die X-Koordinaten an der Unterseite und die Y-Koordinaten an der linken Seite (siehe Abbildung 9.1). Wenn ein Maß keinen Platz hat, schalten Sie den Ortho-Modus zwischendurch aus.
4. Danach aktivieren Sie wieder das Weltkoordinatensystem.

Eine Lösung finden Sie auch im Ordner *Aufgaben*: *L09-01.dwg*.

9.2 Bogenlängen und verkürzte Radiusbemaßung

Zwei spezielle Befehle haben Sie noch für das Bemaßen von Bögen und Kreisen.

Befehl BEMBOGEN

Mit dem Befehl BEMBOGEN können Sie die Länge eines Bogens oder Kreisabschnitts bemaßen. Sie finden den Befehl wie folgt:

- Abrollmenü BEMASSUNG, Funktion BOGENLÄNGE

- Symbol im Werkzeugkasten BEMASSUNG

```
Befehl: Bembogen
Bogen- oder Polylinienbogensegment auswählen: Bogensegment anklicken
Position der Bogenlängenbemaßung angeben, oder
[Mtext/Text/Winkel/Partiell/Führung]: Position der Bemaßung oder Option
wählen
Maßtext = 220.50
```

Der Befehl akzeptiert bei der Auswahl nur Bogensegmente. Klicken Sie den Bogen an und platzieren Sie das Maß (siehe Abbildung 9.2, oben links). Wie bei allen anderen Bemaßungsbefehlen stehen Ihnen die Optionen MTEXT (zur Bearbeitung des Textes im Texteditor), TEXT (zur Bearbeitung des Textes in der Befehlszeile) und WINKEL (zur Drehung des Textes im angegebenen Winkel) zur Verfügung. Zudem haben Sie zwei spezielle Optionen bei diesem Befehl:

Partiell: Bemaßt nur einen Teil des Bogens. Dazu müssen Sie zwei Punkte auf dem Bogen mit dem Objektfang abgreifen können (siehe Abbildung 9.2, oben Mitte).

```
Position der Bogenlängenbemaßung angeben, oder [Mtext/Text/Winkel/
    Partiell/Führung]: P für Partiell
Ersten Punkt der Bogenlängenbemaßung angeben: Punkt fangen
Zweiten Punkt der Bogenlängenbemaßung angeben: Zweiten Punkt fangen
Position der Längenbemaßung festlegen, oder [Mtext/Text/Winkel/
tEilweise]: Position bestimmen oder Option wählen
Maßtext = 119.2
```

Bei der letzten Abfrage bestimmen Sie die Position der Maßlinie. Außerdem erhalten Sie die gleichen Optionen wie oben. Mit der Option TEILWEISE können Sie die Punkte neu bestimmen.

Führung: Mit dieser Option wird eine Führungslinie von der Maßlinie zum bemaßten Bogen gezeichnet (siehe Abbildung 9.2, oben rechts).

Befehl BEMVERKÜRZ

Wenn Sie einen Bogen oder Kreis mit einem relativ großen Radius bemaßen, kann es sehr störend sein, dass die Maßlinie bis zum Mittelpunkt gezogen wird. Mit dem Befehl BEMVERKÜRZ können Sie dies verhindern und die Maßlinie nur bis zu einem wählbaren Punkt ziehen. Sie finden den Befehl wie folgt:

- Abrollmenü BEMASSUNG, Funktion VERKÜRZT
- Symbol im Werkzeugkasten BEMASSUNG

```
Befehl: Bemverkürz
Bogen oder Kreis wählen: Objekt anklicken
Überschreibung der mittleren Position angeben: Länge der Maßlinie
angeben
Maßtext = 265.00
Position der Bemaßungslinie angeben oder [Mtext/Text/Winkel]: Position
angeben, an der die Maßlinie auf den Bogen trifft
Verkürzungsposition angeben: Position der Knickstelle und des Textes
   angebem
```

Zunächst klicken Sie das zu bemaßende Objekt an, danach klicken Sie einen Punkt an, der die Länge der Maßlinie bestimmt. Jetzt benötigen Sie noch den Punkt, an dem die Maßlinie und der Pfeil auf das Objekt treffen, und die Stelle, an der der Knick gezeichnet und der Maßtext platziert wird (siehe Abbildung 9.2, unten). Wie bei den anderen Bemaßungsbefehlen haben Sie bei der vorletzten Abfrage wieder die Optionen MTEXT (zur Bearbeitung des Textes im Texteditor), TEXT (zur Bearbeitung des Textes in der Befehlszeile) und WINKEL (zur Drehung des Textes im angegebenen Winkel).

Training: Bemaßen von Bögen

1. Zeichnen Sie Bögen wie in Abbildung 9.2.
2. Bemaßen Sie mit dem Befehl BEMBOGEN und den verschiedenen Optionen wie im oberen Teil von Abbildung 9.2
3. Bemaßen Sie mit dem Befehl BEMVERKÜRZ und verschiedenen Punkten wie im unteren Teil der Abbildung 9.2

9.3 Schnellbemaßung

Richtig komfortabel ist die Schnellbemaßung. Damit können Sie ein komplettes Objekt auf einmal bemaßen. Diese Funktion steht in Ihnen nur in AutoCAD zur Verfügung.

Schnellbemaßung — Kapitel 9

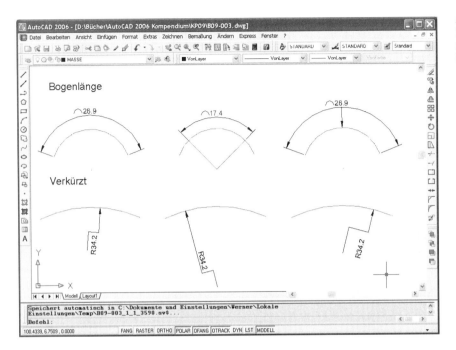

Abbildung 9.2:
Bogenbemaßung und verkürzte Radiusbemaßung

Befehl Sbem

Mit dem Befehl SBEM können Sie mit verschiedenen Bemaßungsarten eine komplette Maßkette auf einmal erzeugen. Sie finden den Befehl:

- Abrollmenü BEMASSUNG, Funktion SCHNELLBEMASSUNG
- Symbol im Werkzeugkasten BEMASSUNG

```
Befehl: Sbem
Geometrie für Bemaßung wählen: Fenster aufziehen oder Objekt
    anklicken
Geometrie für Bemaßung wählen: [↵]
Position der Bemaßungslinie angeben oder
[Ausgezogen/Versetzt/Basislinie/Koordinaten/Radius/ Durchmesser/
    bezugsPunkt/BEarbeiten/Einstellungen] <Ausgezogen>:
```

Wählen Sie die Geometrie, die Sie bemaßen wollen, indem Sie ein Fenster aufziehen und das komplette Teil auswählen. Sie können auch die Objekte, die Sie bemaßen wollen, einzeln anklicken oder nach dem Fenster weitere Punkte anklicken. Die Auswahl der zu bemaßenden Punkte beenden Sie mit [↵]. Bemaßt werden Endpunkte von Linien, Zentrumspunkte von Kreisen und Bögen, sowie die entsprechenden Punkte bei Polylinien.

(KOMPENDIUM) AutoCAD und LT 2006

Beachten Sie, dass alle gewählten Objekte bemaßt werden, auch die Endpunkte von Mittellinien. Bei der automatischen Auswahl mit dem Fenster, schalten Sie die Layer mit den nicht gewünschten Objekten aus oder klicken Sie die Objekte einzeln an.

Haben Sie alle Objekte gewählt, wird die Maßkette angezeigt und Sie können die Position der Bemaßungslinie bestimmen. Fahren Sie links oder rechts vom Teil weg, wird eine vertikale Maßkette erzeugt. Wenn Sie nach oben oder unten wegfahren, wird eine horizontale Maßkette erzeugt.

An dieser Stelle ist es noch möglich, die Bemaßungsart zu wechseln. Folgende Möglichkeiten stehen zur Auswahl (siehe Abbildung 9.3):

Ausgezogen: Erstellt die Maße als Kettenmaß wie mit der Bemaßungsfunktion WEITER (siehe Abbildung 9.3, a).

Versetzt: Erstellt die Maße symmetrisch von innen nach außen. Diese Form eignet sich für rotationssymmetrische Teile (siehe Abbildung 9.3, d).

Basislinie: Erstellt die Maße als Bezugsmaß wie mit der Bemaßungsfunktion BASISLINIE (siehe Abbildung 9.3, b).

Koordinaten: Erstellt die Maße als Koordinatenmaße wie mit der Bemaßungsfunktion BEMORDINATE (siehe Abbildung 9.3, c).

Radius: Bemaßung nur der Radien von Kreisen und Bögen, die sich in der Auswahl befunden haben (siehe Abbildung 9.3, e).

Durchmesser: Bemaßung nur der Durchmesser von Kreisen und Bögen, die sich in der Auswahl befunden haben (siehe Abbildung 9.3, f).

In allen diesen Fällen werden Sie nach der Wahl der Option wieder nach der Position der Bemaßungslinie gefragt.

```
Position der Bemaßungslinie angeben oder
[Ausgezogen/Versetzt/Basislinie/Koordinaten/Radius/ Durchmesser/bezugsPunkt/
    BEarbeiten] <Ausgezogen>:
```

Auch jetzt wird das Maß dynamisch angezeigt. Wenn Sie falsch gewählt haben, können Sie durch die Wahl einer anderen Option die Bemaßungsart noch einmal wechseln. Bei Radius- und Durchmessermaßen bekommen Sie nichts angezeigt. Hier wählen Sie die Position der Bemaßungslinie mit der Pickbox an einem Kreis bzw. Bogen. Alle Maße werden dann in dieser Richtung gezeichnet.

Mit zwei weiteren Optionen können Sie das Maß weiter beeinflussen:

Schnellbemaßung Kapitel 9

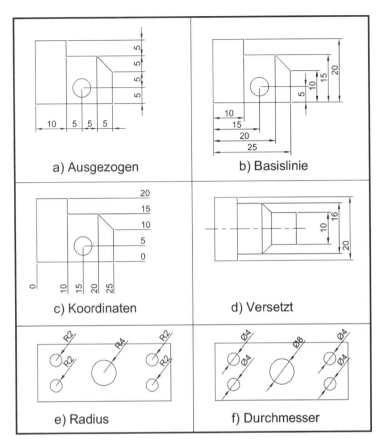

Abbildung 9.3:
Verschiedene Bemaßungsarten bei der Schnellbemaßung

Bezugspunkt: Damit legen Sie den Bezugspunkt für die Bemaßungsart Basislinie fest sowie den Nullpunkt bei der Bemaßungsart KOORDINATEN.

Bearbeiten: Haben Sie das komplette Teil mit einem Fenster gewählt, können Sie mit dieser Option die Punkte, die bemaßt werden sollen, bearbeiten. Alle ausgewählten Punkte werden in der Zeichnung mit einem Kreuz gekennzeichnet.

```
Position der Bemaßungslinie angeben oder
[Ausgezogen/Versetzt/Basislinie/Koordinaten/Radius/ Durchmesser/bezugsPunkt/
BEarbeiten] <Ausgezogen>:
```
BE für Bearbeiten
```
Zu entfernenden Bemaßungspunkt kennzeichnen oder [Hinzufügen/eXit] <eXit>:
```
Markierten Punkt anklicken
Ein Bemaßungspunkt entfernt
```
Zu entfernenden Bemaßungspunkt kennzeichnen oder [Hinzufügen/eXit] <eXit>:
```

Kapitel 9 Bemaßungen und Stile

Sie können jetzt nacheinander die Punkte anklicken, die nicht bemaßt werden sollen. Das Markierungskreuz wird dann entfernt. Wollen Sie nicht gewählte Punkte bemaßen, wählen Sie die Option HINZUFÜGEN.

```
Zu entfernenden Bemaßungspunkt kennzeichnen oder [Hinzufügen/eXit] <eXit>:
    H für Hinzufügen
Hinzuzufügenden Bemaßungspunkt kennzeichnen oder [Entfernen/eXit] <eXit>:
    Nicht markierten Punkt anklicken
Ein Bemaßungspunkt hinzugefügt.
Hinzuzufügenden Bemaßungspunkt kennzeichnen oder [Entfernen/eXit] <eXit>:
```

Klicken Sie Punkte an, die kein Kreuz haben, werden diese als Bemaßungspunkte genommen und mit einem Kreuz versehen. Sie können beliebig oft mit den Optionen HINZUFÜGEN und ENTFERNEN zwischen diesen beiden Modi umschalten. Mit der Option EXIT beenden Sie den Bearbeitungsmodus und Sie kommen wieder zur vorherigen Anfrage.

Wenn Sie die Position der Bemaßungslinie festgelegt haben, wird das komplette Maß gezeichnet.

Einstellungen: Damit legen Sie den Vorgabe-Objektfang für die Auswahl der zu bemaßenden Punkte fest. Folgende Anfrage erscheint:

```
Priorität der assoziativen Bemaßung [Endpunkt/Schnittpunkt]:
```

Wählen Sie die gewünschte Option.

> Wenn Sie bei einer Schnellbemaßung bereits vorhandene Maße bei der Auswahl der Geometrie für die Bemaßung mitwählen, werden diese gelöscht und durch die neuen Maße ersetzt.

> Wenn Sie eine zweite Maßkette an einem Teil anbringen, müssen Sie das Fenster von links nach rechts aufziehen. Sonst wird die bereits vorhandene Maßkette entfernt.

> Sie können natürlich auch bewusst Maße bei der Auswahl mit aufnehmen, um diese zu entfernen, und andere aus der Auswahl entfernen, um diese in der Zeichnung zu lassen.

Schnellbemaßungen erzeugen

1. Laden Sie die Zeichnung *A09-02.dwg* aus dem Ordner *Aufgaben*.
2. Bringen Sie die Schnellbemaßungen wie in Abbildung 9.2 an.
3. Beachten Sie, dass Sie bei a), b) und c) bei der Geometriewahl der zweiten Maßkette das Fenster richtig aufziehen.

Form- und Lagetoleranzen   Kapitel 9

4. Bei der Koordinatenbemaßung sollten Sie zuerst mit der Option BEZUGSPUNKT den Nullpunkt setzen.
5. Beachten Sie, dass bei d) die Mittellinie nicht in die Auswahl der Geometrie aufgenommen werden sollte.

Das Ergebnis sollte wie in Abbildung 9.2 aussehen. Das Muster finden Sie im Ordner *Aufgaben*: die Zeichnung *L09-02.dwg*.

9.4 Form- und Lagetoleranzen

Mit dem Befehl TOLERANZ können Sie Form- und Lagetoleranzen in die Zeichnung einbringen. In Maschinenbauzeichnungen werden solche Symbole verwendet, um Toleranzarten, Toleranzwerte und Bezugsbuchstaben kenntlich zu machen.

Befehl Toleranz

Sie finden den Befehl TOLERANZ:

- Abrollmenü BEMASSUNG, Funktionen TOLERANZ...
- Symbol im Werkzeugkasten BEMASSUNG

Der Befehl arbeitet mit verschiedenen Dialogfeldern, in denen Sie die Symbole zusammenstellen können. Im ersten Dialogfeld geben Sie die Toleranzwerte ein (siehe Abbildung 9.4).

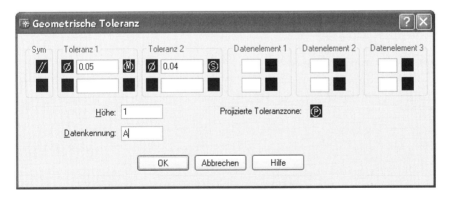

Abbildung 9.4: Dialogfeld zur Eingabe der Toleranzwerte

Tragen Sie die Toleranzwerte ein. Klicken Sie auf das Feld SYM und wählen in einem weiteren Dialogfeld das Toleranzsymbol aus (siehe Abbildung 9.5).

Klicken Sie im ersten Dialogfeld in das Feld hinter dem Toleranzwert, können Sie in einem weiteren Dialogfeld die Materialbedingung auswählen (siehe Abbildung 9.6).

Kapitel 9   Bemaßungen und Stile

Abbildung 9.5:
Dialogfeld zur Auswahl des Toleranzsymbols

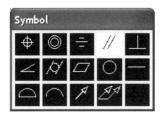

Stellen Sie die Symbole im Dialogfeld zusammen, tragen Sie eine Toleranzhöhe und eine Kennung (z.B.: A, B oder C) ein und klicken Sie auf OK. Sie können das Symbol dann in der Zeichnung platzieren.

```
Toleranzposition eingeben:
```

Toleranzsymbole können Sie einfach per Doppelklick zur Änderung wählen. Sie bekommen die gleichen Dialogfelder wie zur Erzeugung des Symbols. Nehmen Sie dort die gewünschten Änderungen vor.

Form- und Lagetoleranzen anbringen

1. Laden Sie die Zeichnung *A09-03.dwg* aus dem Ordner *Aufgaben*.
2. Bringen Sie die Form- und Lagetoleranzen wie in Abbildung 9.7 an.

Eine Lösung finden Sie auch in Ihrem Übungsordner: *L09-03.dwg*.

Abbildung 9.6:
Dialogfeld zur Auswahl der Materialbedingung

9.5 Führungslinien

Wollen Sie in der Zeichnung einen Hinweistext anbringen, können Sie den Befehl SFÜHRUNG verwenden. Dieser Befehl ersetzt den Befehl Führung aus früheren Versionen der aber aus Gründen der Kompatibilität auch noch vorhanden ist. Der neue Befehl ist flexibler, und alle Voreinstellungen können übersichtlich in einem Dialogfeld eingestellt werden.

Befehl Sführung

Starten Sie den Befehl SFÜHRUNG:

➡ Abrollmenü BEMASSUNG, Funktion FÜHRUNG
➡ Symbol im Werkzeugkasten BEMASSUNG

Führungslinien　　　　　　　　　　　　　　　　　　　　　　　　　　Kapitel 9

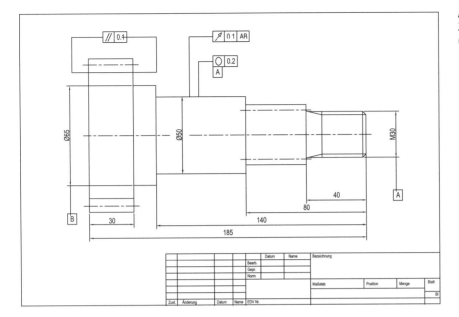

Abbildung 9.7:
Zeichnen von Form- und Lagetoleranzen

Mit dem Befehl lassen sich unterschiedliche Führungslinien mit Texten, Textabsätzen, Toleranzsymbolen oder Blöcken am Ende generieren.

```
Befehl: Sführung
Ersten Führungspunkt angeben oder [Einstellungen]<Einstellungen>:
Nächsten Punkt angeben:
..
```

Geben Sie den Startpunkt der Führungslinie an oder aktivieren Sie durch Eingabe von E oder ⏎ die Option EINSTELLUNGEN. Sie bekommen ein Dialogfeld mit drei Registern (siehe Abbildung 9.8 bis Abbildung 9.10).

Register Maßtext: Im ersten Register wählen Sie, was ans Ende der Führungslinie gesetzt werden soll (siehe Abbildung 9.8).

- MASSTEXTTYP: In der linken Spalte stellen Sie ein, ob das ein Textabsatz (MTEXT), ein Objekt von einer Führungslinie, ein Toleranzsymbol, ein Block oder gar nichts sein soll (siehe Abbildung 9.11, a).

- MTEXT-OPTIONEN: Das Feld ist nur dann aktiv, wenn Sie links auch MTEXT gewählt haben. Dann können Sie einstellen, ob die Rahmenbreite jedes Mal angefragt werden soll, ob der Text immer linksbündig gesetzt werden soll, auch dann, wenn die Maßlinie zur linken Seite zeigt, oder ob ein Rahmen um den Text gezeichnet werden soll (siehe Abbildung 9.11, a).

Kapitel 9   Bemaßungen und Stile

➤ ERNEUTE VERWENDUNG DES MASSTEXTS: In diesem Feld geben Sie an, ob jedes Mal ein neuer Maßtext bzw. ein neues Symbol angefragt werden soll (Einstellung: NEIN) oder das nächste Symbol für alle weiteren Führungslinien verwendet werden soll (Einstellung: NÄCHSTEN ERNEUT VERWENDEN). In diesem Fall schaltet die Anzeige im Dialogfeld nach der ersten Führungslinie auf ERNEUTE VERWENDUNG DES MASSTEXTS um.

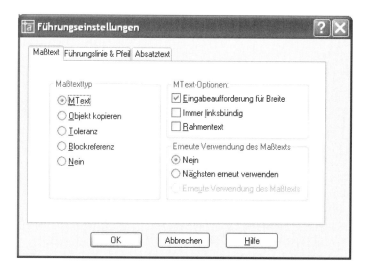

Abbildung 9.8:
Dialogfeld für die Führungslinien, Register Maßtext

Register Führungslinie und Pfeil: Im zweiten Register können Sie einstellen, wie die Führungslinie und der Pfeil aussehen sollen (siehe Abbildung 9.9).

➤ FÜHRUNGSLINIE: Wählen Sie im Feld, ob die Führungslinie eine Gerade oder ein Spline sein soll (siehe Abbildung 9.11, b).

➤ PFEILSPITZE: Wählen Sie aus dem Abrollmenü, welche Art von Pfeil an den Start der Führungslinie kommen soll (siehe Abbildung 9.11, b).

➤ ANZAHL DER PUNKTE: In diesem Feld können Sie einstellen, ob nur eine bestimmte Zahl von Stützpunkten angefragt werden soll, und dann automatisch zur Textanfrage verzweigt werden soll oder ob eine unbegrenzte Anzahl möglich sein soll. Die Begrenzung auf zwei oder drei Punkte kann die Eingabe vereinfachen und beschleunigen.

➤ WINKELABHÄNGIGKEITEN: In zwei Abrollmenüs können Sie die Richtung der Führungslinie auf bestimmte Winkel begrenzen. Im Abrollmenü wählen Sie, welches Winkelraster Sie für das erste und zweite Liniensegment zulassen wollen.

Register Absatztext: Das dritte Register (siehe Abbildung 9.10) ist nur aktiv, wenn Sie im ersten Register als Maßtexttyp MTEXT gewählt haben (siehe Abbildung 9.8).

Abbildung 9.9:
Dialogfeld für die Führungslinien, Register Führungslinie und Pfeil

➧ ABSATZTEXT: Stellen Sie hier ein, an welchem Punkt der Absatztext angesetzt werden soll – und zwar getrennt danach, ob Sie die Führungslinie nach links oder rechts weggezogen haben (siehe Abbildung 9.11, c).

➧ UNTERE LINIE UNTERSTREICHEN: Haben Sie diese Einstellung gewählt, wird die letzte Textzeile unterstrichen und der Text darüber gesetzt (siehe Abbildung 9.11, c). Die anderen Einstellmöglichkeiten sind dann aus.

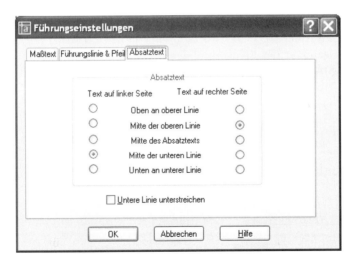

Abbildung 9.10:
Dialogfeld für die Führungslinien, Register Absatztext

Wenn Sie die Einstellungen in den Dialogfeldern vorgenommen haben, bleiben diese bis zur nächsten Änderung gespeichert. Geben Sie dann die Stützpunkte der Führungslinie ein. Mit ⏎ auf eine Punktanfrage beenden Sie die Eingabe der Führungslinien. Haben Sie eine begrenzte Zahl von Stützpunkten eingestellt, wird automatisch beendet. Der folgende Dialog ist abhängig davon, welchen Maßtexttyp Sie gewählt haben:

Mtext: Geben Sie eine Breite ein, wenn Sie den Absatz begrenzen wollen oder bestätigen Sie die *0* für eine beliebige Absatzbreite. Geben Sie dann den Text ein oder holen Sie sich mit ⏎ den Texteditor. Bei der Texteingabe im Befehlszeilenfenster wird mit jedem ⏎ in die nächste Zeile geschaltet. Geben Sie ⏎ am Zeilenbeginn ein, wird die Texteingabe beendet und die Führungslinie gezeichnet.

```
Nächsten Punkt angeben: ⏎
Textbreite angeben <0>:
Erste Zeile des Anmerkungstextes eingeben <Mtext>: Text eingeben oder mit
 ⏎  Texteditor zur Texteingabe aktivieren
Nächste Zeile des Maßtexts eingeben: Nächste Zeile
..
Nächste Zeile des Maßtexts eingeben: Mit ⏎ beenden
```

Objekt kopieren: Klicken Sie einen Textabsatz, einen Text, einen Block oder ein Toleranzsymbol in der Zeichnung an und eine Kopie davon wird an das Ende der Führungslinie gesetzt.

```
Nächsten Punkt angeben: ⏎
Zu kopierendes Objekt auswählen:
```

Toleranz: Nach Beenden der Führungslinie wird automatisch das Dialogfeld zur Auswahl des Toleranzsymbols eingeblendet (wie beim Befehl Toleranz, siehe Kapitel 9.3).

Blockreferenz: Geben Sie den Blocknamen ein (siehe Kapitel 11.2), den Einfügepunkt des Blocks und den Skalierfaktor für X und Y sowie den Drehwinkel.

Kein: Nach Beenden der Führungslinie wird auch der Befehl beendet.

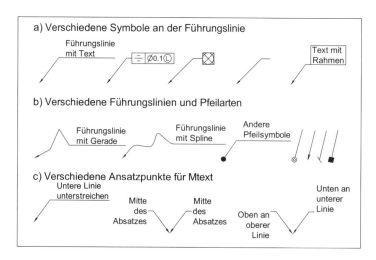

Abbildung 9.11: Verschiedene Arten von Führungslinien

9.6 Mittellinien an Kreisen und Bögen

Bei den Bemaßungsbefehlen für Radius und Durchmesser werden bei Kreisen und Bögen automatisch Zentrumsmarkierungen gesetzt. Wie Sie in Kapitel 9.7 sehen werden, ist es möglich, den Bemaßungsstil so einzustellen, dass beim Bemaßen automatisch Mittellinien gezeichnet werden. Es gibt auch den Befehl BEMMITTELP, mit dem Kreise bzw. Bögen nicht bemaßt werden, sondern nur Mittelpunktsmarkierungen oder Mittellinien gezeichnet werden, je nach Einstellung im Bemaßungsstil. Der Befehl befindet sich ebenfalls in den Menüs mit den Bemaßungsbefehlen, obwohl er selbst keine Bemaßung erzeugt.

Befehl Bemmittelp

Sie finden den Befehl BEMMITTELP im:

- Abrollmenü BEMASSUNG, Funktionen ZENTRUMSMARKE
- Symbol im Werkzeugkasten BEMASSUNG

Aktivieren Sie vorher einen Layer, dem ein Linientyp mit Mittellinien zugeordnet ist. Im Bemaßungsstil muss im Register LINIEN UND PFEILE das Feld ZENTRUMSMARKEN FÜR KREISE auf LINIE gesetzt (siehe Kapitel 9.7). Der im Feld GRÖSSE eingestellte Wert legt die Größe des Zentrumkreuzes und den Überstand über die Kreislinie fest (siehe Abbildung 9.12).

Mittellinien an Kreisen und Bögen

1. Laden Sie die Zeichnung *A09-04.dwg* aus Ihrem Übungsordner.
2. Bringen Sie die Mittellinien an den Kreisen und am Bogen wie in Abbildung 9.13 an. Verwenden Sie den Layer *Mitte*.

Eine Lösung ist ebenfalls im Übungsordner: *L09-04.dwg*.

9.7 Einstellung der Bemaßungsvariablen

Bis jetzt haben Sie bis auf wenige Ausnahmen bei der Bemaßung alles in der Standardeinstellung belassen. Jede Branche hat jedoch ihre speziellen Eigenheiten und Normen, an die sich ein CAD-Programm anpassen muss. In AutoCAD wird die Form der Maße von Bemaßungsvariablen gesteuert.

Änderung der Bemaßungsvariablen

Bemaßungsvariablen lassen sich auf verschiedene Arten verändern.

Kapitel 9   Bemaßungen und Stile

Abbildung 9.12:
Register mit den Einstellungen für die Zentrumsmarke

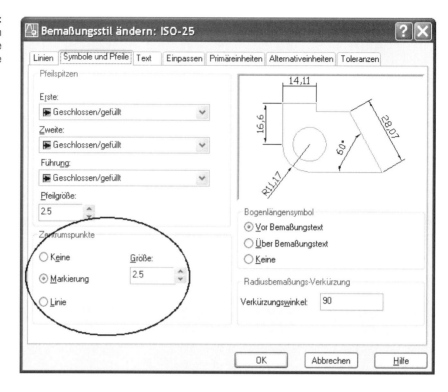

Abbildung 9.13:
Zeichnen von Mittellinien

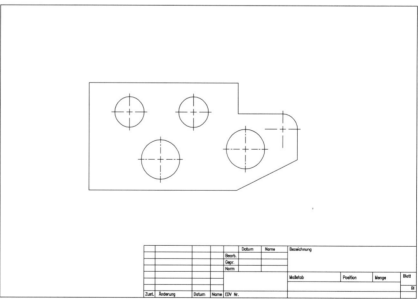

Änderung innerhalb eines Bemaßungsbefehls: Bemaßungsvariablen können innerhalb eines Bemaßungsbefehls, an beliebiger Stelle im Dialog, durch Eingabe des Namens geändert werden:

```
Befehl: Bemlinear
Anfangspunkt der ersten Hilfslinie angeben oder <Objekt wählen>: Ersten
Punkt angeben
Anfangspunkt der zweiten Hilfslinie angeben: Name der Bemaßungsvariablen
eingeben z.B.: Dimtxt
Aktueller Wert <2.5000> Neuer Wert: Neuen Wert eingeben oder [↵] zum
Bestätigen
Anfangspunkt der zweiten Hilfslinie angeben: Bemaßungsbefehl fortsetzen
```

Der momentane Wert der Variablen wird angezeigt und kann durch einen neuen ersetzt oder mit [↵] bestätigt werden.

Systemvariable ändern: Alle Bemaßungsvariablen sind auch als Systemvariablen vorhanden. Systemvariablen speichern alle wichtigen Zeichenmodi und Statusinformationen der Zeichnung, so auch die Bemaßungsvariablen. Zur Änderung brauchen Sie nur den Namen der Variablen auf der Tastatur einzugeben.

```
Befehl: Dimtxt
Neuer Wert für DIMTXT <3.50>:>: Neuen Wert eingeben oder [↵] zum
    Bestätigen
```

Sie können auch den Befehl SETVAR verwenden und damit Bemaßungsvariable anzeigen und ändern.

```
Befehl: Setvar
Variablenname eingeben oder [?] <DIMTXT>: Variablenname eintippen z. B.:
Dimtp
Neuen Wert für DIMTP eingeben <0.10>: Neuen Wert eingeben oder [↵] zum
    Bestätigen
```

Die zuletzt geänderte Variable wird als Vorgabe angezeigt und kann mit [↵] geändert werden. Sie können aber auch eine andere Variable eintippen. Mit der Eingabe von »?« können Sie sich alle oder eine Auswahl von Systemvariablen auflisten lassen. Alle Systemvariablen, die mit DIM beginnen, beziehen sich auf die Bemaßung, also können Sie sich mit der Eingabe von DIM* alle Bemaßungsvariablen auflisten lassen.

9.8   Bemaßungsparameter mit Dialogfeldern

Da sich die vielen Namen der Bemaßungsvariablen niemand merken kann, wäre es mühsam, auf diese Art die richtige Form der Bemaßung einzustellen. In AutoCAD haben Sie deshalb eine weitere Möglichkeit, diese Variablen übersichtlich in Dialogfeldern einzustellen.

Kapitel 9   Bemaßungen und Stile

Befehl Bemstil

Mit dem Befehl BEMSTIL aktivieren Sie das Dialogfeld zur Einstellung der Bemaßungsparameter. Sie finden den Befehl:

- Abrollmenü FORMAT, Funktion BEMASSUNGSSTIL...
- Abrollmenü BEMASSUNG, Funktion STIL...
- Symbol im Werkzeugkasten BEMASSUNG

Wenn Sie den Befehl anwählen, erscheint ein Dialogfeld auf dem Bildschirm (siehe Abbildung 9.14), aus dem heraus wieder weitere Dialogfelder aufgerufen werden können.

Im linken Fenster STILE wählen Sie den Bemaßungsstil aus. Haben Sie eine neue Zeichnung mit den Vorgabeeinstellungen *Metrisch* begonnen, finden Sie hier nur den Stil *ISO-25*. Mehr zu Bemaßungsstilen finden Sie im nächsten Kapitel. Im mittleren Fenster VORANSICHT sehen Sie die momentanen Einstellungen der Maße. Die Auswirkung jeder Änderung, die Sie im Folgenden vornehmen, können Sie in diesem Fenster sehen.

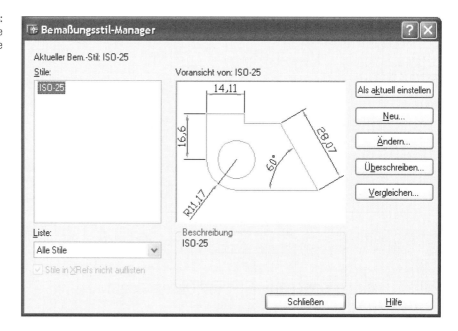

Abbildung 9.14: Dialogfeld für die Bemaßungsstile

Mit der Schaltfläche ÜBERSCHREIBEN... in der Leiste an der rechten Seite können Sie die aktuellen Einstellungen ändern. Bereits vorhandene Maße werden dann nicht geändert. Zum Testen der verschiedenen Einstellungen verwenden Sie diese Schaltfläche. Sie erhalten ein Dialogfeld mit sechs Registern für jede Komponente der Maße.

Bemaßungsparameter mit Dialogfeldern   Kapitel 9

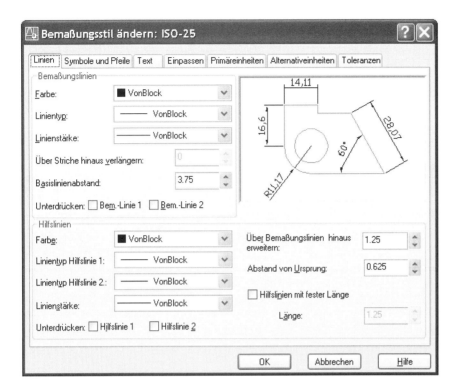

Abbildung 9.15:
Register für Linien und Pfeile

Register Linien

Im Register LINIEN finden Sie Einstellungen für Bemaßungslinien, Hilfslinien und Maßpfeile (siehe Abbildung 9.15).

Bemaßungslinien: Im linken oberen Bereich, dem Bereich BEMASSUNGSLINIEN, stellen Sie die Bemaßungslinien ein. Das ist die Linie auf der der Maßtext steht und die parallel zu der bemaßten Strecke gezeichnet wird. In den ersten beiden Abrollmenüs können Sie die Farbe und die Linienstärke wählen. Damit können Sie Vorgaben einstellen, die unabhängig vom aktuellen Layer sind. Standardmäßig ist *VonBlock* eingestellt. Da Maße in AutoCAD wie Blöcke eingefügt werden, hat das zur Folge, dass Maße in der aktuellen Farbe gezeichnet werden bzw. in der Farbe des aktuellen Layers.

Das Feld ÜBER STRICHE HINAUS VERLÄNGERN wird nur dann freigegeben, wenn Sie statt mit Pfeilspitzen mit Querstrichen bemaßen, wie es bei der Architekturmaßen üblich ist. Dann gibt dieser Wert die Verlängerung der Maßlinien über die Hilfslinien hinaus an (siehe Abbildung 9.16, a).

Die Einstellung BASISLINIENABSTAND gibt an, in welchem Abstand zueinander die Bemaßungslinien bei einer Basisbemaßung gesetzt werden (siehe Abbildung 9.16, b).

In der letzten Zeile finden Sie die zwei Schalter UNTERDRÜCKEN, mit denen Sie die linke oder die rechte Seite bzw. beide Seiten der Bemaßungslinie unterdrücken können (siehe Abbildung 9.16, c).

Hilfslinien: Im Bereich HILFSLINIEN, links unten, können Sie mit den oberen beiden Abrollmenüs ebenfalls wieder Farbe und Linienstärke wählen (siehe oben).

Im Feld ÜBER BEMASSUNGSLINIEN HINAUS ERWEITERN geben Sie an, wie weit die Hilfslinien über die Bemaßungslinien hinaus verlängert werden sollen (siehe Abbildung 9.16, d).

Im Feld ABSTAND VOM URSPRUNG tragen Sie den Abstand der Hilfslinien zum Ausgangspunkt ein. Der Ausgangspunkt ist der Punkt, an dem Sie das Maß in der Zeichnung platziert haben (siehe Abbildung 9.16, e).

Aktivieren Sie den Schalter HILFSLINIEN MIT FESTER LÄNGE, so erhalten die Hilfslinien immer eine einheitliche Länge, egal wie weit sie vom bemaßten Objekt entfernt sind. Diese Methode wird in der Architektur oft verwendet, wenn Maßketten an Grundrissen angebracht werden. Im Feld LÄNGE geben Sie die Länge der Hilfslinien an.

Mit den Schaltern UNTERDRÜCKEN wählen Sie, ob Sie beide Hilfslinien, nur eine oder gar keine am Maß haben wollen (siehe Abbildung 9.16, f).

Register SYMBOLE UND PFEILE

Im Register SYMBOLE UND PFEILE legen Sie die Symbole bzw. Pfeile fest, die Sie am Ende der Maßlinien haben wollen (siehe Abbildung 9.17).

Pfeilspitzen: Im rechten oberen Bereich, dem Bereich PFEILSPITZEN, finden Sie die Einstellungen für die Pfeilspitzen. In einem Abrollmenü können Sie das Symbol für den ersten und zweiten Maßpfeil sowie den Pfeil für die Führungslinie wählen. In Abbildung 9.18, a sind Beispiele dargestellt. Sie können mit gefüllten Pfeilen, Schrägstrichen, Punkten, offenen Pfeilen oder ohne Symbole bemaßen, auch für beide Seiten und die Führungslinie mit unterschiedlichen Symbolen. Mit der Einstellung BENUTZERSPEZIFISCHER PFEIL... können Sie für jede Pfeilspitze einen Block wählen, der an die Stelle des Pfeils gesetzt wird. Der Block muss in der Zeichnung definiert sein und kann in einem weiteren Dialogfeld aus einem Abrollmenü gewählt werden. Die PFEILGRÖSSE gibt die Länge der Pfeile, bei Schrägstrichen die Strichlänge, bei Punkten den Durchmesser und bei Blöcken den Einfügefaktor des Blocks an (siehe In Abbildung 9.18, b).

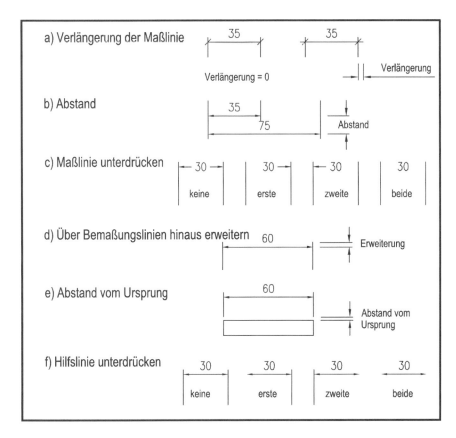

Abbildung 9.16:
Einstellung der Bemaßungslinien und Hilfslinien

Zentrumspunkte: Bei Radius- und Durchmessermaßen können Sie ein Markierungskreuz ins Zentrum setzen lassen (Einstellung MARKIERUNG im Abrollmenü TYP), eine Mittellinie zeichnen lassen (Einstellung LINIE) oder die Markierung ausschalten (Einstellung KEINE). Die Einstellung im Feld GRÖSSE gibt die Größe des Zentrumskreuzes und bei der Einstellung LINIE zusätzlich den Überstand über die Kreislinie an (siehe In Abbildung 9.18, c und d).

Bogenlängensymbol: Hier geben Sie an, wo bei der Bogenlängenbemaßung das Symbol gezeichnet werden soll: vor dem Text, über dem Text oder gar kein Symbol.

Radiusbemaßung-Verkürzung: In diesem Feld können Sie eintragen, unter welchem Winkel die Maßlinie bei einer verkürzten Radiusbemaßung geknickt werden soll.

Kapitel 9   Bemaßungen und Stile

Abbildung 9.17:
Register für Symbole und Pfeile

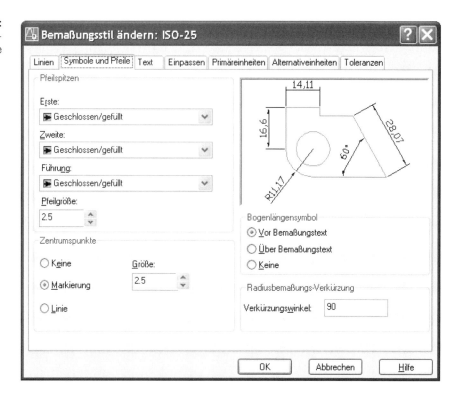

Abbildung 9.18:
Einstellung der Pfeilspitzen und Zentrumsmarken

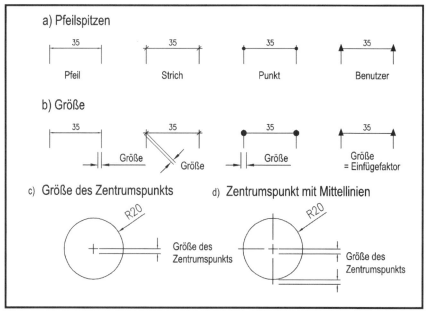

Register Text

Im Register TEXT stellen Sie den Maßtext ein (siehe Abbildung 9.19).

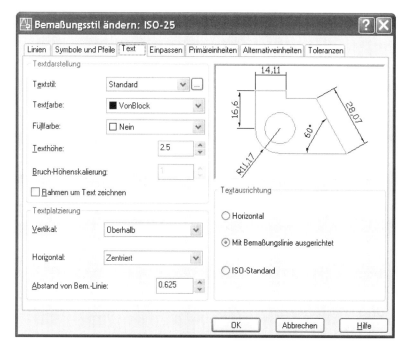

Abbildung 9.19:
Register für den Maßtext

Textdarstellung: Wählen Sie im Abrollmenü TEXTSTIL aus, mit welchem Textstil die Maßtexte erstellt werden sollen. Mit dem Symbol rechts neben dem Abrollmenü können Sie zum Befehl STIL verzweigen (siehe Kapitel 6.8) und einen neuen Textstil erstellen. Beachten Sie: Wenn Sie einen Stil mit fester Texthöhe verwenden, kommt der Maßtext immer in dieser Größe, egal welchen Wert Sie im Feld TEXTHÖHE einstellen.

Im Abrollmenü TEXTFARBE können Sie die Farbe des Textes ändern. Im Feld darunter stellen Sie die Texthöhe ein. Bei der BRUCH-HÖHENSKALIERUNG können Sie nur dann etwas einstellen, wenn Sie im Register TOLERANZEN eine Bemaßung mit Fuß und Zoll oder mit Toleranzangabe gewählt haben. Der hier eingestellte Wert gibt den Faktor an, um den der Bruchwert oder die Toleranzangabe in der Texthöhe korrigiert wird. Ist der Schalter RAHMEN UM TEXT ZEICHNEN aktiviert, wird der Maßtext eingerahmt. Im Maschinenbau entspricht diese Darstellung der Grundtoleranz.

Textplatzierung: Im Abrollmenü VERTIKAL geben Sie an, ob der Maßtext oberhalb der Maßlinie sitzen oder ob die Maßlinie unterbrochen werden soll (siehe Abbildung 9.20, a). Bei der Platzierung HORIZONTAL können Sie das Maß in der Mitte platzieren oder an eine der Hilfslinien schieben wollen (siehe Abbildung 9.20, b).

Kapitel 9   Bemaßungen und Stile

Im Feld ABSTAND VON BEM.LINIE tragen Sie ein, welchen Abstand der Text von der Bemaßungslinie haben soll, wenn er darüber gesetzt wird.

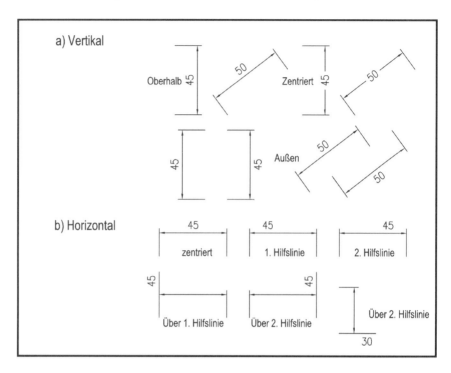

Abbildung 9.20: Einstellung der Textplatzierung

Textausrichtung: Im Feld rechts unten können Sie die Textausrichtung wählen. Bei der Einstellung HORIZONTAL wird der Maßtext immer horizontal gesetzt. Haben Sie MIT BEMASSUNGSLINIE AUSGERICHTET gewählt, wird der Text parallel mit der Maßlinie ausgerichtet. Bei ISO-STANDARD ist dies genauso, nur Radiusbemaßungen werden waagrecht ausgerichtet (siehe Abbildung 9.21).

Register Einpassen

Mit dem Register EINPASSEN steuern Sie die Position von Maßtext, Pfeilspitzen, Führungslinien und der Bemaßungslinie (siehe Abbildung 9.22).

Einpassungsoptionen: Wenn Maßtext und Maßpfeile nicht zwischen die Hilfslinien passen, können Sie hier wählen, was außerhalb der Hilfslinie gesetzt werden soll:

➥ TEXT ODER PFEILE, JE NACH MÖGLICHKEIT: Wenn genügend Platz für Text und Pfeile vorhanden ist, werden beide zwischen den Hilfslinien positioniert. Ansonsten wird der Text oder die Pfeilspitzen nach außen verschoben, je nachdem was nicht zwischen die Hilfslinien passt.

Bemaßungsparameter mit Dialogfeldern Kapitel 9

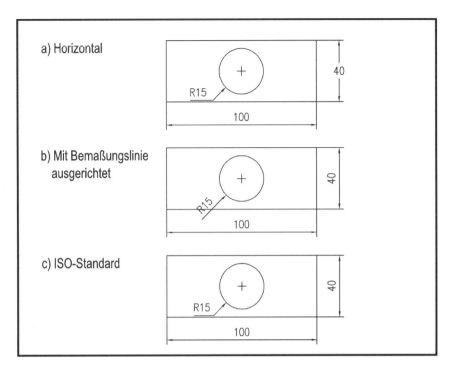

Abbildung 9.21:
Einstellung der Textausrichtung

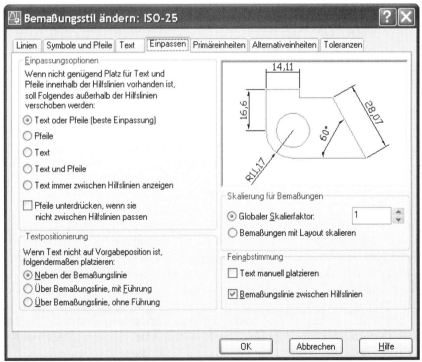

Abbildung 9.22:
Register für das Einpassen

- PFEILE: Nur die Pfeile nach außen setzen.
- TEXT: Nur den Text nach außen setzen.
- TEXT UND PFEILE: Wenn eines der beiden, Text oder Pfeile, nicht zwischen die Hilfslinien passt, werden Text und Pfeile nach außen gesetzt.
- TEXT IMMER ZWISCHEN HILFSLINIEN ANZEIGEN: Bei dieser Einstellung wird der Text immer zwischen die Hilfslinien gesetzt, auch dann, wenn die Pfeile keinen Platz haben und nach außen gesetzt werden.
- PFEILE UNTERDRÜCKEN, WENN SIE NICHT ZWISCHEN HILFSLINIEN PASSEN: Wenn die Pfeile nicht zwischen die Hilfslinien passen, werden keine Pfeile eingesetzt.

Textposition: Diese Einstellung gibt an, was passieren soll, wenn Sie den Maßtext aus der Vorgabeposition verschieben:

- NEBEN DER BEMASSUNGSLINIE: Wenn Sie den Maßtext verschieben, wird die Bemaßungslinie mit verschoben.
- ÜBER DER BEMASSUNGSLINIE, MIT EINER FÜHRUNG: Wenn Sie den Maßtext verschieben, bleibt die Bemaßungslinie an der ursprünglichen Stelle. Der Maßtext wird mit einer Führungslinie an die Bemaßungslinie angehängt.
- ÜBER DER BEMASSUNGSLINIE, OHNE FÜHRUNG: Wenn Sie den Text verschieben, bleibt die Bemaßungslinie an der Stelle. Der Maßtext wird ohne Führungslinie eingetragen.

Skalierung für Bemaßungen:

- GLOBALER SKALIERFAKTOR: Mit dem globalen Skalierfaktor werden alle Größen in den Bemaßungseinstellungen multipliziert. Das hat den Vorteil, dass Sie beim Plotten in einem bestimmten Maßstab nicht alle Bemaßungseinstellungen ändern müssen, sondern nur diesen Faktor. Alle anderen Größen (Pfeilgrößen, Abstände, Verlängerungen usw.) werden mit diesem Faktor multipliziert.

In AutoCAD zeichnen Sie immer 1:1 in Originalmaßen. Ihr Zeichenblatt ist damit immer so groß wie das Original. Soll es auf ein Papierblatt, muss es beim Plotten verkleinert werden. Damit werden aber auch beispielsweise die Maßzahlen verkleinert. Soll also beispielweise eine Zeichnung um den Faktor 100 beim Plotten verkleinert werden (Plot im Maßstab 1:100), muss der Maßtext nicht 3.5 hoch sein sondern 350. Ebenso ist es mit den Pfeilspitzen und den Abständen. Stellen Sie aber nicht alle Größen um, sondern nur den globalen Skalierfaktor auf 100. Die Maße werden dann entsprechend vergrößert.

➤ BEMASSUNGEN MIT LAYOUT (PAPIERBER.) SKALIEREN: Haben Sie dagegen dieses Feld angekreuzt, werden die Maße in den Ansichtsfenstern des Papierbereichs so skaliert, dass die Maßgrößen (Texthöhe, Pfeillängen, Abstände usw.) auf dem Papier in der eingestellten Größe erscheinen. Weitere Informationen zu Layouts, Papierbereich und Ansichtsfenster finden Sie im Kapitel 16.

Feinabstimmung:

➤ TEXT FÜR BEMASSUNGEN MANUELL PLATZIEREN: Ist dieser Schalter ein, können Sie den Text beim Platzieren der Bemaßungslinie auf dieser verschieben.

➤ IMMER BEMASSUNGSLINIE ZWISCHEN HILFSLINIEN: Zeichnet auch dann Bemaßungslinien zwischen die Hilfslinien, wenn die Pfeile außerhalb platziert wurden.

Dialogfeld Primäreinheiten

In AutoCAD können Sie in einem oder zwei Einheitensystemen bemaßen. So ist es beispielsweise möglich, die Zeichnung in mm und Zoll zu bemaßen. In AutoCAD werden diese Einheiten als Primäreinheiten und Alternativeinheiten bezeichnet. Im Register PRIMÄREINHEITEN stellen Sie das Format für die primären Einheiten ein (siehe Abbildung 9.23).

INFO

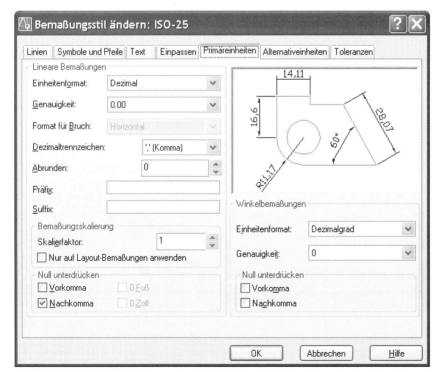

Abbildung 9.23: Register für das Format des Maßtextes der Primäreinheiten

Lineare Bemaßungen: Im Bereich links oben stellen Sie das Format für lineare Bemaßungen ein:

- EINHEITENFORMAT: Wählen Sie im Abrollmenü aus, in welchen Einheiten bemaßt werden soll, normalerweise DEZIMAL. Zur Auswahl steht auch die exponentielle Schreibweise (Einstellung: WISSENSCHAFTLICH) und diverse Formate in Fuß und Zoll. Die Einstellung Windows-Desktop bewirkt, dass die Windowseinstellungen auch für die Bemaßung gelten sollen.

- GENAUIGKEIT: Wählen Sie in diesem Abrollmenü die Genauigkeit, mit der lineare Bemaßungen erstellt werden sollen.

- FORMAT FÜR BRUCH: Für englisch/amerikanische Einheiten in Bruchdarstellung, z.B.: 5½ Zoll, können Sie hier wählen, ob der Bruchstrich horizontal oder diagonal gezeichnet werden soll. Stellen Sie NICHT GESTAPELT ein, werden die Bruchzahlen in der gleichen Größe wie die Ganzzahlen geschrieben und der Bruchstrich diagonal gezeichnet.

- DEZIMALTRENNZEICHEN: Wählen Sie zwischen KOMMA, PUNKT oder LEERZEICHEN zur dezimalen Trennung.

- ABRUNDEN: Geben Sie hier einen Wert größer 0 ein, wird das gemessene Maß auf ein Vielfaches dieses Werts gerundet (siehe Abbildung 9.26, d).

- PRÄFIX BZW. SUFFIX: Wollen Sie vor oder hinter jedem Maßtext Text haben, können Sie diese Texte hier eintragen: im Feld PRÄFIX den Text davor und im Feld SUFFIX den Text danach (siehe Abbildung 9.26, a).

Bemaßungsskalierung:

- SKALIERFAKTOR: Das gemessene Maß wird mit diesem Faktor multipliziert. Haben Sie in der Zeichnung eine vergrößerte Kopie erzeugt, können Sie diese mit einem Skalierfaktor bemaßen (siehe Abbildung 9.26, e).

- NUR AUF LAYOUT-BEMASSUNGEN ANWENDEN: Ist dieser Schalter eingeschaltet, wird der eingestellte Skalierfaktor nur für die Bemaßung im Papierbereich verwendet. Damit kann der Maßstab in den Ansichtsfenstern um den Zoom-Faktor korrigiert werden. Weitere Informationen zu Papierbereich und Ansichtsfenstern finden Sie im Kapitel 16.

Nullen unterdrücken: Mit den Schaltern VORKOMMA und NACHKOMMA kann die Null vor dem Komma oder Nullen nach dem Komma ausgeschaltet werden. Ist beispielsweise eine Genauigkeit von vier Stellen eingestellt und Sie messen 0.5000: in der Zeichnung erscheint 0.5, wenn der Schalter NACHKOMMA ein ist: .5000 beim Schalter VORKOMMA und .5, wenn beide eingeschaltet sind (siehe Abbildung 9.27, f). Die Schalter 0 FUSS und 0 ZOLL steuern das Format der Bemaßung, wenn Sie in Fuß und Zoll bemaßen.

Winkelbemaßung: Hier können Sie die Einstellungen für Winkelbemaßungen machen. Wählen Sie in den Abrollmenüs die Einheiten und die Genauigkeit und stellen Sie ein, was mit Nullen vor und nach dem Komma geschehen soll.

Dialogfeld Alternativeinheiten

Im Register ALTERNATIVEINHEITEN stellen Sie das Gleiche wie vorher ein, diesmal für die Alternativeinheiten, falls Sie diese benötigen (siehe Abbildung 9.24).

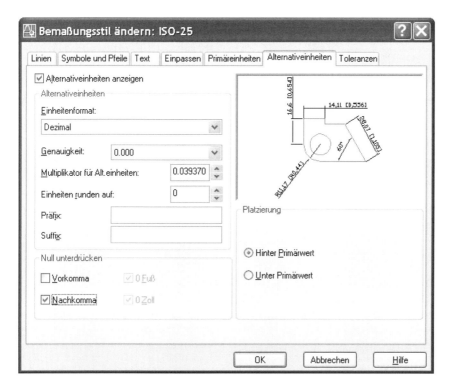

Abbildung 9.24: Register für das Format des alternativen Maßtextes

Wählen Sie mit dem Schalter ALTERNATIVEINHEITEN ANZEIGEN, ob Sie diese haben wollen oder nicht (siehe Abbildung 9.26, b).

Alternativeinheiten: In den Feldern darunter stellen Sie das Einheitenformat, die Genauigkeit, den Rundungsfaktor, Präfix und Suffix ein.

➤ MULTIPLIKATOR FÜR ALT. EINHEITEN: Mit diesem Faktor legen Sie den Multiplikationsfaktor für die Alternativeinheiten fest; z.B. entspricht die Standardeinstellung 0.039370 dem Umrechnungsfaktor von Millimetern in Zoll.

Nullen unterdrücken: Mit den beiden Schaltflächen VORKOMMA und NACHKOMMA entscheiden Sie sich, wie die Nullen vor bzw. hinter dem Komma behandelt werden.

Platzierung: Zusätzlich können Sie die Platzierung wählen, hinter oder unter dem Primärwert. Die Alternativeinheiten werden in [...] gesetzt.

Dialogfeld Toleranzen

Im Register TOLERANZEN können Sie Toleranzwerte hinter den Maßtext setzen und das Format und die Werte dafür wählen (siehe Abbildung 9.25).

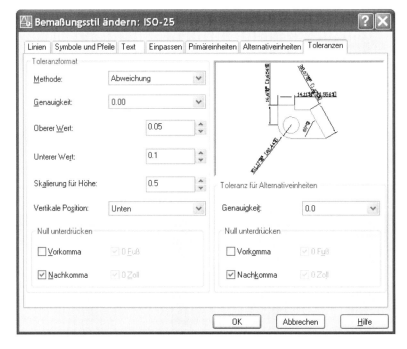

Abbildung 9.25: Register für das Format und die Werte der Toleranzen

Toleranzformat:

➤ METHODE: Sie können hier wählen, ob Sie keine Toleranzangaben, symmetrische Toleranzen, Abweichungen in positiver und negativer Richtung, den oberen und unteren Grenzwert oder die Grundtoleranz (eingerahmter Maßtext) haben wollen (siehe Abbildung 9.26, c).

Darunter stellen Sie in einem Abrollmenü wie bei den Einheiten die Genauigkeit für die Toleranzwerte ein. Danach kommen die oberen und unteren Werte für die Abweichung. Haben Sie die symmetrische Toleranzmethode, wird der zweite Wert ignoriert. Im Feld SKALIERUNG FÜR HÖHE geben Sie ein, wie hoch der Text für die Toleranzen in Relation zum Maßtext sein soll. Die Einstellung im Feld VERTIKALE POSITION gibt an, wo die Toleranzen im Verhältnis zur Maßzahl stehen sollen.

| Bemaßungsstile | Kapitel 9 |

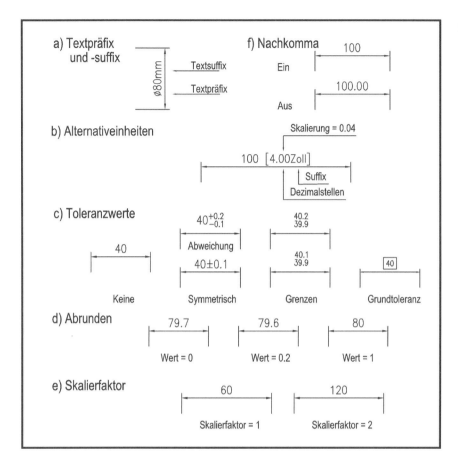

Abbildung 9.26:
Verschiedene Einstellungen für den Maßtext

Nullen unterdrücken: Geben Sie hier für die Toleranzen an, ob Sie die Null vor oder hinter dem Komma haben wollen.

Toleranzen für die Alternativeinheiten: Haben Sie Alternativeinheiten, können Sie hier die Genauigkeit und die Behandlung der Nullen für die Toleranzen der Alternativeinheiten einstellen.

9.9 Bemaßungsstile

Wie Sie im vorigen Abschnitt gesehen haben, kann es sehr aufwändig sein, zwischen verschiedenen Bemaßungsformaten zu wechseln. Soll in einer Zeichnung mal mit Strichen, mit Pfeilen, mit und ohne Toleranzen bemaßt werden, erfordert jeder Wechsel der Bemaßungsart Umstellungen. Bemaßungsstile erleichtern hier die Arbeit.

Kapitel 9   Bemaßungen und Stile

Eigenschaften von Bemaßungsstilen:

- Im Bemaßungsstil werden die Bemaßungsvariablen gespeichert.
- Bemaßungsstile werden in der Zeichnung gespeichert.
- Eine Zeichnung kann beliebig viele Bemaßungsstile enthalten.
- Innerhalb eines Bemaßungsstils lassen sich die einzelnen Bemaßungsarten gesondert einstellen. Es gibt einen übergeordneten Bemaßungsstil, der für alle Bemaßungsarten gilt und untergeordnete Stile, in denen Sie abweichende Einstellungen getrennt für Linear-, Radial-, Winkel-, Durchmesser- und Koordinatenbemaßungen sowie für Führungslinien einstellen können.
- Soll die Bemaßungsart gewechselt werden, muss nur ein anderer Bemaßungsstil zum aktuellen Stil gemacht werden.
- Wird ein Bemaßungsstil geändert, werden alle Maße, die damit erstellt wurden, an die neuen Einstellungen angepasst und ebenfalls geändert.

Erstellung eines neuen Bemaßungsstils

- Aktivieren Sie den Befehl BEMSTIL mit der Funktion BEMASSUNGSSTIL... im Abrollmenü FORMAT oder die Funktion STIL... im Abrollmenü BEMASSUNG.
- Oder wählen Sie das Symbol im Werkzeugkasten STILE.
- Im Dialogfeld (siehe Abbildung 9.27) sehen Sie in der Liste STILE im linken Fenster alle Bemaßungsstile, die in dieser Zeichnung vorhanden sind. Einer, der Stil *ISO-25,* ist auch in einer neuen Zeichnung vorhanden, wenn Sie mit den metrischen Vorgabeeinstellungen gestartet haben.

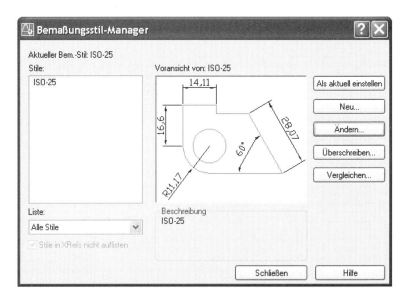

Abbildung 9.27: Dialogfeld zur Auswahl des Bemaßungsstils

➤ Markieren Sie den Bemaßungsstil, den Sie als neuen Stil in der Zeichnung haben wollen. Klicken Sie auf die Schaltfläche NEU... und Sie erhalten ein weiteres Dialogfeld (siehe Abbildung 9.28).

Abbildung 9.28:
Neuen Bemaßungsstil wählen

➤ Tragen Sie in der ersten Zeile NEUER STILNAME den Namen für den neuen Stil ein. Dort steht im Moment noch *Kopie von Stil X*, überschreiben Sie diesen Eintrag mit einem sinnvollen Namen. In der zweiten Zeile, ANFANGEN MIT, sehen Sie den Stil, den Sie als Basis für den neuen Stil gewählt haben. Im Abrollmenü können Sie hier bei Bedarf auch einen neuen auswählen. Im letzten Abrollmenü, VERWENDEN FÜR wählen Sie einen Stil für alle Bemaßungen oder einen untergeordneten Stil nur für bestimmte Bemaßungsarten (siehe unten). Lassen Sie hier zunächst ALLE BEMASSUNGEN eingestellt.

➤ Klicken Sie dann auf die Schaltfläche WEITER. Sie bekommen das Dialogfeld mit den sechs Registern zur Einstellung der Bemaßung. Stellen Sie für den neuen Stil alle Werte ein, die sich gegenüber dem Ausgangsstil ändern und klicken dann auf OK.

➤ Sie kommen wieder zum Dialogfeld mit der Stilliste (siehe Abbildung 9.26), in der Sie jetzt auch den neuen Stil finden. Markieren Sie den neuen Stil, wird im Feld BESCHREIBUNG aufgelistet, aus welchem Stil der neue Stil erstellt wurde und was gegenüber dem Original geändert wurde.

Erstellung eines untergeordneten Bemaßungsstils

➤ Aktivieren Sie den Befehl BEMSTIL wie oben beschrieben.

➤ Markieren Sie einen Stil in der Liste, z.B.: *ISO-25* und klicken dann auf die Schaltfläche NEU...

➤ Tragen Sie keinen neuen Stilnamen ein, wählen Sie im Abrollmenü VERWENDEN FÜR die Bemaßungsart, für die ein untergeordneter Stil erstellt werden soll. In der ersten Zeile werden der Stil und die Bemaßungsart angezeigt, für die der neue Stil gelten soll.

➤ Klicken Sie auf WEITER und Sie erhalten das Dialogfeld zur Änderung der Bemaßungseinstellungen. Stellen Sie die Werte ein, die in dieser Bemaßungsart von den Einstellungen des übergeordneten Stils abweichen sollen.

Kapitel 9   Bemaßungen und Stile

➤ Wenn Sie das Dialogfeld beenden, kommen Sie wieder zum ersten Dialogfeld, und der untergeordnete Stil findet sich in der Liste unter dem zugehörigen übergeordneten Stil (siehe Abbildung 9.29). Wenn Sie mit diesem Stil bemaßen, werden automatisch bei den Radiusbemaßungen die geänderten Einstellungen verwendet.

Abbildung 9.29:
Verschiedene Bemaßungsstile mit untergeordneten Stilen

Änderung eines Bemaßungsstils

➤ Aktivieren Sie den Befehl BEMSTIL wie oben beschrieben.

➤ Klicken Sie einen bereits bestehenden Bemaßungsstil in der Liste STILE an und er wird markiert.

➤ Klicken Sie dann auf die Schaltfläche ÄNDERN... und Sie erhalten wieder das Dialogfeld mit den sechs Registern. Ändern Sie den Stil nach Ihren Vorstellungen und klicken auf OK und anschließend SCHLIESSEN im ersten Dialogfeld. Der Stil ist geändert und gespeichert. Alle Maße, die mit diesem Stil erstellt wurden, werden in der Zeichnung entsprechend den neuen Einstellungen geändert.

Änderung eines untergeordneten Bemaßungsstils

Gehen Sie wie bei der Änderung eines übergeordneten Bemaßungsstils vor. Markieren Sie den untergeordneten Stil und klicken auf die Schaltfläche ÄNDERN... Führen Sie die Änderungen durch und beenden den Befehl. Alle Maße dieser Bemaßungsart werden den neuen Einstellungen angepasst.

Wechsel des Bemaßungsstils

Ein Stil ist immer der aktuelle Stil. Alle neuen Bemaßungen werden mit diesem Stil erstellt. Zum Wechseln des aktuellen Bemaßungsstils haben Sie mehrere Möglichkeiten:

- ➡ Wählen Sie im Abrollmenü des Werkzeugkastens BEMASSUNG oder in dem des Werkzeugkastens STILE den neuen aktuellen Stil aus oder ...
- ➡ ... aktivieren Sie den Befehl BEMSTIL (siehe oben). Klicken Sie den gewünschten übergeordneten Stil in der Liste doppelt an oder markieren Sie ihn und klicken auf die Schaltfläche AKTUELLEN EINSTELLEN.
- ➡ Einen untergeordneten Stil können Sie nicht zum aktuellen Stil machen. Dieser ist automatisch bei der entsprechenden Bemaßung aktiv, wenn Sie den entsprechenden übergeordneten Stil als aktuellen eingestellt haben.

Stil überschreiben

Wollen Sie nur ein oder zwei Maße mit anderen Einstellungen haben und dafür keinen neuen Stil erstellen, können Sie auch einen bestehenden Stil überschreiben. Die Maße, die Sie danach erstellen, werden keinem Stil zugeordnet und die geänderten Einstellungen nicht gespeichert.

- ➡ Aktivieren Sie den Befehl BEMSTIL (siehe oben).
- ➡ Markieren Sie den Stil, den Sie überschreiben wollen, und klicken auf die Schaltfläche ÜBERSCHREIBEN.... Ändern Sie im Dialogfeld mit den Registern die Werte, die sich unterscheiden sollen und klicken auf OK.
- ➡ In der Liste der Stile finden Sie unter dem überschriebenen Stil einen neuen Eintrag <*Stilüberschreibungen*> (siehe Abbildung 9.30).
- ➡ Klicken Sie auf SCHLIESSEN und bemaßen Sie. Diese Maße sind »stillos«. Wenn Sie später einen neuen Stil zum aktuellen Stil machen, werden diese Änderungen in den Bemaßungseinstellungen verworfen.

Stil umbenennen oder löschen

Um einen Stil umzubenennen oder zu löschen:

- ➡ Aktivieren Sie den Befehl BEMSTIL (siehe oben).
- ➡ Markieren Sie den Stil und drücken Sie die rechte Maustaste, wählen Sie aus dem Kontextmenü die entsprechende Funktion.
- ➡ Sie können einen Stil nur dann löschen, wenn keine Bemaßungen damit erstellt wurden und wenn er keine untergeordneten Stile hat. In diesem Fall müssen Sie zuerst die untergeordneten Stile löschen.

Kapitel 9   Bemaßungen und Stile

Abbildung 9.30:
Bemaßungsstil
überschrieben

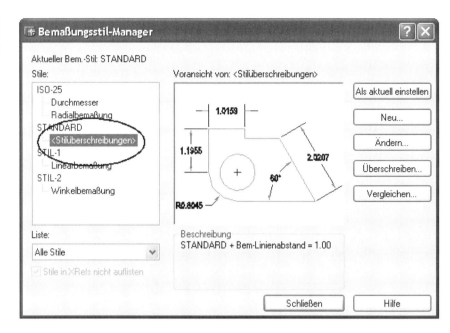

- ➤ Sie können einen Stil auch markieren und die ⌈Entf⌋-Taste drücken; der Stil wird dann gelöscht.
- ➤ Einen Stil können Sie auch umbenennen, wenn Sie in den Namen in der Liste klicken und diesen bearbeiten.

Stile vergleichen

Wenn Sie wissen wollen, wie sich zwei Stile unterscheiden:

- ➤ Aktivieren Sie den Befehl BEMSTIL (siehe oben).
- ➤ Klicken Sie auf die Schaltfläche VERGLEICHEN...
- ➤ Wählen Sie im folgenden Dialogfeld in den beiden Abrollmenüs die Stile, die miteinander verglichen werden sollen (siehe Abbildung 9.31). In der Liste wird angezeigt, wie sich die Stile unterscheiden.
- ➤ Mit dem Symbol über der Liste können Sie den Inhalt der Liste in die Windows-Zwischenablage kopieren.

Anzeige in der Stilliste

Wenn Sie sehr viele Stile in der Zeichnung haben, können Sie die Anzeige in der Liste reduzieren:

- ➤ Wählen Sie im Abrollmenü LISTE, ob Sie alle Stile anzeigen lassen wollen oder nur die, die in der Zeichnung schon verwendet wurden.

Bemaßungsstile — Kapitel 9

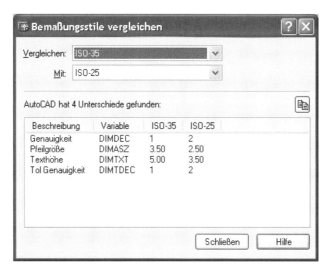

Abbildung 9.31:
Vergleich zweier Bemaßungsstile

➥ Mit dem Schalter STILE IN XREFS NICHT AUFLISTEN können Sie die Stile ausblenden, die aus externen Referenzen (siehe Kapitel 11.11) in die Zeichnung gekommen sind.

Bemaßen mit Bemaßungsstilen

1. Laden Sie die Zeichnung *A09-05.dwg* aus dem Ordner *Aufgaben*.

2. Die Zeichnung enthält ein einfaches Teil (Abbildung 9.32, aber noch ohne Maße). In der Zeichnung sind verschiedene Bemaßungsstile definiert.

PASSUNG:	für die Bemaßung von Passungen
RAD-DUR:	für Radius- und Durchmessermaße
STANDARD:	für normale Maße
STRICH:	für Bemaßung mit Schrägstrichen
TOLERANZ-1:	für die Bemaßung mit Toleranzangaben

3. Bemaßen Sie das Teil entsprechend Abbildung 9.32, wenn auch ohne jeglichen Anspruch auf normgerechte Darstellung, aber zur Übung mit verschiedenen Bemaßungsarten. Aktivieren Sie den jeweils benötigten Bemaßungsstil. Erstellen Sie neue Bemaßungsstile für andere Toleranzwerte und bemaßen Sie auch mit diesen.

Im Ordner *Aufgaben* finden Sie eine Beispiellösung: *L09-05.dwg*.

Abbildung 9.32:
Bemaßung mit verschiedenen Bemaßungsstilen

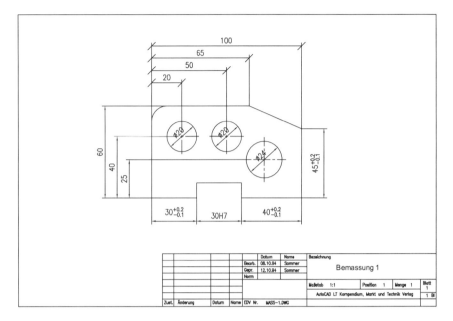

9.10 Editierung von Objekten mit Bemaßung

Maße können Sie sehr einfach mit den Griffen bearbeiten. Ein Maß erhält beim Anklicken fünf Griffe (siehe Kapitel 13.5):

- Je ein Griff an den Anfangspunkten der Maßhilfslinien. Damit lassen sich die Hilfslinien verschieben.
- Je ein Griff an den Endpunkten der Maßlinie. Damit kann die Maßlinie neu platziert werden.
- Ein Griff am Maßtext, der damit neu positioniert werden kann.

Voraussetzung dafür ist, dass die Bemaßungsvariable DIMASSOC entsprechend eingestellt ist:

- 0: erstellt aufgelöste Bemaßungen. Die einzelnen Elemente der Bemaßungen hängen nicht zusammen. Maßlinien, -hilfslinien, -bögen, Pfeilspitzen und der Maßtext sind separate Objekte.
- 1: erstellt zusammenhängende Bemaßungen, die sich mit den Griffen wie oben beschrieben ändern lassen. Bei den Editierbefehlen werden die Maße und der Maßtext aktualisiert, wenn die Definitionspunkte der Maße mit gewählt werden.
- 2: erstellt assoziative Bemaßungen. Es entstehen zusammenhängende Objekte, die an die bemaßte Geometrie gebunden sind. Wird die Geometrie geändert, ändern sich die Maße und der Maßtext auch dann, wenn die Definitionspunkte der Maße nicht mit gewählt werden.

Die Variable DIMASSOC wird nicht in einem Bemaßungsstil gespeichert. Mit dem Befehl OPTIONEN (siehe Anhang A.4) kann gewählt werden, ob neue Masse assoziativ erstellt werden sollen.

➤ *Sind die Maße assoziativ, ändern sich die Maße mit, wenn das bemaßte Objekt mit den Griffen bearbeitet wird,*

➤ *wenn das bemaßte Objekt im Objekteigenschaften-Manager (siehe Kapitel 13.1) bearbeitet wird oder*

➤ *wenn das bemaßte Objekt mit Editierbefehlen bearbeitet wird.*

➤ *Die Assoziativität bleibt auch dann wirksam, wenn Objekte aus dem Modellbereich im Layout bemaßt werden (siehe Kapitel 16). Änderungen der bemaßten Objekte im Modellbereich verändern die Maße im Papierbereich des Layouts mit.*

Befehl Bemreassoz

Mit dem Befehl BEMREASSOZ können nichtassoziative Maße mit der Geometrie verknüpft werden und damit in assoziative Maße umgewandelt werden. Sie finden den Befehl:

➤ Abrollmenü BEMASSUNG, Funktion BEMASSUNG ERNEUT VERKNÜPFEN

Folgende Anfrage erscheint im Befehlszeilenfenster:

```
Befehl: Bemreassoz
Neu zu verknüpfenden Bemaßungen wählen...
Objekte wählen:
Ersten Hilfslinienursprung festlegen, oder [Objekt wählen] <nächster>:
Zweiten Hilfslinienursprung festlegen <nächster>:
```

Wählen Sie zuerst ein oder mehrere Maße. Nacheinander werden die Definitionspunkte der gewählten Maße angezeigt, und es kann jeweils der Punkt an dem zu bemaßenden Objekt angeklickt werden, mit dem das Maß verknüpft werden soll.

Befehl BEMENTASSOZ

Mit dem Befehl BEMENTASSOZ können assoziative Maße von der Geometrie gelöst werden und damit in nichtassoziative Maße umgewandelt werden. Sie finden den Befehl nicht in den Menüs, deshalb:

➤ Auf der Tastatur eingeben

```
Befehl: Bementassoz
Bemaßungen wählen, deren Verknüpfungen aufgehoben werden sollen...
```

Kapitel 9 Bemaßungen und Stile

```
Objekte wählen:
Verknüpfung von 1 aufgehoben.
```

Die Assoziativität der gewählten Maße wird entfernt.

Editierung von Objekten mit Bemaßung

1. Laden Sie die Zeichnung *A09-06.dwg* aus dem Ordner *Aufgaben*.
2. Ändern Sie die Teile mit den angegebenen Editierbefehlen wie in Abbildung 9.33 ab.

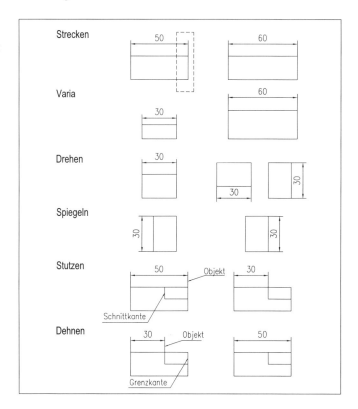

Abbildung 9.33: Editierung von Objekten mit Bemaßung

Eine Lösung finden Sie im selben Ordner: *L09-06.dwg*.

9.11 Editierbefehle für Maße

Maße werden als zusammenhängende Einheiten erzeugt. Einzelne Bestandteile der Maße lassen sich nachträglich nicht mehr ändern, beispielsweise eine Hilfslinie löschen, die Maßpfeile vergrößern usw. Sollen trotzdem Änderungen vorgenommen werden, stehen spezielle Editierbefehle für Maße zur Verfügung. Sie finden diese im unteren Teil des Abrollmenüs BEMASSUNG.

Befehl Bemtedit

Mit dem Befehl BEMTEDIT können Sie den Maßtext verschieben, ihn an eine bestimmte Position bringen oder drehen. Den Befehl finden Sie:

- Abrollmenü BEMASSUNG, Untermenü TEXT AUSRICHTEN >, Funktionen für die einzelnen Befehlsoptionen, außer Option AUSGANGSPOSITION

- Symbol im Werkzeugkasten BEMASSUNG

```
Befehl: Bemtedit
Bemaßung wählen: Maß anklicken
Neue Position für Maßtext angeben oder
[Links/Rechts/Zentrum/Ausgangsposition/Winkel]: Maß neu positionieren
    oder Option wählen
```

Wählen Sie keine Option, können Sie den Maßtext an eine beliebige Position schieben und dort platzieren. Das Maß wird dabei dynamisch mitgezogen. Diese Funktion ist nur im Werkzeugkasten verfügbar, im Abrollmenü sind die anderen Optionen verfügbar. Mit den Optionen LINKS bzw. RECHTS kann der Text an der linken bzw. rechten Maßhilfslinie platziert werden. Mit der Option AUSGANGSPOSITION rückt der Text wieder an seine ursprüngliche Position. Wählen Sie die Option WINKEL, können Sie den Winkel für die Ausrichtung des Maßtextes neu festlegen.

Befehl Bemedit

Ganz ähnlich ist der Befehl BEMEDIT, nur dass Sie dabei gleich mehrere Maße ändern können. Sie finden den Befehl nur mit zwei Optionen im Abrollmenü vertreten. Im Werkzeugkasten haben Sie den Befehl in der Grundform.

- Abrollmenü BEMASSUNG, Funktion SCHRÄG

- Abrollmenü BEMASSUNG, Untermenü TEXT AUSRICHTEN >, Funktionen AUSGANGSPOSITION

- Symbol im Werkzeugkasten BEMASSUNG

```
Befehl: Bemedit
Bearbeitungstyp für Bemaßung eingeben [Ausgangsposition/Neu/Drehen/
    Schräg] <Ausgangsposition>: Option wählen
```

Mit der Option SCHRÄG geben Sie einen Winkel für die Maßhilfslinien ein; das Maß wird unter diesem Winkel schräg gestellt. Mit der Option DREHEN kann ein neuer Winkel für die Ausrichtung des Maßtextes vorgegeben werden. Die Option AUSGANGSPOSITION bringt einen verschobenen Maßtext wieder an seine ursprüngliche Position. Erst nach der Auswahl der Option wählen Sie die Maße, auf die die Funktion angewandt werden soll.

Kapitel 9   Bemaßungen und Stile

```
Bearbeitungstyp für Bemaßung eingeben [Ausgangsposition/Neu/Drehen/Schräg]
    <Ausgangsposition>: Option eingeben, z.B. S für Schräg
Objekte wählen: Zu ändernde Bemaßungen wählen
.
Objekte wählen: ⏎
Neigungswinkel eingeben (Eingabetaste drücken, wenn keiner): Neuen
    Neigungswinkel eingeben
```

Alle gewählten Maße werden geändert. Da mit diesem Befehl gleich mehrere Maße auf einmal geändert werden können, erreicht man damit oft schneller das Ziel.

Mit der Option NEU kann dagegen der Maßtext selbst bearbeitet werden. Sie bekommen den Texteditor auf den Bildschirm und können den Text verändern. Das gemessene Maß steht mit seinem Platzhalter <> im Editor. Wollen Sie vor oder nach einem oder mehreren Maßen eine Zeichenfolge setzen, geben Sie es im Texteditor ein, z.B.: M<> oder <>mm. Klicken Sie auf OK und Sie können die Maße wählen, die so verändert werden sollen.

Sie können den Befehl verwenden, um ein Maß gezielt zu verändern. Wenn Sie nicht maßstäblich gezeichnet haben, lässt sich nachträglich für jedes Maß ein anderer Maßtext eintragen. Eine andere Verwendung ist die, wie oben beschrieben, dass Sie verschiedene Maße mit einem Zusatz versehen wollen. Sie können aber auch geänderte oder bei der Bemaßung überschriebene Maße neu ausmessen. Wählen Sie dazu diese Option, klicken Sie aber im Editorfenster ohne Änderung auf OK und wählen Sie die Maße an. Bei den gewählten Maßen wird der Originalmaßtext wieder eingesetzt.

Befehl Bemüberschr

Wollen Sie bei einem oder mehreren Maßen eine Bemaßungsvariable ändern, ohne dafür einen neuen Bemaßungsstil erstellen zu müssen, können Sie das mit dem Befehl BEMÜBERSCHR tun. Sie finden den Befehl:

➤ Abrollmenü BEMASSUNG, Funktion ÜBERSCHREIBEN

```
Befehl: Bemüberschr
Zu überschreibenden Namen der Bemaßungsvariable eingeben oder
    [Überschreibungen deaktivieren]: z. B.: Dimtxt
Neuen Wert für Bemaßungsvariable eingeben <3.50>: neuen Wert eingeben,
    zum Beispiel 5
Geben Sie eine zu überschreibende Bemaßungsvariable ein: weitere
    Variable eingeben oder ⏎ wenn keine weiteren geändert werden
    sollen
Objekte wählen: ein oder mehrere Maße wählen
```

Editierbefehle für Maße — Kapitel 9

Geben Sie eine Bemaßungsvariable ein und ihren neuen Wert. Wählen Sie dann eine weitere – oder ⏎, wenn nur eine geändert werden soll. Danach wählen Sie die zu ändernden Maße aus. Alle gewählten Maße werden geändert.

Geben Sie dagegen bei der ersten Anfrage die Option ÜBERSCHREIBUNG DEAKTIVIEREN ein, werden die überschriebenen Variablen wieder auf die Werte des ursprünglichen Bemaßungsstils gesetzt.

Editierfunktion Aktualisieren

Mit dieser Funktion können Sie eines oder mehrere Maße auf die aktuellen Einstellungen der Bemaßungsvariablen oder auf den aktuellen Bemaßungsstil (wenn einer aktiv ist) setzen:

- Abrollmenü BEMASSUNG, Funktion AKTUALISIEREN
- Symbol im Werkzeugkasten BEMASSUNG

Wählen Sie die Maße an, die Sie aktualisieren wollen.

Editierung von Maßen

1. Laden Sie die Zeichnung *A09-07.dwg* aus dem Ordner *Aufgaben*.
2. Ändern Sie die Maße mit Editierbefehlen wie in Abbildung 9.34 ab.

Eine Musterlösung finden Sie ebenfalls in *Ausgaben*: *L09-07.dwg*.

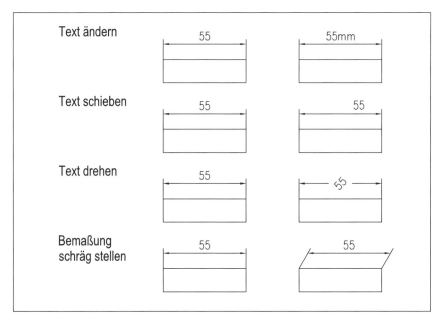

Abbildung 9.34: Editierbefehle für Maße

[KOMPENDIUM] AutoCAD und LT 2006

Ddedit bei Maßen

In Kapitel 6.9 haben Sie den Befehl zur Änderung von Texten kennengelernt: DDEDIT. Diesen Befehl können Sie auch zur Änderung von Maßtexten verwenden. Wählen Sie den Befehl und klicken Sie ein Maß an. Das Maß wird im Texteditor (siehe Kapitel 6.9) am Bildschirm angezeigt. Ändern Sie die Klammern <> nicht, denn diese stehen für das gemessene Maß. Setzen Sie Text davor oder danach ein.

Ändern mit dem Objekteigenschaften-Manager

Haben Sie den OBJEKTEIGENSCHAFTEN-MANAGER (siehe Kapitel 13.1) auf dem Bildschirm und Sie klicken ein Maß an, können Sie alle Bemaßungseinstellungen auch darin ändern oder das Maß einem anderen Stil zuordnen. Ist der OBJEKTEIGENSCHAFTEN-MANAGER ausgeblendet und Sie klicken das Maß doppelt an, wird er aktiviert und das Maß kann darin bearbeitet werden.

10 Texte, Schriftfelder und Tabellen

Den Textbefehl für einzeiligen Text haben Sie schon kennen gelernt. Es gibt aber weitere Befehle für die Texteingabe, das Ändern und Prüfen von Text. Alles zu diesem Thema finden Sie in diesem Kapitel, dazu noch die Befehle für Schriftfelder und Tabellen.

10.1 Textabsätze

Meist geben Sie in technischen Zeichnungen kurze Texte bzw. nur einzelne Worte oder gar nur Buchstaben, dafür eignet sich der Befehl DTEXT am besten. Den haben Sie bereits kennen gelernt. Benötigen Sie aber mehr Text, beispielsweise in einer Bedienungsanleitung oder einem Datenblatt, sind Sie mit dem Textabsatz flexibler.

Befehl Mtext

Längere mehrzeilige Texte lassen sich mit dem Befehl MTEXT eingeben, in einem Texteditor bearbeiten und formatieren. Erst wenn der Text im Texteditor korrekt ist, übernehmen Sie ihn in die Zeichnung.

- Abrollmenü ZEICHNEN, Untermenü TEXT >, Funktion ABSATZTEXT...
- Symbole in den Werkzeugkästen ZEICHNEN und TEXT

```
Befehl: Mtext
Aktueller Textstil: "STANDARD" Texthöhe: 5
Erste Ecke:
Gegenüberliegende Ecke oder [Höhe/Ausrichten/Zeilenabstand/Drehen/Stil/
    Breite]:
```

Nachdem Sie den Befehl angewählt haben, werden zunächst der verwendete Textstil und die Texthöhe angezeigt. Wenn Sie bei der ersten Anfrage einen Punkt in der Zeichnung anklicken, können Sie ein Rechteck aufziehen, das den Bereich vorgibt, in dem der einzugebende Text platziert werden soll. Danach erscheint der Texteditor zur Eingabe des Textes (siehe unten). Statt der anderen Ecke können Sie auch Optionen wählen:

Höhe: Mit der Option wählen Sie eine neue Texthöhe. Vorgabe ist die Höhe vom letzten Textbefehl.

Kapitel 10 Texte, Schriftfelder und Tabellen

Stil: Ebenso ist es mit dieser Option. Übernehmen Sie den Stil von der letzten Eingabe oder wählen Sie einen neuen.

Drehen: Geben Sie die Option DREHEN ein, können Sie einen Drehwinkel für das Textfenster vorgeben.

Ausrichten: Mit der Option können Sie wie beim Befehl DTEXT den Punkt vorgeben, an dem der Textabsatz ausgerichtet werden soll.

```
Gegenüberliegende Ecke oder [Höhe/Ausrichten/Zeilenabstand/Drehen/Stil/
    Breite]:
```
A für Ausrichten
```
Ausrichtung angeben [OL/OZ/OR/ML/MZ/MR/UL/UZ/UR] <OL>: z.B.: MR für Mitte
    rechts
```

Die Abkürzungen geben an, wo der Basispunkt für den Text gesetzt und wie der Text ausgerichtet werden soll:

OL:	oben links
OZ:	oben zentriert
OR:	oben rechts
ML:	Mitte links
MZ:	Mitte zentriert
MR:	Mitte rechts
UL:	unten links
UZ:	unten zentriert
UR:	unten rechts

Zeilenabstand: Legt den Zeilenabstand für den Textabsatz fest.

Nach den bisherigen Optionen wird die Anfrage wiederholt:

```
Gegenüberliegende Ecke oder [Höhe/Ausrichten/Zeilenabstand/Drehen/Stil/
    Breite]:
```

Wenn Sie die gegenüber liegende Ecke eingegeben haben, wird der Texteditor (siehe Abbildung 10.1) gestartet.

Breite: Wenn Sie diese Option wählen, können Sie eine Breite für das Textfenster vorgeben. Die gegenüber liegende Ecke ist dann nicht mehr erforderlich, der Texteditor (siehe Abbildung 10.1) wird sofort gestartet.

Alle Eingaben, die Sie mit diesen Optionen vornehmen, können Sie später im Texteditor bei Bedarf noch korrigieren.

Eingabe im Texteditor

Im Texteditor (siehe Abbildung 10.1) können Sie Text erfassen, aus einer vorhandenen Datei übernehmen, formatieren und alle vorher gewählten Optionen noch verändern.

Abbildung 10.1: Eingabefenster des Texteditors

Geben Sie den Text ein. Der Zeilenumbruch wird automatisch gesetzt, entsprechend der Breite, die Sie für den Textabschnitt vorgegeben haben. Das Textfenster können Sie am oberen und unteren Rand vergrößern bzw. verkleinern.

Formatieren im Texteditor

In der ersten Leiste finden Sie die Werkzeuge für die Textformatierung:

Abrollmenü für den Textstil: Wählen Sie hier einen Textstil, wird der ganze Text in diesem Stil dargestellt. Eventuell abweichende Formatierungen, die Sie bereits vorgenommen haben, gehen verloren.

Abrollmenü für die Schriftart: Den Text, den Sie markiert haben, wird mit der gewählten Schrift dargestellt.

Abrollmenü für die Texthöhe: Den Text, den Sie markiert haben, wird mit der gewählten Höhe dargestellt. Den Wert für die Höhe können Sie aus dem Abrollmenü wählen oder eine Höhe in Zeichnungseinheiten eintragen.

Schriftschnitt: Rechts davon finden Sie eine Symbolleiste mit drei Symbolen. Dort können Sie den Schriftschnitt einstellen: *Fett (F)*, *Kursiv (K)* und *Unterstrichen (U)*.

Kapitel 10 — Texte, Schriftfelder und Tabellen

Rückgängig und Wiederherstellen: Mit den nächsten beiden Symbolen mit den Pfeilen machen Sie die letzten Aktionen im Editor rückgängig bzw. stellen sie wieder her.

Stacking: Wieder rechts davon finden Sie das Symbol, um Zeichen übereinander zu setzen (»stacking«). Markieren Sie Zeichen, die mit den Zeichen »/«, »^« oder »#« getrennt sind, können Sie diese mit diesem Symbol untereinander setzen. Ist der Text mit »/« getrennt, z.B.: A/B, wird A wird über einen Bruchstrich gesetzt und B darunter. Wollen Sie keinen Bruchstrich verwenden, trennen Sie die Zeichen mit »^«, z.B.: A^B. Soll ein Schrägstrich verwendet werden, nehmen Sie als Trennzeichen »#«, z.B. A#B. Die Funktion können Sie auch im Kontextmenü mit der rechten Maustaste wählen. Dort finden Sie die Einträge UNTEREINANDER ANORDNEN bzw. NICHT UNTEREINANDER ANORDNEN, wenn Text mit diesen Zeichen markiert wurde. Mit dem Eintrag STACK-EIGENSCHAFTEN kommen Sie zu einem Dialogfeld, in dem Sie die Formatierung für das Stacking einstellen können (siehe Abbildung 10.2). Folgende Eingabefelder haben Sie:

Abbildung 10.2: Format für untereinander gestellte Zeichen

Text: Oberen und unteren Text eintragen.

Stil: Trennzeichens (Bruchstrich, Schrägstrich oder Toleranz, um die Zeichen ohne Bruchstrich übereinander zu setzen).

Position: Position des Bruchstrichs (oben, Zentrum oder unten).

Textgröße: Größe der übereinander gestellten Texte in % in Bezug zum normalen Text.

Vorgabe: Speicherung der aktuellen Einstellungen als Vorgabewerte oder Wiederherstellung des vorherigen Standards.

AutoStack...: In einem weiteren Dialogfeld können Sie einstellen, dass bei der Texteingabe die Trennzeichen automatisch erkannt werden und der Text automatisch gestackt wird (siehe Abbildung 10.3).

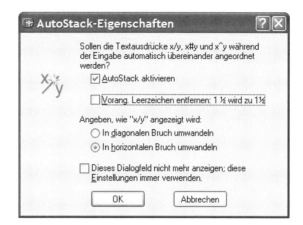

Abbildung 10.3:
AutoStack-Einstellungen

Weiter geht's in der oberen Symbolleiste. Nach dem Stacking-Symbol finden Sie noch weitere Elemente.

Abrollmenü für die Textfarbe: Wählen Sie hier die Farbe für den markierten Text aus dem Abrollmenü. Wenn Sie die Farbe ändern, ohne zu markieren, wird ab der Cursorposition neu eingegebener Text so dargestellt.

Zeilenlineal: Schaltet das Zeilenlineal ein und aus.

OK: Übernimmt den Text in die Zeichnung und beendet den Texteditor.

Pfeilsymbol: Damit aktivieren Sie ein Kontextmenü, aus dem Sie die Funktionen, die Sie hier per Symbol wählen, noch einmal finden (teilweise identisch mit Abbildung 10.7).

In der zweiten Symbolleiste finden Sie weitere Funktionen:

Horizontale Textausrichtung: Hier können Sie wählen, ob der Text linksbündig, zentriert oder rechtsbündig gesetzt werden soll.

Vertikale Textausrichtung: Wählen Sie hier, ob der Text am oberen Rand des Fensters ausgerichtet werden soll, gemittelt oder am unteren Rand.

Aufzählung: Wählen Sie hier, falls Sie dies wünschen, Aufzählungszeichen für den Text. Jeder Absatz des markierten Textes wird damit versehen. Sie können Nummern, Aufzählungssymbole oder Buchstaben verwenden.

Schriftfeld: Einfügen eines Schriftfeldes. Mehr dazu in Kapitel 10.6.

Groß-/Kleinbuchstaben: Umwandlung des markierten Textes in Groß- bzw. Kleinbuchstaben.

Kapitel 10   Texte, Schriftfelder und Tabellen

 Überstreichen: Überstreichen des markierten Textes.

Sonderzeichen: Mit diesem Symbol aktivieren Sie ein Kontextmenü, das die Sonderzeichen enthält (teilweise identisch mit Abbildung 10.7).

Textgeometrie: Mit den letzten Abrollmenüs können Sie die Textgeometrie beeinflussen. Im ersten (von links nach rechts) können Sie den Neigungswinkel der Schrift ändern, im zweiten den Zeichenabstand und im dritten den Breitenfaktor der Schrift.

Tabulatoren und Einzüge

 Über dem Fenster des Texteditors befindet sich das Zeilenlineal. Mit einem Klick an der entsprechenden Stelle können Sie einen Tabulator setzen. Die Symbole für die Einzüge sowie den rechten Textrand können Sie mit der Maus an die gewünschte Stelle ziehen. Wollen Sie die Einzüge und Tabulatoren genauer haben, können Sie mit der rechten Maustaste im Zeilenlineal ein Kontextmenü aktivieren.

Einrückungen und Tabulatoren: Mit diesem Eintrag bekommen Sie ein weiteres Dialogfeld auf den Bildschirm in dem Sie die Einzüge und Tabulatoren setzen können (siehe Abbildung 10.4).

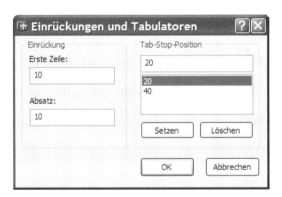

Abbildung 10.4:
Einstellung Einrückungen und Tabulatoren

MText-Breite einstellen...: Damit können Sie in einem weiteren Dialogfeld die Breite für den Textabsatz einstellen (siehe Abbildung 10.5).

Abbildung 10.5:
Einstellung der Absatzbreite

Der Text kann nun mit den entsprechenden Einzügen und Tabulatoren eingegeben werden (siehe Abbildung 10.6).

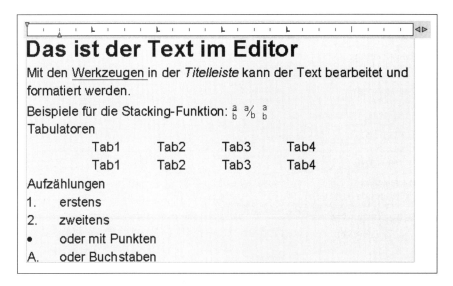

Abbildung 10.6:
Formatierter Text im Editor

Funktionen im Kontextmenü

Bei der Texteingabe können Sie weitere Funktionen aus einem Kontextmenü wählen, das Sie mit der rechten Maustaste aktivieren (siehe Abbildung 10.7). Im Wesentlichen sind das die Funktionen, die Sie auch in den Bedienelementen in der Titelleiste wählen können. Darüber hinaus finden Sie dort:

Ausschneiden, Kopieren und Einfügen: Funktionen der Windows-Zwischenablage, Ausschneiden oder Kopieren des markierten Textes und Einfügen an der Cursorposition.

Einstellungen: In einem Bereich können Sie wählen, ob Sie die Titelleiste mit den Werkzeugen, die zweite Werkzeugleiste in der Titelzeile sowie das Zeilenlineal haben wollen oder nicht und ob der Texthintergrund bei der Eingabe undurchsichtig sein soll.

Text importieren...: Mit diesem Eintrag können Sie Text aus einer Textdatei, einer formatierten Word-Datei oder einer RTF-Datei (Rich Text Format) mit allen Formatierungen an der Cursorposition in den Texteditor übernehmen.

Texthintergrund...: Mit dieser Funktion können Sie dem Text einen Hintergrund unterlegen. In einem weiteren Dialogfeld (siehe Abbildung 10.8) aktivieren Sie die Hintergrundfunktion.

Abbildung 10.7:
Kontextmenü im Editor

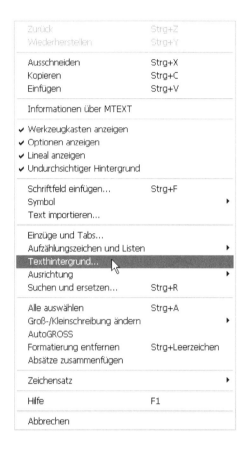

Abbildung 10.8:
Dialogfeld für den Texthintergrund

Haben Sie den Schalter TEXTHINTERGRUND VERWENDEN aktiviert, wird dem Text ein Hintergrund unterlegt, ansonsten scheinen die Objekte dahinter durch. Der Randversatzfaktor gibt an, um wie viel der Hintergrund über den Text hinausragt. Bei 1 schließt er genau mit dem Text ab, bei 2 ist er um eine Texthöhe größer. Wenn Sie den Schalter FARBE DES ZEICHNUNGSHINTERGRUNDS VERWENDEN aktiviert haben, wird der Zeichnungshintergrund als Texthintergrund verwendet. Der Text deckt dann nur die darunter liegenden Objekte ab. Haben Sie den Schalter aus, können Sie im Abrollmenü eine Hintergrundfarbe wählen.

Suchen und ersetzen...: In einem weiteren Dialogfeld geben Sie den zu suchenden Text sowie den Ersatztext ein (siehe Abbildung 10.9). Weitere Informationen dazu finden Sie in Kapitel 6.8.

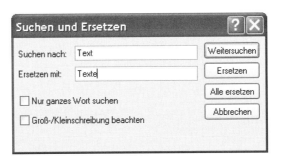

Abbildung 10.9:
Suchen und Ersetzen im Editor

Alles auswählen: Kompletten Text markieren

Groß-/Kleinschreibung ändern: Umwandlung des markierten Textes in Groß- oder Kleinbuchstaben

AutoGROSS: Haben Sie diese Funktion angewählt, entspricht dies der Umschalt-Feststelltaste ⇧ auf der Tastatur. Texte werden in Großbuchstaben umgewandelt. Wenn Sie die Umschalt-Taste ↵ drücken, erhalten Sie Kleinbuchstaben.

Formatierung entfernen: Entfernt alle speziellen Formatierungen des Textes, wie Fettschrift, Kursiv, Unterstreichungen usw.

Absätze zusammenfügen: Zieht die markierten Absätze zusammen und entfernt die Zeilenschaltungen.

Zeichensatz: In einem weiteren Untermenü können Sie den nationalen Zeichensatz für die Eingabe wählen.

Spezielle Symbole:

In den verschiedenen Kontextmenüs finden das Untermenü SYMBOL, aus dem Sie Sonderzeichen auswählen und an der Cursorposition einfügen können. Mit dem Eintrag ANDERE... erscheint das Dialogfeld der Windows-Zeichentabelle (siehe Abbildung 10.10) auf dem Bildschirm. Um daraus Zeichen in den Texteditor zu bekommen, gehen Sie so vor:

- Im oberen Abrollmenü gewünschte Schriftart wählen.
- Buchstabe oder Sonderzeichen in der Tabelle markieren.
- Mit der Schaltfläche AUSWÄHLEN in die untere Zeile übernehmen.
- Mit der Schaltfläche KOPIEREN in die Zwischenablage kopieren.
- Im Texteditor mit der Funktion EINFÜGEN an die Cursorposition setzen.

Abbildung 10.10:
Auswahl von Sonderzeichen

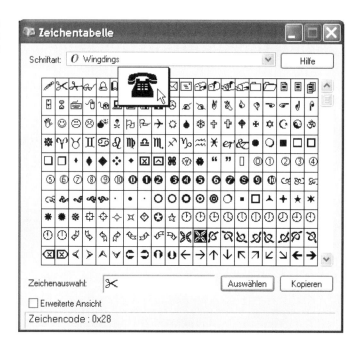

Text formatieren

1. Beginnen Sie eine neue Zeichnung mit einer leeren Datei im metrischen Maßstab.
2. Wählen Sie den Befehl MTEXT. Ziehen Sie ein Fenster für den Text auf der Zeichnung auf. Importieren Sie aus Ihrem Ordner *Aufgaben* die Rich-Text-Format-Datei *Text.rtf* in Ihren Texteditor.
3. Formatieren Sie den importierten Text. Testen Sie verschiedene Möglichkeiten. Suchen und ersetzen Sie einzelne Worte und übernehmen Sie den Text in die Zeichnung.

10.2 Textstile

AutoCAD wird mit Zeichensätzen geliefert. Darin ist die Geometrie der Schrift definiert. Zeichensätze sind Dateien, die Sie im Ordner \Programme\AutoCAD 2006\Fonts finden. Sie haben die Dateierweiterung *.shx*. Außerdem können Sie die True-Type-Schriften von Windows auch in AutoCAD verwenden.

Befehl Stil

Aus einem Zeichensatz lassen sich in einer Zeichnung beliebig viele Textstile definieren. Der Textstil legt fest, mit welchen Parametern der Zeichensatz verwendet werden soll. Ein Textstil ist der aktuelle Textstil, mit dem beschriftet wird. Sie können mit der Option STIL der Befehle DTEXT und MTEXT den aktuellen Textstil wechseln. Mit dem Befehl STIL definieren Sie neue Textstile oder ändern vorhandene.

➡ Abrollmenü FORMAT, Funktion TEXTSTIL...

➡ Symbole in den Werkzeugkästen TEXT und STILE

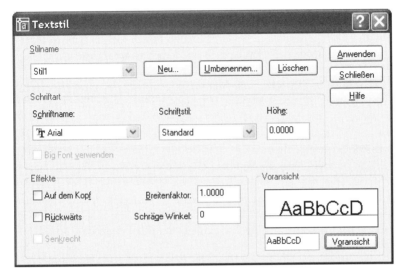

Abbildung 10.11:
Textstil erstellen und ändern

In einem Dialogfeld (siehe Abbildung 10.11) können Sie neue Stile definieren oder vorhandene ändern. Wenn Sie einen neuen Stil definieren wollen, klicken Sie auf die Schaltfläche NEU... und tragen in einem zusätzlichen Eingabefeld den neuen Stilnamen ein oder ändern Sie den vorgegebenen Stilnamen.

Wählen Sie dann aus dem Abrollmenü SCHRIFTNAME einen Zeichensatz für den Textstil aus. True-Type-Schriften sind meist in verschiedenen Schriftschnitten vorhanden: normal, kursiv, fett usw. Im Abrollmenü SCHRIFTSTIL können Sie wählen, in welchem Schtiftschnitt Sie den Zeichensatz verwenden wollen.

Wenn Sie im Feld HÖHE eine Höhe für den Textstil eintragen, kann mit diesem Textstil nur mit dieser Höhe beschriftet werden. Bei den Befehlen DTEXT und MTEXT wird keine Höhe mehr abgefragt. Setzen Sie den Wert auf 0, kann bei jeder Anwahl der Befehle eine Höhe eingegeben werden. Ist der Schalter BIG FONT VERWENDEN angekreuzt, werden Schriften mit erweitertem Zeichensatz verwendet. Im unteren Teil des Dialogfeldes können Sie besondere Effekte für die Schrift einstellen: Der Textstil kann so eingestellt werden, dass die Schrift auf dem Kopf steht, rückwärts (in Spiegelschrift) oder senkrecht (Buchstabe unter Buchstabe) läuft. An den entsprechenden

Schaltern im Feld EFFEKTE können Sie das einstellen. Mit einem BREITENFAKTOR unter 1 wird die Schrift zusammengedrückt – darüber gedehnt. Mit dem Neigungswinkel (Eingabefeld SCHRÄGE WINKEL) können Sie aus einer geraden eine kursive Schrift machen. Der Winkel gibt die Neigung zur Senkrechten nach rechts an. Sie sollten aber für kursive Schriften besser Zeichensätze verwenden, die schon kursiv definiert sind. Es ergibt ein besseres Schriftbild, als wenn Sie gerade Schriften neigen.

Im Feld VORANSICHT sehen Sie eine Schriftprobe des neuen Textstils. Wenn Sie im Feld darunter einen Text eingeben und auf die Schaltfläche VORANSICHT klicken, wird dieser Text in der Voransicht angezeigt.

Haben Sie alle Einstellungen für den neuen Stil gemacht, klicken Sie auf die Schaltfläche ANWENDEN und der neue Stil wird erzeugt.

Wollen Sie einen bestehenden Textstil ändern, wählen Sie diesen im Abrollmenü STILNAME (oben links), ändern die entsprechenden Einstellungen und klicken ebenfalls auf die Schaltfläche ANWENDEN.

Ähnlich verfahren Sie, wenn Sie einen Textstil umbenennen wollen. Wählen Sie ihn im Abrollmenü STILNAME aus, klicken Sie auf das Feld UMBENENNEN... und tragen im Eingabefeld für den Stilnamen den neuen Namen ein und klicken auf OK.

Wollen Sie einen Textstil löschen, wählen Sie ihn ebenfalls im Abrollmenü STILNAME und klicken auf die Schaltfläche LÖSCHEN.

Textstil wechseln

Wie schon beschrieben können Sie den aktuellen Textstil mit der Option STIL der Befehle DTEXT und MTEXT wechseln. Eine weitere Möglichkeit haben Sie in einem Abrollmenü im Werkzeugkasten STILE. Dort finden Sie die Stile, die in der Zeichnung definiert sind und die Sie auch dort zum aktuellen Stil machen können (siehe Abbildung 10.12).

Abbildung 10.12: Auswahl des aktuellen Textstils im Werkzeugkasten Stile

Neuen Textstil definieren

Definieren Sie neue Textstile mit True-Type-Schriften und erstellen Sie Schriftproben.

10.3 Textänderungen

Texte sind normale AutoCAD-Zeichnungsobjekte, Sie können sie verschieben, drehen, skalieren usw. Jede Textzeile oder jeder Textabsatz ist jedoch ein zusammenhängendes Objekt. Fehler in einer Textzeile oder einem Textabsatz können Sie mit dem Befehl DDEDIT beheben.

Befehl Ddedit

Mit dem Befehl DDEDIT können Sie den Text in den Dialogfeldern bearbeiten mit denen er erstellt wurde.

- Abrollmenü ÄNDERN, Untermenü OBJEKT >, Untermenü TEXT >, Funktion BEARBEITEN...

- Symbol im Werkzeugkasten TEXT

```
Befehl: Ddedit
Anmerkungsobjekt wählen oder [Zurück]:
```

Wählen Sie eine Textzeile, die mit dem Befehl DTEXT erstellt wurde, können Sie diese an ihrer Position in der Zeichnung bearbeiten (siehe dazu auch die Tipps in Kapitel 6.10). Haben Sie einen Textabsatz, können Sie diesen auch wieder mit dem Texteditor bearbeiten.

Mit der Option ZURÜCK nehmen Sie Änderungen wieder zurück.

Ändern per Doppelklick

- Klicken Sie eine Textzeile oder einen Textabsatz mit einem Doppelklick an, aktivieren Sie ebenfalls den Befehl DDEDIT und Sie können den Text ändern.

Befehl Skaltext

Mit dem Befehl SKALTEXT kann die Texthöhe mehrerer Textzeilen oder Textabsätze in der Zeichnung auf einmal geändert werden:

- Abrollmenü ÄNDERN, Untermenü OBJEKT >, Untermenü TEXT >, Funktion SKALIEREN

- Symbol im Werkzeugkasten TEXT

```
Befehl: Skaltext
Objekte wählen: ein oder mehrere Texte wählen
Basispunktoption für Skalierung eingeben
[Vorhanden/Links/Zentrum/MIttel/Rechts/
OL/OZ/OR/ML/MZ/MR/UL/UZ/UR] <Vorhanden>:
```

Kapitel 10   Texte, Schriftfelder und Tabellen

Basispunktoption für Skalierung: Nach der Auswahl der Texte wird angefragt, um welchen der Bezugspunkte die Texte skaliert werden sollen. Die Optionen entsprechen denen beim Befehl DTEXT bzw. MTEXT. Mit der Option VORHANDEN wird um die Punkte skaliert, mit denen die Texte eingegeben wurden.

```
Neue Höhe festlegen oder [objekt Anpassen/Skalieren faktor] <1>:
```

Neue Höhe: Danach wird die neue Texthöhe angefragt. Es kann ein Wert eingegeben werden oder eine der weiteren Optionen gewählt werden.

Objekt anpassen: Die Texthöhe wird durch Anwahl eines vorhandenen Textes bestimmt. Die zu ändernden Texte werden auf die gleiche Höhe wie der angeklickte gesetzt.

Skalieren Faktor: Eingabe eines Skalierfaktors oder zweier Werte, die auch in der Zeichnung abgegriffen werden können. Der Text wird im Verhältnis der beiden Werte oder mit dem eingegebenen Faktor skaliert.

Befehl Zentrtextausr

Mit dem Befehl ZENTRTEXTAUSR können Sie den Basispunkt und die Textausrichtung von Texten ändern, ohne deren Position in der Zeichnung zu ändern.

➥ Abrollmenü ÄNDERN, Untermenü OBJEKT >, Untermenü TEXT >, Funktion AUSRICHTEN

➥ Symbol im Werkzeugkasten TEXT

```
Befehl: Zentrtextausr
Objekte wählen: ein oder mehrere Texte wählen
Ausrichtungsoption eingeben
[Links/Ausrichten/Einpassen/Zentrum/MIttel/
Rechts/OL/OZ/OR/ML/MZ/MR/UL/UZ/UR] <Links>:
```

Ausrichtungsoptionen: Nach der Objektwahl kann mit der entsprechenden Option der neue Basispunkt für die gewählten Texte eingegeben werden. Die Optionen entsprechen denen bei der Texteingabe.

10.4   Rechtschreibprüfung

AutoCAD hat eine Rechtschreibprüfung integriert, mit der Sie Ihre Texte auf Fehler prüfen können, einzelne Texte oder die ganze Zeichnung prüfen.

Rechtschreibprüfung

Die Prüfung führen Sie mit dem Befehl RECHTSCHREIBUNG durch.

➥ Abrollmenü EXTRAS, Funktion RECHTSCHREIBUNG

Wählen Sie die Texte, die geprüft werden sollen (Option ALLE prüft alle Texte in der Zeichnung). Wird ein Fehler oder ein unbekanntes Wort entdeckt, erscheint ein Dialogfeld (siehe Abbildung 10.13).

In der obersten Zeile wird das Wörterbuch, mit dem Sie gerade arbeiten, angezeigt. In der Zeile darunter wird das Wort angezeigt, das fehlerhaft oder unbekannt ist. Darunter sehen Sie die Änderungsvorschläge aus dem Wörterbuch. Jetzt können Sie angeben, was mit dem Wort geschehen soll: IGNORIEREN nimmt keine Korrektur vor, ALLES IGNORIEREN moniert das Wort im ganzen Text nicht mehr und ersetzt es auch nicht. Wenn Sie ÄNDERN anklicken, wird das Wort durch das in der Vorschlagsliste markierte ersetzt. Wenn Sie dagegen ALLES ÄNDERN anklicken, wird es im ganzen Text ersetzt.

Abbildung 10.13: Dialogfeld zur Rechtschreibprüfung

Wenn Sie das Wort geprüft haben und es ist richtig, dann ist es im Wörterbuch nicht enthalten. Mit HINZUFÜGEN wird es in das Benutzerwörterbuch aufgenommen und in Zukunft nicht mehr angefragt. Wenn Sie ein Wort in der Vorschlagsliste markieren, können Sie mit der Schaltfläche NACHSCHLAGEN Wörter in der Vorschlagsliste einblenden, die dem markierten Wort ähnlich sind. Mit der Schaltfläche ANDERES WÖRTERBUCH kommt ein weiteres Dialogfeld auf den Bildschirm, in dem Sie das Wörterbuch wechseln können (siehe Abbildung 10.14).

Sie können im oberen Abrollmenü des Dialogfeldes eine andere Sprache für das Hauptwörterbuch wählen. Neue Einträge können Sie ins Benutzerwörterbuch aufnehmen. Im mittleren Feld können Sie eintragen, mit welchem Benutzerwörterbuch Sie arbeiten wollen, oder mit dem Schalter DURCHSUCHEN... eines auswählen. In der unteren Liste sehen Sie die Einträge des

Benutzerwörterbuchs. Sie können Einträge hinzufügen, wenn Sie das entsprechende Wort eintragen und auf die Schaltfläche HINZUFÜGEN klicken. Markierte Einträge können Sie mit der Schaltfläche LÖSCHEN aus dem Benutzerwörterbuch entfernen.

Abbildung 10.14: Dialogfeld zur Wahl des Wörterbuchs

Text ändern und Rechtschreibung prüfen

1. Ändern Sie Ihren Text. Bauen Sie absichtlich Fehler ein.
2. Korrigieren Sie den Text mit der Rechtschreibprüfung.

10.5 Suchen und ersetzen

Wie in einem Textverarbeitungsprogramm können Sie alle Texte, Bemaßungen und Attribute in der Zeichnung nach einem bestimmten Text durchsuchen und diesen auf Wunsch auch automatisch ersetzen.

Befehl Suchen

Text suchen und ersetzen können Sie mit dem Befehl SUCHEN.

➤ Abrollmenü BEARBEITEN, Funktion SUCHEN...

➤ Symbol im Werkzeugkasten TEXT

➤ Kontextmenü mit der rechten Maustaste, wenn kein Befehl aktiv ist

In einem Dialogfeld (siehe Abbildung 10.15) tragen Sie das Gesuchte ein.

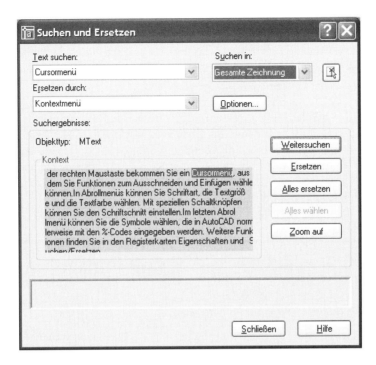

Abbildung 10.15:
Dialogfeld zur Textsuche

Tragen Sie im Feld TEXT SUCHEN den Text ein, den Sie in der Zeichnung suchen wollen. Soll der Text ersetzt werden, tragen Sie im Feld ERSETZEN DURCH den Text ein, der stattdessen übernommen werden soll.

Im Abrollmenü SUCHEN IN: rechts oben geben Sie an, wo gesucht werden soll. Haben Sie Texte vorher in der Zeichnung markiert, können Sie die Einstellung AKTUELLE AUSWAHL wählen. Dann wird nur in den markierten Objekten nach dem Text gesucht.

Mit diesem Symbol kommen Sie wieder in die Zeichnung und können die Objekte wählen, in denen gesucht werden soll. Beenden Sie die Objektwahl, kommen Sie wieder zum Dialogfeld.

Suchen: Mit dieser Schaltfläche wird der eingetragene Text in der Zeichnung gesucht. Kommt er in der Zeichnung vor, wird er im Feld KONTEXT angezeigt und markiert (siehe Abbildung 10.15).

Ersetzen: Klicken Sie auf diese Schaltfläche, wird der Text ebenfalls gesucht und angezeigt. Ist der Text schon gefunden, wird er mit dieser Schaltfläche durch den neuen Text ersetzt.

Weitersuchen: Haben Sie den Text gefunden und wird er angezeigt, ändert sich die Schaltfläche SUCHEN, es wird jetzt dort die Schaltfläche WEITERSUCHEN angezeigt. Damit können Sie den Text nach weiteren Vorkommen durchsuchen.

Alles Ersetzen: Mit dieser Schaltfläche wird der Text durchsucht und alle Vorkommen ohne Rückfrage ersetzt.

Alles wählen: Mit dieser Schaltfläche werden alle Objekte in die Auswahl aufgenommen, in denen der Text vorkommt. Diese Funktion steht nur dann zur Verfügung, wenn im Abrollmenü SUCHEN IN: die Einstellung AKTUELLE AUSWAHL gewählt wurde. Wählen Sie die Schaltfläche an, verschwindet das Dialogfeld, und der Text, in der die Zeichenfolge vorkommt, wird in der Zeichnung markiert.

Zoom auf: Mit dieser Schaltfläche können Sie den gefundenen Text in der Zeichnung vergrößert darstellen, um zu sehen, um welches Textvorkommen es sich handelt. Das Dialogfeld verschiebt sich auf die Seite, damit der Text sichtbar wird.

Optionen für die Suche einstellen

Klicken Sie auf die Schaltfläche OPTIONEN... bekommen Sie ein weiteres Dialogfeld, in dem Sie die Bedingungen für die Suche einstellen können (siehe Abbildung 10.16).

Abbildung 10.16:
Optionen für die Suche

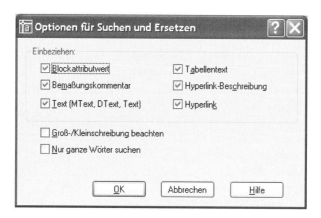

Im Feld EINBEZIEHEN: stellen Sie ein, welche Objekte nach der Zeichenfolge durchsucht werden sollen. Darunter können Sie wählen, ob bei der Suche Groß/Kleinschreibung berücksichtigt werden soll und ob der Text nur als ganzes Wort gesucht werden soll.

Text suchen und ersetzen

Durchsuchen Sie Ihren Text nach bestimmten Worten und lassen Sie diese ersetzen.

10.6 Schriftfelder

Hinter der unscheinbaren Funktion mit der etwas missverständlichen Bezeichnung »Schriftfelder« versteckt sich eine nützliche Funktion, mit der Sie Datenfelder in der Zeichnung als Textinformationen darstellen können und die automatisch aktualisiert werden, beispielsweise:

- der Name des Bearbeiters der Zeichnung
- der Speicherort der Zeichnung
- die Koordinaten einer Bohrung
- die Fläche einer Umgrenzung in der Zeichnung usw.

Schriftfelder lassen sich als eigenständige Objekte in der Zeichnung oder innerhalb eines Textbefehls platzieren.

Schriftfeld platzieren

Mit dem Befehl SCHRIFTFELD können Sie ein einzelnes Schriftfeld in der Zeichnung platzieren. Sie finden den Befehl im:

- Abrollmenü EINFÜGEN, Funktion SCHRIFTFELD...

Sie bekommen ein Dialogfeld, in dem Sie die Art des Schriftfelds aussuchen können (siehe Abbildung 10.17).

Schriftfeldkategorie: In diesem Abrollmenü können Sie die Kategorie des Schriftfelds wählen. Zur Auswahl stehen:

- ALLE: alle verfügbaren Schriftfelder
- ANDERE: Diesel-Ausdrücke und Werte von Systemvariablen
- DATUM UND UHRZEIT: aktuelles Datum, Erstelldatum, Plotdatum und Datum der letzten Speicherung
- DOKUMENT: Informationen zum aktuellen Dokument, wie Autor, Dateigröße, Dateiname und die Informationen, die in den Zeichnungseigenschaften gespeichert sind (siehe Kapitel 14.1)
- OBJEKTE: Name von benannten Objekten oder Informationen zu Zeichnungsobjekten, z.B. Fläche eines Kreises, Länge einer Linie usw.

Abbildung 10.17:
Dialogfeld zum Einfügen von Schriftfeldern

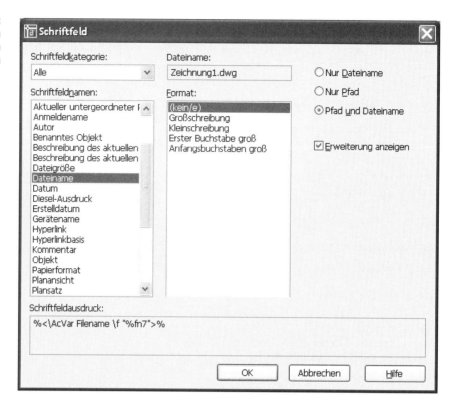

➤ PLANSATZ: Informationen zu Plansätzen

➤ PLOT: Informationen zum Plot, z.B. Anmeldename, Papierformat, Plotmaßstab usw.

➤ VERKNÜPFT: Platzierung eines Hyperlinks

Schriftfeldname: Liste der Schriftfelder, die in dieser Kategorie verfügbar sind.

Schriftfeldausdruck: Verschlüsselung des Schriftfelds innerhalb eines Textes.

Der rechte Teil des Dialogfelds ist abhängig davon, welchen Typ von Schriftfeld Sie ausgesucht haben. In der Regel können Sie hier das Format wählen. Wollen Sie Informationen von Objekten oder benannten Objekten in ein Schriftfeld übernehmen, können Sie hier die Informationen auswählen.

Haben Sie das Schriftfeld und dessen Format gewählt und das Dialogfeld mit OK beendet, können Sie das Schriftfeld in der Zeichnung wie einen Text platzieren.

Schriftfelder

```
Befehl: Schiftfeld
MTEXT - Aktueller Textstil: "Still" Texthöhe: 2.5000
Startpunkt festlegen oder [Höhe/Ausrichten]:
```

Das Schriftfeld wird mit dem aktuellen Textstil und der zuletzt verwendeten Höhe erstellt. Diese Informationen werden Ihnen angezeigt. Danach geben Sie den Startpunkt an oder ändern mit der Option HÖHE zuerst die Texthöhe. Außerdem können Sie mit der Option AUSRICHTEN den Aufhängepunkt des Schriftfeldes wie bei einem Textabsatz (siehe Kapitel 10.1) ändern. Haben Sie das Feld in der Zeichnung platziert, wird der Text des Schriftfelds zur Unterscheidung von einem normalen Text grau hinterlegt. Dieser Hintergrund erscheint nicht im Ausdruck. Hat das Schriftfeld noch keinen Wert, z.B. Plotdatum bei einer Zeichnung, die noch nicht geplottet wurde, werden Platzhalter angezeigt: ----. Ein Schriftfeld ist in der Zeichnung ein Absatztext. Mit einem Doppelklick auf das Schriftfeld bekommen Sie den Texteditor zur Änderung. Sie können es auch im OBJEKTEIGENSCHAFTEN-MANAGER ändern.

Die Inhalte von Schriftfeldern werden beim Öffnen, Speichern, vor dem Plotten und beim Regenerieren der Zeichnung aktualisiert. Außerdem gibt es den Befehl SCHRIFTFELDAKT, mit dem Sie gezielt auch einzelne Schriftfelder zur Aktualisierung wählen können. Den Befehl finden Sie nicht in den Menüs, Sie müssen ihn bei Bedarf eintippen.

Schriftfeld in einem einzeiligen Text platzieren

Haben Sie den Befehl DTEXT gewählt und geben Sie den Text ein, so können Sie mit einem Rechtsklick ein Kontextmenü aktivieren und daraus mit der Funktion SCHRIFTFELD EINFÜGEN... den Befehl zur Eingabe eines Schriftfelds aktivieren. Das Feld, das Sie dann auswählen, wird an die aktuelle Cursorposition gesetzt.

Schriftfeld im Texteditor platzieren und ändern

Haben Sie den Befehl MTEXT gewählt, können Sie bei der Texteingabe ein Kontextmenü mit der rechten Maustaste aktivieren. Dort finden Sie jeweils den Eintrag SCHRIFTFELD EINFÜGEN..., mit dem Sie ein Schriftfeld an der aktuellen Cursorposition platzieren können (siehe Abbildungen 6.19 und 10.7).

Haben Sie ein bereits eingefügtes Schriftfeld markiert, finden Sie im Kontextmenü Funktionen zum Bearbeiten und Aktualisieren des Schriftfelds. Außerdem können Sie den aktuellen Wert bei Bedarf auch in Text konvertieren.

Kapitel 10   Texte, Schriftfelder und Tabellen

Schriftfelder in der Zeichnung platzieren

1. Öffnen Sie die Zeichnung *A10-01.dwg* aus dem Ordner *Aufgaben*.

2. Platzieren Sie Schriftfelder mit den Befehlen SCHRIFTFELD oder MTEXT (siehe Abbildung 10.18).

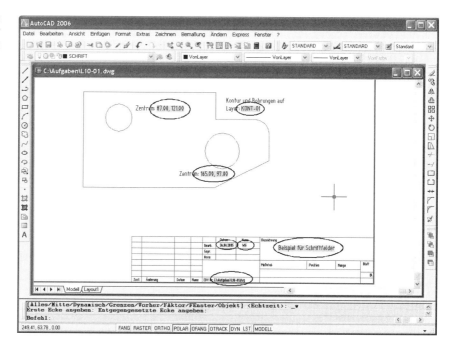

Abbildung 10.18: Schriftfelder in der Zeichnung

3. Bei der Platzierung des Schriftfelds für das Zentrum gehen Sie wie in Abbildung 10.19 vor. Klicken Sie auf das eingekreiste Symbol, um den Kreis, dessen Daten Sie übernehmen wollen, in der Zeichnung zu wählen.

4. Wählen Sie die Daten aus den Zeichnungseigenschaften für den Zeichnungskopf. Bringen Sie Informationen zu Layern in die Zeichnung als Schriftfeld ein.

5. Ändern Sie die Position der Kreise, regenerieren Sie die Zeichnung und die Schriftfelder ändern sich mit.

Im Ordner *Aufgaben* finden Sie die Zeichnung *L10-10.dwg* mit Schriftfeldern.

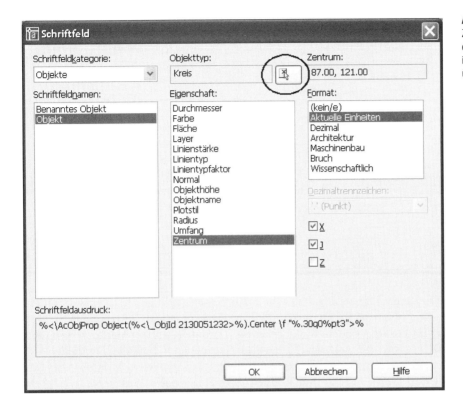

Abbildung 10.19:
Zentrumsdaten eines Kreises in das Schriftfeld übernehmen

10.7 Tabellen und Tabellenstile

In AutoCAD bzw. LT können Sie Tabellen in der Zeichnung platzieren und ausfüllen. Mit Tabellenstilen können Sie das Layout von Tabellen gestalten.

Tabellen platzieren

Tabellen können Sie mit dem Befehl TABELLE in der Zeichnung platzieren. Danach wird automatisch der Texteditor gestartet (siehe Kapitel 10.1), mit dem Sie die Tabellen ausfüllen können. Wählen Sie den Befehl wie folgt:

➡ Abrollmenü ZEICHNEN, Funktion TABELLE...

➡ Symbol im Werkzeugkasten ZEICHNEN

In einem Dialogfeld können Sie die Geometrie der Tabelle definieren (siehe Abbildung 10.20).

Kapitel 10   Texte, Schriftfelder und Tabellen

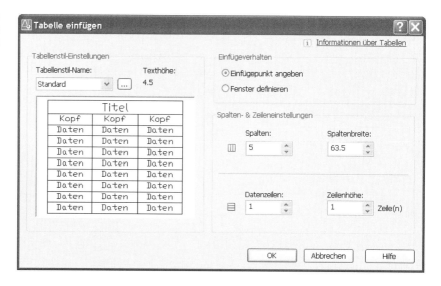

Abbildung 10.20:
Dialogfeld für die
Tabellengeometrie

Wie Bemaßungsstile können Sie auch Tabellenstile in der Zeichnung definieren. Was ein Tabellenstil enthält und wie er erstellt wird, finden Sie weiter unten beschrieben. Links oben im Dialogfeld wählen Sie im Abrollmenü TABELLENSTIL-NAME den Tabellenstil, mit dem Sie die Tabelle erstellen wollen. Klicken Sie auf das Symbol mit den drei Punkten, kommen Sie zum Befehl TABELLENSTIL und können dort einen neuen Stil definieren (siehe unten). Die Texthöhe ist im Tabellenstil festgelegt und wird nur hier angezeigt. Darunter sehen Sie die Voransicht der Tabelle.

Einfügeverhalten: Sie können für die Tabelle entweder einen Einfügepunkt vorgeben oder ein Fenster in der Zeichnung aufziehen. In diesem Feld wählen Sie mit den Schaltern, wie Sie die Tabelle einfügen wollen.

Spalten- und Zeileneinstellungen: In diesem Feld geben Sie die Spaltenanzahl und die Spaltenbreite vor. Eine Tabelle besteht in der Regel aus einer durchgehenden Zeile mit der Überschrift, einer Zeile mit den Spaltenüberschriften und den Datenzeilen. Die Zahl der gewünschten Datenzeilen können Sie darunter eintragen. Die Zeilenhöhe wird von der Texthöhe und der Umgrenzung bestimmt. Diese Werte werden im Tabellenstil festgelegt. Im Feld ZEILENHÖHE können Sie die Zeilen vergrößern, indem Sie eine ganze Zahl größer 1 eintragen.

Haben Sie beim Einfügeverhalten FENSTER DEFINIEREN gewählt (siehe oben), ändert sich das Dialogfeld (siehe Abbildung 10.21).

Tragen Sie die Spaltenbreite und die Zeilenhöhe ein. Je nach Fenstergröße ändert sich dann die Zahl der Spalten und Zeilen. Sie können auch feste Zeilen- und Spaltenzahlen vorgeben. Dann ändern sich die Spaltenbreite und die Zeilenhöhe nach der Größe des aufgezogenen Fensters.

Tabellen und Tabellenstile | Kapitel 10

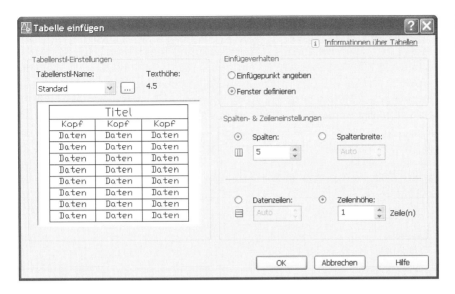

Abbildung 10.21:
Tabelle mit Fenster definieren

Haben Sie alles eingestellt, klicken Sie auf die Schaltfläche OK und Sie können Ihre Tabelle in der Zeichnung platzieren. Danach wird der Texteditor aktiviert und Sie können den Tabellentext in die Felder eintragen und auf Wunsch auch formatieren (siehe Abbildung 10.22). Mit der Taste [↹] kommen Sie zum nächsten Feld bzw. mit der Tastenkombination [⇧] + [↹] zum vorherigen. Auch hier können Sie aus dem Kontextmenü (per Rechtsklick aktivieren, siehe Kapitel 10.6) die Funktion zum Einfügen eines Schriftfelds aktivieren und ein solches in die Tabelle einfügen.

Abbildung 10.22:
Feldweise Eingabe im Texteditor

Tabellen ändern

Tabellen können auf verschiedene Arten geändert werden.

Befehl Tabellebearb: Mit dem Befehl TABELLEBEARB können Sie einzelne Felder in der Tabelle ändern. Den Befehl wählen Sie am schnellsten, indem Sie ein Textfeld in der Tabelle doppelt anklicken. Danach können Sie den Inhalt und die Formatierung im Texteditor ändern (siehe Abbildung 10.23). Wie bei der Eingabe können Sie mit den Tasten [↹] und [⇧] + [↹] die einzelnen Felder anfahren.

Kontextmenü: Haben Sie ein oder mehrere Textfelder markiert, ohne vorher einen Befehl gewählt zu haben, so bekommen Sie mit der rechten Maustaste ein Kontextmenü, das die möglichen Änderungsfunktionen bereithält (siehe Abbildung 10.23). Außer Text- und Formatierungsänderungen können Sie hier auch Zeilen und Spalten löschen, Zelleninhalte löschen, Zellen verbinden (wenn mehrere markiert sind) und einiges mehr. Mit der Funktion FORMELN EINFÜGEN fügen Sie Rechenformeln in die Tabelle ein, mehr dazu siehe weiter unten. Mit dem Eintrag ALLE EIGENSCHAFTENÜBERSCHREIBUNGEN ENTFERNEN können Sie alle Änderungen an der Formatierung der Zellen überschreiben. Mit der Funktion EIGENSCHAFTEN starten Sie den Objekteigenschaften-Manager (siehe unten).

Abbildung 10.23: Formatierung mit Kontextmenü

Außerdem können Sie mit der Funktion BLOCK EINFÜGEN... einen Block (siehe Kapitel 11.1 bis 11.4) in ein Tabellenfeld einfügen. In einem Dialogfeld stellen Sie die Einfügeparameter für den Block ein (siehe Abbildung 10.24). Wählen Sie den Block aus dem Abrollmenü NAME aus, wenn er in der Zeichnung definiert ist. Ansonsten klicken Sie auf die Schaltfläche DURCHSUCHEN... und wählen eine Zeichnungsdatei, die Sie als Block einfügen wollen. Somit ist es auch möglich, Tabellenfelder mit grafischen Symbolen zu füllen.

Tabellen und Tabellenstile

Abbildung 10.24:
Block in Tabellenfeld einfügen

Objekteigenschaften-Manager: Selbstverständlich können Sie auch im Objekteigenschaften-Manager Änderungen vornehmen. Den Manager erhalten Sie, wenn Sie die Linien der Tabelle doppelt anklicken. Dann können Sie die Geometrie der Tabelle ändern. Haben Sie dagegen ein oder mehrere Felder markiert, können Sie im Objekteigenschaften-Manager die Formatierung der Felder ändern.

Formeln eingeben: In eine Zelle können Sie auch eine Formel eingeben. Der Wert wird dann automatisch berechnet und aktualisiert. Solange Sie im Texteditor eingeben, sind die Zeilen nummeriert und die Spalten mit Buchstaben versehen (siehe Abbildung 10.22). Eine Formel beginnt immer mit einem Gleichheitszeichen »=«. Geben Sie dieses zuerst ein, gefolgt von den Zellen und den Operationen, die Sie damit ausführen wollen:

=D4+D5-D6/2
=(B3-B4)*2 usw.

Außerdem können mathematische und trigonometrische Funktionen verwendet werden:

=SIN(B5+B6)
=LOG(E3) usw.

Zudem stehen Ihnen Funktionen zur Bildung von Summen (SUM), Durchschnitten (AVERAGE) und zum Zählen von Feldern (COUNT) zur Verfügung:

=SUM(B4:B8)
=SUM(B3:E4)
=AVERAGE(B4:B8)
=AVERAGE(B3:E4)
=COUNT(B3:E4) usw.

Haben Sie eine Zelle ohne Befehl markiert, können Sie die Funktion zum Einfügen einer Zelle auch aus dem Kontextmenü wählen (siehe Abbildung 10.23). In diesem Fall können Sie andere Zellen oder Bereiche der Tabelle interaktiv bestimmen, indem Sie in die Zelle klicken oder einen Bereich aufziehen.

Der Tabellenstil

Der Tabellenstil legt das Aussehen der Tabelle fest: Schriftstil, Textfarbe, Hintergrundfarbe, Trennlinien usw. Dabei lassen sich die Daten, der Spaltenkopf und der Titel der Tabelle unterschiedlich formatieren. In einer Zeichnung können beliebig viele Tabellenstile definiert werden. Bei den Eigenschaften der Tabelle wird gespeichert, mit welchem Stil sie erstellt wurde. Ändern Sie einen Tabellenstil nachträglich, werden alle Tabellen geändert, die mit diesem Stil erstellt wurden. Mit dem Befehl TABELLENSTIL können Sie neue Stile erstellen oder bestehende ändern:

➥ Abrollmenü FORMAT, Funktion TABELLENSTIL...

➥ Symbol im Werkzeugkasten STILE

Sie bekommen ein Dialogfeld, in dem Sie die Tabellenstile verwalten können (siehe Abbildung 10.25).

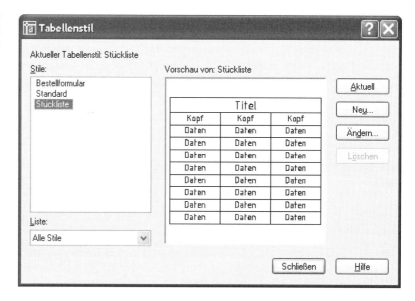

Abbildung 10.25: Dialogfeld für den Tabellenstil

In der Liste STILE werden alle Tabellenstile der Zeichnung aufgelistet. Markieren Sie einen Stil und klicken auf die Schaltfläche AKTUELL oder klicken Sie ihn doppelt an, wird dieser zum aktuellen Tabellenstil. Alle neuen Tabellen werden mit diesem Stil erstellt. Klicken Sie die Schaltfläche LÖSCHEN an, wird der markierte Stil gelöscht, aber nur dann, wenn damit keine Tabellen

Tabellen und Tabellenstile Kapitel 10

erstellt wurden. Wollen Sie einen neuen Stil erstellen, dann klicken Sie auf die Schaltfläche NEU.... Sie können in einem Dialogfeld den Namen für den neuen Stil eingeben (siehe Abbildung 10.26). Für den neuen Stil wird ein vorhandener kopiert, den Sie dann abändern können. Wählen Sie den Stil, der dem neuen am ähnlichsten ist.

Abbildung 10.26:
Dialogfeld für den Stilnamen

In einem Dialogfeld (siehe Abbildung 10.27) mit drei Registern können Sie danach das Layout der Tabelle festlegen:

Register Daten: Wählen Sie Textstil, Texthöhe, Textfarbe, Füllfarbe und Textausrichtung für alle Datenfelder. Sollen einzelne Datenfelder davon abweichen, können Sie diese später separat formatieren. Im Feld UMGRENZUNGSEIGENSCHAFTEN legen Sie fest, welche Umgrenzungslinien für die Datenfelder gezeichnet werden sollen. In der rechten Hälfte haben Sie wieder die Voransicht der Tabelle. Darunter können Sie im Abrollmenü TABELLENAUSRICHTUNG wählen, ob der Titel oben oder unten stehen und ob die Tabelle in die entsprechende andere Richtung laufen soll. Im Feld ZELLENUMGRENZUNGEN geben Sie vor, wie groß der Rand um das Datenfeld sein soll. Mit der Standardeinstellung 1.5 wird die Randbreite auf das 0,5fache der Texthöhe gesetzt.

Register Spaltenkopf und Titel: Die weiteren Register dienen der Formatierung der Spaltenüberschriften und der Gesamtüberschrift der Tabelle. Sie haben die gleichen Einstellmöglichkeiten. Lediglich ein Schalter ist zusätzlich vorhanden, mit dem Sie wählen können, ob die Tabelle dieses Element enthalten soll.

Haben Sie im ersten Dialogfeld des Befehls TABELLENSTIL (siehe Abbildung 10.25) einen Stil markiert und klicken auf die Schaltfläche ÄNDERN..., können Sie den Stil im gleichen Dialogfeld ändern, mit dem auch ein neuer Stil erstellt wird (siehe Abbildung 10.27). Alle Tabellen, die mit diesem Stil erstellt wurden, ändern sich dann automatisch mit.

Den aktuellen Tabellenstil können Sie auch im Werkzeugkasten STILE wechseln. Dort haben Sie ein Abrollmenü mit den vorhandenen Tabellenstilen. Wählen Sie daraus einen aus (siehe Abbildung 10.28), wird dieser zum aktuellen Tabellenstil.

Abbildung 10.27:
Formatierung der Datenfelder

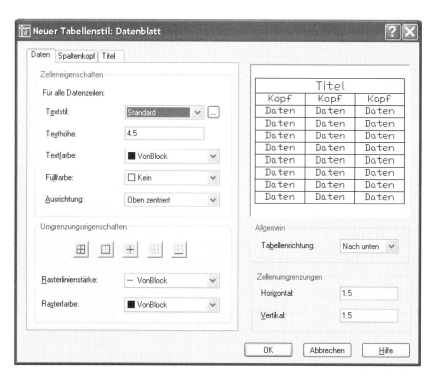

Abbildung 10.28:
Tabellenstil im Abrollmenü wählen

Markieren Sie Tabellen, wird im Menü der Tabellenstil angezeigt. Haben Sie Tabellen mit unterschiedlichen Stilen gewählt, bleibt die Anzeige leer. Wählen Sie jetzt einen Stil aus dem Menü, werden die Tabellen in diesem Stil dargestellt.

Tabellen erstellen

1. Definieren Sie Tabellenstile und erstellen Sie damit unterschiedliche Tabellen. Ändern Sie anschließend die Tabellenstile und beachten Sie dabei, wie sich die damit erstellten Tabellen ändern.
2. Ändern Sie einzelne Felder in der Tabelle und fügen Sie beispielsweise einen Block ein.

In Abbildung 10.29 sehen Sie Beispiele für Tabellen in der Zeichnung. Diese Zeichnung finden Sie in Ihrem Ordner *Aufgaben*, die Zeichnung unter dem Namen *L10-02.dwg*.

Tabellen und Tabellenstile Kapitel 10

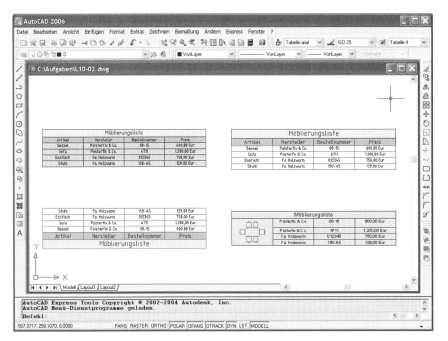

Abbildung 10.29:
Verschiedene Tabellenarten mit unterschiedlichen Stilen erstellt

11 Blöcke, Attribute, externe Referenzen und Gruppen

Häufig benötigte Teile lassen sich in AutoCAD zu Blöcken zusammenfassen, die bei Bedarf auch in einer eigenen Zeichnungsdatei gespeichert werden können. Zeichnungsdateien können in andere Zeichnungen als Blöcke oder externe Referenzen eingefügt werden. Zudem lassen sich Objekte in der Zeichnung zu Gruppen zusammenfassen.

11.1 Eigenschaften von Blöcken

In der Zeichnung lassen sich beliebig viele Objekte zu einem Block zusammenfassen. Blöcke werden in der Zeichnung gespeichert, in der Sie gebildet wurden, sie können aber auch in einer eigenständigen Zeichnungsdatei gespeichert werden. Blöcke lassen sich mit ihrem Namen in die Zeichnung einfügen und dabei skalieren und drehen.

Nach dem Einfügen können Blöcke wie ein Objekt editiert werden, zum Beispiel mit den Befehlen SCHIEBEN, DREHEN, KOPIEREN, VARIA, SPIEGELN usw. Der Aufbau des Blocks kann jedoch nicht verändert werden. Befehle wie STRECKEN, DEHNEN, STUTZEN, BRUCH, ABRUNDEN usw. lassen sich nicht auf Elemente eines Blocks anwenden.

Eigenschaften:

➤ Kommen in einer Zeichnung Objekte häufiger vor, ist es sinnvoll, aus diesen einen Block zu bilden und ihn mehrmals einzufügen. Dabei wird die Geometrie nur einmal als Blockdefinition in der Zeichnung gespeichert. Überall dort, wo die Blöcke eingefügt sind, wird nur ein Verweis zum Block gespeichert, die so genannte Blockreferenz. Das spart Speicherplatz und erhöht die Arbeitsgeschwindigkeit.

➤ Wurde ein Block mehrfach eingefügt und der Block ändert sich später, kann er durch eine einfache Neudefinition an allen Stellen durch den neuen Block ersetzt werden.

➤ Blöcke werden unter einem Blocknamen in der Zeichnung gespeichert. Der Name darf bis zu 255 Zeichen lang sein. Er kann sich aus Buchstaben und Ziffern beliebig zusammensetzen. Die Sonderzeichen < > / \ „ : ? * | = sind nicht erlaubt.

Kapitel 11 Blöcke, Attribute, externe Referenzen und Gruppen

- Objekte, die zu einem Block zusammengefasst werden, können auf unterschiedlichen Layern liegen und unterschiedliche Farben, Linientypen, Strichstärken und Plotstile haben. Wird der Block eingefügt, kommen die Objekte mit ihren ursprünglichen Eigenschaften in die Zeichnung. Die Blockreferenz wird jedoch auf dem Layer abgelegt, der bei der Einfügung aktuell ist.

- Wird ein Block exportiert und in eine andere Zeichnung eingefügt, in der Layer, Linientypen oder Plotstile des Blocks nicht vorhanden sind, bringt der Block diese in die Zeichnung mit, in die er eingefügt wird. Gibt es dabei Differenzen, gelten die Festlegungen der Zeichnung, in die er eingefügt wird.

- Eine Ausnahme bildet der Layer *0,* der in jeder Zeichnung vorhanden ist. Objekte, die auf dem Layer *0* erstellt werden und zu einem Block zusammengefasst werden, kommen auf den Layer, der bei der Einfügung aktuell ist, und erhalten damit dessen Farbe, Linientyp usw.

- Eine weitere Ausnahme bildet die Einstellung *VonBlock*. Objekte, die mit dieser Einstellung für Farbe und Linientyp gezeichnet wurden und zu einem Block zusammengefasst wurden, werden beim Einfügen mit der aktuellen Farbe und dem aktuellen Linientyp gezeichnet.

- Ein Block kann neben normalen Zeichnungsobjekten auch andere Blöcke enthalten. Blöcke lassen sich auf diese Weise schachteln. Bei dieser Verschachtelung dürfen keine Eigenreferenzen vorkommen, das heißt, ein Block *XY* darf nicht den Block *XY* enthalten.

- Ein Block hat am Einfügepunkt einen Griff, an dem der Block verschoben werden kann. Ist der Schalter GRIFFE IN BLÖCKEN AKTIVIEREN im Dialogfeld zur Steuerung der Griffe eingeschaltet, erhalten Sie an den Geometriepunkten aller Objekte im Block Griffe. Sie können den Block zwar damit nicht verändern, aber andere Objekte mit Griffen auf die Griffe des Blocks ziehen (siehe Kapitel 13.5).

- Die Objekte eines Blocks können als Grenzkante bzw. Schnittkante für die Befehle DEHNEN bzw. STUTZEN verwendet werden.

11.2 Blöcke erstellen

Blöcke erstellen Sie mit dem Befehl BLOCK. Damit fassen Sie Objekte in der Zeichnung zu einem Block zusammen, der dann in dieser Zeichnung verwendet werden kann.

Blöcke erstellen Kapitel 11

Befehl Block

Sie finden den Befehl:

INFO

- Abrollmenü ZEICHNEN, Untermenü BLOCK >, Funktion ERSTELLEN...
- Abrollmenü ÄNDERN, Untermenü OBJEKT >, Funktion BLOCKBESCHREIBUNG...

- Symbol im Werkzeugkasten ZEICHNEN

Sie bekommen ein Dialogfeld (siehe Abbildung 11.1).

Abbildung 11.1:
Dialogfeld zur Erstellung eines Blocks

Gehen Sie bei der Bildung eines neuen Blocks wie folgt vor:

STEP

- Tragen Sie im Feld NAME ganz oben den Blocknamen ein. Beachten Sie die Regeln für die Namensvergabe (siehe oben). Rechts daneben befindet sich ein Voransichtfenster, leider etwas zu klein. Haben Sie die Objekte für den Block gewählt (siehe unten), sehen Sie dort die Voransicht. Im Abrollmenü können Sie sich einen bereits vorhandenen Block auswählen. Auch dann sehen Sie dafür in dem Feld daneben die Voransicht. Geben Sie einen Namen ein, der in der Zeichnung schon verwendet wurde, oder wählen Sie aus dem Abrollmenü einen Eintrag aus und überschreiben Sie einen bereits vorhandenen Block. Zunächst passiert noch nichts. Erst wenn Sie alle Eingaben gemacht haben und mit OK das Dialogfeld beenden, erscheint die Warnmeldung, dass dieser Block bereits existiert, und die Frage, ob Sie ihn neu definieren wollen. Wenn Sie JA anklicken, wird der Block neu definiert. Alle Blöcke dieses Namens, die schon in die Zeichnung eingefügt sind, werden durch den neu definierten Block ersetzt.

- Danach bestimmen Sie den Basispunkt. Das ist der Punkt, an dem der Block später in der Zeichnung platziert wird. In den seltensten Fällen werden Sie die Koordinaten des Basispunkts wissen. Wenn aber doch, können Sie diese im Bereich BASISPUNKT für X, Y und Z eintragen. In den meisten Fällen wollen Sie aber den Basispunkt in der Zeichnung mit dem Objektfang wählen. Klicken Sie auf das Symbol AUSWAHL-PUNKT, das Dialogfeld verschwindet und Sie können den Basispunkt in der Zeichnung wählen. Sobald Sie ihn angeklickt haben, kommt das Dialogfeld wieder, und die Koordinaten des Punkts werden in den Feldern angezeigt. Bei 2D-Zeichnungen hat die Z-Koordinate den Wert 0.

- Wählen Sie dann die Objekte, die Sie in diesen Block aufnehmen wollen. Klicken Sie auf das Symbol OBJEKTE WÄHLEN, die Objektwahl wird aktiviert und das Dialogfeld verschwindet wieder. Mit den üblichen Methoden suchen Sie sich die Objekte zusammen. Sobald Sie die Objektwahl mit ⏎ beendet haben, kommt das Dialogfeld wieder auf den Bildschirm und die Zahl der gewählten Objekte wird angezeigt.

- Sie können die Objekte auch mit der Schnellauswahl aus der Zeichnung filtern. Klicken Sie dazu auf das Symbol rechts daneben. Wie die Schnellauswahl funktioniert, erfahren Sie in Kapitel 13.3.

Danach müssen Sie entscheiden, was mit den gewählten Objekten nach der Erzeugung des Blocks geschehen soll. Folgende Möglichkeiten haben Sie:

Beibehalten: Die Objekte bleiben unverändert an der gleichen Stelle.

In Block konvertieren: Die Objekte werden durch den neuen Block ersetzt. Das Aussehen der Zeichnung ändert sich nicht, aber statt der ursprünglichen Objekte haben Sie an dieser Stelle den neuen Block.

Löschen: Die Objekte werden gelöscht. Die Methode verwenden Sie, wenn Sie den Block an einer anderen Stelle haben wollen.

In der Zeile darunter bekommen Sie eine Meldung, wieviel Objekte Sie gewählt haben oder eine Warnung, wenn keine Objekte gewählt wurden.

Im Feld EINSTELLUNGEN lassen sich weitere Vorgaben für den Block eingeben. Haben Sie den Schalter EINHEITLICH SKALIEREN angewählt, können Sie den Block nicht mit unterschiedlichen X-, Y- und Z-Faktoren einfügen (siehe Kapitel 11.4). Ist der Schalter AUFLÖSEN ZULASSEN aktiviert, kann der Block mit dem Befehl URSPRUNG (siehe Kapitel 11.4) in seine Bestandteile zerlegt werden. Ist er aus, geht das nicht, außer Sie ändern die Blockdefinition.

Im Abrollmenü BLOCKEINHEITEN können Sie die Einheiten für den Block wählen. Fügen Sie den Block ein, wird der Block automatisch entsprechend seinen Einheiten skaliert eingefügt (siehe unten). Der Text, den Sie im Feld BESCHREIBUNG eingeben, dient der Anzeige im AutoCAD-Design-Center (siehe Kapitel 13.7).

Mit einem Klick auf die Schaltfläche HYPERLINK... öffnen Sie das Dialogfeld zum Einfügen eines Hyperlinks, in dem Sie einen Hyperlink mit dem Block verknüpfen können (siehe Kapitel 18.1).

Wenn Sie den Schalter IN BLOCKEDITOR ÖFFNEN eingeschaltet haben, wird der Block, nachdem Sie auf OK klicken, im Blockeditor geöffnet. Sie können darin einen dynamischen Block daraus machen, der nach dem Einfügen geändert werden kann. Alles dazu finden Sie in Kapitel 23.

Wie schon oben erwähnt, können Sie die Blockdefinition ändern, indem Sie den Befehl einfach erneut anwählen, den Namen des zu ändernden Blocks aus dem Abrollmenü wählen, die Einstellungen ändern und den Block mit OK neu erstellen. Der Block wird an allen Stellen, an denen er eingefügt wurde, durch den neuen ersetzt.

Einheiten von Zeichnungen und Blöcken: In Kapitel 3.4 haben Sie erfahren, dass es beim Zeichnen in AutoCAD keine physikalischen Einheiten gibt. Es existieren nur Zeichnungseinheiten, ob es sich dabei um Millimeter, Zentimeter oder Kilometer handelt, spielt beim Zeichnen keine Rolle. Erst beim Plotten wird der Maßstab festgelegt. Doch was passiert, wenn die Zeichnungseinheiten in der Zeichnung, in der Sie den Block definiert haben, und in der Zeichnung, in der Sie den Block einfügen, unterschiedlich sind? Entsprechen die Zeichnungseinheiten im Block Millimetern und in der Zeichnung, in der Sie den Block einfügen wollen Metern, dann müssen Sie den Block mit dem Faktor 0.001 (1/1000) einfügen, damit er in der Zeichnung korrekt in Metern erscheint. Das macht AutoCAD für Sie automatisch, wenn Sie die Einheiten sowohl in der Zeichnung als auch bei der Blockdefinition richtig angeben. Beim Block machen Sie es im Dialogfeld (siehe oben und Abbildung 11.1) im Abrollmenü BLOCKEINHEITEN. Bei der Zeichnung erledigen Sie es mit dem Befehl EINHEIT. Sie finden den Befehl im

➡ Abrollmenü FORMAT, Funktion EINHEITEN...

Abbildung 11.2:
Einstellung des Einfügungsmaßstabs der Zeichnung

Bestimmen Sie im Abrollmenü des Felds EINFÜGUNGSMASSSTAB, welchen Einheiten die Zeichnungseinheiten entsprechen sollen, und Blöcke werden automatisch skaliert.

11.3 Exportieren von Blöcken

Um den Block in anderen Zeichnungen verwenden zu können, ist es erforderlich, aus dem Block eine Zeichnungsdatei zu erzeugen. Das erledigen Sie mit dem Befehl WBLOCK.

Befehl Wblock

Sie finden den Befehl nicht in den Menüs. Geben Sie ihn auf der Tastatur ein. Sie erhalten ein Dialogfeld (siehe Abbildung 11.3 und Abbildung 11.4). Folgende Aktionen können Sie damit ausführen:

Block in einer Zeichnungsdatei speichern: Haben Sie einen Block in der Zeichnung, den Sie in anderen Zeichnungen wieder benötigen, können Sie diesen in einer eigenen Zeichnungsdatei speichern. Klicken Sie dazu im Feld QUELLE den Schalter BLOCK an und wählen Sie im Abrollmenü den zu speichernden Block (siehe Abbildung 11.3). Der mittlere Teil des Dialogfelds ist dabei nicht aktiv. Im Feld ZIEL bestimmen Sie den Speicherort und den Dateinamen. Tragen Sie den Pfad und den Dateinamen im Feld DATEINAME UND PFAD ein. Bereits verwendete stehen im Abrollmenü zur Auswahl. Klicken Sie auf den Schalter rechts neben dem Abrollmenü, können Sie den Pfad und den Dateinamen im Dialogfeld für die Dateiauswahl bestimmen. Zuletzt wählen Sie im Abrollmenü EINHEITEN EINFÜGEN die Einheiten. Auch hier sind die Einheiten für die automatische Skalierung dieser Zeichnung beim Einfügen gedacht (siehe oben und Kapitel 13.7).

Abbildung 11.3:
Dialogfeld Befehl Wblock, Block speichern

Gesamte Zeichnung speichern: Die Zeichnung, an der Sie gerade arbeiten, wird bei dieser Einstellung komplett als Block unter dem gewählten Dateinamen gespeichert. Einen Unterschied zum Befehl SICHERN gibt es dabei: Wird die Zeichnung so gesichert, werden alle nicht verwendeten benannten Objekte aus der Zeichnung entfernt. Das heißt Blöcke, Layer, Linientypen, Textstile, Plotstile, Symbole, Multilinienstile und Bemaßungsstile, die zwar in der Zeichnung definiert, aber nicht verwendet sind, werden entfernt. Die Zeichnung wird »bereinigt« gespeichert (siehe auch Kapitel 11.4). Klicken Sie dafür den Schalter GESAMTE ZEICHNUNG an. Auch hier ist wie oben der mittlere Bereich des Dialogfelds nicht aktiv (siehe Abbildung 11.3). Die Eingaben im Feld ZIEL können Sie wie oben beschrieben vornehmen.

Objekte speichern: Wollen Sie Objekte aus der Zeichnung in einer Datei speichern, haben aber noch keinen Block daraus gebildet, können Sie dies auch in diesem Dialogfeld machen. Klicken Sie im Feld QUELLE den Schalter OBJEKTE an, und der mittlere Teil des Dialogfelds wird aktiv (siehe Abbildung 11.4). Dieser entspricht dem des Dialogfelds des Befehls BLOCK und Sie können auch die gleichen Eingaben vornehmen wie bei diesem Befehl: Basispunkt und Objekte. Im unteren Teil des Dialogfelds geben Sie wie oben das Ziel der neuen Datei an.

Kapitel 11   Blöcke, Attribute, externe Referenzen und Gruppen

Abbildung 11.4:
Dialogfeld Befehl Wblock, Objekte speichern

Ob Sie Objekte mit dem Befehl BLOCK *in einen Block umwandeln und dann mit dem Befehl* WBLOCK *in eine Datei schreiben, oder ob Sie den Befehl* WBLOCK *mit der Option* OBJEKTE *verwenden, führt fast zum gleichen Ergebnis. Der Unterschied liegt darin, dass Sie bei der zweiten Methode in der Zeichnung keinen Block haben, nur die Datei mit dem Block. Die Ausgangszeichnung wird nicht verändert.*

Befehl Basis

Sie können aber auch eine komplette Zeichnung in eine andere einfügen. Dazu brauchen Sie den Befehl WBLOCK nicht unbedingt. Wird eine komplette Zeichnung eingefügt, entspricht der Einfügepunkt dem Koordinatennullpunkt. Mit dem Befehl BASIS kann der Einfügebasispunkt an einen beliebigen Punkt in der Zeichnung gelegt werden:

➥ Abrollmenü ZEICHNEN, Untermenü BLOCK >, Funktion BASIS

```
Befehl: Basis
Basispunkt eingeben <0.0000,0.0000,0.0000>:
```

Geben Sie die Koordinaten für den neuen Basispunkt ein oder bestätigen den bisherigen mit ⏎.

Einfügen von Blöcken   Kapitel 11

11.4 Einfügen von Blöcken

In einer Zeichnung können Sie einmal definierte Blöcke beliebig oft, einzeln oder in Blockreihen einfügen. Außerdem kann jede andere Zeichnung als Block eingefügt werden.

Befehl Einfüge

Mit dem Befehl EINFÜGE können Sie mit einem Dialogfeld einen Block einfügen oder eine Zeichnungsdatei in die aktuelle Zeichnung laden und als Block einfügen. Sie finden den Befehl im:

- Abrollmenü EINFÜGEN, Funktion BLOCK...
- Symbol in einem Flyout-Menü des Werkzeugkastens ZEICHNEN
- Symbol im Werkzeugkasten EINFÜGEN

Der Befehl bringt ein Dialogfeld (siehe Abbildung 11.5)

Abbildung 11.5:
Dialogfeld zum Einfügen von Blöcken

Block einfügen: Die Blöcke, die Sie in der Zeichnung erstellt oder schon einmal in dieser Zeichnung als Datei eingefügt haben, sind im Abrollmenü NAME wählbar. Sie können den Namen auch in das Feld eintragen. Rechts daneben haben Sie das Voransichtsbild des gewählten Blocks.

Datei einfügen: Wollen Sie eine Datei als Block in der aktuellen Zeichnung verwenden, klicken Sie auf die Schaltfläche DURCHSUCHEN... Mit dem gleichen Dialogfeld wie beim Befehl ÖFFNEN können Sie die Datei wählen, die Sie in die Zeichnung einfügen wollen. Wird eine Datei eingefügt, wird daraus in der Zeichnung ein Block. Für den Blocknamen wird der Dateiname übernommen. Er erscheint nach der Auswahl der Datei im Feld NAME. Diesen Eintrag können Sie ändern, wenn Sie in der Zeichnung einen anderen Namen haben wollen oder dieser Name bereits in der Zeichnung vorhanden ist. Bei Namensgleichheit überschreibt der neue Block den bereits geladenen mit dem gleichen Namen, und alle eingefügten Blöcke werden ausgetauscht. Das vermeiden Sie, wenn Sie der zweiten Datei einen anderen Blocknamen in der Zeichnung geben.

Unter Umständen wollen Sie aber auch einen bereits eingefügten Block durch eine andere Zeichnungsdatei ersetzen. In diesem Fall wählen Sie die neue Datei an. Der Dateiname wird als Blockname übernommen. Ändern Sie diesen in den Blocknamen, den Sie ersetzen wollen. Es erscheint ein Warnfenster, das Sie darauf aufmerksam macht, dass der Block bereits existiert und ob Sie ihn neu definieren wollen. Klicken Sie JA an, dann wird der Block überschrieben. Alle Blöcke dieses Namens in der Zeichnung werden durch den neu eingelesenen Block ersetzt.

Einfügeparameter bestimmen: Um den Block in der Zeichnung richtig zu platzieren, sind drei Angaben notwendig: der Einfügepunkt, die Skalierfaktoren und der Drehwinkel. Für diese Größen können Sie Werte im Dialogfeld eintragen oder, wenn Sie den Schalter AM BILDSCHIRM BESTIMMEN angeklickt haben, im Dialog in der Zeichnung zeigen. Meist ist es sinnvoll, den Einfügepunkt und den Drehwinkel am Bildschirm zu bestimmen und den Skalierfaktor fest einzugeben (siehe Abbildung 11.5). Fügen Sie die Blöcke immer mit dem Drehwinkel 0 Grad ein, können Sie diesen Wert auch fest eintragen.

Der Skalierfaktor ist der Faktor, mit dem der Block vergrößert bzw. verkleinert eingefügt wird. Die Skalierfaktoren können in den verschiedenen Achsrichtungen unterschiedlich sein. Somit kann ein Block auch in einer Richtung verzerrt eingefügt werden. Haben Sie den Schalter EINHEITLICHE SKALIERUNG aktiviert, kann nur noch der X-Faktor eingegeben werden. Für die anderen Faktoren wird der gleiche Wert übernommen. Dasselbe bekommen Sie, wenn Sie beim Erzeugen des Blocks den Schalter EINHEITLICH SKALIEREN eingeschaltet hatten (siehe Abbildung 11.1). Haben Sie das Feld URSPRUNG angekreuzt, wird der Block beim Einfügen gleich in seine Bestandteile zerlegt. Auch dann können Sie nur einen Skalierfaktor eingeben, der Schalter EINHEITLICHE SKALIERUNG wird automatisch eingeschaltet. Das Feld URSPRUNG ist deaktiviert, wenn Sie beim Erzeugen des Blocks den Schalter AUFLÖSUNG ZULASSEN aus hatten (siehe Abbildung 11.1).

In der rechten unteren Ecke des Dialogfelds wird Ihnen das Feld BLOCKEINHEIT angezeigt, welche Einheiten der Block hat und mit welchem Faktor er eingefügt wird (siehe dazu Kapitel 11.2 und Abbildung 11.6). Mit diesem Faktor wird automatisch skaliert, unabhängig von der Einstellung der anderen Faktoren. In dem Beispiel in Abbildung 11.6 entsprechen die Einheiten der Zeichnung Millimetern und die des Blocks Metern. Der Block wird beim Einfügen automatisch mit dem Faktor 1000 skaliert, um wieder in der richtigen Größe zu erscheinen.

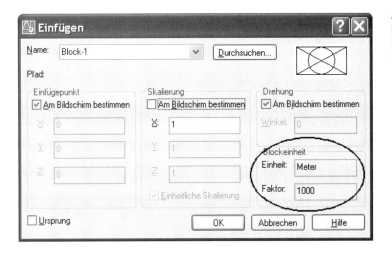

Abbildung 11.6:
Unterschiedliche Einheiten in Zeichnung und Block

Wollen Sie alle Parameter am Bildschirm bestimmen, erscheint folgender Dialog in der Befehlszeile, wenn Sie das Dialogfeld mit OK beenden:

```
Einfügepunkt angeben oder [Basispunkt/Faktor/X/Y/Z/Drehen/VFaktor/VX/VY/VZ/
VDrehen]:
X-Skalierfaktor eingeben, entgegengesetzte Ecke angeben oder [Ecke/XYZ] <1>:
Y-Skalierfaktor eingeben <X-Skalierfaktor verwenden>:
Drehwinkel angeben <0>:
```

Die Angaben, die Sie schon im Dialogfeld fest eingestellt haben, werden nicht angefragt. Wenn Sie alles am Bildschirm bestimmen, wählen Sie zunächst den Einfügepunkt in der Zeichnung und danach den X-Faktor. Der Vorgabewert ist 1 und kann mit ⏎ übernommen werden. Beim Y-Faktor wird der X-Faktor als Vorgabewert angeboten und beim Drehwinkel 0. Bei der zweiten Anfrage stehen zwei zusätzliche Optionen zur Verfügung. Wählen Sie die Option ECKE und Sie können einen zweiten, diagonal gegenüberliegenden Punkt angeben. Der X-Abstand der beiden Punkte wird als Skalierfaktor für die X-Richtung genommen und der Y-Abstand als Skalierfaktor in Y-Richtung. Die Option XYZ bewirkt, dass drei Faktoren bei der Einfügung angefragt werden, also auch die Skalierung in Z-Richtung.

Bei der ersten Anfrage geben Sie den Einfügepunkt an. Das ist der Punkt, an dem der Basispunkt des Blocks in die Zeichnung eingefügt werden soll.

Basispunkt: Soll der Block nicht an seinem Basispunkt in der Zeichnung platziert werden, können Sie ihn für diese Einfügung mit dieser Option neu bestimmen.

Kapitel 11 Blöcke, Attribute, externe Referenzen und Gruppen

```
Einfügepunkt angeben oder [Basispunkt/Faktor/X/Y/Z/Drehen/VFaktor/VX/VY/
VZ/VDrehen]: Option Basispunkt wählen
Basispunkt angeben: neuen Basispunkt am Block anklicken
Einfügepunkt angeben: Punkt anklicken, auf den der Basispunkt platziert
werden soll
X-Skalierfaktor eingeben, entgegengesetzte Ecke angeben oder [Ecke/XYZ]
<1>: siehe oben
```

Bei der ersten Anfrage stehen Ihnen noch weitere Optionen zur Verfügung. Diese sind wenig sinnvoll für das normale Zeichnen. Das können Sie alles bequemer im Dialogfeld einstellen. Verwenden Sie den Befehl aber in einem Menümakro, dann können die folgenden Optionen den Ablauf automatisieren.

Faktor: Geben Sie mit dieser Option einen Einfügefaktor für alle Achsrichtungen vor.

```
Einfügepunkt angeben oder [Basispunkt/Faktor/X/Y/Z/Drehen/VFaktor/VX/VY/
VZ/VDrehen]: F für Faktor
Skalierfaktor für XYZ-Achsen angeben:
Einfügepunkt angeben:
Drehwinkel angeben <0>:
```

Nach diesem Faktor geben Sie nur noch den Einfügepunkt und den Drehwinkel an. Der Vorteil dieser Methode ist, dass Sie schon bei der Voransicht die vergrößerte bzw. verkleinerte Ansicht des Teils erhalten.

X/Y/Z: Mit diesen Optionen können Sie den Skalierfaktor eingeben, der vom Skalierfaktor 1 abweichen soll. Die anderen Faktoren bleiben beim Faktor 1. Einfügepunkt und Drehwinkel werden danach wie oben abgefragt. Auch hier haben Sie bei der Bestimmung dieser Größen schon die verzerrte Voransicht.

Drehen: Wollen Sie den Drehwinkel vorab bestimmen, geben Sie diese Option an. Danach werden Einfügepunkt und Skalierfaktoren angefragt. Der Vorteil ist, dass der Block schon in der Voransicht gedreht ist.

VFaktor/VX/VY/VZ/VDrehen: Wollen Sie sich nicht im Voraus auf einen Faktor, abweichende Faktoren in einer Achsrichtung oder einen Drehwinkel festlegen, aber das Voransichtsbild zum Platzieren des Blocks korrigieren, wählen Sie eine dieser Optionen. Danach werden die Parameter für das Einfügen abgefragt:

```
Befehl: Einfüge
Einfügepunkt angeben oder [Basispunkt/Faktor/X/Y/Z/Drehen/VFaktor/VX/VY/
VZ/VDrehen]: z.B.: VF für VFaktor
Voransichts-Skalierfaktor für XYZ-Achsen angeben: z.B.: 0.5
```

```
Einfügepunkt angeben:
X-Skalierfaktor eingeben, entgegengesetzte Ecke angeben oder [Ecke/XYZ] <1>:
Y-Skalierfaktor eingeben <X-skalierfaktor verwenden>:
Drehwinkel angeben <0>:
```

Geben Sie Faktoren negativ ein, bewirkt dies eine Spiegelung in der Richtung, dessen Faktor negativ eingegeben wurde.

Befehl Ursprung

Blöcke lassen sich, wenn Sie nicht schon zerlegt eingefügt wurden, mit dem Befehl URSPRUNG zerlegen. Sie finden den Befehl:

➥ Abrollmenü ÄNDERN, Funktion URSPRUNG

➥ Symbol im Werkzeugkasten ÄNDERN

Sie können einen oder mehrere Blöcke wählen, die nach Bestätigung der Auswahl aufgelöst werden. Mit dem Befehl lassen sich auch Bemaßungen, Polylinien und Schraffuren zerlegen. Wenn Sie keines von diesen Objekten angewählt haben, erscheint die Fehlermeldung.

Ob Sie einen Block einfügen und mit dem Befehl URSPRUNG auflösen oder gleich zerlegt einfügen, macht einen Unterschied. Wenn Sie die Datei einfügen, kopieren Sie diese als Block in die Zeichnung. Beim Auflösen werden die Objekte erneut in die Zeichnung übernommen, die Blockdefinition bleibt aber in der Zeichnung erhalten. Diese können Sie beim Bereinigen wieder heraus bekommen (siehe unten). Dies ist beim Einfügen mit der Option URSPRUNG nicht der Fall. Haben Sie bei der Erstellung des Blocks den Schalter AUFLÖSUNG ZULASSEN aus, können Sie den Befehl nicht anwenden.

Befehl Bereinig

Wenn Sie viel mit Blöcken arbeiten, kommt es immer wieder vor, dass Sie eine Zeichnungsdatei als Block einfügen und erst dann merken, dass es der falsche war. Sie löschen ihn wieder, trotzdem bleibt er in der Zeichnung als Block erhalten. Auf diese Art kann die Zeichnungsdatei sehr groß werden, ohne dass Sie viel auf dem Bildschirm sehen. Hier hilft nur eines, die Zeichnung zu bereinigen. Der Befehl dafür: BEREINIG. Sie finden ihn:

➥ Abrollmenü DATEI, Untermenü DIENSTPROGRAMME >, Funktion BEREINIGEN...

Sie bekommen ein Dialogfeld auf den Bildschirm, mit dem Sie alle Aktionen ausführen können (siehe Abbildung 11.7).

Kapitel 11   Blöcke, Attribute, externe Referenzen und Gruppen

Abbildung 11.7:
Dialogfeld zum
Bereinigen

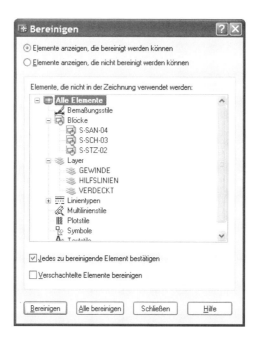

Mit den Schaltern über der Liste können Sie wählen, ob die Objekte, die bereinigt werden können, angezeigt werden sollen, oder die, die nicht bereinigt werden können. In der Liste haben Sie die Objekte sortiert nach den Objektarten. Sie können nicht nur unbenutzte Blöcke bereinigen, sondern auch unbenutzte Bemaßungsstile, Layer, Linientypen, Multilinienstile, Plotstile, Symbole, Tabellenstile und Textstile aus der Zeichnung entfernen. Bei dem »+« vor der Kategorie können Sie sich die Objekte anzeigen lassen.

Klicken Sie auf die Schaltfläche BEREINIGEN, werden die Objekte der markierten Kategorie bereinigt. Mit der Schaltfläche ALLE BEREINIGEN werden alle Objekte der Zeichnung bereinigt. Zwei weitere Schalter steuern den Ablauf. Ist der Schalter JEDES ZU BEREINIGENDE ELEMENT BESTÄTIGEN ein, kommt zu jedem Objekt ein Fenster mit einer Abfrage. Klicken Sie auf die Schaltfläche ALLE BEREINIGEN, werden alle unbenutzten Objekte aus der Zeichnung entfernt. Ist der Schalter JEDES ZU BEREINIGENDE ELEMENT BESTÄTIGEN aus, geschieht dies ohne Anfrage. Ist der Schalter VERSCHACHTELTE ELEMENTE BEREINIGEN ein, werden auch Blöcke in Blöcken, Layer in Blöcken usw. mit bereinigt.

Blöcke bilden und Blöcke einfügen

1. Laden Sie die Zeichnung *A11-01.dwg* aus dem Ordner *Aufgaben*. Sie erhalten den Plan eines Zimmers mit einer Reihe von Möbelsymbolen.

2. Bilden Sie Blöcke aus den Symbolen, fügen Sie die Blöcke ein. Zerlegen Sie die eingefügten Blöcke mit dem Befehl URSPRUNG und definieren Sie Blöcke neu.

11.5 Attribute erstellen und ändern

Attribute sind Textinformationen, die mit einem Block gespeichert werden können. Sie werden verwendet, um in einer Zeichnung Beschriftungen in vorgegebener Form automatisch zu generieren, zum Beispiel um einen Zeichnungskopf normgerecht zu beschriften oder Baugruppen in einem Schemaplan mit einer Referenznummer zu versehen. Bei der Ausführung muss nur noch ein Formular ausgefüllt werden. Die Beschriftung wird automatisch an der richtigen Stelle in der richtigen Form ausgeführt.

Außerdem eignen sich Attribute zur Speicherung von Stücklisteninformationen in der Zeichnung. Dabei kann es sich um einen konstanten Wert handeln, wie die DIN-Nummer eines Teils, oder um einen variablen Wert, der bei der Blockeinfügung eingegeben wird, wie die Bestellnummer eines Teils oder der Hersteller. Diese Informationen lassen sich in einer Datei im wählbaren Format ausgeben.

Das Arbeiten mit Attributen

Wie werden Attribute verwendet? Hier das Vorgehen in Stichworten:

Attributdefinition:

- Definieren Sie Attribute mit dem Befehl ATTDEF in der Zeichnung. Sie werden wie Texte in der Zeichnung angezeigt.
- Attributdefinitionen können mit dem Befehl DDEDIT oder BATTMAN editiert werden.
- Bei der Blockbildung müssen die Attributdefinitionen, die zu einem Block gehören, mit in den Block aufgenommen werden.

Attributeingabe:

- Wird ein Block mit Attributdefinitionen eingefügt, werden die Werte für die variablen Attribute abgefragt.
- Attributwerte lassen sich mit den Befehlen ATTEDIT oder EATTEDIT ändern.
- Attribute lassen sich in der Zeichnung unabhängig vom Layer anzeigen oder ausblenden. Der Befehl ATTZEIG steuert die Anzeige.

Attributausgabe:

- Attribute lassen sich mit dem Befehl ATTEXT oder EATTEXT in verschiedenen Datenbankformaten ausgeben.

Kapitel 11   Blöcke, Attribute, externe Referenzen und Gruppen

Befehl Attdef

Attributdefinitionen erstellen Sie mit dem Befehl ATTDEF:

➡ Abrollmenü ZEICHNEN, Untermenü BLOCK >, Funktion ATTRIBUTE...

Die Bedienung erfolgt in einem Dialogfeld (siehe Abbildung 11.8).

Abbildung 11.8:
Dialogfeld zur Attributdefinition

Im Dialogfeld legen Sie in der linken oberen Ecke den Modus des Attributs fest: Ein Attribut kann sichtbar oder unsichtbar sein. Mit dem Schalter UNSICHTBAR können Sie diesen Modus ein- und ausschalten. Auch wenn Sie ein Attribut als unsichtbar definiert haben, wird die Attributdefinition angezeigt. Erst wenn Sie das Attribut in einen Block aufgenommen und diesen Block eingefügt haben, gilt diese Einstellung.

Ist der Modus KONSTANT eingeschaltet, bekommt das Attribut einen festen Wert, z.B. die Teilenummer. Es wird beim Einfügen des Blocks nicht abgefragt und kann auch mit Editierfunktionen nicht bearbeitet werden.

Haben Sie den Modus PRÜFEN eingeschaltet, wird das Attribut bei der späteren Eingabe im Befehlszeilenfenster noch einmal zur Kontrolle aufgelistet und es muss erneut bestätigt werden. Geben Sie Attribute normal im Dialogfeld ein, ist dieser Modus ohne Bedeutung.

Auch der Modus VORWAHL ist nur bei der Eingabe im Befehlszeilenfenster wichtig. Ist der Modus ein, wird das Attribut nicht angefragt, ein Vorgabewert wird übernommen. Sie können es aber editieren. Bei der Eingabe im Dialogfeld erscheint dieses Attribut mit seinem Vorgabewert.

Rechts daneben tragen Sie im Bereich ATTRIBUT den Namen des Attributs im Feld BEZEICHNUNG ein. Soll der Attributwert mit einem Text angefragt werden, können Sie diesen im Feld EINGABEAUFFORDERUNG eintragen. Wenn Sie nichts eintragen, wird mit der Attributbezeichnung angefragt.

Im Feld WERT können Sie einen Vorgabewert eingeben, den Sie bei der Attributeingabe ändern oder ohne Änderung übernehmen können.

In AutoCAD 2006 (nicht in AutoCAD LT 2006) können Sie für den Attributwert auch den Inhalt eines Schriftfelds einfügen (siehe Kapitel 10.6). Der aktuelle Wert des Schriftfelds wird übernommen und später bei der Einfügung des Blocks als Vorgabewert angezeigt.

Danach legen Sie den Einfügepunkt für das Attribut fest. Tragen Sie die Koordinaten in den Feldern ein oder klicken Sie den Schalter AM BILDSCHIRM BESTIMMEN an. Sie können dann den Einfügepunkt in der Zeichnung wählen, nachdem Sie das Dialogfeld mit OK beendet haben. Haben Sie schon ein Attribut platziert, können Sie das nächste direkt unter dem vorherigen platzieren, wenn Sie den Schalter UNTER VORHERIGEM ATTRIBUT AUSRICHTEN einschalten.

Attribute lassen sich in eingefügten Blöcken normalerweise an ihren Griffen verschieben. Haben Sie jedoch den Schalter POSITION IN BLOCK SPERREN aktiviert, lassen sich diese Attribute nachher nicht mehr verschieben.

Attribute werden wie Text in der Zeichnung platziert. Im Feld TEXTOPTIONEN stellen Sie die Parameter für die Schrift ein. Das sind dieselben Parameter wie Sie sie auch beim Befehl DTEXT benötigen.

Änderung von Attributdefinitionen, Befehl Ddedit

Bevor Sie die Attributdefinitionen in einem Block zusammenfassen, können Sie sie mit dem Befehl DDEDIT bearbeiten. Das ist der gleiche Befehl, der auch zur Änderung von Texten verwendet wird.

- Abrollmenü ÄNDERN, Untermenü OBJEKT >, Untermenü TEXT >, Funktion BEARBEITEN...
- Symbol im Werkzeugkasten TEXT

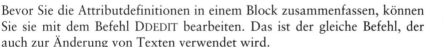

Haben Sie eine Attributdefinition gewählt, erscheint ein anderes Dialogfeld, wie bei der Änderung von Textzeilen (siehe Abbildung 11.9).

Haben Sie die Attribute erstellt, können Sie den Block bilden. Wählen Sie die Objekte für den Block mit den Attributdefinitionen.

Kapitel 11   Blöcke, Attribute, externe Referenzen und Gruppen

Abbildung 11.9:
Dialogfeld zur Änderung von Attributdefinitionen

Attributdefinitionen erstellen

1. Laden Sie die Zeichnung *A11-02.dwg* aus dem Ordner *Aufgaben*. Sie enthält einen Zeichnungskopf.

2. Füllen Sie den Zeichnungskopf mit Attributen. Wählen Sie die Textoptionen so, dass die Felder ausgefüllt sind (siehe Abbildung 11.10).

3. Speichern Sie den Zeichnungskopf unter einem anderen Namen wieder ab.

Abbildung 11.10:
Schriftfeld mit Attributdefinitionen

4. Arbeiten Sie mit AutoCAD 2006, können Sie für die Attributwerte auch Schriftfelder einfügen.

11.6 Attributeingabe

Wenn Sie einen Block mit Attributen mit dem Befehl EINFÜGE in die Zeichnung einfügen, platzieren Sie den Block wie sonst auch. Wenn die Parameter für die Blockeinfügung festgelegt sind, erscheint ein Dialogfeld (siehe Abbildung 11.11) zur Eingabe der Attributwerte. Wenn der Block platziert ist, werden anstelle der Platzhalter in der Blockdefinition nun die Werte für diese Blockeinfügung eingesetzt.

Die Attribute werden nur abgefragt, wenn die Systemvariable ATTREQ *1 ist (Standardeinstellung). Es wird nur dann ein Dialogfeld verwendet, wenn die Systemvariable* ATTDIA *1 ist. Tippen Sie die Variablen ein und prüfen Sie die Einstellung im Zweifelsfall.*

Attributeingabe   Kapitel 11

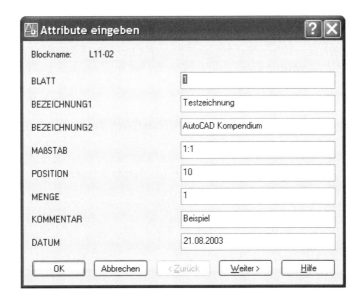

Abbildung 11.11:
Dialogfeld zur
Eingabe der
Attributwerte

Eingabe der Attributwerte

1. Erstellen Sie eine neue Zeichnung und fügen Sie in diese Ihren Zeichnungskopf von vorhin ein. Haben Sie diese nicht erstellt, nehmen Sie den Zeichnungskopf *L11-02.dwg* aus dem Ordner *Aufgaben*.

2. Geben Sie nach der Platzierung des Blocks die Attributwerte ein (siehe Abbildung 11.11). Schalten Sie mit der Schaltfläche WEITER auf die nächste Seite, wenn nicht alle Attributanfragen auf einer Seite Platz haben. Der Zeichnungskopf sieht danach wie in Abbildung 11.12 aus.

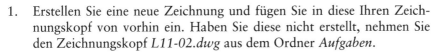

Abbildung 11.12:
Zeichnungskopf
mit Attributwerten
ausgefüllt

Befehl Attzeig

Sie können Attributwerte in der Zeichnung sichtbar machen oder ausblenden. Das steuern Sie mit dem Befehl ATTZEIG:

➤ Abrollmenü ANSICHT, Untermenü ANZEIGE >, Untermenü ATTRIBUTANZEIGE > mit den Optionen des Befehls

```
Befehl: Attzeig
Einstellung für Sichtbarkeit von Objekten eingeben [Normal/EIN/AUS] <Normal>:
```

[KOMPENDIUM] AutoCAD und LT 2006   427

Kapitel 11   Blöcke, Attribute, externe Referenzen und Gruppen

Sie haben drei Möglichkeiten: Die Option NORMAL zeigt alle sichtbaren Attribute an und alle unsichtbaren Attribute nicht, also so wie sie definiert wurden. Wenn Sie EIN wählen, werden alle Attributwerte angezeigt, egal wie sie definiert wurden, und wenn Sie AUS wählen, erscheint kein Attributwert mehr in der Zeichnung.

11.7   Änderung von Attributwerten

Die Attribute von eingefügten Blöcken können Sie auf unterschiedlichste Arten ändern. Sie werden im Folgenden beschrieben.

Änderung der Position mit Griffen

Objekte in Blöcken können nicht geändert werden. Die Attributwerte machen da eine Ausnahme. Sie wollen ein Attribut an eine andere Stelle schieben? Das ist mit den Griffen möglich. Klicken Sie den Block einfach an, wenn kein Befehl aktiv ist. Der Block bekommt an seinem Einfügepunkt einen Griff. Klicken Sie den Griff an und er wird zum heißen Griff (rotes Quadrat). Dann können Sie im Modus **STRECKEN** das Attribut verschieben. Mehr zu den Griffen finden Sie in Kapitel 13.5.

Befehl Eattedit

Wollen Sie Attributwerte eines eingefügten Blocks ändern, verwenden Sie den Befehl EATTEDIT. Sie finden ihn nur in AutoCAD, in AutoCAD LT verwenden Sie ATTEDIT (siehe unten).

➤ Abrollmenü ÄNDERN, Untermenü OBJEKT >, Untermenü ATTRIBUT >, Funktion EINZELN...

➤ Symbol im Werkzeugkasten ÄNDERN II

```
Befehl: Eattedit
Wählen Sie einen Block:
```

In einem Dialogfeld mit drei Registerkarten können Sie die Attributwerte sowie die Textdarstellung und die Eigenschaften der Attribute bearbeiten (siehe Abbildung 11.13 bis Abbildung 11.15).

Register Attribut: In der Liste finden Sie die Attribute des gewählten Blocks (siehe Abbildung 11.13). Um einen Wert zu ändern, markieren Sie das Attribut und korrigieren Sie den Wert im Feld WERT.

Register Textoptionen: Wenn Sie zu diesem Register umschalten, können Sie das Textformat des Attributs verändern (siehe Abbildung 11.14), das Sie im ersten Register markiert haben.

Änderung von Attributwerten   Kapitel 11

Abbildung 11.13:
Dialogfeld zur Bearbeitung der Attributwerte

Abbildung 11.14:
Dialogfeld zur Bearbeitung der Textoptionen

Abbildung 11.15:
Dialogfeld zur Bearbeitung der Eigenschaften

Kapitel 11   Blöcke, Attribute, externe Referenzen und Gruppen

Register Eigenschaften: In diesem Register können Sie die Eigenschaften (Layer, Linientyp usw.) des Attributs verändern (siehe Abbildung 11.15), das Sie im ersten Register markiert haben.

➥ *Haben Sie in einem der Register eine Änderung vorgenommen und wollen weiter machen, klicken Sie nicht auf die Schaltfläche OK, denn das Dialogfeld verschwindet sonst. Klicken Sie auf ANWENDEN und die die Änderung wird übernommen und Sie können weitere Änderungen vornehmen, ohne den Befehl neu anwählen zu müssen.*

➥ *Wollen Sie die Attributwerte eines anderen Blocks bearbeiten, klicken Sie auf das Symbol BLOCK AUSWÄHLEN rechts oben im Dialogfeld. Das Dialogfeld verschwindet und Sie können in der Zeichnung einen anderen Block wählen. Hat dieser ebenfalls Attribute, erscheint es wieder und Sie können dessen Attributwerte bearbeiten. Enthält er keine, erscheint eine Meldung.*

Befehl Attedit

In früheren Versionen von AutoCAD konnten Sie die Attributwerte nur im gleichen Dialogfeld ändern, das auch zur Attributeingabe verwendet wird (siehe Abbildung 11.11). Aus Gründen der Kompatibilität gibt es den Befehl ATTEDIT immer noch. Sie können ihn aber nur noch auf der Tastatur wählen. In AutoCAD LT gibt es nur diesen Befehl, dort können Sie ihn auch aus den Menüs und Werkzeugkästen wählen:

➥ Abrollmenü ÄNDERN, Untermenü OBJEKT >, Untermenü ATTRIBUT >, Funktion EINZELN...

➥ Symbol im Werkzeugkasten ÄNDERN II

```
Befehl: Attedit
Blockreferenz wählen:
```

Wählen Sie den Block und ändern die Attributwerte im Dialogfeld wie in Abbildung 11.11.

Befehl -Attedit

Wenn Sie den Befehl ATTEDIT mit einem vorangestellten Bindestrich: -ATTEDIT wählen, können Sie den Befehl mit erweiterten Funktionen im Befehlszeilenfenster ausführen. Dieser Befehl ist auch im Menü verfügbar, da damit Attributwerte in der ganzen Zeichnung bearbeitet werden können. Sie können diese nach bestimmten Kriterien zur Änderung selektieren und von einem oder mehreren Attributen den Wert, die Position und die Beschriftungsparameter ändern. Der Befehl ist in diesem Modus etwas umständlich zu handhaben, aber für größere Änderungen gut geeignet.

Änderung von Attributwerten　　　　　　　　　　　　　　Kapitel 11

➡ Abrollmenü ÄNDERN, Untermenü OBJEKT >, Untermenü ATTRIBUT >, Funktion GLOBAL BEARBEITEN

```
Befehl: -Attedit
Attribute einzeln editieren? [Ja/Nein] <J>:
```

Globale Editierung: Bei der globalen Editierung können Sie eine Zeichenfolge in allen gewählten Attributwerten durch eine andere ersetzen. Durchgängige Fehler lassen sich damit schnell beseitigen. Dabei können Sie auf Wunsch auch die nicht sichtbaren Attribute ändern.

```
Befehl: -Attedit
Attribute einzeln bearbeiten? <J> N
Führt globales Editieren der Attributwerte durch.
Nur am Bildschirm sichtbare Attribute editieren? [Ja/Nein] <J>:
Blocknamenspezifikation eingeben <*>:
Spezifikation für Attributbezeichnung eingeben <*>:
Spezifikation für Attributwert eingeben <*>:
Attribute wählen:
X Attribut(e) gewählt.
Zu ändernde Zeichenfolge eingeben:
Neue Zeichenfolge eingeben:
```

Sie können die Auswahl auf bestimmte Attributbezeichnungen und Attributwerte beschränken. Wenn Sie beispielsweise in allen Blöcken *Stuhl* das Attribut *Hersteller* mit dem Attributwert *Fa. Meier* auswählen wollen, um einen durchgehenden Schreibfehler zu beseitigen, dann geben Sie ein:

```
Blocknamenspezifikation eingeben <*>: Stuhl
Spezifikation für Attributbezeichnung eingeben <*>: Hersteller
Spezifikation für Attributwert eingeben <*>: Fa. Meier
Attribute wählen: Attribute wählen
.
Attribute wählen: ⏎
Zu ändernde Zeichenfolge eingeben: Meier
Neue Zeichenfolge eingeben: Maier
```

Mit der Attributwahl können Sie die zu ändernden Attribute auch manuell auswählen. Geändert werden aber nur die, auf die die Bedingungen zutreffen. Die zu ändernde Zeichenfolge wird bei diesen durch die neue ersetzt. Sie können zur Auswahl aber auch bei den ersten Anfragen die Vorgabe * übernehmen und nur die zu ändernden Attribute mit der Pickbox auswählen. Beide Auswahlmethoden können kombiniert verwendet werden.

Einzeleditierung: Mit der Einzeleditierung, können Sie jedes Attribut einzeln im Dialog ändern.

Kapitel 11   Blöcke, Attribute, externe Referenzen und Gruppen

```
Befehl: -Attedit
Attribute einzeln editieren? [Ja/Nein] <J>: J
Blocknamenspezifikation eingeben <*>:
Spezifikation für Attributbezeichnung eingeben <*>:
Spezifikation für Attributwert eingeben <*>:
Attribute wählen: 1 gefunden
..
Attribute wählen: [ ↵ ]
2 Attribut(e) gewählt.
Option eingeben [Wert/Position/Höhe/Winkel/Stil/Layer/Farbe/Nächstes] <N>:
```

Die Auswahl können Sie wie bei der globalen Editierung vornehmen. Danach werden die gewählten Attribute einzeln durchgegangen. Das Attribut, das gerade aktiviert wird, wird mit einem Kreuz markiert und die Optionsliste ausgegeben. Durch Eingabe des Kürzels können Sie die entsprechende Option ändern. Wenn ein Attributwert geändert wurde, können Sie mit der Option NÄCHSTES zum nächsten Attribut verzweigen.

Zerlegen Sie einen Block nicht mit dem Befehl URSPRUNG in seine Bestandteile, wenn Sie Attribute editieren wollen. In diesem Fall gehen die Attributwerte dieses Blocks verloren. In der Zeichnung steht dann nur noch die Attributdefinition.

Änderung der Attributwerte

Ändern Sie die Attributwerte und deren Form bei Ihrem eingefügten Schriftfeld mit den Befehlen EATTEDIT, ATTEDIT und -ATTEDIT.

Der Blockattribut-Manager, Befehl Battman

Wenn bei einem mehrmals eingefügten Block mit Attributen die Form oder die Abfragereihenfolge nicht mehr Ihren Vorstellungen entspricht, dann können Sie dies mit dem Blockattribut-Manager korrigieren. Die Attributwerte eines eingefügten Blocks können Sie damit nicht ändern. Der Befehl heißt BATTMAN und Sie finden ihn nur in AutoCAD nicht in LT.

➧ Abrollmenü ÄNDERN, Untermenü OBJEKT >, Untermenü ATTRIBUT >, Funktion BLOCKATTRIBUT-MANAGER...

➧ Symbol im Werkzeugkasten ÄNDERN II

In diesem Dialogfeld (siehe Abbildung 11.16) können Sie einen Block bearbeiten:

Block auswählen: Mit dem Symbol BLOCK AUSWÄHLEN links oben kann der Block zur Bearbeitung in der Zeichnung angeklickt oder im Abrollmenü rechts daneben ausgewählt werden.

Änderung von Attributwerten   Kapitel 11

Abbildung 11.16:
Dialogfeld des
Blockattribut-
Managers

Attributliste: In der Liste werden alle Attribute des Blocks aufgelistet. Die Position in der Liste entspricht der Abfragereihenfolge beim Einfügen. Die Anzeige in der Liste können Sie in einem weiteren Dialogfeld (siehe Abbildung 11.17) ändern. Klicken Sie auf den Schalter EINSTELLUNGEN....

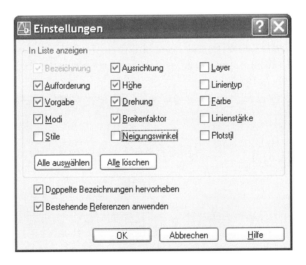

Abbildung 11.17:
Dialogfeld zur
Änderungen der
Einstellungen

Im FELD IN LISTE ANZEIGEN können Sie mit den Schaltern die Werte wählen, die in der Liste des ersten Dialogfelds angezeigt werden sollen. Mit den Schaltflächen ALLE AUSWÄHLEN und ALLE LÖSCHEN lassen sich alle Schalter ein- oder ausschalten. Ist der Schalter DOPPELTE BEZEICHNUNGEN HERVORHEBEN ein, werden doppelte Attributbezeichnungen in einem Block in der Liste rot angezeigt. Ist der Schalter BESTEHENDE REFERENZEN ANWENDEN ein, werden alle Änderungen in allen bisher eingefügten Blöcken übernommen, ist er aus, werden die Änderungen nur bei neu eingefügten Blöcken wirksam.

Schaltflächen an der rechten Seite

Mit den Schaltflächen an der rechten Seite des ersten Dialogfelds (siehe Abbildung 11.16) haben Sie zusätzliche Möglichkeiten:

Synchron.: Alle Änderungen an den Attributen werden auch auf die bereits eingefügten Blöcke dieses Namens übernommen. Attributwerte werden nicht geändert. Klicken Sie diese Schaltfläche nicht an, werden die Änderungen nur bei den Blöcken wirksam, die Sie danach einfügen.

Nach oben: Das markierte Attribut wird nach oben verschoben. Damit ändert sich auch die Abfragereihenfolge bei der Blockeinfügung.

Nach unten: Das markierte Attribut wird nach unten verschoben.

Entfernen: Das markierte Attribut wird aus dem Block entfernt. Das Attribut wird auch aus den bereits eingefügten Blöcken entfernt, wenn danach die Schaltfläche SYNCHRON. angeklickt wird.

Bearbeiten: Mit dieser Schaltfläche kann das markierte Attribut bearbeitet werden. Dazu kommt ein weiteres Dialogfeld mit drei Registerkarten auf den Bildschirm (siehe Abbildung 11.18), in dem das Attribut mit seiner Textdarstellung und seinen Eigenschaften bearbeitet werden kann.

Abbildung 11.18: Blockattribut-Manager, Änderung des Attributs

Im Register ATTRIBUT können Sie die Attributsdefinition ändern, die Sie im Befehl ATTDEF (siehe Kapitel 11.5) festgelegt haben. Die weiteren Register (TEXTOPTIONEN und EIGENSCHAFTEN) entsprechen denen des Befehls EATT-EDIT (siehe oben, Abbildung 11.14 und Abbildung 11.15). Die Änderungen, die Sie hier durchführen, wirken sich aber nicht nur auf eine Blockeinfügung aus, sondern auf alle weiteren. Wenn Sie die Schaltfläche SYNCHRON. anklicken, wirken sie sich auf alle schon eingefügten aus.

Attributausgabe | Kapitel 11

Befehl Attsync

Mit dem Befehl ATTSYNC lassen sich Änderungen, die im Blockattribut-Manager (siehe oben) vorgenommen wurden, auf bereits eingefügte Blöcke übertragen. Die Synchronisierung kann damit nachträglich vorgenommen werden. Sie finden den Befehl:

➡ Symbol im Werkzeugkasten ÄNDERN II

```
Befehl: Attsync
Option eingeben [?/Name/Auswählen] <Auswählen>:
```

Mit der Option AUSWÄHLEN kann der Block in der Zeichnung gewählt werden. Ist der Blockname bekannt, kann die Option NAME verwendet werden. Wird beim Namen * eingegeben, werden alle Blöcke mit den neuen Einstellungen synchronisiert.

Änderung der Attribute im Schriftfeld

Ändern Sie mit dem Blockattribut-Manager die Abfragereihenfolge und die Form der Attribute in dem Block mit dem Schriftfeld. Fügen Sie das Schriftfeld erneut ein und nehmen Sie erneut Änderungen vor. Synchronisieren Sie die Änderungen auch mit den bereits eingefügten Blöcken mit dem Befehl ATTSYNC oder mit der Schaltfläche im Dialogfeld.

11.8 Attributausgabe

Attribute können Sie aus der Zeichnung in eine Datei exportieren oder in der Zeichnung als Tabelle einfügen. Dazu verwenden Sie den Befehl EATTEXT, bei dem Sie bequem mit einem Assistenten arbeiten können. In den früheren Versionen von AutoCAD und in AutoCAD LT geht es etwas umständlicher mit dem Befehl ATTEXT, der aus Gründen der Kompatibilität in AutoCAD auch noch vorhanden ist.

Befehl EATTEXT

Mit dem Befehl EATTEXT lassen sich Attribute mit Hilfe eines Assistenten in verschiedenen Dateiformaten ausgeben. Sie finden den Befehl wie folgt:

➡ Abrollmenü EXTRAS, Funktion ATTRIBUTSEXTRAKTION

➡ Symbol im Werkzeugkasten ÄNDERN II

Alle Einstellungen zur Erstellungen der Ausgabedatei bzw. der Tabelle können Sie in sechs Dialogfeldern vornehmen.

Vorlage wählen: Zunächst bestimmen Sie, ob Sie neu oder mit einer Vorlage beginnen wollen. Eine Vorlage bekommen Sie, wenn Sie diesen Assistenten komplett durchlaufen haben. Dann können Sie die vorgenommenen Einstellungen in einer Vorlage speichern und bei ähnlichen Fällen erneut verwenden. Da Sie mit diesem Assistenten zum ersten Mal arbeiten, starten Sie ohne Vorlage (siehe Abbildung 11.19). Wollen Sie eine Vorlage verwenden, wählen Sie diese Variante. Tragen Sie dann im Feld VORLAGENNAME den Namen ein oder klicken Sie besser auf das Symbol rechts daneben und wählen Sie die Vorlage mit dem Dateiwähler. Vorlagen zur Attributsausgabe haben die Dateierweiterung *.blk*.

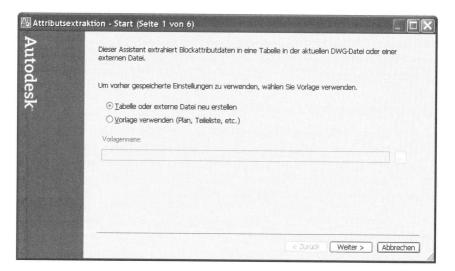

Abbildung 11.19:
Attributsextraktion,
Vorlage wählen

Zeichnungen wählen: Wählen Sie jetzt, was ausgegeben werden soll (siehe Abbildung 11.20). Sie können die Attribute einzelner Blöcke in der Zeichnung wählen, dann muss der Schalter OBJEKTE WÄHLEN aktiviert sein. Mit dem Symbol BLÖCKE AUSWÄHLEN können Sie die Objekte in der Zeichnung wählen. Wollen Sie alle Attribute der Blöcke der Zeichnung ausgeben, klicken Sie den Schalter AKTUELLE ZEICHNUNG an. Mit dem Schalter AUSGEWÄHLTE ZEICHNUNGEN/PLANSÄTZE können Sie Attribute aus mehreren Zeichnungen bzw. aus ganzen Plansätzen (siehe Kapitel 26) ausgeben. Auch hier befindet sich rechts davon ein Symbol, mit dem Sie die Dateien wählen können. Diese werden danach im Feld darunter aufgelistet.

Klicken Sie auf die Schaltfläche ZUSÄTZLICHE EINSTELLUNGEN..., können Sie in einem weiteren Dialogfeld (siehe Abbildung 11.21) bestimmen, welche Blöcke ausgewertet werden sollen (verschachtelte Blöcke, Blöcke in XRefs, Blöcke im Papierbereich usw.).

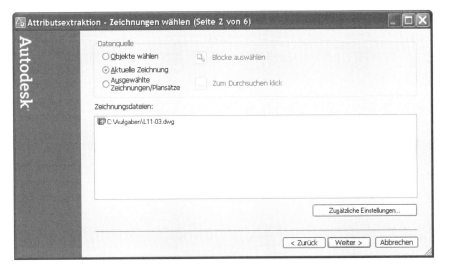

Abbildung 11.20:
Attributsextraktion, Zeichnungen wählen

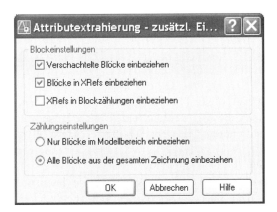

Abbildung 11.21:
Attributsextraktion, zusätzliche Einstellungen bei der Blockauswahl

Attribute wählen: Im nächsten Dialogfeld können Sie in zwei Listen wählen, was ausgegeben werden soll (siehe Abbildung 11.22). In der linken Liste wählen Sie die Blöcke, deren Attribute Sie ausgeben wollen. Mit dem Schalter BLÖCKE OHNE ATTRIBUTE AUSSCHLIESSEN werden diese aus der Liste entfernt und können nicht mehr gewählt werden. In der rechten Liste wählen Sie die Attribute aus, die Sie ausgeben wollen. Neben Attributen lassen sich auch allgemeine Blockeigenschaften ausgeben wie der Blockname, der Blockeinfügepunkt in X-, Y- und Z-Richtung usw. Auch diese können Sie in der Liste wählen. Mit dem Schalter ALLGEMEINE BLOCKEIGENSCHAFTEN AUSSCHLIESSEN werden auch diese aus der Liste entfernt und sind nicht mehr wählbar.

Abbildung 11.22:
Attributsextraktion, Blöcke und Attribute wählen

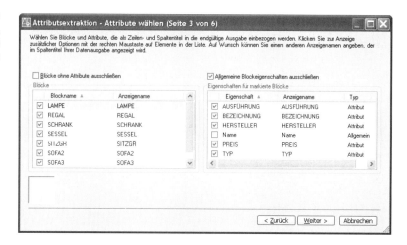

Ausgabe abschließen: Im nächsten Dialogfeld sehen Sie die Voransicht der Tabelle (siehe Abbildung 11.23). In der Überschriftenleiste der Voransichtstabelle können Sie die Anordnung der Spalten ändern, indem Sie sie mit der Maus an eine andere Stelle ziehen. Mit einem Klick auf eine Spaltenüberschrift sortieren Sie die Tabelle nach dieser Spalte, mit einem weiteren Klick in absteigender Reihenfolge. Außerdem können Sie die Spaltenbreite durch Ziehen an den Begrenzungen ändern. Mit einem Rechtsklick in der Überschriftenliste bekommen Sie ein Kontextmenü. Dort haben Sie z. B. auch noch die Möglichkeit, einen Filter zu setzen und einzelne Spalten ganz auszublenden. Mit dem Schalter VOLLSTÄNDIGE VORANSICHT bekommen Sie die Voransicht der kompletten Tabelle in einem eigenen Fenster. Im unteren Teil des Dialogfelds wählen Sie, ob Sie eine Tabelle in der Zeichnung haben wollen, eine externe Datei oder beides. Unter dem Schalter EXTERNE DATEI tragen Sie den Dateinamen ein oder klicken auf das Symbol rechts davon. Im Dateiwähler können Sie den Ordner und den Dateityp wählen. Möglich ist das Excel- (*.xls*) oder Access-Format (*.mdb*) sowie neutrale Austauschformate (*.csv* und *.txt*).

Tabellenstil wählen: Das nächste Dialogfeld (siehe Abbildung 11.24) erscheint nur dann, wenn Sie die AutoCAD-Tabelle gewählt haben. Tragen Sie hier einen Titel für die Tabelle ein und wählen Sie einen Tabellenstil. Klicken Sie auf das Symbol rechts vom Tabellenstil, kommen Sie zum Dialogfeld für den Tabellenstil und können einen bestehenden Stil bearbeiten oder einen neuen erstellen. Ist der Benachrichtigungsschalter an, bekommen Sie einen Hinweis, wenn die Tabelle aktualisiert werden muss.

Im letzten Dialogfeld haben Sie die Möglichkeit, die vorgenommenen Einstellungen in einer Vorlage zu speichern. Die Vorlagendatei bekommt die Dateierweiterung *.blk*. Müssen Sie Zeichnungen mit diesen Blöcken öfter bearbeiten, können Sie bei der nächsten Ausgabe schon beim ersten Dialogfeld die Vorlage wählen. Das erspart Ihnen die weiteren Eingaben.

Attributausgabe

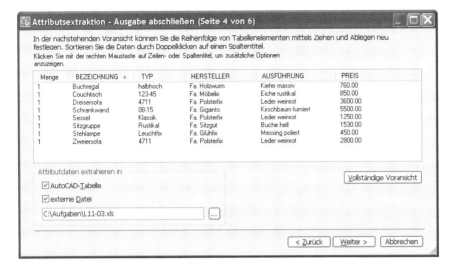

Abbildung 11.23:
Attributsextraktion, Ausgabe abschließen

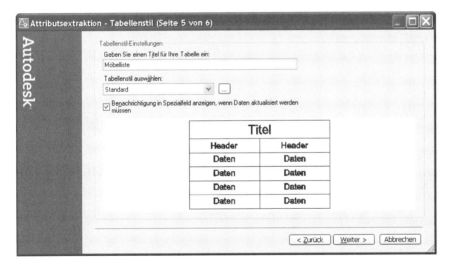

Abbildung 11.24:
Attributsextraktion, Tabellenstil wählen

Ausgabe einer Stückliste

1. Laden Sie die Zeichnung *A11-03.dwg* aus dem Ordner *\Aufgaben*. Sie sehen das leere Zimmer aus einer der vorherigen Übungen.

2. Möblieren Sie das Zimmer. Die Möbel sind als Blöcke in der Zeichnung vorhanden. Fügen Sie diese auf dem Layer *MOEBEL* ein.

3. Die Blöcke enthalten Attribute für Bezeichnung, Hersteller, Typ, Ausführung und Preis. Tragen Sie Attributwerte bei der Einfügung ein, damit die Stückliste nicht leer ist (siehe Abbildung 11.25).

4. Sie finden auch eine Zeichnung (*L11-03.dwg*) mit eingefügten Blöcken in Ihrem Übungsordner, die aussieht wie Abbildung 11.25.

Kapitel 11   Blöcke, Attribute, externe Referenzen und Gruppen

Abbildung 11.25:
Blöcke eingefügt
mit Attributen

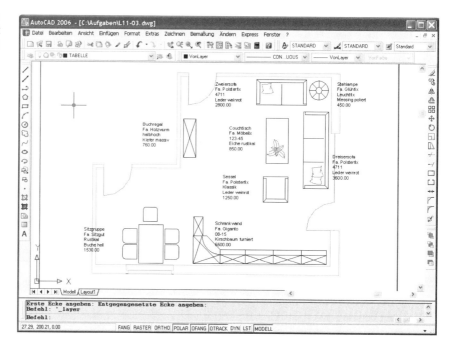

5. Extrahieren Sie die Attribute aller Blöcke ohne die allgemeinen Blockeigenschaften. Erstellen Sie daraus eine Excel-Datei und lassen Sie die Tabelle in die Zeichnung auf dem Layer *TABELLE* einfügen (siehe Abbildung 11.26). Orientieren Sie sich bei den Einstellungen an den Abbildungen 11.19 bis 11.24.

6. Erstellen Sie auch eine Vorlage, damit Sie beim nächsten Mal nicht alle Einstellungen wieder vornehmen müssen.

7. Öffnen Sie die Datei auch in Microsoft Excel.

8. Eine Lösung finden Sie im Ordner *Aufgaben*, die Zeichnung *L11-03-01.dwg*. Außerdem ist dort auch eine Vorlagendatei gespeichert, die Sie verwenden können, die Datei *L11-03.blk*, und eine Ausgabedatei im Excel-Format, die Datei *L11-03.xls*.

Befehl Attext

Mit dem Befehl ATTEXT wurden in früheren AutoCAD-Versionen Attribute extrahiert. Er ist auch in der neuen Version noch vorhanden und in AutoCAD LT die Möglichkeit zur Attributausgabe.

➥ Abrollmenü EXTRAS, Funktion ATTRIBUTSEXTRAKTION

Die Parameter für den Export können Sie in einem Dialogfeld einstellen (siehe Abbildung 11.23). Zunächst legen Sie fest, in welchem Format die Datei erzeugt werden soll. Drei Formate stehen zur Auswahl:

Attributausgabe — Kapitel 11

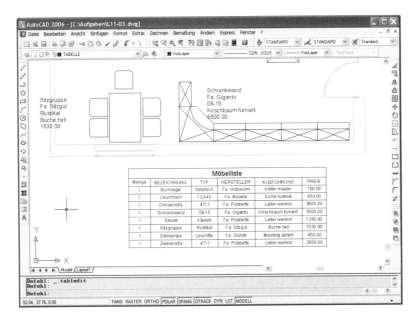

Abbildung 11.26: Zeichnung mit Tabelle

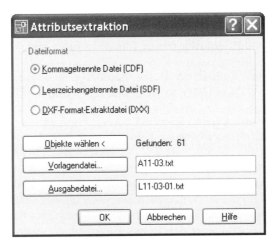

Abbildung 11.27: Dialogfeld zur Ausgabe der Attributwerte

CDF (Comma Delimited Format): Das CDF Format erzeugt Dateien, bei denen jeder Block einen Datensatz erzeugt. Innerhalb eines Datensatzes erzeugt jeder Attributwert ein Feld. Die Felder sind durch Sonderzeichen getrennt, normalerweise ein Komma. Texte werden zusätzlich in Apostroph-Zeichen eingeschlossen. Die Angabe der Feldlänge in der Vorlagendatei (siehe unten) gibt die maximale Feldlänge an.

SDF (Space Delimited Format): SDF-Dateien sind ähnlich aufgebaut. Hier haben die Felder aber eine feste Länge, die in der Vorlagendatei festgelegt wird. Dadurch bedarf es keiner besonderen Trennzeichen. Auch sind Textfelder und numerische Felder nicht gesondert gekennzeichnet. Textfelder werden linksbündig ausgerichtet, numerische Felder rechtsbündig.

DXF (Data Exchange Format): Außerdem lassen sich die Attribute im DXF-Format ausgeben. Dabei handelt es sich um eine Variante des AutoCAD-Zeichnungsaustauschformats, bei dem nur Blöcke und deren Attribute übertragen werden. Die DXF-Ausgabe von Attributen erfordert keine Vorlagendatei. Die Datei erhält die Erweiterung *.dxx*, um sich von normalen DXF-Dateien zu unterscheiden.

Nachdem Sie sich für ein Format entschieden haben, wählen Sie die Blöcke, von denen Sie die Attributwerte in der Datei haben wollen. Klicken Sie dazu auf das Feld OBJEKTE WÄHLEN <; das Dialogfeld verschwindet und Sie können in der Zeichnung wählen. Danach entscheiden Sie sich für eine Vorlagendatei und bestimmen den Namen der Ausgabedatei. Klicken Sie auch hierzu auf die entsprechend bezeichneten Felder und bestimmen Sie die Namen mit dem Dateiwähler oder tragen Sie die Namen in den Feldern rechts daneben ein.

Vorlagendatei anlegen

Die Vorlagendatei wird für die CDF- und SDF-Ausgabe benötigt. Sie legt das Ausgabeformat fest. Die Vorlagendatei ist selbst eine Textdatei, die Sie beispielsweise mit dem Windows-Editor erstellen können. Sie beschreibt das Format eines Datensatzes der Ausgabedatei. Alle Sätze sind gleich aufgebaut und jeder ausgegebene Block erzeugt einen Datensatz.

Jede Zeile in der Dateischablone steht somit für ein Feld in der Ausgabedatei. Zwei Datentypen sind möglich und Sie können so angegeben werden:

```
Attributbezeichnung Cxxx000
Attributbezeichnung Nxxxyyyy
```

N steht für einen numerischen Wert, C für einen alphanumerischen Wert, xxx gibt die Feldlänge an, die immer dreistellig sein muss, yyy gibt die Zahl der Nachkommastellen an. Auch diese Angabe muss dreistellig erfolgen, bei alphanumerischen Feldern steht an dieser Stelle 000. Außer den Attributwerten lassen sich in die Ausgabedatei auch Informationen zu den Blöcken aufnehmen. Folgende Werte werden in die Ausgabedatei übernommen, wenn sie in der Vorlagendatei so angegeben werden:

Attribut	Attributbezeichnung
BL:LEVEL	Ebene der Blockverschachtelung
BL:NAME	Blockname
BL:X	X-Einfügepunkt
BL:Y	Y-Einfügepunkt
BL:Z	Z-Einfügepunkt

Attribut	Attributbezeichnung
BL:NUMBER	Blockzähler
BL:HANDLE	Blockreferenz
BL:LAYER	Layer der Blockeinfügung
BL:ORIENT	Drehwinkel der Einfügung
BL:XSCALE	X-Faktor der Einfügung
BL:YSCALE	Y-Faktor der Einfügung
BL:ZSCALE	Z-Faktor der Einfügung
BL:XEXTRUDE	X-Komponente der Hochzugsrichtung
BL:YEXTRUDE	Y-Komponente der Hochzugsrichtung
BL:ZEXTRUDE	Z-Komponente der Hochzugsrichtung

Bei der CDF-Ausgabe können Sie in der Dateischablone noch angeben, welche Trennzeichen zwischen den einzelnen Feldern verwendet werden sollen und mit welchen Zeichen Textfelder gekennzeichnet werden sollen. Ohne eine Angabe werden standardmäßig » , « als Feldtrennzeichen und » ' « für die Textmarkierung verwendet.

C:DELIM D	Feldtrennzeichen, z.B.: / oder ;
C:QUOTE C	Textmarkierung, z.B.: " oder |

Die Vorlagendatei muss die Dateierweiterung *.txt* erhalten. Die Ausgabedatei bekommt als Vorgabe den Namen der Zeichnungsdatei und ebenfalls die Dateierweiterung *.txt*.

Ausgabe einer Stückliste

1. Geben Sie die Attribute aus dem obigen Beispiel auch mit dieser Methode aus. Eine Vorlagendatei finden Sie im Ordner *Aufgaben*: die Textdatei *A11-03.txt*. Sehen Sie sich diese im Windows-Editor an.
2. Erzeugen Sie eine CDF- und eine SDF-Datei mit dem Befehl ATTEXT.

Im Übungsordner ist je eine Beispiellösung, *L11-03-1.txt* für eine CDF-Datei und *L11-03-2.txt* für eine SDF-Datei.

Kapitel 11   Blöcke, Attribute, externe Referenzen und Gruppen

11.9   Externe Referenzen zuordnen

Nachdem Sie gesehen haben, wie Dateien als Blöcke in eine neue Zeichnung eingefügt werden, lernen Sie in diesem Kapitel eine weitere Methode kennen. Bei der Arbeit mit Blöcken kann jede gespeicherte Zeichnung in eine andere eingefügt werden. Damit handeln Sie sich aber unter Umständen Nachteile ein:

- Wird eine Zeichnung in viele andere Zeichnungen als Block eingefügt, entsteht in jeder Zeichnung eine Kopie der eingefügten. Der Zeichnungsbestand nimmt unnötig viel Speicherplatz in Anspruch.
- Ist eine Zeichnung einmal in eine andere eingefügt, so werden Änderungen in der ursprünglichen Zeichnung nicht mehr in der Zeichnung aktualisiert, in der sie eingefügt wurde.

Bei der Bearbeitung größerer Projekte kann es aber durchaus sinnvoll sein, verschiedene Baugruppen in einzelnen Zeichnungen zu erstellen. In einer weiteren Zeichnung stellen Sie die Baugruppen zu einer Gesamtzeichnung zusammen. Ändern sich jetzt im Laufe des Projektfortschrittes die Baugruppen, sollte die Gesamtzeichnung immer auf dem aktuellen Stand sein. Bei externen Referenzen werden gespeicherte Zeichnungen mit der aktuellen Zeichnung verknüpft. Die Zeichnung, auf die mit der externen Referenz verwiesen wird, erscheint in der aktuellen Zeichnung, wird aber nicht in die Zeichnung kopiert. Jedes Mal wenn Sie die Gesamtzeichnung laden, werden die referenzierten Zeichnungen neu geladen.

Befehl Xzuordnen

Mit dem Befehl XZUORDNEN laden Sie Zeichnungen als externe Referenz in die aktuelle Zeichnung. Wählen Sie den Befehl:

- Abrollmenü EINFÜGEN, Funktion XREF...
- Symbol in den Werkzeugkasten REFERENZ

Wenn Sie den Befehl wählen, bekommen Sie zunächst den Dateiwähler zur Auswahl der Zeichnungsdatei wie beim Befehl ÖFFNEN. Haben Sie die Datei gewählt, erscheint das Dialogfeld zur Eingabe der Parameter für die Platzierung der externen Referenz (siehe Abbildung 11.28). Dieses Dialogfeld entspricht dem des Befehls EINFÜGE (siehe Kapitel 11.4).

Im Feld NAME wurde der Dateiname der Zeichnung übernommen. Klicken Sie auf den Schalter DURCHSUCHEN, können Sie jetzt noch eine andere Zeichnungsdatei wählen. Das Feld NAME ist als Abrollmenü ausgelegt. Darin finden Sie alle externen Referenzen, die Sie in der Zeichnung schon zugeordnet haben. Sie können auch hier eine externe Referenz erneut wählen, die Sie schon einmal in die Zeichnung eingefügt haben.

Externe Referenzen zuordnen   Kapitel 11

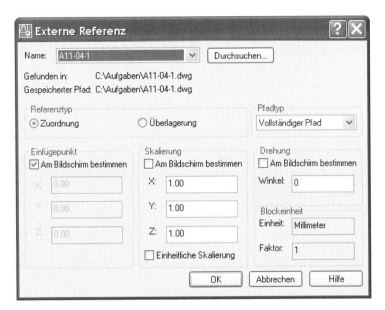

Abbildung 11.28:
Dialogfeld zur Platzierung der externen Referenz

Referenztyp: Ist der Typ ZUORDNUNG gewählt, wird die externe Referenz fest in die Zeichnung übernommen. Mit dem Typ ÜBERLAGERUNG wird die Zeichnung ebenso als externe Referenz übernommen. Wenn diese Zeichnung wieder in einer anderen Zeichnung als externe Referenz einfügt wird, erscheint die erste nicht mehr.

Pfadtyp: In diesem Abrollmenü stellen Sie die Art der Speicherung des Pfads der externen Referenz in der Zeichnung ein. Soll der komplette Pfad der externen Referenz in der Zeichnung gespeichert werden, wird die Einstellung VOLLSTÄNDIGER PFAD gewählt. Wird die Zeichnung wieder geöffnet, werden die externen Referenzen immer am originalen Speicherort gesucht. Bei der Einstellung RELATIVER PFAD wird der Pfad zu der externen Referenzen nur teilweise gespeichert, das heißt der Pfad nur ab dem aktuellen Ordner und darunter. Verschieben Sie später beispielsweise das komplette Projekt in einen Ordner auf dem Server, werden die externen Referenzen dort gefunden. Wenn die Einstellung KEIN PFAD gewählt wurde, werden sie nur im Ordner der aktuellen Zeichnung gesucht.

EINFÜGEPUNKT, SKALIERFAKTOR und DREHWINKEL werden wie beim Befehl EINFÜGE (siehe Kapitel 11.1) bestimmt. Auch der Dialog in der Befehlszeile ist identisch mit dem bei diesem Befehl.

In der rechten unteren Ecke des Dialogfelds finden Sie auch hier die Anzeige der Blockeinheiten. Sie sehen dort, welche Einheiten der Block hat und mit welchem Faktor er eingefügt wird (siehe dazu Kapitel 11.2 und Abbildung 11.6).

Kapitel 11 Blöcke, Attribute, externe Referenzen und Gruppen

Externe Referenzen zuordnen

1. Laden Sie die Zeichnung *A11-04.dwg* aus dem Ordner *Aufgaben*.
2. Fügen Sie Zeichnungen *A11-04-1.dwg*, *A11-04-2.dwg* und *A11-04-3.dwg* als externe Referenzen mit dem Befehl XZUORDNEN in die Zeichnung ein. Verwenden Sie den Referenztyp ZUORDNUNG und wählen Sie als PFADTYP die Einstellung KEIN PFAD. Setzen Sie die Teile wie in Abbildung 11.29 zusammen.

Diese Zusammenbauzeichnung haben Sie auch als *L11-04.dwg* im Ordner *Aufgaben*.

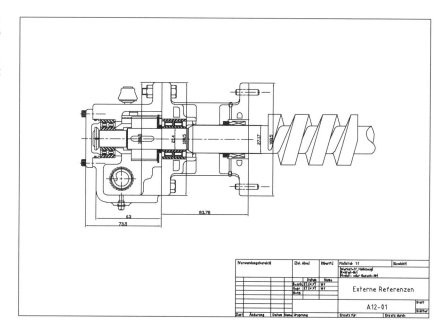

Abbildung 11.29: Zeichnung, aus externen Referenzen zusammengesetzt

Befehl Xref

Die Steuerzentrale für externe Referenzen ist das Dialogfeld des Befehls XREF, der Xref-Mananger (siehe Abbildung 11.30). Sie finden den Befehl:

➤ Abrollmenü EINFÜGEN, Funktion XREF-MANAGER...
➤ Symbol in den Werkzeugkästen EINFÜGEN und REFERENZ
➤ Symbol in einem Flyout-Menü des Werkzeugkastens ZEICHNEN

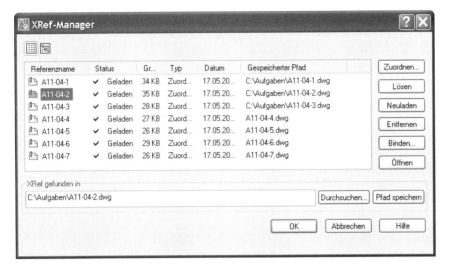

Abbildung 11.30:
Dialogfeld des
XRef-Managers

Liste der externen Referenzen: In der Liste der zugeordneten externen Referenzen wird in der ersten Spalte der Name angezeigt. Wenn Sie einen Namen zweimal anklicken (kein Doppelklick, Pause dazwischen), können Sie den Namen überschreiben. Die externe Referenz bekommt so in der Zeichnung einen anderen Namen als den der eingefügten Datei, einen so genannten *Aliasnamen*. In den nächsten Spalten werden der Status (siehe unten) und die Größe der externen Referenz angezeigt. In der nächsten Spalte finden Sie den Typ: ZUORDNEN oder ÜBERLAGERN (siehe oben). Ein Doppelklick auf einen solchen Begriff schaltet den Typ um. Dahinter werden das Datum und der Pfad angezeigt, aber nur dann, wenn der Pfad gespeichert wurde. Ansonsten finden Sie dort nur den Dateinamen.

Mit den beiden Schaltern links oberhalb der Liste kann der Anzeigemodus umgeschaltet werden. Wählbar ist die Anzeige in Form der Liste (siehe Abbildung 11.30) und eine Baumanzeige, in der Sie sehen, wie die externen Referenzen verschachtelt sind (siehe Abbildung 11.31).

Neue Zeichnung zuordnen: Unter der Liste finden Sie das Feld XREF GEFUNDEN IN. Haben Sie eine externe Referenz in der Liste markiert, wird dort der Dateiname und Pfad angezeigt. Tragen Sie einen neuen Pfad oder Dateinamen ein, wird dieser Referenz eine neue Datei zugeordnet. Das heißt, die ursprüngliche Zeichnung wird durch die neue ersetzt. Statt einen Zeichnungsnamen einzutragen, können Sie auch auf die Schaltfläche DURCHSUCHEN... klicken und mit dem Dateiwähler eine Datei aussuchen. Klicken Sie auf die Schaltfläche PFAD SPEICHERN, wird der Pfad der externen Referenz gespeichert.

Xref zuordnen: Klicken Sie auf die oberste Schaltfläche ZUORDNEN... in der linken Spalte, gelangen Sie zum Befehl XZUORDNEN (siehe oben).

Abbildung 11.31:
Externe Referenzen als Baumstruktur

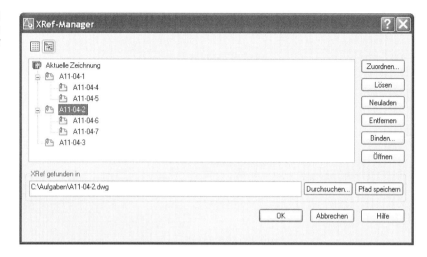

Änderung an externen Referenzen:

Lösen: Haben Sie externe Referenzen markiert, können Sie den Status ändern. Mit der Schaltfläche LÖSEN werden die markierten Referenzen gelöscht. Sie verschwinden aus der Liste und aus der Zeichnung.

Entfernen: Markieren Sie externe Referenzen und klicken Sie auf die Schaltfläche ENTFERNEN, werden sie ausgeblendet. Sie werden nicht mehr angezeigt, die Verbindung bleibt aber in der Zeichnung gespeichert.

Neuladen: Sie können entfernte Referenzen wieder einblenden, wenn Sie die ausgeblendeten markieren und auf die Schaltfläche NEULADEN klicken. Der Bildaufbau lässt sich beschleunigen, wenn Sie die vorübergehend nicht benötigten externen Referenzen aus der Zeichnung ausblenden.

Binden: Mit der Schaltfläche BINDEN... lassen sich externe Referenzen binden, doch dazu später mehr (siehe Kapitel 11.11).

Öffnen: Mit dieser Schaltfläche, die es nicht in AutoCAD LT gibt, können Sie die markierten externen Referenzen in einem eigenen Fenster zur Bearbeitung öffnen. Nach dem Bearbeiten speichern Sie sie ab und laden Sie in der Zeichnung, in der sie eingefügt wurde, neu. Sie bekommen darauf einen Hinweis in einer Sprechblase in der Statuszeile (siehe Abbildung 11.32). An dieser Stelle befindet sich auch ein Symbol, mit dem Sie den Xref-Manager starten können.

Diese Funktion entspricht dem Befehl XÖFFNEN, den Sie auch direkt aus dem Menü wählen können. Sie finden ihn im

➤ Abrollmenü EXTRAS, Untermenü DIREKTBEARBEITUNG VON XREFS UND BLÖCKEN >, Funktion REFERENZ ÖFFNEN

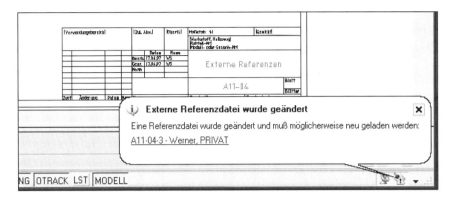

Abbildung 11.32:
Hinweis auf
geänderte Referenz

Bei diesem Befehl müssen Sie die Referenz nur anklicken und die Originaldatei wird in einem neuen Zeichnungsfenster geöffnet.

Liste der externen Referenzen

1. Wählen Sie den Befehl XREF und schauen Sie sich die Liste an. Es sind mehr externe Referenzen vorhanden, als Sie eingefügt haben. Die eingefügten externen Referenzen hatten wiederum externe Referenzen.

2. Schalten Sie auf die Baumanzeige und Sie sehen, wie sie verschachtelt sind (siehe Abbildung 11.31).

11.10 Benannte Objekte in externen Referenzen

Externe Referenzen verhalten sich ähnlich wie Blöcke. Sie sind in der Zeichnung zusammenhängende Baugruppen, die sie verschieben, kopieren, drehen oder auch löschen können. Die Geometriepunkte in der externen Referenz lassen sich mit dem Objektfang auswählen. Es ist aber nicht möglich, Teile daraus zu löschen, sie zu strecken oder Objekte zu stutzen oder zu brechen.

Es gibt noch einen wesentlichen Unterschied gegenüber Blöcken, die Behandlung von benannten Objekten. Benannte Objekte sind in AutoCAD Objekte, die mit Namen in der Zeichnung gespeichert werden: Blöcke, Bemaßungsstile, Layer, Linientypen, Plotstile, Symbole, Multilinienstile und Textstile. Wird eine Zeichnung als Block eingefügt, und es herrscht Namensgleichheit, wenn beispielsweise die Zeichnungsdatei, die eingefügt werden soll, und die aktuelle Zeichnung beide den Layer *Kontur* enthalten. Dem Layer *Kontur* sind aber unterschiedliche Farben, Linientypen usw. zugeordnet. Die eingefügte Datei nimmt in diesem Fall die Einstellungen der Zeichnung an, in die sie eingefügt wurde.

Anders ist es bei externen Referenzen. Alle benannten Objekte werden mit in die Zeichnung importiert. Damit keine Namensgleichheit auftritt, werden die benannten Objekte in der neuen Zeichnung mit dem Dateinamen der externen Referenz bzw. mit deren Aliasnamen versehen. Der Layer *Kontur* der externen Referenz *A11-04-1* hat dann beispielsweise in der aktuellen Zeichnung den Namen *A11-04-1|Kontur*. Bei den anderen benannten Objekten ist es genauso. Wählen Sie den Befehl LAYER, dann sehen Sie diesen Effekt in der Layerliste.

Benannte Objekte von externen Referenzen können Sie in der aktuellen Zeichnung nicht verwenden. Sie können nicht den Layer *A11-04-1|Kontur* zum aktuellen Layer machen oder einen Textstil einer externen Referenz zum aktuellen Stil machen. Dazu müssten Sie zuerst gebunden werden (siehe unten). Lediglich die Sichtbarkeit der Layer und die Zuordnung von Farbe, Linientyp, Strichstärke und Plotstil zum Layer von externen Referenzen kann verändert werden. Sie können also beispielsweise allen Layern *Kontur* die Farbe *rot* zuordnen oder alle Layer der externen Referenz *A11-04-1* ausschalten. Änderungen, die Sie vornehmen, gelten aber nur für die aktuelle Sitzung. Wird die Zeichnung neu geladen, wird der Originalzustand wieder hergestellt. Sollen die Einstellungen gespeichert werden, müssen Sie die Systemvariable VISRETAIN auf den Wert 1 setzen (Standardeinstellung). Tippen Sie den Variablennamen ein und Sie können ihren Wert setzen.

Ändern von Layern aus externen Referenzen

1. Weisen Sie allen Layern *Kontur* von externen Referenzen die Farbe *Rot* zu. Schalten Sie alle Layer *Masse* von externen Referenzen aus, da die Maße im Zusammenbau nicht sichtbar sein sollen. Prüfen Sie mit der Systemvariablen VISRETAIN, ob die Einstellungen gespeichert werden.

2. Sichern Sie die Zeichnung und laden Sie sie anschließend neu. Kontrollieren Sie, ob die Einstellungen geblieben sind. Der Zusammenbau sollte jetzt keine Maße mehr enthalten. Sie haben auch eine Lösung im Ordner *Aufgaben*: *L11-05.dwg*.

Änderung von Baugruppe

1. Öffnen Sie eine der Einzelteilzeichnungen, strecken Sie beispielsweise in der Zeichnung *A11-04-3.dwg* den Kolben an der rechten Seite. Speichern Sie die geänderte Zeichnung. In AutoCAD können Sie das vom Xref-Manager aus steuern.

2. Öffnen Sie dann Ihren Zusammenbau neu oder laden im Xref-Manager nur die geänderte Zeichnung neu und der Zusammenbau ist auf dem aktuellen Stand.

11.11 Binden von externen Referenzen

Ist die Konstruktion abgeschlossen, soll der letzte Stand dokumentiert werden. Ändern sich später die Komponenten, soll sich die Gesamtzeichnung nicht mehr ändern. Die externen Referenzen müssen gebunden werden. Das erfolgt mit der Schaltfläche BINDEN... im Xref-Manager. Markieren Sie die externen Referenzen in der Liste und klicken Sie auf die Schaltfläche. Sie bekommen ein Auswahlfenster, in dem Sie wählen, wie Sie binden wollen (siehe Abbildung 11.33).

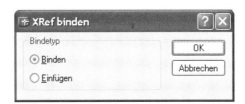

Abbildung 11.33:
Externe Referenzen binden

Binden: Externe Referenzen werden als Blöcke in die Zeichnung übernommen, die bei Bedarf auch mit dem Befehl URSPRUNG zerlegt werden können. Die Layernamen und alle weiteren benannten Objekte lassen weiterhin die Herkunft erkennen. Die Layer, die mit der externen Referenz importiert wurden, haben den Namen der externen Referenz vorangestellt. Danach folgen *0* und der ursprüngliche Layername, zum Beispiel: *A11-04-1$0$Kontur*. Dieser Layer steht Ihnen jetzt als vollwertiger Layer in der Zeichnung zur Verfügung. Sie können ihn auch zum aktuellen Layer machen. Der Vorteil bei dieser Methode ist, dass die Herkunft der Layer ersichtlich bleibt.

Einfügen: Externe Referenzen werden auch hier in Blöcke umgewandelt. Alle benannten Objekte verlieren aber die Herkunft im Namen. Aus dem Layer *A11-04-1|Kontur* wird *Kontur*. Auch das kann in bestimmten Fällen sinnvoll sein. Die Zahl der Layer hält sich so in Grenzen. Allerdings kann es dann bei Namensgleichheit Probleme geben. Es gilt wieder die Regel, dass die Definitionen in der Ausgangszeichnung Vorrang haben.

Binden Sie alle externen Referenzen

1. Binden Sie alle externen Referenzen in Ihrem Zusammenbau.
2. Schauen Sie sich die Layerliste im Layerdialogfeld an.

11.12 Binden der benannten Objekte

Ein Layer aus einer extern referenzierten Zeichnung kann nicht zum aktuellen Layer gemacht werden. Das gelingt erst, wenn Sie die extern referenzierten Zeichnungen gebunden sind.

Befehl Xbinden

Wollen Sie die externen Referenzen nicht binden, aber trotzdem die benannten Objekte in die aktuelle Zeichnung übernehmen, verwenden Sie dazu den Befehl XBINDEN.

Kapitel 11 Blöcke, Attribute, externe Referenzen und Gruppen

➤ Abrollmenü ÄNDERN, Untermenü OBJEKT >, Untermenü XREF >, Funktion BINDEN...

➤ Symbol im Werkzeugkasten REFERENZ

Die Objekte wählen Sie in einem Dialogfeld (siehe Abbildung 11.34).

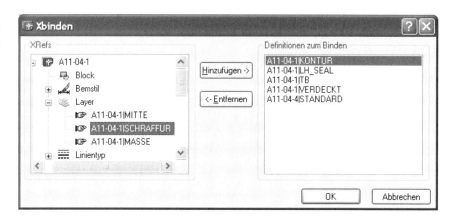

Abbildung 11.34: Binden benannter Objekte

Im linken Fenster sind alle externen Referenzen aufgelistet. Mit einem Doppelklick auf den Namen oder einem einfachen Klick auf das »+« davor, gehen Sie in der Hierarchie weiter nach unten. Es werden alle Objekttypen angezeigt.

Klicken Sie noch eine Stufe weiter, werden die benannten Objekte angezeigt. Markieren Sie die gewünschten und klicken die Schaltfläche HINZUFÜGEN -> an. Sie werden in die rechte Liste übernommen und damit gebunden. Haben Sie falsche Objekte gewählt, markieren Sie sie in der rechten Liste, klicken auf <- ENTFERNEN und sie werden entfernt. Gebundene Objekte werden wie bei der Funktion BINDEN... des Befehls XREF benannt, z.B.: *A11-04-1$0$Kontur*.

Blöcke oder externe Referenzen?

Sie fragen sich jetzt bestimmt, wann eine Zeichnung besser als Block eingefügt wird und wann die Methode des externen Referenzierens geeigneter ist? Beachten Sie folgenden Grundsatz: Einfache Symbole sollten als Blöcke eingefügt werden. Bei einer größeren Zahl von Symbolen würde die Zahl der Layer sonst unnötig zunehmen. Außerdem ist es nicht erforderlich, dass in einer Schemazeichnung jedes Symbol auf unterschiedlichen Layern liegt. Das würde nur zur Verwirrung führen. Dagegen bietet es sich an, große Zeichnungen von Baugruppen in einer Zusammenbauzeichnung extern zu referenzieren. Hier bringen die automatische Aktualisierung und der geringere Speicherbedarf Vorteile. In diesen Fällen ist auch die Trennung der Baugruppen in unterschiedlichen Layergruppen sinnvoll. Beachten sollten Sie allerdings, dass bei externen Referenzen keine Attribute verwendet werden können.

11.13 Blöcke und externe Referenzen zuschneiden

Blöcke, externe Referenzen (siehe oben) oder Bilddateien (siehe Kapitel 12), die Sie in eine Zeichnung eingefügt haben, sind zunächst ganz sichtbar. Soll aber nur ein Teil des Blocks angezeigt werden, können Sie einen eingefügten Block oder mehrere Blöcke gleichzeitig zuschneiden. Diese Funktion steht in AutoCAD LT nicht zur Verfügung.

Befehl Xzuschneiden

Mit dem Befehl XZUSCHNEIDEN können Sie Blöcke oder externe Referenzen zuschneiden. Sie finden den Befehl:

- Abrollmenü ÄNDERN, Untermenü ZUSCHNEIDEN >, Funktion XREF
- Symbol im Werkzeugkasten REFERENZ

Die Optionen wählen Sie im Befehlszeilenfenster. Wählen Sie zuerst einen oder mehrere Blöcke bzw. externe Referenzen, die Sie zuschneiden wollen:

```
Befehl: Xzuschneiden
Objekte wählen: Block bzw. externe Referenz wählen
Objekte wählen:
Option für Ausschneiden eingeben
[Ein/Aus/Schnittiefe/Löschen/Polylinie generieren/Neue umgrenzung] <Neue>:
```

Mit ⏎ wählen Sie die Vorgabe. Damit können Sie eine neue Umgrenzung bilden. Objekte, die außerhalb liegen, werden ausgeblendet: Existiert bei den gewählten Blöcken schon eine Umgrenzung, erscheint eine Rückfrage, ob diese gelöscht werden soll:

```
Alte Umgrenzung(en) löschen? [Ja/Nein] <Ja>:
```

Wollen Sie nicht löschen, bricht der Befehl ab. Ansonsten wird angefragt, wie Sie die Umgrenzung bilden wollen.

```
Auswahl:
[Polylinie wählen/polyGonal/Rechteckig] <Rechteckig>:
```

Die Umgrenzung können Sie mit einem Rechteck aufziehen. Übernehmen Sie dazu die Vorgabeoption RECHTECKIG mit ⏎. Mit der Option POLYGONAL können Sie ein Polygon zur Umgrenzung um den Block ziehen. Gehen Sie wie bei der Option FPOLYGON bei der Objektwahl vor. Haben Sie schon vorher eine Polylinie als Grenze um den Block gezeichnet, können Sie diese mit der Option POLYLINIE WÄHLEN als Umgrenzung wählen.

Kapitel 11 Blöcke, Attribute, externe Referenzen und Gruppen

Mit der Option Aus bei der ersten Anfrage schalten Sie den ganzen Block sichtbar, ohne die Umgrenzung zu löschen; mit der Option EIN wird die Umgrenzung wieder wirksam und der Block zugeschnitten.

Wählen Sie die Option POLYLINIE GENERIEREN bei der ersten Anfrage, wird eine bereits vorhandene Umgrenzung mit einer Polylinie nachgezeichnet. Mit der Option LÖSCHEN wird die Umgrenzung gelöscht.

Wenn Sie schon eine Umgrenzung erzeugt haben, können Sie bei der ersten Anfrage auch die Option SCHNITTTIEFE wählen. In diesem Fall können Sie eine vordere und hintere Ebene wählen, die parallel zur Ansicht liegen und ein 3D-Modell so beschneiden, dass nur der Teil dazwischen sichtbar ist.

```
[Ein/Aus/Schnitttiefe/Löschen/Polylinie generieren/Neue umgrenzung] <Neue>:
   S für Schnitttiefe
Geben Sie vorderen Schnittpunkt an oder [Abstand/Entfernen]:
Geben Sie hinteren Schnittpunkt an oder [Abstand/Entfernen]:
```

Geben Sie einen Punkt auf der vorderen und hinteren Ebene ein. In der Draufsicht auf einen 2D-Block würde die Eingabe von 0,0,10 und 0,0,-10 den Block unverändert lassen. Bei einem 3D-Modell würde nur der Teil des Modells angezeigt werden, der zwischen Z = 10 und Z = -10 liegt.

Mit der Option ENTFERNEN bei den Eingaben der Punkte kann die entsprechende Ebene entfernt werden. Mit der Option ABSTAND geben Sie den Abstand der Schnittebenen vom Betrachterstandort ein.

Blöcke zuschneiden

1. Laden Sie die Zeichnung *A11-06.dwg* aus dem Ordner *Aufgaben*. Sie ist zunächst noch leer, enthält aber Blöcke.

2. Fügen Sie die Blöcke *BL1* und *BL2* mit dem Befehl EINFÜGE ein. Sie sehen, dass im Block *BL1* Bemaßungen enthalten sind, die im Zusammenbau stören.

3. Löschen Sie *BL2* zunächst wieder und schneiden Sie *BL1* mit einem Polygon zu. Setzen Sie die Eckpunkte ähnlich wie in Abbildung 11.35.

4. Fügen Sie dann den Block *BL2* ein. Die Maße sind jetzt ausgeblendet und stören im Zusammenbau nicht mehr. Das Ergebnis sehen Sie in Abbildung 11.36. Sie finden die Lösung auch in *L11-06.dwg* im Ordner *Aufgaben*.

Blöcke und externe Referenzen zuschneiden — Kapitel 11

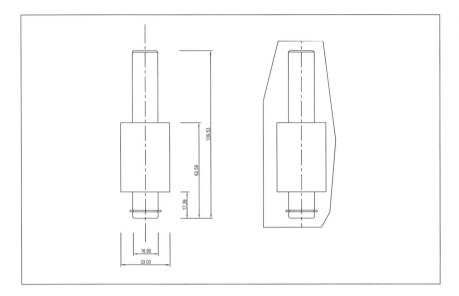

Abbildung 11.35:
Block zuschneiden

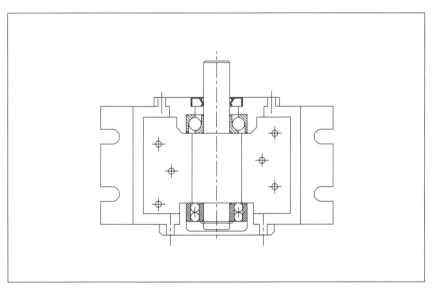

Abbildung 11.36:
Blöcke zusammengefügt

Systemvariable Xclipframe umschalten

Die Umgrenzungen aller, in der Zeichnung zugeschnittenen Blöcke, können Sie mit der Systemvariablen XCLIPFRAME schnell ein- und ausschalten. Obwohl Sie in AutoCAD LT keine Blöcke zuschneiden können, ist es möglich, bei Zeichnungen aus AutoCAD den Rahmen aus- und einzuschalten. Mit einem Eintrag im Abrollmenü wird diese Variable umgeschaltet. Sie finden den Schalter im:

Kapitel 11   Blöcke, Attribute, externe Referenzen und Gruppen

➜ Abrollmenü ÄNDERN, Untermenü OBJEKT >, Untermenü XREF >, Funktion RAHMEN

➜ Symbol im Werkzeugkasten REFERENZ

```
Befehl: Xclipframe
Neuen Wert für XCLIPFRAME eingeben <0>: 1 um Rahmen einzuschalten
```

11.14   Blöcke und externe Referenzen bearbeiten

Blöcke und externe Referenzen können Sie vorübergehend in der aktuellen Zeichnung zur Bearbeitung öffnen, ändern und wieder schließen. Alle weiteren Einfügungen des geänderten Blocks bzw. der geänderten externen Referenz werden in der Zeichnung entsprechend angepasst. Bei externen Referenzen wird die Originalzeichnung geändert. So können Sie Einzelteile in einem Zusammenbau mit externen Referenzen montieren. Passt ein Teil nicht, verwenden Sie den Editor und ändern das Einzelteil. Beim Schließen des Editors wird die Originalzeichnung mit geändert. Danach können Sie die Einzelteilzeichnung mit den korrekten Abmessungen weiter bearbeiten. All dies erledigen Sie mit dem Befehl REFBEARB. Diese Funktionen stehen Ihnen in AutoCAD LT nicht zur Verfügung.

➜ *Verwechseln Sie den Befehl* REFBEARB *nicht mit dem Blockeditor, den es seit AutoCAD 2006 gibt. Damit erstellen Sie dynamische Blöcke (siehe Kapitel 23). Er eignet sich aber auch, um Blöcke in der Zeichnung zu editieren, ohne gleich einen dynamischen Block daraus machen zu müssen.*

➜ *Mit einem Doppelklick auf einen Block wird der Blockeditor (Befehl* BEDIT*) gestartet, mit einem Doppelklick auf eine externe Referenz der Befehl* REFBEARB*. Der Befehl* REFBEARB *ist aber in vielen Fällen praktischer zum Bearbeiten von eingefügten Blöcken, da der Block im Kontext bearbeitet werden kann und nicht wie beim Befehl* BEDIT *in einem eigenen Fenster. Alles zum Blockeditor und den dynamischen Blöcken finden Sie in Kapitel 23.*

Befehl REFBEARB

Mit dem Befehl REFBEARB können Sie Blöcke oder externe Referenzen für die Bearbeitung öffnen. Alle Funktionen des Befehls finden Sie in einem eigenen Werkzeugkasten: REFBEARB (siehe Abbildung 11.37).

Abbildung 11.37:
Werkzeugkasten
REFBEARB

Sie finden den Befehl wie folgt:

- Abrollmenü EXTRAS, Untermenü DIREKTBEARBEITUNG VON XREFS UND BLÖCKEN >, Funktion REFERENZ AN JEWEIL. STELLE BEARBEITEN
- Linkes Symbol im Werkzeugkasten REFBEARB

Danach wählen Sie ein Objekt, das bearbeitet werden soll. Danach bekommen Sie ein Dialogfeld, wenn Sie einen Block oder eine externe Referenz gewählt haben (siehe Abbildung 11.38). In der Liste sehen Sie den Referenznamen angezeigt. Am Symbol erkennen Sie, ob Sie einen Block oder eine externe Referenz gewählt haben. Blöcke haben das gleiche Symbol wie die Blockbefehle in den Werkzeugkästen. Bei externen Referenzen wird das Symbol angezeigt, das Sie auch im Windows-Explorer bei Zeichnungsdateien finden. Haben Sie einen verschachtelten Block bzw. Referenz gewählt, sehen Sie im Fenster die Hierarchie der Verschachtelung (siehe Abbildung 11.38).

Abbildung 11.38:
Dialogfeld zur Bearbeitung von Referenzen

Alle eingebetteten Objekte automatisch wählen: Haben Sie diesen Schalter ein, wird das markierte Objekt komplett zur Bearbeitung freigegeben.

Aufforderung, um eingebettete Objekte zu wählen: Mit dem Schalter haben Sie die Möglichkeit, die Objekte zu wählen, die Sie zur Bearbeitung freigeben wollen, nachdem Sie das Dialogfeld mit OK beenden.

`Verschachtelte Objekte wählen:`

In beiden Fällen werden alle anderen Objekte gedimmt dargestellt und Sie können sie nicht bearbeiten (siehe Abbildung 11.40).

Register Einstellungen: Im Dialogfeld steht Ihnen noch ein zweites Register zur Verfügung. Hier können Sie weitere Einstellungen für die Bearbeitung vornehmen (siehe Abbildung 11.39).

Abbildung 11.39:
Einstellungen für die Referenzbearbeitung

Eindeutige Layer-, Stil- und Blocknamen aktivieren: Ist diese Option ein, werden den Layern-, Stil- und Blocknamen von geöffneten externen Referenzen bei der Bearbeitung Präfixe vorangestellt: 0, 1 usw. Damit werden Namensgleichheiten vermieden. Ist die Option deaktiviert, gelten die Vorgaben der Zeichnung.

Attributdefinitionen für Berarbeitung anzeigen: Ist diese Option aktiv, können auch die Attributsdefinitionen des Blocks bearbeitet werden.

Objekte sperren, die nicht in Arbeitsgruppe sind: Ist dieser Schalter ein, werden alle Objekte gesperrt, die nicht im Arbeitssatz sind. Dadurch wird verhindert, dass versehentlich Objekte in der Zeichnung bearbeitet werden, während der Referenzbearbeitungsmodus aktiv ist.

Wenn Sie das Dialogfeld beenden, wird im Werkzeugkasten REFBEARB der Name des Blocks bzw. der externen Referenz angezeigt, die gerade bearbeitet wird und zwar so lange, bis sie wieder geschlossen ist.

Dimmfaktor einstellen

Wie stark die Objekte gedimmt werden, wird von der Systemvariablen XFADECTL gesteuert.

Blöcke und externe Referenzen bearbeiten | Kapitel 11

```
Befehl: Xfadectl
Neuen Wert für XFADECTL eingeben <50>: z. B.: 70
```

Die Variable kann zwischen 0 und 90 liegen. Bei 0 bleiben die Objekte auf dem Bildschirm, bei 90 verschwinden Sie fast ganz. Diese Variable lässt sich auch im Befehl OPTIONEN (siehe Anhang A.4) einstellen.

Bearbeiten von Blöcken und externen Referenzen

Haben Sie einen Block oder eine externe Referenz zur Bearbeitung geöffnet, werden alle Objekte, die Sie ab diesem Moment zeichnen, in den Block bzw. in die Referenz aufgenommen. Löschen Sie Objekte des Blocks bzw. der Referenz, werden diese entfernt. Sie können alle Befehle verwenden, Zeichen- und Editierbefehle sowie Änderungsfunktionen.

Befehl Refset

Mit dem Befehl REFSET können Sie Objekte aus der Zeichnung in den Block bzw. in die externe Referenz aufnehmen oder aus diesem bzw. dieser entfernen. Sie finden den Befehl:

- Abrollmenü ÄNDERN, Untermenü XREF UND BLOCK IN ZEICHNUNG BEARBEITEN >, Funktion ZU BEARBEITUNGSSATZ HINZUFÜGEN
- Symbol im Werkzeugkasten REFBEARB

zum Hinzufügen von Objekten oder:

- Abrollmenü ÄNDERN, Untermenü XREF UND BLOCK IN ZEICHNUNG BEARBEITEN >, Funktion AUS BEARBEITUNGSSATZ ENTFERNEN
- Symbol im Werkzeugkasten REFBEARB

zum Entfernen von Objekten. Wählen Sie danach die Objekte, die Sie hinzufügen oder entfernen wollen.

Befehl Refclose

Mit dem Befehl REFCLOSE können Sie den Block oder die externe Referenz wieder schließen. Wählen Sie den Befehl:

- Abrollmenü ÄNDERN, Untermenü XREF UND BLOCK IN ZEICHNUNG BEARBEITEN >, Funktion ÄNDERUNGEN AN REFERENZEN VERWERFEN

- Symbol im Werkzeugkasten REFBEARB

zum Abbrechen der Bearbeitung und Verwerfen der Änderungen oder:

Kapitel 11   Blöcke, Attribute, externe Referenzen und Gruppen

- Abrollmenü ÄNDERN, Untermenü XREF UND BLOCK IN ZEICHNUNG BEARBEITEN >, Funktion ÄNDERUNGEN AN REFERENZEN SPEICHERN
- Symbol im Werkzeugkasten REFBEARB

zum Beenden der Bearbeitung und Speichern der Änderungen. In beiden Fällen müssen Sie die Aktion in einem Feld mit OK bestätigen.

Block bearbeiten

1. Laden Sie die Zeichnung *A11-07.dwg* aus dem Ordner *Aufgaben*.
2. Öffnen Sie den Block *KETTENGLIED* zur Bearbeitung und zeichnen Sie weitere Objekte in das Kettenglied, z.B. weitere Kreise, und schließen Sie dann den Block wieder. Die Änderungen werden auf alle eingefügten Blöcke übertragen.

Die Lösung finden Sie im Ordner *Aufgaben*: *L11-07.dwg*.

Externe Referenz bearbeiten

1. Laden Sie die Zeichnung *A11-08.dwg* aus dem Ordner *Aufgaben*.
2. Das Teil kennen Sie aus einer der vorherigen Übungen. Es ist aus zwei externen Referenzen zusammengesetzt, passt aber leider nicht zusammen. Öffnen Sie die deshalb externe Referenz *A11-08-2* zur Bearbeitung und strecken Sie die Welle um 10 nach unten, so dass sie zwischen die Lager passt (siehe Abbildung 11.40).
3. Schließen Sie die externe Referenz wieder. Öffnen Sie dann die Zeichnung *A11-08-2.dwg*, die Originalzeichnung der Welle. Die Änderung ist auch hierher übertragen worden.

11.15   Gruppen in AutoCAD

Blöcke eignen sich dann, wenn Symbole mehrfach benötigt werden, eventuell auch in verschiedenen Zeichnungen. Sobald ein eingefügter Block geändert werden muss, werden die Vorteile schnell zum Nachteil. Blöcke lassen sich zwar mit dem Blockeditor ändern. Das ist aufwändig, wenn noch sehr viel an der Zeichnung gearbeitet wird. Hier sind Gruppen eventuell flexibler. Objekte lassen sich in der Zeichnung zu Gruppen zusammenfassen. Dabei handelt es sich um einen lockeren Verband, dessen Einzelteile geändert werden können. Mit den Objekten wird lediglich die Gruppenzugehörigkeit gespeichert. Die Gruppenbefehle unterscheiden sich in AutoCAD und AutoCAD LT. In diesem Abschnitt geht es um die Variante in AutoCAD.

Gruppen in AutoCAD — Kapitel 11

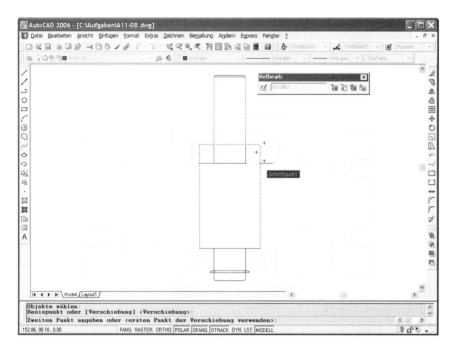

Abbildung 11.40:
Block bzw. externe Referenz bearbeiten

Eigenschaften von Gruppen

➤ Objekte auf verschiedenen Layern lassen sich zu Gruppen zusammenfassen.

➤ Die Gruppe kann insgesamt bearbeitet werden (schieben, drehen, vergrößern, verkleinern usw.). Einzelne Objekte der Gruppe können auch unabhängig bearbeitet werden.

➤ Eine Gruppe kann bei der Objektwahl per Namen ausgewählt werden.

➤ In eine Gruppe lassen sich Objekte hinzufügen oder entfernen.

Befehl Gruppe

Mit dem Befehl GRUPPE lassen sich Gruppen bilden und bearbeiten. Sie finden den Befehl nicht in den Menüs. Geben Sie ihn auf der Tastatur ein und Sie erhalten das Dialogfeld für die Gruppen (siehe Abbildung 11.41).

Gruppe bilden:

➤ Tragen Sie im Feld GRUPPENNAME einen Namen ein. Im Feld BESCHREIBUNG können Sie einen erklärenden Text hinzufügen.

➤ Kreuzen Sie das Feld WÄHLBAR an, wenn Sie bei der Objektwahl die Gruppe gesamt wählen wollen. Schalten Sie es aus, sollen die Objekte einzeln wählbar bleiben. Wenn Sie das Feld UNBENANNT ankreuzen, erhält die Gruppe keinen Namen.

Abbildung 11.41:
Dialogfeld zur Bildung und Änderung von Gruppen

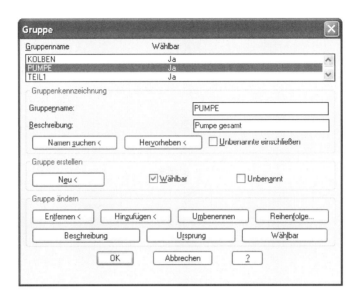

➤ Klicken Sie die Schaltfläche NEU < an, das Dialogfeld verschwindet und Sie können die Objekte der Gruppe wählen. Mit ⏎ erscheint wieder das Dialogfeld und die Gruppe ist erzeugt. Sie können eine neue Gruppe bilden, wenn Sie einen neuen Namen eingeben.

➤ Gruppen können auch andere Gruppen enthalten. Wenn ein Zusammenbau Baugruppen enthält und diese wieder Bauteile, die dann aus einzelnen AutoCAD-Objekten bestehen, können Sie diese Hierarchie mit Gruppen nachbilden.

➤ Normalerweise sollte eine Gruppe immer wählbar sein. Dann wird die gesamte Gruppe markiert, wenn Sie bei der Objektwahl ein Element der Gruppe anklicken. Ist die Gruppe nicht wählbar, können Sie die Elemente einzeln wählen.

Gruppe ändern:

➤ Markieren Sie in der Liste Gruppennamen. Klicken Sie die Schaltflächen ENTFERNEN < oder HINZUFÜGEN < an. Das Dialogfeld verschwindet und Sie können Objekte auswählen, die zur Gruppe hinzugefügt oder aus der Gruppe entfernt werden sollen.

➤ Wollen Sie den Gruppennamen ändern, markieren Sie ihn in der Liste, tragen einen neuen Namen im Feld GRUPPENNAME ein und klicken auf die Schaltfläche UMBENENNEN. Haben Sie auch die Beschreibung geändert, klicken Sie zusätzlich auf die Schaltfläche BESCHREIBUNG.

➤ Wollen Sie eine Gruppe auflösen, markieren Sie die Gruppe in der Liste und klicken auf die Schaltfläche URSPRUNG. Die Gruppe verschwindet dann aus der Liste.

➜ Wollen Sie einzelne Objekte der Gruppe wählen können, markieren Sie die Gruppe in der Liste und klicken auf die Schaltfläche WÄHLBAR. Die Wählbarkeit wird umgeschaltet. Steht JA in der Liste, wird die Gruppe mit der Objektwahl insgesamt gewählt, bei NEIN können die einzelnen Objekte gewählt werden.

Gruppe suchen:

➜ Wenn Sie eine Gruppe in der Zeichnung suchen, markieren Sie sie in der Liste. Klicken Sie auf die Schaltfläche HERVORHEBEN < und sie wird in der Zeichnung gepunktet dargestellt. Mit OK kommen Sie wieder ins Dialogfeld.

➜ Wollen Sie wissen, welcher Gruppe ein Objekt in der Zeichnung angehört, klicken Sie auf die Schaltfläche NAMEN SUCHEN <. Das Dialogfeld verschwindet und Sie können das Objekt wählen. In einem weiteren Dialogfeld wird Ihnen angezeigt, zu welcher Gruppe das Objekt gehört.

Objektreihenfolge in einer Gruppe:

➜ Wenn Sie auf die Schaltfläche REIHENFOLGE... klicken, können Sie die Reihenfolge der Objekte in einer Gruppe ändern. In einem weiteren Dialogfeld können Sie umsortieren, die einzelnen Objekte anzeigen oder die Reihenfolge ändern.

Gruppen wählen bei Editierbefehlen:

➜ Ist eine Gruppe nicht wählbar, kann Sie mit der Objektwahl nicht im Ganzen angewählt werden.

➜ Ist eine Gruppe wählbar, wird bei Anwahl eines Objekts der Gruppe die ganze Gruppe markiert. Sie können Sie auch mit dem Namen bei der Objektwahl jedes Editierbefehls angeben:

```
Befehl: Schieben
Objekte wählen: G für Gruppe
Gruppenname eingeben: Teil1
Objekte wählen: eventuell weitere Objekte wählen
objekte wählen: ⏎
```

➜ Schalten Sie beim Befehl OPTIONEN (siehe Anhang A.4) im Register AUSWAHL die Wahlmöglichkeit OBJEKTGRUPPE aus, können Sie bei der Objektwahl nur einzelne Objekte wählen. Trotzdem können Sie bei der Objektwahl den Namen für eine Gruppe eingeben. Damit haben Sie beide Möglichkeiten kombiniert und Sie müssen nicht immer die Wählbarkeit von Gruppen umschalten.

11.16 Gruppen in AutoCAD LT

Gruppen gibt es auch in AutoCAD LT. Lediglich das Dialogfeld für die Gruppen sieht komplett anders aus. Außerdem ist die Handhabung von unbenannten Gruppen etwas unkomplizierter.

Befehl Gruppe, der Gruppenmanager

Mit dem Befehl GRUPPE können Sie in einem Dialogfeld, dem so genannten Gruppenmanager (siehe Abbildung 11.42), alle Aktionen für die Bearbeitung von Gruppen vornehmen.

➤ Abrollmenü EXTRAS, Funktion GRUPPENMANAGER...

➤ Symbol im Werkzeugkasten GRUPPIEREN

Abbildung 11.42: Gruppenmanager

Gruppe bilden:

➤ Klicken Sie auf das Symbol GRUPPE ERSTELLEN. Eine Gruppe wird erstellt und der Cursor erscheint in der Liste. Tragen Sie dort einen Namen für die Gruppe ein und bestätigen Sie mit ⏎. Die Gruppe ist angelegt, hat aber noch keine Objekte, was Sie auch in der Kommentarzeile darunter angezeigt bekommen.

➤ Die Gruppe ist wählbar, wie Sie an der Glühlampe in der gleichnamigen Spalte in der Liste der Gruppen sehen können. Ist die Gruppe AUSWÄHLBAR, können Sie die Gruppe wie einen Block wählen, indem Sie ein Objekt der Gruppe anklicken.

➤ Wenn Sie ins Feld BESCHREIBUNG klicken, können Sie einen Beschreibungstext für die Gruppe eintragen.

Objekt zur Gruppe hinzufügen:

➤ Jetzt haben Sie zwar eine Gruppe, aber ohne Objekte. Markieren Sie Objekte in der Zeichnung ohne vorher einen Befehl zu wählen.

➤ Markieren Sie dann die Gruppe in der Liste und klicken Sie auf das Symbol ZU GRUPPE HINZUFÜGEN.

Gruppen in AutoCAD LT — Kapitel 11

Gruppe auswählbar oder nicht:

➤ Wollen Sie jetzt Objekte wieder aus der Gruppe entfernen, müssen Sie diese anwählen. Da die Gruppe aber wählbar geschaltet ist (Standardeinstellung), werden sofort alle Objekte der Gruppe gewählt.

➤ Abhilfe schafft die WÄHLBARKEIT. Markieren Sie in der Liste die gewünschte Gruppe oder auch gleich mehrere und klicken Sie auf die Glühlampe (siehe Abbildung 11.43). Diese wird dunkel und die Gruppe ist nicht mehr wählbar.

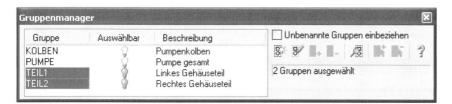

Abbildung 11.43: Wählbarkeit ausgeschaltet

Objekt aus der Gruppe entfernen:

➤ Ist die Wählbarkeit einer Gruppe ausgeschaltet, können Sie daraus auch Objekte entfernen. Markieren Sie die Gruppe in der Liste und die Objekte in der Zeichnung, die Sie aus der Gruppe entfernen wollen.

➤ Klicken Sie dann auf das Symbol AUS GRUPPE ENTFERNEN und die Objekte werden aus der Gruppe entfernt.

Details über die Gruppe anzeigen:

➤ Wollen Sie Detailinformationen zu einer Gruppe anzeigen, markieren Sie diese in der Liste und klicken Sie dann auf das Symbol DETAILS.

➤ In einem weiteren Dialogfeld bekommen Sie die Informationen zu der Gruppe auf den Bildschirm (siehe Abbildung 11.44). Gleichzeitig wird die Gruppe in der Zeichnung markiert.

Gruppe an- und abwählen:

➤ Auch hierfür muss die Gruppe wählbar sein. Markieren Sie eine oder mehrere Gruppen in der Liste und klicken Sie auf das Symbol GRUPPE WÄHLEN. Die Objekte der Gruppe werden in der Zeichnung markiert.

➤ Markieren Sie eine Gruppe und klicken Sie auf das Symbol AUSWAHL DER GRUPPE AUFHEBEN, wird die Markierung der Objekte der Gruppe in der Zeichnung wieder entfernt.

Abbildung 11.44:
Detailinformationen zu einer Gruppe

Gruppierung aufheben:

→ Wollen Sie eine Gruppe löschen, markieren Sie sie in der Liste und klicken auf das Symbol GRUPPIERUNG AUFHEBEN. Die Gruppe wird entfernt.

→ Sie können aber auch die Gruppe in der Zeichnung anwählen (ohne einen Befehl) und dann im Werkzeugkasten GRUPPIEREN das Symbol zum Aufheben wählen. Die Gruppierung wird aufgehoben und die Gruppe aus der Liste des Gruppenmanagers gelöscht. Dasselbe können Sie auch mit der Funktion GRUPPIERUNG AUFHEBEN im Abrollmenü EXTRAS erledigen.

Unbenannte Gruppen

Mit dem Befehl GRUPPE können Sie schnell eine Gruppe bilden, ohne dieser erst einen Namen geben zu müssen. Wählen Sie diese Variante:

→ Abrollmenü EXTRAS, Funktion GRUPPIEREN

→ Symbol im Werkzeugkasten GRUPPIEREN

Wählen Sie die Objekte in der Zeichnung, die in diese Gruppe aufgenommen werden sollen. In der Liste des Gruppenmanagers erscheint diese unbenannte Gruppe nur dann, wenn Sie den Schalter UNBENANNTE GRUPPEN EINBEZIEHEN eingeschaltet haben.

Gruppen in AutoCAD LT — Kapitel 11

Unbenannte Gruppen werden mit *An durchnummeriert (*A1, *A2, *A3 usw.). Alles was Sie über Gruppen erfahren haben, gilt auch für unbenannte Gruppen. Aus einer unbenannten Gruppe können Sie schnell auch eine benannte machen. Klicken Sie dazu den Namen in der Liste des Gruppenmanagers an und überschreiben Sie diesen.

Arbeiten mit Gruppen

1. Egal, ob Sie mit AutoCAD oder AutoCAD LT arbeiten: Laden Sie die Zeichnung *A11-09.dwg* aus dem Ordner *Aufgaben*, eine Zeichnung mit drei Baugruppen (siehe Abbildung 11.45).

2. Machen Sie aus den Teilen der Zeichnung drei Gruppen, z.B.: *Teil1* (linkes Gehäuseteil), *Teil2* (rechtes Gehäuseteil) und *Kolben*. Schalten Sie die Gruppen wählbar und aktivieren Sie die Gruppenwahl.

3. Fügen Sie die Teile wie in Abbildung 11.29 zusammen.

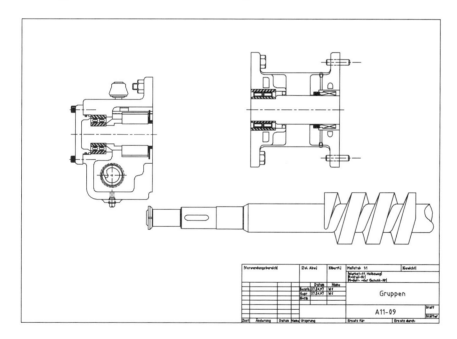

Abbildung 11.45: Baugruppen in einer Zeichnung

4. Sie können jetzt beispielsweise ganz einfach den Kolben wieder herausschieben, wenn Sie ihn an einer Stelle anwählen.

5. Entfernen Sie die Mittellinien aus den Gruppen *Teil1* und *Teil2*. Wenn sie aus den Gruppen entfernt wurden, können sie gelöscht werden. Sie können die Gruppenwahl auch ausschalten und die Objekte löschen, ohne sie vorher aus der Gruppe entfernen zu müssen.

Kapitel 11   Blöcke, Attribute, externe Referenzen und Gruppen

6. Zeichnen Sie eine Mittellinie über den gesamten Kolben und nehmen Sie diese in die Gruppe *Kolben* auf. Entfernen Sie die rechte Begrenzungslinie am Gehäuse, dort wo der Kolben durchläuft. Löschen Sie sie aus der Zeichnung.

7. Erzeugen Sie die Gruppe *Pumpe* aus der gesamten Baugruppe.

Eine Lösung finden Sie auch in Ihrem Übungsordner: *L11-09.dwg*.

12 Bilder in Zeichnungen

Im letzten Kapitel haben Sie gesehen, wie bestehende Zeichnungsdateien in neue Zeichnungen eingeladen werden können. Sie können aber auch Bilddateien in eine Zeichnung laden und anzeigen. Hier sind die AutoCAD LT-Anwender eingeschränkt, denn sie können keine Bilddateien einfügen. Haben Sie aber Zeichnungen mit Bildern aus AutoCAD, so können Sie in LT die Bilder bearbeiten.

12.1 Bilddateien zuordnen

In AutoCAD haben Sie die Möglichkeit, Bilder in die Zeichnung zu übernehmen und zu bearbeiten. Das bringt eine ganze Reihe von Anwendungsmöglichkeiten:

- Firmenlogos, Markenzeichen, spezielle Schriftzüge usw. im Zeichnungskopf oder in der Zeichnung platzieren
- Zeichnungen scannen und als Hintergrund zum Nachzeichnen in eine neue Zeichnung legen
- Produktfotos einer digitalen Kamera in eine technische Zeichnung, eine Präsentationsfolie oder eine Druckvorlage übernehmen
- Bilder oder Fotos als Zeichnungshintergrund verwenden oder
- Ansichten von 3D-Modellen mit gerenderten Bildern in einer Zeichnung anordnen.

Bilder sind als einzelne farbige Punkte gespeichert. Hier werden nicht, wie in AutoCAD-Dateien, Zeichnungsobjekte mit ihren Koordinaten gespeichert, sondern alle Bildpunkte des Bildes zeilenweise. Alle in Windows-Programmen üblichen Rasterdateiformate wie BMP, JPEG, PCX, TGA und TIFF können verwendet werden.

Die Befehle für die Verwaltung von Bilddateien haben die gleichen Funktionen wie die von externen Referenzen. Es gibt einen Befehl, um Bilddateien zuzuordnen, den Befehl BILDZUORDNEN und einen Bild-Manager, der mit dem Befehl BILD gestartet wird.

Kapitel 12   Bilder in Zeichnungen

Befehl Bildzuordnen

Bilddateien können Sie mit dem Befehl BILDZUORDNEN laden und in der Zeichnung platzieren. Wählen Sie den Befehl:

➨ Abrollmenü EINFÜGEN, Funktion PIXELBILD...

➨ Symbol im Werkzeugkasten REFERENZ

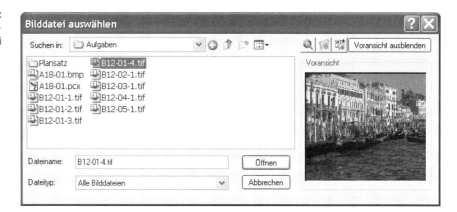

Abbildung 12.1:
Dialogfeld zur Auswahl der Bilddatei

Sie bekommen den Dateiwähler auf den Bildschirm, in dem Sie die Bilddatei wählen können (siehe Abbildung 12.1). In einem Voransichtsbild sehen Sie das Bild bei der Dateiwahl. Mit dem Schalter VORANSICHT AUSBLENDEN schalten Sie diese ab. Mit der Schaltfläche ÖFFNEN, kommen Sie zum nächsten Dialogfeld (siehe Abbildung 12.2).

Abbildung 12.2:
Dialogfeld zur Platzierung von Bilddateien

Das Dialogfeld ist gleich aufgebaut wie das der Befehle EINFÜGE und XZU-ORDNEN. Im Feld NAME wurde der Dateiname übernommen. Mit der Schaltfläche DURCHSUCHEN... kommen Sie noch einmal zum vorherigen Dialogfeld und Sie könnten eine andere Datei wählen. Das Feld NAME ist als Abrollmenü ausgelegt. Hier können Sie schon einmal eingefügte Dateien noch einmal in der Zeichnung platzieren.

Pfadtyp: In diesem Abrollmenü stellen Sie die Art der Speicherung des Pfads der Bilddatei in der Zeichnung ein. Soll der komplette Pfad der Bilddatei in der Zeichnung gespeichert werden, wird die Einstellung VOLLSTÄNDIGER PFAD gewählt. Wird die Zeichnung wieder geöffnet, werden die Bilder immer am originalen Speicherort gesucht. Bei der Einstellung RELATIVER PFAD wird der Pfad zu der Bilddatei nur teilweise gespeichert, d.h. der Pfad nur ab dem aktuellen Ordner und darunter. Verschieben Sie später beispielsweise das komplette Projekt in einen Ordner auf dem Server, werden die Bilder auch dort gefunden. Wenn die Einstellung KEIN PFAD gewählt wurde, werden die Bilder nur im Ordner der aktuellen Zeichnung gesucht. Unter dem Feld NAME werden der Originalpfad und, entsprechend der Einstellung im Abrollmenü, der gespeicherte Pfad zu der Bilddatei angezeigt.

Darunter stellen Sie den Einfügepunkt, den Skalierfaktor und die Drehung ein. Sie haben bei jedem dieser Werte einen Schalter AM BILDSCHIRM BESTIMMEN. Ist dieser ein, sind die Eingabefelder gedimmt und Sie wählen diesen Wert im Dialog. Haben Sie alle Schalter ein, läuft folgender Dialog im Befehlszeilenfenster, wenn Sie auf OK klicken:

```
Einfügepunkt angeben <0,0>:
Basisbildgröße: Breite:  40.216667, Höhe: 41.910000, Millimeter
Skalierfaktor angeben oder [Einheit] <1>:
Legen Sie den Drehwinkel fest <0>:
```

Geben Sie den Einfügepunkt ein oder klicken Sie ihn in der Zeichnung an. Danach wird die Bildgröße als Voransicht angezeigt. Bewegen Sie das Fadenkreuz, wird der Skalierfaktor dynamisch bestimmt. Sie können aber auch einen Skalierfaktor eintragen. Mit der Option EINHEIT bekommen Sie die Bildgröße in einer anderen Einheit und Sie können den Skalierfaktor aufgrund der Abmessungen besser berechnen.

```
Basisbildgröße: Breite:  40.216667, Höhe: 41.910000, Millimeter
Skalierfakt. angeben oder [Einheit] <1>: E für Einheit
Einheit eingeben [MM/ZEntimeter/METer/Kilometer/ZOll/Fuß/Yard/MEIle/keine
Einheit] <Millimeter>: z. B.: ze für Zentimeter
Basisbildgröße: Breite:  4.021667, Höhe: 4.191000, Zentimeter
Skalierfaktor angeben oder [Einheit] <1>:
```

Klicken Sie auf die Schaltfläche DETAILS >>, bekommen Sie weitere Informationen zu der Bilddatei (siehe Abbildung 12.3). Auflösung, Bildgröße in Pixel und in Einheiten sowie die gewählten Einheiten (siehe unten) bekommen Sie im unteren Teil des Dialogfelds angezeigt. Mit dem Schalter DETAILS << wird das Dialogfeld wieder verkleinert.

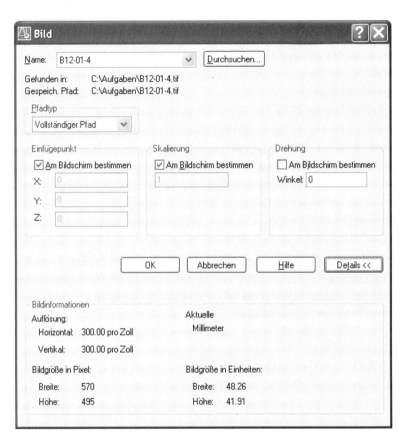

Abbildung 12.3:
Dialogfeld mit detaillierten Informationen zur Bilddatei

Bilder laden

1. Starten Sie eine neue Zeichnung.
2. Fügen Sie Bilddateien aus dem Ordner *Aufgaben* ein. Verwenden Sie die Fotos *B12-01-1.TIF* bis *B12-01-4.tif*. Passen Sie den Skalierfaktor entsprechend an.

Befehl Bild

Die Bilder in der Zeichnung können Sie mit dem Befehl BILD verwalten:

➔ Abrollmenü EINFÜGEN, Funktion BILD-MANAGER...

➔ Symbol in den Werkzeugkästen REFERENZ und EINFÜGEN

- Symbol in einem Flyout-Menü des Werkzeugkastens ZEICHNEN
- In AutoCAD LT nur auf der Tastatur

Abbildung 12.4:
Dialogfeld des Bild-Managers

Liste der eingefügten Bilder: Im Dialogfeld (siehe Abbildung 12.4) sehen Sie die Liste aller eingefügten Bilder. Wie bei den externen Referenzen haben Sie auch bei den Bildern die Möglichkeit, dem Bild in der Zeichnung einen Aliasnamen zu geben, der nicht mehr dem Namen der ursprünglichen Rasterdatei entspricht. Klicken Sie dazu den Namen in der Liste zweimal an (kein Doppelklick, Pause dazwischen), und Sie können ihn überschreiben. Weitere Informationen, die Sie der Liste entnehmen können, sind der Status des Bildes (siehe unten), die Größe und das Format der Rasterdatei, das Erstellungsdatum sowie Pfad und Dateiname.

Eine weitere Gemeinsamkeit mit dem Befehl XREF sind die beiden Schalter links oberhalb der Liste. Damit schalten Sie den Anzeigemodus um. Wählbar ist die Anzeige in Form der Liste und eine Baumanzeige. Sollten Sie Bilddateien in externen Referenzen haben, so können Sie deren Struktur der Anzeige entnehmen.

Neue Bilddatei zuordnen: Unter der Liste finden Sie das Feld BILD GEFUNDEN IN. Wenn Sie ein Bild in der Liste markieren, wird hier der Pfad der Datei angezeigt. Tragen Sie einen anderen Pfad oder einen anderen Dateinamen ein, wird diesem Bildnamen in der Zeichnung eine neue Datei zugeordnet. Sie können aber auch eine andere Datei mit dem Schalter DURCHSUCHEN... mit dem Dateiwähler aussuchen. Klicken Sie auf die Schaltfläche PFAD SPEICHERN, wird der Pfad der Bilddatei mit dem Einfügen gespeichert.

Bild zuordnen: Klicken Sie auf die Schaltfläche ZUORDNEN..., kommen Sie zum Befehl BILDZUORDNEN und Sie können ein weiteres Bild einfügen.

Lösen: Haben Sie eines oder mehrere Bilder in der Liste markiert, können Sie den Status ändern. Mit der Schaltfläche LÖSEN werden die markierten Bilder in der Zeichnung gelöscht.

Entfernen: Markieren Sie eines oder mehrere Bilder und klicken Sie auf die Schaltfläche ENTFERNEN, werden die Bilder ausgeblendet. Die Verbindung von der Zeichnung zum Bild bleibt jedoch gespeichert, und es wird an der Stelle der Bildrahmen angezeigt.

Neuladen: Mit dieser Schaltfläche können Sie ausgeblendete Bilder wieder sichtbar machen. Markieren Sie diese und klicken Sie auf die Schaltfläche NEULADEN. War das Bild nicht ausgeblendet, wird die Bilddatei trotzdem neu gelesen. Wurde die Datei in der Zwischenzeit geändert, wird die neue Datei angezeigt.

Details: Mit dieser Schaltfläche können Sie sich die Details einer markierten Bilddatei anzeigen lassen (siehe Abbildung 12.5).

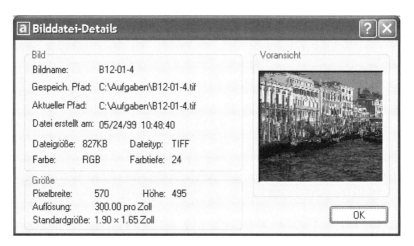

Abbildung 12.5:
Detailinformationen zu einer Bilddatei

12.2 Bilder bearbeiten

Bilder lassen sich nicht nur anzeigen, Sie können sie auch in gewissem Umfang bearbeiten. Farbe und Helligkeit lassen sich für jedes Bild individuell einstellen, um so die Ausgabequalität zu optimieren.

Bilder bearbeiten | Kapitel 12

Befehl Bildanpassen

Zur Bearbeitung von Bildern in der Zeichnung können Sie in AutoCAD den Befehl BILDANPASSEN verwenden. Sie wählen ihn:

➡ Abrollmenü ÄNDERN, Untermenü OBJEKT >, Untermenü BILD >, Funktion ANPASSEN...

➡ Symbol im Werkzeugkasten REFERENZ

Wählen Sie ein Bild, und Sie können in einem Dialogfeld die Einstellung vornehmen (siehe Abbildung 12.6).

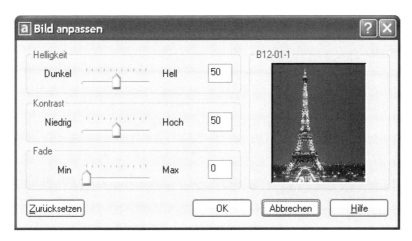

Abbildung 12.6: Dialogfeld zur Anpassung von Bildern

Helligkeit und Kontrast des Bildes können Sie an Schiebereglern zwischen 0 und 100 einstellen. Mit dem Regler FADE stellen Sie die Dichte des Bildes ein. Je mehr Sie den Regler aufmachen, desto blasser wird das Bild und desto mehr kommt der Bildschirmhintergrund durch.

Befehl Bildqualität

Mit dem Befehl BILDQUALITÄT verändern Sie die Anzeigequalität von Bildern auf dem Bildschirm. Sie finden den Befehl:

➡ Abrollmenü ÄNDERN, Untermenü OBJEKT >, Untermenü BILD >, Funktion QUALITÄT

➡ Symbol im Werkzeugkasten REFERENZ

```
Befehl: Bildqualität
Einst. für Bildquallität eingeben [Hoch/Entwurf] <Hoch>:
```

Kapitel 12   Bilder in Zeichnungen

Wählen Sie zwischen hoher Qualität und Entwurfsqualität. Die Bilder in der Zeichnung werden korrigiert, der Bildaufbau geht schneller, wenn Sie die Entwurfsqualität verwenden. Das macht sich vor allem beim Zoomen bemerkbar. Beim Plotten wird in jedem Fall die hohe Qualität verwendet.

Befehl Transparenz

Manche Bildformate verwenden transparente Pixel im Bild. Bilder in solchen Formaten lassen sich in AutoCAD transparent schalten, der Bildhintergrund kommt an diesen Stellen durch. Das geschieht mit dem Befehl TRANSPARENZ.

➡ Abrollmenü ÄNDERN, Untermenü OBJEKT >, Untermenü BILD >, Funktion TRANSPARENZ

➡ Symbol im Werkzeugkasten REFERENZ

```
Befehl: Transparenz
Bild(er) wählen: ein oder mehrere Bilder wählen
Bild(er) wählen: ⏎
Transparenzmodus eingeben [Ein/Aus] <Aus>:
```

Wählen Sie eines oder mehrere Bilder an, und stellen Sie den Modus ein.

Befehl Bildrahmen

Haben Sie Bilder mit dem Bild-Manager ausgeblendet, wird an Stelle des Bildes ein Rahmen in der Zeichnung angezeigt. Diesen Rahmen können Sie mit dem Befehl BILDRAHMEN sichtbar oder unsichtbar schalten.

➡ Abrollmenü ÄNDERN, Untermenü OBJEKT >, Untermenü BILD >, Funktion RAHMEN

➡ Symbol im Werkzeugkasten REFERENZ

```
Befehl: Bildrahmen
Einstellung für Bildrahmen eingeben [Ein/Aus] <Ein>:
```

Wählen Sie die gewünschte Option. Beachten Sie, dass Sie das Bild nicht mehr anwählen können, wenn der Rahmen ausgeschaltet ist. Wollen Sie es bearbeiten wollen, müssen Sie den Rahmen wieder einschalten.

Befehl Zeichreihenf bei Bilddateien

Überlappen Sie Bilder in der Zeichnung, können Sie mit dem Befehl ZEICHREIHENF wählen, welche Bilder oben liegen sollen und damit andere verdecken. Die Funktionen des Befehls finden Sie in Kapitel 8.4.

Bilder zuschneiden Kapitel 12

12.3 Bilder zuschneiden

Bilder lassen sich in AutoCAD wie Blöcke und externe Referenzen zuschneiden. Dadurch ist es möglich, einen Ausschnitt darzustellen.

Befehl Bildzuschneiden

Bilder in der Zeichnung können Sie mit dem Befehl BILDZUSCHNEIDEN zuschneiden. Sie finden den Befehl:

➤ Abrollmenü ÄNDERN, Untermenü ZUSCHNEIDEN >, Funktion BILD

➤ Symbol im Werkzeugkasten REFERENZ

Die Optionen werden im Befehlszeilenfenster aufgelistet. Wählen Sie zuerst eines oder mehrere Bilder, die Sie zuschneiden wollen.

```
Befehl: Bildzuschneiden
Zuzuschneidendes Bild: Bild wählen
Option zum Zuschneiden des Bildes eingeben [Ein/Aus/Löschen/Neue umgrenzung]
   <Neue>:
```

Mit ⏎ wählen Sie die Vorgabeoption. Damit können Sie eine neue Umgrenzung bestimmen: Existiert bei den gewählten Bilder schon eine Umgrenzung, wird angefragt ob diese gelöscht werden soll:

```
Alte Umgrenzung löschen? [Nein/Ja] <Ja>:
```

Wenn Sie die alte Umgrenzung nicht löschen wollen, wird der Befehl abgebrochen. Im anderen Fall wird angefragt, wie Sie die Umgrenzung bilden wollen.

```
Schnittflächentyp eingeben [Polygonal/Rechteckig] <Rechteckig>:
```

Die Umgrenzung können Sie mit einem Rechteck aufziehen (Vorgabeoption RECHTECKIG mit ⏎ übernehmen). Mit der Option POLYGONAL können Sie ein Polygon zur Umgrenzung um das Bild ziehen. Gehen Sie wie bei der Option FPOLYGON bei der Objektwahl vor. Mit der Option AUS bei der ersten Anfrage können Sie eine vorhandene Umgrenzung ausschalten und das Bild wieder komplett sichtbar machen. Die Option EIN schaltet die Umgrenzung wieder ein. Wollen Sie eine Umgrenzung ganz löschen, verwenden Sie die Option LÖSCHEN.

Kapitel 12   Bilder in Zeichnungen

12.4 Beispiele für Bilder in Zeichnungen

Die folgenden Beispiele sollen Ihnen einen Überblick über die Einsatzmöglichkeiten von Rasterdateien in Zeichnungen geben.

Firmenlogo im Schriftfeld

1. Öffnen Sie die Zeichnung *A12-02.dwg* aus dem Ordner *Aufgaben*.

2. Fügen Sie in das Schriftfeld ein Firmenlogo als Bilddatei ein. Verwenden Sie das Logo *B12-02-1.tif* aus dem gleichen Ordner. Platzieren Sie es im Zeichnungskopf. Ziehen Sie das Bild so, dass es in das freie Feld passt (siehe Abbildung 12.7). Schalten Sie mit dem Befehl BILDRAHMEN den Rahmen aus. Eine Lösung finden Sie im Übungsordner: *L12-02.dwg*.

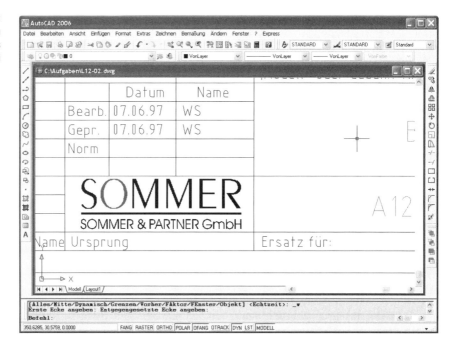

Abbildung 12.7:
Zeichnungsrahmen mit Firmenlogo als Bilddatei

Zeichnung mit Bild

1. Öffnen Sie die Zeichnung *A12-03.dwg* aus Ihrem Übungsordner. Es ist die abgeleitete Zeichnung eines 3D-Modells.

2. Fügen Sie die Bilddatei *B12-03-1.tif* auf dem Zeichenblatt ein. In der Bilddatei haben Sie das gerenderte Bild. Das Ergebnis sehen Sie in Abbildung 12.8. Sie finden eine Lösung im Übungsordner: die Zeichnung *L12-03.dwg*.

Beispiele für Bilder in Zeichnungen	Kapitel 12

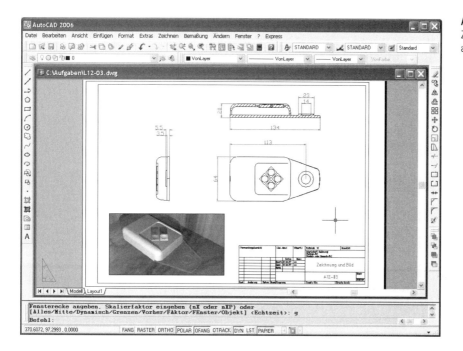

Abbildung 12.8:
Zeichnung und Bild auf einem Blatt

Zeichnung mit Hintergrund

1. Öffnen Sie jetzt die Zeichnung *A12-04.dwg* aus Ihrem Übungsordner.

2. Fügen Sie die Bilddatei *B12-04-1.tif* am Punkt 0,0 ein. Skalieren Sie sie so, dass das Bild die ganze Zeichnung abdeckt.

3. Bearbeiten Sie die Datei mit dem Befehl BILDANPASSEN nach. Stellen Sie den Schieberegler FADE auf etwa 40. Legen Sie das Bild mit dem Befehl ZEICHREIHENF in den Hintergrund. Regenerieren Sie die Zeichnung. Ihre Zeichnung sollte wie in Abbildung 12.9 aussehen. Falls nicht, finden Sie die Lösung *L12-04.dwg* im Übungsordner.

Gescanntes Bild laden

1. Öffnen Sie die Zeichnung *A12-05.dwg*. Sie befindet sich ebenfalls im Übungsordner und enthält erst einmal nur den Zeichnungsrahmen.

2. Fügen Sie jetzt die Bilddatei *B12-05-1.tif* ein. Dabei handelt es sich um eine gescannte Zeichnung. Platzieren Sie die Draufsicht und den Schnitt innerhalb des A4-Zeichnungsrahmens.

3. Schneiden Sie jetzt die gescannte Zeichnung mit dem Befehl BILDZU-SCHNEIDEN so zu, dass nur noch die Draufsicht und der Schnitt innerhalb des A4-Blatts sichtbar sind. Skalieren Sie das Bild mit dem Befehl VARIA und der Option BEZUG so, dass es 1:1 auf dem Papierblatt liegt.

Kapitel 12   Bilder in Zeichnungen

Abbildung 12.9:
Zeichnungen mit Hintergrund

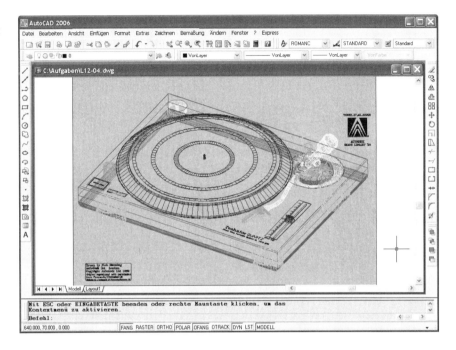

Befehl: **Varia**
Objekte wählen: **Bilddatei am Rand wählen**
Objekte wählen: ⏎
Basispunkt angeben: **linken unteren Punkt des Bildausschnitts anklicken**
Skalierfaktor angeben oder [Kopie/Bezug]: **B für Bezug**
Bezugslänge angeben <1>: **Bekannte Länge abgreifen, z.B.: Maß 40 in der Draufsicht**
Zweiten Punkt angeben: **Zweiten Punkt an dem Maß anklicken**
Neue Länge angeben oder [Punkte] <1.000>: **40**

4. Schalten Sie dann mit dem Befehl BILDRAHMEN den Rahmen aus. Das Ergebnis ist jetzt maßstäblich dargestellt und kann weiterbearbeitet werden. Es sollte wie in Abbildung 12.11 aussehen. Eine Musterlösung finden Sie im Übungsordner: *L12-05.dwg*.

Beispiele für Bilder in Zeichnungen

Kapitel 12

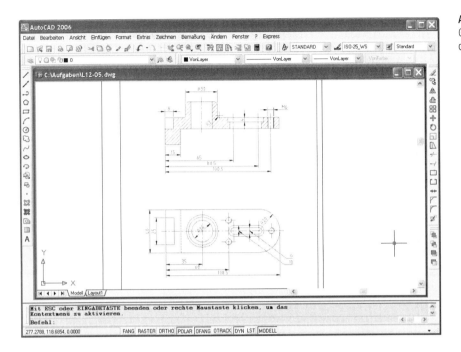

Abbildung 12.10:
Gescanntes Bild in der Zeichnung

13 Änderungen, Design-Center und Werkzeugpaletten

In diesem Kapitel lernen Sie die speziellen Bedienelemente kennen: den Objekteigenschaften-Manager, das AutoCAD-Design-Center sowie das Werkzeugpalettenfenster.

13.1 Der Objekteigenschaften-Manager

Mit dem Objekteigenschaften-Manager lassen sich Grundeinstellungen der Zeichnung vornehmen, wenn kein Objekt gewählt ist. Sind ein oder mehrere Objekte gewählt, können an diesen Änderungen im Objekteigenschaften-Manager vorgenommen werden.

Befehle Eigenschaften und Eigschliess

Mit dem Befehl EIGENSCHAFTEN starten Sie den Objekteigenschaften-Manager. Wählen Sie den Befehl:

- Abrollmenü EXTRAS und ÄNDERN, Funktion EIGENSCHAFTEN...
- Symbol in der STANDARD-FUNKTIONSLEISTE
- Tastenkombination [Strg] + [1]

Das Fenster bleibt unabhängig von einem Befehl so lange auf dem Bildschirm, bis Sie es mit dem Befehl EIGSCHLIESS wieder schließen. Diesen Befehl wählen Sie gleich wie den Befehl EIGENSCHAFTEN.

Haben Sie den Objekteigenschaften-Manager eingeschaltet, können Sie das Fenster über der Zeichnungsfläche lassen oder am linken oder rechten Rand fixieren (siehe Abbildung 13.1 und Abbildung 13.2).

- Schieben Sie das Fenster mit gedrückter linker Maustaste in der seitlichen Titelleiste an den Rand der Zeichenfläche wird es fixiert. Drücken Sie beim Verschieben die Taste [Strg], wird das Fixieren verhindert. Ist der Objekteigenschaften-Manager fixiert, können Sie es an der Trennlinie zur Zeichenfläche bzw. zu den anderen verankerten Werkzeugkästen schmäler oder breiter ziehen. Ist das Fenster fixiert, können Sie es an der oberen Doppellinie wieder auf die Zeichenfläche ziehen.

Kapitel 13 Änderungen, Design-Center und Werkzeugpaletten

Abbildung 13.1:
Objekteigenschaften-Manager auf der Zeichenfläche

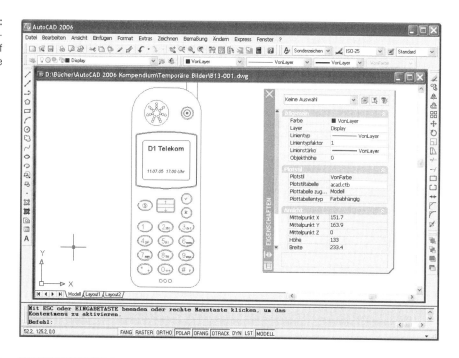

Abbildung 13.2:
Objekteigenschaften-Manager links verankert

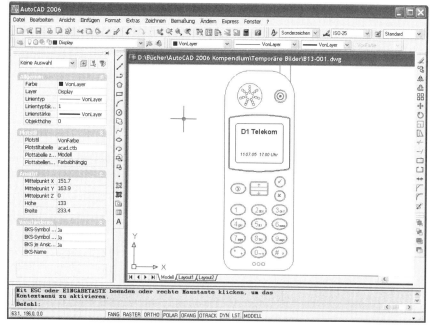

Haben Sie den Objekteigenschaften-Manager auf der Zeichenfläche, können Sie mit einem Rechtsklick in der Titelzeile ein Kontextmenü aktivieren. Darin haben Sie die Möglichkeit, mit dem Eintrag FIXIERUNG ZULASSEN die Fixierung ein- und auszuschalten.

Der Objekteigenschaften-Manager — Kapitel 13

- Mit der Funktion AUTOM. AUSBLENDEN reduziert sich das Fenster auf die Titelleiste. Erst wenn Sie mit der Maus darauf zeigen, wird das Fenster ausgefahren. Sobald der Mauszeiger wieder über der Zeichenfläche ist, wird das Fenster wieder ausgeblendet.

- Die Funktion BESCHREIBUNG schaltet das Beschreibungsfenster am unteren Rand des Objekteigenschaften-Managers ein und aus.

- Der Inhalt des Objekteigenschaften-Managers ist in verschiedene Kategorien unterteilt, die mit Überschriften gekennzeichnet sind. Klicken Sie auf die Pfeile hinter der Überschrift, werden die Werte dieser Kategorie nicht mehr angezeigt und die Pfeile zeigen in die andere Richtung. Klicken Sie die Pfeile wieder an, wird diese Kategorie angezeigt.

Aktuelle Einstellungen ändern

Wie schon erwähnt, können Sie mit dem Objekteigenschaften-Manager verschiedene Funktionen ausführen. Zunächst ist es ein Unterschied, ob Sie in der Zeichnung bereits Objekte gewählt haben oder nicht. Haben Sie in der Zeichnung keine Objekte gewählt, können Sie im Fenster die aktuellen Einstellungen ändern. Im Abrollmenü am oberen Rand des Fensters steht die Meldung KEINE AUSWAHL (siehe Abbildung 13.1 und 13.2). In der Liste finden Sie die Werte schwarz, die geändert werden können und grau die Werte, die nur angezeigt werden.

Klicken Sie in ein Feld, können Sie einen neuen Wert eintragen. Wird am rechten Rand des Feldes ein Pfeil angezeigt, bekommen Sie ein Abrollmenü, aus dem Sie den gewünschten Wert wählen können. Ist kein Objekt gewählt, können Sie die aktuelle Farbe, Layer, Linientyp, Linientypfaktor, Linienstärke und Objekthöhe einstellen, die Plotstiltabelle wechseln oder die Einstellungen für das BKS-Symbol ändern.

Noch einmal der Hinweis: Haben Sie kein Objekt in der Zeichnung angewählt, ändern Sie im Objekteigenschaften-Manager die aktuellen Einstellungen. Alle Objekte, die Sie ab jetzt zeichnen, werden mit den neuen Einstellungen erzeugt. Bereits erstellte Objekte werden nicht verändert.

Eigenschaften von Objekten ändern

Klicken Sie ein oder mehrere Objekte in der Zeichnung an, ohne dass Sie einen Befehl gewählt haben, bekommen die Objekte Griffe. Gleichzeitig ändert sich die Funktion des Objekteigenschaften-Managers.

Ein Objekt gewählt: Haben Sie ein Objekt gewählt, wird in der obersten Zeile des Fensters der Objekttyp angezeigt. Alle Daten des Objekts werden in der Liste darunter angezeigt. Das sind sowohl die Eigenschaften des Objekts als auch die geometrischen Daten des Objekts. Abbildung 13.3 zeigt den Objekteigenschaften-Manager bei Auswahl eines Kreises.

Abbildung 13.3:
Objekteigenschaften-Manager bei gewähltem Kreis

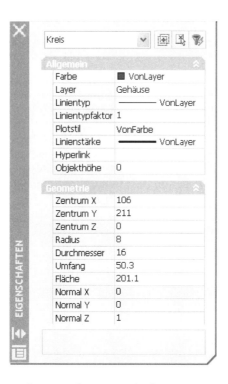

Sie können die Eigenschaften des Kreises ändern und es wird sofort auf der Zeichenfläche nachgeführt. Wählen Sie beispielsweise einen anderen Layer, wird der Kreis sofort in der Farbe des Layers dargestellt. Auch Änderungen an der Geometrie werden sofort ausgeführt. Generell gilt auch hier: In Feldern mit schwarzer Schrift kann geändert werden, graue Schrift ist in Anzeigefeldern, die nicht geändert werden können.

 Haben Sie am rechten Rand eines Feldes ein Pfeilsymbol, können Sie den Punkt in der Zeichnung bestimmen. Klicken Sie auf das Symbol und die bisherige Position des Punkts wird mit einem Gummiband gekennzeichnet. Klicken Sie einen neuen Punkt an, wird dessen Wert in das Fenster übernommen.

Mehrere gleichartige Objekte gewählt: Haben Sie mehrere gleichartige Objekte gewählt, wird in der obersten Zeile des Objekteigenschaften-Managers hinter dem Objekttyp die Anzahl der gewählten Objekte angezeigt. In der Liste darunter werden auch jetzt Eigenschaften und Geometriedaten angezeigt. Die Werte, die bei allen gewählten Objekten gleich sind, werden angezeigt. Unterschiedliche Werte werden mit *VARIIERT* angezeigt. Haben Sie beispielsweise zwei konzentrische Kreise gewählt, die auf unterschiedlichen Layern liegen, dann wird in den Feldern LAYER, RADIUS, DURCHMESSER, UMFANG und FLÄCHE *VARIIERT* angezeigt. In den restlichen Feldern finden Sie die entsprechenden Einträge, hier haben beide Kreise die gleichen Werte, zum Beispiel sind die Zentrumskoordinaten gleich, da es sich um konzentrische Kreise handelt. Tragen Sie einen Wert in ein Feld ein, gilt dieser für alle gewählten Objekte.

Unterschiedliche Objekte gewählt: Haben Sie unterschiedliche Objekte gewählt, wird in der obersten Zeile des Objekteigenschaften-Managers als Objekttyp ALLE angezeigt und in Klammern die Zahl der gewählten Objekte (siehe Abbildung 13.4, links).

In der Liste haben Sie dann nur noch die wichtigsten Objekteigenschaften, die in allen Objekten gespeichert sind. Auch jetzt gilt wieder. Die Werte, die bei allen gewählten Objekten gleich sind, werden angezeigt, bei unterschiedlichen Werten *VARIIERT*. Änderungen wirken sich auf alle gewählten Objekte aus. Jetzt hat auch das Abrollmenü in der obersten Zeile seinen Sinn. Dort können Sie nun gleichartige Objekte zur Änderung auswählen (siehe Abbildung 13.4, rechts). Wählen Sie hier beispielsweise KREIS, können Sie alle Kreise im Auswahlsatz ändern. Im Abrollmenü finden Sie alle Objekttypen mit ihrer Anzahl im Auswahlsatz.

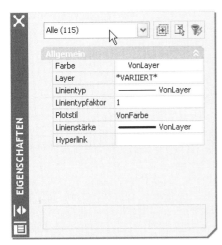 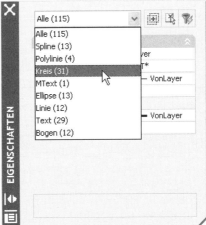

Abbildung 13.4:
Verschiedene Objekte gewählt

Auswahl aufheben

Haben Sie alle Änderungen ausgeführt, sollten Sie die gewählten Objekte wieder abwählen. Gehen Sie dazu wie folgt vor:

- Drücken Sie die Taste [Esc].
- Rechtsklick auf der Zeichenfläche und Auswahl der Funktion AUSWAHL AUFHEBEN aus dem Kontextmenü.

Die Griffe verschwinden von den Objekten, und Sie können eine neue Auswahl treffen.

Kapitel 13   Änderungen, Design-Center und Werkzeugpaletten

Symbole im Objekteigenschaften-Manager

Mit den Symbolen rechts oben im Fenster lassen sich folgende Funktionen ausführen (von links nach rechts):

➤ Umschalten zur Einzelauswahl und wieder zurück. Schalten Sie in diesen Modus um, wird ein Symbol mit »1« angezeigt, und Sie können bei der Objektwahl nur noch einmal wählen. Wählen Sie erneut, wird die erste Auswahl verworfen (siehe Befehl OPTIONEN, Anhang A.4). Mit der ⇧-Taste bei der Objektwahl können in diesem Fall weitere Objekte zugefügt werden. *Achtung*: Diese Umstellung wirkt sich bei allen Editierbefehlen aus!

➤ Start der Objektwahl. Die Objekte können in der Zeichnung mit den Optionen der Objektwahl gewählt werden und danach im Objekteigenschaften-Manager bearbeitet werden.

➤ Start der Schnellauswahl (siehe Kapitel 13.3).

➤ *Wenn Sie die Änderungen ausgeführt haben, sollten Sie die Auswahl immer aufheben, Sie könnten sonst böse Überraschungen erleben. Wählen Sie beispielsweise den Befehl* LÖSCHEN *und haben noch Objekte in der Auswahl, werden diese ohne Rückfrage gelöscht, und unter Umständen merken Sie es gar nicht sofort, so dass Sie den Befehl auch nicht gleich zurücknehmen können.*

➤ *Wenn Sie ein oder mehrere Objekte in einer anderen Farbe, einem anderen Linientyp oder einer anderen Strichstärke haben wollen, ändern Sie* **nicht** *Farbe, Linientyp oder Strichstärke. Legen Sie die Objekte auf den Layer, dem diese Farbe, dieser Linientyp oder diese Strichstärke zugeordnet ist. Gibt es keinen Layer mit diesen Zuordnungen, legen Sie sich einen neuen Layer an und ändern dann die Objekteigenschaften. Wenn Sie sich nicht an diese Regel halten, hat Ihre Zeichnung keine Struktur. Eine Linie ist zwar strichpunktiert und hat die Farbe von Mittellinien, ist aber trotzdem auf dem Layer für Konturen. Die Möglichkeiten, die Ihnen die Layer bieten, können Sie nicht mehr nutzen. Kurz gesagt: Farbe und Linientyp sollten immer auf Von-Layer eingestellt sein. Klicken Sie also auf das Feld* LAYER, *wenn Sie die Layerzugehörigkeit ändern wollen, und wählen Sie den gewünschten Layer.*

13.2 Änderungen im Kontextmenü

Außer dem Objekteigenschaften-Manager haben Sie weitere Möglichkeiten, Änderungen und Editierbefehle auszuführen. Sie finden Sie im Kontextmenü, das Sie mit der rechten Maustaste aktivieren.

Die Schnellauswahl   Kapitel 13

Kontextmenü ohne Befehl

Haben Sie ein oder mehrere Objekte gewählt, aber noch keinen Befehl und drücken die rechte Maustaste auf der Zeichenfläche, bekommen Sie ein Kontextmenü wie in Abbildung 13.5. Folgende Möglichkeiten haben Sie unter anderem in dem Menü:

Wiederholen Befehlsname: Wiederholen des letzten Befehls.

Ausschneiden, Kopieren usw.: Funktionen der Windows-Zwischenablage (siehe Kapitel 14.4).

Löschen, Verschieben usw.: Die gleichnamigen Editierbefehle werden mit der aktuellen Auswahl ausgeführt.

Auswahl aufheben: Die ausgewählten Objekte werden wieder freigegeben und die Griffe an den Objekten verschwinden.

Schnellauswahl: Siehe unten, Kapitel 13.3

Suchen: Befehl SUCHEN zum Suchen und Ersetzen von Text (siehe Kapitel 10.5).

Eigenschaften: Aktivierung des Objekteigenschaften-Managers, die gewählten Objekte werden in das Fenster zur Bearbeitung übernommen.

Kontextmenü bei speziellen Objekten

Haben Sie ein oder mehrere Maße angeklickt, bekommen Sie eine Reihe Änderungsfunktionen direkt im Kontextmenü angeboten (siehe Abbildung 13.5, rechts). Wichtige Änderungen an Maßen lassen sich so schnell ohne Befehlswahl ausführen. Änderungen an der Position und der Genauigkeit (Zahl der Nachkommastellen) des Maßtextes sowie Änderungen des Bemaßungsstils finden Sie in einem Untermenü des Kontextmenüs.

Haben Sie einen Textabsatz gewählt, finden Sie im Kontextmenü einen Eintrag, mit dem Sie den Text zur Bearbeitung in den Texteditor übernehmen können. Ist eine Schraffur markiert, kommen Sie aus dem Kontextmenü direkt zum Dialogfeld des Befehls SCHRAFFEDIT.

13.3   Die Schnellauswahl

Die Schnellauswahl ist eine flexible Möglichkeit, Objekte nach verschiedenen Kriterien in der Zeichnung zu wählen. Alle Kreise, die einen Radius kleiner 5 haben, alle Linien auf dem Layer *Kontur*, alle Blöcke mit dem Namen *Symbol* usw. lassen sich so sehr schnell aus der Zeichnung filtern.

Kapitel 13 Änderungen, Design-Center und Werkzeugpaletten

Abbildung 13.5:
Kontextmenü bei gewählten Objekten

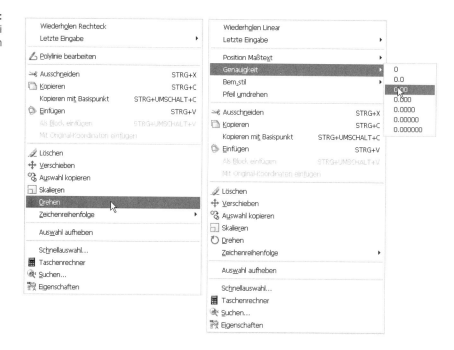

Damit können systematische Fehler verbessert oder Änderungen ausgeführt werden.

Befehl Sauswahl

Mit dem Befehl SAUSWAHL können Sie Objekte nach den verschiedensten Suchkriterien in der Zeichnung wählen. Den Befehl finden Sie:

➤ Abrollmenü EXTRAS, Funktion SCHNELLAUSWAHL...

➤ Kontextmenü mit der rechten Maustaste ohne aktiven Befehl, Funktion SCHNELLAUSWAHL...

➤ Symbol im Objekteigenschaften-Manager

Haben Sie den Befehl gewählt, bekommen Sie ein Dialogfeld für die Schnellauswahl (siehe Abbildung 13.6).

Folgende Elemente finden Sie im Dialogfeld:

Anwenden auf: In dem Abrollmenü können Sie wählen, ob Sie die GANZE ZEICHNUNG oder DIE AKTUELLE AUSWAHL durchsuchen wollen. Haben Sie in der Zeichnung keine Objekte markiert, können Sie nur die ganze Zeichnung durchsuchen.

Die Schnellauswahl

Abbildung 13.6:
Dialogfeld des Befehls Sauswahl

Objekte auswählen: Wollen Sie nur einen bestimmten Bereich der Zeichnung durchsuchen, klicken Sie auf dieses Symbol, das Dialogfenster verschwindet, und Sie können in der Zeichnung Objekte auswählen. Wenn Sie die Auswahl beendet haben, kommen Sie wieder zum Dialogfeld. Im Feld ANWENDEN AUF steht jetzt AKTUELLE AUSWAHL.

Objekttyp: Im diesem Abrollmenü können Sie die Suche auf bestimmte Objekttypen beschränken. Es werden nur die Objekttypen angeboten, die Sie in der aktuellen Auswahl bzw. in der ganzen Zeichnung haben (abhängig von der Einstellung im FELD ANWENDEN AUF).

Eigenschaften: Hier wählen Sie die Eigenschaft, auf die Sie die Suche eingrenzen wollen.

Operator: Vergleichsoperator bei der Suche.

Wert: Wert, mit dem verglichen werden soll.

In neuen Auswahlsatz einfügen: Ist dieser Schalter ein, wird aus den Objekten, auf die die Bedingung zutrifft, ein neuer Auswahlsatz gebildet.

Kapitel 13   Änderungen, Design-Center und Werkzeugpaletten

Aus neuem Auswahlsatz ausschließen: Haben Sie diesen Schalter ein, werden alle Objekte der aktuellen Auswahl bzw. der ganzen Zeichnung (abhängig von der Einstellung im Feld ANWENDEN AUF) gewählt, außer die Objekte, auf die die Bedingung zutrifft.

An aktuellen Auswahlsatz anhängen: Ist dieser Schalter ein, wird die neue Auswahl zu einem bereits vorhandenen Auswahlsatz hinzugefügt, ist er aus, wird ein neuer Auswahlsatz aus den gefundenen Objekten gebildet.

Klicken Sie auf OK, wird die aktuelle Auswahl oder die ganze Zeichnung nach den angegebenen Kriterien durchsucht. Die gefundenen Objekte werden in der Zeichnung markiert. Danach können Sie einen Editierbefehl mit dieser Auswahl ausführen oder die Objekte im Objekteigenschaften-Manager ändern.

Ändern mit der Schnellauswahl

1. Laden Sie die Zeichnung *A13-01.dwg* aus dem Ordner *Aufgaben*. Die Zeichnung sieht wie in Abbildung 13.7 aus.

Abbildung 13.7:
Ausgangszeichnung für die Schnellauswahl

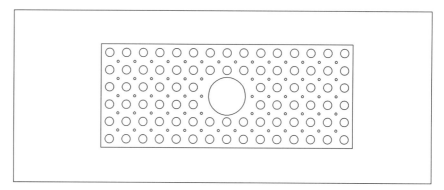

2. In der Zeichnung sind alle Kreise auf dem Layer *0*. Sie sollen auf den Layer *Bohrungen* kommen.

3. Aktivieren Sie den Objekteigenschaften-Manager und klicken Sie auf das Symbol für die Schnellauswahl. Lassen Sie die Einstellung im Feld ANWENDEN AUF bei der Auswahl GANZE ZEICHNUNG. Wählen Sie beim OBJEKTTYP den Eintrag *Kreis* und lassen Sie die anderen Einstellungen auf den Standardwerten (siehe Abbildung 13.8, links).

4. Klicken Sie auf die Schaltfläche OK und alle Kreise in der Zeichnung werden markiert. Wählen Sie im Objekteigenschaften-Manager im Feld LAYER den Layer *Bohrungen* aus. Alle gewählten Kreise werden auf den Layer *Bohrungen* verschoben.

Die Schnellauswahl

5. Jetzt sollen alle Kreise, deren Radius kleiner 1 ist, den Radius 2 erhalten. Wählen Sie im Objekteigenschaften-Manager wieder die Schnellauswahl.

6. Aus der aktuellen Auswahl (alle Kreise in der Zeichnung) wollen wir jetzt die Kreise herausfiltern, deren Radius kleiner 1 ist. Belassen Sie die Einstellung auf AKTUELLE AUSWAHL und wählen Sie beim OBJEKTTYP wieder den Eintrag *Kreis*. Wählen Sie bei der EIGENSCHAFT die Auswahl *Radius* und beim OPERATOR die Möglichkeit < *Kleiner als*. Tragen Sie im Feld WERT *1* ein. Das Dialogfeld sieht dann wie in Abbildung 13.8, rechts aus.

7. Wenn Sie jetzt auf OK klicken, werden alle Kreise in der Zeichnung ausgewählt, deren Radius kleiner als 1 ist, also alle kleinen Bohrungen.

8. Tragen Sie jetzt im Objekteigenschaften-Manager 2 als Radius ein. Alle Bohrungen mit Radius 0.75 werden auf 2 geändert. Die Zeichnung sollte wie in Abbildung 13.9 aussehen. Eine Lösung haben Sie auch im Ordner *Aufgaben*, die Zeichnung *L13-01.dwg*.

Abbildung 13.8: Auswahl der Kreise

Kapitel 13 Änderungen, Design-Center und Werkzeugpaletten

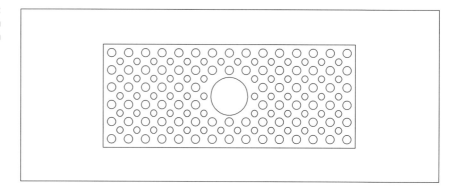

Abbildung 13.9:
Die geänderten
Bohrungen

13.4 Übertragung von Objekteigenschaften

Einfach werden Änderungen, wenn Sie schon ein Objekt in der Zeichnung haben, das die gewünschten Eigenschaften hat. Sie können die Eigenschaften von einem Objekt auf andere Objekte übertragen.

Befehl Eiganpass

Mit dem Befehl EIGANPASS können Sie Objekteigenschaften von einem Quellobjekt auf ein oder mehrere Zielobjekte übertragen.

➡ Abrollmenü ÄNDERN, Funktion EIGENSCHAFTEN ANPASSEN

➡ Symbol in der Standard-Funktionsleiste

```
Befehl: Eiganpass
Quellobjekt wählen: Objekt mit den gewünschten Eigenschaften wählen
Aktuelle aktive Einstellungen:  Farbe Layer Ltyp LTFaktor Linienstärke
    Objekthöhe Plotstil TEXT BEM SCHRAFF
Zielobjekt(e) oder [Einstellungen] wählen: Zielobjekte oder Option
    wählen
Zielobjekt(e) oder [Einstellungen] wählen: weitere Objekte oder [↵]
    zum Beenden
```

Nachdem Sie den Befehl gewählt haben, wird ein Quellobjekt abgefragt. Das Quellobjekt ist das Objekt, dessen Eigenschaften auf andere Objekte übertragen werden sollen. Danach bekommen Sie eine Liste der Eigenschaften, die auf andere Objekte übertragen werden. Wählen Sie dann die Zielobjekte, also die Objekte, auf die die Eigenschaften übertragen werden sollen.

Einstellungen: Mit dieser Option können Sie in einem Dialogfeld (siehe Abbildung 13.10) einstellen, welche Eigenschaften übertragen werden sollen.

Übertragung von Objekteigenschaften   Kapitel 13

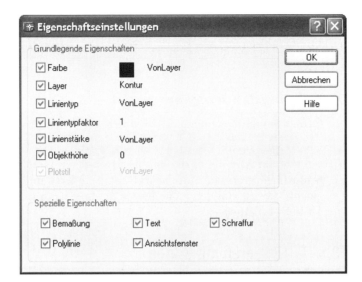

Abbildung 13.10:
Dialogfeld für die zu übertragenden Eigenschaften

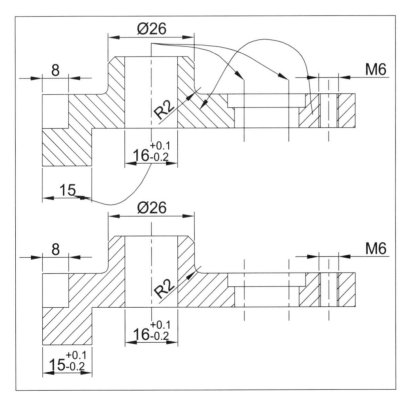

Abbildung 13.11:
Übertragung von Eigenschaften

Sie können wählen, welche Eigenschaften Sie übertragen wollen. Klicken Sie die entsprechenden Schalter an. Hinter den Schaltern werden die Werte angezeigt, die das Quellobjekt hat. Außerdem können Sie anwählen, ob Sie die Bemaßungs-, Text- und Schraffureigenschaften mit übertragen wollen. Nachdem Sie die Einstellungen geprüft oder verändert haben, klicken Sie auf OK und Sie kommen wieder zur Zeichnung und wählen dann die Zielobjekte.

Objekteigenschaften übertragen

1. Öffnen Sie die Zeichnung *A13-02.dwg* aus Ihrem Übungsordner.
2. Übertragen Sie die Eigenschaften wie in Abbildung 13.11: Den Linientyp von der Mittellinie zu den durchgezogenen Linien, den Winkel des Schraffurmusters von einer Schraffur zur anderen und die Toleranz von einem Maß zum anderen. Sie finden die Lösung in *L13-02.dwg* in dem Ordner *Aufgaben*.

13.5 Editieren mit Griffen

Neben den bisher behandelten Editierbefehlen haben Sie auch die Möglichkeit, Objekte an den Griffen zu editieren. Vor allem beim Erstellen von Illustrationen, Schemaplänen und dergleichen ist diese praktische Methode den Editierbefehlen überlegen.

Griffe aktivieren

Sie bringen Griffe an einem Objekt an, indem Sie es mit dem Fangfenster anklicken oder, wie bei der Objektwahl, ein Fenster darüber aufziehen, ohne dass Sie einen Befehl gewählt haben.

Auch hier gelten die gleichen Regeln wie bei der Objektwahl:

- Wird das Fenster von links nach rechts aufgezogen, werden die Objekte mit Griffen versehen, die sich ganz im Fenster befinden.
- Wird das Fenster von rechts nach links aufgezogen, werden die Objekte mit Griffen versehen, die sich ganz oder teilweise im Fenster befinden.
- Klicken Sie ein gewähltes Objekt mit Griffen mit gedrückter ⇧-Taste noch einmal an, verschwinden die Griffe wieder.

Die Griffe erscheinen an den Punkten, an denen sich die Objekte bearbeiten lassen (siehe Abbildung 13.12). Sie haben zunächst die Farbe blau, sind also so genannte kalte Griffe.

Editieren mit Griffen   Kapitel 13

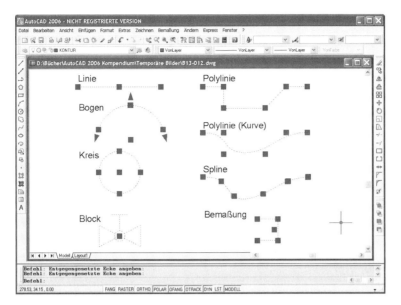

Abbildung 13.12:
Beispiele für Griffe
an Objekten

Verschiedene Griffarten

Kalte Griffe: Kalte Griffe bekommen Sie an Objekten, die Sie angeklickt haben, ohne vorher einen Befehl zu wählen und die hervorgehoben sind. Das Objekt wird nicht verändert, aber die Griffe können Ihnen bei Griffoperationen als Fangpunkte dienen. Kalte Griffe sind normalerweise blaue ausgefüllte Quadrate. In den Optionen (siehe Kapitel 10.5) können Sie die Farbe aller Griffarten umstellen.

Dynamischer Griff: Fahren Sie mit dem Fadenkreuz auf einen Griff, wird dieser als dynamischer Griff grün angezeigt, wenn er zum heißen Griff gemacht werden kann.

Heißer Griff: Klicken Sie einen kalten Griff an, wird er zum heißen Griff. Sie können Ihn jetzt bearbeiten. Sie können auch mehrere Griffe zu heißen Griffen machen. Dazu müssen Sie aber beim anklicken die ⇧-Taste beim Anklicken drücken.

Griffe entfernen: Drücken Sie die Taste Esc, verschwinden alle Griffe. Drücken Sie die rechte Maustaste und wählen Sie aus dem Kontextmenü die Funktion AUSWAHL AUFHEBEN, verschwinden alle Griffe von den Objekten.

Griffe bearbeiten

Nachdem Sie einen oder mehrere Griffe zu heißen Griffen gemacht haben, können Sie das Objekt bearbeiten. Haben Sie mehrere heiße Griffe gewählt, müssen Sie noch den Griff anklicken, den Sie bearbeiten wollen. Jetzt wird die Funktion STRECKEN aktiv, die ähnlich wie der gleichnamige Befehl arbeitet:

Kapitel 13   Änderungen, Design-Center und Werkzeugpaletten

```
Befehl:
**STRECKEN**
Streckpunkt angeben oder [BAsispunkt/Kopieren/Zurück/Exit]:
```

Ohne weitere Eingabe kann der Griff verschoben werden. Klicken Sie einen neuen Punkt an, wählen Sie einen anderen Griff, auf den das Fadenkreuz einrastet, wählen Sie einen Punkt mit dem Objektfang oder geben Sie eine relative Koordinate ein und der Griff wird an diesen Punkt versetzt, zum Beispiel:

```
Befehl:
**STRECKEN**
Streckpunkt angeben oder [BAsispunkt/Kopieren/Zurück/Exit]: @0,5
```

oder

```
Befehl:
**STRECKEN**
Streckpunkt angeben oder [BAsispunkt/Kopieren/Zurück/Exit]: Mit dem
   Objektfang einen Punkt auf einem Objekt ohne Griff anklicken
```

oder

```
Befehl:
**STRECKEN**
Streckpunkt angeben oder [BAsispunkt/Kopieren/Zurück/Exit]: Einen Griff auf
   einem anderen Objekt anklicken
```

TIPP

Pfeilförmige Griffe an Bögen

➤ Wenn Sie Bögen mit Griffen markieren, bekommen diese zusätzlich pfeilförmige Griffe an den drei Punkten auf dem Bogen (siehe Abbildung 13.12).

➤ Mit den Pfeilen an den Endpunkten lässt sich der Bogen in Bogenrichtung strecken. Mit dem Pfeil an dem mittleren Punkt auf dem Bogen wird beim Strecken der Bogen verschoben, ohne dass sich seine Geometrie ändert.

Ist ein heißer Griff aktiv, können Sie statt einer Punkteingabe auch weitere Optionen wählen (siehe Optionsliste):

```
Befehl:
**STRECKEN**
Streckpunkt angeben oder [BAsispunkt/Kopieren/Zurück/Exit]:
```

Wählen Sie statt eines Punkts die Option BASISPUNKT, können Sie den Vektor für die Streckfunktion an einer beliebigen anderen Stelle in der Zeichnung mit zwei Punkten bestimmen. Das können dann auch wieder Griffe auf Objekten sein oder Punkte, die Sie mit dem Objektfang wählen.

Editieren mit Griffen — Kapitel 13

Die Option KOPIEREN erzeugt mehrfache Kopien des Objekts, auf dem der Griff liegt. Die entstehenden Kopien werden gestreckt (siehe Abbildung 13.13). Haben Sie einen Griff aktiviert, der eine Verschiebung bewirkt, beispielsweise der mittlere Griff einer Linie oder eines Kreises, erzeugen Sie unveränderte Kopien.

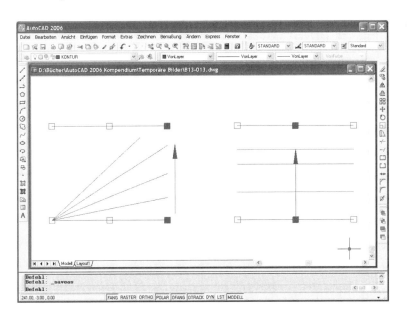

Abbildung 13.13: Mehrfachkopien beim Strecken

Geben Sie bei der ersten Anfrage des Befehls ⏎ ein, wird in die Funktion SCHIEBEN gewechselt. Weitere Eingaben von ⏎ aktivieren nacheinander die Funktionen DREHEN, SKALIEREN und SPIEGELN.

```
Befehl:
**STRECKEN**
Streckpunkt angeben oder [BAsispunkt/Kopieren/Zurück/Exit]:  ⏎
**SCHIEBEN**
Punkt für Verschieben angeben oder [BAsispunkt/Kopieren/Zurück/Exit]:  ⏎
**DREHEN**
Drehwinkel angeben oder [BAsispunkt/Kopieren/Zurück/BEzug/Exit]:  ⏎
**SKALIEREN**
Skalierfaktor angeben oder [BAsispunkt/Kopieren/Zurück/BEzug/Exit]:  ⏎
**SPIEGELN**
Zweiten Punkt angeben oder [BAsispunkt/Kopieren/Zurück/Exit]:  ⏎
```

Mit der Eingabe des zweiten Punkts bzw. des Drehwinkels oder des Skalierfaktors wird die Funktion ausgeführt. Bei allen Funktionen sind die Optionen BASISPUNKT, KOPIEREN und teilweise auch BEZUG verfügbar. Die Grifffunktionen arbeiten wie die gleichnamigen Editierbefehle, außer dass mit diesen Funktionen auch Serien von gestreckten, verschobenen, gedrehten, skalierten oder gespiegelten Objekten erzeugt werden können.

Kapitel 13   Änderungen, Design-Center und Werkzeugpaletten

Rechte Maustaste bei den Griffen

Alle oben aufgeführten Optionen können Sie auch aus einem Kontextmenü wählen, das erscheint, wenn Sie die rechte Maustaste drücken und wenn ein heißer Griff aktiv ist (siehe Abbildung 13.14).

Abbildung 13.14:
Kontextmenü für die Bearbeitung der Griffe

Die oberste Zeile im Menü entspricht der ⏎-Taste. Darunter finden Sie die Funktionen SCHIEBEN, SPIEGELN, DREHEN, VARIA und STRECKEN, die Sie dort direkt anwählen können ohne, wie oben beschrieben, mehrfach die ⏎-Taste drücken zu müssen. Im nächsten Abschnitt des Kontextmenüs können Sie die Optionen der Funktionen wählen.

Mit dem Menüeintrag BEENDEN wird die Bearbeitung des Griffs beendet und heiße Griffe verschwinden. Gewählte Objekte bleiben markiert.

Mit dem Eintrag EIGENSCHAFTEN können Sie den Objekteigenschaften-Manager aktivieren, und Sie können die ausgewählten Objekte dort ändern.

Strecken mit Griffen

1. Zeichnen Sie ein Rechteck aus Linien (nicht mit dem Befehl RECHT-ECK), einen Kreis, ein Achteck mit dem Befehl Polygon und noch einen Kreis (siehe Abbildung 13.15, linke Hälfte).

2. Strecken Sie den Kreis so weit, dass er den Mittelpunkt der Linie berührt. Das geht auch ohne Objektfang, Sie könnten ihn auch ausschalten. Klicken Sie dazu den Kreis und die senkrechte Linie an. Klicken Sie dann auf den Griff am linken Quadranten des Kreises (siehe Abbildung 13.15, Punkt 1).

Editieren mit Griffen   Kapitel 13

```
Befehl:** STRECKEN **
Streckpunkt angeben oder [BAsispunkt/Kopieren/Zurück/Exit]: Griff an
    der Mitte der Linie anklicken (Abbildung 13.15, Punkt 2)
```

3. Entfernen Sie die Griffe. Klicken Sie dann das Polygon und den Kreis an. Klicken Sie dann auf den Griff am Zentrum des Kreises (siehe Abbildung 13.15, Punkt 3).

```
Befehl:** STRECKEN **
Streckpunkt angeben oder [BAsispunkt/Kopieren/Zurück/Exit]: K für die
    Option Kopieren eingeben

** STRECKEN (mehrere) **
Streckpunkt angeben oder [BAsispunkt/Kopieren/Zurück/Exit]: Griff am
    Punkt 4 anklicken

** STRECKEN (mehrere) **
Streckpunkt angeben oder [BAsispunkt/Kopieren/Zurück/Exit]: Griff am
    Punkt 5 anklicken

.. usw.
```

4. Setzen Sie an jeden Eckpunkt einen Kreis (siehe Abbildung 13.15).

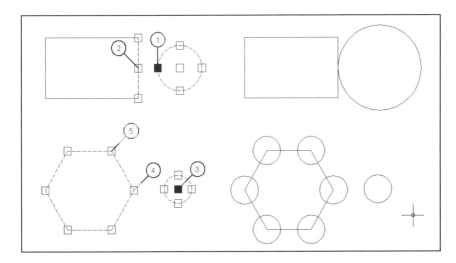

Abbildung 13.15:
Strecken mit Griffen

Schieben, Drehen und Spiegeln mit Griffen

1. Zeichnen Sie die verschiedenen Rechtecke und Linien wie in Abbildung 13.16 (linke Hälfte).

2. Schieben Sie das untere Rechteck an das andere. Klicken Sie dazu das untere Rechteck an, damit es Griffe bekommt. Klicken Sie dann den linken oberen Griff des unteren Rechtecks an (siehe Abbildung 13.16, Punkt 1) und es bekommt einen heißen Griff an dieser Stelle.

```
Befehl:** STRECKEN **
Streckpunkt angeben oder [BAsispunkt/Kopieren/Zurück/Exit]:  ⏎

** SCHIEBEN **
Punkt für Verschieben angeben oder [BAsispunkt/Kopieren/Zurück/Exit]:
    Punkt am oberen Rechteck mit dem Objektgriff anklicken
    (Abbildung 13.16, Punkt 2)
```

3. Entfernen Sie alle Griffe. Drehen Sie dann das mittlere Rechteck mehrfach. Klicken Sie es dazu an und machen danach den linken unteren Griff (siehe Abbildung 13.16, Punkt 3) zum heißen Griff. Drücken Sie so lange ⏎, bis der Befehl DREHEN kommt, oder wählen Sie ihn aus dem Kontextmenü.

```
** DREHEN **
Drehwinkel angeben oder [BAsispunkt/Kopieren/Zurück/BEzug/Exit]:
    K für die Option Kopieren

** DREHEN (mehrere) **
Drehwinkel angeben oder [BAsispunkt/Kopieren/Zurück/BEzug/Exit]: 30
..
und das gleiche für 60 und 90°
```

4. Entfernen Sie jetzt wieder alle Griffe und spiegeln Sie dann das untere Rechteck an der Linie. Klicken Sie das Rechteck und die Linie an. Klicken Sie dann den oberen Griff der Linie an (siehe Abbildung 13.16, Punkt 4). Drücken Sie so lange ⏎, bis der Befehl SPIEGELN kommt, oder wählen Sie ihn aus dem Kontextmenü.

```
** SPIEGELN **
Zweiten Punkt angeben oder [BAsispunkt/Kopieren/Zurück/Exit]: Unteren
    Griff der Linie anklicken (siehe Abbildung 13.16, Punkt 5)
```

13.6 Objekte umbenennen

Eine weitere Änderungsmöglichkeit betrifft die benannten Objekte in der Zeichnung. Das sind Ansichten, Ansichtsfenster, Bemaßungsstile, Benutzerkoordinatensystem, Blöcke, Layer, Linientypen und Textstile. Beim Anlegen dieser Objekte geben Sie diesen einen Namen ein. Diese Namen können Sie mit dem Befehl UMBENENN ändern.

Objekte umbenennen — Kapitel 13

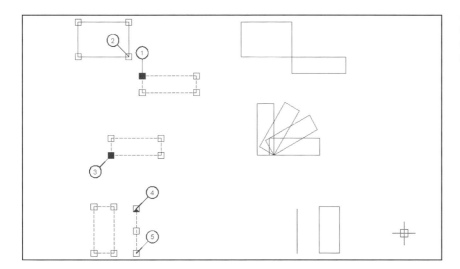

Abbildung 13.16:
Schieben, Drehen und Spiegeln mit den Griffen

Befehl Umbenenn

Sie finden den Befehl:

➤ Abrollmenü FORMAT, Funktion UMBENENNEN...

Abbildung 13.17:
Umbenennen von Objekten

Die Objekte können Sie in einem Dialogfeld (siehe Abbildung 13.17) umbenennen. Gehen Sie wie folgt vor:

➤ Markieren Sie einen Objekttyp in der Liste BENANNTE OBJEKTE. Sie bekommen dann in der Liste OBJEKTE alle Objekte dieser Kategorie aufgelistet.

- Markieren Sie ein Objekt in der rechten Liste, und der Name wird in das Feld ALTER NAME übernommen.
- Tragen Sie einen neuen Namen in das Feld darunter ein.
- Klicken Sie auf die Schaltfläche UMBENENNEN IN, und das Objekt bekommt den neuen Namen.

13.7 Das AutoCAD-Design-Center

Mit dem AutoCAD-Design-Center können Sie Inhalte aus anderen Zeichnungen in die aktuelle Zeichnung übernehmen, ohne diese öffnen zu müssen. Das können Bemaßungsstile, Blöcke, Layer, Layouts, Linientypen, Textstile und Xrefs aus anderen Zeichnungen sein. Außerdem können Sie auch komplette Zeichnungen oder Bilddateien aus anderen Ordnern in die aktuelle Zeichnung einfügen

Befehl Adcenter und Adcschließen

Mit dem Befehl ADCENTER starten Sie das Autodesk-Design-Center:

- Abrollmenü EXTRAS, Funktion AUTOCAD-DESIGN-CENTER
- Symbol in der STANDARD-FUNKTIONSLEISTE
- Tastenkombination [Strg] + [2]

Wählen Sie den Befehl an, wird das Fenster mit dem Design-Center auf den Bildschirm gebracht und bleibt, unabhängig von einem Befehl, so lange geöffnet, bis Sie es wieder schließen (siehe Abbildung 13.18). Mit dem Befehl ADCSCHLIESSEN können Sie das Fenster wieder schließen. Diesen Befehl können Sie auf die gleiche Weise wie den Befehl ADCENTER wählen.

- *Die Anzeige des AutoCAD-Design-Centers können Sie wie beim Objekteigenschaften-Manager ändern (siehe Kapitel 13.1). Schieben Sie das Fenster mit gedrückter linker Maustaste in der seitlichen Titelleiste an den Rand der Zeichenfläche wird es fixiert. Drücken Sie beim Verschieben die Taste [Strg], wird das Fixieren verhindert. Ist der Objekteigenschaften-Manager fixiert, können Sie es an der Trennlinie zur Zeichenfläche bzw. zu den anderen verankerten Werkzeugkästen schmäler oder breiter ziehen.*
- *Ist das Fenster fixiert, können Sie es an der oberen Doppellinie wieder auf die Zeichenfläche ziehen.*

Das AutoCAD-Design-Center

➤ Haben Sie das AutoCAD-Design-Center auf der Zeichenfläche, können Sie mit einem Rechtsklick in der Titelzeile ein Kontextmenü aktivieren. Darin haben Sie die Möglichkeit, mit dem Eintrag FIXIERUNG ZULASSEN die Fixierung ein- und auszuschalten.

➤ Mit der Funktion AUTOM. AUSBLENDEN reduziert sich das Fenster auf die Titelleiste. Erst wenn Sie mit der Maus darauf zeigen, wird das Fenster ausgefahren. Sobald der Mauszeiger wieder über der Zeichenfläche ist, wird das Fenster wieder ausgeblendet.

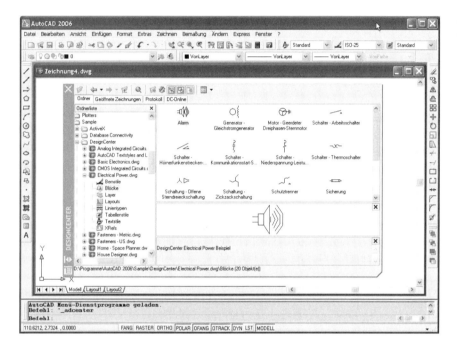

Abbildung 13.18: AutoCAD-Design-Center auf der Zeichenfläche

Darstellung im AutoCAD-Design-Center

Damit Sie die folgenden Aktionen mitverfolgen können, stellen Sie den folgenden Ausgangszustand her:

➤ Aktivieren Sie das AutoCAD-Design-Center (siehe oben).

➤ Schließen Sie alle Zeichnungen und öffnen Sie dann die Zeichnung *A13-03.dwg* aus dem Ordner *Aufgaben*, eine leere Zeichnung, die aber Blöcke enthält.

Das AutoCAD-Design-Center hat vier Register, mit denen unterschiedliche Inhalte dargestellt werden können:

Register Ordner: Mit dem Register ORDNER bekommen Sie im linken Teil des Fensters, der Ordnerliste, eine Explorer-Darstellung, mit der Sie den ganzen Arbeitsplatz durchblättern können. Haben Sie in der Ordnerliste

Kapitel 13   Änderungen, Design-Center und Werkzeugpaletten

einen Ordner markiert, bekommen Sie im rechten Teil des Design-Centers, der Inhaltsansicht, alle Zeichnungen mit Voransichtsbild angezeigt (siehe Abbildung 13.19).

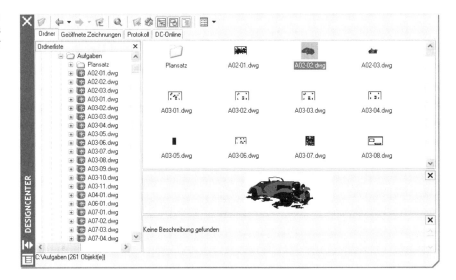

Abbildung 13.19: Inhalt eines Ordners im Design-Center

Wollen Sie sich eine Zeichnung genauer betrachten, markieren Sie diese in der Ordnerliste oder klicken sie doppelt in der Inhaltsansicht an. Jetzt bekommen Sie Kategorien der benannten Objekte in der Inhaltsansicht angezeigt (siehe Abbildung 13.20).

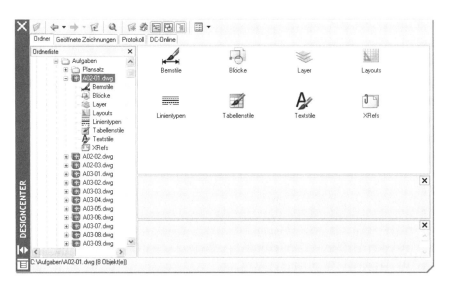

Abbildung 13.20: Kategorien benannter Objekte in der Zeichnung

Das AutoCAD-Design-Center Kapitel 13

Klicken Sie jetzt in der Ordnerliste eine Kategorie unter dem Zeichnungssymbol an oder klicken Sie auf diese doppelt in der Inhaltsansicht, werden die benannten Objekte angezeigt, z.B. alle Blöcke oder alle Layer in der Zeichnung (siehe Abbildung 13.21).

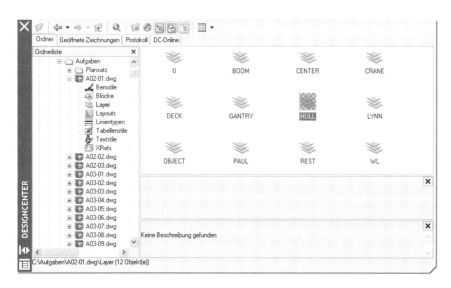

Abbildung 13.21:
Layer in der Zeichnung

Im Ordner *\Programme\AutoCAD 2006\Sample\Design-Center* finden Sie eine ganze Reihe von Zeichnungen, die nur Symbole enthalten: Elektronik-Symbole, Elektrotechnik-Symbole, mechanische Befestigungselemente, Architektur- und Haustechnik-Symbole, Hydraulik- und Pneumatik-Symbole, Landschaftsplanung, usw. Das sind Ihre Symbolbibliotheken für die verschiedensten Anwendungen. Markieren Sie die entsprechende Zeichnung und klicken Sie die Kategorie *Blöcke* an, damit alle Blöcke der Zeichnung in der Inhaltsansicht dargestellt werden (siehe Abbildung 13.22).

Register geöffnete Zeichnungen: Im Register GEÖFFNETE ZEICHNUNGEN finden Sie alle momentan geöffneten Zeichnungen angezeigt. Der linke Teil des Design-Centers zeigt Ihnen die geöffneten an. Im rechten Teil, der Inhaltsansicht, finden Sie wie im Register ORDNER den Inhalt der Zeichnung (siehe Abbildung 13.23).

Register Protokoll: Im Register PROTOKOLL bekommen Sie alle bisher im Register ORDNER gewählten Zeichnungen aufgelistet (siehe Abbildung 13.24). Mit einem Doppelklick auf einen Protokolleintrag wird auf die Ordnerdarstellung umgeschaltet und die Zeichnung in der Ordnerliste markiert.

Kapitel 13   Änderungen, Design-Center und Werkzeugpaletten

Abbildung 13.22:
Symbolbibliotheken im Design Center

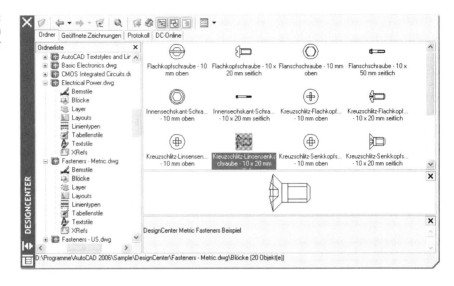

Abbildung 13.23:
Anzeige der geöffneten Zeichnungen

Register DC-Online: Im Register DC-ONLINE bekommen Sie Zugang zu umfangreichen Online-Bibliotheken im Internet. Die Symbole lassen sich aus den unterschiedlichsten Kategorien und von den verschiedensten Herstellern auswählen und direkt in die Zeichnung einfügen (siehe Abbildung 13.25).

Das AutoCAD-Design-Center Kapitel 13

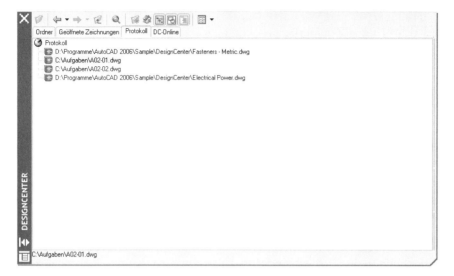

Abbildung 13.24:
Protokoll der zuletzt gewählten Zeichnungen

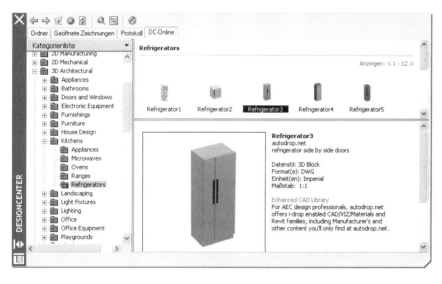

Abbildung 13.25:
Online-Bibliotheken im Design-Center

Symbolleiste im AutoCAD-Design-Center

Die Symbolleiste am oberen Rand erleichtert Ihnen die Navigation im Auto-CAD-Design-Center.

Symbol Laden: Mit diesem Symbol können Sie eine Zeichnung im Dateiwähler suchen. Diese wird dann in der Ordnerliste markiert. So lässt sich eine Datei eventuell schneller finden als in der Ordnerliste.

Kapitel 13   Änderungen, Design-Center und Werkzeugpaletten

 Symbol Zurück und Vorwärts: Mit diesen Symbolen können Sie in den bisher bearbeiteten Zeichnungen vor und zurück blättern.

 Symbol Nach oben: Schaltet in der Ordnerliste eine Stufe nach oben.

 Symbol Suchen: Suchen nach Dateien (siehe unten).

 Symbol Favoriten: Anzeige des Favoritenordners. Zeichnungen, die Sie häufiger verwenden, können Sie dort aufnehmen. Klicken Sie dazu die Zeichnung in der Ordnerliste rechts an und es erscheint ein Kontextmenü. Mit dem Eintrag ZU FAVORITEN HINZUFÜGEN nehmen Sie sie in den Favoritenordner auf.

 Symbol Ausgangsposition: Anzeige der Ausgangsposition. Klicken Sie eine Zeichnung in der Ordnerliste rechts an, können Sie sie im Kontextmenü mit dem Eintrag ALS AUSGANGSPOSITION EINSTELLEN zur Ausgangsposition machen. So kommen Sie schnell zu einer häufig benötigten Zeichnung zurück.

 Symbole für die Darstellung: Mit den Symbolen können Sie (von links nach rechts) die Ordnerliste, das Voransichtsfenster und das Beschreibungsfenster ein- und ausschalten. Das Voransichtfenster ist das mittlere in der Inhaltsansicht und das Beschreibungsfenster das untere (siehe Abbildung 13.19 bis Abbildung 13.23).

 Auswahlliste Ansicht: Mit der Auswahlliste können Sie die Darstellung der Symbole im oberen Fenster der Inhaltsansicht ändern. Wie im Windows-Explorer können Sie zwischen kleinen und großen Symbolen, einer Listendarstellung und einer detaillierten Auflistung wählen.

13.8   Funktionen im AutoCAD-Design-Center

Jetzt finden Sie sich zwar zurecht im AutoCAD-Design-Center, doch welche Funktionen lassen sich damit ausführen?

Benannte Objekte in die aktuelle Zeichnung ziehen

1. Machen Sie zunächst einmal alle Zeichnungsfenster wieder zu. Starten Sie eine neue Zeichnung.

2. Klicken Sie auf das Symbol LADEN im Design-Center und öffnen Sie die Zeichnung *\A13-03.dwg* im Ordner *Aufgaben*. Die Zeichnung wird in der Ordnerliste markiert.

3. Klicken Sie auf die Kategorie *Layer* in der Inhaltsansicht.

4. Kopieren Sie einen Layer aus der markierten Zeichnung folgendermaßen in die aktuelle Zeichnung:

   – Öffnen Sie in der Ordnerleiste oder der Inhaltsansicht die Kategorie *Layer*.

   – Klicken Sie den Layer in der Inhaltsansicht doppelt an oder ...

   – ... markieren Sie den gewünschten Layer, ziehen Sie ihn mit gedrückter Maustaste in die Zeichnung und lassen Sie ihn los oder ...

   – ... markieren Sie den Layer mit der rechten Maustaste und wählen aus dem Kontextmenü die Funktion LAYER HINZUFÜGEN oder ...

   – ... markieren Sie den Layer, drücken die rechte Maustaste und wählen aus dem Kontextmenü die Funktion KOPIEREN. Der Layer wird in die Windows-Zwischenablage kopiert. Wechseln Sie zur Zeichnung und wählen im Abrollmenü BEARBEITEN die Funktion EINFÜGEN, der Layer wird in die Zeichnung kopiert oder ...

   – ... markieren Sie den Layer mit der rechten Maustaste und halten diese gedrückt, ziehen den Layer in die aktuelle Zeichnung und lassen die Taste dort los. Wählen Sie aus dem Kontextmenü die Funktion LAYER HINZUFÜGEN oder LAYER HINZUFÜGEN UND BEARBEITEN..., im zweiten Fall wird nach dem Einfügen der Befehl LAYER gestartet.

5. Genauso können Sie es machen, wenn Sie Bemaßungsstile, Layouts, Linientypen oder Textstile aus der markierten Zeichnung in die aktuelle Zeichnung einfügen wollen.

Blöcke in die aktuelle Zeichnung ziehen

1. Klicken Sie auf die Kategorie *Blöcke* in der Inhaltsansicht.

2. Kopieren Sie einen Block aus der markierten Zeichnung auf folgende Weise in die aktuelle Zeichnung:

   – Klicken Sie den gewünschten Block in der Liste doppelt an, das Dialogfeld des Befehls EINFÜGE (siehe Kapitel 11.4) erscheint, und Sie können den Block mit den entsprechenden Parametern einfügen oder ...

   – ... markieren Sie den Block, ziehen ihn mit gedrückter Maustaste in die Zeichnung und lassen ihn dort los, der Block wird mit den Einfügefaktoren 1 und dem Drehwinkel 0 eingefügt oder ...

   – ... markieren Sie den Block, drücken die rechte Maustaste und wählen aus dem Kontextmenü die Funktion BLOCK EINFÜGEN..., das

Dialogfeld des Befehls EINFÜGE (siehe Kapitel 11.4) erscheint, und Sie können den Block einfügen oder ...

- ... markieren Sie den Block, drücken die rechte Maustaste und wählen aus dem Kontextmenü die Funktion KOPIEREN. Der Block wird in die Windows-Zwischenablage kopiert. Wechseln Sie zur Zeichnung und wählen im Abrollmenü BEARBEITEN die Funktion EINFÜGEN und der Block wird mit dem Skalierfaktor 1 in die Zeichnung kopiert oder ...

- ... markieren Sie den Block mit der rechten Maustaste, halten diese gedrückt, ziehen den Block so in die aktuelle Zeichnung und lassen die Taste dort los. Wählen Sie aus dem Kontextmenü die Funktion BLOCK EINFÜGEN.... Sie bekommen wieder das Dialogfeld des Befehls EINFÜGE.

- Die Funktion EINFÜGEN UND NEU DEFINIEREN im Kontextmenü ist dann aktiv, wenn schon ein Block mit dem gleichen Namen in der Zeichnung existiert. Damit können Sie den Block einfügen und den in der Zeichnung vorhandenen neu definieren. Alle Blockeinfügungen werden durch den neuen Block ersetzt. Mit der Funktion NUR NEU DEFINIEREN bewirken Sie das Gleiche, nur dass dazu der neue Block nicht eingefügt werden muss.

3. Verkleinern Sie die Zeichnung so weit, dass Sie die Blöcke komplett sehen können.

Xrefs in die aktuelle Zeichnung ziehen

1. Genauso wie mit den Blöcken können Sie auch mit externen Referenzen arbeiten. Alle Funktionen gelten analog wie oben beschrieben, nur dass Sie dazu die Kategorie *Xrefs* markieren müssen.

2. Wollen Sie dies testen, dann beginnen Sie eine Zeichnung. Wählen Sie in der Ordnerliste des Design-Centers die Zeichnung *L11-05.dwg* aus dem Ordner *Aufgaben* und ziehen Sie externe Referenzen in die aktuelle Zeichnung.

Automatische Skalierung bei Blöcken

1. Blöcke können Sie beim Befehl BLOCK mit der Angabe von Einheiten speichern, wie Sie in Kapitel 11.2 und 11.3 gesehen haben.

2. Aber auch bei einer Zeichnung können Sie beim Befehl EINHEIT angeben, welchen Einheiten die Zeichnungseinheiten entsprechen sollen. Testen Sie es gleich an einem Beispiel.

3. Schließen Sie alle Zeichnungsfenster. Beginnen Sie eine neue Zeichnung mit der Vorlage *Acadiso.dwt*.

Funktionen im AutoCAD-Design-Center Kapitel 13

4. Wählen Sie im Abrollmenü FORMAT die Funktion EINHEITEN... und Sie bekommen das Dialogfeld des Befehls EINHEIT auf den Bildschirm (siehe Abbildung 13.26).

5. Stellen Sie das Format für Längen und Winkel wie in Abbildung 13.26 ein. Im unteren Teil des Dialogfelds geben Sie an, welcher Maßeinheit die Zeichnungseinheiten entsprechen sollen. Diese Angabe ist für das Einfügen von Blöcken aus dem Design-Center wichtig. Stellen Sie im Abrollmenü *Meter* ein, das heißt, die Zeichnungseinheiten in dieser Zeichnung sollen Meter entsprechen.

Abbildung 13.26:
Dialogfeld des Befehls Einheit

6. Wählen Sie den Befehl LIMITEN im Abrollmenü FORMAT und geben Sie folgende Werte vor:

```
Befehl: Limiten
Modellbereichlimiten zurücksetzen:
Linke untere Ecke angeben oder [Ein/Aus] <0.0000,0.0000>: 0,0
Obere rechte Ecke angeben <420.0000,297.0000>: 42,29.7
```

7. Wählen Sie den Befehl ZOOM mit der Option GRENZEN aus dem Abrollmenü ANSICHT. Sie haben damit die Limiten und die Anzeige auf ein A3-Blatt im Plottmaßstab 1:100 eingestellt.

8. Klicken Sie auf das Symbol LADEN im Design-Center und laden Sie dort wieder die Zeichnung \A13-03.dwg aus dem Ordner *Aufgaben*.

9. Ziehen Sie jetzt ein Symbol mit gedrückter Maustaste aus dem Design-Center in die Zeichnung. Es wird automatisch mit dem Faktor 0,001 skaliert. Warum? Weil die Zeichnungseinheiten in der aktuellen Zeich-

nung *Metern* entsprechen und in der Zeichnung *A13-03.dwg* Millimetern entsprechen. So können Sie Blöcke automatisch skalieren.

10. Klicken Sie den Block doppelt an, kommt das Dialogfeld des Befehls EINFÜGE. Dort steht der Skalierfaktor 1. Diesen müssen Sie in diesem Fall selbst korrigieren, wenn der Block richtig skaliert werden soll. Belassen Sie den Faktor bei 1, würde der Block um den Faktor 1000 zu groß eingefügt.

Zeichnungen in die aktuelle Zeichnung einfügen

1. Machen Sie wieder einmal alle Zeichnungsfenster zu. Starten Sie jetzt eine neue Zeichnung und beginnen Sie mit der Vorlage *Acadiso.dwt*.

2. Wählen Sie in der Ordnerliste den Ordner *Aufgaben*.

3. Markieren Sie in der Inhaltsansicht eine Zeichnung (kein Doppelklick, sonst bekommen Sie den Inhalt der Zeichnung angezeigt). Gehen Sie dann wie folgt vor:

    – Klicken Sie auf die rechte Maustaste und Sie bekommen ein Kontextmenü (siehe Abbildung 13.27), wählen Sie den Eintrag ALS BLOCK EINFÜGEN... und es kommt das Dialogfeld des Befehls EINFÜGE. Die Zeichnung können Sie jetzt als Block einfügen. Wählen Sie dagegen den Eintrag ALS XREF ZUORDNEN..., bekommen Sie das Dialogfeld des Befehls XZUORDNEN und Sie können die Zeichnung als externe Referenz einfügen oder ...

    – ... Sie ziehen die Zeichnung mit gedrückter linker Maustaste in die aktuelle Zeichnung und lassen die Taste auf der Zeichenfläche los. Die Zeichnung wird als Block eingefügt und die Parameter werden im Befehlszeilenfenster angefragt oder ...

    – ... ziehen Sie die Zeichnung mit gedrückter rechter Maustaste in die aktuelle Zeichnung und lassen die Taste auf der Zeichenfläche los. Sie bekommen ein Kontextmenü wie oben, aus dem Sie die Befehle EINFÜGE oder XZUORDNEN wählen können oder ...

    – ... Sie haben die Zeichnung in der Inhaltsansicht markiert und holen das Kontextmenü mit der rechten Maustaste. Dort können Sie die Zeichnung mit dem Eintrag KOPIEREN (siehe Abbildung 13.27) in die Windows Zwischenablage kopieren. Wechseln Sie zur Zeichnung und wählen im Abrollmenü BEARBEITEN die Funktion EINFÜGEN, die Zeichnung wird als Block in die aktuelle Zeichnung kopiert.

Funktionen im AutoCAD-Design-Center   Kapitel 13

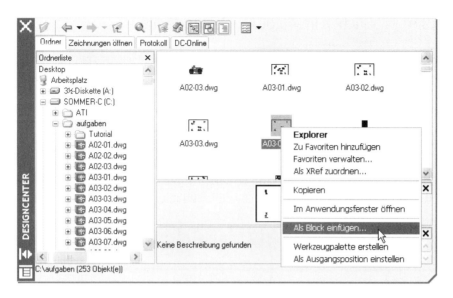

Abbildung 13.27:
Kontextenü in der
Inhaltsansicht bei
Ordneranzeige

▶ *Haben Sie in einem Ordner Bilddateien, werden diese zwar in der Strukturansicht nicht angezeigt, in der Inhaltsansicht tauchen Sie aber auf und lassen sich wie Blöcke oder externe Referenzen (siehe oben) in die Zeichnung einfügen oder in die Zwischenablage kopieren.*

:-)
TIPP

▶ *Haben Sie wie oben einen Ordner in der Strukturansicht gewählt, in der Inhaltsansicht eine Zeichnung und mit der rechten Maustaste das Kontextmenü aktiviert, dann finden Sie dort auch den Eintrag IM ANWENDUNGSFENSTER ÖFFNEN. Wählen Sie diesen, wird die Zeichnung in einem eigenen Zeichnungsfenster geöffnet. Diese Methode unterscheidet sich nicht vom Befehl ÖFFNEN.*

Befehl Blocksymbol

Haben Sie Zeichnungen aus älteren AutoCAD-Versionen oder per DXF-Format aus Fremdsystemen übertragen, kann es sein, dass die Blocksymbole im AutoCAD-Design-Center nicht angezeigt werden. In diesem Fall können Sie diese mit dem Befehl BLOCKSYMBOL neu erstellen. Dazu müssen Sie die Zeichnung öffnen. Wählen Sie dann den Befehl:

INFO

▶ Abrollmenü DATEI, Untermenü DIENSTPROGRAMME >, Funktion BLOCKSYMBOLE AKTUALISIEREN

```
Befehl: Blocksymbol
Blocknamen angeben <*>:
9 Blöcke aktualisiert.
```

Geben Sie den Namen des Blocks ein oder ⏎ damit alle Blocksymbole aktualisiert werden.

(KOMPENDIUM) AutoCAD und LT 2006   515

Kapitel 13   Änderungen, Design-Center und Werkzeugpaletten

13.9   Suchen im AutoCAD-Design-Center

Damit Sie sich einen Überblick verschaffen können, ist es im AutoCAD-Design-Center möglich, nach den verschiedensten Begriffen suchen.

Dateien oder Objekte suchen

Mit dem Symbol SUCHEN in der Symbolleiste des Design-Centers können Sie die Suchfunktion aktivieren. Sie können aber auch in der Ordnerliste mit einem Rechtsklick auf ein Objekt das Kontextmenü holen und daraus die Funktion SUCHEN... wählen. Die Kriterien für die Suche können in einem Dialogfeld eingegeben werden (siehe Abbildung 13.28).

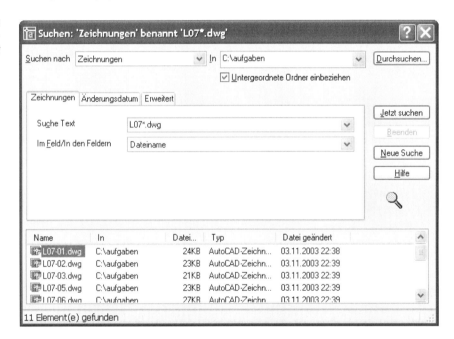

Abbildung 13.28:
Suchen im Auto-CAD-Design-Center

Dateien oder Objekte suchen

1. Wählen Sie im Abrollmenü SUCHEN, welches Objekt Sie suchen wollen oder ob Sie Zeichnungen suchen wollen. Wählen Sie für die erste Suche den Eintrag *Bemstile*.

2. Im Abrollmenü daneben können Sie die Pfade wählen, in denen Sie schon einmal gesucht haben. Mit der Schaltfläche DURCHSUCHEN... können Sie einen neuen Pfad für die Suche in einem Dialogfeld aussuchen. Wählen Sie den Suchpfad *C:\Aufgaben* bzw. den Pfad, in dem Sie Ihre Übungszeichnungen untergebracht haben.

3. Ist der Schalter UNTERGEORDNETE ORDNER EINBEZIEHEN ein, wird die Suche auf alle diese Ordner erweitert.

4. Das Fenster in der Mitte des Dialogsfensters hat jetzt nur ein Register. Tragen Sie im Feld SUCHE NACH NAMEN *DIN-35* ein. Klicken Sie auf die Schaltfläche JETZT SUCHEN und die Suche wird gestartet. Mit der Schaltfläche BEENDEN wird die Suche abgebrochen. Mit der Schaltfläche NEUE SUCHE können Sie die Suche neu beginnen. Dazu müssen Sie aber zuerst einen neuen Suchwert eintragen.

5. Das Ergebnis bekommen Sie in der Liste angezeigt. Alle Zeichnungen, in denen dieser Bemaßungsstil vorkommt, werden dort aufgelistet (siehe 7). Mit einem Doppelklick auf eine Zeichnung kommen Sie wieder zum Design-Center und die angeklickte Zeichnung ist markiert.

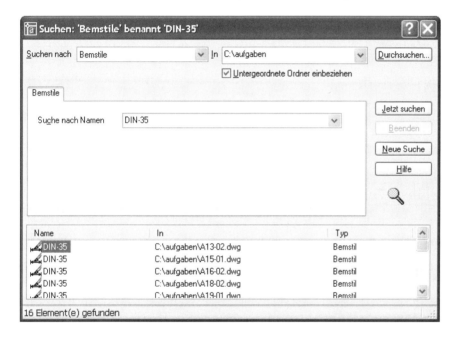

Abbildung 13.29:
Suchbedingungen und Suchergebnis

6. Wählen Sie im Abrollmenü SUCHEN für eine weitere Suche den Eintrag *Zeichnungen*, den Suchpfad ändern Sie nicht.

7. Jetzt hat das Fenster drei Register. Im Register ZEICHNUNGEN tragen Sie Suchkriterien für den Dateinamen ein. Geben Sie im Feld SUCHE TEXT **.dwg* ein. Darunter lassen Sie die Einstellung *Dateiname*. Im Register ÄNDERUNGSDATUM können Sie die Suche auf einen bestimmten Erstellungszeitraum begrenzen.

8. Im dritten Register, dem Register ERWEITERT können Sie nach einem bestimmten Block, einer Blockbeschreibung, einem Attribut oder einem Attributwert in den Zeichnungen suchen. Tragen Sie beispielsweise Werte wie in Abbildung 13.30 ein. Gesucht wird in diesem Fall nach Zeichnungen, in denen der Blockname *Kond* vorkommt.

Kapitel 13   Änderungen, Design-Center und Werkzeugpaletten

9. Auch jetzt können Sie mit den Schaltflächen die Suche starten, beenden und neu auslösen. Das Ergebnis finden Sie wieder in der Liste (siehe Abbildung 13.30).

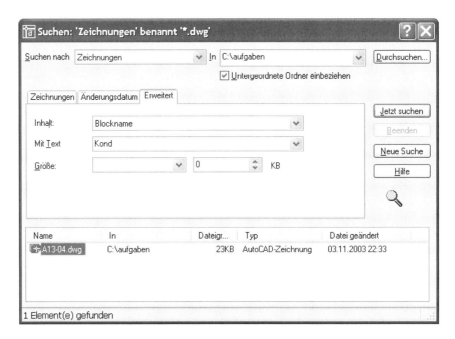

Abbildung 13.30: Erweiterte Suche im Zeichnungsbestand

13.10 Schraffieren im AutoCAD-Design-Center

Und noch eine Möglichkeit haben Sie mit dem Design-Center: Schraffurmuster lassen sich per Drag&Drop in die Zeichnung ziehen. Gehen Sie dazu wie folgt vor:

Schraffieren per Drag&Drop

1. Aktivieren Sie das AUTOCAD-DESIGN-CENTER. Schalten Sie zur Explorer-Darstellung.

2. Wählen Sie den Ordner *C:Dokumente und Einstellungen\UserName\ Anwendungsdaten\Autodesk\AutoCAD 2006\R 16.2\Deu\Support* an.

3. Außer den Zeichnungsdateien werden auch die Schraffurmusterdateien angezeigt (siehe Abbildung 13.31). Markieren Sie die Schraffurmusterdatei *Acadiso.pat* (die Standard-Schraffurmuster für die metrischen Einheiten) und Sie bekommen in der Inhaltsansicht alle Schraffurmuster dieser Datei.

4. Markieren Sie ein Schraffurmuster und ziehen Sie es mit gedrückter linker Maustaste in die Zeichnung. Am Mauszeiger wird eine Voransicht der Schraffur angezeigt. Lassen Sie die Maustaste über der zu schraffierenden Fläche los. Die Fläche wird mit dem gewählten Muster und den derzeit aktiven Schraffurparametern schraffiert.

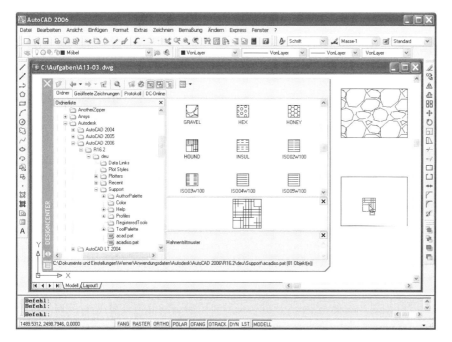

Abbildung 13.31:
Schraffieren mit dem Design-Center

▶ *Klicken Sie ein Schraffurmuster mit der rechten Maustaste in der Inhaltsansicht an, bekommen Sie ein Kontextmenü. Daraus können Sie den Befehl* GSCHRAFF *wählen. Das ist der normale Schraffurbefehl. Wenn Sie in dessen Dialogfeld die Parameter für den Skalierfaktor und Winkel einstellen, werden auch die Schraffuren, die Sie per Drag&Drop platzieren, mit diesen Parametern eingefügt.*

▶ *Wählen Sie im Kontextmenü* KOPIEREN, *wird das Schraffurmuster in die Zwischenablage kopiert. Gehen Sie dann in die Zeichnung, drücken Sie die rechte Maustaste und wählen Sie aus diesem Kontextmenü die Funktion* EINFÜGEN. *Die Schraffurfunktion wird aktiviert, und am Mauszeiger wird wieder die Voransicht der Schraffur angezeigt. Klicken Sie jetzt in die zu schraffierende Fläche, und die Schraffur wird ausgeführt.*

▶ *Sie können ein Schraffurmuster auch mit der rechten Maustaste aus der Inhaltsansicht in die Zeichnung ziehen. Lassen Sie dann die Maustaste über der Fläche los, bekommen Sie ein Kontextmenü. Daraus können Sie wählen, ob Sie die Schraffur verwenden wollen oder ob Sie die Schraffur danach gleich bearbeiten wollen. Mit dem Eintrag* SCHRAF-

:-)
TIPP

FUR AUF MEHRERE OBJEKTE ANWENDEN *können Sie mehrere Objekte zum Schraffieren wählen. Der Eintrag* GSCHRAFF... *startet den gleichnamigen Befehl.*

13.11 Die Werkzeugpaletten

Häufig benötigte Blöcke und Schraffurmuster lassen sich für einen schnellen Zugriff im Werkzeugpaletten-Fenster ablegen.

Befehle Werkzpaletten und Werkzpalettenschl

Mit dem Befehl WERKZEUGPALETTEN können Sie das Werkzeugpaletten-Fenster starten und mit dem Befehl WERKZPALETTENSCHL wieder beenden.

➥ Abrollmenü EXTRAS, Funktion WERKZEUGPALETTEN-FENSTER

➥ Tastenkombination [Strg] + [3]

➥ Symbol in der STANDARD-FUNKTIONSLEISTE

Das Fenster wird eingeblendet. Es bleibt unabhängig von einem Befehl so lange auf dem Bildschirm, bis Sie es mit dem Befehl WERKZEUGPALETTEN-SCHL wieder schließen. Der Befehl wird auf die gleiche Art gewählt wie der Befehl WERKZEUGPALETTEN.

➥ Das Fenster können Sie über die Zeichenfläche legen bzw. links oder rechts an der Zeichenfläche verankern. Haben Sie das Werkzeugpaletten-Fenster verankert, können Sie es am Rand mit der Maus schmäler oder breiter ziehen. Haben Sie das Fenster auf der Zeichenfläche hat es am rechten oder linken Rand (je nach Position) die Titelleiste (siehe Abbildung 13.32).

➥ Mit dem Kreuz in der Titelleiste können Sie das Fenster wieder ausschalten. Haben Sie das Fenster verankert, ist das Kreuz zum Ausschalten in der rechten oberen Ecke des Fensters.

➥ Mit einem Rechtsklick auf die Titelleiste bekommen Sie ein Kontextmenü, in dem Sie wählen können, ob sich das Fenster automatisch verankern darf, wenn Sie es an den Rand des Zeichenfensters schieben (Menüeintrag FIXIERUNG ZULASSEN).

➥ Außerdem können Sie mit der Einstellung AUTOM. AUSBLENDEN wählen, ob von dem Fenster nur die Titelzeile angezeigt werden soll. Fahren Sie bei dieser Einstellung mit dem Fadenkreuz auf die Titelleiste, wird das Fenster ausgeklappt. Sobald sich das Fadenkreuz wieder für kurze Zeit auf der Zeichenfläche befindet, wird das Fenster wieder eingefahren.

Die Werkzeugpaletten Kapitel 13

➢ Wenn das Werkzeugpaletten-Fenster auf der Zeichenfläche liegt, können Sie es wie das Befehlszeilenfenster transparent schalten. Klicken Sie dazu im Kontextmenü die Funktion TRANSPARENZ an und stellen mit dem Schieberegler den Grad der Transparenz ein

➢ Ist der Inhalt umfangreicher als in der aktuellen Größe darstellbar, hat das Fenster am rechten Rand einen Schiebebalken, mit dem die Anzeige durchblättert werden kann.

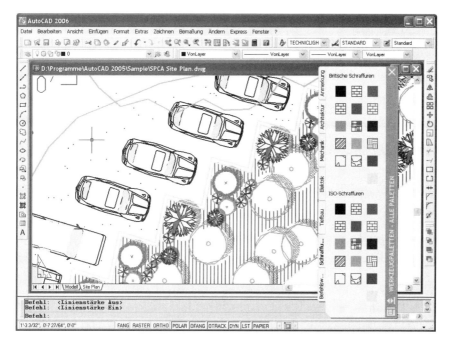

Abbildung 13.32: Werkzeugpaletten-Fenster

Darstellung im Werkzeugpaletten-Fenster

An der Registerleiste gegenüber der Titelleiste können Sie die einzelnen Werkzeugpaletten durch Anklicken aktivieren. Mit einem Rechtsklick in einer Werkzeugpalette (nicht auf einem Symbol) können Sie in einem Kontextmenü die Funktion ANSICHTSOPTIONEN... wählen. In einem weiteren Dialogfeld (siehe Abbildung 13.33) kann die Darstellung der Symbole (Art und Größe) geändert werden. Außerdem ist wählbar, ob die Änderung nur für die aktuelle Werkzeugpalette oder für alle gelten soll.

Abbildung 13.33:
Ansicht in den Werkzeugpaletten ändern

Funktionen im Werkzeugpaletten-Fenster

Wie im Design-Center können Sie Schraffurmuster per Doppelklick aktivieren oder mit gedrückter linker Maustaste in die Zeichenfläche ziehen. Der Schraffurbefehl wird ohne weitere Anfragen aktiviert. Sie können in eine geschlossene Fläche klicken bzw. die Maustaste über der geschlossenen Fläche loslassen und die Fläche wird mit den eingestellten Eigenschaften schraffiert.

In AutoCAD 2006/LT 2006 wird das Werkzeugpaletten-Fenster vor allem auch für das Einfügen der dynamischen Blöcke verwendet (siehe Kapitel 23). Diese lassen sich in AutoCAD LT zwar nicht erstellen und bearbeiten. Haben Sie aber dynamische Blöcke, die in AutoCAD erstellt wurden, können Sie deren Funktionen auch in AutoCAD LT nutzen.

Es können auch AutoCAD-Befehle aus dem Werkzeugpaletten-Fenster gewählt werden. In der Werkzeugpalette *Befehlswerkzeuge* haben Sie dafür Beispiele (siehe Abbildung 13.34). Befehlswerkzeuge können auch als Flyout-Menüs ausgelegt sein (siehe Abbildung 13.34). Klicken Sie auf den Pfeil neben dem Symbol, wird das Flyout-Menü aktiviert. Mit einem Klick auf das entsprechende Symbol wird der Befehl aktiviert.

Die Werkzeugpaletten Kapitel 13

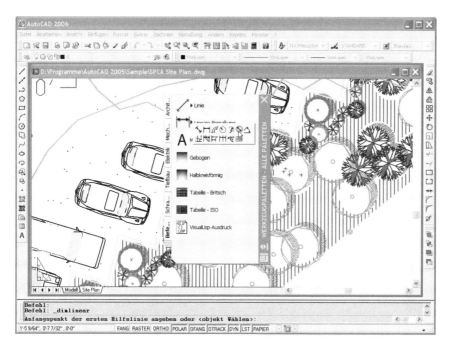

Abbildung 13.34:
Werkzeugpalette mit AutoCAD Befehlen

Wie Sie das Werkzeugpalettenfenster anpassen können, neue Paletten erstellen und mit Inhalt füllen, finden Sie im Kapitel 23.

TIPP

14 Die Windows-Funktionen

In diesem Kapitel wollen wir uns ansehen, wie Sie die Windows-Funktionen in AutoCAD nutzen können.

14.1 Zeichnungseigenschaften

Sie haben in AutoCAD die Möglichkeit, mit jeder Zeichnung Informationen über Titel, Autor, Kommentar usw. abzuspeichern. Diese Informationen lassen sich direkt im Windows-Explorer nutzen.

Befehl Dwgeigen

Mit dem Befehl DWGEIGEN können Sie Informationen zur Zeichnung speichern. Wählen Sie den Befehl:

➡ Abrollmenü DATEI, Funktion ZEICHNUNGSEIGENSCHAFTEN...

In einem Dialogfeld mit vier Registern können Sie sich Informationen zur Zeichnung anzeigen lassen bzw. eingeben.

Allgemein: In diesem Register können Sie sich Informationen zum Zeichnungsnamen, Zeichnungstyp, Pfad, Größe, Erstellungs- und Änderungsdatum sowie die Dateiattribute anzeigen lassen.

Datei-Info: In diesem Register können Sie Informationen zur Zeichnung eintragen (siehe Abbildung 14.1).

Statistik: In diesem Register finden Sie nur Informationen zum Erstellungs- und Änderungsdatum sowie der Bearbeitungszeit.

Benutzerspezifisch: Weitere Felder können Sie hier selbst definieren und Informationen dazu eingeben (siehe Abbildung 14.2).

Kapitel 14 Die Windows-Funktionen

Abbildung 14.1:
Informationen zur Zeichnung

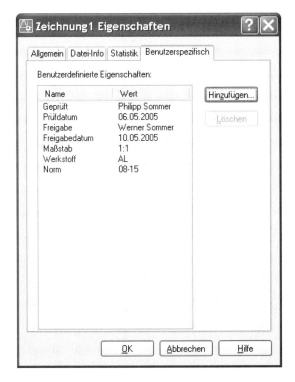

Abbildung 14.2:
Benutzerspezifische Informationen zur Zeichnung

Anzeige der Informationen im Windows-Explorer

Die Informationen, die Sie mit der Zeichnung gespeichert haben, können Sie auch im Windows-Explorer abfragen. Gehen Sie so vor:

→ Starten Sie den Windows-Explorer und markieren Sie die Zeichnungsdatei.

→ Wählen Sie im Abrollmenü DATEI des Windows-Explorers die Funktion EIGENSCHAFTEN oder drücken Sie die rechte Maustaste und wählen Sie aus dem Kontextmenü die Funktion EIGENSCHAFTEN

Sie erhalten das gleiche Dialogfeld wie in AutoCAD, nur dass Sie sich die Informationen jetzt nur anzeigen lassen können. Änderungen sind nur innerhalb von AutoCAD möglich.

Mit der Suchfunktion des Windows-Explorers können Sie den Zeichnungsbestand auch nach diesen Informationen durchsuchen. Tragen Sie dazu bei den Suchbedingungen (Feld ENTHALTENER TEXT) einen Begriff aus den Zeichnungsinformationen ein.

14.2 Kopieren zwischen Zeichnungsfenstern

Mit dem Multiple Design Environment in AutoCAD haben Sie die Möglichkeit, an mehreren Zeichnungen gleichzeitig zu arbeiten. Aber nicht nur das, Sie können Objekte nur mit der Maus aus einer Zeichnung in die andere schieben, ohne Blöcke zu bilden. Dazu gleich ein Beispiel:

Öffnen mehrerer Zeichnungen gleichzeitig

1. Schließen Sie alle Fenster in AutoCAD. Wählen Sie den Befehl ÖFFNEN. Diesmal wollen wir mehrere Zeichnungen auf einmal öffnen.

2. Markieren Sie im Ordner Aufgaben die Zeichnung *A14-01.dwg*. Halten Sie die Taste [Strg] gedrückt und klicken Sie nacheinander die Zeichnungen *A14-01-1.dwg*, *A14-01-2.dwg* und *A14-01-3.dwg* an.

3. Klicken Sie dann auf die Schaltfläche ÖFFNEN und alle markierten Zeichnungen werden in einem eigenen Fenster geöffnet.

4. Wählen Sie dann im Abrollmenü FENSTER die Funktion NEBENEINANDER. Klicken Sie nacheinander in jedes Fenster und wählen im Abrollmenü ANSICHT die Funktion ZOOM und im Untermenü die Option ALLES. Die Zeichnungen werden in vier Fenstern formatfüllend angezeigt (siehe Abbildung 14.3).

Kapitel 14 Die Windows-Funktionen

Abbildung 14.3:
Mehrere
Zeichnungen
geöffnet

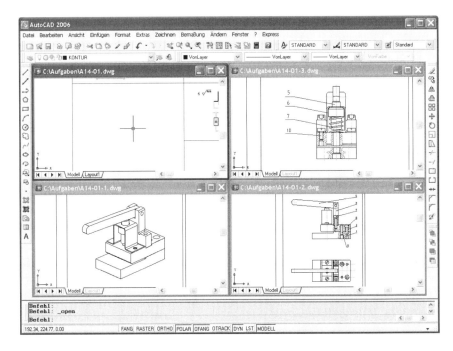

Kopieren von einem Fenster ins andere

1. Klicken Sie in ein Fenster. Ziehen Sie ein Fenster über ein Bauteil, so dass alle Objekte mit Griffen markiert werden.

2. Drücken Sie die rechte Maustaste an einer beliebigen Stelle im Zeichnungsfenster und halten Sie sie gedrückt. Verschieben Sie die markierten Objekte mit gedrückter Maustaste.

3. Wenn Sie die Maustaste im gleichen Fenster loslassen, bekommen Sie ein Kontextmenü mit folgenden Möglichkeiten:

Hierher verschieben: Verschiebt die Objekte an die momentane Position.

Hierher kopieren: Kopiert die Objekte an die momentane Position.

Als Block einfügen: Fügt die Objekte als Block an der momentanen Position ein, das Original bleibt unverändert.

Abbrechen: Bricht den Befehl ab, es wird keine Aktion ausgeführt.

Ziehen Sie die Objekte jedoch in ein anderes Fenster und lassen dort die Maustaste los, hat das Kontextmenü die folgenden Einträge:

Hierher kopieren: Kopiert die Objekte an die momentane Position im anderen Zeichnungsfenster.

Als Block einfügen: Fügt die Objekte als Block an der momentanen Position im anderen Fenster ein.

An Originalkoordinaten einfügen: Fügt die Objekte an den gleichen Koordinaten wie im Ausgangsfenster in das neue Fenster ein.

Abbrechen: Bricht den Befehl ab, es wird keine Aktion ausgeführt.

Fügen Sie die Objekte als Block ein, müssen Sie keinen Blocknamen eingeben. Der Block bekommt einen Namen, einen hexadezimalen Zahlencode der mit A$ beginnt, z. B.: A$C5CFA5D9C.

Erstellen des Zusammenbaus

Ziehen Sie aus den Fenstern mit den Einzelteilen *A14-01-1.dwg*, *A14-01-2.dwg* und *A14-01-3.dwg* die Bauteile in die Zeichnung *A14-01.dwg* und fügen Sie diese dort an den Originalkoordinaten ein.

Die Einzelteile werden in der Zusammenstellung eingefügt. Vergleichen Sie Ihre Zeichnung mit der Musterlösung der Datei *L14-01.dwg* im Ordner *Aufgaben*.

14.3 Drag&Drop

Mit den Drag&Drop-Funktionen lassen sich Dateien aus dem Explorer in die Zeichnung ziehen und der damit verbundene Befehl ausführen. Sehen Sie sich das Vorgehen an einem Beispiel an.

Zeichnungen per Drag&Drop einfügen

1. Schließen Sie alle Zeichnungsfenster. Falls AutoCAD als Vollbild dargestellt wird, schalten Sie es mit der mittleren Schaltfläche in der rechten oberen Ecke des Fensters kleiner. Ziehen Sie dann das Programmfenster so, dass es etwa die rechte Hälfte des Bildschirms einnimmt.

2. Starten Sie den Windows-Explorer. Verändern Sie die Fenstergröße so, dass er den Rest des Bildschirms einnimmt.

3. Aktivieren Sie im Windows-Explorer den Ordner *Aufgaben*. Suchen Sie in der rechten Hälfte die Dateien *A14-02-1.dwg* bis *A14-02-3.dwg*.

Jetzt haben Sie mehrere Möglichkeiten:

Mit der linken Maustaste ziehen: Klicken Sie die Datei an, halten Sie die Maustaste fest und ziehen Sie das Symbol auf die leere Programmfläche (Drag). Lassen Sie das Symbol dort los (Drop), und die Datei wird in einem eigenen Zeichnungsfenster geöffnet. Ziehen Sie eine weitere Datei in das

Kapitel 14   Die Windows-Funktionen

Zeichnungsfenster, wird der Befehl EINFÜGE aktiviert und Sie können den Block platzieren mit Einfügepunkt, Skalierfaktoren und Drehwinkel.

Mit der rechten Maustaste ziehen: Klicken Sie die Datei mit der rechten Maustaste an, halten Sie die Taste fest und ziehen Sie das Symbol auf die leere Programmfläche zwischen den Zeichnungsfenstern (Drag), wird die Datei wie oben geöffnet. Ziehen Sie es aber auf ein Zeichnungsfenster, bekommen Sie ein Kontextmenü. Wählen Sie dort, ob Sie die Zeichnung als *Block* oder als *Xref* einfügen wollen oder in einem eigenen Zeichnungsfenster öffnen wollen.

Zusammenbau mit Drag&Drop

1. Ziehen Sie die Zeichnung *A14-02-1.dwg* auf die freie Fläche.
2. Ziehen Sie die Zeichnungen *A14-02-2.dwg* und *A14-02-3.dwg* in das gleiche Fenster und fügen Sie sie als Block ein. Montieren Sie die Objekte zu einem Zusammenbau. Die Lösung finden Sie ebenfalls im Ordner *Aufgaben*, Zeichnung *L14-02.dwg*.

14.4   Die Zwischenablage in AutoCAD

Auch Objekte aus AutoCAD lassen sich über die Zwischenablage austauschen, selbstverständlich auch mit anderen Programmen.

Befehl Copyclip

Mit dem Befehl COPYCLIP können Sie AutoCAD-Objekte in die Zwischenablage kopieren. Den Befehl finden Sie:

➨ Abrollmenü BEARBEITEN, Funktion KOPIEREN

➨ Symbol in der STANDARD-FUNKTIONSLEISTE

➨ Tastenkombination [Strg] + [C]

```
Befehl: Copyclip
Objekte wählen:
```

Die gewählten Objekte werden in die Zwischenablage kopiert. Der Basispunkt für das spätere Einfügen aus der Zwischenablage ist der linke untere Punkt der gewählten Objekte.

Die Zwischenablage in AutoCAD   Kapitel 14

Befehl Kopiebasisp

Der Befehl KOPIEBASISP arbeitet wie der Befehl COPYCLIP, nur dass Sie den Basispunkt für das spätere Einfügen bestimmen können:

➤ Abrollmenü BEARBEITEN, Funktion KOPIEREN MIT BASISPUNKT

```
Befehl: Kopiebasisp
Basispunkt angeben:
Objekte wählen:
```

Bestimmen Sie den Basispunkt und die Objekte. Diese werden in die Zwischenablage kopiert.

Befehl Ausschneiden

Mit dem Befehl AUSSCHNEIDEN können Sie AutoCAD-Objekte aus der Zeichnung in die Zwischenablage übernehmen:

➤ Abrollmenü BEARBEITEN, Funktion AUSSCHNEIDEN

➤ Symbol in der STANDARD-FUNKTIONSLEISTE

➤ Tastenkombination

```
Befehl: Ausschneiden
Objekte wählen:
```

Der Befehl funktioniert wie COPYPLIP, nur dass die Objekte aus der Zeichnung entfernt werden.

Befehl Kopieverknüpfen

Den Befehl finden Sie:

➤ Abrollmenü BEARBEITEN, Funktion KOPIE VERKNÜPFEN

Bei diesem Befehl wird die aktuelle Ansicht in die Zwischenablage kopiert. Eine Objektauswahl ist nicht erforderlich. Der momentane Bildschirmausschnitt wird als Ausschnitt in der Zeichnung gespeichert (Befehl AUSSCHNT, siehe Kapitel 5.17). Er erhält den Namen *Ole1* bzw. *Ole2*, *Ole2* usw. Mit dem Befehl AUSSCHNT lässt sich das überprüfen.

Befehl Clipeinfüg

Mit dem Befehl CLIPEINFÜG wird der Inhalt der Zwischenablage in das aktuelle Zeichnungsfenster kopiert:

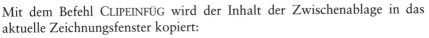

Kapitel 14 Die Windows-Funktionen

➡ Abrollmenü BEARBEITEN, Funktion EINFÜGEN

➡ Symbol in der STANDARD-FUNKTIONSLEISTE

➡ Tastenkombination [Strg] + [V]

Befehl: **Clipeinfüg**
Einfügepunkt angeben:

Die Objekte werden als Einzelteile eingefügt, geben Sie den Einfügepunkt an, ein Skalierfaktor oder Drehwinkel ist nicht erforderlich.

Befehl Blockeinfüg

Mit dem Befehl BLOCKEINFÜG wird der Inhalt der Zwischenablage als Block in die aktuelle Zeichnung eingefügt:

➡ Abrollmenü BEARBEITEN, Funktion ALS BLOCK EINFÜGEN

Befehl: **Blockeinfüg**
Einfügepunkt angeben:

Die Objekte werden als Block eingefügt, geben Sie den Einfügepunkt an, ein Skalierfaktor oder Drehwinkel ist nicht erforderlich.

Befehl Origeinfüg

Den Befehl ORIGEINFÜG können Sie nur verwenden, wenn Sie ein Objekt aus einem anderen Zeichnungsfenster über die Zwischenablage einfügen:

➡ Abrollmenü BEARBEITEN, Funktion MIT ORIGINAL-KOORDINATEN EINFÜGEN

Die Objekte werden als Einzelteile eingefügt und zwar an den gleichen Koordinaten, an denen Sie in der anderen Zeichnung ausgeschnitten wurden. Ein Einfügepunkt ist deshalb nicht erforderlich.

Haben Sie keinen Befehl gewählt, können Sie mit der rechten Maustaste ein Kontextmenü aktivieren, aus dem Sie auch die Befehle für die Zwischenablage wählen können.

14.5 Verknüpfen und Einbetten (OLE)

Verknüpfen und Einbetten von Objekten (OLE = Objekt Linking and Embedding) sind Windows-Funktionen. Damit lassen sich Objekte aus mehreren Anwendungen in einem Dokument zusammenführen. Zum Beispiel können Sie in einer AutoCAD-Zeichnung Tabellen, Diagramme oder

Texte platzieren oder umgekehrt in einer Beschreibung Ausschnitte einer AutoCAD-Zeichnung. In einem Programm, dem **OLE-Server**, werden die Objekte erstellt, die eingebettet bzw. verknüpft werden sollen. In einem anderen Programm, dem **OLE-Client**, werden die Objekte eingebettet bzw. verknüpft. AutoCAD kann sowohl als OLE-Server als auch als OLE-Client agieren.

Einbetten: Die Funktion EINBETTEN erzeugt eine Kopie der Objekte aus dem OLE-Server im OLE-Client. Diese Kopie ist danach unabhängig vom ursprünglichen Dokument. Sollen Änderungen an den eingebetteten Objekten vorgenommen werden, wird der OLE-Server automatisch gestartet und Änderungen können ausgeführt werden. Danach kann das Zieldokument aktualisiert werden.

Verknüpfen: Mit der Funktion VERKNÜPFEN wird eine Verbindung zwischen Server und Client hergestellt. Wurde ein Objekt aus einem OLE-Server mit einem OLE-Client verknüpft und das Server-Dokument wird danach geändert, wird das Client-Dokument automatisch geändert.

Mit den Befehlen COPYCLIP (im Menü AUSSCHNEIDEN) erzeugen Sie in AutoCAD Objekte, die Sie in andere Programme einbetten können. Wenn Sie Objekte in anderen Applikationen verknüpfen wollen, sollten Sie den Befehl KOPIEVERKNÜPFEN verwenden. Um in AutoCAD OLE-Objekte zu verwalten, haben Sie in AutoCAD außerdem folgende Befehle und Funktionen:

Befehl Inhalteinfüg

Mit dem Befehl INHALTEINFÜG können Sie Objekte von anderen Programmen aus der Zwischenablage in die aktuelle Zeichnung kopieren:

➡ Abrollmenü BEARBEITEN, Funktion INHALTE EINFÜGEN...

In einem Dialogfeld (siehe Abbildung 14.4) können Sie wählen, wie Sie die Objekte einfügen wollen. In der Liste stehen verschiedene Möglichkeiten zur Auswahl, z.B. bei einem Text aus Microsoft Word in der Zwischenablage: Einfügen im Word-Format, Einfügen als Bilddatei, Umwandeln in AutoCAD-Objekte, als Bild einfügen, als Text einfügen.

Mit dem Schalter EINFÜGEN wird das Objekt in AutoCAD eingebettet. Klicken Sie jedoch den Schalter VERKNÜPFEN an, wird eine Verknüpfung mit dem Originalobjekt erstellt. Änderungen am Originalobjekt werden nachgeführt. Ist der Schalter ALS SYMBOL ANZEIGEN eingeschaltet, wird in der Zeichnung nur ein Symbol als Platzhalter angezeigt. Zudem können Sie das Symbol mit der Schaltfläche ANDERES SYMBOL noch auswechseln, die in diesem Fall erscheint.

Kapitel 14   Die Windows-Funktionen

Abbildung 14.4:
Dialogfeld des
Befehls Inhalteinfüg

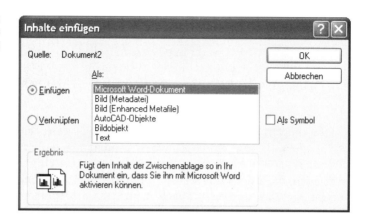

Befehl Objeinf

Mit dem Befehl OBJEINF können Sie Objekte aus anderen Programmen in AutoCAD einbetten bzw. mit AutoCAD verknüpfen:

➨ Abrollmenü EINFÜGEN, Funktion OLE-OBJEKT...

➨ Symbol im Werkzeugkasten EINFÜGEN

Abbildung 14.5:
Dialogfeld des
Befehls Objeinf,
Neu erstellen

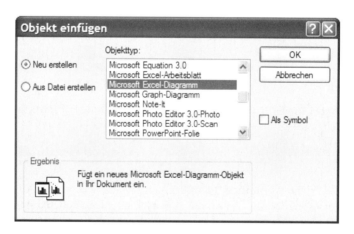

Neu erstellen: Schalten Sie im Dialogfeld (siehe Abbildung 14.5) den Schalter NEU ERSTELLEN ein. Wählen Sie in der Liste die Applikation, mit der Sie ein Objekt erstellen wollen und klicken Sie auf OK. Die Applikation wird gestartet, beispielsweise *Microsoft Excel-Tabelle*. Erstellen Sie eine Excel-Tabelle und beenden Sie Excel. Sie wird in AutoCAD als OLE-Objekt eingebettet.

Verknüpfen und Einbetten (OLE) Kapitel 14

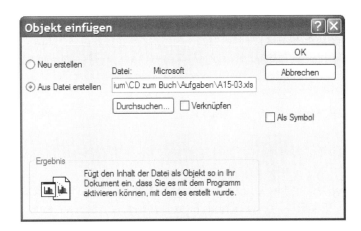

Abbildung 14.6:
Dialogfeld des Befehls Objeinf, Aus Datei erstellen

Aus Datei erstellen: Schalten Sie im Dialogfeld (siehe Abbildung 14.6) den Schalter AUS DATEI ERSTELLEN ein, können Sie die Datei wählen, die Sie als OLE-Objekt einbetten wollen. Mit dem Schalter DURCHSUCHEN... können Sie die Datei wählen. Ist der Schalter VERKNÜPFEN ein, wird das Objekt mit AutoCAD verknüpft. Auch hier können Sie mit dem Schalter ALS SYMBOL ANZEIGEN wählen, dass in der Zeichnung nur ein Symbol angezeigt wird.

Folgende Vorgehensweisen stehen Ihnen nun zur Verfügung:

Einbetten AutoCAD-Objekt in andere Anwendung

➥ AutoCAD starten und gewünschte Zeichnung laden (OLE-Server). In einem anderen Fenster andere Anwendung starten (OLE-Client)

➥ In AutoCAD die Objekte in die Zwischenablage kopieren.

➥ In den OLE-Client wechseln und dort im Abrollmenü BEARBEITEN, EINFÜGEN wählen. Die AutoCAD-Objekte werden eingefügt.

Verknüpfen AutoCAD-Objekt mit anderer Anwendung

➥ AutoCAD starten und Zeichnung laden (OLE-Server). In einem anderen Fenster andere Anwendung starten (OLE-Client). Im Folgenden am Beispiel Microsoft Word beschrieben.

➥ In AutoCAD die Objekte in die Zwischenablage kopieren.

➥ In Microsoft Word wechseln und aus dem Abrollmenü BEARBEITEN die Funktion INHALTE EINFÜGEN... wählen. Im Dialogfeld die Funktion VERKNÜPFEN wählen.

Kapitel 14   Die Windows-Funktionen

Einbetten von Objekten aus anderen Anwendungen in eine AutoCAD-Zeichnung

- In AutoCAD eine Zeichnung öffnen, in die Objekte übernommen werden sollen (OLE-Client). In einem anderen Fenster eine weitere Windows-Anwendung öffnen (OLE-Server).
- In der anderen Anwendung die Objekte in die Zwischenablage kopieren.
- In AutoCAD wechseln und im Abrollmenü BEARBEITEN, EINFÜGEN (Befehl CLIPEINFÜG) wählen.
- Im Feld GRÖSSE die Größe in Zeichnungseinheiten eintragen oder im Feld FAKTOR Skalierfaktor eintragen. Ist der Schalter GRÖSSENVERHÄLTNISSE SPERREN ein, werden Verzerrungen unterdrückt. Zudem können Schriftart und Textgröße eingestellt werden.

Verknüpfen von Objekten aus anderen Anwendungen mit AutoCAD-Zeichnungen

- Anwendung starten, aus der Objekte in die AutoCAD-Zeichnung übernommen werden sollen (OLE-Server). In einem anderen Fenster AutoCAD starten (OLE-Client).
- In der anderen Anwendung Objekte in die Zwischenablage kopieren.
- Zu AutoCAD wechseln und im Abrollmenü BEARBEITEN die Funktion INHALTE EINFÜGEN... (Befehl **INHALTEINFÜG**) wählen. Im Dialogfeld Funktion VERKNÜPFEN einschalten.

Änderungen an einem OLE-Objekt

Der Vorteil von OLE-Objekten ist, dass Sie Änderungen leicht ausführen können, ohne zu wissen, mit welchem Programm das Objekt erstellt wurde. Mit einem Doppelklick auf das OLE-Objekt starten Sie die Anwendung. Haben Sie beispielsweise eine Excel-Tabelle in AutoCAD eingefügt, gehen Sie wie folgt vor:

- Klicken Sie das Objekt in AutoCAD doppelt an, Excel wird geöffnet und die Tabelle in Excel übernommen.
- Bearbeiten Sie das Objekt und beenden Sie Excel. Das Objekt wird in AutoCAD aktualisiert.

Dabei ist es ohne Bedeutung, ob das Objekt eingebettet oder verknüpft ist. Der Unterschied besteht darin, dass bei einem verknüpften Objekt die Originaldatei geöffnet wird und die Änderungen an der Originaldatei vorgenommen werden, und bei einem eingebetteten Objekt das Objekt aus der Zeichnung in das ursprüngliche Programm kopiert wird und dort geändert werden kann.

Griffe bei OLE-Objekten

Wenn Sie ein eingefügtes Objekt anklicken, bekommt es Griffe an den Ecken. Wie ein normales AutoCAD-Objekt lassen sich auch OLE-Objekte mit den Griffen bearbeiten. Auch können Sie alle anderen AutoCAD-Befehle verwenden (z.B. SCHIEBEN, KOPIEREN, DREHEN, SKALIEREN usw.).

OLE-Objekte können Sie auch wie andere AutoCAD-Objekte im Objekteigenschaften-Manager bearbeiten. Klicken Sie es doppelt an, bekommen Sie dieses Fenster (siehe Abbildung 14.7):

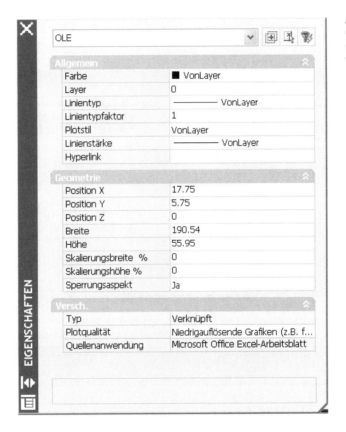

Abbildung 14.7: OLE-Objekt im Objekteigenschaften-Manager

Neben den allgemeinen Einstellungen können Sie die Geometrie bearbeiten. Im Feld SKALIERUNGSASPEKT können Sie wählen, ob Sie das Objekt nur proportional mit den Griffen verändern (Einstellung *Nein*) oder ob Sie es beliebig verzerren können (Einstellung *Ja*).

Im unteren Drittel des Objekteigenschaften-Managers werden die OLE-Eigenschaften angezeigt. Auch können Sie hier die Plotqualität für die Objekte vorgeben.

Kapitel 14   Die Windows-Funktionen

Verknüpfung Excel-Tabelle mit Zeichnung

1. Öffnen Sie die Zeichnung *A14-03.dwg* aus Ihrem Übungsordner.
2. Wählen Sie den Befehl OBJEINF. Schalten Sie im Dialogfeld den Schalter AUS DATEI ERSTELLEN ein.
3. Klicken Sie auf die Schaltfläche DURCHSUCHEN... und wählen Sie aus Ihrem Ordner *Aufgaben* die Datei *A14-03.xls*, eine Excel-Tabelle. Schalten Sie den Schalter VERKNÜPFEN ein.
4. Platzieren Sie die Tabelle in der linken unteren Ecke der Zeichnung.
5. Verkleinern Sie das Objekt mit den Griffen (siehe Abbildung 14.8). Eine Lösung finden Sie im Ordner *Aufgaben*: *L14-03.dwg*.

Abbildung 14.8: Excel-Tabelle in der AutoCAD-Zeichnung

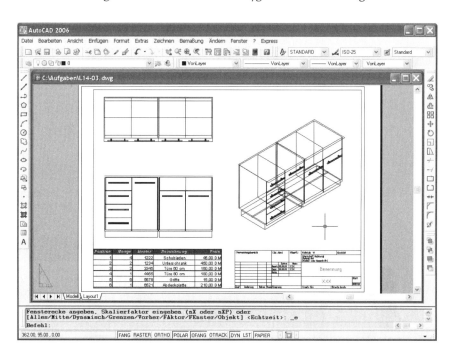

Befehl Oleverkn

Mit dem Befehl OLEVERKN können Sie die Verknüpfungen in der Zeichnung bearbeiten. Wählen Sie den Befehl:

➤ Abrollmenü BEARBEITEN, Funktion OLE-VERKNÜPFUNGEN...

In dem nun geöffneten Dialogfeld können Sie die Verknüpfung einstellen (siehe Abbildung 14.9):

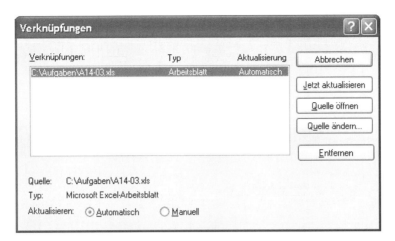

Abbildung 14.9:
Verknüpfung bearbeiten

In der Liste finden Sie alle Verknüpfungen der Zeichnung. Wenn Sie eine Verknüpfung markieren, können Sie mit der Schaltfläche JETZT AKTUALISIEREN den aktuellen Stand der Datei neu laden. Die Schaltfläche QUELLE ÖFFNEN startet das Programm, mit dem die Datei erstellt wurde und lädt die Datei in dem Programm. Mit der Schaltfläche QUELLE ÄNDERN... können Sie eine neue Datei wählen. Das Objekt wird durch die neue Datei ersetzt. Wollen Sie die Verbindung zur Quelle löschen, klicken Sie auf die Schaltfläche ENTFERNEN. Das Objekt bleibt in der Zeichnung, ist aber statisch. In der untersten Zeile können Sie einstellen, ob die AutoCAD Zeichnung beim Laden automatisch aktualisiert wird, wenn die Ausgangsdatei verändert wurde. Bei MANUELL wird nach Änderungen beim nächsten Laden der Zeichnung gefragt, ob aktualisiert werden soll.

14.6 Parzielles Öffnen

In AutoCAD können Sie Zeichnungen teilweise laden und bei Bedarf weitere Teile nachladen. Das bringt Vorteile beim Bearbeiten großer Zeichnungen. Die Lade- und Bearbeitungszeiten verkürzen sich.

Zeichnung parziell öffnen

1. Wählen Sie den Befehl ÖFFNEN aus dem Abrollmenü DATEI, suchen Sie die Zeichnung im Dateiwähler aus und klicken dann aber statt auf die Schaltfläche ÖFFNEN auf das Abrollmenü daneben. Wählen daraus den Eintrag PARTIELLES ÖFFNEN.... Öffnen Sie die Datei *A14-04.dwg* aus dem Ordner *Aufgaben*.

2. Es erscheint ein Dialogfeld (siehe Abbildung 14.10). Sie können jetzt einen gespeicherten Ausschnitt in der linken Liste wählen. Nur diejenigen Objekte werden geladen, die in diesem Ausschnitt liegen. Dann wählen Sie die Layer in der rechten Liste.

Kapitel 14   Die Windows-Funktionen

3. Wählen Sie in dem Beispiel beim Ausschnitt den Eintrag *Grenzen* und in der Layerliste alle Layer außer *Htechnik* und *Htechnik2* (siehe Abbildung 14.10). Klicken Sie dann auf die Schaltfläche ÖFFNEN. Die Zeichnung wird bis auf die beiden Layer geladen, es fehlt die Haustechnik im Grundriss. In der Titelzeile des Zeichnungsfensters steht hinter dem Namen der Kommentar (*partiell geladen*).

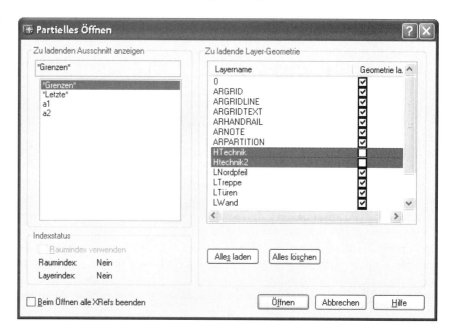

Abbildung 14.10:
Auswahl der Objekte für teilweises Öffnen

4. Wollen Sie weitere Teile nachladen, wählen Sie im Abrollmenü DATEI den Eintrag PARTIELLES LADEN, der jetzt aktiv ist. Sie bekommen das Dialogfeld aus Abbildung 14.10 wieder. Wählen Sie nun die beiden Layer, die nachgeladen werden sollen.

5. Haben Sie eine parziell geöffnete Zeichnung gespeichert und öffnen Sie diese später normal, kommt ein Meldungsfenster. Sie werden darauf hingewiesen, dass die Zeichnung zuletzt parziell geöffnet wurde. Mit der Schaltfläche HERSTELLEN wird die Zeichnung wieder parziell geladen. Klicken Sie VOLLSTÄNDIG an, wird die Zeichnung komplett geladen.

15 Plotten, Plotter und Plotstil-Manager

Kommen wir wieder zu Ihrer Zeichnung zurück, die Sie in Teil II dieses Buches erstellt haben. Sie soll fertig gestellt und geplottet werden. Außerdem werden wir uns alles zur Konfiguration von Plottern und den Plot-Stilen ansehen.

15.1 Das Zeichnungslayout

Wenn Sie die Übungen in den Kapiteln 5 und 6 erstellt haben, haben Sie eine fast fertige Zeichnung. Falls Sie sie nicht oder nicht komplett haben, benutzen Sie die Lösung aus dem Ordner *Aufgaben,* Zeichnung Z01-07.dwg.

Sie können Ihre Zeichnung im Modellbereich, also in dem Bereich plotten, in dem Sie sie erstellt haben. Das reicht für einfache 2D-Zeichnungen aus. Sobald Sie aber Details einer Zeichnung hervorheben, verschiedene Ansichten erstellen, mehrere Maßstäbe auf einem Zeichenblatt darstellen oder ein 3D-Modell darstellen wollen, haben Sie wesentlich mehr Möglichkeiten, wenn Sie Ihr Layout im Papierbereich erstellen. Alles zu Layouts im Papierbereich erfahren Sie in Kapitel 16, in diesem Kapitel bleiben wir im Modellbereich.

Einfügen des Zeichnungsrahmens

Sie können direkt im Modellbereich den Zeichnungsrahmen mit dem Befehl EINFÜGE (siehe Kapitel 11.4) auf der Zeichnung platzieren. Hierbei ist zu beachten, dass der Zeichnungsrahmen mit dem Maßstab eingefügt wird, mit dem die Zeichnung geplottet wird. Wird die Zeichnung beispielsweise im Maßstab 1:50 geplottet, wird der Zeichnungsrahmen um den Faktor 50 vergrößert eingefügt, da unser Zeichenbereich ja immer 1:1 ist. Beim Plotten wird die Zeichnung dann samt Rahmen auf Papiergröße verkleinert.

Haben Sie ein kleines Einzelteil und stellen Sie das auf dem Papier im Maßstab 5:1 dar, fügen Sie den Zeichnungsrahmen mit dem Faktor 0.2 ein, da Sie beim Plotten ja wieder um den Faktor 5 vergrößern.

Standard-Zeichnungsrahmen mit Schriftfeld werden mit AutoCAD im Ordner *C:\Dokumente und Einstellungen\Benutzername\Lokale Einstellungen\ Anwendungsdaten\Autodesk\AutoCAD 2006\R16.2\Deu\Template* bzw. bei AutoCAD LT im Ordner *C:\Dokumente und Einstellungen\Benutzername\ Lokale Einstellungen\Anwendungsdaten\Autodesk\AutoCAD LT 2006\R11\ Deu\Template* geliefert und können sowohl im Modellbereich als auch im Papierbereich mit dem Befehl EINFÜGE verwendet werden. Für unser Beispiel haben Sie auch Zeichnungsrahmen im Ordner *Aufgaben*: *DIN_A4.dwg* und *DIN_A3.dwg*.

Bei diesen Ordnern handelt ist sich um versteckte Ordner, die Sie unter Umständen nicht finden. Nur wenn Sie im Windows-Explorer die Ordneroptionen richtig eingestellt haben, sind die Ordner und Dateien sichtbar. Gehen Sie wie folgt vor:

Versteckte Ordner anzeigen

1. Starten Sie den Windows-Explorer.
2. Wählen Sie im Abrollmenü EXTRAS die Funktion ORDNEROPTIONEN...
3. Aktivieren Sie im Dialogfeld das Register ANSICHT.
4. Aktivieren Sie in der Rubrik VERSTECKTE DATEIEN UND ORDNER die Option ALLE DATEIEN UND ORDNER ANZEIGEN.

Zeichnungsrahmen einfügen und Schriftfeld ausfüllen

1. Öffnen Sie also die Zeichnung, die Sie in den Kapiteln 5 und 6 erstellt haben, oder laden Sie aus dem Ordner *Aufgaben* die Zeichnung *Z01-07.dwg*.
2. Die Felder im Schriftfeld des Zeichnungsrahmens sind mit Attributen belegt. Aktivieren Sie die Attributeingabe. Geben Sie dazu auf der Tastatur die Variable ATTDIA ein und setzen Sie deren Wert auf 1.
3. Wählen Sie aus dem Abrollmenü EINFÜGEN die Funktion BLOCK.... Klicken Sie auf die Schaltfläche DURCHSUCHEN... und wählen Sie aus dem Ordner *Aufgaben* die Datei *DIN_A4.dwg*. Geben Sie Einfügepunkt, Skalierung und Drehwinkel fest vor (siehe Abbildung 15.1) und klicken Sie auf die Schaltfläche OK.
4. Tragen Sie im Dialogfeld für die Attribute Ihre Daten für das Schriftfeld ein und klicken Sie auf OK.
5. Wählen Sie im Abrollmenü ANSICHT die Funktion ZOOM und im Untermenü die Option ALLES. Die Zeichnung sollte dann wie in Abbildung 15.2 aussehen.

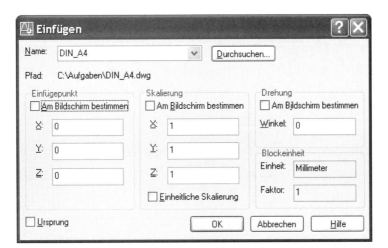

Abbildung 15.1:
Einfügen von Zeichnungsrahmen und Schriftfeld

Farben und Linienstärken

In unserer Zeichnung haben wir den Layern Farben, Linientypen und Linienstärken zugeordnet. Mit diesen Einstellungen können wir unsere erste Zeichnung auch plotten. Für den ersten Probeplot wollen wir ausschließlich diese Einstellungen verwenden. Doch Sie haben einen Rahmen eingefügt. Dieser hat seine eigenen Layer mitgebracht. Diesen wollen wir ebenfalls Farben und Linienstärken zuordnen.

Farbe und Linienstärke zuordnen

1. Wählen Sie den Befehl LAYER im Abrollmenü FORMAT.
2. Stellen Sie Farben und Linienstärken der drei neuen Layer ein.
3. Nehmen Sie folgende Einstellungen vor:

Abbildung 15.2:
Die Zeichnung mit Rahmen

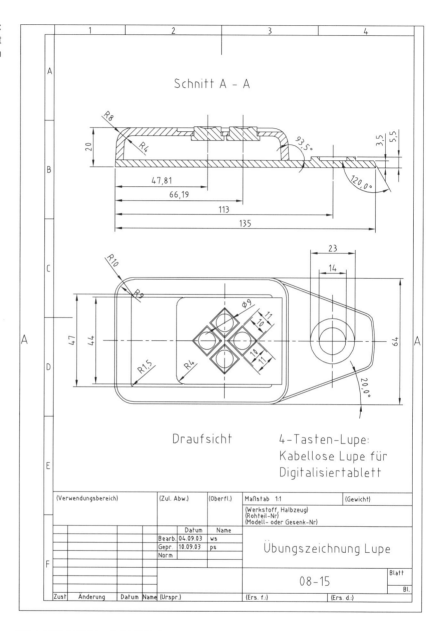

Rahmen025	Farbe: *blau*	Linienstärke: *0.25 mm*
Rahmen05	Farbe: *rot*	Linienstärke: *0.35 mm*
Rahmen07	Farbe: *weiß*	Linienstärke: *0.5 mm*

Sie finden diesen Stand auch in der Datei *Z01-08.dwg* im Ordner *Aufgaben*.

15.2 Plotten der Zeichnung

Befehl Plot

Zum Plotten verwenden Sie den Befehl PLOT. Wählen Sie diesen:

- Abrollmenü DATEI, Funktion PLOT...
- Symbol in der STANDARD-FUNKTIONSLEISTE
- Rechtsklick auf die Registerkarte MODELL am unteren Rand des Zeichnungsfensters und Auswahl der Funktion PLOTTEN... aus dem Kontextmenü

Sie erhalten ein Dialogfeld, in dem Sie alle Einstellungen für die Ausgabe vornehmen können. Das Dialogfeld kann verkleinert werden, um nur die wichtigsten Informationen und Einstellmöglichkeiten anzuzeigen (siehe Abbildung 15.3). Wollen Sie alles unter Kontrolle haben, dann vergrößern Sie das Fenster (siehe Abbildung 15.4). Dazu haben Sie in der rechten unteren Ecke des Dialogfelds den Pfeil.

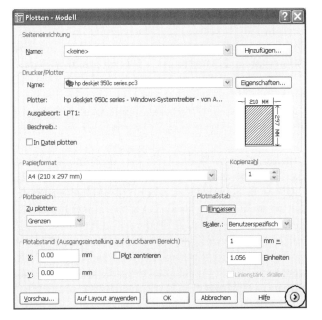

Abbildung 15.3: Plot-Dialogfeld in verkleinerter Form

Abbildung 15.4:
Vollständiges Plot-Dialogfeld

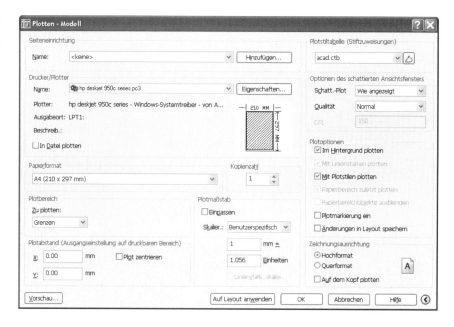

Die Einstellungen, die Sie für den Plot vornehmen, können Sie unter einem Namen mit der Zeichnung abspeichern. Im Feld SEITENEINRICHTUNG, Abrollmenü NAME können Sie bereits gespeicherte Plots auswählen. Steht dort <KEINE>, haben Sie bis jetzt noch keine ausgewählt. Es gelten die momentanen Einstellungen im Dialogfeld. Mit der Einstellung <VORHERIGER PLOT> bekommen Sie die Einstellungen des letzten Plots wieder. Mit der Schaltfläche HINZUFÜGEN... können Sie die aktuellen Einstellungen speichern. Doch stellen wir zuerst einmal alles ein und halten dann die Einstellungen fest.

Drucker/Plotter: Wählen Sie im Abrollmenü NAME den Plotter bzw. Drucker aus, auf dem Sie Ihre Zeichnung ausgeben wollen. Wenn Sie in AutoCAD noch keinen Plotter konfiguriert haben, finden Sie dort die Drucker, die Sie in Windows als Drucker installiert haben. Mit diesen wird auch die Zeichnung geplottet. Trotzdem können diese Windows-Drucker in AutoCAD separat konfiguriert werden. Sie haben dann den Zusatz *.pc3*. Der Vorteil davon ist, dass spezielle Einstellungen für AutoCAD vorgenommen werden können und sich der Drucker nicht immer auf seine Standardeinstellungen zurücksetzt.

AutoCAD verfügt dazu noch über eigene Plotter-Treiber für die verschiedenen Plotter-Modelle. Haben Sie einen älteren Stiftplotter, für den es keinen Windows-Treiber gibt, dann können Sie mit diesen Treibern plotten. Diese müssen Sie aber zuerst mit dem Plot-Manager installieren, dazu später mehr. Wählen Sie also zunächst einen Windows-Drucker.

Unter dem Abrollmenü wird das gewählte Gerät noch einmal angezeigt und man erkennt, ob es mit dem Windows-Systemtreiber oder dem AutoCAD-Treiber angesteuert wird. Darunter sehen Sie, an welchem Ausgang das Gerät angeschlossen ist. Mit der Schaltfläche EIGENSCHAFTEN... können Sie die Geräteparameter einstellen (siehe unten).

In Datei plotten: Haben Sie diesen Schalter aktiviert, werden die Plotdaten nicht an das Gerät ausgegeben, sondern in eine Datei umgeleitet. Diese Datei kann später auf dem Plotter ausgegeben werden. Dieses Verfahren wird auch beim elektronischen Plotten (siehe Kapitel 17.7) verwendet. Dateiname und Pfad werden abgefragt, wenn Sie den Plot abgeschickt haben.

Papierformat: Aus einem Abrollmenü können Sie aus den verfügbaren Papierformaten auswählen. In dem Feld darüber wird das Papierformat mit dem geplotteten Bereich in einer einfachen Voransicht angezeigt. Tritt irgendwo ein Fehler auf und der Rand der Zeichnung wird abgeschnitten, sehen Sie diesen im Fenster rot markiert.

Kopienzahl: Hier können Sie die Zahl der Kopien für den Plot einstellen.

Plotbereich: In diesem Feld können Sie in einem Abrollmenü wählen, welcher Bereich geplottet werden soll:

- **Limiten:** Bereich innerhalb der Limiten
- **Grenzen:** alle Objekte in der Zeichnung
- **Anzeige:** der momentane Bildschirmausschnitt
- **Ansicht:** ein gespeicherter Ausschnitt. Sie bekommen bei dieser Wahl ein weiteres Abrollmenü rechts daneben. Dort können Sie einen in der Zeichnung gespeicherten Ausschnitt zum Plotten auswählen. Die Auswahl wird nicht angeboten, wenn kein Ausschnitt in der Zeichnung gespeichert wurde.
- **Fenster:** Plotten eines Ausschnitts, der in der Zeichnung mit zwei Eckpunkten bestimmt werden kann. Wählen Sie diese Möglichkeit das erste Mal, verschwindet das Dialogfeld und Sie können den Bereich in der Zeichnung bestimmen. Danach haben Sie die Schaltfläche FENSTER < rechts vom Abrollmenü. Damit können Sie das Fenster neu bestimmen.

Plotabstand: Ist der Plot nicht formatfüllend, können Sie ihn mit den Eingaben in diesem Feld in X- und Y-Richtung auf dem Papier verschieben. Haben Sie den Schalter PLOT ZENTRIEREN eingeschaltet, wird die Zeichnung auf der Papiermitte ausgedruckt.

Plotmaßstab: Wählen Sie im Abrollmenü einen Standard-Maßstab zum Plotten. Sie können aber auch jeden beliebigen Maßstab in den Feldern darunter eintragen. Dort geben Sie an, wie viel geplottete mm einer Zeicheneinheit entsprechen. Wenn Sie im Abrollmenü die Einstellung *Größe angepasst* wählen, wird der gewählte Plotbereich formatfüllend auf dem gewählten Papierformat ausgegeben. Der Maßstab ergibt sich dann und wird in den Feldern darunter angezeigt.

Den Schalter LINIENSTÄRKEN SKALIEREN können Sie nur dann verwenden, wenn Sie ein Layout plotten. Ist dieser Schalter ein, werden die Linienstärken aus der Zeichnung proportional zum Plotmaßstab umgerechnet. In der Regel werden die Objekte mit den Linienstärken geplottet, die den Objekten zugeordnet sind, unabhängig vom Plotmaßstab.

Im erweiterten Dialogfeld finden Sie zusätzlich die folgenden Bedienelemente:

Plotstiltabelle (Stiftzuweisungen): Hier können Sie im Abrollmenü eine Plotstiltabelle wählen. Über eine Plotstiltabelle können Sie festlegen, wie eine AutoCAD-Farbe aus der Zeichnung geplottet werden soll. Außerdem können Sie mit benannten Plotstiltabellen arbeiten. Der Probeplot soll mit den Standardeinstellungen ausgeführt werden, stellen wir dies also zurück. Wählen Sie die Plotstiltabelle *Acad.ctb* bzw. *Aclt.ctb* (in AutoCAD LT).

Mit dem Symbol rechts vom Menü können Sie die Plotstiltabelle bearbeiten (siehe unten).

Optionen des schattierten Ansichtsfensters: Hier stellen Sie die Darstellung von 3-D-Modellen beim Plotten im Modellbereich ein. Im Abrollmenü SCHATT.-PLOT wählen Sie, ob Sie plotten wollen wie angezeigt, als Drahtkörper, verdeckt oder gerendert. Haben Sie GERENDERT gewählt, können Sie darunter in einem weiteren Abrollmenü die Qualität des Plots in verschiedenen Stufen wählen. Mit der Auswahl BENUTZERSPEZIFISCH lässt sich im Feld darunter die Druckqualität in dpi eingeben. Haben Sie ein Layout mit mehreren Ansichtsfenstern, können Sie für jedes Ansichtsfenster die Darstellung im Objekteigenschaften-Manager wählen (siehe Kapitel 20.12).

Plotoptionen: Darunter finden Sie den Bereich mit den Plotoptionen. Der Schalter IM HINTERGRUND PLOTTEN bewirkt, dass Sie sofort weiterarbeiten können, wenn Sie den Plot abgeschickt haben. Die Verarbeitung läuft im Hintergrund. Haben Sie die Einstellung MIT LINIENSTÄRKEN PLOTTEN gewählt, wird die Zeichnung mit den Linienstärken geplottet, die den einzelnen Layern bzw. den Objekten in der Zeichnung zugeordnet sind. Alternativ dazu können Sie die Einstellung MIT PLOTSTILEN PLOTTEN verwenden. In diesem Fall kommt die Linienstärke aus der gewählten Plotstiltabelle. Ist keiner der beiden Schalter an, wird mit der Vorgabelinienstärke und den

AutoCAD-Farben geplottet. Mit dem Schalter PAPIERBEREICH ZULETZT PLOTTEN können Sie bewirken, dass als Erstes die Geometrie des Modellbereichs geplottet wird. Mit dem Schalter PAPIERBEREICHSOBJEKTE AUSBLENDEN werden verdeckte Linien aus 3-D-Modellen entfernt, die Sie im Layout auf dem Papierbereich eingefügt haben. Haben Sie im Papierbereich Ansichtsfenster platziert, müssen Sie in den einzelnen Ansichtsfenstern einstellen, ob darin die verdeckten Kanten entfernt werden sollen oder ob schattiert geplottet werden soll (siehe Kapitel 20.12). Plotten Sie im Modellbereich, ist der Schalter deaktiviert. Dann stellen Sie die Ausgabequalität im Fenster OPTIONEN DES SCHATTIERTEN ANSICHTSFENSTERS ein (siehe oben). Haben Sie den Schalter PLOTMARKIERUNG EIN gewählt, wird ein Kommentar auf das Blatt gedruckt. Dann erscheint rechts davon ein zusätzliches Symbol, mit dem Sie die Plotmarkierung bearbeiten können, dazu später mehr.

Alle Einstellungen, die Sie bis jetzt vorgenommen haben, gelten nur für den aktuellen Plot. Haben Sie aber den Schalter ÄNDERUNGEN IN LAYOUT SPEICHERN gewählt, werden die im Dialogfeld vorgenommenen Änderungen gespeichert. Beim nächsten Plot müssen Sie dann nichts mehr einstellen.

Zeichnungsausrichtung: Wählen Sie, ob die Zeichnung im Hoch- oder Querformat geplottet werden soll. Zudem kann sie mit dem Schalter AUF DEM KOPF PLOTTEN um 180° gedreht werden.

Zeichnungen aus AutoCAD 14 und früheren Versionen

Zeichnungen aus AutoCAD 14 oder früher haben keine Linienstärken. Verwenden Sie hier die Einstellung MIT LINIENSTÄRKEN PLOTTEN, *wird alles in der Vorgabelinienstärke geplottet.*

In diesem Fall bekommen Sie die Linienstärke nur über die Stiftzuordnung. Dazu muss der Schalter MIT PLOTSTILEN PLOTTEN *eingeschaltet sein und Sie müssen die verwendete Plotstiltabelle entsprechend anpassen (siehe Kapitel 15.6).*

Vorschau anzeigen

Haben Sie alles eingestellt, können Sie mit der Voransicht kontrollieren, wie der Plot aussehen wird. Wenn Sie auf die Schaltfläche VORSCHAU... klicken, bekommen Sie die Voransicht auf dem Papierblatt mit Farben und Linienstärken angezeigt (siehe Abbildung 15.5). Mit der rechten Maustaste bekommen Sie ein Kontextmenü mit den Zoom- und Pan-Funktionen. Wie in der Zeichnung können Sie auch in der Voransicht die Echtzeit-Funktionen verwenden. Mit dem Eintrag BEENDEN im Kontextmenü oder mit der Taste [Esc] beenden Sie die Voransicht und kommen zum Plot-Dialogfeld zurück. Mit dem Eintrag PLOTTEN wird die Zeichnung sofort ausgegeben. Mit den Symbolen über dem Zeichnungsfenster können Sie die Funktionen aus dem Kontextmenü ebenfalls wählen.

Kapitel 15   Plotten, Plotter und Plotstil-Manager

Abbildung 15.5:
Vorschau der Plotausgabe

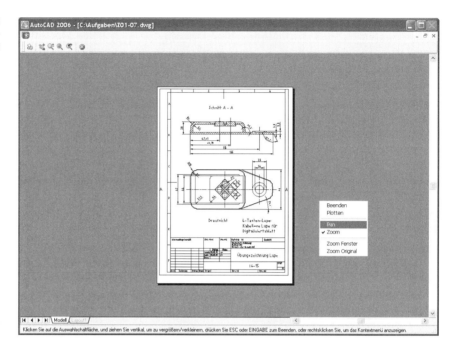

Wenn Sie das Vorschaufenster beendet haben, können Sie die Zeichnung mit OK plotten. Klicken Sie auf die Schaltfläche AUF LAYOUT ANWENDEN, werden die Einstellungen ebenfalls gespeichert und sind beim nächsten Plot als Vorgabewerte vorhanden.

Seiteneinrichtung speichern

Wenn Sie alle Einstellungen vorgenommen haben und Sie diese Zeichnung immer mit dem gleichen Gerät und den gleichen Einstellungen plotten, dann reicht es, wenn Sie den Schalter ÄNDERUNGEN IN LAYOUT SPEICHERN anklicken. Wollen Sie mit verschiedenen Geräten plotten, dann können Sie einmal vorgenommene Einstellungen, die so genannte Seiteneinrichtung, unter einem Namen abspeichern. Die gespeicherten Seiteneinrichtungen können Sie oben im Dialogfeld im Feld SEITENEINRICHTUNG aus dem Abrollmenü NAME wählen. Einmal vorgenommene Einstellungen werden so nicht überschrieben und können später wieder aktiviert werden. Wenn Sie die Schaltfläche HINZUFÜGEN... links oben im Dialogfeld anklicken, bekommen Sie das Dialogfeld, in dem Sie den Namen eingeben können (siehe Abbildung 15.6).

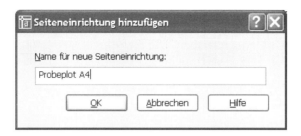

Abbildung 15.6:
Name der Seiteneinrichtung eingeben

Tragen Sie den Namen für die neue Seiteneinrichtung ein und klicken Sie auf OK. Die neue Seiteneinrichtung ist gespeichert. Jetzt können Sie sie im Abrollmenü NAME wählen. Zur Auswahl steht *<keine>*. Diese verwenden Sie, wenn Sie die Einstellungen neu vornehmen wollen. Weiterhin können Sie *<Vorheriger Plot>* auswählen, wenn Sie gleich wie beim letzten Mal plotten wollen. Sie können aber auch eine der gespeicherten Seiteneinrichtungen oder *Importieren...* auswählen. Mit dieser Auswahl können Sie die Seiteneinrichtungen aus einer gespeicherten Zeichnung importieren. Wählen Sie eine Zeichnung aus, die Seiteneinrichtungen enthält, bekommen Sie danach ein Dialogfeld mit den in dieser Zeichnung gespeicherten Seiteneinrichtungen (siehe Abbildung 15.7).

Abbildung 15.7:
Seiteneinrichtungen aus einer Zeichnung übernehmen

Markieren Sie die Seiteneinrichtungen, die Sie übernehmen wollen, und klicken Sie auf OK. Danach können Sie diese im Plot-Dialogfeld aus dem Abrollmenü wählen. Die ausgewählte wird zur aktuellen Seiteneinrichtung. Alle Werte in den Dialogfeldern werden mit denen aus dieser Seiteneinrichtung überschrieben.

Plot ausführen

Haben Sie den Plot mit OK abgeschickt und das Plotten im Hintergrund aktiviert, bekommen Sie noch eine Meldung, dass im Hintergrund geplottet wird. Wenn Sie diese Meldung stört, können Sie sie auch für die Zukunft deaktivieren. Dann wird in der rechten Ecke der Statuszeile das Plottersymbol animiert angezeigt. Wenn der Plot abgeschlossen ist, erscheint eine Sprechblase mit einem Hinweis. Wenn Sie auf die Meldung klicken, bekommen Sie das Protokoll angezeigt (siehe Abbildung 15.8).

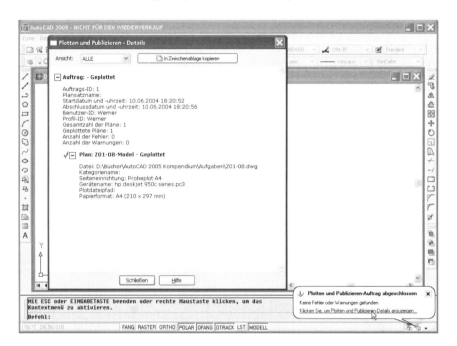

Abbildung 15.8: Sprechblase und Plotprotokoll

Im Plotprotokoll sind alle Plots gespeichert, die Sie gemacht haben. Aus dem Abrollmenü ANSICHT können Sie wählen, ob Sie alle Plots anzeigen lassen wollen oder nur die, bei denen Fehler aufgetreten sind.

Plotten der Zeichnung

1. Stellen Sie in den beiden Registerkarten des Dialogfelds die Werte ein. Orientieren Sie sich an Abbildung 15.3 und 15.4.

2. Lassen Sie sich dann die Voransicht anzeigen. Wenn alles in Ordnung ist, plotten Sie die Zeichnung aus.

Plotten der Zeichnung   Kapitel 15

Plotmarkierung einfügen

Mit den Plotmarkierungen können Sie am Rand der Zeichnung Zeichnungsnamen, Layoutnamen, Datum und Zeit, Login-Namen, Gerätenamen, Papierformat, Plotskalierung sowie zwei benutzerdefinierte Felder anbringen. Gehen Sie dazu wie folgt vor:

➡ Kreuzen Sie im erweiterten Dialogfeld des Befehls PLOT den Schalter PLOTMARKIERUNG EIN an (siehe Abbildung 15.4).

➡ Klicken Sie auf das Symbol rechts daneben, um den Inhalt der Plotmarkierung zu bearbeiten. Sie bekommen ein weiteres Dialogfeld auf den Bildschirm (siehe Abbildung 15.9).

Abbildung 15.9:
Inhalt der Plotmarkierung

Felder für Plotmarkierung: Wählen Sie hier die Daten aus, die in die Plotmarkierung aufgenommen werden sollen.

Benutzerdefinierte Felder: Wählen Sie aus den Abrollmenüs bei Bedarf bis zu zwei benutzerdefinierte Felder aus. Klicken Sie auf die Schaltfläche HINZUFÜGEN/BEARBEITEN, um Texte als benutzerdefinierte Felder in einem weiteren Dialogfeld einzufügen oder zu bearbeiten.

Datei für Plotmarkierungsparameter: Die Einstellungen für die Plotmarkierung können Sie in einer Datei mit der Dateierweiterung *.pss* speichern, um sie später auch in einer anderen Zeichnung verwenden zu können. Dafür können Sie die Schaltflächen LADEN und SPEICHERN UNTER verwenden.

(KOMPENDIUM) AutoCAD und LT 2006   553

Voransicht: In diesem Feld wird die Plotmarkierung auf der Zeichnung angezeigt, allerdings nur die Position, nicht der Inhalt und die Form. Leider wird die Plotmarkierung in der Plotvoransicht nicht angezeigt.

Klicken Sie auf die Schaltfläche WEITERE OPTIONEN, um die Form und die Position der Plotmarkierung zu bestimmen. Sie bekommen ein weiteres Dialogfeld auf den Bildschirm (siehe Abbildung 15.10).

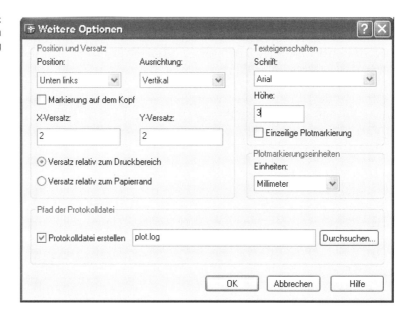

Abbildung 15.10:
Position und Form der Plotmarkierung

Position und Versatz: Geben Sie bei der Position eine der vier Papierecken an und ob der Text vertikal oder horizontal ausgerichtet werden soll. Außerdem können Sie die Daten bei Bedarf auf den Kopf stellen. Geben Sie anschließend den Versatz der Markierung ein. Dieser kann relativ zum Druckbereich oder zum Papierrand festgelegt werden.

Texteigenschaften: Wählen Sie hier Schriftart und -höhe, und beschränken Sie bei Bedarf die Markierung auf einen einzeiligen Text.

Plotmarkierungseinheiten: Wählen Sie hier die Einheiten für die Textgröße und die Positionsangaben (Millimeter, Inches oder Pixel).

Pfad der Protokolldatei: Haben Sie den Schalter PROTOKOLLDATEI ERSTELLEN eingeschaltet, werden alle Ausgaben mit den Daten der Plotmarkierung protokolliert. Den Ordner und den Dateinamen für die Protokolldatei können Sie dahinter eintragen.

Weitere Plot-Befehle   Kapitel 15

Haben Sie die Plotmarkierung beispielsweise links unten vertikal platziert und einen Abstand eingegeben, wird die Markierung links vom senkrechten Rand des Zeichnungsrahmens platziert. Haben Sie aber Ihre Zeichnung bei der Ausgabe links unten platziert, dann wird die Plotmarkierung abgeschnitten.

TIPP

15.3 Weitere Plot-Befehle

Wollen Sie alle Einstellungen für die Seite vornehmen, aber noch keinen Plot ausgeben, können Sie den Befehl SEITENEINR verwenden.

Befehl Seiteneinr

Wählen Sie den Befehl:

INFO

- Abrollmenü DATEI, Funktion SEITENEINRICHTUNGS-MANAGER...
- Symbol im Werkzeugkasten LAYOUTS
- Rechtsklick auf die Registerkarte MODELL am unteren Rand des Zeichnungsfensters und Auswahl der Funktion SEITENEINRICHTUNGS-MANAGER... aus dem Kontextmenü

Sie bekommen ein Dialogfeld auf den Bildschirm, das alle Seiteneinrichtungen (siehe Kapitel 15.2) dieser Zeichnung enthält (siehe Abbildung 15.11, links). Markieren Sie eine Seiteneinrichtung in der Liste, können Sie mit der rechten Maustaste das Kontextmenü wählen. Darin finden Sie Funktionen zum Löschen und Umbenennen. Mit dem Eintrag AKTUELL machen Sie die markierte Seiteneinrichtung zur aktuellen. Beim nächsten Plot haben Sie diese Einstellungen. Diese Funktion finden Sie auch auf der gleichnamigen Schaltfläche rechts von der Liste.

Klicken Sie auf die Schaltfläche NEU..., bekommen Sie ein weiteres Dialogfeld (siehe Abbildung 15.11, rechts). Tragen Sie dort einen neuen Namen für die Seiteneinrichtung ein und markieren Sie eine Seiteneinrichtung in der Liste. Die Werte dieser Seiteneinrichtung werden als Vorgabe übernommen. Es ist also zweckmäßig, die Seiteneinrichtung zu markieren, die der neuen am nächsten kommt, so dass Sie nur wenig Änderungen vornehmen müssen. Klicken Sie auf OK, bekommen Sie das Plot-Dialogfeld (siehe Kapitel 15.2 und Abbildungen 15.3 und 15.4). Stellen Sie alles ein, klicken Sie auch hier auf OK und Sie haben diese Einstellungen unter dem eingegebenen Namen im Seiteneinrichtungs-Manager gespeichert.

Haben Sie einen Eintrag im Seiteneinrichtungs-Manager markiert und klicken auf die Schaltfläche ÄNDERN..., können Sie die Einstellungen ebenfalls im Plot-Dialogfeld (siehe Kapitel 15.2 und Abbildungen 15.3 und 15.4) bearbeiten. Mit OK kommen Sie wieder zurück.

Mit der Schaltfläche IMPORTIEREN... können Sie Seiteneinrichtungen aus anderen Zeichnungen importieren (siehe Kapitel 15.2 und Abbildungen 15.3 und 15.7). Wählen Sie zuerst die Zeichnung im Dateiwähler und dann die gewünschte Seiteneinrichtung (siehe Abbildung 15.7). Danach kommen Sie zurück in das Dialogfeld.

Abbildung 15.11: Dialogfeld des Seiteneinrichtungs-Managers

Befehl Voransicht

Die Voransicht können Sie auch ohne den Befehl PLOT haben. Mit dem Befehl VORANSICHT bekommen Sie die Voransicht mit den Einstellungen des letzten Plots bzw. der aktuellen Seiteneinrichtung auf den Bildschirm:

- Abrollmenü DATEI, Funktion PLOT-VORANSICHT
- Symbol in der STANDARD-FUNKTIONSLEISTE

Sie bekommen die gleiche Anzeige wie bei der VOLLSTÄNDIGEN VORANSICHT im Dialogfeld des Befehls PLOT (siehe Abbildung 15.5).

15.4 Der Plotter-Manager

AutoCAD verwendet normalerweise die in Windows konfigurierten Drucker, die so genannten Windows-Systemdrucker. Eine spezielle Konfiguration der Drucker ist nicht erforderlich. Trotzdem können Sie die Windows-Systemdrucker in AutoCAD noch einmal konfigurieren. Das hat den Vorteil, dass die speziellen AutoCAD-Einstellungen für das entsprechende

Der Plotter-Manager   Kapitel 15

Ausgabegerät in einer Konfigurationsdatei abgespeichert werden (Dateierweiterung *.pc3) und nicht jedes Mal auf die Windows-Standardeinstellung zurückgesetzt wird.

Plotter, die nicht über einen Windows-Treiber verfügen, können mit speziellen AutoCAD HDI-Treibern ausschließlich für AutoCAD konfiguriert werden. Das sind vor allem alte Stiftplotter. Auch in diesem Fall wird eine Datei *.pc3 erstellt, in der die Konfiguration und die Einstellungen für dieses Gerät gespeichert sind.

Außerdem können Sie verschiedene Rasterformate, das DWF-Format und EPS-Dateien (Encapsulated PostScript) über Plotter-Treiber erzeugen. Somit lassen sich Treiber für AutoCAD in drei Kategorien gliedern:

Dateiformattreiber: Rasterformate, PostScript-Formate und DWF-Dateien können mit HDI-Treibern erzeugt werden. Die möglichen Formate sind in Tabelle 15.1 aufgeführt.

Dateiformat	Typ
Rasterdateiformate	CALS MIL-R-28002A Type 1 (Komprimierung: CCITT G4 2D)
	Dimensional CALS Type 1 (Komprimierung: CCITT G4 2D)
	Unabhängige JPEG-Gruppe JFIF (Komprimierung: JPEG)
	BMP von MS Windows (Unkomprimierte DIB)
	PNG (Portable Network Graphics, Komprimierung: LZH)
	TIFF Version 6 (Komprimierung: CCITT G4 2D)
	TIFF Version 6 (Nicht komprimiert)
	TGA Version 2 (True Vision, nicht komprimiert)
	PCX von ZSoft PC Paintbrush (Komprimierung: ZSOFT PACKBITS)
PostScript	Level 1

Tabelle 15.1: Mögliche Dateiformate mit Dateiformattreibern

Kapitel 15 Plotten, Plotter und Plotstil-Manager

Tabelle 15.1:
Mögliche Dateiformate mit Dateiformattreibern (Forts.)

Dateiformat	Typ
	Level 1Plus
	(Level 1 mit Farbbildunterstützung)
	Level 2
	Mit diesen Treibern lassen sich nicht nur EPS-Dateien erzeugen, PostScript-Geräte können damit auch direkt betrieben werden.
Autodesk-ePlot (DWF)	DWF-eplot (optimiert fürs Plotten)
	DWF-eView (optimiert für Anzeige)
	DWF-ePlot (Whip 3.1 kompatible Version)
	DWF-Standard (R14-Ansicht)
	DWF6-ePlot
AutoCAD DXB-Datei	AutoCAD-eigenes Binär-Ausgabeformat

HDI-Treiber: Direkt aus AutoCAD, ohne Windows-Treiber lassen sich folgende Geräte betreiben. Meist handelt es sich dabei um Stift-Plotter, für die es keine Windows-Treiber mehr gibt, oder um Geräte, die ansonsten nicht in anderen Windows-Anwendungen benötigt werden. Das sind:

Tabelle 15.2:
Mit den HDI-Treibern unterstützte Plotter

Hersteller	Modelle
HewlettPackard	Alle Stiftplotter-Modelle, alle DesignJet-Modelle und alle LaserJet-Modelle, die HP-GL 2 kompatibel sind
CalComp	Artisan, PaceSetter, DesignMate und DrawingMaster Stiftplotter TechJet Tintenstrahlplotter, Elektrostatische und LED-Plotter
OCE	G9034-S (FR/FP1.x), G9035-S (FR/FP1.x), G9054-S (FR/FP1.x), 9055-S/95xx-S (FR/FP1.x), 5104 (EM_1.x), 5105 (EM_1.x), 5100C A1, (EC_2.x), 5100C A0 (EC_2.x), 5120 A1 (LZ_1.x),5120 A0 (LZ_1.x), 5200 (MI_1.x), 9400 (mit Scanner; LV_3.x), 9700 (R1.0), 9800 (R3 & EPC R), 4900, 9600
Xerox	XES 8825 (1 Rolle), XES 8825 (2 Rollen), XES 8830, ES 8855

HDI-Treiber für Windows-Systemdrucker: HDI-Treiber für beliebige Windows-Drucker.

Der Plotter-Manager

Plotter bzw. Drucker werden mit dem Plotter-Manager konfiguriert. Der Befehl heißt in AutoCAD PLOTTERMANAGER und Sie finden ihn:

➤ Abrollmenü DATEI, Funktion PLOT-MANAGER...

Wenn Sie ihn anwählen, bekommen Sie ein Explorer-Fenster auf den Bildschirm, in dem die bereits konfigurierten Plotter als Symbol oder in einer Liste aufgeführt werden (siehe Abbildung 15.12).

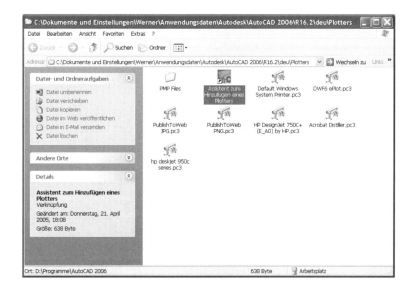

Abbildung 15.12: Fenster des Plotter-Managers

Plotter hinzufügen

Klicken Sie das Symbol ASSISTENT ZUM HINZUFÜGEN EINES PLOTTERS doppelt an, und Sie können Ihren Plotter mit einem Assistenten konfigurieren. Den Assistenten können Sie auch ohne den Plotter-Manager starten, wählen Sie dazu:

➤ Abrollmenü EXTRAS, Untermenü ASSISTENTEN, Funktion PLOTTER HINZUFÜGEN...

Die Konfiguration und Einstellung eines Plotters werden im Folgenden an einem Hewlett Packard 450 C, A0 Plotter erläutert. Für alle anderen Plottermodelle gehen Sie analog vor. Normalerweise würde dieser Plotter mit dem Windows-Treiber konfiguriert und steht Ihnen dann auch in AutoCAD zur Verfügung. Wir wollen dies aber mit dem AutoCAD HDI-Treiber machen, da der aktuelle Windows-Treiber nur mit dem Plotter geliefert wird und Ihnen nicht zur Verfügung steht. Selbst wenn Sie keinen Plotter haben, sollten Sie ihn konfigurieren. Im Folgenden benötigen Sie die Einstellungen.

Klicken Sie den ASSISTENT ZUM HINZUFÜGEN EINES PLOTTERS doppelt an oder wählen Sie ihn aus dem Menü. Blättern Sie über die Einführungsseite mit WEITER >. Die Seite START (siehe Abbildung 15.13) erscheint.

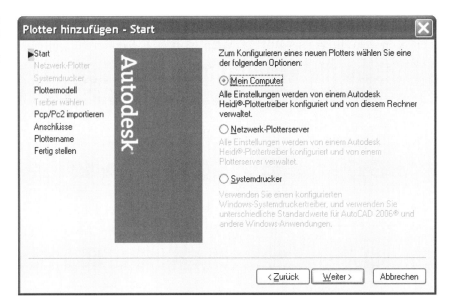

Abbildung 15.13: Assistent zum Plotter hinzufügen, Seite Start

Hier haben Sie die verschiedenen Konfigurationsverfahren zur Auswahl. Die ersten beiden verwenden die AutoCAD HDI-Treiber, das letzte konfiguriert den Windows-Systemdrucker. Verwenden Sie für unser Beispiel *Mein Computer*. Gehen Sie nach diesem Schema vor:

Mein Computer: Der Plotter ist lokal an einer Schnittstelle des Computers angeschlossen und er wird über einen HDI-Treiber angesteuert. In diesem Modus wählen Sie als Nächstes den Hersteller und das Modell (siehe Abbildung 15.14).

Für unsere Beispielinstallation wählen Sie den Hewlett Packard DesignJet 450C, C4716A. Lassen Sie sich von der Warnmeldung, die dann kommt, nicht irritieren, wir wollen den HDI-Treiber verwenden. Klicken Sie auf die Schaltfläche WEITER >. Haben Sie in einer vorherigen AutoCAD-Version für diesen Plotter schon eine PCP- bzw. PC2-Datei erstellt, können Sie aus dieser die gerätebezogenen Daten übernehmen. Auf der nächsten Seite des Assistenten können Sie mit der Schaltfläche DATEI IMPORTIEREN eine solche Konfigurationsdatei übernehmen. Klicken Sie anschließend auf WEITER >.

Der Plotter-Manager   Kapitel 15

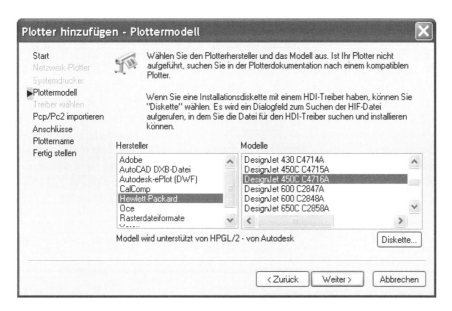

Abbildung 15.14:
Assistent zum
Plotter hinzufügen,
Seite Plottermodell

Wählen Sie auf der nächsten Seite den Anschluss, an dem Ihr Plotter angeschlossen ist (siehe Abbildung 15.15). Wählen Sie einen Anschluss oder klicken Sie den Schalter IN DATEI PLOTTEN an. In diesem Fall wird die Ausgabe umgeleitet, und die Daten für den Plotter werden in einer Datei gespeichert. Mit der Funktion AUTOSPOOL wird die Ausgabe in eine temporäre Datei im AutoSpool-Verzeichnis gespeichert, die dann mit einer Batch-Datei automatisch ausgegeben werden kann.

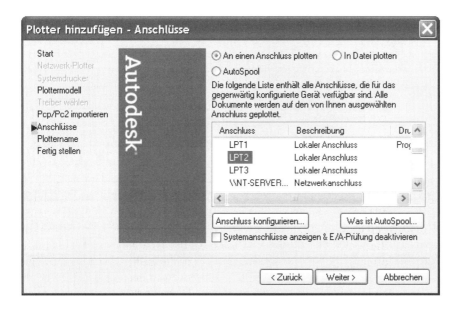

Abbildung 15.15:
Assistent zum
Plotter hinzufügen,
Seite Anschlüsse

{ KOMPENDIUM } AutoCAD und LT 2006   561

Geben Sie auf der nächsten Seite einen Plotternamen ein oder übernehmen Sie den vorgegebenen Namen. Wieder eine Seite weiter haben Sie die Möglichkeit, die Plotkonfiguration zu ändern. Klicken Sie dazu auf die Schaltfläche PLOTTERKONFIGURATION BEARBEITEN... oder machen Sie dies später (siehe unten). Bei Stiftplottern kann es vorkommen, dass das Seitenverhältnis des Plotters nicht mit dem der Zeichnung übereinstimmt. In diesem Fall können Sie mit der Schaltfläche PLOTTER KALIBRIEREN... einen weiteren Assistenten starten. Damit geben Sie ein Papierformat vor und die Maße eines Rechtecks. Das Rechteck wird geplottet. Danach messen Sie das geplottete Rechteck und geben die tatsächliche Größe ein. AutoCAD errechnet daraus einen Korrekturfaktor, der in der Gerätedatei (PMP-Datei) gespeichert und bei zukünftigen Plots berücksichtigt wird. Klicken Sie auf die Schaltfläche FERTIG STELLEN und die Konfiguration ist beendet. Der Plotter erscheint dann als Symbol im Plotter-Manager (siehe Abbildung 15.12).

Netzwerk-Plotterserver: Der Plotter ist im Netzwerk an einen Server angeschlossen und wird über einen HDI-Treiber angesteuert. Haben Sie diesen Modus auf der Seite START gewählt (siehe Abbildung 15.13), geben Sie auf der nächsten Seite den Netzwerksnamen (UNC-Name: *Servername**Gerätename*) des Plotters ein (siehe Abbildung 15.16).

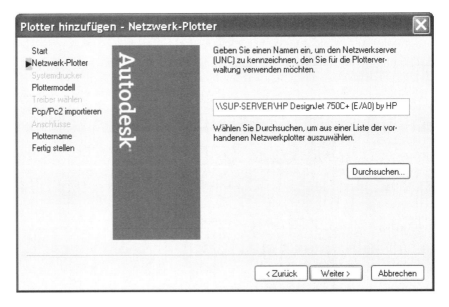

Abbildung 15.16: Assistent zum Plotter hinzufügen, Seite Netzwerk-Plotter

Wissen Sie den Namen nicht, klicken Sie auf die Schaltfläche DURCHSUCHEN... und suchen den Plotter im Netzwerk (siehe Abbildung 15.17).

Der Plotter-Manager   Kapitel 15

Abbildung 15.17:
Auswahl des Plotter-Servers im Netzwerk

Der Rest ist identisch mit der ersten Variante, lediglich die Seite ANSCHLÜSSE wird in diesem Fall nicht benötigt, da Sie ja auf einen Server im Netzwerk ausgeben.

Systemdrucker: Der Drucker oder Plotter ist auf Ihrem Computer als Windows-Systemdrucker konfiguriert (lokal oder an einem Druckserver im Netzwerk) und wird über den HDI-Systemdrucker-Treiber angesteuert. Der Drucker muss nur dann konfiguriert werden, wenn Sie in AutoCAD andere Einstellungen verwenden wollen als diejenigen, die in der Windows-Sytemsteuerung eingestellt sind. Bei diesem Modus kommt als Nächstes die Seite SYSTEMDRUCKER. Dort wählen Sie den Systemdrucker aus, den Sie in AutoCAD konfigurieren möchten (siehe Abbildung 15.18).

Diesmal werden die Seiten PLOTTERMODELL und ANSCHLÜSSE nicht benötigt, da Sie im Windows-Treiber schon festgelegt sind. Der Rest ist wieder identisch mit der ersten Variante.

Plotterkonfiguration ändern

Haben Sie einen Plotter konfiguriert, können Sie mit einem Doppelklick auf das Symbol im Plotter-Manager die Plotterkonfiguration anzeigen und ändern (siehe Abbildung 15.19). In dem Dialogfeld haben Sie drei Registerkarten:

Abbildung 15.18:
Assistent zum Plotter hinzufügen, Seite Systemdrucker

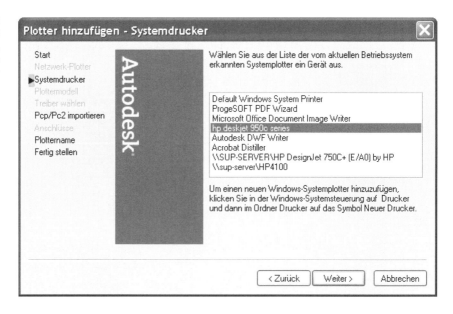

Allgemein: Angaben zur Plotterkonfiguration und zum Plottertreiber.

Anschlüsse: Anzeige des Plotteranschlusses. Hier kann auch noch geändert werden. So ist es möglich, einen lokalen Plotter auf einen Plotter-Server im Netzwerk umzuleiten.

Gerät- und Dokumenteinstellungen: In diesem Register lassen sich gerätespezifische Einstellungen vornehmen (siehe Abbildung 15.19).

In diesem Dialogfeld finden Sie Einstellungen zur Papierzuführung, Papierart, Papierausgabe, Behandlung von Farbgrafiken und den Papiergrößen.

Alle Einstellungen, die Sie in diesen Registern machen, können Sie in der Gerätedatei *PC3* speichern. *PC3*-Dateien enthalten die folgenden Daten: Plottername, Informationen zum Anschluss, Stiftoptimierung, Papierformat und Auflösung. Klicken Sie zum Speichern auf die Schaltfläche SPEICHERN UNTER... Mit der Schaltfläche VORGABEN stellen Sie die zuletzt gespeicherten Werte für die Einstellungen wieder her.

Mit der Schaltfläche IMPORTIEREN... werden Informationen aus früheren Versionen von AutoCAD über eine *PCP*- oder *PC2*-Datei importiert. Ein Teil dieser Daten wird in die *PC3*-Datei übernommen (siehe Abbildung 15.20), wie Ihnen in einem Hinweisfeld angezeigt wird. Klicken Sie auf OK und Sie können eine *PCP*- bzw. *PC2*-Datei wählen.

Der Plotter-Manager Kapitel 15

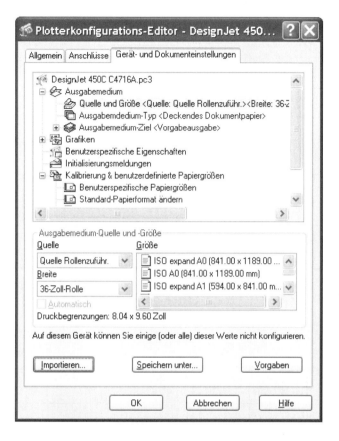

Abbildung 15.19:
Plotterkonfiguration

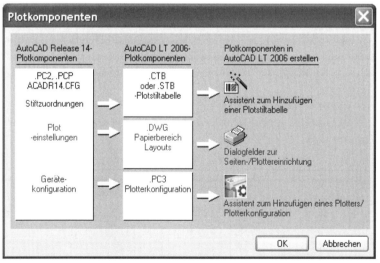

Abbildung 15.20:
Information über PCP-, PC2- und PC3-Dateien

Kapitel 15   Plotten, Plotter und Plotstil-Manager

Abbildung 15.21:
Einstellungen des
Windows-Treibers

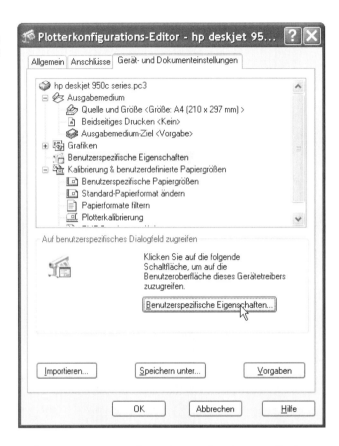

Haben Sie einen Windows-Systemdrucker zur Änderung angewählt, können Sie in der Liste den Eintrag BENUTZERSPEZIFISCHE EIGENSCHAFTEN markieren (siehe Abbildung 15.21). Klicken Sie anschließend auf die darunter liegende Schaltfläche BENUTZERSPEZIFISCHE EIGENSCHAFTEN... kommen Sie zu den Einstellungen des Windows-Treibers (siehe Abbildung 15.22).

➤ *Die Einstellung, die Sie an einem Drucker vornehmen, werden in der PC3-Datei gespeichert. Diese wird von jedem in AutoCAD konfigurierten Drucker erzeugt.*

➤ *PC3-Dateien werden im Ordner* C:\Dokumente und Einstellungen\ Benutzername\Anwendungsdaten\Autodesk\AutoCAD 2006\R16.1\ Deu\ Plotters *bzw. in AutoCAD LT* C:\Dokumente und Einstellungen\ Benutzername\Anwendungsdaten\Autodesk\AutoCAD LT 2006\R10\ Deu\Plotters *gespeichert.*

Abbildung 15.22:
Benutzerspezifische Eigenschaften beim Systemdrucker

15.5 Benutzerspezifische Papiergrößen

Bei den Geräteeinstellungen sind die benutzerspezifischen Größen besonders wichtig. Wählen Sie beim Plotten ein Papierformat aus, beispielsweise DIN A3 mit einer Papiergröße 420x297 Millimeter, ist der bedruckbare Bereich bei jedem Plotter kleiner. Für den bedruckbaren Bereich gehen links und rechts 5 Millimeter ab und oben und unten bis zu 18 Millimeter. Wollen Sie aber einen Zeichnungsrahmen ausdrucken, geht dieser bis zum äußersten Papierrand. Um diesen noch ausdrucken zu können, benötigen Sie Papier im Überformat oder Sie nehmen Papier von der Rolle. In den Windows-Treibern für die HP-Design-Jet-Modelle sind diese Übergrößen schon angelegt. Verwenden Sie aber die AutoCAD-Treiber, müssen Sie diese Formate anlegen.

In Tabelle 15.3 finden Sie die Größen im Hoch- und Querformat. Die Papierränder betragen oben und unten je 15 Millimeter, links und rechts je 6 Millimeter.

Kapitel 15 Plotten, Plotter und Plotstil-Manager

Tabelle 15.3: Benutzerspezifische Formate

Bezeichnung	Papiergröße Breite x Höhe	Nutzbares Format Breite x Höhe
A4 hoch	222 x 327 mm	210 x 297 mm
A4 quer	309 x 240 mm	297 x 210 mm
A3 hoch	309 x 450 mm	297 x 420 mm
A3 quer	432 x 327 mm	420 x 297 mm
A2 hoch	432 x 624 mm	420 x 594 mm
A2 quer	606 x 450 mm	594 x 420 mm
A1 hoch	606 x 871 mm	594 x 841 mm
A1 quer	853 x 624 mm	841 x 594 mm
A0 hoch	853 x 1219 mm	841 x 1189 mm

Gehen Sie wie folgt vor: Klicken Sie den Hewlett Packard DesignJet 450C im Plotter-Manager doppelt an. Wählen Sie im Dialogfeld die Registerkarte GERÄT- UND DOKUMENTEINSTELLUNG. Markieren Sie in der Liste den Eintrag BENUTZERSPEZIFISCHE PAPIERGRÖSSEN. Klicken Sie dann auf die Schaltfläche HINZUFÜGEN und Sie bekommen den Assistenten BENUTZERSPEZIFISCHES PAPIERFORMAT mit der Seite START (siehe Abbildung 15.23).

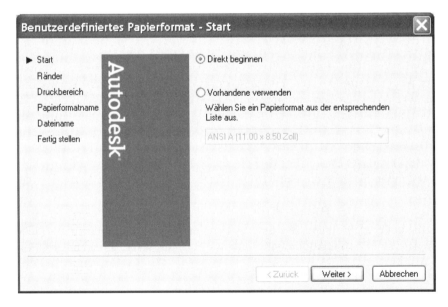

Abbildung 15.23: Assistent für Papierformate, Seite START

Benutzerspezifische Papiergrößen   Kapitel 15

Geben Sie an, ob Sie ein neues Format erstellen oder ein bestehendes ändern wollen. Erstellen Sie ein Format aus Tabelle 15.3, z.B.: Übergröße A3 im Querformat. Klicken Sie dazu DIREKT BEGINNEN und dann auf die Schaltfläche WEITER >. Auf der Seite RÄNDER geben Sie die Papiergröße wie in Abbildung 15.24 ein.

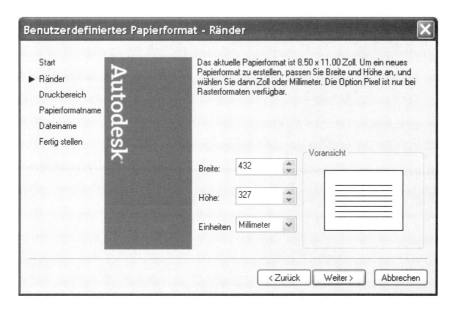

Abbildung 15.24:
Assistent für Papierformate, Seite Ränder

Auf der nächsten Seite DRUCKBEREICH geben Sie die Ränder für den nicht druckbaren Bereich ein (siehe Abbildung 15.25).

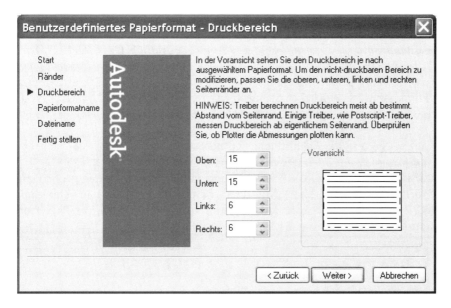

Abbildung 15.25:
Assistent für Papierformate, Seite DRUCKBEREICH

Auf der nächsten Seite PAPIERFORMATNAME geben Sie einen Namen für dieses Format ein, zum Beispiel *A3 quer Übergröße*. Wieder eine Seite weiter geben Sie den Namen der PMP-Datei (Plottermodelldatei) ein, in der die Formate gespeichert werden sollen, zum Beispiel *Überformate*. Auf der letzten Seite des Assistenten, der Seite FERTIGSTELLEN geben Sie an, für welche Papierquelle das Format gelten soll (siehe Abbildung 15.26).

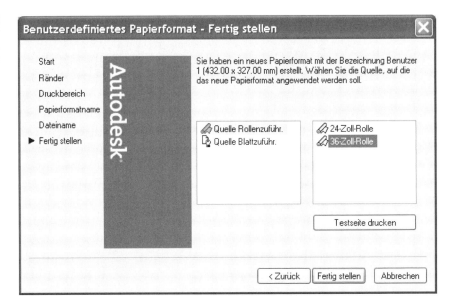

Abbildung 15.26:
Assistent für Papierformate, Seite Fertigstellen

Klicken Sie auf die Schaltfläche FERTIG STELLEN und das neue Papierformat ist erstellt. Erstellen Sie so alle Formate aus Tabelle 15.3. Wenn Ihnen das zu viel Arbeit ist, nehmen Sie die PMP-Datei *Überformate.pmp* aus dem Ordner *Aufgaben* und kopieren Sie diese in den Ordner *C:\Dokumente und Einstellungen\Benutzername\Anwendungsdaten\Autodesk\AutoCAD2006\R16.2\Deu\ Plotters\PMP Files* bzw. in AutoCAD LT *C:\Dokumente und Einstellungen\ Benutzername\Anwendungsdaten\Autodesk\AutoCAD LT2006\R11\Deu \ Plotters\PMP File*. Klicken Sie im Register GERÄT- UND DOKUMENTEINSTELLUNG auf den Eintrag PMP-DATEINAME (siehe Abbildung 15.27).

Klicken Sie auf die Schaltfläche ZUORDNEN... und wählen Sie die Datei *Überformate.pmp* im Dateiwähler. Wenn Sie dann auf den Eintrag BENUTZERSPEZIFISCHE PAPIERGRÖSSEN klicken, haben Sie alle Papiergrößen aus Tabelle 15.3 in der Liste. Mit der Schaltfläche TRENNEN in Abbildung 15.27 können Sie die *PMP*-Datei wieder vom Plotter lösen, die Papierformate sind dann nicht mehr bei diesem Plotter wählbar.

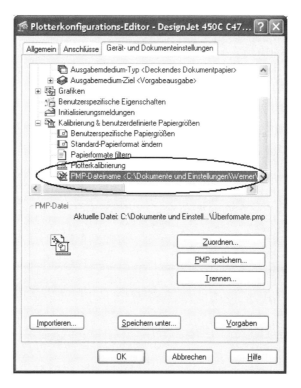

Abbildung 15.27:
PMP-Datei verbinden

Jetzt haben wir alle Einstellungen, um den Plotter in den weiteren Übungen dieses Buches einsetzen zu können. Haben Sie einen anderen Plotter konfiguriert, können Sie die *PMP*-Datei mit den Papierformaten auch mit Ihrem Plotter verbinden.

Papierformate filtern

Bei den meisten Plottern bzw. Druckern werden zu viele Papierformate angeboten, denn eine Zeichnung wird wohl nie auf einem Briefumschlag ausgedruckt und in Deutschland werden keine US-Formate benötigt. Deshalb haben Sie die Möglichkeit, die Papierformate in AutoCAD zu filtern und damit auf die notwendige Zahl zu reduzieren.

➥ Klicken Sie im Fenster des Plot-Managers das Gerät doppelt an, bei dem Sie Papierformate ausblenden wollen. Sie kommen in den Editor für die Plotterkonfiguration.

➥ Aktivieren Sie das Register GERÄT- UND DOKUMENTEINSTELLUNGEN.

➥ Klicken Sie in der Kategorie KALIBRIERUNG UND BENUTZERDEFINIERTE PAPIERGRÖSSEN auf den Eintrag PAPIERFORMATE FILTERN.

➥ Klicken Sie in der Liste GRÖSSE die Formate aus, die Sie in AutoCAD nicht benötigen (siehe Abbildung 15.28).

Abbildung 15.28:
Nicht benötigte Papierformate filtern

Beim Befehl PLOT finden Sie im Dialogfeld, Register PLOTEINSTELLUNGEN, Abrollmenü PAPIERFORMAT nur noch die Formate, die Sie übrig gelassen haben. Auch diese Einstellung wird in der PC3-Datei gespeichert.

15.6 Plotstiltabellen

In früheren AutoCAD-Versionen konnten Sie jeder Farbe in der Zeichnung beim Plotten einen Plotterstift, einen Linientyp und eine Stiftbreite zuordnen. Diese Einstellungen wurden beim jeweiligen Gerät gespeichert. Neu sind seit AutoCAD 2000 die Plotstiltabellen, die jetzt geräteunabhängig sind. Darin sind Plotstile gespeichert, die diese und weitere Informationen enthalten. Es gibt verschiedenartige Plotstiltabellen:

Farbabhängige Plotstiltabellen: Plotstile werden über die Objektfarbe gesteuert, das heißt, ein Objekt, das in einer bestimmten Farbe gezeichnet wurde, wird mit dem Plotstil geplottet, der dieser Farbe zugeordnet ist. Diese Arbeit mit den Plotstilen entspricht der Methode aus AutoCAD 14. Diese Plotstiltabellen haben die Dateierweiterung *CTB*.

Benannte Plotstiltabellen: Plotstile werden Objekten oder Layern zugeordnet, das heißt, die Objekte werden mit den ihnen zugeordneten Plotstilen geplottet bzw. denjenigen Plotstilen, die den Layern zugeordnet sind, auf denen diese Objekte gezeichnet wurden. Damit können Sie beim Erstellen der Zeichnung schon wählen, wie ein Objekt geplottet werden soll. Sie erkennen diese Plotstiltabellen an der Dateierweiterung *STB*.

Der Plotstil-Manager

Plotstiltabellen werden mit dem Plotstil-Manager erstellt und bearbeitet. Der Befehl heißt PLOTSTILMANAGER und Sie finden ihn:

➤ Abrollmenü DATEI, Funktion PLOTSTIL-MANAGER...

Sie bekommen ein Explorer-Fenster auf den Bildschirm, in dem alle Plotstiltabellen aufgeführt sind (siehe Abbildung 15.29).

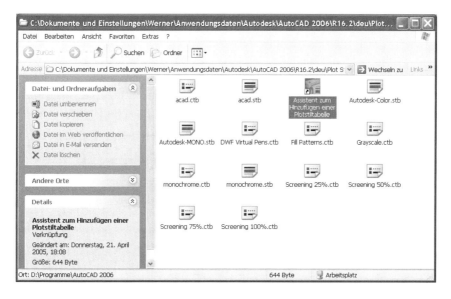

Abbildung 15.29: Fenster des Plotstil-Managers

Plotstiltabelle hinzufügen

Klicken Sie das Symbol ASSISTENT ZUM HINZUFÜGEN EINER PLOTSTILTABELLE doppelt an, und Sie können eine neue Plotstiltabelle erstellen. Diesen Assistenten können Sie auch anders starten.

➤ Abrollmenü EXTRAS, Untermenü ASSISTENTEN, Funktion PLOTSTILTABELLE HINZUFÜGEN... bzw. FARBABHÄNGIGE PLOTSTILTABELLE HINZUFÜGEN...

Nach einer Einführungsseite kommt die Startseite, in der Sie wählen, mit welchen Vorgaben begonnen werden soll (siehe Abbildung 15.30).

Kapitel 15 Plotten, Plotter und Plotstil-Manager

Abbildung 15.30:
Plotstiltabelle,
Seite Start

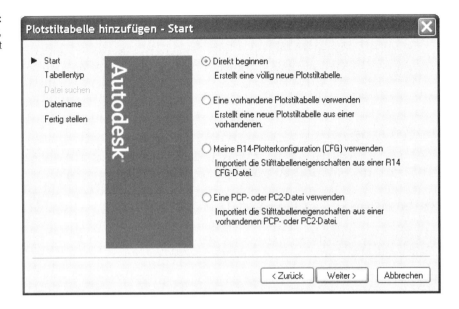

Sie können wählen, ob Sie eine Tabelle neu erstellen, eine bestehende ändern, eine AutoCAD 14 Plotterkonfiguration verwenden oder eine PCP- oder PC2-Datei in eine Plotstiltabelle umwandeln wollen. Klicken Sie auf die Schaltfläche WEITER und Sie können auf der nächsten Seite wählen, welchen Tabellentyp Sie erstellen wollen (siehe Abbildung 15.31).

Abbildung 15.31:
Plotstiltabelle,
Seite Tabellentyp

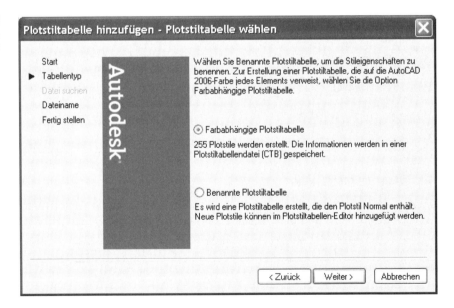

Bei einer farbabhängigen Plotstiltabelle werden 255 Plotstile für jede Auto-CAD-Farbe erstellt, bei einer benannten Plotstiltabelle wird nur der Plotstil *Normal* erstellt. Mit dem Plotstiltabellen-Editor können Sie die Plotstile bearbeiten bzw. bei der benannten Tabelle beliebig viele hinzufügen.

Die nächste Seite des Assistenten wird nur dann angezeigt, wenn Sie eine bestehende Tabelle oder Datei verwenden wollen. Sie können diese dann mit dem Dateiwähler suchen. Danach kommt in jedem Fall die Seite DATEINAME, tragen Sie dort einen Dateinamen für die Plotstiltabelle ein. Auf der letzten Seite FERTIGSTELLEN können Sie den Plotstiltabellen-Editor zur Bearbeitung starten. Dazu weiter unten mehr. Klicken Sie auf die Schaltfläche FERTIG STELLEN und die Tabelle wird erstellt.

15.7 Plotstiltabellen bearbeiten

Klicken Sie eine Plotstiltabelle im Plotstil-Manager doppelt an und Sie kommen zum Plotstiltabellen-Editor, einem Dialogfeld mit drei Registerkarten. Auf der Registerkarte ALLGEMEIN finden Sie Informationen zur Plotstiltabelle. In der Registerkarte TABELLENANSICHT werden alle Plotstile in einer Tabelle aufgelistet (siehe Abbildung 15.32).

Abbildung 15.32: Plotstiltabellen-Editor, Registerkarte Tabellenansicht

Dort können Sie die Eigenschaften von Plotstilen einzeln ändern. Klicken Sie in das entsprechende Feld, aktivieren Sie die Schalter oder wählen Sie aus den Abrollmenüs oder ändern Sie den Wert. Die Formularansicht wählen Sie dann, wenn Sie Eigenschaften mehrerer Plotstile gleichzeitig bearbeiten wollen (siehe Abbildung 15.33).

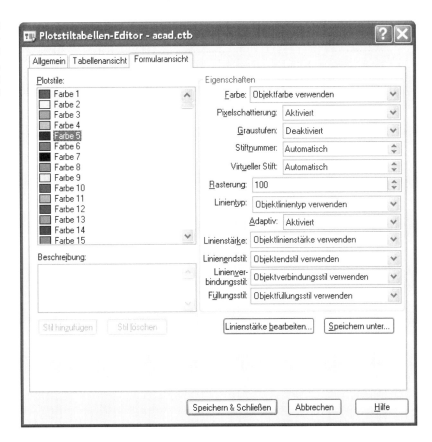

Abbildung 15.33: Plotstiltabellen-Editor, Registerkarte Formularansicht, farbabhängige Plotstile

Benannte Plotstile sind nicht an Farben gebunden. Sie werden einzelnen Objekten oder ganzen Layern zugeordnet und können beliebig benannt werden, auch mit sprechenden Namen, z.B. *Wände*, *Fenster* usw. Mit den Schaltflächen *Stil hinzufügen* bzw. *Stil löschen* können Sie neue Stile in die Liste aufnehmen bzw. die in der Liste markierten auch wieder löschen (siehe Abbildung 15.34).

Markieren Sie einen oder mehrere Plotstile und ändern Sie deren Eigenschaften in den Feldern rechts. Haben Sie eine benannte Plotstiltabelle erstellt, enthält diese nur den Plotstil *normal*, der nicht geändert werden kann. Mit der Schaltfläche STIL HINZUFÜGEN können Sie einen neuen Stil in die Tabelle einfügen und mit der Schaltfläche STIL LÖSCHEN können Sie einen oder mehrere markierte Stile löschen.

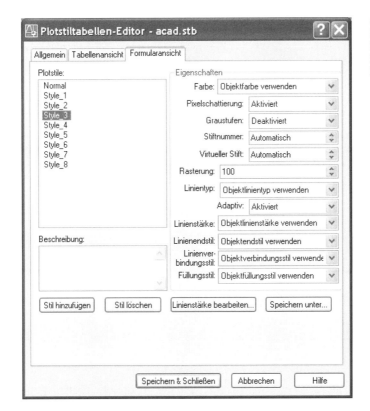

Abbildung 15.34:
Plotstiltabellen-Editor, Registerkarte Formularansicht, benannte Plotstile

Eigenschaften von Plotstilen

Welche Eigenschaften haben Plotstile? Wie Sie in Abbildung 15.32 und Abbildung 15.33 sehen, sind dies:

Name: Zeigt die Namen der Plotstile in benannten Plotstiltabellen an, die Sie auch ändern können. Die Namen in farbabhängigen Plotstiltabellen enthalten die Objektfarbe und können nicht geändert werden.

Beschreibung: Beschreibung für den einzelnen Plotstil, die geändert werden kann.

Farbe: Farbe, mit der in diesem Plotstil geplottet wird. Vorgabe ist die Objektfarbe. Die Objekte werden dann so geplottet, wie Sie gezeichnet wurden. Mit der Auswahl FARBE WÄHLEN kommen Sie zum AutoCAD-Farbwähler, aus dem Sie eine AutoCAD Farbe, eine Farbe aus der True-Color-Palette oder aus einem Farbbuch wählen können.

Pixelschattierung aktivieren: Bei der Pixelschattierung werden die Farben durch den Plotter mit Hilfe von Punktmustern nachgebildet. Bei deaktivierter Pixelschattierung werden schwache Farben stärker sichtbar.

In Grauskala konvertieren: Wandelt die Farben des Objekts in Graustufen um.

Zugewiesenen Stift verwenden: Bestimmt bei Stiftplottern den Stift, der beim Plotten von Objekten mit diesem Plotstil verwendet werden soll.

Virtueller Stift: Bestimmt eine Nummer für den virtuellen Stift (zwischen 1 und 255). Mit Hilfe der virtuellen Stifte können zahlreiche Plotter ohne Stifte einen Stiftplotter simulieren. Mit dem Wert *0* oder AUTOMATISCH legen Sie fest, dass die Zuweisung der virtuellen Stifte anhand der Auto-CAD-Farbe erfolgen soll.

Rasterung: Bestimmt die Farbintensität für diesen Plotstil. Werte zwischen *0* und *100* sind möglich.

Linientyp: Bestimmt den Linientyp für diesen Plotstil. Die Vorgabe ist OBJEKTLINIENTYP, was sinnvoll ist, da in AutoCAD ja schon mit Linientypen gezeichnet wird.

Adaptiv: Ändert die Skalierung des Linientyps, so dass das Linientypmuster immer mit einem Strich endet. Ist diese Option nicht gewählt, endet die Linie möglicherweise mit einer Pause.

Linienstärke: Linienstärke, mit der in diesem Plotstil geplottet wird. Vorgabe ist die Objektlinienstärke, das heißt, die Objekte werden so geplottet, wie Sie gezeichnet wurden. Wenn Sie eine Plotstil-Linienstärke zuweisen, wird die Objektlinienstärke beim Plotten durch diese Linienstärke überschrieben.

Linienendstil: Legt die Art fest, wie die Linienenden geplottet werden. Möglich sind: NAHT, RECHTECKIG, RUND und RAUTE.

Linienverbindungsstil: Legt die Art fest, wie die Linienverbindungen geplottet werden. Möglich sind folgende Einstellungen: SCHRÄGSCHNITT, ABGESCHRÄGT, RUND und RAUTE.

Füllungsstil: Legt fest, ob Objekte ausgefüllt oder mit einem Füllmuster versehen gezeichnet werden. Folgende Möglichkeiten stehen zu Auswahl: Kompakt (ausgefüllt), RIFFELBLECH, KREUZWEISE SCHRAFFIERT, RAUTEN, HORIZONTALE BALKEN, SCHRÄG NACH LINKS, SCHRÄG NACH RECHTS, QUADRATISCHE PUNKTE und VERTIKALE BALKEN.

Linienstärke bearbeiten...: Mit dieser Schaltfläche kommen Sie zu einem weiteren Dialogfeld, in dem Sie die Vorgabelinienstärken bearbeiten können (siehe Abbildung 15.35).

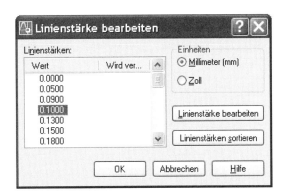

Abbildung 15.35:
Dialogfeld zur Bearbeitung der Vorgabelinienstärken

Beachten Sie, wenn Sie eine Linienstärke bearbeiten, die in Verwendung ist, dass bei allen Plots mit diesem Plotstil in dieser Linienstärke geplottet wird.

Speichern unter...: Mit dieser Schaltfläche können Sie die Plotstiltabelle unter einem anderen Namen speichern.

- *Normalerweise können Sie mit farbabhängigen Plotstiltabellen arbeiten. Benannte Plotstiltabellen sind speziellen Anwendungen mit komplizierten Layouts vorbehalten.*
- *Legen Sie sich auch eine Plotstiltabelle an für den Ausdruck in schwarz. Legen Sie dafür alle AutoCAD Farben auf die Farbe schwarz.*
- *Bei den mitgelieferten Plotstiltabellen finden Sie die Plotstiltabellen* acad.ctb *für farbige Plots,* monochrome.cbt *für schwarzen Ausdruck und* greyscale.ctb *für den Ausdruck in Graustufen. Verwenden Sie diese und ändern Sie die Linienstärken entsprechend Ihren Vorgaben.*
- *Auch für die benannten Plotstile finden Sie Vorlagen,* acad.stb *und* monochrome.stb. *Diese sollten Sie ebenfalls anpassen.*
- *Plotstiltabellen-Dateien werden im Ordner* C:\Dokumente und Einstellungen\Benutzername\Anwendungsdaten\Autodesk\AutoCAD2006\R16.2\Deu\Plot Styles *bzw. in AutoCAD LT* C:\Dokumente und Einstellungen\Benutzername\Anwendungsdaten\Autodesk\AutoCAD LT 2006\R11\Deu\Plot Styles *gespeichert.*

:-) TIPP

Vorgabe für neue Zeichnungen

Ob Sie mit farbabhängigen oder benannten Plotstiltabellen arbeiten, ist eine grundsätzliche Entscheidung. Haben Sie eine Zeichnung erst einmal angelegt, können Sie nicht mehr so einfach zwischen den Varianten wechseln. Mit dem Befehl OPTIONEN können Sie festlegen, ob bei neuen Zeichnungen mit farbabhängigen oder benannten Plotstilen gearbeitet werden soll (siehe Anhang A.4).

Starten Sie eine neue Zeichnung mit einer Vorlage, können Sie mit der Vorlage wählen, welche Art von Plotstiltabellen für die neue Zeichnung verwen-

INFO

det werden sollen, unabhängig davon, welchen Vorgabetyp Sie mit dem Befehl OPTIONEN eingestellt haben. Sie finden Vorlagen, sowohl mit farbabhängigen als auch mit benannten Plotstiltabellen.

15.8 Plotstile beim Zeichnen

Farbabhängige Plotstiltabellen:

Wenn Sie sich bei einer Zeichnung für die farbabhängigen Plotstiltabellen entschieden haben, brauchen Sie sich um Plotstile bis zum Plotten nicht mehr kümmern. Sie sollten nur beachten, dass Sie nicht Layern oder Objekten, die mit unterschiedlichen Plotstilen ausgegeben werden sollen, die gleiche AutoCAD-Farbe geben. Sie ordnen ja in diesem Fall die Farbe einem Plotstil zu. Erst bei der Seiteneinrichtung oder beim Befehl PLOT geben Sie im Dialogfeld an, welche Plotstiltabelle Sie verwenden wollen.

Benannte Plotstiltabellen:

Wenn Sie sich dagegen für die benannten Plotstiltabellen entschieden haben, sollten Sie zunächst die Plotstiltabelle wählen und die Plotstile Ihren Layern zuordnen.

Befehl Plotstil

Verwenden Sie dazu den Befehl PLOTSTIL. Den Befehl können Sie nur dann wählen, wenn Sie in der Zeichnung auch mit benannten Plotstilen arbeiten. Sie finden den Befehl:

➡ Abrollmenü FORMAT, Funktion PLOTSTIL...

Sie erhalten ein Dialogfeld wie in Abbildung 15.36.

Im Dialogfeld können Sie den aktuellen Plotstil wählen. Allen Objekten, die Sie danach zeichnen, wird dieser Plotstil zugewiesen. Sie können aber auch die Einstellung *VonLayer* wählen. In diesem Fall wird der Plotstil vom aktuellen Layer verwendet. Im Abrollmenü AKTIVE PLOTSTILTABELLE können Sie die Plotstiltabelle wählen, die mit dieser Zeichnung verknüpft werden soll. Mit der Schaltfläche EDITOR... kommen Sie zum Plotstiltabellen-Editor und können die gewählte Plotstiltabelle bearbeiten.

Plotstiltabellen in der Funktionsleiste Eigenschaften

In der Funktionsleiste EIGENSCHAFTEN können Sie ebenfalls den aktuellen Plotstil wechseln. Im Abrollmenü ganz rechts können Sie ihn wählen (siehe Abbildung 15.37). Lassen Sie aber besser auch hier die Einstellung auf *VonLayer*. Mit der Auswahl von ANDERE... kommen Sie wieder zum Befehl PLOTSTIL.

Abbildung 15.36:
Dialogfeld des Befehls Plotstil

Abbildung 15.37:
Plotstil aus der Funktionsleiste Eigenschaften

Plotstile im Dialogfeld des Befehls Layer zuordnen

Im Dialogfeld des Befehls LAYER können Sie den Layern Plotstile zuordnen. Diese Möglichkeit haben Sie nur, wenn Sie in der Zeichnung benannte Plotstile verwenden. Markieren Sie einen oder mehrere Layer und klicken in die Spalte PLOTSTIL. Aus einem weiteren Dialogfeld können Sie dann wählen, welcher Plotstil diesem Layer zugeordnet werden soll (siehe Abbildung 15.38).

Allen Objekten auf einem Layer wird dann der Plotstil zugeordnet, der für diesen Layer gewählt wurde.

➤ Beachten Sie, dass die Linienstärke nur dann vom Plotstil genommen wird, wenn Sie dies im Plotdialogfeld, Register PLOTEINSTELLUNGEN, Feld PLOTOPTIONEN angeben.

➤ Klicken Sie den Schalter MIT PLOTSTILEN PLOTTEN an, wenn Sie die Einstellungen aus den Plotstilen verwenden wollen.

Abbildung 15.38:
Layern Plotstile zuordnen

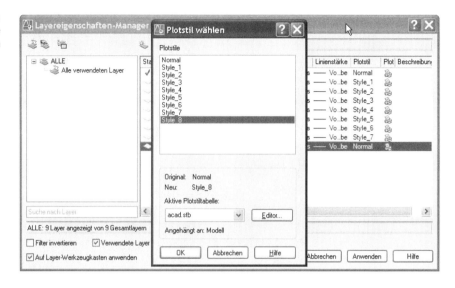

15.9 Plotstile konvertieren

Farbabhängige Plotstiltabellen und Zeichnungen mit farbabhängigen Plotstilen lassen sich konvertieren. Dazu gibt es Konvertierungsbefehle. Sehen wir uns dies an einem Beispiel an.

Konvertieren von Plotstiltabellen

1. Kopieren Sie die Datei *A15-01.ctb* aus dem Ordner *Aufgaben* in den Ordner mit den Plotstiltabellen (siehe oben). *A15-01.ctb* ist eine farbabhängige Plotstiltabelle.
2. Laden Sie die Zeichnung *A15-01.dwg*. Dabei handelt es sich um eine ähnliche Zeichnung wie die Übungszeichnung aus diesem Buch. Den Layern sind keine Strichstärken zugeordnet, alle sind auf Vorgabe.
3. Dafür sollten Sie diese Zeichnung mit dem Befehl SEITENEINR mit der Plotstiltabelle *A15-01.ctb* verknüpfen. Darin sind den Farben Linienstärken zugeordnet, was Sie mit dem Plotstiltabellen-Editor kontrollieren können. Machen Sie eventuell einen Probeplot.

Konvertieren von farbabhängigen Plotstiltabellen

Mit dem Befehl CONVERTCTB können Sie eine farbabhängige Plotstiltabelle in eine benannte Plotstiltabelle umwandeln. Diesen Befehl finden Sie nicht in den Menüs, tippen Sie ihn ein.

Sie bekommen den Dateiwähler, in dem Sie die farbabhängige Plotstiltabelle wählen können (Dateierweiterung *.ctb*). Wählen Sie die zu konvertierende Tabelle aus und klicken auf OK. Sie bekommen wieder den Dialogwähler und können dort den Namen der benannten Plotstiltabelle eingeben, Dateierweiterung *.stb*.

Die Tabelle wird konvertiert. Dabei wird für jede Farbe in der farbabhängigen Plotstiltabelle, die von der Standardeinstellung abweicht, ein Plotstil in der benannten Plotstiltabelle angelegt. Für die Standardeinstellung wird ebenfalls ein Plotstil angelegt. Der Plotstil *Normal*, der in jeder benannten Plotstiltabelle vorhanden ist, bleibt in der Tabelle.

Konvertieren der farbabhängigen Plotstiltabelle

Tippen Sie den Befehl CONVERTCTB ein und wandeln Sie die farbabhängige Plotstiltabelle *A15-01.ctb* in die benannte Plotstiltabelle *A15-01.stb* um. Schauen Sie sich das Ergebnis im Plotstiltabellen-Editor an (siehe Abbildung 15.39).

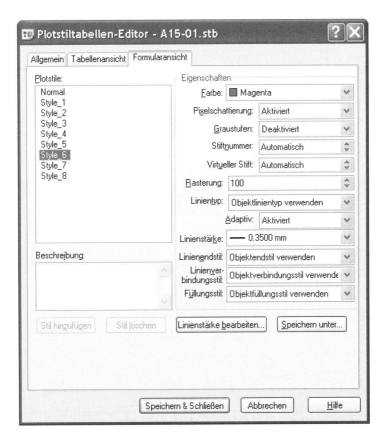

Abbildung 15.39: Farbabhängige in benannte Plotstiltabelle konvertiert

Konvertieren von Zeichnungen mit Plotstilen

Mit dem Befehl CONVERTPSTYLES können Sie eine Zeichnung mit farbabhängigen Plotstilen in benannte Plotstile umwandeln. Voraussetzung ist, dass zuvor die Plotstiltabelle mit dem Befehl CONVERTCTB umgewandelt wurde. Tippen Sie den Befehl ein. Sie werden dann nach einer benannten Plotstiltabelle gefragt, die mit dieser Zeichnung verbunden werden soll. Die

Kapitel 15   Plotten, Plotter und Plotstil-Manager

Zeichnung wird konvertiert. Dabei wird der Plotstil mit der entsprechenden Farbe aus der farbabhängigen Plotstiltabelle dem Layer zugeordnet, der diese Farbe hat. Damit haben Sie beim Plotten wieder das gleiche Ergebnis, aber beim Zeichnen mehr Möglichkeiten, Layer und Objekte bestimmten Plotstilen zuzuordnen.

Selbstverständlich geht es auch in umgekehrter Richtung. Hat eine Zeichnung benannte Plotstile, kann diese mit dem Befehl CONVERTPSTYLES in eine Zeichnung mit farbabhängigen Plotstilen umgewandelt werden. An der Zuordnung zu den Layern ändert sich nichts. Lediglich die Plotstile werden entfernt.

Konvertieren der Zeichnung

Geben Sie den Befehl CONVERTPSTYLES ein und wählen Sie die Plotstiltabelle *A15-01.stb*, die Sie vorher erstellt haben. Schauen Sie sich das Ergebnis im Dialogfeld des Befehls LAYER an. Allen Layern sind jetzt entsprechende Plotstile zugeordnet (siehe Abbildung 15.40).

Das Ergebnis finden Sie in der Zeichnung *L15-01.dwg* im Ordner *Aufgaben*. Plotten können Sie die Zeichnung allerdings nur dann korrekt, wenn Sie die Konvertierung der Plotstiltabelle durchgeführt haben.

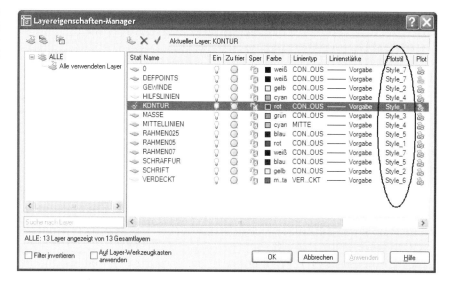

Abbildung 15.40: Layerzuordnung nach der Konvertierung der Zeichnung

16 Layouts im Papierbereich

Es gibt AutoCAD-Anwender, die schon jahrelang mit dem Programm arbeiten, den Papierbereich aber noch nie betreten haben. Dabei bietet er vielfältige Möglichkeiten zur Gestaltung des Zeichnungslayouts.

16.1 Ansichtsfenster im Modellbereich

Doch bevor wir in den Papierbereich gehen, wollen wir uns eine weitere Möglichkeit im Modellbereich ansehen: Die Aufteilung des Modellbereichs in Ansichtsfenster.

Ansichtsfenster im Modellbereich, Befehl Afenster

Wenn Sie an einer komplexen Zeichnung arbeiten, kann es sinnvoll sein, Details der Zeichnung in einem separaten Fenster vergrößert darzustellen. Sie können dazu den Modellbereich in verschiedene Ansichtsfenster aufteilen (siehe Abbildung 16.1).

Verwenden Sie dazu den Befehl AFENSTER. Sie finden ihn:

- Abrollmenü ANSICHT, Untermenü ANSICHTSFENSTER, Funktionen für die einzelnen Optionen des Befehls

- Symbol im Werkzeugkasten LAYOUTS und ANSICHTSFENSTER

Sie bekommen ein Dialogfeld, in dem Sie die Aufteilung des Bildschirms in Fenster wählen können (siehe Abbildung 16.2), wenn Sie die Funktion NEUE ANSICHTSFENSTER... aus dem Untermenü wählen oder den Befehl mit einem Symbol aus den Werkzeugkästen starten.

Standard-Ansichtsfenster: Wählen Sie in der Liste eine Aufteilung und Sie bekommen im Fenster VORANSICHT angezeigt, wie der Bildschirm aufgeteilt wird. Bei einer Aufteilung des Bildschirms ist ein Fenster immer das aktuelle Fenster, in dem gezeichnet werden kann. Klicken Sie in ein Fenster in der Voransicht, wird dieses zum aktuellen Ansichtsfenster.

Kapitel 16   Layouts im Papierbereich

Abbildung 16.1:
Zeichnung in Ansichtsfenstern

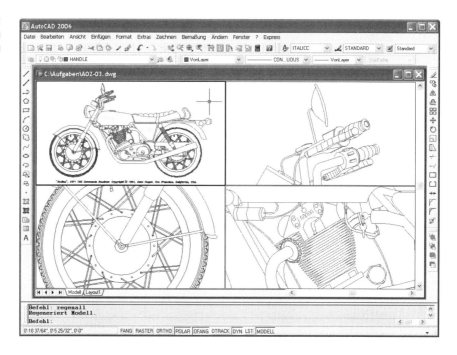

Abbildung 16.2:
Dialogfeld des Befehls Afenster, Register Neue Ansichtsfenster

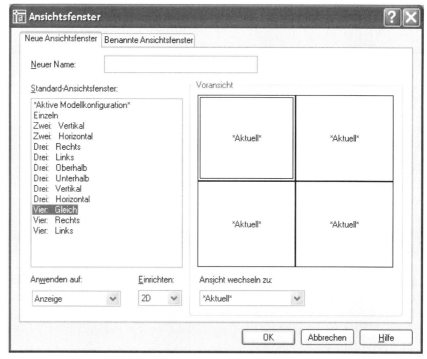

Anwenden auf: Wählen Sie im Abrollmenü, was aufgeteilt werden soll. Mit der Einstellung ANZEIGE wird der Bildschirm entsprechend aufgeteilt. Eine eventuell schon vorhandene Aufteilung wird dann überschrieben. Haben Sie den Bildschirm schon in Fenster aufgeteilt, können Sie das aktuelle Fenster weiter unterteilen. Wählen Sie dazu aus dem Abrollmenü AKTUELLES ANSICHTSFENSTER.

Einrichten: Wählen Sie zwischen 2D und 3D. Bei der Einstellung 3D können in den Fenstern auch gleich die Ansichtspunkte mit eingestellt werden (siehe dazu Kapitel 20).

Ansicht wechseln zu: Haben Sie in der Zeichnung Ausschnitte gespeichert (siehe Kapitel 5.17), können Sie wählen, ob Sie einen oder mehrere dieser benannten Ausschnitte in den Fenstern haben wollen. Klicken Sie in der Voransicht das betreffende Fenster an und wählen Sie im Abrollmenü, welchen Ausschnitt Sie in dem Fenster haben wollen. Mit der Einstellung AKTUELL wird der momentane Ausschnitt der Zeichnung in das Fenster geholt.

Neuer Name: Tragen Sie hier einen Namen ein, wird die gewählte Aufteilung unter diesem Namen abgespeichert. So können Sie später wieder auf diese Konfiguration zugreifen. Haben Sie die Aufteilung gerade erst eingestellt, ist es noch nicht sinnvoll, diese zu speichern. Dazu sollte erst der Ausschnitt in den Fenstern eingestellt werden. Gehen Sie deshalb wie in der folgenden Anleitung vor.

Einstellung von Ansichtsfenstern

1. Laden Sie die Zeichnung *A16-01.dwg* aus dem Ordner *Aufgaben*.
2. Wählen Sie den Befehl AFENSTER und stellen Sie die Ansichtsfenster wie in Abbildung 16.2 ein.
3. Sie haben dann die Zeichnung viermal im gleichen Ausschnitt auf dem Bildschirm. Das aktive Ansichtsfenster ist durch einen verstärkten Rahmen hervorgehoben. Durch einen Mausklick in ein Fenster wird dieses zum aktiven. Stellen Sie in den Fenstern mit dem Befehl ZOOM den gewünschten Ausschnitt ein (siehe Abbildung 16.1). Sie können beim Zeichnen innerhalb eines Befehls das Fenster wechseln.
4. Haben Sie die Vergrößerung in den Fenstern eingestellt, können Sie den Befehl AFENSTER wieder wählen und im Feld NEUER NAME den Namen *Vier-Fenster* eingeben. Die Konfiguration wird unter diesem Namen abgespeichert.
5. Erstellen Sie Konfigurationen und speichern sie ab.

Kapitel 16   Layouts im Papierbereich

Benannte Ansichtsfenster

Haben Sie Ansichtsfenster unter einem Namen gespeichert und in der Zwischenzeit wieder auf ein einzelnes Ansichtsfenster zurückgeschaltet, können Sie mit der zweiten Registerkarte im Dialogfeld des Befehls AFENSTER benannte Ansichtsfenster zurückholen.

Wenn Sie aus dem Abrollmenü ANSICHT, Untermenü ANSICHTSFENSTER die Funktion BENANNTE ANSICHTSFENSTER... wählen, kommt das Dialogfeld gleich mit der Registerkarte BENANNTE ANSICHTSFENSTER auf den Bildschirm (siehe Abbildung 16.3).

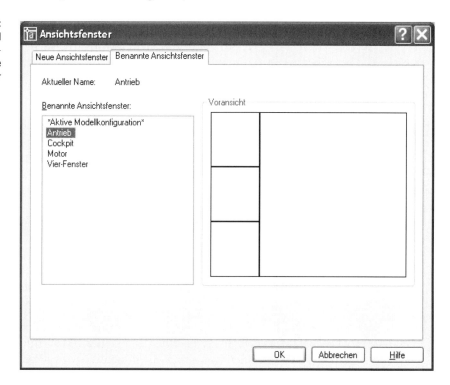

Abbildung 16.3:
Dialogfeld Befehl Afenster, Registerkarte Benannte Ansichtsfenster

Klicken Sie jetzt die gewünschte Konfiguration in der Liste BENANNTE ANSICHTSFENSTER an und Sie bekommen im Fenster VORANSICHT die Voransicht angezeigt. Mit OK können Sie diese aktivieren.

Haben Sie eine Konfiguration in der Liste markiert, können Sie mit einem Rechtsklick ein Kontextmenü aktivieren und daraus die Konfiguration umbenennen oder löschen.

Ansichtsfenster im Modellbereich | Kapitel 16

Benannte Ansichtsfenster wechseln

1. Laden Sie die Zeichnung *L16-01.dwg* aus dem Ordner *Aufgaben*.
2. In dieser Zeichnung gibt es verschiedene benannte Ansichtsfenster. Wechseln Sie diese mit der Registerkarte BENANNTE ANSICHTSFENSTER des Befehls AFENSTER.

Weitere Funktionen für die Ansichtsfenster

Im Untermenü ANSICHTSFENSTER haben Sie noch eine Reihe weiterer Funktionen. Bei dieser Auswahl arbeitet der Befehl ohne Dialogfeld. Sie können diese Variante des Befehls auch aktivieren, wenn Sie ihn auf der Tastatur mit einem vorangestellten »-« eingeben.

```
Befehl: -Afenster
Option eingeben [Sichern/Holen/Löschen/Verbinden/Einzeln/?/2/3/4] <3>:
```

Einzeln/2/3/4: Aufteilung des Bildschirms bzw. des aktuellen Fensters in 2, 3 oder 4 Fenster bzw. Umschaltung auf die bildschirmfüllende Anzeige (1 ANSICHTSFENSTER bzw. EINZELN). Bei der Teilung in zwei Fenster können Sie wählen, ob Sie den Bildschirm horizontal oder vertikal teilen wollen. Bei der Teilung in drei Fenster können Sie bestimmen, ob horizontal oder vertikal in drei gleiche Fenster geteilt werden soll oder ob ein großes und zwei kleine Fenster erzeugt werden sollen. Im letzeren Fall geben Sie an, wo sich das große Fenster befinden soll: Oberhalb, unterhalb, links oder rechts. Haben Sie die Teilung in vier Fenster gewählt, wird der Bildschirm in gleich große Fenster aufgeteilt.

Verbinden: Verbinden zweier nebeneinander liegender Ansichtsfenster zu einem größeren Fenster. Welcher Ausschnitt in das neue Fenster übernommen werden soll, ist wählbar.

Die weiteren Optionen finden Sie nicht im Untermenü, diese wählen Sie auch besser im Dialogfeld (siehe oben). Der Vollständigkeit halber hier die Funktionen dieser Optionen:

Holen: Wiederherstellen einer gesicherten Ansichtsfensterkonfiguration und den in den Fenstern eingestellten Ansichten.

Löschen: Löschen einer gesicherten Ansichtsfensterkonfiguration.

Speichern: Speichern der momentanen Ansichtsfensterkonfiguration und der in den Fenstern eingestellten Ansichten unter einem Namen.

Kapitel 16   Layouts im Papierbereich

16.2 Modellbereich, Papierbereich, Layouts

Alle bisherigen Zeichnungen haben wir in einem Bereich erstellt und geplottet, dem Modellbereich. Nun gibt es aber auch Fälle, in denen das nicht ausreicht. Sie haben beispielsweise eine Zeichnung erstellt, die Sie in verschiedenen Maßstäben auf einem Zeichenblatt darstellen und auch plotten möchten. Außerdem sollen in den verschiedenen Maßstäben unterschiedliche Details der Zeichnung dargestellt werden. Wenn im nächsten Teil des Buches die Erstellung von 3D-Modellen behandelt wird, sollen diese auch in verschiedenen Ansichten auf dem Papier abgebildet werden. Kurz gesagt: Wir brauchen den Papierbereich, um das Layout von komplexen Zeichnungen auf dem Papier erstellen zu können. Nun wollen wir in den Papierbereich wechseln. Diesen können Sie sich so vorstellen, als ob Sie vor die Zeichnung ein leeres Blatt Papier legen. In dieses Blatt »schneiden« Sie Fenster, durch das Sie den Modellbereich auf dem Papier abbilden.

In AutoCAD 14 gab es nur Modell- und Papierbereich, zwischen denen Sie mit der Systemvariablen TILEMODE umschalten konnten. Seit AutoCAD 2000 können Sie dagegen beliebig viele Papierbereiche definieren. Diese werden jetzt Layouts genannt. Ein Layout ist also ein Zeichenblatt im Papierbereich, das entweder den gesamten Modellbereich darstellt, einen Ausschnitt oder eine Ansicht eines 3D-Modells. Zwischen dem Modellbereich und den Layouts können Sie mit den Registern am unteren Rand des Zeichnungsfensters wechseln (siehe Abbildung 16.4).

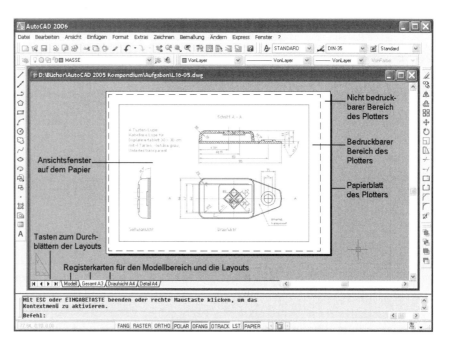

Abbildung 16.4:
Zeichnung im Papierbereich mit zwei Layouts

Ein Register ist für den Modellbereich, das Register *Modell*. Es hat immer diesen Namen und kann nicht umbenannt werden. Daneben gibt es mindestens ein Layout-Register. Normalerweise werden diese mit *Layout1*, *Layout2* usw. durchnummeriert. Sie können ihnen aber auch Namen geben, z.B.: *Ausschnitt_A4*, *Gesamt_A2* usw.

Um zwischen dem Modellbereich und den Layouts zu wechseln, klicken Sie einfach auf die entsprechende Registerkarte. Machen Sie ein Layout zum ersten Mal aktiv, wird der Befehl SEITENEINR (siehe Kapitel 15.3) für dieses Layout gestartet.

Befehl Layout

Mit dem Befehl LAYOUT können Sie ein neues Layout einfügen, ein bestehendes umbenennen, Layouts sichern und laden, kopieren und löschen. Der Befehl auf der Tastatur eingetippt, stellt folgende Anfrage:

```
Befehl: Layout
Layout-Option eingeben
[Kopieren/Löschen/Neu/Vorlage/Umbenennen/SIchals/ SEtzen/?] <SEtzen>:
```

Den Befehl mit seinen Optionen finden Sie an verschiedenen Stellen in den Menüs und Werkzeugkästen:

Setzen: Mit dieser Option aktivieren Sie ein vorhandenes Layout. Klicken Sie dazu auf die Registerkarte des Layouts. Beim ersten Mal wird, wie schon erwähnt, der Befehl SEITENEINR gestartet.

Neu: Mit dieser Option erstellen Sie ein neues Layout. Wählen Sie

- Abrollmenü EINFÜGEN, Untermenü LAYOUT, Funktion NEUES LAYOUT
- Symbol im Werkzeugkasten LAYOUT
- Rechtsklick auf eine Registerkarte am unteren Rand der Zeichenfläche und Wahl der Funktion NEUES LAYOUT aus dem Kontextmenü

Geben Sie einen Layout-Namen ein und die neue Registerkarte wird angelegt. Haben Sie die Funktion aus dem Kontextmenü gewählt, werden die Layouts durchnummeriert: *Layout1*, *Layout2* usw.

Löschen: Mit dieser Option löschen Sie ein Layout. Wählen Sie:

- Rechtsklick auf eine Layout-Registerkarte und Wahl der Funktion LÖSCHEN aus dem Kontextmenü

Umbenennen: Mit dieser Option können Sie ein Layout umbenennen:

➡ Rechtsklick auf eine Layout-Registerkarte und Wahl der Funktion UMBENENNEN aus dem Kontextmenü

In einem Dialogfeld können Sie einen neuen Namen für das Layout eintragen (siehe Abbildung 16.5).

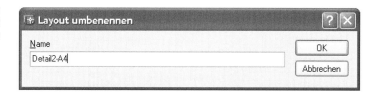

Abbildung 16.5:
Layout umbenennen

Vorlage: Damit laden Sie Layouts aus Vorlagen- oder Zeichnungsdateien.

➡ Abrollmenü EINFÜGEN, Untermenü LAYOUT, Funktion LAYOUT VON VORLAGE...

➡ Symbol im Werkzeugkasten LAYOUT

➡ Rechtsklick auf eine Registerkarte und Wahl der Funktion VON VORLAGE... aus dem Kontextmenü

Wählen Sie im Dateiwähler eine Vorlagen- oder Zeichnungsdatei, die die Layouts enthält und in dem folgenden Dialogfeld ein oder mehrere Layouts, die Sie in die aktuelle Zeichnung übernehmen wollen (siehe Abbildung 16.6). Die Layouts werden mit Seiteneinrichtung und Ansichtsfenster übernommen.

Abbildung 16.6:
Layouts von Vorlage laden

Kopieren: Mit der Option kopieren Sie ein Layout aus der Zeichnung. Das macht nur dann Sinn, wenn Sie Layouts mit Seiteneinrichtung und Fensteranordnung in ähnlicher Form in der Zeichnung noch einmal benötigen.

Machen Sie ein Layout aktiv. Drücken Sie die ⇧-Taste, können Sie weitere Layouts markieren. Wählen Sie:

➤ Rechtsklick auf eine Registerkarte und Wahl der Funktion VERSCHIEBEN ODER KOPIEREN... aus dem Kontextmenü

Sie erhalten ein Dialogfeld mit den Layouts in der Zeichnung (siehe Abbildung 16.7). Klicken Sie ein Layout an und das aktive bzw. die vorher markierten Layouts werden vor dieses geschoben. Dadurch ändert sich nur die Reihenfolge der Layout-Registerkarten. Haben Sie den Schalter KOPIE ERSTELLEN ein, wird eine Kopie des Layouts an der Stelle erstellt.

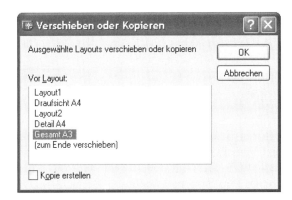

Abbildung 16.7: Layouts verschieben oder kopieren

Sichals: Mit dieser Option können Sie ein oder mehrere Layouts aus der Zeichnung in eine Vorlage oder eine Zeichnung kopieren. Machen Sie ein Layout aktiv. Tippen Sie den Befehl LAYOUT ein und wählen Sie die Option. Im Dateiwähler suchen Sie die Vorlagendatei aus, in die Sie die Layouts kopieren wollen. Klicken Sie auf OK und die Layouts mit Seiteneinrichtung und Ansichtsfenster werden in die Vorlage kopiert.

Seite einrichten bei einem neuen Layout

Aktivieren Sie ein Layout das erste Mal, wird der Seiteneinrichtungs-Manager gestartet. Erstellen Sie eine neue Seiteneinrichtung, geben Sie dieser einen Namen. Das Dialogfeld wie beim Plotten erscheint (siehe Kapitel 15.2 und Abbildung 16.8).

Wählen Sie den Plotter und eine Plotstiltabelle. Aktivieren Sie den Schalter PLOTSTILE ANZEIGEN (siehe Abbildung 16.8), wenn die Objekte im Layout so angezeigt werden sollen, wie sie geplottet werden. Wenn Sie beispielsweise der Farbe Gelb in der Zeichnung über den Plotstil die Plotfarbe Grün zugeordnet haben, ist dies im Modellbereich nicht sichtbar. Im Layout können Sie es aber sichtbar machen, wenn Sie diesen Schalter aktivieren. Wenn Sie eine Plotstiltabelle für monochrome Ausgabe gewählt haben, dann ist die Zeichnung auch auf dem Layout monochrom.

Abbildung 16.8:
Seite einrichten

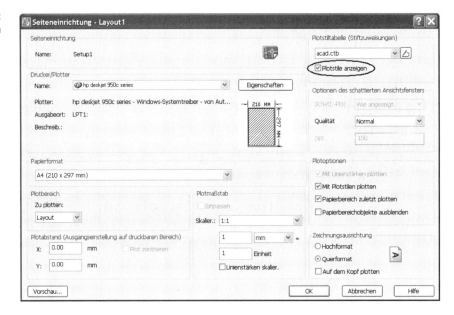

Wählen Sie das Papierformat und die Zeichnungsausrichtung. Sie sollten für den Maßstab immer *1:1* wählen und den Plotbereich *Layout*. Den Maßstab stellen Sie später in den Ansichtsfenstern ein. Im Layout wird danach das Papier mit dem bedruckbaren Bereich angezeigt. Die Grenze zum nicht bedruckbaren Bereich ist gestrichelt (siehe Abbildung 16.4). Der Nullpunkt des Papierbereichs liegt an der linken unteren Ecke des bedruckbaren Bereiches.

Einstellungen für das Layout

Mit dem Befehl OPTIONEN können Sie einstellen, was beim ersten Aktivieren eines Layouts passieren soll. Wählen Sie den Befehl im Abrollmenü EXTRAS. Klicken Sie im Dialogfeld auf die Registerkarte ANZEIGE (siehe Abbildung 16.9).

Beachten Sie hier das linke untere Feld LAYOUT-ELEMENTE. Die ersten vier Schalter betreffen die Anzeige des Layouts. Der Schalter SEITENEINRICHTUNGS-MANAGER FÜR NEUE LAYOUTS ANZEIGEN bewirkt, dass der Befehl SEITENEINR (siehe oben) automatisch gestartet wird, wenn Sie ein neues Layout das erste Mal aktivieren. Diesen Schalter sollten Sie eingeschaltet haben.

Ist der Schalter ANSICHTSFENSTER IN NEUEN LAYOUTS ERSTELLEN ein, wird automatisch bei jedem neuen Layout ein Ansichtsfenster erstellt. Dieser Schalter sollte besser aus sein, da Sie meist mehrere Ansichtsfenster oder spezielle Größen benötigen.

Modellbereich, Papierbereich, Layouts   Kapitel 16

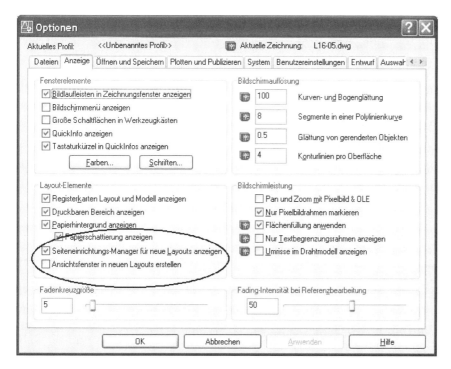

Abbildung 16.9:
Befehl Optionen,
Registerkarte
Anzeige

Layouts erstellen

1. Stellen Sie im Befehl OPTIONEN die Registerkarte ANZEIGE wie in Abbildung 16.9 ein und laden Sie dann die Zeichnung *A16-02.dwg* aus dem Ordner *Aufgaben*.

2. Klicken Sie auf das Register *Layout1*, wählen Sie bei der Seiteneinrichtung den Plotter *HewlettPackard DesignJet 450C*, den Sie im letzten Kapitel konfiguriert haben und das Papierformat *A3 quer Übergröße*, das Sie ebenfalls im letzten Kapitel erstellt haben. Falls Sie es nicht gemacht haben, schauen Sie dort nach und erstellen die Formate, die Sie in dieser Übung brauchen. Die Zeichnung soll im *Querformat* ausgerichtet werden.

3. Ein weiteres Layout soll für den gleichen Plotter gelten. Diesmal wählen Sie das Papierformat *A4 hoch Übergröße* und die Ausrichtung im *Hochformat*. Kopieren Sie das zweite Layout und benennen Sie die Layouts um, das erste in *Gesamt A3*, das zweite in *Draufsicht A4* und das dritte in *Detail A4*. Die Lösung finden Sie in *L16-02.dwg* im Ordner *Aufgaben*.

Kapitel 16   Layouts im Papierbereich

16.3 Ansichtsfenster im Layout

Nun haben Sie zwar die Layouts eingerichtet, sie sind aber alle noch leer. Damit kommen wir gleich zur nächsten Aufgabe: Ansichtsfenster im Layout erstellen. Diese Ansichtsfenster können Sie sich wie Ausschnitte auf dem Papier vorstellen, durch die Sie die Zeichnung im Modellbereich betrachten können. In jedem Fenster kann ein Ausschnitt oder die komplette Zeichnung dargestellt werden, bei 3D-Modellen (siehe Kapitel 20.12) auch eine Ansicht der Zeichnung. Bevor Sie das machen, ist es sinnvoll, zuerst den Zeichnungsrahmen einzufügen. Dann haben Sie den Überblick, wie Sie die Ansichtsfenster am besten platzieren können.

Zeichnungsrahmen auf den Layouts platzieren

1. Machen Sie das erste Layout aktiv, *Gesamt A3*. Wählen Sie den Befehl EINFÜGE, die Funktion BLOCK aus dem Abrollmenü EINFÜGEN. Wählen Sie die Datei *DIN_A3.dwg* aus dem Ordner *Aufgaben*, ein Zeichnungsrahmen mit Schriftfeld im A3-Format. Stellen Sie das Dialogfeld so ein, dass der Zeichnungsrahmen am Punkt 0,0,0 mit der Skalierung 1 und dem Drehwinkel 0 ohne weitere Anfragen eingefügt wird. Klicken Sie auf OK, füllen Sie die Eingabefelder des Schriftfelds aus und der Rahmen wird eingefügt.

2. Wechseln Sie in das Layout *Draufsicht A4* und fügen Sie die Datei *DIN_A4.dwg* ebenfalls aus dem Ordner *Aufgaben* wie vorher ein.

3. Im Layout *Detail A4* machen Sie das Gleiche noch einmal.

Ansichtsfenster erstellen

Ansichtsfenster erstellen Sie mit dem gleichen Befehl, mit dem Sie auch Ansichtsfenster im Modellbereich erstellt haben: AFENSTER (siehe Kapitel 16.1). Je nachdem, wo Sie den Befehl anwählen, im Modellbereich oder in den Layouts, sieht das Dialogfeld etwas anders aus.

➡ Abrollmenü ANSICHT, Untermenü ANSICHTSFENSTER, Funktionen für die einzelnen Optionen des Befehls

➡ Symbol im Werkzeugkasten LAYOUTS und ANSICHTSFENSTER

Haben Sie die Funktion NEUE ANSICHTSFENSTER... oder eines der Symbole gewählt, bekommen Sie das Dialogfeld wie in Abbildung 16.10.

Wie im Modellbereich können Sie jetzt die Aufteilung des Layouts im Fenster wählen. In der Liste STANDARD-ANSICHTSFENSTER wählen Sie die gewünschte Aufteilung, die Ihnen im Voransichtsfenster angezeigt wird. Im Eingabefeld ANSICHTSFENSTERABSTAND können Sie einen Abstand eintragen, wenn zwischen den Fenstern ein Zwischenraum sein soll.

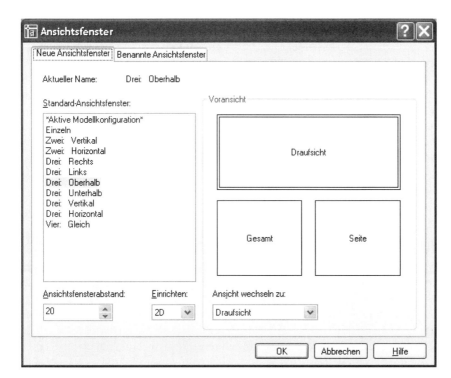

Abbildung 16.10:
Dialogfeld des Befehls Afenster im Papierbereich

Im Abrollmenü EINRICHTEN, können Sie zwischen 2D-Zeichnungen und 3D-Modellen umstellen. Haben Sie in der Zeichnung benannte Ausschnitte gespeichert, können Sie diese den einzelnen Ansichtsfenstern zuordnen. Gehen Sie wie folgt vor:

- Klicken Sie im Feld VORANSICHT in das entsprechende Fenster.
- Wählen Sie im Abrollmenü ANSICHT WECHSELN zu einen benannten Ausschnitt der Zeichnung und das gewählte Fenster wird mit diesem Ausschnitt belegt.
- Klicken Sie im Feld VORANSICHT in das nächste Fenster usw.

Im Register BENANNTE ANSICHTSFENSTER finden Sie nur dann einen Eintrag, wenn Sie Ansichtsfensterkonfigurationen im Modellbereich unter einem Namen abgespeichert haben. Diese Konfiguration können Sie dann in das Layout mit allen Ausschnitten übernehmen. Haben Sie eine Aufteilung gewählt und klicken auf OK, verschwindet das Dialogfeld und Sie können die Abmessungen für die Fenster mit zwei Punkten vorgeben.

```
Erste Ecke angeben oder [Zbereich]: <Zbereich>: Ersten Eckpunkt für das
    Fenster bzw. die -anordnung eingeben
Entgegengesetzte Ecke angeben: anderen Eckpunkt eingeben
```

Zbereich: Mit dieser Option wird das Fenster bzw. die Fensteranordnung so groß wie der bedruckbare Bereich auf dem Layout erstellt.

Weitere Optionen des Befehls Afenster

Wenn Sie den Befehl auf der Tastatur mit vorangestelltem »-« eingeben, arbeitet der Befehl ohne Dialogfeld. Sie können weitere Optionen im Befehlszeilenfenster wählen.

```
Befehl: -Afenster
Ecke des Ansichtsfensters angeben oder
[Ein/Aus/Zbereich/SChattplot/Sperren/Objekt/Polygonal/
Holen/2/3/4]: <Zbereich>:
```

Klicken Sie einen Punkt auf dem Layout an, können Sie ein Ansichtsfenster aufziehen. Der aktuelle Ausschnitt des Modellbereichs erscheint in diesem Fenster. Diese Funktion bekommen Sie auch mit einem Symbol im Werkzeugkasten ANSICHTSFENSTER.

Zbereich: Ein Ansichtsfenster wird in der Größe des bedruckbaren Bereichs des Layouts erstellt. Das neue Fenster enthält wie oben den aktuellen Ausschnitt bzw. die Aufteilung des Modellbereichs.

2/3/4: Erstellen von zwei, drei oder vier Ansichtsfenstern. Hier können Sie wie nach dem Dialogfeld wählen, welchen Bereich die Konfiguration einnehmen soll (Fenster aufziehen oder ZBEREICH wählen). Diese Optionen finden Sie auch im Untermenü ANSICHTSFENSTER des Abrollmenüs ANSICHT.

Holen: Übernahme einer Ansichtsfensterkonfiguration des Modellbereichs in ein Fenster oder auf den bedruckbaren Bereich (ZBEREICH).

Schattplot: Einstellung der Darstellungsart beim Plotten von 3D-Modellen (siehe Kapitel 20.11).

Sperren: Mit dieser Option kann das Zoomen im Ansichtsfenster gesperrt werden (siehe unten).

Die folgenden beiden Optionen dieses Befehls sind in AutoCAD LT nicht vorhanden.

Objekt: Mit dieser Option können Sie ein Objekt, das Sie im Layout gezeichnet haben, in ein Ansichtsfenster umwandeln. Folgende Objekte sind möglich: geschlossene Polylinien, Ellipsen, geschlossene Splines, Regionen oder Kreise. Die Option können Sie auch im Untermenü ANSICHTSFENSTER des Abrollmenüs ANSICHT und mit einem Symbol im Werkzeugkasten ANSICHTSFENSTER wählen.

```
Ecke des Ansichtsfensters angeben oder
[Ein/Aus/Zbereich/SChattplot/Sperren/Objekt/Polygonal/
Holen/2/3/4]: <Zbereich>: O für die Option Objekt
Objekt zum Zuschneiden des Ansichtsfensters wählen: Objekt anklicken
```

Polygonal: Damit können Sie wie mit dem Befehl PLINIE eine Kontur zeichnen, die dann in ein Ansichtsfenster umgewandelt wird. Auch diese Option finden Sie im Untermenü ANSICHTSFENSTER des Abrollmenüs ANSICHT und als Symbol im Werkzeugkasten ANSICHTSFENSTER.

```
Ecke des Ansichtsfensters angeben oder
[Ein/Aus/Zbereich/SChattplot/Sperren/Objekt/Polygonal/
Holen/2/3/4]: <Zbereich>: P für die Option Polygonal
Startpunkt angeben: Erster Punkt
Nächsten Punkt angeben oder
[Kreisbogen/Schließen/sehnenLänge/Zurück]: Nächster Punkt
Nächsten Punkt angeben oder [Kreisbogen/Schließen/sehnenLänge/Zurück]: K für
Kreisbogen
Option für Bogenumgrenzung eingeben
..
..
Nächsten Punkt angeben oder
[Kreisbogen/Schließen/sehnenLänge/Zurück]: Mit S für Schließen beenden
```

Befehl Afzuschneiden

Wie Sie Blöcke, externe Referenzen oder Bilder zuschneiden können, so können Sie auch Ansichtsfenster mit dem Befehl AFZUSCHNEIDEN zuschneiden:

➡ Abrollmenü ÄNDERN, Untermenü ZUSCHNEIDEN, Funktion ANSICHTSFENSTER

➡ Symbol im Werkzeugkasten ANSICHTSFENSTER

Die Optionen sind identisch mit denen der Befehle XZUSCHNEIDEN und BILDZUSCHNEIDEN (siehe Kapitel 11.13 und 12.3).

```
Befehl: Afzuschneiden
Zuzuschneidendes Ansichtsfenster wählen: Ansichtsfenster anklicken
Objekt zum Zuschneiden wählen oder [Polygonal] <Polygonal>:
```

Wählen Sie zuerst ein Ansichtsfenster und dann ein Objekt, das Sie über das Fenster gezeichnet haben (geschlossene Polylinien, Ellipsen, geschlossene Splines, Regionen oder Kreise). Das Ansichtsfenster wird an dem gewählten Objekt zugeschnitten. Mit der Option POLYGONAL können Sie eine Polylinie über das Ansichtsfenster zeichnen und es wird an dieser Polylinie zugeschnitten.

Kapitel 16   Layouts im Papierbereich

➤ *Ansichtsfenster werden auf dem Layout als Zeichnungsobjekte erzeugt. Sie können sie schieben, kopieren, strecken oder auch löschen. Bei der Objektwahl klicken Sie diese am Rand an. Wie Zeichnungsobjekte werden sie auf dem aktuellen Layer erstellt.*

➤ *Da Sie in der Zeichnung die Ansichten nicht mit einem Rand haben wollen, sollten Sie die Ansichtsfenster auf einen eigenen Layer legen, den Sie vor dem Plotten ausschalten oder besser nicht plottbar schalten.*

Ansichtsfenster erstellen

1. Erstellen Sie einen neuen Layer *Afenster* und schalten ihn nicht plotbar. Machen Sie ihn zum aktuellen Layer, auf dem die Ansichtsfenster liegen sollen. Machen Sie noch einen Layer, den Layer *Sichtfenster*, für Ansichtsfenster, die sichtbar bleiben sollen.

2. Aktivieren Sie dann das Layout *Gesamt A3* und erstellen Sie ein einzelnes Ansichtsfenster. Wählen Sie die Variante mit dem Dialogfeld und wählen Sie den benannten Ausschnitt *Gesamt*. Ziehen Sie das Fenster von der linken oberen Ecke des inneren Zeichnungsrands zur rechten oberen Ecke des Schriftfeldes.

3. Wechseln Sie dann zum Layout *Draufsicht A4*. Auch hier wollen wir ein einzelnes Ansichtsfenster erstellen. Wählen Sie im Dialogfeld den Ausschnitt *Draufsicht*. Ziehen Sie es in der Mitte über die ganze Breite auf. Die Höhe sollte etwa den halben freien Bereich einnehmen.

4. Jetzt gehen Sie zum Layout *Detail A4* und erstellen hier ein Ansichtsfenster wie in Abbildung 16.11.

5. Aktivieren Sie dann den Layer *Sichtfenster*. Zeichnen Sie einen Kreis etwa in der Größe und an der Position wie in Abbildung 16.11. Darin soll ein Detail dargestellt werden. Wandeln Sie den Kreis in ein Ansichtsfenster um. Zunächst haben Sie auch in dem Kreis noch die komplette Lupe.

Klicken Sie ein Ansichtsfenster an und drücken die rechte Maustaste, erhalten Sie ein Kontextmenü u.a. mit verschiedenen Optionen des Befehls AFENSTER *(siehe Abbildung 16.12).*

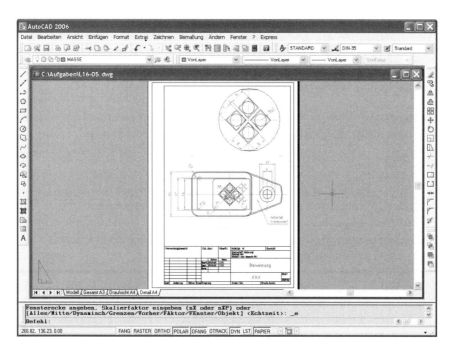

Abbildung 16.11:
Rechteckiges und kreisförmiges Ansichtsfenster

Abbildung 16.12:
Kontextmenü bei markiertem Ansichtsfenster (Ausschnitt)

16.4 Papier- und Modellbereich im Layout

Sie befinden sich bei den Layouts im Moment im Papierbereich. Sie können Ansichtsfenster verschieben, kopieren, vergrößern bzw. verkleinern, drehen und löschen. Bei der Objektwahl müssen Sie die Fenster am Rand anklicken. Im Papierbereich wird das Fadenkreuz auf dem ganzen Bildschirm angezeigt. Sie können aber den Inhalt im Fenster nicht verändern. Als ob sich in dem Fenster eine Glasscheibe befinden würde, sehen Sie zwar alles, kommen aber nicht an die Objekte heran. Lediglich der Objektfang arbeitet durch die Glasscheibe hindurch.

Befehle Mbereich und Pbereich

Mit den Befehlen MBEREICH und PBEREICH kann zwischen Modellbereich und Papierbereich auf dem Layout umgeschaltet werden. Im Modellbereich auf dem Layout kann in den Fenstern am Modell gearbeitet werden. Ein Fenster ist immer das aktive Fenster. Dort erscheint das Fadenkreuz, in den

Kapitel 16   Layouts im Papierbereich

anderen Fenstern und auf dem restlichen Bildschirm nur ein Pfeil. Das aktive Ansichtsfenster ist durch einen verstärkten Rahmen erkennbar.

Die Befehle MBEREICH und PBEREICH finden Sie nicht in den Menüs. Verwenden Sie eine der folgenden Methoden:

- Klick auf das Feld PAPIER bzw. MODELL in der Statuszeile am unteren Bildschirmrand, zwischen den Bereichen wird umgeschaltet.

- Doppelklick in ein Ansichtsfenster zum Umschalten in den Modellbereich und Doppelklick auf die Papierfläche zum Umschalten in den Papierbereich. Im Modellbereich kann durch einen einfachen Klick in ein anderes Fenster, das aktive Fenster, gewechselt werden.

TIPP

Das aktive Fenster können Sie wechseln, wenn Sie in ein anderes Fenster klicken. Das kann auch innerhalb eines Zeichenbefehls erfolgen, nicht aber innerhalb der Befehle ZOOM und PAN. Haben Sie aber ein kleines Ansichtsfenster über ein größeres gelegt, kommen Sie nicht mehr an das kleinere Fenster. Wenn Sie dort hinein klicken, wird immer das große aktiv. In diesem Fall schalten Sie mit der Tastenkombination [Strg] + [R] *zwischen den Ansichtsfenstern um.*

Ansicht und Maßstab in den Fenstern einstellen

Die Aufgabe im Modellbereich ist es, die gewünschte Ansicht in den Fenstern einzustellen. Das machen Sie mit den Befehlen ZOOM und PAN. Wir wollen aber eine maßstäbliche Darstellung auf dem Papier haben. Dazu gehen Sie wie folgt vor: Wechseln Sie in den Modellbereich und aktivieren Sie das Fenster. Stellen Sie den Ausschnitt mit dem Befehl ZOOM ungefähr ein. Skalieren Sie dann mit dem Befehl ZOOM.

```
Befehl: Zoom
Fensterecke angeben, Skalierfaktor eingeben
(nX oder nXP) oder [Alles/Mitte/Dynamisch/Grenzen/
Vorher/FAktor/Fenster] <Echtzeit>: 1XP
```

Ein Faktor gefolgt von *XP* bestimmt den Maßstab:

- 1XP stellt die Zeichnung im Maßstab 1:1 im Fenster dar,
- 2XP vergrößert die Zeichnung im Maßstab 2:1 im Fenster und
- 0.5XP verkleinert auf den Maßstab 2:1 usw.

Rücken Sie dann den Ausschnitt mit dem Befehl PAN endgültig zurecht.

Maßstab im Werkzeugkasten

Eine einfachere Möglichkeit, den Maßstab eines Fensters einzustellen, haben Sie im Werkzeugkasten ANSICHTSFENSTER. Markieren Sie das Fenster im Papierbereich oder wechseln Sie in den Modellbereich und machen es zum aktiven Fenster. Wählen Sie dann im Abrollmenü im Werkzeugkasten ANSICHTSFENSTER einen der Standard-Maßstäbe für die Darstellung im Fenster (siehe Abbildung 16.13). Finden Sie ihren Maßstab nicht, tragen Sie einen Vergrößerungsfaktor in dem Feld ein, z.B. 0.3333 für den Faktor 1:3. Mit der Einstellung GRÖSSE ANGEPASST bekommen Sie die maximale Vergrößerung, die im Fenster darstellbar ist.

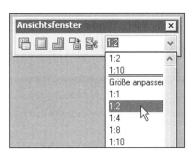

Abbildung 16.13: Maßstab im Werkzeugkasten Ansichtsfenster

Maßstab im Objekt-Eigenschaften-Manager

Sie haben noch eine Möglichkeit: Einstellungen für das Ansichtsfenster können Sie im auch Objekt-Eigenschaften-Manager machen. Klicken Sie das Fenster an und aktivieren Sie den Manager oder klicken Sie es einfach doppelt an. In der Kategorie VERSCHIEDENES finden Sie unter anderen auch die Einstellungen des Maßstabs (siehe Abbildung 16.14).

Abbildung 16.14: Objekt-Eigenschaften-Manager mit Ansichtsfenster

Kapitel 16   Layouts im Papierbereich

Ein: Schalten Sie in diesem Feld die Anzeige im Fenster ein und aus.

Zugeschnitten: Haben Sie ein zugeschnittenes Fenster (siehe oben), können Sie die Zuschneidung aus- und einschalten.

Anzeige gesperrt: Siehe unten

Vorgabefaktor: Wählen Sie hier einen der Standard-Maßstabsfaktoren für das Fenster.

Benutzerspezifisch: Wollen Sie keinen der Standard-Faktoren, tragen Sie hier einen beliebigen benutzerspezifischen Faktor ein.

BKS pro Ansichtsfenster: Hier können Sie wählen, ob bei 3D-Ansichten in jedem Ansichtsfenster ein eigenes BKS erzeugt werden soll.

Schattierungs-Plot: Wählen Sie hier, wie der Fensterinhalt bei 3D-Modellen geplottet werden soll: wie angezeigt, als Drahtmodell, ohne verdeckte Kanten oder gerendert (schattiert mit Farbverläufen).

Einstellen des Maßstabs

1. Wechseln Sie zum Layout *Gesamt A3*. Klicken Sie doppelt in das Fenster und stellen im Abrollmenü des Werkzeugkastens ANSICHTSFENSTER den Maßstab *1:1* ein. Rücken Sie den Ausschnitt mit dem Befehl PAN in die Mitte.

2. Wechseln Sie dann zum Layout *Draufsicht A4* und stellen Sie dort ebenfalls den Maßstab *1:1* ein. Achten Sie darauf, dass die Draufsicht des Teiles in der Mitte des Fensters ist, korrigieren Sie eventuell mit dem Befehl PAN.

3. Im Layout *Detail A4* stellen Sie im großen Fenster den Maßstab *1:1* und im kreisförmigen Fenster den Maßstab *2:1* ein. Rücken Sie die Ausschnitte wieder mit dem Befehl PAN zurecht. Im kreisförmigen Fenster sollen die Tasten vergrößert sichtbar sein. Korrigieren Sie entsprechend.

Ansichtsfenster sperren

Warum müssen Ansichtsfenster gesperrt werden? Ganz einfach: Der Zoom-Faktor im Ansichtsfenster entspricht dem Maßstab der Zeichnung auf dem Papier. Solange Sie im Papierbereich auf dem Layout zoomen, ist das kein Problem, das Layout wird vergrößert dargestellt. Haben Sie aber ein Ansichtsfenster aktiv und zoomen oder panen dort, werden der Ausschnitt und der Maßstab verändert. Deshalb können Sie, wenn alle Fenster richtig eingestellt sind, die Fenster vor unbeabsichtigtem Zoomen sperren. Zoomen Sie dann im Modellbereich auf dem Layout, wird nicht der Ausschnitt im

Ansichtsfenster verändert, sondern das komplette Layout gezoomt. Das Ansichtsfenster bleibt trotzdem aktiv und Sie können darin arbeiten. Sperren Sie ein oder mehrere Ansichtsfenster wie folgt:

➤ Befehl -AFENSTER eintippen und Option SPERREN wählen

➤ Ein oder mehrere Ansichtsfenster in der Zeichnung markieren und im Objekteigenschaften-Manager ANZEIGE GESPERRT auf *Ja* setzen.

➤ Ein oder mehrere Ansichtsfenster in der Zeichnung markieren und mit Rechtsklick Kontextmenü holen. ANZEIGE GESPERRT auf *Ja* setzen.

Ansichtsfenster sperren

1. Machen Sie ein Ansichtsfenster aktiv und zoomen Sie im Fenster. Stellen Sie den Ausschnitt mit dem Befehl ZOOM, Option VORHER wieder her.

2. Sperren Sie in allen Ansichtsfenstern die Anzeige. Wiederholen Sie den Versuch mit dem Zoomen, und Sie sehen den Unterschied.

3. Diesen Stand der Zeichnung finden Sie im Ordner *Aufgaben* in der Zeichnung *L16-03.dwg*.

Ansichtsfenster maximieren und minimieren

Oft ist es erforderlich, dass Sie in einem Ansichtsfenster noch Änderungen vornehmen müssen. Zoomen können Sie im Ansichtsfenster aber nur dann, wenn Sie es gesperrt haben. Aber auch dann kann es schwierig werden, darin zu arbeiten, wenn das Fenster klein ist. Sie könnten zwar zum Register *Modell* umschalten, aber wenn Sie in den Ansichtsfenstern einzelne Layer gesperrt haben (siehe Kapitel 16.5), bekommen Sie dort wieder alles angezeigt, was verwirrend sein kann. Sie haben aber Befehle, um ein Ansichtsfenster zu maximieren und wieder zu minimieren, egal ob es gesperrt ist oder nicht. Zum Maximieren verwenden Sie den Befehl AFMAX. Wählen Sie ihn wie folgt:

➤ Rechtsklick in ein Ansichtsfenster und aus dem Kontextmenü die Funktion ANSICHTSFENSTER MAXIMIEREN wählen

➤ Ansichtsfenster markieren, rechts klicken und aus dem Kontextmenü die Funktion ANSICHTSFENSTER MAXIMIEREN wählen

➤ Symbol in der Statusleiste anklicken

Das Ansichtsfenster wird bildschirmfüllend dargestellt (siehe Abbildung 16.15). Damit erkennbar bleibt, dass es ein maximiertes Ansichtsfenster ist, erhält es einen roten Rand. Hier können Sie beliebig zoomen, damit verändern Sie den Ausschnitt und den Maßstab auf dem Layout nicht. Gibt es auf dem Layout mehrere Ansichtsfenster, lassen sich diese mit den Tasten neben dem Symbol in der Statuszeile durchblättern.

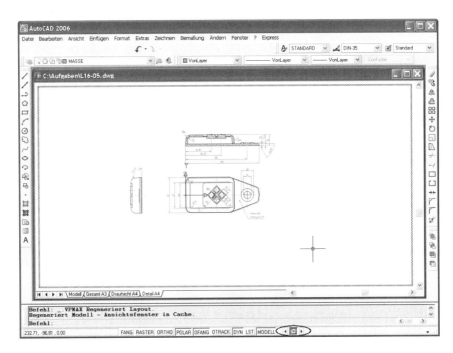

Abbildung 16.15: Ansichtsfenster maximiert

Um das Layout wiederzubekommen, verwenden Sie den Befehl AFMIN. Wählen Sie ihn wie folgt:

→ Rechtsklick im Ansichtsfenster und aus dem Kontextmenü die Funktion ANSICHTSFENSTER MINIMIEREN wählen

→ Symbol in der Statusleiste anklicken

Das Layout mit den Ansichtsfenstern erscheint wieder mit unveränderten Maßstäben und Ausschnitten.

Befehle Regenall und Neuzall

Mit dem Befehl NEUZEICH wird der Bildschirm neu gezeichnet und mit dem Befehl REGEN der Bildschirm neu durchgerechnet und ebenfalls neu gezeichnet. Damit Sie aber nicht erst alle Fenster anklicken müssen und den gewünschten Befehl mehrfach ausführen müssen, gibt es für beide eine Variante, die alle Fenster auf einmal bearbeitet: NEUZALL und REGENALL. In den Menüs wird für die Funktion zum Neuzeichnen immer der Befehl NEUZALL verwendet. Zum Regenerieren finden Sie beide Befehle im Abrollmenü ANSICHT.

Linientypfaktor in den Ansichtsfenstern

Bei unterschiedlichen Maßstäben in den Ansichtsfenstern werden unterbrochene Linientypen in den einzelnen Ansichtsfenstern in unterschiedlichen Strichlängen dargestellt. Normalerweise werden diese nur für die ganze Zeichnung im Dialogfeld des Befehls LINIENTYP mit dem Feld GLOBALER SKALIERFAKTOR eingestellt. Unterschiedliche Vergrößerungen in den einzelnen Fenstern ergeben aber unterschiedliche Strichlängen.

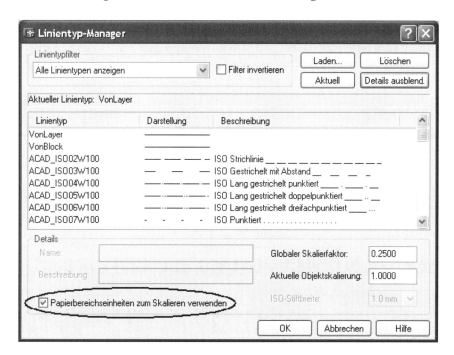

Abbildung 16.16: Linientypfaktor in den Ansichtsfenstern skalieren

Wird dagegen die Systemvariable PSLTSCALE auf 1 gesetzt, wird die Skalierung der Ansichtsfenster bei der Darstellung der Linientypen berücksichtigt, sie erscheinen überall gleich. Die Systemvariable PSLTSCALE finden Sie im Dialogfeld des Befehls LINIENTYP (Abrollmenü FORMAT, Funktion LINIENTYP...). Schalten Sie auch hier mit der Schaltfläche DETAILS ANZEIG. auf die komplette Anzeige um. Schalten Sie dann den Schalter PAPIERBEREICHSEINHEITEN ZUM SKALIEREN VERWENDEN ein (siehe Abbildung 16.16), damit haben Sie PSLTSCALE auf 1 gesetzt.

16.5 Sichtbarkeit in den Ansichtsfenstern

Nun kann es vorkommen, dass in den verschiedenen Fenstern unterschiedliche Objekte sichtbar sein sollen. Stellen Sie sich den Fall vor: Sie haben die Zusammenbauzeichnung in einem Fenster, wollen aber in anderen Fenstern die Einzelteile separat darstellen. Wenn Sie konventionell ohne die Layouts arbeiten, machen Sie eine Kopie der Objekte, die separat dargestellt werden

Kapitel 16 Layouts im Papierbereich

sollen, neben den Zusammenbau. Jede Kopie muss aber bei einer späteren Änderung auch geändert werden, damit ergeben sich Fehlerquellen. Machen Sie also Layouts. Arbeiten Sie mit verschiedenen Fenstern, setzen Sie Einzelteile auf unterschiedliche Layer und frieren Sie die Einzelteillayer in den Fenstern, in denen Sie sie nicht haben wollen.

Man kann in AutoCAD Layer global frieren und tauen. Gefrorene Layer sind in allen Fenstern und im Layout unsichtbar. Darüber hinaus lassen sich Layer aber auch nur in einem Ansichtsfenster frieren und tauen. Wie alle Layerfunktionen können auch diese Einstellungen im Dialogfeld des Befehls LAYER vorgenommen werden. Machen wir es gleich am Beispiel: In dem ersten Layout sollen alle Objekte der Zeichnung erscheinen, in den anderen nur die Kontur.

Layer in Ansichtsfenstern frieren

1. Schalten Sie in das Layout *Detail A4* und machen Sie das kreisförmige Ansichtsfenster aktiv. Wählen Sie den Befehl LAYER. Markieren Sie den Layer *Masse* (siehe Abbildung 16.17).

2. Klicken Sie auf das Symbol mit der Sonne im Fenster in der Spalte FRIEREN IM AKTIVEN ANSICHTSFENSTER, die Sonne verschwindet, der Eiskristall erscheint, der Layer ist in diesem Ansichtsfenster gefroren. In allen anderen Fenstern bleibt er sichtbar.

Abbildung 16.17:
Layer Masse
im Ansichtsfenster
frieren

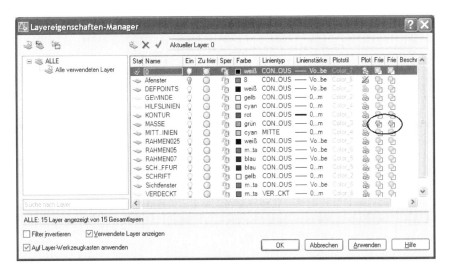

3. Schalten Sie dann zum Layout *Draufsicht A4*. Machen Sie das Ansichtsfenster aktiv. Frieren Sie dort die Layer *Schrift*, *Mittellinien* und *Masse*. Sie haben dann nur die Kontur sichtbar.

4. Bringen Sie das Ansichtsfenster für das Detail im Layout *Detail A4* auf den Layer *Sichtfenster*. Dessen Rahmen soll sichtbar bleiben. Schalten

Sie wegen der Übersicht den Layer *Afenster* global aus, klicken Sie also auf die vordere Spalte.

Diese Lösung finden Sie im Ordner *Aufgaben*: L16-04.dwg.

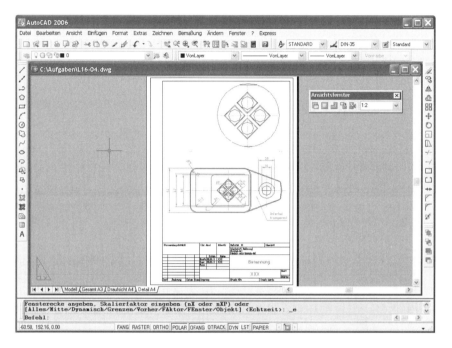

Abbildung 16.18:
Layout mit unterschiedlicher Sichtbarkeit in den Ansichtsfenstern

➤ *Wollen Sie einen Layer in einem Ansichtsfenster tauen, gehen Sie genauso vor. Aktivieren Sie das Dialogfeld des Befehls* LAYER. *Das Symbol mit der Sonne erscheint wieder.*

➤ *Klicken Sie das Symbol* FRIEREN IN NEUEN ANSICHTSFENSTERN *ganz rechts in der Liste an (siehe Abbildung 16.17). Wenn Sie danach ein neues Fenster anlegen, wird dieser Layer in dem Fenster gefroren. Das ist immer dann sinnvoll, wenn Sie einen neuen Layer anlegen, der nur in einem Fenster sichtbar sein soll. Sie müssen ihn dann in den neuen Fenstern nicht extra ausschalten.*

:-)
TIPP

16.6 Bemaßen mit assoziativen Maßen

Wo bemaßen Sie jetzt aber die Zeichnung? Sie können im Papierbereich bemaßen und trotzdem die Punkte im Modellbereich mit dem Objektfang abgreifen. Neu seit AutoCAD 2002 ist, dass Sie jetzt volle Assoziativität zwischen Modellbereich und Layout haben. Dazu muss die Systemvariable DIMASSOC den Wert 2 haben. Bemaßen Sie jetzt im Papierbereich des Layouts das Modell. Die Maßzahlen erscheinen im Layout in der richtigen Größe und der gemessene Wert entspricht der Größe des Modells.

Kapitel 16   Layouts im Papierbereich

Setzen Sie die Variable DIMASSOC auf den Wert 1, haben Sie Bemaßungen wie in AutoCAD 2000/2000i. Die Maßzahlen erscheinen auf dem Layout zwar in der richtigen Größe und der gemessene Wert entspricht dem der Darstellung auf dem Papier, also multipliziert mit dem Maßstab. In Kapitel 16.7 erfahren Sie, wie dies korrigiert werden kann.

Doch beschäftigen wir uns zuerst mit der neuen Methode: Mit der assoziativen Bemaßung, die einfachste und schnellste Methode, die Sie bei neuen Zeichnungen immer verwenden sollten.

Assoziative Maße im Papierbereich

1. Arbeiten Sie an der Zeichnung aus dem letzten Kapitel weiter oder laden Sie die Zeichnung *L16-04.dwg*. Wechseln Sie zum Layout *Detail A4*. Setzen Sie die Systemvariable DIMASSOC auf 2.

2. Machen Sie den Layer *Masse* zum aktuellen Layer und bemaßen Sie die Tasten im Papierbereich. Greifen Sie die Punkte aus dem Modell mit dem Objektfang ab. Sie bekommen die Maße in der richtigen Größe und mit den richtigen Werten (siehe Abbildung 16.1).

3. Setzen Sie jetzt zum Vergleich die Systemvariable DIMASSOC auf *1* und bemaßen Sie weiter. Die Maße kommen zwar in der richtigen Größe, die Maßzahl entspricht aber der Größe auf dem Papier, ist also um den Maßstabsfaktor verfälscht (siehe Abbildung 16.19, Maße unten rechts).

Abbildung 16.19: Bemaßung im Layout mit unterschiedlichen Einstellungen von Dimassoc

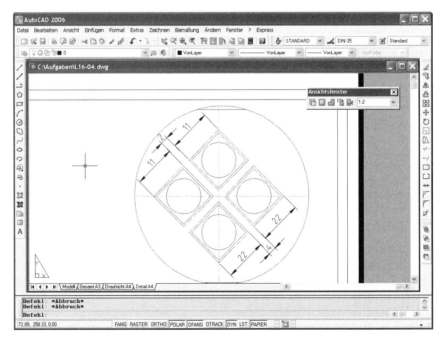

Bemaßen mit assoziativen Maßen	Kapitel 16

Befehle Bemreassoz und Bementassoz

Mit dem Befehl BEMREASSOZ können nichtassoziative Maße mit der Geometrie verknüpft werden und damit in assoziative Maße umgewandelt werden. Wählen Sie den Befehl:

➡ Abrollmenü BEMASSUNG, Funktion BEMASSUNG ERNEUT VERKNÜPFEN

```
Befehl: Bemreassoz
Neu zu verknüpfende Bemaßungen wählen...
Objekte wählen: Bemaßungen wählen, die in assoziative Maße umgewandelt
werden sollen
Ersten Hilfslinienursprung festlegen, oder [Objekt wählen] <nächster>:
Geometriepunkt mit Objektfang wählen, an dem das Maß angesetzt werden
soll
Zweiten Hilfslinienursprung festlegen <nächster>: Zweiten Geometriepunkt
   mit Objektfang wählen, an dem das Maß angesetzt werden soll
```

Nacheinander werden die Definitionspunkte der gewählten Maße angezeigt und Sie können jeweils den Punkt an dem zu bemaßenden Objekt anklicken, mit dem das Maß verknüpft werden soll.

Mit dem Befehl BEMENTASSOZ können Sie assoziative Maße von der Geometrie lösen und damit in nichtassoziative Maße umwandeln. Den Befehl können Sie nur auf der Tastatur eingeben.

```
Befehl: Bementassoz
Bemaßungen wählen, deren Verknüpfungen aufgehoben werden sollen...
Objekte wählen: Maße anklicken
Verknüpfung von 1 aufgehoben.
```

Die gewählten Maße werden in nichtassoziative Maße umgewandelt.

Nichtassoziative Maße umwandeln

1. Setzen Sie die Systemvariable DIMASSOC wieder auf 2.

2. Wählen Sie den Befehl BEMREASSOZ und machen Sie aus den beiden nichtassoziativen Maßen assoziative. Aus den Maßen mit den Werten 20 (siehe Abbildung 16.19) werden 10 und damit die richtigen Maße.

    Die Lösung finden Sie im Ordner *Aufgaben*: *L16-05.dwg*.

3. Wechseln Sie in den Modellbereich und verschieben den Ausschnitt oder ändern den Maßstab, wandern die Maße im Papierbereich mit, wenn Sie wieder dorthin wechseln. Damit das möglich ist, müssen Sie zuerst das Fenster entsperren.

> *Sie sollten* DIMASSOC *nicht auf 0 stellen. In diesem Fall werden die Maße nicht mehr als zusammenhängende Objekte erzeugt. Es entstehen Linien, Pfeile und die Maßzahl als Textobjekt.*
>
> *Wenn Sie bei assoziativen Maßen mit der Radmaus im Ansichtsfenster gezoomt haben, werden die assoziativen Maße nicht automatisch nachgeführt. In diesem Fall geben Sie den Befehl* BEMREGEN *auf der Tastatur ein und die assoziativen Maße werden nachgeführt.*

16.7   Bemaßen ohne assoziative Maße

Zeichnungen mit Layouts sollten Sie mit der Methode aus Kapitel 16.6 bemaßen. Doch dies ist neu seit AutoCAD 2002. Da es aber noch genügend Zeichnungen aus früheren Versionen gibt, ist es wichtig zu wissen, wie dort bemaßt wurde. Sie konnten auch schon in früheren Versionen im Papierbereich bemaßen und trotzdem die Punkte im Modellbereich mit dem Objektfang abgreifen. Allerdings müssen Sie dann immer den eingestellten Maßstab der Fenster mit berücksichtigen. Außerdem waren bei dieser Methode Maße und Geometrie nicht gemeinsam änderbar. Beide sind in unterschiedlichen Bereichen, die assoziative Bemaßung nützt Ihnen dann nichts.

Besser war es, die einzelnen Fenster im Modellbereich zu bemaßen. Allerdings war es dann erforderlich, die Bemaßung eines Fensters in den anderen Fenstern unsichtbar zu machen.

Beide Bemaßungsarten sind auch jetzt noch möglich und werden durch spezielle Funktionen bei den Bemaßungsvariablen unterstützt. Die Systemvariable DIMASSOC ist bei diesen Verfahren *1*. Schauen wir uns die Varianten an Bespielen an.

Bemaßen im Papierbereich

1. Laden Sie die Zeichnung *A16-06.dwg* aus dem Ordner *Aufgaben*. Sie finden darin einen Grundriss, der in Metern gezeichnet wurde. Auf dem Papier haben Sie zwei Ansichtsfenster, eines auf dem Papier im Maßstab 1:100, das andere 1:50.

2. Der Zoomfaktor wäre dann *0.01XP* für das Fenster mit dem gesamten Grundriss. Da aber im Modellbereich eine Zeicheneinheit einem Meter entspricht und im Papierbereich einem Millimeter, wird mit dem Faktor *1.000* multipliziert und Sie haben *10XP* als Zoomfaktor.

3. Beim Detailfenster im Maßstab *1:50* ist der Zoomfaktor *0.02XP*, wieder multipliziert mit *1000* ergibt das *20XP*.

4. In der Zeichnung sind zwei Bemaßungsstile definiert, *BAU-BEM-1-100* und *BAU-BEM-1-50*. Im Dialogfeld für die Maßeinheiten ist der Faktor berücksichtigt. Beim Fenster, das mit *10XP* gezoomt wurde, ist ein Faktor von *0.1* eingestellt, um wieder das richtige Maß zu bekommen. Beim Fenster, in dem mit *20XP* gezoomt wurde, benötigt man einen Skalierfaktor von *0.05*. Sie kommen zu dem Wert, wenn Sie im Dialogfeld des Befehls BEMSTIL (Abrollmenü BEMASSUNG, Funktion STIL...) den entsprechenden Stil wählen, auf die Schaltfläche ÄNDERN... klicken und das Register PRIMÄREINHEITEN wählen. Der Wert steht im Feld BEMASSUNGSSKALIERUNG (siehe Abbildung 16.20). Schalten Sie den Schalter NUR AUF LAYOUT-BEMASSUNGEN ANWENDEN bei beiden Bemaßungsstilen ein, gilt der Faktor nur für die Layouts. Würden Sie auch im Modellbereich bemaßen, würde der eingestellte Faktor im Modellbereich ignoriert.

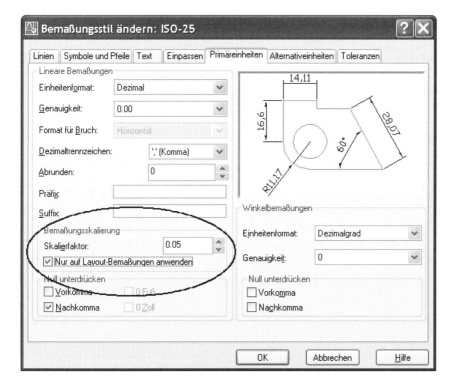

Abbildung 16.20:
Skalierfaktor für die Bemaßung im Layout

5. Bleiben Sie im Layout oder schalten Sie dorthin um. Wählen Sie mit dem Befehl BEMSTIL den Bemaßungsstil *BAU-BEM-1-100* und bemaßen Sie das Fenster mit dem gesamten Grundriss.

6. Schalten Sie auf den Bemaßungsstil *BAU-BEM-1-50* um und bemaßen den Ausschnitt mit der Vergrößerung. Die Maße werden entsprechend korrigiert (siehe Abbildung 16.21).

Kapitel 16   Layouts im Papierbereich

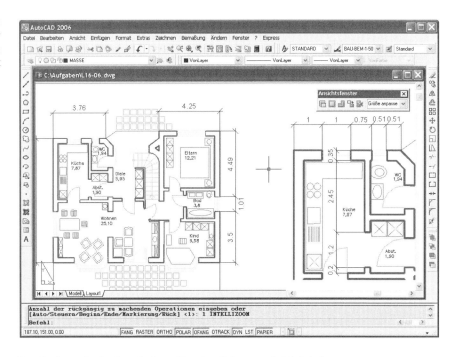

Abbildung 16.21:
Bemaßung der
Ansichtsfenster im
Layout

Im Ordner *Aufgaben* haben Sie eine Lösung, *L16-06.dwg*.

Bemaßen im Modellbereich

1. Jetzt die andere und bessere Variante im Modellbereich. Laden Sie dazu die Zeichnung *A16-07.dwg* aus dem Ordner *Aufgaben*. Es ist die gleiche Zeichnung, nur mit anderen Voreinstellungen.

2. In dieser Zeichnung gibt es zwei Layer für die Bemaßung *MASSE1-100* und *MASSE1-50*. Der erste ist für die Bemaßung des gesamten Grundrisses, er ist nur im großen Fenster sichtbar. Der zweite ist für das kleine Fenster mit dem Zeichnungsausschnitt. Die Layer sind jeweils im anderen Fenster gefroren.

3. Jetzt benötigen Sie nur einen Bemaßungsstil *BAU-BEM*. Bei diesem ist der globale Skalierfaktor für die Bemaßungsgrößen auf 0 gesetzt. Pfeillänge, Textgröße, Abstände usw., kurz alle Bemaßungsvariablen, in denen Größen zur Form der Maße gespeichert sind, werden so korrigiert, dass die Angaben im Papierbereich richtig erscheinen. Die Einstellung machen Sie im Dialogfeld des Befehls BEMSTIL. Markieren Sie den Stil *BAU-BEM* und klicken Sie auf die Schaltfläche ÄNDERN... Wählen Sie das Register EINPASSEN und stellen Sie im Feld SKALIERUNG FÜR BEMASSUNGEN den Schalter BEMASSUNGEN MIT LAYOUT (PAPIERBER.) SKALIEREN ein. Damit wird das Feld GLOBALER SKALIERFAKTOR deaktiviert (siehe Abbildung 16.22).

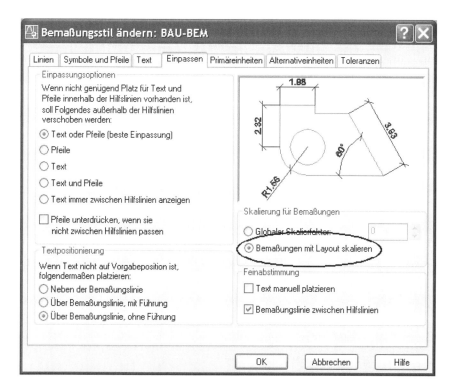

Abbildung 16.22: Skalierfaktor für die Maßgrößen an Layout anpassen

4. Machen Sie den Layer *MASSE1-100* zum aktuellen Layer, wenn Sie den gesamten Grundriss bemaßen. Zur Bemaßung des Ausschnitts rechts oben verwenden Sie den Layer *MASSE1-50*. Die Maße sind dann jeweils im anderen Fenster nicht sichtbar. Jedoch sind die Maße auf dem Papier alle gleich groß.

5. Das Ergebnis unterscheidet sich nicht durch das vorherige (siehe Abbildung 16.21), aber die Maße sind jetzt assoziativ zum Modell. Bei Änderungen an der Geometrie können die Maße mitgeändert werden.

Im Ordner *Aufgaben* haben Sie auch dafür eine Lösung: *L16-07.dwg*.

Plotten von Layouts

➤ Natürlich wollen Sie die Zeichnung auch plotten, aber in welchem Bereich? Haben Sie im Layout den Modellbereich aktiv, wird nur das aktuelle Fenster geplottet. Haben Sie im Layout den Papierbereich aktiv, wird das Blatt mit allen Ansichtsfenstern geplottet. Die Angaben zum Plotmaßstab im Dialogfeld beziehen sich auch auf das Layout. Da das Layout immer *1:1* zu den Papiermaßen erstellt wird, können Sie beim Plotten auch den Maßstab *1:1* einstellen. Den Maßstab der Zeichnung haben Sie ja durch die Skalierung der Fenster bestimmt.

16.8 Assistent zum Erstellen von Layouts

Ein großer Teil der Einstellungen, die wir in den letzten Kapiteln gemacht haben, können Sie bei Standard-Layouts auch mit einem Assistenten machen. Wählen Sie den Layout-Assistenten:

➤ Abrollmenü EINFÜGEN, Untermenü LAYOUT >, Funktion LAYOUT-ASSISTENT
➤ Abrollmenü EXTRAS, Untermenü ASSISTENTEN >, Funktion LAYOUT ERSTELLEN...

Die Schritte vom Modell bis zur fertigen Zeichnung werden in acht Dialogfeldern abgefragt.

16.9 Layerfilter und Ausschnitte beim Erstellen von Layouts

Zwei der neuen Funktionen in AutoCAD 2006/LT 2006 können beim Erstellen von Layouts genutzt werden: die Layerfilter und die Ausschnitte.

Layerfilter beim Erstellen von Layouts

Erinnern Sie sich an die Zeichnung aus Kapitel 4.6, die Zeichnung, bei der mehrere Etagen übereinander gezeichnet wurden? Aus dieser Zeichnung wollen wir jetzt ein Layout erstellen, bei dem vier Ansichtsfenster auf einem Layout abgebildet werden sollen. Machen Sie sich gleich an die Arbeit.

Layout erstellen

1. Laden Sie die Zeichnung *A16-08.dwg* aus dem Ordner *Aufgaben*. Im Modellbereich haben Sie alle drei Etagen übereinander, die wir im Layout in einzelne Pläne auflösen wollen.

2. Das Layout *4 Fenster* ist angelegt und eine Seiteneinrichtung dafür erstellt. Der Layer *Afenster* für die Ansichtsfenster ist aktueller Layer und als nicht plottbar gesetzt. Einen Zeichnungsrahmen platzieren wir jetzt nicht, das ersparen wir uns in diesem Beispiel.

3. Aktivieren Sie den Werkzeugkasten *Ansichtsfenster*. Wählen Sie den Befehl AFENSTER mit dem Symbol im Werkzeugkasten oder aus dem Abrollmenü ANSICHT, Untermenü ANSICHTSFENSTER > und dort die Funktion NEUE ANSICHTSFENSTER...

4. Im Dialogfeld wählen Sie eine Anordnung mit vier gleich großen Ansichtsfenstern und einem Abstand von 10 zwischen den Fenstern. Wählen Sie als Bereich für die vier Fenster das ganze Blatt, abzüglich eines Rands. Klicken Sie in jedes Fenster und stellen Sie einen Maßstab *1:20* ein. Die Zeichnung sollte dann wie in Abbildung 16.23 aussehen. Jedes Fenster enthält jetzt noch die gleiche Ansicht.

Layerfilter und Ausschnitte beim Erstellen von Layouts — Kapitel 16

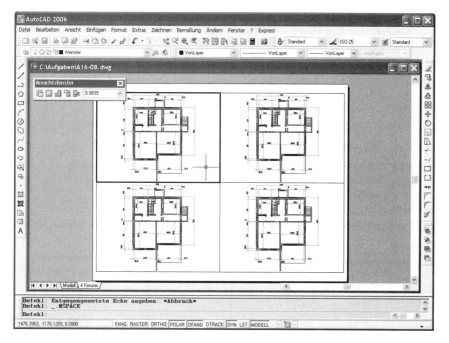

Abbildung 16.23:
Vier Ansichts-
fenster erstellen

5. Aktivieren Sie jetzt das Fenster links oben und wählen Sie dann den Befehl LAYER. Markieren Sie den Layerfilter *eg* und klicken Sie auf die rechte Maustaste. Aus dem Kontextmenü wählen Sie den Eintrag GRUPPE ISOLIEREN > und im Untermenü die Funktion NUR AKTIVES ANSICHTSFENSTER (siehe Abbildung 16.24). Alle Layer außer denen des Erdgeschosses werden in diesem Ansichtsfenster gefroren.

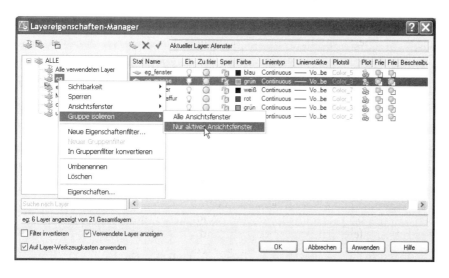

Abbildung 16.24:
Gruppe im aktiven
Ansichtsfenster
isolieren

Kapitel 16 Layouts im Papierbereich

6. Machen Sie das Gleiche im rechten oberen Ansichtsfenster mit dem Filter *og* und links unten mit dem *ug*. Rechts unten bilden Sie nur die Layer des Filters *Mauern* ab. Ihre Zeichnung sollte dann wie in Abbildung 16.25 aussehen, in jedem Fenster eine andere Darstellung der ursprünglichen Zeichnung. Falls das nicht der Fall ist, dann haben Sie im Ordner *Aufgaben* eine Beispiellösung, die Zeichnung *L16-08.dwg*.

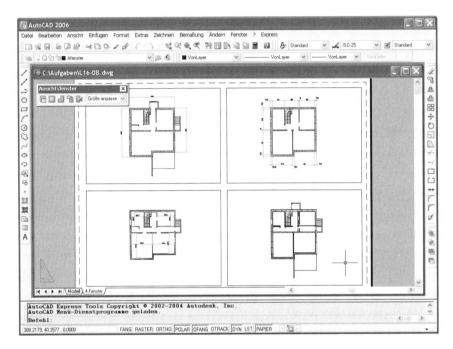

Abbildung 16.25:
Ansichtsfenster mit unterschiedlicher Darstellung

Ausschnitte beim Erstellen von Layouts

Noch einmal die gleiche Zeichnung, hier wurde nur noch etwas mehr Vorarbeit geleistet, dann ist das Erstellen von Layouts noch einfacher. In der Zeichnung wurden benannte Ausschnitte von jeder Etage erstellt und dabei die einzelnen Gruppen isoliert.

Layout erstellen

1. Laden Sie die Zeichnung *A16-09.dwg* aus dem Ordner *Aufgaben*. Sie sieht gleich aus wie die vorherige.

2. Kontrollieren Sie die Ausschnitte, wählen Sie den Befehl AUSSCHNT im Abrollmenü ANSICHT mit der Funktion BENANNTE ANSICHTEN... (siehe Abbildung 16.27). Aktivieren Sie nacheinander die gespeicherten Ausschnitte und kontrollieren Sie diese. Das können Sie auch im Abrollmenü des Werkzeugkastens ANSICHT machen (siehe Abbildung 16.27).

Layerfilter und Ausschnitte beim Erstellen von Layouts   Kapitel 16

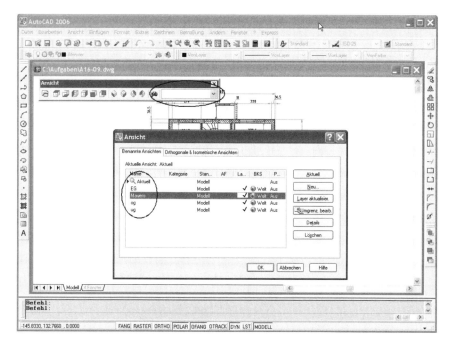

Abbildung 16.26:
Gespeicherte
Ausschnitte mit
gespeicherten
Layereinstellungen

3. Das Layout *4 Fenster* ist auch hier vorhanden und der Layer *Afenster* aktiv. Aktivieren Sie das Layout und wählen Sie AFENSTER. Aktivieren Sie im Dialogfeld wieder die Anordnung mit vier gleich großen Ansichtsfenstern und einem Abstand von 10 zwischen den Fenstern. Klicken Sie in die Fenster und wählen Sie für jedes Fenster einen gespeicherten Ausschnitt (siehe Abbildung 16.27).

4. Verteilen Sie die Ausschnitte auf dem Blatt, stellen Sie in den Fenstern noch den Maßstab ein (wieder *1:15*) und schon haben Sie das Layout fertig.

5. Wählen Sie als Bereich für die vier Fenster das ganze Blatt, abzüglich eines Rands. Klicken Sie in jedes Fenster und stellen Sie einen Maßstab 1:20 ein. Die Zeichnung sollte dann wie in Abbildung 16.23 aussehen. Jedes Fenster enthält jetzt noch die gleiche Ansicht.

Das Ergebnis ist das gleiche wie in Abbildung 16.25. Auch hierzu gibt es eine Beispiellösung im Ordner *Aufgaben*, die Zeichnung *L16-09.dwg*.

Kapitel 16   Layouts im Papierbereich

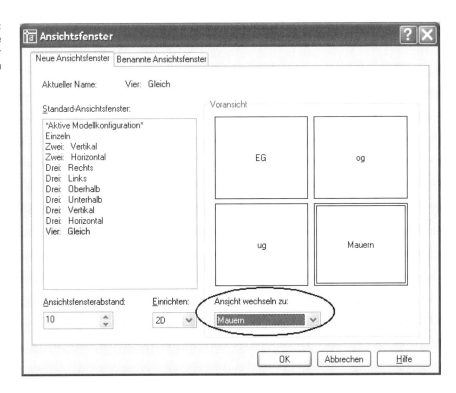

Abbildung 16.27:
Ausschnitte für die Ansichtsfenster wählen

17 Datenaustausch

AutoCAD ist zwar das CAD-Programm, das weltweit am meisten eingesetzt wird. Trotzdem kann man nicht davon ausgehen, dass jeder mit AutoCAD zeichnet. Daten müssen aber zwischen CAD-Systemen ausgetauscht oder in andere Programme übernommen werden können.

17.1 Austausch mit AutoCAD

Der Austausch mit früheren AutoCAD-Versionen ist problemlos möglich. Alle arbeiten mit dem DWG-Format, es gibt aber verschiedene Stände.

Ältere AutoCAD-Zeichnungen und Zeichnungen aus vertikalen Autodesk-Applikationen

AutoCAD 2004 bis 2006 und LT 2004 bis 2006 haben dasselbe Zeichnungsformat. AutoCAD 2000, 2000i und 2002 bzw. LT 2000, LT 2000i und LT 2002 haben ebenfalls das gleiche Dateiformat. AutoCAD-Zeichnungen aus diesen oder aus noch früheren AutoCAD- oder LT-Versionen werden beim Einladen in AutoCAD 2006 automatisch konvertiert. Beachten Sie aber: Wenn Sie diese Zeichnungen bearbeiten und speichern, werden sie im Format von AutoCAD 2004 gespeichert und können nicht mehr in älteren Versionen geöffnet werden. Sollen die Zeichnungen im ursprünglichen Programm bearbeitbar bleiben, müssen sie in diesem Format gespeichert werden.

Zeichnungen aus vertikalen Autodesk-Applikationen, AutoCAD Mechanical und Architectural Desktop, haben das gleiche Format wie AutoCAD-Zeichnungen und lassen sich somit auch in AutoCAD 2006 laden. Sie enthalten jedoch Objekte, die in AutoCAD 2006 nicht definiert sind, so genannte Proxy-Objekte. Diese werden angezeigt und Sie können sie schieben, drehen, kopieren, löschen usw. Wollen Sie sie aber bearbeiten, müssen sie mit dem Befehl URSPRUNG zerlegt werden. Werden sie später wieder in das ursprüngliche Programm übernommen, sind ihre speziellen Eigenschaften nicht mehr verfügbar. Beim Laden einer solchen Zeichnung erhalten Sie ein Dialogfeld, in dem Sie wählen können, wie diese Objekte behandelt werden sollen (siehe Abbildung 17.1).

Kapitel 17   Datenaustausch

Abbildung 17.1:
Proxy-Objekte in
AutoCAD 2006

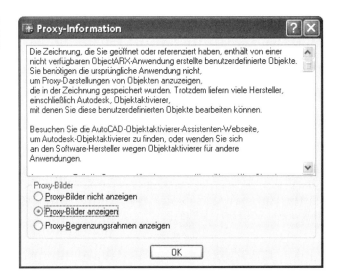

Proxy-Bilder nicht anzeigen: Sie erscheinen nicht in der Zeichnung.

Proxy-Bilder anzeigen: Sie werden korrekt angezeigt.

Proxy-Begrenzungsrahmen anzeigen: Sie erhalten in diesem Fall eine Box in der Größe der maximalen Abmessung dieser Objekte.

Sie können den Darstellungsmodus auch noch umstellen, wenn Sie die Zeichnung schon geladen haben. Verändern Sie dann die Systemvariable PROXYSHOW. Sie kann auf 0 (keine Anzeige), 1 (Anzeige) und 2 (Begrenzungsrahmen) gesetzt werden. Verwenden Sie danach den Befehl REGEN, damit die neue Einstellung wirksam wird.

➔ *Sie können beim Öffnen auch den Dateityp* Zeichnungsvorlage (*.dwt) *wählen (siehe Kapitel 4.6). Bei dieser Auswahl wird automatisch in den Vorlagenordner gewechselt, in dem Vorlagen gespeichert werden.*

➔ *Außerdem gibt es den Dateityp* Standard (*.dws), *in dem Zeichnungsstandards definiert sind. Alles dazu finden Sie in Kapitel 19. Auch diese Dateien lassen sich direkt öffnen.*

AutoCAD 2006-Dateien in früheren AutoCAD-Formaten

Sollen Ihre Zeichnungen in älteren Versionen von AutoCAD oder AutoCAD LT weiter verarbeitet werden, müssen Sie Ihre Zeichnungen in diesem Format abspeichern. Wählen Sie dazu wie gewohnt den Befehl SICHALS. Stellen Sie im Abrollmenü DATEITYP das Format ein:

AutoCAD 2004-Zeichnung (*.dwg)**:** Standardeinstellung zur Speicherung im AutoCAD 2004/2005/2006-eigenen Format.

AutoCAD 2000/LT 2000-Zeichnung (**.dwg*): Speicherung im Format von AutoCAD 2000/2000i/2002 oder AutoCAD LT 2000/2000i/2002. Objekte und Einstellungen, die es in diesen Versionen nicht gibt, werden durch ähnliche Objekte ersetzt oder werden nicht übernommen. Ältere AutoCAD-Formate sind nicht mehr möglich, hier geht nur der Umweg über das DXF-Format.

AutoCAD-Zeichnungsstandard (**.dws*): Speicherung der Zeichnung als Zeichnungsstandard (siehe Kapitel 19).

AutoCAD-Zeichnungsvorlage (**.dwt*): Speicherung der Zeichnung als Zeichnungsvorlage (siehe Kapitel 4.6). Bei dieser Auswahl wird automatisch in den Vorlagenordner gewechselt.

17.2 Austausch im DXF-Format

Mit den meisten anderen CAD-Programmen können Sie Zeichnungsdateien nicht direkt im DWG-Format austauschen. DXF-Dateien (Data Exchange Format) lassen sich aber mit den meisten 2D-CAD-Programmen erzeugen und einlesen. Das DXF-Format wird von Autodesk definiert und wurde seit AutoCAD 2004 nicht mehr geändert bzw. erweitert.

DXF-Dateien lassen sich mit den normalen Befehlen zum Öffnen und Speichern von Zeichnungsdateien erstellen und einlesen. Sie brauchen keine speziellen Befehle für DXF-Dateien. Auch mit dem Befehl EINFÜGE lassen sich DXF-Dateien als Block in die Zeichnung einfügen.

DXF-Datei öffnen

In AutoCAD können Sie Dateien im DXF-Format mit dem Befehl ÖFFNEN einlesen. Wählen Sie den Befehl wie bekannt. Stellen Sie im Abrollmenü DATEITYP den Typ *DXF (*.dxf)* ein. Eine Voransicht wird nur dann angezeigt, wenn die Option beim Speichern gewählt wurde (siehe Kapitel 17.3). Klicken Sie auf die Schaltfläche ÖFFNEN und, egal welches DXF-Format die Datei hat, sie wird in AutoCAD 2006 eingelesen.

Zeichnung im DXF-Format speichern

Sie können eine Zeichnung auch im DXF-Format speichern. Verwenden Sie den Befehl SICHALS wie gewohnt. Wählen Sie Laufwerk und Ordner. Stellen Sie beim DATEITYP das Format ein. Sie können wählen zwischen:

AutoCAD 2004 DXF (**.dxf*): Speicherung im AutoCAD 2004/2005/2006-DXF-Format.

Kapitel 17   Datenaustausch

AutoCAD 2000/LT 2000 DXF (**.dxf*): Speicherung im DXF-Format von AutoCAD 2000/2000i/2002 oder AutoCAD LT 2000/2000i/2002. Objekte und Einstellungen, die es in diesen Versionen nicht gibt, werden durch ähnliche Objekte ersetzt oder nicht übernommen.

AutoCAD R 12/LT 2 dxf (**.dxf*): Speicherung im DXF-Format von AutoCAD 12 oder AutoCAD LT 2. AutoCAD 11 hat dasselbe DXF-Format wie AutoCAD 12, somit können diese Dateien auch in AutoCAD 11 übernommen werden. Ältere DXF-Formate können nicht mehr erzeugt werden.

Haben Sie die Zeichnung zwischendurch in einem anderen Format als Zeichnung (*.dwg) gespeichert und Sie schließen das Zeichnungsfenster, erscheint eine Meldung. Sie werden darauf hingewiesen, dass die Zeichnung zuletzt in einem anderen Format gespeichert wurde. Wollen Sie die Zeichnung im AutoCAD 2004-Zeichnungsformat speichern, klicken Sie auf die Schaltfläche JA. *In diesem Fall müssen Sie einen neuen Namen vorgeben, um Überschreibungen zu vermeiden.*

17.3   Optionen beim Speichern

Sie können mit den Optionen ein Vorgabe-Format wählen und vorgeben, wie DXF-Dateien gespeichert werden sollen.

Optionen fürs Speichern einstellen

Wählen Sie den Befehl SICHALS (Abrollmenü DATEI, Funktion SPEICHERN UNTER...). Klicken Sie auf die Schaltfläche EXTRAS und wählen aus dem Abrollmenü die Funktion OPTIONEN. Sie bekommen ein Dialogfeld mit zwei Registerkarten (siehe Abbildungen 17.2 und 17.3).

Abbildung 17.2: Optionen fürs Speichern, Register DWG-Optionen

Register DWG-Optionen:

- PROXY-BILDER VON BENUTZERDEFINIERTEN OBJEKTEN SPEICHERN: Wenn die Zeichnung benutzerdefinierte Objekte aus anderen Anwendungen enthält, können Sie diese Option wählen. Dann werden Bilder dieser Objekte in der Zeichnungsdatei gespeichert. Wenn Sie diese Option nicht wählen, wird in der Zeichnung ein Rahmen für die benutzerspezifischen Objekte angezeigt.
- INDEXTYP: Legt fest, ob beim Speichern einer Zeichnung ein Layer- oder ein Raumindex erstellt werden soll. Die Indizes verbessern die Leistung beim Laden.
- ALLE ZEICHNUNGEN SPEICHERN ALS: Bestimmt das Vorgabe-Format beim Speichern. Zeichnungen werden dann standardmäßig in dem gewählten DWG- oder DXF-Format gespeichert. Auch in diesem Fall wird beim Schließen des Zeichnungsfensters darauf hingewiesen, dass die Zeichnung noch nicht im AutoCAD 2004-Format gespeichert wurde.

Abbildung 17.3:
Optionen fürs Speichern, Register DXF-Optionen

Register DXF-Optionen:

- FORMAT: Geben Sie an, ob DXF-Dateien im ASCII-Format oder binär gespeichert werden sollen, Standard ist das ASCII-Format.
- OBJEKTE WÄHLEN: Ist dieser Schalter ein, wird nicht die ganze Zeichnung im DXF-Format gespeichert. Sie können vor dem Speichern die Objekte wählen, die gespeichert werden sollen.
- MINIATURANSICHT SPEICHERN: Dieser Schalter kann beim DXF-Format nicht gewählt werden. Bei diesem Format wird derzeit noch kein Voransichtsbild mit der Datei gespeichert.
- ANZAHL DEZIMALSTELLEN: Speichert die Datei mit der angegebenen Anzahl von Dezimalstellen.

17.4 Nicht vorhandene Zeichensätze

Zeichensätze, die in einer Zeichnung verwendet werden, müssen auf dem System vorhanden sein, auf dem die Zeichnung geöffnet wird.

Ersatzschriften bestimmen

Laden Sie eine Zeichnung, die spezielle Zeichensätze enthält, die in Ihrer AutoCAD-Version nicht enthalten sind. Diese Schriften werden durch die Schrift ersetzt, die in der Systemvariablen FONTALT definiert ist.

```
Befehl: Fontalt
Neuen Wert für FONTALT oder . für keinen eingeben <"simplex.shx">:
```

Geben Sie den Namen der Schrift ein (*.shx* für AutoCAD-Schriften oder *.ttf* für True-Type-Schriften), die Sie verwenden wollen, wenn eine Schriftdatei nicht gefunden wird. Geben Sie einen Punkt ein, wird keine Ersatzdatei verwendet. Taucht dann beim Laden eine fremde Schrift auf, können Sie im Einzelfall wählen, durch welche Schrift diese ersetzt werden soll. Sie erhalten ein Dialogfeld, aus dem Sie die Ersatzschrift wählen können (siehe Abbildung 17.4). Ersetzen Sie die Schrift durch eine True-Type-Schrift (mit TT gekennzeichnet), können Sie meistens auch noch den SCHRIFTSTIL wählen (*Fett*, *Fett Kursiv*, *Kursiv* oder *Standard*).

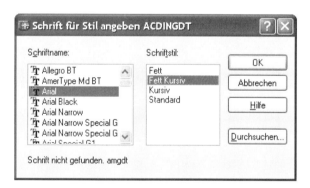

Abbildung 17.4: Ersatzschrift wählen

Haben Sie mehrere fremde Schriften in der Zeichnung, können Sie in der Datei *Acad.fmp* bzw. *Aclt.fm* in AutoCAD LT definieren, wie die Schriften ersetzt werden sollen. Wenn Sie dann eine Zeichnung laden, die fremde Schriften enthält, läuft es nach folgendem Schema ab:

- Ersetzen der Schriften durch die in *Acad.fmp* definierten Schriften, falls die Schrift dort nicht aufgeführt ist.

- Ersetzen durch die in der Systemvariablen FONTALT definierten Schrift, falls keine definiert ist.

➡ Dialogfeld für Ersatzschrift aktivieren.

Die Datei *Acad.fmp* ist eine Textdatei im Ordner *C:\Dokumente und Einstellungen\User Name\Anwendungsdaten\Autodesk\AutoCAD 2006\R16.2\ Deu\Support* bzw. *C:\Dokumente und Einstellungen\User Name\Anwendungsdaten\Autodesk\AutoCAD LT 2006\R11\Deu\Support*, die Sie mit dem Windows-Editor bearbeiten können. Geben Sie die fremde Schrift an und setzen dahinter die Ersatzschrift:

geniso; txt

Wollen Sie die Schrift durch eine True-Type-Schrift ersetzen, geben Sie den Zusatz *.ttf* an:

geniso; arial.ttf

Die Schrift wird nur in der Anzeige ersetzt. In der Zeichnung bleiben die bisherigen Schriften erhalten. Wenn Sie die Schriften dauerhaft ersetzen wollen, definieren Sie die Textstile neu (siehe Befehl STIL, *Kapitel 10.2).*

TIPP

17.5 Anwendungen laden

Mit den verschiedenen Programmiersprachen, die in AutoCAD 2006 integriert sind, lassen sich neue Befehle und Funktionen programmieren. Diese Zusatzprogramme müssen geladen werden, um die Befehle zur Verfügung zu haben. Auch viele Standard-Funktionen von AutoCAD 2006 sind über Zusatzprogramme realisiert. Hierbei erfolgt das Laden automatisch. Sonst verwenden Sie den Befehl APPLOAD.

Befehl Appload

Sie finden den Befehl:

INFO

➡ Abrollmenü EXTRAS, Funktion ANWENDUNG...

Sie erhalten ein Dialogfeld (siehe Abbildung 17.5), mit dem Sie eine Anwendung laden und starten können.

Im oberen Teil des Dialogfelds können Sie die entsprechende Datei wählen. Im Abrollmenü DATEITYP können Sie einstellen, was für eine Anwendung Sie laden wollen. Zur Verfügung stehen:

➡ *ObjectARX-Dateien (*.arx)*
➡ *AutoLISP-Dateien (*.lsp)*
➡ *VBA-Dateien (*.dvb)*

Kapitel 17 Datenaustausch

➤ *ObjectDBX-Dateien (*.dbx)*

➤ *Ausführbare VisualLISP-Dateien (*.vlx)*

➤ *Schnell ladbares AutoLISP-Format (*.fas)*

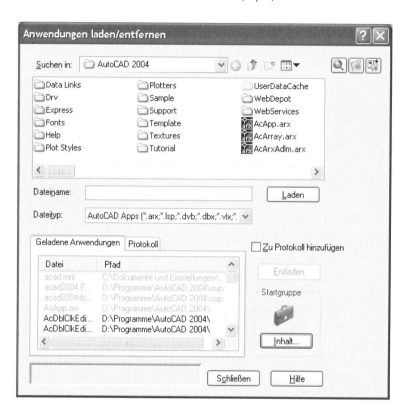

Abbildung 17.5:
Laden von
Anwendungen

Wählen Sie den Ordner und markieren Sie eine oder mehrere Dateien, die Sie laden wollen. Klicken Sie dann auf die Schaltfläche LADEN und die Anwendungen werden geladen.

Im unteren Fenster werden die geladenen Anwendungen im Register GELADENE ANWENDUNGEN aufgelistet. Haben Sie beim Laden den Schalter ZU PROTOKOLL HINZUFÜGEN eingeschaltet, werden diese Anwendungen in die Liste des Registers PROTOKOLL hinzugefügt. Diese Anwendungen werden ebenfalls geladen und sind beim nächsten Start automatisch mit vorhanden.

Markieren Sie Einträge in der Liste des Registers GELADENE ANWENDUNGEN, können Sie diese mit der Schaltfläche ENTLADEN wieder deaktivieren. LISP-Anwendungen können nicht entfernt werden. Dies gilt auch für ARX-Anwendungen, die nicht für das Entfernen registriert wurden.

Markieren Sie einen Eintrag in der Liste des Registers PROTOKOLL, können Sie diesen mit der Schaltfläche ENTFERNEN aus dem Protokoll entfernen. Sie werden damit nicht entladen, aber beim nächsten Start von AutoCAD nicht mehr automatisch geladen.

Mit der Schaltfläche INHALT... im Feld STARTGRUPPE kommen Sie zum Dialogfeld STARTGRUPPE. Dort stehen alle Anwendungen, die beim Start von AutoCAD automatisch geladen werden. Markieren Sie Dateien in der Liste, können Sie diese mit der Schaltfläche ENTFERNEN wieder löschen. Mit der Schaltfläche HINZUFÜGEN... kommen Sie zum Dateiwähler, mit dem Sie Dateien wählen können, die in die Liste aufgenommen werden.

17.6 Weitere Austauschformate

Eine Reihe weiterer Austauschformate lassen sich in AutoCAD erzeugen bzw. in AutoCAD einlesen. Die Austauschformate erzeugen Sie in AutoCAD mit dem Befehl EXPORT, einlesen lassen sich solche Formate mit dem Befehl IMPORT. Daneben gibt es für jedes Format einen speziellen Befehl für die Eingabe und Ausgabe, z.B.: WMFIN und WMFOUT, ACISIN und ACISOUT.

Befehl Export

Sie finden den Befehl EXPORT:

→ Abrollmenü DATEI, Funktion EXPORTIEREN...

Sie erhalten den Dateiwähler zur Auswahl. Im Abrollmenü DATEITYP können Sie den Dateityp für das Austauschformat einstellen.

Befehl Import

Sie finden den Befehl IMPORT:

→ Symbol im Werkzeugkasten EINFÜGEN

Auch hier erhalten Sie den Dateiwähler, bei dem Sie im Abrollmenü DATEITYP den Dateityp für das Austauschformat einstellen können.

WMF-Format (Import und Export)

Stellen Sie dazu den Dateityp *Metadatei (*.wmf)* ein oder wählen Sie die Befehle WMFOUT bzw. WMFIN. Beim WMF-Format (Windows-Metafile-Format) handelt es sich um ein Vektorformat, mit dem Grafiken in Text- oder Grafikprogramme übernommen und skaliert werden können.

Kapitel 17	Datenaustausch

Klicken Sie beim Import auf die Schaltfäche EXTRAS und wählen aus dem Abrollmenü die Funktion OPTIONEN. Sie erhalten ein weiteres Dialogfeld, in dem Sie die Vorgaben für die WMF-Übernahme einstellen können (siehe Abbildung 17.6). Das gleiche Dialogfeld erhalten Sie beim Befehl WMFOPT, mit dem Sie die Einstellung für den Import wählen können.

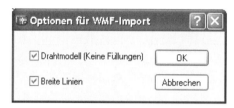

Abbildung 17.6:
Einstellung für den WMF-Import

An zwei Schaltern können Sie einstellen, ob gefüllte Objekte gefüllt oder nur die Kontur übernommen werden solllen und ob breite Linien breit bleiben oder mit Linienbreite 0 in AutoCAD übernommen werden sollen. Das Objekt kann dann wie ein Block in der Zeichnung platziert werden:

```
Befehl: Wmfin
Einfügepunkt angeben oder [Basispunkt/Faktor/X/Y/Z/Drehen/VFaktor/VX/VY/VZ/
VDrehen]:
X-Skalierfaktor eingeben, entgegengesetzte Ecke angeben oder [Ecke/XYZ] <1>:
Y-Skalierfaktor eingeben <X-Skalierfaktor verwenden>:
Drehwinkel angeben <0>:
```

Beim Export können Sie die Objekte wählen, die in die WMF-Datei geschrieben werden sollen.

BMP-Format (nur Export)

Das BMP-Format ist ein Rasterformat, bei dem die einzelnen Bildpunkte der Zeichnung auf dem Bildschirm in eine Datei geschrieben werden. Solche Dateien lassen sich in Bildbearbeitungsprogramme oder Textdokumente übernehmen. Stellen Sie beim Befehl Export im Dateiwähler im Abrollmenü DATEITYP dafür *Bitmap (*.bmp)* ein.

ACIS-Format (Import und Export)

ACIS ist ein Dateiformat für Volumenmodelle. Objekte aus AutoCAD können in SAT-Dateien gespeichert werden. SAT-Dateien lassen sich auch in die Zeichnung laden. Stellen Sie beim Dateityp *Acis (*.sat)* ein.

STL-Format (nur Export)

Sie können AutoCAD-Volumenkörper in einem SLA-kompatiblen (Stereolithographie-Apparat) Dateiformat schreiben. Die Daten der Volumenkörper werden in einer Facettendarstellung aus Dreiecken in das SLA-Format übertragen. Stellen Sie für dieses Format beim Dateityp *Stereolithographie (*.stl)* ein und wählen Sie die Objekte, die übernommen werden sollen. Nur

Volumenkörper werden übertragen. Alle müssen sich vollständig innerhalb des positiven XYZ-Oktanten des WKS befinden. Das heißt, ihre X-, Y- und Z-Koordinaten müssen größer Null sein.

3DS-Format (Import und Export)

3D-Studio ist ein Programm von Autodesk für fotorealistische Darstellung und Animation. 3D-Modelle lassen sich zwischen AutoCAD und diesem Programm austauschen. Stellen Sie beim Dateityp *3d-studio (*.3ds)* ein. Beim Export wählen Sie die Objekte, die Sie übertragen wollen. Danach erscheint ein Dialogfeld, bei dem Sie die Ausgabeoptionen einstellen können (siehe Abbildung 17.7).

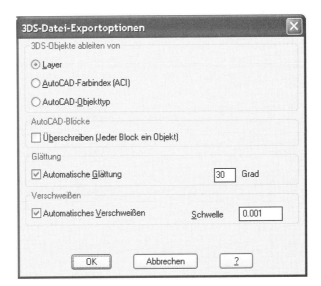

Abbildung 17.7: Optionen für den 3DS-Export

Stellen Sie ein, ob alle Objekte eines Layers, einer Farbe oder alle Objekte eines Typs in ein 3D-Studio-Objekt kovertiert werden sollen. Außerdem können Sie eine automatische Glättung und ein automatisches Verschweißen einstellen. Beim Import können Sie die Parameter ebenfalls in einem Dialogfeld wählen.

PostScript-Format (nur Export)

AutoCAD-Zeichnungen lassen sich als PostScript-Datei ausgeben. PostScript ist der Standard bei DTP (Desktop Publishing), Grafik- und Illustrationsprogrammen und beim Photosatz. PostScript ist zunächst eine Programmiersprache. Sie enthält Befehle zur Erstellung von Linien, Bögen, Kreisen, Kurven, Füllmustern und vor allem auch Schriften auf dem Papier. Dadurch werden sie geräteunabhängig und lassen sich in jeder Größe auf PostScript-Geräten ausgeben.

Kapitel 17 Datenaustausch

AutoCAD erzeugt das Encapsulated-PostScript-Format, kurz EPS-Format. Solche Dateien lassen sich sowohl direkt auf dem Drucker ausgeben als auch in anderen Programmen auf einer Seite positionieren, beliebig skalieren und mit anderen Grafikelementen kombinieren. Leider werden diese PostScript-Dateien beim Platzieren in Grafik- oder Publishing-Programmen nur als graue Flächen angezeigt. Das Bild, das sich dahinter verbirgt, zeigt sich erst bei der Ausgabe auf einem PostScript-Drucker auf dem Papier. Abhilfe schaffen darstellbare EPS-Dateien. Sie enthalten im Vorspann eine pixelweise Darstellung. Dadurch ist der Bildinhalt in grober Form sichtbar. Zu beachten ist aber, dass solche Dateien nicht direkt zum Ausdruck an den Drucker gesandt werden können.

Wählen Sie beim Befehl EXPORT im Abrollmenü DATEITYP den Eintrag *Encapsulated ps (*.eps)* oder verwenden Sie den Befehl PSOUT. Klicken Sie auf die Schaltfläche EXTRAS... und im Abrollmenü auf den Eintrag OPTIONEN. In einem Dialogfeld können Sie, ähnlich wie beim Befehl PLOT, die Ausgabeparameter bestimmen (siehe Abbildung 17.8).

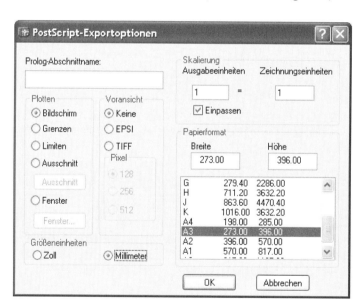

Abbildung 17.8: Optionen für die PostScript-Ausgabe

Prolog-Abschnittname: Für die PostScript-Ausgabe wird die Parameterdatei *Acad.psf* verwendet. In dieser Datei können Sie den Prologabschnitt definieren und darin das Erscheinungsbild der PostScript-Datei beeinflussen. Dies kann sinnvoll sein, wenn Sie unterschiedliche Farben, unterschiedliche Linienbreiten oder spezielle Linientypen haben wollen. In der Datei *Acad.psf* können mehrere Prologabschnitte definiert sein. In diesem Feld geben Sie ein, welcher verwendet werden soll. Ein kommentierter Beispielprolog, **sampleprolog*, ist in *Acad.psf* enthalten.

Plotten: Vorgabe des Plotbereichs wie beim Befehl PLOT. Sie können den momentanen Bildschirmausschnitt, alle Objekte der aktuellen Zeichnung, die Zeichnung innerhalb der Limiten, einen gespeicherten Ausschnitt oder ein Fenster in der PostScript-Datei ausgeben.

Voransicht: Wenn Sie ein Voransichtsformat wählen, wird der PostScript-Datei ein Voransichtsbild angehängt.

Größeneinheiten: Wählen Sie in diesem Feld, ob Sie in Millimetern oder Zoll arbeiten wollen.

Den Maßstab stellen Sie ebenfalls wie beim Befehl PLOT ein oder wählen EINPASSEN für eine formatfüllende Anzeige. Tragen Sie zuletzt die Papiergröße ein oder wählen Sie ein Format aus der Liste aus.

DXB-Format (nur Import)

Das DXB-Format (Drawing Interchange Binary) ist ein einfaches binäres Format, mit dem Sie geometrische Grundobjekte in andere Programme übertragen können. Für den Datenaustausch hat dieses Format kaum noch Bedeutung. AutoCAD kann solche Dateien nur lesen. Es gibt keinen direkten Befehl zum Export einer DXB-Datei. Sie können aber per E-Plot eine DXB-Datei erzeugen. Dazu muss ein Dateiformat-Treiber installiert werden und in eine Datei geplottet werden (siehe Kapitel 17.7).

DXB-Dateien werden mit dem Befehl DXBIN importiert. Tippen Sie diesen auf der Tastatur ein oder wählen Sie im Abrollmenü EINFÜGEN die Funktion DXB.... Suchen Sie die Datei im Dateiwähler. Sie lassen sich in die aktuelle Zeichnung einfügen.

Befehl RMLIN, Markierung importieren

Mit dem Befehl RMLIN lassen sich Markierungsdateien in die aktuelle Zeichnung einfügen. Diese können im View-Programm Autodesk Volo View bzw. Volo View Express (siehe Kapitel 28.4) erstellt werden. Letzteres ist ein Freeware-Programm und befindet sich auf der CD, die diesem Buch beiliegt. Mit diesen Programmen können Sie AutoCAD-Zeichnungen anzeigen und Korrekturhinweise anbringen, allerdings leider nur Zeichnungen bis zum Format AutoCAD 2002. Es eignet sich für Mitarbeiter, die selbst nicht zeichnen oder konstruieren, aber Zeichnungen prüfen und markieren. Diese Markierungen können einfache Rahmen und Kreise sein, aber auch Texte und Hyperlinks. Diese Anmerkungen werden dort in einer Markierungsdatei gespeichert und in AutoCAD mit dem Befehl RMLIN in die Zeichnung geladen. Den Befehl RMLIN finden Sie nicht mehr im Menü, sondern tippen ihn ein. In einem Dialogfeld legen Sie fest, ob Sie die Markierungen mit dem Modellbereich oder den Layouts verknüpfen wollen (siehe Abbildung 17.9)

Abbildung 17.9:
Markierungsdatei importieren

Eingefügte Markierungen werden auf den Layer _Markup_ gelegt, der automatisch erstellt wird. Sie können mehrere RML-Dateien in eine Zeichnung einfügen.

Markierungsdatei importieren

1. Öffnen Sie die Zeichnung *Z01-08.dwg* aus dem Ordner *Aufgaben*.
2. Platzieren Sie die Markierungsdatei *Z01-08.rml* und verknüpfen Sie diese mit dem Modellbereich (Voreinstellung, siehe Abbildung 17.8). Klicken Sie auf OK, werden die Markierungen in der Zeichnung angezeigt.

17.7 Elektronisches Plotten

Verschiedene Formate, für die keine speziellen Export-Befehle zur Verfügung stehen, können Sie durch »Elektronisches Plotten« erzeugen. Verwenden Sie dazu den Befehl PLOTTERMANAGER (siehe Kapitel 15.4) und konfigurieren Sie einen Dateiformattreiber. Folgende Konfigurations-Möglichkeiten haben Sie:

Adobe: Zur Erstellung von PostScript-Dateien im EPS-Format. Auf diese Art können Sie ebenfalls dieses Datei-Format erzeugen. Da Ihnen der Plotbefehl wesentlich mehr Möglichkeiten bietet als der Befehl PSOUT, sollten Sie ihn bevorzugen.

AutoCAD DXB-Datei: Das DXB-Format ist ein binäres Plotformat, das nur einfache Geometrieelemente enthält. Es gibt inzwischen keine Plotter mehr, die in diesem Format angesteuert werden können. Das Format eignet sich jedoch, um 3D-Zeichnungen in eine Ebene zu projizieren und in einer Datei zu speichern. Laden Sie diese Datei wieder mit dem Befehl DXBIN, haben Sie eine 2D-Zeichnung von dieser Projektion.

Autodesk ePlot (DWF): Zur Erzeugung von DWF-Dateien. Dieses Format eignet sich zur Veröffentlichung von Zeichnungen im Internet. Alles Weitere zu DWF-Dateien erfahren Sie in Kapitel 18.3. In der Liste MODELLE finden Sie die verschiedenen DWF-Formate.

HewlettPackard: Zur Erzeugung von HP-GL-Dateien wählen Sie diesen Plotterhersteller. Verschiedene Grafik- und DTP-Programme können Daten im HPGL-Format übernehmen. Das HPGL-Format ist ein Vektorformat zur Ansteuerung von Plottern. Es wurde von der Fa. HewlettPackard entwickelt (HPGL=Hewlett Packard Graphic Language). Konfigurieren Sie am besten das Modell 7475, den Standard Plotter von HewlettPackard.

Rasterdateiformate: Wollen Sie aus Ihrer Zeichnung eine Rasterdatei erstellen, also eine Bilddatei, die nur die Beschreibung der einzelnen Bildpunkte enthält, wählen Sie im PLOT-MANAGER diesen »Plotterhersteller«. In der Liste MODELLE haben Sie alle gängigen Bildformate aufgelistet. Wählen Sie das Format, das Sie erzeugen wollen.

Gehen Sie auch die restlichen Seiten des Assistenten durch und Sie haben den Plotter im Fenster des PLOT-MANAGERS. Statt eines Papierformats wählen Sie beim Plotten die Auflösung der Datei. Wollen Sie ein anderes Format als die angebotenen, erstellen Sie eine benutzerspezifische Papiergröße (siehe Kapitel 15.5). In diesem Fall geben Sie statt der Papiergröße die Auflösung an.

Ausgabedatei erstellen

Egal mit welchem »Elektronischen Plotter« Sie arbeiten, gehen Sie wie bei der Ausgabe auf Papier vor. Wählen Sie den Befehl PLOT und wählen Sie im Register PLOTTER des Plot-Dialogfelds statt eines Plotters ein Ausgabeformat. Geben Sie an, dass Sie die Plotausgabe in eine Datei umleiten wollen. Im Register PLOTEINSTELLUNGEN wählen Sie das Papierformat bzw. die Auflösung der Datei und plotten Sie die Zeichnung. Es wird eine Datei im angegebenen Format mit den gewählten Einstellungen erzeugt.

Kapitel 17   Datenaustausch

17.8 Zeichnungen mit Kennwort schützen

Zeichnungsdateien und DXF-Dateien lassen sich in AutoCAD mit einem Kennwort schützen. Sie lassen sich dann in AutoCAD und AutoCAD LT nur mit Angabe des Passworts wieder öffnen.

Zeichnung mit Kennwort speichern

1. Öffnen Sie eine beliebige Zeichnung.

2. Wählen Sie den Befehl SICHALS, Abrollmenü DATEI, SPEICHERN UNTER.... Wählen Sie dann im Dialogfeld zum Speichern aus dem Abrollmenü EXTRAS (rechts oben) die Funktion SICHERHEITSOPTIONEN.

3. Geben Sie im Register KENNWORT des Dialogfelds das Kennwort zum Öffnen der Zeichnung ein (siehe Abbildung 17.10). Auch das Voransichtsfenster im Dialogfeld des Befehls ÖFFNEN bleibt leer. Mit dem Schalter ZEICHNUNGSEIGENSCHAFTEN VERSCHLÜSSELN werden im Explorer die Zeichnungseigenschaften (siehe Kapitel 14.1) ebenfalls nicht angezeigt. Mit der Schaltfläche WEITERE OPTIONEN... kommen Sie zu einem weiteren Dialogfeld, in dem Sie die Verschlüsselungsart wählen können. Beenden Sie das Dialogfeld mit OK, wird eine Bestätigung des Kennworts verlangt. So können Schreibfehler bei der Eingabe ausgeschlossen werden.

4. Haben Sie digitale Signaturen auf Ihrem PC installiert, können Sie die Zeichnung auch digital unterschreiben. Nehmen Sie das im Register DIGITALE SIGNATUR vor.

Abbildung 17.10: Eingabe des Kennworts

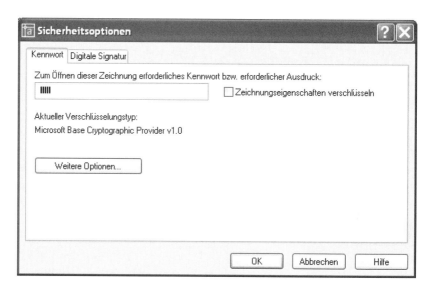

Zeichnungen mit Kennwort schützen — Kapitel 17

5. Öffnen Sie die Zeichnung wieder, wird das Kennwort in einem Dialogfeld abgefragt (siehe Abbildung 17.11). Nur mit dem richtigen Kennwort bekommen Sie die Zeichnung auf den Bildschirm.

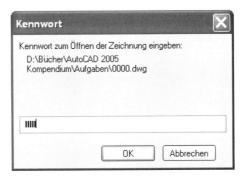

Abbildung 17.11: Kennwortabfrage beim Öffnen der Zeichnung

18 Die Internet-Funktionen

AutoCAD bietet vielfältige Kommunikationsmöglichkeiten. Mit den integrierten Internet-Funktionen können Sie weltweite Verbindungen knüpfen.

18.1 Hyperlinks in der Zeichnung

In AutoCAD-Zeichnungen lassen sich Hyperlinks platzieren. Diese funktionieren ähnlich wie die automatischen Querverweise in einer Online-Hilfe. Mit Hyperlinks können Sie beispielsweise Verbindungen zu anderen AutoCAD-Zeichnungen herstellen. Wenn Sie das Objekt mit einem Hyperlink in der Zeichnung anwählen, wird beispielsweise automatisch die dazu gehörige Detailzeichnung geöffnet. Sie können aber auch ein Textdokument, eine Tabelle oder eine Bilddatei öffnen. Haben Sie in Ihrem PC eine Soundkarte, können Sie auch eine Sound-Datei abspielen. Mit der entsprechenden Software ist es möglich, einen Video-Film abspielen. Haben Sie einen Internet-Zugang, können Sie einen Hyperlink zu einer URL-Adresse herstellen und damit Web-Seiten aus dem Internet im Browser anzeigen. Ein URL (Uniform Resource Locator) stellt die Adresse eines Objekts im Internet dar. Dies kann die Adresse einer Homepage, einer Grafik oder eines Verzeichnisses sein.

Somit stehen Ihnen direkt in der AutoCAD-Zeichnung die Verbindung zu jeder Art von Datei und der Zugang zur ganzen Internet-Welt offen. Dazu benötigen Sie nur zwei Befehle.

Befehl Hyperlink

Das Dialogfeld für die Platzierung von Hyperlinks starten Sie mit dem Befehl HYPERLINK. Gehen Sie wie folgt vor:

➡ Abrollmenü EINFÜGEN, Funktion HYPERLINK...

➡ Tastenkombination [STRG] + [K]

Klicken Sie das Objekt oder die Objekte in der Zeichnung an, dem Sie einen Hyperlink zuordnen wollen. Sie bekommen ein Dialogfeld auf den Bildschirm (siehe Abbildung 18.1).

Kapitel 18   Die Internet-Funktionen

Abbildung 18.1:
Eingabe eines Hyperlinks

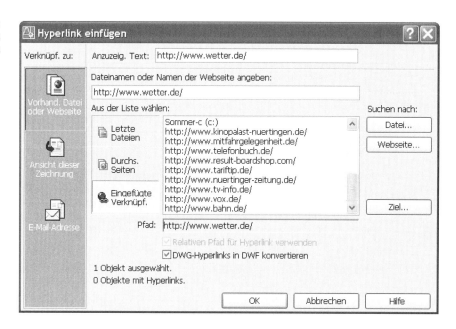

In der linken Spalte können Sie die Art der Verknüpfung wählen. Folgende Möglichkeiten stehen zur Auswahl:

Vorhandene Datei oder Webseite: Damit können Sie einen Dateinamen oder eine Webseite eintragen, die dann angezeigt wird, wenn Sie diesen Hyperlink aktivieren. Im Feld ANZUZEIGENDER TEXT geben Sie einen Text ein, der im QuickInfo angezeigt wird, wenn Sie mit dem Mauszeiger auf das Objekt zeigen. Zum Suchen des Hyperlinks können Sie sich mit den gleichnamigen Schaltflächen neben der Liste die zuletzt in AutoCAD geöffneten Dateien, die zuletzt durchsuchten Webseiten oder die zuletzt eingefügten Hyperlinks anzeigen lassen. Mit den Schaltflächen auf der rechten Seite DATEI... und WEBSEITE... können Sie die gewünschte Verknüpfung im Windows-Explorer bzw. im Internet-Explorer suchen.

Ansicht dieser Zeichnung: Hiermit können Sie als Hyperlink eine gespeicherte Ansicht dieser Zeichnung aktivieren. In der Liste werden alle gespeicherten Ansichten der Zeichnung im Modellbereich und den Layouts angezeigt. Wenn Sie diesen Hyperlink aktivieren, bekommen Sie diese Ansicht auf den Bildschirm.

E-Mail-Adresse: Mit dieser Funktion können Sie eine E-Mail-Adresse als Hyperlink einfügen. Wird dieser Hyperlink aktiviert, wird Ihr E-Mail-Programm mit dieser Adresse gestartet und Sie können eine E-Mail an diese Adresse senden.

Hyperlinks in der Zeichnung   Kapitel 18

Wählen Sie ein Objekt, dem schon ein Hyperlink zugeordnet ist, bekommen Sie am unteren Rand die Schaltfläche VERKNÜPF. ENTFERN. angezeigt. Klicken Sie darauf, wird der zugeordnete Hyperlink von diesem Objekt entfernt.

Hyperlink suchen

Haben Sie in Ihrer Zeichnung Hyperlinks platziert, erscheint am Fadenkreuz eine Weltkugel, wenn Sie in die Nähe eines Objekts mit einem Hyperlink kommen. Lassen Sie das Fadenkreuz kurz an der Stelle, wird als Quick-Info die Hyperlink-Beschreibung angezeigt (siehe Abbildung 18.2).

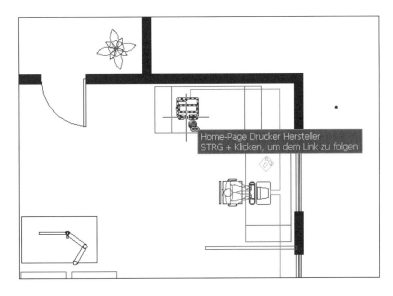

Abbildung 18.2:
Hyperlink-Symbol und -Beschreibung

Hyperlink öffnen

Wenn Sie dem Hyperlink folgen wollen, haben Sie zwei Möglichkeiten:

- wenn das Symbol und die Beschreibung für den Hyperlink am Fadenkreuz erscheinen, mit gedrückter `Strg`-Taste linke Maustaste klicken
- das Objekt mit dem Hyperlink anklicken, dass es markiert wird. Klicken Sie dann auf die rechte Maustaste, erscheint im Kontextmenü das Untermenü für die Hyperlinks (siehe Abbildung 18.3).

(KOMPENDIUM) AutoCAD und LT 2006   641

Kapitel 18   Die Internet-Funktionen

Abbildung 18.3:
Kontextmenü mit
Hyperlink-Funktionen (unterer Teil)

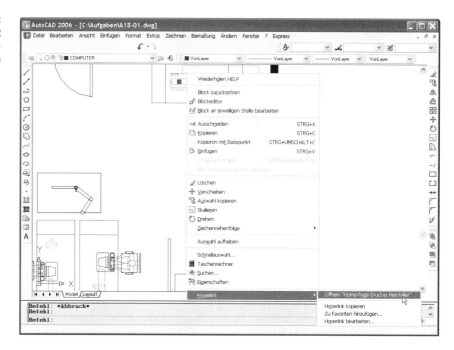

Aus dem Untermenü können Sie folgende Funktionen wählen:

Öffnen »Hyperlink Name«: Mit dieser Funktion wird die Datei in der ihr zugeordneten Anwendung gestartet. Ist der Hyperlink eine Internet-Adresse, wird der Browser gestartet und zu der angegebenen Adresse gesprungen.

Hyperlink kopieren: Kopiert den Hyperlink in die Zwischenablage.

Zu Favoriten hinzufügen...: Fügt den Hyperlink zu den Favoriten hinzu. Das ist ein spezieller Ordner, in dem Sie Verknüpfungen mit häufig benötigten Dateien ablegen können.

Hyperlink bearbeiten...: Bringt das Dialogfeld zur Bearbeitung des Hyperlinks auf den Bildschirm (siehe Abbildung 18.1).

Hyperlinks öffnen

1. Öffnen Sie die Zeichnung *A18-01.dwg* aus dem Ordner *Aufgaben*, ein Bürogrundriss (siehe Abbildung 18.4).

2. Suchen und öffnen Sie die Hyperlinks in der Zeichnung. Den Außenwänden ist ein Hyperlink zu der Außenansicht des Gebäudes zugeordnet, die technischen Geräte haben Hyperlinks zur Homepage der Hersteller. Wollen Sie die Palmen in der freien Natur sehen, dann öffnen Sie den Hyperlink, der diesen zugeordnet ist.

Dateien aus dem Internet   Kapitel 18

Abbildung 18.4:
Hyperlink zu einer Webseite

18.2 Dateien aus dem Internet

In allen Dialogfenstern zum Öffnen und Speichern von Dateien haben Sie in AutoCAD ein Symbol für den Zugriff aufs Internet.

Zugriff auf Dateien aus dem Internet

Wählen Sie beispielsweise den Befehl ÖFFNEN auf die bekannte Art.

- Klicken Sie das linke Symbol über dem Voransichtsfenster an. Sie bekommen den integrierten Internet-Browser auf den Bildschirm.

- Geben Sie die Internet-Adresse ein (siehe Abbildung 18.5) und suchen Sie eine Zeichnungsdatei. Wenn Sie die Adresse einer Zeichnung haben, klicken Sie auf die Schaltfläche ÖFFNEN und die Zeichnung wird direkt vom World Wide Web in AutoCAD geladen.

Genauso können Sie DXF-Dateien laden oder Dateien auf dem Internet speichern. Zum Speichern benötigen Sie aber einen Zugang zu einem FTP-Server. HTTP wird beim Speichern nicht unterstützt.

{ KOMPENDIUM } AutoCAD und LT 2006   643

Kapitel 18 Die Internet-Funktionen

Abbildung 18.5:
Internet-Browser in
AutoCAD

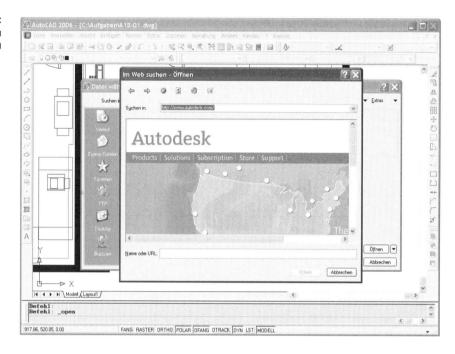

18.3 Im DWF-Format publizieren

Wie Sie im letzten Kapitel gesehen haben, können Sie über das elektronische Plotten Dateien im *Autodesk Drawing Web Format (*.dwf)* erstellen (siehe Kapitel 17.7). So können Sie einen elektronischen Zeichnungssatz erstellen, der an beliebiger Stelle geplottet oder im World Wide Web veröffentlicht werden kann. Andere Benutzer können sich Zeichnungen in diesem Format im Autodesk DWF Viewer ansehen und ausgeben.

Sie haben zwei Möglichkeiten DWF-Dateien in AutoCAD zu erzeugen: Konfiguration eines virtuellen Plotters und Plotten in eine Datei sowie den Befehl PUBLIZIEREN, mit dem Sie einen ganzen Zeichnungssatz auf einmal erstellen können.

DWF per E-Plot erzeugen

Gehen Sie wie folgt vor:

➧ Konfigurieren Sie einen Plotter im PLOT-MANAGER mit dem ASSISTENT ZUM HINZUFÜGEN EINES PLOTTERS. Wählen Sie im Dialogfeld START die Option MEIN COMPUTER.

Im DWF-Format publizieren

➜ Im nächsten Dialogfeld (siehe Abbildung 18.6) wählen Sie als Plotterhersteller *Autodesk-ePlot (DWF)*. In der rechten Liste wählen Sie das Plottermodell, die verschiedenen DWF-Formate. In einem der nächsten Dialogfelder wählen Sie IN DATEI PLOTTEN.

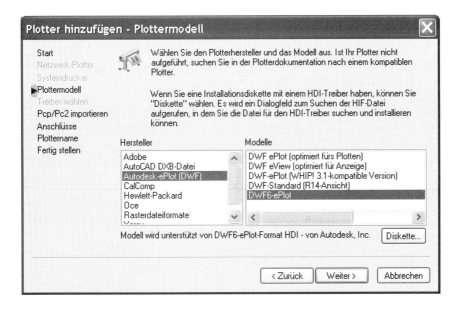

Abbildung 18.6: Wahl des Plottermodells für die DWF-Ausgabe

➜ Verwenden Sie dann den Befehl PLOT wie gewohnt, wählen Sie den konfigurierten Plotter und speichern den Plot in eine Datei.

Befehl Publizieren

Sie bekommen das Dialogfeld des Befehls (siehe Abbildung 18.7).

INFO

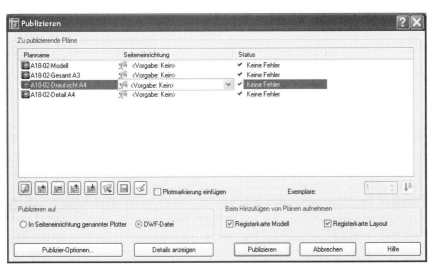

Abbildung 18.7: Publizieren von Zeichnungen

Alle Layouts der Zeichnung und der Modellbereich der aktuellen Zeichnung werden zum Publizieren in ZU PUBLIZIERENDE PLÄNE aufgenommen. Mit der Symbolleiste unter der Liste können Sie weitere Zeichnungen dazuwählen und die Reihenfolge ändern.

Vorschau: Anzeige des in der Liste markierten Eintrags

Pläne hinzufügen bzw. Pläne entfernen: Zeichnungsdatei hinzufügen bzw. Entfernen des markierten Eintrags aus der Liste

Plan nach oben bzw. Plan nach unten: Ändern der Publizierreihenfolge, der in der Liste markierte Plan wird nach oben bzw. nach unten verschoben

Planliste speichern bzw. Planliste laden: aktuelle Liste in einer Datei für späteres erneutes Publizieren speichern (Dateierweiterung *.dsd) bzw. vorhandene Planliste zum erneuten Publizieren laden

Plotmarkierung bearbeiten: Bearbeiten der Plotmarkierung für alle Pläne und Layouts (siehe Kapitel 15.2)

Plotmarkierung einfügen: Mit diesem Schalter wählen Sie, ob die Plotmarkierung auf allen Plänen eingefügt werden soll (siehe Kapitel 15.2).

Publizieren auf: Mit den beiden Schaltern wählen Sie, ob die Zeichnungen auf den in den Seiteneinrichtungen der Zeichnungen angegebenen Plottern gedruckt oder als DWF-Dateien ausgegeben werden sollen. Geben Sie die Zeichnungen auf dem Plotter aus, können Sie im Feld EXEMPLARE die Zahl der Kopien einstellen.

Beim Hinzufügen von Plänen aufnehmen: Hier wählen Sie, welche Registerkarten bei neu aufgenommenen Plänen in die Liste aufgenommen werden sollen.

Publizier-Optionen: Mit dieser Schaltfläche kommen Sie zu einem weiteren Dialogfeld, in dem Sie die Optionen für das Publizieren angeben können (siehe Abbildung 18.8).

Hier können Sie wählen, in welchen Ordner Sie publizieren wollen, ob Sie eine einseitige oder mehrseitige DWF-Datei erstellen wollen, d.h., ob jeder Plan in einer eigenen oder alle Pläne in einer Datei gespeichert werden sollen. Außerdem können Sie einen Vorgabenamen für die DWF-Datei eintragen oder den Namen beim Publizieren abfragen lassen. Zudem lässt sich ein Kennwortschutz wählen und man kann festlegen, ob die Layerinformationen ebenfalls in der DWF-Datei enthalten sein sollen.

Im DWF-Format publizieren Kapitel 18

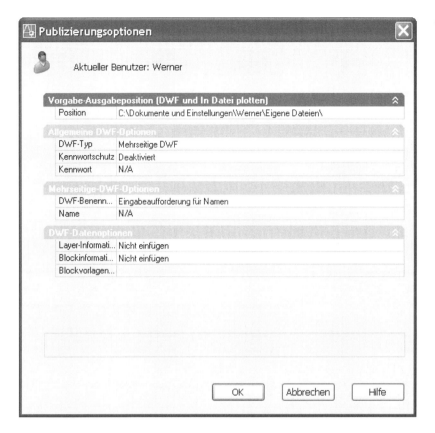

Abbildung 18.8:
Optionen für das Publizieren

Nachdem Sie das Optionsfenster beendet haben, können Sie im ersten Dialogfeld mit der Schaltfläche PUBLIZIEREN den Vorgang starten.

Zeichnung publizieren

1. Laden Sie die Zeichnung *A18-02.dwg* aus dem Ordner *Aufgaben*.
2. Publizieren Sie den Modellbereich und alle Layouts dieser Zeichnung in einer Mehrblatt-DWF-Datei.

Sehen Sie sich die Blätter im Autodesk DWF Viewer an. Diese Mehrblatt-DWF-Datei finden Sie auch im Ordner *Aufgaben*, die Datei unter dem Namen *A18-02.dwf*.

Kapitel 18   Die Internet-Funktionen

Abbildung 18.9:
Mehrblatt-DWF-
Datei im Autodesk
DWF Viewer

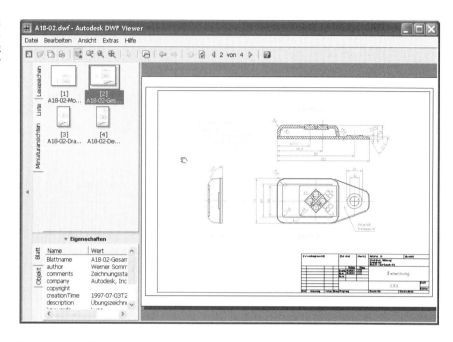

Eine Beschreibung des Autodesk DWF Viewers finden Sie im Anhang B.

18.4   Zeichnung als E-Mail-Anhang

Wollen Sie Ihre Zeichnung mit allen erforderlichen Dateien in einer E-Mail an Ihren Partner, Kunden oder Auftraggeber versenden, dann können Sie dies in AutoCAD mit einem Befehl im Programm erledigen.

Befehl Etransmit

Mit dem Befehl ETRANSMIT können Sie die aktuelle Zeichnung mit allen erforderlichen Dateien (Xrefs, Bilder, Schriftdatei usw.) als E-Mail-Anhang (Übertragungspaket) versenden. Sie finden den Befehl:

➡ Abrollmenü DATEI, Funktion ETRANSMIT

Testen Sie die Funktion gleich in der Praxis.

Zeichnung als E-Mail-Anhang versenden

1. Laden Sie die Zeichnung *A18-01.dwg* aus dem Ordner *Aufgaben*.
2. Aktivieren Sie den Befehl ETRANSMIT.
3. Sie bekommen ein Dialogfeld auf den Bildschirm (siehe Abbildung 18.10).

Zeichnung als E-Mail-Anhang

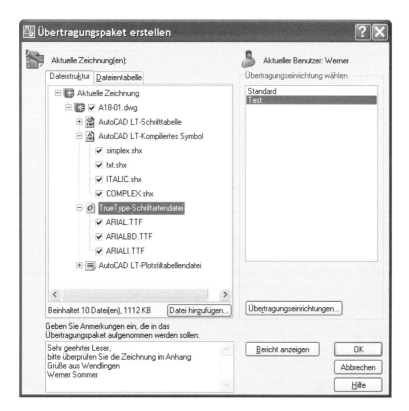

Abbildung 18.10:
Dialogfeld zur Erstellung des Übertragungspakets

Register Dateistruktur: Sie bekommen in diesem Register die Dateistruktur angezeigt, die mit der Zeichnung übertragen wird. Mit der Schaltfläche DATEIEN HINZUFÜGEN... können Sie weitere Zeichnungen wählen, die dem Übertragungspaket hinzugefügt werden sollen.

Register Dateien: Wählen Sie dieses Register, werden die Dateien statt in der Strukturansicht aufgelistet angezeigt.

Bericht anzeigen: Mit dieser Schaltfläche bekommen Sie den Bericht angezeigt, in dem alle Dateien, die übertragen werden, mit einer Beschreibung aufgelistet werden. Der Bericht wird der E-Mail ebenfalls angehängt, und zwar als einfache Textdatei.

Im Feld darunter können Sie einen Text für die zu erstellende E-Mail eingeben. Er kann aber auch später im E-Mail-Programm eingegeben werden.

Übertragungseinrichtung wählen: Hier können Sie gespeicherte Konfigurationen für die Übertragung per Doppelklick auswählen.

Übertragungseinrichtungen...: Mit dieser Schaltfläche kommen Sie zu der Liste der Übertragungseinrichtungen. Das sind gespeicherte Konfigurationen für die Übertragung (siehe Abbildung 18.11).

Kapitel 18 Die Internet-Funktionen

Abbildung 18.11:
Liste der Übertragungseinrichtungen

Sie können neue Übertragungseinrichtungen anlegen, vorhandene ändern, löschen oder umbenennen. Klicken Sie auf ÄNDERN... oder NEU..., bekommen Sie ein weiteres Dialogfeld, in dem Sie die Konfiguration erstellen oder ändern können (siehe Abbildung 18.12).

Abbildung 18.12:
Bearbeitung der Übertragungseinrichtungen

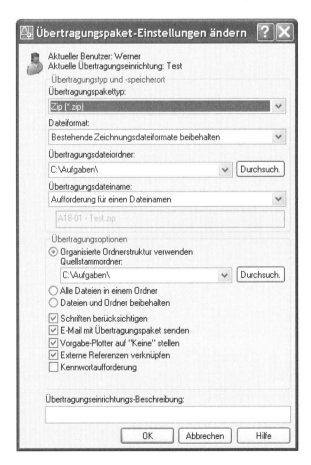

Übertragungspakettyp: Geben Sie an, ob die Dateien unkomprimiert, als selbstextrahierende EXE-Datei oder als ZIP-Datei angehängt werden sollen.

Dateiformat: Wollen Sie die Zeichnung in einem anderen Format versenden, wählen Sie hier das Format aus.

Übertragungsdateiordner: Geben Sie hier einen Ordner an. In diesem Ordner werden die Dateien, die der E-Mail angehängt werden, gespeichert. Mit der Schaltfläche DURCHSUCHEN... können Sie den Ordner wählen.

Übertragungsdateiname: Wählen Sie hier, wie der Name des Übertragungspakets erzeugt werden soll. Sie können wählen, dass er angefordert werden soll oder ob er aus dem Zeichnungsnamen gebildet wird.

Im unteren Teil des Dialogfelds wählen Sie, ob die Verzeichnisstruktur übernommen und beim Entpacken wieder in die gleichen Ordner geschrieben werden oder ob beim Entpacken alles in einen Ordner geschrieben werden soll. Mit dem weiteren Schalter können Sie festlegen, welche Dateiarten mit in das Übertragungspaket übernommen werden sollen.

Kennwortaufforderung: Falls Sie die Dateien komprimiert übertragen, können Sie mit diesem Schalter wählen, ob ein Kennwort angefordert werden soll, das zum Entpacken der Dateien erforderlich ist.

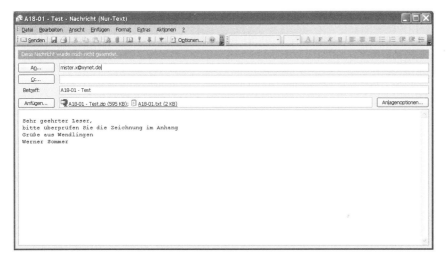

Abbildung 18.13: eTransmit mit Microsoft Outlook

4. Erstellen Sie eine Übertragungseinrichtung (siehe Abbildung 18.12), wählen Sie diese zur Übertragung aus, geben Sie einen E-Mail-Text ein (siehe Abbildung 18.10) und starten Sie die Übertragung.

5. Ihr E-Mail-Programm wird gestartet und der Text wird übernommen, die Dateien werden komprimiert und als Anhang eingefügt. In der Abbildung 18.13 sehen Sie, wie dies in Microsoft Outlook aussieht. Jetzt müssen Sie nur noch die Adresse eintragen und absenden.

6. Sehen Sie mit dem Windows Explorer im gewählten Speicherort nach. Dort finden Sie die Datei *A18-01.exe*, eine selbstextrahierende Datei, die alle Dateien enthält, die mit der E-Mail übertragen wurden.

18.5 Zeichnungen im Web publizieren

Wollen Sie Ihre Zeichnungen auf einer Webseite publizieren, mit Schalter für den Download, können Sie dies in AutoCAD mit einem Assistenten schnell und problemlos ausführen.

Befehl Imwebpublizieren

Mit dem Befehl IMWEBPUBLIZIEREN erstellen Sie im Handumdrehen aus Ihren Zeichnungen eine Webseite. Der Befehl verwendet dazu einen Assistenten, der alle nötigen Angaben erfragt. Sie finden den Befehl:

➥ Abrollmenü DATEI, Funktion IM WEB PUBLIZIEREN

➥ Abrollmenü EXTRAS, Untermenü ASSISTENTEN >, Funktion IM WEB PUBLIZIEREN

Testen Sie auch diese Funktion gleich in der Praxis.

Zeichnung im Web publizieren

1. Laden Sie die Zeichnung *A18-01.dwg* aus dem Ordner *Aufgaben*.

2. Aktivieren Sie den Befehl IMWEBPUBLIZIEREN. Auf der Startseite wählen Sie, ob Sie eine neue Webseite erstellen wollen oder auf einer bestehenden publizieren wollen. Wählen Sie eine neue Seite.S

3. Auf der nächsten Seite geben Sie den Namen und eine Beschreibung der Webseite ein. Die Dateien der Webseite werden in einem Verzeichnis gespeichert. Der Name des Verzeichnisses entspricht dem Namen der Webseite. Mit dem Symbol rechts von dem mittleren Feld können Sie einen Ordner wählen. In diesem wird das Verzeichnis mit der Webseite angelegt (siehe Abbildung 18.14).

4. Auf der nächsten Seite wählen Sie den Bildtyp, mit dem die Zeichnung auf der Webseite angezeigt werden soll: DWF, JPEG oder PNG.

Zeichnungen im Web publizieren	Kapitel 18

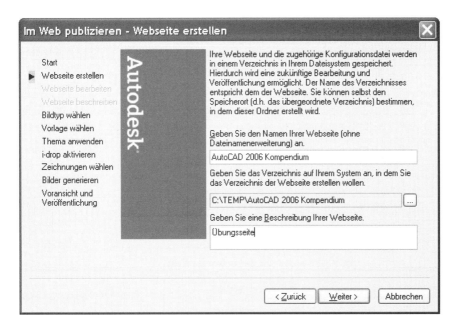

Abbildung 18.14:
Assistent Im Web Publizieren, Webseite erstellen

5. Wieder eine Seite weiter und Sie können zwischen verschiedenen Vorlagen wählen (siehe Abbildung 18.15).

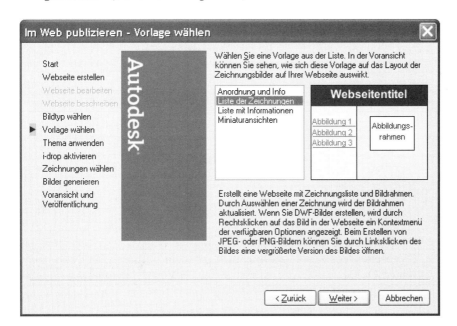

Abbildung 18.15:
Assistent Im Web Publizieren, Vorlage wählen

[KOMPENDIUM] AutoCAD und LT 2006 — 653

6. Auf der nächsten Seite bestimmen Sie das Thema der Seite. Themen sind Voreinstellungen, mit denen das Erscheinungsbild der Elemente der Webseite bestimmt werden (Schriften, Farben, Hintergründe usw.). Wählen Sie beispielsweise »Bewölkter Himmel«.

7. Auf der nächsten Seite können Sie i-drop auf der Webseite aktivieren. Mit i-drop können die Besucher Ihrer Webseite Zeichnungsdateien in eine AutoCAD-Sitzung ziehen. Die Zeichnungsdatei, die auf dieser Webseite veröffentlicht ist, wird als Block in die Zeichnung eingefügt.

8. Wieder eine Seite weiter und Sie können die Zeichnungen wählen, die publiziert werden sollen. Die aktuelle Zeichnung ist schon gewählt. Wählen Sie den Bereich (Modell oder eines der verfügbaren Layouts), geben Sie ein Label und eine Beschreibung ein und klicken Sie auf die Schaltfläche HINZUFÜGEN->. Die Zeichnung wird in die Bilderliste aufgenommen (siehe Abbildung 18.16). Sie können mit dem Symbol hinter dem Dateinamen weitere Zeichnungen wählen und in die Bilderliste aufnehmen. Mit der Schaltfläche ENTFERNEN wird die in der Bilderliste markierte Datei wieder entfernt. Mit den Schaltflächen NACH OBEN und NACH UNTEN können Sie markierte Bilder verschieben und so die Reihenfolge auf der Webseite verändern.

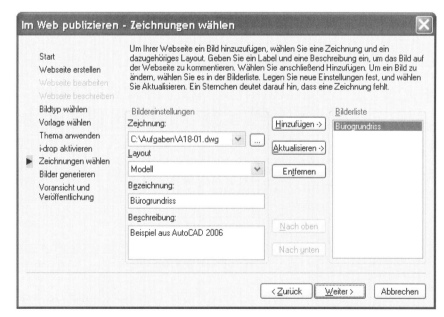

Abbildung 18.16: Assistent Im Web Publizieren, Zeichnungen wählen

9. Auf der nächsten Seite können Sie wählen, ob alle Bilder neu generiert werden sollen oder nur diejenigen, die seit dem letzten Publizieren geändert wurden. Gehen Sie jetzt zur nächsten Seite, werden die Bilddateien und die Webseite erstellt und im angegebenen Ordner gespeichert.

10. Auf der letzten Seite des Assistenten können Sie sich die Seiten mit der Schaltfläche VORANSICHT ansehen (siehe Abbildung 18.18).

11. Mit der Schaltfläche SOFORT VERÖFFENTLICHEN können Sie die erstellte Webseite sofort im Intranet oder auf Ihrem Webserver veröffentlichen. Sie bekommen den Dateiwähler auf den Bildschirm. Wählen Sie den Ordner im Intranet, in dem die Webseite veröffentlicht werden soll. Sie können aber auch auf das Symbol FTP klicken, Sie bekommen dann die gespeicherten FTP-Adressen aufgelistet. Wählen Sie den Server aus, auf dem Sie veröffentlichen wollen. Haben Sie noch keinen Server in der Adressliste, dann wählen Sie aus dem Abrollmenü EXTRAS die Funktion FTP-ADRESSEN HINZUFÜGEN/ÄNDERN. Geben Sie den Namen der FTP-Adresse ein sowie die Zugangsdaten, Benutzername und Kennwort (siehe Abbildung 18.17) und klicken Sie auf die Schaltfläche HINZUFÜGEN und auf OK. Die Adresse wird in die Liste aufgenommen. Klicken Sie die gewünschte Adresse in der Liste doppelt an und die Verbindung mit dem FTP-Server wird hergestellt. Wählen Sie den Ordner aus und klicken Sie auf die Schaltfläche SPEICHERN. Die Daten werden auf dem Webserver publiziert.

Abbildung 18.17:
Auf Webserver veröffentlichen

12. Egal ob Sie die Webseite sofort veröffentlicht haben oder nicht, Sie finden alle erforderlichen Dateien für die Webseite im vorher gewählten Ordner. Den Inhalt des Ordners können Sie dann im Intranet oder auf Ihrem Webserver veröffentlichen oder beispielsweise in Microsoft FrontPage bzw. FrontPage Express weiter bearbeiten. Klicken Sie in dem Ordner die HTML-Datei *acwebpublish.htm* doppelt an und Sie bekommen die Webseite in Ihrem Internet-Browser angezeigt (siehe Abbildung 18.18).

Kapitel 18   Die Internet-Funktionen

13. Klicken Sie auf das Symbol unter dem Bild, ziehen Sie es mit gedrückter Maustaste auf die AutoCAD-Zeichnung und lassen Sie es dort los. Sie können die Zeichnung wie einen Block einfügen.

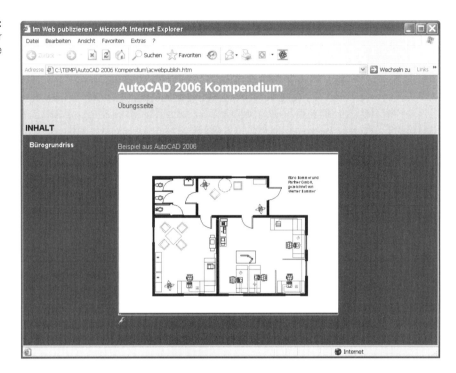

Abbildung 18.18:
Zeichnung auf der Webseite

19 Zeichnungsstandards

Um Zeichnungen ein einheitliches Outfit zu geben, sind Zeichnungsstandards wichtig. Mit AutoCAD können Sie Standards erstellen und vorhandene Zeichnungen überprüfen und vereinheitlichen. Die meisten diese Funktionen stehen Ihnen allerdings nicht in AutoCAD LT zur Verfügung.

19.1 Layerstatus verwalten

Doch zunächst zu einer äußerst praktische Funktion, die Sie auch in AutoCAD LT haben: Der Layerstatus kann gespeichert und später wiederhergestellt werden. Doch sehen wir uns das am Beispiel an.

Layerstatus speichern

1. Laden Sie die Zeichnung *A19-01.dwg* aus dem Ordner *Aufgaben*.
2. Aktivieren Sie den *Layereigenschaften-Manager* mit dem Befehl LAYER (siehe Abbildung 19.1).

STEP

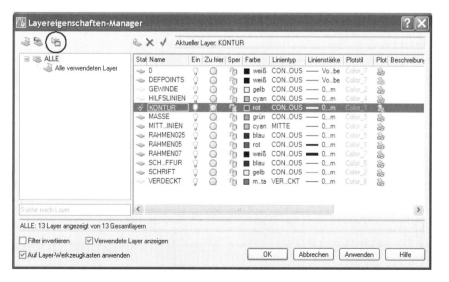

Abbildung 19.1: Layereigenschaften-Manager

Kapitel 19   Zeichnungsstandards

3. Die aktuellen Layereinstellungen sollen gespeichert werden. Klicken Sie dazu auf das Symbol für den *Layerstatus-Manager* (siehe Abbildung 19.1); Sie bekommen das Dialogfeld für den *Layerstatus-Manager* (siehe Abbildung 19.3).

4. Klicken Sie auf die Schaltfläche NEU... und tragen Sie im nächsten Dialogfeld für die momentanen Layereinstellungen einen Namen und eventuell eine Beschreibung ein. Unter diesem Namen wird die Einstellung innerhalb der Zeichnung gespeichert. Verwenden Sie beispielsweise den Namen *Aktuell* (siehe Abbildung 19.2).

Abbildung 19.2: Neuen Layerstatus anlegen

5. Klicken Sie auf OK, wird der Name übernommen und in der Liste angezeigt (siehe Abbildung 19.3). Wählen Sie aus, welche Layereigenschaften Sie speichern wollen. Klicken Sie hier alle Möglichkeiten an.

Abbildung 19.3: Dialogfeld des Layerstatus-Managers

Layerstatus verwalten | Kapitel 19

6. Klicken Sie dann auf die Schaltfläche SCHLIESSEN, werden die Einstellungen gespeichert.
7. Ändern Sie jetzt beispielsweise Farben, Linientypen, Sichtbarkeit usw. der Layer in dieser Zeichnung.
8. Wählen Sie wieder den *Layerstatus-Manager* und speichern Sie auch diese Einstellungen wie oben unter einem neuen Namen, beispielsweise *Neu*, ab.

Layerstatus wiederherstellen

1. Aktivieren Sie wieder den *Layereigenschaften-Manager* mit dem Befehl LAYER.
2. Wechseln Sie jetzt im *Layerstatus-Manager* zwischen den unterschiedlichen Layereinstellungen. Markieren Sie einen gespeicherten Layerstaus in der Liste, z. B. *Aktuell*, und klicken Sie auf die Schaltfläche WIEDERHERSTELLEN.
3. Jetzt haben Sie die ursprünglichen Einstellungen der Layer wieder. Vergleichen Sie es in der Zeichnung.
4. Wechseln Sie zu der Einstellung *Neu* und vergleichen Sie das Ergebnis wieder in der Zeichnung.

Weitere Funktionen im Layerstatus-Manager

Mit den Schaltflächen an der rechten Seite des Dialogfelds steht Ihnen eine ganze Reihe weiterer Funktionen zur Verfügung:

Löschen: Löschen der markierten Einstellung

Importieren...: Importieren einer Einstellung, die in einer Layerstatusdatei gespeichert wurde. Dazu bekommen Sie das Dialogfeld zur Dateiwahl auf den Bildschirm. Layerstatusdateien haben die Dateierweiterung *.las*.

Exportieren...: Exportieren der markierten Einstellung in eine Layerstatusdatei. Dazu bekommen Sie das Dialogfeld zum Speichern von Dateien auf den Bildschirm. Die Dateierweiterung *.las* ist voreingestellt.

Layerstatus exportieren und importieren

Wenn Sie Zeichnungen von jemandem bekommen, bei dem die Layer andere Eigenschaften haben, und Sie wollen diese ändern, nehmen Sie Ihre Einstellungen in einer Zeichnung vor. Speichern Sie diese Einstellung in der Zeichnung und exportieren Sie sie danach. Öffnen Sie nacheinander alle anderen Zeichnungen und importieren diese Layerstatusdatei. Machen Sie die importierte Einstellung zur aktuellen Einstellung und Sie haben die Ein-

stellung in allen Zeichnungen gleich. Dazu gibt es aber in AutoCAD 2006 eine einfachere Möglichkeit, wie Sie im nächsten Kapitel sehen werden. Diese steht Ihnen in AutoCAD LT nicht zur Verfügung.

19.2 Layer konvertieren

AutoCAD lässt Ihnen alle Freiheiten beim Erstellen von Zeichnungen. Jeder Anwender kann seine Layer benennen und mit Farben, Linientypen usw. belegen wie er will. Das ist einerseits gut und richtig, da das Programm in den verschiedensten Branchen eingesetzt wird und Layer wie *Wand, Treppe, Fenster* aus einer Bauzeichnung in einer Maschinenbauzeichnung nicht sinnvoll sind.

Trotzdem sollte in einer Firma oder einer Abteilung ein einheitlicher Standard verwendet werden. In Vorlagen lassen sich solche Standards festlegen. Was aber, wenn Sie Zeichnungen von Ihren Partnern bekommen, die nicht dem entsprechen? Mit der Möglichkeit der Layerkonvertierung können Sie fremde Zeichnungen in Ihr Layersystem konvertieren. Diese Möglichkeit steht Ihnen in AutoCAD LT nicht zur Verfügung.

Befehl Laykonv

Der Befehl für die Layerkonvertierung ist LAYKONV.

➤ Abrollmenü EXTRAS, Untermenü CAD-STANDARDS, Funktion LAYER-KONVERTIERUNGSPROGRAMM

➤ Symbol im Werkzeugkasten CAD-STANDARDS

Sie bekommen ein Dialogfeld auf den Bildschirm. Sehen wir uns das Vorgehen an einem Beispiel an.

Layer konvertieren

1. Laden Sie die Zeichnung *A19-02.dwg* aus dem Ordner mit den Übungszeichnungen. Die Zeichnung ist etwas durcheinander geraten. Die Layernamen beginnen mit X- und Y-. Die Objekte haben nicht mehr die Farbe und den Linientyp *VonLayer*, sondern sind in den einzelnen Ansichten unterschiedlich eingefärbt.

2. Wählen Sie den Befehl LAYKONV und Sie bekommen das Dialogfeld für die Konvertierung auf den Bildschirm. In der Liste KONVERTIEREN VON haben Sie die Layer der aktuellen Zeichnung aufgelistet (siehe Abbildung 19.4).

Layer konvertieren   Kapitel 19

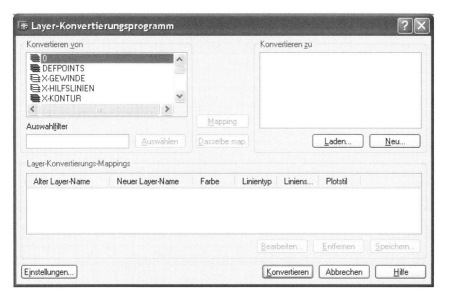

Abbildung 19.4:
Dialogfeld Layerkonvertierung, zu konvertierende Zeichnung geladen

3. In der Liste KONVERTIEREN ZU werden die Ziellayer aufgelistet. Diese Liste ist jetzt noch leer. Klicken Sie auf die Schaltfläche LADEN... und Sie können eine Zeichnungsdatei *(*.dwg)*, eine Vorlage *(*.dwt)* oder einen Zeichnungsstandard *(*.dws)* laden. Laden Sie die Zeichnung *A19-03.dwg*, ebenfalls aus dem Ordner *Aufgaben*. Das ist die Referenzzeichnung mit der richtigen Layereinstellung. Die Layer der Zeichnung werden jetzt in der Liste KONVERTIEREN ZU aufgelistet (siehe Abbildung 19.5).

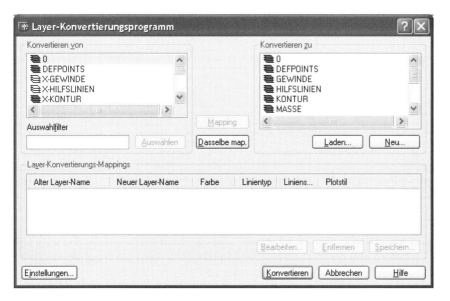

Abbildung 19.5:
Referenzzeichnung geladen

[KOMPENDIUM] AutoCAD und LT 2006   661

Kapitel 19   Zeichnungsstandards

4. Klicken Sie auf die Schaltfläche DASSELBE MAP. und die Layer, die in beiden Listen gleich sind, werden einander zugeordnet und erscheinen in der unteren Liste, in unserem Fall die Layer *0* und *Defponts*.

5. In beiden Listen können Sie jetzt Layer markieren. Mit dem Feld AUSWAHLFILTER und der Schaltfläche AUSWÄHLEN lassen sich die Layer in der linken Liste gezielt markieren. Tragen Sie beispielsweise X^* ein und klicken auf AUSWÄHLEN und alle Layer, die mit X beginnen, werden markiert.

6. Markieren Sie jetzt einen Layer in der linken und rechten Liste, zum Beispiel *X-GEWINDE* und *GEWINDE*. Klicken Sie dann auf die Schaltfläche MAPPING. Alle Objekte vom Layer *X-GEWINDE* werden auf den Layer *GEWINDE* gebracht und der Layer X-GEWINDE aus der Zeichnung entfernt.

   Sie könnten links auch mehrere Layer markieren. Die Objekte von allen markierten Layern kommen auf den rechts markierten Layer.

7. Machen Sie es mit allen Layern so, außer mit dem Layer *X-KONTUR*. Die gewählten Zuordnungen werden in die Liste LAYER-KONVERTIERUNGS-MAPPINGS aufgenommen (siehe Abbildung 19.6). Alle Layer, die Sie aus der linken Liste zugeordnet haben, verschwinden dort.

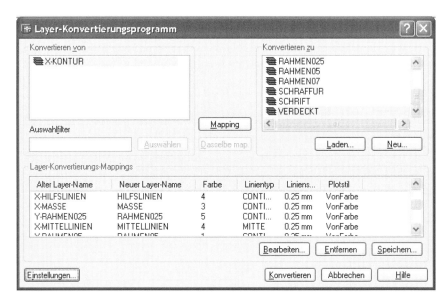

Abbildung 19.6: Layer-Konvertierungs-Mapping definiert

8. Den Layer *X-KONTUR* bringen Sie auf einen Layer, der in der Referenzzeichnung nicht existiert. Klicken Sie deshalb auf die Schaltfläche NEU... und Sie bekommen ein Dialogfeld, in dem Sie einen neuen Layer anlegen können (siehe Abbildung 19.7).

9. Erstellen Sie den Layer KANTEN mit der Farbe SCHWARZ, dem Linientyp CONTINUOUS und der Linienstärke 0.4 mm.

Abbildung 19.7:
Neuen Layer anlegen

10. Markieren Sie den Layer VERDECKT in der Liste LAYER-KONVERTIERUNGS-MAPPINGS. Klicken Sie dann auf die Schaltfläche BEARBEITEN.... Sie bekommen dasselbe Dialogfeld wie beim Anlegen eines neuen Layers (siehe Abbildung 19.7). Wählen Sie für diesen Layer in der neuen Zeichnung die Farbe BLAU.

11. Mit der Schaltfläche ENTFERNEN könnten Sie einen markierten Layer wieder aus der Mapping-Liste entfernen, wenn Sie diesen nicht bearbeiten wollen.

12. Klicken Sie jetzt auf die Schaltfläche SPEICHERN... und Sie können die Einstellungen für die Konvertierung in einem Zeichnungsstandard (*.dws) speichern. Speichern Sie den Standard ab. Mehr zu Zeichnungsstandards in Kapitel 19.3.

13. Klicken Sie auf die Schaltfläche EINSTELLUNGEN... und wählen Sie die Optionen für die Konvertierung (siehe Abbildung 19.8). Vor allem die ersten beiden Schalter sind wichtig. FARBE und LINIENTYP aller Objekte werden auf die Einstellung VonLayer gebracht.

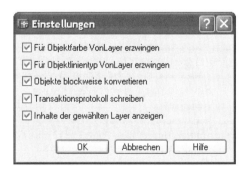

Abbildung 19.8:
Einstellungen für die Konvertierung

14. Klicken Sie auf OK und im ersten Dialogfeld auf KONVERTIEREN und die Zeichnung wird dem Standard angepasst. Wählen Sie den Befehl LAYER und überprüfen Sie im Dialogfeld die neuen Einstellungen. Speichern Sie die Zeichnung ab. Die konvertierte Zeichnung finden Sie auch in der Datei *L19-02.dwg* im Ordner *Aufgaben*.

15. Laden Sie die Zeichnung *A19-02.dwg* noch einmal neu. Wählen Sie den Befehl LAYKONV und klicken auf die Schaltfläche LADEN... Wählen Sie den vorher abgespeicherten Zeichnungsstandard. Wenn Sie den nicht gespeichert haben, nehmen Sie die Datei *L19-02.dws* aus dem Ordner *Aufgaben* und Sie haben wieder die gleichen Konvertierungseinstellungen wie vorher.

16. Klicken Sie auf KONVERTIEREN und die Zeichnung hat wieder die Einstellungen wie bei der letzten Konvertierung.

19.3 Standard speichern

In AutoCAD können Sie Zeichnungen mit einem Zeichnungsstandard verknüpfen und später überprüfen, ob dieser Standard beim Zeichnen eingehalten wurde. Zeichnungsstandards werden in einer Standards-Datei mit der Dateierweiterung *.dws (Drawing Standard) abgelegt. Im Zeichnungsstandard gespeichert sind:

- Layer und die zugeordneten Eigenschaften (Farbe, Linientyp, Linienstärke und Plotstil, wenn benannte Plotstile verwendet werden)
- Textstile
- Linientypen und
- Bemaßungsstile

Erstellen Sie also eine neue Zeichnung und legen Sie darin diese Einstellungen fest oder nehmen Sie eine fertige Zeichnung, bei er alles entsprechend dem Standard richtig eingestellt ist. Speichern Sie die Zeichnung mit dem Befehl SICHALS als *Standards (*.dws)* ab.

Erstellen eines Standards

1. Laden Sie die Zeichnung *A19-04.dwg* aus dem Ordner *Aufgaben*. Die Einstellungen dieser Zeichnung sollen unserem neuen Standard entsprechen.

2. Löschen Sie alle Objekte aus der Zeichnung und speichern Sie die leere Zeichnung mit dem Befehl SICHALS als Standard ab. Wählen Sie dazu den Dateityp *AutoCAD-Zeichnungsstandards (.dws)*. Die Objekte müssen nicht gelöscht werden, aber zur besseren Übersicht kann es

sinnvoll sein, da die Objekte im Standard nicht benötigt werden. Wichtig sind nur Layer, Textstile, Linientypen und Bemaßungsstile, die im Standard definiert sind.

19.4 Standard mit Zeichnung verknüpfen

Vorhandene Zeichnungen können Sie mit einem Standard verknüpfen. Soll jede neue Zeichnung gleich schon mit einem Standard verknüpft sein, können Sie auch eine Vorlage mit einem Standard verknüpfen.

Es lassen sich auch mehrere Standards mit einer Zeichnung verknüpfen. In diesem Fall gilt die Hierarchie der Standards. Wenn etwas nicht im obersten Standard definiert ist, gilt der nächste Standard usw.

Befehl Standards

Mit dem Befehl STANDARDS können Sie die aktuelle Zeichnung mit einem Standard verknüpfen. Wählen Sie den Befehl:

➡ Abrollmenü EXTRAS, Untermenü CAD-STANDARDS, Funktion KONFIGURIEREN...

➡ Symbol im Werkzeugkasten CAD-STANDARDS

Sie bekommen ein Dialogfeld auf den Bildschirm (siehe Abbildung 19.9). Auch hier wollen wir gleich an einem Beispiel arbeiten.

Zeichnung mit Standard verknüpfen

1. Laden Sie die Zeichnung *A19-05.dwg* aus dem Ordner *Aufgaben*. Diese Zeichnung weicht von unserem vorherigen Standard ab. Der Text ist in einem anderen Textstil erstellt, der Layer KONTUR hat die Farbe *Magenta* und die Maßlinien haben Punkte statt Pfeilen an den Enden.

2. Wählen Sie jetzt den Befehl STANDARDS, um die Zeichnung mit dem vorher erstellten Standard zu verknüpfen. Sie bekommen ein Dialogfeld wie in Abbildung 19.9. Zunächst ist das Register STANDARDS aktiv.

3. Klicken Sie auf das oberste Symbol in der mittleren Leiste des Dialogfelds, dann können Sie einen Standard dazu laden. Verwenden Sie den Standard, den Sie vorher gespeichert haben oder nehmen Sie *L19-04.dws* aus dem Ordner *Aufgaben*.

Abbildung 19.9:
Zeichnung mit einem Standard verknüpfen

4. Mit dem nächsten Symbol können Sie einen Standard auch wieder entfernen. Markieren Sie ihn dazu in der Liste.

5. Haben Sie mehrere Standards, können Sie den in der Liste markierten mit den mittleren Symbolen in der Hierarchie nach oben oder unten verschieben.

6. Klicken Sie auf das Register PLUGINS und sehen Sie, welche Objekte korrigiert werden. Ändern können Sie hier nichts. Standardmäßig werden, wie schon erwähnt, Bemaßungsstile, Layer, Linientypen und Textstile korrigiert.

7. Mit der Schaltfläche STANDARDS ÜBERPRÜFEN... wird die Aktion ausgelöst, doch dazu mehr im Kapitel 19.5. Klicken Sie auf OK und der Standard wird dauerhaft mit der Zeichnung verknüpft.

19.5 Zeichnung auf Standard prüfen

Jetzt können Sie überprüfen, ob die Zeichnung dem Standard entspricht, und gegebenenfalls korrigierend eingreifen.

Befehl Prüfstandards

Mit dem Befehl PRÜFSTANDARDS können Sie eine Zeichnung mit dem verknüpften Standard vergleichen. Wählen Sie den Befehl:

➥ Abrollmenü EXTRAS, Untermenü CAD-STANDARDS, Funktion ÜBERPRÜFEN...

➥ Symbol im Werkzeugkasten CAD-STANDARDS

Zeichnung auf Standard prüfen   Kapitel 19

Die Prüfung wird gestartet und die Ergebnisse werden in einem Dialogfeld aufgelistet.

Gehen wir dazu wieder zu unserem Beispiel.

Zeichnung auf Standard überprüfen

1. Da die Zeichnung mit dem Standard verknüpft ist, können Sie jetzt den Prüfvorgang starten. Wählen Sie den Befehl und Sie bekommen das Dialogfeld mit den Ergebnissen.

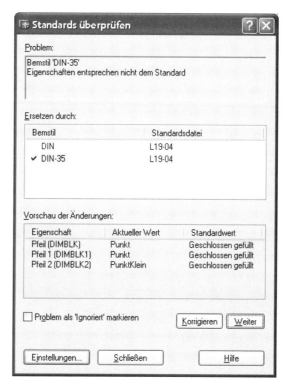

Abbildung 19.10: Dialogfeld mit den Ergebnissen der Prüfung

2. Als Erstes wird der Bemaßungsstil *DIN-35* beanstandet, der nicht dem Standard entspricht. In der Liste wird angezeigt, mit welchem Standard er in Widerspruch steht und darunter, was nicht dem Standard entspricht. Klicken Sie auf die Schaltfläche KORRIGIEREN und die Zeichnung wird korrigiert. Gehen Sie so alle Fehler durch.

3. Mit diesem Schaltfläche WEITER können Sie fortfahren, ohne den Fehler zu korrigieren. Haben Sie den Schalter PROBLEM ALS »IGNORIERT« MARKIEREN eingeschaltet, wird dieser Widerspruch mit dem Standard auch bei der nächsten Prüfung ignoriert.

4. Korrigieren Sie alle Fehler in Ihrer Zeichnung und Sie haben wieder die richtigen Einstellungen.

Teil 3 Abheben in die dritte Dimension

Kapitel 20: 3D-Zeichnen, -Editieren und -Präsentieren   671
Kapitel 21: Oberflächen- und Volumenmodelle   721
Kapitel 22: Rendern in AutoCAD   769

20 3D-Zeichnen, -Editieren und -Präsentieren

Mit diesem Kapitel heben wir ab in die dritte Dimension. Doch zunächst noch etwas Theorie, bevor wir mit den ersten Modellen beginnen und uns ansehen, wie diese am Bildschirm dargestellt und aufs Papier gebracht werden.

20.1 3D-Techniken

Alle zeichnerischen Darstellungen, ob auf dem Papier oder in einem CAD-Programm, bilden in der Regel dreidimensionale Gegenstände ab. Um sie auf dem zweidimensionalen Medium Papier sichtbar machen zu können, werden unterschiedliche Methoden zur Darstellung verwendet:

- verschiedene Ansichten (meist Draufsicht, Vorderansicht und Seitenansicht) und Schnitte
- isometrische Ansichten
- perspektivische Darstellungen oder
- Explosionszeichnungen

Mit einem CAD-Programm können Sie wie auch auf dem Papier arbeiten. Sie zeichnen Ansichten und Schnitte und überlassen es dem technischen Verständnis des Betrachters, sich das dreidimensionale Objekt vorzustellen.

Auch Isometrien und perspektivische Ansichten können Sie mit einem 2D-CAD-Programm wie am Zeichenbrett erstellen. AutoCAD unterstützt Sie beispielsweise mit dem isometrischen Fangraster bei der Erstellung von isometrischen Darstellungen. Der Nachteil dabei ist jedoch, dass Sie keine Kontrolle über die Richtigkeit der so erstellten Zeichnungen haben. Ob beispielsweise eine Kante sichtbar oder unsichtbar ist oder welche Linien in einem Schnitt sichtbar sind, kann Ihnen kein 2D-CAD-Programm ermitteln. Das können nur Sie selbst mit Ihrer Vorstellung entscheiden. Außerdem ist es bei einer solchen Darstellung nicht möglich, die Ansicht zu wechseln und das Objekt von einer anderen Seite darzustellen. In diesem Fall müssen Sie die Ansicht komplett neu zeichnen.

Kapitel 20 3D-Zeichnen, -Editieren und -Präsentieren

Wenn Sie ein 3D-Modell erstellen, entsteht im Computer ein realistisches dreidimensionales Modell des darzustellenden Objekts!

Aus dreidimensionalen Grundelementen setzen Sie ein Modell zusammen oder aus einem Rohteil modellieren Sie den Gegenstand heraus, den Sie dann aus allen Richtungen betrachten können. Erst wenn das erledigt ist, kümmern Sie sich um die Zeichnung. Ansichten, Schnitte und perspektivische Darstellung lassen sich aus dem 3D-Modell ableiten.

In AutoCAD stehen Ihnen für das Erstellen von 3D-Modellen die folgenden Techniken zur Verfügung:

Drahtmodelle: Punkte, Linien, 3D-Polylinien, Konstruktionslinien oder Strahlen lassen sich beliebig im Raum zeichnen. Damit können Sie Hilfskonstruktionen für 3D-Modelle erstellen, die mit einer der folgenden Methoden vervollständigt werden. Mit einem Drahtmodell lediglich ein Kantenmodell gezeichnet werden, das Sie dann aber nicht schattiert darstellen können. Es enthält keinerlei Informationen über Flächen und Volumen.

3D-Objekte mit Erhebung und Objekthöhe: Bei jedem Objekt wird in AutoCAD eine Objekthöhe gespeichert. Sie ist normalerweise Null, kann aber auch auf einen Wert gesetzt werden. Dadurch wird aus einem Kreis ein Zylinder oder aus einer Linie eine Wand mit der Dicke Null. Mit der Erhebung wird festgelegt, welchen Abstand das Objekt zur Zeichenebene hat. Einfache Gegenstände lassen sich so darstellen, aber schon Kegel oder Pyramiden sind mit dieser Methode nicht mehr möglich. Diese Technik eignet sich für einfache Illustrationen. Komplexe Objekte lassen sich nur näherungsweise darstellen.

Oberflächenmodelle: Mit dieser Technik werden dreidimensionale Objekte durch ein Oberflächennetz aus Flächen angenähert. Je feinmaschiger das Netz ist, desto höher ist die Genauigkeit des Modells. Diese Technik ist vor allem dann geeignet, wenn es auf die Oberfläche eines Gegenstandes ankommt, beispielsweise um daraus ein NC-Programm für die Bearbeitung zu erzeugen.

Volumenkörper: Mit dieser Technik lassen sich Grundkörper wie Zylinder, Quader, Kegel, Pyramide, Kugel oder Torus erzeugen. Außerdem lassen sich aus 2D-Konturen durch Extrusion und Rotation Volumen erzeugen. Die entstandenen 3D-Objekte lassen sich mit Booleschen Verknüpfungen zusammenfassen und durch Fasen, Abrunden oder Kappen weiterbearbeiten.

Bei der Erstellung eines 3D-Modells können Sie verschiedene dieser Techniken verwenden. Für einfache Illustrationen reicht es, wenn Sie mit Objekthöhe zeichnen. Ist ein Objekt komplizierter, erstellen Sie es als Volumenkörper oder Oberflächenmodell.

20.2 3D-Koordinatenformate

Wie vorher erwähnt, können Sie Linienzüge beliebig im Raum zeichnen. Dazu ist es erforderlich, dass Sie die notwendigen Koordinatenwerte dreidimensional eingeben können. Die Koordinatenformate, die Sie schon vom zweidimensionalen Zeichnen kennen, werden erweitert.

Alle Koordinatenangaben beziehen sich auf das aktuelle Benutzerkoordinatensystem. Setzt man aber einen »*« davor, beziehen sie sich auf das Weltkoordinatensystem, unabhängig davon, welches Benutzerkoordinatensystem aktiv ist.

Kartesische Koordinaten: Ein Punkt wird durch seinen Abstand in X-, Y- und Z-Richtung vom Ursprung des Koordinatensystems bzw. vom letzten Punkt (bei relativen Koordinaten) eingegeben. Die Z-Achse steht senkrecht zur XY-Ebene. Es gilt die »Rechte-Hand-Regel«. Spreizt man an der rechten Hand Daumen und Zeigefinger und winkelt den Mittelfinger ab, zeigt der Daumen in die Richtung der X-Achse, der Zeigefinger in die Richtung der Y-Achse und der Mittelfinger in die Richtung der Z-Achse.

Absolut	Relativ
Format: X,Y,Z	Format: @dx,dy,dz
Beispiel: 150,80,120	Beispiel: @20,100,50

Kugelkoordinaten: Ein Punkt wird durch seinen Abstand vom Koordinatennullpunkt bzw. vom letzten Punkt, seinem Winkel in der XY-Ebene und seinem Winkel zur XY-Ebene des aktuellen Koordinatensystems angegeben. Der Winkel in der XY-Ebene wird von der X-Achse aus entgegen dem Uhrzeigersinn gemessen. Der Winkel zur XY-Ebene ist positiv, wenn der Punkt darüber liegt und negativ, wenn er darunter liegt.

Absolut	Relativ
Format: A<W1<W2	Format: @A<W1<W2
Beispiel: 0<45<60	Beispiel: @50<30<45

Zylinderkoordinaten: Ein Punkt wird durch den Abstand seiner Projektion in die XY-Ebene vom Koordinatennullpunkt bzw. vom letzten Punkt, seinem Winkel in der XY-Ebene und seinem Abstand in Z-Richtung angegeben. Der Winkel in der XY-Ebene wird entgegen dem Uhrzeigersinn gemessen.

Kapitel 20 3D-Zeichnen, -Editieren und -Präsentieren

Absolut	Relativ
Format: A<W,Z	Format: @A<W,Z
Beispiel: 50<45,20	Beispiel: @50<30,20

Abbildung 20.1 zeigt die verschiedenen Koordinatenformate. Das dreidimensionale Äquivalent zu Polarkoordinaten ist die Zylinderkoordinate.

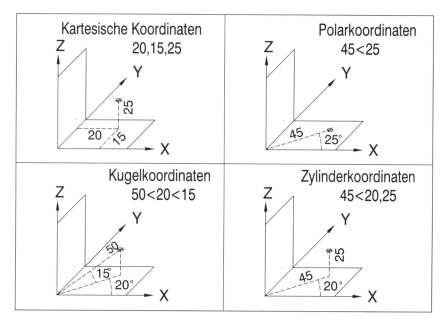

Abbildung 20.1: 3D-Koordinatenformate

> **TIPP**
>
> ➤ Nur Linien, 3D-Polylinien, Konstruktionslinien oder Strahlen lassen sich beliebig im Raum zeichnen. Jeder Eingabepunkt kann einen anderen Z-Koordinatenwert haben.
>
> ➤ Alle anderen Objekte lassen sich nur parallel zum Benutzerkoordinatensystem erzeugen. Alle Punkte müssen denselben Z-Koordinatenwert haben. Wird eine andere Ausrichtung gewünscht, muss das Benutzerkoordinatensystem neu ausgerichtet werden.

20.3 Zeichnen mit Objekthöhe und Erhebung

Schon seit Version 2.1 können Sie in AutoCAD mit Erhebung und Objekthöhe zeichnen und dadurch dreidimensionale Gegenstände erzeugen. Der Vorteil ist, dass sich die Objekte einfach erstellen lassen. Außerdem ergeben sich kompakte Zeichnungsdateien, was wiederum schnelle Bildaufbau- und Regenerierungszeiten zur Folge hat. Die Möglichkeiten sind begrenzt, einfache Illustrationen können Sie damit aber erstellen. Mit AutoCAD LT sind Sie auf diese Methode begrenzt.

Erhebung: Die Erhebung ist der Abstand des Objekts zur XY-Ebene des aktuellen Koordinatensystems.

Objekthöhe: Die Objekthöhe ist der Wert, um den ein Objekt über oder unter seine Erhebung in die Höhe gezogen wird. Die Objekthöhe 0 ist Vorgabe, es entstehen reine 2D-Objekte.

Erhebung und Objekthöhe können Sie auf feste Werte einstellen. Alle Objekte, die Sie danach zeichnen, erhalten diese Werte. Sie können aber auch alles auf die XY-Ebene zeichnen und danach die Objekte mit den Änderungsbefehlen auf die richtige Objekthöhe bringen. Die Erhebung wird mit den Änderungsbefehlen nicht beeinflusst. Es ist allerdings mit dem Befehl SCHIEBEN möglich, die Objekte auf die richtige Erhebung zu bringen. Statt eine feste Erhebung einzustellen, können Sie auch die Koordinaten der Zeichnungspunkte mit X-, Y- und Z-Wert eingeben.

Wie sehen 2D-Objekte aus, wenn sie mit Objekthöhe gezeichnet werden? Abbildung 20.2 zeigt die Objektarten von einem Punkt im Raum betrachtet, dem Ansichtspunkt (siehe Kapitel 20.5). Sie haben zunächst einmal nur Drahtmodelle auf den Bildschirm (siehe Abbildung 20.2).

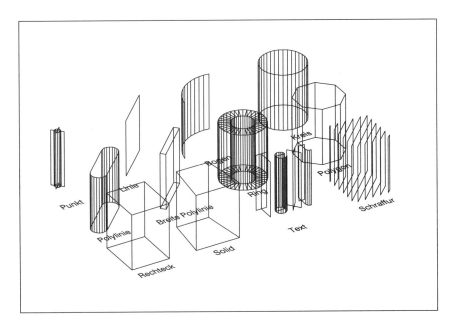

Abbildung 20.2: Objekte mit Objekthöhe in isometrischer Ansicht

Erst wenn Sie die verdeckten Kanten entfernen, erhalten Sie Aufschluss über die tatsächliche Form der Objekte (siehe Abbildung 20.3).

Kapitel 20   3D-Zeichnen, -Editieren und -Präsentieren

Abbildung 20.3:
Objekte mit Objekthöhe ohne verdeckte Kanten

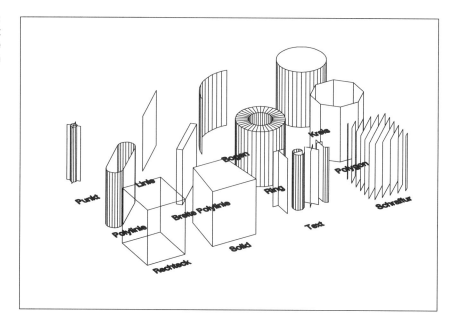

Im Folgenden haben Sie die Objekte von AutoCAD aufgelistet und wie sie dargestellt sind, wenn sie mit einer Objekthöhe gezeichnet werden.

Objekt	Objekt mit Objekthöhe
Punkt	Senkrechte Linie
Linie	Undurchsichtige Fläche
Bogen	Undurchsichtige gewölbte Fläche
Kreis	Massiver Zylinder
Polylinie	undurchsichtiges Flächenelement
Breite Polylinie	Massive gerade oder gewölbte Wandelemente
Ring	Röhre mit massiver Wand
Polygon	Regelmäßiges Profil mit Wandstärke 0
Rechteck	Rechteckiges Profil mit Wandstärke 0
Solid	Massiver drei- bzw. viereckiger Körper

Bei Ellipsen, Splines, Klinien, Strahlen, Schraffur, Text, Multilinien und Bemaßungen hat die Objekthöhe keine Auswirkung.

20.4 Das erste 3D-Modell

Ihr erstes 3D-Modell soll ausschließlich aus AutoCAD 2D-Objekten entstehen, die Sie mit Erhebung und Objekthöhe zeichnen. Abbildung 20.4 zeigt Ihnen das gewünschte Ergebnis: eine Küchenzeile aus zwei Unterschränken. Doch gehen Sie dazu Schritt für Schritt vor.

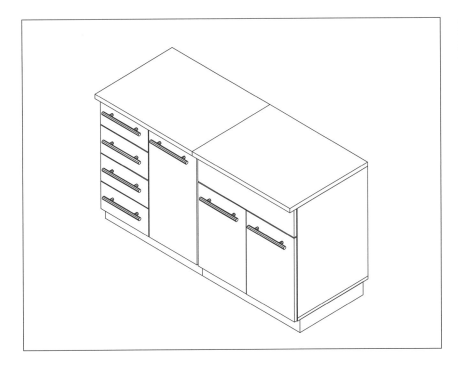

Abbildung 20.4:
3D-Modell aus 2D-Objekten mit Objekthöhe

Objekthöhe einstellen

Zunächst zeichnen Sie den Sockel. Die Zeichnungseinheiten sollen Zentimetern entsprechen. Der Sockel soll aus 2 cm starken Platten bestehen und 9 cm hoch sein. Verwenden Sie dazu eine geschlossene Polylinie in der Breite, die der Materialstärke entspricht. Bevor Sie zeichnen, stellen Sie die Objekthöhe mit der Systemvariablen THICKNESS ein. Wählen Sie:

➤ Abrollmenü FORMAT, Funktion OBJEKTHÖHE

Objekthöhe und Erhebung können Sie auch mit dem Befehl ERHEBUNG ändern. Geben Sie ihn auf der Tastatur ein:

Befehl: **Erhebung**
Neue Standard-Erhebung angeben <0.0000>:
Neue Standard-Objekthöhe angeben <0.0000>:

Eine Änderung der Werte ändert nichts an bereits gezeichneten Objekten. Lediglich die Objekte, die Sie nach der neuen Einstellung zeichnen, werden mit den neuen Werten erstellt. Bereits gezeichnete Objekte können Sie mit dem Objekteigenschaften-Manager auf eine neue Objekthöhe bringen. Die Erhebung können Sie nicht ändern. Sic können aber den Befehl SCHIEBEN verwenden und das Objekt in Z-Richtung verschieben.

Zeichnen der Einzelteile

1. Beginnen Sie eine neue Zeichnung. Starten Sie mit der Vorlage *Acadiso.dwt*. bzw. *Acltiso.dwt*. Stellen Sie die Objekthöhe 9 für den Sockel ein.

2. Zeichnen Sie eine Polylinie mit der Breite 2 vom Punkt 1,5 nach 79,5 nach 79,55 nach 1,55 und schließen Sie diese.

   Befehl: **Plinie**
   Startpunkt angeben: **1,5**
   Aktuelle Linienbreite beträgt 0.0000
   Nächsten Punkt angeben oder [Kreisbogen/Halbbreite/sehnenLänge/ Zurück/
       Breite]: **B für Breite**
   Startbreite angeben <0.0000>: **2**
   Endbreite angeben <2.0000>: **2**
   Nächsten Punkt angeben oder [Kreisbogen/Schließen/Halbbreite/
       sehnenLänge/ Zurück/Breite]: **79,5 oder @78,0 oder @78<0**
   Nächsten Punkt angeben oder [Kreisbogen/Schließen/Halbbreite/
       sehnenLänge/ Zurück/Breite]: **79,55 oder @0,50 oder @50<90**
   Nächsten Punkt angeben oder [Kreisbogen/Schließen/Halbbreite/
       sehnenLänge/ Zurück/Breite]: **1,55 oder @-78,0 oder @78<180**
   Nächsten Punkt angeben oder [Kreisbogen/Schließen/Halbbreite/
       sehnenLänge/ Zurück/Breite]: **S für Schließen**

3. Zeichnen Sie darauf eine 2 cm dicke Bodenplatte. Sie hat die Erhebung 9, da sie auf Sockel liegt, und die Objekthöhe 2. Stellen Sie die Werte vorher ein. Verwenden Sie wieder eine Polylinie. Diesmal zeichnen Sie eine Polylinie in der Breite der Platte, die 58 cm betragen soll. Geben Sie die beiden Endpunkte mit 0,31 und 80,31 ein.

   Befehl: **Plinie**
   Startpunkt angeben: **0,31**
   Aktuelle Linienbreite beträgt 2.0000
   Nächsten Punkt angeben oder [Kreisbogen/Halbbreite/sehnenLänge/ Zurück/
       Breite]: **B für Breite**
   Startbreite angeben <2.0000>: **58**
   Endbreite angeben <58.0000>: **58**

```
Nächsten Punkt angeben oder [Kreisbogen/Schließen/Halbbreite/
    sehnenLänge/ Zurück/Breite]: @80<0
Nächsten Punkt angeben oder [Kreisbogen/Schließen/Halbbreite/
    sehnenLänge/ Zurück/Breite]: ⏎
```

4. Da jetzt die Platte den darunter liegenden Sockel verdeckt, sollten Sie für besseren Durchblick den Füllmodus ausschalten. Verwenden Sie dazu den Befehl FÜLLEN. Geben Sie ihn auf der Tastatur ein.

```
Befehl: Füllen
Modus eingeben [EIN/AUS] <Ein>: Aus
Befehl: Regen
```

5. Zeichnen Sie nun die Seitenteile auf der Erhebung 11 mit der Objekthöhe 76. Erledigen Sie dies mit Polylinien mit der Breite 2. Die Endpunkte sind 1,2 und 1,60 bzw. 79,2 und 79,60 für die andere Seite.

6. Die Rückwand besteht aus einer 1 cm dicken Platte. Zeichnen Sie diese wieder mit einer Polylinie mit Breite 1, gleiche Erhebung und Objekthöhe. Die Endpunkte liegen bei 2,59 und 78,59.

7. Zuletzt noch die Abdeckplatte mit einer Stärke von 3 cm. Objekthöhe ist 3 und die Erhebung 87. Diesmal hat die Polylinie die Breite 64 und sie beginnt bei 0,28 und endet bei 80,28.

Da der Schrank bisher nur in der Draufsicht zu sehen war, ist das Ergebnis enttäuschend. Sie haben aber in AutoCAD die Möglichkeit, 3D-Modelle von einem beliebigen Punkt im Raum zu betrachten. Dazu gleich mehr.

Mit dem Befehl FÜLLEN *stellen Sie ein, ob breite Polylinien, Solids oder mit dem Schraffurbefehl gefüllte Flächen auf dem Bildschirm gefüllt oder nur mit ihren Rändern gezeichnet werden. Sie finden den Befehl nicht in den Menüs, tippen Sie ihn ein. Beachten Sie aber, dass erst die danach gezeichneten Objekte so dargestellt werden. Mit dem Befehl* REGEN *bringen Sie alles auf den aktuellen Stand.*

20.5 Der Ansichtspunkt

Stellen Sie sich vor, Sie haben Ihr 3D-Modell in einem virtuellen Raum erstellt. Jetzt begeben Sie sich zu einem Aussichtspunkt oder stellen sich auf einen Stuhl oder eine Leiter und schauen von diesem Punkt, dem so genannten Ansichtspunkt auf das Modell. Ihr Modell erscheint dann auf dem Bildschirm als ob Sie es von diesem Punkt aus betrachten würden.

Allerdings sieht es nur fast so aus. Die parallelen Kanten, die in den Raum hinein laufen, sind auch in dieser Darstellung parallel. Das widerspricht unseren Sehgewohnheiten. Normalerweise erscheinen entferntere Punkte kleiner,

Kapitel 20   3D-Zeichnen, -Editieren und -Präsentieren

alles läuft auf einen Fluchtpunkt zu. Man unterscheidet Parallelperspektiven bzw. Isometrien und Fluchtpunktperspektiven. Vom Ansichtspunkt aus erhalten Sie zunächst nur parallele Perspektiven, Fluchtpunktperspektiven lernen Sie später aber noch kennen.

Um den Ansichtspunkt zu wählen, stehen Ihnen die Befehle APUNKT und DDVPOINT zur Verfügung. Um schnell wieder in die Draufsicht zu wechseln, können Sie den Befehl DRSICHT verwenden. Welcher Ansichtspunkt bewirkt nun welche Darstellung?

Ansichtspunkt	Richtung	Darstellung
Oben	-	aus Richtung der positiven Z-Achse
Unten	-	aus Richtung der negativen Z-Achse
Vorne	Süden	aus Richtung der negativen Y-Achse
Hinten	Norden	aus Richtung der positiven Y-Achse
Links	Westen	aus Richtung der negativen X-Achse
Rechts	Osten	aus Richtung der positiven X-Achse
ISO-Ansicht SW	Süd-West	aus Richtung 225° im Winkel 35 Grad bzw. von vorne links oben
ISO-Ansicht SO	Süd-Ost	aus Richtung 315° im Winkel 35 Grad bzw. von vorne rechts oben
ISO-Ansicht NO	Nord-Ost	aus Richtung 45° im Winkel 35 Grad bzw. von hinten rechts oben
ISO-Ansicht NW	Nord-West	aus Richtung 135° im Winkel 35 Grad bzw. von hinten rechts oben

Befehl Apunkt

Zunächst der Befehl APUNKT. Damit können Sie den Ansichtspunkt mit Koordinaten, Winkeln oder interaktiv einstellen. Die Basisversion des Befehls bekommen Sie nur, wenn Sie ihn auf der Tastatur eingeben.

```
Befehl: Apunkt
Aktuelle Ansichtsrichtung: VIEWDIR=0.00,0.00,1.00
Ansichtspunkt angeben oder [Drehen] <Kompass und Achsen anzeigen>:
```

Koordinaten eingeben: Wenn Sie keine Option wählen, können Sie die Koordinate Ihres Standortes eingeben. Dabei sind die absoluten Werte unwichtig, die Objekte werden immer formatfüllend dargestellt. Das Verhältnis der Werte zueinander bestimmt die Perspektive. Geben Sie beispiels-

Der Ansichtspunkt   Kapitel 20

weise Ansichtspunkt 1,1,1 ein, wird eine Isometrie von rechts hinten oben erzeugt.

Drehen: Wählen Sie dagegen diese Option, können Sie Ihren Standort mit zwei Winkeln bestimmen.

```
Ansichtspunkt angeben oder [Drehen] <Kompass und Achsen anzeigen>: D für
   Drehen
Winkel in XY-Ebene von der X-Achse aus eingeben <45>:
Winkel von der XY-Ebene eingeben <35>:
```

Mit dem ersten Winkel legen Sie die Betrachterposition, projiziert in die XY-Ebene, gemessen zur X-Achse fest. Der zweite Winkel gibt die Position zur XY-Ebene an. Positive Winkelwerte ergeben eine Ansicht von oben, negative eine Ansicht von unten.

Kompass und Achsen: Wenn Sie statt einer Koordinate ⏎ eingeben, steht eine spezielle Einstellmethode mit Kompass und Achsendreibein zur Verfügung (siehe Abbildung 20.5). Diese Variante finden Sie im Menü:

➜ Abrollmenü ANSICHT, Untermenü 3D-ANSICHTEN >, Funktion ANSICHTSPUNKT

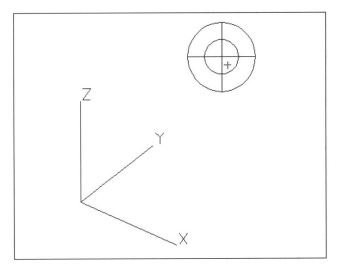

Abbildung 20.5: Ansichtspunkt wählen mit Kompass und Achsendreibein

Rechts oben im Bild sehen Sie einen stilisierten Globus, bei dem der Nordpol in der Mitte liegt, der Äquator durch den mittleren Kreis und der Südpol durch den äußeren Kreis dargestellt wird. Bei dieser Vorstellung geht man davon aus, dass Sie als Betrachter auf der Globusoberfläche und das betrachtete Modell sich im Zentrum des Globus befindet. Positionieren Sie die Markierung im inneren Kreis, bekommen Sie eine Sicht von oben. Befindet sich die Markierung zwischen den Kreisen, schauen Sie von unten. Das Achsendreibein zeigt analog dazu die Lage der drei Koordinatenachsen. Bewegen Sie die Markierung an die gewünschte Stelle und klicken Sie. Die gewünschte Ansicht erscheint auf dem Bildschirm.

Feste Ansichtspunkte: Ansichten von allen Seiten sowie verschiedene Isometrien (siehe oben) können Sie direkt anwählen. In der Abbildung 20.6 sehen Sie den fertigen Küchenschrank, von den verschiedenen Ansichtspunkten im Raum aus betrachtet. Diese Ansichtspunkte finden Sie an verschiedenen Stellen in den Menüs:

➤ Abrollmenü ANSICHT, Untermenü 3D-ANSICHTEN >, Funktionen für die verschiedenen Ansichtspunkte

➤ Werkzeugkasten ANSICHT

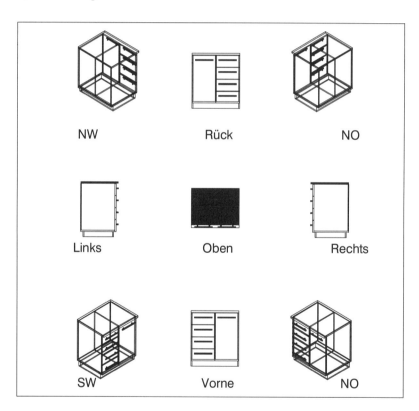

Abbildung 20.6: Verschiedene Ansichtspunkte

Befehl Kamera

Mit dem Befehl KAMERA können Sie die Koordinaten des Kamerastandortes und des Zielpunkts der Kamera angeben. Der Ansichtspunkt ergibt sich aus diesen Angaben. Der Bildmittelpunkt entspricht dem vorgegebenen Zielpunkt. Sie finden den Befehl:

Der Ansichtspunkt   Kapitel 20

➤ Werkzeugkasten ANSICHT

```
Befehl: Kamera
Neue Kameraposition angeben <263.4040,148.5000,719.9534>:
Neues Kameraziel angeben <263.4040,148.5000,0.0000>:
```

Geben Sie die Koordinaten von Kamerastandort und -ziel ein.

Befehl Drsicht

Mit dem Befehl DRSICHT können Sie direkt in die Draufsicht wechseln. Dabei ist wählbar, ob die Draufsicht auf das Weltkoordinatensystem, auf das aktuelle Benutzerkoordinatensystem oder auf ein gespeichertes Benutzerkoordinatensystem angezeigt werden soll.

➤ Abrollmenü ANSICHT, Untermenü 3D-ANSICHTEN >, Untermenü DRAUFSICHT >, Funktionen für verschiedene Koordinatensysteme

Befehl Ddvpoint

Mit dem Befehl DDVPOINT stellen Sie die Winkel des Ansichtspunkts in einem Dialogfeld ein (siehe Abbildung 20.7). Zusätzlich können Sie wählen, ob der Ansichtspunkt im Weltkoordinatensystem oder im aktuellen Benutzerkoordinatensystem bestimmt werden soll. Mit einem weiteren Schaltfeld können Sie in die Draufsicht wechseln.

➤ Abrollmenü ANSICHT, Untermenü 3D-ANSICHTEN >, Funktion ANSICHTSPUNKT VORGABEN...

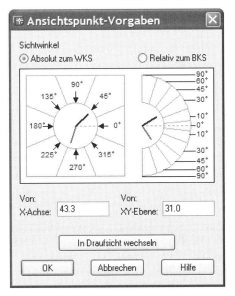

Abbildung 20.7: Ansichtspunkt im Dialogfeld einstellen

> *Ein Ansichtspunktwechsel wird im Befehl* ZOOM *festgehalten. Mit der Option* VORHER *kommen Sie wie zur letzten Vergrößerung, so auch zum vorherigen Ansichtspunkt zurück.*

> *Die Systemvariable* UCSORTHO *legt fest, ob das Benutzerkoordinatensystem beim Wechseln des Ansichtspunkts verändert werden soll. Hat die Variable den Wert 0, ändert ein Wechsel des Ansichtspunkts nichts am BKS. Hat sie dagegen den Wert 1 und Sie wählen einen orthogonalen Ansichtspunkt (*OBEN, UNTEN, VORNE, HINTEN, RECHTS *oder* LINKS*), wird das BKS immer auf die Ansicht gelegt. Isometrische Ansichten ändern das BKS nicht.*

> *Klicken Sie beim Zeichnen in der Isometrie keinen Punkt in der Zeichnung ohne eine Fangfunktion an. Der Punkt wird in die XY-Ebene projiziert. Er kann dadurch an einer ganz anderen Stelle liegen als an der, die Sie in der Isometrie gewählt haben. Erst wenn Sie die Ansicht wechseln, sehen Sie den Fehler.*

Verschiedene Ansichtspunkte einstellen

Betrachten Sie Ihren Unterschrank von verschiedenen Ansichtspunkten im Raum. Ihr Ergebnis sieht allerdings noch nicht so wie in Abbildung 20.6 aus, die Türen fehlen.

Befehl Ausschnt

Den Befehl AUSSCHNT haben Sie schon kennen gelernt. Damit lassen sich Ausschnitte der Zeichnung in einem Dialogfeld unter einem Namen sichern und später wieder holen. Mit diesem Befehl wird auch der Ansichtspunkt gesichert. Bei 3D-Modellen kann es sinnvoll sein, einmal gewählte Ansichtspunkte als Ausschnitte zu sichern, um später wieder darauf zurückzugreifen. Mit dem Befehl AUSSCHNT lassen sich die Standardansichten aus dem zweiten Register ORTHOGONALE & ISOMETRISCHE AUSSCHNITTE wählen (siehe Abbildung 20.8).

Markieren Sie die gewünschte Ansicht und klicken Sie auf die Schaltfläche AKTUELL oder klicken Sie sie doppelt an, und die Ansicht wird zum aktuellen Ausschnitt. Dieser wird aber nicht automatisch unter einem Namen als benannter Ausschnitt gespeichert. Hier können Sie im Abrollmenü RELATIV ZU wählen, ob sich die Ortsangaben (VORNE, RECHTS, OBEN usw.) auf das Weltkoordinatensystem oder auf ein anderes gespeichertes BKS beziehen sollen. Haben Sie den Schalter ORTHOGONALES BKS MIT AUSSCHNITTEN WIEDERHERSTELLEN eingeschaltet, wird beim Wechsel zu einem orthogonalen Ausschnitt (OBEN, UNTEN, VORNE, HINTEN, RECHTS oder LINKS) das BKS immer auf die aktuelle Ansicht gelegt (Systemvariable UCSORTHO, siehe oben). Bei einer isometrischen Ansicht ändert sich das BKS in keinem Fall.

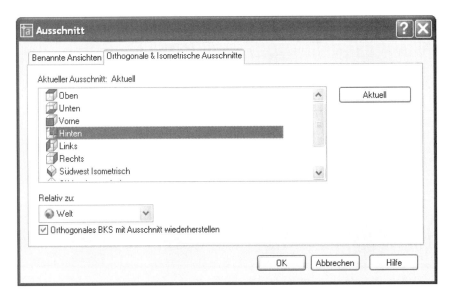

Abbildung 20.8:
Orthogonale und isometrische Ausschnitte im Dialogfeld

20.6 3D-Editierfunktionen

AutoCAD stellt Ihnen eine ganze Reihe von Editierbefehlen für 2D-Zeichnungen zur Verfügung. Einen Teil davon können Sie auch in der dritten Dimension verwenden.

Schieben: Objekte lassen sich in den Raum verschieben.

Kopieren: Objekte lassen sich in den Raum kopieren.

Dehnen/Stutzen: Eine beliebige Kante im Raum kann als Dehnkante bzw. Stutzkante verwendet werden. Die zu dehnenden bzw. stutzenden Objekte werden auf diese Kante projiziert und soweit gedehnt.

Strecken: Objekte lassen sich in den Raum hinein strecken.

Versetz: Ein Objekt lässt sich durch einen Punkt im Raum versetzen.

Bruch: Ein oder zwei Punkte im Raum lassen sich als Bruchpunkte verwenden. Diese können entweder auf dem zu brechenden Objekt oder auf einem anderen Objekt im Raum liegen.

Abrunden: Abrunden eines Volumenkörpers.

Fase: Fasen eines Volumenkörpers.

Kapitel 20　　　3D-Zeichnen, -Editieren und -Präsentieren

Andere Befehle arbeiten nur in der XY-Ebene: DREHEN, SPIEGELN und REIHE. Dafür gibt es in AutoCAD spezielle Befehle, die für 3D-Operationen verwendet werden: 3DDREHEN, 3DSPIEGELN, 3DREIHE und AUSRICHTEN.

Schubladenfronten und Türe zeichnen

1. Zeichnen Sie auf der rechten Seite des Schrankes eine Tür und auf der linken eine Schubladenreihe. Stellen Sie zunächst eine isometrische Ansicht aus Richtung SW ein.

2. Stellen Sie die Erhebung auf 9 und die Objekthöhe auf 77.5. Zeichnen Sie die rechte Türe mit einer Polylinie, Breite 2 von Punkt 40.2,1 nach 79.5,1. Dabei muss das Weltkoordinatensystem aktiv sein.

3. Kopieren Sie die Tür auf die linke Seite.

   ```
   Befehl: Kopieren
   Objekte wählen: Rechte Türe wählen
   Basispunkt oder Verschiebung angeben oder [Mehrfach]:
   -39.7,0,0
   Zweiten Punkt der Verschiebung angeben oder <ersten Punkt der
       Verschiebung verwenden>: ↵
   ```

4. Nun wollten wir aber auf der linken Seite Schubladenfronten. Ändern Sie die Objekthöhe im Objekteigenschaften-Manager. Wählen Sie die linke Türe an und stellen Sie 19 für die Objekthöhe ein (siehe Abbildung 20.9).

Abbildung 20.9:
Änderung der Objekthöhe

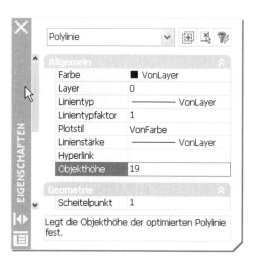

5. Kopieren Sie die Schublade mehrfach nach oben:

   ```
   Befehl: Kopieren
   Objekte wählen: Linke untere Schubladenfront wählen
   Basispunkt oder Verschiebung angeben oder [Mehrfach]: M
   ```

3D-Editierfunktionen

```
Basispunkt angeben: Punkt an der Schubladenfront wählen
Zweiten Punkt der Verschiebung angeben oder <ersten Punkt der
    Verschiebung verwenden>: @0,0,19.5
Zweiten Punkt der Verschiebung angeben oder <ersten Punkt der
    Verschiebung verwenden>: @0,0,39
Zweiten Punkt der Verschiebung angeben oder <ersten Punkt der
    Verschiebung verwenden>: @0,0,58.5
Zweiten Punkt der Verschiebung angeben oder <ersten Punkt der
    Verschiebung verwenden>: ⏎
```

6. Drehen Sie die rechte Tür um 55° auf.

```
Befehl: Drehen
Objekte wählen: Rechte Türe wählen
Basispunkt angeben: 79.5,1
Drehwinkel angeben oder [Bezug]: 55
```

7. Zeichnen Sie die mittlere Trennwand mit einer Polylinie. Die Daten dieser Polylinie in Weltkoordinaten: Startpunkt 40,1,12, Endpunkt 40,57.5,12, Objekthöhe 76 und Breite 2. Der Küchenschrank sieht jetzt aus wie in Abbildung 20.10.

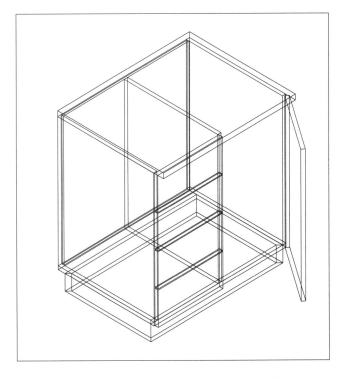

Abbildung 20.10: Der Küchenschrank mit Front

8. Drehen Sie die Tür wieder zu, die letzte Aktion war nur zur Übung.

| Kapitel 20 | 3D-Zeichnen, -Editieren und -Präsentieren |

Befehl 3DDrehen

Mit dem Befehl 3DDREHEN können Sie Objekte um beliebige Achsen im Raum drehen. Anwählen können Sie ihn nur in AutoCAD:

➡ Abrollmenü ÄNDERN, Untermenü 3D-OPERATION >, Funktion 3D-DREHEN

```
Befehl: 3DDrehen
Aktueller positiver Winkel: ANGDIR=Gegen den Uhrzeigersinn  ANGBASE=0
Objekte wählen:
Ersten Punkt auf Achse angeben oder Achse definieren nach [Objekt/Letztes/
Ansicht/X-achse/Y-achse/Z-achse/2Punkte]: 2 Punkte anklicken oder eine
andere Option wählen
```

Nachdem Sie ein Objekt gewählt haben, bestimmen Sie die Drehachse mit einer der Optionen aus der Liste. Die vorgewählte Standardoption ist 2PUNKTE. Geben Sie dabei zwei Punkte im Raum als Drehachse ein.

X-Achse, Y-Achse oder Z-Achse: Mit weiteren Optionen können Sie die Drehachse wählen. Die Drehachse liegt dann parallel zu einer Koordinatenachse. Ein weiterer Punkt legt die Position der Drehachse fest.

```
Punkt angeben auf der X-Achse <0,0,0>:
```

Ansicht: Diese Option dreht die gewählten Objekte um eine Drehachse, die parallel zur momentanen Ansicht liegt. Auch hier ist ein weiterer Punkt erforderlich, durch den die Drehachse verlaufen soll.

```
Punkt auf Ausrichtungsachse angeben <0,0,0>:
```

Letzte: Sie können mit dieser Option die Drehachse verwenden, die Sie zuletzt bei diesem Befehl verwendet haben.

Objekt: Mit der Option bestimmen Sie ein 2D-Objekt als Drehachse:

```
Linie, Kreis, Bogen oder 2D-Polyliniensegment auswählen:
```

Wählen Sie eine Linie oder ein 2D-Polyliniensegment, ist dieses Objekt die Drehachse. Bei einem Kreis wird in der Ebene gedreht, auf der der Kreis liegt. Drehpunkt ist der Mittelpunkt des Kreises. Egal wie die Drehachse gewählt wurde, jetzt ist der Drehwinkel erforderlich:

```
Drehwinkel angeben oder [Bezug]:
```

Geben Sie wie beim 2D-Befehl DREHEN den Drehwinkel als numerischen Wert ein oder klicken Sie einen Punkt in der Zeichnung an. Mit der Option BEZUG geben Sie einen Bezugswinkel als Wert oder mit zwei Punkten ein

3D-Editierfunktionen   Kapitel 20

und anschließend einen neuen Winkel, ebenfalls als Wert oder mit zwei Punkten. In Abbildung 20.11 sehen Sie Beispiele zu dem Befehl.

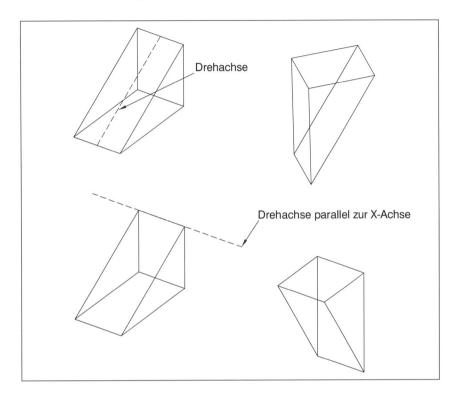

Abbildung 20.11:
Drehungen um verschiedene Drehachsen

3DDrehen

Laden Sie die Zeichnung *A20-01.dwg* aus dem Order *Aufgaben* und drehen Sie die Objekte wie in Abbildung 20.11.

Das Ergebnis finden Sie auch in der Zeichnung *L20-01.dwg*.

Befehl 3DSpiegeln

Mit dem Befehl 3DSPIEGELN können Sie Objekte an beliebigen Ebenen im Raum spiegeln. Auch diesen Befehl finden Sie nur in AutoCAD.

➧ Abrollmenü ÄNDERN, Untermenü 3D-OPERATION >, Funktion 3D-SPIEGELN

```
Befehl: 3DSpiegeln
Objekte wählen:
Ersten Punkt auf Spiegelebene (3 Punkte) angeben oder [Objekt/Letztes/
    Z-achse/Ansicht/XY/YZ/ZX/3Punkte] <3Punkte>: Punkt wählen
Zweiten Punkt auf Spiegelebene angeben: 2. Punkt
```

```
Dritten Punkt auf Spiegelebene angeben: 3. Punkt
Quellobjekte löschen? [Ja/Nein] <N>:
```

3Punkte: Wählen Sie zunächst eine Spiegelebene. Mit dieser Option können Sie die Ebene durch 3 Punkte bestimmen (siehe oben).

XY, YZ oder ZX: Wollen Sie an einer Koordinatenebene spiegeln, verwenden Sie eine dieser Optionen. Danach ein Punkt in der Ebene angefragt. Es wird parallel zur gewählten Ebene an dem eingegebenen Punkt gespiegelt.

Objekt: Sie können mit der Option ein Objekt wählen:

```
Kreis, Bogen oder 2D-Polyliniensegment auswählen:
```

Die Ebene, in der das gewählte Objekt liegt, wird zur Spiegelebene.

Letzte: Mit dieser Option wird die zuletzt verwendete Ebene als Spiegelebene für eine neue Operation verwendet.

Zuletzt wird wie bei der 2D-Version des Befehls gefragt:

```
Alte Objekte löschen? <N>
```

Sie wählen, ob Sie das Original behalten wollen oder nur das gespiegelte Objekt benötigen. Abbildung 20.12 zeigt Beispiele zu dem Befehl.

3DSpiegeln

Laden Sie die Zeichnung *A20-02.dwg* aus dem Ordner *Aufgaben* und spiegeln Sie die Objekte wie in Abbildung 20.12.

Vergleichen Sie mit der Lösung *L20-02.dwg*.

Befehl 3DReihe

Mit dem Befehl 3DREIHE können Sie rechteckige und polare Anordnungen wie mit dem Befehl REIHE erzeugen, nur dass diese dreidimensional aufgebaut werden können. Sie finden den Befehl:

➥ Abrollmenü ÄNDERN, Untermenü 3D-OPERATION >, Funktion 3D-REIHE

```
Befehl: 3DReihe
Objekte wählen:
Anordnungstyp eingeben [Rechteckig/Polar] <R>:
```

Rechteckig: Erzeugung einer dreidimensionalen Matrix aus Zeilen, Spalten und Ebenen von den gewählten Objekten (siehe Abbildung 20.13).

3D-Editierfunktionen

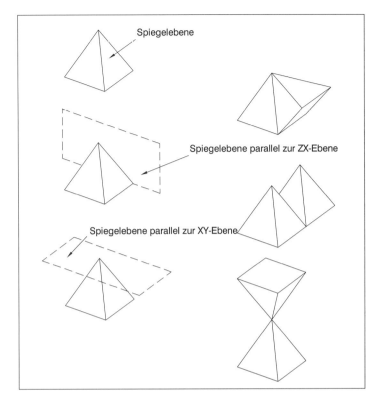

Abbildung 20.12:
Spiegelung an verschiedenen Ebenen im Raum

```
Rechteckige oder polare Anordnung (R/P): R für rechteckige Anordnung
Zeilenanzahl eingeben (---) <1>:
Spaltenanzahl eingeben (|||) <1>:
Ebenenanzahl eingeben (...) <1>:
Zeilenabstand eingeben (---):
Spaltenabstand eingeben (|||):
Ebenenabstand eingeben (...):
```

Polar: Erzeugung einer kreisförmigen Anordnung im Raum (siehe Abbildung 20.13). Die Achse, um die diese Anordnung gebildet wird, ergibt sich aus dem Mittelpunkt der Anordnung und aus einem zweiten Punkt der Achse.

```
Anordnungstyp eingeben [Rechteckig/Polar] <R>: P für polare Anordnung
Anzahl der Elemente in der Anordnung angeben:
Auszufüllenden Winkel angeben (+=ccw, -=cw) <360>:
Angeordnete Objekte drehen? [Ja/Nein] <J>:
Mittelpunkt der Anordnung angeben:
Zweiten Punkt auf Drehachse angeben:
```

Kapitel 20   3D-Zeichnen, -Editieren und -Präsentieren

Abbildung 20.13:
Rechteckige und polare dreidimensionale Anordnungen

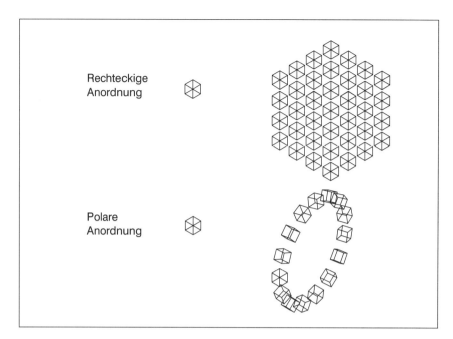

3DReihe

Laden Sie die Zeichnung *A20-03.dwg* aus dem Ordner *Aufgaben*. Erzeugen Sie 3D-Reihen wie in Abbildung 20.13.

Eine mögliche Lösung finden Sie in Zeichnung *L20-03.dwg*.

Befehl Ausrichten

Mit dem Befehl AUSRICHTEN können Sie in AutoCAD zwei Objekte im Raum mit einem, zwei oder drei Paaren von Punkten aneinander ausrichten.

➜ Abrollmenü ÄNDERN, Untermenü 3D-OPERATIONEN >, Funktion AUSRICHTEN

```
Befehl: Ausrichten
Objekte wählen:
Ersten Ursprungspunkt angeben: Punkt eingeben
Ersten Zielpunkt angeben: Punkt eingeben
Zweiten Ursprungspunkt angeben: Punkt eingeben oder ⏎ zum Beenden
Zweiten Zielpunkt angeben: Punkt eingeben
Dritten Ursprungspunkt angeben oder <weiter>: Punkt eingeben oder ⏎
    zum Beenden
Dritten Zielpunkt angeben: Punkt eingeben
```

Je nachdem; wie viele Punktepaare Sie eingeben, wird das Objekt in der entsprechenden Zahl von Ebenen ausgerichtet (siehe Abbildung 20.14). Sie

3D-Editierfunktionen

beenden die Eingabe, wenn Sie auf die Anfrage nach einem Ursprungspunkt ⏎ eingeben. Bei einem Punktepaar wird eine reine Verschiebung ausgeführt, bei zwei Punktepaaren eine Verschiebung und Drehung in zwei Ebenen und bei drei Punktepaaren eine komplette Ausrichtung im Raum. Die beiden ersten Punkte werden zusammengeführt, die anderen dienen lediglich der Ausrichtung. Eine Besonderheit gibt es noch bei zwei Punktepaaren. Hier kommt eine zusätzliche Anfrage:

```
Zweiten Zielpunkt angeben: Punkt eingeben
Dritten Ursprungspunkt angeben oder <weiter>: ⏎
Objekte anhand von Ausrichtepunkten skalieren? [Ja/Nein] <N>:
```

Geben Sie bei der letzten Anfrage JA ein, wird das ausgerichtete Objekt so skaliert, dass beide Punktepaare aufeinander liegen. Auf diese Art ist dieser Befehl auch beim Arbeiten an 2D-Zeichnungen nützlich.

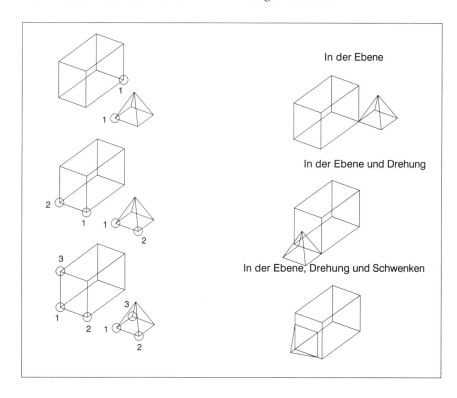

Abbildung 20.14: Objekte im Raum ausrichten

Ausrichten

Laden Sie die Zeichnung *A20-04.dwg*. Richten Sie die Pyramide nach verschiedenen Methoden am Quader aus (siehe Abbildung 20.14).

Ihre Lösung sollte wie Zeichnung *L20-04.dwg* aussehen.

Kapitel 20   3D-Zeichnen, -Editieren und -Präsentieren

Koordinaten filtern bei der 3D-Konstruktion

Oft benötigen Sie beim Zeichnen oder Editieren im Raum Punkte, die Sie nicht unmittelbar angeben. Sie haben aber Punkte in Ihrem Modell, deren Koordinaten denselben X-, Y- oder Z-Wert wie der zu bestimmende Punkt haben. Hier kommen Sie mit den Koordinatenfiltern weiter.

Bei 3D-Konstruktionen können Sie einen Punkt bestimmen, indem Sie ihn aus den Koordinatenanteilen verschiedener Punkte ermitteln. Sie können auch Koordinatenanteile numerisch eingeben. Auf diese Art entfällt das Zeichnen von Hilfslinien. Koordinatenfilter können Sie bei jeder Punkteingabe als Zusatzfunktion, in Kombination mit dem Objektfang verwenden. Sie finden die Filter als Untermenü im Kontextmenü für den Objektfang (⇧ -Taste + rechte Maustaste, siehe Abbildung 20.15).

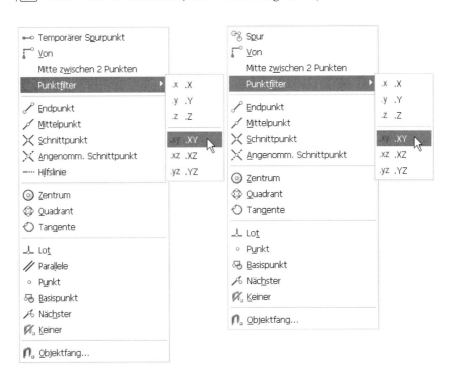

Abbildung 20.15: Koordinatenfilter in AutoCAD und AutoCAD LT

Wählen Sie dort oder tippen Sie auf der Tastatur. Dazu geben Sie bei einer Koordinatenanfrage den Wert mit einem vorangestellten Punkt an, den Sie aus dem nächsten Punkt ermitteln wollen:

```
Von Punkt: .X, .X, .Y, .XY, .XZ oder .YZ
```

Im Beispiel soll in Abbildung 20.16 eine Linie vom Zentrum der Schräge des Keils auf das Zentrum der hinteren Fläche gezogen werden. Ohne Hilfslinien, mit Verwendung der Punktefilter erledigen Sie das so:

3D-Editierfunktionen Kapitel 20

```
Befehl: Linie
Ersten Punkt angeben: .X
von mit Ofang Mittelpunkt die vordere Linie wählen
(benötigt YZ): mit Ofang Mittelpunkt die schräge Kante wählen
Nächsten Punkt angeben oder [Zurück]: .X
von mit Ofang Mittelpunkt die hintere Linie wählen
(benötigt YZ): mit Objektfang Mittelpunkt die hintere senkrechte Kante
wählen
Nächsten Punkt angeben oder [Zurück]: ↵
```

Oft brauchen Sie auch einen Filter, wenn Sie einen Punkt in der Draufsicht mit dem Objektfang anklicken, aber einen anderen Z-Wert benötigen. Dann wählen Sie XY mit dem Filter und geben Z numerisch ein, zum Beispiel:

```
Befehl: Kreis
Zentrum für Kreis angeben oder [3P/2P/Ttr (Tangente Tangente Radius)]: .XY
von mit Ofang Punkt in der Draufsicht anklicken
(benötigt Z): Z-Wert eintippen, z.B.: 150
```

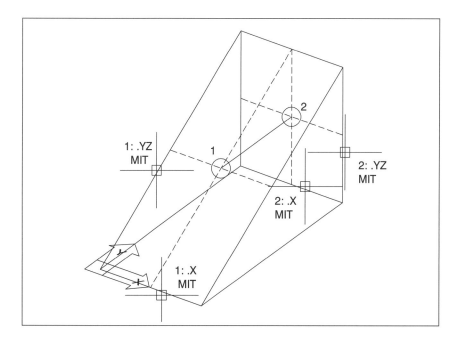

Abbildung 20.16:
Punkte mit Filtern bestimmen

Koordinatenfilter

1. Laden Sie die Zeichnung *A20-05.dwg* aus dem Ordner *Aufgaben*.
2. Zeichnen Sie die Verbindungslinie wie in Abbildung 20.16 mit den Koordinatenfiltern. Eine Lösung finden Sie in Zeichnung *L20-05.dwg*.

Angenommene Schnittpunkte

Noch eine wichtige Funktion finden Sie im Kontextmenü (siehe Abbildung 20.15) für die 3D-Konstruktion. Mit der Funktion ANGENOMMENER SCHNITTPUNKT können Sie den angenommenen Schnittpunkt zweier Objekte im Raum bestimmen.

Verläuft beispielsweise eine Linie in der XY-Ebene und eine andere läuft in einer bestimmten Erhebung darüber hinweg und Sie wollen den Punkt in der XY-Ebene fangen, an dem die darüber weg laufende Linie die andere überquert. In diesem Fall wählen Sie die Funktion ANGENOMMENER SCHNITTPUNKT. Klicken Sie zuerst die Linie in der XY-Ebene an und dann die andere und Sie haben den Schnittpunkt in der XY-Ebene auf der Linie. Wählen Sie dagegen zuerst die Linie im Raum an, finden Sie den Schnittpunkt auf der Linie im Raum.

Verwenden Sie diese Funktion nicht mit fest eingestelltem Objektfang. Klicken Sie dazu immer in das Kontextmenü oder in den Werkzeugkasten, wenn Sie diesen Objektfang verwenden wollen.

20.7 Benutzerkoordinatensysteme im Raum

Bis jetzt haben wir immer in der gleichen Ebene gezeichnet, in der Draufsicht, also unserer Original XY-Ebene, der Zeichenebene des Weltkoordinatensystems. Sobald Sie in einer anderen Ebene zeichnen wollen, ist es erforderlich, diese Ebene zur aktuellen Zeichenebene zu machen. Dazu legen Sie ein Benutzerkoordinatensystem, abgekürzt BKS, auf die gewünschte Ebene, so entsteht quasi ein Zeichenblatt im Raum.

Wenn Sie sich die Lage der Koordinatenachsen nicht vorstellen können, nehmen Sie die rechte *Hand zu Hilfe. Strecken Sie Daumen und Zeigefinger aus und spreizen den Mittelfinger rechtwinklig zur Handfläche weg. Der Daumen zeigt in die Richtung der X-Achse, der Zeigefinger in Richtung der Y-Achse und der Mittelfinger in Richtung der Z-Achse.*

Befehl BKS

Den Befehl BKS und BKSMAN zur Verwaltung der Koordinatensysteme haben Sie bis auf die 3D-Optionen bereits kennengelernt. Diese benötigen wir jetzt. Zur Erinnerung, den Befehl BKS finden Sie:

- Abrollmenü EXTRAS, Funktion BKS VERSCHIEBEN und Untermenü NEUES BKS >, bzw. Untermenü ORTHOGONALES BKS >
- Symbole für die Optionen im Werkzeugkasten BKS bzw. BKS II

Ursprung: Definition eines neuen BKS durch Ursprungsverschiebung. Die Richtung der Achsen bleibt gleich.

Schieben: Die Option bewirkt lediglich eine Ursprungsverschiebung des aktuellen BKS, es wird kein neues erzeugt.

X/Y/Z: Oft fehlen die Orientierungspunkte im Raum, um ein neues BKS zu platzieren. Lediglich die Ausrichtung der gewünschten Ebene ist bekannt. Dann können Sie sich unter Umständen schrittweise herantasten, indem Sie das BKS um verschiedene Achsen drehen:

```
Drehwinkel um X-Achse angeben <90>: Winkel eingeben
```

Wählen Sie die Drehachse und den Drehwinkel, eventuell auch mit negativem Vorzeichen. Bei der Bestimmung der Drehrichtung können Sie wieder die rechte Hand zu Hilfe nehmen. Strecken Sie den Daumen aus und halten Sie ihn in Richtung der Drehachse vom Koordinatenursprung weg. Machen Sie eine halb geöffnete Faust. Die Finger zeigen in die positive Drehrichtung. Unter Umständen müssen Sie sich über mehrere Drehungen herantasten und zum Schluss noch den Ursprung verschieben.

Z-Achse: Definition eines neuen BKS durch einen neuen Ursprung und einen Punkt, der sich auf der neuen positiven Z-Achse befindet.

```
Neuen Ursprung angeben <0,0,0>:
Punkt auf der positiven Z-Achse angeben <aktuelle Achsrichtung>:
```

Mit dieser Methode können Sie zwar die Ausrichtung der XY-Ebene bestimmen, nicht aber die exakten Orientierungen der X- und Y-Achse. Diese sind abhängig vom vorherigen Koordinatensystem.

3Punkte: Definition eines neuen BKS durch drei Punkte:

```
Neuen Ursprung angeben <0,0,0>:
Punkt auf der pos. X-Achse angeben <aktueller Wert>:
Punkt mit positivem Y-Wert in der XY-Ebene des BKS angeben <aktueller Wert>:
```

Mit dieser Methode können Sie das neue BKS mit allen Achsen exakt ausrichten. Beim dritten Punkt kann ein beliebiger Punkt im ersten oder zweiten Quadranten des neuen BKS gewählt werden.

Objekt: Ausrichtung des neuen BKS an einem Element in der Zeichnung.

```
Objekt für BKS-Ausrichtung wählen:
```

Das neue BKS wird auf dem gewählten Objekt ausgerichtet. Das neue BKS hat dieselbe positive Z-Achsrichtung, mit der auch das gewählte Objekt erzeugt wurde.

Ansicht: Ausrichtung des neuen BKS parallel zum Bildschirm. Die positive Z-Achse ragt aus dem Bildschirm heraus. Der Ursprung bleibt gleich. Die Methode eignet sich sehr gut für Beschriftungen von Ansichten. Die Schrift liegt dann immer auf der Ansicht und es entstehen keine Verzerrungen. Die Option finden Sie nicht in der Optionsliste.

Fläche: Ausrichtung des neuen BKS auf einer Fläche eines Volumenkörpers (siehe Kapitel 21.6 bis 21.9).

```
Fläche des Volumenkörpers wählen: Fläche wählen
Option eingeben [Nächstes/Xumkehren/Yumkehren] <bestätigen>:  ↵  oder
   Option wählen
```

Klicken Sie eine Kante des Volumenkörpers an. Die zugehörige Fläche wird markiert. Da eine Kante immer zwei Flächen begrenzt, können Sie mit der Option NÄCHSTES zur anderen Fläche wechseln. Mit der Option XUMKEHREN wird das BKS um 180° um die die X-Achse gedreht und mit der Option YUMKEHREN um 180° um die Y-Achse. Obwohl bei der Anfrage nach der Fläche die Pickbox angezeigt wird, können Sie auch direkt in die Fläche des Volumenkörpers klicken. Die zugehörige Fläche wird markiert. Auch in diesem Fall gibt es immer zwei Flächen, eine vordere und eine auf der Rückseite. Hier können Sie ebenfalls mit der Option NÄCHSTES, die Fläche wechseln.

Orthogonal: Ausrichtung des BKS auf den sechs Flächen eines Würfels, der am Koordinatenursprung liegt und der an den Kanten des Koordinatensystems ausgerichtet ist.

```
Option eingeben [Oben/Unten/Vorne/Hinten/Links/Rechts] <Oben>:
```

Geben Sie die Option ein für die Fläche, auf der Sie das BKS ausrichten wollen. Der Ursprung des neuen Koordinatensystems liegt immer am Nullpunkt des Weltkoordinatensystems.

Anwenden: Wenn Sie Ansichtsfenster erstellt haben und in diesen mit unterschiedlichen BKS arbeiten, können Sie wählen, ob Sie die aktuelle BKS-Einstellung auf ein Ansichtsfenster oder auf alle anwenden wollen. Die Systemvariable UCSVP legt fest, ob das BKS mit dem Ansichtsfenster gespeichert werden soll.

```
[Neu/Schieben/orthoGonal/VOrher/HOlen/SPeichern/Löschen/Anwenden/?/Welt]
   <Welt>: A für Anwenden
Ansichtsfenster für Anwendung des aktuellen BKS wählen oder [ALles]<aktuell>:
```

Benutzerkoordinatensysteme im Raum — Kapitel 20

→ *Die orthogonalen Koordinatensysteme finden Sie auch im Abrollmenü EXTRAS, Untermenü ORTHOGONALES BKS > und dort die Funktionen für die verschiedenen Ausrichtungen.*

→ *Im Werkzeugkasten BKS II haben Sie ein Abrollmenü für die bereits gespeicherten BKS. Dort können Sie auch auf die orthogonalen Koordinatensysteme umschalten (siehe Abbildung 20.17).*

Abbildung 20.17: Abrollmenü im Werkzeugkasten BKS II

Befehl BKSman mit orthogonalen BKS

Auch im Dialogfeld des Befehls BKSMAN finden Sie die orthogonalen Benutzerkoordinatensysteme. Wählen Sie den Befehl:

→ Abrollmenü EXTRAS, Untermenü ORTHOGONALES BKS >, Funktion BKS AUSRICHTUNG...

Damit kommen Sie gleich auf dieses Register (siehe Abbildung 20.18).

Markieren Sie eine Ausrichtung und klicken Sie auf die Schaltfläche AKTUELL oder klicken Sie es doppelt an und das aktuelle BKS wird entsprechend ausgerichtet.

→ *In den Ansichtsfenstern können unterschiedliche BKS gewählt werden. Dazu muss die Systemvariable UCSVP den Wert 1 haben.*

→ *Benannte BKS werden mit der Zeichnung abgespeichert.*

→ *Wird die Systemvariable UCSFOLLOW auf 1 gesetzt, wird beim Wechsel des BKS die Draufsicht auf das neue BKS angezeigt. Ist UCSFOLLOW auf 0 (Standard), wird die Ansicht nicht verändert.*

→ *Bei der Arbeit an 3D-Modellen sollten Sie das Koordinatensymbol zur Kontrolle einschalten und am Ursprung anzeigen lassen.*

Abbildung 20.18:
Register Orthogonales BKS im BKS-Manager

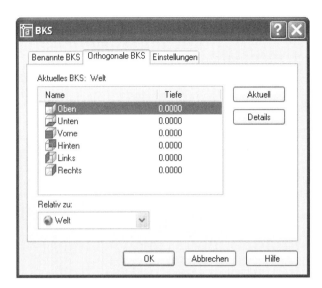

Zeichnen der Griffe und des zweiten Schrankteils

1. Die Griffe für die Türen und Schubladen bestehen im Wesentlichen aus zwei kleinen Zylindern und einem größeren, der quer dazu steht.

2. Stellen Sie eine Ansicht aus Richtung SO ein. Aktivieren Sie das Weltkoordinatensystem. Setzen Sie den Ursprung des BKS auf die Mitte der Unterkante der rechten Tür. Das ist die Koordinate 59.6,0,9. Drehen Sie das BKS dann um die X-Achse um 90°.

3. Stellen Sie eine Objekthöhe von 3 ein, die Erhebung soll 0 sein. Zeichnen Sie zwei Kreise mit Radius 0.8, Mitte 10,70 und -10,70.

4. Drehen Sie jetzt das BKS um die Y-Achse um 90°. Stellen Sie die Objekthöhe auf 30. Zeichnen Sie einen Kreis mit dem Mittelpunkt -3,70,-15 mit dem Radius 1. Der erste Griff ist fertig. Schalten Sie zum Weltkoordinatensystem zurück.

5. Kopieren Sie den kompletten Griff auf die linke obere Schubladenfront. Basispunkt ist das Zentrum eines der Kreise, zweiter Punkt @-39.2,0,0.

6. Erzeugen Sie die restlichen Griffe mit dem Befehl 3DREIHE.

```
Befehl: 3DReihe
Objekte wählen: Einzelteile des Griffs wählen
Objekte wählen: ↵
Anordnungstyp eingeben [Rechteckig/Polar] <R>: R für rechteckige
    Anordnung
Zeilenanzahl eingeben (---) <1>: 1
Spaltenanzahl eingeben (|||) <1>: 1
Ebenenanzahl eingeben (...) <1>: 4
Ebenenabstand eingeben (...): -19.5
```

7. Kopieren Sie den kompletten Schrank noch einmal auf die rechte Seite. Basispunkt ein Punkt am Schrank, zweiter Punkt @80,0,0.

8. Bearbeiten Sie das rechte Schrankteil wie in Abbildung 20.19.

9. Löschen Sie die oberen drei Schubladenfronten im rechten Schrank. Löschen Sie die Griffe am rechten Schrankteil bis auf den zweiten von oben an der Schubladenfront. Ändern Sie die Objekthöhe der untersten Schubladenfront und der rechten Tür auf 58. Sie haben dann gleich hohe Türen.

10. Spiegeln Sie den Griff von der linken auf die rechte Seite.

```
Befehl: 3DSpiegeln
Objekte wählen: Griff wählen
Objekte wählen: ⏎
Ersten Punkt auf Spiegelebene (3 Punkte) angeben oder [Objekt/Letztes/Z-
    achse/Ansicht/XY/YZ/ZX/3Punkte] <3Punkte>: YZ
Punkt angeben auf der YZ-Ebene <0,0,0>: Punkt mit dem Objektfang
    wählen oder eingeben, z.B.: 120,0,0
Quellobjekte löschen? [Ja/Nein] <N>: ⏎
```

- Zeichnen Sie noch die Abdeckung über den Türen. Stellen Sie die Erhebung auf 67.5 und die Objekthöhe auf 19.5. Zeichnen Sie eine Polylinie mit der Breite 2 von 80.5,1 nach 159.5,1. Stellen Sie anschließend Erhebung und Objekthöhe wieder auf 0. Das Ergebnis sollte wie in Abbildung 20.19 aussehen.

11. Falls Sie den Anschluss verloren haben: In Ihrem Ordner *Aufgaben* ist die Lösung. Sie finden sie unter dem Namen *L20-06.dwg*.

Das Benutzerkoordinatensymbol

Das Benutzerkoordinatensystem hat seit AutoCAD 2002 eine andere Form als in früheren Versionen. Es werden nur noch Linien für die Koordinatenachsen angezeigt. Haben Sie einen 3D-Ansichtspunkt gewählt, werden X-, Y- und Z-Achse angezeigt. Ist das Weltkoordinatensystem aktiv, wird am Kreuzungspunkt der Achsen ein Quadrat angezeigt. Bei einem Benutzerkoordinatensystem fehlt dieses Quadrat. Überkreuzen sich die Achsen, wird das Koordinatensymbol am Ursprung angezeigt. Wenn dies nicht der Fall ist, wird es links unten an der Zeichenfläche angezeigt. Dann liegt der Ursprung außerhalb der Zeichenfläche.

Befehl BKSymbol, Option Eigenschaften

Form und Größe des Koordinatensysmbols kann in einem Dialogfeld des Befehls BKSYMBOL, Option EIGENSCHAFTEN geändert werden.

Kapitel 20   3D-Zeichnen, -Editieren und -Präsentieren

Abbildung 20.19:
Die fertigen
Schränke

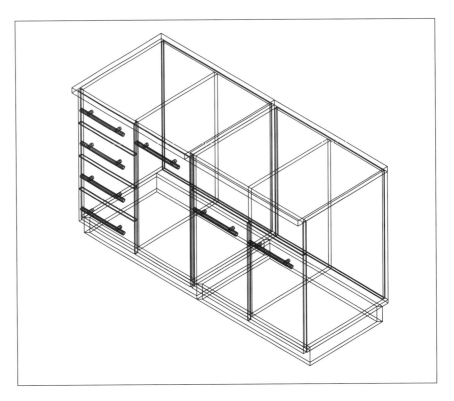

➥ Abrollmenü ANSICHT, Untermenü ANZEIGE>, Untermenü BKS-SYM-BOL>, Funktion EIGENSCHAFTEN

Abbildung 20.20:
Dialogfeld für die
Darstellung des
Koordinatensymbols

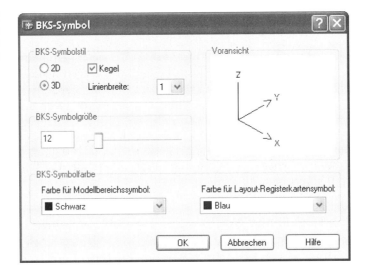

BKS-Symbolstil: Wählen Sie 2D, wenn Sie eine Darstellung des Koordinatensysmbols wie in früheren AutoCAD-Versionen haben wollen. Bei der Einstellung 3D haben Sie neue Anzeige. Haben Sie den Schalter KEGEL ein, werden die Symbole an den Spitzen ebenfalls dreidimensional als Kegel angezeigt. Im Abrollmenü Linienbreite können Sie die Linienstärke des Symbols ändern.

BKS-Symbolgröße: Mit dem Schieberegler ändern Sie die Größe des Symbols.

BKS-Symbolfarbe: Sowohl die Farbe des Koordinatensymbols im Modellbereich als auch die des Symbols auf den Layouts kann in den Abrollmenüs gewählt werden.

20.8 Verdecken und schattieren

Die Darstellungen zeigten das 3D-Modell immer als Drahtmodell. Dabei fällt die Orientierung oft schwer. Vor allem bei Ansichten von unten kommt es zur Verwirrung. Entfernen Sie die unsichtbaren Kanten, lässt sich das Modell besser beurteilen und Sie erkennen Fehler in der Konstruktion des Modells.

Befehl Verdeckt zum Entfernen verdeckter Kanten

Der Befehl VERDECKT entfernt die unsichtbaren Kanten aus dem Modell und zeigt nur die sichtbaren Kanten.

- Abrollmenü ANSICHT, Funktion VERDECKEN
- Symbol im Werkzeugkasten RENDER (in AutoCAD)

Die Schränke sehen dann wie in Abbildung 20.21 aus.

Befehl Shademode für schattierte Darstellungen

Mit dem Befehl SHADEMODE lassen sich in AutoCAD Drahtmodelldarstellungen, verdeckte und schattierte Darstellungen erzeugen. An der schattierten Darstellung kann gearbeitet werden und neu gezeichnete Objekte werden gleich schattiert dargestellt.

Kapitel 20 3D-Zeichnen, -Editieren und -Präsentieren

Abbildung 20.21:
Die Schränke ohne verdeckte Kanten

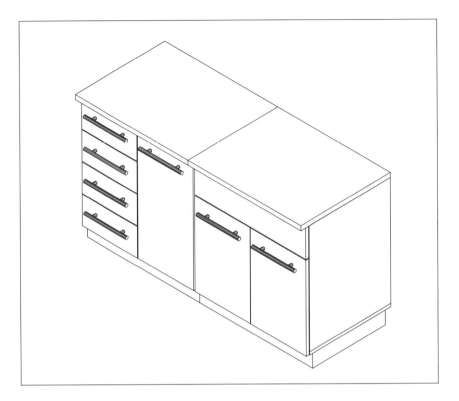

➡ Abrollmenü ANSICHT, Untermenü SCHATTIEREN, Funktionen für die Schattierungsarten

➡ Symbole im Werkzeugkasten SCHATTIEREN

```
Befehl: Shademode
Option eingeben [2D-Drahtkörper/3D-Drahtkörper/Verdeckt/ Flach/Gouraud/
    fLach+Kanten/gOuraud+Kanten] <aktuell>:
```

Haben Sie die Darstellung 2D-DRAHTKÖRPER *gewählt, bekommen Sie das normale Koordinatensysmbol, beim 3D-Drahtkörper das dreidimensionale Symbol. 3D-Objekte werden dann eventuell eckiger dargestellt. Wenn Sie im 3D-Orbit (siehe unten) die Ansicht verändern, wird automatisch auf die 3D-Darstellung umgeschaltet. Die 2D-Darstellung bekommen Sie nur im Abrollmenü* ANZEIGE *zurück.*

Befehl Shade

In AutoCAD LT gibt es den Befehl SHADE. Damit wird nur eine schattierte Ansicht auf dem Bildschirm erzeugt. Auch die Darstellungsqualität ist bescheidener wie in AutoCAD. Außerdem kann das 3D-Modell nicht bearbeitet werden. Mit dem Befehl REGEN kommt wieder die normale Darstellung auf den Bildschirm.

➤ Abrollmenü ANSICHT, Untermenü SCHATTIEREN, Funktionen für die Schattierungsarten

Der Befehl wird ohne weitere Anfragen ausgeführt.

Mit der Systemvariablen SHADEEDGE steuern Sie die Darstellung. Wird der Befehl aus dem Abrollmenü gewählt, dann wird diese Variable vorher automatisch gesetzt.

20.9 Der 3D-Orbit

Der 3D-Orbit ist ein Werkzeug zur Darstellung von 3D-Modellen in AutoCAD. Es ist der 3D-Universalbefehl für Zoom, Pan und Ansichtspunkt. Außerdem ermöglicht er die Fluchtpunktperspektive sowie Schnitte.

Befehl 3DOrbit

Der Grundbefehl zum Starten des 3D-Orbits heißt auch 3DORBIT. Aus dem Kontextmenü des 3D-Orbits lassen sich alle weiteren Befehle starten. Das sind die Befehle: 3DENTFERNUNG, 3DORBITFORTL, 3DPAN, 3DSCHNITT, 3DSCHWENKEN und 3DZOOM. Wählen Sie den Befehl 3DORBIT:

➤ Abrollmenü ANSICHT, Funktion 3D-ORBIT

➤ Symbol im Werkzeugkasten 3D-ORBIT

Haben Sie vor der Wahl des Befehls ein Objekt gewählt, wird nur dieses im 3D-Orbit dargestellt. Ist kein Objekt gewählt, wird das gesamte Modell dargestellt.

Darstellung im 3D-Orbit

Haben Sie den Befehl gewählt, ändert sich die Bildschirmanzeige (siehe Abbildung 20.22).

Drehen und Schwenken: Sie bekommen um Ihr 3D-Modell einen grünen Ring angezeigt. Am Koordinatenursprung haben Sie ein mehrfarbiges 3D-Koordinatensymbol. Klicken Sie einen Punkt innerhalb des Rings auf der Zeichenfläche an, können Sie mit gedrückter Maustaste das Modell in jeder Richtung frei im Raum drehen. Klicken Sie dagegen auf eine der kreisförmigen Markierungen am linken oder rechten Quadrantenpunkt, können Sie das Modell mit gedrückter Maustaste um die vertikale Achse drehen.

Kapitel 20   3D-Zeichnen, -Editieren und -Präsentieren

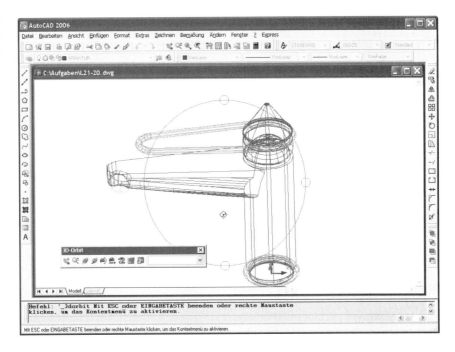

Abbildung 20.22: 3D-Modell im 3D-Orbit

Bei dem oberen und unteren Quadrantenpunkt können Sie um die horizontale Achse drehen. Klicken Sie außerhalb des Ringes und fahren mit gedrückter Maustaste um den Ring, wird das Modell um die Bildschirmmittelachse geschwenkt. In allen Fällen wird der Befehl nicht beendet, wenn Sie die Maustaste loslassen. Sie können weitere Funktionen anwenden. Erst mit den Tasten ⏎ oder Esc wird der Befehl beendet.

Schattierungsmodi: Ist der 3D-Orbit aktiv, können Sie mit der rechten Maustaste ein Kontextmenü auf den Bildschirm holen. Daraus wählen Sie die weiteren Funktionen des 3D-Orbits. Im Untermenü SCHATTIERUNGSMODI finden Sie die Funktionen für die verschiedenen Darstellungsarten. Sie können wählen zwischen: DRAHTKÖRPER für die normale Darstellung als Drahtmodell oder VERDECKT für eine Darstellung ohne verdeckte Kanten. Bei der Funktion FLACHSCHATTIERT wird das Modell schattiert dargestellt. Die Darstellung ist jedoch sehr grob, die Oberfläche wird durch Dreiecke angenähert, die jeweils in einer Farbe eingefärbt sind. Bei der Funktion GOURAUD-SCHATTIERT sind die Übergänge kontinuierlich. Die Farbverläufe haben keine Stufen. Zwei weitere Funktionen entsprechen den letzten beiden: FLACHSCHATTIERT, KANTEN AKTIVIERT und GOURAUD-SCHATTIERT, KANTEN AKTIVIERT. Zusätzlich werden bei diesen Funktionen die Kanten angezeigt. Zum Arbeiten an den Modellen eignen sich diese Funktionen am besten, da das Modell beim Bearbeiten an den Kanten angewählt werden muss und Sie mit der Schattierung eine bessere räumliche Vorstellung haben.

Zoom, Pan oder Orbit: Innerhalb des Orbits können Sie mit diesen Funktionen auch auf die Echtzeit-Zoom- und Echtzeit-Pan-Funktionen umschalten. Drücken Sie dort die rechte Maustaste, kommen Sie zum selben Kontextmenü und können mit der Funktion ORBIT wieder zum 3D-Orbit zurückschalten. Die Funktion BEENDEN beendet den Orbit komplett.

Ansicht zurücksetzen: Mit dieser Funktion kommen Sie wieder zu dieser Ansicht, die Sie beim Start des 3D-Orbits hatten.

Voreingestellte Ansichten: In einem Untermenü finden Sie wie beim Befehl APUNKT die Standardansichten (siehe Kapitel 20.5): OBEN, UNTEN, VORNE, LINKS, RECHTS SOWIE ISO-ANSICHT SW, SO, NW und NO.

Arbeiten Sie mit der IntelliMouse, können Sie während des Drehens oder Schwenkens mit dem Rad zoomen oder mit der Radtaste panen, ohne den Orbit beenden zu müssen oder zu den Zoom- und Pan-Funktionen des Orbits wechseln zu müssen.

3D-Orbit

Laden Sie die Zeichnung *A20-07.dwg* aus dem Ordner *Aufgaben* und testen Sie die oben beschriebenen Funktionen an diesem Modell.

Anzeigehilfen im 3D-Orbit

Im Kontextmenü des 3D-Orbits können Sie weitere Zeichnungshilfen zuschalten, um eine bessere Orientierung bekommen. Diese Funktionen finden Sie im Kontextmenü in dem Untermenü ANZEIGEHILFEN:

Kompass: Damit aktivieren Sie einen 3D-Kompass, der einen Skalenring in der XY-Ebene und in der XZ-Ebene hat (siehe Abbildung 20.24).

Raster: Ist diese Funktion ein, wird ein Raster in der XY-Ebene zur besseren Orientierung zugeschaltet. Der Rasterabstand entspricht dem, den Sie auch mit dem Befehl ZEICHEINST einstellen können (Abrollmenü EXTRAS, Funktion ENTWURFSEINSTELLUNGEN..., siehe Kapitel 3).

BKS-Symbol: Schaltet das Koordinatensymbol ein und aus.

Die Anzeigehilfen werden nur im Orbit angezeigt und können auch dort wieder ausgeschaltet werden.

Weitere Optionen

Im Untermenü WEITERE OPTIONEN des Kontextmenüs können Sie den Ausschnitt weiter verändern:

Abbildung 20.23:
Modell im 3D-Orbit, schattiert mit Kantenanzeige sowie Kompass und BKS-Symbol

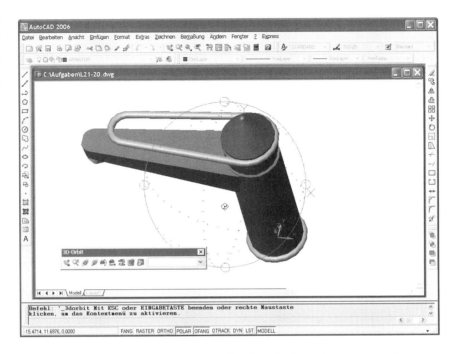

Abstand anpassen: Fahren Sie mit gedrückter linker Maustaste nach unten, wird der Abstand zwischen Modell und Betrachter vergrößert, das Modell wird kleiner. Fahren Sie nach oben, wird das Modell vergrößert.

Kamera schwenken: Mit gedrückter linker Maustaste können Sie die Kamera schwenken. Wird die Kamera beispielsweise nach links geschwenkt, wandert das Modell nach rechts aus usw.

Zoom Fenster und Zoom Grenzen: Wie beim Echtzeit-Zoom können Sie einen Ausschnitt oder wieder auf das komplette Modell zoomen.

Fortlaufender Orbit: Diese Funktion ist ein interessanter und wirkungsvoller Effekt für Präsentationen. Haben Sie sie angewählt, können Sie wie beim normalen Orbit Ihr Modell in eine bestimmte Richtung drehen. Wenn Sie die Maustaste loslassen, dreht sich das Modell in der Richtung und mit der Geschwindigkeit weiter, mit der Sie es angestoßen haben, so lange, bis Sie den Orbit beenden.

Der Befehl 3DORBIT kann transparent während der Arbeit an anderen Befehlen ausgeführt werden. Das ist sehr hilfreich, wenn Sie während eines Befehls verschiedene Ansichten benötigen.

20.10 Fluchtpunktperspektiven und Schnitte

Wenn wir unser 3D-Modell von einem Ansichtspunkt aus betrachten, erscheint es immer als Parallelperspektive. Entfernte Gegenstände sind genauso groß wie nahe. Dabei entsteht der optische Eindruck, als ob die Gegenstände nach hinten breiter würden, weil diese Sichtweise nicht unseren normalen Sehgewohnheiten entspricht. Abhilfe schafft die Fluchtpunktperspektive, der optische Eindruck wird damit realistischer. Mit dem 3D-Orbit lässt sich auch dies machen. Im Kontextmenü kann auf die Fluchtpunktperspektive umgeschaltet werden.

Umschalten zur Fluchtpunktperspektive

Wechseln Sie im Kontextmenü des 3D-Orbits mit den Funktionen PARALLEL und PERSPEKTIVISCH im Untermenü PROJEKTION, zwischen der Parallelperspektive und der Fluchtpunktperspektive. Die jeweilige Projektion bleibt aktiv wenn Sie den 3D-Orbit beenden. Sie können sie nur wieder im 3D-Orbit ändern. Wenn Sie die Fluchtpunktperspektive haben, können Sie mit der Funktion ZOOM im Kontextmenü wie bei einer Kamera die Objektivbrennweite verändern. Mit der Funktion ABSTAND ANPASSEN im Untermenü WEITERE OPTIONEN können Sie den Kameraabstand ändern.

Wie in der Fotografie gilt: Geringer Abstand und kurze Brennweite täuschen Tiefe vor (siehe Abbildung 20.24, oben links). Vordergrundobjekte werden betont und wirken deshalb größer. Räume wirken größer. Großer Abstand und lange Brennweite raffen Entfernungen zusammen. Objekte im Hintergrund wirken größer, der Tiefeneindruck verschwindet, die Darstellung sieht der Parallelperspektive ähnlich (siehe Abbildung 20.24, rechts). Am natürlichsten wirken mittlere Brennweiten zwischen 50 und 80 mm (siehe Abbildung 20.24, unten Mitte).

Wenn die Fluchtpunktperspektive aktiv ist, können die normalen Befehle ZOOM und PAN nicht verwendet werden, nur die im Orbit sind möglich.

Schnittdarstellungen

Im 3D-Orbit können Sie zwei Zuschneideebenen definieren und das 3D-Modell an diesen Flächen abtrennen. Wählen Sie dazu im Kontextmenü des 3D-Orbits aus dem Untermenü WEITERE OPTIONEN die Funktion ZUSCHNEI-DEEBENEN ANPASSEN. Sie werden in einem separaten Einstellfenster angepasst (siehe Abbildung 20.25).

Kapitel 20 3D-Zeichnen, -Editieren und -Präsentieren

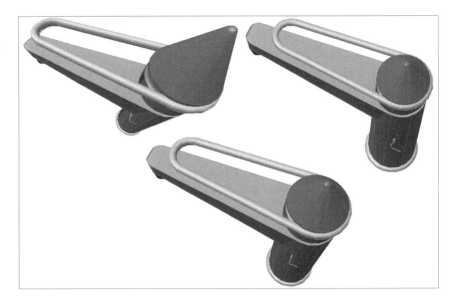

Abbildung 20.24:
Fluchtpunkt-perspektiven mit verschiedenen Brennweiten

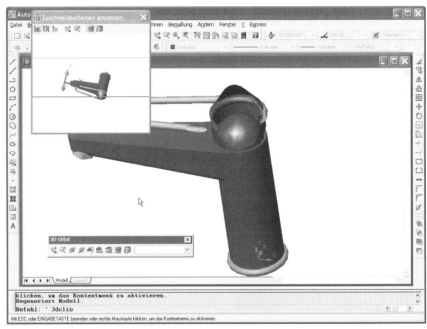

Abbildung 20.25:
Schnittflächen anpassen

Das Fenster hat einen Werkzeugkasten mit fünf Symbolen:

Zuschneideebenen anpassen: Es gibt zwei Schnittflächen am Modell, eine hintere und eine vordere. Beide laufen parallel zur Bildschirmebene der momentanen Ansicht und können verschoben werden. Alles was vor der vorderen und alles was hinter der hinteren Zuschneideebene ist, kann unsichtbar gemacht werden. Mit den beiden linken Symbolen können Sie die Zuschneideebenenen im Einstellfenster nacheinander verschieben und dabei das Ergebnis im Zeichnungsfenster kontrollieren. Die Zuschneideebene sind im Einstellfenster mit zwei waagrechten Linien gekennzeichnet. Ziehen Sie die Linien mit gedrückter Maustaste an die gewünschte Stelle.

Kappen: Mit dieser Funktion können Sie beide Zuschneideebenen parallel zueinander im Einstellfenster verschieben.

Zuschneideebenen aktivieren: Mit diesen beiden Symbolen können Sie die vordere oder hintere Schnittfläche zu- oder abschalten. Ist die Schnittfläche aktiv, werden die entsprechenden Teile des Modells ausgeblendet (siehe Abbildung 20.25). Diese Funktionen finden Sie auch im Kontextmenü des 3D-Orbits, Untermenü WEITERE OPTIONEN, Funktionen VORDERES ZUSCHNEIDEN AKTIVIERT und HINTERES ZUSCHNEIDEN AKTIVIERT.

➤ *Die Schnittdarstellung hat eine feste Position im Raum. Wenn Sie mit dem 3D-Orbit das Modell verdrehen, wird es an einer anderen Stelle geschnitten.*

➤ *Die Schnittdarstellung bleibt auch dann, wenn Sie den 3D-Orbit beenden. Nur wenn Sie den Orbit wieder aufrufen, können Sie den Schnitt deaktivieren.*

Schnittdarstellungen

1. Testen Sie die Schnittdarstellungen an Ihrem 3D-Modell.
2. Stellen Sie Fluchtpunktperspektiven mit verschiedenen Brennweiten und Abständen ein.

Befehl VIeinstellungen

Mit dem Befehl VLEINSTELLUNGEN können Sie die Darstellung verdeckter Linien beeinflussen. Diese Einstellungen sind nur sichtbar, wenn der Befehl VERDECKT oder die Option VERDECKT des Befehl SHADEMODE verwendet wird. Den Befehl VLEINSTELLUNGEN finden Sie nicht in den Menüs, Sie können ihn nur auf der Tastatur eingeben. Sie bekommen daraufhin ein Dialogfeld (siehe Abbildung 20.26).

Verdunkelte Linien: Normalerweise werden verdeckte Linien beim Befehl VERDECKT oder der Option VERDECKT des Befehls SHADEMODE nicht angezeigt. Wählen Sie aber einen Linientyp und eine Farbe in diesem Feld, werden sie mit diesem Linientyp und in dieser Farbe angezeigt.

Ausblendungs-Prozentsatz: Legt den Abstand zur Verkürzung einer Halo-Linie an. Eine Halo-Linie wird an der Stelle verkürzt, an der sie verdeckt ist. Der Abstand wird als Prozentsatz eines Zolls angegeben und gilt unabhängig von der Zoomebene.

Abbildung 20.26:
Einstellungen für verdeckte Linien

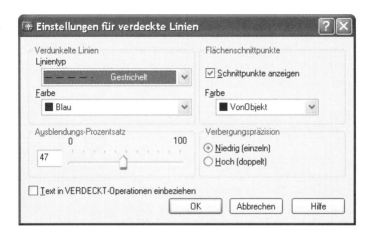

Text in Verdeckt-Operationen einbeziehen: Legt fest, ob Texte auch verdeckt werden sollen oder ob Sie immer sichtbar sein sollen.

Flächenschnittpunkte: Legt die Anzeige und Farbe von Flächenschnittpunkten fest. Der Flächenschnittpunkt wird als Polylinie durch die Schnittpunkte der 3D-Flächen angezeigt. Mit dem Schalter SCHNITTPUNKTE ANZEIGEN können Sie wählen, ob die Schnittlinien angezeigt werden oder nicht.

Verbergungspräzision: Steuert die Genauigkeit beim Verdecken und Schattieren. Unter VERBERGUNGSPRÄZISION stehen die Optionen NIEDRIG (EINZELN) und HOCH (DOPPELT) zur Auswahl.

20.11 Ansichtsfenster im Modellbereich

Den Befehl AFENSTER haben Sie schon in Kapitel 16 kennen gelernt. Bei der Konstruktion von 3D-Modellen ist er ebenfalls nützlich. Sie können damit in den Fenstern unterschiedliche Ansichtspunkte einstellen.

Befehl Afenster bei 3D-Modellen

Wählen Sie den Befehl wie bereits bekannt:

➥ Abrollmenü ANSICHT, Untermenü ANSICHTSFENSTER, Funktionen für die einzelnen Optionen des Befehls

➥ Symbol im Werkzeugkasten LAYOUTS und ANSICHTSFENSTER

Wählen Sie im Abrollmenü die Variante mit dem Dialogfeld (siehe Abbildung 20.27). Klicken Sie den Eintrag NEUE ANSICHTSFENSTER... an.

Ansichtsfenster im Modellbereich Kapitel 20

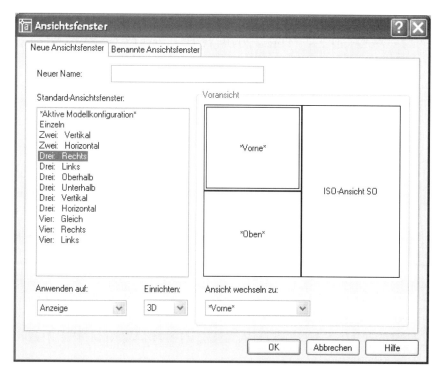

Abbildung 20.27:
Ansichtsfenster bei 3D-Modellen

Die Ansichtsfenster werden wie bei einer 2D-Zeichnung erstellt. Auch können Sie eine Fensteraufteilung unter einem Namen speichern, genauso wie in Kapitel 16.1 beschrieben. Der Unterschied besteht darin, dass Sie jetzt im Abrollmenü EINRICHTEN den Eintrag 3D auswählen können. Klicken Sie dann die Fenster in der Voransicht an und wählen im Abrollmenü ANSICHT WECHSELN ZU die 3D-ANSICHT aus, die Sie in diesem Ansichtsfenster haben wollen. Die Anordnung wird entsprechend erstellt, wenn Sie auf OK klicken.

➡ *Wählen Sie ein einzelnes oder eine Anordnung von Ansichtsfenstern mit den anderen Funktionen im Menü, müssen Sie die Ansichten in den Fenstern manuell einstellen. Erzeugen Sie die Aufteilung und klicken Sie dann nacheinander in alle Fenster und wählen in jedem Fenster den gewünschten Ansichtspunkt.*

➡ *In den Fenstern können Sie mit dem 3D-Orbit auch schattierte, perspektivische und geschnittene Darstellungen erzeugen.*

Kapitel 20   3D-Zeichnen, -Editieren und -Präsentieren

Aufteilung bei 3D-Modellen

1. Laden Sie die Zeichnung *A20-08.dwg* aus dem Ordner *Aufgaben* oder nehmen Sie Ihren selbst konstruierten Schrank.

2. Wählen Sie den Befehl AFENSTER aus dem Abrollmenü ANSICHT, Untermenü ANSICHTSFENSTER, Funktion NEUE ANSICHTSFENSTER...

3. Wählen Sie die Aufteilung wie in Abbildung 20.27. Stellen Sie die Ansichten in den einzelnen Fenstern ein und klicken Sie auf OK.

4. Die Darstellung in den Fenstern ist zunächst formatfüllend. Es ist beim Zeichnen unpraktisch, wenn das Modell bis zum Fensterrand reicht. Klicken Sie nacheinander in jedes Fenster und verkleinern Sie die Anzeige (zum Beispiel Befehl ZOOM, FAKTOR 0.8X).

Das Ergebnis könnte wie in Abbildung 20.28 aussehen. Eine Lösung finden Sie ebenfalls im Ordner *Aufgaben*: *L20-08.dwg*.

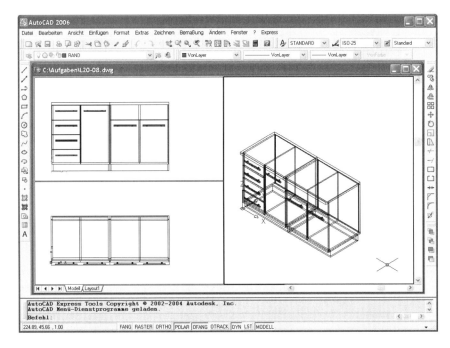

Abbildung 20.28:
Der Schrank in verschiedenen Fenstern

20.12   Layout von 3D-Modellen

In Kapitel 16.3 haben Sie gesehen, wie Sie aus Ihrer Zeichnung Layouts im Papierbereich anlegen können. Genauso gehen Sie auch beim Layout für ein 3D-Modell vor. Sehen wir es uns gleich am Beispiel an.

Layout von 3D-Modellen — Kapitel 20

Layouts für 3D-Modell erstellen

1. Arbeiten Sie mit Ihrem selbst konstruierten Schrank weiter oder laden Sie die Zeichnung *L20-08.dwg*, die Lösung aus dem letzten Kapitel.

2. Wechseln Sie zum Register *Layout1* und richten Sie die Seite ein. Wählen Sie im Register PLOTTER den Plotter, den Sie in Kapitel 15.4 konfiguriert haben. Wählen Sie eine Plotstiltabelle, zum Beispiel *acad.cbt*.

3. Wählen Sie im Register LAYOUT-EINSTELLUNGEN das Papierformat, für dieses Layout das benutzerspezifische Format, das Sie in Kapitel 15.5 angelegt haben, *A3 quer Übergröße*. Dieses Format erscheint nur dann, wenn Sie es wie beschrieben angelegt haben. Fügen Sie den Zeichnungsrahmen mit dem Befehl EINFÜGE ein. Verwenden Sie *DIN_A3.dwg* aus dem Ordner *Aufgaben* und fügen Sie ihn am Punkt 0,0,0 ein.

4. Erstellen Sie einen Layer *Afenster*, ordnen Sie ihm eine Farbe zu und machen Sie ihn zum aktuellen Layer.

5. Benennen Sie das Layout um in *3_Ansichten*. Wählen Sie dann den Befehl AFENSTER. Verwenden Sie das Symbol im Werkzeugkasten ANSICHTS-FENSTER oder LAYOUTS oder wählen Sie im Abrollmenü ANSICHT, Untermenü ANSICHTSFENSTER > die Funktion NEUE ANSICHTSFENSTER...

6. Stellen Sie 3 Ansichten ein und zwar die Anordnung DREI: RECHTS, wählen Sie einen Abstand zwischen den Fenstern von 20 und im Abrollmenü EINRICHTEN die Einstellung 3D. Stellen Sie im Fenster links oben die Ansicht VORNE ein, darunter OBEN und im rechten Fenster ISO-ANSICHT SW.

7. Klicken Sie auf OK und ziehen Sie das Fenster für die Anordnung auf.

    Erste Ecke angeben oder [Zbereich]: <Zbereich>: **Linken oberen Eckpunkt des inneren Zeichenbereichs am Zeichnungsrahmen anklicken**
    Entgegengesetzte Ecke angeben: **Rechten oberen Eckpunkt des Schriftfelds anklicken**

8. Aktivieren Sie den Werkzeugkasten ANSICHTSFENSTER. Aktivieren Sie nacheinander alle Ansichtsfenster mit einem Doppelklick im Fenster und stellen Sie im Abrollmenü des Werkzeugkastens ANSICHTSFENSTER den Maßstab *1:1* ein. Der Schrank ist in Zentimetern gezeichnet. Mit dieser Einstellung ergibt sich, dass ein Zentimeter aus dem Modellbereich auf dem Papier einem Millimeter entspricht. Somit haben Sie auf dem Papier den Maßstab *1:10*.

9. Aktivieren Sie wieder den Papierbereich, indem Sie doppelt auf die Papierfläche klicken und zwar an einer Stelle, an der sich kein Ansichtsfenster befindet. Aktivieren Sie den Objekteigenschaften-Manager. Wählen Sie alle Ansichtsfenster an und stellen Sie im Feld ANZEIGE

GESPERRT *Ja* und bei SCHATTIERUNGSPLOT die gewünschte Darstellung für dieses Fenster ein (siehe unten, SCHATTIERT PLOTTEN). Die Fenster sind jetzt gegen versehentliches Zoomen geschützt, und werden in der eingestellten Darstellung geplottet. Dann können Sie den Objekteigenschaften-Manager wieder abschalten.

10. Erstellen Sie weitere Layouts, beispielsweise eine isometrische Darstellung schattiert auf einem A4-Blatt. Auf einem weiteren Blatt eine geschnittene Darstellung, bei der die Vorderfronten an den Schränken fehlen usw.

11. Schalten Sie zum Schluss den Layer *Afenster* aus, damit die Rahmen der Fenster auf dem Layout nicht sichtbar sind.

In der Zeichnung *L20-09.dwg* im Ordner *Aufgaben* finden Sie außer dem gerade erstellten Layout (siehe Abbildung 20.29) weitere Layouts, auch die perspektivische Darstellung (siehe Abbildung 20.30) und die Darstellung ohne Fronten.

Wollen Sie die Zeichnung plotten, machen Sie das im Layout (siehe unten).

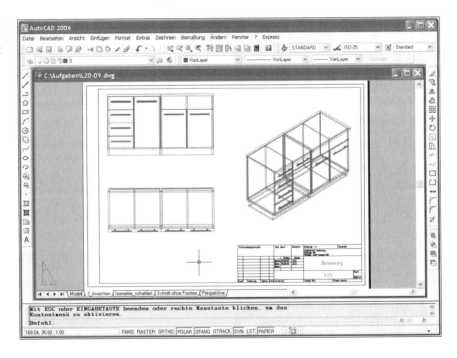

Abbildung 20.29: Drei Ansichten auf dem Layout

> *Bemaßungen werden immer in der XY-Ebene erstellt. Ansichten von vorne könnten Sie sonst nicht bemaßen. Mit einem eigenen BKS für jedes Ansichtsfenster könnten Sie das Problem lösen.*

TIPP

Layout von 3D-Modellen   Kapitel 20

➤ *Bemaßen Sie auf jeden Fall auf dem Layout, dann haben Sie das Problem nicht. Bei der Bemaßung von isometrischen Darstellungen bekommen Sie allerdings keine sinnvollen Werte.*

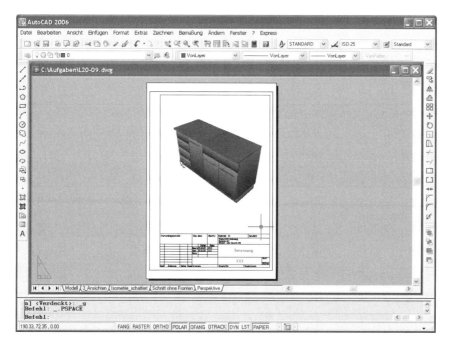

Abbildung 20.30:
Layout mit Fluchtpunktperspektive

Schattiert Plotten

In AutoCAD und AutoCAD LT können Sie Ihr 3D-Modell nicht nur schattiert am Bildschim darstellen sondern auch schattiert ausplotten. Dazu gehen Sie in den verschiedenen Bereichen unterschiedlich vor:

Im Modellbereich: Im Dialogfeld des Befehls PLOT, Register PLOTEINSTELLUNGEN finden Sie das Feld OPTIONEN DES SCHATTIERTEN ANSICHTSFENSTERS. Dort stellen Sie ein, wie Ihr 3D-Modell beim Plotten im Modellbereich ausgegeben werden soll. Im Abrollmenü SCHATTIERUNGS-PLOT wählen Sie, ob Sie plotten wollen wie angezeigt, als Drahtkörper, verdeckt oder gerendert. Haben Sie gerendert gewählt, können Sie darunter in einem weiteren Abrollmenü die Qualität des Plots in verschiedenen Stufen wählen. Mit der Auswahl *Benutzerspezifisch* lässt sich im Feld darunter die Druckqualität in dpi eingeben.

Im Papierbereich: Im Dialogfeld des Befehls PLOT, Register PLOTEINSTELLUNGEN finden Sie das Feld Plotoptionen den Schalter PAPIERBEREICHSOBJEKTE AUSBLENDEN. Damit werden verdeckte Linien aus 3D-Modellen entfernt, die Sie im Layout auf dem Papierbereich eingefügt haben, was in der Regel aber nicht der Fall ist. Damit die Ansichtfenster schattiert oder

(KOMPENDIUM) AutoCAD und LT 2006   717

verdeckt ausgegeben werden, stellen Sie im Befehl -AFENSTER ein oder im Objekteigenschaften Manager. Gehen Sie wie folgt vor:

Geben Sie den Befehl -AFENSTER (mit Bindestrich vorangestellt) ein und wählen Sie die Option, die Darstellungsart und die Ansichtsfenster für die diese gelten sollen:

```
Befehl: -Afenster
Ecke des Ansichtsfensters angeben oder
[Ein/Aus/Zbereich/SChattplot/speRren/Objekt/Polygonal/
Holen/2/3/4] <Zbereich>: SC für die Option schattplot
Schattierungsplot? [Wie angezeigt/Drahtkörper/Verdeckt/
Gerendert] <Wie angezeigt>: Darstellung mit der entsprechenden Option
wählen z. B.: G für gerendert
Objekte wählen: Ansichtsfenster wählen für die diese Darstellung gelten
    soll
```

Wie angezeigt: Das Modell wird in diesem Ansichtfenster bzw. in diesen Ansichtsfenstern so geplottet, wie Sie es im Modellbereich angezeigt bekommen.

Drahtkörper: Das Modell wird in diesem Ansichtfenster bzw. in diesen Ansichtsfenstern als Drahtkörper mit den verdeckten Kanten geplottet.

Verdeckt: Das Modell wird in diesem Ansichtfenster bzw. in diesen Ansichtsfenstern als Drahtkörper ohne die verdeckten Kanten geplottet, bzw. die verdeckten Kanten werden wie im Befehl VLEINSTELLUNGEN gewählt.

Gerendert: Das Modell wird in diesem Ansichtfenster bzw. in diesen Ansichtsfenstern gerendert geplottet.

Sie können die Einstellungen aber auch im Objekteigenschaften-Manager vornehmen. Klicken Sie ein oder mehrere Ansichtsfenster ohne Befehl an. Aktivieren Sie den Objekteigenschaften-Manager. Blättern Sie die Kategorie VERSCHIEDENES auf. Wählen Sie im Abrollmenü des Felds SCHATTIERUNGS-PLOT die gewünschte Darstellung (siehe Abbildung 20.31).

Im Dialogfeld des Befehls PLOT, Register PLOTEINSTELLUNGEN stellen Sie das Feld OPTIONEN DES SCHATTIERTEN ANSICHTSFENSTERS nur noch die Ausgabequalität ein. Die Art der Darstellung wird von den Einstellungen für die Ansichtsfenster bestimmt.

Layout von 3D-Modellen Kapitel 20

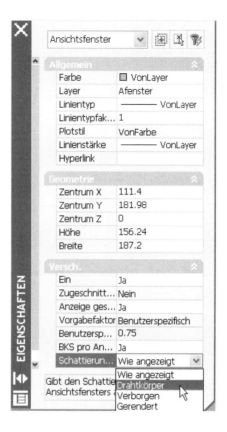

Abbildung 20.31: Auswahl der Schattierung beim Plotten

Schattiert plotten

1. Plotten Sie Ihre Layouts und stellen Sie eine gerenderte Darstellung mit 300 dpi ein für die Ansichtsfenster in den Layouts *Isometrie_Schattiert* und *Perspektive* ein.

2. Lassen Sie sich den Plot zunächst in der Voransicht anzeigen. Plotten Sie Ihre Layouts.

21 Oberflächen- und Volumenmodelle

Im letzten Kapitel haben Sie alles über die Darstellungsmöglichkeiten von 3D-Modellen erfahren. Nur die Modelle selbst waren noch relativ bescheiden. Es waren 2D-Objekte mit Objekthöhe, kurz 2½D-Modelle. Komplizierte Formen konnten damit nicht erstellt werden. Hier helfen Ihnen Oberflächen- und Volumenmodelle weiter.

21.1 3D-Polylinien, -Flächen und -Netze

Mit den Befehlen für Oberflächen bilden Sie Ihr 3D-Modell durch die Oberfläche nach. Es entsteht sozusagen ein Papiermodell, das nur aus der Außenhaut besteht. Das kleinste Element bei den Oberflächen ist die 3D-Fläche, ein drei- oder viereckiges planes Element. Das 3D-Netz ist ein zusammenhängendes Objekt aus planen Flächen, vergleichbar mit einem Einkaufsnetz. Sie lassen sich nur sehr aufwändig erstellen. Spezielle Befehle erleichtern Ihnen die Konstruktion.

Oberflächenmodelle haben einen entscheidenden Nachteil, Sie können sie nicht editieren. Die 3D-Fläche ist die kleinste Einheit. Eine Bohrung durch ein Objekt, das aus 3D-Netzen oder 3D-Flächen aufgebaut ist, können Sie praktisch nicht mehr anbringen. Festkörper (siehe Kapitel 21.6) bieten Ihnen da weitaus mehr Editiermöglichkeiten.

Sie finden die Befehle zu den Oberflächenmodellen im Abrollmenü ZEICHNEN, Untermenü FLÄCHEN >. Außerdem sind alle Befehle auch im Werkzeugkasten FLÄCHEN anwählbar. Außer der 3D-Polylinie haben Sie diese Befehle in AutoCAD LT nicht. Dieses Kapitel können Sie als LT-User also komplett überblättern.

Befehl 3DPoly

Die 3D-Polylinie ist eine Variante der Polylinie. Es ist ein zusammenhängender Linienzug im Raum. Bogensegmente lassen sich allerdings nicht verwenden. Jedem Stützpunkt können Sie aber einen anderen Z-Wert geben. Sie werden mit dem Befehl 3DPOLY erzeugt.

Kapitel 21   Oberflächen- und Volumenmodelle

→ Abrollmenü ZEICHNEN, Funktion 3D-POLYLINIE

```
Befehl: 3DPoly
Startpunkt für Polylinie eingeben:
Endpunkt der Linie angeben oder [Zurück]:
Endpunkt der Linie angeben oder [Zurück]:
Endpunkt der Linie eingeben oder [Schließen/Zurück]:
```

Den Befehl können Sie wie den Befehl LINIE verwenden, nur dass dabei zusammenhängende Linienzüge im Raum entstehen.

Befehl 3DFläche

Mit dem Befehl 3DFLÄCHE erzeugen Sie in AutoCAD einzelne Flächen mit drei oder vier Eckpunkten oder eine Serie von Flächen, die jeweils an einer Kante zusammenhängen. Jedem Stützpunkt können Sie einen eigenen Z-Wert geben. Somit entstehen Flächen plan oder verwunden im Raum. Erhebung und Objekthöhe haben jetzt keine Auswirkung mehr.

→ Abrollmenü ZEICHNEN, Untermenü FLÄCHEN >, Funktion 3D-FLÄCHE

→ Symbol im Werkzeugkasten FLÄCHEN

```
Befehl: 3DFläche
Ersten Punkt angeben oder [Unsichtbar]:
Zweiten Punkt angeben oder [Unsichtbar]:
Dritten Punkt angeben oder [Unsichtbar] <beenden>:
Vierten Punkt angeben oder [Unsichtbar] <dreiseitige Fläche erstellen>:
Dritten Punkt angeben oder [Unsichtbar] <beenden>:
Vierten Punkt angeben oder [Unsichtbar] <dreiseitige Fläche erstellen>:
   usw.
```

Die Eckpunkte der 3D-Flächen müssen Sie in einem Umlauf eingeben. Wollen Sie eine dreieckige Fläche haben, geben Sie für den vierten Punkt ⏎ ein. Haben Sie vier Punkte eingegeben, können Sie eine weitere Fläche anhängen. Für diese müssen Sie nur noch den dritten und vierten Punkt eingeben. Die Fläche hängt dann an der Kante der ersten Fläche. Den Befehl schließen Sie ab, wenn Sie auf Anfrage nach dem dritten Punkt ⏎ eingeben. 3D-Flächen verdecken dahinter liegende Objekte.

Wollen Sie eine Kante bei zusammengesetzten Flächen unsichtbar haben, dann geben Sie vor der Eingabe des ersten Punkts dieser Kante die Option U für UNSICHTBAR ein. Ist die Systemvariable SPLFRAME auf 1 gesetzt, werden die unsichtbaren Kanten von 3D-Flächen trotzdem angezeigt. Kanten von Flächen lassen sich auch nachträglich mit dem Befehl EDGE sichtbar oder unsichtbar machen (siehe unten).

3D-Polylinien, -Flächen und -Netze

Würfel aus 3D-Flächen

1. Als Vorübung für 3D Flächen erstellen Sie einen geschlossenen Würfel aus 3D-Flächen (siehe Abbildung 21.1). Zeichnen Sie die untere Fläche und kopieren diese nach oben. Danach erstellen Sie die Ummantelung.

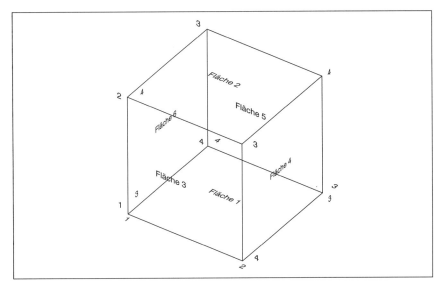

Abbildung 21.1:
Würfel aus
3D-Flächen

2. Erstellen Sie die Grundfläche mit der Kantenlänge 100:

```
Befehl: 3DFläche
Ersten Punkt angeben oder [Unsichtbar]: 0,0
Zweiten Punkt angeben oder [Unsichtbar]: 100,0
Dritten Punkt angeben oder [Unsichtbar] <beenden>: 100,100
Vierten Punkt angeben oder [Unsichtbar] <dreiseitige Fläche erstellen>:
   0,100
Dritten Punkt angeben oder [Unsichtbar] <beenden>: ⏎
```

3. Kopieren Sie die Grundfläche um 100 in Z-Richtung zur Deckfläche.

4. Stellen Sie mit dem Befehl DDVPOINT den Ansichtspunkt 305° (Winkel zur X-Achse), 35° (Winkel zur XY-Ebene) ein. Nehmen Sie nicht die Isometrie von Süd-Ost. Bei einem Würfel bekommen Sie dann ungünstige Verhältnisse, da die Eckpunkte in einer Flucht liegen.

5. Zeichnen Sie die äußeren Flächen mit Objektfang ENDPUNKT nach.

6. Betrachten Sie den Würfel mit dem 3D-Orbit von allen Seiten und achten Sie darauf, ob alle Flächen geschlossen sind. Eine Lösung finden Sie im Ordner *Aufgaben*: *L21-01.dwg*.

Kapitel 21　　Oberflächen- und Volumenmodelle

Befehl 3DNetz

Mit dem Befehl 3DNETZ können Sie zusammenhängende Netze im Raum erstellen. Jedem Knotenpunkt können Sie einen eigenen Z-Wert geben. Solche Netze lassen sich mit dem Befehl URSPRUNG wieder in 3D-Flächen zerlegen und mit dem Befehl PEDIT editieren.

➤ Abrollmenü ZEICHNEN, Untermenü FLÄCHEN, Funktion 3D-NETZ

➤ Symbol im Werkzeugkasten FLÄCHEN

```
Befehl: 3DNetz
Größe des Netzes in Richtung M eingeben: Ganzzahl
Größe des Netzes in Richtung N eingeben: Ganzzahl
Position des Kontrollpunkts eingeben (0,0): Koordinate
Position des Kontrollpunkts eingeben (0,1): ...
..
Position des Kontrollpunkts eingeben (0,N-1): ...
Position des Kontrollpunkts eingeben (1,0): ...
Position des Kontrollpunkts eingeben (1,1): ...
..
Position des Kontrollpunkts eingeben (M-1,N-1): usw.
```

M und N legen die Zahl der Kontrollpunkte in jeder Richtung fest. Die Koordinaten für jeden Kontrollpunkt geben Sie danach einzeln ein. Dadurch erhalten Sie ein Netz von beliebiger Form und Krümmung im Raum. Durch die Wahl der Teilung können Sie die gewünschte Oberfläche beliebig genau annähern. Um mit diesem Befehl Objekte zu erstellen, die Sie nicht durch eine M x N-Matrix nachbilden, können Sie verschiedene Scheitelpunkte in einem Punkt vereinen. So können Sie beispielsweise eine Pyramide erstellen. Die Funktionen zum Erzeugen von 3D-Grundkörpern aus Oberflächen sowie die Befehle ROTOB, TABOB, REGELOB und KANTOB vereinfachen die Erstellung von regelmäßigen Netzen (siehe Kapitel 21.3).

Befehl PNETZ

Mit dem Befehl PNETZ können Sie ein Netz erstellen, bei dem jede Fläche mehrere Kontrollpunkte haben kann, so genannte Vielflächen- oder Polygonnetze. Der Befehl lässt sich nur auf der Tastatur aktivieren. Er ist wichtig für das automatische Erstellen von komplizierten Oberflächen in Zusatzprogrammen, für das Zeichnen aber ungeeignet.

Geben Sie bei diesem Befehl zunächst die Koordinaten aller Kontrollpunkte ein. Dann definieren Sie die Flächen, indem Sie angeben, welche Kontrollpunkte zu welcher Fläche gehören.

Befehl Edge

Kanten von 3D-Flächen sind immer sichtbar, es sei denn, Sie haben beim Zeichnen die Option UNSICHTBAR eingegeben. Nachträglich ändern Sie die Anzeige der Kanten mit dem Befehl EDGE.

➡ Abrollmenü ZEICHNEN, Untermenü FLÄCHEN >, Funktion KANTE

➡ Symbol im Werkzeugkasten FLÄCHEN

```
Befehl: Edge
Kante der 3D-Fläche zum Ein- und Ausschalten der Sichtbarkeit angeben
    oder [Anzeigen]:
```

Klicken Sie eine sichtbare Kante an, wird sie unsichtbar und klicken Sie eine unsichtbare Kante an, wird sie sichtbar. Das Problem ist nur, dass Sie unsichtbare Kanten nicht anwählen können, da sie eben unsichtbar sind. Mit der Option ANZEIGEN können Sie jedoch unsichtbare Kanten zur Auswahl sichtbar machen.

```
Kante der 3D-Fläche zum Ein- und Ausschalten der Sichtbarkeit angeben oder
    [Anzeigen]: A für Anzeigen
Auswahlmethode für Anzeige verdeckter Kanten eingeben [AUswählen/ALles]
    <ALles>:
```

Sie können wählen, ob alle Kanten von Flächen in der Zeichnung sichtbar gemacht werden sollen oder nur die Kanten von Flächen, die Sie anwählen. Wählen Sie dazu die Option ALLES oder AUSWÄHLEN.

Objekt aus 3D-Netz erstellen

1. Erstellen Sie ein einfaches 3D-Netz (siehe Abbildung 21.2).
2. Wählen Sie den Befehl 3DNETZ und zeichnen Sie ein Netz mit 6 x 2 Kontrollpunkten nach den angegebenen Koordinaten.

```
Befehl: 3DNetz
Größe des Netzes in Richtung M eingeben: 6
Größe des Netzes in Richtung N eingeben: 2
Position des Kontrollpunkts eingeben (0,0): 0,0,0
Position des Kontrollpunkts eingeben (0,1): 0,100,0
Position des Kontrollpunkts eingeben (1,0): 0,0,50
Position des Kontrollpunkts eingeben (1,1): 0,100,50
Position des Kontrollpunkts eingeben (2,0): 50,0,100
Position des Kontrollpunkts eingeben (2,1): 50,100,100
Position des Kontrollpunkts eingeben (3,0): 100,0,50
Position des Kontrollpunkts eingeben (3,1): 100,100,50
Position des Kontrollpunkts eingeben (4,0): 100,0,0
Position des Kontrollpunkts eingeben (4,1): 100,100,0
Position des Kontrollpunkts eingeben (5,0): 0,0,0
Position des Kontrollpunkts eingeben (5,1): 0,100,0
```

Kapitel 21   Oberflächen- und Volumenmodelle

Abbildung 21.2:
Objekt aus 3D-Netz

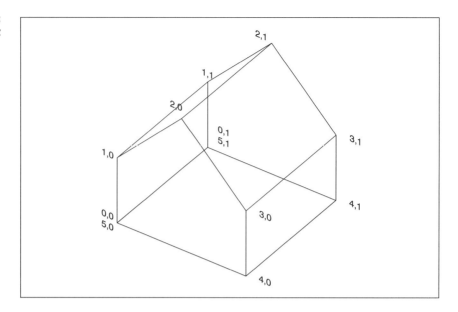

3. Stellen Sie mit dem Befehl DDVPOINT den Ansichtspunkt 305° (Winkel zur X-Achse), 35° (Winkel zur XY-Ebene) im Dialogfeld ein.

4. Jetzt sind die Stirnflächen noch offen. Schließen Sie die vordere Fläche mit zwei 3D-Flächen (siehe Abbildung 21.3).

   ```
   Befehl: 3DFläche
   Ersten Punkt angeben oder [Unsichtbar]: 0,0,0 oder mit Objektfang
      wählen
   Zweiten Punkt angeben oder [Unsichtbar]: 100,0,0
   Dritten Punkt angeben oder [Unsichtbar] <beenden>: 100,0,50
   Vierten Punkt angeben oder [Unsichtbar] <dreiseitige Fläche erstellen>:
      0,0,50
   Dritten Punkt angeben oder [Unsichtbar] <beenden>: 50,0,100
   Vierten Punkt angeben oder [Unsichtbar] <dreiseitige Fläche erstellen>:
      ⏎
   Dritten Punkt angeben oder [Unsichtbar] <beenden>: ⏎
   ```

5. Kopieren Sie die 3D-Flächen auf die andere Seite des Objekts.

6. Wählen Sie den Befehl EDGE und machen Sie die Trennkante an beiden Giebeln unsichtbar.

7. Führen Sie jetzt den Befehl VERDECKT aus, das Modell sollte geschlossen sein und die Kanten nicht mehr sichtbar. Eine Lösung befindet sich im Ordner *Aufgaben*: *L21-02.dwg*.

3D-Grundkörper aus Oberflächen — Kapitel 21

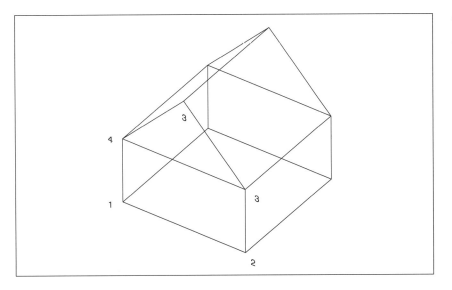

Abbildung 21.3: Objekt mit geschlossenen Flächen

21.2 3D-Grundkörper aus Oberflächen

Sie sehen, es wird sehr schnell kompliziert, selbst bei einfachen Oberflächenmodellen, wenn Sie mit 3D-Netzen und 3D-Flächen arbeiten.

Befehl 3D zur Erstellung von Grundkörpern

Mit dem Befehl 3D können Sie 3D-Grundkörper aus 3D-Netzen automatisch durch Eingabe von Geometriepunkten und Maßen erstellen: Quader, Kegel, Kuppel, Schale, Netz, Pyramide, Kugel, Torus und Keil.

- Abrollmenü ZEICHNEN, Untermenü FLÄCHEN >, Funktion 3D-FLÄCHENKÖRPER..., Bildmenü zur Auswahl der Objekte
- Symbole im Werkzeugkasten FLÄCHEN

Bei Anwahl der Funktion aus dem Abrollmenü aktivieren Sie den Befehl mit einem Bildmenü (siehe Abbildung 21.4), bei dem Sie den gewünschten Grundkörper auswählen können. Im Werkzeugkasten haben Sie Symbole für die verfügbaren Grundkörper.

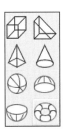

```
Befehl: 3D
Option eingeben [Quader/KEGel/Schale/KUPpel/Netz/ Pyramide/KUGel/Torus/KEIl]:
```

Mit den gleichnamigen Optionen dieses Befehls können Sie geometrische Grundkörper wie Quader (sowie Würfel), Kegel, Schale, Kuppel, Netz, Pyramide, Kugel, Torus und Keil erstellen. Die erforderlichen Geometriepunkte werden im Befehlszeilenfenster angefragt.

Kapitel 21   Oberflächen- und Volumenmodelle

Abbildung 21.4:
Bildmenü für Grundkörper aus Oberflächen

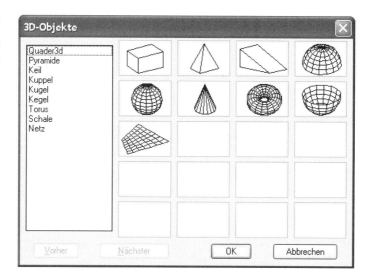

Abbildung 21.5:
3D-Grundkörper aus Oberflächen

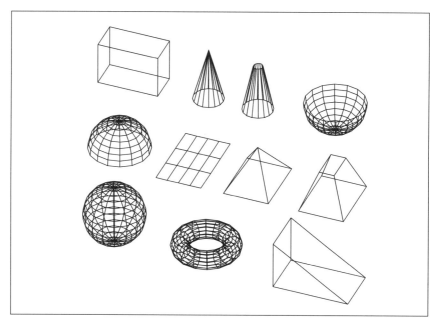

Erstellung von 3D-Grundkörpern

1. Erstellen Sie 3D-Grundkörper mit dem Befehl 3D.
2. Testen Sie die verschiedenen Optionen zur Erstellung der Objekte.

21.3 Oberflächen aus Drähten erstellen

Wenn Sie noch aufwändigere 3D-Modelle erstellen wollen, kommen Sie mit 3D-Netzen und 3D-Flächen nicht mehr klar. AutoCAD bietet Befehle zur Erstellung von 3D-Netzen. Drähte, das sind Linien, Polylinien oder 3D-Polylinien im Raum, können zu komplexen Netzen rotiert, extrudiert oder mit einem Netz überzogen werden.

Befehl Rotob

Mit dem Befehl ROTOB können Sie Rotationsoberflächen erstellen. Ein Profil, die so genannte Grundlinie, rotiert um die Rotationsachse und erstellt dabei ein 3D-Netz. Wählen Sie den Befehl:

➡ Abrollmenü ZEICHNEN, Untermenü FLÄCHEN >, Funktion ROTATIONSFLÄCHE

➡ Symbol im Werkzeugkasten FLÄCHEN

```
Befehl: Rotob
Aktuelle Drahtmodelldichte: SURFTAB1=30  SURFTAB2=30
Zu rotierendes Objekt wählen:
Objekt wählen, das Rotationsachse definiert:
Startwinkel angeben <0>:
Eingeschlossenen Winkel angeben (+=guz, -=uz) <360>:
```

Grundlinie kann sein: Linie, Bogen, Kreis, Ellipse, elliptischer Bogen, 2D- oder 3D-Polylinie. Sie können aber nur ein Objekt verwenden. Komplexe Konturen müssen Sie zuerst mit dem Befehl PEDIT zu einer Polylinie verbinden. Als Rotationsachsen eignen sich Linien und Polylinien. Bei Polylinien wird nur die Verbindungslinie zwischen Start- und Endpunkt berücksichtigt, dazwischen liegende Punkte werden ignoriert. Die Rotation können Sie durch den Startwinkel und den eingeschlossenen Winkel definieren. Die Systemvariable SURFTAB2 legt die Teilung des Netzes an Bogensegmenten entlang der Grundlinie fest. Die Systemvariable SURFTAB1 bestimmt die Teilung des Netzes entlang der Rotation. Je höher SURFTAB1 ist, desto eher ist das Objekt gerundet. Statt einer angenäherten runden Oberfläche können Sie so auch ein vieleckiges Objekt erzeugen.

Erstellung von Rotationsoberflächen

1. Laden Sie die Zeichnung *A21-03.dwg* aus dem Ordner *Aufgaben*.
2. Erstellen Sie die Oberflächen mit dem Befehl ROTOB wie in Abbildung 21.6. Experimentieren Sie mit den Variablen SURFTAB1 und SURFTAB2, bis Sie zu dem gewünschten Ergebnis kommen.

Die Lösung finden Sie in der Datei *L21-03.dwg*.

Kapitel 21   Oberflächen- und Volumenmodelle

Abbildung 21.6:
Rotations-
oberflächen

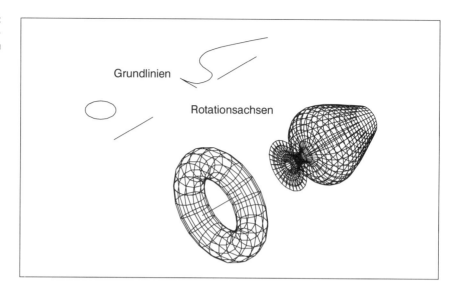

Befehl Tabob

Mit dem Befehl TABOB erstellen Sie ein Oberflächennetz, das sich aus einer Grundlinie und einem Richtungsvektor bildet. Die Grundlinie wird dabei um die Länge und die Richtung dieses Vektors auseinandergezogen.

➥ Abrollmenü ZEICHNEN, Untermenü FLÄCHEN >, Funktion TABELLA-RISCHE FLÄCHE

➥ Symbol im Werkzeugkasten FLÄCHEN

```
Befehl: Tabob
Objekt für Grundlinie wählen:
Objekt für Richtungsvektor wählen:
```

Als Grundlinie und Richtungsvektor können Sie wieder die gleichen Objekte wie beim Befehl ROTOB verwenden. Der Punkt, an dem Sie den Richtungsvektor anklicken, entscheidet über den Aufbau des Netzes. Liegt er in der Nähe der Grundlinie, wird das Netz in der Richtung des Vektors erzeugt. Liegt er an der anderen Seite, wird das Netz in der entgegengesetzten Richtung aufgebaut. Die Systemvariable SURFTAB1 legt die Teilung des Netzes an Bogensegmenten entlang der Grundlinie fest.

Erstellung von Oberflächen mit Tabob

1. Laden Sie die Zeichnung *A21-04.dwg* aus dem Ordner *Aufgaben*.
2. Erstellen Sie die Oberflächen mit dem Befehl TABOB wie in Abbildung 21.7. Stellen Sie SURFTAB1 vorher ein.

Die Lösung finden Sie in der Datei *L21-04.dwg*.

Oberflächen aus Drähten erstellen

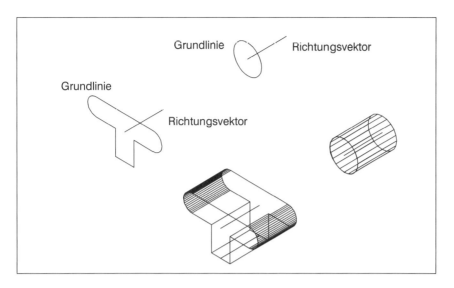

Abbildung 21.7:
Tabellarische Oberflächen

Befehl Regelob

Mit dem Befehl REGELOB können Sie Regeloberflächen erstellen, die zwei Objekte mit einem Netz verbinden.

➡ Abrollmenü ZEICHNEN, Untermenü FLÄCHEN >, Funktion REGEL-FLÄCHE

➡ Symbol im Werkzeugkasten FLÄCHEN

```
Befehl: Regelob
Aktuelle Drahtmodelldichte:  SURFTAB1=25
Erste Definitionslinie wählen:
Zweite Definitionslinie wählen:
```

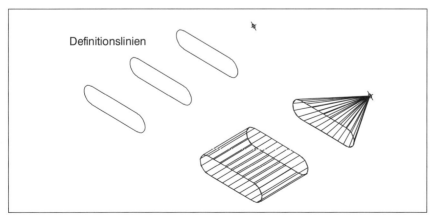

Abbildung 21.8:
Regeloberflächen

[KOMPENDIUM] AutoCAD und LT 2006

Kapitel 21   Oberflächen- und Volumenmodelle

Als Kanten, die das Netz an den beiden Seiten begrenzen, können Sie Linien, Punkte, Bögen, Kreise, Ellipsen, elliptische Bögen, 2D- und 3D-Polylinien und Splines wählen. Sie werden in diesem Befehl als Definitionslinien bezeichnet. Berücksichtigen Sie dabei, dass Sie nur zwei geschlossene oder zwei offene Objekte miteinander verbinden können. Punkte können Sie ebenfalls verwenden. Wählen Sie offene Objekte, ist es wichtig, dass Sie beide an der gleichen Seite anwählen. Ist dies nicht der Fall, wird das Flächennetz verschränkt. Die Systemvariable SURFTAB1 legt die Teilung des Netzes entlang der Definitionslinien fest.

Erstellung von Regeloberflächen

1. Laden Sie die Zeichnung *A21-05.dwg* aus dem Ordner *Aufgaben*.
2. Stellen Sie SURFTAB1 ein und erstellen Sie Oberflächen mit dem Befehl REGELOB wie in Abbildung 21.8.

Die Lösung finden Sie in der Datei *L21-05.dwg*.

Befehl Kantob

Mit dem Befehl KANTOB können Sie ein Oberflächennetz erstellen, das von vier Kanten begrenzt wird. Die Kanten können beliebig im Raum liegen, müssen sich aber an ihren Eckpunkten treffen.

➡ Abrollmenü ZEICHNEN, Untermenü FLÄCHEN >, Funktion KANTEN-DEFINIERTE FLÄCHE

➡ Symbol im Werkzeugkasten FLÄCHEN

```
Befehl: Kantob
Aktuelle Drahtmodelldichte:  SURFTAB1=25   SURFTAB2=25
Objekt 1 für Kante wählen:
Objekt 2 für Kante wählen:
Objekt 3 für Kante wählen:
Objekt 4 für Kante wählen:
```

Als Kanten, die das Netz an vier Seiten begrenzen, können Sie wählen: Linien, Punkte, Bögen, Kreise, Ellipsen, elliptische Bögen, 2D- und 3D-Polylinien oder Splines. Bedingung ist, dass sie eine geschlossene Kontur bilden und sich an den Eckpunkten treffen. Die Systemvariable SURFTAB1 legt die Teilung an der ersten Kante fest. An der angrenzenden Kante wird entsprechend der Variablen SURFTAB2 geteilt.

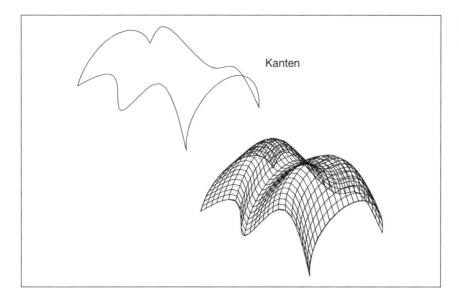

Abbildung 21.9:
Kantendefinierte Oberflächen

Erstellung von kantendefinierten Oberflächen

1. Laden Sie die Zeichnung *A21-06.dwg* aus dem Ordner *Aufgaben*.
2. Stellen Sie SURFTAB1 und SURFTAB2 ein, und erstellen Sie Oberflächen mit dem Befehl KANTOB wie in Abbildung 21.9.

Die Lösung finden Sie in der Datei *L21-06.dwg*.

21.4 Editierung von Oberflächenmodellen

Das Problem bei den Oberflächen ist das Editieren. Es gibt in AutoCAD keine Möglichkeit, ein 3D-Netz auszuschneiden, zu stutzen, zu brechen usw. Lediglich einzelne Stützpunkte können Sie editieren.

Editieren von 3D-Netzen

Für die Editierung von 3D-Netzen steht Ihnen nur der Befehl PEDIT zur Verfügung, also derselbe Befehl, mit dem Sie Polylinien editieren können. Je nachdem, was für ein Objekt Sie gewählt haben, stehen Ihnen bei dem Befehl unterschiedliche Optionen zur Verfügung. Wählen Sie den Befehl wie bekannt im Abrollmenü ÄNDERN oder im Werkzeugkasten ÄNDERN II.

```
Befehl: Pedit
Polylinie wählen oder [mehrere Objekte]: 3D-Netz
Option eingeben [BEarbeiten/Oberfläche glätten/Glättung
löschen/Mschließen/Nschließen/Zurück]:
```

Bearbeiten: Wie bei 2D- oder 3D-Polylinien können Sie einen einzelnen Scheitelpunkt eines 3D-Netzes editieren. Dazu stehen weitere Unteroptionen zur Verfügung:

```
Aktueller Kontrollpunkt (0,0).
Option eingeben [Nächster/Vorher/Links/REChts/AUf/AB/
Schieben/REGen/eXit] <N>:
```

Die Scheitelpunkte werden in M- und N-Richtung durchnummeriert. Eine Markierung können Sie mit den Optionen NÄCHSTER, VORHER, LINKS, RECHTS, AUF und AB am gewünschten Scheitelpunkt platzieren. Mit der Option SCHIEBEN geben Sie einen neuen Standort ein. Mit der Option REGEN wird das Netz neu gezeichnet und mit der Option EXIT wird der Modus beendet.

Oberflächen glätten: Glättung der Oberfläche. Die Art der Glättung wird durch verschiedene Systemvariablen beeinflusst.

Variable	Wert	Glättungsart
Surftype	5:	Quadratische-Spline Oberfläche
Surftype	6:	Kubische B-Spline Oberfläche
Surftype	8:	Bezier-Oberfläche
Surfu	M	Dichte der Oberfläche in M-Richtung
Surfv	N	Dichte der Oberfläche in N-Richtung
Splframe	0	Nur Oberfläche anzeigen
Splframe	1	Oberfläche und Netz anzeigen

Glättung löschen: Löscht eine Glättung.

Mschließen, Nschließen bzw. **Möffnen** und **Nöffnen:** Öffnet ein geschlossenes Netz bzw. schließt ein offenes Netz in der angegebenen Richtung.

Zurück: Nimmt die letzte Operation zurück.

Exit: Beendet den Befehl. Beachten Sie, dass die Änderungen nur dann übernommen werden, wenn der Befehl mit dieser Option beendet wird. Wird der Befehl nur abgebrochen, können Änderungen verloren gehen.

3D-Konstruktion mit Flächen — Kapitel 21

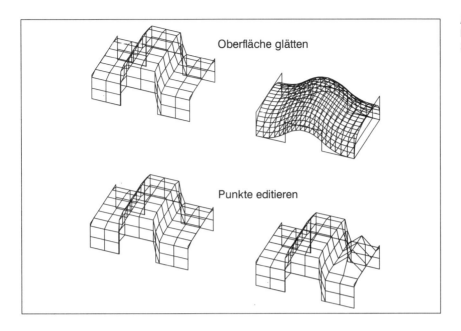

Abbildung 21.10:
Editierung von
3D-Netzen

Editierung von 3D-Netzen

1. Laden Sie die Zeichnung *A21-07.dwg* aus Ihrem Ordner *Aufgaben*.
2. Prüfen Sie, ob SURFU und SURFV auf 20 sowie SURFTYPE auf 8 eingestellt sind. Glätten Sie das obere Netz mit PEDIT (siehe Abbildung 21.10).
3. Verschieben Sie beim unteren Netz vier Scheitelpunkte um 100 in Z-Richtung.

Die Lösung finden Sie in der Datei *L21-07.dwg*.

STEP

21.5 3D-Konstruktion mit Flächen

Wagen Sie sich nun an eine größere Aufgabe. Aus einer Reihe von Drähten soll ein Oberflächenmodell entstehen. Doch bevor Sie damit beginnen, noch ein wichtiger Tipp zum Arbeiten mit Oberflächen.

Anwahl von übereinander liegenden Objekten

In AutoCAD haben Sie immer Schwierigkeiten, wenn Sie übereinander liegende Objekte haben und nur ein Objekt anwählen wollen. Schwierig wird es bei Flächen, wenn Sie einen Draht für mehrere Netze verwenden wollen. Es gibt zwei Möglichkeiten, mit denen Sie das Problem in den Griff bekommen: Sie legen sich einen Layer für die 3D-Netze an und schalten ihn aus. Erzeugte 3D-Netze bringen Sie auf den ausgeschalteten Layer. Sie haben am Bildschirm immer das reine Drahtmodell ohne 3D-Netze. Der Nachteil

INFO

Kapitel 21   Oberflächen- und Volumenmodelle

dabei ist, dass Sie selbst Buch führen müssen über das, was Sie schon erzeugt haben. Die andere Möglichkeit bietet AutoCAD mit der Funktion ZYKLUS. Wenn Sie bei der Anfrage

```
Objekte wählen:
```

die ⌈Strg⌉-Taste beim Anklicken eines Objekts gedrückt halten, schaltet AutoCAD in diesen Modus. Es wird angezeigt:

```
Objekte wählen: <Zyklus ein>
```

und wie üblich wird ein Objekt hervorgehoben. Drücken Sie die Pick-Taste erneut und es liegt ein Objekt darunter, wird dieses angezeigt. Das lässt sich wiederholen, bis alle durchgeblättert wurden. Wenn Sie alle übersprungen haben, wird wieder das erste angezeigt. Drücken Sie ⌈↵⌉, wird das gerade hervorgehobene Objekt ausgewählt und es erscheint:

```
<Zyklus aus>1 gefunden
```

Sie bleiben in der Objektwahl und können den Vorgang an einer anderen Stelle wiederholen.

Die Spüle

1. Erstellen Sie das 3D-Modell einer Spüle (siehe Abbildung 21.15). Verwenden Sie die Oberflächenbefehle. Laden Sie dazu die Zeichnung *A21-08.dwg* aus Ihrem Übungsordner. Dort finden Sie das Drahtmodell ohne Oberflächen (siehe Abbildung 21.11).

Abbildung 21.11:
Das Drahtmodell für die Spüle

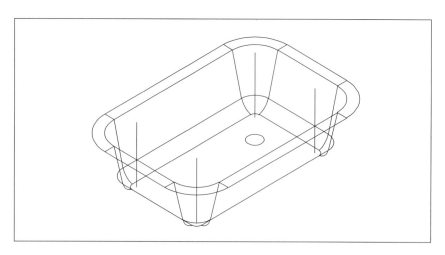

Viele Wege führen bekanntlich nach Rom, versuchen Sie es auf Ihrem eigenen. Dazu einige Tipps.

3D-Konstruktion mit Flächen

Kapitel 21

2. Alle Hilfskonstruktionen, die Sie brauchen, liegen auf dem Layer *Drahtmodell* und werden in der Farbe *Magenta* dargestellt. Alle neuen Objekte legen Sie auf den Layer *Spuele*. Schalten Sie ihn eventuell aus, wenn Sie wie oben beschrieben vorgehen wollen.

3. Drehen Sie das Modell immer so, dass die zu bearbeitenden Flächen nicht verdeckt sind. Setzen Sie SURFTAB1 auf den Wert 200.

4. Machen Sie den äußeren oberen zum inneren oberen Rand und spannen Sie vom Auslauf zum unteren inneren Rand jeweils ein Netz mit REGELOB (siehe Abbildung 21.12).

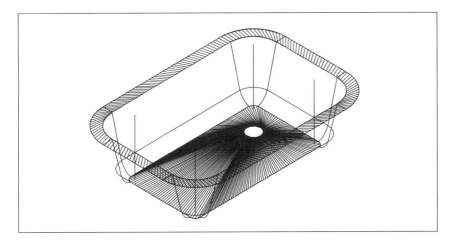

Abbildung 21.12:
Ebene Netze als Regeloberflächen

5. Setzen Sie SURFTAB1 auf 25 und erzeugen Sie die vertikalen planen Flächen mit TABOB. Grundlinie ist jeweils die vertikale Linie, Richtungsvektor die horizontale. Beachten Sie, dass der obere Rand eine durchgehende Polylinie ist. Sie können nur jeweils eine Fläche erzeugen und den Rest spiegeln.

6. Erzeugen Sie die Rundung am Boden mit dem Befehl TABOB auf die gleiche Art und mit den gleichen Einstellungen. Auch hier ist der untere Rand eine durchgehende Polylinie. Die fertigen Flächen sehen Sie in Abbildung 21.13.

7. Setzen Sie SUFTTAB2 ebenfalls auf 25 und erzeugen Sie die Rundungen mit ROTOB. Drehachse ist die senkrechte Hilfslinie. Drehwinkel ist jeweils 90°, positiv oder negativ, je nachdem wie Sie vorgehen. Die fertigen Rundungen sehen Sie in Abbildung 21.14.

8. Erzeugen Sie noch fehlende Flächen durch Spiegeln oder Kopieren.

9. Frieren Sie den Layer *Drahtmodell* ein, entfernen Sie die verdeckten Kanten mit dem Befehl VERDECKT. Die Lösung sollte wie in Abbildung 21.15 aussehen. Sie finden Sie auch in der Datei *L21-08.dwg* in Ihrem Ordner *Aufgaben*.

Kapitel 21   Oberflächen- und Volumenmodelle

Abbildung 21.13:
Vertikale Netze als tabellarische Oberflächen

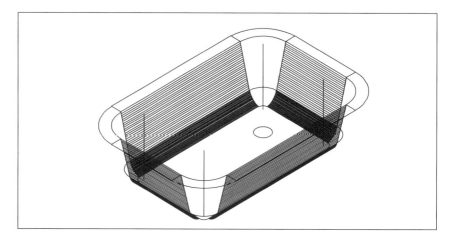

Abbildung 21.14:
Rundungen als Rotationsoberflächen

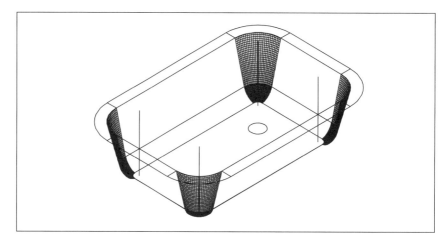

Abbildung 21.15:
Die fertige Spüle

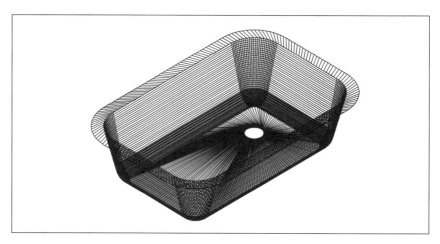

21.6 Volumenkörper erstellen

Mit den Volumenkörpern lassen sich in AutoCAD 3D-Volumenmodelle erstellen. Gegenüber den Modellen mit Erhebung und Objekthöhe lassen sich damit beliebige Formen erstellen. Volumenkörper haben den Vorteil, dass Sie diese bearbeiten und ändern können. Auch dieses Kapitel können Sie überblättern, wenn Sie mit AutoCAD LT arbeiten.

Volumenkörper werden am Bildschirm mit Tesselationslinien angezeigt. Das sind Linien an den Rundungen von zylindrischen Objekten. Mit der Systemvariablen ISOLINES *können Sie die Dichte der Linien festlegen. Die Variable ist standardmäßig auf 4 eingestellt. Damit wird ein kreisförmiger Zylinder mit 4 Linien dargestellt. Sie können die Variable von 0 bis 2047 einstellen. Ist der Wert zu niedrig, fällt die Orientierung schwer, ist er zu hoch, ist die Darstellung verwirrend. Wählen Sie einen Wert zwischen 8 und 12, wenn Ihnen die Darstellung der Standardeinstellung zu dürftig ist.*

Grundkörper

Ähnlich wie bei den Oberflächenmodellen stehen Ihnen auch bei den Volumenkörpern Befehle zur Erzeugung von Grundkörpern zur Verfügung. Die erstellten Volumenkörper liegen auf der XY-Ebene des aktuellen Benutzerkoordinatensystems oder, wenn Sie mit Erhebung oder einer Z-Koordinate gezeichnet werden, parallel dazu.

➥ Abrollmenü ZEICHNEN, Untermenü VOLUMENKÖRPER >, Funktionen für die einzelnen Grundkörper

➥ Symbole im Werkzeugkasten VOLUMENKÖRPER

Quader: Einen Quader können Sie mit dem Befehl QUADER durch Angabe des Eckpunkts oder des Mittelpunkts platzieren. Danach geben Sie entweder den anderen Eckpunkt oder Länge und Breite ein. Den Spezialfall Würfel können Sie ebenfalls wählen. Zuletzt wird die Höhe abgefragt.

Kugel: Eine Kugel erstellen Sie mit dem Befehl KUGEL, indem Sie Mittelpunkt und Radius oder Durchmesser angeben.

Zylinder: Zylinder können Sie mit dem Befehl ZYLINDER mit kreisförmiger oder elliptischer Grundfläche erstellen. Zeichnen Sie die Grundfläche mit Mittelpunkt, Radius oder Durchmesser bzw. mit der Option ELLIPTISCH wie beim Befehl ELLIPSE. Neben der Höhe können Sie bei beiden Zylinderarten auch den Mittelpunkt des anderen Endes eingeben. Damit können Sie auch schiefe Zylinder erstellen.

Kegel: Kegel erstellen Sie mit dem Befehl KEGEL ähnlich wie Zylinder, mit kreisförmiger oder elliptischer Grundfläche sowie mit Höhenangabe oder mit Angabe des Scheitelpunkts.

Keil: Keile zeichnen Sie mit dem Befehl KEIL und den gleichen Angaben wie beim Quader: Mittelpunkt oder Eckpunkt, weiterer Eckpunkt oder Länge und Breite sowie der Höhe. Auch ein würfelförmiger Keil ist als Option möglich.

Torus: Ein Torus ist ein geschlossener Ring aus einer Röhre mit kreisförmigem Querschnitt. Sie zeichnen ihn mit dem Befehl TORUS mit Mittelpunkt, Torusradius bzw. Durchmesser und Rohrradius bzw. Durchmesser.

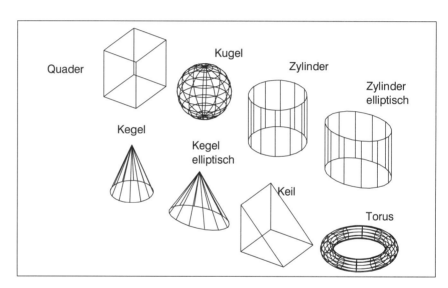

Abbildung 21.16: Volumenkörper, Grundobjekte

Erstellung von Grundkörpern

1. Erstellen Sie Grundkörper mit den Volumenkörperbefehlen.
2. Testen Sie die verschiedenen Optionen zur Erstellung der Objekte.

Befehl Extrusion

Aus 2D-Konturen können Sie durch Extrusion Volumenkörper erstellen, dazu steht Ihnen der gleichnamige Befehl EXTRUSION zur Verfügung. Dabei geben Sie die Höhe an oder einen Pfad, entlang dem die Kontur extrudiert werden soll. Nach der Höhenangabe können Sie zusätzlich einen Verjüngungswinkel für die Extrusion angeben. Bei positiver Winkelangabe verjüngen sich die Objekte, bei negativer weiten sie sich. Extrudieren können Sie geschlossene Polylinien, Polygone, Rechtecke, Kreise, Ellipsen, geschlossene Splines, Ringe oder Regionen.

Volumenkörper erstellen — Kapitel 21

➤ Abrollmenü ZEICHNEN, Untermenü VOLUMENKÖRPER >, Funktion EXTRUSION

➤ Symbol im Werkzeugkasten VOLUMENKÖRPER

```
Befehl: Extrusion
Aktuelle Dichte des Drahtmodells:   ISOLINES=4
Objekte wählen: Kontur wählen
Objekte wählen: ↵
Extrusionshöhe angeben oder [Pfad]:
Verjüngungswinkel für Extrusion angeben <0>:
```

oder Extrusion entlang eines Pfades:

```
Befehl: Extrusion
Aktuelle Dichte des Drahtmodells:   ISOLINES=4
Objekte wählen: Kontur wählen
Objekte wählen: ↵
Extrusionshöhe angeben oder [Pfad]: P für Pfad
Extrusionspfad wählen: Pfad anklicken
```

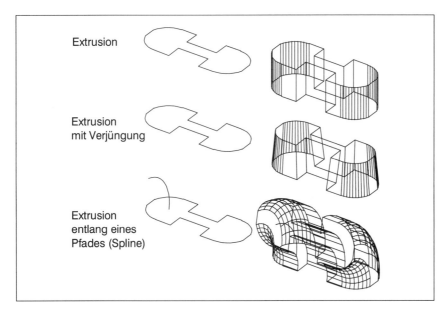

Abbildung 21.17: Extrusion von 2D-Konturen

Erstellung von Extrusionskörpern

1. Laden Sie die Zeichnung *A21-09.dwg* aus dem Ordner *Aufgaben*.
2. Erstellen Sie Volumenkörper mit Extrusion wie in Abbildung 21.17.

Die Lösung finden Sie ebenfalls im Ordner *Aufgaben*: *L21-09.dwg*.

Kapitel 21   Oberflächen- und Volumenmodelle

Befehl Rotation

2D-Konturen können Sie rotieren. Daraus erhalten Sie Volumenkörper. Der Befehl dazu: ROTATION. Sie können zur Rotation die gleichen Objektarten wie bei der Extrusion verwenden. Geben Sie eine Kontur, eine Rotationsachse und einen Rotationswinkel vor. Beachten Sie, dass die Kontur vollständig auf einer Seite der Achse liegen muss.

➥ Abrollmenü ZEICHNEN, Untermenü VOLUMENKÖRPER >, Funktion ROTATION

➥ Symbol im Werkzeugkasten VOLUMENKÖRPER

```
Befehl: Rotation
Aktuelle Dichte des Drahtmodells: ISOLINES=10
Objekte wählen: Kontur wählen
Objekte wählen: ↵
Startpunkt der Rotationsachse angeben oder Achse durch
[Objekt/X (Achse)/Y (Achse)] definieren: Punkt eingeben oder Option
    wählen
Rotationswinkel angeben <360>: Winkel oder ↵ für 360°
```

Die Achse können Sie durch zwei Punkte festlegen. Es ist auch möglich, ein Objekt, die X- oder Y-Achse als Rotationsachse zu verwenden.

Abbildung 21.18: Rotation von 2D-Konturen

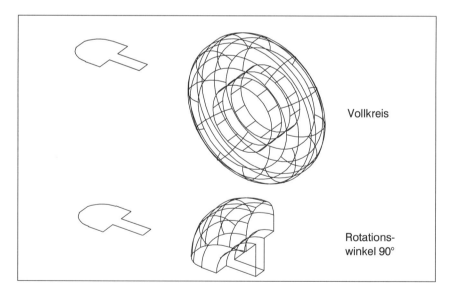

Volumenkörper erstellen   Kapitel 21

Erstellen von Rotationskörpern

1. Laden Sie die Zeichnung *A21-010.dwg* aus dem Ordner *Aufgaben*.
2. Erstellen Sie Volumenkörper mit Rotation wie in Abbildung 21.18.

Die Lösung finden Sie im Ordner *Aufgaben*, die Datei *L21-10.dwg*.

Haben Sie die Systemvariable DELOBJ *auf 1 gesetzt, wird bei den Befehlen* EXTRUSION *und* ROTATION *die Ausgangskontur gelöscht. Falls Sie die Konturen noch benötigen, setzen Sie den Wert auf 0.*

Befehl Kappen

Volumenkörper können Sie mit dem Befehl KAPPEN an einer Ebene trennen. Sie können wählen, ob Sie das Teil nur durchtrennen wollen oder ob eine Seite entfernt werden soll.

➡ Abrollmenü ZEICHNEN, Untermenü VOLUMENKÖRPER >, Funktion KAPPEN

➡ Symbol im Werkzeugkasten VOLUMENKÖRPER

```
Befehl: Kappen
Objekte wählen: Volumenkörper wählen
Objekte wählen: [↵]
Ersten Punkt auf Kappebene angeben durch [Objekt/ZAchse/ Ansicht/XY/YZ/
    ZX/3Punkte] <3Punkte>: Punkt für die Kappebene eingeben oder eine
    andere Option
Zweiten Punkt auf Ebene angeben: Zweiten Punkt
Dritten Punkt auf Ebene angeben: Dritten Punkt
Punkt auf der gewünschten Seite der Ebene angeben oder [Beide seiten
    behalten]: Punkt eingeben oder B für beide Seiten behalten
```

Die Ebene können Sie durch drei Punkte festlegen. Es ist aber auch möglich, ein Objekt, die Z-Achse, die momentane Ansicht oder eine Ebene parallel zur XY/YZ/ZX-Ebene zum Kappen zu verwenden.

Kappen von Volumenkörpern

1. Laden Sie die Zeichnung *A21-11.dwg* aus dem Ordner *Aufgaben*.
2. Kappen Sie die Volumenkörper wie in Abbildung 21.19.

Die Lösung finden Sie in *L21-11.dwg* im Ordner *Aufgaben*.

[KOMPENDIUM] AutoCAD und LT 2006   743

Abbildung 21.19:
Kappen von Volumenkörpern

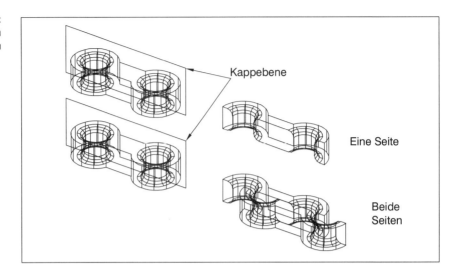

Befehl Querschnitt

Mit dem Befehl QUERSCHNITT können Sie einen Schnitt durch einen Volumenkörper erstellen. Die Schnittebene kann wie die Kappebene bestimmt werden. Der Schnitt wird auf dem aktuellen Layer als Region erstellt. Schieben Sie den Schnitt nach dem Befehl aus dem Volumenkörper. Eine Region können Sie mit dem Befehl URSPRUNG in einzelne Polylinien und diese wiederum in Linien und Bögen zerlegen.

➤ Abrollmenü ZEICHNEN, Untermenü VOLUMENKÖRPER >, Funktion QUERSCHNITT

➤ Symbol im Werkzeugkasten VOLUMENKÖRPER

```
Befehl: Querschnitt
Objekte wählen: Volumenkörper wählen
Objekte wählen: ⏎
Ersten Punkt auf Schnittebene angeben durch [Objekt/
ZAchse/Ansicht/XY/YZ/ZX/3Punkte] <3Punkte>: Punkte für die
    Schnittebene wie oben eingeben oder eine andere Option wählen
```

Abbildung 21.20:
Schnitt durch einen Volumenkörper

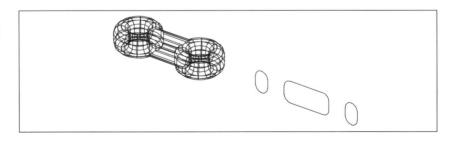

Volumenkörper erstellen — Kapitel 21

Schnitt durch einen Volumenkörper

1. Laden Sie die Zeichnung *A21-12.dwg* aus dem Ordner *Aufgaben*.
2. Erzeugen Sie den Schnitt durch den Volumenkörper wie in Abbildung 21.20.

Die Lösung finden Sie in *L21-12.dwg*, ebenfalls im Ordner *Aufgaben*.

Befehl Überlag

Der Befehl ÜBERLAG hilft Ihnen beim Prüfen Ihres 3D-Modells. Sie können zwei Auswahlsätze von Volumenkörpern wählen und erhalten die Information, ob sie sich überlagern. Wenn Sie einen Auswahlsatz bilden, werden alle Volumenkörper dieses Satzes miteinander verglichen. Wenn Sie zwei Auswahlsätze bilden, werden die Volumenkörper im ersten Satz mit denen im zweiten Satz verglichen. Alle sich überlagernden Volumenkörper werden markiert angezeigt. Sie können bei der letzten Anfrage wählen, ob aus den Überlagerungen Volumenkörper erzeugt werden sollen. Das Volumen des neuen Volumenkörpers entspricht dann dem Volumen, das die Volumenkörper gemeinsam haben und es kann dann beispielsweise von einem der Volumenkörper abgezogen werden.

➙ Abrollmenü ZEICHNEN, Untermenü VOLUMENKÖRPER >, Funktion ÜBERLAGERUNG

➙ Symbol im Werkzeugkasten VOLUMENKÖRPER

```
Befehl: Überlag
Ersten Satz Volumenkörper wählen:
Objekte wählen: Volumenkörper wählen
Objekte wählen: ⏎
Zweiten Satz Volumenkörper wählen:
Objekte wählen: Volumenkörper wählen oder ⏎ wenn nur ein Satz
    geprüft werden soll
Objekte wählen: ⏎
...
Sich überlagernde Volumenkörper erstellen? [Ja/Nein] <N>:
```

Überlagerung von Volumenkörpern

1. Laden Sie die Zeichnung *A21-13.dwg* aus Ihrem Übungsordner.
2. Lassen Sie sich die Überlagerung anzeigen und erzeugen daraus einen Volumenkörper. Schieben Sie ihn heraus (siehe Abbildung 21.21).

Die Lösung finden Sie in der Datei *L21-13.dwg*.

Kapitel 21   Oberflächen- und Volumenmodelle

Abbildung 21.21:
Überlagerung zweier Volumenkörper

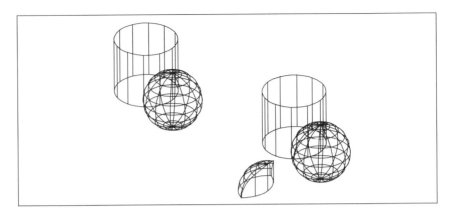

21.7   Volumenkörper bearbeiten

Volumenkörper lassen sich mit Booleschen Verknüpfungen zu beliebig komplexen Modellen zusammenfassen. Sie können Vereinigung, Differenz und Schnittmenge aus vorhandenen Volumenkörpern bilden. Zudem haben Sie Befehle zur Bearbeitung von Volumenkörpern.

Befehl Vereinig

Mit dem Befehl VEREINIG machen Sie aus mehreren Volumenkörpern einen Gesamtkörper (siehe Abbildung 21.22). Sie finden den Befehl:

➤ Abrollmenü ÄNDERN, Untermenü VOLUMENKÖRP. BEARB. >, Funktion VEREINIGUNG

➤ Symbol im Werkzeugkasten VOLUMENKÖRPER BEARBEITEN

```
Befehl: Vereinig
Objekte wählen: Volumenkörper wählen
..
Objekte wählen: ⏎
```

Befehl Differenz

Der Befehl DIFFERENZ subtrahiert von einem oder mehreren Volumenkörpern einen zweiten Satz von Volumenkörpern (siehe Abbildung 21.22). Damit können Sie Bohrungen oder Aussparungen erstellen.

➤ Abrollmenü ÄNDERN, Untermenü VOLUMENKÖRP. BEARB. >, Funktion DIFFERENZ

➤ Symbol im Werkzeugkasten VOLUMENKÖRPER BEARBEITEN

Volumenkörper bearbeiten — Kapitel 21

```
Befehl: Differenz
Volumenkörper oder Region, von denen subtrahiert werden soll, wählen...
Objekte wählen: Volumenkörper wählen
..
Objekte wählen: [↵]
Volumenkörper oder Regionen für Subtraktion wählen...
Objekte wählen: Volumenkörper wählen
..
Objekte wählen: [↵]
```

Befehl Schnittmenge

Mit dem Befehl SCHNITTMENGE bilden Sie das Volumen, das sich bei den zu verknüpfenden Volumenkörpern überlagert. Daraus herausfallende Teile werden entfernt (siehe Abbildung 21.22). Den Befehl verwenden Sie dann, wenn Sie ein Volumen auf eine bestimmte Maximalgröße begrenzen, ein Volumen abfräsen oder ein Teil ausstanzen wollen.

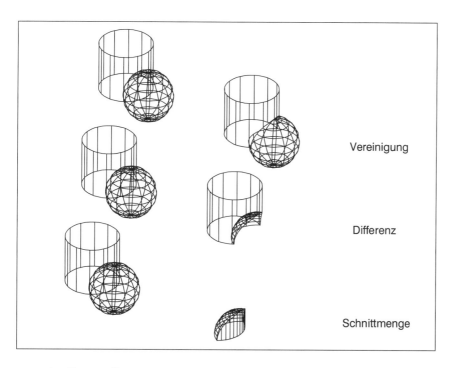

Abbildung 21.22: Verknüpfung von Volumenkörpern

→ Abrollmenü ÄNDERN, Untermenü VOLUMENKÖRP. BEARB. >, Funktion SCHNITTMENGE

→ Symbol im Werkzeugkasten VOLUMENKÖRPER BEARBEITEN

```
Befehl: Schnittmenge
Objekte wählen: Volumenkörper wählen
Objekte wählen: Weitere Volumenkörper wählen
```

Kapitel 21   Oberflächen- und Volumenmodelle

```
..
Objekte wählen: [↵]
```

Verknüpfung von Volumenkörpern

1. Laden Sie die Zeichnung *A21-14.dwg* aus dem Ordner *Aufgaben*.
2. Verknüpfen Sie die Volumenkörper wie in Abbildung 21.22.

Die Lösung finden Sie in der Datei *L21-14.dwg*.

Befehl Fase

Wie bei 2D-Zeichnungen können Sie bei Volumenkörpern den Befehl FASE zum Abschrägen von Kanten verwenden.

➡ Abrollmenü ÄNDERN, Funktion FASEN

➡ Symbol im Werkzeugkasten ÄNDERN

```
Befehl: Fase
(STUTZEN-Modus) Gegenwärtiger Fasenabst1 = 10.00, Abst2 = 10.00
Erste Linie wählen oder [rÜckgängig/Polylinie/Abstand/
Winkel/Stutzen/METhode/MEHrere]: Volumenkörper an der Kante wählen
Basisflächenauswahl...
Option zur Auswahl von Flächen eingeben [Nächste/OK (aktuelle)] <OK>: zum
Beispiel N für die nächste Fläche
Nächste/<OK>: [↵] wenn die richtige Fläche hervorgehoben
Basisfläche-Fasenabstand eingeben <10.00>: Fasenabstand auf der ersten
Fläche eingeben
anderen Oberfläche-Fasenabstand eingeben <10.00>: Fasenabstand auf den
angrenzenden Flächen eingeben
Kante wählen oder [Kontur]: zu fasende Kanten anklicken oder Option KO
für komplette Kontur
Kante wählen oder [Kontur]: weitere Kanten wählen oder [↵] zum Beenden
```

Bei Volumenkörpern wird nach einer Basisfläche gefragt. Das ist die Fläche, an der die Fasen angebracht werden. Flächen können Sie in immer nur an ihren Kanten wählen. Kanten begrenzen aber immer zwei Flächen. Deshalb haben Sie die Möglichkeit, mit der Option NÄCHSTE sich durch die einzelnen Flächen durchzublättern. Erst mit [↵] übernehmen Sie die angezeigte Fläche. Danach stellen Sie die Fasenabstände in beiden Ebenen ein und klicken die einzelnen Kanten an, die gefast werden sollen. Mit der Option KONTUR können Sie eine Kante anklicken und alle angrenzenden Kanten in der Fläche werden mit gefast.

Volumenkörper bearbeiten   Kapitel 21

Befehl Abrunden

Ähnlich wie das Fasen erfolgt auch das Abrunden von Kanten. Dafür steht Ihnen der bekannte Befehl ABRUNDEN zur Verfügung.

➡ Abrollmenü ÄNDERN, Funktion ABRUNDEN

➡ Symbol im Werkzeugkasten ÄNDERN

```
Befehl: Abrunden
Aktuelle Einstellungen: Modus = STUTZEN, Radius = 6.00
Erstes Objekt wählen oder [rÜckgängig/Polylinie/Radius/ Stutzen/Mehrere]:
Kante eines Volumenkörpers wählen
Rundungsradius eingeben <5.00>: Radius eingeben
Kante wählen oder [KEtte/Radius]: Weitere Kanten klicken, Option KEtte
    wählen oder ⏎ für eine Kante
```

Wählen Sie den Volumenkörper an der zu rundenden Kante und geben dann den Rundungsradius ein. Wenn nur eine Kante zu runden ist, können Sie ⏎ eingeben. Ansonsten wählen Sie weitere Kanten oder die Option KETTE. Damit kann eine umlaufende Kante insgesamt gerundet werden. Sie können auch die Option RADIUS anwählen und den Rundungsradius für die Abrundung noch ändern.

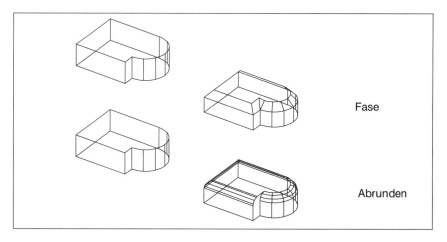

Abbildung 21.23: Bearbeiten von Volumenkörpern

Bearbeitung von Volumenkörpern

1. Laden Sie die Zeichnung *A21-15.dwg* aus dem Ordner *Aufgaben*.
2. Bearbeiten Sie die Volumenkörper wie in Abbildung 21.23.

Die Lösung finden Sie in der Datei *L21-15.dwg*.

[KOMPENDIUM] AutoCAD und LT 2006   749

Kapitel 21   Oberflächen- und Volumenmodelle

Befehl Volkörperbearb

Alle Änderungen an Volumenkörpern können Sie mit dem Befehl VOLKÖRPERBEARB vornehmen. Sie finden den Befehl:

➤ Abrollmenü ÄNDERN, Untermenü VOLUMENKÖRP. BEARB. >, Funktionen für die verschiedenen Optionen des Befehls

➤ Symbole im Werkzeugkasten VOLUMENKÖRPER BEARBEITEN für die verschiedenen Optionen des Befehls

```
Befehl: Volkörperbearb
Automatische Überprüfung der Bearbeitung von Volumenkörpern:
   SOLIDCHECK=1
Bearbeitungsoption für Volumenkörper eingeben
[Fläche/Kante/Volumenkörper/Zurück/eXit] <eXit>:
```

Der Befehl arbeitet über mehrere Ebenen. Sie können bei der ersten Anfrage wählen, ob Sie Flächen, Kanten oder Volumen bearbeiten wollen. Der Befehl bleibt im Wiederholmodus. Wenn Sie eine Aktion ausgeführt haben, wird die Optionsliste so lange wiederholt, bis Sie die Option eXit eingeben. Damit kommen Sie eine Stufe höher im Befehl bzw. können ihn beenden.

Flächen bearbeiten: Mit der Option FLÄCHE können Sie einzelne Flächen an einem Volumenkörper bearbeiten.

```
Bearbeitungsoption für Volumenkörper eingeben
[Fläche/Kante/Volumenkörper/Zurück/eXit] <eXit>: F für Fläche eingeben
Bearbeitungsoption für Flächen eingeben [Extrusion/
Schieben/Drehen/Versetzen/verJüngung/Löschen/Kopieren/
Farbe/Zurück/eXit] <eXit>:
```

Flächenauswahl: Egal welche Option Sie bei den Flächen wählen, Sie müssen eine Fläche eines Volumenkörpers anwählen:

```
Flächen wählen oder [ZUrück/Entfernen]: Fläche wählen
Flächen wählen oder [ZUrück/Entfernen/ALLE]: weitere Fläche wählen oder E
für Entfernen
Flächen entfernen oder [ZUrück/Hinzufügen/ALLE]: Fläche wählen oder H für
   Option Hinzufügen
```

Bei der Wahl der Fläche können Sie eine Kante anklicken. Damit wählen Sie aber automatisch beide Flächen, die von dieser Kante begrenzt werden. Da der Auswahlmodus ebenfalls im Wiederholmodus bleibt, können Sie mit der Option ENTFERNEN die Fläche wieder aus der Auswahl entfernen, die Sie nicht bearbeiten wollen. Sie können bei der Auswahl der Fläche auch einfach in die Fläche klicken, obwohl die Pickbox zur Objektwahl erscheint. Aber auch dabei kann es vorkommen, dass die falsche Fläche markiert wird, weil eine andere dahinter liegt. Klicken Sie einfach noch einmal auf die gleiche Stelle und die Fläche dahinter wird ebenfalls markiert. Entfernen Sie danach die falsche Fläche mit der Option ENTFERNEN. Sie können auch falsch gewählte Flächen mit gedrückter ⇧-Taste noch einmal anklicken und sie werden aus der Auswahl entfernt.

➤ EXTRUSION: Extrudieren einer Fläche an einem Volumenkörper (siehe Abbildung 21.24, oben). Geben Sie eine Extrusionshöhe ein oder wählen Sie die Option PFAD. Mit dieser Option können Sie ein Objekt als Pfad für die Extrusion wählen. Zuletzt geben Sie den Winkel für die Extrusion an. Positive Winkel bewirken eine Verjüngung, negative eine Ausweitung.

➤ SCHIEBEN: Verschieben einer Fläche an einem Volumenkörper (siehe Abbildung 21.24, Mitte). Geben Sie wie beim 2D-Befehl SCHIEBEN einen Basispunkt und einen zweiten Punkt der Verschiebung an und die Fläche(n) werden in dieser Richtung verschoben und das Volumen dazwischen aufgefüllt oder abgenommen.

➤ DREHEN: Drehen einer Fläche an einem Volumenkörper (siehe Abbildung 21.24, unten). Geben Sie wie beim Befehl 3ddrehen eine Drehachse und einen Drehwinkel vor. Die Fläche wird wie angegeben gedreht und das Volumen dazwischen aufgefüllt oder abgenommen.

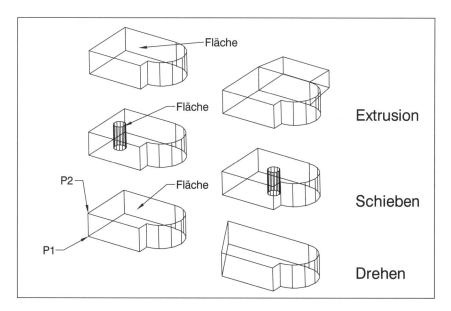

Abbildung 21.24: Extrudieren, Schieben und Drehen von Flächen

Kapitel 21   Oberflächen- und Volumenmodelle

- VERSETZEN: Versetzen einer Fläche an einem Volumenkörper (siehe Abbildung 21.25, oben). Geben Sie den Versetzabstand an. Die Fläche(n) werden versetzt und das Volumen dazwischen aufgefüllt bzw. abgenommen. Diese Funktion verwenden Sie auch, wenn Sie den Durchmesser einer Bohrung, den Radius einer Abrundung, das Maß einer Fase usw. ändern wollen.

- VERJÜNGUNG: Mit dieser Funktion können Sie eine Ausformschräge an einer Fläche anbringen (siehe Abbildung 21.25, Mitte). Wählen Sie die Fläche an, die verjüngt werden soll. Mit zwei Punkten (Basispunkt und zweiter Punkt) bestimmen Sie, in welcher Richtung die Verjüngung erfolgen soll. Zum Schluss geben Sie noch den Verjüngungswinkel vor. Sie können mit einem negativen Winkel auch eine Ausweitung bewirken.

- LÖSCHEN: Löschen einer Fläche aus dem Volumenkörper (siehe Abbildung 21.25, unten). Wählen Sie auf diese Art eine Bohrung, eine Fase, einen Radius usw. an, verschwindet das Objekt aus dem Volumenmodell. Der Körper wird wieder gefüllt bzw. scharfkantig.

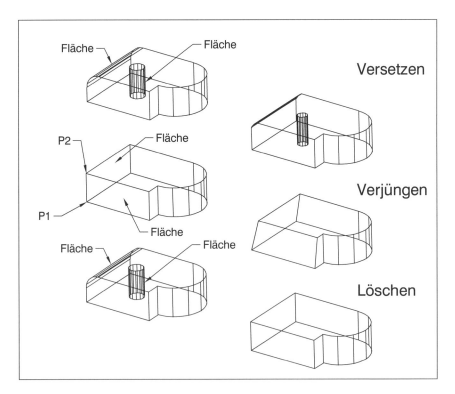

Abbildung 21.25: Versetzen, Verjüngen und Löschen von Flächen

Volumenkörper bearbeiten | Kapitel 21

- KOPIEREN: Kopieren einer Fläche, beispielsweise einer Bohrung, einer Fase oder einer Seitenfläche. Wählen Sie die Fläche, einen Basispunkt und einen zweiten Punkt der Verschiebung wie beim normalen Kopierbefehl.

- FARBE: Wählen Sie die Fläche und geben Sie eine neue Farbe vor. Die Kanten der gewählten Flächen werden in dieser Farbe dargestellt. Auch im schattierten Modus haben die Flächen diese Farben.

- ZURÜCK: Nimmt die letzte Aktion in diesem Befehl zurück. Der Befehl wird nicht abgebrochen.

- EXIT: Beendet diesen Modus des Befehls und verzweigt wieder zur obersten Ebene des Befehls.

Bearbeitung von Flächen an Volumenkörpern 1

1. Laden Sie die Zeichnung *A21-16.dwg* aus dem Ordner *Aufgaben*.
2. Extrudieren Sie die hintere Fläche am oberen Teil wie in Abbildung 21.24 um 30 mit einem Verjüngungswinkel von 5°.
3. Schieben Sie die Bohrung im mittleren Teil wie in Abbildung 21.24 um 20 in X-Richtung.
4. Drehen Sie die linke Fläche am unteren Teil wie in Abbildung 21.24 an der vorderen Kante um 30°.

Die Lösung finden Sie in der *Datei L21-16.dwg*.

Bearbeitung von Flächen an Volumenkörpern 2

1. Laden Sie die Zeichnung *A21-17.dwg* aus dem Ordner *Aufgaben*.
2. Versetzen Sie die Rundung und die Bohrung am oberen Teil wie in Abbildung 21.25 um 1.5.
3. Verjüngen Sie die beiden Flächen im mittleren Teil wie in Abbildung 21.25 um 10°.
4. Löschen Sie die Rundung und die Bohrung am unteren Teil wie in Abbildung 21.25.

Die Lösung finden Sie in der Datei *L21-17.dwg*.

Kanten bearbeiten: Mit der Option KANTE bei der ersten Anfrage können Sie einzelne Kanten an einem Volumenkörper bearbeiten.

```
Befehl: Volkörperbearb
Automatische Überprüfung der Bearbeitung von Volumenkörpern:  SOLIDCHECK=1
Bearbeitungsoption für Volumenkörper eingeben
```

Kapitel 21   Oberflächen- und Volumenmodelle

```
[Fläche/Kante/Volumenkörper/Zurück/eXit] <eXit>: K für Kante eingeben
Bearbeitungsoption für Kanten eingeben [Kopieren/Farbe/ Zurück/eXit] <eXit>:
```

➨ KOPIEREN: Kopiert die Kante eines Volumenkörpers. Es werden dabei Linien, Kreise und Bögen erzeugt.

```
Bearbeitungsoption für Kanten eingeben [Kopieren/Farbe/
Zurück/eXit] <eXit>: K für Kopieren
Kanten wählen oder [Zurück/Entfernen]:
..
Kanten wählen oder [Zurück/Entfernen]: ⏎
Basispunkt oder Verschiebung angeben: Ausgangspunkt  angeben
Zweiten Punkt der Verschiebung angeben: Zielpunkt angeben
```

Die dabei entstandenen Objekte (siehe Abbildung 21.26) können in eine Polylinie umgewandelt werden und wieder als Kontur für eine Extrusion verwendet werden.

➨ FARBE: Wählen Sie die Kanten und geben Sie eine neue Farbe vor. Die Kanten der Volumenkörper werden in dieser Farbe dargestellt.

➨ ZURÜCK: Nimmt die letzte Aktion in diesem Befehl zurück. Der Befehl wird nicht abgebrochen.

➨ EXIT: Beendet diesen Modus des Befehls und verzweigt wieder zur obersten Ebene des Befehls.

Abbildung 21.26:
Kopieren der Kanten von Flächen

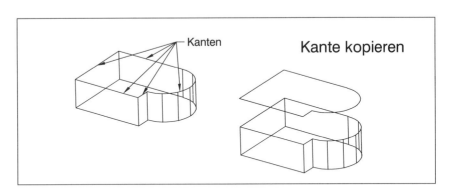

Kopieren von Kanten an Volumenkörpern

1. Laden Sie die Zeichnung *A21-18.dwg* aus dem Ordner *Aufgaben*.
2. Kopieren Sie die Kante der oberen Fläche um 20 in Z-Richtung (siehe Abbildung 21.26).

Die Lösung finden Sie in der Datei *L21-18.dwg*.

Volumenkörper bearbeiten: Mit der Option VOLUMENKÖRPER bei der ersten Anfrage können Sie den kompletten Volumenkörper bearbeiten.

```
Befehl: Volkörperbearb
Automatische Überprüfung der Bearbeitung von Volumenkörpern: SOLIDCHECK=1
Bearbeitungsoption für Volumenkörper eingeben
[Fläche/Kante/Volumenkörper/Zurück/eXit] <eXit>: V für Volumenkörper
eingeben
Bearbeitungsoption für Volumenkörper eingeben [Aufprägen/volumenkörper
   Trennen/Wandstärke/ Bereinigen/Überprüfen/Zurück/eXit] <eXit>:
```

- AUFPRÄGEN: Mit dieser Option können 2D-Objekte oder Volumenkörper, die auf einem anderen Volumenkörper liegen, auf diesen aufgeprägt werden. Dadurch wird der »Abdruck« dieser Objekte zu einer Fläche des Volumenkörpers (siehe Abbildung 21.27, oben und Mitte). Wählen Sie zum Schluss, ob das aufzuprägende Quellobjekt gelöscht werden soll. Die entstehende Fläche kann für Flächenoperationen verwendet werden.

- VOLUMENKÖRPER TRENNEN: Bei der Bearbeitung von Volumenkörpern kommt es oft vor, dass Volumenkörper in unabhängige Bestandteile zerlegt werden. Trotzdem ist es ein Objekt. Mit dieser Option können die Bestandteile in einzelne Objekte zerlegt werden.

- WANDSTÄRKE: Mit dieser Option kann ein Volumenkörper ausgehöhlt werden. Wählen Sie den 3D-Körper und klicken Sie in die Fläche, die offen sein soll. Wählen Sie die Fläche an der Kante oder klicken Sie mit der Pickbox nur in die Fläche. Geben Sie dann noch die Wandstärke ein und das Volumen wird entfernt (siehe Abbildung 21.27, unten).

```
Bearbeitungsoption für Volumenkörper eingeben
[Aufprägen/volumenkörper Trennen/Wandstärke/Bereinigen/
Überprüfen/Zurück/eXit] <eXit>: W für Wandstärke
3D-Volumenkörper wählen: Volumen anklicken
Flächen entfernen oder [ZUrück/Hinzufügen/ALLE]: Fläche anklicken, die
   offen bleiben soll
..
Flächen entfernen oder [ZUrück/Hinzufügen/ALLE]: ↵
Abstand für Wandstärke eingeben: Wandstärke eingeben
```

- BEREINIGEN: Entfernt alle redundanten Kanten und Kontrollpunkte sowie aufgeprägte und nicht genutzte Geometrie.

- ÜBERPRÜFEN: Überprüft, ob der 3D-Volumenkörper ein gültiges Objekt ist.

Kapitel 21 Oberflächen- und Volumenmodelle

➧ ZURÜCK: Nimmt die letzte Aktion in diesem Befehl zurück. Der Befehl wird nicht abgebrochen.

➧ EXIT: Beendet diesen Modus des Befehls und verzweigt wieder zur obersten Ebene des Befehls.

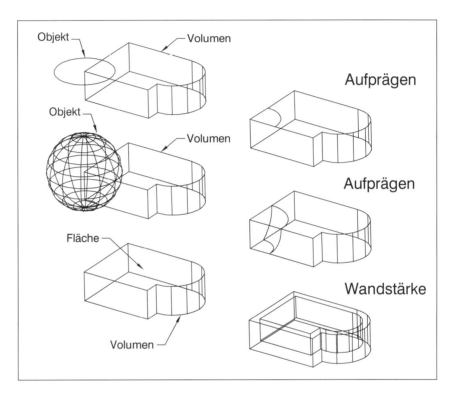

Abbildung 21.27: Aufprägen und Wandstärke an Volumen

Aufprägungen und Wandstärken

1. Laden Sie die Zeichnung *A21-19.dwg* aus dem Ordner *Aufgaben*.
2. Prägen Sie den Kreis und die Kugel auf die beiden Volumenkörper auf (siehe Abbildung 21.27, oben und Mitte).
3. Höhlen Sie das Volumen aus, lassen Sie eine Wandstärke von 5 stehen. Schließen Sie die obere Fläche aus, dort soll der Körper offen sein (Abbildung 21.27, unten).

Die Lösung finden Sie in der Datei *L21-19.dwg*.

21.8 3D-Konstruktionen mit Volumen

In Abbildung 21.28 sehen Sie Ihre nächste Aufgabe: eine Armatur für einen Waschtisch, ideal geeignet für unser erstes größeres 3D-Projekt. Keine Angst, es ist schon einiges vorbereitet. Alle 2D-Konturen, die Sie für Extrusionen und Rotationen brauchen, sind schon gezeichnet und im Raum ausgerichtet.

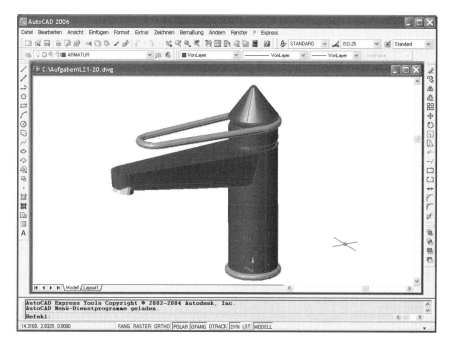

Abbildung 21.28:
3D-Modell aus Festkörpern

Das erste größere 3D-Projekt

1. Laden Sie die Zeichnung *A21-20.dwg* aus dem Ordner *Aufgaben*. Sie ist zwar leer, aber Vorsicht, auf ausgeschalteten Layern befinden sich Konturen, die Sie später brauchen.
2. Machen Sie den Layer *Armatur* zum aktuellen Layer (Vorgabe).
3. Setzen Sie die Variable ISOLINES auf 8.
4. Erstellen Sie einen zylindrischen Festkörper am Punkt 0,0 mit dem Radius 3 und der Höhe 16.
5. Nun erstellen wir den Dekorring am Boden. Dazu müssen wir zunächst den Ring aus dem Festkörper ausfräsen und dann wieder einen Ring hineinsetzen. Zeichnen Sie dazu einen Torus mit dem Mittelpunkt 0,0,0.4 und dem Radius 3. Der Rohrradius beträgt 0.4.
6. Subtrahieren Sie den Torus vom Zylinder. Runden Sie die untere scharfe Kante mit dem Radius 0.1. Wechseln Sie häufig den Ansichtspunkt, um immer das Geschehen im Auge zu haben.

7. Machen Sie den Layer *Dekor* zum aktuellen Layer und erzeugen Sie einen weiteren Torus mit den gleichen Abmessungen, der genau in die Aussparung passt.

8. Schalten Sie den Layer *Hilf1* ein und machen Sie den Layer *Armatur* wieder zum aktuellen Layer. Aus den jetzt sichtbaren Profilen (siehe Abbildung 21.29) bilden wir den Ausleger. Extrudieren Sie die Profile: Das Profil in der Draufsicht mit -10 und einem Verjüngungswinkel von 5°, das seitliche Profil mit -5.8 und 0° und den großen Kreis mit -20 mit dem Verjüngungwinkel 0°.

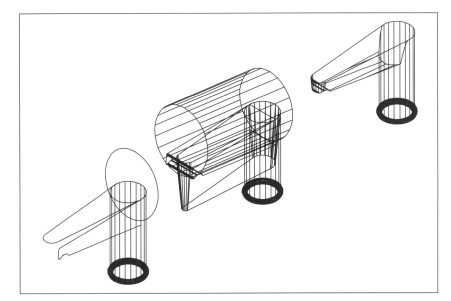

Abbildung 21.29:
Extrudieren von Profilen

9. Bilden Sie aus den drei extrudierten Festkörpern die Schnittmenge und vereinigen Sie den resultierenden Körper mit dem Zylinder. Runden Sie die Kanten (siehe Abbildung 21.30) mit dem Radius 1. Lassen Sie sich Ihr Modell eventuell schattiert anzeigen.

10. Machen Sie das Weltkoordinatensystem zum aktuellen Koordinatensystem. Bringen Sie den vorderen Teil des Auslaufs aus der Blickrichtung von unten auf den Bildschirm. Setzen Sie den Block *L21-20-01.dwg* aus Ihrem Übungsverzeichnis an den Punkt 0,0, Drehwinkel 0, am besten gleich im Ursprung zerlegt. Subtrahieren Sie das Teil von der kompletten Armatur. Setzen Sie in die Bohrung den Block *L21-20-01.dwg* aus Ihrem Übungsverzeichnis ein (siehe Abbildung 21.31). Das dieses Teil nur eingeschraubt ist, vereinigen wir es nicht mit der gesamten Armatur. Prüfen Sie immer wieder mit dem Befehl VERDECKT Ihre Arbeit nach.

3D-Konstruktionen mit Volumen

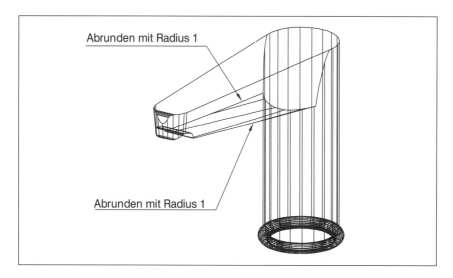

Abbildung 21.30:
Abrunden von Kanten

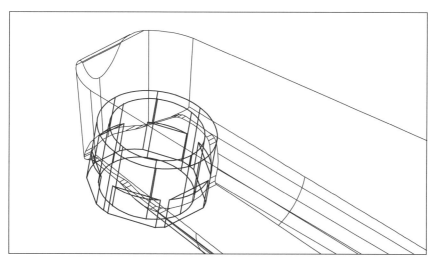

Abbildung 21.31:
Einsetzen der Details

11. Schalten Sie auf die isometrische Ansicht von SO um. Setzen Sie eine Kugel auf den Zylinder. Mittelpunkt ist das obere Zentrum des Zylinders, Radius ist 2.7. Wir brauchen nur die Halbkugel als neues Volumen. Vereinigen Sie die Kugel mit dem restlichen Gehäuse, es bleibt nur die obere Halbkugel übrig (siehe Abbildung 21.31).

12. Schalten Sie den Layer *Hilf2* ein. Rotieren Sie die obere kegelige Kontur um ihre innere Achse im Vollkreis. Extrudieren Sie die fast quadratische Kontur um -10 und bilden Sie die Schnittmenge mit der rotierten Kontur (siehe Abbildung 21.32).

Abbildung 21.32:
Konstruktion mit Extrusion und Rotation

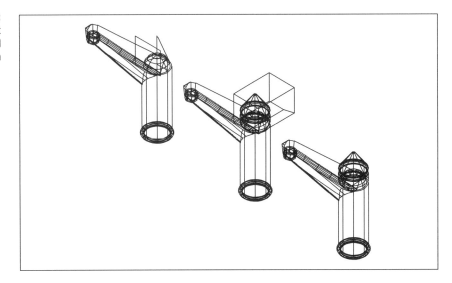

13. Zum Schluss erstellen Sie noch den Hebel. Hierzu extrudieren Sie einen Kreis entlang eines Pfades. Beides finden Sie auf dem Layer *Hilf3*. Schalten Sie ihn ein. Machen Sie den Layer *Dekor* zum aktuellen Layer und erzeugen Sie den Hebel mit dem Befehl EXTRUSION (siehe Abbildung 1.54). Extrusionsobjekt ist der Kreis. Als Pfad verwenden Sie die Hilfslinie.

Abbildung 21.33:
Konstruktion des Hebels

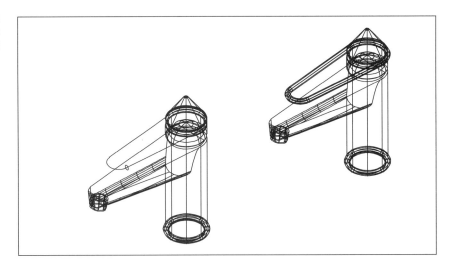

Sie haben es geschafft. Das 3D-Modell aus Festkörpern ist fertig. Es sollte wie in Abbildung 21.28 aussehen. Falls nicht, können Sie aus dem Übungsordner die Datei *L21-20.dwg* laden.

Zeichnungen von Volumenkörpern erstellen — Kapitel 21

Befehl Masseig

Wollen Sie noch das Volumen und die Masse wissen? Bitte schön, mit dem Befehl MASSEIG bekommen Sie es aufgelistet, für jeden Festkörper oder für alle. Wir haben fünf Teile erstellt: Wasserhahn, Dekorring, Einsatz, Aufsatz und Hebel. Berechnen Sie einzeln oder komplett.

→ Abrollmenü EXTRAS, Untemenü ABFRAGE >, Funktion REGION-/MASSEEIGENSCHAFTEN

→ Symbol im Werkzeugkasten ABFRAGE

```
Befehl: MASSEIG
Objekte wählen: Festkörper wählen
..
Objekte wählen: [↵]
----------    FESTKÖRPER    ----------
Masse:              855.7845
Volumen:            855.7845
Begrenzungsrahmen: X: -19.4826  --   3.4000
                   Y:  -3.4000  --   3.4000
                   Z:   0.0000  --  23.2333
Schwerpunkt:       X:  -2.4389
                   Y:   0.0003
                   Z:  11.7420
..
..
Hauptträgheitsmomente und X-Y-Z-Richtung um Schwerpunkt:
          I: 31902.7176 entlang [0.8 -0.0 0.5]
          J: 46037.5598 entlang [0.0  1.0 0.0]
          K: 17692.2518 entlang [-0.5 0.0 0.8]
In Datei schreiben ? <N>:
```

Volumen und Masse haben denselben Wert. Da keine Materialien mit den Objekten gespeichert sind, geht AutoCAD von der Dichte 1 aus. Wollen Sie die tatsächliche Masse haben, multiplizieren Sie das Volumen mit der Dichte.

21.9   Zeichnungen von Volumenkörpern erstellen

Nun soll daraus auch eine Zeichnung entstehen. In Kapitel 20.12 haben Sie schon gesehen, wie aus 3D-Modellen Ansichten auf dem Papier erstellt werden. Wenn das Modell aber aus Volumenkörpern besteht, gibt es einfachere Methoden. Mit den Befehlen SOLPROFIL, SOLANS und SOLZEICH geht es weitgehend automatisch.

Kapitel 21 — Oberflächen- und Volumenmodelle

Befehl Solprofil

Beim Zeichnen von Volumenkörpern erleichtern Ihnen die Tesselationslinien an gebogenen Flächen die Orientierung. Wollen Sie jedoch eine Zeichnung erstellen mit Ansichten und Isometrien, ist diese Darstellungsweise nicht üblich. Mit dem Befehl SOLPROFIL können Sie eine Profildarstellung erzeugen, die nur die Ränder und die Silhouetten von Volumenkörpern enthält. Diesen Befehl können Sie im Layout verwenden wenn Sie ein Ansichtsfenster erzeugt haben. Sie sollten die Volumenkörper, die Sie in dem Fenster darstellen wollen, schon skaliert und ausgerichtet sowie den Ansichtspunkt eingestellt haben.

➡ Abrollmenü ZEICHNEN, Untermenü VOLUMENKÖRPER >, Untermenü EINRICHTEN > Funktion PROFIL

➡ Symbol im Werkzeugkasten VOLUMENKÖRPER

```
Befehl: Solprofil
Objekte wählen: Volumenkörper wählen
..
Objekte wählen: [↵]
Verdeckte Profilkanten auf separatem Layer anzeigen [Ja/Nein] <J>: J
Profilkanten auf eine Ebene projizieren? [J/N] <J>: J
Tangentiale Kanten löschen? [Ja/Nein] <J>: Normalerweise N für Nein
   eingeben
5 Volumenkörper gewählt.
```

Wenn Sie die verdeckten Profilkanten nicht auf einen separaten Layer legen, wird für die sichtbaren Profillinien jedes ausgewählten Volumenkörpers ein Block generiert. Werden die Profilkanten auf separate Layer gelegt, werden für alle Volumenkörper zwei Blöcke erzeugt, einer für die sichtbaren und einer für die unsichtbaren Profilkanten. Die Blöcke kommen auf unterschiedliche Layer, *PV-nn* für die sichtbaren Kanten (*V* für *View*) und *PH-nn* für die unsichtbaren Kanten (*H* für Hide). *nn* steht für eine Bezeichnung, die automatisch vergeben wird.

Bei der nächsten Anfrage legen Sie fest, ob Sie das Profil auf einer Ebene haben wollen oder ob es dreidimensional generiert werden soll. Geben Sie hier JA ein. Zuletzt wählen Sie noch, ob Übergänge von geraden zu gewölbten Flächen mit tangentialen Kanten dargestellt werden sollen oder nicht. Normalerweise werden diese Kanten dargestellt, wählen Sie deshalb NEIN. Die tangentialen Kanten bleiben dann als sichtbare Linie erhalten. Wollen Sie im Ansichtsfenster nur die sichtbaren Kanten haben, frieren Sie in diesem Ansichtsfenster die Layer, auf dem die Original-Volumenkörper liegen und die Layer, die mit *PH* beginnen. Der Befehl SOLPROFIL ändert die Sichtbarkeit der Layer in dem Fenster nicht automatisch. Sie können aber auch für den Layer *PH* einen anderen Linientyp wählen und diese Linien gestrichelt darstellen.

Zeichnungen von Volumenkörpern erstellen   Kapitel 21

Erstellung einer Profilansicht

1. Laden Sie die Armatur oder holen Sie sich die Lösung *L21-20.dwg* aus dem Ordner *Aufgaben*. Schalten Sie die schattierte Darstellung aus. Stellen Sie mit dem Befehl SHADEMODE die Darstellungsart 2D-DRAHTKÖRPER ein.

2. Wechseln Sie auf das *Layout1* und wählen Sie bei der Seiteneinrichtung für dieses Layout wieder Ihren Übungsplotter als Ausgabegerät. Wählen Sie als Seitenformat das benutzerspezifische Format *A3 quer Übergröße*. Benennen Sie das Layout um in *Profil_A3*. Falls automatisch ein Ansichtsfenster erzeugt wurde, löschen Sie es wieder.

3. Fügen Sie den Zeichnungsrahmen am Nullpunkt mit dem Faktor 1 ein. Verwenden Sie *DIN_A3.dwg* aus dem Ordner *Aufgaben*.

4. Legen Sie einen neuen Layer *Afenster* an und schalten Sie ihn zum aktuellen Layer. Vergeben Sie für den Layer eine spezielle Farbe, die in der Zeichnung auffällt, beispielsweise *cyan*.

5. Schalten Sie den Werkzeugkasten ANSICHTSFENSTER zu und erstellen Sie mit dem Symbol ein einzelnes Ansichtsfenster. Aktivieren Sie das Ansichtsfenster und stellen Sie darin eine isometrische Ansicht aus Richtung 240° und 20° Erhebung ein. Tragen Sie für dieses Fenster den Maßstab 7.5:1 im Abrollmenü des Werkzeugkastens ANSICHTSFENSTER ein.

6. Starten Sie jetzt den Befehl SOLPROFIL und wählen Sie alle Teile der Armatur. Lassen Sie die verdeckten Profilkanten auf einen anderen Layer legen und auf eine Ebene projizieren. Lassen Sie die tangentialen Kanten nicht löschen.

7. Aktivieren Sie das Ansichtsfenster wieder, falls es nicht mehr aktiv ist. Frieren Sie die Layer *0*, *Armatur* und *Deko*, sowie *PH-XXX* in diesem Ansichtsfenster. Wechseln Sie in den Papierbereich mit einem Doppelklick auf dem Papier und schalten Sie den Layer *Afenster* aus.

Die Lösung sollte wie in Abbildung 21.34 aussehen. Sie finden Sie auch in der Datei *L21-21.dwg*.

Befehl Solans

Noch mehr Komfort und Automatik haben Sie mit dem Befehl SOLANS. Damit werden Ansichtsfenster und die Ausrichtung in den Fenstern automatisch erzeugt. Mit SOLZEICH wird für die Fenster, die mit SOLANS erstellt wurden, eine Profildarstellung erzeugt. Da die beiden Befehle sehr vielseitig sind, wollen wir die Wirkungsweise an einem Beispiel anschauen.

Kapitel 21   Oberflächen- und Volumenmodelle

Abbildung 21.34:
Profilansicht der
Armatur

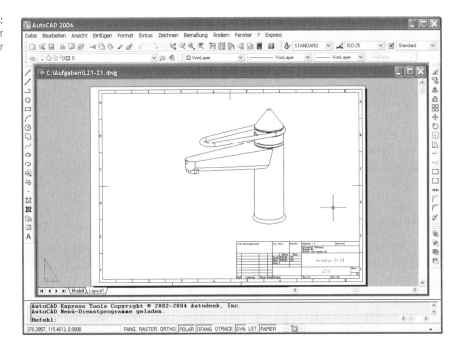

1. Laden Sie die Zeichnung *A21-22.dwg* aus dem Ordner *Aufgaben*. Das 3D-Modell besteht aus einer einfachen Platte mit 3 Bohrungen.

2. Schalten Sie auf das *Layout1* und Sie sehen, dass ein Rahmen im A4-Format eingefügt ist. Schalten Sie aber wieder zurück zum Modell.

3. Wählen Sie jetzt den Befehl SOLANS.

➥ Abrollmenü ZEICHNEN, Untermenü VOLUMENKÖRPER >, Untermenü EINRICHTEN > Funktion ANSICHT

➥ Symbol im Werkzeugkasten VOLUMENKÖRPER

Befehl: **Solans**

Bks/Ortho/Hilfsansicht/Schnitt/<eXit>:

Der Befehl schaltet Sie automatisch ins Layout. Wenn dort noch kein Ansichtsfenster vorhanden ist, können Sie nur die Option BKS wählen, um ein Ansichtsfenster zu erzeugen.

Bks/Ortho/Hilfsansicht/Schnitt/<eXit>: BKS

Benannt/Welt/?/<Aktuelles>:

Sie wählen damit ein Koordinatensystem aus. Die Ansicht dieses Koordinatensystems wird in dem neuen Fenster generiert. Das kann ein gespeichertes BKS, das Weltkoordinatensystem oder das aktuelle sein.

Zeichnungen von Volumenkörpern erstellen

4. Bestätigen Sie mit ⏎ die Vorgabe (aktuelles Koordinatensystem). Danach geben Sie den Skalierfaktor 2 für die Ansicht und die Mitte der Ansicht ein und ziehen das Ansichtsfenster auf (siehe Abbildung 21.35). Wollen Sie nur einen Teil der Ansicht, können Sie das Fenster kleiner machen. Nehmen Sie die ganze Draufsicht ins Fenster. Als Ansichtsname geben Sie *DR* (für Draufsicht ein).

```
Skalierfaktor für Ansicht eingeben <1>: 2
Mitte der Ansicht: Mitte wählen
..
Mitte der Ansicht: ⏎
Erste Ecke wählen: Erster Eckpunkt für Fenster
Andere Ecke wählen: Zweiter Eckpunkt für Fenster
Ansichtsname: DR
```

5. Danach fragt der Befehl im Wiederholmodus nach neuen Fenstern. Jetzt soll die Vorderansicht erstellt werden. Dafür steht Ihnen die Option ORTHO zur Verfügung. Sie klicken nur die Seite einer vorhandenen Ansicht an, deren Ansicht Sie haben wollen. Beachten Sie, dass die Ansichten nicht nach DIN geklappt werden, sondern nach den ANSI. Das Problem kann aber leicht behoben werden. Klicken Sie die gegenüberliegende Seite an und platzieren Sie die Ansicht auf der anderen Seite.

6. Setzen Sie die Vorderansicht darüber, wählen Sie Option ORTHO, klicken Sie die untere Kante an und platzieren Sie die Vorderansicht darüber (siehe Abbildung 21.35).

```
Bks/Ortho/Hilfsansicht/Schnitt/<eXit>: Ortho
Seite von Ansichtsfenster für Projektion wählen: Untere Kante
    anklicken
Mitte der Ansicht: Ansicht darüber plazieren
..
Mitte der Ansicht: ⏎
Erste Ecke wählen: Erster Eckpunkt für Fenster
Andere Ecke wählen: Zweiter Eckpunkt für Fenster
Ansichtsname: Vorne
```

7. Jetzt soll noch ein Schnitt erzeugt werden. Wählen Sie dazu die Option SCHNITT, geben Sie die Schnittebene vor und die Ansichtsseite. Der Rest ist schon Routine. Machen Sie einen Schnitt senkrecht durch die Bohrung mit der zylindrischen Senkung. Setzen Sie den Schnitt nach rechts und erstellen Sie die Ansicht von links. Skalieren Sie den Schnitt ebenfalls mit dem Faktor 2.

```
Bks/Ortho/Hilfsansicht/Schnitt/<eXit>: Schnitt
Erster Punkt der Schnittebene: Mit Objektfang Zentrum, Mitte der
    zylindrischen Senkung in der Draufsicht wählen
```

Kapitel 21 Oberflächen- und Volumenmodelle

```
Zweiter Punkt der Schnittebene: Mit Objektfang Lot untere Kante der
    Platte wählen
Seite für Ansicht: Punkt links von der gestrichelten Schnittkante
    anklicken
Skalierfaktor für Ansicht eingeben <2>: 2
Mitte der Ansicht: Schnitt rechts von der Draufsicht plazieren
..
Mitte der Ansicht: ⏎
Erste Ecke wählen: Erster Eckpunkt für Fenster
Andere Ecke wählen: Zweiter Eckpunkt für Fenster
Ansichtsname: Schnitt
```

Die Zeichnung sollte jetzt wie in Abbildung 21.35 aussehen. Die Lösung finden Sie in Ihrem Übungsordner als *L21-22.dwg*.

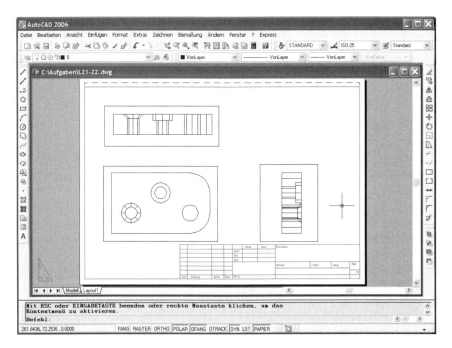

Abbildung 21.35: Zeichnungslayout weitgehend automatisch erzeugt

Als weitere Möglichkeit steht noch die Option HILFSANSICHT zur Verfügung. Eine Möglichkeit, die nach unseren Zeichnungsgepflogenheiten etwas ungewöhnlich ist. Damit können Sie eine schräge Ansichtsebene in ein Fenster legen und die Ansicht wird unter diesem Blickwinkel generiert.

Außer den sichtbaren Ergebnissen auf dem Bildschirm ist im Hintergrund einiges passiert. Es wurde ein Layer *Vports* angelegt. Auf dem befinden sich die Ansichtsfenster. Außerdem wurde für jedes Ansichtsfenster ein Satz Layer erzeugt (siehe unten). Alle Layer beginnen mit dem Ansichtsfensternamen und sie sind nur jeweils im eigenen Ansichtsfenster sichtbar, in allen anderen Ansichtsfenstern sind sie gefroren.

Layername	Inhalt
XXX-DIM	Layer für Bemaßungen in der Ansicht
XXX-HAT	Layer für Schraffuren in der Ansicht
XXX-HID	Layer für verdeckte Profilkanten in der Ansicht
XXX-VIS	Layer für sichtbare Profilkanten in der Ansicht

Befehl Solzeich

Mit dem Befehl SOLZEICH machen Sie den Rest. Von Ansichten, die Sie mit dem Befehl SOLANS erzeugt haben, werden die Profildarstellungen erzeugt. Der Befehl macht das was Sie mit SOLPROFIL manuell erstellt haben automatisch für alle gewählten Fenster. Sollte vorher schon einmal eine Ansicht generiert worden sein, wird diese vorher gelöscht. Somit ist gewährleistet, dass sich bei mehreren Versuchen kein Müll ansammelt.

Ein weiterer Vorteil dieses Befehls ist, dass Schnitte gleich schraffiert werden. Dazu sollten Sie vorher aber ein paar Variablen richtig setzen: HPNAME (Schraffurmustername), HPSCALE (Schraffurmustermaßstab) und HPANG (Schraffurmusterwinkel). Laden Sie alle Linientypen und stellen Sie mit LTFAKTOR einen günstigen Maßstab ein. Im Speziellen wird der Linientyp *Verdeckt* benötigt.

Profile für Ansichten erzeugen

1. Laden Sie den Linientyp *Verdeckt* aus der Linientypendatei *Acadiso.lin* mit dem Dialogfenster für die Linientypen, stellen Sie den Linientypenfaktor auf 12 ein, legen Sie die Parameter für die Schraffur ein. Verwenden Sie den Befehl SOLZEICH um für alle Ansichtsfenster die Profildarstellung zu generieren.

   ➜ Abrollmenü ZEICHNEN, Untermenü VOLUMENKÖRPER >, Untermenü EINRICHTEN > Funktion ZEICHNUNG

   ➜ Symbol im Werkzeugkasten VOLUMENKÖRPER

   ```
   Befehl: Ltfaktor
   Neuer Faktor <1.00>: 0.5
   Befehl: Hpname
   Neuer Wert für HPNAME <"xxx">: z. B.: ANSI31
   Befehl: Hpscale
   Neuer Wert für HPSCALE <1.0000>: 15
   Befehl: Hpang
   Neuer Wert für HPANG <0>: 0
   Befehl: Solzeich
   ```

Kapitel 21   Oberflächen- und Volumenmodelle

```
Zu zeichnendes Ansichtsfenster wählen:
Objekte wählen: Alle Ansichtsfenster wählen
Objekte wählen: ↵
```

2. Ordnen Sie den *XXX-Hid* Layern den Linientyp *Verdeckt* zu, dann sind auch die verdeckten Kanten in der Vorderansicht sichtbar. Schalten Sie auch noch den Layer *Vports* aus und wechseln Sie ins Layout. (siehe Abbildung 21.36). Auch diese Lösung finden Sie im Übungsordner. Sie hat den Dateinamen *L21-22.dwg*.

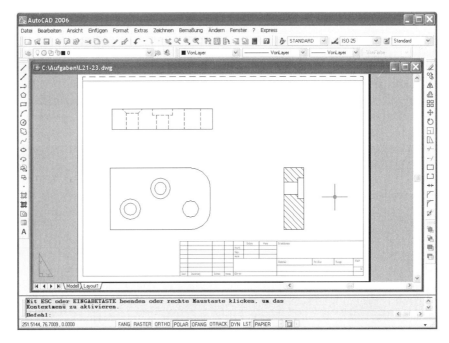

Abbildung 21.36: Profilansichten mit verdeckten Kanten

22 Rendern in AutoCAD

Nachdem Sie in den letzten Kapiteln gelernt haben, wie Sie ein 3D-Modell erstellen können und es auch auf ein Zeichenblatt bekommen, werden Sie in diesem Kapitel sehen, wie Sie Ihr 3D-Modell optisch aufbereiten. Mit den Renderfunktionen erzeugen Sie fotorealistische Bilder, die Sie in Kataloge oder Prospekte übernehmen oder auch auf der Zeichnung platzieren können.

Wieder ein Kapitel, das Sie als Besitzer von AutoCAD LT 2006 überblättern können. Diese Funktionen haben Sie nur in AutoCAD 2006.

22.1 Rendern von 3D-Modellen

Sie haben in AutoCAD die Möglichkeit, realitätsnahe, farbig schattierte Darstellungen am Bildschirm zu erzeugen, diese auszudrucken oder als Bilddatei auf das Zeichenblatt zu legen bzw. in ein Grafik- oder Bildbearbeitungsprogramm zu übernehmen.

Was ist Rendern?

Mit den Rendering-Funktionen können Sie Ihre 3D-Modelle farbig schattiert plastisch darstellen. Die Farbe in der Zeichnung kann sich aber von dem Aussehen der realen Oberfläche unterscheiden. Deshalb können Sie den Objekten andere Farben oder auch Oberflächen zuweisen. Außerdem können Sie Lichter einsetzen, um den gewünschten Effekt zu erhalten.

Wenn Sie eine 3D-Fläche in AutoCAD zeichnen, versieht AutoCAD diese mit einer Normalen. Die Normale ist ein Vektor, der senkrecht zu jeder Fläche liegt und nach außen zeigt. Ist eine Rückseite auf den Betrachter ausgerichtet, wird sie beim Rendern nicht berücksichtigt. Sie kann nur andere Teile des 3D-Modells verdecken. Haben Sie eine 3D-Fläche gegen den Uhrzeigersinn gezeichnet, ist die Normale nach außen gerichtet, im Uhrzeigersinn nach innen. Haben Sie alle Flächen richtig gezeichnet, können Sie die Renderzeit wesentlich beschleunigen, wenn Sie die Rückseiten unterdrücken.

Befinden sich in Ihrer Zeichnung Kreise oder Bögen, können Sie mit dem Befehl AUFLÖS die Genauigkeit der Anzeige einstellen. Je höher der Wert, desto feiner die Teilung. Den Wert können Sie zwischen 1 und 20000 ein-

Kapitel 22 Rendern in AutoCAD

stellen. Dieser Wert wirkt sich auch aufs Rendern aus. Standardmäßig ist 100 eingestellt. Je höher Sie gehen, desto glatter werden Volumenkörper dargestellt. Aber Vorsicht, bei höheren Werten geht die Renderzeit enorm nach oben. Gehen Sie maximal auf 1000.

Die Systemvariable FACETRES bestimmt die Glättung gekrümmter Volumenkörper beim Rendern. Ist FACETRES = 1, werden Volumenkörper so geglättet dargestellt wie hochgezogene Kreise. Wird der Wert erhöht, werden Volumenkörper glatter dargestellt. Sie können zwischen 0.01 und 10 einstellen, Vorgabe ist 0.5. Wählen Sie einen Wert zwischen 0.5 und 1. Die Werte können im Register ANZEIGE, Bereich BILDSCHIRMAUFLÖSUNG des Dialogfelds des Befehls OPTIONEN bearbeitet werden.

Alle Renderbefehle finden Sie in dem Untermenü RENDER > des Abrollmenüs ANSICHT und im Werkzeugkasten RENDER.

Befehl Render

Für das perfekte fotorealistische Bild sind eine ganze Menge Vorarbeiten notwendig. Wollen Sie aber schnell einmal beim Konstruieren rendern, geht das auch ohne Materialien, Lichter und Szenen, mit dem so genannten Basisrendering des Befehls RENDER. Die einzige Beleuchtung ist dann eine virtuelle Lichtquelle, die hinter dem Betrachter auf das Modell strahlt.

➡ Abrollmenü ANSICHT, Untermenü RENDER >, Funktion RENDER...

➡ Symbol im Werkzeugkasten RENDER

Die Einstellungen finden Sie in einem Dialogfeld (siehe Abbildung 22.1):

Rendertyp: Hier können Sie in einem Abrollmenü zwischen drei Einstellungen wählen:

➡ RENDER: Arbeitet ohne Schattenwurf, Bitmap-Materialoberflächen, Spiegelung und Lichtbrechung.

➡ PHOTO REAL: Die Einstellung verwendet schon Bitmap-Oberflächen und berücksichtigt Schattenwurf.

➡ PHOTO RAYTRACE: Mit dieser Einstellung können Sie Effekte durch Lichtbrechung und Spiegelung erzeugen.

Renderszene: In der Auswahlliste kann markiert werden, was gerendert werden soll, der aktuelle Ausschnitt oder eine Szene (siehe Kapitel 22.9).

Rendern von 3D-Modellen　　　　　　　　　　　　　　　　　　Kapitel 22

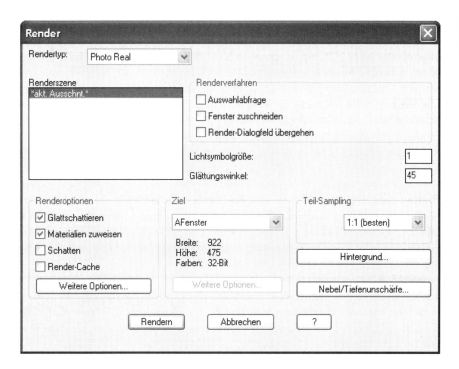

Abbildung 22.1:
Dialogfeld für das Rendern

Renderverfahren: In diesem Bereich des Dialogfeldes befinden sich drei Schalter:

➡ AUSWAHLANFRAGE: Ist dieser Schalter ein, werden nur bestimmte wählbare Objekte gerendert.

➡ FENSTER ZUSCHNEIDEN: Wenn Sie den Schalter einschalten, können Sie ein Fenster aufziehen und dieser Teil wird gerendert.

➡ RENDERDIALOGFELD ÜBERGEHEN: Der Schalter unterdrückt das Render-Dialogfeld. Der Render-Vorgang wird mit den letzten Einstellungen wiederholt.

Mit den ersten beiden Schaltern lassen sich Bilder schneller kontrollieren, da Sie nicht jedes Mal die ganze Zeichnung rendern müssen. Haben Sie den letzten Schalter ein, können Sie ihn nur mit dem Befehl REINST (siehe unten) wieder ausschalten.

Lichtsymbolgröße: Wenn Sie in Ihrer Zeichnung Lichter platzieren, werden dort Symbole angezeigt, deren Größe Sie hier ändern können.

Glättungswinkel: Hiermit stellen Sie den Winkel ein, ab dem AutoCAD beim Rendern eine Kante setzt. Winkel zwischen zwei Flächen, die kleiner als dieser Wert sind, werden geglättet.

Renderoptionen: Mit dem Schalter GLATTSCHATTIEREN wählen Sie, dass der Renderer auf einer Oberfläche die Farbverläufe über mehrere Flächen hinweg angleicht. Damit bekommen Sie einen kontinuierlichen Farbverlauf ohne Sprünge. MATERIALIEN ZUWEISEN bewirkt, dass die Materialien verwendet werden, die Sie den Objekten zugeordnet haben. Ist der Schalter aus, werden die Objekte in den Zeichnungsfarben gerendert. Mit dem Schalter SCHATTEN schalten Sie die Schattengenerierung ein. Ist der RENDER-CACHE aktiviert, wird beim ersten Rendern eine Pufferdatei auf der Festplatte angelegt. Nachfolgende Rendervorgänge werden dann schneller ausgeführt.

Ziel: In diesem Feld stellen Sie ein, wo das Renderergebnis ausgegeben werden soll. Drei Einstellungen sind in einem Abrollmenü möglich: AFENSTER gibt das Ergebnis auf dem Bildschirm aus, RENDERFENSTER überträgt es in ein separates Renderfenster, aus dem es dann ausgedruckt werden kann und die Einstellung DATEI erzeugt eine Bilddatei.

Teil-Sampling: Für schnelles Proberendern kann die Auflösung beim Rendern heruntergesetzt werden. Möglich ist *1:1 (beste)* bis *8:1 (schnellste)*. In diesem Fall werden keine einzelnen Bildpunkte berechnet. Die kleinste Fläche ist 8 Pixel groß.

Hintergrund...: Mit der Schaltfläche wird der Befehl HINTERGRUND (siehe Kapitel 22.3) direkt aus diesem Dialogfeld aufgerufen.

Nebel/Tiefenunschärfe...: Auch der Befehl NEBEL (siehe Kapitel 22.4) kann mit dieser Schaltfläche direkt gestartet werden.

Weitere Optionen... bei den Renderoptionen

Mit dieser Schaltfläche holen Sie ein weiteres Dialogfeld auf den Bildschirm. Abbildung 22.2 zeigt das Fenster:

Rückseiten unterdrücken: Flächen, deren Normale vom Betrachter weg zeigen, werden beim Rendering nicht berücksichtigt. Dies beschleunigt den Rendering-Prozess, kann aber auch zu Verfälschungen führen.

Rückseitennormale negativ: Wenn Sie diese Einstellung deaktivieren, werden Rückseiten wie Vorderseiten gerendert. Ist der Schalter ein, werden die Flächen mit negativen Normalen verworfen.

Weiter können Sie die Kantenglättung (ANTI-ALIASING), die Schattengenerierung und das Auftragen der Texturen beeinflussen.

Rendern von 3D-Modellen										Kapitel 22

Abbildung 22.2:
Dialogfeld für weitere Renderoptionen

Weitere Optionen... beim Renderziel

Haben Sie die Einstellung DATEI gewählt, wird die Schaltfläche WEITERE OPTIONEN... freigegeben. Klicken Sie darauf, erscheint wieder ein Dialogfeld (siehe Abbildung 22.3), mit dem Sie die Parameter für die Dateiausgabe einstellen können.

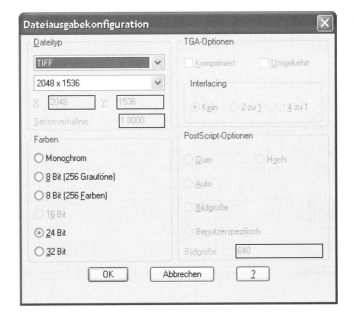

Abbildung 22.3:
Dialogfeld für die Dateiausgabe

{ KOMPENDIUM } AutoCAD und LT 2006									773

Stellen Sie in zwei Abrollmenüs das Dateiformat und die Auflösung ein, BMP, PCX, PostScript, TGA und TIFF sind möglich. Wählen Sie kein Standardformat, können Sie in den Feldern darunter ein beliebiges benutzerdefiniertes Format bis 4096 Bildpunkte einstellen. Im Bereich darunter ist die Farbtiefe wählbar. Bei TGA oder PostScript können Sie auf der rechten Seite des Fensters weitere Parameter einstellen.

Basisrendering

1. Holen Sie Ihre Armatur aus dem letzten Kapitel oder nehmen Sie aus dem Ordner *Aufgaben* die Zeichnung *A22-01.dwg*.
2. Rendern Sie mit den Grundeinstellungen. Lassen Sie sich das Ergebnis auf dem Bildschirm anzeigen.
3. Testen Sie die unterschiedlichen Optionen.

Befehl Reinst

Mit dem Befehl REINST können Sie alle Einstellungen, die Sie beim Befehl RENDER kennengelernt haben, als Vorgabewerte festlegen.

➧ Abrollmenü ANSICHT, Untermenü RENDER >, Funktion VOREINSTELLUNGEN...

➧ Symbol im Werkzeugkasten RENDER

Für die Einstellung wird das gleiche Dialogfeld (siehe Abbildung 22.1) wie beim Befehl RENDER verwendet.

22.2 Bilder speichern, anzeigen und drucken

Wenn Sie sich viel Mühe mit der Bilderstellung gegeben haben, wollen Sie es auch speichern oder drucken, um es später wieder ansehen zu können..

Befehle Bildsich und Wiedergabe

Mit dem Befehl BILDSICH kann der aktuelle Zeichenbildschirm und damit auch das gerade gerenderte Bild auf dem Bildschirm in einer Datei gespeichert werden und mit dem Befehl WIEDERGABE auch wieder auf den Bildschirm geholt werden. Sie können es aber auch mit dem Befehl BILDZUORDNEN (siehe Kapitel 12.1) auf einer Zeichnung platzieren.

➧ Abrollmenü EXTRAS, Untermenü PIXELBILD >, Funktion SPEICHERN... bzw. ANZEIGEN...

In einem Dialogfeld wählen Sie: Das Bildformat zum Speichern (BMP, TGA oder TIFF), die Auflösung, den zu speichernden Ausschnitt und beim Anzeigen die Position des Ausschnitts auf dem Bildschirm.

Bilder speichern, anzeigen und drucken   Kapitel 22

Rendern in eine Datei

Bei der gerade beschriebenen Methode hat die Bilddatei immer die Größe der Bildschirmauflösung. Sie können auch Bilddateien mit einer wählbaren Auflösung erstellen. Wie Sie in Kapitel 22.1 gesehen haben, können Sie beim Renderziel wählen, dass eine Bilddatei erzeugt werden soll. Im Dialogfeld können Sie das Format bestimmen (siehe Abbildung 22.2). Die Bilder, die Sie so erzeugt haben, können Sie ebenfalls mit dem Befehl WIEDERGABE auf den AutoCAD Bildschirm holen.

Rendern ins Renderfenster

Sie haben in Kapitel 22.1 gesehen, dass Sie beim Befehl RENDER als Renderziel das Renderfenster angeben können. Es wird in ein separates Fenster übernommen (siehe Abbildung 22.4). Von dort kann es gespeichert oder auch ausgedruckt werden.

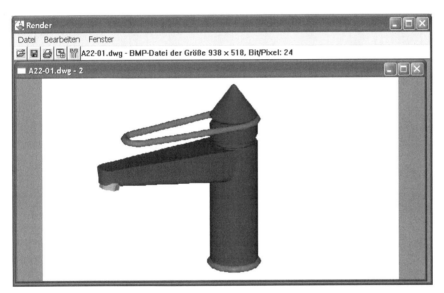

Abbildung 22.4: Gerendertes Modell im Renderfenster

In der Werkzeugleiste stehen Ihnen fünf Symbole zur weiteren Bearbeitung zur Verfügung. Damit können Sie den Inhalt des Renderfensters speichern oder ein gespeichertes Bild ins Renderfenster holen. Bei Anwahl des Druckersymbols kann der Inhalt des Fensters ausgedruckt werden. In einem weiteren Fenster stellen Sie die Bildgröße und Bildlage ein. Auch mit den Griffen auf dem Voransichtsbild können Sie das Bild verändern.

Mit dem nächsten Symbol in der Leiste wird das Bild in die Zwischenablage kopiert. Das letzte Symbol holt ein weiteres Dialogfeld auf den Bildschirm, in dem Sie die Auflösung im Renderfenster bestimmen können. Das nächste Bild, das Sie rendern, wird in dieser Auflösung ins Renderfenster übernommen.

Kapitel 22 — Rendern in AutoCAD

Plotten des gerenderten Modells

Seit AutoCAD 2006 können Sie das gerenderte Modell auch direkt plotten. Wählen Sie dazu den Befehl PLOT. Wählen Sie im Register PLOTEINSTELLUNGEN (siehe Abbildung 22.5) im Bereich OPTIONEN DES SCHATTIERTEN ANSICHTSFENSTERS im Abrollmenü SCHATTIERUNGS-PLOT die Einstellung *Gerendert*. Wählen Sie darunter die Renderqualität und falls Sie *Benutzerspez* eingestellt haben, wieder darunter die Auflösung in DPI (Punkte pro Zoll).

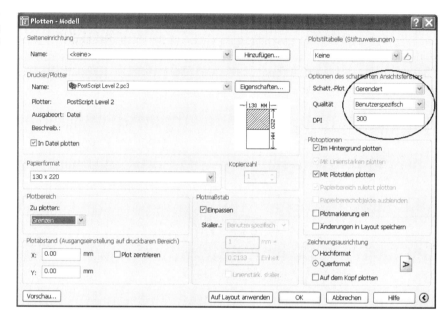

Abbildung 22.5: Plotten des gerenderten Bilds

22.3 Rendern mit Hintergrund

Die einfachste Möglichkeit, Ihre Bilder effektvoller zu gestalten, ist es sie vor einem Hintergrund darzustellen. Wählen Sie einen farbigen Hintergrund, einen Farbverlauf oder eine Bilddatei.

Befehl Hintergrund

Zur Wahl des Bildhintergrunds verwenden Sie den Befehl HINTERGRUND.

➥ Abrollmenü ANSICHT, Untermenü RENDER >, Funktion HINTERGRUND...

➥ Symbol im Werkzeugkasten RENDER

Rendern mit Hintergrund

Sie können den Befehl auch, wie Sie in Kapitel 22.1 gesehen haben, aus dem Dialogfeld des Befehls RENDER wählen. Die Einstellungen nehmen Sie in einem Dialogfeld (siehe Abbildung 22.6) vor.

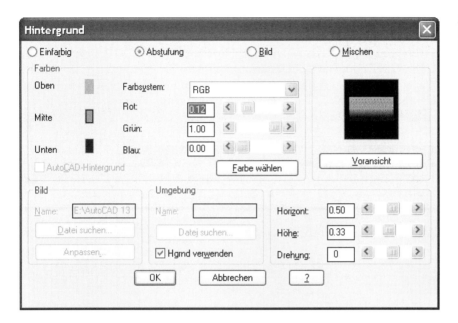

Abbildung 22.6:
Dialogfeld für den Hintergrund

Vier Methoden zur Gestaltung Ihres Hintergrunds haben Sie zur Auswahl. Klicken Sie die gewünschte Art in der oberen Zeile des Dialogfelds an:

Einfarbig: Bei dieser Methode wird ein einfarbiger Hintergrund verwendet, dessen Farbe Sie an den drei Farbschiebereglern einstellen können. Im Abrollmenü FARBSYSTEM wählen Sie, ob mit den Reglern die Grundfarben Rot, Grün, Blau (RGB) oder Farbton, Helligkeit und Sättigung (FHS) eingestellt werden sollen. Mit der Schaltfläche FARBE WÄHLEN kann die Farbe aus der Farbpalette gewählt werden. Weitere Informationen zu Farbeinstellungen siehe weiter unten in diesem Kapitel. Ist der Schalter AUTOCAD-HINTERGRUND eingeschaltet, wird der normale Hintergrund der Zeichenfläche verwendet. Mit dem Feld VORANSICHT lassen sich die Einstellungen im darüber liegenden Fenster kontrollieren.

Abstufung: Mit dieser Methode können Sie drei Farben für einen vertikalen Farbverlauf auf dem Hintergrund einstellen. Klicken Sie dazu nacheinander auf die Farbfelder hinter OBEN, MITTE und UNTEN und stellen Sie jeweils eine Farbe ein (siehe unten, Farbeinstellung). In der Voransicht kann der Verlauf sichtbar gemacht werden. Mit dem Schieberegler HORIZONT, rechts unten im Dialogfeld, wird die Mitte des Verlaufs festgelegt. Mit dem Schieberegler HÖHE können Sie die Breite des mittleren Streifens einstellen. Wenn der Wert 0 beträgt, ist das Resultat eine zweifarbige Abstufung, die nur die Farben OBEN und UNTEN verwendet. Mit DREHUNG kann der Horizont gedreht werden.

Bild: Soll eine Bilddatei als Hintergrund dienen, sind die Farbregler deaktiviert. Der Name der Bilddatei kann im Bereich BILD links unten im Feld NAME eingetragen werden. Klicken Sie auf die Schaltfläche DATEI SUCHEN..., erhalten Sie das Dialogfeld zur Dateiwahl, mit dem Sie eine Bilddatei auswählen können. Mit dem Schalter ANPASSEN... erscheint ein weiteres Dialogfeld, mit dem die ausgewählte Bilddatei an den Hintergrund angepasst werden kann (siehe Abbildung 22.7).

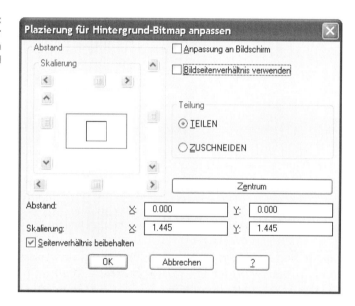

Abbildung 22.7: Anpassung der Bilddatei für den Hintergrund

Anpassung an Bildschirm: Ist der Schalter eingeschaltet wird das Bild so skaliert, dass es auf den ganzen Hintergrund passt. Ist der Schalter aus, kann weiter bearbeitet werden.

Bildseitenverhältnis verwenden: Egal wie skaliert wird, bleiben die Proportionen des Originalbildes erhalten, wenn dieser Schalter ein ist. So lassen sich Verzerrungen des Hintergrundbildes verhindern.

Abstand: Im linken oberen Bereich lassen sich Platzierung und Skalierung bestimmen. Der Bildschirm wird als rot umrandetes Feld dargestellt, zusätzlich die Größe der Bilddatei mit magenta (rechts und unten) und schwarzem (links und oben) Rand. Am linken und oberen Schieberegler kann das Bild skaliert und am rechten und unteren Regler auf dem Hintergrund verschoben werden. An den Farben der Ränder können Sie sehen, ob die Bilddatei gespiegelt wird. Die Farben sind dann vertauscht.

Abstand und Skalierung: Im unteren Bereich können Sie die Werte für Abstand und Skalierung numerisch für die X- und Y-Richtung einstellen.

Teilen: Ist dieser Schalter ein und das Bild ist kleiner als die Hintergrundfläche, wird es wie Fliesen matrixförmig nebeneinander gelegt.

Zuschneiden: Bei dieser Funktion wird das Bild abgeschnitten, wenn es über die Hintergrundfläche hinausragt.

Zentrum: Haben Sie das Bild verschoben, können Sie es mit dieser Schaltfläche wieder auf dem Hintergrund zentrieren.

Doch wieder zurück zum ersten Dialogfeld (siehe Abbildung 22.6):

Mischen: Ist die Funktion MISCHEN ein, wird das Bild, das gerade auf dem Bildschirm ist, als Hintergrund verwendet und das neu gerenderte darüber gelegt. So können Sie zwei Renderdurchgänge machen und die Bilder übereinander legen oder ein Bild mit dem Befehl WIEDERGABE (siehe Kapitel 22.2) auf den Bildschirm holen und ein neues darüber rendern.

Umgebung: Die Umgebung kann als Kugel um das 3D-Modell herum gedacht werden. Wird mit dem RAYTRACE-RENDERER gearbeitet, wird zusätzlich zur Geometrie die Umgebung verwendet, um Reflexionen und Lichtbrechungen zu berechnen. Die Umgebung kann mit einer Bilddatei simuliert werden. Wählen Sie eine Bilddatei für die Umgebung. Ist der Schalter HGRND VERWENDEN an, wird das Hintergrundbild auch für die Umgebung verwendet.

Farben einstellen

In den Dialogfeldern der Renderbefehle müssen immer wieder Farben eingestellt werden. Dabei stehen drei Methoden zur Verfügung:

- **RGB:** Farbe aus Anteilen der Grundfarben rot, grün und blau
- **FHS:** Farbe aus den Werten für Farbton, Helligkeit und Sättigung
- AUSWAHL AUS DER FARBPALETTE: Mit der Schaltfläche FARBE WÄHLEN... kommen Sie zum AutoCAD-Farbwähler, den Sie schon von den Layern her kennen (siehe Abbildung 22.8). An drei Registern können Sie entweder aus den 256 AutoCAD Farben, aus der True-Color-Palette oder den Farbbüchern wählen.

Kapitel 22   Rendern in AutoCAD

Abbildung 22.8:
Dialogfeld zur Farbauswahl

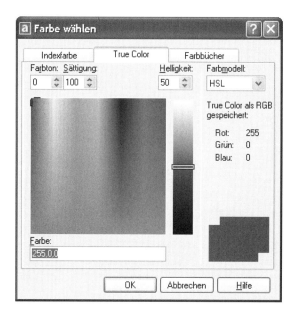

Rendern mit Hintergrund

1. Holen Sie wieder die Armatur auf den Bildschirm oder nehmen Sie aus dem Ordner *Aufgaben* das Modell *A22-01.dwg*.

2. Definieren Sie als Hintergrund einen Farbverlauf und rendern Sie. Im Ordner *Hintergr* auf der CD zum Buch sind Bilddateien gespeichert. Nehmen Sie eine Datei als Hintergrund, zum Beispiel die Datei *Wolken1.bmp* oder *Wolken2.bmp* und rendern Sie Ihr Bild davor.

Im Ordner *Bilder* auf der CD zum Buch finden Sie Renderbeispiele zu allen Übungen aus diesem Kapitel. Zu dieser Übung sind es *B22-01-1.tif* bis *B22-01-3.tif*. Holen Sie die Bilder mit dem Befehl WIEDERGABE auf den Bildschirm, wenn Sie sie ansehen wollen.

22.4   Rendern im Nebel

Bei der Standardeinstellung haben Sie immer ideale Sicht. Sie können aber auch Umgebungsbedingungen wie Nebel und Sichtweite einstellen.

Befehl Nebel

Mit dem Befehl NEBEL können Sie Nebel aktivieren und die Parameter für den Nebel und die Sichtweite einstellen.

➢ Abrollmenü ANSICHT, Untermenü RENDER >, Funktion NEBEL...

➢ Symbol im Werkzeugkasten RENDER

Der Befehl kann auch direkt aus dem Dialogfeld des Befehls RENDER gewählt werden (siehe Kapitel 22.1). Alle Einstellungen zum Nebel werden in einem Dialogfeld vorgenommen (siehe Abbildung 22.9).

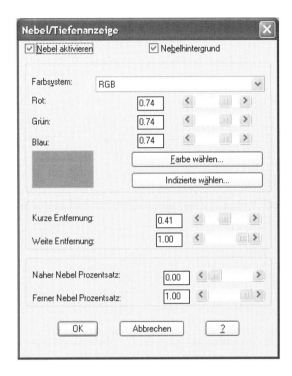

Abbildung 22.9:
Dialogfeld für den Nebel

NEBEL AKTIVIEREN: Nebeleffekt ein- und ausschalten.

NEBELHINTERGRUND: Wenn der Schalter aus ist, wird der Nebeleffekt nur auf das Modell angewendet, ansonsten auch auf das Hintergrundbild.

FARBE WÄHLEN...: Nebel kann auch farbig sein. Mit dieser Schaltfläche können Sie die Nebelfarbe aus der Farbpalette auswählen.

INDIZIERTE WÄHLEN...: Auch mit dieser Schaltfläche erhalten Sie die Farbpalette. Hierbei ist gleich das Register INDEXFARBE aktiv.

KURZE ENTFERNUNG: Entfernung, bei welcher der Nebel beginnt.

WEITE ENTFERNUNG: Entfernung, bei welcher der Nebel endet.

NAHER NEBEL PROZENTSATZ: Nebelstärke in der Nähe.

FERNER NEBEL PROZENTSATZ: Nebelstärke in der Entfernung.

Rendern im Nebel

1. Laden Sie das 3D-Modell *A22-02.dwg* aus dem Ordner *Aufgaben*, es ist die bekannte Armatur, mehrfach in verschiedenen Entfernungen.

2. Rendern Sie mit verschiedenen Hintergründen und Nebelparametern.

Beispiele sind im Verzeichnis *Bilder* auf Ihrer CD gespeichert (*B22-02-1.tif* bis *B22-02-3.tif*). Sehen Sie sich die Bilder an.

22.5 Materialien aus der Materialbibliothek

Die ersten Versuche waren noch nicht überzeugend, die Oberfläche flach, ohne Reflexionen, ohne Glanz und ohne Struktur, kaum besser als mit dem Schattierbefehl. Um realistische Bilder zu bekommen, muss die Oberfläche bearbeitet werden. Im Moment wird sie nur in der Farbe gerendert, wie sie gezeichnet wurde. Sie können den Objekten aber auch zusätzlich Materialien zuordnen.

Befehl Mat

Sie können Ihren 3D-Objekten Materialien zuordnen. Diese können Sie mit dem Befehl MATBIBL aus einer Materialbibliothek laden und mit dem Befehl MAT Objekten zuordnen. Den Befehl Mat wählen Sie im:

➤ Abrollmenü ANSICHT, Untermenü RENDER >, Funktion MATERIALIEN...

➤ Symbol im Werkzeugkasten RENDER

Es erscheint ein Dialogfeld (siehe Abbildung 22.10), mit dem Sie Materialien zuweisen können. Mit weiteren Unterfenstern können Sie eigene definieren. Wir wollen zunächst einmal mit den vorhandenen Materialien arbeiten. Wie Sie eigene definieren, finden Sie in Kapitel 22.6.

Materialien: In der Liste auf der linken Seite finden Sie alle in der Zeichnung geladenen oder definierten Materialien. *GLOBAL* ist immer vorhanden und wird fürs Rendern ohne Materialzuweisung verwendet.

Voransicht: Das markierte Material wird in der Voransicht angezeigt. Im Abrollmenü darunter können Sie wählen, ob Sie in der Voransicht das Material auf einer Kugeloberfläche oder Würfel sehen wollen. Die Kugel eignet sich besser, um die Reflexionseigenschaften des Materials beurteilen zu können. Beim Würfel sehen Sie Transparenz und Spiegelungen besser.

Materialbibliothek: Wechsel zum Dialogfeld zur Materialauswahl aus der Materialbibliothek (Befehl MATBIBL, siehe unten).

Abbildung 22.10:
Dialogfeld zum Zuweisen von Materialien

Wählen <: Bei Anwahl dieser Schaltfläche kann ein Objekt gewählt werden. Das Material, das diesem Objekt zugewiesen ist, wird in der Liste markiert. So können Sie feststellen, welches Material ein Objekt hat.

Um die Objekte im 3D-Modell mit Materialien zu versehen, gibt es drei Möglichkeiten: Material einzelnen Objekten zuordnen, Material allen Objekten zuordnen, die in einer Farbe gezeichnet wurden und Material allen Objekten zuordnen, die auf einem Layer liegen.

Zuweisen <: Das markierte Material wird einem oder mehreren Objekten in der Zeichnung zugewiesen. Wählen Sie die Objekte in der Zeichnung.

Lösen <: Bereits zugewiesenes Material wird von den Objekten wieder gelöst. Ihnen wird das Material *GLOBAL* zugeordnet.

Nach ACI...: Material einer AutoCAD-Farbe (ACI=AutoCAD-Color-Index) zuordnen. Alle Objekte in dieser Farbe werden mit dem Material dargestellt. In einem weiteren Dialogfeld können Sie die Zuordnung vornehmen (siehe Abbildung 22.11). Markieren Sie dazu das Material in der linken Liste und die Farbe in der rechten Liste und klicken Sie auf ZUWEISEN ->. Wenn Sie die Zuweisung wieder aufheben wollen, markieren Sie eine Zuweisung in der rechten Liste und klicken auf LÖSEN.

Nach Layer...: Material einem Layer zuordnen. Alle Objekte auf einem Layer werden mit diesem Material dargestellt. In einem weiteren Dialogfeld kann die Zuordnung festgelegt werden (siehe Abbildung 22.12).

Kapitel 22   Rendern in AutoCAD

Abbildung 22.11:
Materialien einer Farbe zuweisen

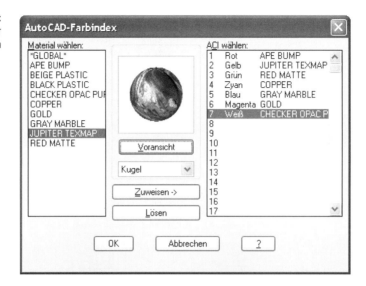

Abbildung 22.12:
Materialien einem Layer zuweisen

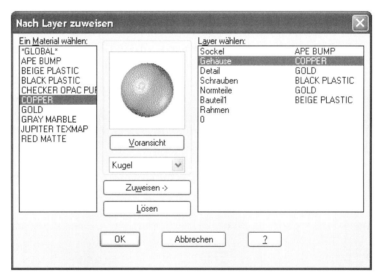

Befehl Matbibl

Mit dem Befehl MATBIBL können Sie Materialien aus Materialbibliotheken in die Zeichnung holen oder Materialien, die Sie in der Zeichnung definiert haben, in einer Bibliothek speichern. Sie finden den Befehl:

➤ Abrollmenü ANZEIGE, Untermenü RENDER >, Funktion MATERIAL-BIBLIOTHEK...

➤ Symbol im Werkzeugkasten RENDER

Sie können den Befehl auch starten, wenn Sie im Dialogfeld des Befehls MAT (siehe Abbildung 22.10) das Feld MATERIALBIBLIOTHEK... anklicken. Sie bekommen ein Dialogfeld auf den Bildschirm (siehe Abbildung 22.13).

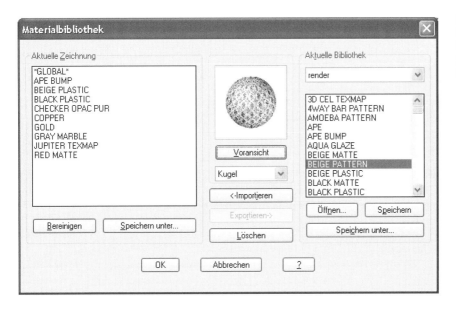

Abbildung 22.13: Materialbibliotheken und Materialien in der Zeichnung

Materialliste: Anzeige der Materialien in der Zeichnung.

Bibliotheksliste: Anzeige der Materialien in der aktuellen Bibliothek. Der Name wird darüber angezeigt. Die Standardbibliothek ist *Render.mli*. Sind mehrere geladen, können Sie im Abrollmenü die gewünschte wählen.

Bereinigen: Löschen nicht zugewiesener Materialien aus der Zeichnung. Materialien können in der Zeichnung geladen sein, ohne dass sie verwendet werden. Hiermit können sie entfernt werden.

Speichern unter...: Speicherung der Materialien der Zeichnung in einer wählbaren Materialbibliothek (Dateierweiterung *.mli*).

Voransicht: Anzeige des markierten Materials (aus der Zeichnung oder der Materialbibliothek) im Voransichtsfenster.

<- Importieren: Einfügen von Materialien aus der Bibliotheksliste in die Zeichnung. Die Materialien müssen in der Liste markiert sein.

Exportieren ->: Sichern von erstellten oder geänderten Materialien aus der Zeichnung in der Bibliothek.

Löschen: Löschen von Materialien aus der Materialliste der Zeichnung oder der Bibliotheksliste.

Öffnen...: Öffnen einer Materialbibliothek (*.mli*). Bibliotheken aus 3D Studio VIZ bzw. 3D Studio Max können ebenfalls eingelesen werden.

Speichern: Speichern der aktuellen Materialbibliothek. Änderungen werden in die Bibliothek übernommen.

Speichern unter...: Speichern der aktuellen Materialbibliothek unter einem anderen Namen. Geänderte Materialien werden gespeichert.

Befehl Zeigmat

Mit dem Befehl ZEIGMAT können Sie kontrollieren, welche Materialien den Objekten zugeordnet sind und welche Zuordnungsart Sie dafür gewählt haben. Den Befehl können Sie nur eintippen.

```
Befehl: Zeigmat
Objekt wählen: Ein Objekt wählen
Das Material CONCRETE TILE ist durch ACI mit ACI 5 verbunden.
```

oder:

```
Das Material COPPER ist durch Layer mit Layer TASTE1 verbunden.
```

oder:

```
Das Material BROWN BRICK ist explizit mit dem Objekt verbunden.
```

Sie bekommen angezeigt, welches Material zugewiesen ist und ob es explizit diesem Objekt, über die Farbe oder über den Layer, zugeordnet ist.

Lupe mit verschiedenen Materialien

1. Holen Sie ein anderes Modell auf den Bildschirm, eine Lupe eines Digitalisiertabletts aus dem Ordner *Aufgaben*: *A22-01.dwg*.

2. Weisen Sie den Einzelteilen oder den Layern Materialien zu und wählen Sie einen Hintergrund aus.

3. Stellen Sie einen Ansichtspunkt ein und rendern das Modell. Beispiele finden Sie im Ordner *Bilder* als *B22-03-1.tif* und *B22-03-2.tif* auf Ihrer CD zum Buch.

22.6 Materialien bearbeiten und erstellen

Beim Befehl MAT haben Sie im Dialogfeld (siehe Abbildung 22.10) drei weitere Schaltflächen, mit denen Sie Materialien bearbeiten können.

Ändern...: Ändern des markierten Materials.

Duplizieren...: Duplizieren des markierten Materials.

Neu...: Erstellen eines neuen Materials.

Wollen Sie ein neues Material definieren, stehen Ihnen verschiedene Methoden zur Verfügung. In dem Abrollmenü auf der rechten Seite unter dem Schalter NEU... können Sie die Methode wählen. Bei der Änderung eines bestehenden Materials wird automatisch das Dialogfeld für die Methode aufgerufen, mit der es erstellt wurde.

Standardmaterial erstellen oder bearbeiten

Bei der Auswahl von STANDARD erhalten Sie ein Dialogfeld wie in

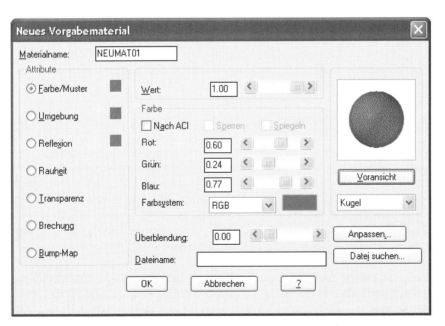

Abbildung 22.14: Dialogfeld mit den Parametern für Standard-Material

Im Feld MATERIALNAME wird der Name des Materials angezeigt, das Sie bearbeiten. Definieren Sie ein neues Material oder kopieren Sie ein bestehendes, müssen Sie einen Namen eintragen. Ein Material wird durch eine Reihe von Attributen definiert, die Sie an der linken Seite anklicken und einstellen können.

Kapitel 22   Rendern in AutoCAD

Farbe/Muster: Einstellung der Farbe und des Musters der Oberfläche. Mit dem Schieberegler WERT können Sie die Helligkeit der Farbe einstellen. Im Feld FARBE stellen Sie den Farbton für das Objekt ein. Ist der Schalter NACH ACI ein, lässt sich die Farbe nicht einstellen. Ein Objekt, dem dieses Material zugeordnet wird, erhält die Farbe, mit der es gezeichnet wurde.

Außer der Farbe können Sie auch ein Muster für das Material bestimmen. Das Muster übernehmen Sie aus einer Bilddatei (Formate wie beim Hintergrund). Mit der Schaltfläche DATEI SUCHEN... (rechts unten) können Sie die Bilddatei mit dem Dateiwähler aussuchen. Muster, die Sie in Ihrem 3D-Modell nicht gezeichnet haben, können Sie über das Material auf Ihr Bild legen. Mit dem Schalter ANPASSEN... bekommen Sie ein Dialogfeld, das Sie schon vom Hintergrund her kennen (siehe Kapitel 22.3) und mit dem Sie die Bilddatei anpassen können.

Mit dem Regler ÜBERBLENDUNG stellen Sie ein, wie stark das Muster durchscheinen soll. Ein niederer Wert bewirkt, dass die eingestellte Farbe dominierend ist. Die Bilddatei mit dem Muster scheint dann nur leicht durch. Erhöhen Sie den Wert, wird die Farbe schwächer und das Muster stärker. So haben Sie die Möglichkeit, ein Bild mit einem Ziegelmuster in Schwarz-Weiß zu verwenden und das in einer eigenen Farbe einzufärben.

Umgebung: Dieses Attribut bestimmt den Farbton und die Intensität des vom Material reflektierten Umgebungslichtes. Mit dem Schieberegler WERT können Sie einstellen, wie stark das Material das Umgebungslicht reflektiert. Die Farbe des reflektierten Lichts stellen Sie wie oben ein oder wählen Sie SPERREN, dann sind die Regler inaktiv. Die Farbe des reflektierten Lichts ist dann gleich der Objektfarbe.

Reflexion: Dieses Attribut legt den Farbton und die Intensität von Glanzlichtern auf glänzenden Oberflächen fest. Je weiter Sie den Schieber WERT zurückstellen, desto schwächer sind die Glanzlichter, je weiter Sie öffnen, desto stärker werden sie. Die Farbe kann ebenfalls eingestellt werden. Zusätzlich gibt es den Schalter SPIEGELN. Ist er ein, spiegeln sich andere Objekte auf der Oberfläche. Hier kann eine weitere Bilddatei verwendet werden, die den Glanzlichtern eine Struktur gibt.

Rauheit: Dieses Attribut legt die Rauheit der Oberfläche fest. Bei einer rauen Oberfläche sind die reflektierten Glanzpunkte größer als bei einer glatten. Hierzu ist nur der Schieberegler WERT erforderlich, alle anderen Einstellmöglichkeiten sind inaktiv.

Transparenz: Dieses Attribut legt die Transparenz des Objekts fest. Je weiter Sie den Schieberegler WERT öffnen, desto transparenter wird das Material. Kontrollieren Sie das Ergebnis hier besser an einem Würfel, Sie sehen dann die durchscheinenden Kanten. Im Abrollmenü unter der Schaltfläche VORANSICHT können Sie das wählen. Die Transparenz können Sie mit einer weiteren Bilddatei beeinflussen.

Brechung: Geht ein Lichtstrahl durch ein transparentes Material, wird er materialabhängig gebrochen. An gewölbten Oberflächen ergeben sich Verzerrungen. Mit diesem Attribut stellen Sie den Wert für die Lichtbrechung ein.

Bump Map: Mit diesem Attribut wählen Sie eine Bilddatei, die die Oberflächenstruktur bestimmt. Helle Bereiche der Bilddatei erscheinen auf der Oberfläche erhaben, dunkle vertieft. So bekommen Sie eine Struktur auf das Material, wie Sie es im 3D-Modell sonst nie zeichnen könnten.

Granit erstellen oder bearbeiten

Haben Sie im ersten Dialogfeld die Materialart *Granit* gewählt, bekommen Sie das Dialogfeld, um Granit zu bearbeiten (siehe Abbildung 22.15).

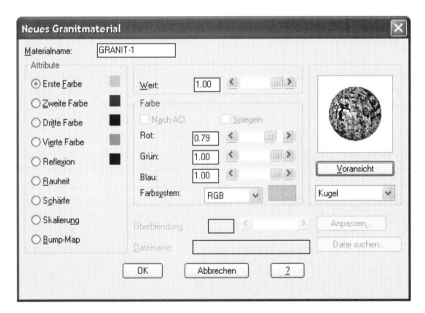

Abbildung 22.15: Dialogfeld mit den Parametern für Granit

Für das Granitmuster können bis zu vier Farben eingestellt werden. Je höher der Wert der Farbe eingestellt ist, desto höher ist ihr Anteil an dem Muster. Wird der Regler auf 0 gestellt, verschwindet die Farbe ganz aus dem Muster. Reflexion, Rauheit und Bump-Map stellen Sie wie oben ein. Mit dem Attribut SCHÄRFE legen Sie die Übergänge zwischen den Farben fest und mit dem Attribut Skalierung die Mustergröße. Bei der Reflexion und der Bump-Map können wie oben Bilddateien verwendet werden.

Kapitel 22 Rendern in AutoCAD

Marmor erstellen oder bearbeiten

Haben Sie MARMOR gewählt, können Sie Ihren Wunschmarmor in einem Dialogfeld einstellen (siehe Abbildung 22.16):

Abbildung 22.16:
Dialogfeld mit den Parametern für Marmor

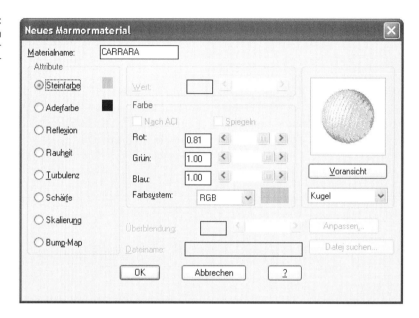

Für den Marmor legen Sie Stein- und Aderfarbe fest. Reflexion und Rauheit stellen Sie wie oben ein. Je höher die Turbulenz eingestellt ist, desto unruhiger wird der Stein. Werte zwischen 1 und 10 werden empfohlen. Mit der Schärfe können Sie die Übergänge zwischen Stein und Ader härter oder weicher gestalten. Mit der Skalierung bestimmen Sie die Größe der Maserung. Höhere Werte ergeben mehr Adern. Die Bump-Map bestimmt auch hier wieder die Oberflächenstruktur. Bei der Reflexion und der Bump-Map können Sie Bilddateien zur Überblendung verwenden.

Holz erstellen oder bearbeiten

Bei der Auswahl von Holz können Sie eine Holzoberfläche in einem Dialogfeld einstellen (siehe Abbildung 22.17):

Noch vielseitiger sind die Einstellungen für die Holzmaserung. Zwei Farbwerte bestimmen den Ton des Holzes. Reflexion und Rauheit sind bekannt. Die Einstellung HELL/DUNKEL steuert das Verhältnis von hellen und dunklen Maserungsringen, 0 ergibt nur dunkle, 1 nur helle und in der Mitte ist die Verteilung etwa gleich. Die Dichte, die Breite und die Form der Maserungsringe können eingestellt werden. Skalierung und Bump-Map kennen Sie schon von den vorherigen Materialien. Bei der Reflexion und der Bump-Map können Sie auch Bilddateien verwenden.

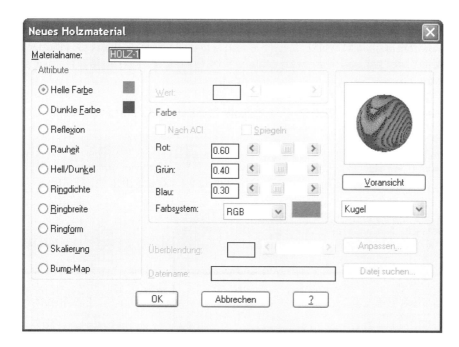

Abbildung 22.17:
Dialogfeld mit den Parametern für Holz

Maus auf Glas oder Teppich

1. Laden Sie das 3D-Modell *A22-04.dwg* von der CD zum Buch aus dem Ordner *Material*, nicht aus dem Ordner *Aufgaben* von der Festplatte wie sonst. Sie bekommen eine Maus auf einer Platte: Glas, Teppich, Gold, wie Sie wollen. Die Materialbibliothek *Mat-ueb.mli* aus dem Ordner *Material* von der CD zum Buch ist in der Zeichnung geladen.

2. Weisen Sie Materialien zu: der Maus, dem Kabel, der Kugel und der Platte. Ziehen Sie der Maus ein Leoparden- oder Zebrafell über. Machen Sie die Platte aus Teppichboden oder aus Glas, wenn Sie von unten schauen.

Renderbeispiele zu dieser Übung finden Sie ebenfalls auf der CD im Ordner *Bilder*: *B22-04-1.tif* bis *B22-04-3.tif*.

22.7 Mapping

Sobald Sie ein Material mit einer Bilddatei für das Muster als Bump-Map verwenden, bekommen Sie an der Seite der Maus eine sonderbare Erscheinung. Es sieht so aus, als ob das Muster von oben nach unten durch die Maus durchgehen würde und die Seitenfläche der Anschnitt wäre. Das Muster wird in einer bestimmten Art auf die Maus projiziert.

Kapitel 22   Rendern in AutoCAD

Befehl Mapping

Mit dem Befehl MAPPING legen Sie fest, wie das Muster auf das Objekt projiziert werden soll. Für jede Objektform (Zylinder, Kugel, Würfel usw.), kann ein eigenes Mapping durchgeführt werden.

➨ Abrollmenü ANSICHT, Untermenü RENDER >, Funktion MAPPING...

➨ Symbol im Werkzeugkasten RENDER

Wenn Sie den Befehl anwählen, wählen Sie zuerst die Objekte. Danach erhalten Sie ein Dialogfeld (siehe Abbildung 22.18) auf dem Bildschirm.

Abbildung 22.18:
Dialogfeld für das Mapping

Mit ERHALTEN VON < und KOPIEREN IN < können Sie die Mapping-Parameter von anderen Objekten übernehmen oder an andere übertragen.

Projektion: Mit diesen Auswahlschaltern kann festgelegt werden, wie die Bilddatei auf den Körper projiziert werden soll. Je nach gewählter Projektionsart, lassen sich die Parameter für die Projektion einstellen.

Mapping 1

1. Laden Sie das 3D-Modell *A22-05.dwg* aus dem Ordner *Aufgaben*, Grundkörper mit zugeordnetem Material.

2. Rendern Sie die Objekte und experimentieren Sie dabei mit verschiedenen Projektionsarten.

Projektion Ebene

Mit dieser Einstellung wird das Muster auf eine Ebene projiziert. Wird das Material auf einen Würfel aufgetragen, erscheint es auf zwei gegenüberliegenden Seiten des Würfels, an den anderen vier Seiten ist es geschnitten. Mit der Funktion KOORDINATEN ANPASSEN... wählen Sie in einem weiteren Dialogfeld die Projektionsebene (siehe Abbildung 22.19).

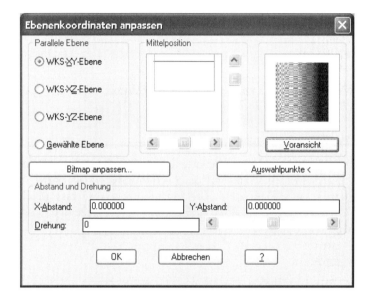

Abbildung 22.19: Parameter für Projektionsart Ebene

Parallele Ebene: In diesem Feld ist eine der Standard-Ebenen im Koordinatensystem oder eine spezielle, definiert durch drei Punkte in der Zeichnung, wählbar. Auf diese Ebene wird das Material projiziert.

Mittelposition: Hier kann das Muster in der projizierten Ebene verschoben werden. Mit der Funktion BITMAP ANPASSEN... bekommen Sie wieder dieselbe Dialogbox wie bei der Materialdefinition. Unabhängig von der Materialdefinition können Sie die Skalierung des Bitmaps für dieses eine Objekt verändern. Die Ausrichtung des Musters in der Ebene kann durch drei Punkte mit dem Schalter AUSWAHLPUNKTE < in der Zeichnung oder durch Einstellung im Bereich ABSTAND UND DREHUNG bestimmt werden. Im Feld VORANSICHT können sie die Versuche kontrollieren.

Mapping 2

Wählen Sie den Würfel und projizieren Sie das Material auf die verschiedenen Flächen des Würfels.

Kapitel 22   Rendern in AutoCAD

Projektion Zylindrisch

Das Muster wird so projiziert, dass es auf einer zylindrischen Oberfläche an der Wandung gleichmäßig aufgetragen wird. Auf der oberen und unteren ebenen Kreisfläche wird es angeschnitten. Auch hier ist der Schalter KOORDINATEN ANPASSEN... wählbar. In einem weiteren Dialogfeld können weitere Parameter gewählt werden. Die Einstellungen sind hier wieder gleich wie oben. Im Unterschied zur Projektion EBENE kann jetzt im Bereich PARALLELE ACHSE die Achse eingestellt werden, entlang derer das Material eben aufgetragen werden soll.

Mapping 3

Wählen Sie den Zylinder und den Kegel und tragen Sie das Material gleichmäßig auf der Wand auf.

Projektion Kugelförmig

Das Muster wird so projiziert, dass es auf einer Kugeloberfläche gleichmäßig aufgetragen wird. Mit dem Schalter KOORDINATEN ANPASSEN... kommen Sie zum Dialogfeld. Die Einstellungen sind fast gleich wie oben. Der Unterschied: Die parallele Achse gibt hier die Lage der Achse an, um die das Material aufgetragen wird.

Mapping 4

Wählen Sie die Kugel und tragen Sie das Material gleichmäßig auf der Oberfläche auf.

Projektion Solid

Das Muster kann frei im Raum auf verschiedenen Ebenen aufgetragen werden. Mit dem Schalter KOORDINATEN ANPASSEN... kommt diesmal ein anderes Dialogfeld auf den Bildschirm (siehe Abbildung 22.20).

Abbildung 22.20: Parameter für Projektionsart Solid

Im Dialogfeld UVW-KOORDINATEN ANPASSEN können drei Koordinaten angepasst werden, um ein kompaktes 3D-Material (Marmor, Granit oder Holz) zu verschieben. Im Gegensatz zu den anderen Dialogfeldern für die Koordinatenanpassung wird hier keine Bitmap-Position gezeigt. Die Verschiebung eines dreidimensionalen Materials wird erst deutlich, wenn das Feld VORANSICHT gewählt wurde.

Mapping 5

1. Wählen Sie den Keil und versuchen Sie sich an der Projektion Solid.
2. Im Ordner *Aufgaben* finden Sie die Datei *L22-05.dwg*, in der die Materialien bereits ausgerichtet sind (siehe Abbildung 22.21). Holen Sie diese zum Vergleich und rendern Sie diese.

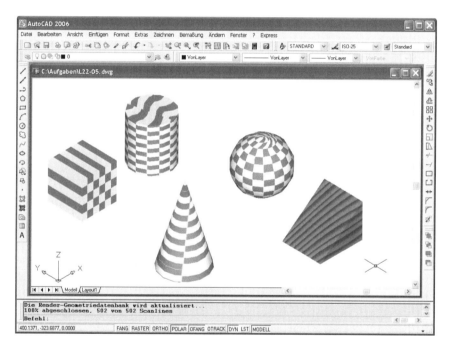

Abbildung 22.21: Verschiedene Projektionsarten beim Mapping

22.8 Lichter und Schatten

Richtig plastische Bilder bekommen Sie nur dann, wenn Sie Lichter setzen und das 3D-Modell fachgerecht ausleuchten. Bis jetzt waren noch keine Lichter da, trotzdem war etwas zu sehen. Dann arbeitet der Renderer mit einer virtuellen Lichtquelle, die hinter dem Betrachter steht. Dieses Grundlicht kann nicht verändert werden. Sie können aber weitere zufügen.

Kapitel 22   Rendern in AutoCAD

Befehl Licht

Mit dem Befehl LICHT können Sie beliebig viele und verschiedenartige Lichtquellen setzen. Sie finden den Befehl:

- Abrollmenü ANSICHT, Untermenü RENDER >, Funktion LICHTQUELLEN...
- Symbol im Werkzeugkasten RENDER

Mit einem Dialogfeld platzieren Sie Lichtquellen und stellen deren Parameter ein (siehe Abbildung 22.22).

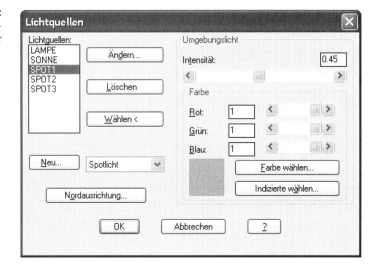

Abbildung 22.22: Dialogfeld zur Einstellung der Lichter

Lichtquellen: Liste aller Lichtquellen in der Zeichnung (links oben).

Ändern...: Ändern der markierten Lichtquelle. Das selbe Dialogfeld wie beim Definieren einer Lichtquelle erscheint (siehe unten).

Löschen: Löschen der markierten Lichtquelle.

Wählen <: Jede neue Lichtquelle wird mit ihrem Namen und einem Symbol in die Zeichnung gesetzt. Mit WÄHLEN < kann das Symbol in der Zeichnung angeklickt werden. Die Lichtquelle wird in der Liste markiert.

Umgebungslicht: Umgebungslicht ist ein Hintergrundlicht, das alle Objekte des 3D-Modells aus allen Richtungen gleichmäßig beleuchtet. Die Intensität des Umgebungslichtes ist an einem Regler einstellbar. Geringe Intensität entspricht einem dunklen Raum. Hohe Intensitäten bewirken unter Umständen Überbelichtungen. Die Standardeinstellung *0,3* ergibt gute Ergebnisse. Die Farbe des Lichts kann ebenfalls eingestellt werden. Stehen alle Regler auf *1*, erhalten Sie weißes Licht.

Lichter und Schatten   Kapitel 22

Neu...: Erzeugung einer neuen Lichtquelle. Je nach eingestellter Lichtart (einstellbar im Abrollmenü), erscheint ein anderes Dialogfeld für die Parameter der Lichtquelle.

Nordausrichtung...: Wenn Sie diese Schaltfläche anklicken, wird ein weiteres Dialogfeld (siehe Abbildung 22.23) aktiviert, in dem Sie bestimmen können, wo in der Zeichnung Norden ist. Das ist wichtig für den Schattenwurf, wenn der Sonnenstand berechnet wird (siehe unten).

Abbildung 22.23:
Dialogfeld für die Nordausrichtung

Den Winkel im Weltkoordinatensystem, in dem Norden liegt, können Sie am Kompass bzw. am Schieberegler einstellen oder eintippen. Norden liegt in Richtung der positiven Y-Achse, das entspricht der Nordausrichtung 0°. Der Winkel für die Nordausrichtung zählt im Uhrzeigersinn. Es ist auch möglich, die Nordrichtung an der Y-Achse eines gespeicherten BKS auszurichten. Klicken Sie dazu in der rechten Liste den Namen eines BKS statt der Standardeinstellung WCS (Weltkoordinatensystem) an.

Punktlichter bearbeiten

Punktlichter strahlen von einem Punkt wie eine Glühbirne gleichmäßig in alle Richtungen. Wenn Sie ein Punktlicht kreieren oder ändern, können Sie die Parameter in einem Dialogfeld einstellen (siehe Abbildung 22.24).

Lichtname: Tragen Sie bei einem neuen Licht einen Namen ein. Beim Ändern wird der Name des gewählten Lichts angezeigt.

Intensität: Einstellung der Lichtintensität.

Schatten: Wenn der Schalter SCHATTEN angeschaltet ist, erzeugt die Lichtquelle Schatten von den beleuchteten Objekten. Mit der Schaltfläche SCHATTENOPTIONEN... kommt ein weiteres Dialogfeld auf den Bildschirm. Darin lassen sich weitere Parameter für die Schattengenerierung einstellen.

(KOMPENDIUM) AutoCAD und LT 2006

Abbildung 22.24:
Dialogfeld für Punktlichter

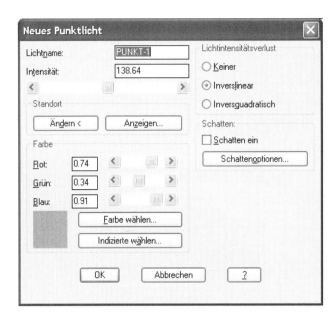

Lichtintensitätsverlust: Einstellung der Abnahme der Intensität des Lichts mit der Entfernung zur Lichtquelle. Bei der Einstellung KEINER nimmt die Intensität nicht ab, vergleichbar mit dem Sonnenlicht, das überall gleich hell ist. Bei INVERSLINEAR nimmt die Intensität linear und bei INVERSQUADRATISCH im Quadrat der Entfernung ab.

Ändern <: Neu erzeugte Lichter müssen positioniert werden, am besten in der Draufsicht. Kann die Position nicht mit dem Objektfang gewählt werden, sollte der Koordinatenfilter .XY verwendet werden und Z numerisch eingegeben werden. Wird nur ein Punkt angeklickt, landet die Lichtquelle in Erdbodenhöhe, wo sie meist unerwünscht ist.

Anzeigen...: Anzeigen der Lichtposition in einem Dialogfeld.

Farbe: Einstellung der Lichtfarbe. Auch bei der Lichtfarbe haben Sie die üblichen Einstellmöglichkeiten für die Farbe.

Parallellichter bearbeiten

Parallellichter senden parallele Strahlen aus, also Lichter die aus großer Entfernung leuchten, wie zum Beispiel das Sonnenlicht. Nicht die Position ist wichtig, sondern die Richtung, aus der sie leuchtet. Die Einstellungen können Sie im Dialogfeld vornehmen (siehe Abbildung 22.25).

Lichtname, Lichtintensität, Lichtfarbe und Schatten können Sie wie beim Punktlicht einstellen.

Lichter und Schatten — Kapitel 22

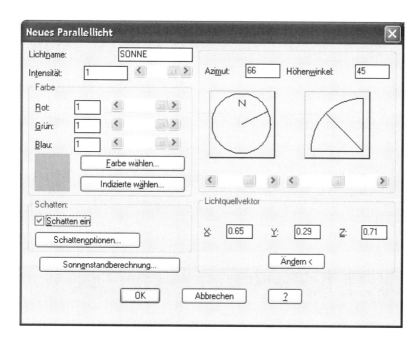

Abbildung 22.25:
Dialogfeld für Parallellichter

Azimut, Höhenwinkel: Bestimmung des Lichteinfalls mit zwei Winkeln (Azimut = Winkel in der XY-Ebene und Höhenwinke l= Winkel zur XY-Ebene).

Lichtquellvektor: Alternativ dazu kann ein Vektor mit X-, Y- und Z-Koordinaten eingestellt werden, der die Position der Lichtquelle beschreibt.

Ändern <: Sie können die Richtung auch durch zwei Punkte in der Zeichnung bestimmen.

Sonnenstandsberechnung...: Ein typisches Parallellicht ist die Sonne. Sie können Ihr Modell von der Sonne bestrahlen und die Position ermitteln lassen. Klicken Sie auf die Schaltfläche SONNENSTANDSBERECHNUNG... und Sie erhalten ein weiteres Dialogfeld (siehe Abbildung 22.26).

Sonnenstandsberechnung

In dem Dialogfeld geben Sie das Datum (Format: Monat/Tag), die Uhrzeit, die Zeitzone (z.B.: MEZ) und die geographische Position (Längen- und Breitengrad) ein und Sie bekommen den Einstrahlwinkel der Sonne.

Da die geographische Position oft nicht bekannt ist, kann Sie ermittelt werden. Klicken Sie dazu auf die Schaltfläche GEOGRAPHISCHE POSITION... und Sie erhalten ein weiteres Dialogfeld (siehe Abbildung 22.27).

Kapitel 22   Rendern in AutoCAD

Abbildung 22.26:
Dialogfeld für den Sonnenstand

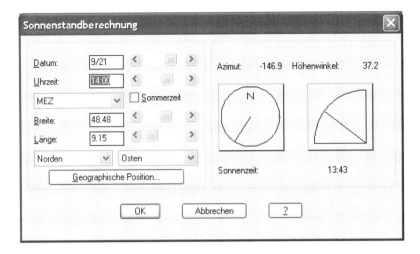

Abbildung 22.27:
Dialogfeld für die geographische Position

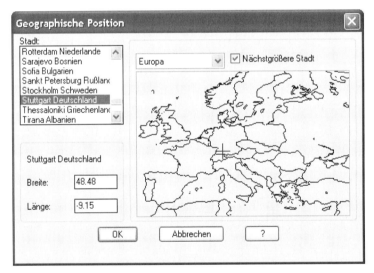

Stellen Sie im Abrollmenü den Kontinent ein. Suchen Sie sich dann die eine Stadt in der Liste aus. Sie können aber auch an die ungefähre Position in der Karte klicken. Ist dabei der Schalter NÄCHSTGRÖSSERE STADT eingeschaltet, wird automatisch dorthin gesprungen.

Spotlichter bearbeiten

Spotlichter sind Lichter mit gerichtetem Lichtkegel. Sie setzen Sie an einen Standort und definieren ein Lichtziel und einen Lichtkegel. Auch hierfür gibt es ein Dialogfeld (siehe Abbildung 22.28).

Die Einstellungen von Lichtname, Lichtintensität, Lichtfarbe, Lichtintensitätsverlust und Schatten sind wie beim Punktlicht.

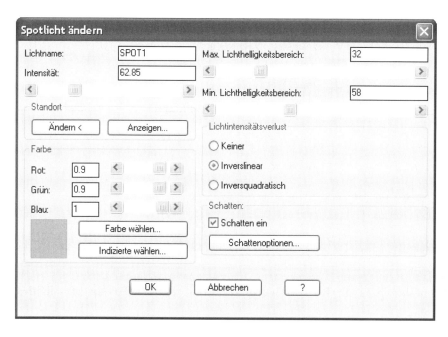

Abbildung 22.28:
Dialogfeld für Spotlichter

Maximaler Lichthelligkeitsbereich: Einstellung des Winkels für den Bereich, in dem das Spotlicht mit der maximalen Helligkeit leuchtet.

Minimaler Lichthelligkeitsbereich: Einstellung des Winkels für den Bereich, in dem die Lichtintensität bis auf 0 abfällt.

Ändern <: Positionierung des Spotlichts in der Zeichnung durch Eingabe von zwei Punkten für Lichtziel und Lichtposition.

Anzeigen...: Anzeige der Koordinaten für die Lichtposition und das Lichtziel in einem Dialogfeld.

22.9 Szenen

Sie können in der Zeichnung beliebig viele Lichter setzen und Ausschnitte speichern. Mit der Szene definieren Sie dann die Bedingungen für ein Bild.

Befehl Szene

In einer Szene legen Sie fest, welcher mit dem Befehl AUSSCHNT (siehe Kapitel 5.17) gespeicherte Ausschnitt und welche Lichter für ein Bild verwendet werden sollen. Beim Rendern wählen Sie dann die Szene im Dialogfeld aus der Liste.

Kapitel 22   Rendern in AutoCAD

→ Abrollmenü ANSICHT, Untermenü RENDER >, Funktion SZENEN...

→ Symbol im Werkzeugkasten RENDER

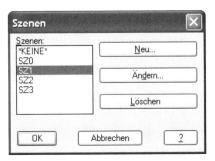

Abbildung 22.29:
Dialogfeld zur Auswahl von Szenen

Szenen: Liste der Szenen in der Zeichnung (siehe Abbildung 22.29).

Neu...: Festlegung einer neuen Szene in einem weiteren Dialogfeld (siehe Abbildung 22.30), in dem Ausschnitt und Lichter zu einer Szene kombiniert werden können.

Ändern..: Änderung der gewählten Szene (siehe Abbildung 22.30).

Löschen: Löschen der gewählten Szene.

Abbildung 22.30:
Dialogfeld für die Festlegung von Szenen

Geben Sie der neuen Szene einen Namen. Klicken Sie den Ausschnitt für diese Szene an sowie die Lichter, die dafür verwendet werden sollen.

Materialien, Lichter und Szenen

1. Laden Sie das 3D-Modell *A22-06.dwg* aus dem Ordner *Aufgaben*.
2. Vergeben Sie Materialien für die Objekte des Modells. Platzieren Sie verschiedene Lichter. Leuchten Sie das Teil aus allen Richtungen aus.

3. Stellen Sie Ansichtspunkte mit dem Befehl DDVPOINT oder mit dem 3D-ORBIT ein, sichern Sie diese mit dem Befehl AUSSCHNT. Legen Sie Szenen fest, bei denen Sie Ausschnitte mit den passenden Lichtern kombinieren. Rendern Sie die verschiedenen Szenen.

Im Ordner *Bilder* finden Sie gerenderte Bilder dieses Modells (*B22-06-1.tif* und *B22-06-2.tif*). Das 3D-Modell mit Lichtern, Ausschnitten und Szenen finden Sie in der *Datei L22-06.dwg* im Ordner *Aufgaben*.

Sonnenstand

1. Laden Sie das 3D-Modell *A22-07.dwg* aus dem Ordner *Aufgaben*, ein stilisiertes Haus. Rendern Sie zunächst ohne weitere Änderungen.

2. Stellen Sie dann die Nordausrichtung auf 60° im Weltkoordinatensystem und platzieren Sie die Sonne. Verwenden Sie das heutige Datum, 15.00 Uhr an Ihrem geographischen Standort und lassen Sie den Schatten berechnen.

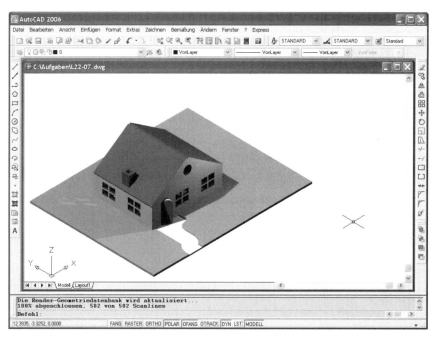

Abbildung 22.31: Sonne mit Schatten

3. Im Ordner *Aufgaben* finden Sie auch eine Lösung: *L22-07.dwg*, in der die Sonne auf den 02.September, 15 Uhr platziert ist. Rendern Sie dieses Modell zum Vergleich (siehe Abbildung 22.31).

22.10 Landschaft

Alles kann nicht in AutoCAD als 3D-Modell erstellt werden. Versuchen Sie einmal, einen Baum zu zeichnen, Sie werden kläglich scheitern. Aber Sie können dem Modell mit Bilddateien den letzten Schliff geben. Dafür steht Ihnen die Landschaftsbibliothek zur Verfügung.

Befehl Lsneu

Mit dem Befehl LSNEU platzieren Sie ein Bild aus der Landschaftsbibliothek in Ihrem 3D-Modell.

➥ Abrollmenü ANSICHT, Untermenü RENDER >, Funktion LANDSCHAFT NEU...

➥ Symbol im Werkzeugkasten RENDER

Ein Landschaftsobjekt ist ein Objekt, auf das eine Bilddatei gelegt wurde. Zur Platzierung bekommen Sie ein Dialogfeld (siehe Abbildung 22.32).

Abbildung 22.32: Platzierung eines neuen Landschaftsobjekts

In der obersten Zeile bekommen Sie angezeigt, mit welcher Landschaftsbibliothek Sie arbeiten. In der linken Liste sind die Objekte dieser Bibliothek aufgelistet. Im Bereich VORANSICHT können Sie sich ein Objekt anzeigen lassen, bevor Sie es in Ihr Modell setzen. Ein Einzelflächenobjekt mit festgelegter Ausrichtung wird als Rechteck dargestellt, das mit Hilfe der Griffe gedreht werden kann. Ein Mehrflächenobjekt wird durch zwei Dreiecke dargestellt, die sich an ihrem rechten Winkel überschneiden.

Höhe: Mit diesem Eingabefeld und dem darunterliegenden Schieberegler stellen Sie nicht die Höhe, sondern die Skalierung des Objekts ein.

Standort <: Mit diesem Feld wird in die Zeichnung gewechselt, in der Sie Ihr Objekt platzieren können.

Geometrie: Sie können ein Landschaftsobjekt als einzelne oder mehrfache Fläche einfügen. Mehrfachflächen geben manchmal bessere Bilder, vor allem bei Pflanzen. Ist der Schalter AUSGERICHTETE ANSICHT ein, wird das Objekt immer zur Kamera hin ausgerichtet. Pflanzen können immer so ausgerichtet werden, dagegen sollten zum Beispiel Verkehrsschilder mit fester Ausrichtung platziert werden.

Landschaftsobjekte platzieren

1. Laden Sie die Zeichnung *A22-08.dwg* aus dem Ordner *Aufgaben*. Materialien sind zugeordnet. Ansichten und Szenen gibt es auch. Ein Kaktus und eine Palme stehen im Zimmer (siehe Abbildung 22.36).

2. Rendern Sie die Szene *SZ1*. Auf der CD finden Sie im Ordner *Bilder* ein Beispielbild *B22-08-1.tif* (siehe Abbildung 22.33)

Abbildung 22.33: Wohnung mit Landschaftsobjekten

Kapitel 22   Rendern in AutoCAD

Befehl Lsbearb

Mit dem Befehl LSBEARB können Sie ein Landschaftsobjekt in der Zeichnung bearbeiten. Dazu wird das gleiche Dialogfeld wie beim Platzieren verwendet (siehe Abbildung 22.32).

➡ Abrollmenü ANZEIGE, Untermenü RENDER >, Funktion LANDSCHAFT BEARBEITEN...

➡ Symbol im Werkzeugkasten RENDER

Vorgang: Befehl Lsbibl

Der Befehl LSBIBL hilft Ihnen beim Verwalten, Erweitern und Ändern Ihrer Landschaftsbibliotheken. Den Befehl finden Sie:

➡ Abrollmenü ANSICHT, Untermenü RENDER >, Funktion LANDSCHAFTS-BIBLIOTHEK...

➡ Symbol im Werkzeugkasten RENDER

Sie bekommen ein Dialogfeld (siehe Abbildung 22.34):

Abbildung 22.34: Dialogfeld für Landschaftsbibliotheken

Sie finden in der obersten Zeile den Namen der aktuellen Bibliothek. Darunter ist eine Liste mit allen Objekten aus dieser Bibliothek.

Ändern...: In einem weiteren Dialogfeld kann das Bibliotheksobjekt bearbeitet werden (siehe Abbildung 22.35).

Die Einstellungen im Feld VORGABEGEOMETRIE kennen Sie schon, es sind dieselben wie beim Platzieren. Die Einstellungen, die hier gemacht werden, erscheinen beim Platzieren als Vorgabe. Im darunter liegenden Bereich können Sie den Namen für das Symbol, die zugehörige Bilddatei für das Muster und die Durchlässigkeit einstellen.

Abbildung 22.35:
Dialogfeld zum Ändern von Objekten

Neu...: Neudefinition eines Bibliothekselements

Löschen: Löschen eines Symbols aus der Bibliothek

Öffnen...: Öffnen einer Landschaftsbibliothek (Dateierweiterung *.lli)

Speichern...: Speichern der Landschaftsbibliothek (Dateierweiterung *.lli)

22.11 Statistik

Für die Statistik gerenderter Bilder steht Ihnen ein Befehl zur Verfügung.

Befehl Stat

➡ Abrollmenü ANSICHT, Untermenü RENDER >, Funktion STATISTIK...

➡ Symbol im Werkzeugkasten RENDER

Die Daten zu dem gerenderten Bild bekommen Sie in einem Dialogfeld präsentiert. Sie können sich die statistischen Daten auch speichern.

Teil 4 AutoCAD intern

Kapitel 23: Dynamische Blöcke   811
Kapitel 24: Die Supportdateien   829
Kapitel 25: Werkzeugpaletten, Werkzeugkästen und Menüs   843
Kapitel 26: Plansätze   875

23 Dynamische Blöcke

Wie Sie in Kapitel 11 gesehen haben, lassen sich Objekte aus der Zeichnung zu Blöcken zusammenfassen. Blöcke lassen sich aber beim Einfügen nur bedingt variieren. Lediglich die Einfügefaktoren und der Drehwinkel können bei der Einfügung festgelegt werden. Brauchen Sie dagegen eine Schraube in verschiedenen Längen, einen Tisch mal mit zwei oder vier Stühlen usw., dann müssten Sie bis AutoCAD 2005 für jede Variante einen eigenen Block erstellen.

In AutoCAD 2006 gibt es dynamische Blöcke. Damit lösen Sie dieses Problem. Mit einem speziellen Blockeditor können Sie Blöcke erstellen oder bereits erstellten Blöcken dynamische Eigenschaften zuordnen. Dynamische Blöcke werden genauso eingefügt wie normale Blöcke. Nach dem Einfügen können sie aber mit den Griffen bearbeitet werden. Die Erzeugung dynamischer Blöcke erfolgt grafisch, ohne Variantenprogrammierung oder Ähnliches.

Den Blockeditor zur Erstellung dynamischer Blöcke gibt es nur in AutoCAD 2006, leider nicht in AutoCAD LT 2006. Haben Sie jedoch dynamische Blöcke aus AutoCAD 2006, können Sie sie auch in AutoCAD LT 2006 einfügen und bearbeiten.

23.1 Der Blockeditor für dynamische Blöcke

Um dynamische Blöcke zu erstellen, gehen Sie wie folgt vor:

➥ Starten Sie den Blockeditor und erstellen Sie den Block im Blockeditor, alle Zeichen- und Editierfunktionen stehen Ihnen genauso wie im normalen Programm zur Verfügung. Machen Sie aus dem Block einen dynamischen Block durch Eingabe der Parameter und Aktionen.

➥ Haben Sie bereits einen normalen Block in einer Zeichnung, können Sie diesen durch Doppelklick im Blockeditor öffnen. Machen Sie aus dem Block einen dynamischen Block durch Eingabe der Parameter und Aktionen.

➥ In beiden Fällen können Sie den Block dann in der aktuellen Zeichnung speichern. Wollen Sie den Block auch in anderen Zeichnungen verwenden, speichern Sie ihn mit dem Befehl WBLOCK (siehe Kapitel 11.3) in einer Datei ab oder ziehen Sie ihn aus dem Design-Center (siehe Kapitel 13.8) in die aktuelle Zeichnung.

Register BBEARB

Mit dem Befehl BBEARB starten Sie den Blockeditor zur Bearbeitung von Blöcken. Sie finden den Befehl wie folgt:

➡ Abrollmenü EXTRAS, Funktion BLOCKEDITOR

➡ Symbol in der STANDARD-FUNKTIONSLEISTE

➡ Doppelklick auf einen Block in der Zeichnung

Nachdem Sie den Befehl gewählt haben, können Sie in einem Dialogfeld wählen, was bearbeitet werden soll: einer der Blöcke in der Zeichnung oder die komplette aktuelle Zeichnung (siehe Abbildung 23.1). Wählen Sie den Eintrag *<Aktuelle Zeichnung>*, wird die komplette Zeichnung in den Zeichnungseditor übernommen. Tragen Sie in der ersten Zeile einen noch nicht vorhandenen Namen ein, erstellen Sie einen neuen Block mit diesem Namen im Blockeditor.

Abbildung 23.1: Wahl des zu bearbeitenden Blocks

Wie beim Bearbeiten von Blöcken in der Zeichnung (siehe Kapitel 11.14), wird alles, was Sie jetzt zeichnen, zum Block hinzugefügt und alles, was Sie jetzt löschen, aus dem Block entfernt. Zusätzlich zu den normalen Werkzeugkästen haben Sie die BLOCKERSTELLUNGSPALETTEN auf dem Bildschirm. Dort finden Sie die Werkzeuge, um den Block dynamisch zu machen. Doch dazu mehr in den nächsten Abschnitten.

Der Blockeditor für dynamische Blöcke

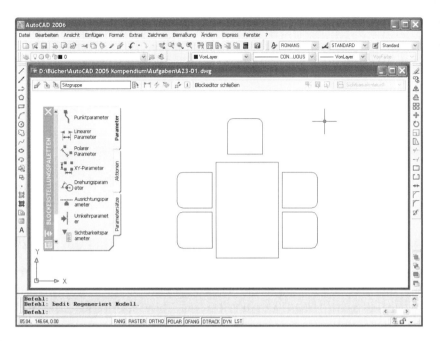

Abbildung 23.2:
Block zur Bearbeitung im Blockeditor

In der Symbolleiste am oberen Rand des Blockeditors haben Sie links drei Symbole, mit denen die Bearbeitung gesteuert wird.

Blockdefinition bearbeiten oder erstellen: Damit beenden Sie die Bearbeitung am aktuellen Block. Haben Sie Änderungen vorgenommen, werden Sie gefragt, ob die Änderungen gespeichert werden sollen. Danach können Sie im Dialogfeld zur Blockauswahl (siehe Abbildung 23.1) einen neuen Block zur Bearbeitung wählen (Befehl BBEDIT).

Blockdefinition speichern: Mit diesem Symbol speichern Sie den geänderten Block in der Zeichnung. Der Blockeditor wird nicht verlassen (Befehl BSPEICH).

Blockdefinition speichern unter: Mit diesem Symbol speichern Sie den geänderten Block in der Zeichnung unter einem anderen Namen. Es erscheint das Dialogfeld zur Blockauswahl, in dem Sie in der ersten Zeile den neuen Namen eintragen können. Der Blockeditor wird auch bei diesem Befehl nicht verlassen (Befehl BSPEICHALS).

In dem Feld rechts von den drei Symbolen wird der Name des gerade bearbeiteten Blocks angezeigt. In der Mitte der Symbolleiste finden Sie die Schaltfläche BLOCKEDITOR SCHLIESSEN. Damit beenden Sie den Blockeditor. Haben Sie Änderungen am Block vorgenommen, wird angefragt, ob die Änderungen gespeichert werden sollen. Danach wird wieder zum Zeichnungsfenster gewechselt und der geänderte Block wird an allen Stellen ersetzt, an denen er eingefügt war.

Kapitel 23   Dynamische Blöcke

23.2 Dynamische Blöcke: Verschiebung und Drehung

Schauen Sie es sich am Beispiel an. Zunächst sollen Sie einen Block erstellen, bei dem ein Teil des Blocks verschoben und gedreht werden kann.

Beispiel 1: Verschiebung und Drehung

1. Laden Sie die Zeichnung *A23-01.dwg* aus dem Ordner *Aufgaben* – der Möblierungsplan, den Sie schon aus Kapitel 11 kennen.

2. Klicken Sie die Sitzgruppe unten links doppelt an und wählen Sie den Block *Sitzgruppe* im Dialogfeld (siehe Abbildung 23.1). Der Blockeditor wird geöffnet und die Sitzgruppe wird darin formatfüllend angezeigt.

3. Wählen Sie in den BLOCKERSTELLUNGSPALETTEN das Register PARAMETER und dort das Werkzeug PUNKTPARAMETER. Damit bestimmen Sie einen Punkt auf einem Objekt, der mit den Griffen verschoben werden soll. Der obere Stuhl in der Sitzgruppe soll beweglich werden. Setzen Sie also den PUNKTPARAMETER in die Mitte des Blocks (siehe Abbildung 23.3).

   Befehl: BParameter Punkt
   Parameterposition eingeben oder [Name/Bezeichnung/Kette/bEschreibung/Palette]: Punkt in der Mitte des Stuhls anklicken (Otrack und Ofang verwenden)
   Bezeichnungsposition angeben: Position für die Bezeichnung mit der Bezugslinie angeben

4. Wählen Sie jetzt das Werkzeug DREHUNGSPARAMETER. Der obere Stuhl soll auch noch drehbar sein und zwar um seinen linken unteren Eckpunkt. Setzen Sie also den DREHUNGSPARAMETER an diese Stelle (siehe Abbildung 23.3).

   Befehl: _BParameter Drehung
   Basispunkt angeben oder [Name/Bezeichnung/Kette/bEschreibung/Palette/Wertesatz]: Drehpunkt an der linken unteren Ecke des Stuhls setzen
   Radius des Parameters angeben: Position für den Drehkreis angeben (nur zur Information)
   Vorgabedrehwinkel angeben oder [Basiswinkel] <0>: Vorgabewert eingeben oder ⏎ für 0

5. Wählen Sie jetzt in den BLOCKERSTELLUNGSPALETTEN das Register AKTIONEN und dort das Werkzeug VERSCHIEBUNGSAKTION. Wählen Sie als Parameter den vorher gesetzten PUNKTPARAMETER aus. Die Objekte für die Aktion sind der Stuhl und die Parameter.

Dynamische Blöcke: Verschiebung und Drehung   Kapitel 23

```
Befehl: _BActionTool Verschieben
Parameter wählen: Punktparameter anklicken
Auswahlsatz für Aktion angeben
Objekte wählen: Objekte des Stuhls und Parameter wählen
Objekte wählen: ↵ um Auswahl zu beenden
Aktionsposition angeben oder [Multiplikator/Versatz]: Punkt für
Markierung setzen
```

6. Wählen Sie jetzt das Werkzeug DREHUNGSAKTION. Die Objekte für die Aktion sind wieder der Stuhl und die Parameter.

```
Befehl: _BActionTool Drehen
Parameter wählen: Drehungsparamter anklicken
Auswahlsatz für Aktion angeben
Objekte wählen: Objekte des Stuhls und Parameter wählen
Objekte wählen: ↵ um Auswahl zu beenden
Aktionsposition angeben oder [Basistyp]: Punkt für Markierung setzen
```

7. Das Ergebnis sollte wie in Abbildung 23.3 aussehen. Speichern Sie das Ergebnis und beenden Sie den Blockeditor.

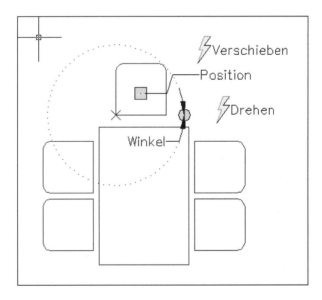

Abbildung 23.3:
Block mit Parameter und Aktionen für Verschiebung und Drehung

8. Fügen Sie den Block ein oder bearbeiten Sie den Block an der Stelle, an der er eingefügt war. Klicken Sie ihn an. Er bekommt an den beiden Stellen mit den Parametern hellblaue Griffe. An diesen Stellen kann jetzt der Stuhl verschoben und gedreht werden (siehe Abbildung 23.4). Dazu muss der Block nicht aufgelöst werden. Die Lösung finden Sie in der Zeichnung *L23-01.dwg* im Ordner *Aufgaben*.

Kapitel 23 Dynamische Blöcke

Abbildung 23.4:
Dynamischen Block bearbeiten, Drehung und Verschiebung

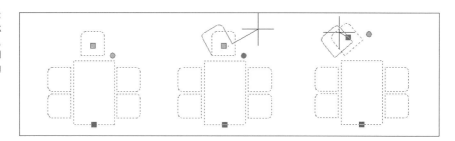

23.3 Dynamische Blöcke: Sichtbarkeit

In einem zweiten Beispiel sollen Teile eines Blocks ausgeblendet werden.

Beispiel 2: Sichtbarkeitsstatus

1. Bleiben Sie in der Zeichnung, nehmen Sie sich jetzt aber das Zweiersofa oben rechts vor. Klicken Sie es doppelt an und wählen Sie im Dialogfeld (siehe Abbildung 23.1) den Block *Sofa-2*. Das Zweiersofa wird im Blockeditor geöffnet.

2. Wählen Sie in den BLOCKERSTELLUNGSPALETTEN das Register PARAMETER und dort das Werkzeug SICHTBARKEITSPARAMETER. Damit geben Sie an, dass Sie etwas ausblenden wollen. Was ausgeblendet werden soll, ist noch nicht gefragt. Sie können den Parameter also an eine beliebige Stelle setzen (siehe Abbildung 23.5).

Abbildung 23.5:
Block mit Sichtbarkeitsstatus

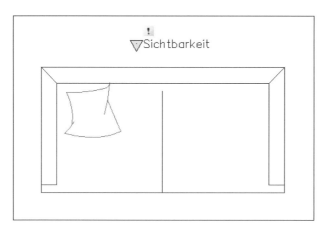

3. Klicken Sie den Parameter für den Sichtbarkeitsstatus doppelt an oder wählen Sie das Symbol rechts oben in der Symbolleiste des Blockeditors (siehe Abbildung 23.8). Sie bekommen das Dialogfeld SICHTBARKEITSSTATUS (siehe Abbildung 23.6). Dort finden Sie bis jetzt nur einen Eintrag. Klicken Sie auf die Schaltfläche UMBENENNEN... und tragen Sie den Namen *Komplett* ein.

Dynamische Blöcke: Sichtbarkeit   Kapitel 23

Abbildung 23.6:
Dialogfeld für den Sichtbarkeitsstatus

4. Klicken Sie dann auf die Schaltfläche NEU... und tragen Sie im nächsten Dialogfeld einen neuen Sichtbarkeitsstatus ein, z.B. *Sofa ohne Kissen* (siehe Abbildung 26.7). Lassen Sie zunächst den Status der Objekte unverändert (unterster Eintrag) und klicken Sie auf OK. Legen Sie so noch weitere Einträge an: *Sofa ohne Teilung* und *Sofa ohne Teilung und Kissen*.

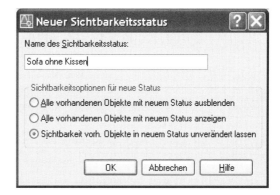

Abbildung 23.7:
Neuen Sichtbarkeitsstatus anlegen

5. Wählen Sie jetzt die verschiedenen Sichtbarkeitsstati im Abrollmenü in der Symbolleiste des Blockeditors ganz rechts (siehe Abbildung 23.8) der Reihe nach an. Bei jedem Status wählen Sie die Objekte, die unsichtbar sein sollen. Verwenden Sie dazu die Symbole in der Leiste des Blockeditors (siehe Abbildung 23.8, drei Symbole links). Mit dem Symbol links machen Sie alle Objekte sichtbar, die die Sie schon unsichtbar gemacht haben. Sie werden gedimmt angezeigt. Noch ein Klick auf das Symbol und Sie bekommen wieder die echte Darstellung. Mit dem mittleren Symbol werden Objekte sichtbar gemacht und mit dem rechten unsichtbar. Da Sie die Komplettansicht kopiert haben, müssen Sie bei den anderen Einstellungen lediglich Objekte auswählen, die unsichtbar sein sollen.

Kapitel 23   Dynamische Blöcke

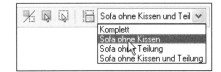

Abbildung 23.8:
Bedienelemente für den Sichtbarkeitsstatus

6. Haben Sie alle Sichtbarkeitsstati bearbeitet, können Sie den Block speichern und den Blockeditor schließen. Fügen Sie jetzt den Block ein oder bearbeiten Sie ihn an der Stelle, an der er eingefügt ist. Wenn Sie ihn anklicken, bekommt er einen zusätzlichen dreieckigen Griff. Aus diesem können Sie ein Abrollmenü aktivieren und daraus den gewünschten Sichtbarkeitsstatus wählen (siehe Abbildung 23.9). Auch dieses Beispiel ist schon fertig in der Zeichnung *L23-01.dwg* im Ordner *Aufgaben*.

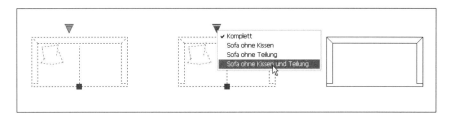

Abbildung 23.9:
Dynamischen Block bearbeiten, Sichtbarkeitsstatus

23.4 Dynamische Blöcke: Streckung und Spiegelung

Das nächste Beispiel zeigt Ihnen, wie Sie Streckfunktionen einbauen können und zwar so, dass das Strecken nur in bestimmten Schritten möglich ist. Zusätzlich soll noch eine Spiegelung eingebaut werden.

Beispiel 3: Streckung und Spiegelung

1. Bleiben Sie auch hierzu in der Zeichnung. Jetzt nehmen Sie den Tisch in der Mitte in den Blockeditor. Klicken Sie ihn doppelt an und wählen Sie im Dialogfeld (siehe Abbildung 23.1) den Block *Tisch*.

2. Wählen Sie im Register PARAMETER der BLOCKERSTELLUNGSPALETTEN das Werkzeug LINEARER PARAMETER. Damit können Sie eine Strecke bemaßen, die sich ändern soll, in unserem Fall die Länge des Tischs (siehe Abbildung 23.11).

```
Befehl: _BParameter Linear
Startpunkt angeben oder [Name/Bezeichnung/Kette/
bEschreibung/baSis/Palette/Wertesatz]: Ersten Maßpunkt am Bezugspunkt
anklicken, der Punkt, der beim Strecken unverändert bleiben soll
Endpunkt angeben: Zweiten Maßpunkt anklicken
Bezeichnungsposition angeben: Standort Maßlinie klicken
```

Dynamische Blöcke: Streckung und Spiegelung   Kapitel 23

3. Klicken Sie das gerade platzierte Maß an und drücken Sie die rechte Maustaste. Im Kontextmenü finden Sie den Eintrag GRIFFANZEIGE. In einem Untermenü wählen Sie, wo nachher an dem Block der Griff zur Bearbeitung angezeigt werden soll. Wählen Sie 1 und er wird oben angezeigt. Im Kontextmenü finden Sie auch den Eintrag BEZEICHNUNG ÄNDERN, mit dem Sie dem Maß auch einen sprechenden Namen geben können, z.B. *Länge*, *Breite* usw.

4. Klicken Sie das Maß noch einmal an und aktivieren Sie den OBJEKTEIGENSCHAFTEN-MANAGER, z.B. mit der Tastenkombination [Strg] + [1] (siehe Abbildung 23.10). In der Kategorie WERTESATZ können Sie hier zusätzlich noch festlegen, wie sich die Streckung ändern soll: keine Vorgabe, eine Änderung in festgelegten Inkrementen oder in festen Schritten. Wir wollen feste Schritte verwenden, wählen Sie dazu in dem Abrollmenü ABST. TYP den Eintrag *Liste*. Darunter finden Sie die Werteliste. Klicken Sie auf das Symbol mit den drei Punkten und Sie kommen zum Dialogfeld ABSTANDSWERT HINZUFÜGEN (siehe Abbildung 23.10). 120.00 ist der gezeichnete Wert. Tragen Sie in das Feld HINZUZUFÜGENDE ABSTÄNDE drei zusätzliche Werte ein, 100, 140 und 160, und klicken Sie jedes Mal auf die Schaltfläche HINZUFÜGEN und die Werte sind in der Liste.

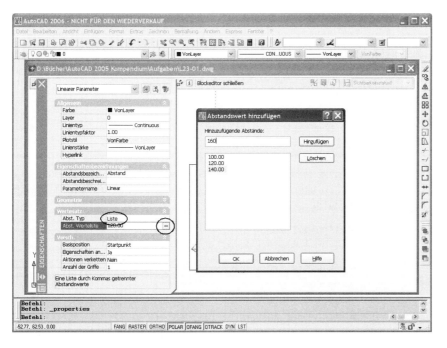

Abbildung 23.10: Festlegung des Wertebereichs für die Streckung

Kapitel 23   Dynamische Blöcke

5. Setzen Sie jetzt noch einen Parameter zur Spiegelung. Wählen Sie das Werkzeug UMKEHRPARAMETER. Dazu müssen Sie wie beim Befehl SPIEGELN eine Spiegelachse mit zwei Punkten definieren (siehe Abbildung 23.11).

Befehl: _BParameter Umkehren
Basispunkt von Spiegelachse angeben oder
[Name/Bezeichnung/bEschreibung/Palette]: Ersten Punkt der Spiegelachse eingeben
Endpunkt der Spiegelachse angeben: Ersten Punkt der Spiegelachse eingeben
Bezeichnungsposition angeben: Position für die Bezeichnung angeben

6. Nachdem die Parameter definiert sind, benötigen Sie jetzt noch die Aktionen. Wechseln Sie in das Register AKTIONEN in den BLOCKERSTELLUNGSPALETTEN und wählen Sie die STRECKUNGSAKTION. Gehen Sie so vor (siehe auch Abbildung 23.11):

Befehl: _BActionTool Strecken
Parameter wählen: Das Maß anklicken
Mit Aktion zu verknüpfenden Parameterpunkt angeben oder Eingabe von
[Startpunkt/Zweiter punkt] <Zweiter punkt>: Pfeil am oberen Ausgangspunkt des Maßes anklicken
Erste Ecke des Streckungsrahmens angeben oder [KPolygon]:
Streckungsbereich mit zwei Punkten angeben
Entgegengesetzte Ecke angeben: Zweiten Punkt angeben
Zu streckende Objekte angeben
Objekte wählen: Objekte anklicken oder Fenster aufziehen, das die zu streckende Objekte enthält
...
Objekte wählen: [↵] um Auswahl zu beenden
Aktionsposition angeben oder [Multiplikator/Versatz]: Position für das Symbol anklicken

7. Wählen Sie jetzt die UMKEHRAKTION, klicken Sie den Parameter an und wählen Sie den kompletten Tisch mit allen Parametern und Aktionen an (siehe Abbildung 23.11).

Befehl: _BActionTool Umkehren
Parameter wählen: Umkehrparameter anklicken
Auswahlsatz für Aktion angeben
Objekte wählen: Objekte anklicken oder Fenster aufziehen, das die zu spiegelnden Objekte enthält
...
Objekte wählen: [↵] um Auswahl zu beenden
Aktionsposition angeben: Position für das Symbol anklicken

Dynamische Blöcke: Streckung und Spiegelung — Kapitel 23

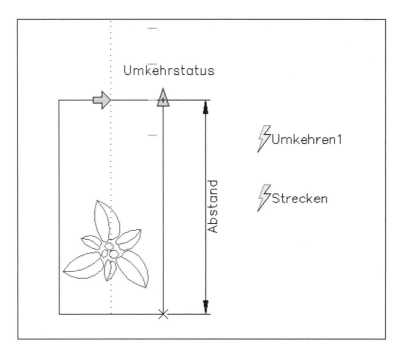

Abbildung 23.11:
Block mit Parameter und Aktionen für Strecken und Umkehren

8. Speichern Sie den Block und schließen Sie den Blockeditor. Fügen Sie danach den Block ein oder bearbeiten Sie ihn an der Stelle, an der er schon eingefügt ist. Klicken Sie ihn an. An einem Griff können Sie den Block in Stufen ziehen und am anderen um die vertikale Achse spiegeln (siehe Abbildung 23.12). Die Lösung dazu finden Sie ebenfalls in der Zeichnung *L23-01.dwg* im Ordner *Aufgaben*.

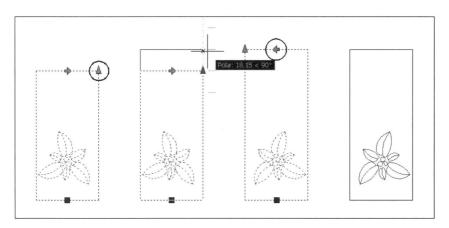

Abbildung 23.12:
Dynamischen Block bearbeiten, Strecken und Umkehren

{ KOMPENDIUM } AutoCAD und LT 2006

23.5 Dynamische Blöcke: Abfragetabelle

Ein weiteres Beispiel soll zeigen, wie für Parameter Tabellen hinterlegt werden können. Dann müssen Sie nur noch den gewünschten Wert aus der Tabelle auswählen und Sie haben den Block in den gewünschten Abmessungen.

Beispiel 4: Abfragetabellen

1. Lassen Sie die Zeichnung weiter geöffnet. Nehmen Sie sich das senkrecht stehende Regal in der Mitte vor. Klicken Sie es doppelt an und wählen Sie im Dialogfeld (siehe Abbildung 23.1) den Block *Regal*. Der Block ist schon mit zwei Parametern und Aktionen zum Strecken in der Länge und Breite versehen.

Abbildung 23.13:
Block mit zwei Streckaktionen

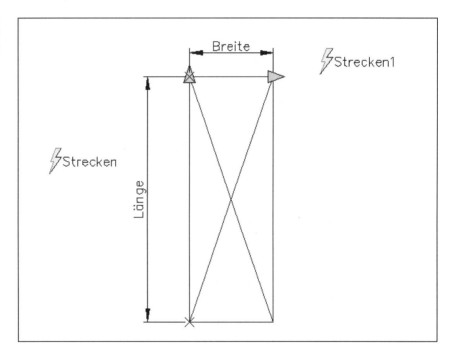

2. Wählen Sie im Register PARAMETER der BLOCKERSTELLUNGSPALETTEN das Werkzeug ABRUFPARAMETER. Platzieren Sie das Symbol an einer beliebigen Stelle des Blocks (siehe Abbildung 23.15).

3. Wählen Sie jetzt die ABRUFAKTION im Register AKTIONEN. Wählen Sie den vorher platzierten Parameter und setzen Sie das Symbol ebenfalls in die Nähe des Blocks (siehe Abbildung 23.15). Danach erscheint das Dialogfeld EIGENSCHAFTENABRUFTABELLE (siehe Abbildung 23.14).

Dynamische Blöcke: Skalieren | Kapitel 23

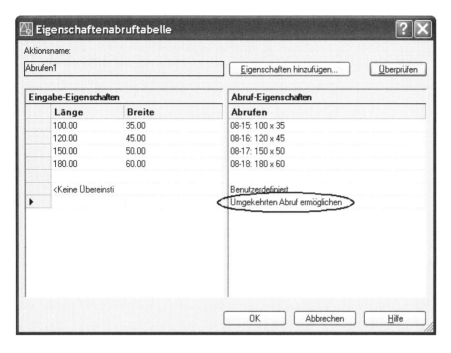

Abbildung 23.14:
Tabelle definieren

4. Klicken Sie auf die Schaltfläche EIGENSCHAFTEN HINZUFÜGEN... und wählen Sie dort die Parameter, die Sie in die Wertetabelle aufnehmen wollen. Holen Sie sich so nacheinander die Parameter LÄNGE und BREITE. Tragen Sie die möglichen Kombinationen für Länge und Breite in die Tabelle links im Feld EINGABE-EIGENSCHAFTEN ein. Im Feld ABRUF-EIGENSCHAFTEN rechts können Sie eine Bezeichnung eingeben, mit der die Variante gewählt wird. Stellen Sie jetzt noch das unterste Feld der rechten Liste um auf den Eintrag UMGEKEHRTEN ABRUF ERMÖGLICHEN. Damit wird die Abruftabelle aktiviert. Ihr Block im Blockeditor sieht jetzt wie in Abbilddung 23.15 aus.

5. Speichern Sie den Block und schließen Sie den Blockeditor. An einem Griff können Sie jetzt an dem eingefügten Block eine Tabelle aktivieren und daraus die gewünschte Variante wählen (siehe Abbildung 23.16). Auch dazu haben Sie die Lösung in der Zeichnung *L23-01.dwg* im Ordner *Aufgaben*.

23.6 Dynamische Blöcke: Skalieren

Ein Beispiel für Skalierung zeigt, wie sich ein Block insgesamt in der Größe ändern lässt. Eine weitere Möglichkeit soll dabei gezeigt werden: das Ändern eines Parameters in festen Inkrementen innerhalb bestimmter festgelegter Grenzen.

Kapitel 23   Dynamische Blöcke

Abbildung 23.15:
Block mit Streckaktionen und Abrufaktion

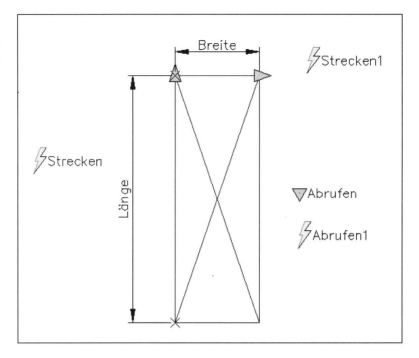

Abbildung 23.16:
Dynamischen Block bearbeiten, Variante aus Tabelle wählen

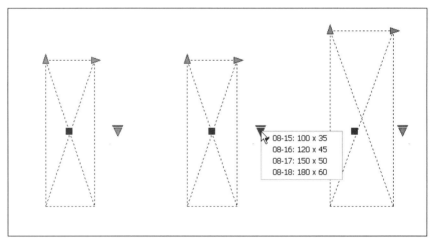

Beispiel 4: Skalieren in festen Inkrementen

1. Laden Sie die Zeichnung *A23-02.dwg* aus dem Ordner *Aufgaben* und nehmen Sie das untere Symbol, den Block *Sessel-1*, in den Blockeditor.

2. Bemaßen Sie die Länge des Sessels mit einem linearen Parameter (siehe Abbildung 13.18). Klicken Sie das Maß an und bestimmen Sie im Kontextmenü, dass die Griffanzeige in eine Richtung gehen soll.

Dynamische Blöcke: Skalieren — Kapitel 23

3. Aktivieren Sie mit der Tastenkombination [Strg] + [1] den OBJEKTEI-GENSCHAFTEN-MANAGER. In der Kategorie WERTESATZ legen Sie den Wertebereich und das Inkrement fest. Wählen Sie im Abrollmenü ABST. TYP den Eintrag *Inkrement* und tragen Sie darunter das Inkrement von 10 und den minimalen Wert 39 sowie den maximalen Wert 101 ein (siehe Abbildung 23.17).

Abbildung 23.17: Festlegen eines Inkrements für einen Parameter

4. Danach definieren Sie die SKALIERUNGSAKTION. Wählen Sie dazu den Parameter und den kompletten Sessel. Setzen Sie das Symbol an eine beliebige Stelle (siehe Abbildung 23.18).

```
Befehl: _BActionTool Skalierung
Parameter wählen: Das Maß anklicken
Auswahlsatz für Aktion angeben
Objekte wählen: Kompletten Sessel wählen
...
Objekte wählen: [↵] um Auswahl zu beenden
Aktionsposition angeben oder [Basistyp]: Position für das Symbol
anklicken
```

5. Speichern Sie den Block und schließen Sie den Blockeditor. An einem Griff können Sie den Block jetzt in Schritten skalieren (siehe Abbildung 23.20). Auch zu diesem Beispiel gibt es eine Lösung im Ordner *Aufgaben*, die Zeichnung *L23-02.dwg*.

Kapitel 23   Dynamische Blöcke

Abbildung 23.18:
Block mit Parameter und Skalieraktion

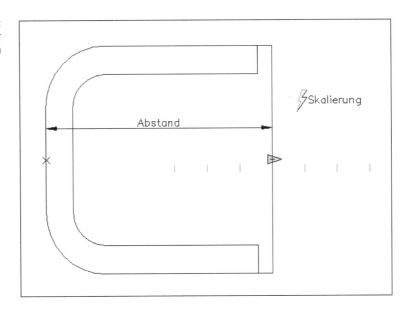

23.7 Dynamische Blöcke: Anordnung

Als letztes Beispiel wollen wir eine matrixförmige Anordnung erzeugen. Mit den Griffen können Sie so einen dynamischen Block in eine Anordnung ziehen.

Beispiel 5: Matrixförmige Anordnung erzeugen

1. Lassen Sie die Zeichnung geöffnet und nehmen Sie jetzt den Sessel darüber in den Blockeditor, er hat den Namen *Sessel-2*.

2. Wählen Sie im Register PARAMETER der BLOCKERSTELLUNGSPALETTEN das Werkzeug XY-PARAMETER. Setzen Sie diesen an den Sessel (siehe Abbildung 23.19).

3. Starten Sie jetzt die ANORDNUNGSAKTION im Register AKTIONEN. Wählen Sie dazu den Parameter und den kompletten Sessel. Für Zeilen und Spalten geben Sie einen Abstand von 100 ein. Setzen Sie das Symbol an eine beliebige Stelle (siehe Abbildung 23.19).

```
Befehl: _BActionTool Anordnung
Parameter wählen: Den XY-Paramter anklicken
Auswahlsatz für Aktion angeben
Objekte wählen: Kompletten Sessel wählen
...
Objekte wählen: [↵] um Auswahl zu beenden
Zeilenabstand eingeben oder Zelle angeben (---): 100 als Maß angeben
Abstand zwischen Spalten angeben (|||):100 als Maß angeben
Aktionsposition angeben: Position für das Symbol anklicken
```

Dynamische Blöcke: Anordnung Kapitel 23

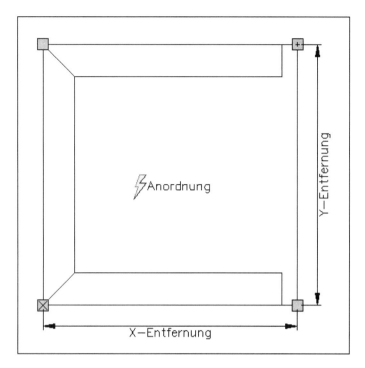

Abbildung 23.19:
Block mit Parameter und Anordnungsaktion

4. Speichern Sie den Block und schließen Sie den Blockeditor. An den Griffen können Sie eine matrixförmige Anordnung aufziehen (siehe Abbildung 23.20). Das Beispiel finden Sie auch in der Zeichnung *L23-02.dwg*.

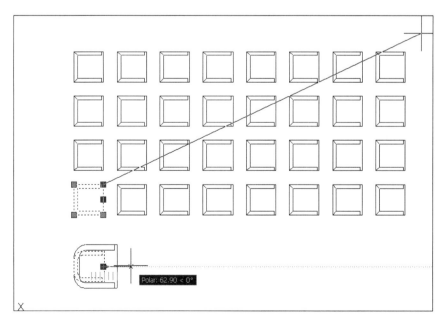

Abbildung 23.20:
Dynamische Blöcke bearbeiten, Anordnung und Skalierung

| Kapitel 23 | Dynamische Blöcke |

TIPP

➡ *Mit dem Register PARAMETERSÄTZE in den BLOCKERSTELLUNGSPALETTEN können Sie Parameter und Aktion in einem setzen. Mit einem Doppelklick auf die Aktion können Sie diese bearbeiten.*

➡ *Außer den behandelten Parametern gibt es noch POLARE PARAMETER, AUSRICHTUNGSPARAMETER und BASISPUNKTPARAMETER.*

➡ *Außer in den oben behandelten Beispielen, lassen sich Parameter und Aktionen beliebig kombinieren.*

24 Die Supportdateien

Durch Bearbeitung der Supportdateien haben Sie weitere Möglichkeiten, AutoCAD zu erweitern und anzupassen. Hier geht es allerdings zum ersten Mal ans »Eingemachte«. Sie ändern die mit dem Programm gelieferten Systemdateien. Machen Sie also *immer* vorher Kopien der Originaldateien. Die Supportdateien, die Sie in diesem Kapitel benötigen, finden Sie (falls nichts anderes angegeben) im Ordner *C:\Dokumente und Einstellungen\User Name\Anwendungsdaten\Autodesk\AutoCAD 2006\R16.2\Deu\Support* bzw. *C:\Dokumente und Einstellungen\User Name\Anwendungsdaten\Autodesk\AutoCAD LT 2006\R11\Deu\Support* bei AutoCAD LT. *User Name* steht für den am PC momentan angemeldeten Benutzer. Wichtig: Beachten Sie hierzu die Hinweise in Anhang A.5!

24.1 Linientypen definieren

AutoCAD wird mit einer ganzen Reihe von Linientypen geliefert. Trotzdem kann es sein, dass Sie zusätzliche Linienmuster benötigen. Wie Sie gesehen haben, sind Linientypen in Linientypendateien gespeichert, die Sie mit dem Befehl LINIENTYP laden können. Linientypendateien sind Textdateien, die Sie mit einem Texteditor ändern oder erweitern können.

Die Standard-Linientypen sind in den Dateien *Acadiso.lin* (metrisch) und *Acad.lin* (britisch) definiert. Bei AutoCAD LT sind es die Dateien *Acltiso.lin* und *Acad.lin*.

Linientypdatei erstellen, erweitern oder ändern

Linientypendateien können Sie mit einem Texteditor, zum Beispiel mit dem Windows-Editor bearbeiten. Ändern Sie dazu die Datei *Acadiso.lin* oder eine Kopie von ihr. In einer Linientypendatei finden Sie für jeden Linientyp eine Definition. Sie besteht aus zwei Zeilen.

Erste Zeile der Linientypdefinition

Die erste Zeile beginnt mit * gefolgt von dem Namen und, nach einem Komma, der Beschreibung:

```
*Linientypname[,Beschreibung]
```

zum Beispiel:

```
*RAND,__ __ . __ __ . __ __ . __ __ . __ __ .
```

Für die Beschreibung können Sie auch einen Text eingeben, maximal darf er 47 Zeichen umfassen. Der beschreibende Text hat keine Auswirkung auf den Linientyp. Er wird lediglich in der Liste des Dialogfeldes beim Befehl LINIENTYP angezeigt. Wird die Beschreibung weggelassen, darf auch das Komma hinter dem Namen nicht stehen.

Zweite Zeile der Linientypdefinition

In der zweiten Zeile steht "A," und dahinter die eigentliche Beschreibung. Sie definiert das Muster aus Linien, Punkten und Pausen. Es muss eine Periode des Linientyps beschrieben werden. Begonnen wird immer mit einem Strich und enden muss die Beschreibung mit einer Pause. Die Zahlenwerte legen die Längen der Linien und Pausen fest:

Tabelle 24.1: Werte in der Linientypbeschreibung

Wert > 0:	Strich mit der angegebenen Länge (in Zeichnungseinheiten)
Wert < 0:	Pause mit der angegebenen Länge (in Zeichnungseinheiten)
Wert = 0:	Punkt

Beispiel für eine strichpunktierte Linie:

```
A, 12.7, -6.35, 0, -6.35
```

Im folgenden Listing sehen Sie einen Auszug aus der Datei *Acadiso.lin*.

Listing 24.1: Auszug aus der Datei Acadiso.lin

```
.
.
.
*RAND,__ __ . __ __ . __ __ . __ __ . __ __ .
A, 12.7, -6.35, 12.7, -6.35, 0, -6.35
*RAND2,_._._._._._._._._._._._._._.
A, 6.35, -3.175, 6.35, -3.175, 0, -3.175
*RANDX2,___ ___ . ___ ___ . ___ ___ .
A, 25.4, -12.7, 25.4, -12.7, 0, -12.7
*MITTE,____ _ ____ _ ____ _ ____ _ ____ _
A, 31.75, -6.35, 6.35, -6.35
*MITTE2,___ _ ___ _ ___ _ ___ _ ___ _ ___ _
A, 19.05, -3.175, 3.175, -3.175
*MITTEX2,_____ __ _____ __ _____ __
A, 63.5, -12.7, 12.7, -12.7
.
.
.
```

- *Ein neuer Linientyp wird nicht automatisch in die Zeichnung geladen. Verwenden Sie dazu den Linientypmanager, Befehl* LINIENTYP *oder laden Sie ihn aus dem Layermanager, Befehl* LAYER.

- *Die Längenangaben der Striche und Pausen werden beim Zeichnen mit dem Linientypenfaktor multipliziert und ergeben dann die tatsächliche Länge. Jede Linie endet immer mit dem Segment, mit dem sie begonnen hat. Das Muster wird dann der Linienlänge angepasst. Dadurch kann es vorkommen, dass bei kurzen Liniensegmenten die Länge der Segmente stark abweicht. Ist die Linie zu kurz, erscheint oft nur ein Strich. Durch Veränderung des* GLOBALEN SKALIERFAKTORS *im Dialogfeld des Befehls* LINIENTYP *können Sie die Linientypen dem Zeichnungsmaßstab anpassen. Unabhängig davon können Sie bei einzelnen Objekten den individuellen Linientypfaktor im Objekteigenschaften-Manager ändern.*

- *Linientypen können Sie auch anlegen, wenn Sie den Befehl* LINIENTYP *im Befehlszeilenfenster verwenden. Starten Sie ihn dazu mit* -LINIENTYP *und verwenden Sie die Option* ERSTELLEN.

24.2 Schraffurmuster definieren

Die Schraffurmuster, mit denen der Schraffurbefehl GSCHRAFF arbeitet, sind in Schraffurmusterdateien mit der Dateierweiterung *.pat gespeichert. AutoCAD wird mit einer Datei *Acadiso.pat* und *Acad.pat* bzw. *Acltiso* und *Aclt.pat* in AutoCAD LT geliefert. *Acadiso.pat* bzw. *Acltiso.pat* sind für metrische Einheiten und *Acad.pat* bzw. *Aclt.pat* für englische Einheiten.

Sollten die vorhandenen Muster nicht ausreichen, können Sie die Dateien erweitern. Da es sich um eine Textdatei handelt, ist das mit dem Windows-Editor möglich. Sie können aber auch eigene Dateien erstellen, die dann aber nur eine Schraffurmusterdefinition enthalten darf. Der Name des darin enthaltenen Schraffurmusters muss gleich dem Dateinamen sein, z.B.: Schraffurmuster *Raute* und Schraffurmusterdatei *Raute.pat*.

Schraffurmuster mit dem Texteditor erstellen

In der Schraffurmusterdatei *Acadiso.pat* finden Sie die Musterdefinitionen. Jede Definition besteht aus mindestens zwei Zeilen, die maximale Zahl ist nicht begrenzt. In der ersten Zeile steht der Name und eine Beschreibung:

```
*NAME,[Beschreibung]
```

zum Beispiel:

```
*DOLMIT,Geologische Gesteinsschichten
```

Kapitel 24   Die Supportdateien

Die Zeile muss mit einem * beginnen. Die Beschreibung ist nicht unbedingt erforderlich, sie wird nur als Kommentar verwendet. Jede weitere Zeile enthält die Beschreibung einer Linienfamilie, eine periodisch wiederkehrende Folge von Linien. Diese Linien sind ähnlich wie die Linientypen definiert. Das heißt, ein Schraffurmuster kann nur aus ausgezogenen, gestrichelten, gepunkteten und strichpunktierten Linien in einer periodisch wiederkehrenden Folge aufgebaut sein. Die Linienfamilien werden wie folgt definiert (siehe Tabelle 24.2 und 24.3):

```
Winkel,X-Koord.Ursprung,Y-Koord.Ursprung,Versatz in
Linienrichtung,Abstand,[,Strich1,Strich2, usw.]
```

Tabelle 24.2: Schraffurmusterdefinition Linientypen

Winkel	Winkel der Linien dieser Familie zur X-Achse
X-Koord. Ursprung	X-Koordinate des Ursprungs einer Linie aus dieser Linienfamilie
Y-Koord. Ursprung	Y-Koordinate des Ursprungs einer Linie aus dieser Linienfamilie
Versatz in Linienrichtung	Versatz zur Linie aus der vorherigen Linienfamilie in Linienrichtung, bei ausgezogenen Linien ist dieser Faktor 0
Abstand	Abstand zur Linie aus der vorherigen Linienfamilie

Die weiteren Angaben müssen nur dann gemacht werden, wenn es sich um gestrichelte, gepunktete oder strichpunktierte Linien handelt:

Tabelle 24.3: Schraffurmusterdefinition bei gestrichelten Linien

Strich-N	Liniendefinition der Linienfamilie wie bei Linentypen (siehe Kapitel 24.1)
Wert > 0:	Strich in der Länge (in Zeichnungseinheiten)
Wert < 0:	Pause in der Länge (in Zeichnungseinheiten)
Wert = 0:	Punkt

Die Definition beginnt immer mit einem Strich, danach folgt eine Pause, Sie endet mit einer Pause und beschreibt eine Periode dieser Folge. Bei Linienfamilien mit ausgezogenen Linien kann dies komplett entfallen.

Listing 24.2 zeigt einen Auszug aus der Schraffurmusterdatei *Acadiso.pat* und Abbildung 24.1 zeigt die Schraffurmusterdefinitionen und die zugehörigen Linientypfamilien.

Schraffurmuster definieren   Kapitel 24

```
.
*CLAY,Ton
0, 0, 0, 0, 4.7625
0, 0, 0.79375, 0, 4.7625
0, 0, 1.5875, 0, 4.7625
0, 0, 3.175, 0, 4.7625, 4.7625, -3.175
*CORK,Kork
0, 0, 0, 0, 3.175
135, 1.5875, -1.5875, 0, 8.98026, 4.49013, -4.49013
135, 2.38125, -1.5875, 0, 8.98026, 4.49013, -4.49013
135, 3.175, -1.5875, 0, 8.98026, 4.49013, -4.49013
*CROSS,Eine Reihe von Kreuzen
0, 0, 0, 6.35, 6.35, 3.175, -9.525
90, 1.5875, -1.5875, 6.35, 6.35, 3.175, -9.525
*DASH,Gestrichelte Linien
0, 0, 0, 3.175, 3.175, 3.175, -3.175
*DOLMIT,Geologische Gesteinsschichten
0, 0, 0, 0, 6.35
45, 0, 0, 0, 17.9605, 8.98026, -17.9605
.
```

Listing 24.2:
Auszug aus der
Datei Acadiso.pat

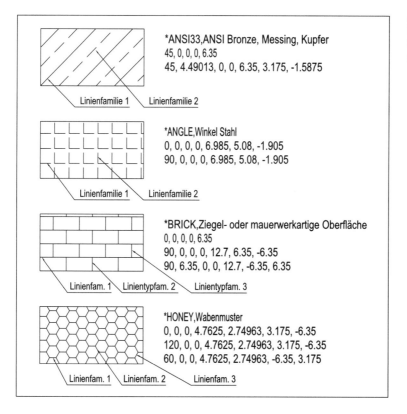

Abbildung 24.1:
Beispiele für
Schraffurmuster-
definitionen

Kapitel 24   Die Supportdateien

Erstellung einer Schraffurmusterdatei Ziegel.pat

1. Erzeugen Sie ein Schraffurmuster in der *Ziegel.pat*.

2. Die Schraffur soll eine gemauerte Wand darstellen. Im Maßstab 1:1 sollen die horizontalen Linien einen Abstand von zehn Einheiten haben. Es sollen sich die Ziegel mit schmaler und breiter Seite abwechseln. Die breite Seite misst 40, die schmale 20 Einheiten. Die zweite Ziegelreihe soll so angeordnet sein, dass die schmalen Ziegel exakt in der Mitte der breiten liegen (siehe Abbildung 24.2).

Abbildung 24.2: Schraffurmuster Ziegel

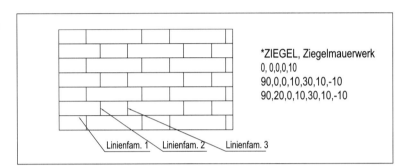

```
*ZIEGEL, Ziegelmauerwerk
0, 0,0,0,10
90,0,0,10,30,10,-10
90,20,0,10,30,10,-10
```

3. Die Datei *Ziegel.pat* befindet sich im Ordner *Aufgaben*. Wenn Sie sie nicht abtippen wollen, verwenden Sie diese zum Testen. Dazu muss sie sich im Supportverzeichnis (siehe oben) befinden.

Abbildung 24.3: Schraffieren mit benutzerspezifischem Muster

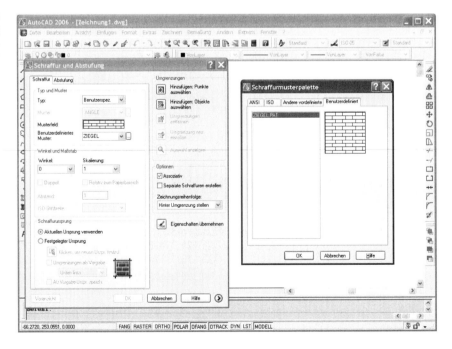

4. Starten Sie AutoCAD und schraffieren Sie eine Fläche mit dem neu erzeugten Muster. Wählen Sie das benutzerspezifische Muster und tragen den Mustername in das Dialogfeld ein (siehe Abbildung 24.3).

5. Sie finden das Muster auch im Dialogfeld SCHRAFFURMUSTERPALETTE mit den Voransichten. Lassen Sie hierzu im Abrollmenü TYP die Einstellung VORDEFINIERT. Klicken Sie auf das Symbol mit den drei Punkten rechts neben dem Abrollmenü MUSTER. Im Dialogfeld klicken Sie dann auf das Register BENUTZERDEFINIERT. In der Liste finden Sie alle Muster aus einzelnen Schraffurmusterdateien. Markieren Sie die Datei und Sie bekommen das Muster in einem Voransichtsfeld.

24.3 Externe Programme einbinden

Immer, wenn Sie eine neue oder bestehende Zeichnung öffnen, durchsucht AutoCAD die Verzeichnisse, die im Supportpfad angegeben sind und liest die Datei *Acad.pgp*. Darin sind definiert:

➨ externe Befehle, die wie AutoCAD-Befehle eingegeben werden können. Es können aber Windows-Systembefehle, Dienstprogramme oder DOS-Anwendungen sein.

➨ Befehlskürzel für normale AutoCAD-Befehle

Sie finden im Menü eine Funktion, mit der Sie die Datei *Acad.pgp* bzw. *Aclt.pgp* (in AutoCAD LT) in den Windows-Editor laden und bearbeiten können:

➨ Abrollmenü EXTRAS, Untermenü ANPASSEN >, Funktion PROGRAMMPARAMETER (ACAD.PGP) BEARBEITEN bzw. PROGRAMMPARAMETER (ACLT.PGP) BEARBEITEN

Format für externe Befehle

Das Format für die Einbindung eines externen Befehls in AutoCAD sieht wie folgt aus (siehe auch Listing 24.4):

```
<Befehlsname>,[<DOS-Befehl>],<Bitkennzeichen>,[*]<Eingabeaufforderung>,
```

Befehlsname: Befehlsname, mit dem das Programm in AutoCAD wie ein AutoCAD-eigener Befehl aufgerufen werden kann.

DOS-Befehl: DOS-Befehl oder Name des Programms, das aufgerufen werden soll, wenn der Befehl eingegeben wird. Zum Start eines Windows-Programms setzen Sie den Befehl START davor.

Kapitel 24 Die Supportdateien

Bitkennzeichen: Bitorientierter Code, mit dem angegeben wird, wie das externe Programm ausgeführt werden soll:

0	Anwendung starten und warten bis die Anwendung beendet ist
1	Anwendung starten, nicht warten bis die Anwendung beendet ist
2	Anwendung minimiert ausführen
4	Anwendung im Hintergrund ausführen
8	Argumentzeichenfolge in Anführungszeichen gesetzt

Geben Sie im Feld für das Bitkennzeichen die Summe der gewünschten Bits ein. Bits 2 und 4 schließen sich gegenseitig aus; sind beide aktiviert, wird nur Bit 2 verwendet. Die nützlichsten Werte sind 0 (Anwendung starten und auf Ende warten), 1 (Anwendung starten und nicht warten), 3 (minimieren und nicht warten, Code 1 und Code 2), und 5 (im Hintergrund ausführen und nicht warten, Code 1 und Code 4). Die Werte 2 und 4 sollten normalerweise vermieden werden, da AutoCAD erst zur Verfügung steht, wenn ein Anwendungsvorgang abgeschlossen ist.

Bit 8 ermöglicht die Verwendung von Befehlen wie DEL mit Dateinamen, die Leerzeichen enthalten, wie *"langer Dateiname.dwg"*. Dann können Sie aber nicht mehrere Dateinamen an einen DOS-Befehl übergeben.

Eingabeaufforderung: Eingabeaufforderung, die beim Start des Befehls ausgegeben wird. Das eingegebene Argument wird an das aufgerufene Programm übergeben.

Listing 24.3: Ausschnitt aus Acad.pgp

```
CATALOG,   DIR /W,          8, Dateispezifikation: ,
DEL,       DEL,             8, Zu löschende Datei: ,
DIR,       DIR,             8, Dateispezifikation: ,
EDIT,      START EDIT,      9, Zu bearbeitende Datei: ,
SH,        ,                1,* OS Befehl: ,
SHELL,     ,                1,* OS Befehl: ,
START,     START,           1,*Zu startende Anwendung: ,
TYPE,      TYPE,            8, Aufzulistende Datei: ,
EXPLORER,  START EXPLORER,  1,,
NOTEPAD,   START NOTEPAD,   1,*Zu bearbeitende Datei: ,
PBRUSH,    START PBRUSH,    1,,
```

24.4 Befehlskürzel definieren

Die meisten AutoCAD-Befehle lassen sich mit einem Kürzel starten, wenn sie auf der Tastatur eingegeben werden. In einem weiteren Abschnitt der Datei *Acad.pgp* sind diese Befehlskürzel definiert.

Jede Zeile in diesem Abschnitt der Datei entspricht einem Befehlskürzel. An erster Stelle steht das Kürzel, gefolgt von einem Komma, danach ein * und der AutoCAD-Befehlsname. Listing 24.4 zeigt einen Auszug aus standardmäßigen *Acad.pgp*.

```
.
.
RH,     *REIHE
AD,     *ATTDEF
-ATT,   *-ATTDEF
AE,     *ATTEDIT
-ATE,   *-ATTEDIT
BL,     *BLOCK
-BL,    *-BLOCK
GS,     *GSCHRAFF
UM,     *UMGRENZUNG
-UM,    *-UMGRENZUNG
BR,     *BRUCH
K,      *KREIS
E,      *EIGENSCHAFTEN
AN,     *ÄNDERN
FA,     *FASE
FAR,    *FARBE
FE,     *FARBE
KO,     *KOPIEREN.
.
.
```

Listing 24.4:
Auszug aus der Datei Acad.pgp

Beachten Sie, dass Änderungen an der Datei *Acad.pgp* nicht sofort wirksam werden. Erst wenn Sie eine neue Zeichnung öffnen, wird die Datei neu gelesen. Wollen Sie innerhalb der aktuellen Sitzung veranlassen, dass die Datei neu gelesen wird, verwenden Sie den Befehl NEUINIT. Sie finden den Befehl nicht in den Menüs, geben Sie ihn auf der Tastatur ein. Sie erhalten ein Dialogfeld (siehe Abbildung 24.4).

Klicken Sie den Schalter PGP-DATEI an und die Datei wird neu gelesen. Verwenden Sie ein Digitalisiertablett, können Sie die Schnittstelle, an der das Gerät angeschlossen ist, und das Tablett selber ebenfalls initialisieren, wenn Sie die entsprechenden Schalter anklicken.

Abbildung 24.4:
Dialogfeld zum Neuinitialisieren

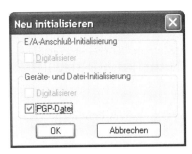

24.5 Diadateien

In AutoCAD können Sie die momentane Ansicht auf dem Bildschirm in einem Dia festhalten. Dabei handelt es sich um einen Bildschirmschnappschuss, der später wieder angezeigt, aber nicht weiter bearbeitet werden kann. Er bekommt die Dateierweiterung *.sld*.

Befehl Machdia

Der momentane Ausschnitt der Zeichnung wird mit dem Befehl MACHDIA in einer Diadatei festgehalten. Den Befehl geben Sie auf der Tastatur ein. Verzeichnis und Dateiname für die Diadatei legen Sie im Dateiwähler fest. Der Befehl wird dann ohne weitere Anfragen ausgeführt.

Ist der Bildschirm mit dem Befehl AFENSTER in mehrere Ansichtsfenster aufgeteilt, wird nur das aktuelle Fenster im Dia festgehalten. Im Layoutmodus und im aktiven Modellbereich wird ebenfalls das aktuelle Fenster ins Dia übernommen, bei aktivem Papierbereich der ganze Bildschirm.

Befehl Zeigdia

Ein gespeichertes Dia kann mit dem Befehl ZEIGDIA auf den Bildschirm gebracht werden. Geben Sie auch diesen Befehl auf der Tastatur ein und wählen die Datei im Dateiwähler aus. Das Dia erscheint dann auf dem Bildschirm im aktuellen Ansichtsfenster. Sie können das Dia nicht verändern. Mit dem Befehl NEUZEICH verschwindet das Dia wieder vom Bildschirm.

Die Anzeige von Dias kann von einer Script-Datei für Vorführungen und Präsentationen automatisiert werden (siehe Kapitel 24.6).

Diabibliotheken erstellen

Dias können in der Menüdatei verwendet werden. Sie lassen sich in den Bildmenüs in kleinen Fenstern anzeigen. Dazu ist es aber sinnvoll, die Dias in Diabibliotheken zusammenzufassen. Darin lassen sich beliebig viele Diadateien zu einer Datei zusammenfassen. Bildmenüs können so schneller angezeigt werden.

Diadateien werden mit dem Programm *Slidelib.exe* erstellt. Dabei handelt es sich um ein DOS-Programm ohne Bedienoberfläche. Es befindet sich im Ordner *\Programme\AutoCAD 2006* bzw. *\Programme\AutoCAD LT 2006*. Gehen Sie wie folgt vor:

➧ Erzeugen Sie in AutoCAD die Dias.

➧ Erstellen Sie in einem Texteditor, zum Beispiel im Windows-Editor, eine Datei, in der Sie die Dateinamen aller Dias auflisten, die in die Diabibliothek übernommen werden sollen, zum Beispiel:

```
BILD1.SLD
BILD2.SLD
GESAMT.SLD
...
..  usw.
```

➧ Befinden sich die Diadateien in einem anderen Ordner, muss der Pfad mit angegeben werden. Jeder Dateiname muss in einer separaten Zeile stehen. Sichern Sie danach die Dateiliste.

➧ Wechseln Sie ins DOS-Fenster und starten das Programm *Slidelib.exe*:

```
C:\Programmme\AutoCAD 2006> SLIDELIB [Bib] <[Liste]>
```

bzw. in AutoCAD LT

```
C:\Programmme\AutoCAD LT 2006> SLIDELIB [Bib] <[Liste]>
```

Die Angabe BIB steht für den Bibliotheksnamen. Die Diabibliothek mit dem angegebenen Namen wird erstellt, die Dateierweiterung *.slb* wird automatisch angehängt. Sie enthält die Dias, deren Namen Sie in die Textdatei geschrieben haben. Mit dem Argument LISTE geben Sie den Namen der Textdatei an, die die Dialiste enthält. Geben Sie keine Liste an, können Sie die Dateinamen im DOS-Fenster nacheinander eingeben. Die Eingabe von 2 x ⏎ nacheinander beendet die Eingabe.

Mit dem Programm *Slidelib.exe* kann die Bibliothek nicht verändert werden. Soll ein Dia aus der Bibliothek entfernt werden oder ein Dia neu aufgenommen werden, benötigen Sie wieder alle Dias, die Sie schon in der Bibliothek haben. Ändern Sie die Dialiste, fügen Sie den Namen ein oder löschen Sie einen. Danach lassen Sie sich die Bibliothek neu erstellen.

24.6 Script-Dateien

Oft benötigte Befehlsfolgen lassen sich in AutoCAD in so genannten Script-Dateien zusammenfassen. Dabei handelt es sich um Textdateien, in denen die Befehlsfolge so eingegeben wird, wie Sie in AutoCAD auf der Tastatur eingegeben würde. Mit dem Befehl SCRIPT wird die Datei geladen und automatisch ausgeführt. Den Befehl finden Sie:

➥ Abrollmenü EXTRAS mit der Funktion SKRIPT AUSFÜHREN...

Die Script-Datei wählen Sie im Dateiwähler. Script-Dateien haben die Dateierweiterung *.scr*.

➥ *Script-Dateien werden mit einem Texteditor erstellt. Verwenden Sie den Windows-Editor. Sie bekommen die Dateierweiterung .scr.*

➥ *Script-Dateien lassen sich mit dem Befehl* SCRIPT *starten.*

➥ *Mit Script-Dateien lassen sich Befehlsabläufe automatisieren oder automatisch ablaufende Präsentationen erstellen. Die Anzeige von Dias lässt sich mit Script-Dateien ebenfalls automatisieren.*

➥ *In Script-Dateien ist es nicht sinnvoll, Dialogfelder aufzurufen, da innerhalb des Dialogfeldes nur interaktiv geändert werden kann. Der automatische Ablauf wird dann unterbrochen. Alle Befehle, die mit Dialogfeldern ausgeführt werden, sind auch als Befehle ohne Dialogfeld vorhanden und können in einem automatisierten Ablauf in Script-Dateien verwendet werden.*

➥ *Script-Dateien müssen alle Eingaben enthalten, die Sie auf der Tastatur machen müssten. Beachten Sie, dass Leerzeichen in AutoCAD wie* ⏎ *wirken.*

➥ *Die Bearbeitung einer Script-Datei kann durch Betätigen der Rücktaste oder mit der Taste* Esc *unterbrochen werden. Danach lassen sich Befehle wieder normal abarbeiten. Mit dem Befehl* RESUME *wird die unterbrochene Script-Datei fortgesetzt.*

Steuerbefehle in Script-Dateien

In AutoCAD gibt es verschiedene Befehle, mit denen Sie Script-Dateien steuern können. In Tabelle 24.6 sind diese aufgelistet.

Script-Dateien — Kapitel 24

Befehl	Funktion
Pause	Pause im Ablauf der Datei, z.B.: Pause 2000 Pausenzeit in Millisekunden
Rscript	Wiederholung der Script-Datei
Graphbld	Textfenster aus, umschalten zum Grafikbildschirm
Textbld	Textfenster einblenden und aktivieren

Tabelle 24.4: Befehle in Script-Dateien

Befehlsversion ohne Dialogfelder für Script-Dateien

Alle Befehle zum Öffnen oder Sichern von Dateien, die sonst den Dateiwähler verwenden, sowie der Befehl PLOT arbeiten ohne Dialogfeld, wenn Sie aus einer Script-Datei aufgerufen werden. Die meisten anderen Befehle mit Dialogfeldern können Sie mit einem vorangestellten »-« starten. In diesem Fall wird der Befehl ohne Dialogfeld im Befehlszeilenfenster gestartet und kann in dieser Variante auch automatisch in einer Script-Datei abgearbeitet werden, zum Beispiel -LAYER, -GSCHRAFF, -LINIENTYP usw.

Einige wenige Befehl können nur mit Dialogfeld verwendet werden, z.B.: DDVPOINT für die Einstellung des Ansichtspunkts. Für diese Befehle gibt es aber Ersatzbefehle ohne Dialogfeld, z.B.: APUNKT für DDVPOINT.

Arbeiten mit Script-Dateien

1. Erstellen Sie eine Script-Datei *A4.scr*, die die Limiten auf 0,0 und 210,297 setzt (A4 Hochformat), einen Rand auf dem Layer *Rand* um das Blatt zeichnet, das Raster auf 10 und den Fang auf 2 setzt, beide einschaltet und das Blatt formatfüllend auf den Bildschirm bringt. Der Layer *Rand* soll mit der Farbe rot neu angelegt werden.
2. Die Script-Datei finden Sie auch in Ihrem Ordner *Aufgaben*.

25 Werkzeugpaletten, Werkzeugkästen und Menüs

Die Bedieneroberfläche von AutoCAD ist nicht starr. Der versierte Benutzer hat die Möglichkeit, die Bedienelemente nach seinen Wünschen und Anordnungen zu gestalten. Die einfachste Möglichkeit für schnelle Anpassungen haben Sie mit den Werkzeugpaletten. Aber auch die Werkzeugkästen und die Menüs können Sie ohne Programmierkenntnisse mit etwas Übung schnell ändern und anpassen.

25.1 Werkzeugpaletten

Das Werkzeugpaletten-Fenster (siehe Kapitel 13.11) ist das Bedienelement, das Sie auf einfache Weise konfigurieren und nach Ihren Anforderungen bestücken können.

Inhalt einer Werkzeugpalette

Das Werkzeugpaletten-Fenster kann beliebig viele Werkzeugpaletten enthalten, die sich benutzerspezifisch anpassen lassen. Das heißt, jeder Benutzer, der sich an dem Arbeitsplatz anmeldet, hat seine eigenen Werkzeugpaletten. Die Werkzeugpaletten werden in der senkrechten Registerleiste an der linken oder rechten Seite angezeigt.

Eine Werkzeugpalette kann mit Elementen aus dem AutoCAD-Design-Center (siehe Kapitel 13.7) gefüllt werden. Gehen Sie dazu wie folgt vor:

➡ Öffnen Sie das AutoCAD-Design-Center und das Werkzeugpaletten-Fenster. Wählen Sie im AutoCAD-Design-Center die gewünschte Datei im Register ORDNER und wählen Sie in der Inhaltsansicht die Kategorie BLÖCKE. Sie bekommen alle Blöcke, die in dieser Zeichnung sind, angezeigt. Aktivieren Sie im Werkzeugpaletten-Fenster die Palette, in der Sie einen Block einfügen wollen.

➡ Ziehen Sie den gewünschten Block mit gedrückter Maustaste aus der Inhaltsansicht in die Werkzeugpalette und lassen Sie an der Stelle los, an der das Symbol eingefügt werden soll (siehe Abbildung 25.1). Sie haben nun das Symbol in der Werkzeugpalette zur Verfügung.

(KOMPENDIUM) AutoCAD und LT 2006   843

Kapitel 25   Werkzeugpaletten, Werkzeugkästen und Menüs

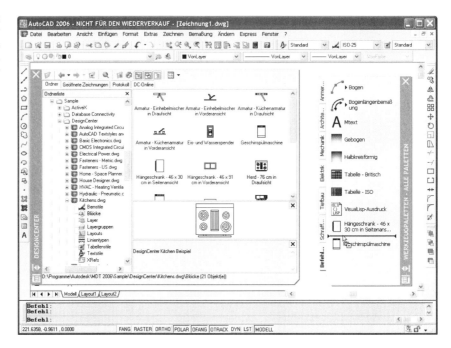

Abbildung 25.1:
Bestücken einer
Werkzeugpalette
aus dem Design-
Center

→ Wenn Sie ein Symbol in der Inhaltsansicht markiert haben und die rechte Maustaste drücken, bekommen Sie ein Kontextmenü. Wählen Sie dort den Eintrag WERKZEUGPALETTE ERSTELLEN, wird eine neue Werkzeugpalette mit dem Namen *Neue Palette* erstellt, deren Namen Sie ändern können. Der Block wird in die neue Werkzeugpalette kopiert.

→ Haben Sie in der Ordnerliste eine Zeichnung markiert, können Sie ebenfalls mit der rechten Maustaste ein Kontextmenü aktivieren. Wählen Sie daraus den Eintrag WERKZEUGPALETTE ERSTELLEN, wird eine neue Werkzeugpalette erstellt, die den Namen der Zeichnung bekommt. Alle Blöcke dieser Zeichnung werden in die neue Werkzeugpalette kopiert (siehe Abbildung 25.2).

→ Haben Sie einen Block in einer geöffneten Zeichnung, den Sie in einer Werkzeugpalette haben möchten, geht es noch einfacher. Markieren Sie den Block, so dass er Griffe bekommt. Klicken Sie ihn an einer beliebigen Stelle an, aber nicht an einem Griff, und halten Sie die Maustaste gedrückt. Ziehen Sie ihn mit gedrückter Maustaste auf die Werkzeugpalette an die Stelle, an der Sie ihn haben möchten. Lassen Sie jetzt die Maustaste los und der Block wird an dieser Stelle mit seinem Symbol eingefügt.

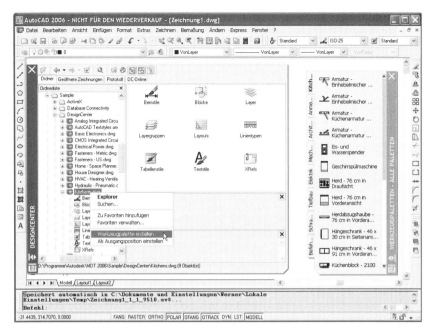

Abbildung 25.2:
Blöcke einer Zeichnung in die Werkzeugpalette übernehmen

- Eine Werkzeugpalette können Sie auch direkt aus dem Windows Explorer füllen. Ziehen Sie eine Zeichnungsdatei mit gedrückter Maustaste auf die Werkzeugpalette und lassen Sie sie an der gewünschten Stelle los, dann haben Sie die Zeichnungsdatei mit einem Voransichtsbild in der Palette. Die können Sie von dort als Block einfügen.

- Im Design-Center können Sie auch Schraffieren, erinnern Sie sich? Sie müssen dazu in der Ordnerliste die Datei *Acadiso.pat* bzw. *Acltiso.pat* (in AutoCAD LT) markiert haben. Ziehen Sie ein Schraffurmuster aus der Inhaltsansicht mit gedrückter Maustaste in die Werkzeugpalette und lassen Sie an der Stelle los, an der das Schraffurmuster eingefügt werden soll.

- Auch hier können Sie bei einem markierten Muster aus dem Kontextmenü mit dem Eintrag WERKZEUGPALETTE ERSTELLEN das Muster in eine neue Werkzeugpalette kopieren. Markieren Sie die Schraffurmusterdatei in der Ordnerliste und wählen Sie das Kontextmenü per Rechtsklick. Dort finden Sie den Eintrag WERKZEUGPALETTE VON SCHRAFFURMUSTERN ERSTELLEN. Bei dieser Auswahl wird eine neue Werkzeugpalette mit allen Schraffurmustern dieser Datei erstellt. Die Palette bekommt den Namen der Datei.

- Die Schraffurmusterdatei ist benutzerabhängig und Sie finden sie im Ordner *C:\Dokumente und Einstellungen\User Name\Anwendungsdaten\Autodesk\AutoCAD 2006\R16.2\deu\Support* bzw. *C:\Dokumente und Einstellungen\User Name\Anwendungsdaten\Autodesk\AutoCAD LT 2006\R11\deu\Support* bei AutoCAD LT. *User Name* steht für den am PC momentan angemeldeten Benutzer.

➔ Einfacher geht es auch hier wieder mit Drag und Drop. Haben Sie in einer geöffneten Zeichnung ein Schraffurmuster, eine Füllfarbe oder eine Farbabstufung, die Sie gerne in der Werkzeugpalette haben wollen, dann müssen Sie diese nur anklicken, so dass sie markiert wird. Klicken Sie die Fläche am Rand an und halten Sie die Maustaste gedrückt. Ziehen Sie die Fläche mit gedrückter Maustaste auf die richtige Stelle in der Werkzeugpalette. Lassen Sie jetzt die Maustaste los und das Schraffurmuster wird dort mit der Voransicht eingefügt.

➔ Genau so einfach bekommen Sie einen Befehl in die Werkzeugpalette. Markieren Sie ein Objekt in der Zeichnung und ziehen Sie es auf die gerade beschriebene Methode an die richtige Stelle in der Werkzeugpalette. Das Symbol des Befehls, mit dem das Objekt erstellt wurde, wird auf der Werkzeugpalette angezeigt und der Befehl kann dort gewählt werden. Haben Sie einen Zeichen- oder Bemaßungsbefehl gewählt, wird ein Flyout-Menü mit allen Zeichen- bzw. Bemaßungsbefehlen eingefügt.

➔ In einer Werkzeugpalette können Sie zur Gliederung des Inhalts Trenner hinzufügen. Gehen Sie dazu mit dem Mauszeiger an die gewünschte Stelle, aktivieren Sie das Kontextmenü mit der rechten Maustaste und wählen Sie daraus den Eintrag TEXT HINZUFÜGEN oder TRENNUNG HINZUF.. Eine Trennlinie oder ein Text, den Sie noch bearbeiten können, wird eingefügt.

➔ Mit einem Rechtsklick auf einem Symbol, einem Trenner oder einem Text zur Gliederung bekommen Sie ein Kontextmenü, aus dem Sie das entsprechende Symbol auch wieder löschen können.

Anpassung der Werkzeuge

Mit einem Rechtsklick auf einem Symbol in einer Werkzeugpalette bekommen Sie im Kontextmenü die Funktion EIGENSCHAFTEN…. Damit können Sie in einem Dialogfeld einstellen, mit welchen Parametern das Werkzeug verwendet wird.

Bei Blöcken sind dies Skalierung und Drehwinkel (siehe Abbildung 25.3). Wählen Sie im Feld EINGABEAUFFORDERUNG den Eintrag *Ja*, wird der Einfügewinkel bei der Blockeinfügung am Bildschirm abgefragt. Außerdem können Sie im Abrollmenü AUFLÖSEN mit der Auswahl *Ja* wählen, dass der Block im Ursprung zerlegt wird.

Bei Schraffurmustern können Sie den Schraffurtyp, den Musternamen, den Winkel und die Skalierung ändern (siehe Abbildung 23.16, links). Wählen Sie dagegen beim WERKZEUGTYP die Einstellung *Abstufung*, können Sie einen Farbverlauf in den weiteren Feldern definieren (siehe Abbildung 25.4, rechts). Mit diesem Werkzeug können Sie dann Farbverläufe erstellen.

Abbildung 25.3:
Eigenschaften eines Werkzeugs

Wollen Sie ein Werkzeug mit einem Befehl ändern, klicken Sie ebenfalls mit der rechten Maustaste darauf und wählen Sie aus dem Kontextmenü den Eintrag EIGENSCHAFTEN... Im Dialogfeld können Sie im Abrollmenü FLYOUT VERWENDEN wählen, ob Sie ein einzelnes Symbol oder ein Flyout-Menü auf dem Werkzeugsymbol haben wollen (siehe Abbildung 25.5). Haben Sie einen Befehl gewählt, der in einem Flyout-Menü vorkommt, können Sie mit dem Symbol mit den drei Punkten im Feld FLYOUT-OPTIONEN ein weiteres Dialogfeld aktivieren. Darin können Sie die Befehle aktivieren, die in dem Flyout-Menü enthalten sein sollen.

Noch eine Besonderheit ist wichtig: Sie können wählen, welcher Layer, Text- oder Bemaßungsstil bei diesem Befehl verwendet werden soll. Verwenden Sie das Werkzeug, dann wird dieser Layer oder Stil aktiviert und danach wieder auf den vorherigen zurückgeschaltet. So können Sie beispielsweise ein Werkzeug für Bemaßung oder Schraffur definieren, bei dem gleich der richtige Layer gesetzt wird. Außerdem ist es auch möglich, im Feld BEFEHLSSTRING eine Befehlsfolge einzutragen. Die Syntax entspricht der bei Menümakros (siehe weiter unten in diesem Kapitel).

Kapitel 25   Werkzeugpaletten, Werkzeugkästen und Menüs

Abbildung 25.4: Eigenschaften von Werkzeugen zum Schraffieren mit Füllfarbe und Farbverlauf

Abbildung 25.5: Eigenschaften von Werkzeugen mit Befehl oder Flyout-Menü

Anpassung des Werkzeugpaletten-Fensters

Verschieben Sie ein Symbol mit gedrückter Maustaste in der Werkzeugpalette, können Sie es an eine andere Stelle schieben. Mit einem Rechtsklick in einer Werkzeugpalette (nicht auf einem Symbol) finden Sie im Kontextmenü außerdem die Funktionen zum Löschen und Umbenennen einer Werkzeugpalette. Mit der Funktion NEUE WERKZEUGPALETTE wird eine neue Werkzeugpalette angelegt. Dieser können Sie dann mit der Funktion WERKZEUGPALETTE UMBENENNEN den gewünschten Namen geben.

Mit dem Eintrag ANPASSEN... bekommen Sie das Dialogfeld des Befehls ANPASSEN, in dem Sie die Werkzeugpaletten bearbeiten können (siehe Abbildung 25.6).

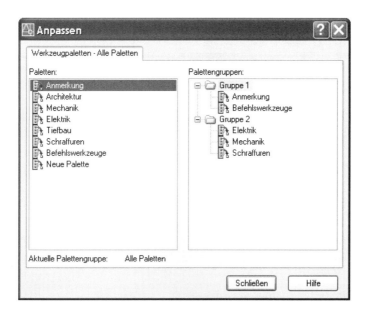

Abbildung 25.6: Dialogfeld zur Bearbeitung der Werkzeugpaletten

Hier können Sie in der linken Liste Werkzeugpaletten erstellen, umbenennen, löschen, exportieren und importieren. Mit einem Rechtsklick auf der entsprechenden Werkzeugpalette bekommen Sie ein Kontextmenü, aus dem Sie die Funktionen wählen können. Eine einmal erstellte und bestückte Werkzeugpalette können Sie in eine Datei exportieren (*.xtp) und später auch wieder dazuladen. Wollen Sie die Anordnung der Werkzeugpaletten ändern, markieren Sie die Werkzeugpalette, verschieben Sie sie mit gedrückter Maustaste und lassen Sie sie an der gewünschten Stelle los. Sie wird dort eingefügt.

Außerdem lassen sich Werkzeugpaletten hierarchisch in Gruppen und Untergruppen gliedern. Auch hierzu können Sie alles mit einem Rechtsklick in der rechten Liste PALETTENGRUPPEN ausführen, die standardmäßig zunächst noch leer ist. Sie können daraus Funktionen zum Erstellen, Umbe-

nennen und Löschen wählen. Außerdem haben Sie einen Eintrag, um die
markierte Gruppe zur aktuellen Gruppe machen. Wenn Sie so Gruppen
erstellt haben, können Sie aus der linken Liste einzelne Werkzeugpaletten in
die entsprechende Gruppe ziehen. Achtung, wenn Sie Werkzeugpaletten aus
der linken Liste löschen und Sie haben diese auch in einer Gruppe verwendet, wird sie auch daraus gelöscht.

Wenn Sie das Dialogfeld beendet haben, können Sie mit einem Rechtsklick
auf der Titelleiste des Werkzeugpalettenfensters oder am unteren Ende der
Register ein Kontextmenü aufrufen, aus dem Sie die jeweilige Gruppe aktivieren können (siehe Abbildung 25.7).

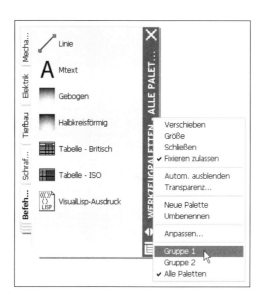

Abbildung 25.7:
Auswahl der
Palettengruppe

25.2 Werkzeugkästen

Symbole in den Funktionsleisten und den Werkzeugkästen lassen sich
schnell und ohne große Systemkenntnisse ändern. Dazu brauchen Sie keine
Dateien zu editieren. Sie müssen AutoCAD nicht einmal verlassen, Sie können alles direkt in AutoCAD erledigen.

Sicherung der Originalkonfiguration

➜ Änderungen an den Werkzeugkästen werden in die Anpassungsdatei
acad.cui bzw. *aclt.cui* (bei AutoCAD LT) eingetragen. Sie können diese
Änderungen wieder rückgängig machen, wenn Sie die Originaldatei neu
laden. Sie sollten also für alle Fälle die Original-Anpassungsdateien
kopieren und in einem separaten Verzeichnis sichern. Die Datei finden
Sie im Ordner *C:\Dokumente und Einstellungen\User Name\Anwen-*

dungsdaten\Autodesk\AutoCAD 2006\R16.2\deu\Support bzw. *C:\Dokumente und Einstellungen\User Name\Anwendungsdaten\Autodesk\ AutoCAD LT 2006\R9\deu\Support* bei AutoCAD LT. *User Name* steht für den am PC momentan angemeldeten Benutzer. Für alle Fälle finden Sie die Originaldateien *acad.cui* bzw. *aclt.cui* auch noch einmal im Ordner *\Aufgaben*. **Wichtig: Beachten Sie hierzu die Hinweise im Anhang A.6!**

Befehl ABI

Alle Änderungen an der Bedieneroberfläche lassen sich ab der Version 2006 von AutoCAD bzw. AutoCAD LT in einem Dialogfeld vornehmen: Werkzeugkästen, Abrollmenüs, Tablettmenüs, Kontextmenüs usw. Das Dialogfeld können Sie mit dem Befehl ABI aktivieren. Sie finden den Befehl im:

➔ Abrollmenü EXTRAS, Untermenü ANPASSEN >, Funktion BENUTZEROBERFLÄCHE...

➔ Rechtsklick auf ein beliebiges Werkzeugsymbol und ANPASSEN... aus dem Kontextmenü wählen

Im Dialogfeld finden Sie oben links alle Bedienelemente, die Sie ändern können (siehe Abbildung 25.8). Da mehrere Anpassungen geladen sein können (dazu später mehr) können Sie im Abrollmenü darüber wählen, in welcher Anpassungsdatei Änderungen vorgenommen werden sollen. Haben Sie *Alle Anpassungsdateien* gewählt, werden die Bedienelemente aller Anpassungsdateien angezeigt.

Unter der Kategorie WERKZEUGKÄSTEN finden Sie alle Werkzeugkästen aufgelistet, die im Programm definiert sind. In jedem Werkzeugkasten sind wiederum die Symbole aufgelistet, die der Werkzeugkasten enthält (siehe Abbildung 25.9). Haben Sie einen Werkzeugkasten in der Liste links markiert, dann sehen Sie diesen im Feld VORANSICHT rechts mit seinen Symbolen.

25.3 Werkzeugkästen anlegen und ändern

Gehen Sie wie folgt vor, wenn Sie einen Werkzeugkasten erstellen wollen:

➔ Mit einem Rechtsklick auf den Eintrag WERKZEUGKÄSTEN in der Liste links oben bekommen Sie ein Kontextmenü. Wählen Sie dort den Eintrag NEU > und im Untermenü die Funktion WERKZEUGKASTEN. Ein neuer Werkzeugkasten wird erstellt und wird an die Liste ganz unten angehängt. Er bekommt den Namen *WerkzeugkastenX*. Mit einem Rechtsklick auf dem neuen Werkzeugkasten können Sie im Kontextmenü die Funktion UMBENENNEN wählen und ihm einen neuen Namen geben.

Kapitel 25 Werkzeugpaletten, Werkzeugkästen und Menüs

Abbildung 25.8:
Dialogfeld für die Anpassung

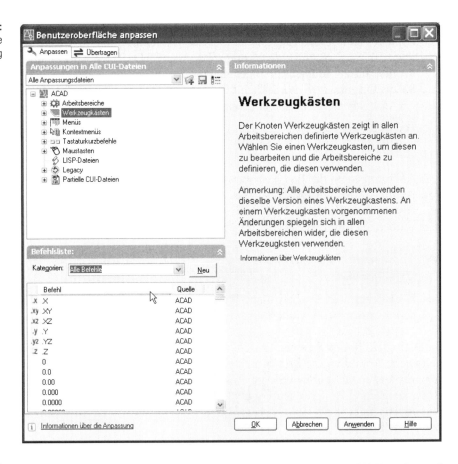

Abbildung 25.9:
Werkzeugkästen und Symbole

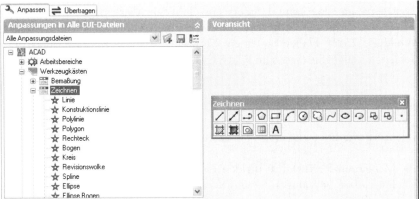

➨ In der Liste darunter haben Sie alle Befehle, die in AutoCAD zur Verfügung stehen (siehe Abbildung 25.10). In einem Abrollmenü können Sie die Liste nach Kategorien filtern. Wählen Sie darin den Befehl aus, den Sie in Ihrem Werkzeugkasten haben wollen, und ziehen Sie ihn mit gedrückter Maustaste auf den Namen des Werkzeugkastens in der oberen Liste. Schon ist dieser Befehl im neuen Werkzeugkasten. Haben Sie schon mehrere Befehle eingefügt, können Sie neue Symbole gleich an der gewünschten Stelle platzieren. Die Anordnung können Sie noch ändern, indem Sie die Befehle an eine andere Stelle ziehen. Auf die gleiche Art können Sie auch einen der vorhandenen Werkzeugkästen erweitern.

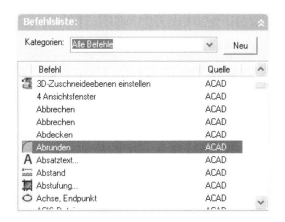

Abbildung 25.10:
Befehle zur Bestückung des neuen Werkzeugkastens

➤ Mit einem Rechtklick auf einem Befehl in einem Werkzeugkasten in der oberen Liste können Sie ihn auch wieder aus dem Werkzeugkasten löschen. Wählen Sie die Funktion LÖSCHEN im Kontextmenü. Auf die gleiche Art können Sie auch einen ganzen Werkzeugkasten in der oberen Liste löschen. Mit dem Eintrag TRENNZEICHEN EINFÜGEN bekommen Sie eine Trennlinie im Werkzeugkasten und zwar nach dem markierten Symbol.

➤ Sie können einen vorhandenen Werkzeugkasten in einen anderen Werkzeugkasten hineinziehen und an der gewünschten Stelle ablegen. Dieser Werkzeugkasten ist dann als Flyout-Menü in dem anderen Werkzeugkasten eingefügt.

➤ Mit einem Rechtsklick auf einem Werkzeugkasten können Sie im Untermenü NEU > des Kontextmenüs die Funktion FLYOUT wählen. Ein neuer Werkzeugkasten wird angelegt, der gleichzeitig auch als Flyout im markierten Werkzeugkasten ist. Er kann wie oben beschrieben befüllt, umbenannt und auch wieder gelöscht werden.

Erstellung eines eigenen Werkzeugkastens

1. Erstellen Sie einen eigenen Werkzeugkasten ZEICHNEN 2. Wählen Sie den Befehl ABI und erzeugen Sie den Werkzeugkasten durch Rechtsklick auf den Eintrag WERKZEUGKÄSTEN in der linken oberen Liste des Dialogfelds.

2. Ziehen Sie Befehle aus der Liste darunter in den Werkzeugkasten und platzieren Sie eventuell auch Trennzeichen. Der Werkzeugkasten könnte dann wie in Abbildung 25.11. aussehen.

3. Klicken Sie im Dialogfeld auf die Schaltfläche ANWENDEN und beenden Sie das Dialogfeld mit der Schaltfläche OK.

4. Aktivieren Sie den Werkzeugkasten. Klicken Sie dazu auf ein beliebiges Symbol und aktivieren Sie den Werkzeugkasten ZEICHNEN 2 aus dem Kontextmenü, falls er noch nicht an ist.

Abbildung 25.11:
Der neue Werkzeugkasten ZEICHNEN 2

Ein Flyout-Menü in einem Werkzeugkasten

Zur Erinnerung: Ein Flyout-Menü ist ein Symbol in einem Werkzeugkasten, das einen Pfeil in der rechten unteren Ecke hat. Klickt man ein solches Symbol an und hält die Maustaste fest, wird eine weitere Symbolleiste aktiv.

➤ Wählen Sie wieder den Befehl ABI und markieren Sie den neuen Werkzeugkasten ZEICHNEN 2 in der Liste links oben.

➤ Ziehen Sie den Werkzeugkasten TEXT in den Werkzeugkasten ZEICHNEN 2 und lassen Sie ihn an der gewünschten Stelle los. Aktivieren Sie den Werkzeugkasten und Sie haben dort das neue Flyout wie in Abbildung 25.12.

Neuer Werkzeugkasten mit neuen Symbolen

Wollen Sie neue Befehlssymbole in einen Werkzeugkasten einfügen, dann gehen Sie so vor:

1. Erstellen Sie einen Werkzeugkasten KREISE mit den Kreisbefehlen und zwei Funktionen zum Zeichnen eines Kreises in und um ein Dreieck.

2. Wählen Sie den Befehl ABI und erstellen Sie den Werkzeugkasten KREIS in der Liste links oben. Wählen Sie in der Befehlsliste darunter die Kategorie ZEICHNEN und ziehen Sie alle Kreisbefehle in den neuen Werkzeugkasten.

3. In der Befehlsliste finden Sie auch die Kategorie STEUERELEMENTE. Dort sind die Abrollmenüs, die in diversen Werkzeugkästen zu finden sind. Nehmen Sie in diesen Werkzeugkasten die LAYER-STEUERUNG auf, so dass Sie damit auch den aktuellen Layer wechseln können (siehe Abbildung 25.15).

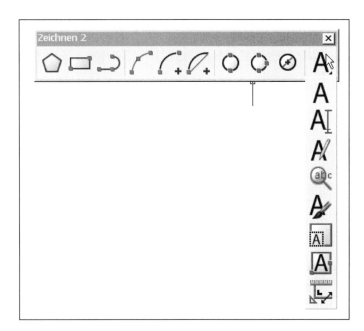

Abbildung 25.12:
Werkzeugkasten ZEICHNEN 2 mit Flyout-Menü Text

4. Klicken Sie jetzt auf die Schaltfläche NEU in dem Feld mit der Befehlsliste. Der Befehl BEFEHL1 wird in der Liste neu angelegt.

5. Klicken Sie den Eintrag BEFEHL1 in der Befehlsliste unten an. Auf der rechten Seite des Dialogfelds bekommen Sie jetzt angezeigt, welches Werkzeugbild auf dem Symbol liegt und mit welchem Befehl es belegt ist (siehe Abbildung 25.13).

6. Tragen Sie in das Feld NAME die Beschreibung *Inkreis im Dreieck* ein. Dieser Text wird als Tooltip angezeigt. Tragen Sie im Feld BESCHREIBUNG Folgendes ein: *Zeichnet einen Inkreis in ein Dreieck*. Dieser Text wird als Hilfe in der Statuszeile angezeigt. Im Feld MAKRO tragen Sie das Makro ein, das ablaufen soll, wenn Sie das Symbol anklicken. Tragen Sie hier ein:

```
^C^Ckreis 3p tan \tan \tan
```

7. Mehr zur Syntax der Makros finden Sie im Abschnitt 25.4. Nehmen Sie es zunächst einmal hin, Sie erfahren gleich mehr dazu.

8. Jetzt sollte das Symbol noch ein Werkzeugbild erhalten. Markieren Sie eins in der Bildergalerie oben rechts und es wird auf das Symbol gelegt. Achtung, falls Sie einen Standard-Befehl markiert haben und Sie klicken auf ein Symbol in der Bildergalerie, wird auch er mit dem anderen Werkzeugbild belegt und erscheint dann anders in den Werkzeugkästen, in denen er verwendet wurde.

Abbildung 25.13:
Belegung eines Symbols ändern

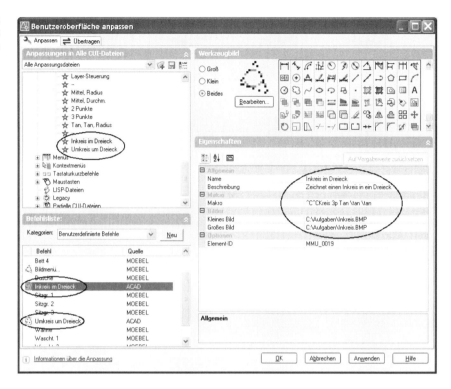

9. Wenn Sie kein passendes Bild finden, nehmen Sie eins, das dem gewünschten am nächsten kommt, und klicken Sie auf die Schaltfläche BEARBEITEN... Das Dialogfeld des Werkzeugeditors erscheint (siehe Abbildung 25.14). Haben Sie im vorherigen Dialogfeld (siehe Abbildung 25.13) BEIDES angekreuzt, wird dieses Werkzeugbild sowohl für die großen als auch die kleinen Symbole verwendet (siehe Anhang A.4). Haben Sie GROSS oder KLEIN angekreuzt, wird das Werkzeugbild nur für die großen bzw. kleinen Symbole verwendet.

Werkzeugbilder zeichnen

In dem Fenster haben Sie folgende Möglichkeiten: In der Mitte haben Sie das Symbol in vergrößerter Darstellung. Dort können Sie ein Bild für das Symbol zeichnen. Darüber haben Sie vier Zeichenwerkzeuge: einen Stift, für einzelne Punkte, ein Linien- und ein Kreiswerkzeug und einen Radiergummi. An der rechten Seite können Sie die Zeichenfarbe wählen.

Links oben sehen Sie das Ergebnis Ihrer Zeichenversuche auf dem Symbol in Originalgröße. Darunter haben Sie den Schalter RASTER. Damit können Sie ein Hilfsraster zum Zeichnen ein- und ausschalten. Darunter ist die Schaltfläche LÖSCHEN. Damit löschen Sie alles, was schon auf dem Symbol ist. Mit der Schaltfläche ÖFFNEN... können Sie eine Bilddatei wählen, die auf das Symbol gelegt werden soll. Mit der Schaltfläche RÜCKGÄNGIG machen Sie die letzte Aktion rückgängig.

Werkzeugkästen anlegen und ändern | Kapitel 25

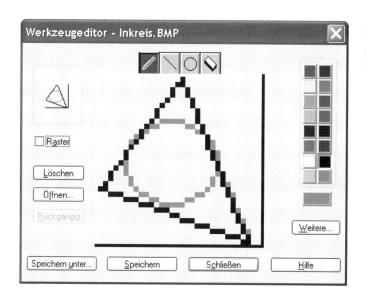

Abbildung 25.14:
Werkzeugeditor zur Erstellung eines Symbols

Mit der Schaltfläche SPEICHERN UNTER... können Sie Ihr Ergebnis in einer Bilddatei speichern, SPEICHERN speichert in der bereits verwendeten Datei. Mit SCHLIESSEN beenden Sie Ihre Zeichenarbeit.

10. Ändern Sie das Symbol oder löschen Sie das vorhandene und zeichnen Sie neu (siehe Abbildung 25.15). Klicken Sie dann auf SPEICHERN UNTER..., wählen Sie einen Speicherort und geben Sie einen Dateinamen ein. Klicken Sie dann auf SCHLIESSEN und das Symbol erscheint in der Bildergalerie. Markieren Sie den Befehl im Werkzeugkasten in der Liste links oben und klicken Sie das neue Bild in der Bildergalerie und es wird dem Befehl zugeordnet. Wollen Sie ein Werkzeugbild verwenden, das als Bitmap-Datei bereits gespeichert ist, können Sie im Feld EIGENSCHAFTEN in der Kategorie BILDER nacheinander auf die beiden Bildfelder klicken. Am rechten Rand erscheint dann das Symbol mit den drei Punkten. Klicken Sie darauf, können Sie eine Bilddatei im Dateiwähler suchen.

11. Ziehen Sie den fertigen Befehl von der Befehlsliste unten im Explorer darüber an die richtige Stelle im Werkzeugkasten KREISE.

12. Legen Sie noch einen neuen Befehl an, BEFEHL2. Bearbeiten Sie jetzt den anderen eingefügten Befehl: BEFEHL2. Tragen Sie bei den Eigenschaften im Feld NAME ein: *Umkreis um Dreieck* und im Feld BESCHREIBUNG: *Zeichnet einen Umkreis um ein Dreieck*. Im Feld MAKRO geben Sie ein:

```
^C^Ckreis 3p sch \sch \sch
```

13. Zeichnen Sie im Werkzeugeditor auch hierzu ein Bild, ein Dreieck mit einem Umkreis. Speichern Sie es und ordnen Sie es dem Befehl zu.

Kapitel 25 Werkzeugpaletten, Werkzeugkästen und Menüs

14. Ziehen Sie dann den zweiten Befehl von der Befehlsliste unten ebenfalls in den darüber liegenden Explorer an seine Stelle im Werkzeugkasten KREISE.

15. Wenn alles fertig ist, klicken Sie auf die Schaltfläche ANWENDEN und schließen Sie dann das Dialogfeld mit OK. Aktivieren Sie den Werkzeugkasten, testen Sie ihn und zeichnen Sie damit Kreise (siehe Abbildung 25.15).

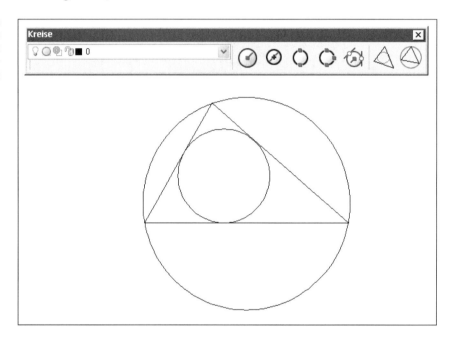

Abbildung 25.15: Der neue Werkzeugkasten mit ersten Zeichenversuchen

Syntax für Makros

Die Regel für die Erstellung eines Makros ist einfach: Schreiben Sie in das Makro, was Sie eingeben würden, wenn Sie den Befehl komplett auf der Tastatur eingeben würden. Dazu kommen noch Sonderzeichen, die den Befehlsablauf steuern. Wichtigstes Steuerzeichen ist das, mit dem das Makro angehalten und auf eine Benutzereingabe gewartet wird. Die wichtigsten Sonderzeichen für die Makros haben Sie in der Tabelle 25.1.

Tabelle 25.1: Sonderzeichen in Makros

Zeichen	Funktion
;	Steht für die Eingabe von ↵.
Leerzeichen	Steht für die Eingabe von ↵.
\	Warten auf Benutzereingabe.
_	Befehle und Optionen in englischer Sprache, z.B. _LINE oder _CIRCLE.

Zeichen	Funktion
-	Aufruf eines Befehls mit Dialogfeld ohne Dialogfeld (siehe Kapitel 24.6), z.B. -LAYER oder -STIL.
+	Aufruf eines Befehls mit dem vorgegebenem Register. Die nachfolgende Zahl (0 bis n) gibt an, welches Register aktiviert werden soll, z.B. +BKSMAN 0, +AUSSCHNT 1.
=*	Aktivierung des aktuellen Bild-, Kontext- oder Abrollmenüs. Zum Beispiel bringt $P0=* das Objektfang-Kontextmenü auf den Bildschirm, aktiviert der Eintrag $P5=* das Abrollmenü 5 oder bringt $I=* das Bildkachelmenü auf den Bildschirm.
*	* am Beginn einer Menüfunktion bewirkt, dass die Menüfunktion im Wiederholmodus läuft.
$	Laden eines Untermenüs oder Aktivierung eines DIESEL-Makros; zum Beispiel $P5=POP5-NEU lädt das Untermenü POP5-NEU oder $I=SYMBOLE lädt das Untermenü SYMBOLE.
'	Ausführung eines transparenten Befehls.
^B	Fang ein/aus.
^C	Befehlsabbruch, steht am Beginn der meisten Menüfunktionen und bricht einen laufenden Befehl ab, wird immer zweimal verwendet (^C^C), da manche Befehle nur durch zweimaligen Abbruch beendet werden.
^D	Koordinaten ein/aus bzw. Umschaltung der Anzeigeart.
^E	Umschaltung der isometrischen Zeichenebene.
^G	Raster ein/aus.
^H	Rücktaste.
^O	Orthomodus ein/aus.
^P	Menümeldungen ein/aus.
^V	Umschaltung des aktuellen Ansichtsfensters.
^Z	Null-Zeichen; unterdrückt, dass am Ende einer Menüfunktion ein Leerzeichen übergeben wird.

Beispiele für Makros

Plinien;\b;5;5 Aktiviert den Befehl PLINIE und setzt nach Abfrage des ersten Punkts die Breite auf 2.

Kapitel 25 — Werkzeugpaletten, Werkzeugkästen und Menüs

-Layer;s;Kontur;; Macht den Layer *Kontur* zum aktuellen Layer, ohne dass dazu das Dialogfeld erforderlich ist.

+Bksman 1 Aktiviert das Dialogfeld des Befehls BKSMAN mit dem zweiten Register (0, 1 und 2 ist möglich).

$pop5=* Aktiviert das Abrollmenü 5 aus der Menüzeile.

$i=Katalog.Moebel $i=Katalog.* Belegt das Bildkachelmenü mit dem Menü *Moebel* aus der Anpassungsdatei *Katalog.cui* und aktiviert das Bildkachelmenü.

25.4 Die Benutzeroberfläche

Das Anpassen der Werkzeugpaletten und der Werkzeugkästen ist nicht das Einzige, was Sie an der Oberfläche von AutoCAD ändern und anpassen können, wenngleich diese beiden Möglichkeiten am einfachsten und schnellsten gehen. Wenn Sie sich das Dialogfeld des Befehls ABI (siehe Abbildung 25.8) genauer ansehen, dann finden Sie im Explorerfeld links oben die anpassbaren Komponenten (siehe Abbildung 26.16).

Abbildung 25.16: Anpassbare Komponenten der Bedieneroberfläche

Anpassbar sind:

➤ **Arbeitsbereiche:** Einmal gemachte Einstellungen der Benutzeroberfläche können als Arbeitsbereich gespeichert werden (siehe Kapitel 2.4) und sind in diesem Bereich definiert. Sie können auch an dieser Stelle des Dialogfelds definiert werden (siehe Kapitel 25.6).

➤ **Werkzeugkästen:** Wie Werkzeugkästen geändert und erstellt werden, haben Sie bereits in den Kapiteln 25.2 und 25.3 kennen gelernt.

- **Menüs:** Abrollmenüs der Menüzeile sind in diesem Abschnitt definiert und können dort geändert, erweitert und komplett neu gestaltet werden (siehe Kapitel 25.7).
- **Kontextmenü:** Alle Menüs, die mit der rechten Maustaste aktiviert werden, sind in diesem Abschnitt festgelegt (siehe Kapitel 25.11).
- **Tastaturkurzbefehle:** Viele AutoCAD-Befehle können über Tastaturkürzel ausgeführt werden. Die sind in diesem Abschnitt beschrieben (siehe Kapitel 25.11).
- **Maustasten:** Selbst die Maustasten lassen sich ändern, in diesem Abschnitt finden Sie die Originalbelegung (siehe Kapitel 25.11).
- **LISP-Dateien:** Sollen zusätzliche Makroprogramme ausgeführt werden, müssen diese geladen sein. In diesem Abschnitt ist angegeben, welche das sind.
- **Legacy, Unterabschnitt Tablettmenüs und Tablettschaltflächen:** Wird noch mit einem Grafiktablett gearbeitet, hier sind die Belegungen der Menüfelder und die Tasten des Eingabegeräts gespeichert (siehe Kapitel 25.8).
- **Legacy, Unterabschnitt Bildschirmmenü:** Aus grauer AutoCAD-Vorzeit ist das Bildschirm-Seitenmenü erhalten geblieben. In diesem Bereich ist es definiert (siehe Kapitel 25.9). In AutoCAD LT gibt es dieses Menü nicht.
- **Legacy, Unterabschnitt Bildkachelmenüs:** Bebilderte Auswahlmenüs können beispielsweise die Auswahl von Blöcken erleichtern. In diesem Abschnitt sind sie gespeichert (siehe Kapitel 25.10).
- **Partielle CUI-Dateien:** Die Menükonfigurationen werden in Anpassungsdateien gespeichert, die die Dateierweiterung *.cui haben. Neben der Haupt-CUI-Datei können weitere Anpassungsdateien geladen werden. Hier finden Sie aufgelistet, welche geladen sind (siehe Kapitel 25.5).

25.5 Anpassungsdateien

In AutoCAD gibt es eine Haupt-Anpassungsdatei *acad.cui* bzw. *aclt.cui* (bei AutoCAD LT). Die Datei finden Sie im Ordner *C:\Dokumente und Einstellungen\User Name\Anwendungsdaten\Autodesk\AutoCAD2006\R16.2\deu\Support* bzw. *C:\Dokumente und Einstellungen\User Name\Anwendungsdaten\Autodesk\AutoCAD LT 2006\R9\deu\Support* bei AutoCAD LT. *User Name* steht für den am PC momentan angemeldeten Benutzer.

Daneben kann es weitere partielle Anpassungsdateien geben, die dazugeladen werden können. Diese haben ebenfalls die Dateierweiterung *.cui. Sie können beliebige Abschnitte der Konfiguration enthalten, z.B. Werkzeugkästen, Abrollmenüs und Arbeitsbereiche.

Kapitel 25   Werkzeugpaletten, Werkzeugkästen und Menüs

Sicherung der Originalkonfiguration

➥ Bevor Sie jetzt mit dem Experimentieren beginnen, sollten Sie die Originaldateien *acad.cui* bzw. *aclt.cui* kopieren und in einem separaten Verzeichnis sichern. Sie können die Änderungen jederzeit wieder rückgängig machen, wenn Sie die Originaldatei wieder an die ursprüngliche Stelle zurückkopieren. Für alle Fälle finden Sie die Originaldateien *acad.cui* bzw. *aclt.cui* auch noch einmal im Ordner *Aufgaben*. **Wichtig: Beachten Sie hierzu die Hinweise im Anhang A.6!**

Laden und Entladen von partiellen Anpassungsdateien

Um eine partielle Anpassungsdatei zu laden, haben Sie folgende Möglichkeiten:

➥ Auswahl der Funktion ÖFFNEN aus dem Abrollmenü im Explorer (siehe Abbildung 25.16)

➥ Symbol rechts neben dem Abrollmenü

➥ Rechtsklick auf dem Eintrag PARTIELLE CUI-DATEIEN und Auswahl der Funktion PARTIELLE ANPASSUNGSDATEI LADEN aus dem Kontextmenü

Im Dateiwähler können Sie die Anpassungsdatei wählen, die Sie dazuladen wollen. In vorherigen AutoCAD-Versionen waren diese Informationen in Menüdateien gespeichert. Im Abrollmenü DATEITYP können Sie wählen, ob Sie eine Anpassungsdatei oder eine Menüdatei (Dateierweiterung *.mnu, *.mns und *.mnc) aus einer vorherigen AutoCAD-Version laden wollen. Danach stehen Ihnen alle Funktionen aus dieser Anpassungsdatei zur Verfügung. Im Abrollmenü des Explorers können Sie wählen, welche Inhalte Sie sich anzeigen lassen wollen: die der Haupt-CUI-Datei, der verschiedenen partiellen Anpassungsdateien oder den Inhalt aller Anpassungsdateien.

Eine partielle Anpassungsdatei können Sie so wieder entladen:

➥ Rechtsklick auf eine partielle Anpassungsdatei im Bereich PARTIELLE CUI-DATEIEN und Auswahl der Funktion CUI-DATEI ENTFERNEN aus dem Kontextmenü

Danach stehen Ihnen die Funktionen nicht mehr zur Verfügung.

Laden von partiellen Anpassungsdateien

1. Laden Sie die partiellen Anpassungsdateien *Katalog.cui* und *Zeichnen-Spezial.cui* aus dem Ordner *Aufgaben*.

2. Jetzt haben Sie ein weiteres Abrollmenü in der Menüzeile (Anpassungsdatei *Katalog.cui*). Wie Sie das selbst erstellen können, dazu mehr in den nächsten Abschnitten (siehe Abbildung 25.17).

3. Außerdem haben Sie die Werkzeugkästen (siehe Abbildung 25.17) aus Kapitel 25.3 dazugeladen (Anpassungsdatei *Zeichnen-Spezial.cui*).

Abbildung 25.17:
Partielle Anpassungsdateien und deren Inhalte

Wie Sie schon in Kapitel 2.4 gesehen haben, können Sie Werkzeugkästen aus einem Kontextmenü aktivieren. Das bekommen Sie per Rechtsklick auf einem beliebigen Symbol. Was aber, wenn mehrere Anpassungsdateien geladen sind? Per Rechtsklick bekommen Sie immer nur die Werkzeugkästen aus der gleichen Anpassungsdatei. Was ist aber, wenn aus der neu geladenen Anpassungsdatei noch keiner auf dem Bildschirm ist? Mit einem Rechtsklick auf der freien Fläche neben einem Werkzeugkasten bekommen Sie ein Kontextmenü mit den verschiedenen Anpassungsdateien. In dem entsprechenden Untermenü können Sie dann die Werkzeugkästen der Anpassungsdatei ein- und ausschalten (siehe Abbildung 25.18).

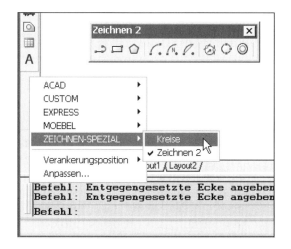

Abbildung 25.18:
Werkzeugkästen aus verschiedenen Anpassungsdateien

Kapitel 25   Werkzeugpaletten, Werkzeugkästen und Menüs

Anpassungsdateien importieren und exportieren

Neben der Möglichkeit, partielle Anpassungsdateien zu laden, können Sie auch Teile aus einer Anpassung fest in die aktuelle Anpassungsdatei importieren oder Teile aus einer Anpassungsdatei in eine neue exportieren. Wählen Sie dazu:

➥ Abrollmenü EXTRAS, Untermenü ANPASSEN >, Funktionen ANPASSUNGEN IMPORTIEREN bzw. ANPASSUNGEN EXPORTIEREN

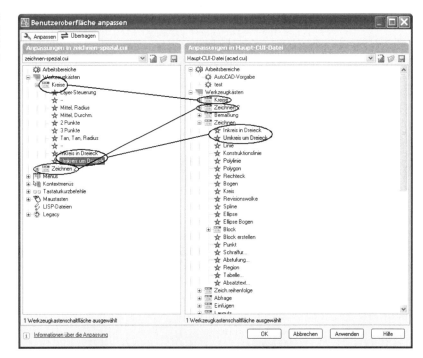

Abbildung 25.19:
Anpassungen importieren oder exportieren

Sie bekommen das Dialogfeld des Befehls ABI, diesmal aber mit dem zweiten Register. Gehen Sie beim Importieren wie folgt vor:

➥ Auf der linken Seite können Sie im Abrollmenü die Funktion ÖFFNEN... wählen und eine Anpassungsdatei im Dateiwähler öffnen. Die zuletzt geöffneten finden Sie noch im Abrollmenü aufgelistet.

➥ Wählen Sie im Abrollmenü auf der rechten Seite die Datei *Haupt-CUI-Datei (acad.cui)*. Ziehen Sie Werkzeugkästen oder einzelne Funktionen aus Werkzeugkästen von der linken Seite auf die entsprechende Stelle auf der rechten Seite. Nachdem Sie die Anpassungsdatei bearbeitet haben, klicken Sie auf das Symbol zum SPEICHERN (rechts neben dem Abrollmenü) oder auf die Schaltfläche ANWENDEN und die Elemente sind aus einer Anpassungsdatei oder einer älteren Menüdatei in die aktuelle Datei importiert.

Beim Exportieren gehen Sie analog vor:

- Auf der linken Seite haben Sie im Abrollmenü die Datei *Haupt-CUI-Datei (acad.cui)* geöffnet. Auf der rechten Seite haben Sie eine neue CUI-Datei.

- Ziehen Sie jetzt Elemente von der linken Seite an die entsprechende Stelle auf der rechten Seite. Nachdem die neue Datei so ist, wie Sie sie haben wollen, klicken Sie auf das Symbol zum SPEICHERN (rechts neben dem Abrollmenü) und die übertragenen Elemente werden in eine neue Datei exportiert.

- Selbstverständlich können Sie links mehrere Dateien nacheinander anwählen und Elemente in die neue Datei nach rechts schieben. Es ist auch möglich, rechts und links jeweils eine Anpassungsdatei zu wählen und Objekte hin und her zu schieben.

25.6 Arbeitsbereiche

Wie Sie Arbeitsbereiche speichern, haben Sie schon in Kapitel 2.4 gesehen. Sie werden in der Anpassungsdatei gespeichert und können im Explorer bearbeitet und auch hier erstellt werden. Gehen Sie wie folgt vor.

Arbeitsbereiche verwalten

- Aktivieren Sie den Befehl ABI und klicken Sie im Explorer links oben den Eintrag ARBEITSBEREICHE mit der rechten Maustaste an.

- Wählen Sie aus dem Kontextmenü das Untermenü NEU > und dort den Eintrag ARBEITSBEREICH. Ein neuer Arbeitsbereich wird angelegt, dem Sie gleich einen sprechenden Namen geben können, z.B. BEMASSUNG.

- Im Fenster rechts oben bekommen Sie dann die Anzeige ARBEITSBEREICHINHALTE. Klicken Sie dort auf die Schaltfläche ARBEITSBEREICH ANPASSEN. Im Explorer links in den Bereichen WERKZEUGKÄSTEN und MENÜS können Sie die Werkzeugkästen und Menüs anklicken, die Sie im Arbeitsbereich haben wollen (siehe Abbildung 25.20). Klicken Sie dann auf die Schaltfläche FERTIG.

- Mit einem Rechtsklick auf dem entsprechenden Eintrag im Explorer links oben und der Funktion ALS AKTUELLEN EINSTELLEN im Kontextmenü können Sie den Arbeitsbereich wechseln.

- Markieren Sie einen Arbeitsbereich und aktivieren Sie mit einem Rechtsklick das Kontextmenü, können Sie daraus mit dem Eintrag DOPPELTER ARBEITSBEREICH einen vorhandenen Arbeitsbereich kopieren und diesen dann ändern.

Abbildung 25.20:
Arbeitsbereich zusammenstellen

➤ Erstellen Sie weitere Anpassungen oder importieren Sie Arbeitsbereiche in die *Haupt-CUI-Datei (acad.cui)* aus der Datei *Arbeitsbereiche.cui* im Ordner *Aufgaben*. Arbeitsbereiche können Sie nicht mit partiellen Anpassungsdateien laden, das geht nur über den Import.

25.7 Menüs

Die Abrollmenüs in der Menüzeile sind ebenfalls nicht starr. Es können bestehende geändert oder neue wie Werkzeugkästen angelegt werden und mit Befehlen gefüllt werden. Das Erstellen und Ändern erfolgt genauso wie bei Werkzeugkästen. Jedoch können Sie das Menü auch beliebig in Untermenüs gliedern. Klicken Sie den Eintrag MENÜ an, können Sie per Rechtsklick aus dem Kontextmenü ein Menü erstellen. Klicken Sie das neue Menü per Rechtsklick an, können Sie dort wieder ein Untermenü erstellen. Klicken Sie dann dieses wieder an, können Sie darin wieder ein Untermenü erstellen usw.

Eine weitere Besonderheit gilt hier: Wird beim Namen eines Menüs, Untermenüs oder eines Menüeintrags ein »&«-Zeichen vor einen Buchstaben gesetzt, kann mit der [Alt]-Taste und diesem Buchstaben das Menü aktiviert werden, also [Alt] + [D] für das Menü DATEI. Sehen wir es uns an einem fertigen Menü an:

Menü anlegen und ändern

➤ Aktivieren Sie den Befehl ABI und laden Sie die partielle Anpassungsdatei *Katalog.cui*. Wählen Sie im Explorer links oben diese Datei zur Bearbeitung im Abrollmenü aus (siehe Abbildung 25.21). Sehen Sie sich die Struktur des Menüs an. Die Namen, die für Menüs bzw. Untermenüs oder des Menüeintrags vergeben sind, entsprechen denen, die in der Menüzeile bzw. im Menü angezeigt werden.

Tablettmenüs

Kapitel 25

→ Die eigentlichen Funktionen bestehen jeweils aus einem benutzerspezifischen Befehl. Mit dem Befehl EINFÜGE (das Zeichen »-« startet den Befehl ohne Dialogfeld) wird jeweils ein Block aus dem Ordner *Aufgaben* an einem variablen Einfügepunkt mit den Faktoren 1 und einem variablen Drehwinkel eingefügt. Das Makro dazu lautet:

^C^C-Einfüge c:/Aufgaben/s-stz-01;\1;1;

→ Mit dem letzten Eintrag (siehe Abbildung 25.21) wird ein Bildkachelmenü gestartet, aus dem die Blöcke mit Voransichtsbildern ausgewählt und eingefügt werden können. Dazu mehr in Kapitel 25.10. Das Makro dazu:

$I=Katalog.Moebel $I=Katalog.*

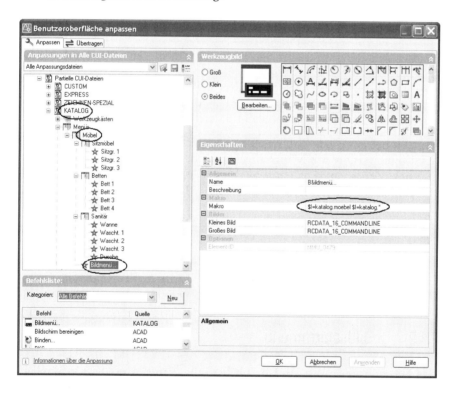

Abbildung 25.21: Menüstruktur im Browser und Belegung eines Felds

25.8 Tablettmenüs

Sollte noch mit Tablett gearbeitet werden, kann das Tablett in bis zu vier Menübereiche aufgeteilt werden. Jeder Bereich ist in Zeilen und Spalten unterteilt und auf jedem Feld kann ein Befehl hinterlegt werden.

Kapitel 25 Werkzeugpaletten, Werkzeugkästen und Menüs

Tablettfelder in der Anpassungsdatei

➥ Aktivieren Sie den Befehl ABI und blättern Sie in der Datei *Haupt-CUI-Datei (acad.cui)* zu dem Eintrag LAGACY. Dort finden Sie den Untereintrag TABLETTMENÜ, der in die erwähnten vier Menübereiche unterteilt ist: TABLETTMENÜ 1 bis TABLETTMENÜ 4.

Abbildung 25.22: Struktur des Tablettmenüs

➥ Tragen Sie an der entsprechenden Stelle einen Befehl oder ein Makro ein und der dazugehörige Befehl wird aktiviert, wenn Sie auf dieses Tablettfeld klicken.

➥ Die Belegung der Tablettfelder hat noch eine Schwierigkeit. Bei der Konfiguration der Menübereiche auf dem Tablett legen Sie fest, wie viele Zeilen und Spalten jeder Menübereich haben soll (siehe Anhang A.7). Beim Menübereich 2 des Standardmenüs sind dies 9 Zeilen und 11 Spalten.

➥ In der Menüdatei hat aber jeder Bereich 25 Zeilen (A bis Y) und 25 Spalten (1 bis 25). Jetzt wird die Suche etwas schwierig. Die Felder Spalte 1 bis Spalte 11 in der Zeile A entsprechen der ersten Zeile des Menübereichs auf dem Tablett, Spalte 12 bis Spalte 22 in der Zeile A der zweiten Zeile auf dem Tablett usw.

25.9 Bildschirmmenü

Das Bildschirmmenü ist ein Überbleibsel aus grauer AutoCAD-Vergangenheit. Es war ein wichtiger Bestandteil der DOS-Bedieneroberfläche, hat aber mit Windows seine Bedeutung verloren. Während in der Version 12 alle Befehle mit ihren Optionen im Bildschirmmenü vertreten waren, hatte Version 13 schon ein eingeschränktes Bildschirmmenü. Mit den neuen Werkzeugkästen war es auch nicht mehr notwendig. Trotzdem wurde es in AutoCAD 2006 aus Gründen der Kompatibilität beibehalten. In AutoCAD LT ist es nicht vorhanden. Mit dem Befehl OPTIONEN, Register ANZEIGE (siehe Anhang A.4) kann das Bildschirmmenü ein- und ausgeschaltet werden.

Bildschirmmenü | Kapitel 25

Aufbau des Bildschirmmenüs

➤ Auch das Bildschirmmenü befindet sich in einem weiteren Untereintrag des Eintrags LAGACY. Aktivieren Sie wieder mit dem Befehl ABI das Dialogfeld und sehen Sie sich die Struktur im Explorer links oben in der Datei *Haupt-CUI-Datei (acad.cui)* an.

➤ Das Bildschirmmenü ist hierarchisch aufgebaut. Aus einem Hauptmenü (Name: BILDSCHIRM) geht es immer tiefer über Gruppen zum eigentlichen Befehl. Dem Feld ZEICH 1 im Hauptmenü ist folgendes Makro hinterlegt:

$S=ACAD.09_DRAW1

➤ Damit verzweigen Sie zum Menüabschnitt *09_DRAW1* in der Anpassungsdatei *acad.cui*. Diesen finden Sie unter der Marke *09_ZEICHNEN1*, der als Alias den Namen *09_DRAW1* hat. Dieser Menüabschnitt beginnt wie alle in Zeile 3 und geht bis Zeile 22. Dort finden Sie die Zeichenbefehle, z.B. als ersten Eintrag, der den Befehl LINIE aufruft.

➤ Die ersten beiden und die fünf letzten Felder des Hauptmenüs werden von den Untermenüs nicht überschrieben. Sie bleiben also immer stehen und Sie kommen damit aus jedem Untermenü zum Hauptmenü zurück. Mit der zweiten Zeile und mit den zwei letzten Zeilen kommen Sie zu verschiedenen Untermenüs (siehe Abbildung 25.23).

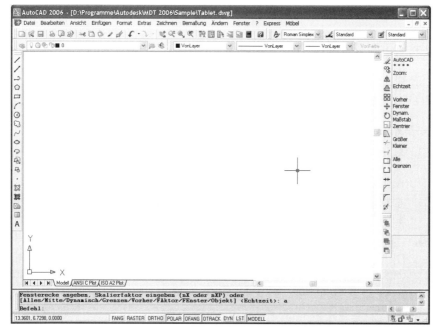

Abbildung 25.23: AutoCAD mit Bildschirmmenü

(KOMPENDIUM) AutoCAD und LT 2006   869

25.10 Bildkachelmenüs

Bildkachelmenüs sind auch schon ältere Bedienelemente, die teilweise durch modernere Elemente ersetzt wurden. Außerdem sind sie aufwändig in der Erstellung. Sie haben aber immer dann Vorteile, wenn eine Voransicht erforderlich ist, also vor allem wenn Bibliotheken verwaltet werden sollen. Sie können per Namen und per Bild aus dem Menü wählen. Abbildung 25.24 zeigt die Symbole aus dem Menü aus Kapitel 25.7.

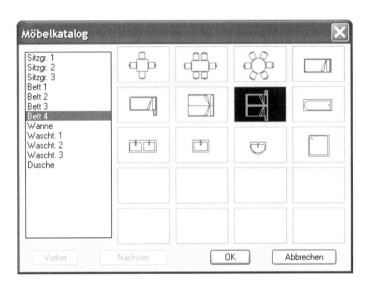

Abbildung 25.24: Bildkachelmenüs zur Auswahl von Symbolen

Bildkachelmenüs müssen immer aus anderen Menüs heraus aufgerufen werden, zum Beispiel aus einem Abrollmenü oder von einem Tablettfeld.

Die Bilder in den Bildkachelmenüs müssen als AutoCAD-Dias vorliegen und in einer Diabibliothek gespeichert sein (siehe Kapitel 24.5).

Aufbau des Bildkachelmenüs

➥ Aktivieren Sie den Befehl ABI und laden Sie die partielle Anpassungsdatei *Katalog.cui*, wenn Sie es in Kapitel 25.7 nicht schon getan haben. Das Bildschirmmenü befindet sich ebenfalls in einem weiteren Untereintrag des Eintrags LAGACY. Sehen Sie sich die Struktur im Explorer links oben im Dialogfeld an.

➥ Da es verschiedene Bildkachelmenüs geben kann, werden diese benannt. Da es mehrere Anpassungsdateien geben kann, wird beim Makro für den Aufruf angegeben, in welcher Anpassungsdatei das Bildkachelmenü steht. In Kapitel 25.7 wird das Bildkachelmenü mit dem Makro aufgerufen:

$I=Katalog.Moebel $I=Katalog.*

→ $I aktiviert ein Bildmenü, KATALOG steht für den Namen der Anpassungsdatei *Katalog.cui* und MOEBEL steht für das Bildkachelmenü *Möbel*. Das zweite $I zeigt aus der Anpassungsdatei *Katalog.cui* das aktive Menü an (»*« ist das aktive Menü).

→ Wenn Sie den Eintrag MÖBELKATALOG im Explorer markieren, sehen Sie im Eigenschaftenfeld, dass er als Alias den Namen *Moebel* hat.

→ Wenn Sie einen Eintrag markieren, sehen Sie im Eigenschaftenfeld (siehe Abbildung 25.25), dass das Feld einen Namen hat, das im Bildkachelmenü in der Liste links angezeigt wird (siehe Abbildung 25.24). Außerdem kann darunter eine Beschreibung stehen. Darunter steht das Makro. Im Feld DIABIBLIOTHEK steht der Name der Diabibliothek, aus der die angezeigten Bilder kommen, und im Feld DIABEZEICHNUNG steht der Name des Dias aus der Bibliothek.

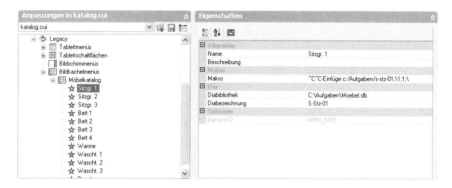

Abbildung 25.25: Struktur des Bildkachelmenüs

25.11 Sonstiges

Weitere Elemente sehen Sie sich in der Datei *Haupt-CUI-Datei (acad.cui)* an. Aktivieren Sie auch dazu wieder den Befehl ABI und blättern Sie im Explorer.

Kontextmenüs

→ Im Eintrag KONTEXTMENÜS finden Sie alle Kontextmenüs, die bei den unterschiedlichen Funktionen aktiv werden können. Sie sind genauso aufgebaut wie die anderen Menüs. Auch hier kann es Menüs und Untermenüs geben. Abbildung 25.26 zeigt das Standardmenü, das Sie mit der rechten Maustaste bekommen, wenn kein Befehl aktiv ist. Das Menü könnten Sie auch beispielsweise aus einem Abrollmenü mit dem Makro aktivieren:

$POP501=*

→ POP501 ist der Aliasname dieses Menüs.

Kapitel 25   Werkzeugpaletten, Werkzeugkästen und Menüs

Abbildung 25.26:
Struktur des Kontextmenüs

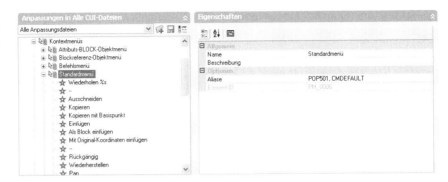

Maustasten

➥ Im Eintrag MAUSTASTEN ist die Belegung der Maustasten festgelegt. Die erste Maustaste ist fest belegt fürs Klicken, das kann nicht geändert werden. Die restlichen Tasten (maximal 10) sind vierfach belegt. Die Belegung erfolg in Kombination mit anderen Tasten:

- Klicken
- ⇧ und Klicken
- Strg und Klicken
- ⇧ und Strg und Klicken

➥ Auch hier können beispielsweise Kontextmenüs aufgerufen werden. In Abbildung 25.27 sehen Sie, dass mit der Taste ⇧ und der zweiten Maustaste ein Makro aktiviert wird:

$P0=SNAP $p0=*

➥ Das Kontextmenü *P0* für den Objektfang wird mit den Fangfunktionen belegt und mit *$p0=*** wird es aktiviert.

Abbildung 25.27:
Belegung der Maustasten

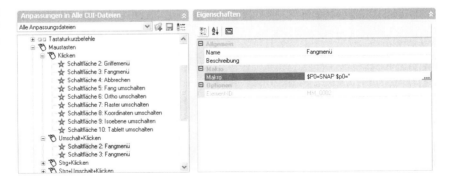

Sonstiges   Kapitel 25

Tablettschaltflächen

➡ Im Eintrag LEGACY finden Sie den Eintrag TABLETTSCHALTFLÄCHEN. Damit sind die Eingabetasten auf dem Zeigegerät des Tabletts gemeint. Die Belegung dieser Tasten erfolgt gleich wie bei den Maustasten (siehe oben).

Tastaturkurzbefehle

➡ Sie können Befehlen, die Sie häufig verwenden, Tastaturkürzel zuordnen. Tastaturkürzel sind Tasten und Tastenkombinationen, die Befehle starten. Mit der Tastenkombination [Strg] + [O] öffnen Sie zum Beispiel eine Datei und mit [Strg] + [S] speichern Sie sie. Tasten für temporäre Überschreibung aktivieren oder deaktivieren vorübergehend eine der im Dialogfeld ENTWURFSEINSTELLUNGEN festgelegen Zeichnungshilfen (z.B. Orthomodus, Objektfangmodi oder Polarmodus).

➡ Im Abschnitt TASTATURKURZBEFEHLE finden Sie die Belegungen der Taste im Explorer links oben des Dialogfelds für die Benutzeroberfläche. In diesem Abschnitt gibt es zwei Unterabschnitte: TASTATURKÜRZEL und TASTEN FÜR TEMPORÄRE ÜBERSCHREIBUNG für die einzelnen Funktionen (siehe Abbildung 25.28).

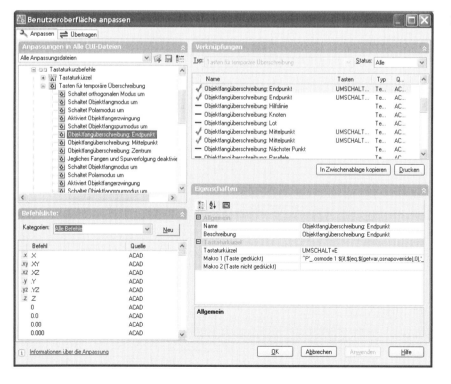

Abbildung 25.28: Tastaturkurzbefehle

{ KOMPENDIUM } AutoCAD und LT 2006   873

26 Plansätze

Das Resultat des Zeichnens mit AutoCAD ist der fertige Plan. Sie haben in Kapitel 15 und 16 kennen gelernt, wie Sie das Layout von Plänen erstellen können. Der *Manager für Planungsunterlagen* ist ein neues Bedienelement seit AutoCAD 2005, das Sie beim Erstellen und Verwalten von Plänen unterstützt.

Wieder ein Kapitel, das Ihnen verschlossen bleibt, wenn Sie mit AutoCAD LT 2006 arbeiten. Diese Funktionen gibt es nur in AutoCAD 2006.

26.1 Manager für Plansatzunterlagen

Mit dem *Manager für Planungsunterlagen* verwalten Sie Pläne in einem Plansatz. Unter einem *Plan* versteht man ein Layout in einer Zeichnungsdatei. Eine Zeichnungsdatei kann also mehrere Pläne beinhalten und muss andererseits keinen Plan enthalten. Ein *Plansatz* ist wiederum eine Sammlung von Plänen.

Sie können Layouts aus beliebigen Zeichnungen als nummerierten Plan in einen Plansatz importieren. Die Plansätze können dann als eine Einheit verwaltet, übertragen, publiziert und archiviert werden.

Befehle zum Start

Der *Manager für Planungsunterlagen* ist ein weiteres Fenster in AutoCAD, das Sie wie den *Objekteigenschaften-Manager* oder das Werkzeugpalettenfenster auf der Zeichenfläche oder am Rand des Zeichenfensters platzieren können. Er wird mit dem Befehl PLANSATZ gestartet. Sie finden den Befehl:

➧ Abrollmenü EXTRAS, Funktion MANAGER FÜR PLANSATZUNTERLAGEN

➧ Symbol in der Standard-Funktionsleiste

➧ Tastenkombination [Strg] + [4]

Mit dem Befehl PLANSATZAUSBL schließen Sie das Fenster wieder. Den Befehl wählen Sie auf die gleiche Art oder einfacher, indem Sie auf das Kreuz in der Titelleiste klicken.

Kapitel 26 Plansätze

Wenn Sie gestartet haben, bekommen Sie das Fenster auf den Bildschirm (siehe Abbildung 26.1).

Abbildung 26.1: Fenster des Managers für Plansatzunterlagen

Das Fenster ist zunächst leer, da Sie noch keinen Plansatz geöffnet oder erstellt haben. Folgende Elemente finden Sie dort:

Abrollmenü Plansatz: In dem Abrollmenü am oberen Rand des Fensters können Sie:

➜ einen bestehenden Plansatz öffnen, Funktion ÖFFNEN... (siehe Kapitel 26.2)

➜ einen neuen Plansatz anlegen, Funktion NEUER PLANSATZ... (siehe Kapitel 26.3)

➜ zwischen geöffneten Plansätzen wechseln und

➜ in einem weiteren Untermenü einen der zuletzt geöffneten Plansätze wieder öffnen, Untermenü LETZTE >.

Register Planliste: In diesem Register bekommen Sie eine Liste aller Pläne des Plansatzes angezeigt.

Registerkarte Ansichtsliste: In diesem Register bekommen Sie die Liste aller Ansichten, die in einem Layout eingefügt wurden.

Registerkarte Ressourcenzeichnungen: Im letzten Register bekommen Sie die Zeichnungsdateien angezeigt, die als Ressourcen für den Plansatz dienen.

26.2 Arbeiten mit Plansätzen

Um mit Plansätzen zu arbeiten, haben Sie zwei weitere Befehle: PLANSATZ-ÖFFN und NEUPLANSATZ. Sie können diese Befehle sowohl aus dem Abrollmenü des MANAGER FÜR PLANSATZUNTERLAGEN aktivieren (siehe oben) als auch aus den Menüs:

- Abrollmenü DATEI, Funktion PLANSATZ ÖFFNEN... (Befehl PLANSATZ-ÖFFN)

- Abrollmenü DATEI, Funktion NEUER PLANSATZ... (Befehl NEUPLANSATZ , siehe Kapitel 26.3)

- Abrollmenü EXTRAS, Untermenü ASSISTENTEN >, Funktion NEUER PLANSATZ... (Befehl NEUPLANSATZ , siehe Kapitel 26.3)

Bestehenden Plansatz öffnen

Um die Funktionen kennen zu lernen, öffnen Sie zunächst einen gespeicherten Plansatz. Im nächsten Abschnitt werden Sie dann einen neuen Plansatz anlegen. Beim Öffnen gehen Sie wie folgt vor:

1. Starten Sie den MANAGER FÜR PLANSATZUNTERLAGEN und wählen Sie aus dem Abrollmenü die Funktion ÖFFNEN... oder wählen Sie die Funktion PLANSATZ ÖFFNEN... aus dem Abrollmenü DATEI.

   Alle Informationen zu einem Plansatz sind in einer Datei mit der Erweiterung *.dst gespeichert. Sie bekommen also das Fenster zum Öffnen einer Datei.

2. Wählen Sie einen mit AutoCAD gelieferten Beispiel-Plansatz: Sie finden ihn auch im Ordner *Aufgaben* und zwar *C:\Aufgaben\ Manufactering*. Wählen Sie die Datei *manufactering sheet set.dst* und klicken Sie auf OK. Die Informationen zum Plansatz werden in den MANAGER FÜR PLANSATZUNTERLAGEN geladen (siehe Abbildung 26.1).

Plansatz bearbeiten, Register Planliste

Wie schon oben erwähnt, bekommen Sie im Register PLANLISTE alle Pläne des Plansatzes angezeigt, in diesem Beispiel in verschiedene untergeordnete Sätze unterteilt: *Assemblies*, *Parts* usw. Zur Erinnerung: Ein Plan ist ein Layout in einer Zeichnungsdatei. Jeder Plan hat eine Nummer und einen Namen. Der Name entspricht standardmäßig dem Dateinamen der Zeichnungsdatei, der aber geändert werden kann. Alle Register sind geteilt, im oberen Teil die Liste und im unteren entweder Detailinformationen zum oben markierten Eintrag oder eine Voransicht des Elements (siehe Abbildung 26.2). Klicken Sie einen Plan doppelt an, wird die Zeichnungsdatei geöffnet und das entsprechende Layout aktiviert.

Kapitel 26 Plansätze

Abbildung 26.2:
Manager für Plansatzunterlagen, Planliste mit Detail- und Voransichtsfenster

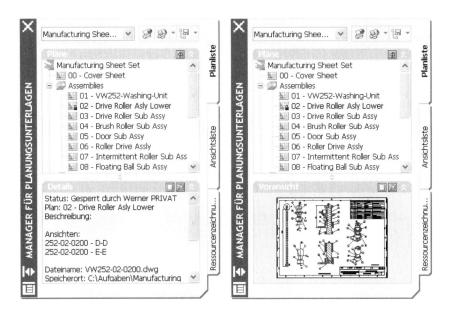

Markieren Sie einen Eintrag, bekommen Sie mit einem Rechtsklick ein Kontextmenü, aus dem Sie alle Funktionen zur Verwaltung des Plansatzes oder einzelner Pläne wählen können. Dazu muss allerdings mindestens eine Datei in AutoCAD geöffnet sein. Markieren Sie den obersten Eintrag, den Plansatz selbst, und wählen aus dem Kontextmenü die Funktion EIGENSCHAFTEN..., bekommen Sie ein Dialogfeld mit der Liste aller Parameter für den Plansatz (siehe Abbildung 26.3).

Abbildung 26.3:
Eigenschaften des Plansatzes

Arbeiten mit Plansätzen   Kapitel 26

Hier finden Sie Namen, Beschreibung und Pfade für den Plansatz. Im Abschnitt *Planerstellung* finden Sie den Pfad, in dem neue Pläne abgelegt und welche Vorlagen für neue Zeichnungen verwendet werden.

Ist der Plansatz in untergeordnete Sätze unterteilt wie in diesem Beispiel, dann können Sie mit einem Rechtsklick auf einen untergeordneten Satz ebenfalls im Kontextmenü die Funktion EIGENSCHAFTEN... wählen. Jetzt bekommen Sie die Parameter zu diesem untergeordneten Satz angezeigt (siehe Abbildung 26.4).

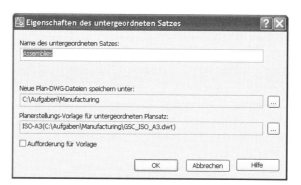

Abbildung 26.4:
Eigenschaften eines untergeordneten Satzes

Und genauso können Sie sich die Eigenschaften eines einzelnen Plans anzeigen lassen, wenn Sie diesen markieren (siehe Abbildung 26.5).

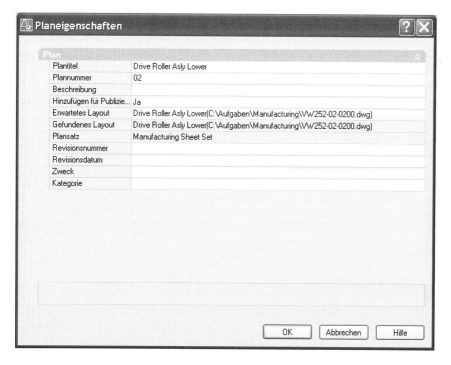

Abbildung 26.5:
Eigenschaften eines Plans

(KOMPENDIUM) AutoCAD und LT 2006

Kapitel 26 Plansätze

Aus den verschiedenen Kontextmenüs können Sie neue untergeordnete Sätze erstellen und löschen, Pläne umbenennen und neu nummerieren, Pläne entfernen und neue anlegen sowie Layouts aus Zeichnungsdateien als Pläne importieren.

Neuer Plan: Wählen Sie diese Funktion aus dem Kontextmenü, können Sie in einem Dialogfeld diesem Plan eine Nummer und einen Titel geben (siehe Abbildung 26.6). Da der Speicherort und die Vorlage für den Plan in den Eigenschaften des Plansatzes festgelegt sind, werden diese Informationen hier nur angezeigt. Haben Sie dagegen festgelegt, dass die Vorlage abgefragt werden soll (siehe Abbildung 26.3, letzte Zeile), bekommen Sie zuerst ein Dialogfeld zur Wahl der Vorlage.

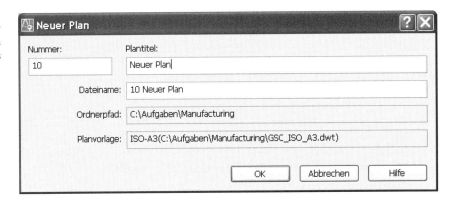

Abbildung 26.6: Dialogfeld zur Erstellung eines neuen Plans

In diesem Fall wird eine neue Zeichnungsdatei im angegebenen Ordner mit der voreingestellten Vorlage erstellt.

Layout als Plan importieren: Wählen Sie dagegen diese Funktion aus dem Kontextmenü, können Sie ein oder mehrere Layouts aus einer vorhandenen Zeichnung auswählen und diese als Plan in den aktuellen Plansatz oder in einen untergeordneten Satz importieren. In einem Dialogfeld können Sie Zeichnungsdatei und Layout auswählen (siehe Abbildung 26.7).

Wählen Sie mit der Schaltfläche ZEICHNUNGEN SUCHEN die Zeichnungsdatei und markieren Sie in der Liste die Layouts, die Sie als Plan importieren wollen.

Neuen Plan erstellen

Erstellen Sie in dem untergeordneten Satz *Assemblies* einen neuen Plan mit dem Namen *Neuer Plan*. Tragen Sie die Daten wie in Abbildung 26.6 ein.

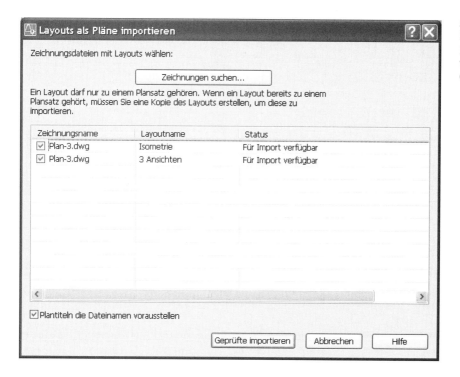

Abbildung 26.7: Dialogfeld zum Importieren eines vorhandenen Layouts als neuen Plan

Plansatz bearbeiten, Register Ressourcenzeichnungen

Die Ressourcenzeichnungen sind die Zeichnungsdateien, die Sie zum Erstellen von Plänen verwenden können. Aktivieren Sie das Register RESSOURCENZEICHNUNGEN, bekommen Sie diese aufgelistet, wenn Sie auf den Pfad in der Liste doppelt klicken. Erweitern Sie die Ansicht, werden Ihnen unter der jeweiligen Zeichnungsdatei die benannten Ausschnitte in dieser Zeichnung angezeigt (siehe Abbildung 26.8).

Auch hier können Sie im unteren Fenster zwischen der Anzeige von Details oder der Voransicht umschalten. Klicken Sie hier einen Eintrag doppelt an, wird die entsprechende Zeichnung geöffnet. Markieren Sie einen benannten Ausschnitt, wird dieser in der Voransicht angezeigt. Sie können jetzt einen benannten Ausschnitt auf einem beliebigen Plan platzieren, indem Sie ihn einfach auf einen Plan ziehen. Beim Platzieren der Zeichnung können Sie mit einem Rechtsklick ein Kontextmenü einblenden, aus dem Sie den Maßstab wählen können. Der Ausschnitt wird als Ansichtsfenster im Layout platziert. Die Grenzen des Ansichtsfensters selber werden wieder als benannter Ausschnitt im Layout in der Zeichnung gespeichert.

Ziehen Sie die Zeichnung selber auf den neuen Plan, wird der gesamte Modellbereich als Ansichtsfenster eingefügt.

Abbildung 26.8:
Manager für Plansatzunterlagen, Ressourcenzeichnungen mit Detail- und Voransichtsfenster

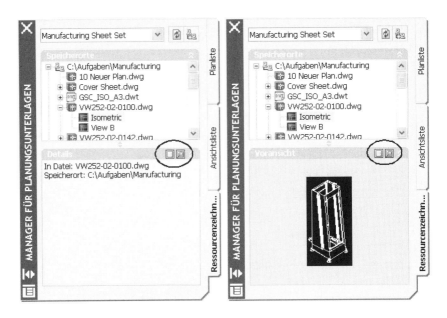

Wird der benannte Ausschnitt nicht in die Zeichnung eingefügt, in der er definiert ist, wird er als externe Referenz mit der Zeichnung verknüpft. Genauso ist es, wenn Sie eine ganze Zeichnung in einer anderen platzieren.

Wollen Sie Dateien aus einem weiteren Ordner als Ressourcenzeichnungen verwenden, können Sie auf den Eintrag NEUEN SPEICHERORT HINZUFÜGEN... klicken und Sie können diesen mit dem Dateiwähler aussuchen. Auch die Zeichnungen dieses Ordners bekommen Sie dann aufgelistet. In einem Kontextmenü, das Sie mit einem Rechtsklick bekommen, können Sie Speicherorte auch wieder entfernen.

Ansichtsfenster auf einem Plan erstellen

1. Aktivieren Sie das Register PLANLISTE. Klicken Sie in der Liste Ihren oben erstellten Plan doppelt an und er wird geöffnet.

2. Aktivieren Sie das Register RESSOURCENZEICHNUNGEN. Auch dort finden Sie den neu angelegten Plan. Markieren Sie dort eine Zeichnung. Verwenden Sie aber nicht einen Doppelklick, sie würde sonst geöffnet. Klicken Sie auf das »+«, wird die Ansicht erweitert und Sie bekommen die benannten Ausschnitte angezeigt.

3. Markieren Sie die Zeichnung *VW-252-02-0100.dwg* und lassen Sie sich die benannten Ausschnitte anzeigen. Ziehen Sie die beiden Ausschnitte *Isometric* und *View B* nacheinander auf den Plan. Bevor Sie die endgültige Position anklicken, aktivieren Sie mit der rechten Maustaste das Kontextmenü zur Auswahl des Maßstabs. Wählen Sie jeweils 1:20 (siehe Abbildung 26.9).

Arbeiten mit Plansätzen   Kapitel 26

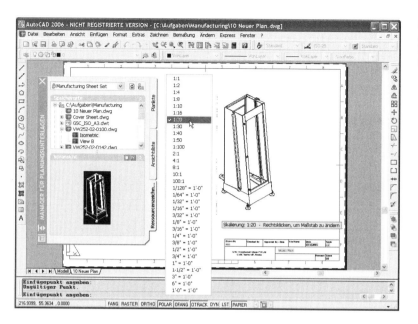

Abbildung 26.9:
Ausschnitte aus der Ressourcezeichnungen platzieren

Plansatz bearbeiten, Register Ansichtenliste

Im Register ANSICHTSLISTE bekommen Sie alle Ausschnitte aufgelistet, die im Plansatz auf einem Layout eingefügt wurden (siehe Abbildung 26.10), aber nur die, die im MANAGER FÜR PLANUNGSUNTERLAGEN eingefügt wurden. Mit den Symbolen oben rechts können Sie die Anzeige zwischen der ANSICHT NACH PLAN und ANSICHT NACH KATEGORIE umschalten (siehe Abbildung 26.10).

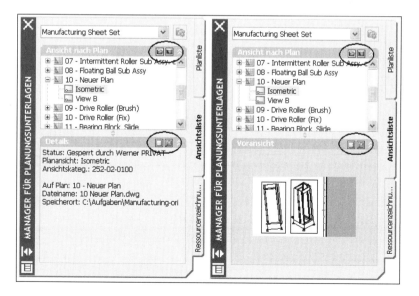

Abbildung 26.10:
Manager für Plansatzunterlagen, Ansichtsliste mit Detail- und Voransichtsfenster

{ KOMPENDIUM } AutoCAD und LT 2006   883

Kapitel 26   Plansätze

Die verschiedenen Darstellungen entsprechen denen der vorherigen Register. Die Sortierung erfolgt in Kategorien. Diese lassen sich bei der Erstellung eines Ausschnitts festlegen (siehe Kapitel 5.17). Im Dialogfeld des Befehls AUSSCHNTT zur Bestimmung eines neuen Ausschnitts können Sie eine Kategorie eintragen (siehe Abbildung 26.11).

Abbildung 26.11:
Neuen Ausschnitt bestimmen mit Kategoriebezeichnung

Außerdem kann die Kategorie auch danach in der Liste des Dialogfelds des Befehls AUSSCHNTT noch geändert werden (siehe Abbildung 26.12).

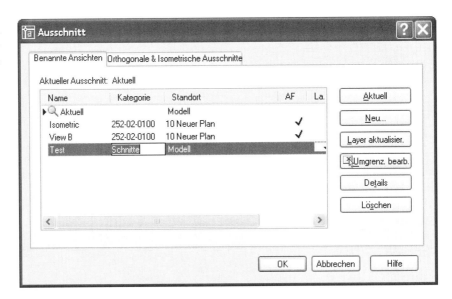

Abbildung 26.12:
Ändern der Kategorie in der Ausschnittliste

Erstellen eines neuen Plansatzes   Kapitel 26

Publizieren von Plansätzen

Plansätze können insgesamt oder als eine Auswahl davon publiziert oder geplottet werden. Da sie alle relevanten Informationen wie Layout, Seiteneinrichtung usw. enthalten, läuft dieser Vorgang automatisch. Mit den Symbolen am oberen Rand des Managers für Planungsunterlagen können Sie diese Vorgänge starten.

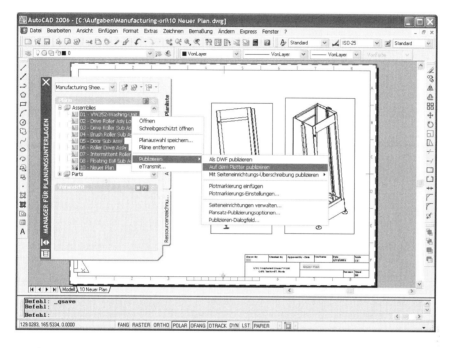

Abbildung 26.13:
Plotten und publizieren

Geplottet oder publiziert werden die in der Planliste markierten Pläne. Einmal markierte Pläne lassen sich in einer Auswahl speichern, um sie später erneut zu publizieren. Mit dem Abrollmenü ganz rechts können Sie eine Auswahl erstellen bzw. zum Publizieren auswählen.

26.3 Erstellen eines neuen Plansatzes

Wollen Sie einen neuen Plansatz erstellen, wählen Sie den Befehl NEUPLANSATZ. Wählen Sie den Befehl auf eine dieser Arten:

➤ Abrollmenü im MANAGERS FÜR PLANSATZUNTERLAGEN

➤ Abrollmenü DATEI, Funktion NEUER PLANSATZ...

➤ Abrollmenü EXTRAS, Untermenü ASSISTENTEN >, Funktion NEUER PLANSATZ...

Kapitel 26 Plansätze

Mit Hilfe eines Assistenten können Sie den Plansatz erstellen. In einem ersten Dialogfeld wählen Sie, ob Sie mit einem Beispielplansatz beginnen oder vorhandene Zeichnungen in einen Plansatz aufnehmen wollen (siehe Abbildung 26.14).

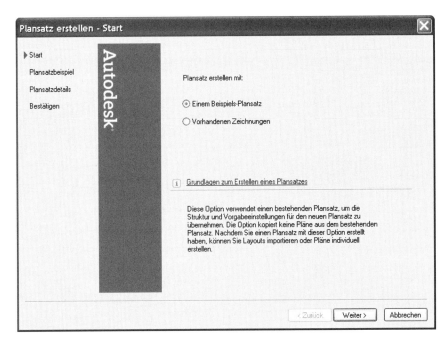

Abbildung 26.14: Assistent zum Erstellen eines neuen Plansatzes

Plansatz mit einem Beispielplansatz erstellen

Haben Sie diese Option gewählt, können Sie in einem zweiten Dialogfeld den Beispielplansatz wählen, mit dem Sie beginnen wollen. Im dritten Dialogfeld für die Plansatzdetails tragen Sie einen Namen für den neuen Plansatz ein, einen optionalen Beschreibungstext für den Plansatz und den Speicherort für die Dateien des Plansatzes (siehe Abbildung 26.15).

Mit der Schaltfläche PLANSATZEIGENSCHAFTEN können Sie die Eigenschaften des neuen Plansatzes im Dialogfeld bearbeiten (siehe oben und Abbildung 26.3). Im letzten Dialogfeld bekommen Sie eine Liste mit den Eigenschaften des neuen Plansatzes. Wenn Sie hier auf die Schaltfläche FERTIG STELLEN klicken, wird der Plansatz erstellt. Er enthält noch keine Pläne. Wie in Kapitel 26.2 beschrieben, können Sie jetzt Pläne importieren oder neue Pläne erstellen.

Erstellen eines neuen Plansatzes   Kapitel 26

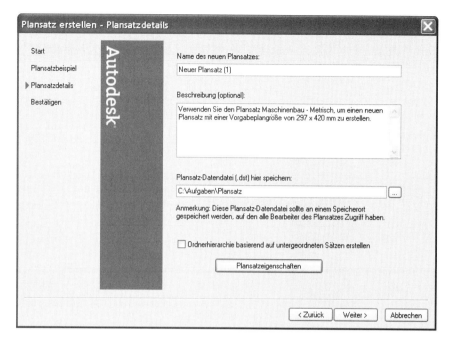

Abbildung 26.15:
Plansatzdetails angeben

Plansatz mit vorhandenen Zeichnungen

Mit dieser Option können Sie bestehende Zeichnungen in einen neuen Plansatz aufnehmen. Hier kommen Sie gleich zum Dialogfeld mit den Plansatzdetails (siehe oben und Abbildung 26.15). Im nächsten Dialogfeld können Sie die Zeichnungsdateien wählen, die dem Plansatz hinzugefügt werden sollen. Klicken Sie dazu auf die Schaltfläche DURCHSUCHEN und wählen Sie einen Ordner aus. Alle Layouts in den Zeichnungsdateien dieses Ordners werden dem Plansatz hinzugefügt und in die Liste aufgenommen (siehe Abbildung 26.16).

In dieser Liste können Sie noch einzelne Layouts oder Zeichnungen abwählen, indem Sie auf das entsprechende Häkchen klicken.

Auch bei dieser Option bekommen Sie im letzten Dialogfeld die Liste mit den Eigenschaften und dem Inhalt des neuen Plansatzes. Wenn Sie jetzt auf die Schaltfläche FERTIG STELLEN klicken, wird der Plansatz mit den gewählten Layouts erstellt.

Neuen Plansatz erstellen

1. Erstellen Sie einen neuen Plansatz aus bestehenden Zeichnungen.
2. Nennen Sie den Plansatz *Kompendium* und wählen Sie die Zeichnungen aus dem Ordner *Aufgaben\Plansatz* für den neuen Plansatz.

[KOMPENDIUM] AutoCAD und LT 2006   887

Kapitel 26 Plansätze

3. Erstellen Sie neue Pläne und fügen Sie Ansichten ein.

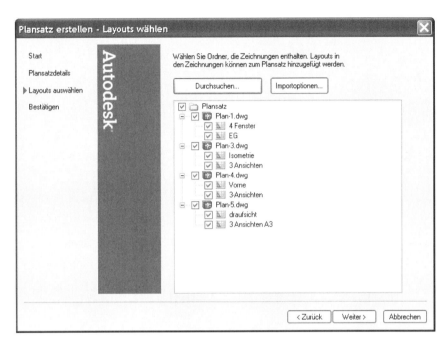

Abbildung 26.16:
Layouts für neuen Plansatz

Teil 5 Anhang und Referenz

Anhang A: Installation und Optionen — 891
Anhang B: Zusatzprogramme — 923
Anhang C: Befehle und Systemvariablen — 943
Anhang D: Branchenapplikationen und Autodesk-Produkte — 947

A Installation und Optionen

Wenn Ihnen ein fertig installierter und konfigurierter AutoCAD-Arbeitsplatz zur Verfügung steht, braucht Sie der erste Teil dieses Kapitels nicht zu interessieren. Auf jeden Fall sollten Sie sich aber den Teil mit den Voreinstellungen genauer ansehen.

A.1 Installation von AutoCAD/AutoCAD LT

Die Installation von AutoCAD 2006 und AutoCAD LT 2006 ist weitgehend identisch, deshalb hier die Beschreibung, die für beide Programme gilt. Wenn auch die Abbildungen bei AutoCAD LT teilweise etwas anders aussehen, so ist der Ablauf inhaltlich gleich.

Neuinstallation

Die Installation erfolgt weitgehend automatisch. Es sind nur einige wenige Angaben erforderlich. Gehen Sie wie folgt vor:

- Legen Sie die Programm-CD in Ihr Laufwerk ein. Die Installation startet automatisch. Falls nicht, starten Sie das Programm *Setup.exe* im Stammverzeichnis auf der CD.

- Nach kurzer Zeit erscheint der Einführungsbildschirm. Wählen Sie hier, ob Sie eine Einzelplatzinstallation, eine Mehrplatzinstallation oder eine Netzwerkeinrichtung durchführen möchten.

- Im Folgenden soll hier die Einzelplatzinstallation beschrieben werden. Wählen Sie also diese an.

- Im nächsten Bildschirm (siehe Abbildung A.1) erhalten Sie in SCHRITT 1 Informationen über die Voraussetzungen und Anleitungen zur Durchführung der Installation. Mit SCHRITT 2 wird die Installation gestartet. Zunächst werden eventuell erforderliche Komponenten ohne Anfrage installiert. Die eigentliche Programminstallation wird von einem Assistenten ausgeführt. Die notwendigen Angaben für die Installation werden in verschiedenen Fenstern abgefragt (siehe Tabelle A.1).

Anhang A Installation und Optionen

Abbildung A.1:
Einzelplatzinstallation von AutoCAD, Startbildschirm

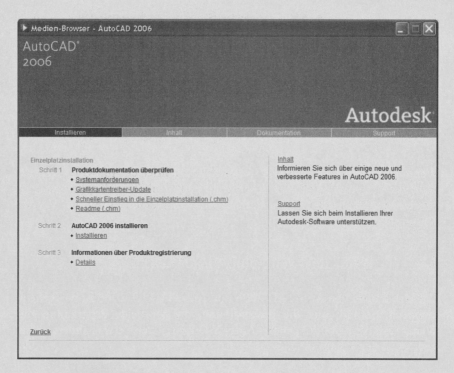

Tabelle A.1:
Fenster des Installations-Assistenten

Fenster	Eingabefelder
Willkommen	Keine.
Lizenzvertrag	Klicken Sie auf *I accept*, wenn Sie mit den Bedingungen des in einem Fenster angezeigten Lizenzvertrags einverstanden sind. Klicken Sie danach auf die Schaltfläche WEITER >.
Seriennummer	Tragen Sie die Seriennummer des Programms ein. Diese Angabe finden Sie auf der Verpackung. Installieren Sie die mit diesem Buch gelieferte Testversion, so tragen Sie 000-00000000 ein.
Benutzer	Tragen Sie Ihren Vor- und Nachnamen, den Namen des Unternehmens, Ihren Händler und die Telefonnummer Ihres Händlers ein.

Installation von AutoCAD/AutoCAD LT — Anhang A

Fenster	Eingabefelder
Installationsart	Wählen Sie zwischen STANDARD oder BENUTZERSPEZIFISCH. Wählen Sie STANDARD für die komplette Installation oder BENUTZERSPEZIFISCH, wenn Sie die zu installierenden Komponenten selbst bestimmen wollen.
Optionale Werkzeuge	Wählen Sie hier, ob Sie die EXPRESS TOOLS (siehe Anhang B.5) und die Funktion 3D DWF PUBLISH mit installieren wollen.
Zielordner	Übernehmen Sie die Vorgabe für den Namen des Programmordners, die Vorgabe *C:\Programme\AutoCAD 2006* bzw. *C:\Programme\AutoCAD LT 2006*. Mit der Schaltfläche *Durchsuchen...* können Sie im Dateiwähler einen Programmordner suchen oder im Feld eintragen.
Texteditor	Hier kann der Texteditor gewählt werden, mit dem in AutoCAD Textdateien bearbeitet werden. Vorgabe ist *C:\Windows\Notepad.exe*, der Windows Texteditor. Außerdem können Sie wählen, ob eine Verknüpfung auf dem Desktop erstellt werden soll.
Installationsstart	Alle Eingaben sind gemacht, klicken Sie auf WEITER und die Installation wird ausgeführt.

Tabelle A.1: Fenster des Installations-Assistenten (Forts.)

➡ Wollen Sie nachträglich an der Installation etwas ändern, z.B. Komponenten hinzufügen oder entfernen, dann wählen Sie in der WINDOWS SYSTEMSTEUERUNG die Funktion SOFTWARE. Suchen Sie den Eintrag *AutoCAD 2006 – Deutsch* und klicken Sie dort auf die Schaltfläche ÄNDERN (siehe Abbildung A.2). Wählen Sie im nächsten Dialogfeld, was Sie tun möchten.

Netzwerkinstallation

Klicken Sie beim Einführungsbildschirm auf das Register NETZWERKEINRICHTUNG, wenn Sie eine Netzwerksinstallation von AutoCAD vornehmen wollen. Auf diesem Bildschirm sind die Schritte aufgelistet, die für die Installation erforderlich sind (siehe Abbildung A.3).

Anhang A   Installation und Optionen

Abbildung A.2:
Änderung der Installation

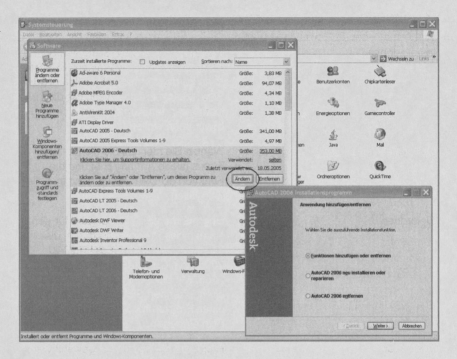

Abbildung A.3:
Bildschirm für die Netzwerkinstallation

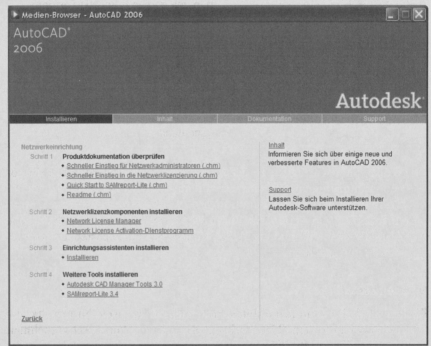

Sehen Sie sich das Vorgehen in den unter Schritt 1 aufgeführten Handbüchern an. Die Netzwerkinstallation läuft im Prinzip wie folgt ab:

- **Schritt 2:** Installieren Sie den *Netzwerk Lizenz Manager* auf einem Windows-Server oder einem Arbeitsplatz, der immer eingeschaltet ist. Wenn der Lizenz Manager installiert ist, benötigen Sie einen Lizenz-File, den Sie von Ihrem Händler bekommen und den Sie laden müssen (siehe *Netzadministrator Handbuch*).
- **Schritt 3:** Installieren Sie an einem beliebigen Arbeitsplatz den *Einrichtungsassistenten*. Damit erstellen Sie das *Administrator Image* auf dem Server. Gehen Sie nach der Beschreibung im *Netzadministrator Handbuch* vor.
- **Installation der Arbeitsstation:** Starten Sie auf den Arbeitsplätzen, auf denen AutoCAD installiert werden soll, die Verknüpfung zur Client-Installation im *Administrator Image*. AutoCAD wird auf dem Arbeitsplatz installiert.

Alle weiteren Details entnehmen Sie den in Schritt 1 aufgeführten Handbüchern.

A.2 Der erste Start von AutoCAD

Nachdem Sie Ihren Computer neu gestartet haben, steht Ihnen AutoCAD für 30 Tage zur Verfügung. In dieser Zeit müssen Sie einen Freischaltcode beantragen, Online über das Internet, per E-Mail, per Fax oder mit der Post. So lange kommt nach dem Start ein Fenster, in dem Sie die Registrierung durchführen können und damit den Freischaltcode anfordern, den Freischaltcode eingeben oder ohne Registrierung arbeiten wollen. Das geht allerdings nur 30 Tage. Danach läuft nichts mehr ohne Freischaltcode.

Haben Sie bei AutoCAD eine Netzwerksinstallation durchgeführt, läuft das Programm nur dann, wenn der Netzwerk Lizenz Manager einen gültigen Lizenzfile hat.

Start von AutoCAD

Wenn Sie AutoCAD 2006 starten, ist es sofort lauffähig. Sie müssen es nicht mehr zuerst konfigurieren, wie in früheren Versionen üblich. Das Programm startet mit den Grundeinstellungen, die Sie später mit dem Befehl OPTIONEN korrigieren können.

Anhang A   Installation und Optionen

A.3   Optionen beim Start von AutoCAD

AutoCAD kann mit verschiedenen Optionen gestartet werden, wenn Sie beim Programmaufruf einen Schalter setzen. Mit den Schaltern haben Sie die Möglichkeit, AutoCAD mit bestimmten Voreinstellungen zu starten.

Verknüpfung ändern

Nach der Installation von AutoCAD haben Sie ein Symbol zum Start von AutoCAD auf dem Desktop. Ändern Sie die Verknüpfung mit dem Symbol AUTOCAD 2006. Gehen Sie dazu wie folgt vor:

➡ Klicken Sie das Symbol an und drücken Sie dann die rechte Maustaste. Im Kontextmenü können Sie den Eintrag EIGENSCHAFTEN wählen. Sie erhalten ein Dialogfeld, in dem Sie die Verknüpfung bearbeiten können.

➡ Klicken Sie die Registerkarte VERKNÜPFUNG an. Dort sehen Sie im Feld ZIEL, welches Programm ausgeführt wird, wenn Sie das Symbol anklicken (siehe Abbildung A.4). In dem Feld können Sie dem Programm zusätzlich einen Schalter für den Start von AutoCAD anhängen.

Abbildung A.4: Verknüpfung bearbeiten

➡ Tabelle A.2 zeigt, welche Schalter zur Verfügung stehen:

Schalter	Funktion
/b	Angabe einer Script-Datei, die nach dem Start von AutoCAD ausgeführt werden soll.
/c	Angabe des Konfigurationsverzeichnisses.
/ld	Laden einer ARX- oder DBX-Anwendung. Geben Sie den Pfad und den Namen der Datei an. Enthält der Pfad Leerzeichen, setzen Sie ihn in »«-Zeichen.
/nossm	Unterdrückt die Anzeige des Fensters des Managers für Planungsunterlagen.
/p	Angabe des Profils, mit dem gestartet werden soll (siehe Anhang A.4). Für ein internes Profil geben Sie nur den Namen an. Wollen Sie ein Profil aus einer Datei verwenden, geben Sie den Pfad und den Namen der Profildatei (*.arg) an. Enthält der Pfad Leerzeichen, setzen Sie ihn in »«-Zeichen.
/r	Start mit dem Systemzeigegerät. Ist ein anderes Zeigegerät installiert, wird dies aus der Konfiguration entfernt.
/s	Angabe der Supportverzeichnisse.
/set	Lädt den benannten Plansatz beim Start. Geben Sie den Pfad und den Namen der Datei (*.dst) an. Enthält der Pfad Leerzeichen, setzen Sie ihn in »«-Zeichen.
/t	Angabe einer Vorlage, die nach dem Start von AutoCAD geladen werden soll.
/v	Ausschnittname, der nach dem Start von AutoCAD aktiviert werden soll.
/nologo	Kein Logo beim Start anzeigen.

Tabelle A.2: Schalter zum Start von AutoCAD

Anhang A Installation und Optionen

Tragen Sie beispielsweise ein:

`"D:\Programme\AutoCAD 2006\acad.exe" /t din_a3 /p werner /nologo`

dann wird AutoCAD mit der Vorlage *DIN_A3.dwt* aus dem Vorlagenverzeichnis gestartet, das Profil *Werner* (siehe unten) wird aktiviert und beim Start wird kein Logo angezeigt.

So können Sie auch Zusatzapplikationen mit eigenem Konfigurations- und Supportverzeichnis starten, ohne dass Sie die Original-AutoCAD-Installation verändern müssen. Ein Beispiel dazu:

`"D:\Programme\AutoCAD 2006\acad.exe" /c c:\Appl /s c:\Appl\Supp`

Soll beim Start immer eine Script-Datei automatisch ablaufen, können Sie beispielsweise eintragen:

`"D:\Programme\AutoCAD 2006\acad.exe" /b c:\demo\start`

Nachdem Sie das Ziel verändert haben, klicken Sie auf OK und starten AutoCAD mit dem geänderten Symbol.

Wenn Sie in einer Pfadangabe Leerzeichen haben, setzen Sie den kompletten Pfad in Anführungszeichen.

`"D:\Programme\AutoCAD 2006\acad.exe" /P "C:\WS Profil\werner.arg"`

A.4 Optionen in AutoCAD

Alle Konfigurations- und Programmeinstellungen von AutoCAD werden mit dem Befehl OPTIONEN ausgeführt. Im Folgenden werden die Einstellungen in AutoCAD beschrieben. In AutoCAD LT ist es identisch, lediglich im Dialogfeld gibt es ein Register weniger und in den vorhandenen Registern fehlen einige der Einstellmöglichkeiten aus AutoCAD in AutoCAD LT.

Befehl Optionen

Sie finden den Befehl:

➤ Abrollmenü EXTRAS, Funktion OPTIONEN...

➤ Rechtsklick auf der Zeichenfläche, wenn kein Befehl aktiv ist und Auswahl von OPTIONEN... aus dem Kontextmenü

➤ Rechtsklick wenn der Mauszeiger im Befehlszeilenfenster oder im Textfenster steht und Auswahl von OPTIONEN... aus dem Kontextmenü

Optionen in AutoCAD

Sie erhalten ein Dialogfeld mit verschiedenen Registerkarten (siehe Abbildung A.5).

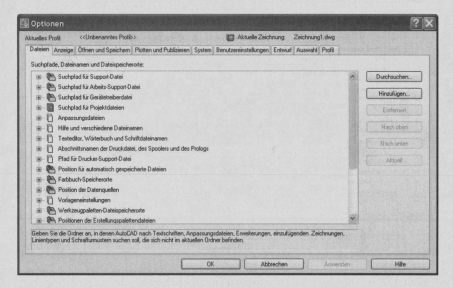

Abbildung A.5:
Dialogfeld mit Registerkarten für die Voreinstellungen

➤ *Bei den Einstellmöglichkeiten in den verschiedenen Registern finden Sie häufig vor dem Wert ein Zeichnungssysmbol. Diese Einstellung wird in der Zeichnungsdatei gespeichert und kann somit von Zeichnung zu Zeichnung verschieden sein.*

➤ *Wenn Sie diese Einstellung oder den Wert in allen Zeichnungen gleich haben wollen, sollten Sie ihn in der Vorlage einstellen.*

➤ *Die anderen Einstellungen werden in der AutoCAD-Konfigurationsdatei oder in der Windows-Registrierdatenbank gespeichert.*

:-)
TIPP

Registerkarte Dateien

In der Registerkarte DATEIEN legen Sie fest, mit welchen Dateien AutoCAD arbeitet, bzw. in welchen Ordnern AutoCAD nach Dateien sucht. Im Dialogfeld befindet sich ein Fenster, in dem wie im Windows Registrierreditor alle Einträge ausgelistet sind. Klicken Sie auf das + vor einen Eintrag, werden die Elemente dieses Eintrags angezeigt. Damit die Liste übersichtlich bleibt, werden sie eingerückt angezeigt (siehe Abbildung A.6). Jetzt haben Sie ein – vor dem Eintrag. Wenn Sie darauf klicken, werden die Elemente dieses Eintrags wieder ausgeblendet. Manche Einträge verzweigen sich weiter.

INFO

Anhang A   Installation und Optionen

Abbildung A.6:
Befehl Optionen,
Register Dateien

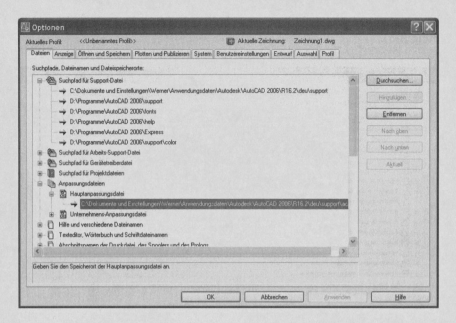

Um eine Datei oder einen Pfad hinzuzufügen, klicken Sie das + vor einem Eintrag in der Liste an. Ein Eintrag ist entweder mit einem Ordnersymbol oder einem Dateisymbol gekennzeichnet. Bei manchen Einträgen kann eine Datei aufgenommen werden, bei manchen sind ein oder mehrere Ordner möglich. Abhängig davon werden die Schaltflächen an der rechten Seite freigegeben:

- **Durchsuchen...:** Zum Blättern im Verzeichnisbaum nach einem Ordner oder einer Datei. Wählen Sie den Ordner oder die Datei, die Sie in diesem Eintrag haben wollen.

- **Hinzufügen...:** Hinzufügen eines Eintrags. Der Eintrag ist zunächst ohne Namen. Klicken Sie auf DURCHSUCHEN... und suchen Sie einen Ordner oder eine Datei aus dem Verzeichnisbaum aus. Wenn nur ein Eintrag möglich ist, ist die Schaltfläche deaktiviert.

- **Entfernen:** Entfernt den markierten Eintrag aus der Liste.

- **Nach oben bzw. Nach unten:** Verschiebung der Markierung in der Liste nach oben oder unten.

- **Aktuell:** Macht den markierten Eintrag in der Liste zum aktuellen Eintrag.

Informationen darüber, welche Funktionen ein Eintrag hat, bekommen Sie, wenn Sie einen Eintrag markieren. Im Textfeld am unteren Ende des Dialogfeldes werden dann die Erläuterungen angezeigt.

Registerkarte Anzeige

In der Registerkarte ANZEIGE finden Sie alle Einstellungen zur Darstellung der Zeichnungsobjekte auf dem Bildschirm (siehe Abbildung A.7).

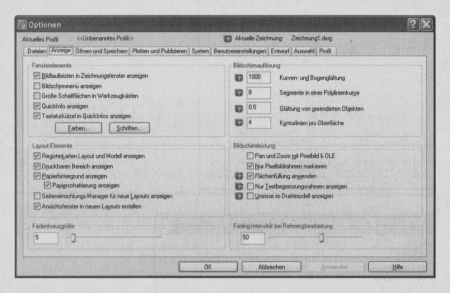

Abbildung A.7:
Befehl Optionen, Register Anzeige

Fensterelemente: Wählen Sie in diesem Bereich, ob Sie die Bildlaufleisten am rechten und unteren Rand (Schalter BILDLAUFLEISTEN IM ZEICHNUNGSFENSTER ANZEIGEN) oder das Bildschirmmenü (Schalter BILDSCHIRMMENÜ ANZEIGEN) haben wollen. Mit dem Schalter GROSSE SCHALTFLÄCHEN IN WERKZEUGKÄSTEN bekommen Sie große Icons in den Werkzeugkästen von AutoCAD, was allerdings furchtbar aussieht. Mit dem Schalter QUICKINFO ANZEIGEN aktivieren Sie das gelbe Fenster, das erscheint, wenn Sie mit der Maus darauf zeigen, und das die Kurzbeschreibung für das Icon enthält. Der letzte Schalter in diesem Feld, TASTATURKÜRZEL IN QUICKINFOS ANZEIGEN, bewirkt, dass in dem Feld auch das entsprechende Tastaturkürzel angezeigt wird, mit dem dieser Befehl ebenfalls ausgeführt werden kann.

Farben...: Einstellung der Farben für die einzelnen Bildschirmelemente in einem weiteren Dialogfeld. Klicken Sie auf die Schaltfläche und Sie bekommen ein weiteres Dialogfeld (siehe Abbildung A.8). Klicken Sie auf ein Element in den stilisierten Fenstern oder wählen Sie ein Fensterelement aus dem Abrollmenü FARBE. Mit der Auswahl FARBE WÄHLEN... und FENSTER... können Sie aus den Farbpaletten wählen.

Schriften...: Einstellung der Schrift für das Befehlszeilenfenster in einem weiteren Dialogfeld (siehe Abbildung A.9).

Anhang A — Installation und Optionen

Abbildung A.8: Dialogfeld für die Farben

Abbildung A.9: Schriftart für das Befehlszeilenfenster

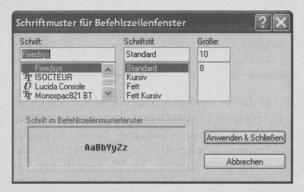

Layout-Elemente: Wählen Sie, ob Sie die Registerkarten für den Modellbereich und die verschiedenen Layouts am unteren Bildschirmrand haben wollen (Schalter REGISTERKARTEN LAYOUT UND MODELL ANZEIGEN). Im Layout können Sie einstellen, ob Sie die Ränder für den bedruckbaren Bereich anzeigen wollen (Schalter RÄNDER ANZEIGEN), den Papierhintergrund in einer anderen Farbe haben wollen (Schalter PAPIERHINTERGRUND ANZEIGEN) und einen Schatten des Papierrands haben wollen (Schalter PAPIERSCHATTIERUNG ANZEIGEN). Zwei weitere Schalter beeinflussen den Programmablauf: Wählen Sie, ob Sie den Befehl SEITENEINR automatisch beim Anlegen eines neuen Layouts starten wollen (Schalter DIALOGFELD SEITE EINRICHTEN FÜR NEUE LAYOUTS ANZEIGEN) und ob Sie in einem neuen Layout automatisch ein Ansichtsfenster haben wollen (Schalter ANSICHTSFENSTER IN NEUEN LAYOUTS ERSTELLEN).

Fadenkreuzgröße: Steuert die Größe des Fadenkreuzes. Es kann ein Wert zwischen 1 und 100 % des Gesamtbildschirms angegeben werden. Bei einem Wert von 100 % wird es über den ganzen Bildschirm angezeigt.

Bildschirmauflösung: Im ersten Feld können Sie einen Wert für die KURVEN- UND BOGENGLÄTTUNG eingeben. Je höher der Wert (1 bis 20000) ist, desto besser werden kreisförmige Objekte abgebildet. Sie verhindern damit, dass beim Zoomen Kreise eckig dargestellt werden (siehe auch Befehl AUFLÖS). Empfohlene Einstellung: 1000. Die Einstellung SEGMENTE IN EINER POLYLINIENKURVE gibt an, mit wie vielen Segmenten die Kurvendarstellung beim Befehl PEDIT angenähert wird (Systemvariable SPLINESEGS). Die nächste Einstellung GLÄTTUNG VON GERENDERTEN OBJEKTEN steuert die Glättung schattierter und gerenderter Festkörper mit Krümmungen (Systemvariable FACETRES). Die Genauigkeit der Ausgabe von Stereolithografiedateien ist ebenfalls von dieser Einstellung abhängig. Die Einstellung KONTURLINIEN PRO OBERFLÄCHE steuert die Darstellung von Volumenkörpern am Bildschirm. Je höher der Wert, desto mehr Linien werden an Krümmungen angezeigt (Systemvariable ISOLINES).

Bildschirmleistung: Stellen Sie ein, ob Sie Bilddateien beim Zoomen in Echtzeit anzeigen lassen wollen (Schalter PAN UND ZOOM MIT PIXELBILD) und ob Sie diese bei der Objektwahl nur am Rahmen markieren wollen (Schalter NUR PIXELRAHMEN MARKIEREN). Schalten Sie den ersten Schalter aus und den zweiten ein, wenn Sie den Bildaufbau bei Bilddateien beschleunigen wollen. Außerdem können Sie einstellen, ob Sie eine True-Color-Darstellung bei Bilddateien und beim Rendern haben wollen (Schalter TRUE COLOR-PIXELBILDER UND -RENDERN). Drei weitere Schalter steuern die Darstellung in der Zeichnung: gefüllte Flächen ein- und ausschalten (Schalter FLÄCHENFÜLLUNG ANWENDEN, Befehl FÜLLEN), Text nur mit einem Begrenzungsrahmen anzeigen (Schalter NUR TEXTBEGRENZUNGSRAHMEN ANZEIGEN, Befehl QTEXT) und Umrisse in der Drahtdarstellung eines Volumenkörpers immer anzeigen, unabhängig von der Zahl der Konturlinien (Schalter UMRISSE IM DRAHTMODELL ANZEIGEN, Systemvariable DISPSILH).

Fading-Intensität bei Referenzbearbeitung: Bestimmt die Abblendintensität für Objekte bei der Bearbeitung im Blockeditor.

Registerkarte Öffnen und Speichern

In der Registerkarte ÖFFNEN UND SPEICHERN finden Sie die Einstellungen für die Verwaltung von Dateien (siehe Abbildung A.10).

Datei speichern: Stellen Sie in dem Abrollmenü ein, unter welchem Dateiformat standardmäßig gespeichert werden soll (Abrollmenü SPEICHERN UNTER) und ob eine Voransicht mit der Zeichnung gespeichert werden soll (Schalter MINIATURVORANSICHT-EINSTELLUNGEN). Das Feld PROZENTSATZ DER INKREMENTELLEN SPEICHERUNG legt den Wert von nicht genutztem Platz fest, der in einer Zeichendatei toleriert wird (Systemvariable ISAVEPERCENT). Wenn Sie den Wert für diese Option auf 0 setzen, wird jede Speicherung als vollständige Speicherung durchgeführt. Für eine optimale Systemleistung wird ein Wert von 50 empfohlen.

| Anhang A | Installation und Optionen |

Abbildung A.10:
Befehl Optionen, Register Öffnen und Speichern

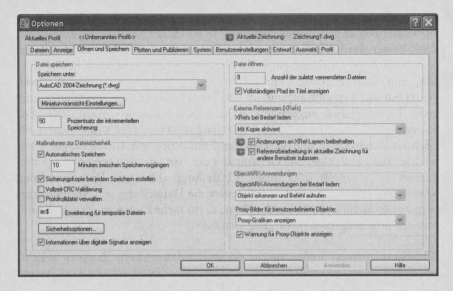

Maßnahmen zur Datensicherheit: Legen Sie fest, ob eine automatische Sicherung erfolgen soll (Schalter AUTOMATISCHES SPEICHERN). Zusätzlich geben Sie an, in welchem Zeitintervall dies erfolgen soll (Feld MINUTEN ZWISCHEN SPEICHERVORGÄNGEN). Die Sicherungsdatei hat die Dateierweiterung *.sv$. Wenn Sie nach einem Systemabsturz die automatische Sicherung benötigen, müssen Sie diese Datei in eine Zeichnungsdatei mit der Dateierweiterung *.dwg umbenennnen. Den Pfad der automatischen Sicherung stellen Sie im Register DATEIEN ein.

Geben Sie außerdem an, ob Sie beim Speichern zusätzlich die letzte Variante der Zeichnungsdatei als Sicherungsdatei (*.bak) haben wollen (Schalter SICHERUNGSDATEI BEI JEDEM SPEICHERN ERSTELLEN). Die Sicherungsdatei hat den gleichen Namen wie die zugehörige Zeichnungsdatei und wird im gleichen Ordner gespeichert. Falls Sie die Sicherungsdatei benötigen, sollten Sie die Dateierweiterung umbenennen. Geben Sie außerdem an, ob Sie eine CRC-Prüfung (zyklische Redundanzprüfung) beim Öffnen von Dateien durchführen wollen (Schalter VOLLZEIT CRC-VALIDIERUNG). Eine CRC-Prüfung dient der Fehlerkontrolle. Wollen Sie die Inhalte des Textfensters protokollieren, schalten Sie den Schalter PROTOKOLLDATEI VERWALTEN ein. Im untersten Feld ERWEITERUNG FÜR TEMPORÄRE DATEIEN können Sie eintragen, welche Dateierweiterung temporäre Dateien haben sollen. In einem Netzwerk kann so zugeordnet werden, von welchem Benutzer die temporären Dateien stammen.

Mit der Schaltfläche SICHERHEITSOPTIONEN können Sie in einem weiteren Dialogfeld (siehe Abbildung A.11) ein Kennwort zum Öffnen von Zeichnungen angeben. Alle Zeichnungen, die Sie auf diesem Arbeitsplatz erstellen, können Sie dann nur mit diesem Kennwort öffnen. Geben Sie hier kein allgemeines Kennwort vor, können Sie auch beim Speichern der Zeichnung ein individuelles Kennwort eingeben. Der Schalter ZEICHNUNGSEIGEN-SCHAFTEN VERSCHLÜSSELN bewirkt, dass auch die Zeichnungseigenschaften verschlüsselt werden und im Windows-Explorer nicht angezeigt werden. Mit der Schaltfläche WEITERE OPTIONEN können Sie in einem weiteren Dialogfeld die Verschlüsselungsart und die Schlüssellänge bestimmen.

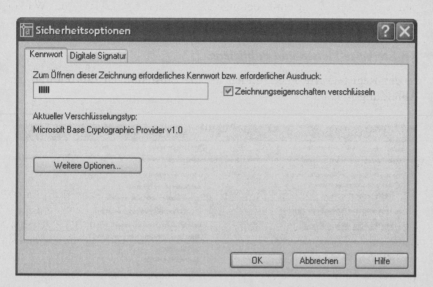

Abbildung A.11: Eingabe eines Kennworts zum Öffnen von Zeichnungen

Datei Öffnen: Im Feld ANZAHL DER ZULETZT VERWENDETEN DATEIEN kann eingestellt werden, wie viele zuletzt geöffnete Dateien im Abrollmenü Datei aufgelistet werden sollen (0 bis 9). Der Schalter VOLLSTÄNDIGEN PFAD IM TITEL ANZEIGEN bewirkt, dass in der Titelleiste des Zeichnungsfensters der vollständige Pfad der aktuellen Zeichnung angezeigt wird. Ist er aus, wird nur der Zeichnungsname angezeigt.

Externe Referenzen: Im Abrollmenü XREFS BEI BEDARF LADEN kann eingestellt werden, dass nur der Teil der externen Zeichnung geladen wird, der für die momentane Anzeige benötigt wird. Dazu sollten Sie die Funktion aktivieren. Der Bildaufbau wird dadurch beschleunigt. In diesem Fall können andere Benutzer aber nicht mehr auf die Zeichnung zugreifen. Wenn Sie die Kopie aktivieren, ist dieser Nachteil beseitigt. Haben Sie den Schalter ÄNDERUNGEN AN XREF-LAYER BEIBEHALTEN ein, werden Änderungen an den Layern von externen Referenzen erhalten, auch dann, wenn Sie die Zeichnung schließen. Der Schalter REFERENZBEARBEITUNG IN AKTUELLER ZEICHNUNG FÜR ANDERE BENUTZER ZULASSEN legt fest, ob die Zeichnung bearbeitet werden kann, wenn sie durch eine oder mehrere andere Zeichnungen referenziert wird.

Anhang A Installation und Optionen

ObjectARX-Anwendungen: Das Abrollmenü OBJECTARX-ANWENDUNGEN BEI BEDARF LADEN steuert, ob und wie ARX-Anwendungen geladen werden, wenn die aktuelle Zeichnung benutzerspezifische Objekte enthält. Das Abrollmenü PROXY-BILDER FÜR BENUTZERDEFINIERTE OBJEKTE steuert die Anzeige von benutzerspezifischen Objekten in Zeichnungen. Mit dem Schalter WARNUNG FÜR PROXY-OBJEKTE ANZEIGEN legen Sie fest, ob beim Öffnen einer Zeichnung mit benutzerspezifischen Objekten eine Warnung angezeigt werden soll.

Registerkarte Plotten und Publizieren

In der Registerkarte PLOT finden Sie die Einstellungen fürs Plotten (siehe Abbildung A.12).

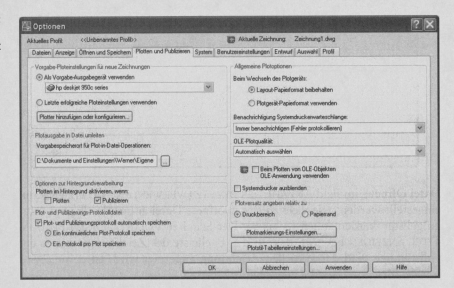

Abbildung A.12: Befehl Optionen, Register Plot

Vorgabe Plot-Einstellungen für neue Zeichnungen: Wählen Sie hier den Vorgabeplotter für neue Zeichnungen aus der Auswahl der konfigurierten Plotter. Mit der Schaltfläche PLOTTER HINZUFÜGEN UND KONFIGURIEREN... kommen Sie zum Plotter-Manager (siehe Kapitel 15.4). Außerdem können Sie wählen, ob Sie bei neuen Zeichnungen ein Gerät als Vorgabegerät haben wollen (Schalter ALS VORGABE-AUSGABEGERÄT VERWENDEN) oder die letzte Plotkonfiguration verwenden wollen (Schalter LETZTE ERFOLGREICHE PLOT-EINSTELLUNGEN VERWENDEN).

Plotausgabe in Datei umleiten: Falls Sie die Plotausgabe in eine Datei umleiten, können Sie hier den Vorgabespeicherort wählen. Im Feld darunter wird der aktuelle Ordner angezeigt. Mit dem Symbol dahinter können Sie einen neuen Ordner bestimmen.

Optionen zur Hintergrundverarbeitung: Wählen Sie hier, ob Sie plotten oder publizieren oder beides im Hintergrund ausführen lassen wollen.

Plot- und Publizierungs-Protokolldatei: Hier können Sie festlegen, ob Sie ein Protokoll vom Plotten und Publizieren haben wollen und ob das Protokoll kontinuierlich oder nur pro Plot erstellt werden soll.

Allgemeine Plotoptionen: Wählen Sie hier, was mit dem Papierformat geschehen soll, wenn Sie den Plotter wechseln. Es kann das Papierformat vom Layout oder vom Plotter weiter verwendet werden. Außerdem können Sie angeben, welche Nachrichten Sie vom Systemdrucker in AutoCAD angezeigt haben wollen (Abrollmenü BENACHRICHTUNG SYSTEMWARTE-SCHLANGE). Mit dem Abrollmenü OLE-PLOTQUALITÄT legen Sie fest, wie OLE-Objekte (siehe Kapitel 14) in der Zeichnung geplottet werden sollen. Haben Sie den Schalter SYSTEMDRUCKER AUSBLENDEN aktiviert, werden nur die in AutoCAD mit dem Plot-Manager konfigurierten Geräte angezeigt. Ansonsten erscheinen Systemdrucker auch ohne spezielle Konfiguration in AutoCAD. Sie sind dann unter Umständen doppelt im Abrollmenü beim Befehl PLOT.

Plotversatzangeben relativ zu: Geben Sie hier an, ob der Plotversatz, den Sie im Plot-Dialogfeld eingeben können, relativ zum Papierrand oder zum Druckbereich gelten soll.

Plotmarkierungs-Einstellungen...: Damit kommen Sie zum Dialogfeld für die Konfiguration der Plotmarkierung (siehe Kapitel 15.2, Abbildungen 15.9 und 15.10).

Plotstil-Tabelleneinstellungen...: In einem weiteren Dialogfeld wählen Sie, ob bei einer neuen Zeichnung mit farbabhängigen oder benannten Plotstiltabellen begonnen werden soll und welche Plotstiltabelle Vorgabe sein soll.

Registerkarte System

In der Registerkarte SYSTEM können Sie die Systemeinstellungen für Auto-CAD ändern (siehe Abbildung A.13).

Aktueller 3D-Grafikbildschirm: Wählen Sie im Abrollmenü, welcher Grafiktreiber verwendet werden soll. Die Vorgabe ist auf *Gsheidi10* eingestellt, der mit AutoCAD gelieferte Universal-Grafiktreiber. Normalerweise haben Sie hier keine weitere Auswahl, da in der Regel keine speziellen Treiber für Grafikkarten geliefert werden. Mit der Schaltfläche EIGENSCHAFTEN... kommen Sie zu einem weiteren Dialogfeld, in dem Sie den Treiber optimieren können (siehe Abbildung A.14).

Anhang A Installation und Optionen

Abbildung A.13:
Befehl Optionen, Register System

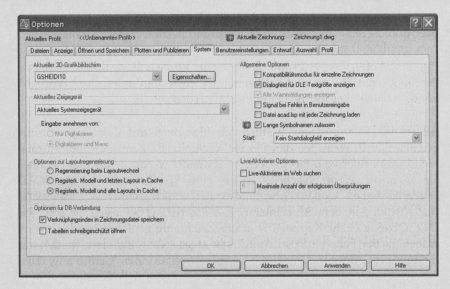

Abbildung A.14:
Konfiguration des 3D-Grafiksystems

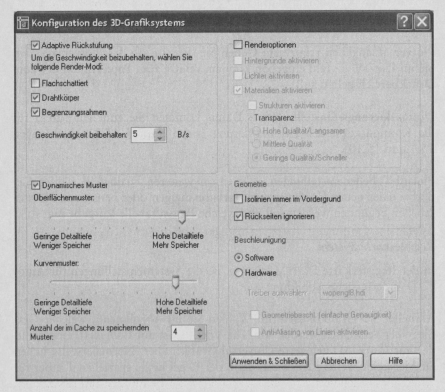

Konfiguration des 3D-Grafiksystems: Im Feld ADAPTIVE RÜCKSTUFUNG stellen Sie ein, wie sich die Anzeige im 3D-Orbit verhalten soll, wenn die Grafikkarte mit dem Bildaufbau beim Drehen nicht nachkommt. Im Feld DYNAMISCHES MUSTER können Sie die Anzeigequalität und im Feld RENDER-

OPTIONEN die Qualität der Renderanzeige optimieren. Im Feld GEOMETRIE geben Sie an, ob Sie Isolinien von schattierten Modellen in allen Schattierungsmodi anzeigen wollen und ob die Rückseiten von Flächen ausgeblendet werden sollen. Ist Ihre Grafikkarte OpenGL-kompatibel, können Sie im Feld Beschleunigung auf die Hardware-Beschleunigung umschalten. Wählen Sie dann mit dem Schalter DURCHSUCHEN... den Treiber für die Hardware-Beschleunigung. Normalerweise ist dies für eine OpenGl-Grafikkarte der Treiber *wopengl7.hdi*. Die Bildschirmausgabe im 3D-Orbit wird dann wesentlich beschleunigt. Mit der Schaltfläche ANWENDEN & SCHLIESSEN kommen Sie zurück zum ersten Dialogfeld.

Aktuelles Zeigegerät: Im Abrollmenü können Sie zwischen dem *aktuellen Systemzeigegerät* und einem *Wintab kompatiblen Digitizer* wählen. Benutzen Sie ein Grafiktablett, müssen Sie dieses in Windows mit einem Wintab-Treiber installieren. Dann können Sie hier den Wintab-kompatiblen Treiber verwenden. In diesem Fall können Sie wählen, ob Sie nur mit dem Grafiktablett oder mit Maus und Grafiktablett arbeiten wollen.

Optionen zur Layoutregenerierung: Hier können Sie wählen, ob beim Layoutwechsel regeneriert werden soll oder besser, ob das letzte Layout bzw. alle Layouts in einem Zwischenspeicher gehalten werden sollen. Regenerierungen werden dann überflüssig, der Bildaufbau beim Layoutwechsel wird erheblich beschleunigt. Es wird aber mehr Arbeitsspeicher benötigt.

Optionen für DB-Verbindung: Mit dem Schalter VERKNÜPFUNGSINDEX IN ZEICHNUNGSDATEI SPEICHERN können Sie wählen, ob der Datenbankindex in der Zeichnungsdatei gespeichert werden soll. Wählen Sie diesen Schalter, um die Leistung während der Verknüpfungsauswahl zu verbessern. Der Schalter TABELLEN SCHREIBGESCHÜTZT ÖFFNEN legt fest, ob Datenbanktabellen im schreibgeschützten Modus in der Zeichnungsdatei geöffnet werden.

Allgemeine Optionen: Legen Sie hier fest, ob Sie das Öffnen von nur einer Zeichnung zulassen wollen, Schalter KOMPATIBILITÄTSMODUS FÜR EINZELNE ZEICHNUNGEN und ob ein Dialogfeld für die Eigenschaften angezeigt werden soll, wenn Sie OLE-Objekte einfügen (Schalter DIALOGFELD FÜR OLE-OBJEKTE ANZEIGEN). Darunter finden Sie den Schalter für die Aktivierung des akustischen Signals bei Fehlbedienungen, die Einstellung, wann die Datei *Acad.lsp* geladen werden soll und die Einstellung, ob Sie lange Symbolnamen (bis 255 Zeichen) in der Zeichnung zulassen wollen. Im Abrollmenü START wählen Sie, ob Sie beim Start von AutoCAD und beim Befehl NEU das Startdialogfeld haben wollen oder nicht. Haben Sie kein Startdialogfeld gewählt, wird beim Befehl NEU nur die Vorlage in einem Dialogfeld abgefragt.

Live-Aktivierer-Optionen: Hier geben Sie an, wann und wie oft im Kommunikations-Center nach aktuellen Informationen gesucht wird.

Anhang A Installation und Optionen

INFO

Registerkarte Benutzereinstellungen

In der Registerkarte BENUTZEREINSTELLUNGEN können Sie die Wirkung der Bedienelemente einstellen (siehe Abbildung A.15).

Windows-Standardverhalten: Mit dem Schalter KONTEXTMENÜS IM ZEICHENBEREICH legen Sie fest, ob Sie die Kontextmenüs mit der rechten Maustaste haben wollen. Klicken Sie auf die Schaltfläche RECHTSKLICK-ANPASSUNG..., bekommen Sie ein weiteres Dialogfeld. Dort wählen Sie, wann die rechte Maustaste ein Kontextmenü bringen soll und wann sie mit ↵ belegt sein soll (siehe Abbildung A.16). Außerdem können Sie einen zeitabhängigen Rechtsklick aktivieren. Klicken Sie in diesem Fall kurz auf die Rechte Maustaste bewirkt dies ein ↵. Klicken Sie länger als die eingestellte Zeit, bekommen Sie die Kontextmenüs.

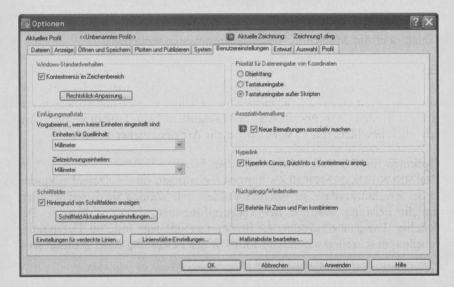

Abbildung A.15: Befehl Optionen, Register Benutzereinstellungen

Zurück zum übergeordneten Dialogfeld:

Einfügungsmaßstab: In diesen Abrollmenüs können Sie wählen, welche Vorgabeeinheiten die Zeichnung sowie eingefügte Blöcke und externe Referenzen haben sollen (siehe Kapitel 11.2, 11.4, 11.9, 13.7 und 13.8). Diese Einstellungen gelten dann, wenn keine Einheiten gewählt wurden.

Schriftfelder: Geben Sie an, ob Sie Schriftfelder mit einem Hintergrund versehen wollen. In diesem Fall kreuzen Sie den Schalter HINTERGRUND VON SCHRIFTFELDERN ANZEIGEN an. Mit der Schaltfläche SCHRIFTFELD-AKTUALISIERUNGSEINSTELLUNGEN... kommen Sie zu einem Dialogfeld, bei dem Sie angeben können, bei welchen Aktionen die Werte der Schriftfelder aktualisiert werden sollen.

Optionen in AutoCAD   Anhang A

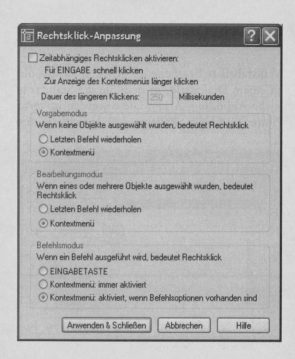

Abbildung A.16:
Dialogfeld
Rechtsklick-
Anpassung

Priorität für Dateneingabe von Koordinaten: Diese Auswahl steuert, wie AutoCAD auf die Eingabe von Koordinaten auf der Tastatur reagiert. Normalerweise soll beim Eintippen einer Koordinate der Objektfang benachbarte Punkte nicht einfangen. Dies war bis AutoCAD 13 noch anders, hier hatte der Objektfang Priorität. Somit konnte es bei aktivem Objektfang zu Fehlern kommen. Wählen Sie TASTATUREINGABE oder TASTATUREINGABE AUSSER SKRIPTEN, um diese Fehler zu vermeiden.

Assoziativbemassung: Hier geben Sie an, ob neue Maße assoziativ erstellt werden sollen oder nicht. Lassen Sie den Schalter NEUE BEMASSUNGEN ASSOZIATIV MACHEN auf jeden Fall eingeschaltet, wenn Sie die Vorteile der assoziativen Bemaßung nutzen wollen.

Hyperlink: Wählen Sie, ob Sie den Hyperlink-Cursor und das Kontextmenü dafür haben wollen und ob Sie das Hyperlink-Quickinfo anzeigen lassen wollen.

Rückgängig/Wiederholen: Haben Sie den Schalter BEFEHLE FÜR ZOOM UND PAN KOMBINIEREN eingeschaltet, werden mehrere, aufeinander folgende Zoom- und Pan-Befehle wie ein Befehl gewertet, wenn Sie RÜCKGÄNGIG oder WIEDERHOLEN verwenden.

Einstellungen für verdeckte Linien: Mit diesem Schalter kommen Sie zu einem weiteren Dialogfeld, in dem Sie einstellen können, wie verdeckte Linien dargestellt werden (siehe Kapitel 20.10, Befehl VLEINSTELLUNGEN).

Anhang A   Installation und Optionen

Linienstärke-Einstellungen...: Mit dieser Schaltfläche kommen Sie zu den Vorgabeeinstellungen für die Linienstärken (siehe Kapitel 4.5).

Maßstabsliste bearbeiten...: Klicken Sie auf diese Schaltfläche, kommen Sie zu einem Dialogfeld, in dem Sie die Standardmaßstäbe bearbeiten können (siehe Abbildung A.17). Diese werden in verschiedenen Abrollmenüs beim Plotten und beim Skalieren von Ansichtsfenstern angezeigt.

Abbildung A.17: Liste der Standardmaßstäbe bearbeiten

Registerkarte Entwurf

In der Registerkarte ENTWURF geben Sie die Grundeinstellungen fürs Zeichnen vor (siehe Abbildung A.18).

AutoSnap-Einstellungen und AutoSnap-Markierungsgröße: Hier finden Sie die Einstellungen für den Objektfang (siehe Kapitel 3.13). Wenn der Schalter MARKIERUNG eingeschaltet ist, werden die Symbole an den Geometriepunkten angezeigt und Sie können sie mit der ⇆-Taste durchblättern. Nur so ist der AUTOSNAP sinnvoll. Der Schalter MAGNET bewirkt, dass die Symbole auch dann angezeigt werden, wenn sich das Fadenkreuz nur in der Nähe befindet. Der Schalter AUTOSNAP-QUICKINFO ANZEIGEN bewirkt, dass an den Fangpunkten die Quick-Infos angezeigt werden. Der Schalter AUTOSNAP-ÖFFNUNG ANZEIGEN blendet zusätzlich ein Fangfenster ein, wie es in AutoCAD 12 und 13 verwendet wurde. Zu viele Anzeigen machen den Bildschirm unübersichtlich, deshalb sollte darauf verzichtet werden. Im Abrollmenü AUTOSNAP-MARKIERUNGSFARBE können Sie die Farbe der Markierungssymbole wählen. Mit dem Regler AUTOSNAP-MARKIERUNGSGRÖSSE kann die Größe der Markierungssymbole für den AutoSnap eingestellt werden. Haben Sie die AutoSnap-Öffnung eingeschaltet, können Sie an dem Schieberegler GRÖSSE DER ÖFFNUNG die Größe des Fensters einstellen.

Obkjektfang-Optionen: Haben Sie den Schalter SCHRAFFIERTE OBJEKTE IGNORIEREN aktiviert, werden Endpunkte von Schraffuren nicht vom Objektfang gefangen. Mit dem Schalter Z-WERT DURCH AKTUELLE ERHEBUNG ERSETZEN bewirken Sie, dass bei einem mit dem Objektfang gefangenen Punkt mit Z-Koordinate diese auf die aktuelle Erhebung gesetzt wird. Da diese in der Regel 0 ist, wird der gefangene Punkt auf die XY-Ebene projiziert.

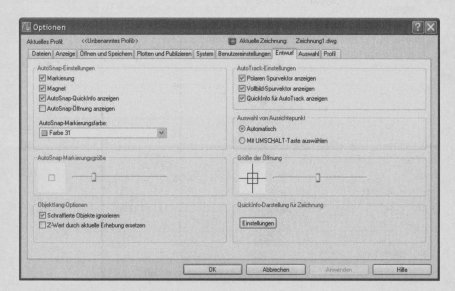

Abbildung A.18: Befehl Optionen, Register Entwurf

AutoTrack-Einstellungen (Objektfangspuren): Mit dem Schalter POLAREN SPURVEKTOR ANZEIGEN, bestimmen Sie, dass bei den Winkeln des polaren Rasters Hilfslinien angezeigt werden. Ist der Schalter VOLLBILD-SPURVEKTOR ANZEIGEN ein, werden die Hilfslinien immer über den ganzen Bildschirm angezeigt. Ist der Schalter QUICKINFO FÜR AUTOTRACK ANZEIGEN ein, rastet der AutoTrack nur dann ein, wenn Sie kurz auf dem Punkt bleiben, auf dem eingerastet werden soll. Ansonsten rastet der AutoTrack sofort ein.

Auswahl von Ausrichtepunkt: Haben Sie AUTOMATISCH eingestellt, rastet der AutoTrack dann ein, wenn Sie kurz auf dem gewünschten Punkt bleiben. Haben Sie die Einstellung MIT UMSCHALTTASTE AUSWÄHLEN gewählt, bekommen Sie den Ausrichtepunkt nur dann, wenn Sie kurz die ⇧-Taste drücken, wenn Sie auf dem Punkt sind.

Größe der Öffnung: Hiermit steuern Sie den Fangbereich für den AutoSnap. Je größer das Fenster ist, desto weiter wird die Umgebung des Fadenkreuzes nach Fangpunkten abgesucht.

Anhang A   Installation und Optionen

QuickInfo-Darstellung für Zeichnung: In diesem Feld haben Sie nur eine einzige Schaltfläche, mit der Sie zu einem weiteren Dialogfeld kommen (siehe Abbildung A.19), die Schaltfläche EINSTELLUNGEN.

Abbildung A.19: Quickinfo-Darstellung

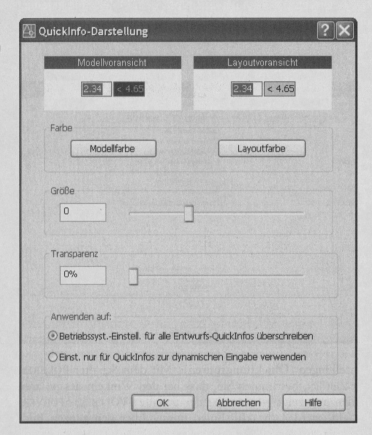

Geben Sie hier Farbe, Größe und Transparenz der QuickInfos bei der dynamischen Eingabe vor. Ist der Schalter BETRIEBSSYST.-EINSTELL. FÜR ALLE ENTWURFS-QUICKINFOS ÜBERSCHREIBEN aktiviert, werden die Einstellungen des Betriebssystems überschrieben. Wollen Sie die Einstellungen nur für die QuickInfos bei der dynamischen Eingabe verwenden, dann schalten Sie EINST. NUR FÜR QUICKINFOS ZUR DYNAMISCHEN EINGABE VERWENDEN ein.

Registerkarte Auswahl

In der Registerkarte AUSWAHL wählen Sie die Einstellungen für den Objektfang und die Griffe (siehe Abbildung A.19).

Auswahlmodi: Einstellung für die Objektwahl (siehe Kapitel 3.10).

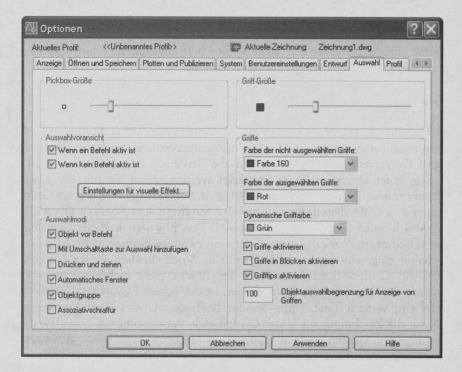

Abbildung A.20:
Befehl Optionen, Register Auswahl

Auswahlvoransicht: Werden Objekte mit dem Fadenkreuz überfahren, werden sie hervorgehoben dargestellt. Sie können die Hervorhebung aktivieren, wenn ein Befehl aktiv ist und/oder wenn kein Befehl aktiv ist. Dazu haben Sie die beiden Schalter. Mit der Schaltfläche EINSTELLUNGEN FÜR VISUELLE EFFEKTE... kommen Sie zu einem weiteren Dialogfeld (siehe Abbildung A21).

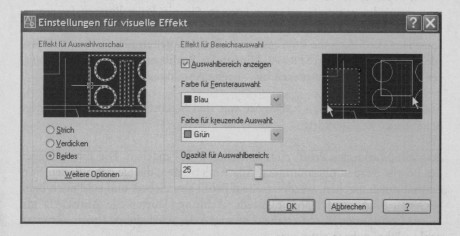

Abbildung A.21:
Einstellung für die visuellen Effekte

Wählen Sie die Art der Hervorhebung im Feld EFFEKT FÜR AUSWAHLVORSCHAU: gestrichelte oder verdickte Darstellung oder beides. Mit der Schaltfläche *Weitere Optionen* können Sie in einem weiteren Dialogfeld bestimmte

Objekte von der Hervorhebung ausnehmen. Im Feld EFFEKT FÜR BEREICHS-AUSWAHL können Sie wählen, ob das Auswahlfenster bei der Objektwahl farbig hinterlegt werden soll (siehe Kapitel 3.10). Außerdem können Sie Farben und Transparenz für die Fenster einstellen.

Griffe: Einstellung für die Griffe (siehe Kapitel 13). Auf der rechten Seite des Dialogfelds stellen Sie mit dem Schieberegler GRIFF-GRÖSSE die Größe der Griffe ein. Darunter wählen Sie die Griff-Farben für nicht ausgewählte und ausgewählte Griffe in Abrollmenüs. Außerdem lässt sich die DYNAMISCHE GRIFFFARBE einstellen. Das sind die Griffe, die bei markierten Objekten in einer speziellen Farbe angezeigt werden, wenn Sie mit der Maus drüber fahren. Mit dem Schalter GRIFFE AKTIVIEREN schalten Sie die Griffe ein und aus. Mit dem darunter liegenden Schalter GRIFFE IN BLÖCKEN AKTIVIEREN können Sie Griffe auch innerhalb von Blöcken aktivieren. Normalerweise hat ein Block nur einen Griff, und zwar am Einfügepunkt. Ist dieser Schalter eingeschaltet, hat jedes Objekt im Block ebenfalls Griffe. Sie können die Griffpositionen innerhalb des Blocks zwar nicht ändern, aber andere Objekte auf diese Griffe ziehen. Ist der Schalter GRIFFTIPPS AKTIVIEREN ein, werden Tool Tipps bei der Bearbeitung eines Griffs angezeigt. Damit die Zeichnung vor lauter Griffen nicht verschwindet, können Sie die Anzeige von Griffen im Feld OBJEKTAUSWAHLBEGRENZUNG FÜR AUSWAHL VON GRIFFEN auf den eingetragenen Wert beschränken.

Registerkarte Profil

Haben Sie in den vorherigen Registern die unterschiedlichsten Einstellungen gemacht, wollen Sie diese nicht wieder bei nächster Gelegenheit überschreiben und damit wieder verlieren. Sie können die aktuellen Einstellungen in einem Profil speichern. Es lassen sich beliebig viele Profile anlegen und bei Bedarf wieder aktivieren. Damit können Sie die Einstellungen für unterschiedliche Benutzer, Konfigurationen oder Zusatzapplikationen in Profilen speichern. Lediglich die konfigurierten Drucker gelten für alle Benutzerprofile. In der Registerkarte PROFIL können Sie Profile erstellen, löschen, kopieren, umbenennen, exportieren usw. (siehe Abbildung A.22).

Folgende Möglichkeiten haben Sie mit den Schaltflächen auf der rechten Seite dieser Registerkarte:

Aktuell: Markiertes Profil zum aktuellen Profil machen. Die Einstellungen des Profils werden übernommen. Alle Änderungen, die Sie dann in den Voreinstellungen machen, werden in dem Profil gespeichert und sind auch beim nächsten Start wieder so eingestellt. Achtung: Starten Sie AutoCAD mit einem bestimmten Profil (siehe Anhang A.3), wird dieses Profil aktiviert, egal welches zuletzt aktiv war.

Optionen in AutoCAD

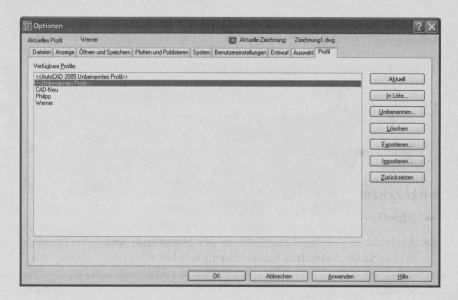

Abbildung A.22:
Befehl Optionen,
Register Profil

In Liste...: Das markierte Profil wird kopiert. In einem Dialogfeld können Sie den Namen und eine Beschreibung für das neue Profil eingeben. Damit können ähnliche Varianten eines bestehenden Profils erzeugt werden. Kopieren Sie das Profil, machen Sie es zum aktuellen und ändern Sie die Voreinstellungen entsprechend.

Umbenennen...: Ruft das Dialogfeld (wie in Abbildung A.21) auf, in dem Sie den Namen und die Beschreibung des markierten Profils ändern können. Verwenden Sie diese Option, wenn Sie ein vorhandenes Profil umbenennen, dessen aktuelle Einstellungen aber behalten möchten.

Löschen: Löscht das markierte Profil.

Exportieren...: Exportiert das markierte Profil in eine Profil-Datei. Diese Datei kann auf demselben oder einem anderen Computer wieder importiert werden. Somit lassen sich Einstellungen übertragen. Profil-Dateien haben die Dateierweiterung *.arg*.

Importieren...: Importiert eine über Export erstellte Profil-Datei. Wählen Sie die Profil-Datei mit dem Dateiwähler aus. Tragen Sie dann im Dialogfeld einen Namen und eine Beschreibung ein (siehe Abbildung A.21). Das Profil aus dieser Datei wird dann in der Zeichnung unter diesem Namen geführt. Existiert der Profilname, können Sie das Profil mit dem neuen überschreiben. Das aktuelle Profil kann allerdings nicht überschrieben werden.

Zurücksetzen: Setzt die Werte im markierten Profil auf die Vorgabeeinstellungen zurück.

Anhang A Installation und Optionen

Sie können AutoCAD auch mit Angabe einer Profildatei starten (siehe Anhang A.3):

```
C:\Programme\AutoCAD 2006 Deu\acad.exe /P "C:\WS Profil\werner.arg"
```

A.5 Konfiguration der dynamischen Eingabe

Mit dem Befehl ZEICHEINST können Sie die Funktionen der dynamischen Eingabe konfigurieren.

Befehl ZEICHEINST

➥ Abrollmenü EXTRAS, Funktion ENTWURFSEINSTELLUNGEN...

➥ Rechtsklick auf die Taste DYN in der Statusleiste und Funktion EINSTELLUNGEN... aus dem Kontextmenü wählen

Sie bekommen das Dialogfeld für die Entwurfseinstellungen. Die dynamische Eingabe finden Sie im gleichnamigen Register (siehe Abbildung A.23).

Abbildung A.23: Einstellungen für die dynamische Eingabe

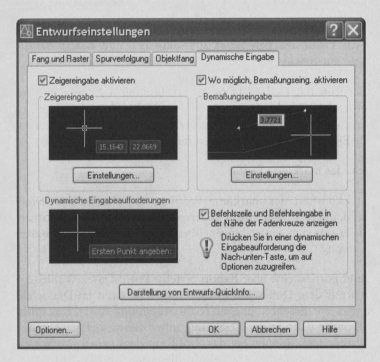

Zeigereingabe aktivieren: Hiermit schalten Sie die Koordinatenanzeige am Fadenkreuz ein. Mit der Schaltfläche EINSTELLUNGEN... können Sie in einem weiteren Dialogfeld die Art (absolut oder relativ) und das Format (kartesisch oder polar) der Anzeige einstellen.

Wo möglich Bemaßungseing. aktivieren: Hiermit aktivieren Sie die Eingabe von Bemaßungswerten beim Zeichnen. Beispielsweise kann beim Zeichnen eines Linienzugs die Länge des Liniensegments an einem Maß eingegeben werden. Auch hier können Sie die Art der angezeigten Maße in einem weiteren Dialogfeld einstellen, das Sie mit der Schaltfläche EINSTELLUNGEN... aktivieren.

Dynamische Eingabeaufforderungen: In diesem Feld können Sie mit dem Schalter die Befehlszeile und Befehlszeileneingabe am Fadenkreuz aktivieren.

Mit der Schaltfläche DARSTELLUNG VON ENTWURFS-QUICKINFO kommen Sie zur Einstellung der QuickInfos (siehe Anhang A.4, Abbildung A.19).

A.6 Dokumente und Einstellungen

Verschiedene Dateien werden in AutoCAD benutzerbezogen im Systemordner *Dokumente und Einstellungen* gespeichert. Bei der Installation werden diese Dateien zunächst im AutoCAD-Programmordner abgelegt. Das ist der Ordner:

C:\Programme\AutoCAD 2006\UserDataCache bzw.

C:\Programme\AutoCAD LT 2006\UserDataCache

Wird ein Benutzer angelegt, werden die Unterordner dieses Ordners in den Ordner *Dokumente und Einstellungen* kopiert. Die Unterordner:

Data Links (nicht in AutoCAD LT vorhanden), *Plot Styles, Plotters* und *Support*

werden in den Ordner

C:\Dokumente und Einstellungen\Benutzername\Anwendungsdaten\Autodesk\AutoCAD 2006\R16.2\Deu

bzw. bei AutoCAD LT in den Ordner

C:\Dokumente und Einstellungen\Benutzername\Anwendungsdaten\Autodesk\AutoCAD LT 2006\R11\Deu

kopiert. Die Unterordner:

Template und *Textures* (nicht in AutoCAD LT vorhanden)

werden in den Ordner

C:\Dokumente und Einstellungen\Benutzername\Lokale Einstellungen\ Anwendungsdaten\Autodesk\AutoCAD 2006\R16.2\Deu

Anhang A   Installation und Optionen

bzw. bei AutoCAD LT in den Ordner

*C:\Dokumente und Einstellungen\Benutzername\Lokale Einstellungen\
Anwendungsdaten\Autodesk\AutoCAD LT 2006\R11\Deu*

kopiert.

Ändern Sie die Menüdateien, legen Sie einen neuen Plotstil an, konfigurieren Sie einen Plotter in AutoCAD oder führen andere Änderungen an diesen Dateien durch, dann gelten die Änderungen nur für den aktuellen Benutzer. Möchten Sie aber, dass diese Änderungen für alle Benutzer gelten, müssen Sie die geänderten Dateien in die Ordner der anderen Benutzer kopieren.

Sollen die Änderungen auch für alle später neu angelegten Benutzer gelten, dann kopieren Sie die geänderten Daten in die entsprechenden Unterordner des Ordners *UserDataCache*.

Beachten Sie, dass einige der Ordner versteckte Ordner sind, die unter Umständen nicht angezeigt werden. Ändern Sie dies im Windows-Explorer, wenn Sie darauf zugreifen wollen. Wählen Sie dazu im Windows-Explorer im Abrollmenü EXTRAS die Funktion ORDNEROPTIONEN. Klicken Sie im Dialogfeld auf das Register ANSICHT. Blättern Sie in der Liste zum Eintrag VERSTECKTE DATEIEN UND ORDNER. Wählen Sie dort ALLE DATEIEN UND ORDNER ANZEIGEN (siehe Abbildung A.24). Jetzt sehen Sie auch die versteckten Ordner.

A.7   Konfiguration des Grafiktabletts

Grafiktabletts sind Relikte aus längst vergangenen CAD-Zeiten, als PCs noch keine grafischen Oberflächen hatten, eine Zeichenfläche, Abrollmenüs, ein Seitenmenü und sonst gar nichts. Da war das Grafiktablett unbedingt erforderlich. Die Fläche konnte in Menübereiche aufgeteilt werden, von denen per Symbol der Befehl gewählt werden musste. Vom ergonomischen Standpunkt ist es unsinnig. Sie konzentrieren sich auf die Arbeit am Bildschirm und müssen immer wieder weg sehen, weil Sie auf dem Tablett Ihr Symbol suchen. Außerdem verzichten Sie auf die Zoom- und Pan-Funktionen mit der Radmaus, die eine wesentliche Arbeitserleichterung bringen. Es spricht also nichts mehr für das Tablett und eine ganze Menge dagegen.

Falls Sie AutoCAD aber trotzdem noch mit einem Grafiktablett betreiben wollen und Sie dies in den Optionen eingestellt haben (siehe Anhang A.4), können Sie Ihre Tablettfläche in bis zu vier Menübereiche und einen Bildschirmzeigebereich aufteilen. Die AutoCAD-Standardmenüdatei *Acad.mnu* enthält in drei Menübereichen die wesentlichen Befehle für die Arbeit mit AutoCAD. Ein weiterer Menübereich im oberen Teil des Tabletts kann vom Anwender frei belegt werden.

Konfiguration des Grafiktabletts

Anhang A

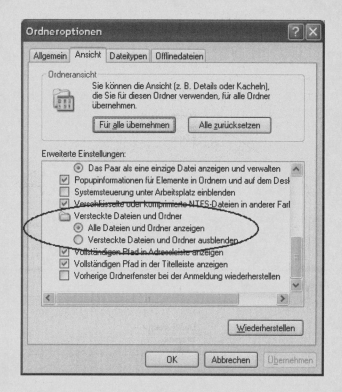

Abbildung A.24: Versteckte Dateien und Ordner anzeigen

Sie finden im Verzeichnis *\Programme\AutoCAD 2006\Sample* eine Zeichnungsdatei *Tablet.dwg*. In dieser Zeichnung sind alle Menüfelder mit Symbolen und Text gekennzeichnet. Diese Datei kann in den Maßen des verwendeten Grafiktabletts ausgeplottet werden und auf das Tablett gelegt werden.

Befehl Tablett

Mit dem Befehl TABLETT können Sie die Tablettauflage konfigurieren. Wählen Sie den Befehl:

➥ Abrollmenü EXTRAS, Untermenü TABLETT >, Funktion KONFIGURIEREN

Geben Sie die Zahl der Menübereiche an, für das Standardtablett sind es vier. Geben Sie dann die Menübereiche mit drei Punkten an und für jeden Bereich die Zahl der Zeilen und Spalten. Zum Schluss werden Sie noch nach dem Bildschirmzeigebereich gefragt. Für alle geforderten Punkte finden Sie auf der Menüfolie die entsprechenden Punkte (siehe Abbildung A.25).

Anhang A — Installation und Optionen

Abbildung A.25: Konfiguration des Tabletts in Menübereiche

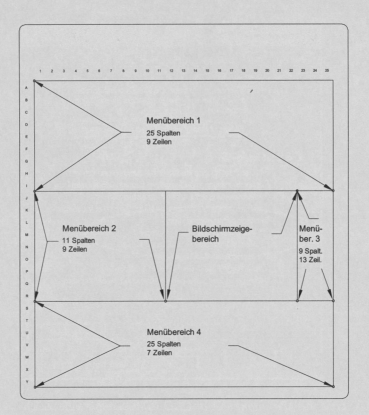

B Zusatzprogramme

Mit AutoCAD werden verschiedene Zusatzprogramme installiert. Außerdem wird der der Autodesk Express Viewer, ein Programm zur Anzeige von DWF-Dateien ohne AutoCAD, mitgeliefert. Dies und weiter mitgelieferte Zusätze wollen wir uns in diesem Kapitel näher betrachten.

B.1 Das Lizenzierungsdienstprogramm

Wie Sie in Anhang A.2 gesehen haben, können Sie AutoCAD auf Dauer nur betreiben, wenn Sie einen Freischaltcode dafür haben. Trotzdem lässt sich das Programm auf mehreren Computern nützen, selbstverständlich nicht gleichzeitig, wenn Sie nur eine Lizenz haben. Mit dem Lizenzierungsdienstprogramm übertragen Sie eine vorhandene Lizenz von einem Computer auf einen anderen im Pool. AutoCAD LT hat seit der Version 2006 ebenfalls einen geräteabhängigen Freischaltcode.

Lizenz auf andere Computer übertragen

Bedingung ist, dass Sie Ihre Lizenz auf einem Computer freigeschaltet haben. Gehen Sie dann wie folgt vor:

- Installieren Sie die Lizenz auf einem weiteren Computer. Sie läuft dort ohne Freischaltcode erst einmal 30 Tage.

- Starten Sie das Lizenzierungsdienstprogramm auf dem zweiten Computer aus dem Windows Startmenü: START, PROGRAMME, AUTODESK, AUTOCAD 2006 – DEUTSCH, DIENSTPROGRAMM ZUR LIZENZÜBERTRAGUNG.

- Aktivieren Sie das Register COMPUTER und schreiben Sie sich die Nummer im Feld IDENTIFIZIERUNGSCODE FÜR DIESEN COMPUTER ab (siehe Abbildung B.1).

- Gehen Sie dann zu dem Computer mit der freigeschalteten Lizenz und starten Sie dort das Lizenzierungsdienstprogramm und aktivieren Sie dort ebenfalls das Register COMPUTER.

Anhang B Zusatzprogramme

Abbildung B.1:
Identifizierungscode des neuen Computers

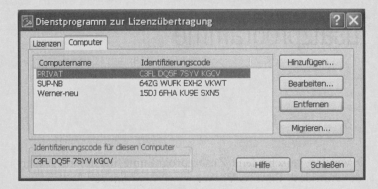

> Klicken Sie auf die Schaltfläche HINZUFÜGEN. Sie bekommen ein weiteres Dialogfeld. Tragen Sie dort einen Namen für den neuen Computer ein sowie den Identifikationscode, den Sie bei dem anderen Computer abgeschrieben haben (siehe Abbildung B.2).

Abbildung B.2:
Neuen Computer hinzufügen

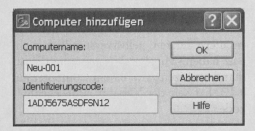

> Jetzt können Sie die Lizenz exportieren. Wählen Sie dazu auf dem Computer mit der freigeschalteten Lizenz das Lizenzierungsdienstprogramm und dort das Register LIZENZEN (siehe Abbildung B.3). Dort finden Sie im Abrollmenü PRODUKT die vorhandenen Lizenzen. Mit dem Schalter ALLE LIZENZEN ANZEIGEN werden Ihnen in der Liste darunter auch die weiteren Lizenzen angezeigt, die auf diesem Computer installiert sind. Es könnte ja sein, dass Sie weitere Autodesk Produkte mit Softlock installiert haben.

Abbildung B.3:
Auf dem Computer vorhandene Lizenzen

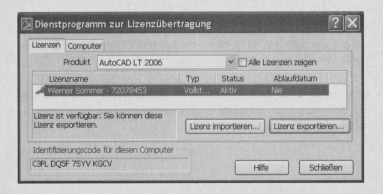

Das Lizenzierungsdienstprogramm   Anhang B

➤ Klicken Sie auf die Schaltfläche LIZENZ EXPORTIEREN... und Sie bekommen ein weiteres Dialogfeld (siehe Abbildung B.4). Dort wählen Sie, auf welchen Computer übertragen werden soll und wie Sie die Datei übertragen wollen. Es gibt zwei Exporttypen: Mit der Auswahl ÜBERTRAGUNGSCODE können Sie den Übertragungscode abschreiben und auf dem anderen Computer eintippen. Der bequemere Weg führt über die ÜBERTRAGUNGSDATEI. Geben Sie einen Pfad an oder suchen Sie einen aus. Der Dateiname ist mit *AutoCAD 2006.plu* vorgegeben. Er kann aber auch geändert werden. Beim ersten Mal müssen Sie es per Datei machen, da dabei die Pool-Informationen mit übertragen werden. Speichern Sie beispielsweise auf Diskette (siehe Abbildung B.5). Tragen Sie Pfad und Dateinamen ein, klicken auf LIZENZ ÜBERTRAGEN und die Lizenz befindet sich auf der Diskette. Sie können sie auch auf einem Netzlaufwerk speichern oder per E-Mail übertragen.

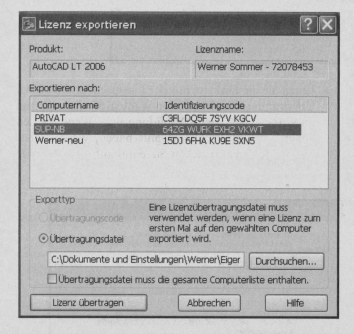

Abbildung B.4:
Exportieren der Lizenz

➤ Nehmen Sie die Diskette und gehen Sie zum anderen Computer. Starten Sie auch dort das Lizenzierungsdienstprogramm und wählen Sie das Register LIZENZEN (siehe Abbildung B.3). Klicken Sie auf den Schalter LIZENZ IMPORTIEREN...

➤ Sie bekommen ein Dialogfeld, in dem Sie im Feld IMPORTOPTIONEN wählen, ob Sie den Code eintippen oder per Übertragungsdatei einlesen wollen (siehe Abbildung B.5).

Anhang B Zusatzprogramme

Abbildung B.5:
Lizenz importieren

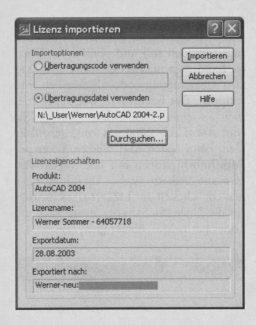

➔ Legen Sie die Diskette mit der Lizenz ein und tragen Sie den Namen der Übertragungsdatei ein oder wählen Sie ihn aus mit der Schaltfläche DURCHSUCHEN (siehe Abbildung B.5). Wenn Sie den Code eingegeben haben oder die Datei gewählt haben, werden die Eigenschaften der Lizenz angezeigt. Klicken Sie dann auf die Schaltfläche IMPORTIEREN, und der Computer hat die Lizenz.

Abbildung B.6:
Hinweis auf exportierte Lizenz

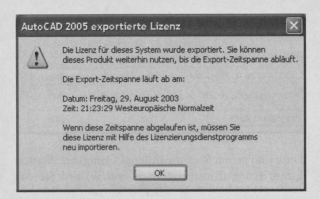

:-) TIPP

➔ Haben Sie die Lizenz vom Computer mit der freigeschalteten Lizenz exportiert, können Sie noch 24 Stunden arbeiten. Erst dann lässt sich AutoCAD nicht mehr starten. Beim Start von Autodesk werden Sie auf das Ablaufdatum hingewiesen (siehe Abbildung B.6).

➔ Ist die Diskette defekt, auf der Sie die Lizenz übertragen haben, können Sie die Lizenz noch einmal auf den gleichen Computer exportieren.

Stapelweise Standardsprüfung   Anhang B

- Die Lizenz kann nur auf dem angegebenen Computer importiert werden. Sie muss dort importiert werden und kann dann wieder auf den Computer mit der freigeschalteten Lizenz exportiert werden.

- Auf dem zweiten Computer funktioniert der Export genauso wie oben beschrieben. Ebenso ist der Import auf dem Computer mit der ursprünglich freigeschalteten Lizenz identisch mit dem oben beschriebenen Verfahren.

B.2 Stapelweise Standardsprüfung

Wollen Sie eine ganze Serie von Zeichnungen mit Zeichnungsstandards vergleichen, steht Ihnen außerhalb von AutoCAD ein Dienstprogramm zur Verfügung. Alles zu Zeichnungsstandards finden Sie in Kapitel 19.

Stapelweise Standardsprüfung starten

Sie finden das Prüfprogramm im Startmenü:

- Wählen Sie aus dem Windows Startmenü: START, PROGRAMME, AUTODESK, AUTOCAD – 2006 DEUTSCH, STAPELWEISE STANDARDSPRÜFUNG.

Alle Funktionen des Programms können Sie in einem Dialogfeld ausführen (siehe Abbildung B.7).

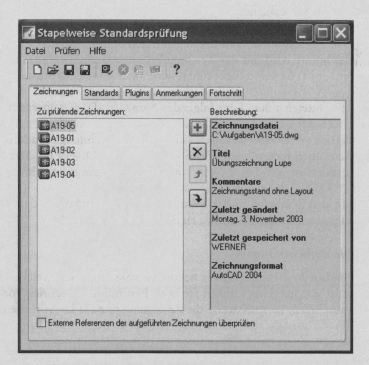

Abbildung B.7:
Stapelweise Standardsprüfung, Register Zeichnungen

Anhang B   Zusatzprogramme

Alle Bedienfunktionen können Sie aus der Leiste mit den Symbolen wählen. Gehen Sie wie folgt vor:

Dateien auswählen

Aktivieren Sie das Register ZEICHNUNGEN.

Zeichnung hinzufügen: Klicken Sie auf dieses Symbol und suchen Sie im Dateiwähler die Zeichnungsdateien aus, die Sie überprüfen wollen. Mit den Tasten ⇧ und Strg können Sie mehrere Dateien markieren.

Entfernen: Markieren Sie die Dateien in der Liste, die Sie aus der Auswahl entfernen wollen und klicken Sie auf diese Schaltfläche.

Prüfreihenfolge ändern: Mit diesen Symbolen können Sie die markierten Dateien in der Liste nach oben oder unten verschieben und damit die Reihenfolge der Prüfung verändern.

Externe Referenzen der aufgeführten Zeichnungen überprüfen: Ist dieser Schalter ein, werden auch die externen Referenzen der gewählten Zeichnungen mit überprüft.

Standards wählen

Aktivieren Sie dann das Register STANDARDS (siehe Abbildung B.8). Darin können Sie wählen:

Jede Zeichnung anhand der zugehörigen Standardsdateien überprüfen: Jede Zeichnung wird mit der Zeichnungsstandardsdatei verglichen, die ihr zugeordnet ist. Ist keine zugeordnet, wird auch keine Überprüfung durchgeführt.

Alle Dateien anhand der folgenden Standardsdateien überprüfen: Haben Sie diesen Schalter ein, werden die Zeichnungen mit bestimmten Standardsdateien verglichen. Es lassen sich mehrere Zeichnungsstandards wählen und diese auch hierarchisch anordnen. Wenn ein Objekt im obersten Standard definiert ist, gilt dieser. Wenn dort nichts festgelegt ist, gilt der nächste usw.

Mit den Symbolen in der Mitte können Sie Standards laden, entfernen und anordnen. Sie gelten analog zu denen im Register ZEICHNUNGEN.

Die restlichen Register

PlugIns: In diesem Register bekommen Sie angezeigt, welche Objekte überprüft werden. Hier können Sie noch bestimmte Kategorien von der Prüfung ausnehmen, beispielsweise die Zeichnung nur auf Layer prüfen.

Stapelweise Standardsprüfung Anhang B

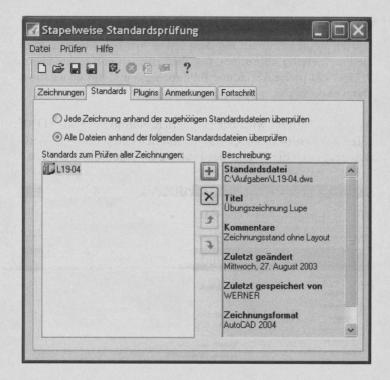

Abbildung B.8:
Stapelweise Standardsprüfung, Register Standards

Anmerkungen: Bei dem Prüflauf wird ein Bericht angefertigt. Im Register Anmerkungen können Sie einen Anmerkungstext über Sinn und Zweck der Prüfung eintragen, der dann mit in den Bericht aufgenommen wird.

Fortschritt: Haben Sie die stapelweise Prüfung gestartet, bekommen Sie im Register Fortschritt angezeigt, was überprüft wurde und welche Standardsabweichungen festgestellt wurden.

Standardsprüfdatei erstellen

Haben Sie alle Bedingungen für die Überprüfung festgelegt, müssen Sie die Einstellungen speichern, bevor der Prüflauf gestartet wird. Dies erfolgt in einer *Standardspüfdatei (*.chx)*. Damit können Sie diesen Prüflauf auch später in der gleichen Form noch einmal durchführen. Haben Sie nicht gespeichert, dann wird dies bei beim Prüflauf verlangt.

Mit den Symbolen können Sie einen neuen Prüflauf definieren, eine gespeicherte Standardsprüfdatei laden oder die Einstellungen in einer Standardprüfdatei speichern (SPEICHERN oder SPEICHERN UNTER).

Anhang B   Zusatzprogramme

Prüflauf starten

Starten Sie den Prüflauf mit dem linken Symbol. Mit dem mittleren können Sie ihn vorzeitig abbrechen, mit dem zweiten von rechts lassen Sie sich den Prüfbericht (siehe Abbildung B.9) anzeigen und mit dem ganz rechts in einer Datei exportieren.

Nach der Prüfung wird der Prüfbericht automatisch als HTML-Seite angezeigt. Zunächst nur als Übersicht, mit den entsprechenden Links können Sie sich aber auch die Details der Prüfung für jede Zeichnung anzeigen lassen.

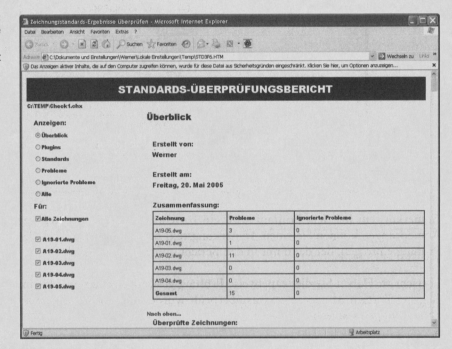

Abbildung B.9: Stapelweise Standardsprüfung, Prüfbericht

B.3 Der Referenzmanager

Nun haben Sie Ihren Zeichnungsbestand neu organisiert und Zeichnungen in einen anderen Pfad auf dem Server gespeichert. Sie haben zwar wieder Ordnung geschaffen, aber wenn Sie Zeichnungen laden, kann es zu Fehlermeldungen, weil externe Referenzen, Zeichensatzdateien usw. nicht mehr gefunden werden. Jetzt können Sie zwar jede Zeichnung laden und überprüfen und korrigieren, was aber sehr mühsam ist. Die bequemere Möglichkeiten bietet Ihnen der Referenzmanager, leider, nur in der Vollversion AutoCAD 2006.

Der Referenzmanager   Anhang B

Sie finden den Referenzmanager im Startmenü:

➡ Wählen Sie aus dem Windows Startmenü: START, PROGRAMME, AUTODESK, AUTOCAD – 2006 DEUTSCH, REFERENZMANAGER.

Alle Funktionen des Programms können Sie in einem Dialogfeld ausführen (siehe Abbildung B.10).

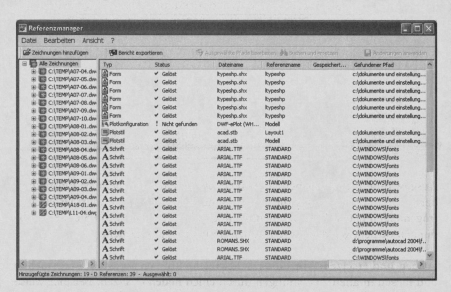

Abbildung B.10: Der Referenzmanager

Zeichnungen hinzufügen: Mit dieser Schaltfläche bekommen Sie den Dateiwähler und Sie können sich die Zeichnungen aussuchen, die Sie überprüfen möchten. Sie erscheinen dann in der Liste links. Dort, wo ein roter Strich durch das Symbol geht, ist ein Fehler aufgetreten.

In der Liste rechts finden Sie die Dateien, die in der Zeichnung zugeordnet sind: Schriftdateien, externe Referenzen, Plotstil und Plotkonfigurationen. Aufgelistet werden der Typ und der Status. Klicken Sie links den Eintrag *Alle Zeichnungen* an, bekommen Sie rechts die Referenzen aller Zeichnungen, klicken Sie links eine Zeichnung an, bekommen Sie rechts nur die Referenzen dieser Zeichnung angezeigt. Klicken Sie in der linken Liste auf das »+« vor der Zeichnung oder doppelt auf den Zeichnungsnamen, bekommen Sie die Struktur der Zeichnung eingeblendet. Jetzt können Sie dort wieder ein Symbol markieren beispielsweise den Eintrag *Schrift*, dann sehen Sie in der rechten Liste nur die Zeichensätze, die in der markierten Zeichnung verwendet wurden (siehe Abbildung B.11).

Wird beim Status *Gelöst* mit einem blauen Häkchen angezeigt, ist alles in Ordnung. Die Datei wurde gefunden. Bei einem roten Ausrufezeichen steht der Kommentar *Nicht gefunden*, es konnte die entsprechende Datei nicht gefunden werden. Dahinter steht der Dateiname und der Referenzname in

Anhang B Zusatzprogramme

der Zeichnung, beispielsweise die Schrift *Asdf.shx* wird in der Zeichnung im Stil *QWERT* verwendet. Dahinter stehen der gespeicherte Pfad, der gefundene Pfad und die Host-Zeichnung; das ist die Zeichnung, in der die Datei verwendet wird.

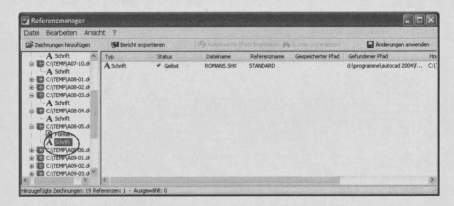

Abbildung B.11: Zeichensätze in einer Zeichnung

Ausgewählte Pfade bearbeiten: Markieren Sie ein oder mehrere Einträge in der Liste und klicken auf die Schaltfläche, können Sie den markierten Einträgen einen neuen Pfad in einem Dailogfeld zuordnen. Wenn Sie die Zeichnungen öffnen, werden diese Dateien im neuen Pfad gesucht.

Suchen und ersetzen: Mit dieser Schaltfläche können Sie einen Pfad suchen und diesen in allen Zeichnungen durch einen neuen ersetzen. Beispielsweise wollen Sie alle externen Referenzen aus dem Pfad *C:\Aufgaben* auf dem Server in den Pfad *N:\Bibliotheken\Referenzen* verschieben und in den Zeichnungen, in denen die externen Referenzen verwendet wurden, den Pfad korrigieren. Dann füllen Sie das Dialogfeld wie in Abbildung B.12 aus.

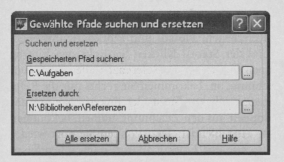

Abbildung B.12: Suchen und Ersetzen von Pfaden

Änderungen anwenden: Haben Sie Pfade geändert, dann können Sie die Änderungen mit dieser Schaltfläche in den Zeichnungen speichern.

Bericht exportieren: Wollen Sie ein Protokoll der Änderungen, dann klicken Sie auf diese Schaltfläche. Das Protokoll wird in einer Excel-Datei (CSV-Format) erstellt.

Mit einem Rechtsklick in der linken Liste können Sie mit den Einträgen im Kontextmenü: ZEICHNUNGEN ANZEIGEN und REFERENZEN ANZEIGEN die Darstellung ändern. Schalten Sie um auf REFERENZEN ANZEIGEN, bekommen Sie links die Struktur der Referenzen aufgelistet. Markieren Sie beispielsweise den Referenztyp *Schrift* und darin die Textdatei *Arialdb* und Sie finden in der Liste rechts die Zeichnungen, in der diese Schrift verwendet wurde (siehe Abbildung B.13).

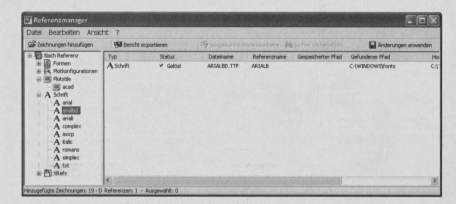

Abbildung B.13: Anzeige nach Referenzen

B.4 Autodesk DWF Viewer

In *Autodesk DWF Viewer* können Sie DWF-Dateien anzeigen und drucken. Das Programm ist Freeware und kann kostenlos weitergegeben werden. Es ersetzt die Programme *Volo View Express* bzw. *Autodesk Express Viewer*, die in den vorherigen Versionen von AutoCAD enthalten waren. Leider ist das Programm gegenüber Volo View Express ein Rückschritt. Konnte man damit auch DWG-Dateien anzeigen, muss man bei Verwendung des DWF Viewer die Zeichnungen erst in AutoCAD in DWF-Dateien umwandeln. Außerdem konnte man mit Volo View Express auch 3D-Modelle anzeigen und am Bildschirm in Echtzeit wie in AutoCAD drehen. AutoCAD 2006-Zeichnungen lassen sich nicht mehr mit älteren Freeware-Versionen von Volo View Express darstellen.

Starten Sie das Programm Autodesk DWF Viewer aus dem Startmenü:

➡ Startmenü: START, PROGRAMME, AUTODESK, AUTODESK DWF VIEWER.

Laden Sie aus dem Ordner *Aufgaben* die Zeichnung *A18-02.dwf* in Autodesk DWF Viewer. Sie bekommen die Mehrblatt-Datei angezeigt (siehe Abbildung B.14). Mit den Miniaturansichten im Feld links oben bzw. mit den Pfeilen in der Symbolleiste können Sie die Layouts der Zeichnung durchblättern. Wie Sie beim Publizieren in Kapitel 18.3 schon gesehen haben, kann eine DWF-Datei nicht nur mehrere Layouts enthalten, sondern auch beliebig viele Zeichnungen.

Abbildung B.14:
DWF-Datei in Autodesk DWF Viewer

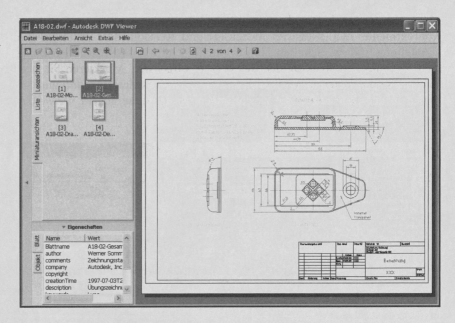

Zoom- und Pan-Funktionen: In der Symbolleiste finden Sie die gleichen Symbole zum Zoomen und Panen wie in AutoCAD, die auch die gleichen Funktionen auslösen.

Im Abrollmenü ANSICHT, Funktion ANSICHTEN... oder mit dem Symbol in der Leiste können Sie eventuell im Modell oder auf dem Layout gespeicherte Ausschnitte zur Ansicht aus einer Liste wählen. In diesem Abrollmenü finden Sie auch den Eintrag LAYER... Wählen Sie diesen, bekommen Sie auch eine Liste der Layer, in der Sie Layer ein- und ausschalten können. Diese Funktionen sowie die Zoom-Funktionen und weitere finden Sie auch im Kontextmenü, das Sie mit der rechten Maustaste auf der Zeichnung aktivieren können (siehe Abbildung B.15).

Die Blätter der DWF-Datei lassen sich auch drucken. Wählen Sie dazu im Abrollmenü DATEI die Funktion DRUCKEN oder das Symbol in der Leiste. In einem Dialogfeld können Sie die Parameter für den Ausdruck einstellen (siehe Abbildung B.16). Sie können darin den Druckbereich, das Papierformat, den Maßstab, den Druckumfang (alle Blätter, das aktuell angezeigte Blatt oder bestimmte Blätter) und die Zahl der Kopien anzeigen.

Autodesk DWF Viewer

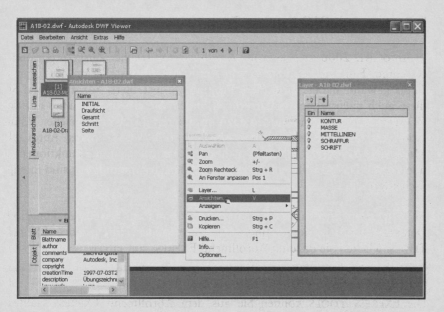

Abbildung B.15: Auswahl von Ausschnitten und Blättern

Abbildung B.16: Drucken eines, mehrerer oder aller Blätter

Anhang B   Zusatzprogramme

B.5   AutoCAD Express Tools

In AutoCAD 2006 ist eine große Anzahl sehr nützlicher Zusatzprogramme enthalten. Falls Sie beim Setup von AutoCAD die Installation der Express Tools gewählt haben, sind diese Programme installiert. Sonst können Sie diese auch nachträglich hinzufügen, indem Sie erneut das Setup auf der CD starten und die Funktionen dazu installieren. Nach erfolgreicher Installation erscheint ein zusätzliches Abrollmenü EXPRESS in der AutoCAD Menüleiste. Leider hat man sich nicht die Mühe gemacht, die Funktionen zu übersetzen. Das Abrollmenü EXPRESS und der Programmdialog sind in englischer Sprache.

Im Folgenden finden Sie eine Kurzbeschreibung zur jeweiligen Funktion. Detaillierte Informationen finden Sie aber in der Hilfe zu den EXPRESS TOOLS. Klicken Sie dazu im Abrollmenü EXPRESS auf HILFE.

Werkzeugkästen mit den Express Tools

Die EXPRESS TOOLS können Sie aus dem Abrollmenü EXPRESS wählen. Zudem gibt es dafür auch Werkzeugkästen. Wählen Sie den Befehl WERKZEUGKASTEN:

➠ Abrollmenü ANSICHT, Funktion WERKZEUGKÄSTEN

➠ Rechtsklick auf ein beliebiges Symbol und Auswahl von ANPASSEN... aus dem Kontextmenü

Sie erhalten das Dialogfeld, mit dem Sie Werkzeugkästen aus- und einblenden können. Wählen Sie im Abrollmenü MENÜGRUPPE den Eintrag EXPRESS. Die Werkzeugkästen der EXPRESS TOOLS werden in der Liste angezeigt. Klicken Sie den Werkzeugkasten an, den Sie in der Zeichnung haben wollen.

Folgende Untermenüs haben Sie im Abrollmenü EXPRESS bzw. folgende Werkzeugkästen oder Flyout-Menüs stehen zur Verfügung:

Untermenü Layers

Layer Manager...: Mit dem Layermanager können komplette Layereinstellungen unter einem Namen in der Zeichnung gespeichert und wiederhergestellt werden. Diese Einstellungen können in eine Datei exportiert bzw. aus einer Datei importiert werden, wodurch komplette Layerstrukturen aus einer Zeichnung in eine andere übertragen werden können. Inzwischen ein alter Hut, da diese Funktion schon in einer besseren Version in AutoCAD und AutoCAD LT integriert ist.

Layer Walk...: Damit können Sie in einer Liste einen Layer anwählen. Alle Objekte dieses Layers werden angezeigt und die anderen ausgeblendet.

Layer Match: Legt ausgewählte Elemente auf den Layer eines anderen Elements. Die Funktion kann verwendet werden, wenn Objekte auf demselben Layer liegen sollen, der Name des Layers aber nicht bekannt ist.

Change to Current Layer: Legt die ausgewählten Objekte auf den aktuellen Layer. Sehr praktisch, wenn man vergessen hat, den entsprechenden Layer vor dem Zeichnen auszuwählen.

Copy Objects to new Layer: Erstellt eine Kopie ausgewählter Objekte auf einen anderen oder neuen Layer.

Isolate Layer: Isoliert Objekte auf einem gewählten Layer, indem alle anderen Layer ausgeschaltet werden.

Isolate Layer to current viewport: Isoliert Objekte im aktuellen Ansichtsfenster. Die Layer der angewählten Objekte werden nur im aktuellen Ansichtsfenster angezeigt, in allen anderen gefroren.

Layer off: Schaltet die Layer der ausgewählten Elemente aus.

Turn all Layers on: Schaltet alle Layer ein.

Layer freeze: Friert die Layer der ausgewählten Elemente.

Thaw all Layers: Taut alle Layer.

Layer lock: Sperrt die Layer der ausgewählten Elemente.

Unlock Layers: Entsperrt alle Layer.

Merge Layer: Legt die Layer der gewählten Objekte auf einen anderen wählbaren Layer.

Delete Layer: Löscht die Layer der gewählten Objekte sowie die Objekte auf diesen Layern.

Untermenü Blocks

List Xref/Block Properties: Listet Objekttyp, Blocknamen, Layer-Namen, Farbe und Linientyp eines verschachtelten Objekts in einem Block oder in einer XRef auf.

Copy Nestet Objects: Kopiert Objekte, die in einer XRef oder einem Block verschachtelt sind.

Trim to nestet Objects: Stutzt Objekte, wobei Elemente eines Blocks als Schnittkanten verwendet werden können. Ein alter Hut, der seit AutoCAD 2002 schon in den normalen AutoCAD-Funktionen geht.

Extend to nestet Objects: Dehnt Objekte, wobei Elemente eines Blocks als Grenzkanten verwendet werden können. Auch das ist nichts Neues.

Explode Attributes to Text: Wandelt Attribute in Text um.

Convert Shapes to Block: Wandelt Symbole in Blöcke um.

Export Attribute Information: Exportiert die Attribute ausgewählter Blöcke in eine einfache Textdatei.

Import Attribute Information: Importiert die geänderte Textdatei in die vorher exportierten Attribute.

Convert Block to Xref: Konvertiert einen Block in der Zeichnung in eine externe Referenz. Der Block wird in einer Datei mit wählbarem Namen und Pfad gespeichert und als Xref eingefügt.

Replace Block with another Block: Ersetzt einen wählbaren Block in der Zeichnung durch einen anderen Bock.

Untermenü Text

Remote Text: Ferne Textobjekte (RText-Objekte) werden wie normaler Text bzw. Textabsätze platziert. Der Text wird jedoch aus einer ASCII-Textdatei oder in einem Texteditor eingegeben.

Fit Text: Passt den gewählten Text ein, indem ein neuer Startpunkt bzw. Endpunkt gewählt werden kann.

Text Mask: Mit dieser Funktion kann ein unsichtbarer Kasten um einen bestehenden Text gezogen werden, der den Hintergrund verdeckt. So bleiben Texte lesbar, ohne dass Linien gestutzt werden müssen, die durch den Text laufen.

Unmask Text: Entfernt eine Maske wieder von einem Textobjekt.

Explode Text: Zerlegt einen Text in Linien- und Bogensegmente. Diese Funktion eignet sich, einen Text einem Schriftzug anzupassen.

Convert Text to Mtext: Wandelt eine oder mehrere Textzeilen in MText.

Arc-aligned Text: Richtet einen eingegebenen Text an einem gewählten Bogen oder Kreis aus. Dabei können im Dialogfeld die Formatierungs-Einstellungen vorgenommen werden.

Justify Text: Neuausrichtung eines Textes, ist seit AutoCAD 2002 bereits im Befehl ZENTRTEXTAUSR enthalten.

Rotate Text: Drehen mehrerer Textobjekte in wählbarem Winkel oder in ihre Normallage um Ihren Einfügepunkt.

Enclose Text with Objects: Einrahmen von wählbaren Texten in ein Rechteck, Oval oder Kreis.

Automatic Text numbering: Automatische Nummerierung von Texten, Startnummer und Inkrement sowie Position der Nummer sind wählbar.

Change Text Case: Umwandlung der Textschreibweise in Groß- oder Kleinschreibung, Invertierung von Groß- und Kleinschreibung usw.

Untermenü Layout

Change Space: Kopiert Objekte aus dem Modellbereich auf ein Layout oder umgekehrt.

Align Space: Korrigiert Zoom-Faktor und Ausrichteposition in verschiedenen Ansichtsfenstern.

Synchronize Viewports: Ansichtsfenster mit einem Master-Ansichtsfenster synchronisieren. Änderungen des Zoom-Faktors im Master Ansichtsfenster werden in den anderen nachgeführt.

List Viewport Scale: Anzeige des Maßstabs eines Ansichtsfensters.

Merge Layouts: Fasst verschiedene Layouts zu einem gemeinsamen Layout zusammen.

Untermenü Dimension

Leader Tools>, Attach Leader to Annotation: Hängt eine Führungslinie an MText, Toleranzen oder Blöcke an.

Leader Tools>, Detach Leader to Annotation: Löst die Führungslinie von MText, Toleranzen oder Blöcken.

Leader Tools>, Global Attach Leader to Annotation: Weist Führungslinien global MText, Toleranzen oder Blöcke zu.

Dimstyle Export...: Exportiert benannte Bemaßungsstile und alle zugehörigen Einstellungen in eine Datei *(*.dim)*.

Dimstyle Export...: Importiert benannte Bemaßungsstile aus einer Datei *(*.dim)* in die aktuelle Zeichnung.

Dimreassoc: Wiederherstellung eines überschriebenen Maßtextes.

Anhang B   Zusatzprogramme

Untermenü Selection Tools

Get Selection Set: Erstellt einen Auswahlsatz von Objekten, die auf einem Layer liegen und von einem Objekttyp sind.

Fast Select: Auswahl eines Objekts und aller Objekte, die an dieses anschließen oder von diesem geschnitten werden.

Untermenü Modify

Multiple Object stretch: Diese Funktion arbeitet wie der Befehl Strecken, er ermöglicht es jedoch, mehrere Kreuzen-Fenster oder Kreuzen-Polygone anzugeben.

Move/Copy/Rotate: Verschiebt, kopiert, dreht und skaliert Objekte in einem Befehl.

Extended Clip: Schneidet XRefs bzw. Bilder an Polylinien, Kreisen, Bögen, Ellipsen oder Textobjekten zu.

Convert Shape to Block: Konvertiert ein Symbol in einen Block.

Multiple Copy: Mehrfach Kopierbefehl mit erweiterten Optionen.

Extended Offset: Befehl VERSETZ für mehrere Objekte.

Untermenü Draw

Break Line Symbol: Zeichnen einer Unterbrechungslinie.

Super Hatch...: Die Funktion arbeitet ähnlich wie die normale Schraffur. Es können aber als Schraffurmuster Bilder, Blöcke, XRefs oder Wipeout-Objekte (aus Bildern ausgeschnittene Objekte) verwendet werden können.

Untermenü File Tools

Move Backup Files: Vorgabe eines Ordners für Backup-Dateien (*.bak).

Convert PLT to DWG: Importiert HPGL-Plot-Dateien in die aktuelle Zeichnung. Um diese Dateien in AutoCAD zu erzeugen, muss ein HPGL-Plotter konfiguriert werden. Das HPGL/2 Format wird nicht unterstützt.

Edit Image: Bearbeiten einer Bilddatei mit dem auf dem Arbeitsplatz zugeordneten Bearbeitungs-Programm und Einfügen des geänderten Bilds.

Redefine Path: Änderung von Pfaden in externen Referenzen, Bilddateien, Zeichensätzen usw.

Update Drawing Property Data: Updaten, auflisten oder löschen aller Daten, die mit dem Befehl DWGEIGEN gespeichert wurden.

Save All Drawings: Sichert alle offenen Zeichnungsdateien.

Close All Drawings: Sichert und schließt alle offenen Zeichnungsdateien.

Quick Exit: Sichert und schließt alle offenen Zeichnungsdateien und beendet AutoCAD.

Revert to Original: Schließt die aktuelle Zeichnung, verwirft die Änderungen und lädt die Datei neu.

Untermenü Web Tools

Show URLs: Zeigt eine Liste aller Hyperlinks in der aktuellen Zeichnung in einer Liste an. Per Doppelklick wird das Objekt in der Zeichnung angezeigt, dem dieser Hyperlink zugeordnet ist. Außerdem kann der Hyperlink editiert und ersetzt werden.

Change URLs: Änderung eines Hyperlinks durch Anklicken des Objekts, dem der Hyperlink zugeordnet ist.

Find and Replace URLs: Suchen und Ersetzen von Hyperlinks in der Zeichnung.

Untermenü Tools

Command Alias Editor...: Editor zur Bearbeitung der Datei *Acad.pgp* (siehe Kapitel 24).

System Variable Editor...: Editor zur Bearbeitung der Systemvariablen.

Change URLs: Änderung eines Hyperlinks durch anklicken des Objekts, dem der Hyperlink zugeordnet ist.

Find and Replace URLs: Suchen und ersetzen von Hyperlinks in der Zeichnung.

Make Linetype: Speichert einen Linientyp in einer Linientypdatei. Dabei kann ein Objekt aus Linien, Texten und Symbolen in der Zeichnung gewählt werden, das den Linientyp darstellt.

Make Shape: Symbole (nicht zu verwechseln mit Blöcken) können nur relativ aufwändig in einer Textdatei definiert werden. Das Verfahren wurde in diesem Buch nicht beschrieben. Mit dieser Funktion wird eine Symboldatei mit der Symboldefinition aus gezeichneten Objekten automatisch erstellt.

Real-Time UCS: Dreht das Benutzerkoordinatensystem dynamisch mit dem Mauszeiger.

Anhang B — Zusatzprogramme

Attach Xdata: Weist einem ausgewählten Objekt erweiterte Elementdaten (Extended Entity Daten, Xdaten) zu.

List Object Xdata: Listet die einem Objekt zugewiesenen Xdaten (Extended Entity Daten) auf.

Full-Screen AutoCAD: Ausblenden der Menüzeile von AutoCAD. Durch Eingabe des Befehlsnamens auf der Tastatur (FULLSCREEN) oder erneute Wahl des Befehls im Werkzeugkasten wird die Menüzeile wieder eingeblendet.

Extended Plan: Befehl DRSICHT mit erweiterten Funktionen.

Funktionen auf der Befehlszeilenebene

Eine Reihe weiterer Funktionen sind nicht in das Menü integriert. Sie können nur auf der Tastatur eingegeben werden.

Block?: Listet die Objekte in einer Blockdefinition auf.

Bcount: Ermittelt für jeden Block in den ausgewählten Objekten oder in der gesamten Zeichnung die Anzahl der Einfügungen und zeigt sie in tabellarischer Form an.

Cdorder: Anzeigereihenfolge der Objekte nach Farbe festlegen.

Expressmenu: Lädt das Menü EXPRESS in die Menüzeile.

Expresstools: Lädt die EXPRESS-TOOLS-BIBLIOTHEKEN, fügt das Verzeichnis *Express* in den Suchpfad ein und lädt dann das Menü EXPRESS in die Menüleiste.

Extrim: Stutzt alle Objekte an einer Kante, die durch Polylinie, Linie Kreis, Bogen, Ellipse, Text, Mtext oder Attribut definiert werden kann.

Flatten: Projiziert 3D-Geometrien in die Ebene und macht 2D-Objekte daraus.

Gatte: Ersetzt global Attributwerte für alle Blockeinfügungen eines bestimmten Blocks.

Mpedit: Funktionen wie Befehl PEDIT, aber auf mehrere Polylinien anwendbar.

Overkill: Löscht Objekte, die sich unnötig überlagern.

Tframes: Schaltet die Anzeige von Wipeout- und Bildrahmen ein oder aus. Wenn die Rahmen eingeblendet sind, werden sie mit diesem Befehl ausgeblendet und umgekehrt.

C   Befehle und Systemvariablen

Im der AutoCAD-Hilfe finden Sie alle Befehle von AutoCAD ausführlich beschrieben, so dass auf eine komplette Befehlsreferenz verzichtet wird. Diese finden Sie aber als PDF-Datei auf der CD zu diesem Buch.

C.1   Verwendung der Befehle

Eine Reihe von AutoCAD-Befehlen arbeitet auf unterschiedliche Arten. Werden die Befehle ohne Zusatz mit ihrem Namen aufgerufen, können die Funktionen des Befehls in Dialogfeldern gewählt werden. Setzt man dagegen vor den Befehlsnamen das Zeichen – (Bindestrich), werden sie im Befehlszeilenfenster abgearbeitet. In Menümakros, Script-Dateien oder in AutoLisp-Befehlen werden diese Befehle immer im Befehlszeilenfenster abgearbeitet, hier muss kein Zeichen vorangestellt werden.

Ruft ein Befehl ein Dialogfeld mit mehreren Registerkarten auf, kann er aus dem Menü mit dem richtigen Register aufgerufen werden. Starten Sie ihn mit dem vorangestellten Zeichen »+« und einer angehängten Zahl für das entsprechende Register (0 bis n), z.B.: +AFENSTER 0 oder +AFENSTER 1.

Transparente Befehle sind durch ' (Apostroph) gekennzeichnet. Transparente Befehle können während der Arbeit mit einem anderen Befehl aufgerufen werden, ohne den laufenden Befehl abbrechen zu müssen. Nach dem Beenden des transparenten Befehls wird der unterbrochene Befehl fortgesetzt.

Die Systemvariable FILEDIA legt fest, ob bei Befehlen, die einen Dateinamen erfordern, der Dateiwähler verwendet wird:

Filedia = 0: Dialogfelder werden nicht angezeigt. Sie können aber den Dateiwähler anfordern, wenn Sie bei der Eingabeaufforderung für den Befehl eine Tilde (~) eingeben. Dasselbe gilt für AutoLISP- und ADS-Funktionen.
Filedia = 1: Dateiwähler wird angezeigt. Wenn der Befehl aber in einer Script-Datei oder in einem AutoLisp-Programm verwendet wird, gibt AutoCAD eine normale Eingabeaufforderung aus.

C.2 Befehle im Hilfe-Fenster

Zu jedem Befehl bekommen Sie ausführliche Unterstützung in der AutoCAD-Hilfe. Wählen Sie dazu im Register INDEX den Begriff BEFEHLSREFERENZ. Darunter finden Sie in alphabetischen Kategorien alle Befehle aufgelistet (siehe Abbildung C.1)

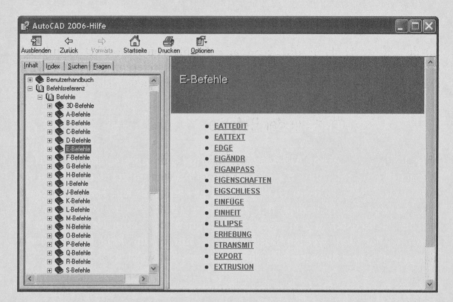

Abbildung C.1: Befehlsliste in der AutoCAD-Hilfe

Klicken Sie einen Befehl an, bekommen Sie dazu die komplette Beschreibung im Fenster (siehe Abbildung C.2).

C.3 Systemvariablen

Viele Zeichenmodi, Konfigurationsdaten und Zeichnungsparameter werden in Systemvariablen gespeichert. Die Wirkung vieler AutoCAD-Befehle beruht darauf, dass die entsprechende Systemvariable geändert wird.

- Die Variablenwerte können mit dem Befehl SETVAR angezeigt werden. Die meisten Variablen, bis auf wenige schreibgeschützte, lassen sich damit auch ändern.

- Systemvariablen können auch durch direkte Eingabe ihres Namens auf die Befehlsanfrage angezeigt und geändert werden. Beide Möglichkeiten arbeiten transparent.

- Die Variablen können ganze Zahlen, logische Werte (0 oder 1 für AUS und EIN), Kommazahlen, Koordinatenwerte oder Texte enthalten.

Systemvariablen Anhang C

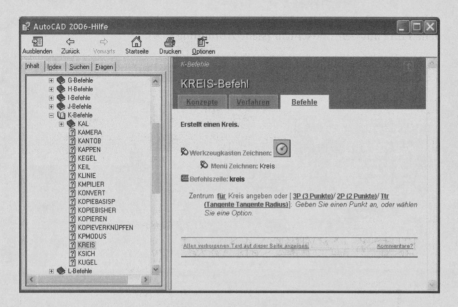

Abbildung C.2: Beschreibung zu einem Befehl im Hilfe-Fenster

Informationen über Systemvariablen anzeigen

Mit der AutoCAD-Hilfe lassen sich Erläuterungen zu allen Systemvariablen anzeigen. Im Hilfe-Fenster wählen Sie die Registerkarte INHALT an. Blättern Sie das Kapitel BEFEHLSREFERENZ und das Unterkapitel SYSTEMVARIABLEN auf. Ein Klick auf den Buchstaben, mit dem die gesuchte Variable beginnt, zeigt die Systemvariablen dieses Anfangsbuchstabens an (siehe Abbildung C.3).

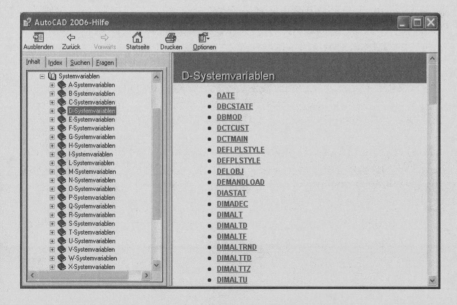

Abbildung C.3: Liste der Systemvariablen in der AutoCAD-Hilfe

Anhang C Befehle und Systemvariablen

Mit einem Klick auf den Namen der Systemvariablen kommt die ausführliche Hilfe auf den Bildschirm (siehe Abbildung C.4).

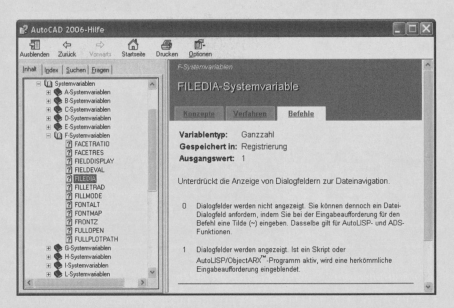

Abbildung C.4:
Beschreibung zu einer Systemvariablen im Hilfe-Fenster

D Branchenapplikationen und Autodesk-Produkte

Ein Grund für den Erfolg von AutoCAD ist seine offene Architektur. Zahlreiche, von Autodesk unabhängige Softwareentwickler haben Anwendungen für die unterschiedlichsten Branchen entwickelt. Weltweit gibt es mehrere Tausend. AutoCAD wird deshalb auch als »CAD-Betriebssystem« bezeichnet. Immer weniger Anwender arbeiten ausschließlich mit AutoCAD, sondern setzen eine Branchenapplikation ein.

D.1 Applikationen zu AutoCAD

Im deutschsprachigen Raum sind über 200 Branchenpakete im Applikations-Katalog von Autodesk aufgeführt. Das reicht von einfacheren Hilfsprogrammen bis zu kompletten Programmpaketen, von der einfachen Zeichnungsverwaltung bis zum kompletten EDM-System (Electronic Document Managing), abgestimmt auf AutoCAD.

Sie erhalten den Applikations-Katalog in gedruckter Form oder auf CD bei den autorisierten AutoCAD-Händlern oder direkt von Autodesk. Weitere Informationen finden Sie unter www.autodesk.de.

Auf der CD zum Buch finden Sie eine Kurzübersicht im PDF-Format der wichtigsten Applikationen der Branchen:

- Architektur und Bauwesen
- Kartographie und Geographische Informationssysteme
- Mechanik
- Verfahrenstechnik
- Elektrotechnik
- Zeichnungsverwaltungen, EDM Systeme

Anhang D   Branchenapplikationen und Autodesk-Produkte

D.2 Autodesk-Produkte

Autodesk entwickelt nicht nur AutoCAD und AutoCAD LT. Sowohl bei Low-Cost CAD-Systemen als auch bei 3D-Software und dem Visualisierungsprogramm 3D-Studio ist Autodesk führend.

Zeichen- und CAD-Software

AutoSketch: Für jeden, der gelegentlich Einrichtungsskizzen, Organisationspläne, einfache Konstruktionspläne oder Fertigungsskizzen erstellt, ist AutoSketch das ideale Werkzeug. Das Low-Cost-Zeichenprogramm ist leicht zu erlernen und bietet den Einstieg in die CAD-Welt. Derzeit ist die Version 9 aktuell (Stand Mai 2005).

AutoCAD Mechanical 2006: AutoCAD Mechanical 2005 ist die 2D-CAD-Lösung für die mechanische Konstruktion und den Maschinenbau. Sie basiert auf AutoCAD 2006.

Mechanical Desktop 2006: Mechanical Desktop ist die komplette 3D-Lösung auf der Basis von AutoCAD. Mit einem parametrischen Volumenmodellierer, einem NURBS Flächenmodellierer und den Funktionen für die Zusammenbaukonstruktion ist es das ideale Werkzeug für die 3D-Konstruktion im Maschinenbau. Die neue Version basiert auf AutoCAD 2006. Mechanical Desktop gibt es komplett mit AutoCAD Mechanical und Inventor als Autodesk Inventor Series.

Autodesk Inventor: Autodesk Inventor ist ein neues Programm für die mechanische 3D-Konstruktion mit neuer intuitiver Bedienoberfläche. Das Programm ermöglicht Fertigungsunternehmen eine reibungslose Umstellung von 2D auf 3D. Mit der vollkommen neu entwickelten Software von Autodesk Inventor lassen sich Konstruktionsaufgaben einfacher als mit jedem anderen 3D-CAD-System bewältigt. Version 10 ist die derzeit aktuelle Version. Das Programm gibt es komplett mit AutoCAD Mechanical und Mechanical Desktop als Autodesk Inventor Series.

Architectural Desktop: Autodesk Architectural Desktop 2006 ist speziell für Architekten und Bauingenieure optimiert worden und bietet alle Möglichkeiten für eine individuelle kreative Projektentwicklung bis hin zur Ausführung, Kommunikation und Verwaltung. ADT umfasst alle bisher bekannten Zeichnungswerkzeuge von AutoCAD, und es lassen sich darüber hinaus 3D-Gebäudemodelle mit intelligenten Architekturobjekten erstellen.

Autodesk Land Desktop: Autodesk Land Desktop bietet fachspezifische Tools zur Analyse und Konstruktionslösungen für die Landschaftsplanung und -entwicklung, die sich durch eine beispiellose Kombination aus CAD-Automatisierung, Datenverwaltung und -bearbeitung auszeichnen; darüber hinaus werden die Erstellung, Analyse und Visualisierung von Geländemodellen sowie die Planung und Konstruktion von Straßentrassen und Parzellen unterstützt.

Autodesk Map: Autodesk Map 2006 ist die Lösung für Ingenieure, Planer, Techniker und Manager im Versorgungsbereich, die auf präzise Kartographie und GIS-Analysen angewiesen sind. Auf Grundlage der AutoCAD 2006-Plattform ermöglicht es die Erstellung, Verwaltung und Produktion von Karten und Geodaten sowie die Integration mehrerer Datentypen und Dateiformate.

Autodesk Raster Design: Egal, welche Rasterbilder Sie für Ihr Projekt benötigen – gescannte Papierzeichnungen, Karten, Luftaufnahmen oder Satellitenbilder – Autodesk Raster Design 2006 ist die Lösung für die präzise Integration von Bilddaten. Verwenden Sie es zur Bearbeitung von Rasterdaten, zur Konvertierung von Raster- in Vektorformate und zur Kombination von neuen Zeichnungen und wirklichkeitsgetreuem Bildmaterial.

Visualisierung und Animation

3D Studio MAX: 3D Studio MAX ist ein leistungsfähiges Programm zum Modellieren, Rendern und Animieren von 3D-Objekten. Die Software bietet Film- und Videostudios, Werbeagenturen usw. vielfältige Möglichkeiten, ihre Ideen kreativ umzusetzen.

Autodesk VIZ 2006: Autodesk VIZ bietet professionelle Renderfunktionen zur Visualisierung von CAD-Konstruktionen. Durch seine integrierten Modellierungsfunktionen lässt es sich auch als eigenes Zeichen- und Designwerkzeug verwenden.

Weitere Informationen zu Autodesk Produkten finden Sie auf der Autodesk Homepage www.autodesk.de.

Stichwortverzeichnis

!
%%c 248
%%d 248
%%nnn 248
%%o 248
%%p 248
%%u 248
(Strg) + 1 483
(Strg) + 3 520
(Strg) + C 530
(STRG) + K 639
(Strg) + V 532
(Strg) + X 531
*.DWF 644
*.PAT 216
.3ds 631
.BMP 630
.sat 630
.stl 630
.wmf 629
.X 130
.Y 130
< 88
@ 87
3D 727
3D Studio MAX 949
3D-Ansichten 682
3DDrehen 688
3D-Editierfunktionen 685
3DFläche 722
3D-Flächenkörper 727
3D-Grundkörper 727
3D-Koordinatenformate 673
3DNetz 724
3dorbit 705
3DPoly 721
3D-Polylinie 722
3DReihe 690
3DS-Format 631
3DSpiegeln 689
3d-studio 631
3D-Techniken 671
3Punkte
– Befehl Kreis 79

A
Abdecken 321
Abfrage 227
Abfragetabelle 822
Abi 851
ABRUFAKTION 822
ABRUFPARAMTER 822
Abrunden 175, 261, 749
Absatztext 377
Abschluss
– Befehl Dlinie 290
Absolute Koordinaten 87
Abstand 227
– Befehl Fase 177
– Befehl Versetz 168
– Konstruktionslinie 180
– Schraffurmuster 218
Abstandsangabe 96
Abstandstoleranz 223
Abstuf 315
Abstufung 315
Abstufungsmuster 316
ACAD.DWT 164
Acad.fmp 626
acad.lin 142
ACAD.MLN 281
Acad.pat 215
ACAD.PGP 835, 837
ACAD.PSF 632
ACADISO.DWT 164
acadiso.lin 142
Acadiso.pat 215
Achsen
– Befehl Apunkt 681
Achsendreibein 682
Achsenendpunkt
– Befehl Ellipse 271
AChslinie
– Befehl Dlinie 289
Acis 630
ACIS-Format 630
Aclt.dwt 164
Aclt.pat 215
Acltiso.dwt 164

Stichwortverzeichnis

Acltiso.pat 215
Adcenter 504
Adcschließen 504
Addieren
– Fläche 228
Adobe 634
Afenster 585, 589, 598, 712
Afmax 605
Afmin 606
Afzuschneiden 599
Aktualisieren
– Bemaßung 375
Aktuelle Farbe 149
Aktuelle Linienstärke 150
Aktuelle Objektskalierung 147
Aktueller Layer 135
Alle
– Objektwahl 102
Als Block einfügen 532
Alt + F4 71
Alternativeinheiten 361
AltGr + Q 87
Angenommener Schnittpunkt 119, 696
Anordnung 826
ANORDNUNGSAKTION 826
Anpassung
– Werkzeugpaletten-Fenster 846, 849
Anpassungsdateien 861
Anpassungsdaten
– Befehl Splinedit 269
Anpassungstoleranz
– Befehl Spline 269
Anschlüsse Plotter 564
Ansicht
– Volumenkörper 764
Ansichtenliste 883
Ansichtsfenster 712
– Layout 596
– maximieren 605
– minimieren 606
– Modellbereich 585
Ansichtsfensterabstand 596
Ansichtsoptionen 521
Anwendungen 627
Anzeige
– Befehl Optionen 901
Applikations-Katalog 947
Appload 627
Apunkt 680
Arbeitsbereich 43, 865
Architektural Desktop 948
Assoziativ
– Schraffur 221
Assoziative Bemaßung 232
Attdef 424
Attdia 426
Attedit 430
Attext 440
Attreq 426
Attribut 423
– Anzeige 427
– Ausgabe 435
– definieren 424
– Definition ändern 425
– Eingabe 426
Attributanzeige 427
Attributsextraktion 435, 440
Attsync 435
Attzeig 427
Auflisten 230
Auflös 769
Auflösung 29
Aufprägen 755
Ausblendungs-Prozentsatz 711
Ausgezogen
– Befehl Sbem 338
Ausrichten 692
– Befehl Dtext 244
– Befehl Mtext 378
Ausschneiden 531
Ausschnitte 208
Ausschnt 208, 684
Auswählbar
– Befehl Gruppe 464
Auswahl
– Befehl Optionen 914
Auswahl anzeigen
– Schraffur 221
Auswahlvoransicht 915
Auswahlvorschau 915
AUto
– Objektwahl 105
AutoCAD Express Tools 936
AutoCAD Mechanical PowerPack 948
AutoCAD-Bildschirm 31
AutoCAD-Design-Center 504
Autodesk Drawing Web Format 644
Autodesk DWF Viewer 933
Autodesk Map 949
Autodesk VIZ 949
Autodesk-Produkte 948
AutoLISP 627
Automatische Speicherung 154
AutoSketch 948
AutoSnap 116
– QuickInfo 912
AutoSpool 561
AutoStack 380

B

Backup-Datei 154
BAK 154

Stichwortverzeichnis

Basis 416
Basislinie
- Befehl Sbem 338

Basislinienabstand 351
BASispunkt
- Objektfang 119

Basispunkt
- Befehl Block 412
- Griffe 498

Battman 432
BBEARB 812
BEarbeiten
- Befehl Sbem 339

Bedienelemente 31
Befehl
- 3D 727
- 3DDrehen 688
- 3DFläche 722
- 3DNetz 724
- 3dorbit 705
- 3DPoly 721
- 3DReihe 690
- 3DSpiegeln 689
- Abdecken 321
- Abi 851
- Abrunden 175, 261, 749
- Abstand 227
- Abstuf 315
- Adcenter 504
- Adcschließen 504
- -Afenster 589, 598
- Afenster 585, 712
- Afmax 605
- Afmin 606
- Afzuschneiden 599
- Appload 627
- Apunkt 680
- Attdef 424
- -Attedit 430
- Attedit 430
- Attext 440
- Attsync 435
- Attzeig 427
- Ausrichten 692
- Ausschneiden 531
- Ausschnt 208, 684
- Basis 416
- Battman 432
- BBEARB 812
- Befehlszeile 51
- Befehlszeileausbl 51
- Bemausg 235
- Bembasisl 237
- Bembogen 335
- Bemdurchm 239
- Bemedit 373
- Bementassoz 371, 611
- Bemlinear 233
- Bemmittelp 347
- Bemordinate 333
- Bemradius 238
- Bemreassoz 371, 611
- Bemstil 350
- Bemtedit 373
- Bemüberschr 374
- Bemverkürz 336
- Bemweiter 237
- Bemwinkel 240
- Bereinig 421
- Bild 472
- Bildanpassen 475
- Bildqualität 475
- Bildrahmen 476
- Bildschberaus 214
- Bildschberein 213
- Bildsich 774
- Bildzuordnen 470
- Bildzuschneiden 477
- BKS 188, 696
- BKSman 192, 699
- Block 410
- Blockeinfüg 532
- Blocksymbol 515
- Bogen 183
- Bruch 294
- Clipeinfüg 531
- Convertctb 582
- Convertpstile 583
- Copyclip 530
- Ddedit 250, 389, 425
- Ddptype 292
- Ddvpoint 683
- Dehnen 172
- Differenz 327, 746
- Dline 288
- Drehen 197
- Drsicht 683
- Dtext 244
- Dwgeigen 525
- Dxbin 633
- Eattedit 428
- Eattext 435
- Edge 725
- Eiganpass 494
- Eigenschaften 483
- Eigschliess 483
- Einfüge 417
- Einheit 85
- Ellipse 271
- Erhebung 677

Stichwortverzeichnis

- Etransmit 648
- Export 629
- Extrusion 740
- Farbe 149
- Fase 177, 261, 748
- Fläche 228
- Füllen 257, 318
- Graphbld 841
- Gruppe 461, 464
- Gschraff 215, 313
- Hilfe 70
- Hintergrund 776
- Hoppla 107
- Id 227
- Import 629
- Imwebpublizieren 652
- Inhalteinfüg 533
- Kamera 682
- Kantob 732
- Kappen 743
- Klinie 180
- Kopiebasisp 531
- Kopieren 196
- Kopieverknüpfen 531
- Kreis 78
- Ksich 152
- Länge 206
- Layer 133
- Laykonv 660
- Layout 591
- Licht 796
- Limiten 92
- Linie 75
- Linientyp 146
- Liste 230
- Löschen 99
- Lsbearb 806
- Lsbibl 806
- Lsneu 804
- Lstärke 144, 150
- Machdia 838
- Mapping 792
- Masseig 326, 761
- Mat 782
- Matbibl 784
- Mbereich 601
- Messen 293
- Mledit 286
- Mlinie 284
- Mlstil 280
- Mtext 377
- Nebel 780
- Neu 73
- Neuinit 837
- Neuzall 213, 606
- Neuzeich 213
- Objeinf 534
- Öffnen 35
- Oleverkn 538
- Optionen 106, 898
- Origeinfüg 532
- Pan 55, 58
- Pause 841
- Pbereich 601
- Pedit 262, 733
- Plinie 256
- Plot 545
- Plotstil 580
- Plottermanager 559
- Pnetz 724
- Polygon 272
- Prüfstandards 666
- Punkt 292
- Querschnitt 744
- Quit 71
- Rechteck 79
- Rechtschreibung 390
- Refbearb 456
- Refclose 459
- Refset 459
- Regelob 731
- Regen 213
- Regenall 213, 606
- Region 324
- Reihe 296
- Reinst 774
- Render 770
- Revdate 277
- Revwolke 276
- Ring 273
- Rmlin 633
- Rotation 742
- Rotob 729
- Rscript 841
- Sauswahl 490
- Sbem 337
- Schieben 199
- Schnellkal 306
- Schnittmenge 328, 747
- Schraffedit 225
- Schriftfeld 395
- Schriftfeldakt 397
- Script 840
- Seiteneinr 555
- Setvar 349
- Sführung 342
- Shade 704
- Shademode 703
- Sichals 152
- Skaltext 389

Stichwortverzeichnis

- Skizze 273
- Solans 763
- Solid 317
- Solprofil 762
- Solzeich 767
- Spiegeln 199
- Spline 268
- Splinedit 269
- Standards 665
- Stat 807
- Status 231
- Stil 387
- Strahl 181
- Strecken 204
- Stutzen 170
- Suchen 392
- Szene 801
- Tabelle 399
- Tabellebearb 401
- Tabellenstil 404
- Tablett 305
- Tabob 730
- Teilen 293
- Textbld 841
- Textnachvorn 320
- Toleranz 341
- Transparenz 476
- Überlag 745
- Üfenster 59
- Umbenenn 503
- Umgrenzung 322
- Ursprung 258, 421
- Varia 202
- Verbinden 296
- Verdeckt 703
- Vereinig 327, 746
- Versetz 167, 261
- Vleinstellungen 711
- Volkörperbearb 750
- Voransicht 556
- Wahl 105
- Wblock 414
- Werkzpaletten 520
- Werkzpalettenschl 520
- Wiedergabe 774
- Wmfopt 630
- Xbinden 451
- Xref 446
- Xzuordnen 444
- Xzuschneiden 453
- Z 98
- Zeicheinst 108, 111, 116, 303, 918
- Zeichreihenf 319
- Zeigdia 838
- Zeigmat 786
- Zeit 231
- Zentrtextausr 390
- Zlösch 98
- Zoom 52
- zurücknehmen 98

Befehl Tablett 921
Befehle und Optionen 47
Befehlsabbruch 48
Befehlsdialog 27, 45
Befehlskürzel 47, 837
Befehlszeile 51
Befehlszeileausbl 51
Befehlszeilenfenster 45, 51
- transparent 46

Beispielplansatz 886
Bemaßungseingabe 97
Bemaßungslinie 351
Bemaßungsskalierung 360
Bemaßungsstil 232, 350, 364
Bemaßungsvariablen 347
Bemausg 235
Bembasisl 237
Bembogen 335
Bemdurchm 239
Bemedit 373
Bementassoz 371, 611
Bemlinear 233
Bemmittelp 347
Bemordinate 333
Bemradius 238
Bemreassoz 371, 611
Bemstil 350
Bemtedit 373
Bemüberschr 374
Bemverkürz 336
Bemweiter 237
Bemwinkel 240
Benannte Ansichtsfenster 588
Benannte Ausschnitte 208
Benannte Objekte 449
- Binden 451

Benannte Plotstiltabellen 573
Benanntes BKS 192
Benutzerdefiniert
- Schraffurmuster 216

Benutzereinstellungen
- Befehl Optionen 910

Benutzerkoordinatensymbol 701
Benutzerkoordinatensystem 84, 188, 696
Benutzeroberfläche 851, 860
Benutzerspezifisch
- Schraffurmuster 216

Benutzerspezifische Papiergrößen 568
Benutzerwörterbuch 391
Bereichsauswahl 916

Stichwortverzeichnis

Bereinig 421
Beschriften 243
Bezug
– Befehl Drehen 198
– Befehl Varia 203
– Griffe 499
Bezugsmaße 237
bezugsPunkt
– Befehl Sbem 339
Big Font 387
Bild 472
– bearbeiten 474
– zuschneiden 477
Bildanpassen 475
BILDAUF 112
Bilddateien 469
Bildkachelmenüs 870
Bildlaufleisten 61
Bild-Manager 472
Bildqualität 475
Bildrahmen 476
Bildschberaus 214
Bildschberein 213
Bildschirm bereinigen 213
Bildschirmmenü 868
Bildsich 774
Bildzuordnen 470
Bildzuschneiden 477
Binden
– Befehl Xref 451
BKS 84, 188, 696
BKSman 192, 699
BKS-Manager 192
BKS-Symbol 702
– 3DOrbit 707
Block 409, 410
– bearbeiten 456
– zuschneiden 453
Blockattribut-Manager 432
Blockdefinition 409
Blockeditor 811
Blockeditor, dynamische Blöcke 811
Blockeinfüg 532
Blockname 409
Blockreferenz 409
– Befehl Sführung 346
Blocksymbol 515
BMP-Format 630
Bogen 183
– Befehl Dlinie 290
Bogenlängen 335
Boolesche Operationen 327
Box
– Objektwahl 105
Branchenapplikationen 947

Branchenpakete 947
Brechen 294
Breite
– Befehl Mtext 378
– Befehl Pedit 263
– Befehl Plinie 256
Breitenfaktor
– Befehl Stil 388
Bruch 294
– Befehl Dlinie 289

C

CAD-Standards 665
CD zum Buch 28
CDF 441
Clipeinfüg 531
Comma Delimited Format 441
Continuous 147
Convertctb 582
Convertpstile 583
Copyclip 530
CUI-Datei 862

D

Darstellung
– Werkzeugpaletten-Fenster 521
Data Exchange Format 623
– Attribute 442
Dateien
– Befehl Optionen 899
Dateiformattreiber 557
Dateityp 153
Datenaustausch 621
DC-Online
– Design Center 508
Ddedit 250, 389, 425
Ddptype 292
Ddvpoint 683
Defpoints 138
Dehnen 172
Delobj 743
Delta
– Befehl Länge 207
Details anzeigen
– Linientyp 147
Diabibliotheken 838
Diadateien 838
Dialogfelder 50
Differenz 327, 746
Digitale Signatur 636
Digitalisieren 305
Dimassoc 232, 370, 371, 610
Dimmfaktor 458
Dline 288

Stichwortverzeichnis

Dokumente und Einstellungen 919
Doppellinien 288
Drag&Drop 529
Drahtkörper 706
Draufsicht 683
Drawing Interchange Binary 633
Drawing Standard 664
DREHEN
– Griffe 499
Drehen 197
– Befehl Mtext 378
– Bemlinear 234
Drehung
– Befehl Ellipse 271
DREHUNGSAKTION 815
DREHUNGSPARAMETER 814
Drsicht 683
Dtext 244
Dtexted 246, 251
Durch Punkt
– Befehl Versetz 168
Durchmesser
– Befehl Kreis 78
Durchmessermaße 239
Durchmesserzeichen 248
DWF Viewer 933
DWG 154
Dwgeigen 525
dws 664
DXB-Datei 635
DXB-Format 633
Dxbin 633
DXF
– Attribute 442
DXF-Dateien 623
Dynamisch
– Befehl Länge 207
Dynamische Blöcke 811
Dynamische Eingabe 50, 918
Dynamischer Griff 497

E

Eattedit 428
Eattext 435
Echtzeit Pan 55
Echtzeit Zoom 52
Edge 725
Effekte
– Befehl Stil 388
Eiganpass 494
Eigenreferenz 410
Eigenschaften 483
– anpassen 494
Eigenschaften übernehmen
– Schraffur 221

Eigenschaftenfilter 155
Eigschliess 483
Einbetten 533
Einfüge 417
Einfügebasispunkt 416
Einfügen
– Befehl Xref 451
Einfügungsmaßstab 414
Einheit 85
Einheitenformat 85
Einheitenkonvertierung 308
Einpassen
– Befehl Dtext 244
Einpassungsoptionen
– Bemaßung 356
Einzeiliger Text 244
Elnzeln
– Objektwahl 105
Einzüge 382
Elektronisches Plotten 634
Ellipsenbogen 272
E-Mail-Anhang 648
Encapsulated-PostScript-Format 632
ENDpunkt 118
Endpunkt
– Befehl Bogen 185
Englische Befehlsnamen 47
Entfernen
– Objektwahl 103
Entf-Taste 106
Entwurf
– Befehl Optionen 912
Entwurfseinstellungen 108, 116, 918
ePlot (DWF) 635
EPS-Format 632
Erhebung 675, 677
Ersatzschriften 626
Ersetzen 392
Erweiterter Angenommener Schnittpunkt 119
Erweiterter Schnittpunkt 118
Esc-Taste 48
Etransmit 648
Export 629
Exportieren 629
– Layerstatus 659
Express Tools 936
Externe Referenzen 444
Externes Programm 835
Extrusion 740

F

F11 125
F2 46
F6 85
F8 96

Stichwortverzeichnis

Facetres 770
Fang 108
– Befehl Dlinie 290
Fangtyp und -stil 112
Fangwinkel 109
Farbabhängige Plotstiltabellen 572
Farbbücher 140
Farbe 149
– Layer zuweisen 139
Fase 177, 261, 748
Fasen
– Polylinien 261
Fasenabstand 177
Favoriten
– Hyperlink 642
Fenster
– Objektwahl 101
Ferner Nebel 781
Fildedia 943
Fillmode 318
Flachschattiert 706
Fläche 228
– bearbeiten 750
Fluchtpunktperspektive 709
Flyout 853
Flyout-Menü 42
Fontalt 626
Form- und Lagetoleranzen 341
Formularansicht
– Plotstiltabelle 576
Fortlaufender Orbit 708
FPolygon
– Objektwahl 103
Freihandzeichnen 82
FTP-Adresse 655
Führungslinien 342
– Befehl Sführung 344
Füllen 257, 318
Füllungsstil 578

G

Gefüllte Flächen 313
Genauigkeit 86
Geographische Position 799
Gerät- und Dokumenteinstellungen 564
Gesamt
– Befehl Länge 207
Glättung löschen 734
Glättungswinkel 771
Gliederung 25
Globaler Skalierfaktor 147, 607
Globus 681
Gouraud-schattiert 706
Gradzeichen 248
Grafikkarte 29

Grafiktablett 920
Granit 789
Graphbld 841
Grauskala 578
Grenzkante 173
Griffe 496
– in Blöcken 410, 916
– kalt 497
– OLE-Objekte 537
Griff-Farben 916
Grundeinstellungen 133
Gruppe 461, 464
– Objektwahl 105
Gruppenfilter 158
Gruppenmanager 464
Gruppieren 466
Gschraff 215, 313, 831

H

HAlb
– Konstruktionslinie 180
Halbbreite
– Befehl Plinie 256
Hardwarevoraussetzungen 29
HDI-Treiber 558
Heißer Griff 497
Highlight 101
Hilfe 70
HILfslinie
– Objektfang 121
Hilfslinie
– Bemaßung 352
Hintergrund 776
Hinzufügen
– Objektwahl 104
HLS 140
Höhe
– Befehl Mtext 377
– Befehl Stil 387
Holz 790
Hoppla 107
Horizontal
– bemlinear 234
– Kontruktionslinie 180
Hpang 767
HP-GL Dateien 635
Hpname 767
Hpscale 767
Hyperlinks 639

I

[303
] 306
Id 227

Import 629
Importieren
– Layerstatus 659
– Lizenz 926
Imwebpublizieren 652
Info-Palette 68
Inhalte einfügen 533
Inhalteinfüg 533
Inkreis
– Befehl Ploygon 273
Inkrementwinkel 111
Inselerkennungsstil 222
Installation 891
Internet
– Dateien öffnen 643
Internetbrowser 644
Inventor 948
Isokreis
– Befehl Ellipse 305
Isolines 739
Isometrisch 110
Isometrischer Fang 303
Isometrisches Zeichnen 302

K

Kalibrieren
– Befehl Tablett 305
Kalter Griff 497
Kamera 682
Kante 725
– aktiviert 706
– bearbeiten 753
– Befehl Stutzen 171
Kantendefinierte Fläche 732
Kantob 732
Kappen 743
– 3dorbit 711
Kartesische Koordinaten 87, 673
KElner
– Objektfang 119
Kennwort 636
Kettenmaß 237
Klinie 180
Kompass 681
– 3Dorbit 707
Komplexe Linientypen 279
Konfigurieren
– Tablett 921
Konstruktionslinie 179
Kontextmenüs 871
Konventionen 27
Konvertieren
– Plotstile 582
Konvertierungsprogramm 660
Koordinaten
– Befehl Sbem 338

Koordinatenanzeige 85
Koordinatenbemaßung 333
Koordinatenfilter 694
Koordinatenformate 87
Koordinatensymbol 194
Koordinatensystem 84
Kopie verknüpfen 531
Kopiebasisp 531
Kopieren 196
– Griffe 499
Kopieverknüpfen 531
KPolygon
– Objektwahl 103
Kreis 78
Kreisbogen
– Befehl Plinie 257
Kreuzen
– Objektwahl 101
Ksich 152
Kugelkoordinaten 673
kurve Angleichen
– Befehl Pedit 264
kurve Löschen
– Befehl Pedit 264
Kurvenlinie
– Befehl Pedit 264

L

Laden
– Linientypen 147
Land Desktop 948
Landschaft 804
Landschaftsbibliothek 806
Layer
– konvertieren 660
Layereigenschaften-Manager 133
Layerstatus 136, 657
Laykonv 660
Layout 591
– 3D-Modelle 714
– Assistent 616
Letztes
– Objektwahl 102
Licht 796
Lichthelligkeitsbereich 801
Lichtsymbolgröße 771
Limiten 90, 92
Limitenkontrolle 92
Lineare Maße 233
Linie 75
Linienendstil 578
Linienstärke 150
– Layer zuweisen 144
LInientp
– Befehl Pedit 263
Linientyp 146, 607, 829

Stichwortverzeichnis

- definieren 829
- laden 142
- Layer zuweisen 141

Linientypdatei 829
Linientypdefinition 829
Linientypfaktor
- Ansichtsfenster 607

Linienverbindungsstil 578
Liste 230
Lizenzierungsdienstprogramm 923
Löschen 99
- Layer 138

LOT 119
Lsbearb 806
Lsbibl 806
Lsneu 804
Lstärke 144, 150

M

Machdia 838
Magnet 912
Makros 858
Manager für Plansatzunterlagen 875
Mapping 792
Markierung 633
- Objektfang 912

Markierungsfarbe
- AutoSnap 912

Markierungsgröße
- AutoSnap 912

Markup 634
Marmor 790
Masseeigenschaften 326, 761
Masseig 326, 761
Maßstäbliches Zeichnen 87
Maßtexttyp
- Befehl Sführung 343

Mat 782
Matbibl 784
Materialbibliothek 784
Materialien 782
Maustaste
- links 62
- mitte 62
- rechts 62

Maustasten 872
Mbereich 601
Mbuttonpan 63
MDE 63, 527
Mechanical Desktop 621, 948
Mehrere
- Objektwahl 105

Menüs 866

Messen 293
Methode
- Befehl Fase 177

Mindestanforderungen 29
Miniaturansichten 37
Mirrtext 200
Mitte zwischen 2 Punkten 119
Mittellinie 205, 347
MITtelpunkt 118
Mittelpunkt
- Befehl Bogen 185

Mledit 286
Mlinie 284
Mlstil 280
Modellbereich 601
Mtext 377
- Bemlinear 234

Mtext-Optionen
- Befehl Sführung 343

Multilinie 280, 284
Multilinienstil 280
Multiple Design Environment 63, 527

N

NÄChster
- Objektfang 119

Naher Nebel 781
Nebel 780
Nebelhintergrund 781
Nebeneinander 66
Neigungswinkel
- Befehl Stil 388

Netzwerkeinrichtung 893
Netzwerkinstallation 893
Netzwerk-Plotterserver 562
Neu 73
Neue Zeichnung 73
Neuinit 837
Neuinstallation 891
Neuzall 213, 606
Neuzeich 213
Neuzeichnen 212
Nordausrichtung 797

O

Oberflächen glätten 734
Oberflächenmodelle 721
ObjectARX 627
ObjectDBX-Dateien 628
Objeinf 534
Objekt Linking and Embedding 532
Objekteigenschaften-Manager 483, 603

Objektfang 114
– fest einstellen 116
– für eine Punkteingabe 115
Objektfangspur 125
Objektfangspur-Einstellungen 125
Objekthöhe 675, 677
Objektwahl 100
Öffnen 35
– Befehl Pedit 263
Öffnen/Speichern
– Befehl Optionen 903
OLE 532
Ole-Client 533
OLE-Server 533
Oleverkn 538
Optionen 47, 106, 898
– Kontextmenü 49
Ordner
– Design Center 505
Origeinfüg 532
Originalkoordinaten 529
Orthogonales BKS 700
Orthogonales Zeichnen 95
Ortho-Modus 95
Otrack 125

P
Palettengruppen 849
Pan 55, 58
Pantone 140
Papierbereich 601
Papiereinheiten 547
Papierformat 89, 547
– filtern 571
Parallel
– 3dorbit 709
– Objektfang 122
Parallellicht 798
Partielle Anpassungsdateien 862
Partielles Laden 540
Partielles Öffnen 539
Pause 841
Pbereich 601
Pedit 262, 733
Pellipse 271
Perspektivisch
– 3dorbit 709
Pfeilspitze
– Befehl Sführung 344
– Bemaßung 352
Pickbox-Größe 107
Pick-Taste 62
Pixelbild 470, 774
Pixelschattierung 577
Planliste 877

Plansatz 875
Plinie 256
Plot 545
– Befehl Optionen 906
Plotabstand 547
Plotausgabe in Datei 547
Plotbereich 547
Plot-Manager 559
Plotmarkierung 553
Plotmaßstab 89, 548
Plotoptionen 548
Plotprotokoll 552
Plotstil 580
– Layern zuweisen 145
Plotstil-Manager 573
Plotstiltabelle 548, 572
Plotstiltabellen-Editor 575
Plotten 545
– Layouts 615
Plotter
– hinzufügen 559
Plotter-Manager 559
Plottermodelldatei 570
PMP 570
Pnetz 724
Polar 110
– Befehl 3DReihe 691
Polare Anordnungen 300
Polare Koordinaten 88
Polarer Abstand 112
Polarfang 110
Polygon 272
Polygonal
– Ansichtsfenster 599
Polylinie 255
– bearbeiten 262
Position
– Befehl Dtext 244
PostScript-Format 631
Primäreinheiten 359
Profil 762
– Befehl Optionen 916
Projektion
– Befehl Stutzen 171
– Ebene
– Befehl Mapping 793
– Kugelförmig
– Befehl Mapping 794
– Solid
– Befehl Mapping 794
– Zylindrisch
– Befehl Mapping 794
Protokoll
– Design Center 507
Proxy-Begrenzungsrahmen 622

Stichwortverzeichnis

Proxy-Grafiken 621
Proxy-Objekte 621
Proxyshow 622
Prozent, Länge 207
Prüfstandards 666
Psltscale 607
PUNkt 119
Punkt 292
Punktfilter 129
Punktlicht 797
PUNKTPARAMETER 814
Punktstil 292

Q
QUAdrant 119
Querschnitt 744
QuickInfo 42
Quickinfo-Darstellung 914
Quit 71

R
Radius
– Befehl Abrunden 175
– Befehl Bogen 185
– Befehl Kreis 78
Radiusbemaßung verkürzt 335
Radiusmaße 238
Radmaus 62
RAL 140
Raster 108
– 3DOrbit 707
Raster Design 949
Rasterdateiformate 635
Rechteck 79
Rechteckig
– Befehl 3dreihe 690
Rechteckige Anordnungen 297
Rechte-Hand-Regel 673, 696
Rechtschreibprüfung 390
Rechtschreibung 390
Refbearb 456
Refclose 459
Referenzmanager 930
Refset 459
Regelfläche 731
Regelob 731
Regen 213
Regenall 213, 606
Regenerieren 213
Region 324
Reihe 296
Reinst 774
Relative Koordinaten 87
Relativpunkte 123

Render 770
Renderfenster 775
Rendern 769
– in Datei 775
Renderoptionen 772
Renderszene 770
Rendertyp 770
Renderverfahren 771
RETURN 70
Revdate 277
Revisionsdaten 278
Revisionsmarkierungen 276
Revwolke 276
RGB 140
Richtung
– Befehl Bogen 185
Richtung wechseln
– Befehl Splinedit 270
Ring 273
Rmlin 633
Rotation 742
Rotationsfläche 729
Rotob 729
Rscript 841
Rückseitennormale 772

S
Sauswahl 490
Sbem 337
Schattiertes Ansichtsfenster 548
Scheitelpunkte
– Befehl Pedit 266
SCHIEBEN
– Griffe 499
Schieben 199
– Befehl BKS 189
Schließen
– Befehl Pedit 263
Schnellauswahl 489
Schnellbemaßung 336
Schnellkal 306
Schnellstart
– Assistent 161
Schnittdarstellung 709
Schnittflächen
– aktivieren, 3dorbit 711
– anpassen, 3dorbit 710
Schnittkanten 171
Schnittmenge 328, 747
Schnittpunkt 118
– angenommener 696
Schräg
– Befehl Bemedit 373
Schraffedit 225
Schraffieren 215, 518

Stichwortverzeichnis

Schraffur 215, 313
– bearbeiten 225
Schraffurmuster
– definieren 831
– erstellen 831
Schriftfeld 247, 395
Schriftfeldakt 397
Schriftname 387
Schriftstil 387
Script 840
Script-Dateien 840
SDF 441
Sehnenlänge
– Befehl Bogen 185
sehnenLänge
– Befehl Plinie 257
Seite
– Befehl Polygon 273
Seite einrichten 555
Seiteneinr 555
Seiteneinrichtung 546, 550
Setvar 349, 944
Sführung 342
Shade 704
Shadeedge 705
Shademode 703
SHX 386
Sichals 152
Sichtbarkeit
– Ansichtsfenster 607
SICHTBARKEITSPARAMETER 816
SICHTBARKEITSSTATUS 816
SKALIEREN
– Griffe 499
Skalieren 202
Skalierfaktor
– Befehl Varia 203
– Linientypen 147
Skalierung
– Bemaßung 358
– Schraffurmuster 217
SKALIERUNGSAKTION 825
Skaltext 389
Skizze 273
Skpoly 275
SLIDELIB.EXE 839
Softwarevoraussetzungen 29
Solans 763
Solid 317
Solprofil 762
Solzeich 767
Sonnenstandsberechnung 799
Space Delimited Format 441
Speichern
– Zeichnung 152

Speichern unter 152
Sperren
– Ansichtsfenster 598
Spiegelachse 200
SPIEGELN
– Griffe 499
Spiegeln 199
Splframe 264, 722, 734
Spline 268
Splinedit 269
Spotlicht 800
Spur 131
Stacking 380
Standard-Ansichtsfenster 585, 596
Standardfarben 139
Standardmaterial 787
Standardprüfung 927
Standards 665
Stapelweise Standardprüfung 927
Start mit Vorlage 163
Starten von AutoCAD 31
Startpunkt
– Befehl Bogen 185
Stat 807
Statistik 807
Status 231
Stereolithographie 630
Stift
– Befehl Skizze 274
Stil 387
– Befehl Dtext 246
– Befehl Mtext 378
– Bemaßung 350, 364
STL-Format 630
Stoppuhr 231
Strahl 181
STRECKEN
– Griffe 498
Strecken 203
STRECKUNGSAKTION 820
Strg + 6 875
Strg + E 303
Strg + F4 67
Strg + R 602
Strg + Tabulator-Taste 66
Stückliste 439, 443
Stutzen 170
Subtrahieren
– Fläche 228
Suchen 392
Suchen und ersetzen 392
Surftab1 729, 730, 732
Surftab2 729, 732
Surftype 734
Surfu 734

Stichwortverzeichnis

Surfv 734
System
– Befehl Optionen 907
Systemdrucker 563
Systemvariablen 944
Szene 801

T

Tabellarische Fläche 730
Tabelle 399
Tabellebearb 401
Tabellenansicht
– Plotstiltabelle 575
Tabellenstil 404
TABLET.DWG 921
Tablett 305, 921
Tablettmenüs 867
Tablettschaltflächen 873
Tabob 730
Tabulatoren 382
Tan, Tan, Tan
– Befehl Kreis 79
TANgente 119
Tangente
– Befehl Pedit 264
Taschenrechner 306
Tastaturkürzel 873
Tastaturkurzbefehle 873
Tasten für temporäre Überschreibung 873
Tastenbelegung Maus 62
Teilen 293
Teil-Sampling 772
Temporärer Spurpunkt 128
Tesselationslinien 739
Text
– ausrichten, Befehl Bemtedit 373
– bearbeiten 389
– Bemlinear 235
Textänderungen 250, 389
Textausrichtung
– Bemaßung 356
Textbld 841
Textdarstellung
– Bemaßung 355
Texteditor 377
Textfenster 46
Texthintergrund 383
Textnachvorn 320
Textplatzierung
– Bemaßung 355
Textposition
– Bemaßung 358

Textstile 386
Thickness 677
Tilemode 590
Toleranz 341
– Befehl Sführung 346
Toleranzformat
– Bemaßung 362
Toreranz
– Bemaßung 362
Transparente Befehle 49, 943
Transparenz 476
Trennzeichen 853
True-Color 140
True-Type-Schrift 386, 626
TTR
– Befehl Kreis 79

U

Ucsfollow 699
Ucsortho 684
Ucsvp 698
Überlag 745
Überlagerung 745
– Xref 445
Überlappend 66
Überschreiben
– Befehl Bemüberschr 374
Übersichtfenster 59
Überstreichen 248
Übungsanleitungen 28
Üfenster 59
Umbenenn 503
Umbenennen 502
Umgebungslicht 796
Umgrenzung 322
– entfernen, Schraffur 221
UMKEHRAKTION 820
UMKEHRPARAMETER 820
Umkreis
– Befehl Ploygon 273
Umschalt-Taste 104, 106
Unbenannt
– Gruppe 461
Unbenannte Gruppen 466
UNC-Name 562
Uniform Resource Locator, URL 639
Unsichtbar
– Befehl 3dfläche 722
Untereinander 66
Unterstreichen 248
URL 639
Ursprung 258, 421
– Befehl BKS 189

V
Varia 202
VBA-Dateien 627
Verankerungspositionen 43
Verbinden 296
– Ansichtsfenster 589
– Befehl Pedit 263
Verdeckt 703, 706
Verdplot
– Ansichtsfenster 598
Verdunkelte Linien 711
Vereinig 327, 746
Vereinigung 746
Verfeinern
– Befehl Splinedit 270
Verknüpfen 533
Verknüpfung 31, 538, 896
VERSCHIEBUNGSAKTION 814
Versetz 167, 261
Versetzen 167
– Polylinien 261
Versetzt
– Befehl Sbem 338
Vertikal
– bemlinear 234
– Konstruktionslinie 180
Virtueller Stift 578
Visretain 450
visuelle Effekte 915
Vleinstellungen 711
Volkörperbearb 750
Volumenkörper 739
– bearbeiten 755
– trennen 755
VONBLOCK
– Bemaßung 351
VonBlock 410
VONLAYER 146, 150, 151
Vonp 124
Voransicht 556
– Bilder 470
Vordefiniert
– Schraffurmuster 216
Vorgabe
– Linienstärke 150
Vorher
– Objektwahl 102
Vorlage 163
Vorlagenbeschreibung 153
Vorlagendatei
– Attribute 442
Vorschau 549
Vorwort 19

W
Wählbar
– Gruppe 461
Wählen
– Bembasisl 237
– Bemweiter 237
Wahl 105
Wandstärke 755
Wblock 414
Weltkoordinatensystem 84
Werkzeugbild 855
– zeichnen 856
Werkzeugeditor 856
Werkzeugkästen 40, 850
– Kontextmenü 40
– platzieren 40
Werkzeugpalette 520, 843
– Inhalt ändern 843
Werkzpalettenschl 520
Wiedergabe 774
Winkel
– Befehl Bogen 185
– Befehl Fase 177
– Befehl Stil 388
– Bemlinear 235
– Konstruktionslinie 180
– Schraffurmuster 217
Winkelabhängigkeiten
– Befehl Sführung 344
Winkelbemaßung 240
Winkeleinstellungen
– Polarfang 111
Winkelhalbierende
– Konstruktionslinie 180
WKS 84
Wmfopt 630
Wörterbuch 391
World Wide Web 643, 644

X
X-Abstand
– Fang 109
– Raster 108
X-Basis
– Fang 109
Xbinden 451
Xclipframe 455
Xdaten
– Befehl Bemordinate 333
Xfadectl 458
Xref 446
Xref-Manager 446
XY-PARAMETER 826
Xzuordnen 444
Xzuschneiden 453

Stichwortverzeichnis

Y
Y-Abstand
− Fang 109
− Raster 108
Y-Basis
− Fang 109
Ydaten
− Befehl Bemordinate 333

Z
Z 98
Zaun
− Objektwahl 102
Zbereich 598
Zeicheinst 108, 111, 116, 918
Zeichensätze 626
Zeichentechniken 73
Zeichnung
− öffnen
  − Design Center 507
− Volumenkörper 767
Zeichnungsausrichtung 549
Zeichnungseigenschaften 525
Zeichnungseinheiten 89
Zeichnungsfenster
− anordnen 66
− schließen 67
Zeichnungslayout 541
Zeichnungslimiten 89
Zeichnungsrahmen 541
Zeichnungsstandard 664
Zeichnungsvorlage 153
Zeichreihenf 319
Zeigdia 838
Zeigmat 786
Zeilenabstand
− Befehl Mtext 378
Zeit 231
Zentrtextausr 390
ZENtrum 119
Zlösch 98
Zoom 52
− Alles 56
− Dynamisch 57
− Faktor 55
− Fenster 54, 55
− Grenzen 54, 56
− Mitte 56
− Objekt 57
− Original 54
− Übersichtsfenster 60
− Vorher 55
Zoomfactor 63
Zuordnung
− Xref 445
Zuschneideebenen 709
Zuschneiden 453
Zwischenablage 530
Zylinderkoordinaten 673